Jurisprudence de la CJUE 2019

Décisions et commentaires

Collection de droit de l'Union européenne – série Grands arrêts

Dans la collection de droit de l'Union européenne, la série « Grands arrêts » propose chaque année le relevé et le commentaire approfondi des principales décisions de la Cour de justice de l'Union européenne (CJUE) dans toutes les matières couvertes par le droit de l'Union européenne.

Directeur de la collection : Fabrice Picod
Professeur à l'Université Panthéon-Assas (Paris II), Chaire Jean Monnet de droit et contentieux de l'Union européenne, directeur du Centre de droit européen et du master 2 Droit et contentieux de l'Union européenne, président honoraire de la Commission pour l'étude des Communautés européennes (CEDECE).

Parus précédemment dans la même série :

F. Picod (dir.), *Jurisprudence de la CJUE 2014. Décisions et commentaires*, Bruxelles, Bruylant, 2015.

F. Picod (dir.), *Jurisprudence de la CJUE 2015. Décisions et commentaires*, Bruxelles, Bruylant, 2016.

F. Picod (dir.), *Jurisprudence de la CJUE 2016. Décisions et commentaires*, Bruxelles, Bruylant, 2017.

F. Picod (dir.), *Jurisprudence de la CJUE 2017. Décisions et commentaires*, Bruxelles, Bruylant, 2018.

F. Picod (dir.), *Jurisprudence de la CJUE 2018. Décisions et commentaires*, Bruxelles, Bruylant, 2019.

COLLECTION DROIT DE L'UNION EUROPÉENNE
DIRIGÉE PAR FABRICE PICOD

Jurisprudence de la CJUE 2019

Décisions et commentaires

Sous la direction de Fabrice Picod

Avec les contributions de
Jean-Luc Albert
Myriam Benlolo Carabot
Dominique Berlin
David Bosco
Vincent Correia
Laurent Coutron
Delphine Dero-Bugny
Séverine Dusollier
Daniel Flore
Christine Kaddous
Malik Laazouzi
Henri Labayle
Alexandre Maitrot de la Motte
Francesco Martucci
Ismael Omarjee
Pauline Pailler
Alix Perrin
Fabrice Picod
Élise Poillot
Aymeric Potteau
Catherine Prieto
Sophie Robin-Olivier
Patrick Thieffry
Romain Tinière
Claire Vial

BRUYLANT

Pour toute information sur nos fonds et nos nouveautés dans votre domaine de spécialisation, consultez nos sites web via www.larcier.com.

Éditions Bruylant
Rue Haute, 139/6 – 1000 Bruxelles

Imprimé en Belgique

Dépôt légal:
Bibliothèque nationale, Paris : octobre 2020
Bibliothèque royale de Belgique, Bruxelles : 2020/0023/097

ISBN : 978-2-8027-6646-9

COMITÉ DE SÉLECTION

Jean-Luc Albert

Jean-Luc Albert est professeur à Aix-Marseille Université. Il est membre de l'Institut international des sciences fiscales (IISF) et du Centre d'études fiscales et financières (UR891) d'Aix-Marseille Université. Il dirige le master Droit fiscal d'Aix-Marseille Université et le DESU Droit douanier et procédures douanières créé en 2019. Il est l'auteur de différents ouvrages intéressant notamment les finances publiques (*Les Finances publiques*, Paris, Dalloz, 2019 ; /Th. Lambert, *La Cour des comptes un pouvoir rédempteur ?*, Paris, Lextenso, 2019). Tourné vers les questions douanières depuis une quinzaine d'années, il dirige le programme Aix-Marseille Douane 2019 (AMD2019) labellisé au titre des programmes IDEX, Académie d'excellence ; il anime la chronique douane de la *Revue européenne et internationale de droit fiscal* (*REIDF*). Il a publié en 2019, dans la collection Droit de l'Union européenne des éditions Bruylant, l'ouvrage *Le droit douanier de l'Union européenne* (coll. Manuels, n° 10). Dans le présent ouvrage, il a sélectionné et commenté les arrêts qui se rapportent au droit douanier.

Myriam Benlolo Carabot

Myriam Benlolo Carabot est professeur à l'Université Paris Nanterre, en détachement au Conseil d'État en qualité de Maître des requêtes en service extraordinaire. Elle est l'auteur, notamment, dans la collection Droit de l'Union européenne des éditions Bruylant, d'un ouvrage individuel *Les fondements juridiques de la citoyenneté européenne* (série Thèses, n° 4), et d'un ouvrage collectif *L'Union européenne et les migrations* (série Colloques, n° 49). Dans le présent ouvrage, elle a sélectionné et commenté les arrêts qui se rapportent à la citoyenneté européenne.

Dominique Berlin

Dominique Berlin est professeur émérite de l'Université Panthéon-Assas (Paris II). Il est l'auteur de plusieurs ouvrages en droit fiscal européen et droit européen des concentrations. Il est l'auteur, dans la collection Droit de l'Union européenne des éditions Bruylant, d'un traité intitulé *Politiques de l'Union européenne* (réédité en 2020 – série Traités, n° 2) et co-directeur d'un ouvrage collectif intitulé *La fraude et le droit de l'Union européenne* (série Colloques, n° 37). Il a sélectionné et commenté les arrêts qui se rapportent aux aides d'État.

Thierry Bonneau

Thierry Bonneau est professeur à l'Université Panthéon-Assas (Paris II) au sein de laquelle il enseigne le droit bancaire et financier. Président du conseil scientifique de la *Revue internationale des services financiers*, il est l'auteur, dans la collection Droit de l'Union européenne des éditions Bruylant, d'un manuel intitulé *Régulation bancaire et financière européenne et internationale*, publié dans sa 5e édition en 2020 (série Manuels, n° 2). Il sélectionne et commente les arrêts qui se rapportent au droit bancaire et financier.

David Bosco

David Bosco est professeur à Aix-Marseille Université où il dirige le Master Distribution Concurrence. Il est co-auteur, avec Catherine Prieto, de l'ouvrage *Droit européen de la concurrence. Ententes, abus de position dominante* (Bruylant, coll. Droit de l'Union européenne, série Manuels, n° 4, 2013). Dans le présent ouvrage, il a, avec Catherine Prieto, sélectionné et commenté les arrêts qui se rapportent aux ententes, abus de position dominante et concentrations.

Vincent Correia

Vincent Correia est professeur à l'Université Paris Sud. Professeur invité dans plusieurs universités étrangères, il enseigne notamment le droit de l'aviation civile. Il est membre du comité directeur de l'*European Air Law Association*. Il est l'auteur, dans la collection Droit de l'Union européenne des éditions Bruylant, d'un ouvrage individuel : *L'Union européenne et le droit international de l'aviation civile* (série Thèses, n° 37). Dans le présent ouvrage, il a sélectionné et commenté les arrêts qui se rapportent au droit des transports.

Laurent Coutron

Laurent Coutron, professeur à l'Université de Montpellier, est actuellement référendaire à la Cour de justice de l'Union européenne. Il est secrétaire général de rédaction de la *Revue des affaires européennes* et membre du comité de rédaction de la *Revue du droit public*. Il a rédigé un mémento de droit de l'Union européenne chez Dalloz. Il est l'auteur, dans la collection Droit de l'Union européenne des éditions Bruylant, de plusieurs ouvrages individuels et collectifs : *La contestation incidente des actes de l'Union européenne* (série Thèses, n° 8) ; *Pédagogie judiciaire et application des droits communautaire et européen* (série Colloques, n° 16) ; *L'obligation de renvoi préjudiciel à la Cour de justice : une obligation sanctionnée ?* (série Monographies, n° 6). Dans le présent ouvrage, il a sélectionné et commenté les arrêts qui se rapportent aux questions préjudicielles.

Delphine Dero-Bugny

Delphine Dero-Bugny est professeur à l'Université de Paris. Elle assure la direction du Master 2 juriste d'affaires européen. Elle est l'auteur, dans la collection Droit de l'Union européenne des éditions Bruylant, de plusieurs ouvrages individuels : La *réciprocité et le droit des Communautés et de l'Union européennes* (série Thèses, n° 1) ; *Les rapports entre la Cour de justice de l'Union européenne et la Cour européenne des droits de l'homme* (série Monographies, n° 10). Elle a également publié, avec A. Cartier-Bresson, aux éditions Bruylant, *Les réformes de la Cour de justice. Bilan et Perspectives* (série Colloques, n° 47). Dans le présent ouvrage, elle a sélectionné et commenté les arrêts qui se rapportent au droit institutionnel, aux sources du droit de l'Union européenne et, en coopération avec Alix Perrin, aux marchés publics.

Séverine Dusollier

Séverine Dusollier est professeure à Sciences Po Paris et y dirige le centre de recherche de l'École de droit. Elle fut auparavant professeure à l'Université de Namur et directrice du Centre de recherche Droit, Société et Information (CRIDS). Spécialiste du droit d'auteur et plus généralement des droits de propriété intellectuelle, elle a réalisé de nombreuses études pour la Commission européenne ou le Parlement européen. Elle a régulièrement publié sur les aspects de droit européen de la propriété intellectuelle, notamment une chronique annuelle de jurisprudence au *Journal de droit européen*, et prépare, avec la professeure Valérie-Laure Benabou, un ouvrage sur le droit d'auteur européen. Elle est également une des fondatrices du réseau d'académiques *European Copyright Society* qui exprime ses opinions sur les évolutions européennes législatives ou jurisprudentielles en droit d'auteur. Dans le présent ouvrage, elle a sélectionné et commenté les arrêts qui se rapportent aux droits d'auteur.

Daniel Flore

Daniel Flore est, outre sa fonction de directeur général de la législation au service public fédéral belge de la Justice, professeur à l'Université de Liège où il enseigne le droit pénal international et le droit pénal de l'Union européenne. Il est également invité à l'Université catholique de Louvain et à l'Université de Luxembourg. Il est l'auteur d'un ouvrage de référence dans le domaine du droit pénal européen : *Droit pénal européen. Les enjeux d'une justice pénale européenne*, dont la troisième édition devrait être publiée prochainement dans la collection Droit de l'Union européenne des éditions Bruylant. Dans le présent ouvrage, il a sélectionné et commenté les arrêts qui se rapportent au droit pénal européen.

Christine Kaddous

Christine Kaddous est professeur à l'Université de Genève où elle dirige le Centre d'études juridiques européennes (CEJE) – Centre d'excellence Jean Monnet. Elle dirige également le *Master of Advanced Studies in European and International Governance* (MEIG Programme) de l'Université de Genève, organisé en coopération avec l'Office des Nations unies à Genève (UNOG). Elle est également titulaire d'une Chaire Jean Monnet *ad personam*. Elle enseigne le droit de l'Union européenne, en particulier l'action extérieure de l'Union. Ses recherches portent sur le droit international, le contentieux européen et international, droit international économique (y compris investissements), droit européen des droits de l'homme, accords internationaux conclus par l'Union européenne, politique commerciale, relations UE-OMC, relations Suisse-UE, droit et politiques du marché intérieur ainsi que les questions liées au développement durable et à la gouvernance régionale et internationale. Elle est présidente de la Société suisse de droit international (SSDI) et vice-présidente de l'Association suisse pour le droit européen (ASDE). Elle codirige la collection des Dossiers de droit européen (DDE) éditée par Schulthess/LGDJ. Dans le présent ouvrage, elle a sélectionné et commenté les arrêts et avis qui se rapportent à l'action extérieure de l'Union européenne.

Henri Labayle

Henri Labayle est professeur à l'Université de Pau où il dirige, à Bayonne, le Centre de documentation et de recherches européennes. Il est titulaire d'une Chaire Jean Monnet. Il est co-directeur du Centre d'excellence Jean Monnet d'Aquitaine et du GDR-CNRS RUEDELSJ consacré à l'Espace de liberté, de sécurité et de justice. Membre des grands réseaux académiques travaillant sur cet espace, il est expert auprès des institutions de l'Union européenne. Dans le présent ouvrage, il a sélectionné et commenté les arrêts qui se rapportent à l'espace de liberté, de sécurité et de justice.

Malik Laazouzi

Malik Laazouzi est professeur à l'Université Paris II Panthéon-Assas. Il enseigne notamment le droit international privé, le droit du commerce international et le droit de l'arbitrage international. Dans le présent ouvrage, il a sélectionné et commenté les arrêts qui se rapportent aux compétences des juridictions et aux lois applicables.

Alexandre Maitrot de la Motte

Alexandre Maitrot de la Motte est professeur à la Faculté de droit de l'Université Paris-Est Créteil (Paris XII), dont il a été vice-doyen. Il y dirige le Master Droit fiscal et y a créé l'équipe de recherche « Marchés, Institutions, Libertés », qu'il a dirigée jusqu'en 2017. Spécialisé en droit fiscal européen et international, il assure la direction scientifique de la *Revue de Droit Fiscal* et du *Juris-Classeur Fiscal International*. Membre des jurys des concours d'entrée à l'ENA (2011 et 2012) et d'agrégation de droit public (2017-2018), il a été expert pour la Commission européenne et le Parlement européen. Il a participé aux équipes de direction de l'Université Paris-Est Créteil (2016-2018) et est actuellement premier vice-président de la Communauté d'Université et d'Établissements Université Paris-Est. Il est l'auteur, dans la collection Droit de l'Union européenne des éditions Bruylant, d'ouvrages individuels et collectifs : *Droit fiscal de l'Union européenne* (série Traités, n° 3), *Droit fiscal de l'Union européenne* (série Manuels, n° 3) et, avec Edouard Dubout, *L'unité des libertés de circulation* (série Colloques, n° 27). Dans le présent ouvrage, il a sélectionné et commenté les arrêts qui se rapportent à la fiscalité.

Francesco Martucci

Francesco Martucci est professeur de droit public à l'Université Paris II Panthéon-Assas et est membre du Centre de droit européen et du Collège européen de Paris. Il enseigne le droit de l'Union européenne et le droit financier public et dirige le Master 2 de droit européen du marché et de la régulation. Ses recherches portent sur l'Union économique et monétaire, l'Union bancaire, la stabilité financière ainsi que sur le droit du marché intérieur. Auteur, chez Bruylant, d'un ouvrage intitulé *L'ordre économique et monétaire de l'Union européenne* (série Thèses, n° 45), directeur ou co-directeur de trois ouvrages intitulés *L'Union bancaire* (série Colloques, n° 33), *La fraude et le droit de l'Union européenne* (série Colloques, n° 37) et *La circulation des automobilistes en Europe* (série Colloques, n° 43). Dans le présent ouvrage, il a sélectionné et commenté les arrêts qui se rapportent à l'Union économique et monétaire.

Ismaël Omarjee

Ismaël Omarjee est maître de conférences-HDR à l'Université de Paris Nanterre. Membre du centre d'études juridiques européennes et comparées (CEJEC), il co-dirige le Master 2 « Juriste européen des affaires » et enseigne le droit social international et européen. Il est l'auteur, dans la collection Droit de l'Union européenne des éditions Bruylant, d'un manuel de *Droit européen de la protection sociale* publié en 2017 (série Manuels, n° 8). Dans le présent ouvrage, il a sélectionné et commenté les arrêts qui se rapportent à la protection sociale.

Pauline Pailler

Pauline Pailler est professeur à l'Université de Reims. Spécialisée en droit des affaires, et en particulier en droit des marchés financiers et en droit des assurances, elle est la rédactrice en chef de la *Revue internationale des services financiers*, dans laquelle elle coordonne la rubrique « Assurance ». Elle est l'auteur dans la collection Droit de l'Union européenne d'un Manuel de droit européen des assurances publié en 2019 (série Manuels, n° 11). Dans le présent ouvrage, elle a sélectionné et commenté les arrêts qui se rapportent au droit européen des assurances.

Alix Perrin

Alix Perrin est professeur à l'Université Paris-Dauphine. Elle est l'auteur d'un ouvrage sur l'injonction en droit public français (éd. Panthéon-Assas) et d'un ouvrage de Contentieux administratif (éd. Dalloz). Elle assure un enseignement en droit européen de la commande publique dans le Master 2 « Juriste d'affaires européen » de l'Université Paris Descartes. Dans le présent ouvrage, elle a, avec Delphine Dero, sélectionné et commenté les arrêts qui se rapportent aux marchés publics.

Fabrice Picod

Fabrice Picod est professeur à l'Université Paris II Panthéon-Assas où il dirige le Centre de droit européen. Il est co-directeur du Master 2 « Droit et contentieux de l'Union européenne ». Sur le plan éditorial, il dirige la collection Droit de l'Union européenne chez Bruylant dans laquelle il a publié dirigé ou co-dirigé plusieurs ouvrages collectifs tels que *Doctrine et droit de l'Union européenne* (série Colloques, n° 6), *L'Union européenne et les crises* (série Colloques, n° 11), *Le principe majoritaire en droit de l'Union européenne* (série Colloques, n° 35), *La fraude et le droit de l'Union européenne* (série Colloques, n° 37) et *La circulation des automobilistes en Europe* (série Colloques, n° 43). Il dirige également le *Jurisclasseur Europe* et co-dirige la *Revue des affaires européennes* ainsi que l'*Annuaire de droit de l'Union européenne*. Dans le présent ouvrage, il a sélectionné et commenté les arrêts qui se rapportent aux libertés économiques.

Élise Poillot

Élise Poillot est professeur à l'Université du Luxembourg, directeur du Master en droit privé européen et de la clinique de droit de la consommation, auteur de la chronique de droit européen de la consommation au *Journal de droit européen* et co-auteur du Panorama de droit de la consommation au *Recueil Dalloz*. Dans le présent ouvrage, elle a sélectionné et commenté les arrêts qui se rapportent au droit de la consommation.

Aymeric Potteau

Aymeric Potteau est professeur de droit public à l'Université de Lille où il enseigne le droit général de l'Union européenne ainsi que les pratiques nationales du droit international et européen. Il assure également les enseignements de finances européennes dans la PrépENA de Sciences po Lille. Membre du Centre de recherche « Droits et perspectives du droit » dont il codirige l'axe de recherche transversal « Droit et finances » et auteur d'une quarantaine de publications, dont une monographie consacrée à l'autonomie financière de l'Union (Prix Bercy), il s'est plus particulièrement spécialisé dans le domaine des finances européennes et dans l'étude des rapports de système. Il prépare, dans la collection Droit de l'Union européenne des éditions Bruylant, un manuel portant sur les *Finances de l'Union européenne*. Il est en charge de la rubrique correspondante dans les volumes des grands arrêts.

Catherine Prieto

Catherine Prieto est professeur à l'Université Panthéon-Sorbonne (Paris I) où elle dirige le Master 2 « Concurrence-Distribution-Consommation ». Elle est co-auteur, avec David Bosco, du manuel Droit européen de la concurrence. Ententes et abus de position dominante (Bruylant, coll. Droit de l'Union européenne, 2013, série Manuels, n° 4). Par ailleurs, elle est membre du Collège de l'Autorité de la concurrence. Dans le présent ouvrage, elle a, avec David Bosco, sélectionné et commenté les arrêts qui se rapportent aux ententes, abus de position dominante et concentrations.

Sophie Robin-Olivier

Sophie Robin-Olivier est professeur à l'École de droit de la Sorbonne (Université Paris I) où elle dirige le Master de droit anglo-américain des affaires. Membre de l'Institut de recherche en droit international et européen de la Sorbonne (IREDIES), elle est spécialiste de droit européen et de droit social international et comparé. Elle a publié *Les contrats de travail flexibles, une comparaison internationale* (Presses de SciencesPo, 2015). Elle est l'auteur, dans la collection Droit de l'Union européenne des éditions Bruylant, du *Manuel de droit européen du travail* (série Manuels, n° 5). Dans le présent ouvrage, elle a sélectionné et commenté les arrêts qui se rapportent aux droits sociaux.

Patrick Thieffry

Patrick Thieffry est arbitre indépendant, principalement dans des différends liés à l'environnement, à l'énergie, à la construction et aux infrastructures, et membre des barreaux de Paris et de New York. Il enseigne le droit de l'environnement depuis 1996 à l'École de doit de la Sorbonne. Auteur, dans la collection Droit de l'Union européenne des éditions Bruylant, du *Traité de droit européen de l'environnement et du climat*, du *Manuel de droit de l'environnement de l'Union européenne* et de l'*Handbook of European Environmental Law*, il a sélectionné et commenté les arrêts qui se rapportent à l'environnement dans le présent ouvrage.

Romain Tinière

Romain Tinière est professeur à l'Université Grenoble-Alpes, codirecteur du centre de recherches juridiques de cette université et titulaire d'une chaire Jean Monnet en droit de l'Union européenne. Il est l'auteur, dans la collection Droit de l'Union européenne des éditions Bruylant, de plusieurs ouvrages individuels et collectifs, notamment *L'office du juge communautaire des droits fondamentaux* (série Thèses, n° 10) et, avec Claire Vial, *La protection des droits fondamentaux dans l'Union européenne* (série Colloques, n° 30) et *Les dix ans de la Charte des droits fondamentaux de l'Union européenne – Bilan et perspectives* (série Colloques, n° 50). Il prépare, dans la collection Droit de l'Union européenne des éditions Bruylant, avec Claire Vial, un ouvrage intitulé *Manuel de droit de l'Union européenne des droits fondamentaux*. Dans le présent ouvrage, il a, avec Claire Vial, sélectionné et commenté les arrêts qui se rapportent aux droits fondamentaux.

Claire Vial

Claire Vial est professeur à l'Université de Montpellier où elle dirige l'Institut de droit européen des droits de l'homme (IDEDH). Elle est l'auteur, dans la collection Droit de l'Union européenne des éditions Bruylant, de plusieurs ouvrages individuels et collectifs : *Protection de l'environnement et libre circulation des marchandises* (série Thèses, n° 3) et, avec Romain Tinière, *La protection des droits fondamentaux dans l'Union européenne* (série Colloques, n° 30) et *Les dix ans de la Charte des droits fondamentaux de l'Union européenne – Bilan et perspectives* (série Colloques, n° 50). Elle prépare, dans la collection Droit de l'Union européenne des éditions Bruylant, avec Romain Tinière, un ouvrage intitulé *Manuel de droit de l'Union européenne des droits fondamentaux*. Dans le présent ouvrage, elle a, avec Romain Tinière, sélectionné et commenté les arrêts qui se rapportent aux droits fondamentaux.

INTRODUCTION

Visant à présenter les décisions de la Cour de justice de l'Union européenne les plus significatives de la jurisprudence de l'année 2019, le présent recueil procède d'une sélection rigoureuse des décisions, pour chacune des matières couvertes par le droit de l'Union européenne, opérée par une vingtaine d'auteurs qui font tous autorité dans leur discipline.

Cet ouvrage comporte des arrêts de la Cour de justice sélectionnés et commentés par Jean-Luc Albert, Myriam Benlolo Carabot, Dominique Berlin, David Bosco, Vincent Correia, Laurent Coutron, Delphine Dero, Séverine Dusollier, Daniel Flore, Christine Kaddous, Henri Labayle, Malik Laazouzi, Francesco Martucci, Alexandre Maitrot de la Motte, Ismaël Omarjee, Pauline Pailler, Alix Perrin, Fabrice Picod, Élise Poillot, Aymeric Potteau, Catherine Prieto, Sophie Robin-Olivier, Patrick Thieffry, Romain Tinière, Claire Vial. Tous ces auteurs ont en commun d'avoir publié ou de préparer un manuel ou un traité, dans la collection « Droit de l'Union européenne » des éditions Bruylant, portant sur la matière de droit de l'Union européenne dont ils sont en charge dans le présent recueil.

Le nombre d'affaires clôturées par la Cour de justice au cours de l'année 2019 a été de 786 en chiffre net et de 865 en chiffre brut, la différence s'expliquant par les jonctions d'affaires. La répartition est établie comme suit : 558 affaires jugées par voie d'arrêts, 205 affaires traitées par voie d'ordonnances, 20 affaires traitées par voie d'ordonnances de référé, et un avis rendu.

Le nombre des affaires introduites en 2019 a été de 966, soit 117 affaires de plus qu'en 2018, ce qui constitue une hausse considérable, la répartition étant établie comme suit : 641 demandes préjudicielles, 41 recours directs dont 35 recours en manquement, 266 pourvois, une demande d'avis.

Bien qu'il soit inférieur à celui des affaires traitées par la Cour européenne des droits de l'homme, le nombre des affaires traitées par la Cour de justice ne permet plus aux observateurs de sa jurisprudence d'en avoir une connaissance complète, comme cela pouvait être le cas dans les années 1960 ou encore 1970.

Afin de répondre aux besoins légitimes des juristes qui travaillent dans toutes les disciplines du droit, il a été décidé de publier, chaque année, à partir de 2014, un recueil des décisions de la Cour de justice considérées comme étant les plus importantes ou, à défaut d'être fondamentales, les plus significatives de l'état de la jurisprudence de la Cour de justice.

Chacune des décisions retenues fait l'objet d'un commentaire éclairant par l'auteur qui a sélectionné la décision. Chaque auteur a une connaissance approfondie de la matière au sein de laquelle il a procédé au choix des décisions pertinentes.

Les commentaires visent non pas à développer des notions pour faire œuvre doctrinale mais à rendre compte, dans un esprit synthétique et pratique, des décisions de la Cour de justice en en explicitant le sens et la portée. Sont ainsi mis en lumière le raisonnement adopté par la Cour au soutien de la solution retenue et la portée des arrêts, ordonnances et avis rendus.

Ce recueil n'entre pas en concurrence avec les ouvrages qui consistent à présenter et à commenter les grands arrêts de la Cour de justice depuis son origine et qui couvrent ainsi plus de soixante ans de jurisprudence. Il est complémentaire des ouvrages de ce type (1).

À un moment où la Cour de justice de l'Union européenne a renoncé à publier son recueil de jurisprudence, ce dernier ayant couvert la jurisprudence de 1954 à 2011, il nous a paru important, qu'à défaut de publication voire d'une sélection officielle de ses décisions, des universitaires entreprennent, avec la liberté qui les caractérise, une publication sous la forme d'un recueil réunissant les décisions qu'ils considèrent comme étant les plus significatives de la jurisprudence de chaque année civile.

Cette série de recueils de décisions de justice constitue ainsi une série d'ouvrages sans équivalent dans l'édition.

La structure retenue est thématique, vingt-quatre thèmes ayant été choisis pour structurer l'ouvrage : *I. Questions institutionnelles. II. Sources du droit de l'UE, effet direct et primauté. III. Droits fondamentaux. IV. Recours. V. Questions préjudicielles. VI. Citoyenneté. VII. Libertés économiques. VII. Droits sociaux et action sociale. VIII. Politiques et actions de l'UE. IX. Droits sociaux. X. Environnement. XI. Fiscalité. XII. Ententes, abus de position dominante et concentrations. XIII. Aides d'État. XIV. Espace de liberté, de sécurité et de justice. XV. Action extérieure. XVI. Propriété intellectuelle. XVII. Marchés publics. XVIII. Banque et assurance. XIX. Consommation. XX. Transports. XXI. Compétence des juridictions et lois applicables. XXII. Procédure civile. XXIII. Finances et budget. XXIV. Union économique et monétaire. XXV. Droit douanier.*

Chaque décision est précédée de mots-clés, d'une référence au recueil électronique de la Cour de justice (ECLI) et, le cas échéant, des références

(1) Voy. not. H. Gaudin, M. Blanquet, J. Andriantsimbazovina et F. Fines, *Les grands arrêts de la Cour de justice de l'Union européenne*, t. 1, Paris, Dalloz, 2014, 1003 p. ; M. Karpenschif et C. Nourissat (dir.), *Les grands arrêts de la jurisprudence de l'Union européenne. Les 100 grandes décisions de la Cour de justice de l'Union européenne*, 3e éd., Paris, PUF, 2016, 668 p.

aux premières notes rédigées par des commentateurs publiées dans les revues juridiques. Mention est faite, à moins que la Cour de justice ait décidé de ne pas y recourir conformément à l'article 20, cinquième alinéa, de son statut, des conclusions de l'avocat général avec leur référence au recueil électronique.

À l'intérieur de chaque rubrique, les décisions sont classées par ordre chronologique.

Lorsqu'une décision importante se rapporte à plusieurs thèmes, deux méthodes ont été adoptées : la première méthode a consisté à reproduire la décision dans deux rubriques de manière à la présenter et à la commenter sous des angles différents ; la seconde méthode a consisté à opérer un renvoi à la décision reproduite et commentée dans l'une des rubriques.

Le lecteur dispose ainsi d'un ouvrage complet rendant compte des apports de la jurisprudence de la Cour de justice de l'année 2019.

Cet ouvrage est le sixième de la série « Grands arrêts ». Il sera suivi, chaque année, d'un ouvrage correspondant rendant compte, dans chacune des matières couvertes par le droit de l'Union européenne, de la jurisprudence importante de l'année écoulée.

Ainsi, les praticiens du droit, avocats, magistrats, fonctionnaires et juristes d'entreprises, mais aussi les universitaires des différentes disciplines du droit seront en mesure de mieux appréhender la jurisprudence récente de la Cour de justice.

Fabrice Picod

I. QUESTIONS INSTITUTIONNELLES

Cour de justice, gde ch., 3 décembre 2019, *République tchèque c/ Parlement européen et Conseil de l'Union européenne*, aff. C-482/17, ECLI:EU:C:2019:1035

Conclusions de l'avocat général E. Sharpston, du 11 avril 2019, ECLI:EU:C:2019:321

Mots-clés : Recours en annulation – Rapprochement des législations – Base juridique – Modification d'une directive existante – Principe de proportionnalité – Absence d'analyse – Proportionnalité des mesures adoptées

Cadre normatif : directive (UE) 2017/853 (contrôle de l'acquisition et de la détention d'armes) ; article 114 TFUE

Extraits de l'arrêt

1. Par sa requête, la République tchèque demande, à titre principal, l'annulation de la directive (UE) 2017/853 du Parlement européen et du Conseil, du 17 mai 2017, modifiant la directive 91/477/CEE du Conseil relative au contrôle de l'acquisition et de la détention d'armes (*JO* 2017, L 137, p. 22, ci-après la « directive attaquée »), et, à titre subsidiaire, l'annulation partielle de l'article 1er, points 6, 7 et 19, de cette directive.

[...]

Sur le premier moyen, tiré d'une violation du principe d'attribution

[...]

31. Il y a lieu de rappeler, à titre liminaire, qu'il ressort d'une jurisprudence constante de la Cour que le choix de la base juridique d'un acte de l'Union doit se fonder sur des éléments objectifs susceptibles de faire l'objet d'un contrôle juridictionnel, parmi lesquels figurent la finalité et le contenu de cet acte. Si l'examen de l'acte concerné démontre que celui-ci poursuit une double finalité ou qu'il a une double composante et si l'une de celles-ci est identifiable comme principale ou prépondérante, tandis que l'autre n'est qu'accessoire, cet acte doit être fondé sur une seule base juridique, à savoir celle exigée par la finalité ou la composante principale ou prépondérante (arrêt du 23 janvier 2018, *Buhagiar e.a.*, C-267/16, EU:C:2018:26, point 41 ainsi que jurisprudence citée).

32. De plus, il résulte de la jurisprudence de la Cour que peut être pris en compte, pour déterminer la base juridique appropriée, le contexte juridique dans lequel s'inscrit une nouvelle réglementation, notamment en ce qu'un tel contexte est susceptible de fournir un éclairage sur le but de ladite réglementation (arrêt du 3 septembre 2009, *Parlement/Conseil*, C-166/07, EU:C:2009:499, point 52).

33. Aux termes de l'article 114, paragraphe 1, TFUE, le Parlement et le Conseil arrêtent les mesures relatives au rapprochement des dispositions législatives, réglementaires et administratives des États membres qui ont pour objet l'établissement et le fonctionnement du marché intérieur.

34. S'agissant des conditions d'application de cette disposition, il est de jurisprudence constante que, si la simple constatation de disparités entre les réglementations nationales ne suffit pas pour justifier le recours à l'article 114 TFUE, il en va différemment en cas de divergences entre les dispositions législatives, réglementaires ou administratives des États membres qui sont de nature à entraver les libertés fondamentales et à avoir ainsi une incidence directe sur le fonctionnement du marché intérieur (arrêt du 4 mai 2016, *Pologne/Parlement et Conseil*, C-358/14, EU:C:2016:323, point 32 ainsi que jurisprudence citée).

35. En outre, si le recours à l'article 114 TFUE comme base juridique est possible en vue de prévenir des obstacles futurs aux échanges résultant de l'évolution hétérogène des législations nationales, l'apparition de tels obstacles doit être vraisemblable et la mesure en cause doit avoir pour objet leur prévention (arrêt du 4 mai 2016, *Pologne/Parlement et Conseil*, C-358/14, EU:C:2016:323, point 33 ainsi que jurisprudence citée).

36. La Cour a par ailleurs jugé que, dès lors que les conditions du recours à l'article 114 TFUE comme base juridique se trouvent remplies, le législateur de l'Union ne saurait être empêché de se fonder sur cette base juridique en raison du fait que la protection des intérêts généraux visés au paragraphe 3 de cet article, parmi lesquels figure la sécurité, est déterminante dans les choix à opérer (voir, en ce sens, arrêt du 4 mai 2016, *Pologne/Parlement et Conseil*, C-358/14, EU:C:2016:323, point 34 ainsi que jurisprudence citée).

37. Il découle de ce qui précède que, lorsqu'il existe des obstacles aux échanges ou qu'il est vraisemblable que de tels obstacles vont surgir dans le futur, au motif que les États membres ont pris ou sont en train de prendre, à l'égard d'un produit ou d'une catégorie de produits, des mesures divergentes de nature à assurer un niveau de protection différent et à entraver de ce fait la libre circulation du ou des produits dans l'Union, l'article 114 TFUE habilite le législateur de l'Union à intervenir en arrêtant les mesures appropriées dans le respect, d'une part, du paragraphe 3 de cet article et, d'autre part, des principes juridiques mentionnés dans le traité FUE ou dégagés par la jurisprudence, notamment du principe

de proportionnalité (arrêt du 4 mai 2016, *Pologne/Parlement et Conseil*, C-358/14, EU:C:2016:323, point 36 ainsi que jurisprudence citée).

38. En outre, il résulte d'une jurisprudence constante que, lorsqu'un acte fondé sur l'article 114 TFUE a déjà éliminé tout obstacle aux échanges dans le domaine qu'il harmonise, le législateur de l'Union ne saurait être privé de la possibilité d'adapter cet acte à toute modification des circonstances ou à toute évolution des connaissances eu égard à la tâche qui lui incombe de veiller à la protection des intérêts généraux reconnus par le traité (arrêt du 8 juin 2010, *Vodafone e.a.*, C-58/08, EU:C:2010:321, point 34 ainsi que jurisprudence citée).

39. En effet, le législateur de l'Union ne peut, dans une telle situation, s'acquitter correctement de la tâche qui lui incombe de veiller à la protection des intérêts généraux reconnus par le traité que s'il lui est loisible d'adapter la législation pertinente de l'Union à de telles modifications ou évolutions [voir, en ce sens, arrêt du 10 décembre 2002, *British American Tobacco (Investments) et Imperial Tobacco*, C-491/01, EU:C:2002:741, point 77].

40. Or, il ressort de la jurisprudence de la Cour que constitue un objectif d'intérêt général de l'Union la lutte contre le terrorisme international en vue du maintien de la paix et de la sécurité internationales. Il en va de même de la lutte contre la criminalité grave afin de garantir la sécurité publique (arrêt du 8 avril 2014, *Digital Rights Ireland e.a.*, C-293/12 et C-594/12, EU:C:2014:238, point 42 ainsi que jurisprudence citée).

41. En l'occurrence, tandis que la République tchèque, soutenue par la Hongrie et par la République de Pologne, prétend, en substance, que la base juridique de la directive attaquée doit être identifiée en examinant cette dernière de manière isolée, le Parlement et le Conseil, soutenus sur ce point par la République française, font valoir que cet examen doit être effectué en tenant compte, en particulier, de la directive 91/477 que la directive attaquée vise à modifier.

42. À cet égard, il convient de relever, d'une part, qu'il résulte notamment de la jurisprudence rappelée aux points 32, 38 et 39 du présent arrêt que, s'agissant d'une réglementation modifiant une réglementation existante, il importe de prendre en compte également, aux fins de l'identification de la base juridique de celle-ci, la réglementation existante qu'elle modifie et, notamment, son objectif et son contenu.

43. La directive attaquée étant une directive modifiant la directive 91/477, notamment en y insérant de nouvelles dispositions, cette dernière forme le contexte juridique de la directive attaquée. En attestent, en particulier, les considérants 1 et 2 de la directive attaquée, qui font référence à l'équilibre établi par la directive 91/477 entre, d'une part, l'engagement d'assurer une certaine liberté de circulation pour certaines armes à feu et leurs parties essentielles au sein de l'Union et, d'autre part, la nécessité

d'encadrer cette liberté par certaines garanties d'ordre sécuritaire, adaptées à ces produits, ainsi qu'à la nécessité d'ajuster cet équilibre, afin de lutter contre l'utilisation abusive de ces armes à des fins criminelles et en tenant compte des « récents actes terroristes ».

44. D'autre part, l'approche préconisée par la République tchèque, soutenue par la Hongrie et par la République de Pologne, serait susceptible d'aboutir à un résultat paradoxal, à savoir que, tandis que l'acte modificatif ne pourrait être adopté sur le fondement de l'article 114 TFUE, il serait en revanche possible pour le législateur de l'Union d'aboutir au même résultat normatif en abrogeant l'acte initial et en procédant à la refonte intégrale de celui-ci dans un nouvel acte, adopté sur le fondement de cette disposition.

45. Il s'ensuit que, contrairement à ce que prétendent ces États membres et ainsi que le font valoir à bon droit le Parlement et le Conseil, il convient d'identifier, en l'occurrence, la base juridique sur laquelle la directive attaquée devait être adoptée en tenant compte, en particulier, tant du contexte constitué par la directive 91/477 que de la réglementation résultant des modifications apportées à celle-ci par la directive attaquée.

46. En premier lieu, s'agissant de la directive 91/477, il ressort de ses deuxième à quatrième considérants que celle-ci a été adoptée dans le but d'établir le marché intérieur et que, dans ce contexte, la suppression des contrôles de la sécurité des objets transportés ainsi que des personnes présupposait, entre autres, un rapprochement des législations au moyen d'une réglementation efficace sur les armes à feu, visant à établir le contrôle, à l'intérieur des États membres, de leur acquisition, de leur détention et de leur transfert. Selon le cinquième considérant de cette directive, une telle réglementation fait, en effet, naître une plus grande confiance mutuelle entre les États membres dans le domaine de la sauvegarde de la sécurité des personnes (arrêt du 23 janvier 2018, *Buhagiar e.a.*, C-267/16, EU:C:2018:26, point 43).

47. En ce qui concerne le contenu de la directive 91/477, celle-ci met en place un cadre minimal harmonisé relatif à la détention et à l'acquisition des armes à feu ainsi qu'à leur transfert entre les États membres. À cet effet, cette directive prévoit des dispositions concernant les conditions selon lesquelles des armes à feu de différentes catégories peuvent être acquises et détenues, tout en prévoyant, pour des impératifs de sécurité publique, que l'acquisition de certains types d'armes à feu doit être interdite. En outre, ladite directive comporte des règles visant à harmoniser les mesures administratives des États membres relatives à la circulation des armes à feu à usage civil dont le principe de base est l'interdiction de circulation des armes, à moins que les procédures prévues à cette fin par la même directive ne soient suivies (voir, en ce sens, arrêt du 23 janvier 2018, *Buhagiar e.a.*, C-267/16, EU:C:2018:26, points 49 à 51).

48. Ainsi, la Cour a estimé que la directive 91/477 constitue une mesure visant à assurer, à l'égard de la libre circulation des marchandises, à savoir des armes à feu à usage civil, un rapprochement des dispositions législatives, réglementaires et administratives des États membres, tout en encadrant cette liberté par des garanties d'ordre sécuritaire adaptées à la nature de ces marchandises (arrêt du 23 janvier 2018, *Buhagiar e.a.*, C-267/16, EU:C:2018:26, point 52).

49. En deuxième lieu, en ce qui concerne la finalité de la directive attaquée, tout d'abord, il ressort du considérant 2 de cette directive qu'elle vise à améliorer davantage certains aspects de la directive 91/477 et à ajuster l'équilibre entre la libre circulation des marchandises en cause et les garanties d'ordre sécuritaire, notamment en tenant compte des « récents actes terroristes ». S'il résulte notamment des considérants 9, 15, 20, 21 et 23 de la directive attaquée, qui concernent entre autres les armes à feu les plus dangereuses, neutralisées et semi-automatiques, que des préoccupations sécuritaires associées à ces différents types d'armes à feu ont amené le législateur de l'Union à prévoir des règles plus strictes pour celles-ci, il n'en demeure pas moins que celui-ci visait également, par l'adoption de cette directive, à faciliter la libre circulation de certaines armes, ainsi qu'en atteste notamment le considérant 6 de ladite directive, relatif au marquage des armes à feu et de leurs parties essentielles.

50. Ensuite, s'agissant du contenu de la directive attaquée, il convient de relever que l'article 1er, point 1, de celle-ci fournit des définitions précises, notamment, des personnes, des objets et des activités soumis à la nouvelle réglementation. Le point 3 de cet article institue un nouveau système de marquage des armes à feu et de leurs parties essentielles, réglemente l'activité des armuriers et des courtiers et précise les données à enregistrer dans les bases de données des États membres, leur conservation et leur accessibilité. Le point 6 dudit article détaille les conditions dans lesquelles les autorisations d'acquérir et de détenir des armes à feu sont octroyées et doivent être retirées, contient les règles concernant la surveillance des armes à feu afin de réduire le risque d'accès à celles-ci de personnes non autorisées, interdit l'acquisition et la détention des armes à feu de la catégorie A et précise les dérogations à cette interdiction. Le point 7 du même article impose un contrôle régulier des autorisations de détention d'armes à feu et prévoit la possibilité pour les États membres d'accorder une autre dérogation à l'interdiction de la détention des armes à feu de la catégorie A. L'article 1er, point 8, de la directive attaquée rappelle que les États membres peuvent interdire l'acquisition ou la détention d'armes à feu des catégories B et C. Le point 9 de cet article soumet les munitions et certains chargeurs aux mêmes règles que celles applicables à l'acquisition et à la détention des armes à feu auxquelles ils sont destinés. Le point 10 dudit article réglemente les armes d'alarme, de signalisation et neutralisées. Le point 12 du même article interdit, en principe, le transfert d'armes à feu

d'un État membre à un autre et le point 13 de celui-ci prévoit les dérogations applicables à ce transfert. L'article 1er, point 14, de la directive attaquée vise l'échange d'informations entre États membres et le point 19 de cet article modifie l'annexe I de la directive 91/477 en détaillant la classification des armes dans les catégories A à C.

51. La directive attaquée comporte donc, tout comme la directive 91/477, des dispositions relatives à la détention et à l'acquisition des armes à feu ainsi qu'à leur transfert entre les États membres. En particulier, ces dispositions régissent l'acquisition et la détention par des particuliers des armes à feu en prévoyant, notamment, que certaines de ces armes sont interdites, tandis que d'autres sont soumises à autorisation ou à déclaration. Elles harmonisent, en outre, les mesures administratives des États membres relatives à la circulation des armes à feu à usage civil.

52. Enfin, il ressort de plusieurs documents ayant servi lors de la préparation de la directive attaquée et portés à la connaissance de la Cour que, par l'adoption de cette directive, le législateur de l'Union visait effectivement à assurer, dans un cadre sécuritaire ayant évolué, la sécurité des citoyens de l'Union tout en améliorant le fonctionnement du marché intérieur des armes à feu en apportant des solutions à des problèmes recensés. En particulier, l'évaluation REFIT a mis en lumière que le bon fonctionnement du marché intérieur des armes à feu à usage civil était compromis par des disparités normatives entre les États membres relatives à la classification d'armes à feu dans les catégories C et D ainsi que par des disparités dans l'application des dispositions relatives à la carte européenne des armes à feu.

53. Or, en ayant ajusté ainsi l'équilibre entre la libre circulation des marchandises et les garanties d'ordre sécuritaire, le législateur de l'Union s'est limité à adapter les règles relatives à la détention et à l'acquisition des armes à feu prévues par la directive 91/477 aux évolutions des circonstances.

54. En effet, premièrement, ainsi que le font valoir à bon droit le Parlement et le Conseil, en ayant adopté la directive attaquée, le législateur de l'Union a continué à poursuivre, dans le contexte de l'évolution des risques sécuritaires, l'objectif annoncé au cinquième considérant de la directive 91/477 de renforcer la confiance mutuelle entre les États membres dans le domaine de la sauvegarde de la sécurité des personnes en prévoyant, à cet effet, des catégories d'armes à feu dont l'acquisition et la détention par des particuliers sont, respectivement, interdites, soumises à autorisation ou soumises à déclaration, objectif qui vise lui-même à assurer le bon fonctionnement du marché intérieur.

55. À cet égard, il n'est pas contesté que les circonstances ont substantiellement évolué depuis l'adoption de la directive 91/477, étant donné, tout d'abord, que l'Union a été élargie à plusieurs reprises, ensuite, que l'espace Schengen a été institué et étendu à une partie substantielle de l'Union et, enfin, que les menaces terroristes et de criminalité transfrontalière se sont aggravées.

56. Or, il résulte de la jurisprudence rappelée aux points 38 à 40 du présent arrêt que le législateur de l'Union ne saurait être privé de la possibilité d'adapter, sur le fondement de l'article 114 TFUE, un acte tel que la directive 91/477 à toute modification des circonstances ou à toute évolution des connaissances eu égard à la tâche qui lui incombe de veiller à la protection des intérêts généraux reconnus par les traités, dont le maintien de la sécurité publique.

57. Deuxièmement, ainsi que l'a relevé Mme l'avocate générale aux points 46 et 47 de ses conclusions, l'harmonisation des aspects relatifs à la sécurité des marchandises est l'un des éléments essentiels aux fins d'assurer le bon fonctionnement du marché intérieur, des réglementations disparates en cette matière étant susceptibles de créer des obstacles aux échanges. Or, la particularité des armes à feu étant, contrairement à ce que prétend la République de Pologne, leur dangerosité non seulement pour les utilisateurs, mais également pour le grand public, ainsi que la Cour l'a déjà relevé au point 54 de l'arrêt du 23 janvier 2018, *Buhagiar e.a.* (C-267/16, EU:C:2018:26), des considérations de sécurité publique apparaissent, ainsi que le rappelle le cinquième considérant de la directive 91/477, indispensables dans le cadre d'une réglementation sur l'acquisition et la détention de ces marchandises.

58. Troisièmement, il n'est nullement établi, au regard des éléments du dossier soumis à la Cour, que le législateur de l'Union aurait méconnu la base juridique que constitue l'article 114 TFUE et, partant, aurait excédé les limites des compétences attribuées à l'Union, s'il avait, au lieu d'adopter la directive attaquée, procédé à une refonte de la directive 91/477 incorporant, par cette voie législative alternative, les modifications apportées par la directive attaquée.

59. Au contraire, il ressort de ces mêmes éléments que l'acte résultant des modifications apportées à la directive 91/477 par la directive attaquée comporte une réglementation du marché intérieur des armes à feu à usage civil qui est adaptée aux particularités desdites marchandises et qui assure toujours, à l'instar de ce que la Cour a constaté au point 52 de son arrêt du 23 janvier 2018, *Buhagiar e.a.* (C-267/16, EU:C:2018:26), à l'égard de la libre circulation des marchandises, un rapprochement des dispositions législatives, réglementaires et administratives des États membres, tout en encadrant cette liberté par des garanties d'ordre sécuritaire adaptées à la nature des marchandises en cause.

60. En troisième lieu, pour autant que la République de Pologne fait valoir que l'interdiction de commercialiser certaines catégories d'armes à feu ne facilite pas le fonctionnement du marché intérieur et que la directive attaquée fait apparaître de nouvelles entraves à la libre circulation des armes à feu à usage civil, d'une part, il convient de rappeler que, par l'expression « mesures relatives au rapprochement » figurant à l'article 114 TFUE, les auteurs du traité ont voulu conférer au législateur de l'Union, en fonction du contexte général et des circonstances spécifiques de la matière à

harmoniser, une marge d'appréciation quant à la technique de rapprochement la plus appropriée afin d'aboutir au résultat souhaité, notamment dans des domaines qui se caractérisent par des particularités techniques complexes (arrêt du 4 mai 2016, *Pologne/Parlement et Conseil*, C-358/14, EU:C:2016:323, point 37 ainsi que jurisprudence citée).

61. En fonction des circonstances, ces mesures peuvent consister à obliger l'ensemble des États membres à autoriser la commercialisation du ou des produits concernés, à assortir une telle obligation d'autorisation de certaines conditions, voire à interdire, provisoirement ou définitivement, la commercialisation d'un ou de certains produits (arrêt du 4 mai 2016, *Pologne/Parlement et Conseil*, C-358/14, EU:C:2016:323, point 38 ainsi que jurisprudence citée).

62. Or, en l'occurrence, eu égard aux éléments relevés aux points 54 à 57 du présent arrêt, il n'apparaît pas que le législateur de l'Union a excédé la marge d'appréciation que lui confère la base juridique de l'article 114 TFUE quant à la technique de rapprochement, lorsqu'il a adopté, afin d'assurer le maintien d'une libre circulation limitée des armes à feu à usage civil au sein du marché intérieur, les mesures ayant consisté à ajouter à la catégorie A des armes à feu interdites par la directive 91/477 certaines armes à feu semi-automatiques et à introduire les autres dispositions qui font apparaître, selon la République de Pologne, de nouvelles entraves.

63. D'autre part, dans la mesure où ladite argumentation vise à contester le fait que les mesures critiquées soient propres à atteindre les objectifs de l'article 114 TFUE, il convient de relever qu'une telle argumentation se confond avec celle que la République tchèque avance à l'appui de la seconde branche de son deuxième moyen, de sorte qu'il convient de les apprécier ensemble sous cette branche.

64. Eu égard à l'ensemble des considérations qui précèdent, le premier moyen doit être écarté comme étant non fondé.

[...]

Sur le deuxième moyen, tiré d'une violation du principe de proportionnalité

Sur la première branche du deuxième moyen, relative à l'examen par le législateur de l'Union de la proportionnalité de certaines des dispositions de la directive attaquée

[...]

76. Il résulte d'une jurisprudence constante que le principe de proportionnalité fait partie des principes généraux du droit de l'Union et exige que les moyens mis en œuvre par une disposition du droit de l'Union

soient propres à réaliser les objectifs légitimes poursuivis par la réglementation concernée et n'aillent pas au-delà de ce qui est nécessaire pour les atteindre (arrêt du 8 juin 2010, *Vodafone e.a.*, C-58/08, EU:C:2010:321, point 51 ainsi que jurisprudence citée).

77. En ce qui concerne le contrôle juridictionnel du respect de ces conditions, la Cour a reconnu au législateur de l'Union, dans le cadre de l'exercice des compétences qui lui sont conférées, un large pouvoir d'appréciation dans les domaines où son action implique des choix de nature tant politique qu'économique ou sociale, et où il est appelé à effectuer des appréciations et des évaluations complexes. Ainsi, il ne s'agit pas de savoir si une mesure arrêtée dans un tel domaine était la seule ou la meilleure possible, seul le caractère manifestement inapproprié de celle-ci par rapport à l'objectif que les institutions compétentes entendent poursuivre pouvant affecter la légalité de cette mesure (arrêt du 8 juin 2010, *Vodafone e.a.*, C-58/08, EU:C:2010:321, point 52 ainsi que jurisprudence citée).

78. En outre, le large pouvoir d'appréciation du législateur de l'Union, impliquant un contrôle juridictionnel limité de son exercice, s'applique non pas exclusivement à la nature et à la portée des dispositions à prendre, mais aussi, dans une certaine mesure, à la constatation des données de base (arrêt du 21 juin 2018, *Pologne/Parlement et Conseil*, C-5/16, EU:C:2018:483, point 151 ainsi que jurisprudence citée).

79. Même en présence d'un large pouvoir d'appréciation, le législateur de l'Union est tenu de fonder son choix sur des critères objectifs et d'examiner si les buts poursuivis par la mesure retenue sont de nature à justifier des conséquences économiques négatives, même considérables, pour certains opérateurs. En effet, en vertu de l'article 5 du protocole (n° 2) sur l'application des principes de subsidiarité et de proportionnalité, annexé au traité UE et au traité FUE, les projets d'actes législatifs doivent tenir compte de la nécessité de faire en sorte que toute charge incombant aux opérateurs économiques soit la moins élevée possible et à la mesure de l'objectif à atteindre (arrêt du 4 mai 2016, *Pologne/Parlement et Conseil*, C-358/14, EU:C:2016:323, points 97 et 98).

80. De plus, il résulte de la jurisprudence constante de la Cour que la validité d'un acte de l'Union doit être appréciée par rapport aux éléments dont le législateur de l'Union disposait au moment de l'adoption de la réglementation en cause (voir, en ce sens, arrêt du 6 septembre 2017, *Slovaquie et Hongrie/Conseil*, C-643/15 et C-647/15, EU:C:2017:631, point 221).

81. Par ailleurs, même un contrôle juridictionnel d'une portée limitée requiert que les institutions de l'Union, auteurs de l'acte en cause, soient en mesure d'établir devant la Cour que l'acte a été adopté moyennant un exercice effectif de leur pouvoir d'appréciation, lequel suppose la prise en considération de tous les éléments et circonstances pertinents de la situation que cet acte a entendu régir. Il en résulte que ces institutions

doivent, à tout le moins, pouvoir produire et exposer de façon claire et non équivoque les données de base ayant dû être prises en compte pour fonder les mesures contestées dudit acte et dont dépendait l'exercice de leur pouvoir d'appréciation (arrêt du 21 juin 2018, *Pologne/Parlement et Conseil*, C-5/16, EU:C:2018:483, points 152 et 153 ainsi que jurisprudence citée).

82. En l'occurrence, il convient, en premier lieu, de constater, ainsi que l'a fait Mme l'avocate générale aux points 94 à 97 de ses conclusions, qu'une obligation d'effectuer une analyse d'impact en toute circonstance ne résulte pas, contrairement à ce que prétend la République tchèque, soutenue par la Hongrie, des termes des points 12 à 15 de l'accord interinstitutionnel.

83. Il ressort de ces points, premièrement, que le Parlement, le Conseil et la Commission reconnaissent la contribution qu'apportent les analyses d'impact à l'amélioration de la qualité de la législation de l'Union et que ces analyses constituent un outil visant à aider les trois institutions concernées à décider en connaissance de cause. Deuxièmement, lesdits points précisent que les analyses d'impact ne doivent pas conduire à retarder indûment le processus législatif ni à porter atteinte à la faculté des colégislateurs de proposer des modifications, pour lesquelles il est d'ailleurs prévu que des analyses d'impact complémentaires peuvent être effectuées lorsque le Parlement et le Conseil le jugeront approprié et nécessaire. Troisièmement, ces mêmes points relèvent que la Commission procédera à une analyse d'impact de ses initiatives législatives qui sont susceptibles d'avoir une incidence économique, environnementale ou sociale importante. Quatrièmement, il est précisé que le Parlement et le Conseil, lors de l'examen des propositions législatives de la Commission, tiennent pleinement compte des analyses d'impact de la Commission.

84. Il en résulte que l'élaboration d'analyses d'impact constitue une étape du processus législatif devant, en règle générale, intervenir dès lors qu'une initiative législative est susceptible d'avoir une telle incidence.

85. Or, l'omission d'une analyse d'impact ne saurait être qualifiée de violation du principe de proportionnalité lorsque le législateur de l'Union se trouve dans une situation particulière nécessitant d'en faire l'économie et dispose de suffisamment d'éléments lui permettant d'apprécier la proportionnalité d'une mesure adoptée.

86. À cet égard et en second lieu, pour exercer effectivement leur pouvoir d'appréciation, les colégislateurs doivent prendre en compte, au cours de la procédure législative, les données scientifiques et d'autres constatations devenues disponibles, y compris des documents scientifiques utilisés par les États membres lors des réunions du Conseil et que ce dernier ne détient pas lui-même (voir, en ce sens, arrêt du 21 juin 2018, *Pologne/Parlement et Conseil*, C-5/16, EU:C:2018:483, points 160 à 163).

87. S'agissant des informations disponibles lors de l'élaboration par la Commission de son initiative législative ayant abouti à l'adoption de la

directive attaquée, cette institution a indiqué avoir pris en compte, tout d'abord, une étude détaillée sur le fonctionnement du système institué par la directive 91/477, intitulée « Evaluation of the Firearms Directive » et datée du mois de décembre 2014, et l'évaluation REFIT, qui mettaient en lumière de fortes divergences entre les États membres quant à l'application de cette directive, notamment en ce qui concerne la classification des armes à feu, qui suggéraient de définir des critères uniformes pour les armes d'alarme ou de spectacle pour empêcher leur transformation en armes à feu en état de fonctionner, qui proposaient d'harmoniser les règles de neutralisation des armes à feu, qui soulignaient que, dans la plupart des États membres, il n'était pas possible de retrouver le propriétaire initial d'une arme à feu, qui proposaient d'adapter les règles de marquage des armes à feu et d'améliorer le fonctionnement de l'échange d'informations entre les États membres ou encore d'introduire des dispositions encadrant les activités des courtiers, qui soulignaient les préoccupations résultant de la transformation possible des armes à feu semi-automatiques en armes à feu automatiques et qui formulaient des recommandations quant aux domaines dans lesquels le fonctionnement du marché intérieur des armes à feu à usage civil devrait être amélioré.

88. Ensuite, ladite institution s'est appuyée sur neuf études portant, respectivement, sur l'amélioration des règles de neutralisation des armes à feu et des procédures d'autorisation dans l'Union ainsi que sur les armes d'alarme et les répliques, sur les options possibles en matière de lutte contre le trafic d'armes à feu au sein de l'Union, sur les homicides, cette dernière étude ayant été élaborée par l'Office des Nations unies contre la drogue et le crime, sur la relation entre les morts violentes et l'accessibilité des armes à feu, sur l'impact du contrôle de l'acquisition et de la détention d'armes à feu sur les décès causés par celles-ci, sur les règles applicables à la neutralisation des armes à feu, à la transformation de celles-ci, aux armes d'alarme et aux armes à feu anciennes et sur les armes à feu utilisées lors de fusillades de masse en Europe.

89. Ces études mettaient notamment en lumière, en tenant compte du contexte sécuritaire, le risque accru de transformation des armes à feu neutralisées en armes à feu en état de fonctionner et les problèmes d'identification des propriétaires de ces armes, indiquaient que le marquage et la neutralisation des armes à feu n'avaient pas fait l'objet d'une harmonisation par la directive 91/477 et proposaient, dès lors, une révision de cette directive en vue d'harmoniser les règles de marquage des armes à feu et de renforcer les règles d'autorisation pour l'acquisition et la détention d'armes à feu, suggéraient d'instaurer des règles applicables aux armes à feu neutralisées, indiquaient la nécessité d'établir des normes techniques relatives à la transformation des armes d'alarme et de spectacle ainsi que des répliques, estimaient qu'il était nécessaire d'améliorer la collecte de données sur la production, l'acquisition et la détention d'armes à feu ainsi que sur les armes à feu neutralisées, les armes d'alarme et les répliques, recommandaient des

améliorations des règles applicables à la neutralisation des armes à feu, à la transformation de celles-ci et aux armes d'alarme et anciennes, évoquaient la nécessité d'encadrer les activités des armuriers et des courtiers, établissaient une corrélation entre les quantités d'armes à feu de poing détenues dans un État, d'une part, et le taux de crimes impliquant des armes à feu, d'autre part, indiquaient que la mise en place d'une réglementation plus restrictive en matière d'accès aux armes à feu était de nature à réduire de façon importante le nombre tant des crimes commis que des homicides impliquant des armes à feu, relevaient que la quasi-totalité des armes à feu utilisées lors de fusillades de masse en Europe étaient détenues légalement, indiquaient que ces armes étaient des armes à feu automatiques, semi-automatiques, réactivées ou composées de pièces de différentes armes et recommandaient notamment de limiter l'accès légal à de telles armes à feu.

90. Enfin, la Commission a invoqué des informations obtenues dans le cadre d'une consultation publique, en particulier la consultation des autorités des États membres, d'armuriers, d'experts en armes, de représentants d'associations européennes des fabricants d'armes à feu et de munitions à usage civil, de tireurs, de collectionneurs, d'organisations à but non lucratif et d'organismes de recherche. Elle a également fait référence aux informations obtenues dans le cadre de la consultation des États membres et des États de l'Espace économique européen ainsi que dans le cadre des travaux du comité institué par la directive 91/477, la Commission ayant invité les experts des États membres à formuler des avis et des observations sur les principales conclusions qui figuraient dans l'évaluation REFIT.

91. S'agissant encore des données recueillies au cours de la procédure législative, le Parlement fait état de consultations avec des parties prenantes, de visites d'un musée collectionnant des armes, d'une audition publique, de données techniques et statistiques demandées à la Commission et d'une conférence sur la directive 91/477.

92. Le Conseil a enfin indiqué avoir effectué ses travaux sur la base de la proposition de la Commission et des études évoquées par cette institution, de consultations avec des membres du Parlement ainsi que d'évaluations des incidences des mesures présentées par des États membres.

93. Les éléments visés aux points 87 à 92 du présent arrêt permettent ainsi de constater que les trois institutions concernées disposaient, au cours de la procédure législative ayant mené à l'adoption de la directive attaquée, tout d'abord, d'analyses détaillées du fonctionnement du marché intérieur des armes à feu à usage civil, tel qu'il résultait de la directive 91/477 avant sa modification par la directive attaquée, et comprenant des recommandations précises en vue d'améliorer ce fonctionnement. Ensuite, elles bénéficiaient de nombreuses analyses et recommandations couvrant notamment l'ensemble des sujets de nature sécuritaire évoqués dans l'argumentation de la République tchèque, telle que résumée aux

points 69 à 73 du présent arrêt, et tenant compte de l'expérience acquise, en particulier, au sujet de la dangerosité de certaines armes à feu dans le contexte sécuritaire évalué. Enfin, ces trois institutions ont complété ces données par des consultations d'experts et des représentants des parties prenantes ainsi que des évaluations des autorités des États membres.

94. Eu égard aux considérations qui précèdent, il y a lieu de rejeter la première branche du deuxième moyen comme étant non fondée.

Observations

L'arrêt du 3 décembre 2019 permet à la Cour de justice d'apporter des précisions importantes sur la manière d'appréhender la question de la base juridique d'un acte modificatif et sur le principe de proportionnalité. En l'espèce, la Cour de justice est saisie par la République tchèque d'un recours en annulation contre la directive 2017/853. Cette directive modifie la directive 91/477 qui fixe les dispositions minimales relatives à la circulation des armes à feu civiles dans l'Union européenne. Afin de répondre à la menace terroriste, elle met en place des règles plus strictes pour les armes à feu les plus dangereuses et renforce donc la dimension sécuritaire de la directive de 1991. À l'appui de son recours, la République tchèque invoque plusieurs moyens : la violation du principe d'attribution, la violation du principe de proportionnalité, la violation des principes de sécurité juridique et de confiance légitime et la violation du principe de non-discrimination. La Cour de justice rejette le recours.

Dans le cadre de son analyse de la violation du principe d'attribution, elle apporte deux précisions importantes. La première concerne les conditions d'application de l'article 114 TFUE. La seconde concerne la question de la base juridique d'un acte modificatif. En l'espèce, la République tchèque, soutenue par la Hongrie et la Pologne, soutenait que l'article 114 TFUE ne pouvait pas constituer la base juridique de la directive 2017/853. L'article 114 TFUE permet au Parlement et au Conseil, selon la procédure législative ordinaire, d'arrêter les mesures relatives au rapprochement des dispositions législatives, réglementaires et administratives des États membres qui ont pour objet l'établissement et le fonctionnement du marché intérieur. Pour la République tchèque, si cette disposition pouvait constituer le fondement de la directive de 1991 qui vise à règlementer la circulation des armes dans le marché intérieur en supprimant les entraves, elle ne peut en revanche pas fonder la directive de 2017, qui, bien que modifiant la directive de 1991, poursuit un objectif principalement sécuritaire.

La Cour de justice s'intéresse tout d'abord aux conditions d'application de l'article 114 TFUE et apporte un certain nombre de précisions qui découlaient déjà de sa jurisprudence antérieure : cette disposition ne peut être utilisée qu'en cas de divergences entre les dispositions nationales qui sont de nature à entraver les libertés fondamentales et à avoir une incidence directe sur le fonctionnement du marché intérieur (et non en cas de simples disparités). Elle peut être utilisée pour prévenir des obstacles futurs aux échanges résultant de l'évolution hétérogène des législations nationales. Sur le fondement de l'article 114 TFUE, le législateur peut prescrire, en fonction des circonstances, des mesures diverses. Ces mesures peuvent consister à obliger l'ensemble des États membres à autoriser la commercialisation des produits concernés, à assortir une telle obligation d'autorisation de certaines conditions, voire à interdire, provisoirement ou définitivement, la commercialisation d'un ou de certains produits. Les actes adoptés sur le fondement de l'article 114 TFUE doivent intégrer la nécessité de préserver les intérêts généraux garantis par le traité au titre desquels figurent la lutte contre le terrorisme international et la lutte contre la criminalité.

La juridiction de l'Union s'interroge ensuite sur le point de savoir si l'article 114 TFUE peut constituer la base juridique de la directive 2017/853. Et c'est à cette occasion qu'elle donne des indications sur la manière d'analyser la base juridique d'un acte qui a pour objet de modifier un acte existant. La République tchèque soutenait que la question de la base juridique, dans une telle hypothèse, ne doit être examinée qu'au regard du seul acte modificatif et sans prendre en compte l'acte modifié. La Cour de justice réfute ce raisonnement. Selon elle, il est nécessaire de prendre en compte l'acte modificatif mais aussi l'objectif et le contenu de l'acte antérieur que cet acte modifie. En effet, l'analyse de la base juridique au regard du seul acte modificatif pourrait aboutir à un résultat paradoxal : celui d'empêcher l'acte modificatif d'être fondé sur l'article 114 TFUE alors qu'il serait possible pour le législateur européen de se fonder sur cette disposition et d'aboutir au même résultat normatif en abrogeant l'acte initial et en procédant à la refonte intégrale de celui-ci dans un nouvel acte. En l'espèce, la question de la base juridique de la directive 2017/853 doit donc être appréciée en tenant compte du contexte constitué par la directive 91/477 et de la réglementation résultant des modifications apportées à celle-ci par la directive attaquée. Pour la Cour de justice, la directive 2017/853 peut être fondée sur l'article 114 TFUE dans la mesure où elle se borne à adapter les règles relatives à certaines armes prévues dans la directive de 1991 en raison de l'évolution des circonstances liées au développement du terrorisme en réajustant l'équilibre entre, d'une part, la liberté de circulation des armes à feu au sein du marché intérieur et, d'autre part, la nécessité d'encadrer la circulation de ces marchandises spécifiques par des garanties d'ordre sécuritaire adaptées à leur nature.

Le raisonnement adopté par la Cour de justice sur le principe de proportionnalité permet, quant à lui, d'apporter des éléments importants sur le rôle des analyses d'impact dans le processus législatif. Selon la République tchèque, le législateur européen aurait violé le principe de proportionnalité en adoptant la directive alors qu'il ne disposait pas d'informations suffisantes sur l'impact des mesures adoptées, notamment en raison de l'absence d'analyse d'impact préalable pourtant rendue obligatoire par l'accord interinstitutionnel « mieux légiférer » adopté par le Conseil et la Commission le 13 avril 2016. La Cour de justice rappelle que le législateur de l'Union est tenu de fonder son choix sur des critères objectifs et d'examiner si les buts poursuivis par la mesure retenue sont de nature à justifier des conséquences économiques négatives, mêmes considérables, pour certains opérateurs. Il doit prendre en considération tous les éléments et circonstances pertinents de la situation que cet acte a entendu régir. Les institutions sont donc tenues, même en cas de large pouvoir d'appréciation, de pouvoir produire et exposer de façon claire et non équivoque les données de base qui ont été prises en compte pour fonder les mesures qu'elles adoptent. Cette obligation n'implique cependant pas, selon la Cour, une obligation de recourir systématiquement à une analyse d'impact préalable. La Cour admet qu'en vertu de l'accord interinstitutionnel « mieux légiférer », les analyses d'impact constituent une étape du processus législatif devant, en règle générale, intervenir dès lors qu'une initiative législative est susceptible d'avoir une incidence économique, environnementale ou sociale importante. Mais selon elle, le législateur de l'Union peut ne pas recourir à une telle analyse lorsque deux conditions cumulatives sont remplies : le législateur se trouve dans une situation particulière nécessitant de faire l'économie de l'analyse d'impact et il dispose de suffisamment d'éléments lui permettant d'apprécier la proportionnalité de la mesure adoptée. En l'espèce la Cour de justice estime que ces deux conditions sont remplies. Elle procède à une analyse rigoureuse de la seconde condition mais reste cependant étonnamment silencieuse sur la première, à savoir la situation particulière qui a pu justifier en l'espèce l'omission de l'analyse d'impact. La Cour procède au contrôle de la proportionnalité de certaines mesures contenues dans la directive. Elle reconnaît que, dans les domaines couverts par la directive, en raison des appréciations et des évaluations complexes qu'il a été amené à effectuer, le législateur dispose d'un large pouvoir d'appréciation. En conséquence, et conformément à sa jurisprudence antérieure, la Cour de justice limite son contrôle. Elle se borne à vérifier si le législateur a manifestement dépassé le large pouvoir d'appréciation dont il dispose en optant pour des mesures manifestement inappropriées par rapport à l'objectif poursuivi. Elle arrive à une conclusion négative.

Delphine Dero-Bugny

Cour de justice, gde ch., 19 décembre 2019, *Patrick Grégor Puppinck e.a. c/ Commission européenne*, aff. C-418/18 P, ECLI:EU:C:2019:1113

Conclusion de l'avocat général M. Bobek, du 29 juillet 2019, ECLI:EU:C:2019:640

Mots-clés : Droit institutionnel – Initiative citoyenne « Un de nous » – Communication de la Commission européenne présentant ses conclusions et les raisons de ne pas entreprendre les actions demandées dans l'initiative citoyenne

Cadre Normatif : article 11, paragraphe 4, TUE ; règlement (UE) n° 211/2011 du 16 février 2011 sur l'initiative citoyenne

Extraits de l'arrêt

1. Par leur pourvoi, MM. Patrick Grégor Puppinck, Filippo Vari, Jakub Baltroszewicz et Manfred Liebner ainsi que Mmes Josephine Quintavalle, Edith Frivaldszky et Alicia Latorre Canizares demandent l'annulation de l'arrêt du Tribunal de l'Union européenne du 23 avril 2018, *One of Us e.a./Commission* (T-561/14, ci-après l'« arrêt attaqué », EU:T:2018:210), par lequel celui-ci a rejeté leur recours tendant à l'annulation de la communication COM(2014) 355 final de la Commission, du 28 mai 2014, relative à l'initiative citoyenne européenne « Un de nous » (ci-après la « communication litigieuse »).

[...]

Sur le premier moyen

Argumentation des parties

45. Par leur premier moyen, les requérants font valoir que le Tribunal a commis une erreur de droit lorsqu'il a rejeté, aux points 118 et 125 de l'arrêt attaqué, leur argument relatif à l'interprétation de l'article 11, paragraphe 4, TUE et du règlement n° 211/2011. Ils estiment que le Tribunal, en ayant jugé, aux points 111 et 113 de l'arrêt attaqué, que le quasi-monopole de l'initiative législative de la Commission n'était pas

affecté par l'instauration du mécanisme de l'ICE, a méconnu le caractère spécifique dudit mécanisme.

[...]

Appréciation de la Cour

53. L'article 11, paragraphe 4, TUE, introduit par le traité de Lisbonne, reconnaît aux citoyens de l'Union le droit de prendre, sous certaines conditions, l'initiative d'inviter la Commission, dans le cadre de ses attributions, à soumettre une proposition appropriée sur des questions pour lesquelles ces citoyens considèrent qu'un acte juridique de l'Union est nécessaire aux fins de l'application des traités (arrêt du 12 septembre 2017, *Anagnostakis/Commission*, C-589/15 P, EU:C:2017:663, point 23).

54. Le droit de prendre une ICE constitue, à l'instar, notamment, du droit de pétition devant le Parlement, un instrument relatif au droit des citoyens de participer à la vie démocratique de l'Union, prévu à l'article 10, paragraphe 3, TUE, en ce qu'il leur permet de s'adresser directement à la Commission pour lui présenter une demande l'invitant à soumettre une proposition d'acte juridique de l'Union, aux fins de l'application des traités (arrêt du 12 septembre 2017, *Anagnostakis/Commission*, C-589/15 P, EU:C:2017:663, point 24).

55. Conformément à l'article 24, premier alinéa, TFUE, les procédures et les conditions requises pour la présentation d'une ICE ont été précisées dans le règlement n° 211/2011.

56. Par leur premier moyen, les requérants soutiennent que le Tribunal a commis une erreur de droit en ayant jugé que la Commission n'était pas tenue, en application de l'article 11, paragraphe 4, TUE et du règlement n° 211/2011, de soumettre une proposition d'acte législatif à la suite de l'ICE litigieuse.

57. À cet égard, il convient, en premier lieu, de relever qu'il ressort du libellé même de l'article 11, paragraphe 4, TUE que l'ICE vise à « inviter » la Commission à soumettre une proposition appropriée aux fins de l'application des traités, et non pas, ainsi que le soutiennent les requérants, à obliger cette institution à entreprendre l'action ou les actions envisagées par l'ICE en cause. Cette interprétation textuelle est corroborée par le libellé de l'article 2, point 1, du règlement n° 211/2011, qui définit l'« initiative citoyenne » comme une initiative présentée à la Commission, conformément à ce règlement, « invitant » cette institution à soumettre une proposition telle que celle visée à l'article 11, paragraphe 4, TUE. Il ressort par ailleurs des termes de l'article 10, paragraphe 1, sous c), et du considérant 20 dudit règlement que, lorsqu'elle reçoit une ICE, la Commission présente l'action qu'elle compte, le cas échéant, entreprendre, ainsi que les raisons qu'elle a d'entreprendre ou de ne pas entreprendre

d'action, ce qui confirme que la présentation par la Commission d'une proposition d'acte de l'Union à la suite d'une ICE revêt un caractère facultatif.

58. S'agissant, en deuxième lieu, du contexte dans lequel s'inscrit le mécanisme de l'ICE, il ne saurait, ainsi que le fait valoir la Commission, être inféré de l'arrêt du 14 avril 2015, *Conseil/Commission* (C-409/13, EU:C:2015:217), qui concernait le retrait, par la Commission, d'une proposition d'acte de l'Union durant le processus législatif, que cette institution est contrainte de présenter une proposition d'acte de l'Union à la suite d'une ICE.

59. Au contraire, ainsi que la Cour l'a rappelé dans cet arrêt, tant l'article 17, paragraphe 2, TUE que l'article 289 TFUE confèrent à la Commission le pouvoir d'initiative législative, lequel implique qu'il revient à cette institution de décider de présenter, ou non, une proposition d'acte législatif, hormis le cas où elle serait tenue, en vertu du droit de l'Union, de présenter une telle proposition. Au titre de ce pouvoir, en cas de présentation d'une proposition d'acte législatif, il appartient également à la Commission, qui, conformément à l'article 17, paragraphe 1, TUE, promeut l'intérêt général de l'Union et prend les initiatives appropriées à cette fin, de déterminer l'objet, la finalité ainsi que le contenu de cette proposition (arrêt du 14 avril 2015, *Conseil/Commission*, C-409/13, EU:C:2015:217, point 70).

60. Ce pouvoir d'initiative législative de la Commission est l'une des expressions du principe de l'équilibre institutionnel, caractéristique de la structure institutionnelle de l'Union, lequel implique que chacune des institutions exerce ses compétences dans le respect de celles des autres (voir, en ce sens, arrêt du 14 avril 2015, *Conseil/Commission*, C-409/13, EU:C:2015:217, point 64 et jurisprudence citée).

61. À cet égard, il convient de relever que, ainsi que cela ressort du considérant 1 du règlement n° 211/2011, l'ICE entend conférer aux citoyens de l'Union un droit comparable à celui dont disposent, en vertu, respectivement, des articles 225 et 241 TFUE, le Parlement et le Conseil de demander à la Commission de soumettre toute proposition appropriée aux fins de la mise en œuvre des traités. Or, il ressort de ces deux articles que le droit ainsi reconnu au Parlement et au Conseil ne porte pas atteinte au pouvoir d'initiative législative de la Commission, laquelle demeure libre de ne pas soumettre de proposition pourvu qu'elle en communique les raisons à l'institution concernée. Partant, une ICE présentée sur le fondement de l'article 11, paragraphe 4, TUE et du règlement n° 211/2011 ne saurait pas davantage affecter ce pouvoir.

62. De plus, la thèse des requérants selon laquelle la Commission est tenue, dans tous les cas, de donner suite aux propositions figurant dans une ICE enregistrée et ayant recueilli les soutiens nécessaires serait inconciliable avec le pouvoir d'appréciation dont jouit la Commission,

en vertu de l'article 17, paragraphe 1, TUE, dans sa mission consistant à promouvoir l'intérêt général de l'Union et à prendre toute initiative appropriée à cette fin, ainsi qu'avec l'obligation générale incombant à cette institution, en vertu du paragraphe 3 de cet article, d'agir en toute indépendance dans l'exercice de son pouvoir d'initiative.

63. Partant, c'est à bon droit que le Tribunal a estimé, au point 111 de l'arrêt attaqué, que le quasi-monopole de l'initiative législative conféré par les traités à la Commission n'est pas affecté par le droit à l'ICE prévu à l'article 11, paragraphe 4, TUE.

64. En troisième lieu, s'agissant de l'argument des requérants selon lequel l'interprétation du mécanisme de l'ICE par le Tribunal dans l'arrêt attaqué prive ce mécanisme de tout effet utile, il y a lieu de rappeler que, aux termes de l'article 10, paragraphe 1, TUE, le fonctionnement de l'Union est fondé sur la démocratie représentative, laquelle concrétise la valeur de démocratie. Celle-ci constitue, en vertu de l'article 2 TUE, l'une des valeurs sur lesquelles l'Union est fondée.

65. Ce système de démocratie représentative a été complété, par le traité de Lisbonne, par des instruments de démocratie participative, tels que le mécanisme de l'ICE, qui ont pour objectif de favoriser la participation des citoyens au processus démocratique et de promouvoir le dialogue entre les citoyens et les institutions de l'Union. Or, ainsi que l'a relevé en substance M. l'avocat général au point 71 de ses conclusions, cet objectif s'inscrit dans l'équilibre institutionnel préexistant et s'exerce dans les limites des attributions qui sont conférées à chaque institution de l'Union par les traités, les auteurs de ceux-ci n'ayant pas entendu, par l'instauration de ce mécanisme, priver la Commission du pouvoir d'initiative législative qui lui est reconnu par l'article 17 TUE.

66. Cela étant, le fait que la Commission ne soit pas tenue d'entreprendre une action à la suite d'une ICE ne signifie pas qu'une telle initiative soit privée d'effet utile.

67. En effet, une ICE qui a été enregistrée conformément à l'article 4, paragraphe 2, du règlement n° 211/2011 et qui respecte l'ensemble des procédures et des conditions prévues par ce dernier déclenche une série d'obligations spécifiques pour la Commission, énumérées aux articles 10 et 11 de ce règlement.

68. Tout d'abord, dès qu'elle reçoit une ICE, la Commission doit, en application de l'article 10, paragraphe 1, sous a), de ce règlement, la publier sans tarder dans le registre prévu à cet effet, afin de porter à la connaissance du public les questions, figurant dans cette ICE, pour lesquelles les citoyens considèrent qu'un acte juridique de l'Union est nécessaire. Ensuite, en vertu du point b) de cette disposition, la Commission est tenue de recevoir, à un niveau approprié, les organisateurs d'une ICE

ayant recueilli le soutien d'au moins un million de signataires, afin de leur permettre d'exposer dans le détail les questions soulevées par cette ICE. Enfin, le point c) de ladite disposition prévoit que la Commission présente, au moyen d'une communication, ses conclusions juridiques et politiques sur l'ICE, l'action qu'elle compte entreprendre, le cas échéant, ainsi que les raisons qu'elle a d'entreprendre ou de ne pas entreprendre cette action.

69. Il ressort également de l'article 11 du règlement n° 211/2011 que les organisateurs d'une ICE qui remplit les conditions posées à l'article 10, paragraphe 1, sous a) et b), de ce règlement ont la possibilité de présenter cette initiative lors d'une audition publique, organisée au Parlement, le cas échéant en liaison avec les autres institutions et les organes de l'Union souhaitant participer, et en présence de la Commission, ce qui leur garantit un accès privilégié aux institutions de l'Union.

70. C'est donc à juste titre que le Tribunal a considéré, au point 124 de l'arrêt attaqué, que le rejet de la thèse des requérants quant à l'obligation pour la Commission d'entreprendre une action à la suite de l'ICE litigieuse ne prive pas d'effet utile le mécanisme de l'ICE. Ainsi que M. l'avocat général l'a relevé au point 78 de ses conclusions, la valeur ajoutée particulière de ce mécanisme réside non pas dans la certitude de son issue, mais dans les possibilités et les opportunités qu'elle crée pour les citoyens de l'Union de déclencher un débat politique au sein des institutions de celle-ci sans devoir attendre le déclenchement d'une procédure législative.

71. Eu égard aux considérations qui précèdent, le Tribunal était fondé à considérer, aux points 105 à 118 de l'arrêt attaqué, que l'interprétation de l'article 10, paragraphe 1, sous c), du règlement n° 211/2011, retenue par les requérants, est erronée en droit. C'est également à bon droit qu'il a rejeté, aux points 122 à 125 de l'arrêt attaqué, l'argumentation des requérants selon laquelle l'article 11, paragraphe 4, TUE déclenche une obligation pour la Commission d'initier une procédure législative à la suite d'une ICE enregistrée et bénéficiant du soutien requis.

72. Il s'ensuit que le premier moyen du pourvoi doit être rejeté en tant que non fondé.

[...]

Argumentation des parties

84. Par leur troisième moyen, les requérants soutiennent que le Tribunal a commis une erreur de droit au point 170 de l'arrêt attaqué en ayant considéré que la communication litigieuse devait faire l'objet d'un contrôle restreint du Tribunal, limité aux erreurs manifestes d'appréciation. Ils estiment, d'une part, que le Tribunal s'est fondé sur une jurisprudence non applicable au mécanisme de l'ICE et, d'autre part, qu'il n'a proposé

aucun critère permettant de distinguer entre les erreurs « manifestes » et celles qui ne le sont pas.

[...]

Appréciation de la Cour

87. Le Tribunal a, au point 169 de l'arrêt attaqué, jugé que, dans le cadre de l'exercice de son pouvoir d'initiative législative, la Commission doit bénéficier d'un large pouvoir d'appréciation, dans la mesure où, par le biais de cet exercice, elle est appelée, en vertu de l'article 17, paragraphe 1, TUE, à promouvoir l'intérêt général de l'Union en effectuant, éventuellement, des arbitrages difficiles entre des intérêts divergents. En conséquence, il a estimé, au point 170 de cet arrêt, que la communication litigieuse devait faire l'objet d'un contrôle juridictionnel restreint.

88. À cet égard, ainsi qu'il a été souligné dans le cadre de l'examen du premier moyen du pourvoi, la décision de la Commission de ne pas entreprendre d'action à la suite d'une ICE qui a été enregistrée et a recueilli le soutien requis relève de l'exercice, par cette institution, de son pouvoir d'initiative législative consacré à l'article 17 TUE.

89. Or, dès lors que, comme le Tribunal l'a souligné à juste titre au point 169 de l'arrêt attaqué, la Commission dispose, dans l'exercice de ce pouvoir, d'un large pouvoir d'appréciation, c'est également à bon droit qu'il a jugé, au point 170 dudit arrêt, que la communication litigieuse était soumise à un contrôle juridictionnel restreint, et non pas à un contrôle complet comme l'ont fait valoir les requérants.

90. Il convient, par ailleurs, de préciser à cet égard que, s'il est vrai, ainsi que la Commission l'a souligné, que la Cour a jugé, dans l'arrêt du 9 décembre 2014, *Schönberger/Parlement* (C-261/13 P, EU:C:2014:2423, point 24), qu'une décision du Parlement portant sur les suites à donner à une pétition satisfaisant aux conditions énoncées à l'article 227 TFUE échappe au contrôle du juge de l'Union, une communication de la Commission adoptée au titre de l'article 10, paragraphe 1, sous c), du règlement n° 211/2011 se distingue toutefois d'une telle décision à divers égards.

91. En effet, à la différence d'une telle pétition, une ICE enregistrée sur la base de l'article 4, paragraphe 2, du règlement n° 211/2011 est soumise, en vertu de ce règlement, à des conditions strictes et à des garanties procédurales précises. En outre, alors qu'une décision du Parlement telle que visée au point précédent relève d'un pouvoir d'appréciation « de nature politique » (arrêt du 9 décembre 2014, *Schönberger/Parlement*, C-261/13 P, EU:C:2014:2423, point 24), il ressort de l'article 10, paragraphe 1, sous c), de ce règlement que la Commission est tenue de présenter, au moyen d'une communication, ses conclusions, tant juridiques que politiques, sur l'ICE en cause, l'action qu'elle compte, le cas échéant,

entreprendre ainsi que les raisons qu'elle a d'entreprendre ou de ne pas entreprendre cette action.

92. De telles exigences visent non seulement à informer, d'une manière claire, compréhensible et circonstanciée, les organisateurs d'une ICE de la position de la Commission sur leur initiative, mais, également, à permettre au juge de l'Union de contrôler les communications de la Commission adoptées conformément à l'article 10, paragraphe 1, sous c), du règlement n° 211/2011.

93. S'agissant de la portée de ce contrôle, le Tribunal a jugé, au point 170 de l'arrêt attaqué, que ledit contrôle doit viser à vérifier, outre le caractère suffisant de la motivation de la communication litigieuse, l'existence, notamment, d'erreurs manifestes d'appréciation viciant cette communication.

94. À cet égard, il convient, d'une part, de rappeler que l'obligation de motivation doit s'appliquer, en principe, à tout acte de l'Union produisant des effets juridiques [voir, en ce sens, arrêt du 25 octobre 2017, *Commission/Conseil* (CMR-15), C-687/15, EU:C:2017:803, point 52]. La motivation doit faire apparaître de façon claire et non équivoque le raisonnement de l'institution, auteur de l'acte, de manière à permettre, d'une part, aux intéressés de connaître les justifications de la décision prise afin de défendre leurs droits et, d'autre part, au juge de l'Union d'exercer son contrôle sur la légalité de cette décision (voir, en ce sens, arrêt du 12 septembre 2017, *Anagnostakis/Commission*, C-589/15 P, EU:C:2017:663, point 28).

95. D'autre part, lorsque les institutions de l'Union disposent, comme la Commission en l'occurrence, d'un large pouvoir d'appréciation et, en particulier, lorsqu'elles sont amenées à opérer des choix de nature, notamment, politique et des appréciations complexes, le contrôle juridictionnel des appréciations sous-tendant l'exercice de ce pouvoir doit consister à vérifier l'absence d'erreurs manifestes (voir, en ce sens, arrêt du 6 septembre 2017, *Slovaquie et Hongrie/Conseil*, C-643/15 et C-647/15, EU:C:2017:631, points 123 et 124 ainsi que jurisprudence citée).

96. Partant, c'est sans commettre d'erreur de droit que le Tribunal a jugé, aux points 169 et 170 de l'arrêt attaqué, que la communication litigieuse relève de l'exercice d'un large pouvoir d'appréciation de la Commission et doit, en conséquence, faire l'objet d'un contrôle juridictionnel restreint, visant à vérifier, notamment, le caractère suffisant de sa motivation et l'absence d'erreurs manifestes d'appréciation.

97. Il s'ensuit que le troisième moyen du pourvoi doit être rejeté comme étant non fondé.

Observations

En vertu de l'article 10, paragraphe 1er, sous c), du règlement 211/2011 du 16 février 2011 sur l'initiative citoyenne, la Commission, lorsqu'elle reçoit une initiative citoyenne qui a recueilli le nombre suffisant de soutiens, doit présenter « dans un délai de trois mois, au moyen d'une communication, ses conclusions juridiques et politiques sur l'initiative citoyenne, l'action qu'elle compte entreprendre, le cas échéant, ainsi que les raisons qu'elle a d'entreprendre ou de ne pas entreprendre cette action » (1). En l'espèce, afin de répondre à l'ICE « Un de nous » qui a obtenu le soutien de 1 721 626 signataires, la Commission a adopté, conformément à cette disposition, une communication dans laquelle elle a exposé les raisons pour lesquelles elle n'entreprendrait aucune action à la suite de l'ICE. Les organisateurs de cette initiative ont exercé un recours en annulation contre cette communication devant le Tribunal. Celui-ci a admis la recevabilité du recours mais a rejeté le recours au fond (2). Saisie d'un pourvoi contre l'arrêt du Tribunal, la Cour de justice, dans son arrêt du 19 décembre 2019, confirme la solution de celui-ci et apporte des précisions importantes sur deux éléments importants.

Le premier élément concerne les conséquences d'une ICE sur le pouvoir d'initiative de la Commission. Une initiative citoyenne qui a recueilli le soutien d'au moins un million de signataires affecte-t-elle le monopole d'initiative législative de la Commission ? La Cour de justice, comme le Tribunal, va répondre négativement à cette interrogation. Pour cela, elle va se fonder sur le libellé de l'article 11 TUE et celui règlement 211/2011 qui prévoient explicitement que l'ICE vise à « inviter » la Commission à soumettre une proposition appropriée. Ces textes attestent du caractère facultatif de la présentation par la Commission d'une proposition d'un acte à la suite de l'ICE. Toute autre solution reviendrait à remettre en cause le pouvoir d'initiative de la Commission

(1) Ce règlement a été remplacé par le règlement n° 2019/788 du 17 avril 2019 qui reprend pour l'essentiel cette disposition à son article 12.

(2) Trib. UE, 23 avril 2018, *One of us e.a. c/ Commission*, aff. T-561/14.

qui implique que c'est à elle, en tant que représentante de l'intérêt général de l'Union, de décider en toute indépendance, de présenter ou non une proposition d'acte législatif. À ce titre, l'ICE place les citoyens dans la même situation que le Parlement européen et le Conseil à l'égard du pouvoir d'initiative de la Commission. Selon les articles 225 et 241 TFUE, ces deux institutions ont la possibilité de demander à la Commission de soumettre une proposition d'acte. Mais la Commission dispose de la possibilité de refuser, et, si elle le fait, elle doit alors communiquer les raisons de son refus. Si une ICE ayant recueilli le nombre suffisant de soutiens n'oblige pas la Commission à adopter une proposition d'acte, elle n'est pas pour autant dépourvue d'effets. L'ICE, qui constitue un instrument de démocratie participative, promeut en effet le dialogue entre les citoyens et les institutions de l'Union et permet la mise en place d'un débat public sur la scène européenne. Le règlement (UE) n° 211/2011 prévoit ainsi que toute ICE enregistrée par la Commission doit être publiée par celle-ci dans le registre prévu à cet effet pour être portée à la connaissance du public. Pour les ICE qui ont recueilli le soutien d'au moins un million de signataires, le règlement oblige la Commission à recevoir les signataires pour qu'ils exposent dans le détail les éléments contenus dans leur initiative. Il prévoit aussi la possibilité, pour les organisateurs de l'ICE, de présenter leur initiative lors d'une audition publique organisée au Parlement.

Le deuxième élément important concerne le contrôle juridictionnel qui peut être exercé par les juridictions de l'Union sur la communication adoptée par la Commission pour répondre à une ICE. Ici aussi la Cour de justice confirme la position du Tribunal. Elle constate que c'est un contrôle juridictionnel restreint qui doit être exercé. Celui-ci doit notamment consister à contrôler le caractère suffisant de la motivation et l'existence d'erreurs manifestes d'appréciation viciant la communication. La mise en place d'un contrôle juridictionnel restreint se justifie par le fait que la décision d'entreprendre ou de ne pas entreprendre d'action à la suite d'une ICE, qui a obtenu le nombre suffisant de soutiens, relève de l'exercice par la Commission de son pouvoir d'initiative législative dans le cadre duquel elle doit bénéficier d'un large pouvoir d'appréciation.

Delphine Dero-Bugny

II. SOURCES ÉCRITES ET NON ÉCRITES DU DROIT DE L'UE, EFFET DIRECT ET PRIMAUTÉ

Cour de justice, ass. plén., 30 avril 2019, *Accord ECG UE-Canada*, avis 1/17, ECLI:EU:C:2019:341

Conclusions de l'avocat général Y. Bot, du 29 janvier 2019, ECLI:EU:C:2019:72

Mots-clés : Règlement des différends entre les investisseurs et les États (RDIE) – Mise en place d'un tribunal et d'un tribunal d'appel – Compatibilité avec le droit primaire de l'Union – Exigence de respect de l'autonomie de l'ordre juridique de l'Union – Niveau de protection d'intérêts publics fixé, conformément au cadre constitutionnel de l'Union, par les institutions de celle-ci – Égalité de traitement entre les investisseurs canadiens et ceux de l'Union

Cadre normatif : article 218, paragraphe 11, TFUE ; accord économique et commercial global entre le Canada, d'une part, et l'Union européenne et ses États membres, d'autre part (AECG)

Notes et observations : A. Abderramdane, « Quelques remarques à propos de l'avis 1/17 de la CJUE », *RDUE*, 2019/2, p. 189 ; H. Culot, « L'avis 1/17 de la Cour de justice : la validation du CETA, mais sous conditions ? », *JDE*, 2019, vol. 262, n° 8, p. 318 ; J. Delile, « L'avis 1/17 ou le retour en grâce des juridictions internationales auprès de la Cour de justice de l'Union européenne », *RAE*, 2019/2, pp. 347-370 ; P.-Y. Monjal, « L'Avis 1/17 de la Cour de justice et le système juridictionnel des investissements : le CETA comme Gold-standard trade pact », *RDUE*, 2019/2, p. 11 ; C. Maubernard, « L'avis 1/17 ou les contours de l'autonomie procédurale et substantielle de l'ordre juridique de l'Union », *Rev. UE*, 2019/632, p. 573, D. Simon, « Accords internationaux – Compatibilité avec le droit primaire », *Europe*, juin 2019, comm. 236

Extraits de l'avis

1. La demande d'avis soumise à la Cour par le Royaume de Belgique est ainsi formulée :

« L'accord économique et commercial global entre le Canada, d'une part, et l'Union européenne et ses États membres, d'autre part, signé à Bruxelles le 30 octobre 2016 [(*JO* 2017, L 11, p. 23, ci-après l'"AECG")], est-il, à son chapitre huit ("Investissements"), section F ("Règlement des différends relatifs aux investissements entre investisseurs et États"), compatible avec les traités, en ce compris les droits fondamentaux ? »

[...]

Sur la compatibilité du mécanisme RDIE envisagé avec l'autonomie de l'ordre juridique de l'Union

1. Principes

106. Il y a lieu de rappeler, d'emblée, qu'un accord international prévoyant la création d'une juridiction chargée de l'interprétation de ses dispositions et dont les décisions lient l'Union est, en principe, compatible avec le droit de cette dernière. En effet, la compétence de l'Union en matière de relations internationales et sa capacité à conclure des accords internationaux comportent nécessairement la faculté de se soumettre aux décisions d'une juridiction créée ou désignée en vertu de tels accords, pour ce qui concerne l'interprétation et l'application de leurs dispositions [avis 2/13 (Adhésion de l'Union à la CEDH), du 18 décembre 2014, EU:C:2014:2454, point 182 ; voir également avis 1/91 (Accord EEE – I), du 14 décembre 1991, EU:C:1991:490, points 40 et 70, ainsi que 1/09 (Accord sur la création d'un système unifié de règlement des litiges en matière de brevets), du 8 mars 2011, EU:C:2011:123, point 74].

107. Un accord international conclu par l'Union peut, par ailleurs, avoir des incidences sur les compétences des institutions de l'Union pourvu, toutefois, que les conditions essentielles de préservation de la nature de ces compétences soient remplies et que, partant, il ne soit pas porté atteinte à l'autonomie de l'ordre juridique de celle-ci [voir, notamment, avis 1/00 (Accord sur la création d'un espace aérien européen commun), du 18 avril 2002, EU:C:2002:231, points 20 et 21, ainsi que 2/13 (Adhésion de l'Union à la CEDH), du 18 décembre 2014, EU:C:2014:2454, point 183].

108. Il s'ensuit que l'AECG, en ce qu'il prévoit, comme il découle du point 6, sous f), g) et i), de l'instrument interprétatif commun et ainsi que M. l'avocat général l'a observé au point 18 de ses conclusions, une judiciarisation du règlement des différends entre les investisseurs et les États par l'instauration d'un Tribunal et d'un Tribunal d'appel de l'AECG et, à

plus long terme, d'un Tribunal multilatéral des investissements, ne peut être compatible avec le droit de l'Union qu'à la condition de ne pas porter atteinte à l'autonomie de l'ordre juridique de l'Union.

109. Cette autonomie, qui existe au regard tant du droit des États membres que du droit international, découle des caractéristiques essentielles de l'Union et de son droit. Ce dernier se caractérise en effet par la circonstance d'être issu d'une source autonome, constituée par les traités, par sa primauté par rapport aux droits des États membres ainsi que par l'effet direct de toute une série de dispositions applicables à leurs ressortissants et à eux-mêmes. De telles caractéristiques ont donné lieu à un réseau structuré de principes, de règles et de relations juridiques mutuellement interdépendantes liant, réciproquement, l'Union elle-même et ses États membres, ainsi que ceux-ci entre eux (voir, notamment, arrêt du 10 décembre 2018, *Wightman e.a.*, C-621/18, EU:C:2018:999, point 45 ainsi que jurisprudence citée).

110. Ladite autonomie réside ainsi dans la circonstance que l'Union est dotée d'un cadre constitutionnel qui lui est propre. Relèvent de ce cadre les valeurs fondatrices énoncées à l'article 2 TUE, aux termes duquel l'Union « est fondée sur les valeurs de respect de la dignité humaine, de liberté, de démocratie, d'égalité, de l'État de droit, ainsi que de respect des droits de l'homme », les principes généraux du droit de l'Union, les dispositions de la Charte, ainsi que les dispositions des traités UE et FUE, lesquelles comportent, notamment, les règles d'attribution et de répartition des compétences, les règles de fonctionnement des institutions de l'Union et du système juridictionnel de celle-ci, ainsi que les règles fondamentales dans des domaines spécifiques, structurées de manière à contribuer à la réalisation du processus d'intégration rappelé à l'article 1er, deuxième alinéa, TUE [voir, en ce sens, avis 2/13 (Adhésion de l'Union à la CEDH), du 18 décembre 2014, EU:C:2014:2454, point 158].

111. Pour garantir la préservation de ces caractéristiques spécifiques et de l'autonomie de l'ordre juridique ainsi créé, les traités ont institué un système juridictionnel destiné à assurer la cohérence et l'unité dans l'interprétation du droit de l'Union. Conformément à l'article 19 TUE, c'est aux juridictions nationales et à la Cour qu'il appartient de garantir la pleine application de ce droit dans l'ensemble des États membres ainsi que la protection juridictionnelle effective, la Cour détenant une compétence exclusive pour fournir l'interprétation définitive dudit droit. À cette fin, ce système comporte, en particulier, la procédure du renvoi préjudiciel prévue à l'article 267 TFUE [avis 2/13 (Adhésion de l'Union à la CEDH), du 18 décembre 2014, EU:C:2014:2454, points 174 à 176 et 246].

112. En l'occurrence, eu égard aux interrogations soulevées dans la demande d'avis, il y a lieu d'examiner si le mécanisme RDIE prévu au

chapitre huit, section F, de l'AECG est de nature à empêcher l'Union de fonctionner conformément au cadre constitutionnel susvisé.

113. Aux fins de cet examen, il y a lieu de constater, d'emblée, que le mécanisme RDIE envisagé se situe en dehors du système juridictionnel de l'Union.

114. En effet, le for envisagé par l'AECG est distinct des juridictions internes du Canada, de l'Union et des États membres de celle-ci. Le Tribunal et le Tribunal d'appel de l'AECG ne sauraient, dès lors, être considérés comme faisant partie du système juridictionnel de l'une ou de l'autre de ces Parties.

115. Toutefois, le caractère extérieur du mécanisme RDIE envisagé par rapport au système juridictionnel de l'Union ne signifie pas, en lui-même, que ce mécanisme porte atteinte à l'autonomie de l'ordre juridique de l'Union.

116. En effet, s'agissant des accords internationaux conclus par l'Union, la compétence des juridictions visées à l'article 19 TUE pour interpréter et appliquer ces accords ne prévaut ni sur celle des juridictions des États tiers avec lesquels ces accords ont été conclus ni sur celle des juridictions internationales que de tels accords instaurent.

117. Partant, si lesdits accords font partie intégrante du droit de l'Union et peuvent dès lors faire l'objet de renvois préjudiciels (voir, notamment, arrêts du 30 avril 1974, *Haegeman*, 181/73, EU:C:1974:41, points 5 et 6 ; du 25 février 2010, *Brita*, C-386/08, EU:C:2010:91, point 39, ainsi que du 22 novembre 2017, *Aebtri*, C-224/16, EU:C:2017:880, point 50), ils concernent tout autant lesdits États tiers et peuvent donc également être interprétés par les juridictions de ces États. C'est, en outre, précisément en raison du caractère réciproque des accords internationaux et de la nécessité de préserver la compétence de l'Union dans les relations internationales qu'il est loisible pour celle-ci, ainsi qu'il ressort de la jurisprudence citée au point 106 du présent avis, de conclure un accord qui confère à une juridiction internationale la compétence pour interpréter cet accord sans que cette juridiction soit soumise aux interprétations dudit accord que fournissent les juridictions des Parties.

118. Il résulte de ces éléments que le droit de l'Union ne s'oppose ni à ce que le chapitre huit, section F, de l'AECG prévoie la création d'un tribunal, d'un tribunal d'appel et, ultérieurement, d'un tribunal multilatéral des investissements ni à ce qu'il leur confère la compétence pour interpréter et appliquer les dispositions de l'accord à l'aune des règles et des principes de droit international applicables entre les Parties. En revanche, ces tribunaux étant extérieurs au système juridictionnel de l'Union, ils ne sauraient être habilités à interpréter ou à appliquer des dispositions du droit de l'Union autres que celles de l'AECG ou à rendre

des sentences qui puissent avoir pour effet d'empêcher les institutions de l'Union de fonctionner conformément au cadre constitutionnel de celle-ci.

119. Par conséquent, afin de vérifier la compatibilité du mécanisme RDIE envisagé avec l'autonomie de l'ordre juridique de l'Union, il importe de s'assurer :

- que le chapitre huit, section F, de l'AECG ne confère aux tribunaux envisagés aucune compétence d'interprétation ou d'application du droit de l'Union autre que celle d'interpréter et d'appliquer les dispositions de cet accord à l'aune des règles et des principes de droit international applicables entre les Parties, et
- que ledit chapitre huit, section F, n'aménage pas les compétences de ces tribunaux de manière à ce que ceux-ci, sans pour autant procéder eux-mêmes à l'interprétation ou à l'application des règles du droit de l'Union autres que celles dudit accord, puissent rendre des sentences ayant pour effet d'empêcher les institutions de l'Union de fonctionner conformément au cadre constitutionnel de celle-ci.

2. Sur l'absence de compétence pour interpréter et appliquer des règles du droit de l'Union autres que les dispositions de l'AECG

120. L'article 8.18 de l'AECG, qui figure au chapitre huit, section F, de celui-ci, confère au Tribunal de l'AECG la compétence pour examiner toute plainte d'un investisseur d'une Partie selon laquelle une autre Partie a violé une obligation prévue aux sections C (articles 8.6 à 8.8) ou D (articles 8.9 à 8.14) de ce chapitre huit.

121. À cette fin, ce tribunal appliquera, aux termes de l'article 8.31, paragraphe 1, de l'AECG, « le présent accord tel qu'il est interprété en conformité avec la [convention de Vienne], et les autres règles et principes de droit international applicables entre les Parties ». En revanche, ledit Tribunal n'aura pas compétence, ainsi que le précise l'article 8.31, paragraphe 2, première phrase, de cet accord, « pour statuer sur la légalité d'une mesure dont il est allégué qu'elle constitue une violation du présent accord en se fondant sur le droit interne d'une Partie ».

122. Il en découle que la compétence d'interprétation et d'application conférée à ce tribunal se limite aux dispositions de l'AECG et qu'une telle interprétation ou application doit être effectuée conformément aux règles et aux principes de droit international applicables entre les Parties.

123. Le chapitre huit, section F, de l'AECG se distingue en cela du projet d'accord portant création d'un système unifié de règlement des litiges en matière de brevets, déclaré incompatible avec le droit de l'Union dans l'avis 1/09 (Accord sur la création d'un système unifié de règlement des litiges en matière de brevets), du 8 mars 2011 (EU:C:2011:123).

124. En effet, le « droit applicable » dans le cadre de ce projet, défini à son article 14 bis, incluait, entre autres, « la législation communautaire directement applicable, notamment le règlement [...] du Conseil sur le brevet communautaire, et la législation nationale [...] mettant en œuvre la législation communautaire ». La Cour en a déduit, au point 78 de cet avis, que la juridiction du brevet dont la création était envisagée serait appelée à interpréter et à appliquer non seulement les dispositions de l'accord en question, mais également le futur règlement sur le brevet communautaire ainsi que d'autres instruments du droit de l'Union, notamment des règlements et des directives avec lesquels ledit règlement devrait, le cas échéant, être lu conjointement. Elle a également souligné, audit point, que cette juridiction pourrait être appelée à trancher un litige pendant devant elle au regard des droits fondamentaux et des principes généraux du droit de l'Union, voire à examiner la validité d'un acte de l'Union.

125. Ces éléments ont contribué au constat, par la Cour, selon lequel la conclusion dudit projet d'accord aurait dénaturé les compétences que les traités confèrent aux institutions de l'Union et aux États membres qui sont essentielles à la préservation de la nature même du droit de l'Union [avis 1/09 (Accord sur la création d'un système unifié de règlement des litiges en matière de brevets), du 8 mars 2011, EU:C:2011:123, point 89].

126. Le chapitre huit, section F, de l'AECG se distingue également de l'accord d'investissement en cause dans l'affaire ayant conduit à l'arrêt du 6 mars 2018, *Achmea* (C-284/16, EU:C:2018:158), dès lors que, ainsi que la Cour l'a relevé aux points 42, 55 et 56 de cet arrêt, cet accord instituait un tribunal amené à résoudre des litiges pouvant concerner l'interprétation ou l'application du droit de l'Union.

127. Ledit arrêt concernait, en outre, un accord entre des États membres. Or, la question de la compatibilité, avec le droit de l'Union, de l'instauration ou du maintien d'un tribunal d'investissement par un tel accord diffère de celle de la compatibilité, avec ce droit, de l'instauration d'un tel tribunal par un accord entre l'Union et un État tiers (arrêt du 6 mars 2018, *Achmea*, C-284/16, EU:C:2018:158, points 57 et 58).

128. En effet, les États membres sont, dans tout domaine qui relève du droit de l'Union, tenus au respect du principe de confiance mutuelle. Ce principe impose à chacun de ces États de considérer, sauf dans des circonstances exceptionnelles, que tous les autres États membres respectent le droit de l'Union, en ce compris les droits fondamentaux, tels que le droit à un recours effectif devant un tribunal indépendant énoncé à l'article 47 de la Charte [voir notamment, en ce sens, avis 2/13 (Adhésion de l'Union à la CEDH), du 18 décembre 2014, EU:C:2014:2454, point 191, et arrêt du 26 avril 2018, *Donnellan*, C-34/17, EU:C:2018:282, points 40 et 45].

129. Or, ce principe de confiance mutuelle, notamment s'agissant du respect du droit à un recours effectif devant un tribunal indépendant, ne s'applique pas dans les relations entre l'Union et un État tiers.

130. La constatation opérée au point 122 du présent avis n'est pas infirmée par l'article 8.31, paragraphe 2, de l'AECG, qui prévoit que, « en statuant sur la conformité d'une mesure au présent accord, le Tribunal peut tenir compte, s'il y a lieu, du droit interne d'une Partie en tant que question de fait » et énonce que, « [d]ans un tel cas, le Tribunal suit l'interprétation dominante donnée au droit interne par les juridictions ou les autorités de cette Partie », en ajoutant que « le sens donné au droit interne par le Tribunal ne lie pas les juridictions et les autorités de cette Partie ».

131. En effet, ces précisions n'ont pas d'autre objet que celui de refléter la circonstance que le Tribunal de l'AECG, lorsqu'il sera amené à examiner la conformité avec l'AECG de la mesure contestée par l'investisseur qui a été adoptée par l'État d'accueil de l'investissement ou par l'Union, devra inévitablement procéder, sur le fondement des informations et des arguments qui lui seront présentés par ledit investisseur ainsi que par cet État ou par l'Union, à un examen de la portée de ladite mesure. Cet examen peut, le cas échéant, nécessiter une prise en compte du droit interne de la Partie défenderesse. Or, ainsi que l'article 8.31, paragraphe 2, de l'AECG l'indique sans ambiguïté, ledit examen ne saurait être assimilé à une interprétation, par le Tribunal de l'AECG, de ce droit interne, mais consiste, au contraire, en une prise en compte de ce droit en tant que question de fait, ce tribunal étant, à cet égard, tenu de suivre l'interprétation dominante dudit droit donnée par les juridictions et les autorités de ladite Partie, et ces juridictions ainsi que ces autorités n'étant, au demeurant, pas liées par le sens qui serait donné à leur droit interne par ledit tribunal.

132. L'absence de compétence pour interpréter les règles du droit de l'Union autres que les dispositions de l'AECG est également reflétée à l'article 8.21 de cet accord, qui confère non pas au Tribunal de l'AECG, mais à l'Union le pouvoir de déterminer, lorsqu'un investisseur canadien vise à contester des mesures adoptées par un État membre et/ou par l'Union, si le différend doit, eu égard aux règles de répartition des compétences entre l'Union et ses États membres, être porté contre ledit État membre ou contre l'Union. La compétence exclusive de la Cour pour statuer sur la répartition des compétences entre l'Union et ses États membres est ainsi préservée, le chapitre huit, section F, de l'AECG se distinguant à cet égard du projet d'accord qui a fait l'objet de l'avis 2/13 (Adhésion de l'Union à la CEDH), du 18 décembre 2014 (EU:C:2014:2454, points 224 à 231).

133. Le Tribunal d'appel de l'AECG ne sera pas, non plus, amené à interpréter ou à appliquer les règles du droit de l'Union autres que les

dispositions de l'AECG. En effet, l'article 8.28, paragraphe 2, sous a), de cet accord énonce que le Tribunal d'appel pourra « confirmer, modifier ou infirmer une sentence rendue par le Tribunal pour [...] erreurs dans l'application ou l'interprétation du droit applicable », ce « droit applicable » visant, eu égard au droit pouvant être appliqué par le Tribunal de l'AECG en vertu de l'article 8.31, paragraphe 1, de cet accord, l'AECG ainsi que les règles et les principes de droit international à l'aune desquels ledit accord doit être interprété et appliqué. Si l'article 8.28, paragraphe 2, sous b), de l'AECG ajoute que le Tribunal d'appel pourra également constater des « erreurs manifestes dans l'appréciation des faits, y compris l'appréciation du droit interne pertinent », il résulte néanmoins de ce qui précède qu'il ne relève pas de l'intention des Parties de conférer au Tribunal d'appel une compétence d'interprétation du droit interne.

134. Le Tribunal et le Tribunal d'appel de l'AECG étant extérieurs au système juridictionnel de l'Union et leur compétence d'interprétation étant limitée aux dispositions de l'AECG à l'aune des règles et des principes de droit international applicables entre les Parties, il est, pour le reste, cohérent que l'AECG ne prévoie aucune procédure d'implication préalable qui habiliterait ou obligerait ce tribunal ou ce tribunal d'appel à saisir la Cour à titre préjudiciel.

135. Pour les mêmes raisons, il est, par ailleurs, cohérent que l'AECG confère à ces tribunaux le pouvoir de statuer définitivement sur le différend porté par un investisseur contre l'État d'accueil de son investissement ou contre l'Union, sans instaurer une procédure de réexamen de la sentence par une juridiction de cet État ou par la Cour et sans permettre à l'investisseur – sous réserve des exceptions ciblées énumérées à l'article 8.22, paragraphe 5, de l'AECG – de porter, pendant ou à l'issue de la procédure devant lesdits tribunaux, le même différend devant une juridiction dudit État ou devant la Cour.

136. Il résulte de ce qui précède que le chapitre huit, section F, de l'AECG ne confère aux tribunaux envisagés aucune compétence d'interprétation ou d'application du droit de l'Union autre que celle portant sur les dispositions de cet accord.

3. Sur l'absence d'effet sur le fonctionnement des institutions de l'Union conformément au cadre constitutionnel de celle-ci

137. Le Royaume de Belgique et certains des gouvernements ayant présenté des observations ont souligné que, afin de trancher les différends portés devant lui contre l'Union, le Tribunal de l'AECG pourrait, dans le cadre de son examen des faits pertinents, lesquels peuvent comprendre le droit primaire sur le fondement duquel la mesure contestée a été adoptée, mettre en balance l'intérêt constitué par la liberté d'entreprise, invoqué par l'investisseur requérant, avec les intérêts publics, énoncés dans

les traités UE et FUE ainsi que dans la Charte, invoqués par l'Union à l'appui de sa défense.

138. Ce tribunal serait ainsi amené à faire, sans pour autant formuler une interprétation de ces traités ou de la Charte, une appréciation de la portée de ceux-ci et à décider sur le fondement de ladite mise en balance, notamment, si la mesure de l'Union est « juste et équitable », au sens de l'article 8.10 de l'AECG, si elle constitue une expropriation indirecte, au sens de l'article 8.12 de cet accord, ou si elle doit être considérée comme étant une restriction injustifiée de la liberté de paiements et de transferts de capitaux telle que prévue à l'article 8.13 dudit accord. Ledit tribunal pourrait ainsi se prononcer sur des actes de droit dérivé de l'Union sur le fondement d'appréciations parallèles à celles que la Cour est habilitée à faire. Or, de telles appréciations du Tribunal de l'AECG conduiraient à des décisions définitives liant l'Union. Se poserait, dès lors, la question de savoir si de telles situations, qui risqueraient d'être fréquentes, porteraient atteinte à la compétence exclusive de la Cour dans l'interprétation définitive du droit de l'Union et, ainsi, à l'autonomie de l'ordre juridique de l'Union.

139. Afin de répondre à cette interrogation, il y a lieu de relever, premièrement, que la définition de la notion d'« investissement », contenue à l'article 8.1 de l'AECG, est particulièrement étendue et permet ainsi aux tribunaux envisagés de prendre connaissance d'un large éventail de différends. Ceux introduits contre l'Union ou un État membre pourront, sous réserve des exceptions ciblées mentionnées dans l'AECG, porter sur des mesures dans tout domaine qui concerne, dans l'Union, l'exploitation d'entreprises et l'utilisation de biens meubles et immeubles, de titres financiers, de droits de propriété intellectuelle, de créances ou de tout autre type d'investissement.

140. Il convient de relever, deuxièmement, que, nonobstant l'article 8.21 de l'AECG, qui habilite l'Union à déterminer si, en cas de plainte déposée devant le Tribunal par un investisseur canadien, elle assumera elle-même le rôle de défendeur ou laissera cette tâche à l'État membre d'accueil de l'investissement, l'Union ne pourra pas s'opposer, lorsque la mesure contestée a été adoptée par elle, à ce que cette mesure soit examinée par ce tribunal. Il ressort, en effet, des règles procédurales énoncées dans l'AECG, et en particulier de l'article 8.25, paragraphe 1, de cet accord, que le défendeur, que ce soit l'État membre d'accueil de l'investissement ou l'Union elle-même, est censé consentir à ce que le différend soit réglé par ledit Tribunal.

141. Il y a lieu de constater, troisièmement, que, si, par la définition de la notion d'« investisseur » énoncée à son article 8.1, ainsi que par la précision contenue au point 6, sous d), de l'instrument interprétatif commun, l'AECG limite le droit de porter un différend devant le Tribunal de

l'AECG contre l'Union ou un État membre aux personnes physiques et morales qui présentent un lien réel avec le Canada, il n'en demeure pas moins que cet accord permet à ces personnes de contester, devant ce tribunal, toute « mesure », au sens de l'article 1.1 de l'AECG, tel que délimité, s'agissant du chapitre huit de cet accord, par l'article 8.2 de celui-ci.

142. Dès lors que ledit article 1.1 définit le terme « mesure » comme comprenant « une loi, un règlement, une règle, une procédure, une décision, un acte administratif, une prescription, une pratique ou tout autre type de mesure d'une Partie », les différends contre l'Union pourront porter sur tout type d'acte ou de pratique de celle-ci, pourvu que, conformément à l'article 8.2 de l'AECG, lu en combinaison avec le chapitre huit, sections C, D et F, de cet accord, l'acte ou la pratique en cause « concerne » un « investissement visé », au sens de l'article 8.1 du même accord ou l'« investisseur de l'autre Partie » en ce qui concerne cet investissement visé.

143. S'il ressort ainsi de l'AECG que le différend doit porter sur une mesure qui concerne le requérant ou son investissement visé, cet accord n'exclut toutefois pas que cette mesure ait une portée générale ou mette en œuvre un acte de portée générale.

144. Quatrièmement, il y a lieu de relever que, si le Tribunal de l'AECG ne peut, ainsi qu'il ressort du terme « uniquement » figurant à l'article 8.39, paragraphe 1, de cet accord et du libellé du paragraphe 4 de cet article, ni annuler la mesure contestée ou exiger la mise en conformité du droit interne de la Partie concernée avec l'AECG ni infliger une sanction à la Partie défenderesse, il peut, en revanche, lorsqu'il constate que cette mesure viole l'une des dispositions du chapitre huit, section C ou D, de l'AECG, condamner, en vertu de la disposition sous a) dudit article 8.39, paragraphe 1, la Partie défenderesse à verser à l'investisseur requérant une somme visant à compenser les dommages subis par celui-ci en raison de ladite violation et incluant tout intérêt applicable.

145. Dès lors que l'article 8.41, paragraphe 2, de l'AECG précise qu'« une partie au différend reconnaît la sentence et s'y conforme sans retard », l'Union devra procéder au paiement de cette somme lorsqu'elle se voit condamnée par une sentence définitive du Tribunal de l'AECG ou, selon les modalités énoncées à l'article 8.28, paragraphe 9, de cet accord, du Tribunal d'appel de l'AECG.

146. À cet égard, il convient d'observer que la compétence, prévue à l'article 8.39, paragraphe 1, sous a), de l'AECG, pour les tribunaux envisagés, d'accorder à un investisseur privé des dommages-intérêts est un aspect du régime RDIE instauré par cet accord qui distingue ce régime du système, en vigueur dans l'Organisation mondiale du commerce (OMC), de règlement des différends entre les parties contractantes à l'OMC, ce système étant en partie fondé sur des négociations entre ces parties

contractantes et comportant plusieurs options pour mettre en œuvre des sentences (voir, en ce sens, arrêt du 9 septembre 2008, *FIAMM e.a. / Conseil et Commission*, C-120/06 P et C-121/06 P, EU:C:2008:476, point 116).

147. Les caractéristiques de la compétence du Tribunal et du Tribunal d'appel de l'AECG exposées aux points 139 à 145 du présent avis sont, certes, cohérentes avec la protection des investisseurs étrangers visée par cet accord.

148. Toutefois, sans préjudice du cas de figure où les Parties auraient convenu, dans le cadre de l'AECG, de rapprocher leurs législations, la compétence de ces tribunaux porterait atteinte à l'autonomie de l'ordre juridique de l'Union si elle était aménagée de manière à ce que lesdits tribunaux puissent, dans le cadre de leurs appréciations de restrictions de la liberté d'entreprise visées dans une plainte, mettre en cause le niveau de protection d'un intérêt public ayant présidé à l'introduction de telles restrictions par l'Union à l'égard de l'ensemble des opérateurs qui investissent dans le secteur commercial ou industriel en cause du marché intérieur, plutôt que de se limiter à vérifier si le traitement d'un investisseur ou d'un investissement visé est entaché d'un vice mentionné au chapitre huit, section C ou D, de l'AECG.

149. En effet, si le Tribunal et le Tribunal d'appel de l'AECG étaient compétents pour rendre des sentences constatant que le traitement d'un investisseur canadien est incompatible avec l'AECG en raison du niveau de protection d'un intérêt public fixé par les institutions de l'Union, cette dernière risquerait d'être amenée, sous peine d'être itérativement contrainte par le Tribunal de l'AECG à verser des dommages-intérêts à l'investisseur requérant, à renoncer à atteindre ce niveau de protection.

150. Si l'Union concluait un accord international susceptible d'avoir pour effet que l'Union – ou un État membre dans le cadre de la mise en œuvre du droit de l'Union – doive modifier ou retirer une réglementation en raison d'une appréciation faite par un tribunal extérieur à son système juridictionnel du niveau de protection d'un intérêt public fixé, conformément au cadre constitutionnel de l'Union, par les institutions de celle-ci, force serait de conclure qu'un tel accord compromet la capacité de l'Union à fonctionner de manière autonome dans son propre cadre constitutionnel.

151. Il y a lieu de souligner, à cet égard, que le législateur de l'Union adopte les réglementations de celle-ci à l'issue du processus démocratique défini dans les traités UE et FUE, et que ces réglementations sont censées, en vertu des principes d'attribution des compétences, de subsidiarité et de proportionnalité édictés à l'article 5 TUE, être à la fois appropriées et nécessaires pour réaliser un objectif légitime de l'Union. Conformément à l'article 19 TUE, c'est au juge de l'Union qu'il appartient d'assurer le contrôle de la conformité du niveau de protection des intérêts publics

fixé par une telle réglementation avec, notamment, les traités UE et FUE, la Charte et les principes généraux du droit de l'Union.

152. En ce qui concerne la compétence des tribunaux envisagés pour constater des violations des obligations contenues au chapitre huit, section C, de l'AECG, l'article 28.3, paragraphe 2, de cet accord énonce que les dispositions de cette section C ne pourront pas être interprétées comme empêchant une Partie d'adopter et d'appliquer les mesures nécessaires à la protection de la sécurité publique ou de la moralité publique, au maintien de l'ordre public, à la protection de la santé et de la vie des personnes et des animaux ou à la préservation des végétaux, sous la seule réserve que de telles mesures ne soient pas appliquées de manière à constituer un moyen de discrimination arbitraire ou injustifiable entre les Parties où des conditions similaires existent, ou une restriction déguisée au commerce entre les Parties.

153. Il ressort de ce qui précède que, dans ces conditions, le Tribunal de l'AECG n'est pas compétent pour reconnaître le caractère incompatible avec l'AECG du niveau de protection d'un intérêt public fixé par les mesures de l'Union visées au point 152 du présent avis et pour condamner, sur ce fondement, l'Union au paiement de dommages-intérêts.

154. De la même manière, en ce qui concerne la compétence des tribunaux envisagés pour constater des violations des obligations contenues au chapitre huit, section D, de l'AECG, l'article 8.9, paragraphe 1, de cet accord rappelle explicitement le droit des Parties « de réglementer sur leurs territoires en vue de réaliser des objectifs légitimes en matière de politique, tels que la protection de la santé publique, de la sécurité, de l'environnement ou de la moralité publique, la protection sociale ou des consommateurs, ou la promotion et la protection de la diversité culturelle ». Par ailleurs, l'article 8.9, paragraphe 2, dudit accord prévoit qu'« [i] l est entendu que le simple fait qu'une Partie exerce son droit de réglementer, notamment par la modification de sa législation, d'une manière qui a des effets défavorables sur un investissement ou qui interfère avec les attentes d'un investisseur, y compris ses attentes de profit, ne constitue pas une violation d'une obligation prévue dans la présente section ».

155. En outre, le point 1, sous d), et le point 2 de l'instrument interprétatif commun disposent que l'AECG « n'aura pas [...] pour effet d'affaiblir [les] normes et réglementations [de chaque Partie] concernant l'innocuité alimentaire, la sécurité des produits, la protection des consommateurs, la santé, l'environnement ou la protection du travail », que « [l]es biens importés, les fournisseurs de services et les investisseurs doivent continuer de respecter les exigences imposées au niveau national, y compris les règles et réglementations applicables », et que l'AECG « préserve la capacité de l'Union [...] et de ses États membres ainsi que du Canada à adopter

et à appliquer leurs propres dispositions législatives et réglementaires destinées à réglementer les activités économiques dans l'intérêt public ».

156. Il ressort d'une lecture combinée de ces dispositions que le pouvoir d'appréciation du Tribunal et du Tribunal d'appel de l'AECG ne va pas jusqu'à leur permettre de remettre en cause le niveau de protection d'un intérêt public défini par l'Union à l'issue d'un processus démocratique.

157. Telle est également la portée du point 3 de l'annexe 8-A de l'AECG, aux termes duquel « [i]l est entendu que, sauf dans de rares circonstances où l'impact d'une mesure ou d'une série de mesures est si grave au regard de leur but qu'elles semblent manifestement excessives, les mesures non discriminatoires d'une Partie qui sont conçues et appliquées afin de protéger des objectifs légitimes de bien-être public, notamment en matière de santé, de sécurité et d'environnement, ne constituent pas une expropriation indirecte ».

158. Il importe d'ajouter que la compétence du Tribunal de l'AECG pour constater des violations de l'obligation, énoncée à l'article 8.10 de l'AECG, d'accorder un « traitement juste et équitable » aux investissements visés est spécifiquement circonscrite, dès lors que le paragraphe 2 de cet article énumère exhaustivement les cas de figure dans lesquels une telle constatation peut être faite.

159. À cet égard, les Parties se sont notamment focalisées sur des situations de traitement abusif, de traitement arbitraire manifeste et de discrimination ciblée, ce qui révèle, une fois encore, que le niveau requis de protection d'un intérêt public, tel qu'établi à l'issue d'un processus démocratique, échappe à la compétence dont sont investis les tribunaux envisagés pour vérifier si un traitement accordé par une Partie à un investisseur ou à un investissement visé est « juste et équitable ».

160. Il ressort ainsi de l'ensemble de ces clauses contenues dans l'AECG que, en délimitant expressément la portée du chapitre huit, sections C et D, de cet accord, seules sections pouvant être invoquées devant les tribunaux envisagés par la section F de ce chapitre, les Parties ont pris le soin d'exclure toute compétence, pour ces tribunaux, de remettre en cause les choix démocratiquement opérés au sein d'une Partie en matière, notamment, de niveau de protection de l'ordre public, de la sécurité publique, de la moralité publique, de la santé et de la vie des personnes et des animaux, de l'innocuité alimentaire, des végétaux, de l'environnement, du bien-être au travail, de la sécurité des produits, des consommateurs ou encore des droits fondamentaux.

161. Eu égard aux éléments qui précèdent, il y a lieu de conclure que le chapitre huit, section F, de l'AECG ne porte pas atteinte à l'autonomie de l'ordre juridique de l'Union.

Observations

Dans l'avis 1/17, la Cour de justice, saisie sur le fondement de l'article 218, paragraphe 11, TFUE par le Royaume de Belgique, s'interroge sur la conformité aux traités sur l'Union européenne du mécanisme de règlement des différends relatifs aux investissements entre investisseurs et États mis en place dans le cadre de l'accord économique commercial conclu entre l'Union européenne et le Canada plus connu sous le nom de CETA. Cette demande d'avis intervient alors que certaines dispositions de l'accord font déjà l'objet d'une application provisoire. Le mécanisme de règlement des différends prévu par le CETA prévoit la création de deux juridictions : un tribunal et un tribunal d'appel connexe qui ont vocation à être remplacés ensuite par un tribunal multilatéral des investissements assorti d'un mécanisme d'appel connexe. À l'appui de sa demande d'avis, la Belgique soulève plusieurs problèmes d'incompatibilité entre l'accord et les traités UE et FUE. Elle invoque ainsi le risque de remise en cause de l'autonomie de l'ordre juridique de l'Union, l'incompatibilité avec le principe général d'égalité de traitement et l'exigence d'effectivité et la violation du droit d'accès à un tribunal indépendant. La Cour de justice arrive à la conclusion que l'accord envisagé est compatible avec le droit primaire de l'Union. Seul le raisonnement de la Cour de justice relatif à l'autonomie de l'ordre juridique de l'Union sera, en l'espèce, abordé. Il convient cependant de noter que la Cour de justice, au titre de son analyse de la compatibilité avec le principe général d'égalité de traitement, reconnaît explicitement que le contrôle qu'elle exerce sur les accords internationaux de l'Union sur le fondement de l'article 218, paragraphe 11, TFUE inclut le contrôle de la validité de l'accord au regard de la Charte des droits fondamentaux de l'Union européenne.

Sur la question de la compatibilité du mécanisme du règlement des différends mis en place par le CETA avec le principe d'autonomie de l'ordre juridique de l'Union, l'avis 1/17 se place dans la lignée des précédents avis rendus par la Cour à propos d'accords mettant en place des mécanismes juridictionnels. Il résulte de ces différents avis que l'Union européenne peut conclure des accords par lesquels elle accepte de se soumettre aux décisions d'une juridiction créée ou désignée par l'accord pour ce qui concerne l'interprétation et l'application des dispositions de cet accord. Mais cette possibilité s'entend sous réserve de la nécessité de ne pas remettre en cause l'autonomie de l'ordre juridique de l'Union.

La Cour prend le soin dans son avis de rappeler les éléments qui caractérisent cette autonomie qui doit s'apprécier tant au regard du droit des États membres que du droit international. Selon elle, cette autonomie découle, tout d'abord, des principes et des règles qui lient l'Union elle-même et qui encadrent les rapports entre les États membres et l'Union et les rapports entre les États membres entre eux. La Cour de justice vise ici les principes et les règles qui ont permis la mise en place de relations juridiques mutuellement interdépendantes au sein de l'Union. Elle cite explicitement la primauté et l'effet direct. Mais auraient pu aussi être mentionnées la confiance mutuelle, la coopération loyale, la solidarité... L'autonomie de l'ordre juridique de l'Union résulte aussi du cadre constitutionnel spécifique de l'Union qui intègre un certain nombre de valeurs (celles mentionnées à l'article 2 TUE), les principes généraux du droit de l'Union, les dispositions de la Charte des droits fondamentaux de l'Union, et les dispositions des traités UE et FUE. S'agissant de ces derniers, la Cour accorde une importance toute particulière aux dispositions déterminant les règles d'attribution et de répartition des compétences et à celles relatives au fonctionnement des institutions et du système juridictionnel de l'Union européenne. Elle mentionne explicitement l'article 19 TFUE qui confie aux juridictions nationales et à la Cour de justice de l'Union la compétence pour garantir la pleine application du droit de l'Union tout en reconnaissant une compétence exclusive à la Cour pour fournir l'interprétation définitive de ce droit.

En l'espèce, les dispositions de l'accord soumises au contrôle de la Cour de justice mettent en place un mécanisme de règlement des différends qui se situe en dehors du système juridictionnel de l'Union et qui repose sur deux tribunaux (un tribunal et un tribunal d'appel) ayant vocation à terme à être remplacés par un tribunal multilatéral des investissements. Selon la juridiction de l'Union, le droit de l'Union ne s'oppose pas à la création de telles juridictions compétentes pour interpréter et appliquer les dispositions de l'accord. Mais elle constate que la compatibilité au droit de l'Union de l'accord CETA est cependant subordonnée au respect de deux conditions :

– Les tribunaux envisagés ne doivent avoir aucune compétence pour interpréter ou appliquer le droit de l'Union autre que celle d'interpréter et d'appliquer le CETA (qui du fait de son entrée en vigueur sera intégré à l'ordre juridique de l'Union) ;
– Les sentences rendues par les tribunaux ne doivent pas avoir pour effet d'empêcher les institutions de l'Union de fonctionner conformément au cadre constitutionnel de celle-ci.

S'agissant, tout d'abord, de la première condition, la Cour établit que le chapitre 8, section F, du CETA ne confère au tribunal et au tribunal d'appel qu'une compétence d'interprétation et d'application des seules dispositions de l'accord au regard des règles et principes de droit international applicables entre les parties. La Cour prend soin de distinguer le CETA du projet d'accord portant création d'un système unifié de règlement des litiges en matière de brevet déclaré incompatible dans l'avis 1/09 qui reconnaissait une compétence à la juridiction du brevet non seulement pour interpréter les dispositions de l'accord mais aussi les dispositions du droit de l'Union (notamment le futur règlement sur le brevet communautaire qui devait être adopté). Selon elle, cet accord est aussi différent de l'accord d'investissement en cause dans l'arrêt du 6 mars 2018, *Achmea*, qui concernait un accord entre États membres et mettait en place un Tribunal amené à résoudre des litiges pouvant concerner l'interprétation ou l'application du droit de l'Union. La Cour, pour appuyer son raisonnement, cite un certain nombre de dispositions contenues dans l'accord qui montrent la volonté d'éviter toute interprétation ou application des règles du droit de l'Union par les tribunaux mis en place. Elle mentionne notamment l'article 8-21 de l'accord CETA qui, tirant les leçon de l'avis 2/13 et de la remise en cause de l'accord d'adhésion de l'Union à la CEDH, confère non pas au Tribunal mais à l'Union le pouvoir de déterminer, lorsqu'un investisseur canadien vise à contester des mesures adoptées par un État membre et/ou l'Union, si le différend doit, au regard des règles de répartition des compétences entre l'Union et les État membres prévues par les traités UE, être porté contre ledit État ou l'Union.

La Cour de justice établit ensuite que le mécanisme de règlement des différends mis en place en matière d'investissement dans le cadre du CETA n'a pas pour effet d'empêcher les institutions de l'Union de fonctionner conformément au cadre constitutionnel de celle-ci. Selon elle, de tels effets existeraient si les tribunaux étaient reconnus compétents pour constater que le traitement d'un investisseur canadien est incompatible avec le CETA en raison du niveau de protection d'un intérêt public fixé par les institutions de l'Union. En effet une telle constatation, faite par une juridiction extérieure à l'Union, pourrait avoir pour effet de forcer l'Union à restreindre ce niveau de protection en obligeant les institutions à retirer ou modifier sa règlementation, alors même que celle-ci a été adoptée à l'issue d'un processus démocratique défini par les traités UE et FUE. Mais tel n'est pas le cas en l'espèce, car le chapitre 8 du CETA contient un certain nombre de dispositions qui excluent la compétence des deux tribunaux mis en place pour remettre en cause les choix démocratiquement opérés au sein d'une partie en matière, notamment, de niveau de protection de l'ordre public, de la sécurité publique, de la moralité publique, de la santé et de la vie des personnes et des animaux, de l'innocuité alimentaire, des végétaux, de l'environnement, du bien-être au travail, de la sécurité des produits, des consommateurs ou encore des droits fondamentaux.

Les dispositions du CETA sur le mécanisme des différends relatifs aux investissements entre investisseurs et États sont donc compatibles avec les traités UE et FUE. Le raisonnement de la Cour, adopté dans cet avis, permet de faire deux constats :

– Le constat d'une continuité jurisprudentielle : par cet avis la Cour de justice continue de préciser le cadre juridique dans lequel doivent s'insérer les accords conclus par l'Union pour être compatibles avec le droit de l'Union ;

– Le constat d'une prise en compte de ce cadre juridique jurisprudentiel par les institutions de l'Union européenne (et notamment la Commission européenne et le Conseil qui jouent un rôle essentiel dans la négociation et la conclusion des accords internationaux de l'Union européenne) : un certain nombre de dispositions ont été introduites dans l'accord CETA pour répondre aux objections formulées par la Cour dans le cadre de ses précédents avis.

Delphine DERO-BUGNY

Cour de justice, gde ch., 24 juin 2019, *Daniel Adam Popławski*, aff. C-573/17, ECLI:EU:C:2019:530

Conclusions de l'avocat général M. Campos Sànchez-Bordona, du 27 novembre 2018, ECLI:EU:C:2018:957

Mots-clés : Renvoi préjudiciel – Coopération judiciaire en matière pénale – Mandat d'arrêt européen – Décisions-cadres – Absence d'effet direct – Primauté du droit de l'Union – Conséquences

Cadre normatif : décision-cadre 2002/584/JAI, article 4, point 6 ; décision-cadre 2008/909/JAI, article 28, paragraphe 2

Notes et observations : L. Krämer, « L'interprétation conforme : la Cour de justice et la doctrine sur l'effet direct », *RDUE*, 2019/3, p. 59 ; A. Rigaux et D. Simon, « L'arrêt Poplawski 2 : accroc limité ou ébranlement général dans la mise en œuvre de la primauté par le juge national ? », *Europe*, octobre 2019, n° 10, étude 7 ; D. Simon, « Invocabilité d'interprétation conforme et invocabilité d'éviction », *Europe*, août 2019, nos 8-9, comm. 314

Extraits de l'arrêt

1. La demande de décision préjudicielle porte sur l'interprétation du principe de primauté du droit de l'Union et de l'article 28, paragraphe 2, de la décision-cadre 2008/909/JAI du Conseil, du 27 novembre 2008, concernant l'application du principe de reconnaissance mutuelle aux jugements en matière pénale prononçant des peines ou des mesures privatives de liberté aux fins de leur exécution dans l'Union européenne (*JO* 2008, L 327, p. 27).

2. Cette demande a été présentée dans le cadre de l'exécution, aux Pays-Bas, d'un mandat d'arrêt européen (ci-après le « MAE ») émis par le Sąd Rejonowy w Poznaniu (tribunal d'arrondissement de Poznań, Pologne) à l'encontre de M. Daniel Adam Popławski, aux fins de l'exécution, en Pologne, d'une peine privative de liberté.

[...]

50. Par sa première question, la juridiction de renvoi demande, en substance, si le principe de primauté du droit de l'Union doit être interprété en ce sens qu'il impose à une juridiction d'un État membre de laisser inappliquée une disposition du droit de cet État incompatible avec des dispositions d'une décision-cadre.

51. Il ressort du dossier soumis à la Cour que la juridiction de renvoi s'interroge, plus particulièrement, sur la possibilité d'écarter l'application de dispositions nationales qu'elle juge contraires aux décisions-cadres 2002/584 et 2008/909.

52. Afin de répondre à cette question, il convient de rappeler, en premier lieu, que le droit de l'Union se caractérise par le fait d'être issu d'une source autonome, constituée par les traités, par sa primauté par rapport aux droits des États membres ainsi que par l'effet direct de toute une série de dispositions applicables à leurs ressortissants et à eux-mêmes. Ces caractéristiques essentielles du droit de l'Union ont donné lieu à un réseau structuré de principes, de règles et de relations juridiques mutuellement interdépendantes liant, réciproquement, l'Union elle-même et ses États membres ainsi que ceux-ci entre eux (voir, notamment, avis 2/13, du 18 décembre 2014, EU:C:2014:2454, points 166 et 167 ; arrêt du 10 décembre 2018, *Wightman e.a.*, C-621/18, EU:C:2018:999, point 45, et avis 1/17, du 30 avril 2019, EU:C:2019:341, point 109).

53. Le principe de primauté du droit de l'Union consacre la prééminence du droit de l'Union sur le droit des États membres (arrêt du 15 juillet 1964, *Costa*, 6/64, EU:C:1964:66, p. 1159 et 1160).

54. Ce principe impose dès lors à toutes les instances des États membres de donner leur plein effet aux différentes normes de l'Union, le droit des États membres ne pouvant affecter l'effet reconnu à ces différentes normes sur le territoire desdits États (voir, en ce sens, arrêts du 26 février 2013, *Melloni*, C-399/11, EU:C:2013:107, point 59, et du 4 décembre 2018, *Minister for Justice and Equality et Commissioner of An Garda Síochána*, C-378/17, EU:C:2018:979, point 39).

55. À cet égard, il y a lieu de relever que le principe d'interprétation conforme du droit interne, en vertu duquel la juridiction nationale est tenue de donner au droit interne, dans toute la mesure du possible, une interprétation conforme aux exigences du droit de l'Union, est inhérent au système des traités, en ce qu'il permet à la juridiction nationale d'assurer, dans le cadre de ses compétences, la pleine efficacité du droit de l'Union lorsqu'elle tranche le litige dont elle est saisie (arrêts du 19 décembre 2013, *Koushkaki*, C-84/12, EU:C:2013:862, points 75 et 76 ; du 8 novembre 2016, *Ognyanov*, C-554/14, EU:C:2016:835, point 59, et du 29 juin 2017, *Popławski*, C-579/15, EU:C:2017:503, point 31).

56. De même, la pleine efficacité des normes du droit de l'Union serait mise en cause et la protection des droits qu'elles reconnaissent serait affaiblie si les particuliers n'avaient pas la possibilité d'obtenir réparation lorsque leurs droits sont lésés par une violation du droit de l'Union imputable à un État membre (arrêt du 19 novembre 1991, *Francovich e.a.*, C-6/90 et C-9/90, EU:C:1991:428, point 33).

57. Il résulte de ce qui précède que, afin de garantir l'effectivité de l'ensemble des dispositions du droit de l'Union, le principe de primauté impose, notamment, aux juridictions nationales d'interpréter, dans toute la mesure du possible, leur droit interne de manière conforme au droit de l'Union et de reconnaître aux particuliers la possibilité d'obtenir réparation lorsque leurs droits sont lésés par une violation du droit de l'Union imputable à un État membre.

58. C'est également en vertu du principe de primauté que, à défaut de pouvoir procéder à une interprétation de la réglementation nationale conforme aux exigences du droit de l'Union, le juge national chargé d'appliquer, dans le cadre de sa compétence, les dispositions du droit de l'Union a l'obligation d'assurer le plein effet de celles-ci en laissant au besoin inappliquée, de sa propre autorité, toute disposition contraire de la législation nationale, même postérieure, sans qu'il ait à demander ou à attendre l'élimination préalable de celle-ci par voie législative ou par tout autre procédé constitutionnel (voir, en ce sens, arrêt du 4 décembre 2018, *Minister for Justice and Equality et Commissioner of An Garda Síochána*, C-378/17, EU:C:2018:979, point 35 ainsi que jurisprudence citée).

59. Cela étant, il convient encore de tenir compte des autres caractéristiques essentielles du droit de l'Union et, plus particulièrement, de la reconnaissance d'un effet direct à une partie seulement des dispositions de ce droit.

60. Le principe de primauté du droit de l'Union ne saurait dès lors aboutir à remettre en cause la distinction essentielle entre les dispositions du droit de l'Union disposant d'un effet direct et celles qui en sont dépourvues, ni, partant, à instaurer un régime unique d'application de l'ensemble des dispositions du droit de l'Union par les juridictions nationales.

61. À cet égard, il y a lieu de souligner que tout juge national, saisi dans le cadre de sa compétence a, en tant qu'organe d'un État membre, l'obligation de laisser inappliquée toute disposition nationale contraire à une disposition de droit de l'Union qui est d'effet direct dans le litige dont il est saisi (voir, en ce sens, arrêts du 8 septembre 2010, *Winner Wetten*, C-409/06, EU:C:2010:503, point 55 et jurisprudence citée ; du 24 janvier 2012, *Dominguez*, C-282/10, EU:C:2012:33, point 41, ainsi que du 6 novembre 2018, *Bauer et Willmeroth*, C-569/16 et C-570/16, EU:C:2018:871, point 75).

62. En revanche, une disposition du droit de l'Union qui est dépourvue d'effet direct ne peut être invoquée, en tant que telle, dans le cadre d'un litige relevant du droit de l'Union, afin d'écarter l'application d'une disposition de droit national qui y serait contraire.

63. Ainsi, le juge national n'est pas tenu, sur le seul fondement du droit de l'Union, de laisser inappliquée une disposition du droit national incompatible avec une disposition de la charte des droits fondamentaux de l'Union européenne qui, comme son article 27, est dépourvue d'effet direct (voir, en ce sens, arrêt du 15 janvier 2014, *Association de médiation sociale*, C-176/12, EU:C:2014:2, points 46 à 48).

64. De même, l'invocation d'une disposition d'une directive qui n'est pas suffisamment claire, précise et inconditionnelle pour se voir reconnaître un effet direct ne peut aboutir, sur le seul fondement du droit de l'Union, à ce que l'application d'une disposition nationale soit écartée par une juridiction d'un État membre (voir, en ce sens, arrêts du 24 janvier 2012, *Dominguez*, C-282/10, EU:C:2012:33, point 41 ; du 6 mars 2014, *Napoli*, C-595/12, EU:C:2014:128, point 50 ; du 25 juin 2015, *Indėlių ir investicijų draudimas et Nemaniūnas*, C-671/13, EU:C:2015:418, point 60, ainsi que du 16 juillet 2015, *Larentia + Minerva et Marenave Schiffahrt*, C-108/14 et C-109/14, EU:C:2015:496, points 51 et 52).

65. En outre, selon une jurisprudence constante de la Cour, une directive ne peut pas, par elle-même, créer d'obligations à l'égard d'un particulier, et ne peut donc être invoquée en tant que telle à l'encontre de celui-ci devant une juridiction nationale (voir, notamment, arrêts du 26 septembre 1996, *Arcaro*, C-168/95, EU:C:1996:363, point 36 et jurisprudence citée ; du 17 juillet 2008, *Arcor e.a.*, C-152/07 à C-154/07, EU:C:2008:426, point 35, ainsi que du 22 janvier 2019, *Cresco Investigation*, C-193/17, EU:C:2019:43, point 72 et jurisprudence citée).

66. En effet, il convient de rappeler que, en vertu de l'article 288, troisième alinéa, TFUE, le caractère contraignant d'une directive, sur lequel est fondée la possibilité d'invoquer celle-ci, n'existe qu'à l'égard de « tout État membre destinataire » et que l'Union n'a le pouvoir d'édicter, de manière générale et abstraite, avec effet immédiat des obligations à la charge des particuliers que là où lui est attribué le pouvoir d'adopter des règlements (voir, en ce sens, arrêts du 12 décembre 2013, *Portgás*, C-425/12, EU:C:2013:829, point 22, et du 22 janvier 2019, *Cresco Investigation*, C-193/17, EU:C:2019:43, point 72).

67. Il découle de ce qui précède que, même claire, précise et inconditionnelle, une disposition d'une directive ne permet pas au juge national d'écarter une disposition de son droit interne qui y est contraire, si, ce faisant, une obligation supplémentaire venait à être imposée à un particulier (voir, en ce sens, arrêts du 3 mai 2005, *Berlusconi e.a.*, C-387/02, C-391/02 et C-403/02, EU:C:2005:270, points 72 et 73 ; du 17 juillet 2008,

Arcor e.a., C-152/07 à C-154/07, EU:C:2008:426, points 35 à 44 ; du 27 février 2014, *OSA*, C-351/12, EU:C:2014:110, points 46 et 47 ; du 7 août 2018, *Smith*, C-122/17, EU:C:2018:631, point 49, ainsi que du 22 janvier 2019, *Cresco Investigation*, C-193/17, EU:C:2019:43, point 73).

68. Comme le confirme la jurisprudence rappelée aux points 64 à 67 du présent arrêt, l'obligation, pour une juridiction nationale, de laisser inappliquée une disposition de son droit interne, contraire à une disposition du droit de l'Union, si elle découle de la primauté reconnue à cette dernière disposition, est néanmoins conditionnée par l'effet direct de ladite disposition dans le litige dont cette juridiction est saisie. Partant, une juridiction nationale n'est pas tenue, sur le seul fondement du droit de l'Union, de laisser inappliquée une disposition de son droit national contraire à une disposition du droit de l'Union si cette dernière disposition est dépourvue d'effet direct.

69. Il convient de relever, en deuxième lieu, que tant la décision-cadre 2002/584 que la décision-cadre 2008/909 sont dépourvues d'effet direct. En effet, ces décisions-cadres ont été adoptées sur le fondement de l'ancien troisième pilier de l'Union, notamment, en application de l'article 34, paragraphe 2, sous b), UE. Or, cette disposition prévoyait, d'une part, que les décisions-cadres lient les États membres quant au résultat à atteindre, tout en laissant aux instances nationales la compétence quant à la forme et aux moyens et, d'autre part, que les décisions-cadres ne peuvent entraîner d'effet direct (arrêts du 8 novembre 2016, *Ognyanov*, C-554/14, EU:C:2016:835, point 56, et du 29 juin 2017, *Popławski*, C-579/15, EU:C:2017:503, point 26).

70. À cet égard, il importe de rappeler que, aux termes de l'article 9 du protocole (n° 36) sur les dispositions transitoires, annexé aux traités, les effets juridiques des actes des institutions, des organes et des organismes de l'Union adoptés sur la base du traité UE avant l'entrée en vigueur du traité de Lisbonne sont préservés aussi longtemps que ces actes n'auront pas été abrogés, annulés ou modifiés en application des traités. Les décisions-cadres 2002/584 et 2008/909 n'ayant pas fait l'objet d'une telle abrogation, annulation ou modification, celles-ci continuent donc de produire leurs effets juridiques conformément à l'article 34, paragraphe 2, sous b), UE (arrêt du 8 novembre 2016, *Ognyanov*, C-554/14, EU:C:2016:835, point 57).

71. Lesdites décisions-cadres étant dépourvues d'effet direct en vertu du traité UE lui-même, il résulte du point 68 du présent arrêt qu'une juridiction d'un État membre n'est pas tenue, sur le seul fondement du droit de l'Union, d'écarter l'application d'une disposition de son droit national contraire à ces décisions-cadres.

72. Il y a lieu de rappeler, en troisième lieu, que, si les décisions-cadres ne peuvent produire d'effet direct, leur caractère contraignant

entraîne néanmoins dans le chef des autorités nationales une obligation d'interprétation conforme de leur droit interne à partir de la date d'expiration du délai de transposition de ces décisions-cadres (arrêt du 8 novembre 2016, *Ognyanov*, C-554/14, EU:C:2016:835, points 58 et 61).

73. En appliquant le droit national, ces autorités sont donc tenues d'interpréter celui-ci, dans toute la mesure du possible, à la lumière du texte et de la finalité de la décision-cadre afin d'atteindre le résultat visé par celle-ci (voir, en ce sens, arrêts du 16 juin 2005, *Pupino*, C-105/03, EU:C:2005:386, point 43 ; du 5 septembre 2012, *Lopes Da Silva Jorge*, C-42/11, EU:C:2012:517, point 54 ; du 8 novembre 2016, *Ognyanov*, C-554/14, EU:C:2016:835, point 59, et du 29 juin 2017, *Popławski*, C-579/15, EU:C:2017:503, point 31).

74. Le principe d'interprétation conforme du droit national connaît toutefois certaines limites.

75. Ainsi, les principes généraux du droit, en particulier les principes de sécurité juridique et de non-rétroactivité, s'opposent notamment à ce que l'obligation d'interprétation conforme puisse conduire à déterminer ou à aggraver, sur le fondement d'une décision-cadre et indépendamment d'une loi prise pour la mise en œuvre de celle-ci, la responsabilité pénale de ceux qui ont commis une infraction (voir, en ce sens, arrêts du 8 novembre 2016, *Ognyanov*, C-554/14, EU:C:2016:835, points 63 et 64, ainsi que du 29 juin 2017, *Popławski*, C-579/15, EU:C:2017:503, point 32).

76. De même, le principe d'interprétation conforme ne peut servir de fondement à une interprétation contra legem du droit national (arrêt du 29 juin 2017, *Popławski*, C-579/15, EU:C:2017:503, point 33 et jurisprudence citée). En d'autres termes, l'obligation d'interprétation conforme cesse lorsque le droit national ne peut pas recevoir une application telle qu'il aboutit à un résultat compatible avec celui visé par la décision-cadre concernée (arrêt du 8 novembre 2016, *Ognyanov*, C-554/14, EU:C:2016:835, point 66).

77. Cela étant, le principe d'interprétation conforme requiert de prendre en considération l'ensemble du droit interne et de faire application des méthodes d'interprétation reconnues par celui-ci, afin de garantir la pleine effectivité de la décision-cadre concernée et d'aboutir à une solution conforme à la finalité poursuivie par celle-ci (voir, en ce sens, arrêts du 5 septembre 2012, *Lopes Da Silva Jorge*, C-42/11, EU:C:2012:517, point 56 ; du 29 juin 2017, *Popławski*, C-579/15, EU:C:2017:503, point 34, et du 12 février 2019, *TC*, C-492/18 PPU, EU:C:2019:108, point 68).

78. Dans ce contexte, la Cour a déjà jugé que l'obligation d'interprétation conforme impose aux juridictions nationales de modifier, le cas échéant, une jurisprudence établie si celle-ci repose sur une interprétation du droit interne incompatible avec les objectifs d'une décision-cadre et de

laisser inappliquée, de leur propre autorité, toute interprétation retenue par une juridiction supérieure qui s'imposerait à elle, en vertu de son droit national, si cette interprétation n'est pas compatible avec la décision-cadre concernée (voir, en ce sens, arrêts du 19 avril 2016, *DI*, C-441/14, EU:C:2016:278, point 33, ainsi que du 29 juin 2017, *Popławski*, C-579/15, EU:C:2017:503, points 35 et 36).

79. Partant, une juridiction nationale ne saurait valablement considérer qu'elle se trouve dans l'impossibilité d'interpréter une disposition nationale en conformité avec le droit de l'Union en raison du seul fait que cette disposition a, de manière constante, été interprétée dans un sens qui n'est pas compatible avec ce droit (arrêts du 8 novembre 2016, *Ognyanov*, C-554/14, EU:C:2016:835, point 69, et du 6 novembre 2018, *Max-Planck-Gesellschaft zur Förderung der Wissenschaften*, C-684/16, EU:C:2018:874, point 60) ou est appliquée d'une telle manière par les autorités nationales compétentes.

80. S'agissant, en l'occurrence, de l'obligation d'interpréter le droit néerlandais et, plus particulièrement, l'OLW de manière conforme à la décision-cadre 2002/584, il convient de relever ce qui suit.

81. Au point 37 de son arrêt du 29 juin 2017, *Popławski* (C-579/15, EU:C:2017:503), la Cour a constaté que l'obligation pour le juge national d'assurer la pleine effectivité de la décision-cadre 2002/584 entraîne pour le Royaume des Pays-Bas l'obligation d'exécuter le MAE en cause au principal ou, en cas de refus, celle de garantir aux Pays-Bas l'exécution effective de la peine prononcée en Pologne à l'encontre de M. Popławski.

82. En effet, il y a lieu de rappeler que l'impunité de la personne recherchée serait incompatible avec l'objectif poursuivi tant par la décision-cadre 2002/584 (voir, en ce sens, arrêts du 29 juin 2017, *Popławski*, C-579/15, EU:C:2017:503, point 23, et du 13 décembre 2018, Sut, C-514/17, EU:C:2018:1016, point 47) que par l'article 3, paragraphe 2, TUE, selon lequel l'Union offre à ses citoyens un espace de liberté, de sécurité et de justice sans frontières intérieures, au sein duquel est assurée la libre circulation des personnes, en liaison avec des mesures appropriées en matière, notamment, de contrôle des frontières extérieures, de prévention de la criminalité ou de lutte contre ce phénomène [arrêt du 25 juillet 2018, *Generalstaatsanwaltschaft (Conditions de détention en Hongrie)*, C-220/18 PPU, EU:C:2018:589, point 86].

83. La Cour a également souligné que l'obligation visée au point 81 du présent arrêt n'ayant aucune incidence sur la détermination de la responsabilité pénale de M. Popławski, qui découle du jugement prononcé le 5 février 2007 contre lui par le Sąd Rejonowy w Poznaniu (tribunal d'arrondissement de Poznań), elle ne saurait a fortiori être considérée comme entraînant une aggravation de cette responsabilité, au sens du

point 75 du présent arrêt (arrêt du 29 juin 2017, *Popławski*, C-579/15, EU:C:2017:503, point 37).

84. Il ressort du dossier soumis à la Cour que la juridiction de renvoi paraît exclure, sauf à recourir à une interprétation contra legem, que l'OLW puisse être appliquée de telle manière que le MAE en cause au principal soit exécuté et que M. Popławski soit remis aux autorités judiciaires polonaises.

85. Partant, si une interprétation du droit national aboutissant à l'exécution du MAE émis à l'encontre de M. Popławski s'avère effectivement impossible, ce qu'il appartient à la juridiction de renvoi de vérifier, il incombe encore à cette dernière d'interpréter la réglementation néerlandaise pertinente et, en particulier, l'article 6 de l'OLW, sur le fondement duquel la remise de M. Popławski aux autorités polonaises serait refusée, dans toute la mesure du possible, de manière à ce que l'application de cette réglementation permette, par la prise en charge effective aux Pays-Bas de la peine prononcée à l'encontre de M. Popławski, d'éviter l'impunité de ce dernier et d'aboutir ainsi à une solution compatible avec l'objectif poursuivi par la décision-cadre 2002/584, tel qu'il a été rappelé au point 82 du présent arrêt.

86. À cet égard, comme la Cour l'a souligné au point 23 de son arrêt du 29 juin 2017, *Popławski* (C-579/15, EU:C:2017:503), une réglementation d'un État membre qui, comme l'article 6 de l'OLW, met en œuvre le motif de non-exécution facultative d'un MAE aux fins de l'exécution d'une peine ou d'une mesure de sûreté privatives de liberté contenu à l'article 4, point 6, de la décision-cadre 2002/584, en prévoyant que les autorités judiciaires de cet État sont en tout état de cause tenues de refuser l'exécution d'un MAE dans l'hypothèse où la personne recherchée réside dans ledit État, sans que ces autorités jouissent d'une quelconque marge d'appréciation et sans que ce même État s'engage à faire exécuter effectivement la peine privative de liberté prononcée contre cette personne recherchée, créant ainsi un risque d'impunité de ladite personne, ne saurait être considérée comme étant conforme à cette décision-cadre.

87. Dans ces conditions, il y a lieu de rappeler que la Cour, appelée à fournir au juge national des réponses utiles dans le cadre d'un renvoi préjudiciel, peut apporter des précisions visant à guider la juridiction de renvoi et lui indiquer quelle interprétation du droit national satisferait à son obligation d'interpréter celui-ci conformément au droit de l'Union (arrêt du 17 octobre 2018, *Klohn*, C-167/17, EU:C:2018:833, point 68).

88. En l'occurrence, s'agissant, tout d'abord, de l'obligation, imposée par l'article 4, point 6, de la décision-cadre 2002/584 et rappelée au point 86 du présent arrêt, d'assurer, en cas de refus d'exécution du MAE, la prise en charge effective par l'État membre d'exécution de la peine privative de liberté, il convient de relever que cette obligation présuppose un véritable engagement de cet État à exécuter la peine privative de liberté prononcée

contre la personne recherchée, si bien que, en tout état de cause, la seule circonstance que cet État se déclare « disposé » à faire exécuter cette peine ne saurait être considérée comme étant de nature à justifier un tel refus. Il s'ensuit que tout refus d'exécuter un MAE doit être précédé de la vérification, par l'autorité judiciaire d'exécution, de la possibilité d'exécuter réellement la peine conformément à son droit interne (arrêt du 29 juin 2017, *Popławski*, C-579/15, EU:C:2017:503, point 22).

89. Or, il ressort du point 38 de l'arrêt du 29 juin 2017, *Popławski* (C-579/15, EU:C:2017:503), que, selon la juridiction de renvoi, la déclaration par laquelle l'Openbaar Ministerie (ministère public, Pays-Bas) fait savoir à l'autorité judiciaire d'émission qu'il est disposé, en application de l'article 6, paragraphe 3, de l'OLW, dans sa version applicable jusqu'à l'entrée en vigueur de la WETS, à prendre en charge l'exécution de la peine à la base du MAE en cause au principal ne saurait être interprétée comme constituant un véritable engagement du Royaume des Pays-Bas à exécuter cette peine, à moins que l'article 4, point 6, de la décision-cadre 2002/584 puisse être considéré comme un fondement juridique conventionnel au sens dudit article 6, paragraphe 3, pour l'exécution effective d'une telle peine aux Pays-Bas.

90. Bien qu'il appartienne à la seule juridiction de renvoi d'apprécier si le droit néerlandais est susceptible d'être interprété en ce sens que la décision-cadre 2002/584 est assimilable à un tel fondement juridique conventionnel, aux fins de l'application de l'article 6, paragraphe 3, de l'OLW, dans sa version applicable jusqu'à l'entrée en vigueur de la WETS, la Cour a déjà jugé que le droit de l'Union ne s'oppose pas à une telle assimilation.

91. En effet, d'une part, ainsi qu'il ressort de la jurisprudence de la Cour, selon les considérants 5, 7 et 11 de la décision-cadre 2002/584 ainsi que son article 1er, paragraphes 1 et 2, cette décision-cadre remplace, dans les relations entre États membres, tous les instruments antérieurs relatifs à l'extradition, y compris les conventions ayant existé à cet égard entre les différents États membres. En outre, ladite décision-cadre coexistant, tout en ayant un régime juridique propre défini par le droit de l'Union, avec les conventions d'extradition liant les différents États membres aux États tiers, une assimilation de la décision-cadre 2002/584 à une telle convention ne paraît pas d'emblée exclue [voir, en ce sens, arrêts du 29 juin 2017, *Popławski*, C-579/15, EU:C:2017:503, point 41, et du 25 juillet 2018, *Minister for Justice and Equality (Défaillances du système judiciaire)*, C-216/18 PPU, EU:C:2018:586, point 39].

92. D'autre part, la Cour a également jugé que la décision-cadre 2002/584 ne contient aucune disposition permettant de conclure qu'elle s'opposerait à ce que les termes « une autre convention applicable », figurant à l'article 6, paragraphe 3, de l'OLW, dans sa version applicable

jusqu'à l'entrée en vigueur de la WETS, soient interprétés en ce sens qu'ils couvrent également l'article 4, point 6, de cette décision-cadre, dès lors qu'une telle interprétation permettrait de garantir que la faculté de l'autorité judiciaire d'exécution de refuser d'exécuter le MAE ne soit exercée qu'à la condition d'assurer l'exécution effective aux Pays-Bas de la peine prononcée contre M. Popławski et d'aboutir ainsi à une solution conforme à la finalité poursuivie par ladite décision-cadre (arrêt du 29 juin 2017, *Popławski*, C-579/15, EU:C:2017:503, point 42).

93. Il ressort de la demande de décision préjudicielle que la juridiction de renvoi confirme qu'une telle assimilation permettrait, selon l'interprétation qu'elle fait du droit néerlandais, de garantir que la peine à laquelle a été condamné M. Popławski soit effectivement exécutée aux Pays-Bas. Elle relève néanmoins que le ministre, appelé à intervenir dans la procédure en cause au principal en vertu de l'article 6, paragraphe 4, de l'OLW, estime que la décision-cadre 2002/584 ne peut pas constituer une convention au sens de l'article 6, paragraphe 3, de l'OLW, dans sa version applicable jusqu'à l'entrée en vigueur de la WETS.

94. À cet égard, il convient, d'une part, de rappeler que, comme il a été souligné au point 72 du présent arrêt, l'obligation d'interpréter le droit national d'une manière conforme à la décision-cadre 2002/584 s'impose à toutes les autorités des États membres, y compris, en l'occurrence, au ministre. Ce dernier est donc tenu, tout comme les autorités juridictionnelles, d'interpréter le droit néerlandais, dans toute la mesure du possible, à la lumière du texte et de la finalité de cette décision-cadre, afin de permettre que, par la prise en charge aux Pays-Bas de la peine prononcée contre M. Popławski, l'effectivité de la décision-cadre 2002/584 soit préservée, ce que garantit l'interprétation de l'article 6, paragraphe 3, de l'OLW, dans sa version applicable jusqu'à l'entrée en vigueur de la WETS, rappelée au point 92 du présent arrêt.

95. D'autre part, la circonstance qu'une interprétation de la loi nationale incompatible avec le droit de l'Union serait soutenue par le ministre ne fait en aucun cas obstacle à l'obligation d'interprétation conforme qui pèse sur le juge de renvoi.

96. Il en va d'autant plus ainsi que la décision-cadre 2002/584 instaure un mécanisme de coopération entre les autorités judiciaires des États membres et que la décision relative à l'exécution d'un MAE doit être prise par une autorité judiciaire qui satisfait aux exigences inhérentes à une protection juridictionnelle effective, dont fait partie la garantie d'indépendance, de sorte que toute la procédure prévue par cette décision-cadre soit exercée sous contrôle judiciaire [voir, en ce sens, arrêt du 25 juillet 2018, *Minister for Justice and Equality (Défaillances du système judiciaire)*, C-216/18 PPU, EU:C:2018:586, point 56]. Il s'ensuit que, le ministre n'étant pas une autorité judiciaire, au sens de ladite décision-cadre (voir, en ce sens, arrêt du 10 novembre 2016, *Kovalkovas*, C-477/16 PPU,

EU:C:2016:861, point 45), la décision relative à l'exécution du MAE délivré à l'encontre de M. Popławski ne saurait dépendre de l'interprétation que le ministre donne de l'article 6, paragraphe 3, de l'OLW.

97. Dès lors, la juridiction de renvoi ne saurait, dans l'affaire au principal, valablement considérer qu'elle se trouve dans l'impossibilité d'interpréter ledit article 6, paragraphe 3, en conformité avec le droit de l'Union, en raison du seul fait que cette disposition a été interprétée, par le ministre, dans un sens qui n'est pas compatible avec ce droit (voir, par analogie, arrêt du 8 novembre 2016, *Ognyanov*, C-554/14, EU:C:2016:835, point 69).

98. Il résulte de ce qui précède que, si la juridiction de renvoi parvient à la conclusion que la décision-cadre 2002/584 peut être assimilée, conformément aux méthodes d'interprétation reconnues en droit néerlandais, à une convention, aux fins de l'application de l'article 6, paragraphe 3, de l'OLW, dans sa version applicable jusqu'à l'entrée en vigueur de la WETS, elle est tenue d'appliquer cette disposition, ainsi interprétée, au litige en cause au principal, sans avoir égard au fait que le ministre s'oppose à une telle interprétation.

99. S'agissant, ensuite, de l'obligation, imposée par l'article 4, point 6, de la décision-cadre 2002/584 et rappelée au point 86 du présent arrêt, d'assurer une marge d'appréciation à l'autorité judiciaire d'exécution dans la mise en œuvre du motif de non-exécution facultative d'un MAE prévue à cette disposition, il y a lieu de rappeler, tout d'abord, que cette autorité doit pouvoir tenir compte de l'objectif poursuivi par le motif de non-exécution facultative énoncé à cette disposition, qui consiste, selon une jurisprudence bien établie de la Cour, à permettre à l'autorité judiciaire d'exécution d'accorder une importance particulière à la possibilité d'accroître les chances de réinsertion sociale de la personne recherchée à l'expiration de la peine à laquelle cette dernière a été condamnée (arrêt du 29 juin 2017, *Popławski*, C-579/15, EU:C:2017:503, point 21).

100. Il s'ensuit que la faculté conférée à l'autorité judiciaire d'exécution de refuser, sur la base dudit article 4, point 6, la remise de la personne recherchée ne peut être mise en œuvre que si cette autorité, après avoir vérifié, d'une part, que cette personne demeure dans l'État membre d'exécution, en est ressortissante ou y réside, et, d'autre part, que la peine privative de liberté prononcée par l'État membre d'émission contre cette personne peut être effectivement exécutée dans l'État membre d'exécution, estime qu'il existe un intérêt légitime justifiant que la peine infligée dans l'État membre d'émission soit exécutée sur le territoire de l'État membre d'exécution (arrêt du 13 décembre 2018, *Sut*, C-514/17, EU:C:2018:1016, point 37).

101. Il incombe dès lors, à titre principal, à la juridiction de renvoi d'interpréter son droit national, dans toute la mesure du possible, d'une manière conforme à l'exigence rappelée au point précédent.

102. À tout le moins, cette juridiction devrait retenir une interprétation de son droit national qui lui permette d'aboutir à une solution qui, dans l'affaire au principal, ne soit pas contraire à l'objectif poursuivi par la décision-cadre 2002/584. En effet, l'obligation d'interprétation conforme perdure tant que le droit national peut recevoir une application telle qu'il aboutit à un résultat compatible avec celui visé par cette décision-cadre (voir, en ce sens, arrêt du 8 novembre 2016, *Ognyanov*, C-554/14, EU:C:2016:835, point 66).

103. À cet égard, il ressort des conditions qui entourent la mise en œuvre du motif de non-exécution facultative d'un MAE, prévu à l'article 4, point 6, de la décision-cadre 2002/584, que le législateur de l'Union a voulu éviter tout risque d'impunité de la personne recherchée (voir, en ce sens, arrêt du 13 décembre 2018, *Sut*, C-514/17, EU:C:2018:1016, point 47), en adéquation avec l'objectif général de ladite décision-cadre, tel qu'il a été souligné au point 82 du présent arrêt.

104. Or, une interprétation de l'article 6 de l'OLW, en vertu de laquelle le juge de renvoi ne peut, en aucun cas, exécuter le MAE délivré à l'encontre de M. Popławski, ne fait pas nécessairement obstacle à ce que tout risque d'impunité dans le chef de M. Popławski soit écarté et à ce que, partant, tant la finalité poursuivie par ladite décision-cadre que l'obligation qu'elle impose, en l'occurrence au Royaume des Pays-Bas, telles qu'elles ont été rappelées aux points 81 et 82 du présent arrêt, soient satisfaites.

105. En revanche, exiger, afin que l'interprétation de l'article 6 de l'OLW soit considérée comme conforme au droit de l'Union, que cette disposition donne une marge d'appréciation au juge de renvoi, autorisant celui-ci à exécuter le MAE émis à l'encontre de M. Popławski s'il estime qu'aucun intérêt légitime ne justifie que la peine à laquelle il a été condamné soit exécutée aux Pays-Bas, risquerait, si le droit national ne pouvait être interprété conformément à une telle exigence, de rendre impossible, compte tenu de l'absence d'effet direct de la décision-cadre 2002/584, non seulement la remise de M. Popławski aux autorités judiciaires polonaises, mais aussi l'exécution effective de sa peine aux Pays-Bas.

106. Or, un tel résultat consacrerait l'impunité de la personne recherchée et serait en contradiction avec la finalité poursuivie par la décision-cadre 2002/584 et l'obligation qu'elle impose en l'occurrence aux Pays-Bas, telles qu'elles ont été rappelées aux points 81 et 82 du présent arrêt.

107. Dans de telles circonstances, il y a lieu de considérer que la juridiction de renvoi retiendrait une interprétation du droit néerlandais conforme aux objectifs poursuivis par la décision-cadre 2002/584 en interprétant ce droit de telle sorte que le refus d'exécuter le MAE en cause au principal, émis par la République de Pologne, soit subordonné à la garantie que la peine privative de liberté à laquelle a été condamné

M. Popławski sera effectivement exécutée aux Pays-Bas, et ce même si ledit droit prévoit que ce refus intervient de manière automatique.

108. Eu égard aux éléments fournis dans la décision de renvoi, une telle interprétation conforme du droit néerlandais à l'article 4, point 6, de la décision-cadre 2002/584 semble possible et, partant, l'exécution aux Pays-Bas de la peine privative de liberté à laquelle M. Popławski a été condamné en Pologne paraît permise, ce qu'il incombe cependant à la juridiction de renvoi de vérifier.

109. Compte tenu de ce qui précède, il y a lieu de répondre à la première question que le principe de primauté du droit de l'Union doit être interprété en ce sens qu'il n'impose pas à une juridiction nationale de laisser inappliquée une disposition du droit national incompatible avec des dispositions d'une décision-cadre, telle que les décisions-cadres en cause au principal, dont les effets juridiques sont préservés conformément à l'article 9 du protocole (n° 36) sur les dispositions transitoires, annexé aux traités, ces dispositions étant dépourvues d'effet direct. Les autorités des États membres, en ce compris les juridictions, sont néanmoins tenues de procéder, dans toute la mesure du possible, à une interprétation conforme de leur droit national qui leur permet d'assurer un résultat compatible avec la finalité poursuivie par la décision-cadre concernée.

Observations

Le principe de primauté du droit de l'Union européenne, depuis l'arrêt *Costa contre Enel* de 1964 est présenté dans la jurisprudence de la Cour comme une des caractéristiques essentielles du droit de l'Union. La Cour de justice, par ses arrêts, a déterminé précisément quelles obligations s'imposent au juge national au titre du principe de primauté : obligation d'interpréter dans toute la mesure du possible le droit interne de manière conforme au droit de l'Union, obligation de reconnaître aux particuliers la possibilité d'obtenir réparation lorsque leurs droits sont lésés par une violation du droit de l'Union européenne imputable à un État membre et obligation, en cas d'impossibilité d'interprétation conforme, d'assurer le plein effet des dispositions du droit de l'Union européenne en laissant au besoin inappliquées les dispositions de la législation nationale contraires.

Dans son arrêt du 24 juin 2019, la Cour de justice, en liant le principe de primauté et le principe d'effet direct, vient limiter, dans certains cas, les obligations pesant sur le juge national. En l'espèce le juge national, confronté à une règlementation nationale incompatible avec la décision-cadre 2005/584 relative au mandat d'arrêt européen, interroge la Cour de justice sur le point de savoir si, en vertu du principe de primauté, il doit laisser inappliquées les dispositions de sa règlementation nationale incompatibles avec les dispositions de la décision-cadre sur le mandat d'arrêt européen, alors même que ces dernières sont dépourvues d'effet direct. La Cour répond négativement à cette interrogation et établit une distinction dans les obligations qui pèsent sur le juge national en vertu du principe de primauté selon que les dispositions du droit de l'Union en cause sont ou non dotées d'un effet direct.

Pour la juridiction de l'Union, l'obligation, en cas d'impossibilité d'interprétation conforme, de laisser inappliquées les normes nationales contraires aux dispositions du droit de l'Union européenne ne s'impose au juge national que lorsqu'est en cause une disposition du droit de l'Union qui est d'effet direct dans le litige dont il est saisi. En revanche, le juge national n'est pas tenu de laisser inappliquée une disposition de son droit national contraire à une disposition du droit de l'Union si cette dernière n'est pas d'effet direct. La Cour de justice subordonne donc l'obligation de laisser inappliquée la norme nationale contraire à la nécessité, pour la disposition du droit de l'Union européenne à laquelle contrevient la norme nationale, de produire un effet direct. Selon elle, cette solution se justifie par le la fait que « le principe de primauté du droit de l'Union [...] ne saurait aboutir à remettre en cause la distinction essentielle entre les dispositions du droit de l'Union disposant d'un effet direct et celles qui en sont dépourvues, ni, partant, à instaurer un régime unique d'application de l'ensemble des dispositions du droit de l'Union par les juridictions nationales ».

La position de la juridiction de l'Union européenne peut surprendre dans la mesure où certains arrêts, rendus peu avant, semblaient plutôt impliquer l'autonomie respective du principe de primauté et du principe de l'effet direct. À propos d'une disposition d'une directive non dotée d'effet direct, la Cour de justice a en effet expressément reconnu en 2018 que le juge national devait, en l'absence d'interprétation conforme possible, laisser inappliquée une disposition nationale dont l'application aboutirait à un résultat contraire au droit de l'Union.

La solution adoptée par la Cour le 24 juin 2019 conduit nécessairement à affaiblir le principe de primauté du droit de l'Union. Tout d'abord, elle permet de faire varier les obligations du juge national et donc les implications du principe de primauté, en fonction de l'effet direct produit ou non par la norme de l'Union qui est invoquée dans le cadre du litige. Si la norme est d'effet direct, le juge national est soumis à l'obligation d'interprétation conforme. Il doit pouvoir réparer les dommages causés aux particuliers en raison d'une violation du droit de l'Union européenne par l'État et il doit, en cas d'impossibilité d'interprétation conforme, laisser inappliquées les normes nationales contraires au droit l'Union. En revanche, si la norme n'est pas d'effet direct, ses obligations se limitent à l'obligation d'interprétation conforme et l'obligation de réparation. La solution de la Cour, en ce qu'elle peut permettre à un juge national de trancher un litige en méconnaissant le droit de l'Union, altère ensuite nécessairement la portée de la primauté du droit de l'Union européenne. En effet, face à une norme de l'Union européenne non dotée d'effet direct et en cas d'impossibilité d'interprétation conforme du droit au national au regard de cette norme (notamment si l'interprétation conforme aboutit à une interprétation *contra legem* du droit national), le juge national n'aura pas l'obligation d'écarter la norme nationale contraire au droit de l'Union européenne et pourra résoudre son litige en méconnaissant le droit de l'Union. Dans l'arrêt commenté, la Cour de justice semble cependant mettre à la charge de la juridiction nationale, dans une telle hypothèse, une obligation renforcée d'interprétation conforme. En l'espèce, la décision-cadre sur le mandat d'arrêt européen n'étant pas d'effet direct, le juge national ne se trouve pas dans l'obligation de laisser inappliquée la règlementation nationale contraire. Mais la Cour de justice, au prix d'un raisonnement très développé, tente à tout prix de convaincre le juge national qu'il existe une possibilité d'interprétation conforme du droit néerlandais au regard du droit de l'Union européenne.

Delphine Dero-Bugny

III. DROITS FONDAMENTAUX

Cour de justice, gde ch., 22 janvier 2019, *Cresco Investigation GmbH*, aff. C-193/17, ECLI:EU:C:2019:43

Conclusions de l'avocat général M. Bobek, du 25 juillet 2018, ECLI:EU:C:2018:614

MOTS-CLÉS : Non-discrimination – Liberté de religion – Discrimination directe – Charte – Effet direct horizontal – Invocabilité d'exclusion

CADRE NORMATIF : directive 2000/78/CE ; charte des droits fondamentaux de l'Union européenne

NOTES ET OBSERVATIONS : *Europe*, 2019, comm. 112, note A. RIGAUX et D. SIMON

EXTRAITS DE L'ARRÊT

[...]

Sur la compétence de la Cour

29. Le gouvernement polonais considère que, en vertu de l'article 17, paragraphe 1, TFUE, l'octroi par un État membre d'un jour férié destiné à permettre la célébration d'une fête religieuse ne relève pas du droit de l'Union, de sorte que la Cour ne serait pas compétente pour répondre aux questions préjudicielles qui lui sont adressées par la juridiction de renvoi.

30. À cet égard, il convient de relever que l'article 17, paragraphe 1, TFUE prévoit que l'Union respecte et ne préjuge pas du statut dont bénéficient, en vertu du droit national, les églises et les associations ou communautés religieuses dans les États membres.

31. Une telle disposition n'a toutefois pas pour conséquence qu'une différence de traitement contenue dans une législation nationale prévoyant l'octroi à certains travailleurs d'un jour férié destiné à permettre la célébration d'une fête religieuse soit exclue du champ d'application de la directive 2000/78 et que la conformité d'une telle différence de traitement avec cette directive échappe à un contrôle juridictionnel effectif.

32. En effet, d'une part, le libellé de l'article 17 TFUE correspond, en substance, à celui de la déclaration n° 11 relative au statut des Églises et des organisations non confessionnelles, annexée à l'acte final du traité

d'Amsterdam. Or, le fait que cette dernière est explicitement citée au considérant 24 de la directive 2000/78 met en évidence que le législateur de l'Union a nécessairement tenu compte de ladite déclaration lors de l'adoption de cette directive (voir, en ce sens, arrêts du 17 avril 2018, *Egenberger*, C-414/16, EU:C:2018:257, point 57, et du 11 septembre 2018, *IR*, C-68/17, EU:C:2018:696, point 48).

33. D'autre part, l'article 17 TFUE exprime, certes, la neutralité de l'Union à l'égard de l'organisation par les États membres de leurs rapports avec les églises et les associations ou communautés religieuses (arrêts du 17 avril 2018, *Egenberger*, C-414/16, EU:C:2018:257, point 58, et du 11 septembre 2018, *IR*, C-68/17, EU:C:2018:696, point 48). Toutefois, les dispositions nationales en cause au principal ne visent pas à organiser les rapports entre un État membre et les églises, mais visent uniquement à octroyer aux travailleurs, membres de certaines églises, un jour férié supplémentaire coïncidant avec une fête religieuse importante pour ces églises.

34. L'exception d'incompétence soulevée par le gouvernement polonais doit donc être rejetée.

Sur les questions préjudicielles

Sur les trois premières questions

35. Par ses trois premières questions, qu'il convient d'examiner ensemble, la juridiction de renvoi demande, en substance, si l'article 1er et l'article 2, paragraphe 2, de la directive 2000/78 doivent être interprétés en ce sens qu'une législation nationale en vertu de laquelle, d'une part, le Vendredi saint n'est un jour férié que pour les travailleurs qui sont membres de certaines églises chrétiennes et, d'autre part, seuls ces travailleurs ont droit, s'ils sont amenés à travailler durant ce jour férié, à une indemnité de jour férié, institue une discrimination directe en raison de la religion. En cas de réponse affirmative, elle demande également si les mesures prévues par cette législation nationale peuvent être considérées comme étant des mesures nécessaires à la préservation des droits et des libertés d'autrui, au sens de l'article 2, paragraphe 5, de ladite directive, ou des mesures spécifiques destinées à compenser des désavantages liés à la religion, au sens de l'article 7, paragraphe 1, de cette directive.

36. En premier lieu, il convient de rappeler que, conformément à l'article 1er de la directive 2000/78, celle-ci a pour objet d'établir un cadre général pour lutter contre la discrimination fondée sur la religion ou les convictions, le handicap, l'âge ou l'orientation sexuelle, en ce qui concerne l'emploi et le travail, en vue de mettre en œuvre, dans les États membres, le principe de l'égalité de traitement.

37. Aux termes de l'article 2, paragraphe 1, de ladite directive, on entend par « principe de l'égalité de traitement » l'absence de toute discrimination directe ou indirecte, fondée sur l'un des motifs visés à l'article 1er de cette directive. L'article 2, paragraphe 2, sous a), de cette directive précise que, pour les besoins de l'application de l'article 2, paragraphe 1, de celle-ci, une discrimination directe se produit lorsqu'une personne est traitée de manière moins favorable que l'est une autre personne se trouvant dans une situation comparable, sur la base de l'un des motifs visés à l'article 1er de la même directive, parmi lesquels figure la religion.

38. Dans ce contexte, il importe, premièrement, de déterminer s'il résulte de la législation en cause au principal une différence de traitement entre travailleurs sur la base de leur religion.

39. À cet égard, il y a lieu de relever que l'article 7, paragraphe 3, de l'ARG reconnaît aux seuls travailleurs qui sont membres de l'une des églises visées par l'ARG le droit à un jour férié le Vendredi saint. Il s'ensuit que l'indemnité de jour férié que peut faire valoir, en vertu de l'article 9, paragraphe 5, de l'ARG, le travailleur qui est appelé à exercer son activité professionnelle au cours d'un jour férié n'est due aux travailleurs qui exercent leur activité professionnelle le Vendredi saint que si ceux-ci sont membres de l'une de ces églises.

40. Dès lors, la législation en cause au principal instaure une différence de traitement qui est directement fondée sur la religion des travailleurs. En effet, le critère de différenciation auquel a recours cette législation procède directement de l'appartenance des travailleurs à une religion déterminée.

41. Deuxièmement, il convient d'examiner si une telle différence de traitement concerne des catégories de travailleurs se trouvant dans des situations comparables.

42. À cet égard, l'exigence tenant au caractère comparable des situations aux fins de déterminer l'existence d'une violation du principe d'égalité de traitement doit être appréciée au regard de l'ensemble des éléments qui les caractérisent et notamment à la lumière de l'objet et du but de la législation nationale qui institue la distinction en cause [voir, en ce sens, arrêts du 16 juillet 2015, *CHEZ Razpredelenie Bulgaria*, C-83/14, EU:C:2015:480, point 89, et du 26 juin 2018, *MB (Changement de sexe et pension de retraite)*, C-451/16, EU:C:2018:492, point 42].

43. Il y a lieu également de préciser que, d'une part, il est requis non pas que les situations soient identiques, mais seulement qu'elles soient comparables et que, d'autre part, l'examen de ce caractère comparable doit être effectué non pas de manière globale et abstraite, mais de manière spécifique et concrète au regard de la prestation concernée (arrêt du 19 juillet 2017, *Abercrombie & Fitch Italia*, C-143/16, EU:C:2017:566, point 25 et jurisprudence citée).

44. En l'occurrence, l'article 7, paragraphe 3, de l'ARG accorde, le Vendredi saint, une période de repos continue de 24 heures aux seuls travailleurs qui sont membres de l'une des églises visées par l'ARG. Cette disposition établit ainsi une différence de traitement quant à l'octroi d'un jour férié entre ces travailleurs et l'ensemble des autres travailleurs.

45. À cet égard, il ressort du dossier dont dispose la Cour que la période de repos de 24 heures accordée le Vendredi saint aux travailleurs qui sont membres de l'une des églises visées par l'ARG est justifiée, par les autorités nationales compétentes, par l'importance qu'un tel jour revêt pour ces communautés religieuses.

46. Toutefois, comme il ressort de la décision de renvoi, l'octroi d'un jour férié le Vendredi saint à un travailleur membre de l'une des églises visées par l'ARG n'est pas soumis à la condition de l'accomplissement, par le travailleur, d'une obligation religieuse déterminée au cours de cette journée, mais est soumis uniquement à l'appartenance formelle dudit travailleur à l'une de ces églises. Ce travailleur demeure ainsi libre de disposer à son gré, par exemple à des fins de repos ou de loisirs, de la période afférente à ce jour férié.

47. La situation d'un tel travailleur ne se différencie pas, à cet égard, de celle des autres travailleurs souhaitant disposer d'une période de repos ou de loisirs un Vendredi saint sans qu'ils puissent toutefois bénéficier d'un jour férié correspondant.

48. Par ailleurs, il découle de la lecture combinée de l'article 7, paragraphe 3, et de l'article 9, paragraphe 5, de l'ARG que seuls les travailleurs qui sont membres de l'une des églises visées par l'ARG peuvent bénéficier de l'indemnité de jour férié s'ils travaillent le Vendredi saint.

49. Eu égard à la nature financière de la prestation concernée par un tel traitement différencié ainsi qu'au lien indissociable qui l'unit à l'octroi d'un jour férié le Vendredi saint, il convient également de considérer que, en ce qui concerne l'attribution d'une telle prestation financière, la situation des travailleurs qui sont membres de l'une des églises visées par l'ARG est comparable à celle de l'ensemble des autres travailleurs, que ceux-ci aient ou non une religion.

50. En effet, ainsi qu'il ressort du dossier dont dispose la Cour, l'octroi de cette indemnité au travailleur membre de l'une desdites églises, qui est appelé à travailler le Vendredi saint, dépend uniquement de l'appartenance formelle de ce travailleur à l'une de ces églises. Ledit travailleur a ainsi droit à ladite indemnité quand bien même il aurait travaillé le Vendredi saint sans avoir ressenti l'obligation ou le besoin de célébrer cette fête religieuse. Sa situation ne se différencie dès lors pas de celle des autres travailleurs ayant travaillé le Vendredi saint sans bénéficier d'une telle indemnité.

51. Il s'ensuit que la législation nationale en cause au principal a pour effet de traiter différemment, en fonction de la religion, des situations comparables. Elle instaure, dès lors, une discrimination directe en raison de la religion, au sens de l'article 2, paragraphe 2, sous a), de la directive 2000/78.

52. En second lieu, il convient de déterminer si une telle discrimination directe est susceptible d'être justifiée sur le fondement de l'article 2, paragraphe 5, de la directive 2000/78 ou de l'article 7, paragraphe 1, de ladite directive.

53. D'une part, selon l'article 2, paragraphe 5, de la directive 2000/78, celle-ci ne porte pas atteinte aux mesures prévues par la législation nationale qui, dans une société démocratique, sont nécessaires à la sécurité publique, à la défense de l'ordre et à la prévention des infractions pénales, à la protection de la santé et à la protection des droits et des libertés d'autrui.

54. En adoptant cette disposition, le législateur de l'Union a, en matière d'emploi et de travail, entendu prévenir et arbitrer un conflit entre, d'une part, le principe de l'égalité de traitement et, d'autre part, la nécessité d'assurer l'ordre, la sécurité et la santé publics, la prévention des infractions ainsi que la protection des droits et des libertés individuels, lesquels sont indispensables au fonctionnement d'une société démocratique. Ce législateur a décidé que, dans certains cas énumérés à l'article 2, paragraphe 5, de la directive 2000/78, les principes posés par cette dernière ne s'appliquent pas à des mesures contenant des différences de traitement fondées sur l'un des motifs visés à l'article 1er de cette directive, à condition, toutefois, que ces mesures soient nécessaires à la réalisation des objectifs susvisés (arrêt du 13 septembre 2011, *Prigge e.a.*, C-447/09, EU:C:2011:573, point 55).

55. Par ailleurs, ledit article 2, paragraphe 5, instituant une dérogation au principe d'interdiction des discriminations, il doit être interprété de manière stricte. Les termes utilisés à cette disposition conduisent également à une telle approche (arrêt du 13 septembre 2011, *Prigge e.a.*, C-447/09, EU:C:2011:573, point 56 ainsi que jurisprudence citée).

56. En l'occurrence, il y a lieu de souligner, premièrement, que les mesures en cause au principal, à savoir la reconnaissance du Vendredi saint comme étant un jour férié pour les travailleurs qui sont membres de l'une des églises visées par l'ARG ainsi que l'octroi à ces travailleurs de l'indemnité de jour férié dans le cas où ceux-ci sont amenés à travailler pendant la période de repos afférente à ce jour férié, sont prévues par la législation nationale, au sens de l'article 2, paragraphe 5, de la directive 2000/78.

57. Deuxièmement, comme le relève la juridiction de renvoi, l'octroi d'un jour férié le Vendredi saint aux travailleurs qui sont membres de

l'une des églises visées par l'ARG a pour objectif de tenir compte de l'importance particulière que revêtent, pour les membres de ces églises, les célébrations religieuses associées à une telle journée.

58. Or, il est constant que la liberté de religion fait partie des droits et des libertés fondamentales reconnus par le droit de l'Union, la notion de « religion » devant être comprise à cet égard comme couvrant tant le *forum internum*, à savoir le fait d'avoir des convictions, que le forum externum, à savoir la manifestation en public de la foi religieuse (voir, en ce sens, arrêts du 14 mars 2017, *G4S Secure Solutions*, C-157/15, EU:C:2017:203, point 28, ainsi que du 14 mars 2017, *Bougnaoui et ADDH*, C-188/15, EU:C:2017:204, point 30). Il s'ensuit que l'objectif poursuivi par le législateur autrichien figure bien au nombre de ceux qui sont énumérés à l'article 2, paragraphe 5, de la directive 2000/78.

59. Il convient encore de déterminer, troisièmement, si ces mesures sont nécessaires à la protection de la liberté de religion des travailleurs en question.

60. À cet égard, il importe de constater que, comme l'a confirmé le gouvernement autrichien lors de l'audience devant la Cour, la possibilité pour les travailleurs qui n'appartiennent pas aux églises visées par l'ARG de célébrer une fête religieuse ne coïncidant pas avec l'un des jours fériés énumérés à l'article 7, paragraphe 2, de l'ARG est prise en compte en droit autrichien, non pas par l'octroi d'un jour férié supplémentaire, mais principalement au moyen d'un devoir de sollicitude des employeurs à l'égard de leurs employés, qui permet à ces derniers d'obtenir, le cas échéant, le droit de s'absenter de leur travail pour la durée nécessaire à l'accomplissement de certains rites religieux.

61. Il s'ensuit que des mesures nationales telles que celles en cause au principal ne peuvent être considérées comme étant nécessaires à la protection de la liberté de religion, au sens de l'article 2, paragraphe 5, de la directive 2000/78.

62. D'autre part, il convient de vérifier si des dispositions telles que celles en cause au principal peuvent être justifiées en vertu de l'article 7, paragraphe 1, de la directive 2000/78.

63. Il ressort de cette dernière disposition que le principe de l'égalité de traitement ne s'oppose pas à ce qu'un État membre maintienne ou adopte, afin d'assurer la pleine égalité dans la vie professionnelle, des mesures spécifiques destinées à prévenir ou à compenser les désavantages liés à l'un des motifs visés à l'article 1er de cette directive.

64. L'article 7, paragraphe 1, de la directive 2000/78 a pour but précis et limité d'autoriser des mesures qui, tout en étant discriminatoires selon leurs apparences, visent effectivement à éliminer ou à réduire les inégalités de fait pouvant exister dans la vie sociale (voir, par analogie, arrêt

du 30 septembre 2010, *Roca Álvarez*, C-104/09, EU:C:2010:561, point 33 et jurisprudence citée).

65. Par ailleurs, en déterminant la portée de toute dérogation à un droit individuel, tel que l'égalité de traitement, il y a lieu de respecter le principe de proportionnalité qui exige que les dérogations ne dépassent pas les limites de ce qui est approprié et nécessaire pour atteindre le but recherché et que soient conciliés, dans toute la mesure possible, le principe d'égalité de traitement et les exigences du but ainsi poursuivi (voir, en ce sens, arrêt du 19 mars 2002, *Lommers*, C-476/99, EU:C:2002:183, point 39).

66. En l'occurrence, et sans qu'il soit nécessaire de déterminer si le fait que le Vendredi saint, qui apparaît comme l'un des jours les plus importants de la religion à laquelle appartiennent les travailleurs membres de l'une des églises visées par l'ARG, ne correspond pas à l'un des jours fériés énumérés à l'article 7, paragraphe 2, de cette loi constitue un désavantage dans l'exercice de leur vie professionnelle, au sens de l'article 7, paragraphe 1, de la directive 2000/78, il convient de relever que la législation nationale en cause au principal ne peut être considérée comme comportant des mesures spécifiques destinées à compenser un tel « désavantage » dans le respect du principe de proportionnalité et, dans toute la mesure possible, du principe d'égalité.

67. En effet, comme il a été relevé au point 60 du présent arrêt, les dispositions en cause au principal accordent une période de repos de 24 heures, le Vendredi saint, aux travailleurs qui sont membres de l'une des églises visées par l'ARG, alors que les travailleurs appartenant à d'autres religions, dont les fêtes importantes ne coïncident pas avec les jours fériés prévus à l'article 7, paragraphe 2, de l'ARG, ne peuvent, en principe, s'absenter de leur travail pour accomplir les rites religieux afférents à ces fêtes qu'en vertu d'une autorisation accordée par leur employeur dans le cadre du devoir de sollicitude.

68. Il s'ensuit que les mesures en cause au principal vont au-delà de ce qui est nécessaire pour compenser un tel désavantage supposé et qu'elles instaurent une différence de traitement entre travailleurs, confrontés à des obligations religieuses comparables, qui ne garantit pas, dans toute la mesure possible, le respect du principe d'égalité.

69. Eu égard à l'ensemble des considérations qui précèdent, il convient de répondre aux trois premières questions que :

– l'article 1er et l'article 2, paragraphe 2, de la directive 2000/78 doivent être interprétés en ce sens qu'une législation nationale en vertu de laquelle, d'une part, le Vendredi saint n'est un jour férié que pour les travailleurs qui sont membres de certaines églises chrétiennes et, d'autre part, seuls ces travailleurs ont droit, s'ils sont amenés à travailler durant ce jour férié, à une indemnité de jour férié constitue une discrimination directe en raison de la religion, et

– les mesures prévues par cette législation nationale ne peuvent être considérées ni comme des mesures nécessaires à la préservation des droits et des libertés d'autrui, au sens de l'article 2, paragraphe 5, de ladite directive, ni comme des mesures spécifiques destinées à compenser des désavantages liés à la religion, au sens de l'article 7, paragraphe 1, de la même directive.

Sur la quatrième question

70. Par sa quatrième question, la juridiction de renvoi demande, en substance, si le droit de l'Union doit être interprété en ce sens que, aussi longtemps que l'État membre concerné n'a pas modifié, afin de rétablir l'égalité de traitement, sa législation n'octroyant le droit à un jour férié le Vendredi saint qu'aux travailleurs membres de certaines églises chrétiennes, un employeur privé soumis à cette législation a l'obligation d'accorder également à ses autres travailleurs le droit à un jour férié le Vendredi saint et, par voie de conséquence, de reconnaître à ces derniers, s'ils sont amenés à travailler durant cette journée, le droit à une indemnité de jour férié.

71. Il découle de la réponse apportée aux trois premières questions que la directive 2000/78 doit être interprétée en ce sens qu'elle s'oppose à une différence de traitement en raison de la religion, telle que celle instituée par les dispositions en cause au principal.

72. Toutefois, il importe de relever, en premier lieu, que, selon une jurisprudence constante de la Cour, une directive ne peut, par elle-même, créer d'obligations dans le chef d'un particulier et ne peut donc être invoquée en tant que telle à l'encontre de celui-ci. En effet, étendre l'invocabilité des directives non transposées, ou incorrectement transposées, au domaine des rapports entre les particuliers reviendrait à reconnaître à l'Union le pouvoir d'édicter avec effet immédiat des obligations à la charge des particuliers alors qu'elle ne détient cette compétence que là où lui est attribué le pouvoir d'adopter des règlements (arrêt du 6 novembre 2018, *Bauer et Willmeroth*, C-569/16 et C-570/16, EU:C:2018:871, point 76 ainsi que jurisprudence citée).

73. Ainsi, une directive ne peut pas être invoquée dans un litige entre particuliers afin d'écarter la réglementation d'un État membre contraire à cette directive (arrêt du 7 août 2018, *Smith*, C-122/17, EU:C:2018:631, point 44).

74. Néanmoins, il convient de rappeler, en deuxième lieu, qu'il appartient aux juridictions nationales, en tenant compte de l'ensemble des règles du droit national et en application des méthodes d'interprétation reconnues par celui-ci, de décider si et dans quelle mesure une disposition nationale

est susceptible d'être interprétée en conformité avec la directive 2000/78 sans procéder à une interprétation contra legem de cette disposition nationale (arrêts du 17 avril 2018, *Egenberger*, C-414/16, EU:C:2018:257, point 71, et du 11 septembre 2018, *IR*, C-68/17, EU:C:2018:696, point 63).

75. Dans l'hypothèse où, comme il paraît ressortir de la décision de renvoi, il serait impossible à la juridiction de renvoi de procéder à une telle interprétation conforme, il convient de préciser, en troisième lieu, que la directive 2000/78 n'instaure pas elle-même le principe de l'égalité de traitement en matière d'emploi et de travail, lequel trouve sa source dans divers instruments internationaux et les traditions constitutionnelles communes aux États membres, mais a uniquement pour objet d'établir, dans ces mêmes matières, un cadre général pour lutter contre la discrimination fondée sur divers motifs, parmi lesquels figurent la religion ou les convictions, ainsi qu'il ressort de l'intitulé et de l'article 1er de celle-ci (arrêts du 17 avril 2018, *Egenberger*, C-414/16, EU:C:2018:257, point 75, et du 11 septembre 2018, *IR*, C-68/17, EU:C:2018:696, point 67).

76. L'interdiction de toute discrimination fondée sur la religion ou les convictions revêt un caractère impératif en tant que principe général de droit de l'Union. Consacrée à l'article 21, paragraphe 1, de la Charte, cette interdiction se suffit à elle-même pour conférer aux particuliers un droit invocable en tant que tel dans un litige qui les oppose dans un domaine couvert par le droit de l'Union (arrêt du 17 avril 2018, *Egenberger*, C-414/16, EU:C:2018:257, point 76).

77. Au regard de l'effet impératif qu'il déploie, l'article 21 de la Charte ne se distingue pas, en principe, des différentes dispositions des traités fondateurs prohibant des discriminations en fonction de divers motifs, même lorsque de telles discriminations résultent de contrats conclus entre particuliers (arrêt du 17 avril 2018, *Egenberger*, C-414/16, EU:C:2018:257, point 77).

78. Partant, s'il devait s'avérer que les dispositions nationales ne peuvent être interprétées d'une manière qui soit conforme à la directive 2000/78, la juridiction de renvoi serait néanmoins tenue d'assurer la protection juridique découlant pour les travailleurs de l'article 21 de la Charte et de garantir le plein effet de cet article.

79. En quatrième lieu, il y a lieu de relever que, en vertu d'une jurisprudence constante de la Cour, dès lors qu'une discrimination, contraire au droit de l'Union, a été constatée et aussi longtemps que des mesures rétablissant l'égalité de traitement n'ont pas été adoptées, le respect du principe d'égalité ne saurait être assuré que par l'octroi aux personnes de la catégorie défavorisée des mêmes avantages que ceux dont bénéficient les personnes de la catégorie privilégiée. Les personnes défavorisées doivent ainsi être placées dans la même situation que les personnes bénéficiant de l'avantage concerné (arrêt du 9 mars 2017, *Milkova*, C-406/15, EU:C:2017:198, point 66 et jurisprudence citée).

80. Dans cette hypothèse, le juge national est tenu d'écarter toute disposition nationale discriminatoire, sans qu'il ait à demander ou à attendre l'élimination préalable de celle-ci par le législateur, et d'appliquer aux membres du groupe défavorisé le même régime que celui dont bénéficient les personnes de l'autre catégorie. Cette obligation lui incombe indépendamment de l'existence, dans le droit interne, de dispositions lui conférant la compétence pour le faire (arrêt du 9 mars 2017, *Milkova*, C-406/15, EU:C:2017:198, point 67 et jurisprudence citée).

81. Toutefois, une telle solution n'a vocation à s'appliquer qu'en présence d'un système de référence valable (arrêt du 9 mars 2017, *Milkova*, C-406/15, EU:C:2017:198, point 68 et jurisprudence citée).

82. Tel est le cas dans l'affaire au principal, le régime applicable aux membres des églises visées par l'ARG restant, à défaut de l'application correcte du droit de l'Union, le seul système de référence valable.

83. Dès lors, aussi longtemps que des mesures rétablissant l'égalité de traitement n'ont pas été adoptées par le législateur national, il incombe aux employeurs d'assurer aux travailleurs n'appartenant pas à l'une de ces églises un traitement identique à celui que les dispositions en cause au principal réservent aux travailleurs qui sont membres de l'une desdites églises.

84. Il convient de souligner, à cet égard, qu'il ressort de la législation nationale pertinente que ces derniers travailleurs sont tenus d'informer leur employeur de leur appartenance à l'une des églises visées par l'ARG afin de permettre à celui-ci d'anticiper leur absence le Vendredi saint.

85. Partant, aussi longtemps qu'aucune mise en conformité législative n'est intervenue, l'employeur doit reconnaître, en vertu de l'article 21 de la Charte, aux travailleurs n'appartenant à aucune desdites églises, le droit à un jour férié le Vendredi saint, pour autant que ces travailleurs ont informé, avant cette journée, leur employeur de leur souhait de ne pas travailler durant ladite journée.

86. Il s'ensuit également qu'un travailleur n'appartenant à aucune des églises visées par l'ARG est en droit d'obtenir le versement, par son employeur, de l'indemnité prévue à l'article 9, paragraphe 5, de l'ARG, lorsque cet employeur a refusé de faire droit à sa demande de ne pas devoir travailler durant cette journée.

87. En cinquième lieu, il importe de rappeler que les obligations imposées aux employeurs, telles que rappelées aux points 85 et 86 du présent arrêt, ne valent qu'aussi longtemps que des mesures rétablissant l'égalité de traitement n'ont pas été adoptées par le législateur national.

88. En effet, si les États membres, conformément à l'article 16 de la directive 2000/78, ont l'obligation de supprimer les dispositions législatives, réglementaires et administratives contraires au principe d'égalité de traitement, cet article ne leur impose toutefois pas d'adopter des mesures

déterminées en cas de violation de l'interdiction de discrimination, mais leur laisse la liberté de choisir, parmi les différentes solutions propres à réaliser l'objectif qu'il vise, celle qui leur paraît la mieux adaptée à cet effet, en fonction des situations qui peuvent se présenter (voir, en ce sens, arrêt du 14 mars 2018, *Stollwitzer*, C-482/16, EU:C:2018:180, points 28 et 30).

89. Eu égard aux considérations qui précèdent, il convient de répondre à la quatrième question que l'article 21 de la Charte doit être interprété en ce sens que, aussi longtemps que l'État membre concerné n'a pas modifié, afin de rétablir l'égalité de traitement, sa législation n'octroyant le droit à un jour férié le Vendredi saint qu'aux travailleurs membres de certaines églises chrétiennes, un employeur privé soumis à cette législation a l'obligation d'accorder également à ses autres travailleurs le droit à un jour férié le Vendredi saint, pour autant que ces derniers ont au préalable demandé à cet employeur de ne pas devoir travailler ce jour-là, et, par voie de conséquence, de reconnaître à ces travailleurs le droit à une indemnité de jour férié, lorsque ledit employeur a refusé de faire droit à une telle demande.

Observations

En Autriche, le « vendredi saint » n'est considéré comme un jour férié payé que pour les membres de certaines confessions de l'Église protestante. Le requérant au principal, qui travaille dans une agence de détectives privés, n'est membre d'aucune de ces Églises et considère par conséquent avoir été privé de manière discriminatoire de l'indemnité de jour férié en ayant travaillé ce jour-là. Le litige né du refus de l'employeur (Cresco Investigation GmbH), abouti devant la Cour suprême autrichienne qui décide de poser à la Cour de justice une question préjudicielle relative, d'une part, à l'existence d'une discrimination prohibée fondée sur la religion en vertu de la directive 2000/78/CE (1) et, d'autre part, à l'opposabilité du droit de l'Union dans un litige horizontal opposant un employeur à son employé.

---

(1) Directive du Conseil, du 27 novembre 2000, portant création d'un cadre général en faveur de l'égalité de traitement en matière d'emploi et de travail, *JOCE*, L 303, p. 16.

Avant de répondre à ces questions, la Cour écarte rapidement les objections relatives à sa compétence. En effet, le gouvernement polonais considérait que le fait de se prononcer sur l'octroi d'un jour férié lié aux pratiques religieuses était contraire à l'article 17, paragraphe 1, TFUE selon lequel « [l]'Union respecte et ne préjuge pas du statut dont bénéficient, en vertu du droit national, les églises et les associations ou communautés religieuses dans les États membres ». Pour la Cour, cela n'est pas le cas. D'une part parce que la directive 2000/78 intègre en substance cette dérogation dans son considérant 24 (qui se réfère à la déclaration n° 11 annexée au traité d'Amsterdam dont le contenu est maintenant reproduit à l'article 17, paragraphe 1, TFUE) et, d'autre part, car, selon la Cour, les dispositions nationales en cause au principal ne visent aucunement à organiser les relations entre l'État et les églises mais simplement à octroyer un jour férié payé aux travailleurs membres de certaines églises.

La législation nationale en cause au principal est-elle constitutive d'une discrimination directe en raison de la religion ? Pour répondre à cette première question, la Cour procède en trois temps, suivant en cela les questions posées par la Cour suprême autrichienne. Elle le fait en se fondant sur les seules dispositions de la directive 2000/78, alors même que le juge national lui associait dans ses questions l'article 21 de la Charte relatif au droit à la non-discrimination.

Elle constate d'abord que la disposition nationale est bien constitutive d'une discrimination directe fondée sur la religion, car la législation instaure une telle différence de traitement en réservant aux seuls membres de certaines églises le bénéfice d'un jour férié payé entre des travailleurs se trouvant dans des situations comparables. Certes, les autorités autrichiennes avancent le fait que l'octroi du « vendredi saint » est justifié par l'importance de ce jour pour les membres des Églises protestantes visées par la législation. Néanmoins, comme le relève à juste titre la Cour, cette législation ne vise pas en pratique à permettre la réalisation d'une obligation religieuse déterminée, l'octroi de ce jour férié n'étant en réalité soumis à aucune condition de ce type et pouvant même donner lieu au versement d'une indemnité de jour férié si le bénéficiaire choisit de travailler. Il faut donc, selon la Cour, appréhender les bénéficiaires de cette législation avant tout comme des travailleurs bénéficiant d'un avantage en raison de la religion qu'ils ont déclaré et non comme des croyants à qui l'État accorde la possibilité de concilier vie professionnelle et conviction religieuse.

La Cour se tourne ensuite vers une éventuelle justification de la discrimination en faisant application des seules dispositions de la directive (articles 2, paragraphe 5, et 7, paragraphe 1) à l'exception donc de la Charte et de son article 52, paragraphe 1, relatif à la limitation de l'exercice des droits fondamentaux, dont fait pourtant partie le droit à la non-discrimination. Elle relève ainsi que, si la restriction est effectivement prévue par la loi et poursuit l'objectif parfaitement légitime de respect de la liberté religieuse (toujours sans référence à la Charte) en prenant en compte l'importance de cette fête religieuse pour les membres de certaines églises, elle échoue toutefois au stade du test de nécessité. La législation autrichienne n'octroie en effet aucun jour férié supplémentaire aux croyants d'une religion dont les fêtes religieuses ne coïncideraient pas avec les jours fériés définis pour l'ensemble de la population – et correspondant très largement au calendrier catholique, à l'exception du « vendredi saint » pour certaines Églises protestantes. Les travailleurs se prévalant d'autres religions peuvent tout au plus bénéficier, selon la législation autrichienne, d'un devoir de sollicitude de leur employeur leur permettant d'éventuellement obtenir une autorisation d'absence. En clair, la législation en cause semble résulter d'une forme de sécularisation des fêtes catholiques teintée d'une prise en compte de la foi protestante, mais peut difficilement passer pour un outil au service de la liberté religieuse des travailleurs. Ne pouvant être considérée comme nécessaire à la protection de la liberté de religion, cette législation ne peut pas non plus se prévaloir de l'exception prévue par l'article 7, paragraphe 1, de la directive qui autorise l'adoption de mesures relevant de la discrimination positive, essentiellement pour les mêmes raisons. En effet, sans qu'il soit nécessaire de se pencher sur l'existence d'un désavantage dans l'exercice de la vie professionnelle que viendrait compenser l'octroi du « vendredi saint » comme jour férié payé aux membres des Églises protestantes visées la législation nationale, cette disposition ignore la situation des travailleurs appartenant à d'autres religions.

La disposition nationale en cause est donc bien constitutive d'une discrimination directe fondée sur la religion en contrariété avec les termes de la directive 2000/78. Ce faisant, à partir d'une question de discrimination dans l'octroi d'un jour férié, cette affaire a conduit la Cour au cœur de la problématique des « racines chrétiennes » de l'Europe en l'amenant à se prononcer sur la façon dont nos sociétés parviennent à conjuguer sécularisation des valeurs chrétiennes et multiculturalisme. Il n'est rétrospectivement pas si évident que, si « les dispositions nationales en cause au principal ne visent pas à organiser les rapports entre un État membre et les églises » (pt 33), l'arrêt de la Cour ne puisse conduire à un tel résultat.

La seconde question à laquelle devait répondre la Cour était celle de savoir si cette incompatibilité pouvait être utilement mobilisée dans le litige au principal, opposant un salarié à son employeur, en le contraignant à lui accorder ainsi qu'aux autres salariés un jour férié le « vendredi saint » ou une indemnité en cas de travail durant cette journée. La Cour rappelle son refus de reconnaître l'effet direct horizontal des directives, impliquant également l'impossibilité de se prévaloir d'une telle norme pour écarter l'application d'une disposition nationale contraire dans le cadre d'un litige entre particuliers (pts 72 et 73), refus que vient partiellement atténuer l'obligation d'interprétation conforme. Se référant à son arrêt *Egenberger* (2), elle rappelle toutefois que la directive 2000/78 « n'instaure pas elle-même le principe de l'égalité de traitement en matière d'emploi et de travail, lequel trouve sa source dans divers instruments internationaux et les traditions constitutionnelles communes aux États membres, mais a uniquement pour objet d'établir, dans ces mêmes matières, un cadre général pour lutter contre la discrimination fondée sur divers motifs, parmi lesquels figurent la religion ou les convictions » (pt 75). Revêtant un « caractère impératif en tant que principe général du droit de l'Union », cette interdiction de toute discrimination est en outre inscrite à l'article 21, paragraphe 1, de la Charte, y compris lorsque les discriminations « résultent de contrats conclus entre

(2) CJUE, 17 avril 2018, *Egenberger*, aff. C-414/16, ECLI:EU:C:2018:257.

particuliers » (pt 77). En l'absence de la possibilité d'interpréter le droit interne conformément à la directive, le juge national devrait néanmoins assurer « la protection juridique découlant pour les travailleurs de l'article 21 de la Charte et [...] garantir le plein effet de cet article » (pt 78). Or, une telle garantie implique, tant que la législation nationale ne respecte pas l'égalité de traitement, que le juge national octroie « aux personnes de la catégorie défavorisée [les] mêmes avantages que ceux dont bénéficient les personnes de la catégorie privilégiée » (pt 79). « Partant, aussi longtemps qu'aucune mise en conformité législative n'est intervenue, l'employeur doit reconnaître, en vertu de l'article 21 de la Charte, aux travailleurs n'appartenant à aucune desdites églises, le droit à un jour férié le Vendredi saint, pour autant que ces travailleurs ont informé, avant cette journée, leur employeur de leur souhait de ne pas travailler durant ladite journée » et doit verser l'indemnité prévue par la loi en cas de refus de faire droit à cette demande. Selon la Cour, la directive 2000/78 et l'article 21, paragraphe 1, de la Charte bénéficient donc, conjointement, d'un effet direct horizontal.

Ainsi présenté, le raisonnement de la Cour peut sembler n'être qu'une déclinaison des arrêts *Egenberger* (3), *Bauer* (4) et *Max Planck* (5) dans lesquels la Cour avait reconnu l'effet horizontal des articles 21, paragraphe 1 (*Egenberger*) et 31, paragraphe 2, de la Charte (affaires *Bauer* et *Max Planck*). Toutefois, à y regarder plus précisément, l'affaire *Cresco* s'en distingue. En effet, le point commun de ces trois arrêts rendus en 2018 est que la Cour s'y prononçait en faveur de l'effet horizontal d'une disposition de la Charte associée à celles d'une directive dans le but d'écarter l'application d'une disposition nationale contraire, donc de faire jouer un effet d'éviction. La Cour ayant choisi dans son arrêt *Association de médiation sociale* (6) de lier l'effet direct de la norme et son invocabilité d'exclusion, ces trois affaires ont donc été analysées comme reconnaissant l'effet direct horizontal de la

(3) CJUE, 17 avril 2018, *Egenberger*, aff. C-414/16, préc.
(4) CJUE, 6 novembre 2018, *Bauer*, aff. jtes C-569/16 et 570/16, ECLI:EU:C:2018:871.
(5) CJUE, 6 novembre 2018, *Max Planck*, aff. C-684/16, ECLI:EU:C:2018:874.
(6) CJUE, 15 janvier 2014, *Association de médiation sociale*, aff. C-176/12, ECLI:EU:C:2014:2.

Charte même si, en réalité, la Cour ne s'y est prononcée que sur l'invocabilité d'exclusion. Dans l'affaire *Cresco*, la combinaison de l'article 21, paragraphe 1, de la Charte et de la directive 2000/78 a, par contre, pour effet de créer un droit subjectif dans le chef des salariés et, surtout, l'obligation correspondante dans celui de l'employeur. Autrement dit de déployer un véritable effet direct et ce pour la première fois. C'est d'ailleurs la raison pour laquelle l'avocat général avait proposé à la Cour de plutôt revenir sur la distinction opérée dans son arrêt *Association de médiation sociale* pour lier explicitement l'invocabilité d'exclusion au principe de primauté, lui permettant de jouer quelle que soit la configuration du litige, et de refuser l'effet direct horizontal de la Charte compte tenu de la grande généralité de ses dispositions qu'il n'est pas souhaitable, selon lui, d'éclairer par les précisions apportées par le droit dérivé pour des raisons tenant à la sécurité juridique (pts 139-145 des conclusions). La Cour n'a visiblement pas choisi cette voie, préférant poursuivre celle de l'imbrication des instruments et des effets (entre Charte et droit dérivé, d'un côté, et effet direct et invocabilité d'exclusion, de l'autre). Les effets de la Charte en sortent probablement renforcés. Il n'est pas certain qu'il en soit de même pour la clarté de la jurisprudence de la Cour, du moins tant qu'une systématisation de ce qui ressemble à une nouvelle doctrine des effets du droit de l'Union ne permet pas d'avoir une vision claire de cette ligne jurisprudentielle.

Romain TINIÈRE

Cour de justice, gde ch., 24 juin 2019, *Commission c/ Pologne (indépendance de la Cour suprême)*, aff. C-619/18, ECLI:EU:C:2019:531

Conclusions de l'avocat général E. Tanchev, du 11 avril 2019, ECLI:EU:C:2019:325

Mots-clés : Manquement d'État – État de droit – Protection juridictionnelle effective dans les domaines couverts par le droit de l'Union – Principes d'inamovibilité et d'indépendance des juges – Abaissement de l'âge du départ à la retraite des juges de la Cour suprême

Cadre normatif : articles 2 et 19, paragraphe 1, alinéa 2, TUE ; article 47 de la charte des droits fondamentaux de l'Union européenne

Notes et observations : *Europe*, 2019, comm. 311, note A. Rigaux et D. Simon ; *RTDE*, 2020, p. 303, Chron. F. Benoît-Rohmer ; *AJDA*, 2019, p. 1641, chron. H. Cassagnabère, P. Bonneville, C. Gänser et S. Markarian

Extraits de l'arrêt

[...]

Sur le recours

25. Dans son recours, la Commission invoque deux griefs tirés de la violation d'obligations qui découleraient, pour les États membres, des dispositions combinées de l'article 19, paragraphe 1, second alinéa, TUE et de l'article 47 de la Charte.

26. Par son premier grief, la Commission reproche à la République de Pologne d'avoir enfreint de telles obligations en ce que la nouvelle loi sur la Cour suprême a, en violation du principe d'indépendance des juges et, en particulier, du principe d'inamovibilité de ceux-ci, prévu l'application de la mesure consistant à abaisser l'âge du départ à la retraite des juges du Sąd Najwyższy (Cour suprême), aux juges en exercice qui ont été nommés à cette juridiction avant le 3 avril 2018, date d'entrée en vigueur de cette loi. Par son second grief, la Commission reproche à cet État membre d'avoir

enfreint lesdites obligations en conférant, par ladite loi, et en violation du principe d'indépendance des juges, au président de la République le pouvoir discrétionnaire de prolonger, à deux reprises, chaque fois pour une durée de trois ans, la fonction judiciaire active des juges du Sąd Najwyższy (Cour suprême), au-delà de l'âge du départ à la retraite nouvellement fixé.

[...]

Sur l'applicabilité et la portée de l'article 19, paragraphe 1, second alinéa, TUE

42. Il convient de rappeler que, ainsi qu'il ressort de l'article 49 TUE, qui prévoit la possibilité pour tout État européen de demander à devenir membre de l'Union, celle-ci regroupe des États qui ont librement et volontairement adhéré aux valeurs communes visées à l'article 2 TUE, respectent ces valeurs et s'engagent à les promouvoir, le droit de l'Union reposant ainsi sur la prémisse fondamentale selon laquelle chaque État membre partage avec tous les autres États membres, et reconnaît que ceux-ci partagent avec lui, lesdites valeurs (voir, en ce sens, arrêt du 10 décembre 2018, *Wightman e.a.*, C-621/18, EU:C:2018:999, point 63 ainsi que jurisprudence citée).

43. Cette prémisse implique et justifie l'existence de la confiance mutuelle entre les États membres et, notamment, leurs juridictions dans la reconnaissance de ces valeurs sur lesquelles l'Union est fondée, dont celle de l'État de droit, et, donc, dans le respect du droit de l'Union qui les met en œuvre [voir, en ce sens, arrêts du 27 février 2018, *Associação Sindical dos Juízes Portugueses*, C-64/16, EU:C:2018:117, point 30, ainsi que du 25 juillet 2018, *Minister for Justice and Equality (Défaillances du système judiciaire)*, C-216/18 PPU, EU:C:2018:586, point 35].

44. Il importe, de même, de rappeler que, pour garantir la préservation des caractéristiques spécifiques et de l'autonomie de l'ordre juridique de l'Union, les traités ont institué un système juridictionnel destiné à assurer la cohérence et l'unité dans l'interprétation du droit de l'Union (arrêt du 6 mars 2018, *Achmea*, C-284/16, EU:C:2018:158, point 35 et jurisprudence citée).

45. En particulier, la clef de voûte du système juridictionnel ainsi conçu est constituée par la procédure du renvoi préjudiciel prévue à l'article 267 TFUE qui, en instaurant un dialogue de juge à juge, précisément entre la Cour et les juridictions des États membres, a pour but d'assurer cette cohérence et cette unité d'interprétation du droit de l'Union, permettant ainsi d'assurer son plein effet et son autonomie ainsi que, en dernière instance, le caractère propre du droit institué par les traités (voir, en ce sens, arrêt du 6 mars 2018, *Achmea*, C-284/16, EU:C:2018:158, point 37).

46. Enfin, ainsi qu'il ressort d'une jurisprudence constante, l'Union est une union de droit dans laquelle les justiciables ont le droit de contester en justice la légalité de toute décision ou de tout autre acte national relatif à l'application à leur égard d'un acte de l'Union [arrêts du 27 février 2018, *Associação Sindical dos Juízes Portugueses*, C-64/16, EU:C:2018:117, point 31 et jurisprudence citée, ainsi que du 25 juillet 2018, *Minister for Justice and Equality (Défaillances du système judiciaire)*, C-216/18 PPU, EU:C:2018:586, point 49].

47. Dans ce contexte, l'article 19 TUE, qui concrétise la valeur de l'État de droit affirmée à l'article 2 TUE, confie aux juridictions nationales et à la Cour la charge de garantir la pleine application du droit de l'Union dans l'ensemble des États membres ainsi que la protection juridictionnelle que les justiciables tirent de ce droit [voir, en ce sens, arrêts du 27 février 2018, *Associação Sindical dos Juízes Portugueses*, C-64/16, EU:C:2018:117, point 32, ainsi que du 25 juillet 2018, *Minister for Justice and Equality (Défaillances du système judiciaire)*, C-216/18 PPU, EU:C:2018:586, point 50 et jurisprudence citée].

48. À ce titre, et ainsi que le prévoit l'article 19, paragraphe 1, second alinéa, TUE, les États membres établissent les voies de recours nécessaires pour assurer aux justiciables le respect de leur droit à une protection juridictionnelle effective dans les domaines couverts par le droit de l'Union. Ainsi, il appartient aux États membres de prévoir un système de voies de recours et de procédures assurant un contrôle juridictionnel effectif dans lesdits domaines (arrêt du 27 février 2018, *Associação Sindical dos Juízes Portugueses*, C-64/16, EU:C:2018:117, point 34 et jurisprudence citée).

49. Le principe de protection juridictionnelle effective des droits que les justiciables tirent du droit de l'Union, auquel se réfère ainsi l'article 19, paragraphe 1, second alinéa, TUE, constitue, en effet, un principe général du droit de l'Union qui découle des traditions constitutionnelles communes aux États membres, qui a été consacré par les articles 6 et 13 de la convention européenne de sauvegarde des droits de l'homme et des libertés fondamentales, signée à Rome le 4 novembre 1950, et qui est à présent affirmé à l'article 47 de la Charte (arrêt du 27 février 2018, *Associação Sindical dos Juízes Portugueses*, C-64/16, EU:C:2018:117, point 35 et jurisprudence citée).

50. Quant au champ d'application matériel de l'article 19, paragraphe 1, second alinéa, TUE, il y a lieu de rappeler, par ailleurs, que cette disposition vise les « domaines couverts par le droit de l'Union », indépendamment de la situation dans laquelle les États membres mettent en œuvre ce droit, au sens de l'article 51, paragraphe 1, de la Charte (arrêt du 27 février 2018, *Associação Sindical dos Juízes Portugueses*, C-64/16, EU:C:2018:117, point 29).

51. Contrairement à ce qu'ont soutenu la République de Pologne et la Hongrie à cet égard, la circonstance que les mesures nationales de réduction salariale en cause dans l'affaire ayant donné lieu à l'arrêt du 27 février 2018, *Associação Sindical dos Juízes Portugueses* (C-64/16, EU:C:2018:117), ont été adoptées en raison d'impératifs liés à l'élimination du déficit excessif du budget de l'État membre concerné et dans le contexte d'un programme d'assistance financière de l'Union à cet État membre n'a, ainsi qu'il ressort des points 29 à 40 de cet arrêt, joué aucun rôle dans l'interprétation ayant conduit la Cour à conclure à l'applicabilité de l'article 19, paragraphe 1, second alinéa, TUE dans l'affaire concernée. Cette conclusion a, en effet, été fondée sur la circonstance que l'instance nationale concernée par cette affaire, à savoir le Tribunal de Contas (Cour des comptes, Portugal), était, sous réserve d'une vérification confiée à la juridiction de renvoi dans ladite affaire, susceptible de statuer, en tant que juridiction, sur des questions portant sur l'application ou l'interprétation du droit de l'Union et relevant ainsi de domaines couverts par ce droit (voir, en ce sens, arrêt du 27 février 2018, *Associação Sindical dos Juízes Portugueses*, C-64/16, EU:C:2018:117, point 40).

52. Par ailleurs, si, ainsi que le rappellent la République de Pologne et la Hongrie, l'organisation de la justice dans les États membres relève de la compétence de ces derniers, il n'en demeure pas moins que, dans l'exercice de cette compétence, les États membres sont tenus de respecter les obligations qui découlent, pour eux, du droit de l'Union (voir, par analogie, arrêts du 13 novembre 2018, *Raugevicius*, C-247/17, EU:C:2018:898, point 45, ainsi que du 26 février 2019, *Rimšēvičs et BCE/Lettonie*, C-202/18 et C-238/18, EU:C:2019:139, point 57) et, en particulier, de l'article 19, paragraphe 1, second alinéa, TUE (voir, en ce sens, arrêt du 27 février 2018, *Associação Sindical dos Juízes Portugueses*, C-64/16, EU:C:2018:117, point 40). En outre, en exigeant des États membres qu'ils respectent ainsi ces obligations, l'Union ne prétend aucunement exercer elle-même ladite compétence ni, partant, et contrairement à ce qu'allègue la République de Pologne, s'arroger celle-ci.

53. Enfin, et quant au protocole n° 30, il convient de relever qu'il ne concerne pas l'article 19, paragraphe 1, second alinéa, TUE et de rappeler, au demeurant, qu'il ne remet pas davantage en question l'applicabilité de la Charte en Pologne et n'a pas pour objet d'exonérer la République de Pologne de l'obligation de respecter les dispositions de la Charte (voir, en ce sens, arrêt du 21 décembre 2011, *N. S. e.a.*, C-411/10 et C-493/10, EU:C:2011:865, points 119 et 120).

54. Il découle de tout ce qui précède que l'article 19, paragraphe 1, second alinéa, TUE impose à tous les États membres d'établir les voies de recours nécessaires pour assurer une protection juridictionnelle effective, au sens notamment de l'article 47 de la Charte, dans les domaines

couverts par le droit de l'Union (arrêt du 14 juin 2017, *Online Games e.a.*, C-685/15, EU:C:2017:452, point 54 ainsi que jurisprudence citée).

55. Plus particulièrement, tout État membre doit, en vertu de l'article 19, paragraphe 1, second alinéa, TUE, assurer que les instances relevant, en tant que « juridiction », au sens défini par le droit de l'Union, de son système de voies de recours dans les domaines couverts par le droit de l'Union satisfont aux exigences d'une protection juridictionnelle effective [arrêts du 27 février 2018, *Associação Sindical dos Juízes Portugueses*, C-64/16, EU:C:2018:117, point 37, et du 25 juillet 2018, *Minister for Justice and Equality (Défaillances du système judiciaire)*, C-216/18 PPU, EU:C:2018:586, point 52].

56. En l'occurrence, il est constant que le Sąd Najwyższy (Cour suprême) peut être appelé à statuer sur des questions liées à l'application ou à l'interprétation du droit de l'Union et qu'il relève, en tant que « juridiction », au sens défini par ce droit, du système polonais de voies de recours dans les « domaines couverts par le droit de l'Union », au sens de l'article 19, paragraphe 1, second alinéa, TUE, de telle sorte que cette juridiction doit satisfaire aux exigences d'une protection juridictionnelle effective (ordonnance du 17 décembre 2018, *Commission/Pologne*, C-619/18 R, EU:C:2018:1021, point 43).

57. Pour garantir qu'une instance telle que le Sąd Najwyższy (Cour suprême) soit à même d'offrir une telle protection, la préservation de l'indépendance de cette instance est primordiale ainsi que le confirme l'article 47, deuxième alinéa, de la Charte, qui mentionne l'accès à un tribunal « indépendant » parmi les exigences liées au droit fondamental à un recours effectif [voir, en ce sens, arrêts du 27 février 2018, *Associação Sindical dos Juízes Portugueses*, C-64/16, EU:C:2018:117, point 41, ainsi que du 25 juillet 2018, *Minister for Justice and Equality (Défaillances du système judiciaire)*, C-216/18 PPU, EU:C:2018:586, point 53].

58. Cette exigence d'indépendance des juridictions, qui est inhérente à la mission de juger, relève du contenu essentiel du droit à une protection juridictionnelle effective et du droit fondamental à un procès équitable, lequel revêt une importance cardinale en tant que garant de la protection de l'ensemble des droits que les justiciables tirent du droit de l'Union et de la préservation des valeurs communes aux États membres énoncées à l'article 2 TUE, notamment la valeur de l'État de droit [voir, en ce sens, arrêt du 25 juillet 2018, *Minister for Justice and Equality (Défaillances du système judiciaire)*, C-216/18 PPU, EU:C:2018:586, points 48 et 63].

59. Eu égard à ce qui précède, les règles nationales mises en cause par la Commission dans son recours peuvent faire l'objet d'un contrôle au regard de l'article 19 paragraphe 1, second alinéa, TUE et il convient, dès lors, d'examiner si les violations de cette disposition alléguées par cette institution sont avérées.

Sur le premier grief

[...]

71. L'exigence d'indépendance des juridictions dont les États membres doivent, en vertu de l'article 19, paragraphe 1, second alinéa, TUE, et ainsi qu'il ressort des points 42 à 59 du présent arrêt, assurer le respect en ce qui concerne les juridictions nationales qui, à l'instar du Sąd Najwyższy (Cour suprême), sont appelées à statuer sur des questions liées à l'interprétation et à l'application du droit de l'Union, comporte deux aspects.

72. Le premier aspect, d'ordre externe, requiert que l'instance concernée exerce ses fonctions en toute autonomie, sans être soumise à aucun lien hiérarchique ou de subordination à l'égard de quiconque et sans recevoir d'ordres ou d'instructions de quelque origine que ce soit, étant ainsi protégée contre les interventions ou les pressions extérieures susceptibles de porter atteinte à l'indépendance de jugement de ses membres et d'influencer leurs décisions (arrêt du 27 février 2018, *Associação Sindical dos Juízes Portugueses*, C-64/16, EU:C:2018:117, point 44 et jurisprudence citée).

73. Le second aspect, d'ordre interne, rejoint, pour sa part, la notion d'impartialité et vise l'égale distance par rapport aux parties au litige et à leurs intérêts respectifs au regard de l'objet de celui-ci. Cet aspect exige le respect de l'objectivité et l'absence de tout intérêt dans la solution du litige en dehors de la stricte application de la règle de droit [arrêt du 25 juillet 2018, *Minister for Justice and Equality (Défaillances du système judiciaire)*, C-216/18 PPU, EU:C:2018:586, point 65 et jurisprudence citée].

74. Ces garanties d'indépendance et d'impartialité postulent l'existence de règles, notamment en ce qui concerne la composition de l'instance, la nomination, la durée des fonctions ainsi que les causes d'abstention, de récusation et de révocation de ses membres, qui permettent d'écarter tout doute légitime, dans l'esprit des justiciables, quant à l'imperméabilité de ladite instance à l'égard d'éléments extérieurs et à sa neutralité par rapport aux intérêts qui s'affrontent [arrêts du 19 septembre 2006, Wilson, C-506/04, EU:C:2006:587, point 53 et jurisprudence citée, ainsi que du 25 juillet 2018, *Minister for Justice and Equality (Défaillances du système judiciaire)*, C-216/18 PPU, EU:C:2018:586, point 66 et jurisprudence citée].

75. En particulier, cette indispensable liberté des juges à l'égard de toutes interventions ou pressions extérieures exige, ainsi que l'a itérativement rappelé la Cour, certaines garanties propres à protéger la personne de ceux qui ont pour tâche de juger, telles que l'inamovibilité [voir, en ce sens, arrêt du 25 juillet 2018, *Minister for Justice and Equality*

(Défaillances du système judiciaire), C-216/18 PPU, EU:C:2018:586, point 64 et jurisprudence citée].

76. Le principe d'inamovibilité exige, notamment, que les juges puissent demeurer en fonction tant qu'ils n'ont pas atteint l'âge obligatoire du départ à la retraite ou jusqu'à l'expiration de leur mandat lorsque celui-ci revêt une durée déterminée. Sans revêtir un caractère totalement absolu, ledit principe ne peut souffrir d'exceptions qu'à condition que des motifs légitimes et impérieux le justifient, dans le respect du principe de proportionnalité. Ainsi est-il communément admis que les juges puissent être révoqués s'ils sont inaptes à poursuivre leurs fonctions en raison d'une incapacité ou d'un manquement grave, moyennant le respect de procédures appropriées.

77. À ce dernier égard, il découle, plus précisément, de la jurisprudence de la Cour que l'exigence d'indépendance impose que les règles gouvernant le régime disciplinaire et, partant, une révocation éventuelle de ceux qui ont pour tâche de juger présentent les garanties nécessaires afin d'éviter tout risque d'utilisation d'un tel régime en tant que système de contrôle politique du contenu des décisions judiciaires. Ainsi, l'édiction de règles qui définissent, notamment, tant les comportements constitutifs d'infractions disciplinaires que les sanctions concrètement applicables, qui prévoient l'intervention d'une instance indépendante conformément à une procédure qui garantit pleinement les droits consacrés aux articles 47 et 48 de la Charte, notamment les droits de la défense, et qui consacrent la possibilité de contester en justice les décisions des organes disciplinaires constitue un ensemble de garanties essentielles aux fins de la préservation de l'indépendance du pouvoir judiciaire [arrêt du 25 juillet 2018, *Minister for Justice and Equality (Défaillances du système judiciaire)*, C-216/18 PPU, EU:C:2018:586, point 67].

78. En l'occurrence, il y a lieu de constater que la réforme contestée, qui prévoit l'application de la mesure consistant à abaisser l'âge du départ à la retraite des juges du Sąd Najwyższy (Cour suprême) aux juges déjà en exercice au sein de cette juridiction, a pour conséquence une cessation anticipée de l'exercice des fonctions juridictionnelles de ces derniers et qu'elle est, ainsi, susceptible de générer des préoccupations légitimes quant au respect du principe d'inamovibilité des juges.

79. Dans ces conditions, et eu égard à l'importance cardinale dudit principe, rappelée aux points 75 à 77 du présent arrêt, une telle application ne saurait être admise que si elle est justifiée par un objectif légitime et proportionnée au regard de celui-ci et pour autant qu'elle n'est pas de nature à susciter des doutes légitimes, dans l'esprit des justiciables, quant à l'imperméabilité de la juridiction concernée à l'égard d'éléments extérieurs et à sa neutralité par rapport aux intérêts qui s'affrontent.

80. En l'occurrence, la République de Pologne soutient que l'abaissement de l'âge du départ à la retraite des juges du Sąd Najwyższy (Cour suprême) à 65 ans a procédé d'une volonté d'harmoniser cet âge avec l'âge général de la retraite applicable à l'ensemble des travailleurs en Pologne et d'optimiser, ce faisant, la structure d'âge des cadres de cette juridiction.

81. À cet égard, il convient d'indiquer, en premier lieu, que la Cour a, certes, reconnu le caractère légitime que pouvaient revêtir des objectifs en matière de politique de l'emploi tels que ceux visant, d'une part, à uniformiser, dans le cadre des professions relevant de la fonction publique, des limites d'âges de cessation obligatoire d'activité, et, d'autre part, à favoriser la mise en place d'une structure d'âge plus équilibrée en facilitant l'accès des jeunes notamment aux professions de juge (voir, en ce sens, arrêts du 21 juillet 2011, *Fuchs et Köhler*, C-159/10 et C-160/10, EU:C:2011:508, point 50, ainsi que du 6 novembre 2012, *Commission/Hongrie*, C-286/12, EU:C:2012:687, points 61 et 62).

82. Toutefois, il y a lieu de relever, premièrement, que, ainsi que le souligne la Commission et que l'a également déjà relevé la commission européenne pour la démocratie par le droit (dite « commission de Venise »), aux points 33 et 47 de son avis n° 904/2017 [CDL-AD(2017)031], l'exposé des motifs du projet de nouvelle loi sur la Cour suprême comporte des éléments de nature à créer des doutes sérieux quant au fait que la réforme de l'âge du départ à la retraite des juges en exercice du Sąd Najwyższy (Cour suprême) a été guidée par de tels objectifs, et non par une volonté de procéder à une mise à l'écart d'un certain groupe de juges de cette juridiction.

83. Deuxièmement, il importe de rappeler que l'abaissement de l'âge du départ à la retraite des juges du Sąd Najwyższy (Cour suprême) en exercice lors de l'entrée en vigueur de la nouvelle loi sur la Cour suprême s'est, en l'occurrence, accompagné de la mise en place d'un nouveau mécanisme permettant au président de la République de décider, de manière discrétionnaire, de prolonger l'exercice des fonctions de juge ainsi écourté, et ce à raison de deux périodes consécutives de trois années.

84. Or, d'une part, l'introduction d'une telle possibilité de prolongation de l'exercice des fonctions de juge à raison de six années, concomitamment à l'abaissement de cinq années de l'âge du départ à la retraite des juges du Sąd Najwyższy (Cour suprême) en exercice lors de l'entrée en vigueur de la nouvelle loi sur la Cour suprême, est de nature à faire douter du fait que la réforme entreprise vise réellement à harmoniser l'âge du départ à la retraite de ces juges avec celui applicable à l'ensemble des travailleurs et à optimiser la structure d'âge des cadres de cette juridiction.

85. D'autre part, la combinaison de ces deux mesures est également de nature à renforcer l'impression qu'il pourrait, en réalité, s'être agi de faire

en sorte d'écarter une partie prédéterminée des juges du Sąd Najwyższy (Cour suprême), le président de la République conservant, en effet, nonobstant l'application de la mesure d'abaissement de l'âge du départ à la retraite à l'ensemble des juges de cette juridiction qui étaient en exercice lors de l'entrée en vigueur de la nouvelle loi sur la Cour suprême, le pouvoir discrétionnaire de maintenir en fonction une partie des intéressés.

86. Troisièmement, il y a lieu de constater que la mesure d'abaissement, à raison de cinq années, de l'âge du départ à la retraite des juges du Sąd Najwyższy (Cour suprême) en exercice lors de l'entrée en vigueur de la nouvelle loi sur la Cour suprême et l'effet de raccourcissement de l'exercice des fonctions de ceux-ci en ayant résulté ont affecté, de manière immédiate, près d'un tiers des membres en exercice de cette juridiction, parmi lesquels, notamment, la première présidente de celle-ci dont le mandat de six ans garanti par la Constitution s'est, de ce fait, également trouvé écourté. Comme le fait valoir la Commission, ce constat témoigne de l'impact potentiellement considérable de la réforme en cause sur la composition et la continuité fonctionnelle du Sąd Najwyższy (Cour suprême). Or, ainsi que M. l'avocat général l'a relevé au point 76 de ses conclusions, un tel remaniement majeur de la composition d'une juridiction suprême, par l'effet d'une réforme touchant spécifiquement celle-ci, peut, à son tour, s'avérer de nature à susciter des doutes quant au caractère véritable d'une telle réforme et quant aux finalités effectivement poursuivies par celle-ci.

87. Les doutes entourant ainsi les finalités réelles de la réforme contestée et découlant de l'ensemble des considérations exposées aux points 82 à 86 du présent arrêt ne sauraient être écartés par les arguments invoqués par la République de Pologne selon lesquels, d'une part, certains des juges en exercice du Sąd Najwyższy (Cour suprême) affectés par cette réforme auraient été nommés à ce poste à une époque où l'âge du départ à la retraite des juges de cette juridiction était fixé à 65 ans et, d'autre part, un tel juge, lorsqu'il est mis à la retraite, conserve néanmoins son titre de juge, continue de bénéficier d'une immunité et d'émoluments, et demeure soumis à certaines règles déontologiques.

88. En effet, ces circonstances, à les supposer établies, ne sont pas de nature à remettre en cause le fait que la mise à la retraite des juges concernés implique la cessation immédiate et anticipée, par rapport à ce qui était prévu avant l'adoption de la réforme contestée, de l'exercice de leurs fonctions juridictionnelles.

89. En deuxième lieu, ainsi que l'a confirmé la République de Pologne lors de l'audience, l'âge général de la retraite des travailleurs sur lequel cet État membre indique avoir voulu aligner l'âge de la mise à la retraite des juges du Sąd Najwyższy (Cour suprême) emporte non pas une mise à la retraite d'office de ces travailleurs, mais seulement le droit, et non

l'obligation, pour ceux-ci, de cesser leur activité professionnelle et de bénéficier, en ce cas, d'une pension de retraite.

90. Dans ces conditions, la République de Pologne n'a pas établi que la mesure contestée constituerait un moyen approprié pour réduire la diversité des limites d'âge de cessation obligatoire d'activité pour l'ensemble des professions concernées. En particulier, cet État membre n'a pas avancé de raison objective pour laquelle, aux fins de l'alignement de l'âge du départ à la retraite des juges du Sąd Najwyższy (Cour suprême) sur l'âge général de la retraite applicable à l'ensemble des travailleurs en Pologne, il était nécessaire de prévoir une mise à la retraite d'office desdits juges sous réserve d'une continuation de l'exercice de leurs fonctions décidée de manière discrétionnaire par le président de la République, alors que, pour le reste des travailleurs, le départ à la retraite à l'âge prévu par la loi à cet égard est facultatif.

91. En troisième lieu, il importe de souligner que, s'agissant de l'objectif d'uniformisation de l'âge du départ à la retraite, la Cour a déjà jugé que des dispositions nationales procédant à un abaissement immédiat et considérable de la limite d'âge de cessation obligatoire d'activité de juge, sans prévoir de mesures transitoires de nature à protéger la confiance légitime des personnes concernées en exercice lors de l'entrée en vigueur de ces dispositions, ne respectent pas le principe de proportionnalité (voir, en ce sens, arrêt du 6 novembre 2012, *Commission/Hongrie*, C-286/12, EU:C:2012:687, points 68 et 80).

92. S'agissant de l'arrêt du 27 février 2018, *Associação Sindical dos Juízes Portugueses* (C-64/16, EU:C:2018:117), auquel s'est également référée la République de Pologne aux fins de justifier la légitimité de la mesure nationale contestée par la Commission dans le cadre de son premier grief, il convient de rappeler que cet arrêt concernait une mesure de réduction du montant de la rémunération des juges. Dans ledit arrêt, la Cour a considéré, après avoir relevé que cette mesure de réduction salariale était, tout à la fois, limitée quant à son montant et temporaire et qu'elle n'avait pas été spécifiquement adoptée à l'égard des membres du Tribunal de Contas (Cour des comptes, Portugal), mais s'apparentait, au contraire, à une mesure d'application générale, que l'article 19 TUE doit être interprété en ce sens que le principe de l'indépendance des juges ne s'oppose pas à l'application d'une telle mesure.

93. Or, envisagés sous l'angle de la protection de l'indépendance des juges, les effets d'une telle réduction salariale limitée et temporaire n'ont rien de comparable avec ceux d'une mesure consistant en un abaissement de l'âge du départ à la retraite de juges en exercice, qui, pour sa part, a pour conséquence de mettre fin à la carrière judiciaire des intéressés, de manière anticipée et définitive.

94. En quatrième lieu, l'application immédiate de la réforme contestée aux juges du Sąd Najwyższy (Cour suprême) en exercice à la date d'entrée en vigueur de la nouvelle loi sur la Cour suprême ne saurait non plus être justifiée par le souci, exprimé par la République de Pologne, d'éviter une éventuelle discrimination, en termes de durée d'exercice des fonctions de juge, entre ces juges et ceux qui seront nommés à cette juridiction après cette date.

95. En effet, ainsi que le fait valoir la Commission, ces deux catégories de juges ne sont pas dans une situation analogue, dès lors que seuls les premiers voient leur carrière écourtée alors qu'ils sont en poste au sein du Sąd Najwyższy (Cour suprême), les seconds étant, quant à eux, appelés à être nommés au sein de cette juridiction sous l'empire de la nouvelle législation prévoyant un âge légal de la retraite à 65 ans. En outre, et en ce que la République de Pologne suggère, également, dans son argumentation, que les juges déjà en exercice au sein du Sąd Najwyższy (Cour suprême) ne se verraient pas reconnaître, à la différence de leurs collègues nommés après l'entrée en vigueur de la nouvelle loi sur la Cour suprême, la possibilité de bénéficier du nouvel âge du départ à la retraite introduit par cette loi, il convient de faire observer que, ainsi que l'a relevé la Commission, il eût été loisible de prévoir une possibilité, pour les intéressés, de renoncer, sur une base volontaire, à l'exercice de leurs fonctions, lorsqu'ils atteignent ce nouvel âge légal de la retraite, sans, dès lors, les y contraindre.

96. Eu égard à l'ensemble des considérations qui précèdent, il y a lieu de constater que l'application de la mesure d'abaissement de l'âge du départ à la retraite des juges du Sąd Najwyższy (Cour suprême) à l'égard des juges en exercice au sein de cette juridiction n'est pas justifiée par un objectif légitime. Partant, ladite application porte atteinte au principe d'inamovibilité des juges qui est inhérent à leur indépendance.

97. Il s'ensuit que le premier grief de la Commission, tiré de la violation de l'article 19, paragraphe 1, second alinéa, TUE, doit être accueilli.

Sur le second grief

[...]

108. Ainsi qu'il a été rappelé aux points 72 à 74 du présent arrêt, les garanties d'indépendance et d'impartialité des juridictions requièrent que l'instance concernée exerce ses fonctions en toute autonomie, en étant protégée contre les interventions ou les pressions extérieures susceptibles de porter atteinte à l'indépendance de jugement de ses membres et d'influencer leurs décisions, dans le respect de l'objectivité et en l'absence de tout intérêt dans la solution du litige. Les règles visant à garantir cette indépendance et cette impartialité doivent être telles qu'elles permettent

d'écarter tout doute légitime, dans l'esprit des justiciables, quant à l'imperméabilité de cette instance à l'égard d'éléments extérieurs et à sa neutralité par rapport aux intérêts qui s'affrontent.

109. En l'occurrence, il y a lieu de relever, d'emblée, que la règle nationale visée par le second grief de la Commission a trait non pas au processus de nomination de candidats à l'exercice de fonctions judiciaires, mais à la possibilité, pour des juges en exercice bénéficiant donc des garanties inhérentes à l'exercice de ces fonctions, de poursuivre l'exercice de celles-ci au-delà de l'âge normal du départ à la retraite, et que cette règle concerne, ainsi, les conditions de déroulement et de cessation de la carrière de ceux-ci.

110. Par ailleurs, s'il appartient aux seuls États membres de décider s'ils autorisent ou non une telle prolongation de l'exercice de fonctions judiciaires au-delà de l'âge normal du départ à la retraite, il demeure que, lorsque ceux-ci optent pour un tel mécanisme, ils sont tenus de veiller à ce que les conditions et les modalités auxquelles se trouve soumise une telle prolongation ne soient pas de nature à porter atteinte au principe de l'indépendance des juges.

111. À cet égard, la circonstance qu'un organe tel que le président de la République soit investi du pouvoir de décider ou non d'accorder une telle prolongation éventuelle n'est, certes, pas suffisante, à elle seule, pour conclure à l'existence d'une atteinte audit principe. Toutefois, il importe de s'assurer que les conditions de fond et les modalités procédurales présidant à l'adoption de telles décisions soient telles qu'elles ne puissent pas faire naître, dans l'esprit des justiciables, des doutes légitimes quant à l'imperméabilité des juges concernés à l'égard d'éléments extérieurs et à leur neutralité par rapport aux intérêts qui s'affrontent.

112. À cette fin, il importe, notamment, que lesdites conditions et modalités soient conçues de telle manière que ces juges se trouvent à l'abri d'éventuelles tentations de céder à des interventions ou à des pressions extérieures susceptibles de mettre en péril leur indépendance (voir, en ce sens, arrêt du 31 janvier 2013, *D. et A.*, C-175/11, EU:C:2013:45, point 103). De telles modalités doivent, ainsi, en particulier, permettre d'exclure non seulement toute influence directe, sous forme d'instructions, mais également les formes d'influence plus indirecte susceptibles d'orienter les décisions des juges concernés (voir, par analogie, arrêts du 16 octobre 2012, *Commission/Autriche*, C-614/10, EU:C:2012:631, point 43, et du 8 avril 2014, *Commission/Hongrie*, C-288/12, EU:C:2014:237, point 51).

113. Or, en l'occurrence, les conditions et les modalités procédurales auxquelles la nouvelle loi sur la Cour suprême subordonne la prolongation éventuelle de l'exercice des fonctions de juge du Sąd Najwyższy (Cour suprême) au-delà de l'âge normal du départ à la retraite ne satisfont pas à de telles exigences.

114. À cet égard, il convient de relever, en premier lieu, que, en vertu de la nouvelle loi sur la Cour suprême, une telle prolongation est désormais soumise à une décision du président de la République qui revêt un caractère discrétionnaire, en ce que son adoption n'est, en tant que telle, encadrée par aucun critère objectif et vérifiable, et qui ne doit pas être motivée. En outre, une telle décision ne peut pas faire l'objet d'un recours juridictionnel.

115. En deuxième lieu, et s'agissant du fait que la nouvelle loi sur la Cour suprême prévoit que le conseil national de la magistrature est appelé à rendre un avis au président de la République avant que celui-ci n'adopte sa décision, il est, certes, vrai que l'intervention d'une telle instance, dans le contexte d'un processus de prolongation de l'exercice des fonctions d'un juge au-delà de l'âge normal de son départ à la retraite, peut, en principe, s'avérer de nature à contribuer à une objectivation de ce processus.

116. Il n'en va, toutefois, de la sorte que pour autant qu'il est satisfait à certaines conditions et, notamment, que ladite instance est elle-même indépendante des pouvoirs législatif et exécutif et de l'autorité à laquelle elle est appelée à rendre un avis, et qu'un tel avis est rendu sur la base de critères tout à la fois objectifs et pertinents et est dûment motivé, de manière telle qu'il soit propre à éclairer objectivement cette autorité dans sa prise de décision.

117. À cet égard, il suffit de constater que, ainsi que l'a confirmé la République de Pologne lors de l'audience, le conseil national de la magistrature, lorsqu'il a été appelé à rendre de tels avis au président de la République, s'est, en règle générale et en l'absence de règle lui faisant obligation de motiver ceux-ci, contenté de rendre des avis, qu'ils soient favorables ou défavorables, tantôt dépourvus de toute motivation, tantôt s'accompagnant d'une motivation purement formelle opérant un simple renvoi général aux termes dans lesquels sont formulés les critères fixés à l'article 37, paragraphe 1 ter, de la nouvelle loi sur la Cour suprême. Dans ces conditions, et sans même qu'il soit nécessaire de déterminer si des critères tels que ceux que mentionne cette disposition revêtent un caractère suffisamment transparent, objectif et vérifiable, force est de constater que de tels avis ne sont pas de nature à pouvoir contribuer à éclairer de manière objective le président de la République dans l'exercice du pouvoir dont il se trouve investi aux fins d'autoriser ou de refuser une continuation de l'exercice des fonctions de juge du Sąd Najwyższy (Cour suprême) après que l'intéressé a atteint l'âge normal du départ à la retraite.

118. Eu égard à tout ce qui précède, il y a lieu de constater que le pouvoir discrétionnaire dont se trouve investi le président de la République aux fins d'autoriser, à deux reprises, chaque fois pour trois années,

entre l'âge de 65 ans et l'âge de 71 ans, la continuation de l'exercice des fonctions de juge d'une juridiction suprême nationale telle que le Sąd Najwyższy (Cour suprême) est de nature à engendrer des doutes légitimes, notamment dans l'esprit des justiciables, quant à l'imperméabilité des juges concernés à l'égard d'éléments extérieurs et à leur neutralité par rapport aux intérêts susceptibles de s'affronter devant eux.

119. Enfin, l'argument de la République de Pologne tiré d'une similarité alléguée entre les dispositions nationales ainsi mises en cause et des procédures applicables dans d'autres États membres ou à l'occasion du renouvellement éventuel du mandat de juge de la Cour de justice de l'Union européenne ne saurait prospérer.

120. En effet, d'une part, et à supposer même qu'une procédure prévue dans un autre État membre comporte, sous l'angle de l'article 19, paragraphe 1, second alinéa, TUE, des vices analogues à ceux qui ont été relevés à propos des dispositions nationales en cause dans la présente affaire, ce qui n'a pas été établi, il demeurerait qu'un État membre ne saurait se fonder sur une méconnaissance éventuelle du droit de l'Union par un autre État membre pour justifier son propre manquement (voir, en ce sens, arrêt du 6 juin 1996, *Commission/Italie*, C-101/94, EU:C:1996:221, point 27 et jurisprudence citée).

121. D'autre part, il convient de rappeler que, à la différence de magistrats nationaux qui sont nommés jusqu'à ce qu'ils atteignent l'âge légal de la retraite, la nomination de juges au sein de la Cour intervient, ainsi que le prévoit l'article 253 TFUE, pour une durée déterminée de six années. Par ailleurs, une nouvelle nomination à un tel poste d'un juge sortant requiert, en vertu de cet article, et à l'instar de la nomination initiale de celui-ci, le commun accord des gouvernements des États membres, après avis du comité prévu à l'article 255 TFUE.

122. Les conditions ainsi fixées par les traités ne sauraient modifier la portée des obligations auxquelles les États membres sont tenus en application de l'article 19, paragraphe 1, second alinéa, TUE.

123. En conséquence, le second grief de la Commission, tiré de la violation de l'article 19, paragraphe 1, second alinéa, TUE, et, partant, le recours dans son ensemble, doivent être accueillis.

124. Eu égard à l'ensemble des considérations qui précèdent, il y a lieu de constater que, d'une part, en prévoyant l'application de la mesure consistant à abaisser l'âge du départ à la retraite des juges du Sąd Najwyższy (Cour suprême) aux juges en exercice qui ont été nommés à cette juridiction avant le 3 avril 2018 et, d'autre part, en accordant au président de la République le pouvoir discrétionnaire de prolonger la fonction judiciaire active des juges de ladite juridiction au-delà de l'âge du départ à la retraite nouvellement fixé, la République de Pologne a

manqué aux obligations qui lui incombent en vertu de l'article 19, paragraphe 1, second alinéa, TUE.

Sur les dépens

125. En vertu de l'article 138, paragraphe 1, du règlement de procédure de la Cour, toute partie qui succombe est condamnée aux dépens, s'il est conclu en ce sens. La Commission ayant conclu à la condamnation de la République de Pologne et cette dernière ayant succombé en ses moyens, il y a lieu de la condamner aux dépens.

126. Conformément à l'article 140, paragraphe 1, du règlement de procédure, la Hongrie supporte ses propres dépens.

Par ces motifs, la Cour (grande chambre) déclare et arrête :

1) D'une part, en prévoyant l'application de la mesure consistant à abaisser l'âge de départ à la retraite des juges du Sąd Najwyższy (Cour suprême, Pologne) aux juges en exercice qui ont été nommés à cette juridiction avant le 3 avril 2018 et, d'autre part, en accordant au président de la République le pouvoir discrétionnaire de prolonger la fonction judiciaire active des juges de ladite juridiction au-delà de l'âge du départ à la retraite nouvellement fixé, la République de Pologne a manqué aux obligations qui lui incombent en vertu de l'article 19, paragraphe 1, second alinéa, TUE.
2) La République de Pologne est condamnée aux dépens.
3) La Hongrie supporte ses propres dépens.

Observations

L'arrêt rendu par la Cour de justice dans cette affaire *Commission contre Pologne* s'insère dans la longue saga du respect – ou plutôt des violations répétées – de l'État de droit en Pologne. Il s'y distingue toutefois par les effets qu'il semble avoir produit sur le gouvernement polonais et par le raisonnement de la Cour qui, s'il s'inscrit dans le prolongement de sa jurisprudence initiée dans l'affaire *Associação Sindical dos Juízes Portugueses* (1) en tire ici des conséquences importantes quant à la protection des droits fondamentaux dans l'Union.

(1) CJUE, 27 février 2018, *Associação Sindical dos Juízes Portugueses*, aff. C-64/16, ECLI:EU:C:2018:117.

Médiatisation de la saga polonaise oblige, les faits sont relativement bien connus : par une loi du 20 décembre 2017, les autorités polonaises ont décidé de ramener l'âge de départ à la retraite des juges de la Cour suprême de 70 à 65 ans avec effet rétroactif, tout en octroyant au président de la République le pouvoir discrétionnaire de maintenir dans leurs fonctions pour une période de trois ans renouvelable une fois les magistrats qui en feraient la demande six mois au plus tard avant la date fatidique. Comme le relève l'Avocat général Tanchev dans ses conclusions, l'application de ces dispositions aurait pour effet de mettre à la retraite 27 des 72 juges à la Cour suprême dont la présidente (2). Saisie par la Commission du présent recours accompagné d'une demande de mesures provisoires le 2 octobre 2018, la Cour répond favorablement dans deux ordonnances successives à cette demande (3), preuve de l'urgence et de la gravité de la situation. Ayant accepté entre-temps par une ordonnance du président de la Cour (du 15 novembre 2018) de soumettre l'affaire à la procédure accélérée prévue par l'article 23*bis* du statut, la Cour rend son arrêt le 24 juin 2019 à l'issue d'une procédure dont les différents rebondissements ne doivent pas cacher l'absence de suspense quant à la solution (4) : il est clair dès la lecture de la première ordonnance de la vice-présidente que la Pologne a très probablement manqué aux obligations qu'elle tient du droit de l'Union. En atteste d'ailleurs l'abrogation de la loi en cause dès le 21 novembre par une nouvelle qui en supprime tous les effets, sans altérer évidemment l'intérêt pour la Cour de statuer.

(2) Saluons ici la cohérence et détermination des autorités polonaises qui ont adopté dans le même temps une loi abaissant l'âge de départ à la retraite des juges siégeant dans les juridictions de droit commun avec, raffinement supplémentaire, une distinction entre les femmes et les hommes, les premières devant partir à 60 ans alors que les seconds se voient accorder jusqu'à leur 65e anniversaire. L'arrêt de manquement rendu par la Cour sur cette disposition suit assez largement le raisonnement développé dans la présente affaire, exception faite de la discrimination en raison du sexe en matière de rémunération (CJUE, gde ch., 5 novembre 2019, *Commission c/ Pologne (indépendance des juridictions de droit commun)*, aff. C-192/18, ECLI:EU:C:2019:924).

(3) Ordonnance de la vice-présidente du 19 octobre 2018 statuant avant d'avoir entendu les observations de la défense et ordonnance de la Cour, gde ch., le 17 décembre 2018.

(4) De ce point de vue, l'apport de la Pologne au droit du contentieux de l'Union européenne ne peut qu'être relevé.

Il est remarquable que la Commission décide ici de se placer sur le terrain des articles 19, paragraphe 1, alinéa 2, TUE et 47 de la Charte (pt 32) à la différence de ce qu'elle avait fait dans une affaire quasiment identique à l'encontre de la Hongrie en 2012 (5) dans laquelle elle avait choisi de se fonder sur la directive 2000/78/CE pour contester une discrimination fondée sur l'âge des juges. En effet, même si les questions que soulève le raisonnement de la Cour sur l'imbrication de ces trois dispositions sont nombreuses, cela confère indéniablement au constat de manquement un caractère solennel en mesure de soutenir les démarches entreprises dans le cadre de l'article 7 TUE à l'encontre de la Pologne.

Se prononcer sur les deux griefs formulés par la Commission à l'encontre de la législation polonaise supposait dans un premier temps que la Cour reconnaisse l'applicabilité de l'article 19, paragraphe 1, alinéa 2, et de l'article 47 de la Charte à la situation en cause alors que, comme le soulignaient les autorités polonaises et hongroises, l'organisation de la justice nationale constitue une compétence réservée des États. C'est la réponse à cette question qui constitue le principal apport de l'arrêt sur le terrain de la protection des droits fondamentaux.

Il n'est pas anodin que la Cour entame son raisonnement par le rappel que l'article 49 TUE « prévoit la possibilité pour tout État européen de demander à devenir membre de l'Union », celle-ci regroupant « des États qui ont librement et volontairement adhéré aux valeurs communes visées à l'article 2 TUE, respectent ces valeurs et s'engagent à les promouvoir ». Autrement dit, il est ici rappelé à la Pologne qu'elle a librement choisi d'adhérer à une organisation regroupant des États respectant des valeurs communes dont celle de l'État de droit. Par ailleurs, comme nous le rappelle la Cour, ces valeurs ont également une fonction instrumentale considérable au sein de l'Union. En effet, elles justifient l'existence de la confiance mutuelle et permettent, s'agissant de l'État de droit, la préservation des spécificités et de l'autonomie de l'ordre juridique de l'Union *via* le système juridictionnel institué par les traités (pts 43 et 44). Or, ce système dont la clé de voûte est la procédure de renvoi

(5) CJUE, 6 novembre 2012, *Commission c/ Hongrie*, aff. C-286/12, ECLI:EU:C:2012:687.

préjudiciel et qui permet de faire de l'Union une « union de droit », suppose pour fonctionner des juridictions nationales indépendantes devant lesquelles sont ouvertes des voies de droit effectives. Ce raisonnement permet ainsi à la Cour, comme elle l'a fait dans son arrêt *Associação Sindical dos Juízes Portugueses*, précité, de lier la valeur d'État de droit de l'article 2 TUE à l'article 19, paragraphe 1, alinéa 2, du TUE selon lequel « les États membres établissent les voies de recours nécessaires pour assurer une protection juridictionnelle effective dans les domaines couverts par le droit de l'Union », le second concrétisant la première. La valeur consacrée à l'article 2 est donc « concrétisée » par l'article 19, paragraphe 1, alinéa 2, dont la notion centrale de « protection juridictionnelle effective » constitue un principe général du droit de l'Union découlant des traditions constitutionnelles communes, consacré aux articles 6 et 13 de la CEDH et, en dernier lieu, à l'article 47 de la Charte. Bref, pour le dire plus simplement, par l'intermédiaire de l'article 19, paragraphe 1, alinéa 2, la valeur État de droit peut s'incarner dans l'article 47 de la Charte. Par la magie de l'interprétation, cette disposition dont on pouvait penser qu'elle visait surtout à consolider la position de la Cour de justice sur les conditions d'accès des particuliers au recours en annulation (6), se retrouve devoir jouer un rôle central dans une procédure de manquement à la valeur de l'État de droit...

Pourquoi un tel détour ? Parce qu'il permet à la Cour de s'affranchir des limites du champ d'application de la Charte. En effet, si celui-ci est strictement limité aux situations dans lesquelles les États mettent en œuvre le droit de l'Union, ce qui n'est clairement pas le cas en l'espèce, l'article 19, paragraphe 1, alinéa 2, TUE s'applique, quant à lui, aux « domaines couverts par le droit de l'Union ». Or, comme l'indique la Cour, le simple fait qu'une juridiction soit « susceptible de statuer [...] sur des questions portant sur l'application ou l'interprétation du droit de l'Union » (pt 51, renvoyant au pt 40 de l'affaire C-64/16, précitée) permet de considérer que les règles relatives à son fonctionnement et au statut

(6) Telle que définie dans ses arrêts CJCE, 25 juillet 2002, *UPA*, aff. C-50/00 P, ECLI:EU:C:2002:462 et CJCE, 1er avril 2004, *Jégo-Quéré*, aff. C-263/02 P, ECLI:EU:C:2004:210.

des juges qui la composent relèvent de l'application de cette disposition, peu importe à cet égard que la matière relève des compétences réservées (pt 52). La notion de « domaine couvert par le droit de l'Union » est donc distincte et bien plus large que celle de « mise en œuvre du droit de l'Union » inscrite à l'article 51, paragraphe 1, de la Charte et permet à la Cour d'exiger le respect en substance de l'article 47 de la Charte bien au-delà du champ d'application de ce texte, même si elle prend soin de fonder formellement son contrôle exclusivement sur l'article 19, paragraphe 1, alinéa 2, TUE. Plus précisément, la Cour relève que « l'exigence d'indépendance des juridictions est inhérente à la mission de juger et relève du contenu essentiel du droit à une protection juridictionnelle effective et du droit fondamental à un procès équitable » (pt 58). C'est à l'aune de cette exigence que la législation polonaise va donc être évaluée.

Le premier grief était lié à l'abaissement de l'âge de départ à la retraite avec effet rétroactif et obligation de quitter ses fonctions. Rappelant les exigences d'indépendance et d'impartialité des juridictions nationales dont découle le principe d'inamovibilité (pts 74 et 75), la Cour relève que la réforme en cause est susceptible de porter atteinte à ce principe en entraînant une cessation anticipée des fonctions juridictionnelles des juges de la cour suprême. Pour apprécier ce qui constitue en substance une ingérence dans le droit à un recours juridictionnel effectif, la Cour va, de façon intéressante, recourir aux instruments classiques du contrôle des limitations à l'exercice des droits fondamentaux tels qu'ils sont notamment inscrits à l'article 52, paragraphe 1, de la Charte, mais sans s'y référer formellement. En effet, même si la nuance est subtile, il ne s'agit pas ici d'appliquer l'article 47 de la Charte mais uniquement l'article 19, paragraphe 1, alinéa 2. Il faut donc préserver les apparences. Quoi qu'il en soit la Cour commence par examiner la légitimité de l'objectif poursuivi par la législation en cause. Elle relève ainsi que, loin de poursuivre un objectif d'harmonisation de l'âge de départ à la retraite des juges de la Cour suprême avec l'âge général de départ à la retraite, la réforme visait en réalité à écarter d'un certain groupe de juges, comme en atteste l'examen des motifs de la loi et le mécanisme permettant au président de la République que de décider de manière discrétionnaire de prolonger l'exercice des fonctions de certains magistrats. En toute rigueur, le contrôle de la Cour aurait pu s'arrêter à cette étape. Faute d'objectif légitime poursuivi, la mesure nationale ne peut justifier une atteinte au principe d'inamovibilité. C'est d'ailleurs le motif que la Cour retient *in fine* pour accueillir favorablement le grief (pt 96). Pourtant, elle choisit néanmoins de poursuivre son raisonnement, relevant successivement que l'obligation de départ à la retraite avec effet rétroactif introduit par la réforme n'est en rien nécessaire à une hypothétique tentative de réduire la diversité des âges de départ à la retraite (pt 90) et constitue une atteinte au principe de proportionnalité (pt 91), sans pouvoir être valablement justifiée par le souci d'éviter une discrimination entre les juges nommés antérieurement et postérieurement à l'adoption de cette réforme. Peut-être la Cour souhaitait-elle répondre précisément à l'ensemble des arguments soulevés par l'État défendeur.

Le second grief était relatif à la violation des principes d'indépendance et d'impartialité du fait du pouvoir discrétionnaire dont dispose le président de la République de prolonger la durée d'activité des juges à la Cour suprême jusqu'à deux périodes de trois ans, pouvoir dont l'exercice ne peut faire l'objet d'un contrôle juridictionnel. Sans surprise, un tel pouvoir discrétionnaire est pour la Cour « de nature à engendrer des doutes légitimes, notamment dans l'esprit des justiciables, quant à l'imperméabilité des juges concernés à l'égard d'éléments extérieurs et à leur neutralité par rapport aux intérêts susceptibles de s'affronter devant eux » (pt 118, on relèvera la référence sibylline à la théorie des apparences chère à la Cour européenne des droits de l'homme). Autrement dit, il est clair que les juges bénéficiant d'une telle largesse de l'exécutif pourraient être perçus comme plus conciliants dans l'exercice de leur fonction juridictionnelle avec l'exécutif. Enfin, dernier argument soulevé par le gouvernement polonais et écarté par la Cour, l'analogie avec le mode de désignation des juges dans d'autres États membre et à la Cour de justice de l'Union européenne. En effet, d'une part et en vertu d'une jurisprudence constante, un État ne saurait se prévaloir d'une violation par un autre État des obligations découlant des traités pour se dégager de ses propres obligations. D'autre part et, il faut bien le reconnaître, de façon un peu trop lapidaire, la Cour rappelle s'agissant de l'analogie avec les juges à la Cour de justice de l'Union européenne qu'une « nouvelle nomination à un tel poste d'un juge sortant requiert, en vertu de cet article, et à l'instar de la nomination initiale de celui-ci, le commun accord des gouvernements des États membres, après avis du comité prévu à l'article 255 TFUE » (pt 121), semblant ainsi ignorer le poids déterminant du choix de l'État dans la procédure de nomination de « son » juge.

Que faut-il retenir finalement de cet arrêt ? Au-delà du constat de manquement logique et bienvenu pour violation de l'article 19, paragraphe 1, alinéa 2, TUE, cet arrêt constitue (au moins) une double première : première utilisation des valeurs de l'article 2 TUE dans une procédure de manquement et première utilisation de la Charte en dehors de son champ d'application. Faut-il pour autant en déduire qu'il porte en lui les germes d'un développement de l'office de la Cour de justice qui la conduirait à jouer le même rôle que celui de la Cour européenne des droits de l'homme en matière de contrôle du respect du droit à un recours juridictionnel effectif et de droit à un procès équitable devant les juridictions nationales ? Pas nécessairement. En effet, la Cour prend bien soin de préciser que l'exigence d'indépendance et d'impartialité ici en cause « relève du *contenu essentiel* du droit à une protection juridictionnelle effective et du droit à un procès équitable » (pt 58, nous soulignons), laissant donc entendre que toutes les exigences découlant de ces deux droits fondamentaux ne peuvent bénéficier de cette intégration dans l'article 19, paragraphe 1, alinéa 2. La jurisprudence ultérieure permettra certainement de préciser le périmètre précis des droits inscrits à l'article 47 de la Charte pouvant bénéficier de cette extension de leur champ d'application aux « domaines couverts par le droit de l'Union » et la portée exacte de cette dernière notion.

Cet arrêt soulève également plusieurs interrogations d'importance et notamment celle des liens réels ou supposés entre les exigences inhérentes à cet article 19, paragraphe 1, alinéa 2, et celles découlant de la jurisprudence *Vaassen-Goebbels* (7) relative aux critères de la juridiction au sens de l'article 267 TFUE parmi lesquels figurent l'indépendance et l'impartialité. La multiplication des questions préjudicielles posées par les juridictions polonaises quant à leur propre indépendance permettra probablement d'y répondre prochainement.

Romain TINIÈRE

(7) CJCE, 30 juin 1966, *Vaassen-Goebbels*, aff. 61/65, ECLI:EU:C:1966:39.

Cour de justice, 3e ch., 19 septembre 2019, *Rayonna prokuratura Lom*, aff. C-467/18, ECLI:EU:C:2019:765

Conclusions de l'avocat général M. Campos Sánchez-Bordona, du 10 juillet 2019, ECLI:EU:C:2019:590

Mots-clés : Coopération judiciaire en matière pénale – Réglementation nationale autorisant, pour des motifs thérapeutiques et de sûreté, l'internement psychiatrique de personnes qui, en état de démence, ont commis des actes présentant un danger pour la société – Champ d'application de la Charte des droits fondamentaux – Mécanisme des droits correspondants – Personne vulnérable – Droit d'être informé de ses droits – Droit d'accès à un avocat – Droit à un recours effectif – Principe d'interprétation conforme – Présomption d'innocence

Cadre normatif : directive 2012/13/UE ; directive 2013/48/UE ; directive (UE) 2016/343 ; articles 6, 47, 51, paragraphe 1, de la charte des droits fondamentaux de l'Union européenne

Notes et observations : V. Michel, *Europe*, 2019, n° 11, comm. 419

Extraits de l'arrêt

[...]

Sur les première, troisième et quatrième questions

35. Par ses première, troisième et quatrième questions, qu'il convient d'examiner ensemble, la juridiction de renvoi demande, en substance, si les directives 2012/13 et 2013/48 doivent être interprétées en ce sens qu'elles s'appliquent à une procédure judiciaire, telle que celle prévue par la réglementation nationale en cause au principal, qui autorise, pour des motifs thérapeutiques et de sûreté, l'internement psychiatrique de personnes qui, en état de démence, ont commis des actes présentant un danger pour la société et, si tel devait être le cas, à partir de quel moment la personne concernée doit être informée des droits qui lui sont conférés par la directive 2012/13.

36. Les directives 2012/13 et 2013/48 ont toutes deux pour objet commun de définir les règles minimales concernant certains droits des suspects et des personnes poursuivies dans le cadre de procédures pénales. La directive 2012/13 vise plus particulièrement le droit d'être informé de ses droits et la directive 2013/48 se rapporte au droit d'avoir accès à un avocat, au droit d'informer un tiers de la privation de liberté, ainsi qu'au droit des personnes privées de liberté de communiquer avec des tiers et au droit de communiquer avec les autorités consulaires.

37. Il ressort en outre des considérants de ces directives que celles-ci s'appuient à cette fin sur les droits énoncés notamment aux articles 6, 47 et 48 de la Charte et tendent à promouvoir ces droits à l'égard des suspects ou des personnes poursuivies dans le cadre de procédures pénales.

38. Les champs d'application respectifs desdites directives sont définis dans des termes presque identiques à l'article 2 de chacune de celles-ci. Il ressort, en substance, de ces dispositions que les mêmes directives s'appliquent dès le moment où des personnes sont informées par les autorités compétentes d'un État membre qu'elles sont soupçonnées ou poursuivies pour avoir commis une infraction pénale, et ce jusqu'au terme de la procédure, laquelle « s'entend comme la détermination définitive de la question de savoir si le suspect ou la personne poursuivie a commis l'infraction pénale, y compris, le cas échéant la condamnation et la décision rendue sur tout appel ».

39. Il est vrai que ni la directive 2012/13 ni la directive 2013/48 ne contiennent de dispositions expresses indiquant que les procédures pénales qu'elles régissent incluent également celles susceptibles de conduire à une mesure d'internement psychiatrique, telle que celle prévue aux articles 427 et suivants du code de procédure pénale.

40. Toutefois, cette absence de dispositions expresses ne signifie pas pour autant qu'une telle procédure d'internement psychiatrique est exclue du champ d'application de ces directives au motif qu'elle ne conduit pas à la « condamnation » à une peine.

41. À cet égard, ainsi que M. l'avocat général l'a relevé, en substance, aux points 61 et 62 de ses conclusions, la formulation de l'article 2, paragraphe 1, de la directive 2012/13 et celle, analogue, de l'article 2, paragraphe 1, de la directive 2013/48 permettent au contraire de considérer que la notion de « procédure pénale », au sens de ces directives, s'étend également à des procédures d'internement psychiatrique qui, bien que ne conduisant pas à la « condamnation » à une peine au sens strict, donnent néanmoins lieu à une mesure privative de liberté, à la condition que cette mesure soit justifiée non seulement par des raisons thérapeutiques, mais également par des motifs de sûreté, à l'égard de personnes ayant commis des faits constitutifs d'une infraction pénale, mais dont l'état mental, au moment des faits pénalement répréhensibles, justifie le fait qu'elles

fassent l'objet d'une mesure d'internement psychiatrique plutôt que d'une sanction pénale, telle qu'une peine d'emprisonnement.

42. L'article 6 de la Charte, relatif au droit à la liberté et à la sûreté, garantissant des droits correspondant à ceux qui le sont par l'article 5 de la CEDH, relatif au même droit, il convient, conformément à l'article 52, paragraphe 3, de la Charte, de donner audit article 6 le même sens et la même portée que ceux conférés à l'article 5 de la CEDH, tel qu'interprété par la jurisprudence de la Cour européenne des droits de l'homme. Il convient donc de tenir compte de l'article 5, paragraphe 1, de la CEDH en vue de l'interprétation de l'article 6 de la Charte (voir, en ce sens, arrêt du 12 février 2019, *TC*, C-492/18 PPU, EU:C:2019:108, point 57).

43. Or, en vertu de l'article 5, paragraphe 1, sous e), de la CEDH, « toute personne a droit à la liberté et à la sûreté. Nul ne peut être privé de sa liberté, sauf dans les cas suivants et selon les voies légales : [...] s'il s'agit de la détention régulière [...] d'un aliéné ».

44. Cette disposition a été interprétée par la Cour européenne des droits de l'homme comme imposant à l'État l'obligation positive de protéger la liberté des personnes relevant de sa juridiction. Si tel n'était pas le cas, il en résulterait une lacune assez grande dans la protection contre la détention arbitraire, ce qui ne cadrerait pas avec l'importance que revêt la liberté individuelle dans une société démocratique. L'État est donc tenu de prendre des mesures offrant une protection effective aux personnes vulnérables (Cour EDH, 17 janvier 2012, *Stanev c. Bulgarie*, n° 36760/06, CE:ECHR:2012:0117JUD003676006, § 120).

45. Il en découle que des mesures privatives de liberté telles que les mesures de soins psychiatriques ou médicaux en cause au principal sont couvertes par l'article 5 de la CEDH et, par voie de conséquence, par l'article 6 de la Charte.

46. Il s'ensuit que, à la lumière du droit à la liberté et à la sûreté garanti par l'article 6 de la Charte, les directives 2012/13 et 2013/48 ne sauraient être interprétées de manière à exclure de leur champ d'application une procédure judiciaire permettant d'ordonner l'internement psychiatrique d'une personne qui, au terme d'une procédure pénale antérieure, a été considérée comme l'auteur de faits constitutifs d'une infraction pénale.

47. Cette interprétation se trouve confortée par la circonstance que le législateur de l'Union européenne a pris soin, à l'article 3, paragraphe 2, de la directive 2012/13, d'imposer aux États membres l'obligation de veiller à ce que les informations fournies au titre du droit d'être informé de ses droits « soient données oralement ou par écrit, dans un langage simple et accessible, en tenant compte des éventuels besoins particuliers des suspects ou des personnes poursuivies vulnérables ». Le considérant 26 de cette directive mentionne expressément la situation des personnes qui

ne peuvent comprendre le contenu ou le sens des informations qui leurs sont communiquées par les autorités compétentes, en raison de leur état mental. Les aliénés doivent donc être considérés comme des personnes vulnérables aux fins de cette disposition, puisque, en raison de graves troubles mentaux, ces personnes risquent de ne pas comprendre les informations qui leurs sont communiquées quant à leurs droits.

48. De même, l'article 13 de la directive 2013/48 impose aux États membres, lors de l'application de cette directive, de prendre en compte « les besoins spécifiques des personnes vulnérables qui sont soupçonnées ou poursuivies ». Bien que le considérant 51 de ladite directive se réfère aux personnes « se trouvant dans une situation de faiblesse potentielle » et à leur « vulnérabilité éventuelle affectant leur capacité d'exercer leur droit d'accès à un avocat et d'informer un tiers dès leur privation de liberté », sans préciser de manière explicite que cette situation de vulnérabilité peut résulter de leur état mental, il convient néanmoins de considérer, compte tenu de la finalité de la même directive, que les aliénés relèvent également de la catégorie des personnes vulnérables visées audit article 13.

49. La directive 2012/13 s'appliquant à une procédure telle que celle visée à aux articles 427 et suivants du code de procédure pénale, la juridiction de renvoi demande en outre à partir de quel moment un suspect doit être informé de ses droits conformément à l'article 3 de celle-ci.

50. Pour pouvoir être effective, la communication des droits doit intervenir à un stade précoce de la procédure. Il résulte de l'article 2 de cette directive que celle-ci s'applique « dès le moment où des personnes sont informées par les autorités compétentes d'un État membre qu'elles sont soupçonnées d'avoir commis une infraction pénale ou qu'elles sont poursuivies à ce titre ». L'article 3 de ladite directive prévoit ainsi que les « États membres veillent à ce que les suspects ou les personnes poursuivies reçoivent rapidement des informations concernant les droits procéduraux [...] de façon à permettre l'exercice effectif de ces droits ».

51. Comme le rappelle le considérant 19 de la directive 2012/13, le droit d'être informé de ses droits vise à préserver l'équité de la procédure pénale et à garantir l'effectivité des droits de la défense, dès les premières étapes de cette procédure. En effet, ainsi qu'il résulte du point 24 de la proposition de directive de la Commission, du 20 juillet 2010 [COM(2010) 392 final], à l'origine de la directive 2012/13, la période qui suit immédiatement la privation de liberté présente le plus grand risque d'extraction abusive de confessions, de telle sorte qu'il « est essentiel que toute personne soupçonnée ou poursuivie soit rapidement informée de ses droits, c'est-à-dire sans délai après son arrestation et de la façon la plus efficace possible ».

52. Le considérant 19 de la directive 2012/13 souligne d'ailleurs que le droit d'être informé de ses droits doit être mis en œuvre « au plus tard avant le premier interrogatoire officiel du suspect ou de la personne

poursuivie par la police ». Il ressort en outre du considérant 22 de la directive 2012/13 que, « en cas d'arrestation ou de détention du suspect ou de la personne poursuivie, des informations sur les droits procéduraux qui leurs sont applicables devraient leur être communiquées par une déclaration de droits écrite, rédigée d'une manière facile à comprendre afin de les aider à saisir ce que recouvrent leurs droits. Une telle déclaration de droit devrait être fournie rapidement à chaque personne arrêtée quand elle est privée de liberté par l'intervention des autorités répressives dans le cadre d'une procédure pénale ».

53. Il découle de ces éléments que les personnes soupçonnées d'avoir commis une infraction pénale doivent être informées de leurs droits le plus rapidement possible à partir du moment où les soupçons dont elles font l'objet justifient, dans un contexte autre que l'urgence, que les autorités compétentes restreignent leur liberté au moyen de mesures de contrainte et, au plus tard, avant leur premier interrogatoire officiel par la police.

54. Compte tenu de ces éléments, il convient de répondre aux première, troisième et quatrième questions que les directives 2012/13 et 2013/48 doivent être interprétées en ce sens qu'elles s'appliquent à une procédure judiciaire, telle que celle prévue par la réglementation nationale en cause au principal, qui autorise, pour des motifs thérapeutiques et de sûreté, l'internement psychiatrique de personnes qui, en état de démence, ont commis des actes présentant un danger pour la société. La directive 2012/13 doit être interprétée en ce sens que les personnes soupçonnées d'avoir commis une infraction pénale doivent être informées de leurs droits le plus rapidement possible à partir du moment où les soupçons dont elles font l'objet justifient, dans un contexte autre que l'urgence, que les autorités compétentes restreignent leur liberté au moyen de mesures de contrainte et, au plus tard, avant leur premier interrogatoire officiel par la police.

Sur les deuxième et septième questions

55. Par ses deuxième et septième questions, qu'il convient d'examiner ensemble, la juridiction de renvoi demande, en substance, si le droit à un recours effectif garanti par l'article 47 de la Charte, ainsi que par l'article 8, paragraphe 2, de la directive 2012/13 et par l'article 12 de la directive 2013/48, doit être interprété en ce sens qu'il s'oppose à une réglementation nationale, telle que celle en cause au principal, qui prévoit une procédure autorisant, pour des motifs thérapeutiques et de sûreté, l'internement psychiatrique de personnes qui, en état de démence, ont commis des actes présentant un danger pour la société, au motif que cette réglementation ne permet pas à la juridiction compétente de vérifier que les droits procéduraux visés par ces directives ont été respectés au cours de procédures antérieures à celle dont cette juridiction est saisie, non soumises à un tel contrôle juridictionnel.

56. S'agissant, en premier lieu, de l'interprétation de la directive 2012/13, il y a lieu de relever que l'article 8, paragraphe 2, de celle-ci exige que « les suspects ou les personnes poursuivies, ou leur avocat, aient le droit de contester, conformément aux procédures nationales, le fait éventuel que les autorités compétentes ne fournissent pas ou refusent de fournir des informations conformément à la présente directive ».

57. Compte tenu de l'importance du droit à un recours effectif, protégé par l'article 47 de la Charte, et du texte clair, inconditionnel et précis de l'article 8, paragraphe 2, de la directive 2012/13, cette dernière disposition s'oppose à toute mesure nationale faisant obstacle à l'exercice de voies de recours effectives en cas de violation des droits protégés par cette directive.

58. La même interprétation s'impose s'agissant, en second lieu, de l'article 12 de la directive 2013/48, selon lequel « les suspects ou les personnes poursuivies dans le cadre de procédures pénales [...] disposent d'une voie de recours effective conformément au droit national en cas de violation des droits prévus au titre de la présente directive ».

59. Selon une jurisprudence constante de la Cour, l'obligation des États membres, découlant d'une directive, d'atteindre le résultat prévu par celle-ci ainsi que leur devoir, en vertu de l'article 4, paragraphe 3, TUE et de l'article 288 TFUE, de prendre toutes mesures générales ou particulières propres à assurer l'exécution de cette obligation s'imposent à toutes les autorités des États membres, y compris, dans le cadre de leurs compétences, aux autorités juridictionnelles (arrêt du 7 août 2018, *Smith*, C-122/17, EU:C:2018:631, point 38 et jurisprudence citée).

60. En vue d'exécuter cette obligation, le principe d'interprétation conforme requiert que les autorités nationales fassent tout ce qui relève de leur compétence en prenant en considération l'ensemble du droit interne et en faisant application des méthodes d'interprétation reconnues par celui-ci, afin de garantir la pleine effectivité du droit de l'Union et d'aboutir à une solution conforme à la finalité poursuivie par celui-ci (voir, en ce sens, arrêts du 5 octobre 2004, *Pfeiffer e.a.*, C-397/01 à C-403/01, EU:C:2004:584, point 117, ainsi que du 8 mai 2019, *Praxair MRC*, C-486/18, EU:C:2019:379, point 37 et jurisprudence citée).

61. Toutefois, ce principe d'interprétation conforme du droit national connaît certaines limites. Ainsi, l'obligation, pour le juge national, de se référer au contenu du droit de l'Union lorsqu'il interprète et applique les règles pertinentes du droit interne est limitée par les principes généraux du droit et ne peut servir de fondement à une interprétation contra legem du droit national (arrêt du 7 août 2018, *Smith*, C-122/17, EU:C:2018:631, point 40 et jurisprudence citée).

62. C'est à la juridiction nationale qu'il appartient de déterminer si elle est en mesure de procéder à une interprétation conforme au droit de l'Union de la réglementation nationale. À cet égard, il suffit de constater qu'il ressort de la demande de décision préjudicielle que la juridiction de renvoi considère que, malgré l'absence d'une voie de recours permettant, à l'occasion d'une demande d'internement psychiatrique sur le fondement des articles 427 et suivants du code de procédure pénale, de vérifier la régularité de la procédure pénale qui précède cette demande, elle pourrait appliquer par analogie la procédure pénale ordinaire afin de procéder à une telle vérification et protéger les droits de l'intéressé.

63. Il s'ensuit que l'article 47 de la Charte ainsi que l'article 8, paragraphe 2, de la directive 2012/13 et l'article 12 de la directive 2013/48 doivent être interprétés en ce sens qu'ils s'opposent à une réglementation nationale, telle que celle en cause au principal, qui prévoit une procédure judiciaire autorisant, pour des motifs thérapeutiques et de sûreté, l'internement psychiatrique de personnes qui, en état de démence, ont commis des actes présentant un danger pour la société, dans la mesure où cette réglementation ne permet pas à la juridiction compétente de vérifier que les droits procéduraux visés par ces directives ont été respectés au cours de procédures antérieures à celle dont cette juridiction est saisie, non soumises à un tel contrôle juridictionnel.

Observations

Saisie de plusieurs questions préjudicielles par une juridiction bulgare à laquelle il était demandé d'ordonner l'internement psychiatrique d'un individu ayant tué sa mère, la Cour de justice définit largement le champ d'application des directives relatives aux droits des suspects et des personnes poursuivies dans le cadre de procédures pénales (1), ceci afin de protéger l'ensemble des droits procéduraux des personnes dont la responsabilité pénale ne peut être

(1) Directive 2012/13/UE du Parlement européen et du Conseil, du 22 mai 2012, relative au droit à l'information dans le cadre des procédures pénales, *JOUE*, L 142, 1er juin 2012, p. 1 ; directive 2013/48/UE du Parlement européen et du Conseil, du 22 octobre 2013, relative au droit d'accès à un avocat dans le cadre des procédures pénales et des procédures relatives au mandat d'arrêt européen, au droit d'informer un tiers dès la privation de liberté et au droit des personnes privées de liberté de communiquer avec des tiers et avec les autorités consulaires, *JOUE*, L 294, 6 novembre 2013, p. 1 ; directive (UE) 2016/343 du Parlement européen et du Conseil, du 9 mars 2016, portant renforcement de certains aspects de la présomption d'innocence et du droit d'assister à son procès dans le cadre des procédures pénales, *JOUE*, L 65, 11 mars 2016, p. 1.

retenue, du fait de leur état de démence au moment où elles ont commis les faits qui leur sont reprochés. À première vue anodin, l'arrêt rendu par la Cour mérite que l'on s'y attarde pour plusieurs raisons : d'abord parce qu'il a été rendu pour partie sans suivre les conclusions de l'avocat général, ce qui montre que la solution retenue n'allait pas nécessairement de soi ; ensuite parce qu'il constitue un bel exemple de l'articulation des systèmes de protection et de la collaboration entre les juridictions ; enfin parce qu'il témoigne de la volonté du juge de l'Union d'assurer un haut niveau de protection des droits fondamentaux dans une matière où il était pourtant loin d'être attendu.

En l'espèce, l'individu dont il était demandé l'internement avait fait l'objet de plusieurs procédures après avoir admis qu'il avait tué sa mère. Une première procédure, sur le fondement de la loi sur la santé, qui permet au juge d'ordonner le placement forcé en milieu médical d'une personne atteinte d'une maladie mentale présentant un danger pour sa santé ou celle des tiers. Puis une seconde procédure, sur le fondement du code de procédure pénale, qui permet au juge d'ordonner, sur proposition du procureur, des mesures médicales forcées à un individu qui, en état de démence, a commis un acte dangereux pour la société. Ces deux procédures, en cours lorsque le juge bulgare saisit la Cour de justice – l'individu est en effet interné sur le fondement de la loi sur la santé au moment où son placement est demandé sur le fondement du code de procédure pénale –, s'explique par l'intervention, entre-temps, d'une troisième procédure : la procédure pénale à proprement parler, au cours de laquelle l'intéressé, souffrant de schizophrénie paranoïde, a été jugé irresponsable. Sans rentrer dans le détail de ces procédures, on observera que le juge de l'Union est appelé à se prononcer au stade de ce que l'on peut considérer comme une substitution de motif, du fait de l'établissement de la vérité pénale, autrement dit au stade où il apparaît, pour reprendre les expressions de la Cour, que l'internement ne se justifie plus seulement par une « finalité thérapeutique » (pt 66, non reproduit), mais qu'il se justifie également par une « finalité pénale » (pt 71, non reproduit).

Quelle que soit la procédure suivie, on relèvera que du 26 août 2015, date à laquelle l'individu est interpellé, au 10 mars 2018, date à laquelle l'ordonnance retenant l'irresponsabilité pénale est devenue définitive – ce qui ouvre la voie à la demande d'internement, cette fois sur le fondement du code de procédure pénale –, l'intéressé ne s'est vu garantir aucun droit lui permettant d'assurer une quelconque défense. Et c'est là ce qui conduit le juge de renvoi à saisir la Cour : non seulement il est clair que les droits de l'individu n'ont pas été respectés dans les procédures antérieures à celle dans laquelle il intervient, mais il lui est en plus impossible d'opérer un contrôle juridictionnel du respect de ces droits. Le droit bulgare ne lui permet en effet que d'accueillir ou de rejeter la proposition du procureur, autrement dit d'ordonner ou non l'internement. On admettra que c'est une situation à tout le moins problématique, justifiant que le juge national cherche du secours du côté du droit de l'Union. Encore faut-il que ce dernier soit applicable, ce que la Cour de justice va affirmer mais seulement s'agissant de la procédure d'internement fondée sur le code de procédure pénale.

S'agissant, en effet, de l'autre procédure d'internement, dont le caractère est essentiellement préventif, la Cour constate qu'« en raison de sa finalité thérapeutique, une procédure d'internement psychiatrique, telle que celle prévue, en l'occurrence, par les articles 155 et suivants de la loi sur la santé, *lorsqu'elle est mise en œuvre indépendamment de toute procédure pénale*, y compris afin de prévenir un danger pour la santé de l'intéressé ou de tiers, ne relève [...] pas des procédures pénales entrant dans le champ d'application de la directive 2016/343 » (pt 66, non reproduit, nous soulignons). En l'absence d'autre lien de rattachement avec le droit de l'Union, la protection offerte par la Charte ne peut être assurée (pt 67, non reproduit) et le juge national, saisi de la demande d'internement, ne peut vérifier, du moins sur le fondement du droit de l'Union, que la personne a bénéficié des garanties procédurales adéquates au cours de la procédure pénale dont elle a fait parallèlement l'objet. La solution n'appelle pas d'observations particulières, l'absence de « mise en œuvre du droit de l'Union » par le droit national, au sens de l'article 51, paragraphe 1, de la Charte, justifiant que la protection soit assurée par un autre mécanisme, qu'il soit constitutionnel ou conventionnel. Au juge bulgare de puiser dans les normes supérieures de son droit ou dans la jurisprudence de la Cour européenne des droits de l'homme de quoi assurer le respect des droits fondamentaux en l'espèce (2).

Le droit de l'Union n'est jugé applicable qu'en ce qui concerne la procédure d'internement motivée tant par des exigences thérapeutiques que par des exigences de sûreté, c'est-à-dire la seule procédure dans laquelle le juge de renvoi intervient. Mais c'est déjà beaucoup, la solution conduisant à ce que l'ensemble des droits garantis par les directives 2012/13, 2013/48 et 2016/343 puisse être ici sauvegardé. Pour justifier l'application de ces directives à des procédures susceptibles de conduire à une mesure d'internement psychiatrique, alors qu'elles ne visent expressément que les procédures pénales aboutissant à la « condamnation » à une peine (pt 40), la Cour fait une application particulièrement rigoureuse et opportune du mécanisme des droits correspondants, affirmant qu'il lui faut « tenir compte de l'article 5, paragraphe 1, de la CEDH en vue de l'interprétation de l'article 6 de la Charte » (pt 42). Relevant que « des mesures privatives de liberté telles que les mesures de soins psychiatriques ou médicaux en cause au principal sont couvertes par l'article 5 de la CEDH et, par voie de conséquence, par l'article 6 de la Charte » (pt 45), la Cour peut conclure qu'« à la lumière du droit à la liberté et à la sûreté garanti par l'article 6 de la Charte, les directives 2012/13 et 2013/48 ne sauraient être interprétées de manière à exclure de leur champ d'application une procédure judiciaire permettant d'ordonner l'internement psychiatrique d'une personne qui, au terme d'une procédure pénale antérieure, a été considérée comme l'auteur de faits constitutifs d'une infraction pénale » (pt 46). La démarche est tout aussi constructive s'agissant de la directive 2016/343 (pt 71, non reproduit) qui présentait par ailleurs une difficulté supplémentaire sur le plan temporel, l'avocat général ayant considéré qu'elle n'était

(2) En ce sens, CJUE, 15 novembre 2011, *Dereci e.a.*, aff. C-256/11, ECLI:EU:C:2011:734, pts 72 et 73, que la Cour aurait pu citer ici.

pas applicable *ratione temporis* dès lors que la procédure pénale s'était achevée avant le 1er avril 2018, c'est-à-dire avant l'expiration du délai de transposition (pt 91 des conclusions). Face à un tel raisonnement, la Cour retiendra plutôt que la directive est, « d'un point de vue temporel, applicable à la procédure pendante devant la juridiction de renvoi » (pt 70, non reproduit), procédure que l'on peut assimiler à une procédure pénale, comme on l'a vu, et seule procédure dans laquelle se pose vraiment la question du respect du principe de la présomption d'innocence, puisque le juge bulgare cherchait ici à savoir comment le ministère public devait apporter la preuve que l'individu était l'auteur d'actes réputés constituer un danger pour la société.

Une fois réglée la question de l'applicabilité du droit dérivé, partant, la question de l'applicabilité de la Charte, la Cour de justice peut protéger les droits fondamentaux des aliénés dont elle relève la vulnérabilité, en particulier parce qu'« en raison de graves troubles mentaux, ces personnes risquent de ne pas comprendre les informations qui leurs sont communiquées quant à leurs droits » (pt 47). Cette précision est importante. En effet, comme toute personne soupçonnée d'avoir commis une infraction pénale, les aliénés « doivent être [informés] de leurs droits le plus rapidement possible à partir du moment où les soupçons dont [ils] font l'objet justifient, dans un contexte autre que l'urgence, que les autorités compétentes restreignent leur liberté au moyen de mesures de contrainte et, au plus tard, avant leur premier interrogatoire officiel par la police » (pt 53). Mais on peut supposer qu'eu égard à leur vulnérabilité, le droit à l'information doive être d'autant plus strictement garanti, tant en ce qui concerne le moment où l'information est donnée, qu'en ce qui concerne le contenu de cette information, notamment leur capacité d'exercer leur droit d'accès à un avocat et d'informer un tiers dès leur privation de liberté. À cet égard, le contrôle du juge national est essentiel. Et c'est ce qui justifie que dans une procédure d'internement forcé, comme celle de l'espèce, le contrôle puisse être en tout état de cause opéré, sous peine de placer le droit bulgare en contradiction non seulement avec les directives considérées, dont le texte est « clair, inconditionnel et précis » (pt 57), mais aussi avec l'article 47 de la Charte, en ce qu'il protège le droit à un recours effectif dont « l'importance » est rappelée par la Cour (*ibidem*). Le juge bulgare ayant mis cette dernière sur la piste de l'interprétation conforme pour pouvoir exercer correctement son office, la solution qu'il proposait dans sa demande de décision préjudicielle est adoptée : « malgré l'absence d'une voie de recours permettant, à l'occasion d'une demande d'internement psychiatrique sur le fondement des articles 427 et suivants du code de procédure pénale, de vérifier la régularité de la procédure pénale qui précède cette demande », le juge de renvoi pourra « appliquer par analogie la procédure pénale ordinaire afin de procéder à une telle vérification et protéger les droits de l'intéressé » (pt 62). Il pourra également assurer le respect du principe de la présomption d'innocence selon les indications données par la Cour, qui considère que « lorsque, au terme d'une procédure pénale antérieure, il a été définitivement établi que [la] personne a commis, en état de démence, des faits constitutifs d'une infraction pénale, le fait que le ministère public invoque ces éléments à l'appui de sa demande d'internement psychiatrique n'est pas, en tant que tel, contraire au principe de la présomption d'innocence énoncé à l'article 3 de la directive 2016/343 » (pt 73, non reproduit). Mais sa liberté de jugement n'est pas altérée dès lors que l'appréciation de la Cour est portée « sans préjudice du contrôle, par la juridiction saisie, du respect des droits procéduraux visés par les directives 2012/13 et 2013/48, au cours de procédures antérieures non soumises à un tel contrôle juridictionnel » (pt 74, non reproduit). On l'aura compris, une fois le juge national mis en mesure de contrôler le respect des droits fondamentaux, le juge de l'Union lui fait toute confiance pour ce faire.

Finalement, la solution retenue par la Cour de justice tombe sous le sens : de la même manière qu'une procédure aboutissant à une condamnation à une peine d'emprisonnement doit respecter les droits fondamentaux, une procédure aboutissant à un internement forcé, du fait de l'impossibilité de condamner une personne irresponsable pénalement, doit respecter les droits fondamentaux. Certes, on ne peut pas dire que les directives adoptées par les États dans le cadre de l'espace de liberté, de sécurité et de justice aient été conçues aux fins de « s'appliquer dans le cadre de procédures pénales dont il est prévisible et raisonnable de penser que les décisions ne feront pas l'objet d'une reconnaissance mutuelle entre les États membres » (pt 3 des conclusions). Et l'Avocat général Campos Sánchez-Bordona avait insisté sur ce point d'entrée de jeu, rappelant que la finalité des directives considérées était d'« [établir] des "règles minimales communes relatives à la protection des droits procéduraux des suspects et des personnes poursuivies [dans le cadre des procédures pénales]", afin de "renforcer la confiance des États membres dans le système de justice pénale des autres États membres et, par conséquent, [de] *faciliter la reconnaissance mutuelle des décisions en matière pénale*" » (pt 2 des conclusions, nous soulignons). À cet égard, on observera, avec l'avocat général d'ailleurs, que la jurisprudence de la Cour de justice n'exige pas de « dimension transfrontière » pour l'application d'une directive telle que celle relative au droit à l'information dans le cadre des procédures pénales. Ainsi, dans l'arrêt *Moro* du 13 juin 2019, la Cour a confirmé (3) que « la directive 2012/13 participe à l'établissement d'une harmonisation minimale des procédures pénales dans l'Union européenne et l'application, dans un État membre, des règles prévues par cette directive est indépendante de l'existence d'une situation transfrontière dans le cadre d'un litige survenant dans cet État membre » (4), justifiant sa position par le fait que ce qui prime, avant la reconnaissance mutuelle des décisions pénales, c'est la confiance mutuelle qui passe par le respect des droits fondamentaux dans l'ensemble des États membres. Nous croyons, comme la Cour, que les directives relatives aux droits des suspects et des personnes poursuivies dans le cadre de procédures pénales, ici la directive 2012/43, traduisent « l'idée que le principe de reconnaissance mutuelle implique que les décisions des autorités judiciaires, même dans une situation purement interne, soient fondées sur des règles minimales communes. [Ainsi], dans une situation spécifique où la coopération transfrontière apparaîtra nécessaire, les autorités policières et judiciaires d'un État membre

(3) Voy., avant, CJUE, 5 juin 2018, *Kolev e.a.*, aff. C-612/15, ECLI:EU:C:2018:392.
(4) CJUE, 13 juin 2019, *Moro*, aff. C-646/17, ECLI:EU:C:2019:489, pt 36.

pourront alors considérer les décisions des autorités judiciaires des autres États membres comme équivalentes aux leurs »(5). Et nous ne pensons certainement pas qu'« eu égard à l'évolution des renvois préjudiciels portant sur ce thème spécifique, il serait peut-être opportun, à l'avenir, de nuancer cette ligne jurisprudentielle » (pt 3 des conclusions dans notre affaire).

Si nous ne partageons pas la position de l'Avocat général Campos Sánchez-Bordona, fût-elle exprimée prudemment, c'est essentiellement parce qu'elle empêcherait que des arrêts tels que celui sous commentaire soient rendus, autrement dit qu'elle empêcherait que le niveau de protection des droits fondamentaux augmente dans les États membres et que les juridictions nationales puissent effectivement garantir ces droits. Maintenant que les États ont clairement accepté de coopérer en matière pénale, il serait dommage que la Cour de justice se prive du moyen, en cette matière, d'assurer le respect uniforme des droits fondamentaux dans l'Union, en particulier lorsqu'il s'agit de sauvegarder ceux des plus vulnérables, ici un aliéné qui a déjà été interné pendant plus de quatre ans sans jamais que l'on se préoccupe de ses droits, le juge de renvoi mis à part. Laisser à la Cour européenne des droits de l'homme le soin de protéger ce qui peut l'être par le juge de l'Union aurait d'autant moins de sens qu'à la différence de la première, le second n'a pas à attendre l'épuisement des voies de recours interne pour exercer son office. En s'aidant de la jurisprudence de la Cour européenne, la Cour de justice peut donner satisfaction à la juridiction bulgare et c'est là ce qu'il faut finalement retenir : le renforcement de la protection des droits fondamentaux grâce à la collaboration entre les juges des différents systèmes de protection.

Claire Vial

(5) CJUE, 13 juin 2019, *Moro*, aff. C-646/17, préc., pt 35.

Cour de justice, gde ch., 12 novembre 2019, *Zubair Haqbin c/ Federaal Agentschap voor de opvang van asielzoekers*, aff. C-233/18, ECLI:EU:C:2019:956

Conclusions de l'avocat général M. Campos Sánchez-Bordona, du 6 juin 2019, ECLI:EU:C:2019:468

Mots-clés : Personnes demandant la protection internationale – Manquement grave au règlement des centres d'hébergement ou comportement particulièrement violent – Portée du droit des États membres de déterminer les sanctions applicables – Mineur non accompagné – Limitation ou retrait du bénéfice des conditions matérielles d'accueil – Dignité humaine – Intérêt supérieur de l'enfant

Cadre normatif : directive 2013/33/UE ; articles 1er et 24 de la charte des droits fondamentaux de l'Union européenne

Notes et observations : C. Collin, *Dalloz actualité*, 21 novembre 2019 ; F. Gazin, *Europe*, 2020, n° 1, comm. 9

Extraits de l'arrêt

[...]

31. Par ses questions, qu'il y a lieu d'examiner ensemble, la juridiction de renvoi demande, en substance, si l'article 20, paragraphe 4, de la directive 2013/33 doit être interprété en ce sens qu'un État membre peut prévoir, parmi les sanctions susceptibles d'être infligées à un demandeur en cas de manquement grave au règlement des centres d'hébergement ainsi que de comportement particulièrement violent, le retrait ou la limitation du bénéfice des conditions matérielles d'accueil, au sens de l'article 2, sous f) et g), de cette directive et, dans l'affirmative, sous quelles conditions une telle sanction peut être infligée, notamment lorsqu'elle vise un mineur et, plus particulièrement, un mineur non accompagné au sens du même article, sous d) et e).

32. À cet égard, il y a lieu de relever que, ainsi qu'il ressort des définitions figurant à l'article 2, sous f) et g), de la directive 2013/33, l'expression « conditions matérielles d'accueil » désigne l'ensemble des mesures prises par les États membres, conformément à cette directive, en faveur des

demandeurs et comprenant le logement, la nourriture et l'habillement, fournis en nature ou sous forme d'allocation financière ou de bons, ou en combinant ces trois formules, ainsi qu'une allocation journalière.

33. En vertu de l'article 17, paragraphes 1 et 2, de la directive 2013/33, les États membres sont tenus de faire en sorte que les demandeurs aient accès aux conditions matérielles d'accueil lorsqu'ils présentent leur demande de protection internationale et que les mesures adoptées à ces fins assurent aux demandeurs un niveau de vie adéquat qui garantisse leur subsistance et protège leur santé tant physique que mentale.

34. Dans le cas de « personnes vulnérables », au sens de l'article 21 de cette directive, dont font partie les mineurs non accompagnés tels que M. Haqbin au moment où celui-ci a fait l'objet de la sanction en cause au principal, l'article 17, paragraphe 2, second alinéa, de ladite directive dispose que les États membres sont tenus de faire en sorte qu'un tel niveau de vie leur soit « garanti ».

35. Néanmoins, l'obligation pour les États membres de faire en sorte que les demandeurs aient accès aux conditions matérielles d'accueil n'est pas absolue. En effet, le législateur de l'Union a prévu, à l'article 20 de la directive 2013/33, figurant sous le chapitre III de celle-ci, tous deux intitulés « Limitation ou retrait des conditions matérielles d'accueil », les circonstances dans lesquelles le bénéfice de telles conditions peut être limité ou retiré.

36. Ainsi que le relève la juridiction de renvoi, les trois premiers paragraphes de cet article se réfèrent expressément aux « conditions matérielles d'accueil ».

37. À cet égard, l'article 20, paragraphe 1, de cette directive dispose que les États membres peuvent limiter ou, dans des cas exceptionnels et dûment justifiés, retirer le bénéfice des conditions matérielles d'accueil lorsqu'un demandeur abandonne sans autorisation ou information le lieu de résidence qui lui a été fixé par l'autorité compétente de l'État membre concerné, ne respecte pas l'obligation de se présenter aux autorités, ne répond pas aux demandes d'information ou ne se rend pas aux entretiens personnels concernant la procédure d'asile, ou présente une « demande ultérieure », au sens de l'article 2, sous q), de la directive 2013/32.

38. L'article 20, paragraphe 2, de la directive 2013/33 prévoit que les conditions matérielles d'accueil peuvent être limitées lorsqu'il est attesté que le demandeur, sans raison valable, n'a pas introduit de demande de protection internationale dès qu'il pouvait raisonnablement le faire après son arrivée dans l'État membre.

39. En outre, aux termes de l'article 20, paragraphe 3, de la directive 2013/33, les États membres peuvent limiter ou retirer le bénéfice des

conditions matérielles d'accueil lorsqu'un demandeur a dissimulé ses ressources financières et a donc indûment bénéficié de ces conditions.

40. L'article 20, paragraphe 4, de la directive 2013/33 dispose, pour sa part, que les États membres peuvent déterminer les « sanctions » applicables en cas de manquement grave du demandeur au règlement des centres d'hébergement ou de comportement particulièrement violent de sa part.

41. En l'absence de définition, dans la directive 2013/33, de la notion de « sanction » visée, notamment, à son article 20, paragraphe 4, et faute de précision quant à la nature des sanctions pouvant être infligées à un demandeur au titre de cette disposition, les États membres disposent d'une marge d'appréciation dans la détermination de ces sanctions.

42. Dès lors que le libellé de l'article 20, paragraphe 4, de la directive 2013/33 ne permet pas, en soi, de répondre aux questions posées par la juridiction de renvoi, telles qu'elles ont été reformulées au point 31 du présent arrêt, il y a lieu, aux fins de l'interprétation de cette disposition, d'avoir égard à son contexte, à l'économie générale et à la finalité de cette directive (voir, par analogie, arrêt du 16 juillet 2015, *CHEZ Razpredelenie Bulgaria*, C-83/14, EU:C:2015:480, point 55 et jurisprudence citée).

43. En particulier, s'agissant de la question de savoir si une « sanction », au sens de l'article 20, paragraphe 4, de la directive 2013/33, peut viser les « conditions matérielles d'accueil », il convient de relever, d'une part, qu'une mesure limitant ou retirant à un demandeur le bénéfice des conditions matérielles d'accueil en raison d'un manquement au règlement des centres d'hébergement ou d'un comportement particulièrement violent constitue, eu égard à sa finalité et à ses conséquences défavorables pour ce demandeur, une « sanction » au sens commun du terme et, d'autre part, que cette disposition figure sous le chapitre III de cette directive, consacré à la limitation et au retrait du bénéfice de telles conditions. Il s'ensuit que les sanctions visées par ladite disposition peuvent, en principe, porter sur les conditions matérielles d'accueil.

44. Il est vrai que la possibilité pour les États membres de limiter ou de retirer, selon le cas, le bénéfice des conditions matérielles d'accueil n'est expressément prévue qu'à l'article 20, paragraphes 1 à 3, de la directive 2013/33, lesquels visent essentiellement, ainsi qu'il ressort du considérant 25 de cette directive, des hypothèses caractérisées par un risque d'abus, de la part des demandeurs, du système d'accueil institué par ladite directive. Toutefois, le paragraphe 4 de cet article n'exclut pas expressément qu'une sanction puisse porter sur les conditions matérielles d'accueil. En outre, ainsi que l'a notamment fait valoir la Commission, si les États membres ont la possibilité de prendre des mesures portant sur ces conditions afin de se protéger d'un risque d'abus du système d'accueil, ils doivent, de même, disposer de cette possibilité en cas de manquement

grave au règlement des centres d'hébergement ou de comportement particulièrement violent, de tels actes étant, en effet, susceptibles de troubler l'ordre public ainsi que la sécurité des personnes et des biens.

45. Cela étant, il convient de relever que, conformément à l'article 20, paragraphe 5, de la directive 2013/33, toute sanction, au sens du paragraphe 4 de cet article, doit être objective, impartiale, motivée et proportionnée à la situation particulière du demandeur et doit, en toutes circonstances, préserver son accès aux soins médicaux ainsi qu'un niveau de vie digne.

46. S'agissant plus particulièrement de l'exigence relative à la préservation de la dignité du niveau de vie, il ressort du considérant 35 de la directive 2013/33 que cette dernière vise à garantir le plein respect de la dignité humaine et à favoriser l'application, notamment, de l'article 1er de la charte des droits fondamentaux et doit être mise en œuvre en conséquence. À cet égard, le respect de la dignité humaine, au sens de cet article, exige que la personne concernée ne se trouve pas dans une situation de dénuement matériel extrême qui ne lui permettrait pas de faire face à ses besoins les plus élémentaires, tels que ceux de se loger, de se nourrir, de se vêtir et de se laver, et qui porterait ainsi atteinte à sa santé physique ou mentale ou la mettrait dans un état de dégradation incompatible avec cette dignité (voir, en ce sens, arrêt du 19 mars 2019, *Jawo*, C-163/17, EU:C:2019:218, point 92 et jurisprudence citée).

47. Or, l'imposition d'une sanction consistant, sur le seul fondement d'un motif visé à l'article 20, paragraphe 4, de la directive 2013/33, à retirer, fût-ce de manière temporaire, le bénéfice de l'ensemble des conditions matérielles d'accueil ou des conditions matérielles d'accueil relatives au logement, à la nourriture ou à l'habillement serait inconciliable avec l'obligation, découlant de l'article 20, paragraphe 5, troisième phrase, de cette directive, de garantir au demandeur un niveau de vie digne, dès lors qu'elle priverait celui-ci de la possibilité de faire face à ses besoins les plus élémentaires, tels que précisés au point précédent.

48. Une telle sanction reviendrait en outre à méconnaître l'exigence de proportionnalité inscrite à l'article 20, paragraphe 5, deuxième phrase, de la directive 2013/33, dans la mesure où même les sanctions les plus sévères visant à réprimer, en matière pénale, les manquements ou comportements visés à l'article 20, paragraphe 4, de cette directive ne peuvent priver le demandeur de la possibilité de pourvoir à ses besoins les plus élémentaires.

49. Cette considération n'est pas remise en cause par le fait, évoqué par la juridiction de renvoi, que le demandeur exclu à titre de sanction d'un centre d'hébergement en Belgique se verrait remettre, au moment où cette sanction lui est infligée, une liste de centres privés pour sans-abris susceptibles de l'accueillir. En effet, les autorités compétentes d'un État

membre ne sauraient se limiter à remettre à un demandeur, exclu d'un centre d'hébergement à la suite d'une sanction qui lui a été infligée, une liste des structures d'accueil auxquelles il pourrait s'adresser pour y bénéficier de conditions matérielles d'accueil équivalentes à celles qui lui ont été retirées.

50. Tout au contraire, d'une part, l'obligation de garantir un niveau de vie digne, prévue à l'article 20, paragraphe 5, de la directive 2013/33, impose aux États membres, du fait même de l'utilisation du verbe « garantir », d'assurer en permanence et sans interruption un tel niveau de vie. D'autre part, l'octroi d'un accès aux conditions matérielles d'accueil propre à garantir un tel niveau de vie doit être assuré par les autorités des États membres de manière encadrée et sous leur propre responsabilité, y compris lorsqu'elles font appel, le cas échéant, à des personnes physiques ou morales privées afin de mettre en œuvre, sous leur autorité, une telle obligation.

51. S'agissant d'une sanction consistant, sur le fondement d'un motif visé à l'article 20, paragraphe 4, de la directive 2013/33, à limiter le bénéfice des conditions matérielles d'accueil, y compris à retirer ou à limiter le bénéfice de l'allocation journalière, il appartient aux autorités compétentes d'assurer en toutes circonstances que, conformément à l'article 20, paragraphe 5, de cette directive, une telle sanction soit, eu égard à la situation particulière du demandeur ainsi qu'à l'ensemble des circonstances de l'espèce, conforme au principe de proportionnalité et ne porte pas atteinte à la dignité de ce demandeur.

52. Il convient encore de préciser que les États membres peuvent, dans les cas visés à l'article 20, paragraphe 4, de la directive 2013/33, infliger, en fonction des circonstances de l'espèce et sous réserve du respect des exigences posées à l'article 20, paragraphe 5, de cette directive, des sanctions qui n'ont pas pour effet de priver le demandeur du bénéfice des conditions matérielles d'accueil, telles que son maintien dans une partie séparée du centre d'hébergement, accompagné d'une interdiction d'entrer en contact avec certains résidents du centre ou son transfert dans un autre centre d'hébergement ou dans un autre logement, au sens de l'article 18, paragraphe 1, sous c), de ladite directive. De même, l'article 20, paragraphes 4 et 5, de la directive 2013/33 ne fait pas obstacle à une mesure de placement en rétention du demandeur en vertu de l'article 8, paragraphe 3, sous e), de cette directive, pour autant que les conditions prévues aux articles 8 à 11 de ladite directive soient remplies.

53. Enfin, il importe de préciser que, lorsque le demandeur est, comme dans l'affaire au principal, un mineur non accompagné, c'est-à-dire une « personne vulnérable », au sens de l'article 21 de la directive 2013/33, les autorités des États membres doivent, lors de l'adoption de sanctions au titre de l'article 20, paragraphe 4, de cette directive, prendre en compte de

manière accrue, ainsi qu'il ressort de l'article 20, paragraphe 5, deuxième phrase, de ladite directive, la situation particulière du mineur ainsi que le principe de proportionnalité.

54. Par ailleurs, il ressort de l'article 23, paragraphe 1, de la directive 2013/33 que l'intérêt supérieur de l'enfant constitue une considération primordiale pour les États membres lors de la transposition des dispositions de cette directive relatives aux mineurs. Aux termes du paragraphe 2 de cet article 23, les États membres doivent, lorsqu'ils évaluent cet intérêt supérieur, tenir dûment compte, en particulier, de facteurs tels que le bien-être et le développement social du mineur, en accordant une attention particulière à la situation personnelle de celui-ci, ainsi que les considérations tenant à sa sûreté et à sa sécurité. Le considérant 35 de ladite directive souligne également que celle-ci vise à favoriser l'application, notamment, de l'article 24 de la charte des droits fondamentaux et doit être mise en œuvre en conséquence.

55. Dans ce contexte, au-delà des considérations générales exposées aux points 47 à 52 du présent arrêt, une attention particulière doit, en toutes circonstances, être portée à la situation du mineur lors de l'adoption d'une sanction au titre de l'article 20, paragraphe 4, de la directive 2013/33, lu en combinaison avec le paragraphe 5 de cet article. Ces deux dispositions ne font, par ailleurs, pas obstacle à ce que les autorités d'un État membre décident de confier le mineur concerné aux services ou aux autorités judiciaires en charge de la protection de la jeunesse.

56. Au regard de l'ensemble des considérations qui précèdent, il y a lieu de répondre aux questions posées que l'article 20, paragraphes 4 et 5, de la directive 2013/33, lu à la lumière de l'article 1er de la charte des droits fondamentaux, doit être interprété en ce sens qu'un État membre ne peut pas prévoir, parmi les sanctions susceptibles d'être infligées à un demandeur en cas de manquement grave au règlement des centres d'hébergement ainsi que de comportement particulièrement violent, une sanction consistant à retirer, même de manière temporaire, le bénéfice des conditions matérielles d'accueil, au sens de l'article 2, sous f) et g), de cette directive, ayant trait au logement, à la nourriture ou à l'habillement, dès lors qu'elle aurait pour effet de priver ce demandeur de la possibilité de faire face à ses besoins les plus élémentaires. L'infliction d'autres sanctions au titre dudit article 20, paragraphe 4, doit, en toutes circonstances, respecter les conditions énoncées au paragraphe 5 de cet article, notamment, celles tenant au respect du principe de proportionnalité et de la dignité humaine. S'agissant d'un mineur non accompagné, ces sanctions doivent, eu égard, notamment, à l'article 24 de la charte des droits fondamentaux, être adoptées en prenant particulièrement en compte l'intérêt supérieur de l'enfant.

OBSERVATIONS

Saisie par le juge belge de plusieurs questions préjudicielles quant à l'interprétation de l'article 20 de la directive « accueil »(1), la Cour de justice interdit strictement aux États membres de retirer le bénéfice des conditions matérielles d'accueil aux demandeurs d'asile qui auraient manqué gravement au règlement de leur centre d'hébergement ou qui auraient eu un comportement particulièrement violent. L'arrêt qu'elle rend ainsi est incontestablement un très bel arrêt, non seulement parce que la solution retenue assure un haut niveau de protection des droits fondamentaux, mais aussi parce qu'elle est posée de façon à lever toute ambiguïté s'agissant tant des personnes protégées que des sanctions qui pourraient éventuellement être prises à leur égard.

En l'espèce, la demande de décision préjudicielle était présentée dans le cadre d'un litige opposant M. Haqbin, un ressortissant afghan, à l'Agence fédérale pour l'accueil des demandeurs d'asile (la Fedasil), au sujet d'une demande en dommages et intérêts formée par ce dernier à la suite de son exclusion temporaire du bénéfice des conditions matérielles d'accueil. Une telle exclusion était fondée sur le droit belge qui autorisait, à l'époque des faits, « l'exclusion temporaire du bénéfice de l'aide matérielle dans une structure d'accueil pour une durée maximale d'un mois », « en cas de manquement très grave au règlement d'ordre intérieur de la structure d'accueil mettant en danger le personnel ou les autres résidents de la structure d'accueil ou faisant peser des risques caractérisés pour la sécurité ou le respect de l'ordre public dans la structure d'accueil »(2). M. Haqbin, arrivé en Belgique en tant que mineur non accompagné, avait en effet, dans son centre d'accueil, été impliqué dans une rixe entre des résidents d'origines ethniques diverses. La police avait dû intervenir et l'arrêter, considérant qu'il était

(1) Directive 2013/33/UE du Parlement européen et du Conseil, du 26 juin 2013, établissant des normes pour l'accueil des personnes demandant la protection internationale, *JOUE*, L 180, 29 juin 2013, p. 96.

(2) Art. 45 de la loi du 12 janvier 2007 sur l'accueil des demandeurs d'asile et de certaines autres catégories d'étrangers, *Mon. b.*, 7 mai 2007, p. 24027.

l'un des instigateurs de la rixe. Libéré le lendemain, M. Haqbin avait ensuite été contraint de passer ses nuits dans un parc de Bruxelles ou chez des connaissances, ayant été dans l'incapacité de démontrer qu'il était à la rue pour prétendre réintégrer un centre d'accueil, avant de pouvoir finalement être à nouveau hébergé, quinze jours après l'exclusion.

Dans ses conclusions, l'Avocat général Campos Sánchez-Bordona indiquait d'emblée que « dans la ligne des arrêts du 27 septembre 2012, *Cimade et GISTI* [aff. C-179/11, ECLI:EU:C:2012:594], ainsi que du 27 février 2014, *Saciri e.a.* [aff. C-79/13, ECLI:EU:C:2014:103], la Cour [était] invitée à préciser les modalités de prise en charge, par l'État membre d'accueil, d'un demandeur de protection internationale lorsque ce dernier est un mineur non accompagné dont le comportement a mis en danger le personnel et les autres résidents de la structure d'accueil » (pt 3). Il estimait en effet devoir traiter les questions du juge belge « au regard de la seule situation d'un mineur non accompagné » (pt 35), au motif que « l'affaire au principal [concernait], au premier rang, les modalités d'accueil dans un État membre d'un mineur non accompagné » (*ibidem*) et que la situation de ce dernier requérait « une protection spécifique et des modalités d'accueil appropriées, de sorte que l'interprétation de l'article 20 de la directive 2013/33 repose sur l'articulation de dispositions particulières relevant non seulement de cette directive, mais également de la Charte » (*ibidem*). La Cour ne suivra pas cette approche, de même qu'elle ne partagera pas la position de l'avocat général qui concluait en ces termes : « dans des circonstances telles que celles en cause, où un mineur non accompagné a commis un acte particulièrement violent faisant peser des risques caractérisés pour le respect de l'ordre et de la sécurité au sein d'une structure d'accueil, l'article 20, paragraphe 4, de la directive 2013/33/UE [...] doit être interprété en ce sens qu'il ne s'oppose pas à une législation nationale permettant de prononcer le retrait des conditions matérielles d'accueil, à condition que cette décision s'accompagne de la saisine préalable des services d'aide et/ou des autorités judiciaires en charge de la protection de l'enfance, de façon à garantir que ce mineur bénéficiera d'une prise en charge continue et adaptée aux besoins spécifiques que son âge, son statut et sa situation requièrent » (pt 88).

Ne s'attachant pas à la seule personne du mineur isolé, la Cour de justice choisira de dire, comme l'y invitait le juge belge, ce qu'il convient de faire lorsqu'un demandeur d'asile, quel qu'il soit, se trouve dans la situation de se voir infliger une sanction au titre de l'article 20, paragraphe 4, de la directive « accueil », qui dispose laconiquement que « les États membres peuvent déterminer les sanctions applicables en cas de manquement grave au règlement des centres d'hébergement ainsi que de comportement particulièrement violent ». Relevant que la directive considérée est silencieuse quant à la notion de sanction, la Cour laisse une marge d'appréciation aux États membres (pt 41) tout en cherchant à encadrer cette liberté, en s'appuyant, classiquement, sur le contexte, l'économie générale et la finalité de la directive (pt 42). Elle observe alors que si « les sanctions visées par [la disposition considérée] peuvent, en principe, porter sur les conditions matérielles d'accueil » (pt 43), l'article 20, paragraphe 5, de la directive oblige à ce que « toute sanction, au sens du paragraphe 4 de cet article, [soit] objective, impartiale, motivée et proportionnée à la situation particulière du demandeur et [préserve], en toutes circonstances, [...] son accès aux soins médicaux ainsi qu'un niveau de vie *digne* » (pt 45, nous soulignons). De « la préservation de la dignité du niveau de vie » (pt 46) au « plein respect de la dignité humaine » (*ibidem*), il n'y a qu'un pas et la Cour peut se placer sur le terrain de l'article 1er de la Charte des droits fondamentaux, qui sera d'ailleurs dûment visé dans le dispositif de son arrêt, pour réaffirmer que « le respect de la dignité humaine, au sens de cet article, exige que la personne concernée ne se trouve pas dans une situation de dénuement matériel extrême qui ne lui permettrait pas de faire face à ses besoins les plus élémentaires, tels que ceux de se loger, de se nourrir, de se vêtir et de se laver, et qui porterait ainsi atteinte à sa santé physique ou mentale ou la mettrait dans un état de dégradation incompatible avec cette dignité » (*ibidem*).

S'il s'agit là d'une réaffirmation, c'est parce que la Cour a rendu, quelques mois plus tôt, les arrêts *Jawo*(3) et *Ibrahim e.a.*(4), dans lesquels elle a précisé, s'agissant de l'application du règlement Dublin III(5) et de la directive « procédures »(6), les conséquences à tirer de l'article 4 de la Charte dont on sait qu'il est « étroitement lié au respect de la dignité humaine »(7). Dans ces deux arrêts, la Cour s'est montrée particulièrement protectrice des demandeurs d'asile, allant toujours plus loin dans la protection qu'elle leur offre depuis l'arrêt *N. S. e.a.*(8). Elle a ainsi indiqué qu'« eu égard au caractère général et absolu de l'interdiction énoncée à l'article 4 de la Charte, qui est étroitement liée au respect de la dignité humaine et qui interdit, sans aucune possibilité de dérogation, les traitements inhumains ou dégradants sous toutes leurs formes, il est indiffèrent, aux fins de l'application de cet article 4, que ce soit au moment même du transfert, au cours de la procédure d'asile ou à l'issue de celle-ci que la personne concernée encourrait un risque sérieux de subir un tel traitement »(9). Et il est désormais parfaitement clair que le risque de « dénuement matériel extrême » doit être pris en considération en toutes circonstances, dès lors que ce dénuement placerait la personne « dans une situation d'une gravité telle qu'elle [pourrait] être

(3) CJUE, 19 mars 2019, *Jawo*, aff. C-163/17, ECLI:EU:C:2019:218.

(4) CJUE, 19 mars 2019, *Ibrahim e.a.*, aff. jtes C-297/17, C-318/17, C-319/17 et C-438/17, ECLI:EU:C:2019:219.

(5) Règlement (UE) n° 604/2013 du Parlement européen et du Conseil, du 26 juin 2013, établissant les critères et mécanismes de détermination de l'État membre responsable de l'examen d'une demande de protection internationale introduite dans l'un des États membres par un ressortissant de pays tiers ou un apatride, *JOUE*, L 180, 29 juin 2013, p. 31.

(6) Directive 2013/32/UE du Parlement européen et du Conseil, du 26 juin 2013, relative à des procédures communes pour l'octroi et le retrait de la protection internationale, *JOUE*, L 180, 29 juin 2013, p. 60.

(7) CJUE, 5 avril 2016, *Aranyosi et Căldăraru*, aff. jtes C-404/15 et C-659/15 PPU, ECLI:EU:C:2016:198, pt 85, obs. R. Tinière, *in* F. Picod (dir.), *Jurisprudence de la CJUE 2016*, Bruxelles, Bruylant, 2017, p. 66 et obs. H. Labayle, *in* F. Picod (dir.), *Jurisprudence de la CJUE 2016*, *op. cit.*, p. 566 ; CJUE, 6 septembre 2016, *Petruhhin*, aff. C-182/15, ECLI:EU:C:2016:630, pt 56, obs. R. Tinière, *in* F. Picod (dir.), *Jurisprudence de la CJUE 2016*, *op. cit.*, p. 95 et M. Benlolo-Carabot, *in* F. Picod (dir.), *Jurisprudence de la CJUE 2016*, *op. cit.*, p. 193 ; CJUE, 16 février 2017, *C. K. e.a.*, aff. C-578/16 PPU, ECLI:EU:C:2017:127, pt 59, obs. C. Vial, *in* F. Picod (dir.), *Jurisprudence de la CJUE 2017*, Bruxelles, Bruylant, 2018, p. 63 ; CJUE, 29 avril 2018, *MP (Protection subsidiaire d'une victime de tortures passées)*, aff. C-353/16, ECLI:EU:C:2018:276, pt 36.

(8) CJUE, 21 décembre 2011, *N. S. e.a.*, aff. jtes C-411/10 et C-493/10, ECLI:EU:C:2011:865.

(9) Arrêt *Jawo*, préc., pt 88 ; arrêt *Ibrahim e.a.*, préc., pt 87.

assimilée à un traitement inhumain ou dégradant »(10), contraire tant à l'article 4 de la Charte qu'à l'article 3 de la Convention européenne des droits de l'homme(11).

Aucune personne ne devant se trouver dans une situation de dénuement matériel extrême, la Cour tire les conséquences du respect du principe de la dignité humaine, dans l'affaire qui nous intéresse, en ces termes : « l'imposition d'une sanction consistant, sur le seul fondement d'un motif visé à l'article 20, paragraphe 4, de la directive 2013/33, à retirer, fût-ce de manière temporaire, le bénéfice de l'ensemble des conditions matérielles d'accueil ou des conditions matérielles d'accueil relatives au logement, à la nourriture ou à l'habillement serait inconciliable avec l'obligation, découlant de l'article 20, paragraphe 5, troisième phrase, de cette directive, de garantir au demandeur un niveau de vie digne, dès lors qu'elle priverait celui-ci de la possibilité de faire face à ses besoins les plus élémentaires » (pt 47). La solution est on ne peut plus claire et vaut pour toute personne demandant l'asile, qu'elle soit ou non mineure, voire un mineur non accompagné. Cela est parfaitement conforme au caractère intangible de la dignité humaine qui ne saurait être restreinte en aucune manière puisqu'elle est « inviolable », aux termes de l'article 1er de la Charte, et que « nul ne » peut être soumis à une peine ou traitement inhumain ou dégradant, aux termes de l'article 4 du même texte. À cet égard, en précisant que le respect du principe de proportionnalité commande une telle solution (pt 48), la Cour ne fait qu'ajouter aux conséquences du caractère absolu du droit à la dignité humaine qui conduit à une forme de neutralisation du test de proportionnalité : le droit ne pouvant être restreint, la restriction ne peut être proportionnée. Il en va de même de la précision selon laquelle « les autorités compétentes d'un État membre ne sauraient se limiter à remettre à un demandeur, exclu d'un centre d'hébergement à la suite d'une sanction qui lui a été infligée, une liste des structures d'accueil auxquelles il pourrait s'adresser pour y bénéficier de conditions

(10) Arrêt *Jawo*, préc., pt 93 ; arrêt *Ibrahim e.a.*, préc., pt 91.

(11) Voy. ainsi Cour EDH, 21 janvier 2011, *M.S. S. c/ Belgique et Grèce*, aff. n° 30696/09, arrêt cité par la Cour dans l'arrêt *Jawo*, préc., pt 92.

matérielles d'accueil équivalentes à celles qui lui ont été retirées » (pt 49). La dignité devant être non seulement respectée mais aussi « protégée », en vertu de l'article 1er de la Charte, les États ne peuvent s'affranchir de leur obligation de protection en la faisant peser sur d'autres, « y compris [lorsqu'ils] font appel, le cas échéant, à des personnes physiques ou morales privées afin de mettre en œuvre, sous leur autorité, une telle obligation » (pt 50).

L'arrêt aurait pu s'achever ainsi, tout ayant été dit de l'interdiction générale et absolue du retrait du bénéfice des conditions matérielles d'accueil. Mais le juge de l'Union va plus loin, éclairant le juge de renvoi, partant, l'ensemble des autorités des États membres, quant à l'application de l'article 20, paragraphe 4, de la directive « accueil ». D'une part, la Cour indique quelles sont les sanctions qui pourraient être prises sans violer les droits fondamentaux : le maintien du demandeur d'asile « dans une partie séparée du centre d'hébergement, accompagné d'une interdiction d'entrer en contact avec certains résidents du centre ou son transfert dans un autre centre d'hébergement ou dans un autre logement » (pt 52) ; voire le placement en rétention du demandeur (*ibidem*), ce qui n'a rien d'étonnant puisque la Cour avait déjà admis une telle solution en d'autres circonstances (12). D'autre part, la Cour explique comment prendre en considération la vulnérabilité du mineur non accompagné, conformément à la directive qui fait de « l'intérêt supérieur de l'enfant [...] une considération primordiale pour les États membres » (pt 54) et vise dans ses considérants l'article 24 de la Charte, ce qui est dûment relevé dans l'arrêt (*ibidem*). La Cour rejoint ainsi son avocat général sur ce point : les autorités pourraient légitimement décider « de confier le mineur concerné aux services ou aux autorités judiciaires en charge de la protection de la jeunesse » (pt 55).

En tout point, l'arrêt *Haqbin* emporte la conviction. Très précis, il permet aisément de régler les cas éventuels d'incompatibilité des droits nationaux avec la directive

(12) CJUE, 15 février 2016, *J. N.*, aff. C-601/15 PPU, ECLI:EU:C:2016:84, obs. C. Vial, *in* F. Picod (dir.), *Jurisprudence de la CJUE 2016, op. cit.*, p. 55 et H. Labayle, *in* F. Picod (dir.), *Jurisprudence de la CJUE 2016, op. cit.*, p. 553, qui aurait pu être cité en l'espèce.

« accueil »(13). En cohérence avec la jurisprudence rendue jusqu'à présent tant en matière d'asile, comme on l'a vu, qu'en matière de mandat d'arrêt européen(14), il participe utilement au renforcement de la protection des droits fondamentaux dans l'espace de liberté, de sécurité et de justice, partant, au maintien de la confiance mutuelle entre les États membres. Conforme aux standards de la jurisprudence de la Cour européenne des droits de l'homme, il légitime un peu plus la Cour de justice en tant que juridiction pleinement protectrice des droits fondamentaux.

Claire Vial

(13) Et il serait utile d'en tirer toutes les conséquences en droit français, notamment parce que la jurisprudence administrative n'est pas suffisamment claire à ce sujet. Voy. ainsi CE, 15 février 2019, *B. A.*, aff. n° 427803 ; CE, 31 juillet 2019, *Cimade e.a.*, aff. n° 428530 ; CE, 28 novembre 2019, *B. A.*, aff. n° 435901.

(14) CJUE, 5 avril 2016, *Aranyosi et Căldăraru*, préc. ; CJUE, 25 juillet 2018, *Generalstaatsanwaltschaft (Conditions de détention en Hongrie)*, aff. C-220/18 PPU, ECLI:EU:C:2018:589, obs. D. Flore, *in* F. Picod (dir.), *Jurisprudence de la CJUE 2018*, Bruxelles, Bruylant, 2019, p. 723 ; CJUE, 15 octobre 2019, *Dorobantu*, aff. C-128/18, ECLI:EU:C:2019:857.

IV. RECOURS

Cour de justice, gde ch., 26 février 2019, *Rimšēvičs et BCE c/ Lettonie*, aff. jtes C-202/18 et 238/18, ECLI:EU:C:2019:139

Conclusions de l'avocate générale J. Kokott, du 19 décembre 2018, ECLI:EU:C:2018:1030

Mots-clés : Système européen de banques centrales – Recours fondé sur la violation de l'article 14.2, second alinéa, des statuts du Système européen de banques centrales et de la Banque centrale européenne – Décision d'une autorité nationale suspendant le gouverneur de la banque centrale nationale de ses fonctions – Nature du recours – Recours en annulation

Cadre normatif : article 14.2, second alinéa, des statuts du Système européen de banques centrales et de la Banque centrale européenne

Extraits de l'arrêt

1. Par leurs recours formés sur le fondement de l'article 14.2, second alinéa, du protocole sur les Statuts du Système européen de banques centrales et de la Banque centrale européenne (ci-après les « statuts du SEBC et de la BCE »), M. Ilmārs Rimšēvičs, gouverneur de la Latvijas Banka (Banque centrale de Lettonie), d'une part, et la Banque centrale européenne (BCE), sur décision du conseil des gouverneurs de celle-ci, d'autre part, contestent la décision du 19 février 2018, par laquelle le Korupcijas novēršanas un apkarošanas birojs (Bureau de prévention et de lutte contre la corruption, Lettonie) (ci-après le « KNAB ») a interdit provisoirement à M. Rimšēvičs d'exercer ses fonctions de gouverneur de la Banque centrale de Lettonie (ci-après la « décision litigieuse »).

Le cadre juridique

[...]

6. L'article 14 des statuts du SEBC et de la BCE, intitulé « Les banques centrales nationales », prévoit :

« 14.1. Conformément à l'article 131 du traité sur le fonctionnement de l'Union européenne, chaque État membre veille à la compatibilité de sa législation nationale, y compris les statuts de sa banque centrale nationale, avec les traités et les présents statuts.

14.2. Les statuts des banques centrales nationales prévoient en particulier que la durée du mandat du gouverneur d'une banque centrale nationale n'est pas inférieure à cinq ans.

Un gouverneur ne peut être relevé de ses fonctions que s'il ne remplit plus les conditions nécessaires à l'exercice de ses fonctions ou s'il a commis une faute grave. Un recours contre la décision prise à cet effet peut être introduit auprès de la Cour de justice par le gouverneur concerné ou le conseil des gouverneurs pour violation des traités ou de toute règle de droit relative à leur application. Ces recours doivent être formés dans un délai de deux mois à compter, suivant le cas, de la publication de l'acte, de sa notification au requérant ou, à défaut, du jour où celui-ci en a eu connaissance.

14.3. Les banques centrales nationales font partie intégrante du SEBC et agissent conformément aux orientations et aux instructions de la BCE. Le conseil des gouverneurs prend les mesures nécessaires pour assurer le respect des orientations et des instructions de la BCE, et exige que toutes les informations nécessaires lui soient fournies.

14.4. Les banques centrales nationales peuvent exercer d'autres fonctions que celles qui sont spécifiées dans les présents statuts, à moins que le conseil des gouverneurs ne décide, à la majorité des deux tiers des suffrages exprimés, que ces fonctions interfèrent avec les objectifs et les missions du SEBC. Ces fonctions, que les banques centrales nationales exercent sous leur propre responsabilité et à leurs propres risques, ne sont pas considérées comme faisant partie des fonctions du SEBC. »

[...]

Les antécédents des litiges

13. Par une décision du Parlement letton, du 31 octobre 2013, M. Rimšēvičs a été nommé au poste de gouverneur de la Banque centrale de Lettonie pour un mandat de six ans, qui a débuté le 21 décembre 2013 et dont le terme était fixé au 21 décembre 2019.

14. Le 17 février 2018, M. Rimšēvičs a été arrêté à la suite de l'ouverture, le 15 février de cette même année, d'une enquête pénale préliminaire diligentée contre lui par le KNAB.

15. Selon les éléments dont dispose la Cour, il est soupçonné d'avoir sollicité et accepté, au cours de l'année 2013, un pot-de-vin en sa qualité de gouverneur de la Banque centrale de Lettonie, en vue d'exercer une influence dans l'intérêt d'une banque privée lettone.

16. Le 19 février 2018, lors de la remise en liberté de M. Rimšēvičs, le KNAB a adopté la décision litigieuse, lui imposant plusieurs mesures contraignantes, à savoir l'interdiction d'exercer ses fonctions de décision, de contrôle et de surveillance au sein de la Banque centrale de Lettonie,

notamment d'occuper son poste de gouverneur de cette banque centrale, l'obligation de verser une caution ainsi que l'interdiction d'approcher certaines personnes et de quitter le pays sans autorisation préalable.

17. Le 27 février 2018, le juge d'instruction du Rīgas rajona tiesa (tribunal de district de Riga, Lettonie) a rejeté le recours formé par M. Rimšēvičs, le 23 février précédent, contre deux des mesures contraignantes imposées par le KNAB, à savoir l'interdiction d'exercer ses fonctions au sein de la Banque centrale de Lettonie et celle de quitter le pays sans autorisation.

18. Le 28 juin 2018, M. Rimšēvičs a été inculpé par le procureur chargé de l'affaire des chefs de :

- perception d'un pot-de-vin à titre de gratification, sous la forme d'un voyage de loisir offert ;
- acceptation d'une offre de pot-de-vin d'un montant de 500 000 euros, et
- acceptation d'un pot-de-vin d'un montant de 250 000 euros.

Les conclusions des parties et la procédure devant la Cour

19. Par son recours dans l'affaire C-202/18, M. Rimšēvičs demande à la Cour :

- de constater qu'il a été illégalement relevé de ses fonctions de gouverneur de la Banque centrale de Lettonie par la décision litigieuse ;
- de constater l'illégalité de la mesure contraignante consistant en l'interdiction d'exercer les fonctions et les attributions de gouverneur de la Banque centrale de Lettonie qui lui a été imposée par la décision litigieuse, et
- de constater que les limitations à l'exercice des fonctions et des attributions de membre du conseil des gouverneurs de la BCE, découlant de la décision litigieuse, lui ont été illégalement appliquées.

20. Par son recours dans l'affaire C-238/18, la BCE demande à la Cour :

- d'ordonner à la République de Lettonie, en vertu de l'article 24, premier alinéa, du statut de la Cour de justice de l'Union européenne et de l'article 62 du règlement de procédure de la Cour, de produire toutes les informations pertinentes se rapportant aux enquêtes actuellement diligentées par le KNAB à l'égard de M. Rimšēvičs, gouverneur de la Banque centrale de Lettonie ;
- de constater, sur le fondement de l'article 14.2 des statuts du SEBC et de la BCE, que la République de Lettonie a violé le second alinéa de cette disposition, en ce que :
- le titulaire du poste de gouverneur de la Banque centrale de Lettonie a été relevé de ses fonctions en l'absence d'un jugement de condamnation prononcé sur le fond par un tribunal indépendant, et

– il n'existe, si les éléments de fait produits par la République de Lettonie le confirment, aucune circonstance exceptionnelle susceptible de justifier que M. Rimšēvičs soit en l'espèce relevé de ses fonctions,
– de condamner la République de Lettonie aux dépens.

21. La République de Lettonie conclut au rejet des deux recours.

[...]

24. Par acte déposé au greffe de la Cour également le 3 avril 2018, la BCE a, en outre, saisi la Cour, en application de l'article 279 TFUE et de l'article 160 du règlement de procédure, d'une demande de mesures provisoires consistant à ordonner à la République de Lettonie de suspendre provisoirement l'interdiction faite à M. Rimšēvičs d'exercer ses fonctions de gouverneur de la Banque centrale de Lettonie, de manière à lui permettre d'accomplir, en sa qualité de membre du conseil des gouverneurs de la BCE, les tâches dépourvues de lien avec l'objet de l'enquête pénale, ou, à tout le moins, d'autoriser M. Rimšēvičs à désigner un suppléant en tant que membre de ce conseil.

25. Par ordonnance du 20 juillet 2018, *BCE/Lettonie* (C-238/18 R, non publiée, EU:C:2018:581), le vice-président de la Cour a ordonné à la République de Lettonie de prendre les mesures nécessaires afin de suspendre, jusqu'au prononcé de l'arrêt qui mettra fin à l'affaire C-238/18, les mesures contraignantes adoptées le 19 février 2018 par le KNAB à l'égard de M. Rimšēvičs, pour autant que ces mesures empêchent celui-ci de désigner un suppléant pour le remplacer en tant que membre du conseil des gouverneurs de la BCE, et a rejeté la demande en référé pour le surplus.

[...]

Sur la compétence de la Cour

Argumentation des parties

30. La République de Lettonie excipe de l'incompétence de la Cour pour connaître des recours présentés par M. Rimšēvičs et la BCE.

[...]

Appréciation de la Cour

43. La République de Lettonie fait valoir, en premier lieu, que la décision litigieuse, de nature temporaire, n'a pas « relevé de ses fonctions » le gouverneur de la Banque centrale de Lettonie. Les seules décisions susceptibles de faire l'objet du recours prévu à l'article 14.2, second alinéa,

des statuts du SEBC et de la BCE seraient celles qui mettent définitivement fin au lien juridique et institutionnel entre le gouverneur d'une banque centrale nationale et ladite banque.

44. À cet égard, il est vrai que, comme Mme l'avocate générale l'a relevé au point 78 de ses conclusions, les termes employés à l'article 14.2, second alinéa, des statuts du SEBC et de la BCE pour définir l'objet du recours qu'il prévoit paraissent évoquer, dans leur version en langue lettone comme dans plusieurs autres versions linguistiques de cette disposition, la rupture définitive du lien entre la banque centrale nationale et son gouverneur.

45. Néanmoins, selon la jurisprudence constante de la Cour, il y a lieu, pour l'interprétation d'une disposition du droit de l'Union, de tenir compte non seulement des termes de celle-ci, mais également de son contexte et des objectifs poursuivis par la réglementation dont elle fait partie (voir, notamment, arrêt du 17 avril 2018, *Egenberger*, C-414/16, EU:C:2018:257, point 44 et jurisprudence citée).

46. À cet égard, il convient de rappeler que les auteurs des traités CE puis FUE ont entendu garantir que la BCE et le SEBC soient à même de s'acquitter de manière indépendante des missions qui leur sont confiées (voir, en ce sens, arrêt du 10 juillet 2003, *Commission/BCE*, C-11/00, EU:C:2003:395, point 130).

47. La principale manifestation de cette volonté figure à l'article 130 TFUE, reproduit en substance à l'article 7 des statuts du SEBC et de la BCE, qui fait expressément interdiction, d'une part, à la BCE, aux banques centrales nationales et aux membres de leurs organes de décision de solliciter ou d'accepter des instructions des institutions, organes ou organismes de l'Union, des gouvernements des États membres ou de tout autre organisme et, d'autre part, auxdits institutions, organes ou organismes de l'Union ainsi qu'aux gouvernements des États membres de chercher à influencer les membres des organes de décision de la BCE et des banques centrales nationales dans l'accomplissement de leurs missions (voir, en ce sens, arrêt du 10 juillet 2003, *Commission/BCE*, C-11/00, EU:C:2003:395, point 131). Ainsi, ces dispositions visent, en substance, à préserver le SEBC de toutes pressions politiques afin de lui permettre de poursuivre efficacement les objectifs assignés à ses missions, grâce à l'exercice indépendant des pouvoirs spécifiques dont il dispose à cette fin en vertu du droit primaire (voir, en ce sens, arrêt du 16 juin 2015, *Gauweiler e.a.*, C-62/14, EU:C:2015:400, point 40 ainsi que jurisprudence citée).

48. C'est en vue de garantir l'indépendance fonctionnelle des gouverneurs des banques centrales nationales, lesquelles, en vertu de l'article 282, paragraphe 1, TFUE, constituent, avec la BCE, le SEBC,

que l'article 14.2 des statuts du SEBC et de la BCE fixe à cinq ans la durée minimale de leur mandat, prévoit qu'ils ne peuvent être relevés de leurs fonctions que s'ils ne remplissent plus les conditions nécessaires à leur exercice ou s'ils ont commis une faute grave et crée en faveur du gouverneur concerné et du conseil des gouverneurs de la BCE une voie de droit devant la Cour contre une telle mesure.

49. En confiant directement à la Cour la compétence pour connaître de la légalité de la décision de relever le gouverneur d'une banque centrale nationale de ses fonctions, les États membres ont manifesté l'importance qu'ils attachent à l'indépendance des titulaires desdites fonctions.

50. En effet, en vertu de l'article 283, paragraphe 1, TFUE et de l'article 10.1 des statuts du SEBC et de la BCE, les gouverneurs des banques centrales nationales des États membres dont la monnaie est l'euro sont membres de droit du conseil des gouverneurs de la BCE, qui est le principal organe de décision de l'Eurosystème en vertu de l'article 12.1 de ces statuts et le seul organe de décision de la BCE dans le cadre du mécanisme de surveillance unique en application de l'article 26, paragraphe 8, du règlement n° 1024/2013.

51. Or, s'il pouvait être décidé sans justification de relever les gouverneurs des banques centrales nationales de leurs fonctions, leur indépendance serait gravement compromise et, par voie de conséquence, celle du conseil des gouverneurs de la BCE lui-même.

52. À cet égard, il y a lieu, premièrement, de relever que l'interdiction temporaire, faite à un gouverneur d'une banque centrale nationale, d'exercer ses fonctions est susceptible de constituer un moyen de pression sur ce dernier. D'une part, ainsi que l'illustrent les circonstances des présentes affaires, une telle interdiction peut revêtir une toute particulière gravité pour le gouverneur qu'elle vise lorsqu'elle n'est pas assortie d'un terme précis, cette interdiction pouvant d'ailleurs s'appliquer pendant une partie significative du mandat de celui-ci. D'autre part, elle est susceptible, par son caractère temporaire, d'offrir un moyen de pression d'autant plus efficace lorsque, ainsi que l'a indiqué la République de Lettonie au sujet de la décision litigieuse, elle peut être retirée à tout moment en fonction non seulement de l'évolution de l'enquête, mais également du comportement du gouverneur concerné.

53. Deuxièmement, si une mesure qui interdit à un gouverneur d'exercer ses fonctions devait échapper à tout contrôle de la Cour au titre de l'article 14.2, second alinéa, des statuts du SEBC et de la BCE, au motif qu'elle est temporaire, il serait aisé pour un État membre, en adoptant des mesures provisoires successives, de se soustraire à ce contrôle, de sorte que, comme Mme l'avocate générale l'a souligné au point 75 de ses conclusions, ladite disposition risquerait d'être privée d'effet utile.

54. Au demeurant, il n'est pas certain que la décision litigieuse, en principe provisoire, ne pourrait pas être définitive par ses effets, dès lors que, selon les indications mêmes de la République de Lettonie, l'article 389 du code de procédure pénale permet le maintien des mesures et des restrictions adoptées dans le cadre de celle-ci pendant 22 mois, soit jusqu'au terme du mandat de M. Rimšēvičs, prévu au mois de décembre 2019.

55. Il résulte, dès lors, tant de l'intention des auteurs du traité FUE que de l'économie générale des statuts du SEBC et de la BCE ainsi que de la finalité même de l'article 14.2, second alinéa, desdits statuts que la Cour est compétente, en vertu de cette disposition, pour connaître d'un recours dirigé contre une mesure telle que l'interdiction provisoire d'exercice des fonctions de gouverneur de la Banque centrale de Lettonie contenue dans la décision litigieuse.

56. En deuxième lieu, la République de Lettonie fait valoir que la Cour n'est pas compétente pour connaître d'une décision qui, selon elle, est destinée à garantir le déroulement efficace de la procédure pénale engagée contre la personne visée par cette décision. Ainsi, l'appréciation des éléments qui justifient l'imposition de mesures contraignantes dans le cadre d'une procédure pénale relèverait de la compétence des seules autorités nationales. Ces éléments seraient d'ailleurs couverts par le secret de l'enquête, en vertu de l'article 375, paragraphe 1, du code de procédure pénale, et, par suite, non communicables aux tiers à la procédure pénale. L'article 276 TFUE confirmerait l'incompétence de la Cour à cet égard, dès lors qu'il prévoit que, « [d]ans l'exercice de ses attributions concernant les dispositions des chapitres 4 et 5 du titre V de la troisième partie [du traité FUE], relatives à l'espace de liberté, de sécurité et de justice, la Cour de justice de l'Union européenne n'est pas compétente pour vérifier la validité ou la proportionnalité d'opérations menées par la police ou d'autres services répressifs dans un État membre, ni pour statuer sur l'exercice des responsabilités qui incombent aux États membres pour le maintien de l'ordre public et la sauvegarde de la sécurité intérieure ».

57. À cet égard, s'il est vrai que les auteurs des traités n'ont attribué que des compétences limitées à l'Union en matière pénale, il ressort néanmoins de la jurisprudence de la Cour que le droit de l'Union impose des limites à la compétence des États membres en cette matière (arrêt du 15 septembre 2011, *Dickinger et Ömer*, C-347/09, EU:C:2011:582, point 31). En effet, cette compétence des États membres doit s'exercer dans le respect non seulement des libertés fondamentales garanties par le droit de l'Union (voir, en ce sens, arrêts du 2 février 1989, *Cowan*, 186/87, EU:C:1989:47, point 19, et du 19 janvier 1999, *Calfa*, C-348/96, EU:C:1999:6, point 17), mais aussi de l'ensemble du droit de l'Union, en particulier du droit primaire. Par conséquent, les règles de la procédure pénale nationale ne peuvent faire obstacle à la compétence que l'article 14.2, second alinéa,

des statuts du SEBC et de la BCE confie à la Cour, dans tous les cas où cette disposition est applicable.

58. Par ailleurs, l'argument tiré par la République de Lettonie de l'article 276 TFUE ne saurait être retenu.

59. En effet, ledit article limite la compétence de la Cour seulement dans l'exercice de ses attributions concernant les dispositions des chapitres 4 et 5 du titre V de la troisième partie du traité FUE. Or, comme le relève Mme l'avocate générale au point 82 de ses conclusions, la présente affaire concerne non pas ces attributions, mais celles que la Cour tient directement et expressément de l'article 14.2, second alinéa, des statuts du SEBC et de la BCE.

60. Enfin, en troisième lieu, la République de Lettonie souligne les conséquences inacceptables, selon elle, qu'entraînerait la reconnaissance de la compétence de la Cour. Une telle compétence ferait bénéficier le gouverneur de la Banque centrale de Lettonie d'une immunité pénale, restreindrait les mesures contraignantes susceptibles de lui être imposées et aurait un effet considérable sur le déroulement de la procédure pénale.

61. Il convient, à cet égard, de souligner que l'article 14.2 des statuts du SEBC et de la BCE ne confère aucune immunité pénale au gouverneur d'une banque centrale nationale ni ne limite les mesures contraignantes susceptibles de lui être imposées. Cet article confère seulement à ce dernier, ainsi qu'au conseil des gouverneurs de la BCE, le droit de contester devant la Cour toute décision par laquelle ledit gouverneur est relevé de ses fonctions. L'éventuelle concomitance du recours prévu à cet article et d'une procédure pénale nationale ne concerne donc que l'hypothèse exceptionnelle dans laquelle une telle procédure conduit à prendre à l'égard du gouverneur d'une banque centrale nationale une mesure provisoire pouvant être assimilée à un relèvement de fonctions au sens de cette disposition. Or, même dans cette hypothèse, aucun élément avancé par la République de Lettonie ne démontre que le recours prévu par les statuts du SEBC et de la BCE serait de nature à entraver le déroulement normal de l'enquête.

62. Il résulte de tout ce qui précède que l'exception tirée de l'incompétence de la Cour pour connaître des recours formés par M. Rimšēvičs et la BCE contre la décision litigieuse sur le fondement de l'article 14.2, second alinéa, des statuts du SEBC et de la BCE doit être écartée.

63. Il convient encore d'ajouter que la compétence de la Cour au titre de cette disposition est limitée aux recours dirigés contre une interdiction, temporaire ou définitive, d'exercer les fonctions de gouverneur d'une banque centrale nationale. Par suite, la décision litigieuse, par laquelle le KNAB a édicté plusieurs mesures contraignantes, ne relève de la compétence de la Cour qu'en tant qu'elle interdit temporairement à M. Rimšēvičs d'exercer ses fonctions de gouverneur de la Banque centrale de Lettonie.

Sur les recours

Sur la nature des recours

64. La Cour est saisie par M. Rimšēvičs, en sa qualité de gouverneur de la Banque centrale de Lettonie, et par la BCE, sur décision du conseil des gouverneurs de celle-ci, en application de l'article 14.2 des statuts du SEBC et de la BCE. Toutefois, les conclusions des deux requêtes sont formulées en termes différents. M. Rimšēvičs demande, en substance, à la Cour de constater que la décision litigieuse, adoptée au nom de la République de Lettonie, est illégale, tandis que la BCE demande à la Cour de constater que la République de Lettonie a violé l'article 14.2 des statuts du SEBC et de la BCE. Interrogée lors de l'audience sur la nature du recours prévu à l'article 14.2, second alinéa, de ces statuts, la BCE a précisé qu'elle demandait que la Cour prononce « un arrêt déclaratoire, comme c'est le cas dans les procédures d'infraction ».

65. Il y a lieu néanmoins de relever, à titre liminaire, que l'article 14.2 des statuts du SEBC et de la BCE ne comporte aucune référence explicite ou implicite à la procédure en constatation de manquement régie par les articles 258 à 260 TFUE.

66. En revanche, l'interprétation tant littérale que systématique et téléologique de l'article 14.2 de ces statuts conduit à qualifier le recours prévu à cet article de recours en annulation.

67. S'agissant, en premier lieu, du libellé de cette disposition, il convient de relever que, à l'instar du recours prévu à l'article 263 TFUE, celui prévu à l'article 14.2, second alinéa, des statuts du SEBC et de la BCE peut être exercé par un particulier, en l'occurrence par le gouverneur relevé de ses fonctions, contre une décision dont il est le destinataire. En outre, chacun de ces deux recours doit être introduit dans le même délai de deux mois, défini en termes identiques à l'article 263, paragraphe 6, TFUE et à la dernière phrase de l'article 14.2, second alinéa, de ces statuts. Au demeurant, les deux dispositions énoncent, dans les mêmes termes, que les requérants peuvent faire valoir des moyens tirés de la « violation des traités et de toute autre règle de droit relative à leur application ».

68. En deuxième lieu, il ressort d'une approche systématique que la spécificité de l'article 14.2 desdits statuts n'est pas incompatible avec les caractéristiques du recours en annulation.

69. Certes, en tant qu'il confie expressément à la Cour le contrôle de légalité d'un acte de droit national au regard « des traités ou de toute règle de droit relative à leur application », l'article 14.2, second alinéa, des statuts du SEBC et de la BCE déroge à la répartition générale des compétences entre le juge national et le juge de l'Union telle que prévue par les traités et notamment par l'article 263 TFUE, un recours au titre

de cet article ne pouvant porter que sur des actes de droit de l'Union (voir, en ce sens, arrêt du 16 décembre 1960, *Humblet/État belge*, 6/60-IMM, EU:C:1960:48). Cette dérogation s'explique toutefois par le contexte institutionnel particulier du SEBC dans lequel elle s'inscrit. En effet, le SEBC représente dans le droit de l'Union une construction juridique originale qui associe et fait coopérer étroitement des institutions nationales, à savoir les banques centrales nationales, et une institution de l'Union, à savoir la BCE, et au sein de laquelle prévaut une articulation différente et une distinction moins marquée de l'ordre juridique de l'Union et des ordres juridiques internes.

70. Or, l'article 14.2 des statuts du SEBC et de la BCE tire les conséquences de ce système très intégré voulu par les auteurs des traités pour le SEBC et, en particulier, du dédoublement fonctionnel du gouverneur d'une banque centrale nationale, certes autorité nationale, mais agissant dans le cadre du SEBC et siégeant, lorsqu'il est gouverneur d'une banque centrale nationale d'un État membre dont la monnaie est l'euro, au principal organe de direction de la BCE. C'est en raison de ce statut hybride et, ainsi qu'il a été souligné au point 48 du présent arrêt, en vue de garantir l'indépendance fonctionnelle des gouverneurs des banques centrales nationales au sein du SEBC que, par exception, une décision prise par une autorité nationale et relevant l'un d'eux de ses fonctions peut être déférée à la Cour.

71. Au système des voies de recours prévu par les traités, l'article 14.2 des statuts ajoute donc une voie de recours spécifique, ainsi qu'il ressort du nombre très réduit des personnes qui en disposent, de l'unique objet des décisions contre lesquelles elle est prévue et des circonstances exceptionnelles dans lesquelles elle a vocation à être exercée.

72. En troisième lieu, la nature du recours prévu par l'article 14.2 des statuts est également éclairée par l'objectif en vue duquel il a été institué. Ainsi qu'il a été rappelé aux points 49 et suivants du présent arrêt, ce recours constitue l'une des principales garanties que les gouverneurs, bien que nommés par les États membres et, le cas échéant, révoqués par eux, accomplissent les missions que leur confient les traités en toute indépendance et n'acceptent, conformément à l'article 130 TFUE ainsi qu'à l'article 7 des statuts du SEBC et de la BCE, aucune instruction de la part des autorités nationales. Il représente ainsi une pièce essentielle de l'équilibre institutionnel que requiert l'étroite coopération des banques centrales nationales et de la BCE au sein du SEBC.

73. C'est en raison de l'importance de cet objectif et de l'inconvénient de tout retard dans la sanction d'un relèvement de fonctions d'un gouverneur décidé en violation des traités ou de toute autre règle de droit relative à leur application que les auteurs desdits traités ont institué une voie de droit devant la Cour contre un tel acte au profit de la BCE et du

gouverneur concerné. En effet, comme le vice-président de la Cour l'a, en substance, relevé dans son appréciation de la condition d'urgence dans l'ordonnance de référé du 20 juillet 2018, *BCE/Lettonie* (C-238/18 R, non publiée, EU:C:2018:581, points 71 et 72), l'absence prolongée de participation d'un membre du conseil des gouverneurs est susceptible d'affecter gravement le bon fonctionnement de cet organe essentiel de la BCE. En outre, le relèvement de fonctions d'un gouverneur peut emporter des conséquences graves et immédiates pour l'intéressé.

74. Or, seul le recours en annulation, éventuellement complété par les mesures provisoires que peut ordonner la Cour en application des articles 278 et 279 TFUE, permet de répondre aux préoccupations qui ont présidé à la création de cette voie de droit. En particulier, il ne serait pas répondu de façon satisfaisante aux intentions des auteurs des statuts du SEBC et de la BCE si l'arrêt rendu au titre de l'article 14.2, second alinéa, desdits statuts présentait un caractère déclaratoire et si ses effets devaient ainsi dépendre de sa mise en œuvre par les autorités nationales.

75. Par ailleurs, il importe de rappeler que, si la Commission européenne estime qu'un État membre a manqué aux obligations qui lui incombent en vertu de l'article 14 des statuts du SEBC et de la BCE, elle peut, conformément à l'article 258 TFUE, émettre un avis motivé et, si l'État en cause ne se conforme pas à cet avis, saisir la Cour d'un recours en constatation de manquement. Il ne saurait, dès lors, être admis que, en instituant la voie de recours prévue à l'article 14.2, second alinéa, des statuts du SEBC et de la BCE, les auteurs de cette disposition entendaient simplement créer une procédure parallèle à celle déjà prévue à l'article 258 TFUE.

76. Il résulte de ce qui précède que le recours prévu à l'article 14.2, second alinéa, de ces statuts tend à l'annulation de la décision prise en vue de relever un gouverneur de banque centrale nationale de ses fonctions.

77. Dès lors qu'ils sont expressément présentés sur le fondement de l'article 14.2, second alinéa, des statuts du SEBC et de la BCE, les recours introduits par M. Rimšēvičs et la BCE doivent, en conséquence, être regardés comme tendant à l'annulation de la décision litigieuse.

Sur le moyen tiré de l'absence de justification de la décision litigieuse

[...]

Appréciation de la Cour

88. Il ressort expressément de l'article 14.2, second alinéa, des statuts du SEBC et de la BCE que, à l'appui du recours prévu à cette disposition,

le gouverneur concerné ou le conseil des gouverneurs peuvent invoquer la « violation des traités ou de toute règle de droit relative à leur application ». Cette expression vise au premier chef la violation des conditions auxquelles ledit article subordonne le relèvement d'un gouverneur de ses fonctions.

89. À cet égard, cette disposition prévoit qu'un gouverneur ne peut être relevé de ses fonctions que dans deux hypothèses, à savoir s'il ne remplit plus les conditions nécessaires à l'exercice de ses fonctions ou s'il a commis une faute grave.

90. En l'espèce, l'interdiction faite à M. Rimšēvičs d'exercer ses fonctions de gouverneur de la Banque centrale de Lettonie est motivée par les besoins d'une enquête pénale relative aux agissements allégués de ce dernier, considérés comme délictueux, lesquels, s'ils étaient avérés, constitueraient une « faute grave », au sens de l'article 14.2 des statuts du SEBC et de la BCE.

91. Il convient de préciser, d'emblée, qu'il n'appartient pas à la Cour, lorsqu'elle est saisie sur le fondement de l'article 14.2 de ces statuts, de se substituer aux juridictions nationales compétentes pour statuer sur la responsabilité pénale du gouverneur mis en cause ni même d'interférer avec l'enquête pénale préliminaire diligentée contre ce dernier par les autorités administratives ou judiciaires compétentes en vertu du droit de l'État membre concerné. Or, pour les besoins d'une telle enquête, et notamment afin d'empêcher le gouverneur concerné d'y faire obstruction, il peut être nécessaire de décider la suspension temporaire de ce dernier de ses fonctions.

92. En revanche, il incombe à la Cour, dans le cadre des compétences qu'elle tire de l'article 14.2, second alinéa, des statuts du SEBC et de la BCE, de vérifier qu'une interdiction provisoire, faite au gouverneur concerné, d'exercer ses fonctions n'est prise que s'il existe des indices suffisants que celui-ci a commis une faute grave de nature à justifier une telle mesure.

93. En l'espèce, l'intéressé fait valoir devant la Cour qu'il n'a commis aucune des fautes qui lui sont reprochées. À l'instar de la BCE, il considère que la République de Lettonie n'apporte pas la moindre preuve de ces fautes. De fait, au cours de la procédure écrite devant la Cour, la République de Lettonie n'a fourni aucun commencement de preuve des accusations de corruption qui ont motivé l'ouverture de l'enquête et l'adoption de la décision litigieuse.

94. Lors de l'audience, le président de la Cour a demandé aux représentants de la République de Lettonie, lesquels s'y sont engagés, de communiquer à la Cour dans un bref délai les documents justifiant la décision litigieuse. Toutefois, comme Mme l'avocate générale l'a relevé aux

points 125 à 130 de ses conclusions, aucune des pièces produites par la République de Lettonie après l'audience ne comporte d'élément de preuve de nature à établir l'existence d'indices suffisants quant au bien-fondé des accusations portées contre l'intéressé.

95. Par courrier reçu au greffe de la Cour le 8 janvier 2019, la République de Lettonie a offert de communiquer d'autres documents « dans un délai raisonnable », sans demander la réouverture de la phase orale de la procédure, dont la clôture a été prononcée après la présentation des conclusions de Mme l'avocate générale, en application de l'article 82, paragraphe 2, du règlement de procédure. Par un second courrier du 30 janvier 2019, la République de Lettonie a renouvelé son offre de preuve et a demandé la réouverture de la phase orale de la procédure. Toutefois, cette offre de preuve, parvenue à la Cour au cours du délibéré, n'est assortie d'aucune justification qui explique le retard apporté à la présentation de ces documents, ainsi que le requiert l'article 128, paragraphe 2, du règlement de procédure. En effet, l'évolution de l'enquête pénale telle que décrite par le gouvernement letton n'est pas pertinente à cet égard. En outre, cette offre de preuve ne comporte aucune indication concrète et spécifique sur le contenu des documents qu'il est proposé de communiquer. Dans ces conditions et eu égard au caractère accéléré des procédures, l'offre de preuve et la demande de réouverture de la phase orale de la procédure doivent être rejetées.

96. En conséquence, la Cour ne peut que constater que la République de Lettonie n'a pas établi que le relèvement de M. Rimšēvičs de ses fonctions repose sur l'existence d'indices suffisants que celui-ci a commis une faute grave au sens de l'article 14.2, second alinéa, des statuts du SEBC et de la BCE et, partant, accueille le moyen tiré du caractère non justifié de cette décision. Il n'y a, dès lors, pas lieu d'examiner les autres moyens de la requête.

97. Il résulte de ce qui précède que la décision litigieuse doit être annulée en tant qu'elle interdit à M. Rimšēvičs d'exercer ses fonctions de gouverneur de la Banque centrale de Lettonie.

Observations

Dès sa dénomination l'arrêt *Rimšēvičs et BCE contre Lettonie* interpelle. Que peut bien être en effet ce recours porté devant la Cour par un particulier et la Banque centrale européenne à l'encontre d'un État membre ? Si la qualité de défenderesse de la Lettonie paraît exclure l'hypothèse d'un recours en annulation et fait immédiatement penser à un recours en manquement, la nature des demandeurs infirme cette qualification. Quant à l'article 272 TFUE, en vertu duquel la Cour « est compétente pour statuer en vertu d'une clause compromissoire contenue dans un contrat de droit public ou de droit privé passé par l'Union ou pour son compte », il n'est d'aucun secours non plus. Et pour cause : l'affaire *Rimšēvičs* étrenne une nouvelle compétence de la Cour, celle fondée sur l'article 14.2 des statuts du Système européen des banques centrales (SEBC) et de la BCE. Selon cette disposition, « [u]n gouverneur ne peut être relevé de ses fonctions que s'il ne remplit plus les conditions nécessaires à l'exercice de ses fonctions ou s'il a commis une faute grave. Un recours contre la décision prise à cet effet peut être introduit auprès de la Cour de justice par le gouverneur concerné ou le conseil des gouverneurs pour violation des traités ou de toute règle de droit relative à leur application. Ces recours doivent être formés dans un délai de deux mois à compter, suivant le cas, de la publication de l'acte, de sa notification au requérant ou, à défaut, du jour où celui-ci en a eu connaissance ».

Assurément frappé du sceau des grands arrêts, l'arrêt *Rimšēvičs* détonne dans la période actuelle par une motivation, qui, tout en demeurant dans un volume raisonnable, est singulièrement riche, au point de prendre parfois des allures doctrinales. Cet arrêt met à l'honneur les interprétations finaliste, systématique (systémique ?) et téléologique. Inaugurant une nouvelle voie de recours, la Cour en a précisé à la fois la nature et le régime juridiques, ces deux aspects étant enchevêtrés.

Afin de déterminer le champ de sa compétence, la Cour devait interpréter la première phrase de l'article 14.2, alinéa 2, des statuts du SEBC et de la BCE et préciser quand un gouverneur d'une banque centrale nationale (ci-après « BCN ») peut être considéré comme ayant été « relevé de ses fonctions ». La Lettonie alléguait que M. Rimšēvičs avait seulement été temporairement suspendu de ses fonctions. Ainsi, la mesure litigieuse n'ayant pas « définitivement [mis] fin au lien juridique et institutionnel entre le gouverneur d'une [BCN] et ladite banque » (pt 43), elle ne saurait être couverte par l'article 14.2 des statuts.

Bien qu'une telle assertion repose sur une interprétation littérale de la version lettonne notamment de l'article 14.2

alinéa 2, des statuts, la Cour ne pouvait la consacrer sans menacer l'édifice de l'Union économique et monétaire, ainsi que cela ressort d'une interprétation contextuelle et finaliste de cette disposition. La Cour mobilise, à cette fin, diverses dispositions de droit primaire dont il ressort clairement que « l'indépendance fonctionnelle des gouverneurs des [BCN] » constitue une exigence transcendantale de l'UEM. Ainsi, « [e]n confiant directement à la Cour la compétence pour connaître de la légalité de la décision de relever le gouverneur d'une [BCN] de ses fonctions, les États membres ont manifesté l'importance qu'ils attachent à l'indépendance des titulaires desdites fonctions »(1). De fait, la préservation de l'indépendance des gouverneurs des BCN est essentielle à un double titre.

En premier lieu, les gouverneurs des BCN d'« États membres dont la monnaie est l'euro sont membres de droit du conseil des gouverneurs de la BCE, qui est le principal organe de décision de l'Eurosystème [...] et le seul organe de décision de la BCE dans le cadre du mécanisme de surveillance unique » (pt 50). Dans ces conditions, attenter à l'indépendance du gouverneur d'une BCN affecterait, par capillarité, « celle du conseil des gouverneurs de la BCE lui-même ». C'est ainsi que « l'absence prolongée de participation d'un membre du conseil des gouverneurs est susceptible d'affecter gravement le bon fonctionnement de cet organe essentiel de la BCE »(2). À travers cette mise en exergue de l'intrication des gouverneurs des BCN et du conseil des gouverneurs de la BCE, transparaît déjà l'idée, chère à Georges Scelle, du dédoublement fonctionnel des premiers.

En second lieu, lorsque l'exercice d'une fonction est enfermé dans un mandat relativement bref(3), il est facile d'en perturber l'exercice et d'influencer son titulaire dans l'accomplissement de ses missions, contrairement aux prescriptions de l'article 130 TFUE et le provisoire a alors de fortes chances de devenir définitif. En effet, « l'interdiction temporaire, faite à un gouverneur d'une [BCN], d'exercer ses

(1) Resp. pts 48 et 49.
(2) Resp. pts 51 et 73.
(3) Même si celui-ci peut éventuellement être renouvelé. L'art. 14.2, 1er al., des statuts se borne à prévoir que « la durée du mandat du gouverneur d'une [BCN] n'est pas inférieure à cinq ans ».

fonctions est susceptible de constituer un moyen de pression sur ce dernier [et] peut revêtir une toute particulière gravité pour le gouverneur qu'elle vise lorsqu'elle n'est pas assortie d'un terme précis », une telle interdiction « pouvant d'ailleurs s'appliquer pendant une partie significative du mandat de celui-ci ». Elle est, en outre, « susceptible, par son caractère temporaire, d'offrir un moyen de pression d'autant plus efficace lorsqu[']elle peut être retirée à tout moment en fonction non seulement de l'évolution de l'enquête, mais également du comportement du gouverneur concerné » (pt 52).

La Cour en déduit, à juste titre, que, « si une mesure qui interdit à un gouverneur d'exercer ses fonctions devait échapper à tout contrôle de la Cour au titre de l'article 14.2, [alinéa 2, des statuts], au motif qu'elle est temporaire, il serait aisé pour un État membre, en adoptant des mesures provisoires successives, de se soustraire à ce contrôle, de sorte que [...] ladite disposition risquerait d'être privée d'effet utile » (pt 53). Il n'y a donc pas lieu de distinguer selon que le gouverneur d'une BCN a été relevé de ses fonctions de manière définitive ou seulement temporaire.

Le monopole de la Cour dans la préservation de l'indépendance des gouverneurs des BCN ne saurait, enfin, « conf[érer à ces derniers] aucune immunité pénale » (pt 61) et, partant, affecter les investigations engagées au plan national contre une telle autorité. En effet, ce monopole se cantonne « aux recours dirigés contre une interdiction, temporaire ou définitive, d'exercer les fonctions de gouverneur d'une [BCN] » (pt 63). Ainsi l'autorité chargée des investigations peut-elle parfaitement exiger du gouverneur d'une BCN le versement d'une caution, lui interdire d'approcher certaines personnes ou encore de quitter le pays sans autorisation préalable (4). « L'éventuelle concomitance du recours prévu à [l'article 14.2 des statuts] et d'une procédure pénale nationale ne concerne donc que l'hypothèse exceptionnelle dans laquelle une telle procédure conduit à prendre à l'égard du gouverneur d'une banque centrale nationale une mesure provisoire pouvant être assimilée à un relèvement de fonctions au sens de cette disposition » (pt 61).

La compétence de la Cour étant ainsi encadrée, restait encore à préciser la nature de ce recours. Le souci d'assurer

(4) Lecture combinée des pts 63 et 16.

l'effectivité de l'indépendance des gouverneurs des BCN qui l'a guidée lors de l'examen de sa compétence incite, sans surprise, la Cour à faire pencher la balance du côté du recours en annulation. À vrai dire, même si la BCE invitait la Cour à prononcer « un arrêt déclaratoire » (pt 64), aucun élément ne militait en ce sens. Premièrement, rien ne justifiait d'ouvrir le recours en manquement à la BCE et à une catégorie bien spécifique de particuliers, à savoir les gouverneurs d'une BCN relevés de leurs fonctions. Deuxièmement, le recours en manquement classique, susceptible d'être intenté par la Commission et les États membres, couvre déjà le champ de l'UEM. Aussi « ne saurait[-il] être admis que, en instituant la voie de recours prévue à l'article 14.2 [alinéa 2, des statuts], les auteurs de cette disposition entendaient simplement créer une procédure parallèle à celle déjà prévue à l'article 258 TFUE » (pt 75). Enfin, conformément à la jurisprudence *Humblet*, la Cour n'aurait pas pu, « de sa propre autorité, annuler ou abroger des lois nationales d'un État membre ou des actes administratifs de ses autorités » (5). Autant dire que, sauf à ce que des mesures provisoires soient sollicitées, la temporalité du recours en manquement se prête mal à la sauvegarde de l'indépendance des gouverneurs des BCN (6).

Ce faisant, la considération selon laquelle « le recours prévu à l'article 14.2 [alinéa 2, des statuts], tend à l'annulation de la décision prise en vue de relever un gouverneur de [BCN] de ses fonctions » (pt 76) repose tant sur les insuffisances du recours en manquement que sur ses assises textuelles. En effet, aux termes de cette disposition, « [u]n recours contre [une telle] décision [...] peut être introduit auprès de la Cour de justice par le gouverneur concerné ou le conseil des gouverneurs pour violation des traités ou de toute règle de droit relative à leur application. Ces recours doivent être formés dans un délai de deux mois à compter, suivant le cas, de la publication de l'acte, de sa notification au requérant ou, à défaut, du jour où celui-ci en a eu connaissance ». Si l'on excepte la réduction du champ des requérants potentiels à la portion congrue (pt 71), le libellé de cette disposition ressemble à s'y méprendre à l'article 263 TFUE. Le recours doit ainsi être formé dans un délai de deux

(5) CJCE, 16 décembre 1960, *Humblet c/ Belgique*, aff. 6/60, spéc. p. 1145.
(6) Pts 73 et 74.

mois et peut être fondé sur toute violation des traités ou de toute règle de droit relative à leur application. Le caractère « attrape-tout » de ce cas d'ouverture suffit à compenser l'absence de mention de l'incompétence, de la violation des formes substantielles et du détournement de pouvoir.

Restait toutefois à surmonter un écueil de taille, celui tenant à la nature nationale de l'acte litigieux, même si, dans un autre contexte, quoique toujours dans le domaine de l'Union économique et monétaire, l'arrêt *Berlusconi et Fininvest* (7) avait préparé les esprits. Pour cela, il était toutefois possible de s'appuyer sur l'habilitation textuelle figurant à l'article 14.2 des statuts. Celui-ci attribuait en effet compétence à la « Cour de justice », soit à la Cour *stricto sensu*, à l'exclusion du Tribunal, pour connaître d'un acte, possiblement national, par le biais d'un recours présentant nombre d'attributs du recours en annulation. C'est donc à bon droit que la Cour appréhende cette disposition comme une « dérog[ation] à la répartition générale des compétences entre le juge national et le juge de l'Union » (pt 69). Elle justifie cette dérogation à la répartition des compétences en soulignant la spécificité du SEBC qui « représente dans le droit de l'Union une construction juridique originale qui associe et fait coopérer étroitement des institutions nationales, à savoir les [BCN], et une institution de l'Union, à savoir la BCE, et au sein de laquelle prévaut une articulation différente et une distinction moins marquée de l'ordre juridique de l'Union et des ordres juridiques internes » (pt 69). Dès lors, dans « ce système très intégré », les gouverneurs des BCN se caractérisent par leur « dédoublement fonctionnel », autrement dit, par leur « statut hybride », mi-autorité nationale, mi-autorité de l'Union. C'est bien parce qu'ils constituent des ponts entre deux rives que le Constituant de l'Union a cru bon de veiller scrupuleusement à l'indépendance des gouverneurs des BCN au sein du SEBC et de prévoir, à leur usage exclusif un recours en annulation taillé sur mesure. C'est ainsi que, « par exception, une décision prise par une autorité nationale et relevant l'un d'eux de ses fonctions peut être déférée à la Cour » (pt 70).

Laurent Coutron

(7) CJUE, gde ch., 19 décembre 2018, *Berlusconi et Fininvest*, aff. C-219/17, EU:C:2018:1023.

Cour de justice, 9e ch., 16 mai 2019, *Pebagua c/ Commission*, aff. C-204/18 P, ECLI:EU:C:2019:425

Avocat général : J. Kokott

Mots-clés : Environnement – Prévention et gestion de l'introduction et de la propagation des espèces exotiques envahissantes – Adoption d'une liste des espèces exotiques envahissantes préoccupantes pour l'Union – Inclusion de l'espèce *Procambarus clarkii* – Notion d'acte réglementaire ne comportant pas de mesures d'exécution

Cadre normatif : règlement (UE) n° 1143/2014 ; règlement d'exécution (UE) 2016/1141

Extraits de l'arrêt

Vu la décision prise, l'avocate générale entendue, de juger l'affaire sans conclusions,

[...]

1. Par le présent pourvoi, l'Asociación de la pesca y acuicultura del entorno de Doñana y del Bajo Guadalquivir (Pebagua) [Association pour la pêche et l'aquaculture du parc national de Doñana et du Bas Guadalquivir (Pebagua)] demande l'annulation de l'ordonnance du Tribunal de l'Union européenne du 16 janvier 2018, *Pebagua/Commission* (T-715/16, non publiée, ci-après l'« ordonnance attaquée », EU:T:2018:13), par laquelle celui-ci a rejeté son recours tendant à l'annulation du règlement d'exécution (UE) 2016/1141 de la Commission, du 13 juillet 2016, adoptant une liste des espèces exotiques envahissantes préoccupantes pour l'Union conformément au règlement (UE) n° 1143/2014 du Parlement européen et du Conseil (*JO* 2016, L 189, p. 4, ci-après le « règlement d'exécution »).

Le cadre juridique

Le règlement de base

[...]

3. Conformément à l'article 1er du règlement de base, celui-ci a pour objet de fixer les règles visant à prévenir, à réduire au minimum et à atténuer les effets néfastes sur la biodiversité de l'introduction et de la propagation au sein de l'Union européenne d'espèces exotiques envahissantes.

4. Aux termes de l'article 4 de ce règlement :

« 1. La Commission adopte, par voie d'actes d'exécution, une liste des espèces exotiques envahissantes préoccupantes pour l'Union (ci-après dénommée "liste de l'Union") sur la base des critères fixés au paragraphe 3 du présent article. Ces actes d'exécution sont adoptés en conformité avec la procédure d'examen visée à l'article 27, paragraphe 2. Les projets d'actes d'exécution sont soumis au comité visé à l'article 27, paragraphe 1, au plus tard le 2 janvier 2016.

[...]

3. Les espèces exotiques envahissantes sont inscrites sur la liste de l'Union uniquement si elles satisfont à l'ensemble des critères suivants :

a) elles sont considérées, sur la base des preuves scientifiques disponibles, comme étant étrangères au territoire de l'Union, à l'exclusion des régions ultrapériphériques ;

b) elles sont considérées, sur la base des preuves scientifiques disponibles, comme étant de nature à implanter une population viable et à se propager dans l'environnement dans les conditions actuelles et dans les conditions prévisibles du changement climatique dans une région biogéographique partagée par plus de deux États membres ou une sous-région marine, à l'exclusion de leurs régions ultrapériphériques ;

c) elles sont, sur la base des preuves scientifiques disponibles, susceptibles d'avoir des effets néfastes importants sur la biodiversité ou les services écosystémiques associés, et peuvent également avoir des effets néfastes sur la santé humaine ou l'économie ;

d) il est démontré, au moyen d'une évaluation des risques effectuée en application de l'article 5, paragraphe 1, qu'il est nécessaire de prendre une action concertée au niveau de l'Union pour prévenir leur introduction, leur établissement ou leur propagation ;

e) il est probable que l'inscription sur la liste de l'Union permettra effectivement de prévenir, de réduire au minimum ou d'atténuer les effets néfastes des espèces visées.

[...] »

5. L'article 7 dudit règlement énonce :

« 1. Les espèces exotiques envahissantes préoccupantes pour l'Union ne peuvent pas, de façon intentionnelle :

a) être introduites sur le territoire de l'Union, y compris via le transit sous surveillance douanière par ce territoire ;

b) être conservées, y compris en détention confinée ;

c) être élevées ou cultivées, y compris en détention confinée ;

d) être transportées vers, hors de ou au sein de l'Union, à l'exclusion du transport d'espèces vers des installations dans le cadre de l'éradication ;

e) être mises sur le marché ;

f) être utilisées ou échangées ;

g) être mises en situation de se reproduire, de pousser ou d'être cultivées, y compris en détention confinée ; ou

h) être libérées dans l'environnement.

2. Les États membres prennent toutes les mesures nécessaires pour prévenir l'introduction ou la propagation non intentionnelle, y compris, le cas échéant, par négligence grave, d'espèces exotiques envahissantes préoccupantes pour l'Union. »

6. L'article 8, paragraphe 1, du règlement de base énonce :

« Par dérogation aux restrictions prévues à l'article 7, paragraphe 1, points a), b), c), d), f) et g), et sous réserve du paragraphe 2 du présent article, les États membres établissent un système de permis autorisant les établissements à mener des travaux de recherche sur les espèces exotiques envahissantes préoccupantes pour l'Union ou à procéder à leur conservation *ex situ*. Lorsque, pour améliorer la santé humaine, le recours à des produits dérivés d'espèces exotiques envahissantes préoccupantes pour l'Union ne peut être évité, les États membres peuvent également prévoir une production scientifique et un usage médical ultérieur dans le cadre de leur système de permis. »

7. L'article 9, paragraphes 1 et 6, de ce règlement se lit comme suit :

« 1. Dans des cas exceptionnels, pour des raisons d'intérêt public majeur, y compris de nature sociale ou économique, les États membres peuvent délivrer des permis autorisant des établissements à exercer des activités autres que celles visées à l'article 8, paragraphe 1, sous réserve de l'autorisation de la Commission, conformément à la procédure prévue au présent article, et sous réserve du respect des conditions visées à l'article 8, paragraphes 2 et 3.

[...]

6. Après que la Commission a donné son autorisation, l'autorité compétente peut délivrer le permis visé au paragraphe 1 du présent article, conformément à l'article 8, paragraphes 4 à 8. Le permis contient l'ensemble des dispositions figurant dans l'autorisation délivrée par la Commission. »

8. L'article 10, paragraphe 1, dudit règlement est ainsi libellé :

« Lorsqu'un État membre dispose d'éléments de preuve indiquant la présence ou un risque imminent d'introduction sur son territoire d'une espèce exotique envahissante qui ne figure pas sur la liste de l'Union, mais qui, d'après les constatations des autorités compétentes effectuées sur la base de preuves scientifiques préliminaires, est susceptible de remplir les critères fixés à l'article 4, paragraphe 3, il peut prendre immédiatement des mesures d'urgence consistant à appliquer l'une des restrictions prévues à l'article 7, paragraphe 1. »

9. L'article 19, paragraphes 1 et 2, du même règlement énonce :

« 1. Dans un délai de dix-huit mois à compter de l'inscription d'une espèce exotique envahissante sur la liste de l'Union, les États membres mettent en place des mesures efficaces de gestion des espèces exotiques envahissantes préoccupantes pour l'Union qui, d'après leurs constatations, sont largement répandues sur leur territoire, afin que leurs effets sur la biodiversité, les services écosystémiques associés ainsi que, le cas échéant, la santé humaine ou l'économie soient réduits au minimum.

Ces mesures de gestion sont proportionnelles aux effets sur l'environnement et adaptées à la situation particulière de chaque État membre, reposent sur une analyse des coûts et des avantages et comprennent également, dans la mesure du possible, les mesures de restauration visées à l'article 20. Elles sont classées par ordre de priorité sur la base de l'évaluation des risques et de leur rapport coût-efficacité.

2. Les mesures de gestion consistent en des actions physiques, chimiques ou biologiques, létales ou non létales, visant à l'éradication, au contrôle d'une population ou au confinement d'une population d'une espèce exotique envahissante. Le cas échéant, les mesures de gestion comprennent des actions appliquées à l'écosystème récepteur afin d'accroître sa résilience aux invasions actuelles et futures. L'utilisation commerciale d'espèces exotiques envahissantes déjà implantées peut être temporairement autorisée dans le cadre des mesures de gestion visant à leur éradication, au contrôle de leur population ou à leur confinement, pour autant que cela soit strictement justifié et que tous les contrôles appropriés soient mis en place pour éviter toute poursuite de leur propagation. »

Le règlement d'exécution

10. En application de l'article 4, paragraphe 1, du règlement de base, la Commission européenne a adopté le règlement d'exécution dans lequel figure la liste de l'Union.

11. Au nombre des espèces inscrites sur cette liste se trouve le *Procambarus clarkii* (écrevisse de Louisiane).

La procédure devant le Tribunal et l'ordonnance attaquée

12. Par sa requête déposée au greffe du Tribunal le 7 octobre 2016, Pebagua a introduit un recours tendant à l'annulation, à titre principal, du règlement d'exécution et, à titre subsidiaire, de l'inscription de l'espèce *Procambarus clarkii* sur la liste de l'Union.

13. Dans le cadre de son recours devant le Tribunal, Pebagua a invoqué trois moyens, tirés respectivement de la violation de l'article 4, paragraphe 3, du règlement de base, du non-respect des critères établis à l'article 5, paragraphe 1, dudit règlement et de la nullité du règlement d'exécution.

14. Par l'ordonnance attaquée, le Tribunal a rejeté le recours comme étant manifestement irrecevable, après avoir constaté que Pebagua ne possédait pas la qualité pour agir dans la mesure où elle ne satisfait pas aux conditions de l'article 263, quatrième alinéa, TFUE.

15. En effet, tout d'abord, le Tribunal a considéré, aux points 19 à 23 de l'ordonnance attaquée, que Pebagua ne relevait pas de l'hypothèse prévue à l'article 263, quatrième alinéa, deuxième membre de phrase, TFUE, dès lors qu'elle n'avait apporté aucun élément démontrant qu'elle était individuellement concernée par le règlement d'exécution. Le Tribunal a souligné, à cet égard, que Pebagua ne pouvait prétendre être atteinte par les dispositions de ce règlement en raison des qualités qui lui sont particulières ou d'une situation de fait qui la caractérise par rapport à toute autre personne et, de ce fait, l'individualise d'une manière analogue à celle dont le destinataire d'une décision le serait.

16. Ensuite, le Tribunal a examiné, aux points 24 à 46 de l'ordonnance attaquée, si Pebagua relevait de l'hypothèse visée à l'article 263, quatrième alinéa, dernier membre de phrase, TFUE. Après avoir rappelé, au préalable, que le règlement d'exécution constitue un acte réglementaire, le Tribunal a, en premier lieu, analysé les dispositions du règlement de base et est parvenu à la conclusion que celles-ci requéraient des mesures d'exécution. En second lieu, le Tribunal a constaté que, en l'espèce, le Royaume d'Espagne avait mis en œuvre de telles mesures par le biais de la Orden por la que se aprueba el Plan de Control el Cangrejo Rojo (*Procambarus clarkii*) en las Marismas del Guadalquivir [arrêté portant approbation du plan de contrôle de l'écrevisse rouge (*Procambarus clarkii*) dans les marécages du Guadalquivir], du 3 août 2016 (*BOJA* n° 152, du 9 août 2016, p. 81, ci-après l'« arrêté du 3 août 2016 »].

17. Dans ces conditions, le Tribunal a souligné, au point 43 de l'ordonnance attaquée, que les conséquences spécifiques et concrètes de l'inscription sur la liste de l'Union du *Procambarus clarkii* pour les sociétés membres de Pebaguane se matérialiseraient que par l'intermédiaire des mesures d'exécution adoptées spécifiquement à l'égard de cette espèce

exotique envahissante par l'État membre concerné, et conclu, au point 46 de cette ordonnance, que le recours formé ne satisfait pas aux conditions de recevabilité dans le cadre de l'hypothèse visée à l'article 263, quatrième alinéa, dernier membre de phrase, TFUE.

18. Par conséquent, le Tribunal a rejeté le recours comme étant manifestement irrecevable.

[...]

Sur le pourvoi

21. À l'appui de son pourvoi, Pebagua invoque six moyens.

[...]

Sur les troisième à cinquième moyens

[...]

Argumentation des parties

43. Pebagua fait valoir que la circonstance que l'inscription du *Procambarus clarkii* sur la liste de l'Union, opérée par le règlement d'exécution, comporterait, comme l'a indiqué le Tribunal au point 34 de l'ordonnance attaquée, l'adoption d'actes pris par les autorités nationales ne fait pas obstacle à l'application directe de ce règlement, dans la mesure où l'article 7 du règlement de base prévoit que les restrictions qu'il vise entrent en vigueur sans que les autorités nationales soient obligées d'adopter un acte.

44. Pebagua soutient que c'est à tort que le Tribunal a considéré que le règlement de base, dans son intégralité, comporte des mesures d'exécution au motif que les exceptions à l'applicabilité de certaines dispositions de ce règlement nécessitent l'adoption de telles mesures d'exécution. Dans la mesure où le Tribunal aurait constaté, au point 28 de l'ordonnance attaquée, que les entreprises membres de Pebagua manipulent également des spécimens vivants de l'espèce *Procambarus clarkii*, et que l'article 7 du règlement de base est directement applicable, le Tribunal aurait dû constater que Pebagua possédait la qualité pour agir.

45. Selon Pebagua, s'il ressort de l'ordonnance attaquée que les articles 8 et 9 du règlement de base permettent aux États membres de modifier ou de limiter les restrictions énumérées à l'article 7 dudit règlement, il n'en reste pas moins qu'ils ne peuvent pas les exclure totalement.

46. En outre, Pebagua considère que le Tribunal a commis une erreur de droit dans l'analyse qu'il a faite de l'article 19 du règlement de base. Selon Pebagua, si les États membres bénéficiaient, en vertu dudit article, d'une période de 18 mois pour mettre en œuvre les mesures de gestion,

il n'en reste pas moins que les restrictions prévues à l'article 7 de ce règlement sont devenues applicables dès l'entrée en vigueur du règlement d'exécution.

47. Dans la mesure où la Commission comprend l'argument relatif à l'applicabilité directe de l'article 7 du règlement de base comme portant sur le critère de l'affectation directe, elle le considère comme étant irrecevable en tant que moyen nouveau.

48. En tout état de cause, la Commission estime que les troisième à cinquième moyens du pourvoi sont non fondés. Selon cette institution, Pebagua procède à une analyse erronée de la législation existante lorsqu'elle considère que l'article 7 du règlement de base est directement applicable, sans que les États membres soient tenus d'adopter des mesures d'exécution.

49. En partageant l'analyse effectuée par le Tribunal aux points 26 à 45 de l'ordonnance attaquée, la Commission conteste l'argumentation de Pebagua selon laquelle l'article 7 du règlement de base était directement applicable. En effet, cette institution rappelle que les articles 8 et 9 du règlement de base ont prévu des exceptions fondées sur des raisons d'intérêt public majeur, dans le cadre desquelles les États membres peuvent, sous certaines conditions, délivrer des permis autorisant des établissements à exercer certaines activités liées aux espèces exotiques envahissantes préoccupantes pour l'Union.

50. Par ailleurs, la Commission souligne que l'article 19 de ce règlement a accordé aux États membres un délai de 18 mois pour mettre en place les mesures nécessaires afin de réduire au minimum la propagation des effets négatifs des espèces envahissantes. Il s'ensuit, selon la Commission, que les interdictions prévues à l'article 7 du règlement de base ne s'appliqueraient pas automatiquement et leur application serait subordonnée à l'exécution de mesures de gestion conçues et mises en place par l'État membre concerné.

51. La Commission rappelle que, en l'occurrence, le Royaume d'Espagne a pris l'arrêté du 3 août 2016, par lequel il a été constaté que le *Procambarus clarkii* était une espèce largement répandue dans le bassin inférieur du Guadalquivir et a été adopté, compte tenu de l'impossibilité d'éradiquer cette espèce, un plan de contrôle adapté aux circonstances particulières des marécages du Guadalquivir.

52. Dès lors, selon cette institution, les conséquences spécifiques et concrètes de l'inscription de ladite espèce sur la liste de l'Union ne se sont concrétisées à l'égard des membres de Pebagua que par le biais des mesures d'exécution qui ont été définies et exposées en détail dans le plan de contrôle approuvé par l'arrêté du 3 août 2016.

Appréciation de la Cour

53. À titre liminaire, il y a lieu de rejeter la fin de non-recevoir soulevée par la Commission dans la mesure où l'argumentation de Pebagua relative à l'applicabilité directe de l'article 7 du règlement de base porte non pas sur le critère de l'affectation directe mais sur la question de savoir si le règlement d'exécution comporte des mesures d'exécution.

54. À cet égard, il convient de rappeler que, selon la jurisprudence de la Cour, il y a lieu, aux fins d'apprécier le point de savoir si un acte réglementaire comporte des mesures d'exécution, de s'attacher à la position de la personne invoquant le droit de recours au titre de l'article 263, quatrième alinéa, dernier membre de phrase, TFUE. Il est donc sans pertinence de savoir si l'acte en question comporte des mesures d'exécution à l'égard d'autres justiciables (arrêt du 18 octobre 2018, *Internacional de Productos Metálicos/Commission*, C-145/17 P, EU:C:2018:839, point 52 et jurisprudence citée).

55. En outre, le fait qu'un acte réglementaire de l'Union comporte des mesures d'exécution, au sens de l'article 263, quatrième alinéa, dernier membre de phrase, TFUE, de telle sorte que certains effets juridiques de cet acte ne se matérialisent qu'au moyen de ces mesures, n'exclut pas pour autant que ledit acte produise, sur la situation juridique d'une personne physique ou morale, d'autres effets juridiques, qui ne dépendent pas de l'adoption de mesures d'exécution (voir, en ce sens, arrêt du 18 octobre 2018, *Internacional de Productos Metálicos/Commission*, C-145/17 P, EU:C:2018:839, point 56 et jurisprudence citée).

56. C'est à la lumière de cette jurisprudence qu'il convient d'examiner les troisième à cinquième moyens.

57. En l'occurrence, Pebagua fait valoir que son recours tendait à l'annulation du règlement d'exécution par lequel l'espèce *Procambarus clarkii* avait été inscrite sur la liste de l'Union. Selon Pebagua, cette inscription avait eu pour effet de rendre applicable de manière automatique les restrictions et les prohibitions énoncées à l'article 7 du règlement de base, sans que l'adoption de mesures d'exécution fût nécessaire.

58. À cet égard, il y a lieu de relever que, aux points 30 à 42 de l'ordonnance attaquée, le Tribunal a, en substance, relevé, d'une part, que les articles 8 et 9 du règlement de base prévoient des dérogations, sous certaines conditions, aux restrictions visées à l'article 7 de ce règlement. D'autre part, le Tribunal a constaté que l'article 19 du règlement de base requiert que les États membres mettent en œuvre les mesures de gestion des espèces inscrites sur la liste de l'Union dans le cas où elles seraient largement répandues. Le Tribunal a, en substance, déduit d'une lecture combinée de ces dispositions du règlement de base que l'inscription, par le règlement d'exécution, de l'espèce *Procambarus clarkii* sur la liste de

l'Union comportait, encore, des mesures d'exécution par les autorités nationales et entraînait l'obligation, pour les États membres, d'adopter des mesures de gestion à l'égard de cette espèce dans le délai imparti à l'article 19, paragraphes 1 et 2, du règlement de base. À ce titre, le Tribunal a relevé que le Royaume d'Espagne a mis en œuvre de telles mesures par le biais de l'arrêté du 3 août 2016 en instaurant un régime spécifique de gestion de l'espèce *Procambarus clarkii*.

59. Or, force est de relever que Pebagua ne conteste pas, en tant que telle, l'interprétation, par le Tribunal, des articles 8 et 9 ainsi que de l'article 19 du règlement de base, en ce sens que, en substance, ces dispositions habilitent les autorités nationales, d'une part, à déroger aux restrictions prévues à l'article 7 de ce règlement et, d'autre part, à adopter des mesures de gestion des espèces inscrites sur la liste de l'Union. Cette partie se borne, en effet, à faire valoir que, sans préjudice de telles dérogations et mesures de gestion, l'inscription, par le règlement d'exécution, de l'espèce *Procambarus clarkii* sur la liste de l'Union avait, par elle-même, pour effet de rendre applicables les restrictions visées à l'article 7 du règlement de base.

60. Il n'en demeure pas moins, ainsi qu'il ressort de l'analyse effectuée à bon droit par le Tribunal, que ce n'est que par l'intermédiaire des mesures d'exécution adoptées spécifiquement à l'égard de l'espèce *Procambarus clarkii* par l'État membre concerné que les conséquences spécifiques et concrètes de l'inscription de cette espèce sur la liste de l'Union par le règlement d'exécution se matérialiseront.

61. Il s'ensuit que le Tribunal n'a pas commis d'erreur de droit en constatant, en substance, aux points 43 à 45 de l'ordonnance attaquée, que les conséquences spécifiques et concrètes de l'inscription, par le règlement d'exécution, de l'espèce *Procambarus clarkii* sur la liste de l'Union ne se matérialiseraient à l'égard des membres de Pebagua qu'en vertu des mesures d'exécution nationales, dont l'existence est par ailleurs confirmée par l'adoption de l'arrêté du 3 août 2016.

62. Il ressort des considérations qui précèdent que les troisième à cinquième moyens doivent être rejetés comme étant non fondés.

Sur le sixième moyen

Argumentation des parties

63. Pebagua fait valoir que le Tribunal a porté atteinte à ses droits de la défense, en ayant considéré que les effets concrets du règlement d'exécution dépendent des mesures d'exécution et, plus précisément, que l'application des dérogations prévues à l'article 7 du règlement de base est conditionnée par l'adoption de telles mesures par les États membres. En effet, selon Pebagua, le fait que le Tribunal l'a privée de la possibilité

d'introduire un recours direct contre le règlement d'exécution lui a causé un préjudice irréparable et l'a placée dans l'impossibilité de se défendre.

64. La Commission considère que Pebagua n'a pas été privée de ses droits de défense dans la mesure où elle disposait de la faculté d'introduire un recours contre l'arrêté du 3 août 2016 devant les juridictions nationales.

Appréciation de la Cour

65. Il ressort, en substance, de l'appréciation des troisième à cinquième moyens que le règlement d'exécution comporte, à l'égard des membres de Pebagua, des mesures d'exécution.

66. Dans ces conditions, il convient de rappeler que, selon la jurisprudence de la Cour, lorsqu'un acte réglementaire comporte des mesures d'exécution, le contrôle juridictionnel du respect de l'ordre juridique de l'Union est assuré, indépendamment de la question de savoir si lesdites mesures émanent de l'Union ou des États membres. Les personnes physiques ou morales ne pouvant pas, en raison des conditions de recevabilité prévues à l'article 263, quatrième alinéa, TFUE, attaquer directement devant le juge de l'Union un acte réglementaire de l'Union, sont protégées contre l'application à leur égard d'un tel acte par la possibilité d'attaquer les mesures d'exécution que cet acte comporte (arrêt du 18 octobre 2018, *Internacional de Productos Metálicos/Commission*, C-145/17 P, EU:C:2018:839, point 50 et jurisprudence citée).

67. Lorsque la mise en œuvre d'un tel acte incombe aux États membres, ces personnes peuvent faire valoir l'invalidité de l'acte de base en cause devant les juridictions nationales et amener celles-ci à interroger, sur le fondement de l'article 267 TFUE, la Cour par la voie de questions préjudicielles (voir, en ce sens, arrêt du 18 octobre 2018, *Internacional de Productos Metálicos/Commission*, C-145/17 P, EU:C:2018:839, point 51 et jurisprudence citée).

68. Il s'ensuit que, si Pebagua ne pouvait pas, en raison des conditions de recevabilité prévues à l'article 263, quatrième alinéa, TFUE, contester directement devant le juge de l'Union le règlement d'exécution, il n'en reste pas moins que cette partie était protégée contre l'application à son égard de ce règlement par la possibilité d'attaquer, devant le juge national, l'arrêté du 3 août 2016 ainsi que de faire valoir, à cette occasion, l'invalidité du règlement d'exécution et d'amener ce juge à interroger à cet égard, sur le fondement de l'article 267 TFUE, la Cour par la voie de questions préjudicielles.

69. Par conséquent, il y a lieu de rejeter ce moyen comme étant non fondé.

70. Aucun des moyens invoqués par Pebagua n'ayant été accueilli, il convient de rejeter le pourvoi dans son intégralité.

Observations

Étrange arrêt que l'arrêt *Pebagua contre Commission* tant il est délicat de déterminer si la Cour s'y livre à une interprétation orthodoxe ou, au contraire, particulièrement hétérodoxe des règles de recevabilité du recours en annulation dirigé contre un acte réglementaire de l'Union. En l'espèce, la Commission avait, en adoptant un règlement d'exécution, inscrit l'écrevisse de Louisiane (ou écrevisse rouge) sur la liste des espèces exotiques envahissantes préoccupantes pour l'Union (ci-après la « liste de l'Union »). Or, le régime juridique instauré par le règlement de base apparaît relativement ambigu. Tandis que son article 7, paragraphe 1, pose une série d'interdictions à l'égard des produits figurant sur cette liste, dont une interdiction de mise sur le marché, l'article 8, paragraphe 1, autorise les États membres à déroger à cette interdiction mais, visiblement, uniquement à des fins scientifiques, médicales ou de recherche. La dérogation prévue par l'article 8 est énoncée restrictivement de sorte qu'elle paraît insusceptible de compenser totalement l'interdiction de commercialisation énoncée à l'article 7. Quant à l'article 19, il enjoint aux États membres de mettre en place des mesures efficaces de gestion des espèces exotiques envahissantes préoccupantes pour l'Union dans un délai de dix-huit mois. L'adoption de ces mesures requiert évidemment du temps afin d'évaluer le degré de présence de l'espèce litigieuse, la possibilité de l'éradiquer ou, à défaut, la meilleure façon de la confiner.

Le règlement de base n'organisant pas l'articulation de ces différentes mesures, une difficulté se pose quant à leur applicabilité temporelle. Selon une première interprétation, défendue par Pebagua, tant le libellé impératif de l'article 7 du règlement que sa finalité militent en faveur de l'applicabilité directe et immédiate de l'interdiction de commercialisation d'une espèce envahissante préoccupante pour l'Union dès son inscription sur la liste de l'Union par un règlement d'exécution. En outre, si l'on admet que les États membres peuvent déroger, ne fût-ce que partiellement, à l'interdiction de commercialisation, la question, non encore traitée par la

Cour, se poserait de savoir si un acte réglementaire de l'Union auquel les États membres sont susceptibles de déroger, sans naturellement y être tenus, peut être assimilé à un acte comportant des mesures d'exécution.

La Cour a toutefois opté pour une seconde interprétation et estimé que « ce n'est que par l'intermédiaire des mesures d'exécution adoptées spécifiquement à l'égard de l'[écrevisse rouge] par l'État membre concerné que les conséquences spécifiques et concrètes de l'inscription de cette espèce sur la liste de l'Union par le règlement d'exécution se matérialiseront » (pt 60). L'adoption du règlement d'exécution n'emporte donc pas interdiction immédiate de commercialiser l'écrevisse rouge, cette interdiction étant différée jusqu'à l'entrée en vigueur des mesures nationales de gestion. Envisagé ainsi, le règlement d'exécution comporterait des mesures d'exécution de sorte que l'irrecevabilité du présent recours en annulation pourrait être compensée par la contestation des mesures nationales de gestion au motif que l'inscription de cette espèce sur la liste de l'Union est entachée d'illégalité.

On peut certes considérer qu'il serait peu cohérent d'imposer d'emblée une interdiction de commercialisation, avant qu'éventuellement un État membre ne vienne adopter une mesure dérogatoire qui aurait pour effet d'autoriser à nouveau la commercialisation de l'espèce litigieuse. Cette interprétation du règlement de base ne s'impose pourtant pas nécessairement. En effet, si l'on garde à l'esprit que les mesures nationales de gestion sont insusceptibles de restaurer une liberté totale de commercialiser l'espèce litigieuse et que la dérogation à l'interdiction de commercialisation ne peut jouer qu'à la marge, afin de permettre une production scientifique ou un usage médical ultérieur, il n'est plus si incongru de considérer que l'interdiction de commercialisation bénéficie d'une applicabilité directe et immédiate. Si ce postulat devait se révéler exact, la Cour aurait alors assimilé les mesures nationales de gestion à des mesures d'exécution de la disposition qui interdit la commercialisation de l'écrevisse rouge (1),

(1) Il semble que la Cour ait raisonné comme dans l'affaire *Greenpeace Energy c/ Commission* (CJCE, 2 avril 1998, aff. C-321/95 P, pts 32 et 33).

ce qui irait à l'encontre de la jurisprudence constante selon laquelle un justiciable qui serait contrait de se placer dans l'illégalité pour accéder à un juge ne disposerait pas d'une protection juridictionnelle effective (2).

C'est sur ce point que l'arrêt *Pebagua* pêche par timidité. En ne revenant pas au règlement de base et en ne tranchant pas la question de savoir si l'interdiction de commercialisation s'imposait avec effet immédiat, la Cour donne malheureusement l'impression d'escamoter l'argumentation de Pebagua (3). Or, dans la mesure où, eu égard au libellé de l'article 8, paragraphe 1, du règlement de base, l'État ne semble pas tenu d'adopter des mesures dérogatoires, il paraît pour le moins aventureux de tirer argument de l'adoption potentielle de telles mesures dérogatoires qui pourraient fort bien ne pas concerner Pebagua... Dès lors, le fait que l'Espagne a adopté ses mesures de gestion le jour même de l'entrée en vigueur du règlement attaqué n'aurait aucunement dû influencer la Cour.

Laurent Coutron

(2) Voy. CJCE, gde ch., 1er avril 2004, *Commission c/ Jégo-Quéré*, aff. C-276/02 P, EC:C:2004:210, pt 35 et CJCE, gde ch., 13 mars 2007, *Unibet*, aff. C-432/05.

(3) Voy. la lecture, pour le moins, formaliste de l'argumentation de Pebagua retenue au pt 59 de l'arrêt.

Cour de justice, gde ch., 8 juillet 2019, *Commission c/ Belgique (Article 260, paragraphe 3, TFUE – Réseaux à haut débit)*, aff. C-543/17, EU:C:2019:573

Conclusions de l'avocat général M. Szpunar, du 11 avril 2019, ECLI:EU:C:2019:322

Mots-clés : Mesures visant à réduire le coût du déploiement de réseaux de communications électroniques à haut débit – Absence de transposition et/ou de communication des mesures de transposition – Demande de condamnation au paiement d'une astreinte journalière – Calcul du montant de l'astreinte

Cadre normatif : article 258 TFUE ; article 260, paragraphe 3, TFUE ; directive 2014/61/UE

Extraits de l'arrêt

1. Par sa requête, la Commission européenne demande à la Cour, d'une part, de constater que, en n'ayant pas adopté, au plus tard le 1er janvier 2016, les dispositions législatives, réglementaires et administratives nécessaires pour se conformer à la directive 2014/61/UE du Parlement européen et du Conseil, du 15 mai 2014, relative à des mesures visant à réduire le coût du déploiement de réseaux de communications électroniques à haut débit (*JO* 2014, L 155, p. 1) ou, en tout état de cause, en n'ayant pas communiqué ces dispositions à la Commission, le Royaume de Belgique a manqué aux obligations lui incombant en vertu de l'article 13 de cette directive, et, d'autre part, de condamner cet État membre au paiement d'une astreinte journalière d'un montant initialement fixé à 54 639,36 euros, réduit finalement à 6 071,04 euros, à compter du prononcé de l'arrêt pour manquement à l'obligation de communiquer les mesures de transposition de ladite directive.

[...]

La procédure précontentieuse et la procédure devant la Cour

7. N'ayant reçu du Royaume de Belgique aucune information concernant l'adoption et la publication des dispositions législatives, réglementaires et administratives nécessaires pour se conformer à la directive 2014/61 à l'échéance du délai de transposition prévu à l'article 13 de cette

directive, soit le 1er janvier 2016, la Commission a adressé à cet État membre, le 23 mars 2016, une lettre de mise en demeure.

8. La réponse du Royaume de Belgique, datant du 11 juillet 2016, a fait apparaître que, à cette date, les mesures de transposition étaient seulement en préparation. La Commission a dès lors, le 30 septembre 2016, adressé un avis motivé audit État membre, l'invitant à prendre les mesures nécessaires pour se conformer aux exigences de la directive 2014/61 dans un délai de deux mois à compter de sa réception.

9. Une prolongation du délai de réponse ayant été accordée, à la demande des autorités belges, par la Commission jusqu'au 28 février 2017, le Royaume de Belgique a répondu à l'avis motivé par courriers des 21 février et 28 mars 2017, informant la Commission que la transposition de la directive 2014/61 était en cours. Le Royaume de Belgique avait joint auxdits courriers des projets de mesures de transposition ainsi que la version consolidée de l'ordonnance du 3 juillet 2008 relative aux chantiers de voirie de la Région de Bruxelles-Capitale.

10. Considérant que le Royaume de Belgique n'avait pas transposé de manière complète la directive 2014/61 ni communiqué les mesures nationales de transposition y afférentes, la Commission a introduit le présent recours.

11. Par lettres du 10 et du 25 août ainsi que du 12 septembre 2017, le Royaume de Belgique a communiqué à la Commission diverses mesures législatives visant à transposer la directive 2014/61 au niveau fédéral et dans la Région flamande.

12. Dans son mémoire en réplique, la Commission a précisé que, en dépit des progrès importants enregistrés au niveau de la transposition de la directive 2014/61 en Belgique depuis le dépôt de la requête, l'adoption de mesures supplémentaires demeurait nécessaire afin de transposer complètement ladite directive. Cette nécessité aurait d'ailleurs été reconnue par les autorités belges elles-mêmes. En conséquence, et tout en ayant réduit, à ce stade de la procédure, à 12 142,08 euros le montant de l'astreinte journalière au paiement de laquelle elle entendait voir condamner le Royaume de Belgique, la Commission a maintenu ses conclusions.

13. Lors de l'audience, et eu égard aux progrès supplémentaires accomplis par le Royaume de Belgique en matière de transposition de la directive 2014/61 depuis le dépôt du mémoire en réplique, la Commission a précisé que des lacunes subsistaient uniquement au niveau de la Région de Bruxelles-Capitale et a réduit à 6 071,04 euros le montant de l'astreinte journalière sollicitée. Cette institution a, en revanche, maintenu ses autres conclusions.

14. Par décisions du président de la Cour du 5 février 2018 et du 21 novembre 2018, la République fédérale d'Allemagne, la République

d'Estonie, l'Irlande, le Royaume d'Espagne, la République française, la République italienne, la République de Lituanie, la Hongrie et la République d'Autriche, d'une part, ainsi que la Roumanie, d'autre part, ont été admis à intervenir au soutien des conclusions du Royaume de Belgique.

Sur le recours

Sur le manquement fondé sur l'article 258 TFUE

Argumentation des parties

15. Selon la Commission, en n'ayant pas adopté, au plus tard le 1er janvier 2016, toutes les dispositions législatives, réglementaires et administratives nécessaires pour se conformer à la directive 2014/61 ou, en tout état de cause, en n'ayant pas communiqué ces dispositions à la Commission, le Royaume de Belgique a manqué aux obligations lui incombant en vertu de l'article 13 de cette directive.

16. La Commission rappelle, notamment, que les dispositions d'une directive doivent être mises en œuvre avec une force contraignante incontestable, avec la spécificité, la précision et la clarté requises, afin que soit satisfaite l'exigence de sécurité juridique, et que les États membres ne sauraient exciper de situations internes ou de difficultés pratiques pour justifier la non-transposition d'une directive dans le délai imparti par le législateur de l'Union. Il reviendrait par conséquent à chaque État membre de prendre en compte les étapes nécessaires à l'adoption de la législation requise résultant de son ordre juridique interne afin d'assurer que la transposition puisse être effectuée dans le délai imparti.

17. En l'espèce, en vertu de l'article 13 de la directive 2014/61, les États membres étaient tenus d'adopter les mesures nationales requises pour transposer les dispositions de cette directive au plus tard le 1er janvier 2016 et d'en informer la Commission. Or, il ressortirait des diverses communications du Royaume de Belgique que, plus d'un an et demi après l'expiration du délai de transposition fixé par ladite directive, cet État membre n'avait pas adopté toutes les mesures requises en vue de la transposition complète de celle-ci. Ainsi, à l'échéance du délai fixé dans l'avis motivé du 30 septembre 2016, et même à la date à laquelle la Commission a pris la décision d'introduire le présent recours, à savoir le 13 juillet 2017, les articles 2 à 11 de la directive 2014/61 n'auraient pas fait l'objet d'une transposition complète en Belgique, seuls les articles 5 et 6 ayant été transposés et ce uniquement pour la Région de Bruxelles-Capitale.

18. Certes, dans son mémoire en réplique, la Commission a indiqué avoir reçu notification de la part du Royaume de Belgique d'un certain nombre de mesures de transposition adoptées depuis l'introduction du recours. Toutefois, il ressortirait de ces notifications que ledit État membre

n'avait toujours pas procédé à la transposition complète des dispositions des articles 2 à 4, de l'article 7, paragraphe 1, ainsi que des articles 8 et 10 de la directive 2014/61.

19. Lors de l'audience, la Commission a précisé que, à ce stade de la procédure, en dépit des nouveaux progrès réalisés, une transposition complète de l'article 2, paragraphes 7 à 9 et 11, de l'article 4, paragraphe 5, ainsi que de l'article 8 de la directive 2014/61 ne pouvait toujours pas être constatée.

20. Le Royaume de Belgique souligne que, depuis le début de la procédure précontentieuse, et en vue de respecter le principe de coopération loyale, il n'a pas cherché à éluder le fait que certaines dispositions nationales devaient encore être adoptées afin d'assurer l'intégrale transposition de la directive 2014/61. Toutefois, cet État membre fait observer que les différentes autorités compétentes à cet égard, à savoir l'État fédéral, la Région de Bruxelles-Capitale, la Région Wallonne, la Communauté française, la Région et la Communauté flamandes ainsi que la Communauté germanophone (Belgique), ont adopté, chacune dans leur domaine de compétence, des dispositions en vue de transposer cette directive ou, à tout le moins, ont pris les mesures nécessaires en vue de l'adoption de telles dispositions. Du reste, au cours de la procédure, la Commission elle-même aurait reconnu la réalité de ces efforts en diminuant le montant de l'astreinte journalière demandée.

21. Par ailleurs, tout en ne contestant pas le constat de la Commission selon lequel certaines mesures devaient encore être adoptées, le Royaume de Belgique a exprimé, dans son mémoire en duplique, son désaccord avec la Commission quant au détail des mesures restant encore à prendre.

22. Enfin, au cours de l'audience, et eu égard à la circonstance que la Commission ne maintenait ses griefs qu'en ce qui concerne l'absence de transposition de certaines dispositions de la directive 2014/61 pour la seule Région de Bruxelles-Capitale, le Royaume de Belgique a reconnu que la transposition de telles dispositions ainsi que la communication des mesures de transposition faisaient encore défaut.

Appréciation de la Cour

23. À titre liminaire, il convient de rappeler que, selon une jurisprudence constante de la Cour, l'existence d'un manquement doit être appréciée en fonction de la situation de l'État membre telle qu'elle se présentait au terme du délai fixé dans l'avis motivé et que les changements intervenus par la suite ne sauraient être pris en compte par la Cour (arrêts du 30 janvier 2002, *Commission/Grèce*, C-103/00, EU:C:2002:60, point 23, et du 21 mars 2019, *Commission/Italie*, C-498/17, EU:C:2019:243, point 29).

24. En l'espèce, la Commission a transmis son avis motivé au Royaume de Belgique le 30 septembre 2016, de sorte que le délai de deux mois qui y était fixé venait à échéance le 30 novembre 2016. Il est toutefois constant que ce délai, qui a été prolongé par la Commission à la demande des autorités belges, est finalement venu à expiration le 28 février 2017. C'est donc au vu de l'état de la législation interne en vigueur à cette date qu'il convient d'apprécier l'existence ou non du manquement allégué (voir, par analogie, arrêt du 9 décembre 2004, *Commission/France*, C-177/03, EU:C:2004:784, point 25).

25. Or, outre qu'il ressort de la réponse du Royaume de Belgique du 21 février 2017 que, à cette date, une transposition complète dans le droit national de la directive 2014/61 n'avait pas été réalisée, il est constant que cette situation n'avait pas évolué au 28 février 2017, aucune mesure de transposition supplémentaire de ladite directive n'ayant été entre-temps communiquée à la Commission.

26. Il convient, partant, de conclure que, à l'expiration du délai fixé dans l'avis motivé, tel que prorogé par la Commission, le Royaume de Belgique n'avait ni adopté les mesures nécessaires pour assurer la transposition de la directive 2014/61 ni communiqué les mesures de transposition de celle-ci.

27. Dès lors, il y a lieu de constater que, en n'ayant pas, à l'échéance du délai imparti dans l'avis motivé du 30 septembre 2016, tel que prorogé par la Commission, adopté les dispositions législatives, réglementaires et administratives nécessaires pour se conformer à la directive 2014/61 et, a fortiori, en n'ayant pas communiqué à la Commission de telles mesures de transposition, le Royaume de Belgique a manqué aux obligations qui lui incombent en vertu de l'article 13 de cette directive.

Sur le manquement fondé sur l'article 260, paragraphe 3, TFUE

Sur le champ d'application de l'article 260, paragraphe 3, TFUE

– Argumentation des parties

28. Selon la Commission, l'article 260, paragraphe 3, TFUE a été introduit par le traité de Lisbonne dans le but de renforcer le dispositif de sanction préalablement institué par le traité de Maastricht. Compte tenu du caractère novateur de cette disposition et de la nécessité de préserver la transparence et la sécurité juridique, cette institution a adopté la communication sur la mise en œuvre de l'article 260, paragraphe 3, TFUE (*JO* 2011, C 12, p. 1).

29. Cette disposition aurait pour objectif d'inciter plus fortement les États membres à transposer les directives dans les délais fixés par le législateur de l'Union et de garantir l'application de la législation de l'Union.

30. La Commission considère que l'article 260, paragraphe 3, TFUE s'applique tant en cas d'absence totale de communication des mesures de transposition d'une directive qu'en cas de communication partielle de ces mesures.

31. Cette institution estime par ailleurs que, dès lors que l'article 260, paragraphe 3, TFUE évoque le manquement d'un État membre à son obligation de communiquer des « mesures de transposition d'une directive », cette disposition ne s'applique pas uniquement en cas d'absence de notification des mesures nationales de transposition d'une directive, mais a vocation à s'appliquer dès qu'un État membre n'a pas adopté de telles mesures. Une interprétation purement formaliste de cette disposition, selon laquelle cette dernière viserait uniquement à assurer la notification effective de mesures nationales, ne garantirait pas une transposition pertinente de toutes les obligations découlant de la directive en question et priverait l'obligation de transposition des directives dans le droit national de tout effet utile.

32. En l'espèce, il s'agirait précisément de sanctionner le défaut d'adoption et de publication ainsi que, partant, la non-communication à la Commission, par le Royaume de Belgique, de toutes les dispositions juridiques nécessaires pour assurer la transposition de la directive 2014/61 dans le droit national.

33. En réponse aux arguments avancés par le Royaume de Belgique pour contester l'applicabilité de l'article 260, paragraphe 3, TFUE au cas d'espèce, la Commission fait valoir, notamment, que, contrairement à l'article 260, paragraphe 2, TFUE, l'article 260, paragraphe 3, TFUE ne constitue pas une dérogation à une règle générale et ne doit donc pas être interprété de manière stricte. En effet, cette disposition aurait un champ d'application spécifique.

34. Il ressortirait des travaux préparatoires du traité établissant une Constitution pour l'Europe qu'il conviendrait d'opérer une distinction entre une transposition complète d'une directive et une transposition conforme d'une directive. En effet, à la lumière de la note de transmission du *Praesidium* de la Convention européenne, du 12 mai 2003 (CONV 734/03), il serait constant que, pour les auteurs du texte, le contrôle de la conformité ne doit porter que sur les mesures de transposition effectivement adoptées par l'État membre, étant entendu que, en toute logique, un tel contrôle de la conformité ne pourrait pas porter sur des mesures qui n'ont pas encore été adoptées et communiquées à la Commission.

35. La notion de « transposition intégrale », d'une part, et la notion de « transposition correcte », d'autre part, devraient donc être clairement distinguées. La constatation, par la Commission, de l'existence de lacunes dans la transposition d'une directive dans le droit national ne signifierait nullement que la Commission a effectué un contrôle portant

sur la conformité des dispositions nationales existantes à cette directive. Cela serait d'autant plus vrai lorsque, comme en l'espèce, l'État membre défaillant admet lui-même que la transposition de la directive dans son droit national fait encore partiellement défaut. D'ailleurs, cette différence serait parfaitement illustrée par les conséquences découlant de l'arrêt en constatation de manquement. En effet, en cas de constatation de la non-conformité d'une mesure législative nationale au droit de l'Union, les autorités nationales compétentes seraient empêchées d'appliquer la mesure nationale en question même si le législateur national n'a pas encore tiré les conséquences de l'arrêt en cause. En revanche, l'interdiction d'appliquer une mesure nationale existante ne saurait découler d'un arrêt identifiant une lacune de transposition, puisqu'un tel arrêt ne ferait que constater l'absence, dans le droit national, des mesures requises par le droit de l'Union.

36. Eu égard à l'objectif de l'article 260, paragraphe 3, TFUE d'inciter plus fortement les États membres à transposer les directives dans les délais impartis et d'en assurer ainsi l'efficacité réelle, une limitation de l'application de cette disposition aux seuls cas d'absence totale de transposition comporterait un risque fâcheux. En effet, pour échapper à cette application, les États membres pourraient être tentés de commencer par transposer des dispositions marginales d'une directive, agissant ainsi en contradiction avec l'objectif de l'article 260, paragraphe 3, TFUE. La transposition des dispositions essentielles de la directive risquerait alors, en l'absence de menace de sanction financière, d'être reléguée au second plan.

37. Selon la Commission, l'interprétation de l'article 260, paragraphe 3, TFUE qu'elle préconise est corroborée par le libellé même de cette disposition, qui vise le manquement de l'État membre « à son obligation de communiquer des mesures de transposition » d'une directive. Un tel libellé ne contiendrait donc pas de restrictions ou de conditions telles que celles invoquées par le Royaume de Belgique.

38. Par ailleurs, il ne saurait être valablement soutenu que les sanctions prévues par le traité FUE sont contraires au principe de proportionnalité alors que, en l'absence desdites sanctions, le respect de l'obligation de transposer une directive dans le droit national ne pourrait être assuré.

39. Le Royaume de Belgique soutient que l'article 260, paragraphe 3, TFUE ne trouve à s'appliquer, contrairement à l'interprétation préconisée par la Commission et à celle suggérée par l'avocat général Wathelet dans ses conclusions dans l'affaire *Commission/Pologne* (C-320/13, non publiées, EU:C:2014:2441), que dans l'hypothèse où un État membre n'a communiqué aucune mesure destinée à transposer une directive donnée. Or, en l'espèce, le Royaume de Belgique aurait, de l'aveu même de la Commission, procédé à la communication de certaines des mesures de transposition, de sorte qu'il échapperait à l'application de cette disposition.

40. À l'appui de sa position, le Royaume de Belgique fait valoir, notamment, qu'une interprétation extensive de l'article 260, paragraphe 3, TFUE, telle que celle préconisée par la Commission, est susceptible d'entraîner des problèmes de sécurité juridique. En effet, si cette disposition devait concerner à la fois les cas de non-communication et les cas de non-transposition, il pourrait être difficile de savoir si l'on se trouve dans le cadre d'une procédure visée par ladite disposition ou dans le cadre d'une procédure prévue à l'article 258 TFUE. En outre, dans le cadre d'une même procédure, il pourrait s'avérer difficile de savoir quelles dispositions d'une directive doivent être transposées sans que la procédure de l'article 260, paragraphe 3, TFUE soit entamée, et quelles dispositions non transposées relèvent du champ d'application de la procédure prévue à l'article 258 TFUE.

41. Par ailleurs, l'interprétation de l'article 260, paragraphe 3, TFUE préconisée par la Commission serait susceptible de contrevenir au principe de proportionnalité visé à l'article 5, paragraphe 4, TUE. En effet, d'une part, les manquements concernant la transposition des directives ne constitueraient pas nécessairement les infractions les plus dommageables pour les intérêts publics et privés protégés par les règles de l'Union. D'autre part, sanctionner tout défaut de transposition reviendrait à assimiler, en ce qui concerne leur gravité, deux types d'infractions différentes, à savoir la non-exécution d'un jugement (manquement sur manquement) et la non-transposition de directives (premier manquement), ce qui serait disproportionné.

42. Selon le Royaume de Belgique, il n'y aurait pas de risque de contournement de l'article 260, paragraphe 3, TFUE dès lors que la Commission peut introduire une procédure en manquement au titre de l'article 258 TFUE ou de l'article 260, paragraphe 2, TFUE.

43. Cet État membre ajoute que l'interprétation stricte de l'article 260, paragraphe 3, TFUE qu'il convient de retenir s'appuierait sur une interprétation téléologique fondée sur les travaux préparatoires relatifs à cette disposition et serait corroborée par le libellé de ladite disposition, qui vise expressément les cas où l'État membre concerné a manqué à son obligation de « communiquer des mesures de transposition » d'une directive adoptée conformément à une procédure législative. Ce serait donc uniquement la violation de l'obligation de « communiquer » des mesures de transposition qui pourrait être sanctionnée par le biais de cette disposition et non la violation de l'obligation de transposition. En outre, cette obligation de communication ne porterait que sur la communication de certaines mesures de transposition d'une directive et non sur la communication de l'ensemble des mesures de transposition de cette directive, puisque les auteurs du traité FUE n'ont pas visé « les » mesures de transposition, mais « des » mesures de transposition. Cette lecture serait

d'ailleurs corroborée par les versions en langues allemande, anglaise et néerlandaise de l'article 260, paragraphe 3, TFUE.

44. La République fédérale d'Allemagne, la République d'Estonie, l'Irlande, le Royaume d'Espagne, la République française, la République italienne, la République de Lituanie, la Hongrie, la République d'Autriche et la Roumanie, admis à intervenir au soutien des conclusions du Royaume de Belgique, font également valoir, en substance, que l'article 260, paragraphe 3, TFUE ne trouve à s'appliquer que lorsqu'un État membre est resté totalement inactif en ce qui concerne la transposition d'une directive dans le droit national et qu'il a donc omis, dans le délai imparti, de prendre des mesures pour transposer cette directive et de les communiquer à la Commission. Toutefois, la République de Lituanie, la République italienne et la Hongrie admettent que, lorsqu'il est manifeste que les actes de transposition d'une directive ne permettent pas d'atteindre les objectifs essentiels de celle-ci ou en cas d'abus de droit, la Commission peut recourir à l'article 260, paragraphe 3, TFUE. En revanche, en aucun cas le champ d'application de cette disposition ne couvrirait l'hypothèse où un État membre a communiqué à la Commission des mesures de transposition, mais où cette dernière lui reproche une transposition incorrecte ou une transposition partielle de la directive en question.

45. À l'appui de leur position, les États membres qui sont intervenus au présent litige avancent, notamment, que cette interprétation de l'article 260, paragraphe 3, TFUE découle du libellé de cette disposition, s'appuie sur la genèse de celle-ci et est conforme à son objectif, ladite disposition n'étant supposée s'appliquer que dans les cas les plus graves et manifestes de violation de l'obligation de transposition et de communication. En outre, elle serait corroborée par l'économie interne de l'article 260 TFUE et serait la seule qui ne mette pas les États membres dans une situation extrêmement difficile, étant donné que, à suivre l'approche préconisée par la Commission, les États membres ne pourraient jamais être certains que cette institution n'envisage pas de leur infliger une astreinte.

46. S'ajouterait à cela le fait que l'interprétation exposée au point 44 du présent arrêt permet d'assurer que le champ d'application de l'article 258 TFUE soit pleinement respecté et qu'elle est la seule qui soit compatible avec les principes de sécurité juridique et de proportionnalité. Elle aurait en effet pour conséquence que, dans le cas où, en cours de procédure devant la Cour, un État membre a transposé une directive et communiqué à la Commission l'ensemble des mesures de transposition, la Commission devrait renoncer à solliciter la condamnation dudit État membre au paiement d'une astreinte. De surcroît, elle n'entraînerait qu'un risque marginal que les États membres tentent d'éviter l'application de cette disposition en procédant à la communication de mesures de transposition ne correspondant pas à la réalité.

Appréciation de la Cour

47. À titre liminaire, il convient de rappeler que l'article 260, paragraphe 3, premier alinéa, TFUE prévoit que, lorsque la Commission saisit la Cour d'un recours en vertu de l'article 258 TFUE, en estimant que l'État membre a manqué à son obligation de communiquer des mesures de transposition d'une directive adoptée conformément à une procédure législative, elle peut, lorsqu'elle le considère approprié, indiquer le montant d'une somme forfaitaire ou d'une astreinte à payer par cet État membre, qu'elle estime adapté aux circonstances. Conformément à l'article 260, paragraphe 3, second alinéa, TFUE, si la Cour constate le manquement, elle peut infliger à l'État membre concerné le paiement d'une somme forfaitaire ou d'une astreinte dans la limite du montant indiqué par la Commission, l'obligation de paiement prenant effet à la date fixée par la Cour dans son arrêt.

48. En vue de déterminer la portée de l'article 260, paragraphe 3, TFUE, il convient de définir dans quelles circonstances un État membre peut être considéré comme ayant manqué à son « obligation de communiquer des mesures de transposition », au sens de cette disposition.

49. À cet égard, il ressort d'une jurisprudence constante de la Cour que, lors de l'interprétation d'une disposition du droit de l'Union, il y a lieu de tenir compte non seulement des termes de celle-ci et des objectifs qu'elle poursuit, mais également de son contexte ainsi que de l'ensemble des dispositions du droit de l'Union. La genèse d'une disposition du droit de l'Union peut également revêtir des éléments pertinents pour son interprétation (arrêt du 10 décembre 2018, *Wightman e.a.*, C-621/18, EU:C:2018:999, point 47 ainsi que jurisprudence citée).

50. En ce qui concerne, tout d'abord, le libellé de l'article 260, paragraphe 3, TFUE, il convient d'examiner la portée du manquement à « l'obligation de communiquer des mesures de transposition d'une directive » qui est au cœur de cette disposition.

51. La Cour a itérativement jugé à ce sujet, dans le cadre de procédures relatives à l'article 258 TFUE, que la communication à laquelle les États membres doivent procéder, conformément au principe de coopération loyale édicté à l'article 4, paragraphe 3, TUE, vise à faciliter l'accomplissement de la mission de la Commission consistant, notamment, selon l'article 17 TUE, à veiller à l'application des dispositions des traités ainsi que des dispositions prises par les institutions en vertu de ceux-ci. Cette communication doit donc contenir des informations suffisamment claires et précises quant au contenu des normes nationales qui transposent une directive. Ainsi, cette communication, qui peut être accompagnée d'un tableau de correspondance, doit indiquer sans ambiguïté quelles sont les mesures législatives, réglementaires et administratives

au moyen desquelles l'État membre considère avoir rempli les différentes obligations que lui impose cette directive. Or, en l'absence d'une telle information, la Commission n'est pas en mesure de vérifier si l'État membre a réellement et complètement mis la directive en application. Le manquement d'un État membre à cette obligation, que ce soit par une absence totale ou partielle d'information ou par une information insuffisamment claire et précise, peut justifier, à lui seul, l'ouverture de la procédure de l'article 258 TFUE visant à la constatation de ce manquement (voir, en ce sens, arrêts du 16 juin 2005, *Commission/Italie*, C-456/03, EU:C:2005:388, point 27, et du 27 octobre 2011, *Commission/Pologne*, C-311/10, non publié, EU:C:2011:702, points 30 à 32).

52. En ce qui concerne, ensuite, la finalité de l'article 260, paragraphe 3, TFUE, il y a lieu de rappeler que cette disposition correspond, dans une large mesure, au projet d'article 228, paragraphe 3, du traité établissant une Constitution pour l'Europe, tel que figurant à la page 15 de la note de transmission du *Praesidium* à la Convention, du 12 mai 2003 (CONV 734/03), projet dont les termes concordent eux-mêmes avec le texte proposé par le Cercle de discussion sur la Cour de justice dans son rapport final du 25 mars 2003 (CONV 636/03, pages 10 et 11). Il ressort de ce rapport final que l'objectif poursuivi par l'introduction du mécanisme figurant à l'article 260, paragraphe 3, TFUE est non seulement d'inciter les États membres à mettre fin, dans les plus brefs délais, à un manquement qui, en l'absence d'une telle mesure, aurait tendance à persister, mais également d'alléger et d'accélérer la procédure pour l'imposition de sanctions pécuniaires concernant les manquements à l'obligation de communication d'une mesure nationale de transposition d'une directive adoptée conformément à la procédure législative, étant précisé que, antérieurement à l'introduction d'un tel mécanisme, l'infliction d'une sanction financière aux États membres ne s'étant pas conformés dans les délais à un arrêt antérieur de la Cour et n'ayant pas respecté leur obligation de transposition pouvait n'intervenir que plusieurs années après ce dernier arrêt.

53. Or, cet objectif serait compromis si, ainsi que le soutiennent le Royaume de Belgique et les autres États membres qui sont intervenus à la présente procédure, la Commission n'était en mesure de solliciter l'infliction à un État membre d'une sanction pécuniaire au titre de l'article 260, paragraphe 3, TFUE, que lorsque ledit État membre s'est abstenu de lui communiquer toute mesure de transposition d'une directive adoptée conformément à une procédure législative.

54. En effet, une telle interprétation comporterait le risque qu'un État membre communique à la Commission, soit des mesures assurant la transposition d'un nombre insignifiant de dispositions de la directive en question, soit des mesures n'ayant manifestement pas pour objectif d'assurer la transposition de cette directive, et permettrait ainsi aux États

membres d'empêcher la Commission de faire application de l'article 260, paragraphe 3, TFUE.

55. Pour autant, ne saurait non plus être retenue l'interprétation selon laquelle seuls les États membres qui transposent correctement, du point de vue de la Commission, les dispositions d'une directive et en informent cette institution peuvent être considérés comme satisfaisant à l'obligation de communication visée à l'article 260, paragraphe 3, TFUE.

56. En effet, cette interprétation serait inconciliable avec la genèse de l'article 260, paragraphe 3, TFUE. Il ressort ainsi du rapport final visé au point 52 du présent arrêt que les membres du Cercle de discussion sur la Cour de justice ont distingué les cas de non-communication et de non-transposition des cas de transposition incorrecte, et ont estimé que la disposition proposée ne devait pas s'appliquer aux seconds, une sanction pécuniaire ne pouvant être infligée dans ce dernier cas qu'au terme d'un recours en manquement introduit sur le fondement de l'article 260, paragraphe 2, TFUE.

57. Cette interprétation ne serait pas conciliable non plus avec le contexte dans lequel s'inscrit l'article 260, paragraphe 3, TFUE, dont relève la procédure en manquement visée à l'article 258 TFUE. À cet égard, il importe de souligner que la procédure prévue à cette dernière disposition donne aux États membres la possibilité de contester la position adoptée par la Commission dans un cas de figure déterminé, s'agissant des mesures permettant d'assurer une transposition correcte de la directive concernée, sans pour autant être exposés d'emblée au risque de se voir imposer une sanction pécuniaire, une telle sanction ne pouvant en effet être infligée, en vertu de l'article 260, paragraphe 2, TFUE, que si l'État membre en cause n'a pas pris les mesures que comporte l'exécution d'un premier arrêt de constatation de manquement.

58. Dans ces conditions, il convient de retenir une interprétation de l'article 260, paragraphe 3, TFUE qui, d'une part, permet à la fois de garantir les prérogatives détenues par la Commission en vue d'assurer l'application effective du droit de l'Union et de protéger les droits de la défense ainsi que la position procédurale dont bénéficient les États membres au titre de l'application combinée de l'article 258 TFUE et de l'article 260, paragraphe 2, TFUE, et, d'autre part, met la Cour en position de pouvoir exercer sa fonction juridictionnelle consistant à apprécier, dans le cadre d'une seule procédure, si l'État membre concerné a rempli ses obligations en matière de communication et, le cas échéant, à évaluer la gravité du manquement ainsi constaté et à imposer la sanction pécuniaire qu'elle juge la plus adaptée aux circonstances de l'espèce.

59. Eu égard à l'ensemble de ces éléments, les termes « obligation de communiquer des mesures de transposition », figurant à l'article 260, paragraphe 3, TFUE, doivent être interprétés en ce sens qu'ils visent

l'obligation des États membres de transmettre des informations suffisamment claires et précises quant aux mesures de transposition d'une directive. Afin de satisfaire à l'obligation de sécurité juridique et d'assurer la transposition de l'intégralité des dispositions de cette directive sur l'ensemble du territoire concerné, les États membres sont tenus d'indiquer, pour chaque disposition de ladite directive, la ou les dispositions nationales assurant sa transposition. Une fois cette communication intervenue, le cas échéant accompagnée de la présentation d'un tableau de correspondance, il incombe à la Commission d'établir, en vue de solliciter l'infliction à l'État membre concerné d'une sanction pécuniaire prévue à cette disposition, que certaines mesures de transposition font manifestement défaut ou ne couvrent pas l'ensemble du territoire de l'État membre concerné, étant entendu qu'il n'appartient pas à la Cour, dans le cadre de la procédure juridictionnelle engagée en application de l'article 260, paragraphe 3, TFUE, d'examiner si les mesures nationales communiquées à la Commission assurent une transposition correcte des dispositions de la directive en cause.

Sur l'existence du manquement au jour de l'examen des faits

60. Selon la jurisprudence de la Cour, l'infliction d'une astreinte ne se justifie en principe que pour autant que perdure le manquement que cette astreinte vise à sanctionner jusqu'à l'examen des faits par la Cour (voir, en ce sens, arrêts du 12 juillet 2005, *Commission/France*, C-304/02, EU:C:2005:444, point 31 ; du 18 juillet 2006, *Commission/Italie*, C-119/04, EU:C:2006:489, point 33, et du 7 septembre 2016, *Commission/Grèce*, C-584/14, EU:C:2016:636, point 70).

61. Cette jurisprudence, relative à l'article 260, paragraphe 2, TFUE, doit être appliquée par analogie à l'article 260, paragraphe 3, TFUE, dès lors que les astreintes au titre de ces deux dispositions poursuivent le même objectif, à savoir inciter un État membre à mettre fin, dans les plus brefs délais, à un manquement qui, en l'absence d'une telle mesure, aurait tendance à persister (voir, en ce sens, arrêt du 12 juillet 2005, *Commission/France*, C-304/02, EU:C:2005:444, point 81).

62. Il convient dès lors de déterminer si le manquement reproché au Royaume de Belgique au titre de l'article 260, paragraphe 3, TFUE par la Commission, à savoir l'absence d'adoption de mesures nécessaires pour se conformer à la directive 2014/61 et, *a fortiori*, de communication de la part de cet État membre des mesures de transposition y afférentes, tel que constaté au point 27 du présent arrêt, a perduré jusqu'à l'examen des faits par la Cour.

63. Ainsi qu'il ressort des points 12 et 13 du présent arrêt, la Commission a, en cours de procédure, adapté le montant de l'astreinte à laquelle

elle entend voir condamner le Royaume de Belgique, afin de tenir compte de la circonstance que le manquement reproché à cet État membre est désormais limité à la non-transposition, pour ce qui est de la seule Région de Bruxelles-Capitale, de l'article 2, paragraphes 7 à 9 et 11, de l'article 4, paragraphe 5, ainsi que de l'article 8 de la directive 2014/61, de même qu'à l'absence de communication de mesures visant à transposer ces dispositions dans ladite Région.

64. S'agissant, en premier lieu, de l'article 2, paragraphes 7 à 9 et 11, de cette directive, il importe de relever que ces dispositions contiennent les définitions des notions d'« infrastructure physique à l'intérieur d'un immeuble », d'« infrastructure physique adaptée au haut débit située à l'intérieur d'un immeuble », de « travaux de rénovation de grande ampleur » et de « point d'accès », et qu'il ressort du tableau de concordance annexé au mémoire en défense du Royaume de Belgique que, au stade du dépôt dudit mémoire, la transposition de ces définitions n'avait fait l'objet, pour la Région de Bruxelles-Capitale, que d'un « projet d'arrêté modifiant le règlement régional d'urbanisme ». En l'absence de toute communication postérieure émanant de cet État membre concernant l'adoption et l'entrée en vigueur de l'arrêté projeté, il y a lieu de conclure que ledit État membre n'a pas encore adopté les mesures nécessaires pour assurer la transposition, dans la Région de Bruxelles-Capitale, de l'article 2, paragraphes 7 à 9 et 11, de ladite directive.

65. En ce qui concerne, en deuxième lieu, l'article 4, paragraphe 5, de la directive 2014/61, qui prévoit que, en réponse à la demande écrite spécifique formulée par une entreprise fournissant ou autorisée à fournir des réseaux de communications publics, les États membres font obligation aux opérateurs de réseau de faire droit aux demandes raisonnables d'enquête sur place sur des éléments spécifiques de leurs infrastructures physiques, force est de constater que le tableau de correspondance annexé au mémoire en défense du Royaume de Belgique ne contient aucune indication concernant une mesure de transposition déjà adoptée dans la Région de Bruxelles-Capitale. Le Royaume de Belgique n'ayant, à la suite du dépôt du mémoire en défense, fourni aucun élément supplémentaire en relation avec ladite disposition, il y a lieu de conclure que l'article 4, paragraphe 5, de la directive 2014/61 n'a pas encore fait l'objet d'une transposition pour la Région de Bruxelles-Capitale.

66. Pour ce qui est, en troisième lieu, de l'article 8 de la directive 2014/61, dont certaines dispositions, en ce qu'elles sont facultatives, ne nécessitent pas, d'après le Royaume de Belgique, une transposition dans le droit national, il ressort du tableau de correspondance mentionné au point précédent que les dispositions de cet article dont il n'est pas contesté que la transposition était obligatoire n'avaient en tout état de cause pas encore été transposées en Région de Bruxelles-Capitale. Si ce tableau de correspondance fait état d'un « projet d'arrêté modifiant le règlement

régional d'urbanisme », le Royaume de Belgique n'a fourni par la suite aucune information portant sur l'adoption et l'entrée en vigueur de l'arrêté projeté. Il y a donc lieu de conclure que le Royaume de Belgique n'a pas encore adopté les mesures nécessaires pour assurer la transposition, dans la Région de Bruxelles-Capitale, de l'article 8 de la directive 2014/61.

67. Enfin, comme il a été rappelé au point 22 du présent arrêt, lors de l'audience de plaidoiries, le Royaume de Belgique n'a pas contesté les griefs avancés par la Commission et a reconnu que des mesures devaient encore être adoptées pour assurer la transposition complète de la directive 2014/61 dans le droit belge et que ces mesures allaient être communiquées dans les meilleurs délais.

68. Eu égard à ces considérations, il y a lieu de conclure que, en n'ayant toujours pas, au jour de l'examen des faits par la Cour, adopté les mesures nécessaires pour transposer dans son droit interne, pour ce qui est de la Région de Bruxelles-Capitale, l'article 2, paragraphes 7 à 9 et 11, l'article 4, paragraphe 5, ainsi que l'article 8 de la directive 2014/61, ni, a fortiori, communiqué à la Commission de telles mesures de transposition, le Royaume de Belgique a partiellement persisté dans son manquement. Il s'ensuit que l'article 260, paragraphe 3, TFUE est applicable en l'espèce.

Sur l'imposition d'une astreinte en l'espèce

Argumentation des parties

69. S'agissant du montant de la sanction pécuniaire, la Commission considère, conformément à la position reflétée au point 23 de la communication visée au point 28 du présent arrêt, que les modalités de calcul de l'astreinte visée à l'article 260, paragraphe 3, TFUE doivent être les mêmes que celles appliquées dans le cadre de la procédure prévue à l'article 260, paragraphe 2, TFUE.

70. En l'espèce, la Commission a proposé, lors de l'audience, de retenir un coefficient de gravité de 1 sur une échelle de 1 à 20. S'agissant de la durée de l'infraction, elle a considéré qu'un coefficient de 1,8 sur une échelle de 1 à 3 serait approprié. À cet égard, la Commission précise que, contrairement à ce que soutient le Royaume de Belgique, il ressort des termes mêmes de l'article 13, premier alinéa, de la directive 2014/61 que les États membres devaient adopter et publier les dispositions législatives, réglementaires et administratives nécessaires pour se conformer à cette directive au plus tard le 1er janvier 2016 et en informer la Commission. Ce serait donc à partir de cette dernière date qu'un État membre pouvait être regardé comme ayant manqué à son obligation de communication des mesures de transposition, et non à partir du 1er juillet 2016, correspondant au point de départ de l'application des dispositions nationales adoptées.

71. En appliquant à ces coefficients le facteur « n » concernant le Royaume de Belgique, à savoir 4,96, et un forfait de base uniforme de 680 euros, la Commission sollicite l'imposition d'une astreinte d'un montant de 6 071,04 euros par jour de retard dans la transposition de la directive 2014/61, à compter de la date de prononcé de l'arrêt à intervenir.

72. Le Royaume de Belgique demande, dans l'hypothèse où une astreinte devrait lui être infligée, que le montant de celle-ci soit inférieur à celui sollicité par la Commission. À cet égard, cet État membre conteste le montant du coefficient de gravité et celui du coefficient de durée de l'infraction au motif qu'ils ne sont pas proportionnés au manquement éventuellement constaté.

73. S'agissant, en particulier, du coefficient de gravité, le Royaume de Belgique relève, notamment, que les conséquences de l'absence de transposition complète de la directive 2014/61 et les économies susceptibles d'être réalisées en cas de transposition complète n'ont pas été analysées de manière concrète. À cet égard, il existerait déjà dans l'ordre juridique belge de nombreuses dispositions normatives permettant, voire imposant, la coordination des travaux de génie civil, ainsi que le partage et l'accès aux informations sur les infrastructures physiques existantes, sur les travaux de génie civil prévus et sur les procédures de délivrance des autorisations nécessaires, de sorte que les objectifs de ladite directive seraient déjà largement atteints dans l'ordre juridique belge. Ainsi, le manquement à l'obligation de transposition n'aurait que des effets limités sur les intérêts d'ordre général ou particulier, critères pris en compte par la Commission et la Cour pour évaluer la gravité d'une infraction. En tout état de cause, il y aurait lieu de tenir compte des avancées réalisées au niveau de la transposition de la directive 2014/61 dans le droit belge depuis l'introduction du présent recours.

74. Quant au coefficient de durée de l'infraction, le Royaume de Belgique relève que, s'il est vrai que, conformément à l'article 13 de la directive 2014/61, les États membres devaient adopter et publier les dispositions transposant cette dernière au plus tard le 1er janvier 2016, il ressort également de ce même article 13 qu'il appartenait à ces États membres de mettre en application ces dispositions à partir du 1er juillet 2016 seulement. Partant, il conviendrait de prendre cette dernière date comme point de départ pour apprécier la durée de l'infraction et de réduire le coefficient de durée de l'infraction en question à 1,3.

75. S'agissant des modalités de paiement de l'astreinte, le Royaume de Belgique demande à ce que la vérification de la transposition de la directive 2014/61 et du respect de l'arrêt de la Cour intervienne sur une base semestrielle après le prononcé de cet arrêt et que, en conséquence, le paiement de l'astreinte s'opère également sur une base semestrielle plutôt que journalière. Une telle solution permettrait de prendre en compte

et d'encourager l'avancement de la transposition de cette directive ainsi que, le cas échéant, d'alléger l'incidence de l'astreinte sur les finances publiques.

76. Par ailleurs, eu égard au caractère complexe de la transposition de la directive 2014/61 dans le droit belge, tenant à la pluralité des autorités compétentes en la matière, le Royaume de Belgique demande à la Cour de lui octroyer un délai de six mois à partir de la date de l'arrêt à intervenir afin de lui permettre de remplir ses obligations découlant de ladite directive.

77. Les États membres intervenus au soutien du Royaume de Belgique font valoir, en substance, qu'il appartient à la Commission d'établir de manière claire le niveau de gravité de l'infraction, de sorte que soit garantie la proportionnalité de la sanction. En l'occurrence, le degré de gravité retenu par la Commission serait nettement trop élevé. Il conviendrait, notamment, de faire en sorte que le montant de l'astreinte soit diminué au fur et à mesure de l'exécution progressive de l'arrêt à intervenir. Par ailleurs, il ressortirait du libellé de l'article 260, paragraphe 3, TFUE ainsi que de l'interprétation systématique de l'article 260, paragraphes 2 et 3, TFUE que le législateur de l'Union a entendu prévoir un délai raisonnable entre le prononcé de l'arrêt imposant une sanction pécuniaire et la date de prise d'effet de l'obligation de paiement y afférente.

Appréciation de la Cour

78. À titre liminaire, il y a lieu de rappeler qu'il appartient à la Cour, dans chaque affaire et en fonction des circonstances de l'espèce dont elle se trouve saisie ainsi que du niveau de persuasion et de dissuasion qui lui paraît requis, d'arrêter les sanctions pécuniaires appropriées, notamment pour prévenir la répétition d'infractions analogues au droit de l'Union (voir, par analogie avec l'article 260, paragraphe 2, TFUE, arrêt du 2 décembre 2014, *Commission/Italie*, C-196/13, EU:C:2014:2407, point 86 et jurisprudence citée).

79. Ainsi qu'il a été rappelé aux points 60 et 61 du présent arrêt, le prononcé d'une astreinte ne se justifie en principe que pour autant que le manquement perdure jusqu'au jour de l'examen des faits par la Cour.

80. En l'espèce, ainsi qu'il a été constaté au point 68 du présent arrêt, à la date de l'examen des faits, les mesures nécessaires pour assurer la transposition de la directive 2014/61 dans le droit belge n'avaient pas encore été intégralement adoptées ni communiquées à la Commission.

81. Dans ces conditions, la Cour considère que la condamnation du Royaume de Belgique au paiement d'une astreinte, seule sollicitée, en l'occurrence, par la Commission, constitue un moyen financier approprié aux fins d'assurer le respect par cet État membre des obligations qui lui incombent en vertu de ladite directive et des traités.

82. En revanche, étant donné que, ainsi que le reconnaît la Commission, les mesures communiquées par le Royaume de Belgique témoignent d'une évolution vers une transposition complète de la directive 2014/61 dans le droit belge depuis l'introduction du recours, il n'est pas exclu que, au jour du prononcé de l'arrêt dans la présente affaire, la transposition de ladite directive soit totalement achevée. Ainsi, l'astreinte n'est imposée que dans la mesure où le manquement persisterait à la date du prononcé de cet arrêt.

83. Il convient de rappeler que, dans l'exercice de son pouvoir d'appréciation en la matière, il incombe à la Cour de fixer l'astreinte de telle sorte que celle-ci, d'une part, soit adaptée aux circonstances et proportionnée au manquement constaté ainsi qu'à la capacité de paiement de l'État membre concerné (voir, par analogie, arrêts du 4 juillet 2000, *Commission/Grèce*, C-387/97, EU:C:2000:356, point 90, et du 14 novembre 2018, *Commission/Grèce*, C-93/17, EU:C:2018:903, point 118), et, d'autre part, ne dépasse pas, conformément à l'article 260, paragraphe 3, second alinéa, TFUE, le montant indiqué par la Commission.

84. Dans le cadre de l'appréciation de la Cour aux fins de la fixation du montant de l'astreinte, les critères devant être pris en considération afin d'assurer la nature coercitive de celle-ci, en vue de l'application uniforme et effective du droit de l'Union, sont, en principe, la durée de l'infraction, son degré de gravité et la capacité de paiement de l'État membre en cause. Pour l'application de ces critères, la Cour est appelée à tenir compte, en particulier, des conséquences du manquement sur les intérêts publics et privés en cause ainsi que de l'urgence qui existe pour que l'État membre concerné se conforme à ses obligations (voir, par analogie avec l'article 260, paragraphe 2, TFUE, arrêt du 14 novembre 2018, *Commission/Grèce*, C-93/17, EU:C:2018:903, point 120 et jurisprudence citée).

85. S'agissant de la gravité de l'infraction, il y a lieu de constater que l'obligation d'adopter les mesures nationales pour assurer la transposition complète d'une directive et l'obligation de communiquer ces mesures à la Commission constituent des obligations essentielles des États membres afin d'assurer la pleine effectivité du droit de l'Union et que le manquement à ces obligations doit, dès lors, être considéré comme étant d'une gravité certaine.

86. S'il est vrai que le Royaume de Belgique a accompli, depuis l'expiration du délai imparti dans l'avis motivé, des progrès dans la transposition de la directive 2014/61 et la communication à la Commission des mesures nationales de transposition de celle-ci, il n'en reste pas moins que quelques dispositions de cette directive n'avaient, au jour de l'examen des faits par la Cour, toujours pas été transposées dans le droit national pour une partie du territoire du Royaume de Belgique.

87. En ce qui concerne la durée de l'infraction, celle-ci doit être évaluée en ayant égard au moment auquel la Cour apprécie les faits et non pas à celui où cette dernière est saisie par la Commission (voir, par analogie avec l'article 260, paragraphe 2, TFUE, arrêt du 14 novembre 2018, *Commission/Grèce*, C-93/17, EU:C:2018:903, point 130 et jurisprudence citée).

88. En l'occurrence, ainsi qu'il découle du point 68 du présent arrêt, le manquement reproché n'avait pas encore pris fin au jour de l'examen des faits par la Cour. Il y a donc lieu de considérer que ce manquement perdure depuis l'échéance du délai fixé dans l'avis motivé, tel que prorogé par la Commission jusqu'au 28 février 2017. Or, cette durée d'infraction de près de deux ans et demi est considérable au regard du fait que, en vertu de l'article 13 de la directive 2014/61, les États membres avaient l'obligation de transposer les dispositions de ladite directive au plus tard le 1er janvier 2016.

89. Au vu de ce qui précède et au regard du pouvoir d'appréciation reconnu à la Cour par l'article 260, paragraphe 3, TFUE, lequel prévoit que celle-ci ne saurait, en ce qui concerne l'astreinte qu'elle inflige, dépasser le montant indiqué par la Commission, la Cour considère que le prononcé d'une astreinte d'un montant de 5 000 euros par jour est approprié pour garantir le respect, par le Royaume de Belgique, des obligations qui lui incombent en vertu de l'article 13 de la directive 2014/61.

90. S'agissant de l'argumentation du Royaume de Belgique concernant la dégressivité de l'astreinte, celle-ci ne saurait être retenue. Il importe en effet de constater que l'objectif de l'astreinte sollicitée est de mettre un terme au manquement consistant, pour le Royaume de Belgique, à n'avoir que partiellement transposé la directive 2014/61 et à ne pas avoir communiqué toutes les mesures nécessaires pour assurer ladite transposition dans le droit belge. Or, prévoir une dégressivité de cette astreinte en fonction de l'adoption et de la communication graduelles de mesures de transposition serait de nature à compromettre l'efficacité de celle-ci.

91. S'agissant des modalités de paiement de l'astreinte, il appartient à la Cour, en application de l'article 260, paragraphe 3, TFUE, de déterminer la date à laquelle l'obligation de paiement prend effet.

92. En l'espèce, la Cour juge opportun, dans l'exercice de son pouvoir d'appréciation, de faire courir le point de départ de l'astreinte dès la date de prononcé du présent arrêt, sous la seule réserve exprimée au point 82 de celui-ci. Par ailleurs, dès lors que la constatation de la fin du manquement ne nécessite, de la part de la Commission, aucune évaluation factuelle complexe, il n'y a pas lieu de prévoir un paiement de l'astreinte sur une base semestrielle.

93. Eu égard à ce qui précède, il convient donc de condamner le Royaume de Belgique à payer à la Commission, à compter de la date

du présent arrêt et jusqu'à ce que cet État membre ait mis un terme au manquement constaté, une astreinte journalière de 5 000 euros.

[...]

Par ces motifs, la Cour (grande chambre) déclare et arrête :

1) En n'ayant pas, à l'échéance du délai imparti dans l'avis motivé du 30 septembre 2016, tel que prorogé par la Commission européenne, adopté les dispositions législatives, réglementaires et administratives nécessaires pour se conformer à la directive 2014/61/UE du Parlement européen et du Conseil, du 15 mai 2014, relative à des mesures visant à réduire le coût du déploiement de réseaux de communications électroniques à haut débit, et, a fortiori, en n'ayant pas communiqué à la Commission de telles mesures de transposition, le Royaume de Belgique a manqué aux obligations qui lui incombent en vertu de l'article 13 de cette directive.

2) En n'ayant toujours pas, au jour de l'examen des faits par la Cour, adopté les mesures nécessaires pour transposer dans son droit interne, pour ce qui est de la Région de Bruxelles-Capitale, l'article 2, paragraphes 7 à 9 et 11, l'article 4, paragraphe 5, ainsi que l'article 8 de la directive 2014/61, ni, a fortiori, communiqué à la Commission européenne de telles mesures de transposition, le Royaume de Belgique a partiellement persisté dans son manquement.

3) Dans le cas où le manquement constaté au point 2 persisterait encore à la date de prononcé du présent arrêt, le Royaume de Belgique est condamné à payer à la Commission européenne, à compter de cette date et jusqu'au terme de ce manquement, une astreinte de 5 000 euros par jour.

[...]

Observations

L'arrêt *Commission contre Belgique* était attendu puisque, après plusieurs occasions manquées, à la suite de désistements de la Commission survenus, par deux fois, après le prononcé des conclusions de l'avocat général(1), la Cour

(1) Outre les concl. av. gén. Szpunar dans la présente affaire, voy. concl. av. gén. Wathelet et Tanchev, respectivement dans les affaires *Commission c/ Pologne* (C-320/13) et *Commission c/ Espagne (Article 260, paragraphe 3, TFUE – Crédits immobiliers résidentiels)* (C-569/17).

a enfin pu interpréter l'article 260, paragraphe 3, TFUE. Ainsi, alors que la matière était encore vierge de décisions de la Cour, celle-ci pouvait s'appuyer sur trois jeux de conclusions.

Cet arrêt se présente de manière très didactique. La Cour constate, dans un premier temps particulièrement bref, dès lors que le manquement n'était pas contesté, la méconnaissance de l'article d'une directive prévoyant que « [l]es États membres adoptent et publient les dispositions législatives, réglementaires et administratives nécessaires pour se conformer à la présente directive au plus tard le 1er janvier 2016. Ils en informent la Commission ». Le second temps du raisonnement se subdivise lui-même en trois volets. La Cour s'interroge, tout d'abord, sur l'applicabilité de l'article 260, paragraphe 3, TFUE en l'espèce et donc sur les contours de l'obligation de communication des mesures de transposition de la directive litigieuse à la Commission. Elle examine ensuite si ce manquement persiste au jour où elle se livre à l'examen des faits. Enfin, elle apprécie l'opportunité d'imposer une astreinte au cas d'espèce.

En vertu de l'article 260, paragraphe 3, TFUE, « [l]orsque la Commission saisit la Cour d'un recours en vertu de l'article 258, estimant que l'État membre concerné a manqué à son obligation de communiquer des mesures de transposition d'une directive adoptée conformément à une procédure législative, elle peut, lorsqu'elle le considère approprié, indiquer le montant d'une somme forfaitaire ou d'une astreinte à payer par cet État, qu'elle estime adapté aux circonstances. Si la Cour constate le manquement, elle peut infliger à l'État membre concerné le paiement d'une somme forfaitaire ou d'une astreinte dans la limite du montant indiqué par la Commission. L'obligation de paiement prend effet à la date fixée par la Cour dans son arrêt ». La faculté ainsi ouverte à la Commission de solliciter l'infliction d'une sanction financière à l'encontre de l'État poursuivi devrait inciter à ranger le recours fondé sur l'article 260, paragraphe 3, TFUE dans la catégorie des recours en manquement sur manquement. Pourtant, le fait que cette ou ces sanction(s) puisse(nt) être prononcée(s) dès la première procédure en manquement constitue une différence de taille qui semble condamner l'assimilation à un recours en manquement sur manquement. La singularité du recours formé sur l'article 260, paragraphe 3, TFUE rend toutefois également impossible toute assimilation immédiate à un recours en manquement ordinaire puisque ce dernier est insusceptible d'aboutir à une condamnation pécuniaire de l'État poursuivi.

Le recours formé au titre de l'article 260, paragraphe 3, TFUE semble ainsi présenter les traits d'un recours *sui generis*, empruntant tout à la fois à l'article 258 et à l'article 260, paragraphe 2, TFUE. Son hybridité découle immanquablement de la finalité qui lui a été assignée par les négociateurs du traité de Lisbonne. Instrument placé au service de l'effectivité du droit de l'Union, qu'il est d'ailleurs censé redynamiser, le recours fondé sur l'article 260, paragraphe 3, TFUE pourrait se caractériser par son intrinsèque dualité. Il intervient en effet *en aval* d'un recours en manquement ordinaire qui vise à constater la méconnaissance par un État membre de son obligation d'adopter et de publier les mesures de transposition d'une directive adoptée conformément à une procédure législative. À ce titre, il semble s'inscrire dans la logique des voies d'exécution d'un arrêt en manquement.

Néanmoins, un recours intenté au titre de l'article 260, paragraphe 3, TFUE s'apparente simultanément à une mesure provisoire ou de mise en état, en ce sens qu'il ne permet pas à la Commission d'apprécier l'exactitude de la transposition effectuée dans l'État poursuivi. Dans cette perspective, un recours fondé sur l'article 260, paragraphe 3, TFUE se caractériserait par le fait qu'il intervient *en amont* d'un recours en manquement ordinaire, qui n'est que potentiel puisque l'introduction de ce dernier dépendra évidemment du contenu des mesures de transposition qui finiront par être transmises à la Commission. Selon que l'accent est placé sur la dimension amont ou aval du recours fondé sur l'article 260, paragraphe 3, TFUE, le rapprochement s'opérera plutôt avec le recours en manquement sur manquement ou avec le recours en manquement.

En dépit des hésitations qu'on peut nourrir quant à la nature de ce recours, deux certitudes semblent se dégager de l'arrêt *Commission contre Belgique*.

1) Le premier apport de l'arrêt réside dans la définition, simple à mettre en œuvre, de l'obligation de communication des mesures de transposition d'une directive adoptée conformément à une procédure législative, laquelle conditionne évidemment l'applicabilité de l'article 260, paragraphe 3, TFUE. À cet égard, le libellé de cette disposition est source d'ambiguïté, en ce qu'il se réfère au manquement par un État membre « à son obligation de communiquer *des* mesures de transposition d'une directive adoptée conformément à une procédure législative » (2). Le texte de cette disposition pouvait ainsi être invoqué à l'appui de deux interprétations antagonistes. La Belgique et les États membres intervenant à son soutien n'ont en effet pas manqué de soutenir que la communication partielle des mesures de transposition suffisait à échapper à l'article 260, paragraphe 3, TFUE dès lors que l'État concerné remplit alors son obligation de « communiquer des mesures de transposition ». Inversement, la Commission considérait que la procédure instaurée par l'article 260, paragraphe 3, TFUE ne devait pas faire l'objet d'une interprétation stricte de sorte qu'elle demeurait applicable tant que « des mesures de transposition », et donc que l'intégralité de celles-ci, ne lui avaient pas été communiquées.

La Cour considère que l'obligation de communiquer des mesures de transposition d'une directive impose de transmettre à la Commission « des informations suffisamment claires et précises quant au contenu des normes nationales qui transposent une directive » afin d'« indiquer sans ambiguïté quelles sont les mesures législatives, réglementaires et administratives au moyen desquelles l'État membre considère avoir rempli les différentes obligations que lui impose cette directive ». Le cas échéant, « la Commission n'est pas en mesure de vérifier si l'État membre a réellement et complètement mis la directive en application » (pt 51). La Cour semble procéder, en l'espèce, à une valorisation inédite du « tableau de correspondance », lequel fait apparaître, en parallèle des dispositions d'une directive, les dispositions nationales prises pour en assurer la transposition.

---

(2) Sur l'interprétation de l'expression « des mesures », voy. tout particulièrement pt 46 concl. av. gén. Tanchev dans l'affaire *Commission c/ Espagne (Article 260, paragraphe 3, TFUE - Crédits immobiliers résidentiels)*, aff. C-569/17, EU:C:2019:271.

En mobilisant ensuite les travaux préparatoires du traité établissant une Constitution pour l'Europe, dès lors que l'article 260, paragraphe 3, TFUE « correspond, dans une large mesure, au projet d'article 228, paragraphe 3, du traité établissant une Constitution pour l'Europe », la Cour estime que « l'objectif poursuivi par l'introduction du mécanisme figurant à l'article 260, paragraphe 3, TFUE est non seulement d'inciter les États membres à mettre fin, dans les plus brefs délais, à un manquement qui, en l'absence d'une telle mesure, aurait tendance à persister, mais également d'alléger et d'accélérer la procédure pour l'imposition de sanctions pécuniaires concernant les manquements à l'obligation de communication d'une mesure nationale de transposition d'une directive adoptée conformément à la procédure législative » (pt 52). Or, « cet objectif serait compromis si [...] la Commission n'était en mesure de solliciter l'infliction à un État membre d'une sanction pécuniaire au titre de l'article 260, paragraphe 3, TFUE, que lorsque ledit État membre s'est abstenu de lui communiquer toute mesure de transposition d'une directive adoptée conformément à une procédure législative » (pt 53).

Ainsi que le synthétise la Cour au point 59 de l'arrêt, « [a]fin de satisfaire à l'obligation de sécurité juridique et d'assurer la transposition de l'intégralité des dispositions de cette directive sur l'ensemble du territoire concerné, les États membres sont tenus d'indiquer, pour chaque disposition de ladite directive, la ou les dispositions nationales assurant sa transposition. Une fois cette communication intervenue, le cas échéant accompagnée de la présentation d'un tableau de correspondance, il incombe à la Commission d'établir, en vue de solliciter l'infliction à l'État membre concerné d'une sanction pécuniaire prévue à cette disposition, que certaines mesures de transposition font manifestement défaut ou ne couvrent pas l'ensemble du territoire de l'État membre concerné, étant entendu qu'il n'appartient pas à la Cour, dans le cadre de la procédure juridictionnelle engagée en application de l'article 260, paragraphe 3, TFUE, d'examiner si les mesures nationales communiquées à la Commission assurent une transposition correcte des dispositions de la directive en cause ».

Deux enseignements peuvent être tirés de cette partie de l'arrêt. Premièrement, la Commission demeure recevable à introduire un recours formé sur l'article 260, paragraphe 3, TFUE tant que l'État mis en cause ne démontre pas qu'il a effectivement assuré la transposition de toutes les dispositions d'une directive adoptée selon une procédure législative. Deuxièmement, un tel recours n'a aucunement vocation à permettre à la Cour de s'immiscer sur le terrain du contrôle de la rectitude de la transposition, une telle opération ne pouvant relever que d'un recours en manquement ordinaire fondé sur l'article 258 ou 259 TFUE. On perçoit mieux, dès lors, l'insistance avec laquelle elle met en exergue le tableau de correspondance. En effet, soit une case est « noircie » auquel cas la disposition correspondante de la directive est réputée transposée, peu important que la transposition soit correcte ou non ; soit la case reste « vide » et la Cour n'a plus qu'à relever ce défaut de transposition, peu important ici que ce défaut affecte la totalité du territoire de l'État mis en cause ou seulement une partie de celui-ci. Le tableau de transposition a ainsi le mérite de réduire le rôle de la Cour à un simple contrôle visuel ou optique.

2) Le second apport indiscutable de l'arrêt *Commission contre Belgique* réside dans la confection du régime de sanction applicable dans le cadre de l'article 260, paragraphe 3, TFUE par analogie avec les règles qu'elle a dégagées au titre de l'article 260, paragraphe 2, TFUE. Il est vrai que « les astreintes au titre de ces deux dispositions poursuivent le même objectif, à savoir inciter un État membre à mettre fin, dans les plus brefs délais, à un manquement qui, en l'absence d'une telle mesure, aurait tendance à persister » (pt 61). C'est ainsi que « l'infliction d'une astreinte ne se justifie en principe que pour autant que perdure le manquement que cette astreinte vise à sanctionner jusqu'à l'examen des faits par la Cour » (pts 60 et 61). Compte tenu du mode de travail de la Cour, il est logique qu'elle se place au jour où elle procède à l'examen des faits, ce qui renvoie certainement à la date de l'audience, voire, si la Cour a connaissance de faits ultérieurs à cette date, à la date du prononcé des conclusions ou du délibéré. L'astreinte est également calculé en prenant pour modèle la jurisprudence relative à

l'article 260, paragraphe 2, TFUE. C'est ainsi que, dans le cadre de l'article 260, paragraphe 3, TFUE également, l'astreinte doit être fixée de façon à être « adaptée aux circonstances et proportionnée au manquement constaté ainsi qu'à la capacité de paiement de l'État membre concerné » (pt 83). La Cour retient logiquement les mêmes critères pour s'assurer de la nature coercitive de l'astreinte, à savoir, par « principe, la durée de l'infraction, son degré de gravité et la capacité de paiement de l'État membre en cause. » En outre, « [p]our l'application de ces critères, la Cour [tient] compte, en particulier, des conséquences du manquement sur les intérêts publics et privés en cause ainsi que de l'urgence qui existe pour que l'État membre concerné se conforme à ses obligations » (pt 84).

En définitive, la seule différence par rapport à l'article 260, paragraphe 2, TFUE tient à ce que, dans le cadre du paragraphe 3 de cet article, « [s]i la Cour constate le manquement, elle peut infliger à l'État membre concerné le paiement d'une somme forfaitaire ou d'une astreinte dans la limite du montant indiqué par la Commission ». Reste toutefois à savoir si cette limitation du pouvoir d'appréciation de la Cour vaut uniquement en ce qui concerne le prononcé d'une astreinte ou si elle s'impose globalement à la Cour, et donc également lorsqu'elle condamne un État membre au paiement d'une somme forfaitaire. Le plus vraisemblable est que cette limite s'applique de manière distributive, en ce sens que cette barrière devrait s'imposer à la Cour quelle que soit la sanction pécuniaire qu'elle envisage d'infliger à l'État poursuivi. L'article 260, paragraphe 3, alinéa 2, TFUE serait interprété comme s'il était rédigé de la façon suivante : « Si la Cour constate le manquement, elle peut infliger à l'État membre concerné, *dans la limite du montant indiqué par la Commission*, le paiement d'une somme forfaitaire ou d'une astreinte ».

Cependant, à la lecture du point 89 de l'arrêt *Commission contre Belgique*, il n'est pas certain que la Cour ait souhaité faire sienne cette interprétation. Il y est en effet affirmé que l'article 260, paragraphe 3, TFUE, à moins qu'il ne s'agisse du « pouvoir d'appréciation reconnu à la Cour par [cette disposition] », « prévoit que celle-ci ne saurait, en ce qui concerne l'astreinte qu'elle inflige, dépasser le montant indiqué par la Commission ». Si l'on ajoute que la Cour a relevé, au point 81 de l'arrêt, que « seule [était] sollicitée » la condamnation à une astreinte, l'arrêt *Commission contre Belgique* paraît opter pour une interprétation littérale et parfaitement orthodoxe de l'article 260, paragraphe 3, second alinéa, TFUE. Néanmoins, interprété *a contrario*, ce point de l'arrêt suggérerait que la limite posée par le Constituant au pouvoir d'appréciation de la Cour pourrait être cantonnée à l'infliction d'une astreinte et, par conséquent, ne pas s'appliquer en cas de condamnation au paiement d'une somme forfaitaire. Reste toutefois à espérer que la Cour ne s'aventurera pas à une lecture aussi hasardeuse de l'article 260, paragraphe 3, second alinéa, TFUE.

Laurent COUTRON

Cour de justice, gde ch., 10 septembre 2019, *HTTS c/ Conseil*, aff. C-123/18 P, ECLI:EU:C:2019:694

Conclusions de l'avocat général G. Pitruzzella, du 5 mars 2019, ECLI:EU:C:2019:173

Mots-clés : Politique étrangère et de sécurité commune – Mesures restrictives prises à l'encontre de la République islamique d'Iran – Réparation du préjudice prétendument subi par la requérante à la suite de l'inscription de son nom sur la liste des personnes et entités auxquelles s'applique le gel de fonds et de ressources économiques – Recours en indemnité – Conditions nécessaires pour l'engagement de la responsabilité non contractuelle de l'Union européenne – Notion de « violation suffisamment caractérisée d'une règle de droit de l'Union » – Appréciation – Notion de « société détenue ou contrôlée » – Obligation de motivation

Cadre normatif : articles 268 et 340, alinéa 2, TFUE

Extraits de l'arrêt

1. Par son pourvoi, HTTS Hanseatic Trade Trust & Shipping GmbH (ci-après « HTTS ») demande l'annulation de l'arrêt du Tribunal de l'Union européenne du 13 décembre 2017, *HTTS/Conseil* (T-692/15, ci-après l'« arrêt attaqué », EU:T:2017:890), par lequel celui-ci a rejeté son recours tendant à obtenir la réparation du préjudice qu'elle aurait prétendument subi à la suite de l'inscription de son nom, d'une part, par le règlement d'exécution (UE) n° 668/2010 du Conseil, du 26 juillet 2010, mettant en œuvre l'article 7, paragraphe 2, du règlement (CE) n° 423/2007 concernant l'adoption de mesures restrictives à l'encontre de l'Iran (*JO* 2010, L 195, p. 25), à l'annexe V du règlement (CE) n° 423/2007 du Conseil, du 19 avril 2007, concernant l'adoption de mesures restrictives à l'encontre de l'Iran (*JO* 2007, L 103, p. 1), et, d'autre part, par le règlement (UE) n° 961/2010 du Conseil, du 25 octobre 2010, concernant l'adoption de mesures restrictives à l'encontre de l'Iran et abrogeant le règlement n° 423/2007 (*JO* 2010, L 281, p. 1), à l'annexe VIII du règlement n° 961/2010.

Le cadre juridique

2. Le chapitre IV du règlement n° 961/2010, intitulé « Gel des fonds et des ressources économiques », comprend l'article 16, qui, à son paragraphe 2, dispose :

« Sont gelés tous les fonds et ressources économiques appartenant aux personnes, entités ou organismes énumérés à l'annexe VIII, de même que tous les fonds et ressources économiques que ces personnes, entités ou organismes possèdent, détiennent ou contrôlent. L'annexe VIII comprend les personnes physiques et morales, les entités et les organismes non cités à l'annexe VII qui ont été reconnus conformément à l'article 20, paragraphe 1, point b), de la décision [2010/413/PESC du Conseil, du 26 juillet 2010, concernant des mesures restrictives à l'encontre de l'Iran et abrogeant la position commune 2007/140/PESC (*JO* 2010, L 195, p. 39)] :

a) comme participant, étant directement associés ou apportant un appui aux activités nucléaires de l'Iran posant un risque de prolifération ou à la mise au point de vecteurs d'armes nucléaires par l'Iran, y compris en concourant à l'acquisition de biens et technologies interdits, ou comme étant détenus par une telle personne ou entité ou par un tel organisme, ou se trouvant sous leur contrôle, y compris par des moyens illicites, ou agissant pour leur compte ou selon leurs instructions ;

[...]

d) comme étant une personne morale, une entité ou un organisme détenu par la compagnie de transport maritime de la République islamique d'Iran (Islamic Republic of Iran Shipping Lines ou IRISL) ou se trouvant sous son contrôle.

[...] »

Les antécédents du litige

3. Les antécédents du litige ont été exposés aux points 1 à 10 de l'arrêt attaqué dans les termes suivants :

« 1 [HTTS] est une société de droit allemand fondée en mars 2009 par M. N. Bateni, qui en est l'associé unique et le directeur. HTTS exerce les activités d'agent maritime et de gestionnaire technique de navires.

2 La présente affaire s'inscrit dans le cadre des mesures restrictives instaurées en vue de faire pression sur la République islamique d'Iran afin que cet État mette fin aux activités nucléaires présentant un risque de prolifération et à la mise au point de vecteurs d'armes nucléaires (ci-après la "prolifération nucléaire"). Plus précisément, elle fait partie des affaires relatives à des mesures prises à l'encontre d'une compagnie maritime, [IRISL], ainsi que de personnes physiques ou morales prétendument

liées à cette compagnie, parmi lesquelles figurait notamment, selon le Conseil de l'Union européenne, HTTS et deux autres compagnies maritimes, Hafize Darya Shipping Lines (ci-après "HDSL") et Safiran Pyam Darya Shipping Lines (ci-après "SAPID").

3 L'inscription initiale du nom de HTTS sur les listes des personnes, entités et organismes faisant l'objet de mesures restrictives de l'annexe V du règlement [n° 423/2007] a eu lieu le 26 juillet 2010, à la suite de l'entrée en vigueur du règlement d'exécution [n° 668/2010]. Cette inscription n'a pas fait l'objet d'un recours en annulation. L'inscription du nom de HTTS sur les listes des personnes, entités et organismes faisant l'objet de mesures restrictives de l'annexe VIII du règlement [n° 961/2010], effectuée quelques mois après par ledit règlement, a été, en revanche, contestée par HTTS et annulée ensuite par le Tribunal, qui a jugé qu'elle n'était pas motivée à suffisance de droit (voir point 5 ci-après).

4 Dans le règlement n° 668/2010, le motif de l'inscription du nom de HTTS était essentiellement qu'elle "[a]gi[ssai]t pour le compte d'HDSL en Europe". Dans le règlement n° 961/2010, le motif était qu'elle "[était] placée sous le contrôle et/ou agi[ssai]t pour le compte d'IRISL".

5 Par arrêt du 7 décembre 2011, *HTTS/Conseil* (T-562/10, EU:T:2011:716), le Tribunal a annulé le règlement n° 961/2010, pour autant qu'il concernait cette compagnie, mais avec effet au 7 février 2012, dans le but de permettre éventuellement au Conseil de compléter, entre-temps, la motivation de la réinscription du nom de HTTS. À cet égard, le Tribunal a en effet considéré que l'annulation avec effet immédiat du règlement n° 961/2010 serait susceptible de porter une atteinte sérieuse et irréversible à l'efficacité des mesures restrictives adoptées par ce règlement à l'encontre de la République islamique d'Iran, car "il ne saurait être exclu que, sur le fond, l'imposition des mesures restrictives à la requérante puisse tout de même s'avérer justifiée" (arrêt du 7 décembre 2011, *HTTS/Conseil*, T-562/10, EU:T:2011:716, points 41 et 42).

6 Après l'intervention de l'arrêt du 7 décembre 2011, *HTTS/Conseil* (T-562/10, EU:T:2011:716), le nom de la requérante a fait l'objet d'inscriptions ultérieures de la part du Conseil, contestées à chaque fois par cette dernière et ensuite aussi annulées, à chaque fois, par le Tribunal dans les arrêts du 12 juin 2013, *HTTS/Conseil* (T-128/12 et T-182/12, non publié, EU:T:2013:312), et du 18 septembre 2015, *HTTS et Bateni/Conseil* (T-45/14, non publié, EU:T:2015:650).

7 Il convient d'ailleurs, à ce stade, de rappeler que, par arrêt du 16 septembre 2013, *Islamic Republic of Iran Shipping Lines e.a./Conseil* (T-489/10, EU:T:2013:453), le Tribunal a annulé également l'inscription du nom d'IRISL et d'autres compagnies maritimes, dont HDSL et SAPID, sur les listes les concernant, au motif que les éléments mis en avant par le Conseil ne justifiaient pas l'inscription du nom d'IRISL et, par conséquent,

ne pouvaient pas non plus justifier l'adoption et le maintien de mesures restrictives visant les autres compagnies maritimes qui avaient été inscrites sur les listes en raison de leurs liens avec IRISL.

8 Par courrier du 23 juillet 2015, la requérante a adressé au Conseil une demande d'indemnisation du préjudice qu'elle estimait avoir subi du fait de l'inscription initiale de son nom et des inscriptions suivantes sur les listes des personnes liées à l'activité d'IRISL.

9 Dans cette demande d'indemnisation, la requérante a fait valoir son droit à la réparation des préjudices matériels et immatériels qu'elle estimait avoir subis non seulement en raison des inscriptions décidées par les règlements n°s 668/2010 et 961/2010, faisant l'objet du présent litige, mais également des préjudices subis en raison des inscriptions et réinscriptions ultérieures (voir point 6 ci-dessus). Le montant total des préjudices matériels, ainsi allégués, s'élevait à 11 928 939 euros et celui du préjudice immatériel à 250 000 euros, pour la période comprise entre le 26 juillet 2010 et le 18 septembre 2015.

10 Par lettre datée du 16 octobre 2015, le Conseil a rejeté cette demande. »

La procédure devant le Tribunal et l'arrêt attaqué

4. Par requête déposée au greffe du Tribunal le 25 novembre 2015, HTTS a introduit un recours tendant à faire condamner le Conseil à lui verser une indemnité d'un montant de 2 516 221,50 euros en réparation des préjudices matériel et moral subis en raison de l'inscription de son nom sur les listes figurant à l'annexe V du règlement n° 423/2007 et à l'annexe VIII du règlement n° 961/2010 (ci-après les « listes litigieuses »).

5. Par acte déposé au greffe du Tribunal le 5 avril 2016, la Commission européenne a demandé à intervenir au soutien des conclusions du Conseil. Le président de la septième chambre du Tribunal a fait droit à cette demande le 13 mai 2016.

6. Dans sa requête, HTTS a invoqué deux moyens tirés, respectivement, de la violation de l'obligation de motivation et de la violation des conditions matérielles justifiant son inscription sur les listes litigieuses.

7. En ce qui concerne le second moyen, examiné dans un premier temps par le Tribunal, celui-ci a tout d'abord, aux points 44 à 46 de l'arrêt attaqué, relevé qu'une mesure restrictive dont une entité non étatique peut faire l'objet est, en soi, non pas un acte autonome du Conseil ayant le caractère d'une sanction pénale ou administrative adoptée à l'encontre de cette entité, mais une mesure nécessaire, au sens de l'article 215, paragraphe 2, TFUE, aux fins de permettre à l'Union européenne de parvenir, progressivement, au résultat concret qu'elle vise à atteindre dans le cadre des relations internationales, à savoir, en l'occurrence, celui de mettre fin

à l'activité de prolifération nucléaire de la République islamique d'Iran et que, selon une jurisprudence bien établie, l'objectif plus large du maintien de la paix et de la sécurité internationale, conformément aux finalités de l'action extérieure de l'Union énoncées à l'article 21 TUE, est de nature à justifier des conséquences négatives, même considérables, découlant, pour certains opérateurs économiques, des décisions de mise en œuvre des actes adoptés par l'Union en vue de la réalisation de cet objectif fondamental.

8. Ensuite, au point 47 de l'arrêt attaqué, le Tribunal a constaté, en premier lieu, que l'ingérence dans l'activité commerciale de HTTS résultant du gel de ses fonds ne pouvait être considérée comme étant automatiquement source d'engagement de la responsabilité non contractuelle de l'Union et que, afin d'engager cette responsabilité, il était nécessaire que le juge de l'Union constate l'existence de manquements flagrants et inexcusables ou d'erreurs manifestes d'appréciation de la part de l'institution concernée, relatives à l'existence des liens allégués entre HTTS et les autres compagnies concernées, telles que, notamment, IRISL.

9. En deuxième lieu, le Tribunal a précisé, au point 48 de l'arrêt attaqué, que même l'annulation éventuelle d'un ou de plusieurs actes du Conseil qui seraient à l'origine du préjudice invoqué par HTTS ne constitue pas une preuve irréfragable d'une violation suffisamment caractérisée de la part du Conseil permettant de constater, ipso jure, la responsabilité de l'Union.

10. En troisième lieu, aux points 49 à 51 de l'arrêt attaqué, le Tribunal a relevé que, dans le respect du principe du contradictoire, si la partie requérante peut établir l'étendue et l'importance de son dommage en ayant recours à des éléments postérieurs à la survenance de celui-ci, l'institution défenderesse doit pouvoir faire valoir à sa décharge tous les éléments pertinents survenus avant l'introduction du recours, au titre de l'article 268 TFUE, devant la juridiction de l'Union. Une telle possibilité serait particulièrement justifiée dans le domaine de la politique étrangère et de sécurité commune (PESC), qui est régi par des règles et des procédures destinées, notamment, à tenir compte de l'évolution dans le temps de la situation, de fait et de droit, objet de l'action internationale de l'Union. Ainsi, le Tribunal a estimé que conférer un caractère inopérant aux éléments produits par l'institution concernée dans le cadre d'un recours en indemnité et survenus avant l'introduction de ce dernier reviendrait à entraver gravement l'exercice efficace des compétences des institutions de l'Union s'agissant de l'adoption des mesures de gel de fonds dans le cadre de la PESC.

11. Le Tribunal a ajouté, au point 52 de l'arrêt attaqué, que, dans l'arrêt du 7 décembre 2011, *HTTS/Conseil* (T-562/10, EU:T:2011:716), l'annulation avec effet immédiat du règlement n° 961/2010 a été évitée au

motif qu'il ne pouvait « être exclu que, sur le fond, l'imposition des mesures restrictives à la requérante puisse tout de même s'avérer justifiée ».

12. Au regard de ces considérations, le Tribunal a conclu que ne pouvaient être ignorés les motifs pertinents et les éléments de preuve invoqués à sa décharge par le Conseil, afin de démontrer que la condition d'engagement de la responsabilité non contractuelle de l'Union tenant à l'existence d'une violation suffisamment caractérisée d'une règle de droit de l'Union n'était pas remplie.

13. Ainsi, dans le cadre de son examen des éléments pertinents, afin d'établir si les inscriptions de HTTS sur les listes litigieuses pouvaient être considérées comme des manquements flagrants et inexcusables ou des erreurs manifestes d'appréciation de la part du Conseil, en ce qui concerne la nature des liens entre HTTS et les autres compagnies maritimes iraniennes, le Tribunal a constaté, aux points 55 à 60 de l'arrêt attaqué, que la notion de société « détenue ou contrôlée par une autre entité » vise la situation dans laquelle une personne physique ou morale impliquée dans l'activité de prolifération nucléaire de l'État dont il s'agit est en mesure d'influencer les choix commerciaux d'une entreprise avec laquelle elle entretient des relations commerciales, et ce même en l'absence de tout lien juridique, de propriété ou de participation dans le capital, entre l'une et l'autre de ces deux entités économiques. À cet égard, le Tribunal a rappelé la jurisprudence selon laquelle la qualité d'entité « détenue ou contrôlée » doit être appréciée au cas par cas, en fonction, notamment, du degré de la détention ou de l'intensité du contrôle en cause. En l'occurrence, le Tribunal a estimé que les éléments de preuve invoqués par le Conseil, notamment la circonstance que le directeur de HTTS exerçait précédemment les fonctions de directeur juridique d'IRISL et que HTTS avait la même adresse qu'IRISL Europe GmbH, constituaient un faisceau d'indices suffisamment précis et concordants permettant de considérer qu'il était pour le moins vraisemblable que HTTS était placée sous contrôle et/ou agissait pour le compte d'IRISL. Partant, le Tribunal a jugé que le Conseil, en adoptant la mesure de gel des fonds en cause, n'avait pas commis de manquements flagrants et inexcusables ou des erreurs manifestes d'appréciation quant à la portée des relations commerciales entre HTTS et IRISL.

14. Enfin, en ce qui concerne la prétendue absence de justification des inscriptions de HTTS sur les listes litigieuses à la suite de l'annulation, par l'arrêt du 16 septembre 2013, *Islamic Republic of Iran Shipping Lines e.a. / Conseil* (T-489/10, EU:T:2013:453), des actes d'inscription des noms d'IRISL, de HDSL et de SAPID sur les listes les concernant, le Tribunal a jugé, aux points 62 et 63 de l'arrêt attaqué, d'une part, que ladite annulation ne suffit pas, à elle seule, à établir que les inscriptions de HTTS sur les listes litigieuses étaient entachées d'une illégalité suffisamment caractérisée de nature à engager la responsabilité non contractuelle de

l'Union. D'autre part, le Tribunal a constaté que les inscriptions de HTTS sur les listes litigieuses se fondaient essentiellement sur un rapport du comité des sanctions du Conseil de sécurité des Nations unies établissant trois violations manifestes, par IRISL, de l'embargo sur les armes institué par la résolution 1747 (2007) du Conseil de sécurité, du 24 mars 2007. Or, le Tribunal a considéré que, au vu des conclusions figurant dans ce rapport, le constat qu'IRISL était impliquée dans des activités de prolifération nucléaire de la République islamique d'Iran ne pouvait être considéré comme manifestement erroné.

15. Eu égard à ces considérations, le Tribunal a rejeté le second moyen.

16. Dans le cadre de l'examen du premier moyen, le Tribunal a rejeté l'argument de la requérante relatif au défaut de motivation de l'inscription de son nom à l'annexe VIII du règlement n° 961/2010. Il a d'abord rappelé, au point 88 de l'arrêt attaqué, en citant l'arrêt du 11 juillet 2007, *Sison/ Conseil* (T-47/03, non publié, EU:T:2007:207, point 238), que, en principe, l'insuffisance de motivation d'un acte n'est pas de nature à engager la responsabilité de l'Union.

17. Ensuite, aux points 89 et 90 de l'arrêt attaqué, le Tribunal a constaté, en substance, que, dans la mesure où le Conseil peut utiliser, afin de démontrer la légalité de son comportement, tous les éléments survenus jusqu'à l'introduction du recours en indemnité, la motivation des inscriptions de HTTS sur les listes litigieuses devait être lue à la lumière des motifs invoqués par le Conseil dans sa décision 2012/35/PESC, du 23 janvier 2012, modifiant la décision 2010/413/PESC concernant des mesures restrictives à l'encontre de l'Iran (*JO* 2012, L 19, p. 22), laquelle a maintenu l'inscription du nom de la requérante sur la liste annexée à la décision 2010/413. Selon le Tribunal, les motifs complémentaires invoqués par le Conseil dans la décision 2012/35 permettaient à la requérante de comprendre les raisons pour lesquelles son nom avait été inscrit sur les listes litigieuses.

18. Au vu de ces considérations, le Tribunal a rejeté le premier moyen et, partant, le recours de HTTS dans son intégralité.

Les conclusions des parties devant la Cour

19. HTTS demande à la Cour :

- d'annuler l'arrêt attaqué ;
- de condamner le Conseil au paiement d'une indemnité d'un montant de 2 516 221,50 euros en réparation des préjudices matériel et moral consécutifs aux inscriptions de son nom sur les listes litigieuses ainsi que des intérêts moratoires calculés sur la base du taux d'intérêt appliqué par la Banque centrale européenne (BCE) à ses opérations principales de refinancement, majoré de deux points

de pourcentage, et ce à compter du 17 octobre 2015 jusqu'au paiement complet du montant de l'indemnité, et

– de condamner le Conseil aux dépens.

20. Le Conseil demande à la Cour :

– de rejeter le pourvoi ;
– à titre subsidiaire, de renvoyer l'affaire au Tribunal pour qu'il statue ;
– à titre subsidiaire, de rejeter le recours, et
– de condamner la requérante aux dépens.

[...]

Sur le pourvoi

22. À l'appui de son pourvoi, la requérante invoque quatre moyens.

Sur le premier moyen

[...]

Appréciation de la Cour

32. Il ressort de la jurisprudence de la Cour que l'engagement de la responsabilité non contractuelle de l'Union est subordonné à la réunion d'un ensemble de conditions, à savoir l'existence d'une violation suffisamment caractérisée d'une règle de droit ayant pour objet de conférer des droits aux particuliers, la réalité du dommage et l'existence d'un lien de causalité entre la violation de l'obligation qui incombe à l'auteur de l'acte et le dommage subi par les personnes lésées (voir, en ce sens, arrêts du 10 juillet 2003, *Commission/Fresh Marine*, C-472/00 P, EU:C:2003:399, point 25 ; du 19 avril 2012, *Artegodan/Commission*, C-221/10 P, EU:C:2012:216, point 80 et jurisprudence citée, ainsi que du 13 décembre 2018, *Union européenne/Kendrion*, C-150/17 P, EU:C:2018:1014, point 117).

33. En ce qui concerne particulièrement la première de ces conditions, qui est seule en cause dans le présent pourvoi, la Cour a précisé qu'une violation suffisamment caractérisée d'une règle de droit ayant pour objet de conférer des droits aux particuliers est établie lorsqu'elle implique une méconnaissance manifeste et grave par l'institution concernée des limites qui s'imposent à son pouvoir d'appréciation, les éléments à prendre en considération à cet égard étant, notamment, la complexité des situations à régler, le degré de clarté et de précision de la règle violée ainsi que l'étendue de la marge d'appréciation que la règle enfreinte laisse à l'institution de l'Union [voir, en ce sens, arrêts du 19 avril 2007, *Holcim (Deutschland)/Commission*, C-282/05 P, EU:C:2007:226, point 50, et du

30 mai 2017, *Safa Nicu Sepahan/Conseil*, C-45/15 P, EU:C:2017:402, point 30].

34. À cet égard, il convient de souligner que l'exigence d'une violation suffisamment caractérisée d'une règle de droit de l'Union découle, ainsi que M. l'avocat général l'a relevé au point 20 de ses conclusions, de la nécessité d'une mise en balance entre, d'une part, la protection des particuliers contre les agissements illégaux des institutions et, d'autre part, la marge de manœuvre qui doit être reconnue à ces dernières afin de ne pas paralyser leur action. Cette mise en balance se révèle d'autant plus importante dans le domaine des mesures restrictives, dans lequel les obstacles rencontrés par le Conseil en termes de disponibilité des informations rendent souvent l'évaluation à laquelle il doit procéder particulièrement difficile.

35. C'est à la lumière de ces considérations qu'il convient de vérifier si le Tribunal a commis une erreur de droit lorsqu'il a jugé, notamment aux points 49 et 50 de l'arrêt attaqué, que le Conseil pouvait invoquer tous les éléments pertinents survenus avant l'introduction du recours en indemnité, afin de démontrer qu'il n'a pas commis une violation suffisamment caractérisée d'une règle de droit de l'Union pour engager la responsabilité non contractuelle de cette dernière. Plus précisément, il y a lieu de vérifier si le Tribunal a commis une erreur de droit en permettant au Conseil, dans ce contexte, d'invoquer des éléments n'ayant pas été pris en compte par cette institution lors de l'inscription de HTTS sur les listes litigieuses.

36. Ainsi qu'il ressort de la jurisprudence citée au point 32 du présent arrêt, afin que la première condition d'engagement de la responsabilité non contractuelle de l'Union soit remplie, il est nécessaire, d'une part, qu'une violation d'une règle de droit de l'Union ayant pour objet de conférer des droits aux particuliers se soit produite et, d'autre part, que cette violation soit suffisamment caractérisée.

37. En ce qui concerne le premier volet de cette condition, il convient de rappeler que, selon une jurisprudence constante, dans le cadre d'un recours en annulation, la légalité de l'acte attaqué doit être appréciée en fonction des éléments de fait et de droit existant à la date à laquelle l'acte a été adopté (arrêts du 18 juillet 2013, *Schindler Holding e.a./ Commission*, C-501/11 P, EU:C:2013:522, point 31 et jurisprudence citée, ainsi que du 3 septembre 2015, *Inuit Tapiriit Kanatami e.a./Commission*, C-398/13 P, EU:C:2015:535, point 22 et jurisprudence citée).

38. Or, les exigences de cohérence sous-jacentes au système des voies de recours prévu par le traité FUE imposent que la méthodologie selon laquelle est examinée la légalité d'un acte ou d'un comportement d'une institution de l'Union ne diffère pas selon le type de recours.

39. Ainsi, dans le cadre d'un recours en indemnité également, l'illégalité d'un acte ou d'un comportement pouvant engager la responsabilité non contractuelle de l'Union doit être appréciée en fonction des éléments de droit et de fait existant au moment de l'adoption dudit acte ou comportement.

40. Cette conclusion n'est pas remise en cause par la jurisprudence constante, rappelée en substance par le Tribunal au point 42 de l'arrêt attaqué, dont il découle que le recours en indemnité est une voie de recours autonome ayant sa fonction particulière dans le cadre du système des voies de recours et subordonnée à des conditions d'exercice conçues en vue de son objet spécifique (voir, en ce sens, arrêt du 23 mars 2004, *Médiateur/Lamberts*, C-234/02 P, EU:C:2004:174, point 59 et jurisprudence citée). En effet, cette autonomie est sans préjudice du fait que, en vue d'apprécier le bien-fondé d'un tel recours, il appartient au juge de l'Union d'analyser la légalité du comportement de l'institution ou de l'organe de l'Union qui est à l'origine du dommage (voir, en ce sens, arrêt du 23 mars 2004, *Médiateur/Lamberts*, C-234/02 P, EU:C:2004:174, points 60 et 61).

41. Dans la mesure où le règlement n° 961/2010 a été annulé par l'arrêt du Tribunal du 7 décembre 2011, *HTTS/Conseil* (T-562/10, EU:T:2011:716), lequel, n'ayant pas été frappé de pourvoi dans les délais, bénéficiait de l'autorité de la chose jugée, il convient de constater que, à l'égard de ce règlement, le premier volet de la première condition d'engagement de la responsabilité non contractuelle de l'Union était déjà rempli [voir, en ce sens, arrêt du 1er juin 2006, *P & O European Ferries (Vizcaya) et Diputación Foral de Vizcaya/Commission*, C-442/03 P et C-471/03 P, EU:C:2006:356, points 41 à 45].

42. En ce qui concerne le second volet de la première condition d'engagement de la responsabilité non contractuelle de l'Union, il résulte également de la jurisprudence citée au point 33 du présent arrêt que seule est susceptible d'engager la responsabilité non contractuelle de l'Union une méconnaissance manifeste et grave par l'institution concernée des limites qui s'imposent à son pouvoir d'appréciation. Il ressort en outre de cette jurisprudence que, pour évaluer si une violation d'une règle de droit de l'Union est suffisamment caractérisée, le juge de l'Union prend notamment en compte la complexité des situations à régler, les difficultés d'application ou d'interprétation des textes et, plus particulièrement, la marge d'appréciation dont dispose l'auteur de l'acte mis en cause.

43. Ainsi, seule la constatation d'une irrégularité que n'aurait pas commise, dans des circonstances analogues, une administration normalement prudente et diligente permet d'engager la responsabilité non contractuelle de l'Union.

44. Il convient de constater que les paramètres énumérés au point 42 du présent arrêt et devant être pris en compte dans l'évaluation d'une

violation suffisamment caractérisée d'une règle de droit de l'Union se rapportent tous à la date à laquelle la décision ou le comportement ont été adoptés par l'institution concernée.

45. Dans ces conditions, il y a lieu de considérer que le degré de caractérisation de la violation d'une règle de droit de l'Union commise par l'institution en cause, exigé par la jurisprudence, en ce qu'il est intrinsèquement lié à cette violation, ne saurait être apprécié à un moment différent de celui auquel ladite violation a été commise.

46. Il s'ensuit que l'existence d'une violation suffisamment caractérisée d'une règle de droit de l'Union doit nécessairement être appréciée en fonction des circonstances dans lesquelles l'institution a agi à cette date précise.

47. Il découle également de ce qui précède qu'une institution ne peut invoquer, pour contester l'existence d'une telle violation suffisamment caractérisée, que les éléments qu'elle a pris en compte aux fins de l'adoption de l'acte concerné.

48. Enfin, il y a lieu de souligner que, si une institution pouvait invoquer tout élément pertinent n'ayant pas été pris en compte lors de l'adoption de la décision concernée, afin de démontrer qu'elle n'a pas commis une violation suffisamment caractérisée d'une règle de droit de l'Union pour engager la responsabilité non contractuelle de celle-ci, le résultat du recours en indemnité pourrait varier en fonction de la date d'introduction de ce recours. En effet, la réparation des dommages subis en raison du comportement des institutions de l'Union dépendrait, dans ce contexte, du point de savoir si, pendant la période de cinq ans au cours de laquelle un recours en indemnité peut être introduit, prévue à l'article 46, premier alinéa, du statut de la Cour de justice de l'Union européenne, tout élément n'ayant pas été pris en compte lors de l'adoption de la décision concernée permettait à l'institution dont cette décision émane de justifier ses agissements.

49. À cet égard, il convient de souligner que telle n'est pas la finalité du délai de prescription prévu à cette disposition. Selon une jurisprudence constante, ce délai a pour fonction, d'une part, d'assurer la protection des droits de la personne lésée, celle-ci devant disposer de suffisamment de temps pour rassembler des informations appropriées en vue d'un recours éventuel, et, d'autre part, d'éviter que la personne lésée puisse retarder indéfiniment l'exercice de son droit à des dommages et intérêts (arrêt du 8 novembre 2012, *Evropaïki Dynamiki/Commission*, C-469/11 P, EU:C:2012:705, points 33 et 53 ainsi que jurisprudence citée).

50. Or, la protection des droits de la personne lésée, celle-ci devant disposer de suffisamment de temps pour rassembler des informations appropriées en vue d'un recours éventuel, pourrait être compromise si

l'écoulement du temps après l'adoption de la décision ou du comportement en cause était susceptible de rendre plus difficile la démonstration que l'institution concernée a commis une violation suffisamment caractérisée d'une règle de droit de l'Union.

51. Au vu de l'ensemble des considérations qui précèdent, il y a lieu de conclure que le Tribunal a commis une erreur de droit en jugeant en substance, aux points 49 et 50 de l'arrêt attaqué, que le Conseil peut invoquer tout élément pertinent n'ayant pas été pris en compte lors de l'inscription de HTTS sur les listes litigieuses, afin de démontrer qu'il n'a pas commis de violation suffisamment caractérisée d'une règle de droit de l'Union pour engager la responsabilité non contractuelle de l'Union.

52. Contrairement à ce que fait valoir le Conseil, cette conclusion ne saurait être remise en cause en raison des particularités de la PESC.

53. En effet, d'une part, comme M. l'avocat général l'a relevé au point 23 de ses conclusions, la Cour a déjà appliqué dans ce domaine les conditions relatives à l'engagement de la responsabilité non contractuelle de l'Union, rappelées au point 32 du présent arrêt (arrêt du 30 mai 2017, *Safa Nicu Sepahan/Conseil*, C-45/15 P, EU:C:2017:402). D'autre part, il découle de la jurisprudence citée au point 33 du présent arrêt que la complexité des situations à régler et les difficultés d'application ou d'interprétation des règles de droit de l'Union relevant dudit domaine, appliquées par le Conseil dans le cadre de l'adoption de l'acte en cause, sont prises en compte dans l'évaluation du comportement de cette institution en vue de déterminer si elle a commis une violation suffisamment caractérisée d'une règle de droit de l'Union.

54. Par ailleurs, ladite conclusion n'est pas non plus remise en cause par l'argument du Conseil selon lequel, le recours en indemnité pouvant être introduit dans un délai de cinq ans à compter de la survenance du fait qui donne lieu au préjudice allégué, la partie requérante peut établir l'étendue et l'importance de son dommage en ayant recours à des éléments probatoires postérieurs à la survenance de celui-ci.

55. À cet égard, il convient de relever que les notions de « violation suffisamment caractérisée » et de « dommage » sont deux notions distinctes qui se situent sur des plans temporels différents, si bien qu'elles ne sauraient être confondues. En effet, la « violation suffisamment caractérisée », ainsi qu'il découle des points 33 à 50 du présent arrêt, est une notion statique, figée au moment de l'adoption de l'acte ou du comportement illégal concerné, alors que la notion de « dommage » est, en revanche, une notion dynamique par nature, dans la mesure où, d'une part, le dommage peut se manifester postérieurement à l'adoption de l'acte ou du comportement illégal et, d'autre part, son ampleur peut évoluer dans le temps.

56. Il s'ensuit que le premier moyen doit être accueilli.

Sur le deuxième moyen

[...]

Appréciation de la Cour

66. Le deuxième moyen se subdivise en deux branches.

67. Par le premier grief de la première branche, HTTS fait valoir, en substance, que le Tribunal a jugé, à tort, que les liens de propriété ne constituent pas un élément devant être pris en compte afin de déterminer si la requérante était une société « détenue ou contrôlée » par IRISL.

68. L'article 16, paragraphe 2, sous d), du règlement n° 961/2010 impose le gel des fonds et des ressources économiques qui appartiennent aux personnes, entités ou organismes, non visés par les résolutions pertinentes du Conseil de sécurité, qui ont été reconnus « conformément à l'article 20, paragraphe 1, [sous] b), de la décision 2010/413 [...] comme étant une personne morale, une entité ou un organisme détenu par [IRISL] ou se trouvant sous son contrôle ».

69. L'utilisation par le règlement n° 961/2010 des termes « détenu » et « sous son contrôle » répond à la nécessité de permettre au Conseil de prendre des mesures efficaces contre toutes les personnes, entités ou organismes liés à des sociétés impliquées dans la prolifération nucléaire. Il en résulte que la détention ou le contrôle peuvent être directs ou indirects. En effet, si ce lien devait être établi uniquement sur la base de la détention ou du contrôle direct desdites personnes, les mesures pourraient être contournées par une multitude de possibilités de contrôle contractuelles ou factuelles, qui conféreraient à une société des possibilités tout aussi étendues qu'une détention ou un contrôle direct d'exercer une influence sur d'autres entités.

70. Ainsi, la notion de « société détenue ou contrôlée », comme le Tribunal l'a rappelé au point 55 de l'arrêt attaqué, n'a pas, dans le domaine des mesures restrictives, la même portée que celle visée, en général, par le droit des sociétés, lorsqu'il s'agit d'identifier la responsabilité commerciale d'une société qui se trouve juridiquement placée sous le contrôle décisionnel d'une autre entité commerciale.

71. Au point 56 de l'arrêt attaqué, le Tribunal a jugé que, dans le cadre de l'appréciation de la légalité d'une mesure restrictive, cette notion vise, en effet, la situation dans laquelle la personne physique ou morale impliquée dans la prolifération nucléaire est en mesure d'influencer les choix commerciaux d'une autre personne avec laquelle elle entretient des relations commerciales, et ce même en l'absence de tout lien juridique, de propriété ou de participation dans le capital, entre l'une et l'autre de ces deux entités économiques.

72. Or, il convient de constater que le grief soulevé par la requérante à l'encontre de ce point de l'arrêt attaqué se fonde sur une lecture erronée de celui-ci.

73. Ainsi que M. l'avocat général l'a souligné au point 39 de ses conclusions, il ne ressort pas dudit point que le Tribunal n'a aucunement tenu compte de l'existence d'un éventuel lien juridique, de propriété ou de participation dans le capital, entre HTTS et IRISL, mais seulement que l'absence d'un tel lien n'était pas suffisante pour écarter la qualité d'entité « détenue ou contrôlée ».

74. En d'autres termes, le Tribunal a considéré que, si l'existence d'un lien juridique, de propriété ou de participation dans le capital d'une société, peut, dans certains cas, se traduire par la possibilité d'influencer les choix de l'entité détenue ou contrôlée, elle n'est pas une condition sine qua non de l'exercice d'une telle influence.

75. À la lumière de ce qui précède, il convient de considérer que le Tribunal n'a pas commis d'erreur de droit lorsqu'il a jugé qu'une société pouvait être qualifiée de « société détenue ou contrôlée par une autre entité », dès lors que cette dernière se trouve dans une situation dans laquelle elle est en mesure d'influencer les choix de la société concernée, même en l'absence de tout lien juridique, de propriété ou de participation dans le capital, entre l'une et l'autre de ces deux entités économiques.

76. Le premier grief de la première branche doit donc être rejeté comme étant non fondé.

77. En ce qui concerne le second grief de la première branche, selon lequel les règlements n°s 423/2007 et 961/2010 ne permettraient pas l'inscription d'une société qui ne ferait qu'agir « pour le compte » d'IRISL, il convient de constater que, certes, le libellé de l'article 16, paragraphe 2, sous d), du règlement n° 961/2010 ne mentionne pas expressément le fait d'agir pour le compte d'une autre société. Néanmoins, aux fins de l'adoption de mesures telles que celles prises par le Conseil à l'égard de HTTS, le fait d'agir sous le contrôle d'une personne ou d'une entité et le fait d'agir pour le compte d'une telle personne ou entité doivent être assimilés.

78. Cette conclusion est confortée, d'abord, par l'analyse du but de cette disposition qui, comme il a été rappelé au point 69 du présent arrêt, vise à permettre au Conseil de prendre des mesures efficaces contre les personnes impliquées dans la prolifération nucléaire et à éviter que de telles mesures soient contournées.

79. Ensuite, ladite conclusion est également corroborée par l'analyse du contexte dans lequel s'insère l'article 16, paragraphe 2, sous d), du règlement n° 961/2010. À cet égard, il convient de souligner, à l'instar de la Commission, que, à l'article 16, paragraphe 2, sous a), du règlement

n° **961/2010**, le fait de se trouver sous le contrôle d'une personne ou d'une entité ou d'être détenu par une personne ou une entité est placé sur le même pied d'égalité que le fait d'agir selon les instructions ou pour le compte d'une personne ou d'une entité.

80. Il s'ensuit que le second grief de la première branche doit être rejeté comme étant non fondé ainsi que, partant, la première branche dans son ensemble.

81. S'agissant de la seconde branche du deuxième moyen, il convient d'examiner, tout d'abord, le grief tiré de ce que les indices prouvant la qualité de HTTS de « société détenue ou contrôlée » par IRISL, énumérés au point **59** de l'arrêt attaqué, n'étaient pas connus du Conseil à la date d'inscription du nom de HTTS sur les listes litigieuses.

82. Or, il y a lieu de rappeler, ainsi qu'il ressort du point 46 du présent arrêt, que la violation suffisamment caractérisée d'une règle de droit de l'Union pouvant donner lieu à l'engagement de la responsabilité non contractuelle de l'Union doit être appréciée en fonction des circonstances dans lesquelles l'institution en cause a agi à la date du comportement reproché ou de l'acte contesté.

83. C'est pourquoi, ainsi qu'il a été jugé au point 47 du présent arrêt, une institution ne peut invoquer, pour contester l'existence d'une telle violation suffisamment caractérisée, des éléments n'ayant pas été pris en compte aux fins de l'adoption de l'acte concerné, et ce quand bien même cette institution serait d'avis que de tels éléments peuvent utilement compléter les motifs énoncés dans cet acte ou auraient pu contribuer à fonder son adoption.

84. À cet égard, il convient de relever que, lors de l'audience, en réponse à une question de la Cour, le Conseil a confirmé que, au moment de l'adoption des règlements n[os] **668/2010** et **961/2010**, il ne disposait pas des éléments énumérés au point 59 de l'arrêt attaqué, de sorte que ces éléments n'ont pas été évalués par cette institution au moment où elle a instruit le dossier.

85. La Cour a déjà constaté, au point 51 du présent arrêt, que le Tribunal a commis une erreur de droit en jugeant que le Conseil peut invoquer des éléments n'ayant pas été pris en compte aux fins de l'adoption de l'acte concerné afin de démontrer qu'il n'a pas commis de violation suffisamment caractérisée d'une règle de droit de l'Union conférant des droits aux particuliers pour engager la responsabilité non contractuelle de l'Union.

86. Il en résulte que le Tribunal a également commis une erreur de droit lorsqu'il a jugé en substance, au point **60** de l'arrêt attaqué, qu'il ressortait d'éléments n'ayant pas été pris en compte par le Conseil lors de l'inscription de HTTS sur les listes litigieuses que ladite institution n'avait pas commis de violation suffisamment caractérisée d'une règle de droit de l'Union dans le cadre de son appréciation de la portée des relations commerciales entre HTTS et IRISL.

87. Il s'ensuit que le premier grief de la seconde branche du deuxième moyen doit être accueilli.

88. En ce qui concerne les griefs tirés de ce que, d'une part, les indices retenus par le Conseil et énumérés au point 59 de l'arrêt attaqué ne permettraient pas de démontrer que HTTS était « détenue ou contrôlée » par IRISL et, d'autre part, le Tribunal n'aurait pas apprécié le degré de la détention et l'intensité du contrôle sur la base desdits indices, il n'y a pas lieu de répondre à ceux-ci dès lors qu'il a été jugé, au point 86 du présent arrêt, que le Tribunal a commis une erreur de droit en se fondant sur des éléments, visés audit point 59, n'ayant pas été pris en compte par le Conseil lors de l'inscription de HTTS sur les listes litigieuses.

89. En conséquence, la seconde branche du deuxième moyen doit être accueillie.

Sur les troisième et quatrième moyens

[...]

Appréciation de la Cour

96. Les troisième et quatrième moyens sont étroitement liés et doivent donc être examinés conjointement.

97. Tout d'abord, il y a lieu de considérer que les griefs portant sur les points 89 et 90 de l'arrêt attaqué sont inopérants, dans la mesure où ils sont dirigés contre des motifs de l'arrêt attaqué exposés par le Tribunal à titre surabondant.

98. Ensuite, il y a lieu de rappeler, ainsi que le Tribunal l'a relevé aux points 84 et 85 de l'arrêt attaqué, que l'inscription du nom de HTTS opérée par les règlements n°s 668/2010 et 961/2010 n'était pas motivée de la même manière dans ces deux règlements et que, par l'arrêt du 7 décembre 2011, *HTTS/Conseil* (T-562/10, EU:T:2011:716), le Tribunal a constaté l'illégalité du seul règlement n° 961/2010.

99. Dans ces conditions, d'une part, le Tribunal a pu à juste titre considérer, au point 86 de l'arrêt attaqué, qu'il ne pouvait être inféré de l'annulation du règlement n° 961/2010, opérée par l'arrêt du 7 décembre 2011, *HTTS/Conseil* (T-562/10, EU:T:2011:716), que le règlement n° 668/2010 devait également être considéré comme illégal en raison d'un vice de motivation.

100. D'autre part, il y a lieu de constater qu'il appartenait à la requérante, n'ayant pas contesté la légalité du règlement n° 668/2010 au moyen d'un recours en annulation, de démontrer l'illégalité dudit règlement, dans le cadre du recours à l'origine de l'arrêt attaqué. En effet, les actes des institutions de l'Union jouissent, en principe, d'une présomption de légalité et produisent, dès lors, des effets juridiques aussi longtemps qu'ils n'ont pas été retirés, annulés dans le cadre d'un recours en annulation ou déclarés invalides à la suite d'un renvoi préjudiciel ou d'une exception d'illégalité (voir, en ce sens, arrêt du 6 octobre 2015, *Schrems*, C-362/14, EU:C:2015:650, point 52).

101. Dans ces conditions, l'argument de HTTS, exposé aux points 91 et 92 du présent arrêt, ne saurait être accueilli.

102. En tout état de cause, même à supposer que la requérante ait produit les preuves permettant de constater l'illégalité du règlement n° 668/2010 pour défaut de motivation, les griefs de HTTS ne sauraient conduire à la reconnaissance d'une violation du droit de l'Union suffisamment caractérisée pour engager la responsabilité non contractuelle de celle-ci.

103. En effet, il y a lieu de relever que l'insuffisance de la motivation d'un acte instituant une mesure restrictive n'est pas, en tant que telle, de nature à engager la responsabilité non contractuelle de l'Union (voir, en ce sens, arrêt du 30 septembre 2003, *Eurocoton e.a./Conseil*, C-76/01 P, EU:C:2003:511, point 98 et jurisprudence citée).

104. Il s'ensuit que les troisième et quatrième moyens doivent être rejetés.

105. Eu égard à l'ensemble des considérations qui précèdent, il y a lieu d'annuler l'arrêt attaqué.

Sur le renvoi de l'affaire au Tribunal

106. Conformément à l'article 61, premier alinéa, du statut de la Cour de justice de l'Union européenne, la Cour, en cas d'annulation de la décision du Tribunal, peut soit statuer elle-même définitivement sur le litige, lorsque celui-ci est en état d'être jugé, soit renvoyer l'affaire devant le Tribunal pour qu'il statue.

107. En l'occurrence, ainsi qu'il a été constaté dans le cadre de l'examen des premier et deuxième moyens, le Tribunal a commis une erreur de droit s'agissant de l'appréciation de la première des conditions, rappelées au point 32 du présent arrêt, nécessaires afin d'engager la responsabilité non contractuelle de l'Union.

108. En outre, ayant conclu à l'absence d'une violation suffisamment caractérisée d'une règle du droit de l'Union, le Tribunal, au point 92 de

l'arrêt attaqué, n'a pas procédé à l'examen des autres conditions qui sont cumulativement nécessaires afin d'engager la responsabilité non contractuelle de l'Union [voir, en ce sens, arrêt du 19 avril 2007, *Holcim (Deutschland)/Commission*, C-282/05 P, EU:C:2007:226, point 57].

109. Dans ces conditions, il y a lieu de renvoyer l'affaire devant le Tribunal, afin qu'il puisse, d'abord, procéder, sans considérer des éléments n'ayant pas été pris en compte par le Conseil lors de l'inscription de HTTS sur les listes litigieuses, à un nouvel examen de l'éventuelle existence d'une violation suffisamment caractérisée d'une règle de droit de l'Union pour engager la responsabilité non contractuelle de celle-ci. Ensuite, si cet examen révèle l'existence d'une telle violation, il incombera au Tribunal de procéder à l'examen des autres conditions nécessaires à l'engagement de la responsabilité non contractuelle de l'Union, telles que rappelées au point 32 du présent arrêt.

[...]

Par ces motifs, la Cour (grande chambre) déclare et arrête :

1) L'arrêt du Tribunal de l'Union européenne du 13 décembre 2017, *HTTS/Conseil* (T-692/15, EU:T:2017:890), est annulé.

2) L'affaire est renvoyée devant le Tribunal de l'Union européenne.

[...]

Observations

La présente affaire, qui s'inscrit dans le contentieux des mesures restrictives, soulève l'intéressante question de savoir à quel moment le juge doit se placer pour apprécier si le comportement d'une institution de l'Union est constitutif d'une violation suffisamment caractérisée du droit de l'Union. En l'occurrence, la société HTTS a fait l'objet d'une décision de gel de fonds après avoir été inscrite, à quatre reprises(1), par le Conseil sur la liste des personnes, entités et organismes soupçonnés de soutenir le régime iranien. HTTS, qui n'avait pas contesté son inscription initiale, a obtenu l'annulation des trois règlements suivants qui

(1) Devant ce qu'il considérait comme « un manque de diligence » manifeste du Conseil, le Tribunal de l'Union a, dans son troisième arrêt d'annulation, fini par refusé de maintenir les effets du règlement annulé (Trib. UE, 18 septembre 2015, *HTTS et Bateni c/ Conseil*, aff. T-45/14, pt 66).

maintenaient son nom sur cette liste. Éclairé par les remarquables conclusions de l'Avocat général Pitruzzella, l'arrêt *HTTS contre Conseil* vient quelque peu clarifier les règles du contentieux indemnitaire suscité par les mesures restrictives.

En premier lieu, sans aller, naturellement, comme son avocat général jusqu'à affirmer expressément que le Tribunal « a erré en droit »(2), la Cour censure l'approche consistant à substituer, dans le contentieux des mesures restrictives, l'exigence d'une méconnaissance « flagrante et inexcusable »(3) par le Conseil de ses obligations à la condition classique d'une méconnaissance manifeste et grave. Cette condamnation témoigne de l'attachement de la Cour à son mode de raisonnement traditionnel. C'est ainsi que « l'exigence d'une violation suffisamment caractérisée d'une règle de droit de l'Union découle [...] de la nécessité d'une mise en balance entre, d'une part, la protection des particuliers contre les agissements illégaux des institutions et, d'autre part, la marge de manœuvre qui doit être reconnue à ces dernières afin de ne pas paralyser leur action » (pt 34). Ainsi que l'expose M. Pitruzzella, « [c]e dernier impératif est particulièrement vrai dans le domaine de la PESC en général et des mesures restrictives en particulier, dans lequel l'action des institutions se caractérise généralement par la nécessité d'agir vite, sur la base d'informations parcellaires et qui ne se trouvent souvent pas à la disposition directe du Conseil. Les difficultés rencontrées par le Conseil en termes de disponibilité des informations et des éléments de preuve rendent le *risk assessment* auquel il doit procéder nécessairement complexe et difficile »(4). L'arrêt mérite sur ce point d'être approuvé tant il paraît inutile d'ériger un troisième degré au sein de la notion de violation suffisamment caractérisée du droit de l'Union. La binarité de la distinction simple violation – méconnaissance manifeste et grave s'avère suffisante pour couvrir tout le dégradé de situations qui peuvent se présenter en pratique. Dès lors qu'il est tenu compte, au

(2) Voy. not. pt 26 concl.

(3) Trib. UE, 13 décembre 2017, *HTTS c/ Conseil*, aff. T-692/15, pts 31, 46, 47 et 60, spéc. pt 31.

(4) Pt 21 concl.

moment d'apprécier le comportement d'une institution de l'Union, de la complexité des situations à régler ou de l'étendue de la marge d'appréciation que la règle enfreinte lui laissait, ces notions jouent, d'ores et déjà, le rôle de variables d'ajustement (5), tout en évitant les difficultés de taxinomie que ne manquerait pas de provoquer l'approche du Tribunal. En outre, lorsqu'une institution de l'Union dispose d'une certaine marge d'appréciation, l'application du critère de la violation suffisamment caractérisée aboutit à ce que « seule la constatation d'une irrégularité que n'aurait pas commise, dans ces circonstances analogues, une administration normalement prudente et diligente permet d'engager la responsabilité non contractuelle de l'Union » (pt 43).

En deuxième lieu et surtout, l'arrêt *HTTS contre Conseil* affirme, de manière inédite, que « les exigences de cohérence sous-jacentes au système des voies de recours prévu par le traité FUE imposent que la méthodologie selon laquelle est examinée la légalité d'un acte ou d'un comportement d'une institution de l'Union ne diffère pas selon le type de recours. Ainsi, [à l'instar de la solution retenue pour le recours en annulation,] dans le cadre d'un recours en indemnité également, l'illégalité d'un acte ou d'un comportement pouvant engager la responsabilité non contractuelle de l'Union doit être appréciée en fonction des éléments de droit et de fait existant au moment de l'adoption dudit acte ou comportement » (pts 38 et 39). Cet alignement du moment auquel la légalité du fait générateur du dommage doit être appréciée sur la règle qui vaut dans le recours en annulation ne saurait affecter l'autonomie du recours en responsabilité (pt 40). En effet, l'autonomie de cette dernière voie de droit, qui n'est d'ailleurs que relative (6), a surtout du sens au stade de l'appréciation de sa recevabilité, tout particulièrement lorsque le justiciable n'a pas, préalablement à son action indemnitaire, introduit un recours en annulation.

En outre, qu'il s'agisse de « la complexité des situations à gérer, [d]es difficultés d'application ou d'interprétation des

(5) Voy. pts 42 et 53 de l'arrêt *HTTS*.

(6) Pour une illustration récente de cette question, voy. not. CJUE, 5 septembre 2019, *Union européenne c/ Guardian Europe et Guardian Europe c/ Union européenne*, aff. jtes C-447/17 et 479/17 P, ECLI:EU:C:2019:672, pts 49-66.

textes et, plus particulièrement, [de] la marge d'appréciation dont dispose l'auteur de l'acte mis en cause », les « paramètres [qui doivent] être pris en compte dans l'évaluation d'une violation suffisamment caractérisée d'une règle de droit de l'Union se rapportent tous à la date à laquelle la décision ou le comportement ont été adoptés par l'institution concernée » (7). Il s'ensuit qu'« une institution ne peut invoquer, pour contester l'existence d'une [...] violation suffisamment caractérisée, que les éléments qu'elle a pris en compte aux fins de l'adoption de l'acte concerné [...], et ce quand bien même [elle] serait d'avis que de tels éléments peuvent utilement compléter les motifs énoncés dans cet acte ou auraient pu contribuer à fonder son adoption » (pts 47 et 83). À ce stade du raisonnement, une référence à l'arrêt *Heylens* aurait probablement affermi encore davantage la solution à laquelle la Cour est parvenue. Concrètement, permettre à l'institution mise en cause de différer son devoir de motiver un acte définitif est susceptible d'affecter le droit à une protection juridictionnelle effective des justiciables dans la mesure où ceux-ci doivent connaître les motifs d'un acte non seulement pour « défendre [leurs] droit[s] dans les meilleures conditions possibles [mais aussi afin de pouvoir] décider, en pleine connaissance de cause, s'il est utile pour eux de saisir la juridiction » (8).

Enfin, la Cour reprend à son compte la distinction établie par l'avocat général (9), pour rejeter l'argument, assez étonnant, pour ne pas dire grotesque, du Conseil selon lequel puisque le recours en indemnité peut être introduit pendant cinq ans à la suite de la survenance du fait générateur du dommage, il devrait lui être permis de mobiliser, pour sa défense, des « éléments probatoires postérieurs à la survenance de celui-ci » (pt 54). Or, « les notions de "violation suffisamment caractérisée" et de "dommage" sont deux notions distinctes qui se situent sur des plans temporels différents, si bien qu'elles ne sauraient être confondues. En effet, la "violation suffisamment caractérisée" [...] est une notion statique,

(7) Pts 42 et 44 de l'arrêt *HTTS*.
(8) CJCE, 15 octobre 1987, *Heylens e.a.*, aff. 222/86, ECLI:EU:C:1987:442, pt 15.
(9) Voy. pt 26 concl.

figée au moment de l'adoption de l'acte ou du comportement illégal concerné, alors que la notion de "dommage" est, en revanche, une notion dynamique par nature, dans la mesure où, d'une part, le dommage peut se manifester postérieurement à l'adoption de l'acte ou du comportement illégal et, d'autre part, son ampleur peut évoluer dans le temps » (pt 55).

La solution de l'arrêt *HTTS contre Conseil* s'impose d'autant plus que l'argumentation du Conseil revient, peu ou prou, à valoriser l'autonomie du recours en responsabilité « au point de revenir a posteriori sur le constat ayant conduit à l'annulation ». Il serait donc exigé du juge « de revenir sur le constat même de cette illégalité, qui pourrait donc "disparaître" dans le cadre du recours indemnitaire »(10).

En troisième lieu, dans l'arrêt *HTTS contre Conseil*, la Cour admet que « l'insuffisance de la motivation d'un acte instituant une mesure restrictive n'est pas, en tant que telle, de nature à engager la responsabilité non contractuelle de l'Union (voir, en ce sens, arrêt du 30 septembre 2003, *Eurocoton e.a./Conseil*, C-76/01 P [...]) » (pt 103). On peut s'étonner de voir la Cour introduire la référence au précédent que constitue l'arrêt *Eurocoton* par la formule « voir, en ce sens », qui requiert d'ordinaire une plus grande proximité entre les affaires. Or, en l'occurrence, l'arrêt *Eurocoton* concernait le droit antidumping et non les mesures restrictives, sauf à considérer que protéger l'Union d'importations déloyales équivaut à la prémunir contre des entités qui coopèrent avec des entités terroristes ou des régimes tyranniques. Par ailleurs, l'arrêt *Eurocoton* se focalisait sur l'« éventuelle insuffisance de motivation d'un acte réglementaire ». Pourtant, un règlement ordonnant le gel de fonds à l'encontre de plusieurs personnes physiques et morales recèle une double nature, à la fois d'acte réglementaire et de faisceau de décisions individuelles. On pourrait donc déplorer l'extension du périmètre de cette jurisprudence qui prive d'autonomie l'obligation de motivation et, partant, ne permet pas d'en sanctionner la violation de façon autonome. Cependant, dans la mesure

(10) Pt 33 concl.

où l'obligation de motivation constitue une composante du principe de bonne administration et du droit à un recours effectif, qui sont respectivement garantis par les articles 41 et 47 de la Charte, il suffit de rattacher systématiquement la violation de cette obligation à l'une ou à l'autre de ces dispositions, pour tenter de contraindre le juge de l'Union d'examiner le moyen tiré du défaut de motivation et surtout d'en admettre le bien-fondé.

Pour conclure, la solution de l'arrêt *HTTS contre Conseil* a le mérite de la simplicité et, partant, de la radicalité. On doit donc en déduire, notamment eu égard aux circonstances de l'espèce, que la possibilité laissée à une institution de l'Union de corriger l'acte litigieux en cas d'annulation à effets différés, ne saurait remettre en cause le constat selon lequel cet acte était illégal au moment de son adoption. En théorie, le justiciable pourra donc chercher à engager la responsabilité de l'Union en raison du préjudice subi entre l'annulation de l'acte et sa régularisation. Cependant, les annulations à effets différés jouant prioritairement, voire exclusivement, en cas d'illégalités externes, telles qu'un défaut de motivation, une méconnaissance d'une règle procédurale… encore faudra-t-il établir que l'illégalité ainsi commise a effectivement pu générer un dommage.

Laurent Coutron

V. QUESTIONS PRÉJUDICIELLES

Cour de justice, gde ch., 24 juin 2019, *Popławski*, aff. C-573/17, ECLI:EU:C:2019:530

Conclusions de l'avocat général M. Campos Sánchez-Bordona, du 27 novembre 2018, ECLI:EU:C:2018:957

Mots-clés : Coopération judiciaire en matière pénale – Mandat d'arrêt européen – Absence d'effet direct – Primauté du droit de l'Union – Conséquences

Cadre normatif : décisions-cadre 2002/584/JAI et 2008/909/JAI

Extraits de l'arrêt

Ayant pour objet une demande de décision préjudicielle au titre de l'article 267 TFUE, introduite par le rechtbank Amsterdam (tribunal d'Amsterdam, Pays-Bas), par décision du 28 septembre 2017, parvenue à la Cour le 28 septembre 2017, dans la procédure relative à l'exécution du mandat d'arrêt européen émis à l'encontre de

1. La demande de décision préjudicielle porte sur l'interprétation du principe de primauté du droit de l'Union et de l'article 28, paragraphe 2, de la décision-cadre 2008/909/JAI du Conseil, du 27 novembre 2008, concernant l'application du principe de reconnaissance mutuelle aux jugements en matière pénale prononçant des peines ou des mesures privatives de liberté aux fins de leur exécution dans l'Union européenne (JO 2008, L 327, p. 27).

2. Cette demande a été présentée dans le cadre de l'exécution, aux Pays-Bas, d'un mandat d'arrêt européen (ci-après le « MAE ») émis par le Sąd Rejonowy w Poznaniu (tribunal d'arrondissement de Poznań, Pologne) à l'encontre de M. Daniel Adam Popławski, aux fins de l'exécution, en Pologne, d'une peine privative de liberté.

[...]

Le litige au principal et les questions préjudicielles

16. Par jugement du 5 février 2007, devenu définitif le 13 juillet 2007, le Sąd Rejonowy w Poznaniu (tribunal d'arrondissement de Poznań) a prononcé contre M. Popławski, qui est ressortissant polonais, une peine privative de liberté d'un an assortie d'un sursis. Par une décision du 15 avril 2010, ce tribunal a ordonné la mise à exécution de cette peine.

17. Le 7 octobre 2013, ledit tribunal a émis un MAE à l'encontre de M. Popławski aux fins de l'exécution de ladite peine.

18. Dans le cadre de la procédure au principal, relative à l'exécution de ce MAE, le rechtbank Amsterdam (tribunal d'Amsterdam, Pays-Bas) s'est demandé s'il devait appliquer l'article 6, paragraphes 2 et 5, de l'OLW, qui prévoit un motif de non-exécution automatique d'un MAE au profit, notamment, des personnes qui résident aux Pays-Bas, ce qui est le cas de M. Popławski.

19. Par décision du 30 octobre 2015, la juridiction de renvoi a adressé à la Cour une première demande de décision préjudicielle, dans le cadre de laquelle elle faisait observer que, en vertu de l'article 6, paragraphe 3, de l'OLW, dans sa version applicable jusqu'à l'entrée en vigueur de la WETS, le Royaume des Pays-Bas, lorsqu'il refuse, au titre de l'article 6, paragraphes 2 et 5, de l'OLW, l'exécution d'un MAE, doit faire savoir qu'il est « disposé » à prendre en charge l'exécution de la peine sur le fondement d'une convention le liant à l'État membre d'émission. Elle précisait que, conformément aux dispositions conventionnelles applicables dans les relations entre la République de Pologne et le Royaume des Pays-Bas, la prise en charge de l'exécution de la peine aux Pays-Bas devait être précédée d'une demande formulée en ce sens par la République de Pologne et que la législation polonaise s'opposait à ce qu'une telle demande soit formulée s'agissant de ressortissants polonais.

20. Dans cette décision, la juridiction de renvoi soulignait que, dans une telle situation, un refus de remise pourrait aboutir à l'impunité de la personne visée par le MAE. En effet, après le prononcé du jugement refusant la remise, la prise en charge de l'exécution de la peine pourrait s'avérer impossible, en raison de l'absence de demande en ce sens de la part des autorités polonaises.

21. La juridiction de renvoi exprimait ainsi des doutes relatifs à la conformité de l'article 6, paragraphes 2 à 4, de l'OLW à l'article 4, point 6, de la décision-cadre 2002/584, qui ne permet de refuser la remise que si l'État membre d'exécution « s'engage » à exécuter la peine conformément à son droit interne.

22. Par son arrêt du 29 juin 2017, *Popławski* (C-579/15, EU:C:2017:503), la Cour a dit pour droit que l'article 4, point 6, de la décision-cadre 2002/584 doit être interprété en ce sens qu'il s'oppose à la législation d'un État membre mettant en œuvre cette disposition, qui, dans le cas où la remise d'un ressortissant étranger disposant d'un permis de séjour à durée indéterminée sur le territoire de cet État membre est réclamée par un autre État membre aux fins de l'exécution d'une peine privative de liberté infligée à ce ressortissant par une décision de justice devenue définitive, d'une part, n'autorise pas une telle remise et, d'autre part, se borne à prévoir l'obligation pour les autorités judiciaires du premier État

membre de faire savoir aux autorités judiciaires du second État membre qu'elles sont disposées à prendre en charge l'exécution de ce jugement, sans que, à la date du refus de la remise, la prise en charge effective de l'exécution soit assurée et sans que, de surcroît, dans l'hypothèse où cette prise en charge s'avérerait par la suite impossible, un tel refus puisse être remis en cause.

23. Par le même arrêt, la Cour a également dit pour droit que les dispositions de la décision-cadre 2002/584 ne sont pas dotées d'effet direct. Elle a, toutefois, rappelé que la juridiction nationale compétente est tenue, en prenant en considération l'ensemble du droit interne et en faisant application des méthodes d'interprétation reconnues par celui-ci, d'interpréter les dispositions nationales concernées, dans toute la mesure possible, à la lumière du texte et de la finalité de cette décision-cadre, ce qui implique, en l'espèce, que, en cas de refus d'exécuter un MAE émis en vue de la remise d'une personne ayant fait l'objet, dans l'État membre d'émission, d'un jugement définitif la condamnant à une peine privative de liberté, les autorités judiciaires de l'État membre d'exécution ont l'obligation de garantir elles-mêmes l'exécution effective de la peine prononcée contre cette personne (arrêt du 29 juin 2017, *Popławski*, C-579/15, EU:C:2017:503).

24. Dans la décision de renvoi, la juridiction de renvoi relève qu'il ressort dudit arrêt que l'article 6, paragraphes 2, 3 et 5, de l'OLW est contraire à l'article 4, point 6, de la décision-cadre 2002/584.

25. Selon la juridiction de renvoi, il résulte également de l'arrêt du 29 juin 2017, *Popławski* (C-579/15, EU:C:2017:503), que le droit de l'Union ne s'oppose pas à une interprétation de l'article 6, paragraphe 3, de l'OLW, dans sa version applicable jusqu'à l'entrée en vigueur de la WETS, selon laquelle l'article 4, point 6, de la décision-cadre 2002/584 constitue la base juridique conventionnelle exigée par cette disposition nationale pour la prise en charge de l'exécution de la peine, étant entendu que cet article 4, point 6, n'exige pas, à la différence des conventions internationales applicables dans les relations avec la République de Pologne, une demande de prise en charge de la part des autorités d'émission du MAE, en l'occurrence les autorités polonaises, et que, partant, une telle interprétation de cet article 6, paragraphe 3, de l'OLW permettrait de garantir l'exécution effective de la peine privative de liberté aux Pays-Bas.

26. Toutefois, le Minister van Veiligheid en Justitie (ministre de la Sécurité et de la Justice, Pays-Bas) (ci-après le « ministre »), qui est l'organe compétent, en vertu du droit néerlandais, pour la prise en charge de l'exécution de la peine, a estimé que la décision-cadre 2002/584 ne constituait pas une convention, au sens de l'article 6, paragraphe 3, de l'OLW, dans sa version applicable jusqu'à l'entrée en vigueur de la WETS.

27. La juridiction de renvoi considère que, indépendamment du point de savoir si l'interprétation du ministre est correcte, elle ne peut, dans ces

conditions, conclure que cette interprétation garantit l'exécution effective aux Pays-Bas de la peine prononcée contre M. Popławski.

28. La juridiction de renvoi s'interroge dès lors sur la possibilité, en vertu du principe de primauté du droit de l'Union, de laisser inappliquées les dispositions du droit néerlandais incompatibles avec les dispositions d'une décision-cadre, même si ces dernières sont dépourvues d'effet direct. Elle souligne que, en laissant inappliqué l'article 6, paragraphes 2 et 5, de l'OLW, il n'existerait plus de motif pour refuser la remise de M. Popławski aux autorités polonaises.

29. La juridiction de renvoi se demande par ailleurs si l'article 6, paragraphe 3, de l'OLW, tel qu'il a été modifié par la WETS, peut être appliqué au litige au principal, étant entendu que, depuis cette modification, cette disposition ne renvoie plus à un fondement conventionnel pour la prise en charge effective de la peine aux Pays-Bas.

30. Ladite juridiction relève certes que, en vertu de l'article 5:2, paragraphe 3, de la WETS, les dispositions de celle-ci, qui transposent la décision-cadre 2008/909, ne s'appliquent pas aux décisions judiciaires qui sont devenues définitives avant le 5 décembre 2011, comme c'est le cas de la décision ayant condamné M. Popławski à une peine privative de liberté. La juridiction de renvoi souligne toutefois que l'article 5:2, paragraphe 3, de la WETS constitue la mise en œuvre de la déclaration faite par le Royaume des Pays-Bas au titre de l'article 28, paragraphe 2, de la décision-cadre 2008/909 et que la Cour ne s'est pas prononcée sur la validité de cette déclaration, en particulier sur son éventuel caractère tardif, cette déclaration ayant été effectuée postérieurement à l'adoption de cette décision-cadre.

31. Cette juridiction souligne que, si ladite déclaration était jugée invalide, les dispositions nationales transposant la décision-cadre 2008/909, y compris l'article 6 de l'OLW, tel que modifié par la WETS, auraient vocation à s'appliquer, conformément à l'article 26 de ladite décision-cadre, à l'exécution du MAE émis à l'encontre de M. Popławski.

32. Toutefois, l'application de ces dispositions nationales au litige au principal supposerait que l'article 5:2, paragraphe 3, de la WETS puisse être interprété conformément à la décision-cadre 2008/909 et, dans le cas contraire, que cette juridiction puisse écarter l'application de cette disposition en vertu du principe de primauté du droit de l'Union. En outre, il conviendrait de vérifier que, dans le cas d'un refus de remise, fondé sur l'article 6 de l'OLW, tel que modifié par la WETS, l'exécution effective de la peine aux Pays-Bas serait assurée.

33. Dans l'affirmative, la remise de M. Popławski pourrait être refusée et la peine pourrait être exécutée aux Pays-Bas, conformément à l'article 6, paragraphes 2 et 5, de l'OLW et à l'article 4, point 6, de la décision-cadre 2002/584.

34. Dans ces conditions, le rechtbank Amsterdam (tribunal d'Amsterdam) a décidé de surseoir à statuer et de poser à la Cour les questions préjudicielles suivantes :

« 1) Si l'autorité judiciaire d'exécution ne peut interpréter les dispositions nationales adoptées en exécution d'une décision-cadre de sorte que leur application aboutisse à un résultat conforme à la décision-cadre, est-elle tenue, en vertu du principe de primauté, de laisser inappliquées les dispositions nationales incompatibles avec les dispositions de ladite décision-cadre ?

2) La déclaration d'un État membre visée à l'article 28, paragraphe 2, de la décision-cadre 2008/909 est-elle valable si elle n'a pas été présentée "lors de l'adoption de la présente décision-cadre", mais à une date ultérieure ? »

Sur les questions préjudicielles

[...]

Sur la première question

50. Par sa première question, la juridiction de renvoi demande, en substance, si le principe de primauté du droit de l'Union doit être interprété en ce sens qu'il impose à une juridiction d'un État membre de laisser inappliquée une disposition du droit de cet État incompatible avec des dispositions d'une décision-cadre.

51. Il ressort du dossier soumis à la Cour que la juridiction de renvoi s'interroge, plus particulièrement, sur la possibilité d'écarter l'application de dispositions nationales qu'elle juge contraires aux décisions-cadres 2002/584 et 2008/909.

52. Afin de répondre à cette question, il convient de rappeler, en premier lieu, que le droit de l'Union se caractérise par le fait d'être issu d'une source autonome, constituée par les traités, par sa primauté par rapport aux droits des États membres ainsi que par l'effet direct de toute une série de dispositions applicables à leurs ressortissants et à eux-mêmes. Ces caractéristiques essentielles du droit de l'Union ont donné lieu à un réseau structuré de principes, de règles et de relations juridiques mutuellement interdépendantes liant, réciproquement, l'Union elle-même et ses États membres ainsi que ceux-ci entre eux (voir, notamment, avis 2/13, du 18 décembre 2014, EU:C:2014:2454, points 166 et 167 ; arrêt du 10 décembre 2018, *Wightman e.a.*, C-621/18, EU:C:2018:999, point 45, et avis 1/17, du 30 avril 2019, EU:C:2019:341, point 109).

53. Le principe de primauté du droit de l'Union consacre la prééminence du droit de l'Union sur le droit des États membres (arrêt du 15 juillet 1964, *Costa*, 6/64, EU:C:1964:66, p. 1159 et 1160).

54. Ce principe impose dès lors à toutes les instances des États membres de donner leur plein effet aux différentes normes de l'Union, le droit des États membres ne pouvant affecter l'effet reconnu à ces différentes normes sur le territoire desdits États (voir, en ce sens, arrêts du 26 février 2013, *Melloni*, C-399/11, EU:C:2013:107, point 59, et du 4 décembre 2018, *Minister for Justice and Equality et Commissioner of An Garda Síochána*, C-378/17, EU:C:2018:979, point 39).

55. À cet égard, il y a lieu de relever que le principe d'interprétation conforme du droit interne, en vertu duquel la juridiction nationale est tenue de donner au droit interne, dans toute la mesure du possible, une interprétation conforme aux exigences du droit de l'Union, est inhérent au système des traités, en ce qu'il permet à la juridiction nationale d'assurer, dans le cadre de ses compétences, la pleine efficacité du droit de l'Union lorsqu'elle tranche le litige dont elle est saisie (arrêts du 19 décembre 2013, *Koushkaki*, C-84/12, EU:C:2013:862, points 75 et 76 ; du 8 novembre 2016, *Ognyanov*, C-554/14, EU:C:2016:835, point 59, et du 29 juin 2017, *Popławski*, C-579/15, EU:C:2017:503, point 31).

56. De même, la pleine efficacité des normesdu droit de l'Union serait mise en cause et la protection des droits qu'elles reconnaissent serait affaiblie si les particuliers n'avaient pas la possibilité d'obtenir réparation lorsque leurs droits sont lésés par une violation du droit de l'Union imputable à un État membre (arrêt du 19 novembre 1991, *Francovich e.a.*, C-6/90 et C-9/90, EU:C:1991:428, point 33).

57. Il résulte de ce qui précède que, afin de garantir l'effectivité de l'ensemble des dispositions du droit de l'Union, le principe de primauté impose, notamment, aux juridictions nationales d'interpréter, dans toute la mesure du possible, leur droit interne de manière conforme au droit de l'Union et de reconnaître aux particuliers la possibilité d'obtenir réparation lorsque leurs droits sont lésés par une violation du droit de l'Union imputable à un État membre.

58. C'est également en vertu du principe de primauté que, à défaut de pouvoir procéder à une interprétation de la réglementation nationale conforme aux exigences du droit de l'Union, le juge national chargé d'appliquer, dans le cadre de sa compétence, les dispositions du droit de l'Union a l'obligation d'assurer le plein effet de celles-ci en laissant au besoin inappliquée, de sa propre autorité, toute disposition contraire de la législation nationale, même postérieure, sans qu'il ait à demander ou à attendre l'élimination préalable de celle-ci par voie législative ou par tout autre procédé constitutionnel (voir, en ce sens, arrêt du 4 décembre 2018,

Minister for Justice and Equality et Commissioner of An Garda Síochána, C-378/17, EU:C:2018:979, point 35 ainsi que jurisprudence citée).

59. Cela étant, il convient encore de tenir compte des autres caractéristiques essentielles du droit de l'Union et, plus particulièrement, de la reconnaissance d'un effet direct à une partie seulement des dispositions de ce droit.

60. Le principe de primauté du droit de l'Union ne saurait dès lors aboutir à remettre en cause la distinction essentielle entre les dispositions du droit de l'Union disposant d'un effet direct et celles qui en sont dépourvues, ni, partant, à instaurer un régime unique d'application de l'ensemble des dispositions du droit de l'Union par les juridictions nationales.

61. À cet égard, il y a lieu de souligner que tout juge national, saisi dans le cadre de sa compétence a, en tant qu'organe d'un État membre, l'obligation de laisser inappliquée toute disposition nationale contraire à une disposition de droit de l'Union qui est d'effet direct dans le litige dont il est saisi (voir, en ce sens, arrêts du 8 septembre 2010, *Winner Wetten*, C-409/06, EU:C:2010:503, point 55 et jurisprudence citée ; du 24 janvier 2012, *Dominguez*, C-282/10, EU:C:2012:33, point 41, ainsi que du 6 novembre 2018, *Bauer et Willmeroth*, C-569/16 et C-570/16, EU:C:2018:871, point 75).

62. En revanche, une disposition du droit de l'Union qui est dépourvue d'effet direct ne peut être invoquée, en tant que telle, dans le cadre d'un litige relevant du droit de l'Union, afin d'écarter l'application d'une disposition de droit national qui y serait contraire.

63. Ainsi, le juge national n'est pas tenu, sur le seul fondement du droit de l'Union, de laisser inappliquée une disposition du droit national incompatible avec une disposition de la charte des droits fondamentaux de l'Union européenne qui, comme son article 27, est dépourvue d'effet direct (voir, en ce sens, arrêt du 15 janvier 2014, *Association de médiation sociale*, C-176/12, EU:C:2014:2, points 46 à 48).

64. De même, l'invocation d'une disposition d'une directive qui n'est pas suffisamment claire, précise et inconditionnelle pour se voir reconnaître un effet direct ne peut aboutir, sur le seul fondement du droit de l'Union, à ce que l'application d'une disposition nationale soit écartée par une juridiction d'un État membre (voir, en ce sens, arrêts du 24 janvier 2012, *Dominguez*, C-282/10, EU:C:2012:33, point 41 ; du 6 mars 2014, *Napoli*, C-595/12, EU:C:2014:128, point 50 ; du 25 juin 2015, *Indėlių ir investicijų draudimas et Nemaniūnas*, C-671/13, EU:C:2015:418, point 60, ainsi que du 16 juillet 2015, *Larentia + Minerva et Marenave Schiffahrt*, C-108/14 et C-109/14, EU:C:2015:496, points 51 et 52).

65. En outre, selon une jurisprudence constante de la Cour, une directive ne peut pas, par elle-même, créer d'obligations à l'égard d'un particulier, et ne peut donc être invoquée en tant que telle à l'encontre de celui-ci devant une juridiction nationale (voir, notamment, arrêts du 26 septembre 1996, *Arcaro*, C-168/95, EU:C:1996:363, point 36 et jurisprudence citée ; du 17 juillet 2008, *Arcor e.a.*, C-152/07 à C-154/07, EU:C:2008:426, point 35, ainsi que du 22 janvier 2019, *Cresco Investigation*, C-193/17, EU:C:2019:43, point 72 et jurisprudence citée).

66. En effet, il convient de rappeler que, en vertu de l'article 288, troisième alinéa, TFUE, le caractère contraignant d'une directive, sur lequel est fondée la possibilité d'invoquer celle-ci, n'existe qu'à l'égard de « tout État membre destinataire » et que l'Union n'a le pouvoir d'édicter, de manière générale et abstraite, avec effet immédiat des obligations à la charge des particuliers que là où lui est attribué le pouvoir d'adopter des règlements (voir, en ce sens, arrêts du 12 décembre 2013, *Portgás*, C-425/12, EU:C:2013:829, point 22, et du 22 janvier 2019, *Cresco Investigation*, C-193/17, EU:C:2019:43, point 72).

67. Il découle de ce qui précède que, même claire, précise et inconditionnelle, une disposition d'une directive ne permet pas au juge national d'écarter une disposition de son droit interne qui y est contraire, si, ce faisant, une obligation supplémentaire venait à être imposée à un particulier (voir, en ce sens, arrêts du 3 mai 2005, *Berlusconi e.a.*, C-387/02, C-391/02 et C-403/02, EU:C:2005:270, points 72 et 73 ; du 17 juillet 2008, *Arcor e.a.*, C-152/07 à C-154/07, EU:C:2008:426, points 35 à 44 ; du 27 février 2014, *OSA*, C-351/12, EU:C:2014:110, points 46 et 47 ; du 7 août 2018, *Smith*, C-122/17, EU:C:2018:631, point 49, ainsi que du 22 janvier 2019, *Cresco Investigation*, C-193/17, EU:C:2019:43, point 73).

68. Comme le confirme la jurisprudence rappelée aux points 64 à 67 du présent arrêt, l'obligation, pour une juridiction nationale, de laisser inappliquée une disposition de son droit interne, contraire à une disposition du droit de l'Union, si elle découle de la primauté reconnue à cette dernière disposition, est néanmoins conditionnée par l'effet direct de ladite disposition dans le litige dont cette juridiction est saisie. Partant, une juridiction nationale n'est pas tenue, sur le seul fondement du droit de l'Union, de laisser inappliquée une disposition de son droit national contraire à une disposition du droit de l'Union si cette dernière disposition est dépourvue d'effet direct.

69. Il convient de relever, en deuxième lieu, que tant la décision-cadre 2002/584 que la décision-cadre 2008/909 sont dépourvues d'effet direct. En effet, ces décisions-cadres ont été adoptées sur le fondement de l'ancien troisième pilier de l'Union, notamment, en application de l'article 34, paragraphe 2, sous b), UE. Or, cette disposition prévoyait, d'une part, que les décisions-cadres lient les États membres quant au résultat à

atteindre, tout en laissant aux instances nationales la compétence quant à la forme et aux moyens et, d'autre part, que les décisions-cadres ne peuvent entraîner d'effet direct (arrêts du 8 novembre 2016, *Ognyanov*, C-554/14, EU:C:2016:835, point 56, et du 29 juin 2017, *Popławski*, C-579/15, EU:C:2017:503, point 26).

70. À cet égard, il importe de rappeler que, aux termes de l'article 9 du protocole (n° 36) sur les dispositions transitoires, annexé aux traités, les effets juridiques des actes des institutions, des organes et des organismes de l'Union adoptés sur la base du traité UE avant l'entrée en vigueur du traité de Lisbonne sont préservés aussi longtemps que ces actes n'auront pas été abrogés, annulés ou modifiés en application des traités. Les décisions-cadres 2002/584 et 2008/909 n'ayant pas fait l'objet d'une telle abrogation, annulation ou modification, celles-ci continuent donc de produire leurs effets juridiques conformément à l'article 34, paragraphe 2, sous b), UE (arrêt du 8 novembre 2016, *Ognyanov*, C-554/14, EU:C:2016:835, point 57).

71. Lesdites décisions-cadres étant dépourvues d'effet direct en vertu du traité UE lui-même, il résulte du point 68 du présent arrêt qu'une juridiction d'un État membre n'est pas tenue, sur le seul fondement du droit de l'Union, d'écarter l'application d'une disposition de son droit national contraire à ces décisions-cadres.

72. Il y a lieu de rappeler, en troisième lieu, que, si les décisions-cadres ne peuvent produire d'effet direct, leur caractère contraignant entraîne néanmoins dans le chef des autorités nationales une obligation d'interprétation conforme de leur droit interne à partir de la date d'expiration du délai de transposition de ces décisions-cadres (arrêt du 8 novembre 2016, *Ognyanov*, C-554/14, EU:C:2016:835, points 58 et 61).

73. En appliquant le droit national, ces autorités sont donc tenues d'interpréter celui-ci, dans toute la mesure du possible, à la lumière du texte et de la finalité de la décision-cadre afin d'atteindre le résultat visé par celle-ci (voir, en ce sens, arrêts du 16 juin 2005, *Pupino*, C-105/03, EU:C:2005:386, point 43 ; du 5 septembre 2012, *Lopes Da Silva Jorge*, C-42/11, EU:C:2012:517, point 54 ; du 8 novembre 2016, *Ognyanov*, C-554/14, EU:C:2016:835, point 59, et du 29 juin 2017, *Popławski*, C-579/15, EU:C:2017:503, point 31).

74. Le principe d'interprétation conforme du droit national connaît toutefois certaines limites.

75. Ainsi, les principes généraux du droit, en particulier les principes de sécurité juridique et de non-rétroactivité, s'opposent notamment à ce que l'obligation d'interprétation conforme puisse conduire à déterminer ou à aggraver, sur le fondement d'une décision-cadre et indépendamment d'une loi prise pour la mise en œuvre de celle-ci, la responsabilité pénale

de ceux qui ont commis une infraction (voir, en ce sens, arrêts du 8 novembre 2016, *Ognyanov*, C-554/14, EU:C:2016:835, points 63 et 64, ainsi que du 29 juin 2017, *Popławski*, C-579/15, EU:C:2017:503, point 32).

76. De même, le principe d'interprétation conforme ne peut servir de fondement à une interprétation contra legem du droit national (arrêt du 29 juin 2017, *Popławski*, C-579/15, EU:C:2017:503, point 33 et jurisprudence citée). En d'autres termes, l'obligation d'interprétation conforme cesse lorsque le droit national ne peut pas recevoir une application telle qu'il aboutit à un résultat compatible avec celui visé par la décision-cadre concernée (arrêt du 8 novembre 2016, *Ognyanov*, C-554/14, EU:C:2016:835, point 66).

77. Cela étant, le principe d'interprétation conforme requiert de prendre en considération l'ensemble du droit interne et de faire application des méthodes d'interprétation reconnues par celui-ci, afin de garantir la pleine effectivité de la décision-cadre concernée et d'aboutir à une solution conforme à la finalité poursuivie par celle-ci (voir, en ce sens, arrêts du 5 septembre 2012, *Lopes Da Silva Jorge*, C-42/11, EU:C:2012:517, point 56 ; du 29 juin 2017, *Popławski*, C-579/15, EU:C:2017:503, point 34, et du 12 février 2019, *TC*, C-492/18 PPU, EU:C:2019:108, point 68).

78. Dans ce contexte, la Cour a déjà jugé que l'obligation d'interprétation conforme impose aux juridictions nationales de modifier, le cas échéant, une jurisprudence établie si celle-ci repose sur une interprétation du droit interne incompatible avec les objectifs d'une décision-cadre et de laisser inappliquée, de leur propre autorité, toute interprétation retenue par une juridiction supérieure qui s'imposerait à elle, en vertu de son droit national, si cette interprétation n'est pas compatible avec la décision-cadre concernée (voir, en ce sens, arrêts du 19 avril 2016, *DI*, C-441/14, EU:C:2016:278, point 33, ainsi que du 29 juin 2017, *Popławski*, C-579/15, EU:C:2017:503, points 35 et 36).

79. Partant, une juridiction nationale ne saurait valablement considérer qu'elle se trouve dans l'impossibilité d'interpréter une disposition nationale en conformité avec le droit de l'Union en raison du seul fait que cette disposition a, de manière constante, été interprétée dans un sens qui n'est pas compatible avec ce droit (arrêts du 8 novembre 2016, *Ognyanov*, C-554/14, EU:C:2016:835, point 69, et du 6 novembre 2018, *Max-Planck-Gesellschaft zur Förderung der Wissenschaften*, C-684/16, EU:C:2018:874, point 60) ou est appliquée d'une telle manière par les autorités nationales compétentes.

80. S'agissant, en l'occurrence, de l'obligation d'interpréter le droit néerlandais et, plus particulièrement, l'OLW de manière conforme à la décision-cadre 2002/584, il convient de relever ce qui suit.

81. Au point 37 de son arrêt du 29 juin 2017, *Popławski* (C-579/15, EU:C:2017:503), la Cour a constaté que l'obligation pour le juge national d'assurer la pleine effectivité de la décision-cadre 2002/584 entraîne pour le Royaume des Pays-Bas l'obligation d'exécuter le MAE en cause au principal ou, en cas de refus, celle de garantir aux Pays-Bas l'exécution effective de la peine prononcée en Pologne à l'encontre de M. Popławski.

82. En effet, il y a lieu de rappeler que l'impunité de la personne recherchée serait incompatible avec l'objectif poursuivi tant par la décision-cadre 2002/584 (voir, en ce sens, arrêts du 29 juin 2017, *Popławski*, C-579/15, EU:C:2017:503, point 23, et du 13 décembre 2018, *Sut*, C-514/17, EU:C:2018:1016, point 47) que par l'article 3, paragraphe 2, TUE, selon lequel l'Union offre à ses citoyens un espace de liberté, de sécurité et de justice sans frontières intérieures, au sein duquel est assurée la libre circulation des personnes, en liaison avec des mesures appropriées en matière, notamment, de contrôle des frontières extérieures, de prévention de la criminalité ou de lutte contre ce phénomène [arrêt du 25 juillet 2018, *Generalstaatsanwaltschaft (Conditions de détention en Hongrie)*, C-220/18 PPU, EU:C:2018:589, point 86].

83. La Cour a également souligné que l'obligation visée au point 81 du présent arrêt n'ayant aucune incidence sur la détermination de la responsabilité pénale de M. Popławski, qui découle du jugement prononcé le 5 février 2007 contre lui par le Sąd Rejonowy w Poznaniu (tribunal d'arrondissement de Poznań), elle ne saurait a fortiori être considérée comme entraînant une aggravation de cette responsabilité, au sens du point 75 du présent arrêt (arrêt du 29 juin 2017, *Popławski*, C-579/15, EU:C:2017:503, point 37).

84. Il ressort du dossier soumis à la Cour que la juridiction de renvoi paraît exclure, sauf à recourir à une interprétation contra legem, que l'OLW puisse être appliquée de telle manière que le MAE en cause au principal soit exécuté et que M. Popławski soit remis aux autorités judiciaires polonaises.

85. Partant, si une interprétation du droit national aboutissant à l'exécution du MAE émis à l'encontre de M. Popławski s'avère effectivement impossible, ce qu'il appartient à la juridiction de renvoi de vérifier, il incombe encore à cette dernière d'interpréter la réglementation néerlandaise pertinente et, en particulier, l'article 6 de l'OLW, sur le fondement duquel la remise de M. Popławski aux autorités polonaises serait refusée, dans toute la mesure du possible, de manière à ce que l'application de cette réglementation permette, par la prise en charge effective aux Pays-Bas de la peine prononcée à l'encontre de M. Popławski, d'éviter l'impunité de ce dernier et d'aboutir ainsi à une solution compatible avec l'objectif poursuivi par la décision-cadre 2002/584, tel qu'il a été rappelé au point 82 du présent arrêt.

86. À cet égard, comme la Cour l'a souligné au point 23 de son arrêt du 29 juin 2017, *Popławski* (C-579/15, EU:C:2017:503), une réglementation d'un État membre qui, comme l'article 6 de l'OLW, met en œuvre le motif de non-exécution facultative d'un MAE aux fins de l'exécution d'une peine ou d'une mesure de sûreté privatives de liberté contenu à l'article 4, point 6, de la décision-cadre 2002/584, en prévoyant que les autorités judiciaires de cet État sont en tout état de cause tenues de refuser l'exécution d'un MAE dans l'hypothèse où la personne recherchée réside dans ledit État, sans que ces autorités jouissent d'une quelconque marge d'appréciation et sans que ce même État s'engage à faire exécuter effectivement la peine privative de liberté prononcée contre cette personne recherchée, créant ainsi un risque d'impunité de ladite personne, ne saurait être considérée comme étant conforme à cette décision-cadre.

87. Dans ces conditions, il y a lieu de rappeler que la Cour, appelée à fournir au juge national des réponses utiles dans le cadre d'un renvoi préjudiciel, peut apporter des précisions visant à guider la juridiction de renvoi et lui indiquer quelle interprétation du droit national satisferait à son obligation d'interpréter celui-ci conformément au droit de l'Union (arrêt du 17 octobre 2018, *Klohn*, C-167/17, EU:C:2018:833, point 68).

88. En l'occurrence, s'agissant, tout d'abord, de l'obligation, imposée par l'article 4, point 6, de la décision-cadre 2002/584 et rappelée au point 86 du présent arrêt, d'assurer, en cas de refus d'exécution du MAE, la prise en charge effective par l'État membre d'exécution de la peine privative de liberté, il convient de relever que cette obligation présuppose un véritable engagement de cet État à exécuter la peine privative de liberté prononcée contre la personne recherchée, si bien que, en tout état de cause, la seule circonstance que cet État se déclare « disposé » à faire exécuter cette peine ne saurait être considérée comme étant de nature à justifier un tel refus. Il s'ensuit que tout refus d'exécuter un MAE doit être précédé de la vérification, par l'autorité judiciaire d'exécution, de la possibilité d'exécuter réellement la peine conformément à son droit interne (arrêt du 29 juin 2017, *Popławski*, C-579/15, EU:C:2017:503, point 22).

89. Or, il ressort du point 38 de l'arrêt du 29 juin 2017, *Popławski* (C-579/15, EU:C:2017:503), que, selon la juridiction de renvoi, la déclaration par laquelle l'Openbaar Ministerie (ministère public, Pays-Bas) fait savoir à l'autorité judiciaire d'émission qu'il est disposé, en application de l'article 6, paragraphe 3, de l'OLW, dans sa version applicable jusqu'à l'entrée en vigueur de la WETS, à prendre en charge l'exécution de la peine à la base du MAE en cause au principal ne saurait être interprétée comme constituant un véritable engagement du Royaume des Pays-Bas à exécuter cette peine, à moins que l'article 4, point 6, de la décision-cadre 2002/584 puisse être considéré comme un fondement juridique conventionnel au sens dudit article 6, paragraphe 3, pour l'exécution effective d'une telle peine aux Pays-Bas.

90. Bien qu'il appartienne à la seule juridiction de renvoi d'apprécier si le droit néerlandais est susceptible d'être interprété en ce sens que la décision-cadre 2002/584 est assimilable à un tel fondement juridique conventionnel, aux fins de l'application de l'article 6, paragraphe 3, de l'OLW, dans sa version applicable jusqu'à l'entrée en vigueur de la WETS, la Cour a déjà jugé que le droit de l'Union ne s'oppose pas à une telle assimilation.

91. En effet, d'une part, ainsi qu'il ressort de la jurisprudence de la Cour, selon les considérants 5, 7 et 11 de la décision-cadre 2002/584 ainsi que son article 1er, paragraphes 1 et 2, cette décision-cadre remplace, dans les relations entre États membres, tous les instruments antérieurs relatifs à l'extradition, y compris les conventions ayant existé à cet égard entre les différents États membres. En outre, ladite décision-cadre coexistant, tout en ayant un régime juridique propre défini par le droit de l'Union, avec les conventions d'extradition liant les différents États membres aux États tiers, une assimilation de la décision-cadre 2002/584 à une telle convention ne paraît pas d'emblée exclue [voir, en ce sens, arrêts du 29 juin 2017, *Popławski*, C-579/15, EU:C:2017:503, point 41, et du 25 juillet 2018, *Minister for Justice and Equality (Défaillances du système judiciaire)*, C-216/18 PPU, EU:C:2018:586, point 39].

92. D'autre part, la Cour a également jugé que la décision-cadre 2002/584 ne contient aucune disposition permettant de conclure qu'elle s'opposerait à ce que les termes « une autre convention applicable », figurant à l'article 6, paragraphe 3, de l'OLW, dans sa version applicable jusqu'à l'entrée en vigueur de la WETS, soient interprétés en ce sens qu'ils couvrent également l'article 4, point 6, de cette décision-cadre, dès lors qu'une telle interprétation permettrait de garantir que la faculté de l'autorité judiciaire d'exécution de refuser d'exécuter le MAE ne soit exercée qu'à la condition d'assurer l'exécution effective aux Pays-Bas de la peine prononcée contre M. Popławski et d'aboutir ainsi à une solution conforme à la finalité poursuivie par ladite décision-cadre (arrêt du 29 juin 2017, *Popławski*, C-579/15, EU:C:2017:503, point 42).

93. Il ressort de la demande de décision préjudicielle que la juridiction de renvoi confirme qu'une telle assimilation permettrait, selon l'interprétation qu'elle fait du droit néerlandais, de garantir que la peine à laquelle a été condamné M. Popławski soit effectivement exécutée aux Pays-Bas. Elle relève néanmoins que le ministre, appelé à intervenir dans la procédure en cause au principal en vertu de l'article 6, paragraphe 4, de l'OLW, estime que la décision-cadre 2002/584 ne peut pas constituer une convention au sens de l'article 6, paragraphe 3, de l'OLW, dans sa version applicable jusqu'à l'entrée en vigueur de la WETS.

94. À cet égard, il convient, d'une part, de rappeler que, comme il a été souligné au point 72 du présent arrêt, l'obligation d'interpréter le droit

national d'une manière conforme à la décision-cadre 2002/584 s'impose à toutes les autorités des États membres, y compris, en l'occurrence, au ministre. Ce dernier est donc tenu, tout comme les autorités juridictionnelles, d'interpréter le droit néerlandais, dans toute la mesure du possible, à la lumière du texte et de la finalité de cette décision-cadre, afin de permettre que, par la prise en charge aux Pays-Bas de la peine prononcée contre M. Popławski, l'effectivité de la décision-cadre 2002/584 soit préservée, ce que garantit l'interprétation de l'article 6, paragraphe 3, de l'OLW, dans sa version applicable jusqu'à l'entrée en vigueur de la WETS, rappelée au point 92 du présent arrêt.

95. D'autre part, la circonstance qu'une interprétation de la loi nationale incompatible avec le droit de l'Union serait soutenue par le ministre ne fait en aucun cas obstacle à l'obligation d'interprétation conforme qui pèse sur le juge de renvoi.

96. Il en va d'autant plus ainsi que la décision-cadre 2002/584 instaure un mécanisme de coopération entre les autorités judiciaires des États membres et que la décision relative à l'exécution d'un MAE doit être prise par une autorité judiciaire qui satisfait aux exigences inhérentes à une protection juridictionnelle effective, dont fait partie la garantie d'indépendance, de sorte que toute la procédure prévue par cette décision-cadre soit exercée sous contrôle judiciaire [voir, en ce sens, arrêt du 25 juillet 2018, *Minister for Justice and Equality (Défaillances du système judiciaire)*, C-216/18 PPU, EU:C:2018:586, point 56]. Il s'ensuit que, le ministre n'étant pas une autorité judiciaire, au sens de ladite décision-cadre (voir, en ce sens, arrêt du 10 novembre 2016, *Kovalkovas*, C-477/16 PPU, EU:C:2016:861, point 45), la décision relative à l'exécution du MAE délivré à l'encontre de M. Popławski ne saurait dépendre de l'interprétation que le ministre donne de l'article 6, paragraphe 3, de l'OLW.

97. Dès lors, la juridiction de renvoi ne saurait, dans l'affaire au principal, valablement considérer qu'elle se trouve dans l'impossibilité d'interpréter ledit article 6, paragraphe 3, en conformité avec le droit de l'Union, en raison du seul fait que cette disposition a été interprétée, par le ministre, dans un sens qui n'est pas compatible avec ce droit (voir, par analogie, arrêt du 8 novembre 2016, *Ognyanov*, C-554/14, EU:C:2016:835, point 69).

98. Il résulte de ce qui précède que, si la juridiction de renvoi parvient à la conclusion que la décision-cadre 2002/584 peut être assimilée, conformément aux méthodes d'interprétation reconnues en droit néerlandais, à une convention, aux fins de l'application de l'article 6, paragraphe 3, de l'OLW, dans sa version applicable jusqu'à l'entrée en vigueur de la WETS, elle est tenue d'appliquer cette disposition, ainsi interprétée, au litige en cause au principal, sans avoir égard au fait que le ministre s'oppose à une telle interprétation.

99. S'agissant, ensuite, de l'obligation, imposée par l'article 4, point 6, de la décision-cadre 2002/584 et rappelée au point 86 du présent arrêt, d'assurer une marge d'appréciation à l'autorité judiciaire d'exécution dans la mise en œuvre du motif de non-exécution facultative d'un MAE prévue à cette disposition, il y a lieu de rappeler, tout d'abord, que cette autorité doit pouvoir tenir compte de l'objectif poursuivi par le motif de non-exécution facultative énoncé à cette disposition, qui consiste, selon une jurisprudence bien établie de la Cour, à permettre à l'autorité judiciaire d'exécution d'accorder une importance particulière à la possibilité d'accroître les chances de réinsertion sociale de la personne recherchée à l'expiration de la peine à laquelle cette dernière a été condamnée (arrêt du 29 juin 2017, *Popławski*, C-579/15, EU:C:2017:503, point 21).

100. Il s'ensuit que la faculté conférée à l'autorité judiciaire d'exécution de refuser, sur la base dudit article 4, point 6, la remise de la personne recherchée ne peut être mise en œuvre que si cette autorité, après avoir vérifié, d'une part, que cette personne demeure dans l'État membre d'exécution, en est ressortissante ou y réside, et, d'autre part, que la peine privative de liberté prononcée par l'État membre d'émission contre cette personne peut être effectivement exécutée dans l'État membre d'exécution, estime qu'il existe un intérêt légitime justifiant que la peine infligée dans l'État membre d'émission soit exécutée sur le territoire de l'État membre d'exécution (arrêt du 13 décembre 2018, *Sut*, C-514/17, EU:C:2018:1016, point 37).

101. Il incombe dès lors, à titre principal, à la juridiction de renvoi d'interpréter son droit national, dans toute la mesure du possible, d'une manière conforme à l'exigence rappelée au point précédent.

102. À tout le moins, cette juridiction devrait retenir une interprétation de son droit national qui lui permette d'aboutir à une solution qui, dans l'affaire au principal, ne soit pas contraire à l'objectif poursuivi par la décision-cadre 2002/584. En effet, l'obligation d'interprétation conforme perdure tant que le droit national peut recevoir une application telle qu'il aboutit à un résultat compatible avec celui visé par cette décision-cadre (voir, en ce sens, arrêt du 8 novembre 2016, *Ognyanov*, C-554/14, EU:C:2016:835, point 66).

103. À cet égard, il ressort des conditions qui entourent la mise en œuvre du motif de non-exécution facultative d'un MAE, prévu à l'article 4, point 6, de la décision-cadre 2002/584, que le législateur de l'Union a voulu éviter tout risque d'impunité de la personne recherchée (voir, en ce sens, arrêt du 13 décembre 2018, *Sut*, C-514/17, EU:C:2018:1016, point 47), en adéquation avec l'objectif général de ladite décision-cadre, tel qu'il a été souligné au point 82 du présent arrêt.

104. Or, une interprétation de l'article 6 de l'OLW, en vertu de laquelle le juge de renvoi ne peut, en aucun cas, exécuter le MAE délivré

à l'encontre de M. Popławski, ne fait pas nécessairement obstacle à ce que tout risque d'impunité dans le chef de M. Popławski soit écarté et à ce que, partant, tant la finalité poursuivie par ladite décision-cadre que l'obligation qu'elle impose, en l'occurrence au Royaume des Pays-Bas, telles qu'elles ont été rappelées aux points 81 et 82 du présent arrêt, soient satisfaites.

105. En revanche, exiger, afin que l'interprétation de l'article 6 de l'OLW soit considérée comme conforme au droit de l'Union, que cette disposition donne une marge d'appréciation au juge de renvoi, autorisant celui-ci à exécuter le MAE émis à l'encontre de M. Popławski s'il estime qu'aucun intérêt légitime ne justifie que la peine à laquelle il a été condamné soit exécutée aux Pays-Bas, risquerait, si le droit national ne pouvait être interprété conformément à une telle exigence, de rendre impossible, compte tenu de l'absence d'effet direct de la décision-cadre 2002/584, non seulement la remise de M. Popławski aux autorités judiciaires polonaises, mais aussi l'exécution effective de sa peine aux Pays-Bas.

106. Or, un tel résultat consacrerait l'impunité de la personne recherchée et serait en contradiction avec la finalité poursuivie par la décision-cadre 2002/584 et l'obligation qu'elle impose en l'occurrence aux Pays-Bas, telles qu'elles ont été rappelées aux points 81 et 82 du présent arrêt.

107. Dans de telles circonstances, il y a lieu de considérer que la juridiction de renvoi retiendrait une interprétation du droit néerlandais conforme aux objectifs poursuivis par la décision-cadre 2002/584 en interprétant ce droit de telle sorte que le refus d'exécuter le MAE en cause au principal, émis par la République de Pologne, soit subordonné à la garantie que la peine privative de liberté à laquelle a été condamné M. Popławski sera effectivement exécutée aux Pays-Bas, et ce même si ledit droit prévoit que ce refus intervient de manière automatique.

108. Eu égard aux éléments fournis dans la décision de renvoi, une telle interprétation conforme du droit néerlandais à l'article 4, point 6, de la décision-cadre 2002/584 semble possible et, partant, l'exécution aux Pays-Bas de la peine privative de liberté à laquelle M. Popławski a été condamné en Pologne paraît permise, ce qu'il incombe cependant à la juridiction de renvoi de vérifier.

109. Compte tenu de ce qui précède, il y a lieu de répondre à la première question que le principe de primauté du droit de l'Union doit être interprété en ce sens qu'il n'impose pas à une juridiction nationale de laisser inappliquée une disposition du droit national incompatible avec des dispositions d'une décision-cadre, telle que les décisions-cadres en cause au principal, dont les effets juridiques sont préservés conformément à l'article 9 du protocole (n° 36) sur les dispositions transitoires, annexé aux traités, ces dispositions étant dépourvues d'effet direct.

Les autorités des États membres, en ce compris les juridictions, sont néanmoins tenues de procéder, dans toute la mesure du possible, à une interprétation conforme de leur droit national qui leur permet d'assurer un résultat compatible avec la finalité poursuivie par la décision-cadre concernée.

[...]

Par ces motifs, la Cour (grande chambre) dit pour droit :

1) L'article 28, paragraphe 2, de la décision-cadre 2008/909/JAI du Conseil, du 27 novembre 2008, concernant l'application du principe de reconnaissance mutuelle aux jugements en matière pénale prononçant des peines ou des mesures privatives de liberté aux fins de leur exécution dans l'Union européenne, doit être interprété en ce sens qu'une déclaration faite, au titre de cette disposition, par un État membre, postérieurement à la date d'adoption de cette décision-cadre, ne peut produire d'effets juridiques.

2) Le principe de primauté du droit de l'Union doit être interprété en ce sens qu'il n'impose pas à une juridiction nationale de laisser inappliquée une disposition du droit national incompatible avec des dispositions d'une décision-cadre, telle que les décisions-cadres en cause au principal, dont les effets juridiques sont préservés conformément à l'article 9 du protocole (n° 36) sur les dispositions transitoires, annexé aux traités, ces dispositions étant dépourvues d'effet direct. Les autorités des États membres, en ce compris les juridictions, sont néanmoins tenues de procéder, dans toute la mesure du possible, à une interprétation conforme de leur droit national qui leur permet d'assurer un résultat compatible avec la finalité poursuivie par la décision-cadre concernée.

Observations

Sans l'effet direct, la primauté du droit de l'Union n'est que bien peu de choses... Tel pourrait être l'idée force qui a animé la Cour au moment de prononcer l'arrêt *Popławski*. Nul doute que les détracteurs de cet important arrêt soutiendront qu'il vient limiter les possibilités d'invoquer le droit de l'Union en l'assujettissant à l'effet direct de ce dernier. Une telle critique reviendrait pourtant à attribuer à l'arrêt *Popławski* une portée qu'il n'a pas tant il se borne à entériner et à officialiser une tendance outrageusement dominante dans la jurisprudence de la Cour qui n'est cependant, il est vrai, exempte ni d'exceptions sectorielles ni de quelques décisions dissidentes, les unes comme les autres demeurant, en outre, inexpliquées (1). L'arrêt *Popławski* témoigne ainsi de la prégnance de l'effet direct lorsqu'il s'agit d'invoquer le droit de l'Union.

N'ignorant pas que les décisions-cadres étaient, aux termes de l'ancien article 34, paragraphe 2, sous b), TUE, dépourvues d'effet direct, le tribunal d'Amsterdam a interrogé la Cour quant au point de savoir s'il devait écarter une réglementation nationale contraire à une décision-cadre au nom du principe de primauté du droit de l'Union. La Cour était ainsi invitée à trancher le débat relatif au(x) fondement(s) de l'invocabilité du droit de l'Union qui agite la doctrine francophone depuis la fin des années 1980. Cette question préjudicielle était d'autant plus pertinente que la Cour ne disposait ici d'aucune échappatoire, la question se rapportant à la seule source de droit pour laquelle le constituant de l'Union avait expressément exclu qu'elle puisse produire un effet direct. Ainsi, vouée à ne pas pouvoir être directement appliquée en lieu et place du droit national contraire, la décision-cadre pouvait, tout au plus, prétendre évincer une norme nationale inconventionnelle, à condition pour cela de fonder l'invocabilité d'exclusion sur le seul principe de primauté. Telle est d'ailleurs la position soutenue par la majorité de la doctrine francophone qui a fini par se persuader que les rares arrêts de la Cour dans lesquels l'invocabilité d'exclusion reposait sur le principe de primauté constituaient le principe et non l'exception. Un tel positionnement revient pourtant à faire comme si la partie émergée d'un iceberg était bien plus importante que la partie immergée...

L'affaire *Popławski* revêtait donc une dimension principielle ou constitutionnelle évidente et, que l'on apprécie ou non sa solution, on peut, au moins, se réjouir de constater que la Cour a enfin explicitement tranché la question des fondements de l'invocabilité d'exclusion. Celle-ci repose conjointement sur les principes de primauté et d'effet direct de

---

(1) Pour plus de détails, voy. notre étude, « Retour fataliste aux fondements de l'invocabilité des directives. Du cartésianisme au pragmatisme », *RTDE*, 2015, p. 39.

sorte qu'elle ne peut opérer qu'afin d'assurer le respect d'une norme de l'Union inconditionnelle et suffisamment précise. C'est ainsi que, si « [l]e principe de primauté du droit de l'Union consacre la prééminence du droit de l'Union sur le droit des États membres »(2), cette prééminence ne peut être assurée sur le seul fondement de ce principe que dans le cadre des invocabilités d'interprétation conforme et de réparation. En revanche, si le justiciable ou le juge national entend se placer sur le terrain de l'invocabilité d'exclusion et, *a fortiori*, de l'invocabilité de substitution, la sanction de la primauté du droit de l'Union ne peut être obtenue qu'avec le renfort du principe d'effet direct et encore, à condition que le litige ne présente pas un caractère horizontal. Il s'ensuit qu'« une disposition du droit de l'Union qui est dépourvue d'effet direct ne peut être invoquée, en tant que telle, dans le cadre d'un litige relevant du droit de l'Union, afin d'écarter l'application d'une disposition de droit national qui y serait contraire »(3).

En affirmant cela, l'arrêt *Popławski* explicite ou officialise la jurisprudence, à tout le moins, la tendance largement dominante de la jurisprudence. À ce titre, autrement dit, sur le plan de la politique juridictionnelle, il mérite d'être approuvé. Ce faisant, l'arrêt *Popławski* n'innove qu'en s'efforçant de proposer une justification de cette jurisprudence. La Cour affirme ainsi que le principe de primauté du droit de l'Union doit coexister avec d'« autres caractéristiques essentielles du droit de l'Union et, plus particulièrement, [avec] la reconnaissance d'un effet direct à une partie seulement des dispositions de ce droit. Le principe de primauté du droit de l'Union ne saurait dès lors aboutir à remettre en cause la distinction essentielle entre les dispositions du droit de l'Union disposant d'un effet direct et celles qui en sont dépourvues, ni, partant, à instaurer un régime unique d'application de l'ensemble des dispositions du droit de l'Union par les juridictions nationales »(4). Pour que sa vertu unificatrice joue pleinement, l'arrêt *Popławski* devrait toutefois conduire la

(2) Pt 53 de l'arrêt *Popławski*.
(3) Pt 62 de l'arrêt *Popławski*.
(4) Pts 59 et 60 de l'arrêt *Popławski*.

Cour soit à renverser sa jurisprudence dans les domaines de l'environnement ou des normes techniques puisque, ici, l'invocabilité repose, sans que l'on sache véritablement pourquoi, sur la seule primauté du droit de l'Union, soit à justifier ces exceptions.

Le bilan de l'arrêt *Popławski* paraît, en revanche, plus contrasté si on l'évalue en termes de politique jurisprudentielle.

En premier lieu, si, de prime abord, il peut sembler contre-productif de subordonner l'invocabilité d'exclusion à la démonstration de l'inconditionnalité et de la précision suffisante de la règle de droit de l'Union invoquée, ce choix n'est pas illégitime pour autant. Il ne serait en effet pas très judicieux d'inciter les justiciables à se prévaloir de dispositions conditionnelles et insuffisamment précises du droit de l'Union. La probabilité pour un justiciable d'établir la contrariété d'une réglementation nationale avec une norme de l'Union imprécise étant faible, le risque serait alors de susciter d'immenses déceptions chez des justiciables auxquels on aurait vainement fait miroiter l'utilité, pour ne pas dire la puissance dévastatrice, du droit de l'Union. Il semble dès lors préférable de réserver la justiciabilité du droit de l'Union aux hypothèses où celui-ci peut véritablement avoir une incidence dans le litige au principal.

À cet égard, les développements que la Cour consacre au principe de primauté, afin de démontrer que celui-ci constitue l'unique fondement des invocabilités d'interprétation conforme et de réparation, n'emportent pas totalement la conviction. En effet, à l'exception de l'affaire *Francovich*, la responsabilité d'un État membre n'a jusqu'ici été engagée ou, plus exactement, suggérée, dans un arrêt de la Cour, que pour violation d'une règle de l'Union dotée d'un effet direct. Encore convient-il de relever que, dans l'affaire *Francovich*, sans être inconditionnelle, la règle en cause dans cette affaire a été considérée comme « comport[ant néanmoins] l'attribution de droits au profit de particuliers »(5). De la même manière, l'interprétation conforme, qui doit constituer

(5) CJCE, 19 novembre 1991, *Francovich et Bonifaci e.a.*, aff. C-6 et 9/90, pt 40. *Adde* pt 44.

un réflexe pour le juge national, lequel ne doit envisager l'exclusion du droit national que, « à défaut de pouvoir procéder à une interprétation de la réglementation nationale conforme aux exigences du droit de l'Union »(6), ne joue à plein que lorsque la norme de l'Union invoquée est inconditionnelle et suffisamment précise. Ainsi, bien que théoriquement fondées sur la primauté du droit de l'Union, les invocabilités d'interprétation conforme et de réparation ne déploient la plénitude de leurs effets qu'en présence d'une norme dotée d'un effet direct.

Au-delà, était-il indispensable de donner l'impression que la primauté du droit de l'Union n'est pas une « exigence existentielle »(7) de l'ordre juridique de l'Union ? L'observateur attentif de la jurisprudence, tout particulièrement celle relative aux accords internationaux conclus par l'Union, ne pouvait qu'en être convaincu. Fallait-il cependant le crier aussi haut et fort ? Ce n'est probablement pas une bonne idée, tant les correctifs paraissent, en pratique, limités pour les justiciables. Quant à la Commission européenne, elle ne saurait, à elle seule, veiller au respect de toutes les dispositions dépourvues d'effet direct à travers le recours en manquement. L'idée des cercles concentriques, autrefois utilisée pour décrire le futur de l'Union européenne fait de multiples différenciations, pourrait ainsi trouver une seconde jeunesse. La primauté, notion concentrique, il fallait quand même y penser !

En deuxième lieu, la motivation de l'arrêt *Popławski* témoigne de l'ambiguïté originelle de la jurisprudence de la Cour relative à l'invocabilité du droit de l'Union. Même si la fâcheuse dilection de la Cour pour la citation de précédents récents ne permet peut-être pas de s'en rendre compte, les points 58 et 61, s'inspirent du célèbre arrêt *Simmenthal* (8). Or, le premier fonde l'obligation pour le juge national d'écarter une norme nationale contraire au droit de l'Union sur la primauté du droit de l'Union, lui assignant ainsi,

(6) Pt 58 de l'arrêt *Popławski*.

(7) P. PESCATORE, *L'ordre juridique des Communautés européennes. Étude des sources du droit communautaire*, Liège, P.U. Liège, 1975, p. 227.

(8) CJCE, 9 mars 1978, *Simmenthal*, aff. 106/77, pts 21 et 24.

a priori, la portée la plus vaste possible. Ce faisant, le point 58 de l'arrêt *Poplawski* prend appui sur le point 24 de l'arrêt *Simmenthal*. En revanche, le second vient circonscrire l'intensité de cette primauté. En effet, il précise, presque à la dérobée, que « l'obligation de laisser inappliquée toute disposition nationale contraire à une disposition de droit de l'Union » ne vaut que si cette dernière « est d'effet direct dans le litige dont il est saisi », ce qui renvoie plutôt ici au point 21 de l'arrêt *Simmenthal*, qui mentionnait « l'obligation [...] de protéger les droits que [le droit communautaire] confère aux particuliers »(9). Ainsi, en scindant l'utilisation de l'arrêt *Simmenthal*, la Cour paraît accréditer les deux lectures qui avaient été faites de cette décision et attester la porosité entre, d'une part, les différentes formes d'invocabilité du droit de l'Union et, d'autre part, leurs fondements respectifs.

En troisième lieu, la jurisprudence sur l'invocabilité des décisions-cadres et, par extension, des directives continue d'être traversée, même après l'arrêt *Popławski*, par certaines tensions de sorte qu'on peut relever la persistance de divers artifices.

Tout d'abord, l'arrêt *Popławski* témoigne, une fois de plus, de l'ambiguïté de la position de la Cour vis-à-vis du prétendu rejet de l'effet direct horizontal des directives. En théorie, le raisonnement de la Cour repose sur deux distinctions sacramentelles : la première, qu'elle qualifie, elle-même, d'« essentielle[,] entre les dispositions du droit de l'Union disposant d'un effet direct et celles qui en sont dépourvues » (pt 60) ; la seconde entre le « pouvoir de règlement » et le « pouvoir de directive ». Ainsi, comme à l'accoutumée, l'effet direct horizontal des directives est rejeté au motif, d'une part, que la directive ne crée d'obligations qu'à l'égard des États membres et, d'autre part, que « l'Union n'a le pouvoir d'édicter, de manière générale et abstraite, avec effet immédiat des obligations à la charge des particuliers que là où lui est attribué le pouvoir d'adopter des règlements » (pt 66).

(9) Sur l'intrication des principes d'effet direct et de primauté, voy. pts 13-17 de l'arrêt *Simmenthal*.

Or, derrière un rejet de façade, l'effet direct horizontal s'est, en réalité, largement immiscé dans l'ordre juridique de l'Union. Cette diffusion d'une application horizontale des directives non ou mal transposées résulte, tout d'abord, de la valorisation constante de l'interprétation conforme qu'opère la Cour (10). L'arrêt *Popławski* comporte d'ailleurs des développements, semble-t-il, inédits relatifs à l'obligation d'interprétation conforme. Dans une affirmation qui fait écho à l'arrêt *Beaumartin contre France* (11), la Cour affirme fermement que « la circonstance qu'une interprétation de la loi nationale incompatible avec le droit de l'Union serait soutenue par le ministre ne fait en aucun cas obstacle à l'obligation d'interprétation conforme qui pèse sur le juge de renvoi » (pt 95). Il est en effet évident qu'une juridiction nationale ne saurait s'estimer liée par une interprétation du droit national formulée par le pouvoir exécutif et, *a fortiori*, par une partie de la doctrine (12). Ce serait le monde à l'envers ! Aussi la Cour complète-t-elle la formule classique, qui, depuis l'arrêt *DI*, contraint une juridiction nationale à procéder à un revirement de jurisprudence si tel est le seul moyen de parvenir à une interprétation conforme du droit national, en ajoutant qu'« une juridiction nationale ne saurait valablement considérer qu'elle se trouve dans l'impossibilité d'interpréter une disposition nationale en conformité avec le droit de l'Union en raison du seul fait que cette disposition [...] est appliquée d'une telle manière par les autorités nationales compétentes » (13). En revanche, l'obligation d'interprétation conforme ne va pas jusqu'à exiger du juge

(10) On rappelle que ce n'est qu'« à défaut de pouvoir procéder à une interprétation de la réglementation nationale conforme aux exigences du droit de l'Union », que le juge national doit recourir aux invocabilités d'exclusion ou de substitution (pt 58 de l'arrêt *Popławski*).

(11) Cour EDH, 24 novembre 1994, *Beaumartin c/ France*, req. n° 15287/89.

(12) Une juridiction de première instance ne saurait en effet prétendre que l'interprétation conforme s'avère impossible au vu « de la jurisprudence nationale, y compris de celle issue des juridictions d'appel, et de la position d'une partie de la doctrine (CJUE, 4 mars 2020, *Bank BGŻ BNP Paribas*, aff. C-183/18, ECLI:EU:C:2020:153, pts 68 et 69).

(13) « [U]ne juridiction nationale ne saurait valablement considérer qu'elle se trouve dans l'impossibilité d'interpréter une disposition nationale en conformité avec le droit de l'Union en raison du seul fait que cette disposition a, de manière constante, été interprétée dans un sens qui n'est pas compatible avec ce droit » (pt 79 de l'arrêt *Popławski* qui s'inspire du pt 34 de l'arrêt *DI* [CJUE, gde ch., 19 avril 2016, aff. C-441/14, ECLI:EU:C:2016:278]).

national qu'il écarte « la seule interprétation [du droit national] qui lui paraît conforme à la Constitution nationale si, ce faisant, il méconnaissait un autre droit fondamental garanti par le droit de l'Union »(14). Surtout, la Cour souligne qu'il est envisageable d'établir une gradation dans l'interprétation conforme. Ainsi, si l'interprétation optimale ne peut être retenue, une interprétation certes moins idéale, moins conforme à une décision-cadre ou une directive, demeure exigée du juge national. Bien que ne constituant pas la panacée, le juge national doit tout faire pour « aboutir à une solution qui [...] ne soit pas contraire à l'objectif poursuivi par la décision-cadre » (ou une directive)(15).

Ensuite, certes, l'arrêt *Popławski* réitère que, « même claire, précise et inconditionnelle, une disposition d'une directive ne permet pas au juge national d'écarter une disposition de son droit interne qui y est contraire, si, ce faisant, une obligation *supplémentaire* venait à être imposée à un particulier »(16). Cependant, sous couvert d'interprétation conforme, le droit national aboutit régulièrement à imposer à des personnes privées cette fameuse « obligation supplémentaire ». Il s'ensuit que la distinction entre « pouvoir de règlement » et « pouvoir de directive », qui est pourtant censée être arrimée au principe d'attribution des compétences, est fréquemment battue en brèche. Au-delà, cette distinction paraît donc moins cruciale à la Cour que la dichotomie entre les dispositions dotées d'un effet direct et celles qui en sont dépourvues alors même que cette dernière distinction peine à trouver un fondement théorique dans le droit primaire.

Par ailleurs, la diffusion latente de l'effet direct horizontal des directives repose sur leur invocabilité parasitaire dans les litiges horizontaux(17). Les points 65 et 67 de l'arrêt *Popławski* y font d'ailleurs implicitement référence. Il en *résulte* respectivement qu'« une directive ne peut pas, *par elle-même*,

(14) CJUE, gde ch., 19 décembre 2019, *Deutsche Umwelthilfe*, aff. C-752/18, ECLI:EU:C:2019:1114, pt 43.

(15) Voy. arrêt *Popławski*, pts 101-108, spéc. pt 102.

(16) Pt 67 de l'arrêt *Popławski*, soulignement ajouté.

(17) Sur cette qualification, voy. notre article, « Retour fataliste aux fondements de l'invocabilité des directives. Du cartésianisme au pragmatisme », *op. cit.*

créer d'obligations à l'égard d'un particulier, et ne peut donc être invoquée *en tant que telle* à l'encontre de celui-ci devant une juridiction nationale » et que, « même claire, précise et inconditionnelle, une disposition d'une directive ne permet pas au juge national d'écarter une disposition de son droit interne qui y est contraire, si, ce faisant, une obligation *supplémentaire* venait à être imposée à un particulier ». Ainsi lorsqu'une directive réitère une obligation déjà consacrée, bien que dans des termes moins précis dans une disposition de droit primaire revêtue d'un effet direct complet, le tandem constitué par le droit primaire et la directive devient invocable dans sa globalité dans un litige horizontal. Il est pourtant artificiel de prétendre qu'un principe général du droit ou une disposition de la Charte des droits fondamentaux, norme par nature relativement vague, concrétise des dispositions on ne peut plus précises d'une directive. Soutenir l'inverse paraîtrait évidemment plus logique. Le droit primaire sert alors de cheval de Troie pour une directive qui obtient ainsi droit de cité dans un litige horizontal. Ce subterfuge renforce *de facto* l'applicabilité horizontale des directives. La prohibition de l'effet direct horizontal des directives interdit ainsi seulement de s'en prévaloir directement, ce qui représente régulièrement un obstacle aisément contournable.

S'il est évident que la Cour occupe une position d'équilibriste, il est toutefois malaisé de proposer des solutions simples susceptibles de renforcer la cohérence de la jurisprudence en ce domaine. La question de l'effet direct horizontal des directives est en effet de celles qui méritent des réponses dignes d'un travail d'orfèvre. Aussi faudrait-il peut-être réfléchir à proposer des solutions variables, adaptées, presque sur mesure, à la situation du justiciable. Qu'y a-t-il en effet de comparable entre un petit artisan dont la zone de chalandise n'excède pas le quartier dans lequel il est installé et la multinationale qui dispose d'un bataillon de juristes au fait de la dernière production normative de l'Union, ainsi que d'installations dans différents pays ? Un tel groupe peut légitimement désirer se plier à la même réglementation à l'échelle de l'Union et, partant, basculer, au même moment et pour l'ensemble de ce territoire, vers les nouvelles exigences issues d'une directive dont le délai de transposition a expiré et qui n'a été transposée que dans certains États membres. Faudrait-il, par conséquent, tenir compte de la position, sociale et/ou économique, d'une entreprise, voire même de sa volonté de se conformer à la nouvelle réglementation ? À supposer qu'une telle démarche soit équitable, elle succomberait toutefois à l'aune du principe de sécurité juridique.

Enfin, le lecteur de l'arrêt *Popławski* ne peut qu'être frappée par la répétition, qui confine à l'anaphore (18), de la formule selon laquelle « l'invocation d'une disposition d'une directive qui n'est pas suffisamment claire, précise et inconditionnelle pour se voir reconnaître un effet direct ne peut aboutir, *sur le seul fondement du droit de l'Union*, à ce que l'application d'une disposition nationale soit écartée par une juridiction d'un État membre ». De même, « une juridiction nationale n'est pas tenue, *sur le seul fondement du droit de l'Union*, de laisser inappliquée une disposition de son droit national contraire à une disposition du droit de l'Union si cette dernière disposition est dépourvue d'effet direct » (19). L'incise « sur le seul fondement du droit de l'Union » se prête évidemment à une lecture *a contrario*, dont l'opportunité laisse cependant dubitatif. La Cour donne en effet l'impression d'habiliter les autorités nationales à retenir une lecture de leur Constitution de nature à cautionner une plus large invocabilité du droit de l'Union. On peut alors avoir le sentiment que la Cour entend sous-traiter aux juridictions nationales la problématique de l'applicabilité du droit de l'Union. La Cour chercherait à se débarrasser des questions préjudicielles portant sur l'invocabilité du droit de l'Union dans un litige donné qu'elle ne s'y prendrait pas autrement. Pour autant, peut-on se satisfaire de voir poindre, au sujet d'une question d'essence constitutionnelle pour l'Union, une forme d'internalisation (20) du choix des fondements des

(18) Pts 63, 64, 68 et 71 de l'arrêt *Popławski*.

(19) Resp. pts 64 et 68 de l'arrêt *Popławski*, soulignement ajouté.

(20) Une telle situation présenterait une certaine analogie avec les situations dans lesquelles le droit national impose le respect du droit de l'Union dans les situations purement internes (voy. CJCE, 18 octobre 1990, *Dzodzi*, aff. jtes C-297/88 et C-197/89, ECLI:EU:C:1990:360, pts 36, 37 et 41).

invocabilités d'exclusion et de substitution ? Certes, en décidant d'aller au-delà de la jurisprudence de la Cour et de fonder l'invocabilité d'exclusion sur le seul principe de primauté, un État membre renoncerait de lui-même à se prévaloir du principe d'attribution des compétences et, partant, de la fameuse distinction entre le « pouvoir de règlement » et le « pouvoir de directive ». Cela étant, la question de l'invocabilité du droit de l'Union n'est-elle pas de celles qui méritent d'être abordées uniformément ? En outre, l'habilitation ainsi donnée aux États membres vaudra-t-elle uniquement pour les litiges verticaux ascendants ou couvrira-t-elle également les litiges horizontaux ? Imagine-t-on la Cour relever d'office l'irrecevabilité d'un renvoi préjudiciel en interprétation destiné à établir l'inconventionnalité d'une disposition nationale au regard d'une directive au motif qu'il se rapporte à un litige horizontal ? En définitive, il est à espérer que l'incise « sur le seul fondement du droit de l'Union » demeurera une clause de style et qu'elle ne sera pas prise au sérieux par les juridictions nationales. Le cas échéant, la Cour pourrait bien regretter d'avoir ouvert, de sa propre initiative, la boîte de Pandore...

Laurent COUTRON

Cour de justice, 4e ch., 3 juillet 2019, *Eurobolt*, aff. C-644/17, ECLI:EU:C:2019:555

Conclusions de l'avocat général G. Hogan, du 28 février 2019, ECLI:EU:C:2019:164

Mots-clés : Droit à un recours effectif – Portée du contrôle juridictionnel national d'un acte de l'Union européenne

Cadre normatif : article 267 TFUE

Extraits de l'arrêt

1. La demande de décision préjudicielle porte sur l'interprétation de l'article 15, paragraphe 2, du règlement (CE) n° 1225/2009 du Conseil, du 30 novembre 2009, relatif à la défense contre les importations qui font l'objet d'un dumping de la part de pays non membres de la Communauté européenne (*JO* 2009, L 343, p. 51, et rectificatif *JO* 2010, L 7, p. 22, ci-après le « règlement de base »), et de l'article 47 de la charte des droits fondamentaux de l'Union européenne (ci-après la « Charte ») ainsi que sur la validité du règlement d'exécution (UE) n° 723/2011 du Conseil, du 18 juillet 2011, portant extension du droit antidumping définitif institué par le règlement (CE) n° 91/2009 sur les importations de certains éléments de fixation en fer ou en acier originaires de la République populaire de Chine aux importations de certains éléments de fixation en fer ou en acier expédiés de Malaisie, qu'ils aient ou non été déclarés originaires de ce pays (*JO* 2011, L 194, p. 6).

2. Cette demande a été présentée dans le cadre d'une procédure engagée par Eurobolt BV au sujet du prélèvement de droits antidumping au titre de l'importation d'éléments de fixation en fer ou en acier dans l'Union européenne.

[...]

Le litige au principal et les questions préjudicielles

11. Eurobolt est une société ayant son siège à 's-Heerenberg (Pays-Bas) qui commercialise des éléments de fixation en fer et en acier qu'elle achète auprès de fabricants et de fournisseurs établis en Asie en vue de les vendre dans l'Union.

12. À la suite de l'institution, par le règlement n° 91/2009, de droits antidumping sur les importations de certains éléments de fixation en fer

ou en acier originaires de Chine, Eurobolt a décidé d'acheter de tels éléments auprès de deux fabricants établis en Malaisie, à savoir TZ Fasteners (ci-après « TZ ») et HBS Fasteners Manufacturing (ci-après « HBS »).

13. Durant la période allant du 29 octobre 2010 au 4 août 2011, Eurobolt a fait 32 déclarations aux Pays-Bas en vue de la mise en libre pratique d'éléments de fixation en acier achetés auprès de HBS et de TZ. La Malaisie y était désignée comme pays d'origine. Conformément au règlement n° 966/2010, les autorités douanières ont enregistré ces éléments de fixation et les ont mis en libre pratique sans lever de droits antidumping.

14. Après la publication de ce règlement, les autorités de la République populaire de Chine et celles de Malaisie, les importateurs connus dans ces pays, parmi lesquels Eurobolt, ainsi que l'industrie de l'Union concernée ont été informés par la Commission de l'ouverture de l'enquête prévue par ledit règlement.

15. HBS et TZ se sont fait connaître auprès de la Commission en vue de cette enquête et ont répondu au questionnaire antidumping. Eurobolt s'est elle aussi fait connaître comme partie intéressée.

16. Par courrier du 26 mai 2011, la Commission a envoyé à Eurobolt ses conclusions provisoires de l'enquête. Le 13 juin 2011, Eurobolt a répondu à cette lettre par écrit dans le délai qui lui avait été imparti. Le comité consultatif s'est réuni le 15 juin 2011.

17. Par le règlement d'exécution n° 723/2011, le droit antidumping définitif institué sur les importations de certains éléments de fixation en fer ou en acier originaires de Chine a été étendu à certains éléments de fixation en fer ou en acier expédiés de Malaisie, qu'ils aient ou non été déclarés originaires de ce pays.

18. À la suite de l'entrée en vigueur de ce règlement d'exécution, les autorités néerlandaises compétentes ont effectué, auprès d'Eurobolt, un contrôle après importation, en conséquence duquel celle-ci a été invitée à payer des droits antidumping à hauteur de 587 802,20 euros.

19. Ayant sans succès formé une réclamation contre la perception de ces droits antidumping auprès du bureau de douane de Nijmegen (Nimègue, Pays-Bas), Eurobolt a introduit un recours devant le rechtbank Noord-Holland (tribunal de la province de Hollande du Nord, Pays-Bas) en faisant valoir, notamment, l'invalidité de l'extension, par le règlement d'exécution n° 723/2011, du droit antidumping institué par le règlement n° 91/2009 aux importations des produits en cause expédiés de Malaisie.

20. Cette juridiction ayant rejeté ce recours par un jugement du 1er août 2013, Eurobolt a interjeté appel auprès du Gerechtshof Amsterdam (cour d'appel d'Amsterdam, Pays-Bas), lequel, par un arrêt du 8 septembre 2015, a également rejeté la demande d'Eurobolt en considérant,

notamment, qu'il n'y avait pas lieu de saisir la Cour d'une question préjudicielle portant sur la validité du règlement d'exécution n° 723/2011.

21. Le 12 octobre 2015, Eurobolt a introduit un pourvoi auprès de la juridiction de renvoi. Elle fait valoir que ce règlement d'exécution est invalide au regard des critères énoncés à l'article 13 du règlement de base en ce que ses droits de la défense ont été violés par la Commission au cours de l'enquête. En effet, celle-ci se serait abstenue, en violation de l'article 15, paragraphe 2, du règlement de base, de communiquer aux membres du comité consultatif, au moins dix jours ouvrables avant la réunion de ce dernier, les éléments d'information essentiels qu'Eurobolt lui avait envoyés.

22. Dans ce contexte, la juridiction de renvoi nourrit, premièrement, des doutes quant à la portée de la mission des juridictions nationales lorsqu'elles apprécient la validité d'actes des institutions de l'Union, en particulier au regard de l'article 47 de la Charte. Deuxièmement, cette juridiction s'interroge sur l'interprétation qu'il convient de donner de l'article 15, paragraphe 2, du règlement de base. En effet, il ressortirait de la jurisprudence de la Cour que le non-respect de règles de procédure peut entraîner l'annulation d'un acte sur le fondement de la violation de formes substantielles. La question se poserait, dès lors, de savoir si, en l'espèce, la violation, par la Commission, de l'obligation prévue à ladite disposition est de nature à entraîner l'invalidité du règlement d'exécution n° 723/2011.

23. Dans ces conditions, le Hoge Raad der Nederlanden (Cour suprême des Pays-Bas) a décidé de surseoir à statuer et de poser à la Cour les questions préjudicielles suivantes :

« 1) a) Convient-il d'interpréter l'article 47 de la [Charte], lu conjointement avec l'article 4, paragraphe 3, TUE, en ce sens qu'une personne intéressée peut invoquer la violation de formes substantielles, des traités ou de toute règle de droit relative à leur application ou le détournement de pouvoir à l'appui de sa contestation de la légalité d'un acte d'une institution de l'Union qui doit être mis en œuvre par des autorités nationales ?

b) Convient-il d'interpréter l'article 47 de la [Charte], lu conjointement avec l'article 4, paragraphe 3, TUE, en ce sens que les institutions de l'Union ayant participé à l'élaboration d'un acte dont la validité est contestée dans une procédure devant la juridiction nationale sont tenues de communiquer à cette dernière, sur demande, toutes les informations dont elles disposent et qu'elles ont pris ou auraient dû prendre en considération lors de l'adoption de cet acte ?

c) Convient-il d'interpréter l'article 47 de la [Charte] en ce sens que le droit à un recours effectif impose à la juridiction de vérifier, sans réserve, le respect des conditions d'application de l'article 13 du [règlement de base] ? Cet article 47 implique-t-il, en particulier, que cette juridiction est compétente pour apprécier pleinement si la constatation des faits a été exhaustive et si elle est en adéquation avec les conséquences juridiques qui ont été invoquées ? En particulier, cette disposition implique-t-elle également que cette juridiction est compétente pour apprécier pleinement s'il aurait fallu prendre en considération des faits qui n'ont prétendument pas été pris en considération dans le processus décisionnel, mais qui auraient pu priver de leur effet les conséquences juridiques attachées aux faits qui ont été bel et bien constatés ?

2) a) Convient-il d'interpréter la notion d'"éléments d'informations utiles" à l'article 15, paragraphe 2, du [règlement de base] en ce sens qu'en relèvent les observations qu'un importateur indépendant, établi dans l'Union, des produits faisant l'objet de l'enquête visée dans cette disposition, a présentées en réponse aux conclusions de la Commission, si cet importateur a été informé par la Commission de cette enquête, a communiqué à la Commission les informations demandées et a répondu en temps utile aux conclusions de la Commission après avoir été mis en mesure de le faire ?

b) Si la deuxième question, sous a), appelle une réponse affirmative, cet importateur peut-il invoquer la violation de l'article 15, paragraphe 2, du [règlement de base] si les observations qu'il a présentées en réponse n'ont pas été mises à la disposition du comité consultatif prévu à cette disposition au moins dix jours ouvrables avant la réunion de ce dernier ?

c) Si la deuxième question, sous b), appelle une réponse affirmative, cette violation de l'article 15, paragraphe 2, du [règlement de base] entraîne-t-elle l'illégalité de cet acte et impose-t-elle d'en écarter l'application ? »

Sur les questions préjudicielles

Sur la première question, sous a) et c)

24. Par sa première question, sous a) et c), la juridiction de renvoi demande, en substance, si l'article 267 TFUE doit être interprété en ce sens que, pour contester la validité d'un acte de droit dérivé de l'Union, un justiciable peut se prévaloir devant une juridiction nationale des griefs susceptibles d'être avancés dans le cadre d'un recours en annulation formé au titre de l'article 263 TFUE, y compris des griefs tirés du non-respect des conditions d'adoption de l'acte.

25. Ainsi qu'il ressort d'une jurisprudence constante, la compétence de la Cour pour statuer, en vertu de l'article 267 TFUE, sur la validité des actes pris par les institutions de l'Union ne comporte aucune limite quant aux causes sur la base desquelles la validité de ces actes pourrait être contestée (arrêts du 12 décembre 1972, *International Fruit Company e.a.*,

21/72 à 24/72, EU:C:1972:115, point 5, ainsi que du 16 juin 1998, *Racke*, C-162/96, EU:C:1998:293, point 26).

26. Par conséquent, il y a lieu de répondre à la première question, sous a) et c), que l'article 267 TFUE doit être interprété en ce sens que, pour contester la validité d'un acte de droit dérivé de l'Union, un justiciable peut se prévaloir devant une juridiction nationale des griefs susceptibles d'être avancés dans le cadre d'un recours en annulation formé au titre de l'article 263 TFUE, y compris des griefs tirés du non-respect des conditions d'adoption d'un tel acte.

Sur la première question, sous b)

27. Par sa première question, sous b), la juridiction de renvoi demande, en substance, si l'article 267 TFUE, lu en combinaison avec l'article 4, paragraphe 3, TUE, doit être interprété en ce sens qu'une juridiction nationale est en droit de solliciter les institutions de l'Union ayant participé à l'élaboration d'un acte de droit dérivé de l'Union dont la validité est contestée devant elle, afin d'obtenir de celles-ci des informations quant aux éléments qu'elles ont pris ou auraient dû prendre en considération lors de l'adoption de cet acte.

28. Il convient de rappeler que les juridictions nationales peuvent examiner la validité d'un acte de l'Union et, si elles n'estiment pas fondés les moyens d'invalidité relevés d'office ou soulevés par les parties, rejeter ces moyens en concluant que l'acte est pleinement valide (voir, en ce sens, arrêts du 16 juin 1981, *Salonia*, 126/80, EU:C:1981:136, point 7, et du 22 octobre 1987, *Foto-Frost*, 314/85, EU:C:1987:452, point 14). En revanche, les juridictions nationales ne sont pas compétentes pour constater elles-mêmes l'invalidité des actes des institutions de l'Union (arrêt du 6 décembre 2005, *Gaston Schul Douane-expediteur*, C-461/03, EU:C:2005:742, point 17).

29. Il en résulte que, si les moyens avancés par les parties suffisent à convaincre la juridiction nationale de l'invalidité d'un acte de l'Union, celle-ci devrait, sur cette seule base, interroger la Cour quant à sa validité, sans procéder à des investigations supplémentaires. En effet, ainsi qu'il découle de l'arrêt du 22 octobre 1987, *Foto-Frost* (314/85, EU:C:1987:452, point 18), la Cour est la mieux placée pour se prononcer sur la validité des actes de droit dérivé de l'Union, dans la mesure où les institutions de l'Union dont les actes sont mis en cause ont, en vertu de l'article 23, deuxième alinéa, du statut de la Cour de justice de l'Union européenne, le droit de déposer des observations écrites devant la Cour pour défendre la validité de ces actes. En outre, la Cour peut, en vertu de l'article 24, second alinéa, de ce statut, demander aux institutions, aux organes ou aux organismes de l'Union qui ne sont pas parties au procès tous renseignements qu'elle estime nécessaires aux fins du procès.

30. Cela étant, une juridiction nationale est en droit de solliciter une institution de l'Union, préalablement à une éventuelle saisine de la Cour, afin d'obtenir de celle-ci des informations et des éléments ponctuels et qu'elle estime indispensables en vue de dissiper tout doute de la juridiction nationale quant à la validité de l'acte de l'Union concerné et d'éviter, ainsi, de saisir la Cour d'un renvoi préjudiciel en appréciation de validité.

31. À cet égard, il ressort de la jurisprudence de la Cour que les institutions de l'Union sont tenues à une obligation de coopération loyale avec les autorités judiciaires des États membres, chargées de veiller à l'application et au respect du droit de l'Union dans l'ordre juridique national. À ce titre, ces institutions doivent, conformément à l'article 4, paragraphe 3, TUE, communiquer auxdites autorités les éléments et les documents qu'elles leur ont demandés dans l'exercice de leurs compétences, à moins que le refus de les communiquer ne soit justifié par des motifs légitimes tirés, notamment, de la protection des droits des tiers ou du risque d'entrave au fonctionnement ou à l'indépendance de l'Union (voir, en ce sens, ordonnance du 6 décembre 1990, *Zwartveld e.a.*, C-2/88-IMM, EU:C:1990:440, points 10 et 11).

32. Par conséquent, il y a lieu de répondre à la première question, sous b), que l'article 267 TFUE, lu en combinaison avec l'article 4, paragraphe 3, TUE, doit être interprété en ce sens qu'une juridiction nationale est en droit de solliciter préalablement à la saisine de la Cour les institutions de l'Union ayant participé à l'élaboration d'un acte de droit dérivé de l'Union dont la validité est contestée devant elle, afin d'obtenir de celles-ci des informations et des éléments ponctuels et qu'elle estime indispensables en vue de dissiper tout doute de la juridiction nationale quant à la validité de l'acte de l'Union concerné et éviter qu'elle saisisse la Cour d'une question préjudicielle en appréciation de validité de cet acte.

[...]

Par ces motifs, la Cour (quatrième chambre) dit pour droit :

1) L'article 267 TFUE doit être interprété en ce sens que, pour contester la validité d'un acte de droit dérivé de l'Union, un justiciable peut se prévaloir devant une juridiction nationale des griefs susceptibles d'être avancés dans le cadre d'un recours en annulation formé au titre de l'article 263 TFUE, y compris des griefs tirés du non-respect des conditions d'adoption d'un tel acte.

2) L'article 267 TFUE, lu en combinaison avec l'article 4, paragraphe 3, TUE, doit être interprété en ce sens qu'une juridiction nationale est en droit de solliciter préalablement à la saisine de la Cour, les institutions de l'Union européenne ayant participé à l'élaboration d'un acte de droit dérivé de l'Union dont la validité est contestée devant elle, afin d'obtenir de celles-ci des informations et

des éléments ponctuels et qu'elle estime indispensables en vue de dissiper tout doute de la juridiction nationale quant à la validité de l'acte de l'Union concerné et éviter qu'elle saisisse la Cour d'une question préjudicielle en appréciation de validité de cet acte.

[...]

Observations

Cette affaire, qui concerne au premier chef la validité d'un règlement portant extension d'un droit antidumping institué sur des produits importés de Chine à des importations malaisiennes, permet à la Cour d'aborder, à mots couverts, une question inédite relative à la coopération entre juridictions nationales et institutions de l'Union. En l'occurrence, la Cour suprême des Pays-Bas cherchait à savoir si une juridiction nationale peut se prévaloir des articles 267 TFUE et 4, paragraphe 3, TUE, en vue de solliciter les institutions de l'Union ayant participé à l'élaboration d'un acte de droit dérivé de l'Union dont la validité est contestée devant elle, afin d'obtenir de celles-ci des informations quant aux éléments qu'elles ont pris ou auraient dû prendre en considération lors de l'adoption de cet acte.

Bien que globalement positive, la réponse de la Cour laisse transparaître, assez clairement, ses réticences à l'idée de voir s'épanouir un dialogue direct entre une juridiction nationale et une institution de l'Union autre qu'elle-même, contrairement à ce qu'une formule plus accueillante tirée de l'arrêt *Krüger* laissait entrevoir. Il ressortait, en effet, de cet arrêt qu'« il appartient à la juridiction nationale, appelée à apprécier l'intérêt de la Communauté dans le cadre d'une demande de mesures provisoires, de décider, conformément à ses règles de procédure, quelle est la façon la plus appropriée de recueillir toutes les informations utiles sur l'acte communautaire en cause » (1).

L'ouverture timide que consent la Cour se calque sur la jurisprudence *Foto-Frost* (2). Ainsi rappelle-t-elle que la

(1) CJCE, 17 juillet 1997, *Krüger*, aff. C-334/95, ECLI:EU:C:1997:378, pt 46.
(2) CJCE, 22 octobre 1987, *Foto-Frost*, aff. 314/85, ECLI:EU:C:1987:452, pt 14.

compétence des juridictions nationales pour examiner la validité d'un acte de droit dérivé ne va pas jusqu'à les autoriser à en constater elles-mêmes l'invalidité (pt 28). La Cour tire ensuite argument de l'affirmation selon laquelle elle « est la mieux placée pour se prononcer sur la validité des actes de droit dérivé de l'Union », étant donné que les articles 23 et 24 du statut de la Cour lui permettent de recueillir les observations des institutions de l'Union dont les actes sont mis en cause devant elle, voire même de demander aux institutions, aux organes ou aux organismes de l'Union qui ne sont pas parties au procès tous renseignements qu'elle estime nécessaires aux fins du procès. Dans cette perspective, la Cour considère que, « si les moyens avancés par les parties suffisent à convaincre la juridiction nationale de l'invalidité d'un acte de l'Union, celle-ci devrait, sur cette seule base, interroger la Cour quant à sa validité, sans procéder à des investigations supplémentaires » (pt 29).

Cela étant, le fait que la Cour soit « la mieux placée » pour statuer sur la validité d'un acte de droit dérivé ne saurait priver une juridiction nationale de la faculté d'entrer directement en contact avec l'institution de l'Union auteur de l'acte dont la validité est contestée devant elle. Après tout, il s'agit-là d'une conséquence banale du principe de coopération loyale, ce que la Cour semble concéder en affirmant qu'« une juridiction nationale est en droit de solliciter une institution de l'Union, préalablement à une éventuelle saisine de la Cour, afin d'obtenir de celle-ci des informations et des éléments ponctuels et qu'elle estime indispensables en vue de dissiper tout doute de la juridiction nationale quant à la validité de l'acte de l'Union concerné et d'éviter, ainsi, de saisir la Cour d'un renvoi préjudiciel en appréciation de validité » (pt 30).

L'arrêt *Eurobolt* donne, par ailleurs, le sentiment de procéder à une interprétation contrastée des ordonnances *Zwartveld* (3). En effet, celles-ci, tout particulièrement la première semble être interprétée restrictivement. Dans cette affaire, la Cour avait notamment estimé que l'« obligation de

(3) CJCE, ord., 13 juillet 1990 et 6 décembre 1990, *Zwartveld e.a.*, aff. C-2/88-IMM, ECLI:EU:C:1990:440.

coopération loyale, qui s'impose aux institutions communautaires, revêt une importance particulière dès lors qu'elle s'établit avec les autorités judiciaires des États membres chargées de veiller à l'application et au respect du droit communautaire dans l'ordre juridique national »(4). Pareille formulation laissait augurer une conception large du champ de la coopération entre juridictions nationales et institutions de l'Union. Dès lors, on peut être surpris devant les préventions de la Cour à admettre le jeu de cette coopération dans l'affaire *Eurobolt*, laquelle paraît marquer un recul par rapport aux ordonnances *Zwartveld*.

Inversement, la limite exposée dans l'ordonnance *Zwartveld* du 6 décembre 1990, qui est mentionnée au point 31 de l'arrêt *Eurobolt*, ne semble pas être pleinement exploitée non plus. En effet, la Cour se borne à rappeler que les institutions de l'Union « doivent, conformément à l'article 4, paragraphe 3, TUE, communiquer [aux] autorités [judiciaires des États membres] les éléments et les documents qu'elles leur ont demandés dans l'exercice de leurs compétences, à moins que le refus de les communiquer ne soit justifié par des motifs légitimes tirés, notamment, de la protection des droits des tiers ou du risque d'entrave au fonctionnement ou à l'indépendance de l'Union » (pt 31). Il paraissait possible de faire subir une cure de jouvence à cette formulation quelque peu obsolète et de rattacher les limites ainsi mises à l'obligation de coopération loyale qui incombe aux institutions de l'Union dans le cadre de leurs relations avec les autorités judiciaires nationales à la problématique de l'accès aux documents des institutions. Cette voie aurait également eu le mérite de réfléchir à la question de savoir si, en l'occurrence, Eurobolt, qui n'avait pas fait usage de son droit d'accès aux documents détenus par la Commission, n'avait pas cherché à instrumentaliser la juridiction nationale et ainsi à compenser l'omission de solliciter la Commission afin d'obtenir l'accès aux documents litigieux(5). Ainsi le fait

(4) CJCE, ord., 13 juillet 1990, préc., pt 18.

(5) Quels qu'en soient les motifs, qu'il s'agisse d'un oubli ou d'une stratégie visant à remédier un refus, considéré comme probable, de la Commission.

que la demande d'accès aux documents en possession de la Commission émane d'une juridiction nationale permet de l'appréhender à l'aune du principe de coopération loyale et, partant, en des termes moins stricts et moins encadrés que si le règlement n° 1049/2001 avait été appliqué. La question reste d'ailleurs ouverte de savoir si ce règlement peut s'appliquer à la relation entre une juridiction nationale et une institution de l'Union.

Laurent COUTRON

Cour de justice, gde ch., 29 juillet 2019, *Torubarov*, aff. C-556/17, ECLI:EU:C:2019:626

Conclusions de l'avocat général M. Bobek, du 30 avril 2019, ECLI:EU:C:2019:339

Mots-clés : Politique commune en matière d'asile et de protection subsidiaire – Procédures communes pour l'octroi de la protection internationale – Examen complet et *ex nunc* – Droit à un recours effectif – Étendue des pouvoirs de la juridiction de première instance – Absence de pouvoir de réformation – Refus de l'autorité administrative ou quasi juridictionnelle compétente de se conformer à une décision de cette juridiction

Cadre normatif : directive 2013/32/UE ; article 47 de la charte des droits fondamentaux de l'Union européenne

Extraits de l'arrêt

1. La demande de décision préjudicielle porte sur l'interprétation de l'article 46, paragraphe 3, de la directive 2013/32/UE du Parlement européen et du Conseil, du 26 juin 2013, relative à des procédures communes pour l'octroi et le retrait de la protection internationale (*JO* 2013, L 180, p. 60), lu à la lumière de l'article 47 de la charte des droits fondamentaux de l'Union européenne (ci-après la « Charte »).

2. Cette demande a été présentée dans le cadre d'un litige opposant M. Alekszij Torubarov au Bevándorlási és Menekültügyi Hivatal (Office de l'immigration et de l'asile, Hongrie, ci-après l'« Office de l'immigration ») au sujet du rejet par ce dernier de sa demande de protection internationale.

Le cadre juridique

Le droit de l'Union

[...]

La directive 2013/32

[...]

14. Aux termes de l'article 46, paragraphes 1, 3 et 4, de cette directive :

« 1. Les États membres font en sorte que les demandeurs disposent d'un droit à un recours effectif devant une juridiction contre les actes suivants :

a) une décision concernant leur demande de protection internationale, y compris :

i) les décisions considérant comme infondée une demande quant au statut de réfugié et/ou au statut conféré par la protection subsidiaire ;

[...]

[...]

3. Pour se conformer au paragraphe 1, les États membres veillent à ce qu'un recours effectif prévoie un examen complet et ex nunc tant des faits que des points d'ordre juridique, y compris, le cas échéant, un examen des besoins de protection internationale en vertu de la directive [2011/95], au moins dans le cadre des procédures de recours devant une juridiction de première instance.

4. Les États membres prévoient des délais raisonnables et énoncent les autres règles nécessaires pour que le demandeur puisse exercer son droit à un recours effectif en application du paragraphe 1. [...] »

[...]

Le droit hongrois

La législation applicable aux procédures relatives à la protection internationale en vigueur avant le 15 septembre 2015

17. L'article 339, paragraphes 1 et 2, sous j), de la polgári perrendtartásról szóló 1952. évi III. törvény (loi n° III de 1952 instituant le code de procédure civile), dans sa version en vigueur avant le 15 septembre 2015, prévoyait :

« 1. Sauf disposition contraire de la loi, le juge annule une décision administrative qui a été rendue en violation des règles de droit, sauf s'il s'agit de violations de règles procédurales sans incidence sur le fond, et le cas échéant, il ordonne à l'autorité adoptant une décision administrative de mener une nouvelle procédure.

2. Le juge peut réformer les décisions administratives suivantes :

[...]

j) décision rendue à propos de l'octroi du statut de réfugié. »

18. Une disposition analogue audit article 339, paragraphe 2, sous j), figurait à l'article 68, paragraphe 5, de la menedékjogról szóló 2007. évi LXXX. törvény (loi n° LXXX de 2007 relative au droit d'asile, ci-après la « loi relative au droit d'asile »).

La législation applicable aux procédures relatives à la protection internationale en vigueur après le 15 septembre 2015

19. Le 15 septembre 2015, la egyes törvényeknek a tömeges bevándorlás kezelésével összefüggő módosításáról szóló 2015. évi CXL. törvény (loi n° CXL de 2015 modifiant certaines lois dans un contexte de gestion de l'immigration de masse, ci-après la « loi relative à la gestion de l'immigration de masse ») est entrée en vigueur. L'article 1er, paragraphe 3, sous a), de cette loi a abrogé l'article 339, paragraphe 2, sous j), de la loi n° III de 1952 instituant le code de procédure civile. L'article 14 de la loi relative à la gestion de l'immigration de masse a modifié l'article 68, paragraphe 5, de la loi relative au droit d'asile.

20. À la suite de cette dernière modification, l'article 68, paragraphes 3, 5 et 6, de la loi relative au droit d'asile, rendu applicable également aux affaires en cours au moment de son entrée en vigueur, se lit comme suit :

« 3. [...] La juridiction effectue un examen complet tant des faits que des points d'ordre juridique à la date de l'adoption de la décision juridictionnelle.

[...]

5. Le juge ne peut pas réformer la décision de l'autorité compétente en matière d'asile ; il annule une décision administrative qui a été rendue en violation des règles de droit, sauf s'il s'agit de violations de règles procédurales sans incidence sur le fond, et le cas échéant, il ordonne à l'autorité compétente en matière d'asile de mener une nouvelle procédure.

6. La décision du juge clôturant la procédure n'est pas susceptible de recours. »

21. L'article 109, paragraphe 4, de la közigazgatási hatósági eljárás és szolgáltatás általános szabályairól szóló 2004. évi CXL. törvény (loi n° CXL de 2004 portant dispositions générales relatives à la procédure et aux prestations administratives, ci-après la « loi relative à la procédure administrative ») prévoit :

« L'autorité administrative est liée par le dispositif et les motifs de la décision rendue par la juridiction saisie d'un litige administratif et se conforme à ceux-ci lors de la nouvelle procédure et de l'adoption d'une nouvelle décision. »

22. Aux termes de l'article 121, paragraphe 1, sous f), de cette loi :

« Dans le cadre des procédures régies dans le présent chapitre, la décision doit être annulée :

[...]

(f) si son contenu est contraire aux dispositions de l'article 109, [paragraphe 4]. »

Le litige au principal et la question préjudicielle

23. M. Torubarov, ressortissant russe, exerçait la profession d'entrepreneur et participait, en tant que membre, aux activités d'un parti politique russe d'opposition et d'une organisation non gouvernementale représentant les intérêts des entrepreneurs. Plusieurs procédures pénales ont été intentées contre lui en Russie depuis l'année 2008. M. Torubarov a alors quitté le territoire russe pour s'installer d'abord en Autriche et ensuite en République tchèque, d'où il a été extradé vers la Russie, le 2 mai 2013.

24. Après son retour en Russie, il a de nouveau été mis en accusation, mais laissé en liberté pour organiser sa défense. Le 9 décembre 2013, il a franchi illégalement la frontière hongroise et a été immédiatement interpellé par les forces de police de cet État membre. M. Torubarov n'étant pas en mesure d'établir la légalité de son séjour en Hongrie, la police a procédé à son arrestation. M. Torubarov a introduit une demande de protection internationale le même jour.

25. Par une décision du 15 août 2014, l'Office de l'immigration a rejeté cette demande de protection internationale. À l'appui de sa décision, il a considéré que tant les déclarations faites par M. Torubarov que les informations recueillies à propos de la situation dans son pays d'origine confirmaient l'improbabilité du fait qu'il y fasse l'objet de persécutions, que ce soit pour des raisons politiques ou autres, ou qu'il y subisse des atteintes graves, au sens de l'article 15 de la directive 2011/95.

26. M. Torubarov a formé un recours contre cette décision devant la juridiction de renvoi, le Pécsi Közigazgatási és Munkaügyi Bíróság (tribunal administratif et du travail de Pécs, Hongrie). Cette dernière a, par jugement du 6 mai 2015, annulé ladite décision et a ordonné à l'Office de l'immigration de diligenter une nouvelle procédure et de rendre une nouvelle décision. Cette annulation a été prononcée aux motifs que cette même décision présentait des contradictions et que l'Office de l'immigration avait, de manière générale, omis d'examiner les faits qui avaient été soumis à son appréciation ou, s'agissant de ceux qu'il avait pris en compte, les avait appréciés de manière tendancieuse, de telle sorte que sa décision était dépourvue de fondement et ne se prêtait pas à un contrôle juridictionnel sur le fond. Dans sa décision, ladite juridiction a également fourni à l'Office de l'immigration des consignes détaillées sur les éléments qu'il lui incombait d'examiner dans le cadre de la nouvelle procédure à diligenter.

27. À l'issue de cette deuxième procédure administrative, l'Office de l'immigration a, par une décision du 22 juin 2016, de nouveau rejeté la demande de protection internationale de M. Torubarov, en considérant notamment que le droit à une procédure juridictionnelle indépendante lui serait garanti dans son pays d'origine et qu'il n'y serait exposé à aucun

risque de persécution. À l'appui de cette nouvelle décision, et conformément aux consignes fournies par la juridiction de renvoi, cet office, eu égard à tous les documents que M. Torubarov lui avait communiqués, a notamment recueilli des informations relatives à la corruption en Russie et aux conditions de détention dans les prisons russes ainsi que sur le fonctionnement de la justice en Russie.

28. Dans cette deuxième décision, l'Office de l'immigration s'est également fondé sur une expertise de l'Alkotmányvédelmi Hivatal (Office pour la protection de la constitution, Hongrie). Ce dernier a considéré que la présence de M. Torubarov sur le territoire hongrois portait atteinte aux intérêts de la sécurité nationale, dans la mesure où l'intéressé se serait rendu coupable d'agissements contraires aux buts et aux principes des Nations Unies, au sens de l'article 1er, section F, sous c), de la convention relative au statut des réfugiés, signée à Genève le 28 juillet 1951 [*Recueil des traités des Nations unies*, vol. 189, p. 150, n° 2545 (1954)], entrée en vigueur le 22 avril 1954 et complétée et amendée par le protocole relatif au statut des réfugiés, conclu à New York le 31 janvier 1967, lui-même entré en vigueur le 4 octobre 1967.

29. M. Torubarov a saisi la juridiction de renvoi d'un recours contre la décision de l'Office de l'immigration du 22 juin 2016. Cette juridiction a annulé cette décision par un jugement du 25 février 2017 et a ordonné à l'Office de l'immigration d'entamer une nouvelle procédure et de rendre une nouvelle décision. Elle a en effet considéré que la décision du 22 juin 2016 était illégale en raison d'une appréciation manifestement erronée, d'une part, des informations relatives au pays concerné et, d'autre part, de l'expertise de l'Office pour la protection de la constitution.

30. À cet égard, la juridiction de renvoi a constaté qu'il ressortait clairement des faits décrits dans cette décision que, contrairement à l'appréciation effectuée par l'Office de l'immigration, M. Torubarov avait des raisons de craindre d'être persécuté en Russie pour ses opinions politiques et d'y subir des atteintes graves. Elle a, en outre, relevé que le contenu et le dispositif de l'expertise de l'Office pour la protection de la constitution, qui contenait des informations nationales classifiées, ne concordaient pas et que l'Office de l'immigration n'avait pas évalué le contenu de cette expertise, dont il pouvait être clairement déduit que les faits y retenus constituaient non pas des éléments à charge contre M. Torubarov mais, au contraire, des preuves démontrant le bien-fondé de sa demande de protection internationale.

31. Par décision du 15 mai 2017 (ci-après la « décision en cause »), l'Office de l'immigration a, pour la troisième fois, rejeté la demande de protection internationale de M. Torubarov en ce qui concerne l'octroi tant du statut de réfugié que du statut conféré par la protection subsidiaire, au motif notamment qu'aucune persécution pour des motifs politiques ne

pouvait être établie à son égard. Cet office ne s'est toutefois plus référé à l'expertise de l'Office pour la protection de la constitution à l'appui de sa décision.

32. La juridiction de renvoi est à présent saisie d'un troisième recours, contre, cette fois, la décision en cause, par lequel M. Torubarov demande que cette décision soit réformée en ce sens que cette juridiction lui octroie, à titre principal, le statut de réfugié ou, à titre subsidiaire, celui de bénéficiaire de la protection subsidiaire.

33. À cet égard, la juridiction de renvoi indique, toutefois, que, depuis l'entrée en vigueur, le 15 septembre 2015, de la loi relative à la gestion de l'immigration de masse, le pouvoir des juges administratifs de réformer les décisions administratives relatives à l'octroi de la protection internationale a été supprimé.

34. Or, selon la juridiction de renvoi, cette législation revient à priver les demandeurs d'une protection internationale d'un recours juridictionnel effectif. En effet, la seule conséquence prévue par le droit national en cas de méconnaissance, par l'administration, de son obligation de se conformer au dispositif et aux motifs d'un premier jugement annulant une première décision administrative de rejet d'une demande de protection internationale consisterait en l'annulation de la nouvelle décision administrative. Dans une telle situation, le juge saisi n'aurait donc pas d'autre solution que d'ordonner à l'administration d'entamer une nouvelle procédure et d'adopter une nouvelle décision. Ainsi, il ne pourrait ni enjoindre à l'administration d'octroyer une protection internationale au demandeur concerné, ni sanctionner le non-respect par celle-ci de son premier jugement, ce qui comporterait le risque que la procédure se prolonge indéfiniment, en violation des droits du demandeur.

35. Tel serait précisément le cas dans l'affaire dont est saisie la juridiction de renvoi, qui aurait déjà donné lieu à deux reprises à l'annulation des décisions de l'Office de l'immigration et qui serait caractérisée par l'adoption, par cet office, d'une troisième décision, à savoir la décision en cause, qui ne serait pas conforme à son jugement du 25 février 2017, au terme duquel cette juridiction avait décidé qu'une protection internationale devait être reconnue à M. Torubarov, sauf en cas de menace avérée pour la sécurité publique. Ainsi, depuis l'introduction de sa demande de protection internationale au mois de décembre 2013, M. Torubarov vivrait, en l'absence d'une décision définitive sur cette demande, dans une situation d'insécurité juridique, sans bénéficier d'aucun statut quelconque sur le territoire hongrois.

36. Dans une telle situation, la juridiction de renvoi considère que le droit hongrois ne garantit pas le droit à un recours effectif, consacré à l'article 46, paragraphe 3, de la directive 2013/32 et à l'article 47 de la Charte. Elle se demande, en conséquence, si ces dispositions du droit

de l'Union l'autorisent à réformer une décision telle que la décision en cause en laissant inappliquée la législation nationale qui lui dénie cette compétence.

37. Dans ces circonstances, le Pécsi Közigazgatási és Munkaügyi Bíróság (tribunal administratif et du travail de Pécs) a décidé de surseoir à statuer et de poser à la Cour la question préjudicielle suivante :

« Convient-il d'interpréter l'article 46, paragraphe 3, de la directive [2013/32], lu à la lumière de l'article 47 de la [Charte], en ce sens que les juridictions hongroises ont le droit de réformer une décision administrative de l'autorité compétente en matière d'asile refusant la protection internationale et d'octroyer elles-mêmes cette protection ? »

Sur la question préjudicielle

38. Par sa question, la juridiction de renvoi demande, en substance, si l'article 46, paragraphe 3, de la directive 2013/32, lu à la lumière de l'article 47 de la Charte, doit être interprété en ce sens qu'il confère, dans des circonstances telles que celles en cause dans l'affaire au principal, à une juridiction de première instance, saisie d'un recours introduit contre une décision rejetant une demande de protection internationale, le pouvoir de réformer cette décision administrative et de substituer sa propre décision à celle de l'organe administratif l'ayant adoptée.

39. À titre liminaire, il importe de relever que, conformément à l'article 52, premier alinéa, première phrase, de la directive 2013/32, les États membres appliquent les dispositions législatives, réglementaires et administratives, visées à l'article 51, paragraphe 1, de celle-ci, aux demandes de protection internationale introduites « après le 20 juillet 2015 ou à une date antérieure ».

40. Il ressort des travaux préparatoires de la directive 2013/32 que, en ajoutant les termes « ou à une date antérieure » audit article 52, premier alinéa, première phrase, le législateur de l'Union a entendu permettre aux États membres d'appliquer leurs dispositions mettant en œuvre cette directive, avec effet immédiat, aux demandes de protection internationale introduites avant le 20 juillet 2015 (voir, en ce sens, arrêts du 25 juillet 2018, *Alheto*, C-585/16, EU:C:2018:584, points 71 et 72, ainsi que du 19 mars 2019, *Ibrahim e.a.*, C-297/17, C-318/17, C-319/17 et C-438/17, EU:C:2019:219, points 63 et 64).

41. Dès lors que l'article 52, premier alinéa, de la directive 2013/32 offre diverses possibilités d'application temporelle, il importe toutefois, afin que les principes de sécurité juridique et d'égalité devant la loi soient respectés dans la mise en œuvre du droit de l'Union et que les demandeurs de protection internationale soient ainsi protégés contre l'arbitraire, que chaque État membre lié par cette directive examine d'une manière

prévisible et uniforme les demandes de protection internationale qui sont introduites au cours d'une même période sur son territoire (voir, en ce sens, arrêts du 25 juillet 2018, *Alheto*, C-585/16, EU:C:2018:584, point 73, ainsi que du 19 mars 2019, *Ibrahim e.a.*, C-297/17, C-318/17, C-319/17 et C-438/17, EU:C:2019:219, point 66).

42. En l'occurrence, il ressort de la décision de renvoi que la demande de protection internationale de M. Torubarov a été présentée le 9 décembre 2013, soit postérieurement à l'entrée en vigueur de la directive 2013/32, le 19 juillet 2013, mais antérieurement à la date ultime à laquelle celle-ci devait être transposée en droit national, à savoir le 20 juillet 2015.

43. En outre, la juridiction de renvoi a indiqué, en réponse à une demande d'information qui lui avait été adressée par la Cour, que, en vertu du droit national, elle est tenue de se conformer à la réglementation nationale transposant la directive 2013/32, qui est entrée en vigueur le 15 septembre 2015, et qui interdit à une juridiction de réformer une décision administrative en matière de demande de protection internationale, également dans le cadre de procédures judiciaires qui, bien qu'elles concernent une demande de protection internationale introduite avant le 20 juillet 2015, ont, à l'instar du recours au principal, été initiées après cette date. Cette information a été confirmée par le gouvernement hongrois dans ses observations écrites.

44. À cet égard, il ressort, d'une part, de la jurisprudence rappelée au point 40 du présent arrêt qu'un État membre peut librement décider de rendre la législation transposant la directive 2013/32 immédiatement applicable à de telles procédures.

45. D'autre part, la Cour a déjà précisé qu'une disposition de droit national, prévoyant qu'une juridiction doit fonder sa décision sur la situation de fait et de droit existant à la date de sa décision, assure que les demandes de protection internationale, qui ont été introduites au cours d'une même période sur le territoire national et sur lesquelles il n'avait pas encore été statué définitivement, soient examinées d'une manière prévisible et uniforme (voir, en ce sens, arrêt du 19 mars 2019, *Ibrahim e.a.*, C-297/17, C-318/17, C-319/17 et C-438/17, EU:C:2019:219, points 67 et 68).

46. Dans ces conditions, l'article 52, premier alinéa, de la directive 2013/32 ne s'oppose pas à ce qu'une juridiction nationale, telle que la juridiction de renvoi, applique la réglementation nationale transposant la directive 2013/32 à une procédure pendante devant elle, bien que cette dernière soit relative à une demande de protection internationale introduite avant le 20 juillet 2015.

47. Ces précisions liminaires étant faites, il y a lieu de relever que la directive 2013/32 a, selon son article 1er, pour objet d'établir des procédures

communes d'octroi et de retrait de la protection internationale en vertu de la directive 2011/95.

48. Cette dernière directive prévoit, pour sa part et conformément à son article 1er, des normes relatives, tout d'abord, aux conditions que doivent remplir les ressortissants des pays tiers ou les apatrides pour pouvoir bénéficier d'une protection internationale, ensuite, à un statut uniforme pour les réfugiés et les personnes pouvant bénéficier de la protection subsidiaire et, enfin, au contenu de cette protection.

49. Ainsi que l'a déjà précisé la Cour, il ressort des articles 13 et 18 de la directive 2011/95, lus conjointement avec les définitions des termes « réfugié » et « personne pouvant bénéficier de la protection subsidiaire », contenues à l'article 2, sous d) et f), de celle-ci, que la protection internationale visée à cette directive doit, en principe, être octroyée à tout ressortissant d'un pays tiers et apatride qui craint avec raison d'être persécuté du fait de sa race, de sa religion, de sa nationalité, de ses opinions politiques ou de son appartenance à un certain groupe social, ou qui court un risque réel de subir des atteintes graves, au sens de l'article 15 de ladite directive (voir, en ce sens, arrêts du 4 octobre 2018, *Ahmedbekova*, C-652/16, EU:C:2018:801, point 47, et du 23 mai 2019, *Bilali*, C-720/17, EU:C:2019:448, point 36).

50. Partant, lorsqu'une personne satisfait aux normes minimales établies par le droit de l'Union pour bénéficier de l'un de ces statuts, dès lors qu'elle remplit les conditions prévues respectivement aux chapitres II et III, ou aux chapitres II et V de la directive 2011/95, les États membres sont tenus, sous réserve des causes d'exclusion prévues par cette directive, d'octroyer la protection internationale sollicitée, ces États ne disposant pas d'un pouvoir discrétionnaire à cet égard [voir, en ce sens, arrêts du 24 juin 2015, *T.*, C-373/13, EU:C:2015:413, point 63 ; du 12 avril 2018, *A et S*, C-550/16, EU:C:2018:248, point 52, et du 14 mai 2019, *M e.a. (Révocation du statut de réfugié)*, C-391/16, C-77/17 et C-78/17, EU:C:2019:403, point 89].

51. L'article 46, paragraphe 1, de la directive 2013/32 reconnaît aux demandeurs d'une protection internationale un droit à un recours effectif devant une juridiction contre les décisions concernant leur demande. L'article 46, paragraphe 3, de cette directive définit la portée du droit au recours effectif, en précisant que les États membres liés par celle-ci doivent veiller à ce que la juridiction devant laquelle est contestée la décision relative à la demande de protection internationale procède à « un examen complet et ex nunc tant des faits que des points d'ordre juridique, y compris, le cas échéant, un examen des besoins de protection internationale en vertu de la directive [2011/95] » (voir, en ce sens, arrêt du 25 juillet 2018, *Alheto*, C-585/16, EU:C:2018:584, points 105 et 106).

52. L'expression « ex nunc » met en exergue l'obligation du juge de procéder à une appréciation qui tienne compte, le cas échéant, des nouveaux éléments apparus après l'adoption de la décision faisant l'objet du recours. Quant à l'adjectif « complet », il confirme que le juge est tenu d'examiner tant les éléments dont l'autorité responsable de la détermination a tenu ou aurait pu tenir compte que ceux qui sont survenus après l'adoption de la décision par cette autorité (voir, en ce sens, arrêt du 25 juillet 2018, *Alheto*, C-585/16, EU:C:2018:584, points 111 et 113).

53. Il en résulte que les États membres sont tenus, en vertu de l'article 46, paragraphe 3, de la directive 2013/32, d'aménager leur droit national de manière à ce que le traitement des recours visés comporte un examen, par le juge, de l'ensemble des éléments de fait et de droit qui lui permettent de procéder à une appréciation actualisée du cas d'espèce, de sorte que la demande de protection internationale puisse être traitée de manière exhaustive sans qu'il soit besoin de renvoyer le dossier à ladite autorité. Une telle interprétation favorise l'objectif poursuivi par la directive 2013/32, visant à garantir que de telles demandes fassent l'objet d'un traitement aussi rapide que possible, sans préjudice de la réalisation d'un examen approprié et exhaustif (voir, en ce sens, arrêt du 25 juillet 2018, *Alheto*, C-585/16, EU:C:2018:584, points 109 à 112).

54. Toutefois, l'article 46, paragraphe 3, de cette directive porte uniquement sur l'examen du recours et ne concerne donc pas la suite d'une éventuelle annulation de la décision faisant l'objet de ce recours. Ainsi, en adoptant la directive 2013/32, le législateur de l'Union n'a pas entendu introduire une quelconque règle commune selon laquelle l'organe quasi juridictionnel ou administratif, visé à l'article 2, sous f), de cette directive, devrait perdre sa compétence après l'annulation de sa décision initiale relative à une demande de protection internationale, de telle sorte qu'il demeure loisible aux États membres de prévoir que le dossier doit, à la suite d'une telle annulation, être renvoyé à cet organe afin que celui-ci prenne une nouvelle décision (voir, en ce sens, arrêt du 25 juillet 2018, *Alheto*, C-585/16, EU:C:2018:584, points 145 et 146).

55. Si la directive 2013/32 reconnaît ainsi aux États membres une certaine marge de manœuvre, notamment, pour déterminer les règles relatives au traitement d'une demande de protection internationale lorsque la décision initiale d'un tel organe a été annulée par une juridiction, il importe toutefois de relever, en premier lieu, que, nonobstant une telle marge de manœuvre, les États membres sont tenus, dans la mise en œuvre de cette directive, de respecter l'article 47 de la Charte, qui consacre, en faveur de toute personne dont les droits et les libertés garantis par le droit de l'Union ont été violés, le droit à un recours effectif devant un tribunal (voir, en ce sens, arrêt du 26 juillet 2017, *Sacko*, C-348/16, EU:C:2017:591, point 30 et jurisprudence citée). Les caractéristiques du recours prévu à l'article 46 de la directive 2013/32 doivent ainsi être déterminées en

conformité avec l'article 47 de la Charte, qui constitue une réaffirmation du principe de protection juridictionnelle effective (voir, en ce sens, arrêts du 26 juillet 2017, *Sacko*, C-348/16, EU:C:2017:591, point 31, et du 25 juillet 2018, *Alheto*, C-585/16, EU:C:2018:584, point 114).

56. En deuxième lieu, il y a lieu de rappeler que l'article 47 de la Charte se suffit à lui-même et ne doit pas être précisé par des dispositions du droit de l'Union ou du droit national pour conférer aux particuliers un droit invocable en tant que tel (arrêt du 17 avril 2018, *Egenberger*, C-414/16, EU:C:2018:257, point 78). Eu égard, en particulier, à ce qui a été rappelé au point précédent, il ne saurait, dès lors, en aller différemment de l'article 46, paragraphe 3, de la directive 2013/32, lu à la lumière de l'article 47 de la Charte.

57. En troisième lieu, le droit à un recours effectif serait illusoire si l'ordre juridique d'un État membre permettait qu'une décision judiciaire définitive et obligatoire reste inopérante au détriment d'une partie (voir, en ce sens, arrêt du 30 juin 2016, *Toma et Biroul Executorului Judecătoresc Horaţiu-Vasile Cruduleci*, C-205/15, EU:C:2016:499, point 43).

58. C'est dans ce contexte que la Cour a considéré que l'article 46, paragraphe 3, de la directive 2013/32 serait privé de tout son effet utile s'il était admis que, après le prononcé d'un jugement par lequel la juridiction de première instance a procédé, conformément à cette disposition, à une appréciation complète et ex nunc des besoins de protection internationale du demandeur en vertu de la directive 2011/95, l'organe quasi juridictionnel ou administratif, visé à l'article 2, sous f), de la directive 2013/32, puisse prendre une décision allant à l'encontre de cette appréciation.

59. Par conséquent, même si la directive 2013/32 n'a pas pour objet d'uniformiser, de manière précise et exhaustive, les règles procédurales devant être appliquées au sein des États membres lorsqu'il s'agit d'adopter une nouvelle décision relative à une demande de protection internationale après l'annulation de la décision administrative initiale rejetant une telle demande, il ressort toutefois de l'objectif que poursuit cette directive, consistant à assurer un traitement aussi rapide que possible des demandes de cette nature, de l'obligation de garantir un effet utile à son article 46, paragraphe 3, de même que de la nécessité, découlant de l'article 47 de la Charte, d'assurer l'effectivité du recours, que chaque État membre lié par ladite directive doit aménager son droit national de manière à ce que, à la suite d'une annulation de cette décision initiale et en cas de renvoi du dossier à cet organe quasi juridictionnel ou administratif, une nouvelle décision soit adoptée dans un bref délai et soit conforme à l'appréciation contenue dans le jugement ayant prononcé l'annulation (voir, en ce sens, arrêt du 25 juillet 2018, *Alheto*, C-585/16, EU:C:2018:584, point 148).

60. C'est à la lumière de ces considérations qu'il convient d'examiner la question posée.

61. À cet égard, il y a lieu de relever, tout d'abord, que le libellé de l'article 109, paragraphe 4, de la loi relative à la procédure administrative semble satisfaire, sous réserve d'une vérification par la juridiction de renvoi, à l'obligation de résultat pesant sur les États membres en vertu de l'article 46, paragraphe 3, de la directive 2013/32, lu à la lumière de l'article 47 de la Charte, et rappelée au point 59 du présent arrêt, consistant à garantir que, à la suite de l'annulation d'une décision relative à une demande de protection internationale et en cas de renvoi du dossier à l'organe administratif qui l'avait adoptée, la nouvelle décision dudit organe soit conforme à l'appréciation contenue dans le jugement ayant prononcé l'annulation.

62. Toutefois, le gouvernement hongrois a fait valoir, lors de l'audience devant la Cour, que cette disposition doit être interprétée en ce sens que, pour préserver la répartition des compétences entre, d'une part, l'administration, qui doit assumer un rôle central dans les procédures relatives à une demande de protection internationale, et, d'autre part, la juridiction saisie d'un recours visé à l'article 46, paragraphe 3, de la directive 2013/32, cette juridiction peut donner des instructions sur les faits à examiner et les nouveaux éléments de preuve à recueillir, fournir une interprétation de la loi et indiquer les éléments pertinents que l'autorité administrative doit prendre en considération, mais elle ne peut pas lier cette dernière quant à l'appréciation concrète du cas d'espèce, laquelle peut reposer sur d'autres éléments de droit et de fait que ceux pris en compte par ladite juridiction, tels que des éléments nouveaux survenus postérieurement à la décision judiciaire.

63. Or, l'article 46, paragraphe 3, de la directive 2013/32, lu à la lumière de la jurisprudence de la Cour, s'oppose à une telle interprétation.

64. La Cour a, certes, déjà reconnu que l'examen de la demande de protection internationale par l'organe administratif ou quasi juridictionnel national compétent, pourvu de moyens spécifiques et d'un personnel spécialisé en la matière, est une phase essentielle des procédures communes instaurées par la directive 2013/32 (voir, en ce sens, arrêts du 25 juillet 2018, *Alheto*, C-585/16, EU:C:2018:584, point 116, et du 4 octobre 2018, *Ahmedbekova*, C-652/16, EU:C:2018:801, point 96).

65. Il n'en demeure pas moins que, en prévoyant que la juridiction compétente pour statuer sur un recours contre une décision de rejet d'une demande de protection internationale est tenue d'examiner, le cas échéant, les « besoins de protection internationale » du demandeur, le législateur de l'Union a, par l'adoption de l'article 46, paragraphe 3, de la directive 2013/32, entendu conférer à ladite juridiction, lorsqu'elle estime qu'elle dispose de tous les éléments de fait et de droit nécessaires à cet

égard, le pouvoir de se prononcer de manière contraignante, au terme d'un examen complet et ex nunc, c'est-à-dire exhaustif et actualisé, de ces éléments, sur la question de savoir si ledit demandeur remplit les conditions prévues par la directive 2011/95 pour se voir reconnaître une protection internationale.

66. Il résulte de ce qui précède que, ainsi que l'a en substance relevé M. l'avocat général aux points 102 à 105, 107 et 108 de ses conclusions, lorsqu'une juridiction statue sur le recours d'un demandeur de protection internationale de manière exhaustive et procède, à cette occasion, à un examen actualisé des « besoins de protection internationale » de ce demandeur à l'aune de tous les éléments de fait et de droit pertinents, à l'issue duquel elle acquiert la conviction que le statut de réfugié ou de bénéficiaire de la protection subsidiaire devrait être, en application des critères prévus par la directive 2011/95, reconnu audit demandeur pour les motifs qu'il invoque à l'appui de sa demande et que cette juridiction procède à l'annulation de la décision de l'organe administratif ou quasi juridictionnel qui avait rejeté cette demande et au renvoi du dossier à cet organe, ce dernier est, sous réserve de la survenance d'éléments de fait ou de droit nécessitant objectivement une nouvelle appréciation actualisée, lié par cette décision juridictionnelle et les motifs qui la sous-tendent. Ainsi, dans le cadre d'un tel renvoi, ledit organe ne dispose plus d'un pouvoir discrétionnaire quant à la décision d'octroyer ou non la protection demandée à la lumière des mêmes motifs que ceux qui ont été soumis à ladite juridiction, sous peine de priver l'article 46, paragraphe 3, de la directive 2013/32, lu à la lumière de l'article 47 de la Charte, ainsi que les articles 13 et 18 de la directive 2011/95, de tout leur effet utile.

67. En l'occurrence, la juridiction de renvoi se demande si, lorsqu'un tel organe administratif ou quasi juridictionnel, auquel le dossier a été renvoyé, ne s'est pas conformé à son jugement d'annulation et qu'elle est saisie, par le demandeur d'une protection internationale, d'un recours contre la décision de cet organe refusant à nouveau le bénéfice d'une telle protection, sans faire état, à l'appui de ce refus, d'une cause d'exclusion apparue entre-temps ou de nouveaux éléments de fait ou de droit nécessitant une nouvelle appréciation, elle dispose, en vertu du droit de l'Union, du pouvoir de substituer sa propre décision à celle de l'Office de l'immigration en la réformant dans un sens conforme à son jugement précédent, et ce, en dépit d'une réglementation nationale lui interdisant de procéder de la sorte.

68. La juridiction de renvoi souligne, dans ce contexte, le fait que le droit national ne prévoit pas de moyens lui permettant de faire respecter son jugement, la seule sanction prévue par ce droit étant la nullité de la décision de l'Office de l'immigration, ce qui est de nature à conduire à une succession d'annulations de décisions administratives et de recours

juridictionnels, susceptible de prolonger la situation d'insécurité juridique du demandeur, ainsi que l'illustre en l'occurrence le cas de M. Torubarov.

69. À cet égard, ainsi qu'il ressort des points 54 et 59 du présent arrêt, si l'article 46, paragraphe 3, de la directive 2013/32 n'oblige pas les États membres à conférer le pouvoir visé au point 67 du présent arrêt aux juridictions compétentes pour connaître des recours au titre de cette disposition, il n'en reste pas moins que ces États membres sont tenus d'assurer, dans chaque cas, le respect du droit à un recours effectif consacré par l'article 47 de la Charte (voir, en ce sens, arrêt du 8 novembre 2016, *Lesoochranárske zoskupenie VLK*, C-243/15, EU:C:2016:838, point 65 et jurisprudence citée).

70. L'existence d'une violation des droits consacrés par cette disposition doit être appréciée en fonction des circonstances spécifiques de chaque cas d'espèce (voir, en ce sens, arrêts du 18 juillet 2013, *Commission e.a./Kadi*, C-584/10 P, C-593/10 P et C-595/10 P, EU:C:2013:518, point 102, et du 26 juillet 2017, *Sacko*, C-348/16, EU:C:2017:591, point 41).

71. En l'occurrence, il y a lieu de souligner que le gouvernement hongrois a, lors de l'audience devant la Cour, fait état d'une nouvelle loi relative à la procédure administrative, entrée en vigueur le 1er janvier 2018, soit postérieurement à la date de la demande de décision préjudicielle. Cette loi instituerait certaines procédures et certains moyens visant à permettre aux juridictions administratives de contraindre les organes administratifs de se conformer à leurs jugements. Cela étant, ce gouvernement a également souligné que cette modification législative ne s'applique pas *ratione temporis* au litige au principal et que, en tout état de cause, lesdits moyens ne peuvent pas être mis en œuvre dans le domaine de la protection internationale, de sorte que la situation à laquelle est confrontée la juridiction de renvoi, à savoir celle d'être dépourvue de tout moyen lui permettant de faire respecter son jugement dans ce domaine, demeure inchangée.

72. Or, une législation nationale qui aboutit à une telle situation prive, dans les faits, le demandeur d'une protection internationale d'un recours effectif, au sens de l'article 46, paragraphe 3, de la directive 2013/32, et méconnaît le contenu essentiel du droit à un recours effectif consacré par l'article 47 de la Charte, dès lors que le jugement d'une juridiction rendu après un examen conforme aux exigences dudit article 46, paragraphe 3, et à l'issue duquel celle-ci a décidé que ce demandeur remplissait les conditions prévues par la directive 2011/95 pour se voir octroyer le statut de réfugié ou de bénéficiaire de la protection subsidiaire, demeure inopérant, à défaut pour ladite juridiction de disposer d'un moyen quelconque pour faire respecter son jugement.

73. Dans de telles circonstances, serait incompatible avec les exigences inhérentes à la nature même du droit de l'Union toute disposition d'un

ordre juridique national ou toute pratique, législative, administrative ou judiciaire, qui aurait pour effet de diminuer l'efficacité du droit de l'Union par le fait de refuser au juge compétent pour appliquer ce droit, le pouvoir de faire, au moment même de cette application, tout ce qui est nécessaire pour écarter les dispositions législatives nationales formant éventuellement obstacle à la pleine efficacité de normes de l'Union dotées d'un effet direct, telles que l'article 46, paragraphe 3, de la directive 2013/32, lu à la lumière de l'article 47 de la Charte (voir, en ce sens, arrêts du 9 mars 1978, *Simmenthal*, 106/77, EU:C:1978:49, point 22, et du 24 juin 2019, *Popławski*, C-573/17, EU:C:2019:530, points 52 à 62).

74. Partant, en vue de garantir au demandeur d'une protection internationale une protection juridictionnelle effective au sens de l'article 47 de la Charte, et conformément au principe de coopération loyale consacré à l'article 4, paragraphe 3, TUE, il incombe à la juridiction nationale saisie du recours de réformer la décision de l'organe administratif ou quasi juridictionnel, en l'occurrence l'Office de l'immigration, non conforme à son jugement précédent, et de substituer à celle-ci sa propre décision sur la demande de protection internationale de l'intéressé, en laissant au besoin inappliquée la réglementation nationale qui lui interdirait de procéder en ce sens (voir, par analogie, arrêt du 5 juin 2014, *Mahdi*, C-146/14 PPU, EU:C:2014:1320, point 62).

75. Une telle interprétation de l'article 46, paragraphe 3, de la directive 2013/32, lu à la lumière de l'article 47 de la Charte, s'impose, en premier lieu, en raison du fait que, ainsi qu'il ressort du point 50 du présent arrêt, lorsqu'un demandeur de protection internationale remplit les conditions prévues par la directive 2011/95 pour bénéficier du statut de réfugié ou de bénéficiaire de la protection subsidiaire, les États membres sont tenus de lui octroyer ledit statut sans disposer d'un pouvoir discrétionnaire à cet égard, un tel octroi pouvant, aux termes de l'article 14, paragraphes 1 et 4, ainsi que de l'article 19, paragraphes 1 et 2, de cette dernière directive, être le fait, notamment, d'une autorité judiciaire.

76. En second lieu, si la Cour a, certes, jugé que, en adoptant la directive 2013/32, le législateur de l'Union n'a pas entendu introduire une quelconque règle commune selon laquelle l'organe quasi juridictionnel ou administratif visé à l'article 2, sous f), de cette directive devrait perdre sa compétence après l'annulation de sa décision initiale relative à une demande de protection internationale (arrêt du 25 juillet 2018, *Alheto*, C-585/16, EU:C:2018:584, point 146), il n'en reste pas moins que, si ledit organe, dans des circonstances telles que celles en cause au principal, n'a pas respecté le jugement de la juridiction nationale saisie du recours, il incombe à cette juridiction de réformer la décision de cet organe et de substituer à celle-ci sa propre décision.

77. Par conséquent, il convient, en l'occurrence, de considérer que, si, ainsi qu'il paraît ressortir des indications figurant dans la décision de renvoi, la juridiction de renvoi s'est effectivement livrée, dans son jugement du 25 février 2017, à un examen complet et ex nunc des « besoins de protection internationale » de M. Torubarov au titre de la directive 2011/95 au vu de tous les éléments de fait et de droit pertinents, à l'issue duquel elle a jugé qu'une telle protection devait lui être reconnue, mais que ce jugement n'a pas été respecté par l'Office de l'immigration, sans que la décision en cause établisse, à cet égard, la survenance de nouveaux éléments ayant nécessité une nouvelle appréciation, ce qu'il revient à ladite juridiction de confirmer, celle-ci doit, en vertu de l'article 46, paragraphe 3, de la directive 2013/32, lu à la lumière de l'article 47 de la Charte, réformer la décision en cause, non conforme à son jugement précédent, et substituer à celle-ci sa propre décision quant à la protection internationale dont M. Torubarov doit bénéficier au titre de la directive 2011/95, tout en laissant inappliquée la réglementation nationale qui lui interdit en principe de procéder en ce sens (voir, par analogie, arrêts du 17 avril 2018, *Egenberger*, C-414/16, EU:C:2018:257, point 79, et du 5 juin 2018, *Kolev e.a.*, C-612/15, EU:C:2018:392, point 66).

78. Il résulte de tout ce qui précède que l'article 46, paragraphe 3, de la directive 2013/32, lu à la lumière de l'article 47 de la Charte, doit être interprété en ce sens que, dans des circonstances, telles que celles en cause dans l'affaire au principal, où une juridiction de première instance a constaté, après avoir effectué un examen complet et ex nunc de l'ensemble des éléments de fait et de droit pertinents présentés par le demandeur d'une protection internationale, que, en application des critères prévus par la directive 2011/95, ce demandeur doit se voir reconnaître une telle protection pour le motif qu'il invoque à l'appui de sa demande, mais qu'un organe administratif ou quasi juridictionnel adopte par la suite une décision en sens contraire, sans établir à cet effet la survenance de nouveaux éléments justifiant une nouvelle appréciation des besoins de protection internationale dudit demandeur, ladite juridiction doit réformer cette décision non conforme à son jugement précédent et substituer à celle-ci sa propre décision quant à la demande de protection internationale, en laissant au besoin inappliquée la réglementation nationale qui lui interdirait de procéder en ce sens.

[...]

Par ces motifs, la Cour (grande chambre) dit pour droit :

L'article 46, paragraphe 3, de la directive 2013/32/UE du Parlement européen et du Conseil, du 26 juin 2013, relative à des procédures communes pour l'octroi et le retrait de la protection internationale, lu à la lumière de l'article 47 de la charte des droits fondamentaux de l'Union européenne, doit être interprété en ce sens que, dans des circonstances, telles que celles en cause dans l'affaire au principal, où une juridiction de première instance a constaté, après avoir effectué un examen complet et ex nunc de l'ensemble des éléments de fait et de droit pertinents présentés par le demandeur d'une protection internationale, que, en application des critères prévus par la directive 2011/95/UE du Parlement européen et du Conseil, du 13 décembre 2011, concernant les normes relatives aux conditions que doivent remplir les ressortissants des pays tiers ou les apatrides pour pouvoir bénéficier d'une protection internationale, à un statut uniforme pour les réfugiés ou les personnes pouvant bénéficier de la protection subsidiaire, et au contenu de cette protection, ce demandeur doit se voir reconnaître une telle protection pour le motif qu'il invoque à l'appui de sa demande, mais qu'un organe administratif ou quasi juridictionnel adopte par la suite une décision en sens contraire, sans établir à cet effet la survenance de nouveaux éléments justifiant une nouvelle appréciation des besoins de protection internationale dudit demandeur, ladite juridiction doit réformer cette décision non conforme à son jugement précédent et substituer à celle-ci sa propre décision quant à la demande de protection internationale, en laissant au besoin inappliquée la réglementation nationale qui lui interdirait de procéder en ce sens.

Observations

Portant sur l'exécution des décisions des juridictions nationales, l'affaire *Torubarov* du 29 juillet 2019 nous plonge dans un univers kafkaïen. Le litige au principal paraissait en effet ubuesque et malheureusement typique de la période contemporaine dans certains pays d'Europe centrale et orientale. En l'occurrence, un ressortissant russe a fait l'objet de poursuites pénales en 2008, celles-ci étant visiblement motivées par son engagement dans des mouvements d'opposition au pouvoir en place en Russie. Ayant pu quitter le territoire russe, M. Torubarov s'est d'abord installé en Autriche, puis en République tchèque, pays dont il a été extradé vers la Russie le 2 mai 2013. Ayant à nouveau réussi à fuir la Russie, il a été arrêté par la police hongroise, le 9 décembre 2013, alors qu'il traversait illégalement la frontière de ce pays. Le même jour, M. Torubarov a introduit une demande de protection internationale. À trois reprises, l'Office hongrois de l'immigration a rejeté cette demande. Parallèlement, le tribunal administratif et du travail de Pécs a déjà, par deux fois, annulé ces décisions de refus. Plus encore, cette juridiction a souligné dans ses jugements précédents que l'Office avait occulté certains faits et que ceux qu'il avait daigné prendre en considération avaient été « appréciés de manière tendancieuse » (pt 26). Bref, sans qu'il soit besoin de s'appesantir sur ce point (1), l'Office de l'immigration a fait montre, avec une constance remarquable, d'une mauvaise foi patentée qui confinait à la dénaturation des pièces du dossier. Par ailleurs, dans ses deux premiers jugements, le tribunal administratif et du travail de Pécs ne se contentait pas de stigmatiser les effroyables erreurs de droit ainsi commises. Cette juridiction « fourni[ssait également] à l'Office de l'immigration des consignes détaillées sur les éléments qu'il lui incombait d'examiner » (pt 26). Cependant, rien n'y a fait, l'Office campant sur sa position. M. Torubarov et le tribunal administratif et du travail de Pécs ont alors ressemblé à Sisyphe car, à part recommencer perpétuellement le cycle « demande de protection internationale qui sera inéluctablement rejeté – recours qui sera immanquablement accueilli mais inexécuté », ni le requérant ni la juridiction de première instance ne disposaient d'une véritable solution. C'est alors que, confronté à une troisième décision de refus et, donc, au second refus de l'Office de l'immigration de se plier à une décision de justice lui intimant d'accorder la protection internationale au demandeur, le tribunal administratif et du travail de Pécs a décidé d'interroger la Cour de justice quant à la portée du droit à un recours effectif.

La juridiction de renvoi expose que, depuis l'entrée en vigueur, le 15 septembre 2015, de la loi relative à la gestion de l'immigration de masse, il n'est plus possible pour les juges administratifs de réformer les décisions administratives relatives à l'octroi de la protection internationale. Le cycle demande – refus – annulation est, dès lors, susceptible de « se prolonge[r] indéfiniment, en violation des droits du demandeur » (pt 34) car il n'y a guère de raisons d'espérer voir l'Office capituler. La juridiction nationale considère qu'une telle situation heurte le droit à un recours effectif, tel que garanti par l'article 46, paragraphe 3, de la directive 2013/32

(1) Pour plus de détails, voy. pts 23-31 de l'arrêt *Torubarov* dont la lecture est édifiante.

du Parlement européen et du Conseil, du 26 juin 2013, relative à des procédures communes pour l'octroi et le retrait de la protection internationale (2) et l'article 47 de la Charte.

Il ressort de l'article 46, paragraphe 1, de la directive 2013/32 que les États membres doivent notamment garantir un recours juridictionnel effectif aux personnes dont la demande de protection internationale a été rejetée. Selon le paragraphe 3 de cette disposition, le juge national doit procéder à « un examen complet et *ex nunc* tant des faits que des points d'ordre juridique [...] », soit à un examen « exhaustif et actualisé » (pt 65). Le juge doit en effet se livrer respectivement « à une appréciation qui tienne compte, le cas échéant, des nouveaux éléments apparus après l'adoption de la décision faisant l'objet du recours » et à un examen « tant [d]es éléments dont l'autorité responsable de la détermination a tenu ou aurait pu tenir compte que [de] ceux qui sont survenus après l'adoption de la décision par cette autorité » (pt 52).

La Cour en déduit que « les États membres sont tenus, en vertu de l'article 46, paragraphe 3, de la directive 2013/32, d'aménager leur droit national de manière à ce que le traitement des recours visés comporte un examen, par le juge, de l'ensemble des éléments de fait et de droit qui lui permettent de procéder à une appréciation actualisée du cas d'espèce, de sorte que la demande de protection internationale puisse être traitée de manière exhaustive sans qu'il soit besoin de renvoyer le dossier à ladite autorité » (pt 53). Cette affirmation forte et pleine de bon sens suffisait à conclure que la réglementation hongroise portait atteinte au contenu essentiel du droit à un recours effectif (3) dans la mesure où « le droit à un recours effectif serait illusoire si l'ordre juridique d'un État membre permettait qu'une décision judiciaire définitive et obligatoire reste inopérante (4) au détriment d'une partie » (pt 57). Cela étant, rien n'empêche le droit national de prévoir qu'une autorité administrative devra tirer

(2) *JOUE*, L 180, 2013, p. 60.

(3) Cette conclusion n'interviendra qu'au pt 72 de l'arrêt *Torubarov*.

(4) Bien qu'héritée de l'arrêt *Hornsby c/ Grèce* (Cour EDH, 19 mars 1997, § 40), l'utilisation de l'adjectif « inopérant » ne paraît pas des plus judicieuse. Le jugement étant inexécuté, il serait plus clair d'opter pour cette qualification.

les conséquences de l'intervention du juge. Il faut donc comprendre le point 53 comme signifiant uniquement que, dans l'hypothèse où une juridiction « acquiert la conviction », à l'issue d'un examen complet et *ex nunc*, qu'une demande de protection internationale est fondée, l'autorité administrative « est, sous réserve de la survenance d'éléments de fait ou de droit nécessitant objectivement une nouvelle appréciation actualisée, lié[e] par cette décision juridictionnelle et les motifs qui la sous-tendent ». Cette autorité perd donc son « pouvoir discrétionnaire quant à la décision d'octroyer ou non la protection demandée à la lumière des mêmes motifs que ceux qui ont été soumis à ladite juridiction » (pt 66).

La Cour poursuit en rappelant l'obligation d'« écarter les dispositions législatives nationales formant éventuellement obstacle à la pleine efficacité de normes de l'Union dotées d'un effet direct, telles que l'article 46, paragraphe 3, de la directive 2013/32, lu à la lumière de l'article 47 de la Charte » (pt 73). Elle peut ensuite conclure que, « en vue de garantir au demandeur d'une protection internationale une protection juridictionnelle effective au sens de l'article 47 de la Charte, et conformément au principe de coopération loyale consacré à l'article 4, paragraphe 3, TUE, il incombe à la juridiction nationale saisie du recours de réformer la décision de l'organe administratif ou quasi juridictionnel, en l'occurrence l'Office de l'immigration, non conforme à son jugement précédent, et de substituer à celle-ci sa propre décision sur la demande de protection internationale de l'intéressé, en laissant au besoin inappliquée la réglementation nationale qui lui interdirait de procéder en ce sens » (pt 74). Retirée de son contexte, la formulation du point 74 de l'arrêt *Torubarov* est intéressante car elle suggère que la conclusion à laquelle la Cour est parvenue est de portée générale. Les juridictions nationales disposeraient alors, en toutes hypothèses, d'un pouvoir de réformation des décisions administratives non conformes à un jugement antérieur condamnant l'administration. Il est toutefois loin d'être acquis qu'une telle conséquence puisse être tirée de cet arrêt. Sa motivation prend en effet bien soin de marteler la spécificité du litige au principal. C'est ainsi que le dispositif de l'arrêt évoque « des circonstances, telles que celles en cause dans l'affaire au principal » (pt 78). En outre, il va de soi que la conclusion de l'arrêt *Torubarov* n'a pu qu'être influencée par le fait que l'article 46, paragraphe 3, de la directive 2013/32 impose aux juridictions nationales qui connaissent d'un recours contre une décision de rejet d'une demande de protection internationale de procéder à un contrôle complet et *ex nunc*. Il ne serait cependant pas inenvisageable de voir la Cour induire de l'arrêt *Torubarov* l'existence d'une règle générale permettant au juge national de réformer une décision de l'administration refusant de se plier à une décision juridictionnelle l'ayant condamnée, à condition que le juge se soit livré à un examen exhaustif de la situation, ce qui suppose qu'il prenne en considération les faits postérieurs à l'édiction tant de la décision administrative litigieuse que de son propre jugement précédent. Une telle évolution serait méritoire. Après tout, la Cour n'a-t-elle pas affirmé, au point 56 de l'arrêt, dont l'apport à la démonstration ne saute pas spontanément aux yeux, que « l'article 47 de la Charte se suffit à lui-même et ne doit pas être précisé par des dispositions du droit de l'Union ou du droit national pour conférer aux particuliers un droit invocable » ? Un autre indice en ce sens pourrait être tiré de la comparaison des raisonnements suivis par la Cour dans les arrêts *Torubarov* et *Craeynest*. En effet, il est intéressant de relever que, dans l'arrêt *Torubarov*, la Cour s'est affranchie des limites posées par le droit national. Conformément à la logique initiée par l'arrêt *Simmenthal* (5), l'arrêt *Torubarov* habilite directement la juridiction de renvoi à écarter la règle hongroise lui interdisant de réformer une décision administrative refusant de se plier à un jugement de condamnation antérieur. En comparaison, la Cour s'est montrée plus timorée dans l'arrêt *Craeynest*, dans lequel elle a certes considéré qu'une juridiction nationale pouvait adresser une injonction à l'autorité nationale concernée, afin d'assurer le respect d'une disposition qui « occupe une place centrale » dans l'économie d'une directive. Néanmoins, cette obligation

(5) CJCE, 9 mars 1978, *Simmenthal*, aff. 106/77, ECLI:EU:C:1978:49.

de prendre « toute mesure nécessaire, telle une injonction » ne vaut que « si elle est prévue par le droit national » (6).

Laurent COUTRON

(6) Resp. pts 47, 53 et 56 de l'arrêt *Craeynest*. Ce faisant, le raisonnement de la Cour se rapproche ici de celui tenu dans l'arrêt *Kühne & Heitz* (CJCE, 13 janvier 2004, aff. C-453/00, ECLI:EU:C:2004:17) notamment, dans lequel elle avait considéré, en substance, que si le droit national permettait de réexaminer une décision administrative définitive avalisée par une décision d'une juridiction suprême, le droit de l'Union ne s'y oppose pas.

Cour de justice, 4e ch., 29 juillet 2019, *Hochtief Solutions Magyarországi Fióktelepe*, aff. C-620/17, ECLI:EU:C:2019:630

Conclusions de l'avocat général M. Bobek, du 30 avril 2019, ECLI:EU:C:2019:340

Mots-clés : Marchés publics – Procédures de recours – Droit à une protection juridictionnelle effective – Principes d'effectivité et d'équivalence – Recours en révision des décisions juridictionnelles méconnaissant le droit de l'Union – Responsabilité des États membres en cas de violation du droit de l'Union par les juridictions nationales – Évaluation du dommage indemnisable

Cadre normatif : directive 89/665/CEE ; directive 92/13/CEE

Extraits de l'arrêt

1. La demande de décision préjudicielle porte sur l'interprétation de l'article 4, paragraphe 3, TUE, de l'article 19, paragraphe 1, second alinéa, TUE, de l'article 49 TFUE, de l'article 47 de la charte des droits fondamentaux de l'Union européenne, de la directive 89/665/CEE du Conseil, du 21 décembre 1989, portant coordination des dispositions législatives, réglementaires et administratives relatives à l'application des procédures de recours en matière de passation des marchés publics de fournitures et de travaux (*JO* 1989, L 395, p. 33), telle que modifiée par la directive 2007/66/CE du Parlement européen et du Conseil, du 11 décembre 2007 (*JO* 2007, L 335, p. 31) (ci-après la « directive 89/665 »), de la directive 92/13/CEE du Conseil, du 25 février 1992, portant coordination des dispositions législatives, réglementaires et administratives relatives à l'application des règles communautaires sur les procédures de passation des marchés des entités opérant dans les secteurs de l'eau, de l'énergie, des transports et des télécommunications (*JO* 1992, L 76, p. 14), telle que modifiée par la directive 2007/66 (ci-après la « directive 92/13 »), de la directive 93/37/CEE du Conseil, du 14 juin 1993, portant coordination des procédures de passation des marchés publics de travaux (*JO* 1993, L 199, p. 54), ainsi que des principes de primauté, d'équivalence et d'effectivité du droit de l'Union.

2. Cette demande a été présentée dans le cadre d'un litige opposant Hochtief Solutions AG Magyarországi Fióktelepe (ci-après « Hochtief Solutions ») à la Fővárosi Törvényszék (cour de Budapest-Capitale, Hongrie) au sujet d'un dommage prétendument causé par cette dernière juridiction, dans l'exercice de ses compétences juridictionnelles, à Hochtief Solutions.

Le cadre juridique

[...]

Le droit hongrois

6. L'article 260 du polgári perrendtartásról szóló 1952. évi III. törvény (loi n° III de 1952, instituant le code de procédure civile, ci-après le « code de procédure civile ») prévoit :

« 1. La révision est ouverte contre un jugement définitif lorsque

a) une partie se prévaut d'un fait ou de preuves, ou d'une décision définitive d'une juridiction ou autre autorité que la juridiction n'a pas appréciés au cours de la procédure, à condition que ces éléments – s'ils avaient été appréciés – aient été de nature à conduire à une décision plus favorable à cette partie ;

[...]

2. En application du paragraphe 1, sous a), une partie ne peut exercer un recours en révision que lorsque, sans faute de sa part, elle n'a pas pu faire valoir au cours de la procédure antérieure le fait, les preuves ou la décision qu'elle invoque dans ce recours. »

Le litige au principal et les questions préjudicielles

7. Le 25 juillet 2006, l'Észak-Dunántúli Környezetvédelmi és Vízügyi Igazgatóság (direction de la protection de l'environnement et des questions hydrauliques de Transdanubie septentrionale, Hongrie) (ci-après le « pouvoir adjudicateur ») a publié au *Journal officiel de l'Union européenne*, série S, sous le numéro 139-149235, un appel d'offres pour un marché public de travaux concernant le développement des infrastructures de transport du centre intermodal du port de commerce national de Győr-Gönyű (Hongrie), suivant la procédure accélérée prévue au chapitre IV de la közbeszerzésekről szóló 2003. évi CXXIX. törvény (loi n° CXXIX de 2003, sur les marchés publics).

8. Le point III.2.2 de l'appel d'offres, relatif à la capacité économique et financière, indiquait « qu'un candidat, ou un sous-traitant [...] qui a enregistré plus d'un résultat négatif selon bilan pendant les trois derniers exercices ne remplit pas les conditions de capacité ».

9. Il ressort de la décision de renvoi que, Hochtief Solutions ne remplissant pas ce critère, elle en a contesté la légalité devant la Közbeszerzési Döntőbizottság (commission arbitrale des marchés publics, Hongrie) (ci-après la « commission arbitrale »), en faisant valoir, d'une part, que ce critère était discriminatoire et, d'autre part, qu'il n'était pas par lui-même de nature à renseigner sur la capacité financière d'un soumissionnaire.

10. La commission arbitrale a partiellement fait droit au recours de Hochtief Solutions, en condamnant le pouvoir adjudicateur à une amende de 8 000 000 forints hongrois (HUF) (environ 24 500 euros), sans toutefois constater que ledit critère était illégal.

11. Le 2 octobre 2006, Hochtief Solutions a introduit un recours contre la décision de la commission arbitrale devant le Fővárosi Bíróság (tribunal de Budapest, Hongrie), lequel a considéré que le résultat selon bilan était propre à renseigner sur la capacité économique et financière et a, partant, rejeté le recours.

12. Le 4 juin 2010, Hochtief Solutions a fait appel du jugement de première instance devant la Fővárosi Ítélőtábla (cour d'appel régionale de Budapest-Capitale, Hongrie), laquelle a décidé de surseoir à statuer et de saisir la Cour d'une demande de décision préjudicielle.

13. Par arrêt du 18 octobre 2012, *Édukövízig et Hochtief Construction* (C-218/11, EU:C:2012:643), la Cour a, notamment, jugé que l'article 44, paragraphe 2, et l'article 47, paragraphe 1, sous b), de la directive 2004/18 doivent être interprétés en ce sens qu'un pouvoir adjudicateur est autorisé à exiger un niveau minimal de capacité économique et financière par référence à un ou à plusieurs éléments particuliers du bilan, à la condition que ceux-ci soient objectivement propres à renseigner sur cette capacité dans le chef d'un opérateur économique et que ce niveau soit adapté à l'importance du marché concerné, en ce sens qu'il constitue objectivement un indice positif de l'existence d'une assise économique et financière suffisante pour mener à bien l'exécution de ce marché, sans toutefois aller au-delà de ce qui est raisonnablement nécessaire à cette fin, étant précisé que l'exigence d'un niveau minimal de capacité économique et financière ne saurait, en principe, être écartée pour la seule raison que ce niveau porte sur un élément du bilan à propos duquel des divergences peuvent exister entre les législations des différents États membres.

14. La Fővárosi Törvényszék (cour de Budapest-capitale), qui avait entre-temps succédé à la Fővárosi Ítélőtábla (cour d'appel régionale de Budapest-Capitale), a, en considération de cet arrêt de la Cour, confirmé le jugement de première instance, en jugeant que le critère utilisé par le pouvoir adjudicateur pour apprécier la capacité économique et financière n'était pas discriminatoire.

15. Le 13 septembre 2013, Hochtief Solutions a formé un pourvoi en cassation devant la Kúria (Cour suprême, Hongrie) contre l'arrêt de la Fővárosi Törvényszék (cour de Budapest-capitale), dans lequel elle faisait valoir que le résultat selon bilan n'était pas propre à donner au pouvoir adjudicateur une image réelle et objective de la situation économique et financière d'un soumissionnaire. Elle a, par ailleurs, demandé à la Kúria (Cour suprême) de saisir à nouveau la Cour d'une demande de décision préjudicielle.

16. Par arrêt du 19 mars 2014, la Kúria (Cour suprême) a, toutefois, rejeté le pourvoi, au motif qu'un tel grief n'avait pas été soulevé dans les délais, dans la mesure où Hochtief Solutions avait soulevé cette question non pas dans son recours administratif initial devant la commission arbitrale, mais uniquement dans ses observations subséquentes.

17. Le 25 juillet 2014, Hochtief Solutions a formé un recours constitutionnel contre l'arrêt de la Kúria (Cour suprême) devant l'Alkotmánybíróság (Cour constitutionnelle, Hongrie), par lequel elle demandait la constatation de l'inconstitutionnalité de cet arrêt et son annulation. Ce recours a été rejeté comme irrecevable, par ordonnance du 9 février 2015.

18. Entre-temps, le 26 novembre 2014, Hochtief Solutions a introduit auprès du Fővárosi Közigazgatási és Munkaügyi Bíróság (tribunal administratif et du travail de Budapest-Capitale, Hongrie) un recours en révision contre le jugement de la Fővárosi Törvényszék (cour de Budapest-capitale), visé au point 14 du présent arrêt.

19. Selon les indications de la juridiction de renvoi, à l'appui de son recours en révision, Hochtief Solutions a fait valoir que la question de savoir si le résultat selon bilan était un indicateur propre à renseigner sur la capacité économique et financière d'un soumissionnaire, tout comme l'arrêt du 18 octobre 2012, *Édukövízig et Hochtief Construction* (C-218/11, EU:C:2012:643), n'avaient, en définitive, fait l'objet d'aucun examen. Selon Hochtief Solutions, cette omission serait constitutive d'un « fait », au sens de l'article 260, paragraphe 1, sous a), du code de procédure civile, susceptible de justifier l'ouverture de la révision de ce jugement de la Fővárosi Törvényszék (cour de Budapest-Capitale). Se fondant, notamment, sur l'arrêt du 13 janvier 2004, *Kühne & Heitz* (C-453/00, EU:C:2004:17, points 26 et 27), Hochtief Solutions a, en effet, soutenu que, lorsqu'un arrêt de la Cour n'a pas pu être pris en compte lors de la procédure principale en raison de son caractère tardif, celui-ci peut et doit être examiné dans le cadre d'une révision.

20. Bien que Hochtief Solutions ait demandé au Fővárosi Közigazgatási és Munkaügyi Bíróság (tribunal administratif et du travail de Budapest-Capitale) qu'il saisisse la Cour d'une demande de décision préjudicielle relative aux questions soulevées dans le cadre de la procédure de

révision, cette juridiction n'a pas fait droit à cette demande et a rejeté le recours en révision, en estimant que les faits et les éléments de preuve invoqués par Hochtief Solutions n'étaient pas nouveaux.

21. Hochtief Solutions a alors fait appel de l'ordonnance de rejet de son recours en révision devant la Fővárosi Törvényszék (cour de Budapest-Capitale), en invitant cette dernière, d'une part, à déclarer la révision ouverte et à ordonner l'examen de celle-ci au fond et, d'autre part, à saisir la Cour d'une demande de décision préjudicielle.

22. Le 18 novembre 2015, la Fővárosi Törvényszék (cour de Budapest–Capitale) a rendu une ordonnance confirmant l'ordonnance de première instance du Fővárosi Közigazgatási és Munkaügyi Bíróság (tribunal administratif et du travail de Budapest-Capitale).

23. Hochtief Solutions a alors saisi la juridiction de renvoi, la Székesfehérvári Törvényszék (cour de Székesfehérvár, Hongrie), d'une action en réparation du préjudice que la Fővárosi Törvényszék (cour de Budapest-Capitale) lui aurait causé dans l'exercice de sa compétence juridictionnelle. Elle fait valoir, à cet égard, qu'elle n'a pas eu la possibilité d'obtenir que les faits et les circonstances qu'elle a invoqués devant la commission arbitrale et dans le cadre de la procédure principale, mais qui n'ont été appréciés ni par cette commission ni par les juridictions saisies, puissent être pris en considération, conformément au droit de l'Union. Ce faisant, les organes hongrois chargés de l'application du droit auraient vidé de leur substance les droits garantis par les règles pertinentes du droit de l'Union.

24. C'est dans ces circonstances que la Székesfehérvári Törvényszék (cour de Székesfehérvár) a décidé de surseoir à statuer et de poser à la Cour les questions préjudicielles suivantes :

« 1) Faut-il interpréter les principes fondamentaux et les règles du droit de l'Union (notamment l'article 4, paragraphe 3, TUE et l'exigence d'une interprétation uniforme du droit), tels que la Cour les a interprétés notamment dans l'arrêt [du 30 septembre 2003, *Köbler* (C-224/01, EU:C:2003:513)], en ce sens que la responsabilité de l'État en raison d'une décision contraire au droit de l'Union d'une juridiction statuant en dernier ressort peut être établie en se fondant uniquement sur le droit national ou sur des critères développés par le droit national ? Dans la négative, faut-il interpréter les principes fondamentaux et les règles du droit de l'Union, notamment les trois critères dégagés par la Cour dans [l'arrêt du 30 septembre 2003, *Köbler* (C-224/01, EU:C:2003:513),] à propos de la responsabilité de l'"État", en ce sens que la réalisation des conditions de la responsabilité de l'État membre en raison d'une violation du droit de l'Union par les juridictions dudit État membre doit être appréciée sur la base du droit national ?

2) Faut-il interpréter les règles et les principes fondamentaux du droit de l'Union (notamment l'article 4, paragraphe 3, TUE, et l'exigence d'un recours effectif), en particulier les arrêts de la Cour relatifs à la responsabilité des États membres [du 19 novembre 1991, *Francovich e.a.* (C-6/90 et C-9/90, EU:C:1991:428), du 5 mars 1996, *Brasserie du pêcheur et Factortame* (C-46/93 et C-48/93, EU:C:1996:79), et du 30 septembre 2003, *Köbler* (C-224/01, EU:C:2003:513)], en ce sens que l'autorité de la chose définitivement jugée de décisions contraires au droit de l'Union rendues par des juridictions statuant en dernier ressort exclut que la responsabilité de l'État membre puisse être établie ?

3) La procédure de recours en matière de marchés publics, applicable aux marchés publics dont la valeur atteint les seuils [fixés par le droit de l'Union], et le contrôle juridictionnel de la décision administrative rendue au cours de cette procédure sont-ils pertinents du point de vue du droit de l'Union, à la lumière de la directive [89/665] ou encore de la directive [92/13] ? Dans l'affirmative, le droit de l'Union et la jurisprudence de la Cour [notamment les arrêts du 13 janvier 2004, (C-453/00, EU:C:2004:17), et du 16 mars 2006, *Kapferer* (C-234/04, EU:C:2006:178), et en particulier l'arrêt du 10 juillet 2014, *Impresa Pizzarotti* (C-213/13, EU:C:2014:2067),] sont-ils pertinents au regard de la nécessité d'autoriser la révision, en tant que voie de recours extraordinaire susceptible d'être utilisée, en vertu du droit national, dans le cadre du contrôle juridictionnel de la décision administrative rendue au cours d'une telle procédure de recours en matière de marchés publics ?

4) Faut-il interpréter les directives "recours" en matière de marchés publics (c'est-à-dire la directive [89/665] ou encore la directive [92/13]) en ce sens que celles-ci ne s'opposent pas à une réglementation nationale qui permet aux juridictions nationales saisies dans la procédure principale, et même aux juridictions nationales saisies dans le cadre d'une procédure engagée à la suite d'une demande de révision présentée contre la décision rendue dans la procédure principale, de ne pas tenir compte d'un fait qu'il convient d'examiner en vertu d'un arrêt de la Cour rendu à l'issue d'une procédure préjudicielle introduite dans le cadre d'une procédure de recours en matière de marchés publics ?

5) Faut-il, notamment à la lumière [des arrêts du 13 janvier 2004, *Kühne & Heitz* (C-453/00, EU:C:2004:17), du 16 mars 2006, *Kapferer* (C-234/04, EU:C:2006:178), du 12 février 2008, *Kempter* (C-2/06, EU:C:2008:78), du 4 juin 2009, *Pannon GSM* (C-243/08, EU:C:2009:350), et du 10 juillet 2014, *Impresa Pizzarotti* (C-213/13, EU:C:2014:2067)], interpréter la directive [89/665], en particulier l'article 1er, paragraphes 1 et 3, de ladite directive, ainsi que la directive [92/13], en particulier les articles 1er et 2 de ladite directive, en ce sens qu'une réglementation nationale qui, en soi ou par l'application qui en est faite, permet d'arriver à une situation où l'on dispose d'une interprétation des règles pertinentes du droit de

l'Union donnée par un arrêt de la Cour rendu dans le cadre d'une procédure préjudicielle introduite avant que la juridiction saisie en seconde instance rende son jugement, mais où cette interprétation est écartée par la juridiction saisie au fond, en raison de son caractère tardif, et où, ensuite, la juridiction saisie en révision estime que ladite révision n'est pas susceptible d'être autorisée, est compatible avec les directives susmentionnées, ainsi qu'avec l'exigence d'une protection juridictionnelle effective et les principes d'équivalence et d'effectivité ?

6) Dès lors que le droit national commande d'autoriser la révision lorsque celle-ci est nécessaire pour rétablir la constitutionnalité en raison d'une nouvelle décision de la juridiction constitutionnelle, ne devrait-il pas alors, en vertu de [l'arrêt du 26 janvier 2010, *Transportes Urbanos y Servicios Generales* (C-118/08, EU:C:2010:39),] autoriser la révision dans le cas où un arrêt de la Cour n'a pas pu être pris en compte dans la procédure principale en raison des dispositions du droit national relatives aux délais de procédure ?

7) Faut-il, à la lumière de [l'arrêt du 12 février 2008, *Kempter* (C-2/06, EU:C:2008:78)], en vertu duquel une partie n'a pas l'obligation d'invoquer explicitement les arrêts de la Cour, interpréter la directive [89/665], en particulier l'article 1er, paragraphes 1 et 3, de ladite directive, ainsi que la directive [92/13], en particulier les articles 1er et 2 de ladite directive, en ce sens que les procédures de recours en matière de marchés publics régies par les directives susmentionnées ne peuvent être introduites que par une requête qui contient une description explicite de l'infraction invoquée à la réglementation sur les marchés publics et, en outre, désigne chaque disposition violée de la réglementation sur les marchés publics, en précisant le numéro d'article et de paragraphe, et que, dans le cadre d'un recours en matière de marchés publics, seules sont susceptibles d'être examinées les infractions à la réglementation sur les marchés publics pour lesquelles le demandeur a précisé la disposition méconnue du droit des marchés publics, en indiquant le numéro d'article et de paragraphe, cette requête étant ensuite appréciée par l'administration ou la juridiction saisie au vu de ce qu'elle contient, tandis que, dans toutes les autres procédures administratives et civiles, il suffit que la partie indique les faits et les preuves qui les étayent ?

8) Faut-il interpréter la condition d'une "violation suffisamment caractérisée", dégagée dans les arrêts [du 30 septembre 2003, *Köbler* (C-224/01, EU:C:2003:513), et du 13 juin 2006, *Traghetti del Mediterraneo* (C-173/03, EU:C:2006:391)], comme n'étant pas remplie lorsque la juridiction statuant en dernier ressort, en contradiction manifeste avec la jurisprudence bien établie et très précisément décrite de la Cour – qui a en plus été approuvée par différents avis juridiques – rejette la demande de décision préjudicielle d'une partie relative à la nécessité d'autoriser la révision au motif absurde que le droit de l'Union – en particulier la directive [89/665]

et la directive [92/13] – ne contient pas de règles concernant la révision, alors même que cette nécessité a elle aussi été démontrée dans le moindre détail dans la jurisprudence pertinente de la Cour, y compris dans [l'arrêt du 10 juillet 2014, *Impresa Pizzarotti* (C-213/13, EU:C:2014:2067)], qui énonce justement la nécessité d'une révision liée à la procédure de marché public ? Quel est le degré de précision, compte tenu de [l'arrêt du 6 octobre 1982, *Cilfit e.a.* (283/81, EU:C:1982:335)], que doit revêtir la motivation de la juridiction nationale lorsqu'elle n'autorise pas la révision, en s'écartant d'une interprétation de la Cour dotée d'un caractère contraignant ?

9) Faut-il interpréter les principes de recours effectif et d'équivalence, au sens de l'article 19 et de l'article 4, paragraphe 3, TUE, ainsi que la liberté d'établissement et de prestation de services consacrée à l'article 49 TFUE, ou encore la directive [93/37], ainsi que les directives [89/665], [92/13] et [2007/66], en ce sens que ceux-ci permettent que les autorités et les juridictions saisies rejettent systématiquement, en ignorant manifestement le droit de l'Union applicable, les recours exercés par le requérant pour avoir été empêché de participer à la procédure de marché public, étant précisé que ces recours exigent le cas échéant de rédiger de nombreux mémoires au prix d'un investissement important de temps et d'argent, sans oublier la participation à des audiences, et que, même s'il existe en théorie la possibilité d'établir la responsabilité en raison d'un dommage causé dans l'exercice d'une compétence juridictionnelle, la réglementation en cause empêche le requérant de pouvoir exiger de la juridiction réparation du préjudice qu'il a subi en raison des mesures illégales ?

10) Faut-il interpréter les principes qui ont été dégagés dans les arrêts [du 9 novembre 1983, *San Giorgio* (199/82, EU:C:1983:318), du 30 septembre 2003, *Köbler* (C-224/01, EU:C:2003:513), et du 13 juin 2006, *Traghetti del Mediterraneo* (C-173/03, EU:C:2006:391),] en ce sens que le dommage causé par le fait que la juridiction statuant en dernier ressort, en contradiction avec la jurisprudence constante de la Cour, n'a pas autorisé la révision demandée en temps utile par une partie et dans le cadre de laquelle ladite partie aurait pu exiger le remboursement des frais qui lui ont été occasionnés n'est pas un dommage susceptible d'être indemnisé ? »

Sur les questions préjudicielles

Considérations liminaires

25. Ainsi qu'il ressort de la décision de renvoi, l'affaire au principal porte sur la réparation du préjudice prétendument subi par Hochtief Solutions du fait de l'ordonnance, mentionnée au point 22 du présent arrêt, par lequel la Fővárosi Törvényszék (cour de Budapest-Capitale), statuant en dernier ressort, a confirmé l'ordonnance du Fővárosi Közigazgatási és Munkaügyi Bíróság (tribunal administratif et du travail de

Budapest-Capitale), mentionné au point 20 du présent arrêt, qui, d'une part, a refusé de saisir la Cour d'une demande de décision préjudicielle et, d'autre part, a rejeté le recours en révision introduit par Hochtief Solutions contre le jugement de la Fővárosi Törvényszék (cour de Budapest-Capitale), mentionné au point 14 du présent arrêt.

26. Il s'ensuit que l'affaire au principal porte sur la question de savoir si, en procédant ainsi, la Fővárosi Törvényszék (cour de Budapest-Capitale) a commis une violation du droit de l'Union susceptible de fonder une obligation de réparer le préjudice que Hochtief Solutions allègue avoir subi du fait de cette violation.

27. Dans ce contexte, il s'agit, en particulier, pour la juridiction de renvoi de savoir si le droit de l'Union doit être interprété en ce sens que, dans des circonstances telles que celles de l'affaire au principal, une juridiction nationale saisie d'un recours en révision d'un jugement revêtu de l'autorité de la chose jugée postérieur à un arrêt rendu par la Cour sur le fondement de l'article 267 TFUE dans le cadre de la procédure ayant donné lieu à ce jugement est tenue de faire droit à ce recours.

28. C'est en tenant compte du contexte ainsi circonscrit du litige au principal qu'il y a lieu d'examiner les questions préjudicielles.

Sur la recevabilité des septième et neuvième questions

29. Par sa septième question, la juridiction de renvoi demande à la Cour, en substance, de se prononcer sur la conformité avec le droit de l'Union de dispositions procédurales nationales, afférentes au contenu obligatoire d'un recours en matière de marchés publics, tandis que, par sa neuvième question, elle demande, en substance, si le rejet systématique, en méconnaissance du droit de l'Union, de recours introduits par un soumissionnaire évincé d'une procédure de marché public, tel que Hochtief Solutions, est compatible avec le droit de l'Union.

30. À cet égard, il y a lieu de rappeler que, selon une jurisprudence constante de la Cour, la procédure prévue à l'article 267 TFUE est un instrument de coopération entre celle-ci et les juridictions nationales. Il en découle qu'il appartient aux seules juridictions nationales qui sont saisies du litige et qui doivent assumer la responsabilité de la décision juridictionnelle à intervenir d'apprécier, au regard des particularités de chaque affaire, tant la nécessité d'une décision préjudicielle pour être en mesure de rendre leur jugement que la pertinence des questions qu'elles posent à la Cour. En conséquence, dès lors que les questions posées par les juridictions nationales portent sur l'interprétation d'une disposition du droit de l'Union, la Cour est, en principe, tenue de statuer (arrêt du 28 mars 2019, *Verlezza e.a.*, C-487/17 à C-489/17, EU:C:2019:270, points 27 et 28 ainsi que jurisprudence citée).

31. Toutefois, le refus de statuer sur une question préjudicielle posée par une juridiction nationale est possible, notamment, lorsqu'il apparaît de manière manifeste que l'interprétation du droit de l'Union sollicitée n'a aucun rapport avec la réalité ou l'objet du litige au principal ou lorsque le problème est de nature hypothétique (arrêt du 28 mars 2019, *Verlezza e.a.*, C-487/17 à C-489/17, EU:C:2019:270, point 29 et jurisprudence citée).

32. Or, les septième et neuvième questions relèvent, précisément, de ce dernier cas de figure. En effet, il apparaît de manière manifeste que ces questions n'ont aucun rapport avec l'objet de l'affaire au principal, tel qu'il a été résumé au point 26 du présent arrêt et présentent, dès lors, un caractère hypothétique.

33. Il s'ensuit que les septième et neuvième questions sont irrecevables.

Sur les première, deuxième, huitième et dixième questions

34. Par ces questions, qu'il convient d'examiner ensemble, la juridiction de renvoi cherche à obtenir des indications concernant, en particulier, les principes énoncés par la Cour en matière de responsabilité d'un État membre pour les dommages causés aux particuliers en raison d'une violation du droit de l'Union par une juridiction nationale statuant en dernier ressort. La juridiction de renvoi demande, en substance, si lesdits principes doivent être interprétés en ce sens, premièrement, que la responsabilité de l'État membre concerné doit être appréciée sur la base du droit national, deuxièmement, que le principe de l'autorité de la chose jugée exclut que la responsabilité de cet État membre puisse être établie, troisièmement, qu'il y a une violation suffisamment caractérisée du droit de l'Union lorsque la juridiction statuant en dernier ressort refuse de soumettre à la Cour une question d'interprétation du droit de l'Union qui a été soulevée devant elle, et, quatrièmement, qu'ils s'opposent à une règle de droit national qui exclut des dommages susceptibles de faire l'objet d'une réparation les frais occasionnés à une partie par la décision juridictionnelle en cause.

35. En premier lieu, il convient de rappeler que, s'agissant des conditions d'engagement de la responsabilité d'un État membre pour des dommages causés aux particuliers par des violations du droit de l'Union qui lui sont imputables, la Cour a itérativement jugé que les particuliers lésés ont un droit à réparation dès lors que trois conditions sont réunies, à savoir que la règle de droit de l'Union violée a pour objet de leur conférer des droits, que la violation de cette règle est suffisamment caractérisée et qu'il existe un lien de causalité direct entre cette violation et le dommage subi par ces particuliers (voir en ce sens, notamment, arrêts du 5 mars 1996, *Brasserie du pêcheur et Factortame*, C-46/93 et C-48/93, EU:C:1996:79, point 51 ; du 30 septembre 2003, *Köbler*, C-224/01, EU:C:2003:513, point 51, ainsi que du 28 juillet 2016, *Tomášová*, C-168/15, EU:C:2016:602, point 22).

36. Il convient également de rappeler que la responsabilité d'un État membre pour des dommages causés par une décision d'une juridiction statuant en dernier ressort qui viole une règle de droit de l'Union est régie par les mêmes conditions (voir, en ce sens, arrêts du 30 septembre 2003, *Köbler*, C-224/01, EU:C:2003:513, point 52, et du 28 juillet 2016, *Tomášová*, C-168/15, EU:C:2016:602, point 23).

37. Par ailleurs, les trois conditions rappelées au point 35 du présent arrêt sont nécessaires et suffisantes pour engendrer au profit des particuliers un droit à obtenir réparation, sans pour autant exclure que la responsabilité d'un État membre puisse être engagée dans des conditions moins restrictives sur le fondement du droit national (voir en ce sens, notamment, arrêts du 5 mars 1996, *Brasserie du pêcheur et Factortame*, C-46/93 et C-48/93, EU:C:1996:79, point 66, ainsi que du 30 septembre 2003, *Köbler*, C-224/01, EU:C:2003:513, point 57).

38. Il en résulte que le droit de l'Union ne s'oppose pas à une règle de droit national qui prévoit, pour l'engagement de la responsabilité d'un État membre au titre des dommages causés aux particuliers par des violations du droit de l'Union qui lui sont imputables, des conditions moins restrictives que celles établies par la jurisprudence de la Cour rappelée au point 35 du présent arrêt.

39. En deuxième lieu, ainsi qu'il ressort de la jurisprudence de la Cour, le principe de l'autorité de la chose jugée ne s'oppose pas à la reconnaissance du principe de la responsabilité d'un État membre du fait de la décision d'une juridiction nationale statuant en dernier ressort qui viole une règle de droit de l'Union. En effet, en raison, notamment, de la circonstance qu'une violation des droits tirés du droit de l'Union par une telle décision ne peut normalement plus faire l'objet d'un redressement, les particuliers ne sauraient être privés de la possibilité d'engager la responsabilité de l'État afin d'obtenir par ce moyen une protection juridique de leurs droits (voir, en ce sens, arrêts du 30 septembre 2003, *Köbler*, C-224/01, EU:C:2003:513, point 34, et du 24 octobre 2018, *XC e.a.*, C-234/17, EU:C:2018:853, point 58 ainsi que jurisprudence citée).

40. En troisième lieu, il découle d'une jurisprudence constante de la Cour que la mise en œuvre des conditions rappelées au point 35 du présent arrêt permettant d'établir la responsabilité d'un État membre pour des dommages causés aux particuliers par des violations du droit de l'Union qui lui sont imputables doit, en principe, être opérée par les juridictions nationales conformément aux orientations fournies par la Cour pour procéder à cette mise en œuvre (voir, en ce sens, arrêts du 30 septembre 2003, *Köbler*, C-224/01, EU:C:2003:513, point 100, et du 4 octobre 2018, *Kantarev*, C-571/16, EU:C:2018:807, point 95).

41. À cet égard, s'agissant, en particulier, de la deuxième de ces conditions, il convient de rappeler que, selon la jurisprudence de la Cour, la

responsabilité d'un État membre pour des dommages causés par une décision d'une juridiction nationale statuant en dernier ressort qui viole une règle de droit de l'Union ne saurait être engagée que dans le cas exceptionnel où la juridiction nationale statuant en dernier ressort a méconnu de manière manifeste le droit applicable (arrêts du 30 septembre 2003, *Köbler*, C-224/01, EU:C:2003:513, point 53, ainsi que du 13 juin 2006, *Traghetti del Mediterraneo*, C-173/03, EU:C:2006:391, points 32 et 42).

42. Afin de déterminer s'il existe une violation suffisamment caractérisée du droit de l'Union, la juridiction nationale saisie d'une demande en réparation doit tenir compte de tous les éléments qui caractérisent la situation qui lui est soumise. Parmi les éléments pouvant être pris en considération à cet égard figurent, notamment, le degré de clarté et de précision de la règle violée, l'étendue de la marge d'appréciation que la règle violée laisse aux autorités nationales, le caractère intentionnel ou involontaire du manquement commis ou du préjudice causé, le caractère excusable ou inexcusable d'une éventuelle erreur de droit, la circonstance que, le cas échéant, les attitudes prises par une institution de l'Union européenne ont pu contribuer à l'adoption ou au maintien de mesures ou de pratiques nationales contraires au droit de l'Union, ainsi que l'inexécution, par la juridiction nationale en cause, de son obligation de renvoi préjudiciel en vertu de l'article 267, troisième alinéa, TFUE (voir, en ce sens, arrêts du 5 mars 1996, *Brasserie du pêcheur et Factortame*, C-46/93 et C-48/93, EU:C:1996:79, point 56 ; du 30 septembre 2003, *Köbler*, C-224/01, EU:C:2003:513, points 54 et 55, ainsi que du 28 juillet 2016, *Tomášová*, C-168/15, EU:C:2016:602, point 25).

43. En tout état de cause, une violation du droit de l'Union est suffisamment caractérisée lorsqu'elle est intervenue en méconnaissance manifeste de la jurisprudence de la Cour en la matière (arrêts du 30 septembre 2003, *Köbler*, C-224/01, EU:C:2003:513, point 56 ; du 25 novembre 2010, *Fuß*, C-429/09, EU:C:2010:717, point 52, et du 28 juillet 2016, *Tomášová*, C-168/15, EU:C:2016:602, point 26).

44. S'agissant du litige au principal, il appartient à la juridiction de renvoi d'apprécier, en tenant compte de tous les éléments qui caractérisent la situation en cause au principal, si la Fővárosi Törvényszék (cour de Budapest-Capitale), par l'ordonnance mentionnée au point 22 du présent arrêt, a commis une violation suffisamment caractérisée du droit de l'Union en méconnaissant de manière manifeste le droit de l'Union applicable, y compris la jurisprudence de la Cour pertinente, notamment l'arrêt du 18 octobre 2012, *Édukövízig et Hochtief Construction* (C-218/11, EU:C:2012:643).

45. En quatrième lieu, dès lors que les conditions rappelées au point 35 du présent arrêt sont réunies, c'est dans le cadre du droit national de la responsabilité qu'il incombe à l'État membre de réparer les conséquences

du préjudice causé, étant entendu que les conditions fixées par les législations nationales en matière de réparation des dommages ne sauraient être moins favorables que celles qui concernent des réclamations semblables de nature interne (principe d'équivalence) ni être aménagées de manière à rendre, en pratique, impossible ou excessivement difficile l'obtention de la réparation (principe d'effectivité) (voir, en ce sens, arrêts du 5 mars 1996, *Brasserie du pêcheur et Factortame*, C-46/93 et C-48/93, EU:C:1996:79, point 67 ; du 30 septembre 2003, *Köbler*, C-224/01, EU:C:2003:513, point 58, ainsi que du 28 juillet 2016, *Tomášová*, C-168/15, EU:C:2016:602, point 38).

46. À cet égard, il ressort de la jurisprudence de la Cour que la réparation des dommages causés aux particuliers par des violations du droit de l'Union doit être adéquate à la réparation du préjudice subi, de nature à assurer une protection effective de leurs droits (voir, en ce sens, arrêts du 5 mars 1996, *Brasserie du pêcheur et Factortame*, C-46/93 et C-48/93, EU:C:1996:79, point 82, ainsi que du 25 novembre 2010, *Fuß*, C-429/09, EU:C:2010:717, point 92).

47. Or, une règle de droit national en vertu de laquelle, dans un cas où la responsabilité d'un État membre est engagée pour des dommages causés du fait d'une violation d'une règle de droit de l'Union par une décision d'une juridiction de cet État statuant en dernier ressort, les frais occasionnés à une partie par cette décision est de manière générale exclu des dommages susceptibles de faire l'objet d'une réparation peut rendre, en pratique, excessivement difficile ou même impossible d'obtenir une réparation adéquate du préjudice subi par cette partie.

48. Compte tenu de ce qui précède, il y a lieu de répondre aux première, deuxième, huitième et dixième questions que la responsabilité d'un État membre pour des dommages causés par la décision d'une juridiction nationale statuant en dernier ressort qui viole une règle de droit de l'Union est régie par les conditions énoncées par la Cour, notamment, au point 51 de l'arrêt du 30 septembre 2003, *Köbler* (C-224/01, EU:C:2003:513), sans pour autant exclure que la responsabilité de cet État puisse être engagée dans des conditions moins restrictives sur le fondement du droit national. Cette responsabilité n'est pas exclue du fait que cette décision a acquis l'autorité de la chose jugée. Dans le cadre de la mise en œuvre de cette responsabilité, il appartient à la juridiction nationale saisie de la demande en réparation d'apprécier, en tenant compte de tous les éléments qui caractérisent la situation en cause, si la juridiction nationale statuant en dernier ressort a commis une violation suffisamment caractérisée du droit de l'Union en méconnaissant de manière manifeste le droit de l'Union applicable, y compris la jurisprudence de la Cour pertinente. En revanche, le droit de l'Union s'oppose à une règle de droit national qui, dans un tel cas, exclut de manière générale des dommages susceptibles

de faire l'objet d'une réparation les frais occasionnés à une partie par la décision préjudiciable de la juridiction nationale.

Sur les troisième, quatrième, cinquième et sixième questions

49. Compte tenu du contexte de l'affaire au principal, tel que rappelé aux points 26 et 27 du présent arrêt, il convient de comprendre que, par ses troisième, quatrième, cinquième et sixième questions, la juridiction de renvoi demande à la Cour, en substance, si le droit de l'Union, notamment la directive 89/665 et la directive 92/13 ainsi que les principes d'équivalence et d'effectivité, doit être interprété en ce sens qu'il ne s'oppose pas à la réglementation d'un État membre qui n'autorise pas la révision d'un jugement, revêtu de l'autorité de la chose jugée, d'une juridiction dudit État membre, ayant statué sur un recours en annulation contre un acte d'un pouvoir adjudicateur sans aborder une question dont l'examen était envisagé dans un arrêt antérieur de la Cour prononcé en réponse à une demande de décision préjudicielle présentée dans le cadre de la procédure relative à ce recours en annulation.

50. À cet égard, il y a lieu de rappeler que l'article 1er, paragraphe 1, de la directive 89/665 et l'article 1er, paragraphe 1, de la directive 92/13 imposent aux États membres l'obligation d'adopter les mesures nécessaires pour s'assurer que les décisions prises par les pouvoirs adjudicateurs dans le cadre des procédures de passation des marchés concernés par ces directives peuvent faire l'objet de recours efficaces et, en particulier, aussi rapides que possible, au motif qu'elles ont violé le droit de l'Union en matière de marchés publics ou les règles nationales transposant ce droit (arrêt du 15 septembre 2016, Star Storage e.a., C-439/14 et C-488/14, EU:C:2016:688, point 39).

51. Ces dispositions, qui sont destinées à protéger les opérateurs économiques contre l'arbitraire du pouvoir adjudicateur, visent ainsi à s'assurer de l'existence, dans tous les États membres, de moyens de recours efficaces, afin de garantir l'application effective des règles de l'Union en matière de passation de marchés publics, en particulier à un stade où les violations peuvent encore être corrigées (arrêt du 15 septembre 2016, *Star Storage e.a.*, C-439/14 et C-488/14, EU:C:2016:688, point 41 et jurisprudence citée).

52. Ni la directive 89/665 ni la directive 92/13 ne contiennent de dispositions régissant spécifiquement les conditions dans lesquelles ces voies de recours peuvent être exercées. Ces directives ne prévoient que des dispositions établissant les conditions minimales auxquelles doivent répondre les procédures de recours instaurées dans les ordres juridiques nationaux, afin de garantir le respect des prescriptions du droit de l'Union en matière de marchés publics (voir, en ce sens, arrêt du 15 septembre 2016, *Star Storage e.a.*, C-439/14 et C-488/14, EU:C:2016:688, point 42).

53. En l'occurrence, il ressort des éléments fournis par la juridiction de renvoi que, en droit procédural hongrois, la révision, au sens de l'article 260 du code de procédure civile, est une voie de recours extraordinaire, permettant, lorsque les conditions posées par cette disposition sont remplies, de remettre en cause l'autorité de la chose jugée attachée à un jugement définitif.

54. Or, il convient de rappeler l'importance que revêt, tant dans l'ordre juridique de l'Union que dans les ordres juridiques nationaux, le principe de l'autorité de la chose jugée. En effet, en vue de garantir aussi bien la stabilité du droit et des relations juridiques qu'une bonne administration de la justice, il importe que des décisions juridictionnelles devenues définitives après épuisement des voies de recours disponibles ou après expiration des délais prévus pour ces recours ne puissent plus être remises en cause (arrêts du 10 juillet 2014, *Impresa Pizzarotti*, C-213/13, EU:C:2014:2067, point 58, et du 6 octobre 2015, *Târşia*, C-69/14, EU:C:2015:662, point 28).

55. Partant, le droit de l'Union n'impose pas au juge national d'écarter l'application des règles de procédure internes conférant l'autorité de la chose jugée à une décision juridictionnelle, même si cela permettrait de remédier à une situation nationale incompatible avec ce droit (arrêts du 10 juillet 2014, *Impresa Pizzarotti*, C-213/13, EU:C:2014:2067, point 59, et du 6 octobre 2015, *Târşia*, C-69/14, EU:C:2015:662, point 29).

56. En effet, il a été jugé que le droit de l'Union n'exige pas que, pour tenir compte de l'interprétation d'une disposition pertinente de ce droit adoptée par la Cour, un organe juridictionnel national doive, par principe, revenir sur sa décision revêtue de l'autorité de la chose jugée (voir, en ce sens, arrêts du 10 juillet 2014, *Impresa Pizzarotti*, C-213/13, EU:C:2014:2067, point 60, et du 6 octobre 2015, *Târşia*, C-69/14, EU:C:2015:662, point 38).

57. L'arrêt du 13 janvier 2004, (C-453/00, EU:C:2004:17), évoqué par la juridiction de renvoi, ne saurait remettre en cause cette considération.

58. Il ressort en effet de cet arrêt que le principe de coopération loyale, consacré à l'article 4, paragraphe 3, TUE, impose à un organe administratif, saisi d'une demande en ce sens, de réexaminer une décision administrative définitive afin de tenir compte de l'interprétation de la disposition pertinente retenue entre-temps par la Cour lorsque, notamment, cet organe dispose, selon le droit national, du pouvoir de revenir sur cette décision (arrêt du 13 janvier 2004, *Kühne & Heitz*, C-453/00, EU:C:2004:17, point 28).

59. Il est constant toutefois que cette considération ne concerne qu'un éventuel réexamen d'une décision définitive d'un organe administratif et non pas, comme en l'occurrence, d'une juridiction.

60. À cet égard, il ressort de la jurisprudence de la Cour que si les règles de procédure internes applicables comportent la possibilité, sous

certaines conditions, pour le juge national, de revenir sur une décision revêtue de l'autorité de la chose jugée en vue de rendre la situation issue de cette décision compatible avec le droit national, cette possibilité doit, conformément aux principes d'équivalence et d'effectivité, prévaloir, si ces conditions sont réunies, afin que soit restaurée la conformité de cette situation avec la réglementation de l'Union (voir, en ce sens, arrêt du 10 juillet 2014, *Impresa Pizzarotti*, C-213/13, EU:C:2014:2067, point 62).

61. En l'occurrence, il ressort des indications fournies par la juridiction de renvoi que, aux termes de l'article 260 du code de procédure civile, la révision d'un jugement définitif est ouverte lorsqu'une partie peut se prévaloir, notamment, d'une décision juridictionnelle définitive dont il n'a pas été tenu compte au cours de la procédure ayant abouti au jugement dont la révision est sollicitée et uniquement si cette partie n'a pas été en mesure, sans que cela résulte d'une faute de sa part, de faire valoir l'existence de cette décision au cours de ladite procédure.

62. Par ailleurs, il ressort du libellé de la sixième question que le droit hongrois autorise la révision d'une décision revêtue de l'autorité de la chose jugée pour rétablir la constitutionnalité d'une situation en raison d'une nouvelle décision de l'Alkotmánybíróság (Cour constitutionnelle).

63. Il appartient, dès lors, à la juridiction de renvoi de vérifier si les règles procédurales hongroises comportent la possibilité de revenir sur un jugement revêtu de l'autorité de la chose jugée, en vue de rendre la situation issue de ce jugement compatible avec une décision juridictionnelle définitive antérieure, dont la juridiction qui a rendu ce jugement ainsi que les parties à l'affaire ayant donné lieu à celui-ci avaient déjà connaissance. Si tel était le cas, conformément à la jurisprudence de la Cour citée au point 60 du présent arrêt, cette possibilité devrait, conformément aux principes d'équivalence et d'effectivité, dans les mêmes conditions, prévaloir, pour rendre la situation compatible avec un arrêt antérieur de la Cour.

64. Cela étant, il convient, en tout état de cause, de rappeler qu'il est de jurisprudence constante que, en raison, notamment, de la circonstance qu'une violation des droits tirés du droit de l'Union par une décision juridictionnelle définitive ne peut normalement plus faire l'objet d'un redressement, les particuliers ne sauraient être privés de la possibilité d'engager la responsabilité de l'État afin d'obtenir par ce moyen une protection juridique de leurs droits (arrêts du 6 octobre 2015, *Târşia*, C-69/14, EU:C:2015:662, point 40, ainsi que du 24 octobre 2018, *XC e.a.*, C-234/17, EU:C:2018:853, point 58).

65. Compte tenu de l'ensemble des considérations qui précèdent, il y a lieu de répondre aux troisième, quatrième, cinquième et sixième questions que le droit de l'Union, notamment la directive 89/665 et la directive 92/13 ainsi que les principes d'équivalence et d'effectivité, doit être

interprété en ce sens qu'il ne s'oppose pas à la réglementation d'un État membre qui n'autorise pas la révision d'un jugement, revêtu de l'autorité de la chose jugée, d'une juridiction dudit État membre, ayant statué sur un recours en annulation contre un acte d'un pouvoir adjudicateur sans aborder une question dont l'examen était envisagé dans un arrêt antérieur de la Cour prononcé en réponse à une demande de décision préjudicielle présentée dans le cadre de la procédure relative à ce recours en annulation. Toutefois, si les règles de procédure internes applicables comportent la possibilité, pour le juge national, de revenir sur un jugement revêtu de l'autorité de la chose jugée en vue de rendre la situation issue de ce jugement compatible avec une décision juridictionnelle définitive nationale antérieure, dont la juridiction qui a rendu ledit jugement ainsi que les parties à l'affaire ayant donné lieu à celui-ci avaient déjà connaissance, cette possibilité doit, conformément aux principes d'équivalence et d'effectivité, dans les mêmes conditions, prévaloir, pour rendre la situation compatible avec le droit de l'Union, tel qu'interprété par un arrêt antérieur de la Cour.

[...]

Par ces motifs, la Cour (quatrième chambre) dit pour droit :

1) La responsabilité d'un État membre pour des dommages causés par la décision d'une juridiction nationale statuant en dernier ressort qui viole une règle de droit de l'Union est régie par les conditions énoncées par la Cour, notamment, au point 51 de l'arrêt du 30 septembre 2003, *Köbler* (C-224/01, EU:C:2003:513), sans pour autant exclure que la responsabilité de cet État puisse être engagée dans des conditions moins restrictives sur le fondement du droit national. Cette responsabilité n'est pas exclue du fait que cette décision a acquis l'autorité de la chose jugée. Dans le cadre de la mise en œuvre de cette responsabilité, il appartient à la juridiction nationale saisie de la demande en réparation d'apprécier, en tenant compte de tous les éléments qui caractérisent la situation en cause, si la juridiction nationale statuant en dernier ressort a commis une violation suffisamment caractérisée du droit de l'Union en méconnaissant de manière manifeste le droit de l'Union applicable, y compris la jurisprudence de la Cour pertinente. En revanche, le droit de l'Union s'oppose à une règle de droit national qui, dans un tel cas, exclut de manière générale des dommages susceptibles de faire l'objet d'une réparation les frais occasionnés à une partie par la décision préjudiciable de la juridiction nationale.

2) Le droit de l'Union, notamment la directive 89/665/CEE du Conseil, du 21 décembre 1989, portant coordination des dispositions législatives, réglementaires et administratives relatives à l'application des procédures de recours en matière de passation des marchés publics

de fournitures et de travaux, telle que modifiée par la directive 2007/66/CE du Parlement européen et du Conseil, du 11 décembre 2007, et la directive 92/13/CEE du Conseil, du 25 février 1992, portant coordination des dispositions législatives, réglementaires et administratives relatives à l'application des règles communautaires sur les procédures de passation des marchés des entités opérant dans les secteurs de l'eau, de l'énergie, des transports et des télécommunications, telle que modifiée par la directive 2007/66, ainsi que les principes d'équivalence et d'effectivité, doit être interprété en ce sens qu'il ne s'oppose pas à la réglementation d'un État membre qui n'autorise pas la révision d'un jugement, revêtu de l'autorité de la chose jugée, d'une juridiction dudit État membre, ayant statué sur un recours en annulation contre un acte d'un pouvoir adjudicateur sans aborder une question dont l'examen était envisagé dans un arrêt antérieur de la Cour prononcé en réponse à une demande de décision préjudicielle présentée dans le cadre de la procédure relative à ce recours en annulation. Toutefois, si les règles de procédure internes applicables comportent la possibilité, pour le juge national, de revenir sur un jugement revêtu de l'autorité de la chose jugée en vue de rendre la situation issue de ce jugement compatible avec une décision juridictionnelle définitive nationale antérieure, dont la juridiction qui a rendu ledit jugement ainsi que les parties à l'affaire ayant donné lieu à celui-ci avaient déjà connaissance, cette possibilité doit, conformément aux principes d'équivalence et d'effectivité, dans les mêmes conditions, prévaloir, pour rendre la situation compatible avec le droit de l'Union, tel qu'interprété par un arrêt antérieur de la Cour.

Observations

Cette affaire de marché public témoigne de l'opiniâtreté de la société Hochtief. À l'origine, celle-ci a contesté le critère relatif à la capacité économique et financière figurant dans un appel d'offres au motif qu'il ne serait pas apte à renseigner sur la capacité financière d'un soumissionnaire et qu'il serait discriminatoire. Hochtief soutenait, en substance, qu'en déclarant « qu'un candidat [...] qui a enregistré plus d'un résultat négatif selon bilan pendant les trois derniers exercices ne remplit pas les conditions de capacité », le pouvoir adjudicateur chercherait, en réalité, à écarter les entreprises, telle Hochtief, qui transféraient chaque année leurs bénéfices à leur société-mère située dans un autre État membre et qui, partant, présentaient un bilan négatif, sans pour autant être en mauvaise santé économique ou financière.

N'ayant obtenu qu'une satisfaction partielle devant la commission arbitrale des marchés publics, Hochtief a saisi le tribunal de Budapest devant lequel elle a succombé. En appel, elle a convaincu la cour d'appel de saisir la Cour de justice d'un renvoi préjudiciel. Par un arrêt du 18 octobre 2012 (1), la Cour a admis, par principe, qu'un appel d'offres puisse comporter un critère de capacité économique et financière, tout en invitant la juridiction de renvoi à vérifier qu'il soit « objectivement propr[e] à renseigner sur cette capacité dans le chef d'un opérateur économique » et qu'il ne soit pas disproportionné. Pourtant, inexplicablement, cet arrêt préjudiciel ne sera jamais appliqué par les juridictions hongroises, ni par la juridiction de renvoi ni par les juridictions qui connaîtront de l'affaire dans le cadre de l'exercice des voies de recours, qu'il s'agisse de la Cour suprême ou de la Cour constitutionnelle. Refusant de capituler, Hochtief a alors formé un recours en révision contre le jugement de la cour d'appel qui avait incorrectement exécuté l'arrêt préjudiciel de 2012. Ayant à nouveau succombé tant en première instance qu'en appel dans le cadre de son recours en révision, Hochtief cherche finalement à engager, dans le litige au principal, la responsabilité judiciaire de la Hongrie pour violation manifeste de l'arrêt de 2012.

La profonde originalité de cette affaire (2) réside donc dans le fait qu'il est reproché à des juridictions nationales de ne pas s'être conformées à un arrêt préjudiciel qui non seulement est antérieur au prononcé de la décision juridictionnelle dont la révision est sollicitée mais surtout l'a été dans un volet antérieur de la présente affaire (3). Compte tenu de

(1) CJUE, 18 octobre 2012, *Édukövízig et Hochtief Construction*, aff. C-218/11, ECLI:EU:C:2012:643.

(2) Sur les dix questions préjudicielles posées à la Cour, quatre portent sur des aspects du principe de responsabilité de l'État pour violation du droit de l'Union qui sont parfaitement balisés par la jurisprudence de la Cour et sur lesquels il est inutile de revenir (voy. pts 34-48 de l'arrêt *Hochtief Solutions*).

(3) Voy. not. pts 27 et 49 de l'arrêt *Hochtief Solutions*.

ce contexte extraordinaire, caractérisé par un refus constant des juridictions hongroises d'appliquer un arrêt préjudiciel dans le cadre même de l'affaire qui avait conduit à la saisine de la Cour, il est, pour le moins, curieux de voir la Cour dérouler le même raisonnement que dans l'arrêt *Călin*. La Cour se place, en effet, contre toute attente, sur le terrain de l'autonomie procédurale et se borne à affirmer qu'« [i]l appartient [...] à la juridiction de renvoi de vérifier si les règles procédurales hongroises comportent la possibilité de revenir sur un jugement revêtu de l'autorité de la chose jugée, en vue de rendre la situation issue de ce jugement compatible avec une décision juridictionnelle définitive antérieure [*sic*], dont la juridiction qui a rendu ce jugement ainsi que les parties à l'affaire ayant donné lieu à celui-ci avaient déjà connaissance [re-*sic*]. Si tel était le cas, [...] cette possibilité devrait, conformément aux principes d'équivalence et d'effectivité, dans les mêmes conditions, prévaloir, pour rendre la situation compatible avec un arrêt antérieur de la Cour [*sic* toujours] » (pt 63). De manière assez difficilement compréhensible, la Cour ajoute que, « [c]ela étant, [...], en raison, notamment, de la circonstance qu'une violation des droits tirés du droit de l'Union par une décision juridictionnelle définitive ne peut normalement plus faire l'objet d'un redressement, les particuliers ne sauraient être privés de la possibilité d'engager la responsabilité de l'État afin d'obtenir par ce moyen une protection juridique de leurs droits » (pt 64). La Cour paraît ainsi capituler et accepter d'assez bonnes grâces l'idée que l'autorité de l'un de ses arrêts préjudiciels puisse être bafouée dans l'affaire même qui a conduit à sa saisine.

Encore une fois, eu égard au contexte hors normes de la présente affaire, le raisonnement de la Cour s'avère extrêmement timoré. On se demande pourquoi l'arrêt *Transportes Urbanos* (4), qui est pourtant cité par la juridiction de renvoi dans sa sixième question, n'est pas davantage exploité alors qu'il aurait probablement permis d'aboutir à une conclusion

(4) CJUE, 26 janvier 2010, *Transportes Urbanos y Servicios Generales*, aff. C-118/08, ECLI:EU:C:2010:39.

bien plus ferme quant à la violation du principe d'équivalence. Au-delà, on cherche également en vain pourquoi la Cour n'a pas cru bon se placer sur le terrain de l'obligatoriété de ses arrêts préjudiciels qui vaut « à l'égard des juridictions nationales » (5). Là encore, en se plaçant sur le terrain de la primauté du droit de l'Union en général et de l'autorité des arrêts préjudiciels en particulier, la solution de la Cour aurait gagné en fermeté, en cohérence et en force de persuasion. Nul doute que si Ami Barav devait commenter cet arrêt, il ne se contenterait pas d'évoquer un « imbroglio », une « déviation » ou des « transmutations » préjudiciels (6) mais qu'il y verrait davantage une forme d'apostasie préjudicielle...

Laurent COUTRON

(5) CJCE, 11 juin 1987, *Pretore di Salò*, aff. 14/86, ECLI:EU:C:1987:275, pt 12.

(6) A. BARAV, « Imbroglio préjudiciel », *RTDE*, 1982, p. 431 ; ID., « Transmutations préjudicielles », in *Festchrift für Gil Carlos Rodriguez Iglesias*, Berlin, BWV Berliner Wissenschaft-Verlag, 2003, p. 621; ID., « Déviation préjudicielle », in *Études en l'honneur de Jean-Claude Gautron*, Paris, Pedone, 2004, p. 227.

Cour de justice, 4e ch., 11 septembre 2019, *Călin*, aff. C-676/17, ECLI:EU:C:2019:700

Conclusions de l'avocat général M. Bobek, du 5 février 2019, ECLI:EU:C:2019:94

Mots-clés : Principes du droit de l'Union – Autonomie procédurale – Principes d'équivalence et d'effectivité – Principe de sécurité juridique – Autorité de la chose jugée – Restitution des taxes perçues par un État membre en violation du droit de l'Union – Décision juridictionnelle définitive imposant le paiement d'une taxe incompatible avec le droit de l'Union – Demande en révision d'une telle décision juridictionnelle – Délai pour l'introduction de cette demande

Cadre normatif : article 4, paragraphe 3, TUE ; article 110 TFUE ; articles 17, 20, 21 et 47 de la charte des droits fondamentaux de l'Union européenne

Extrait de l'arrêt

1. La demande de décision préjudicielle porte sur l'interprétation de l'article 4, paragraphe 3, TUE, de l'article 110 TFUE, des articles 17, 20, 21 et 47 de la charte des droits fondamentaux de l'Union européenne (ci-après la « Charte ») ainsi que des principes de coopération loyale, d'équivalence, d'effectivité et de sécurité juridique.

2. Cette demande a été présentée dans le cadre d'un litige opposant Mme Oana Mădălina Călin à la Direcția Generală Regională a Finanțelor Publice Ploiești – Administrația Județeană a Finanțelor Publice Dâmbovița (direction générale régionale des finances publiques de Ploiești – administration départementale des finances publiques de Dâmbovița, Roumanie) au Statul Român – Ministerul Finanțelor Publice (État roumain –ministère des Finances Publiques) et à l'Administrația Fondului pentru Mediu (administration du Fonds pour l'environnement, Roumanie), au sujet d'un recours visant à obtenir la révision d'une décision juridictionnelle définitive déclarant irrecevable, pour cause de tardivité, un recours en révision introduit contre une autre décision juridictionnelle définitive, imposant à Mme Călin le paiement d'un timbre environnemental, ultérieurement jugé incompatible avec le droit de l'Union.

Le cadre juridique

3. L'article 21 de la Legea contenciosului administrativ nr. 554/2004 (loi n° 554/2004 sur le contentieux administratif), du 2 décembre 2004 (*Monitorul Oficial al României,* partie I, n° 1154 du 7 décembre 2004), intitulé « Voies de recours extraordinaires », prévoyait :

« (1) Des voies de recours prévues par le code de procédure civile peuvent être exercées contre les décisions définitives et irrévocables prononcées par les instances du contentieux administratif.

(2) Constitue un motif de révision, qui s'ajoute à ceux prévus par le code de procédure civile, le prononcé d'un jugement définitif et irrévocable, en violation du principe de primauté du droit [de l'Union] prévu à l'article 148, paragraphe 2, lu en combinaison avec l'article 20, paragraphe 2, de la Constitution roumaine, telle que republiée. La demande en révision est introduite dans les 15 jours qui suivent la date de la communication, laquelle est faite, par dérogation à la règle consacrée à l'article 17, paragraphe 3, sur demande dûment motivée de la partie intéressée, dans les 15 jours qui suivent la date du prononcé de la décision. Il est statué en urgence et prioritairement sur la demande en révision et dans un délai maximal de 60 jours à compter de son enregistrement. »

4. Il ressort de la demande de décision préjudicielle que l'article 21, paragraphe 2, deuxième phrase, de la loi n° 554/2004 a été déclaré inconstitutionnel par l'arrêt n° 1609/2010 de la Curtea Constituţională (Cour constitutionnelle, Roumanie), du 9 décembre 2010.

5. En substance, la juridiction de renvoi indique que seules les premières et troisièmes phrases de l'article 21, paragraphe 2, de la loi n° 554/2004 continuent à produire des effets juridiques. En revanche, la deuxième phrase de cette disposition, relative au délai pour introduire une demande en révision, a cessé de produire de tels effets.

6. Par arrêt n° 45/2016, du 12 décembre 2016, publié au *Monitorul Oficial al României* le 23 mai 2017, l'Înalta Curte de Casaţie şi Justiţie (Haute Cour de cassation et de justice, Roumanie) a jugé que le délai pour l'introduction d'une demande en révision fondée sur l'article 21, paragraphe 2, de la loi n° 554/2004 est d'un mois et court à compter de la date de communication de la décision définitive qui fait l'objet de la révision.

7. L'article 509 du Codul de procedură civilă (code de procédure civile), intitulé « Objet et motifs de révision », dispose, à son paragraphe 1 :

« (1) La révision d'une décision rendue sur le fond, ou qui évoque le fond [...], peut être demandée si :

[...]

11. après que la décision est devenue définitive, la Curtea Constituţională (Cour constitutionnelle) s'est prononcée sur l'exception soulevée dans

cette affaire et a constaté l'inconstitutionnalité de la disposition ayant fait l'objet de cette exception. »

8. L'article 511, paragraphe 3, du code de procédure civile, intitulé « Délai d'exercice », dispose :

« En ce qui concerne les motifs visés à l'article 509, paragraphe 1, points 10 et 11, le délai est de trois mois à partir de la date de publication de l'arrêt de la Cour européenne des droits de l'homme ou de la décision de la Curtea Constituţională (Cour constitutionnelle) au *Monitorul Oficial al României*, partie 1 ».

Le litige au principal et la question préjudicielle

9. Le 12 avril 2013, Mme Călin, ressortissante roumaine, a fait l'acquisition d'un véhicule automobile d'occasion provenant d'Allemagne. Le Serviciul Public Comunitar Regim Permise de Conducere şi Înmatriculare a Vehiculelor Târgovişte (service public des permis de conduire et de l'immatriculation des véhicules de Târgovişte, Roumanie) a subordonné l'immatriculation de ce véhicule en Roumanie au paiement d'un timbre environnemental pour les véhicules à moteur, d'un montant de 968 lei roumains (RON) (environ 207 euros). Mme Călin s'est acquittée de ce montant.

10. Mme Călin a présenté au Tribunalul Dâmboviţa – Secţia a II-a civilă, de contencios administrativ şi fiscal (tribunal de grande instance de Dâmboviţa, deuxième chambre civile du contentieux administratif et fiscal, Roumanie) une demande de remboursement de ce montant, au motif que l'imposition d'un tel timbre environnemental était incompatible avec le droit de l'Union.

11. Par jugement du 15 mai 2014, cette juridiction a rejeté la demande.

12. Le 28 avril 2015, Mme Călin a introduit auprès de ladite juridiction une première demande en révision contre ce jugement, en invoquant l'arrêt du 14 avril 2015, *Manea* (C-76/14, EU:C:2015:216), dans lequel la Cour aurait considéré que ce timbre environnemental avait été établi en violation du droit de l'Union. Cette demande en révision a été rejetée par jugement du 16 juin 2015.

13. Le 17 août 2016, Mme Călin a introduit une deuxième demande en révision devant le Tribunalul Dâmboviţa – Secţia a II-a civilă, de contencios administrativ şi fiscal (tribunal de grande instance de Dâmboviţa, deuxième chambre civile du contentieux administratif et fiscal) contre le jugement du 15 mai 2014. Cette demande en révision était fondée sur l'arrêt du 9 juin 2016, *Budişan* (C-586/14, EU:C:2016:421), ainsi que sur l'article 21, paragraphe 2, de la loi n° 554/2004, qui aurait dû permettre la révision des jugements définitifs rendus en violation du droit de l'Union. Par jugement du 11 octobre 2016, ladite juridiction a accueilli

cette demande en révision et a ordonné le remboursement du timbre environnemental, assorti d'intérêts.

14. La direction générale régionale des finances publiques de Ploieşti – administration départementale des finances publiques de Dâmboviţa a formé un pourvoi contre ce jugement devant la Curtea de Apel Ploieşti (cour d'appel de Ploieşti, Roumanie).

15. Par arrêt du 16 janvier 2017, cette juridiction a annulé l'arrêt du Tribunalul Dâmboviţa – Secţia a II-a civilă, de contencios administrativ şi fiscal (tribunal de grande instance de Dâmboviţa, deuxième chambre civile du contentieux administratif et fiscal) du 11 octobre 2016, en considérant que la deuxième demande en révision avait été déposée après l'expiration du délai d'un mois qui commence à courir à partir de la date de communication de la décision définitive faisant l'objet de la révision. Ce délai qui découlerait de l'arrêt n° 45/2016, serait obligatoire pour toutes les juridictions roumaines à partir du moment de la publication de cet arrêt au *Monitorul Oficial al României*. Or, l'arrêt dont la révision était demandée avait été communiqué à Mme Călin le 26 mai 2014, tandis que la demande en révision a été introduite le 17 août 2016.

16. Le litige au principal a pour objet une demande en révision de l'arrêt du 16 janvier 2017, formée par Mme Călin devant la juridiction de renvoi. Cette demande est fondée, d'une part, sur la violation du principe de non-rétroactivité de la loi, étant donné que l'arrêt du 9 juin 2016, *Budişan* (C-586/14, EU:C:2016:421), a été prononcé après que la décision nationale dont la révision a été sollicitée est devenue définitive. D'autre part, ladite demande est appuyée sur la violation, par la Curtea de Apel Ploieşti (cour d'appel de Ploieşti), du principe de coopération loyale, garanti à l'article 4, paragraphe 3, TFUE.

17. Dans ce contexte, la juridiction de renvoi doute de la compatibilité de l'arrêt n° 45/2016 avec le principe de sécurité juridique et le principe de coopération loyale ainsi qu'avec les principes d'équivalence et d'effectivité.

18. À cet égard, la juridiction de renvoi souligne que les circonstances du litige au principal diffèrent de celles de l'affaire ayant conduit à l'arrêt du 6 octobre 2015, *Târşia* (C-69/14, EU:C:2015:662), dans lequel la Cour aurait considéré que le droit de l'Union ne s'oppose pas à l'absence d'une procédure de révision d'une décision juridictionnelle définitive, lorsque cette décision s'avère incompatible avec une interprétation du droit de l'Union. En effet, la juridiction de renvoi fait valoir que, à la différence de ladite affaire, il existe, dans l'affaire au principal, une possibilité d'obtenir la révision d'une décision juridictionnelle nationale définitive rendue en violation du droit de l'Union.

19. Cette juridiction rappelle que, en l'absence de réglementation de l'Union en matière de restitution des taxes indûment perçues, il appartient à chaque État membre, en vertu du principe d'autonomie procédurale, de

régler les modalités procédurales des recours en justice destinés à assurer la sauvegarde des droits que les contribuables tirent du droit de l'Union. Ces modalités procédurales devraient cependant toujours respecter le principe de coopération loyale, les principes d'équivalence et d'effectivité, ainsi que le principe de sécurité juridique.

20. En l'occurrence, l'article 21, paragraphe 2, de la loi n° 554/2004 ne prévoirait aucun délai pour l'introduction de la demande en révision, un tel délai ne résultant que de l'arrêt n° 45/2016.

21. Cependant, la juridiction de renvoi fait valoir que l'application dudit délai aurait pour conséquence l'impossibilité de rembourser à Mme Călin la taxe perçue en violation du droit de l'Union. En effet, Mme Călin ne disposerait d'aucun autre moyen procédural national pour obtenir la restitution de cette taxe.

22. Dans ces conditions, la juridiction de renvoi a décidé de surseoir à statuer et de poser à la Cour la question préjudicielle suivante :

« L'article 4, paragraphe 3, TUE, qui concerne le principe de coopération loyale, les articles 17, 20, 21 et 47 de la [Charte], l'article 110 TFUE, le principe de sécurité juridique ainsi que les principes d'équivalence et d'effectivité qui découlent du principe d'autonomie procédurale peuvent-ils être interprétés comme s'opposant à une réglementation nationale, à savoir l'article 21, paragraphe 2, de la [loi n° 554/2004], telle qu'interprétée par l'arrêt [n° 45/2016], selon laquelle le délai pour introduire une demande en révision fondée sur l'article 21, paragraphe 2, de la loi [n° 554/2004] est d'un mois et court à compter de la communication de la décision de justice définitive dont la révision est demandée ? »

Sur la question préjudicielle

23. Par sa question, la juridiction de renvoi cherche, en substance, à savoir si le droit de l'Union, en particulier les principes d'équivalence et d'effectivité, doit être interprété en ce sens qu'il s'oppose à une disposition nationale, telle qu'interprétée par un arrêt d'une juridiction nationale, prévoyant un délai de forclusion d'un mois pour l'introduction d'une demande en révision d'une décision juridictionnelle définitive rendue en violation du droit de l'Union, qui court à compter de la communication de la décision dont la révision est demandée.

24. À titre liminaire, il convient de relever qu'il ressort du dossier dont dispose la Cour que Mme Călin s'est vu imposer le paiement d'un timbre environnemental pour les véhicules à moteur, alors que, dans l'arrêt du 9 juin 2016, *Budişan* (C-586/14, EU:C:2016:421), la Cour a jugé, en substance, que l'article 110 TFUE doit être interprété en ce sens qu'il s'oppose à une taxe telle que ce timbre environnemental.

25. À cet égard, il est de jurisprudence constante que le droit d'obtenir le remboursement de taxes perçues par un État membre en violation des

règles du droit de l'Union est la conséquence et le complément des droits conférés aux justiciables par les dispositions du droit de l'Union prohibant de telles taxes, telles qu'elles ont été interprétées par la Cour. Les États membres sont donc tenus, en principe, de rembourser les impositions perçues en violation du droit de l'Union (voir, en ce sens, arrêts du 9 novembre 1983, *San Giorgio*, 199/82, EU:C:1983:318, point 12 ; du 19 juillet 2012, *Littlewoods Retail e.a.*, C-591/10, EU:C:2012:478, point 24, ainsi que du 6 octobre 2015, *Târşia*, C-69/14, EU:C:2015:662, point 24).

26. Néanmoins, il convient de rappeler l'importance que revêt, tant dans l'ordre juridique de l'Union que dans les ordres juridiques nationaux, le principe de l'autorité de la chose jugée. En effet, en vue de garantir aussi bien la stabilité du droit et des relations juridiques qu'une bonne administration de la justice, il importe que des décisions juridictionnelles devenues définitives après épuisement des voies de recours disponibles ou après expiration des délais prévus pour ces recours ne puissent plus être remises en cause (arrêts du 10 juillet 2014, *Impresa Pizzarotti*, C-213/13, EU:C:2014:2067, point 58 ; du 6 octobre 2015, *Târşia*, C-69/14, EU:C:2015:662, point 28, et du 29 juillet 2019, *Hochtief Solutions Magyarországi Fióktelepe*, C-620/17, EU:C:2019:630, point 54).

27. Partant, le droit de l'Union n'impose pas au juge national d'écarter l'application des règles de procédure internes conférant l'autorité de la chose jugée à une décision juridictionnelle, même si cela permettait de remédier à une situation nationale incompatible avec ce droit (arrêts du 10 juillet 2014, *Impresa Pizzarotti*, C-213/13, EU:C:2014:2067, point 59 ; du 6 octobre 2015, *Târşia*, C-69/14, EU:C:2015:662, point 29, et du 29 juillet 2019, *Hochtief Solutions Magyarországi Fióktelepe*, C-620/17, EU:C:2019:630, point 55).

28. En effet, il a été jugé que le droit de l'Union n'exige pas que, pour tenir compte de l'interprétation d'une disposition pertinente de ce droit adoptée par la Cour, un organe juridictionnel national doive, par principe, revenir sur sa décision revêtue de l'autorité de la chose jugée (voir, en ce sens, arrêts du 10 juillet 2014, *Impresa Pizzarotti*, C-213/13, EU:C:2014:2067, point 60 ; du 6 octobre 2015, *Târşia*, C-69/14, EU:C:2015:662, point 38, et du 29 juillet 2019, *Hochtief Solutions Magyarországi Fióktelepe*, C-620/17, EU:C:2019:630, point 56).

29. En revanche, si les règles de procédure internes applicables comportent la possibilité, sous certaines conditions, pour le juge national de revenir sur une décision revêtue de l'autorité de la chose jugée pour rendre la situation compatible avec le droit national, cette possibilité doit, conformément aux principes d'équivalence et d'effectivité, prévaloir, si ces conditions sont réunies, afin que soit restaurée la conformité de la situation en cause avec le droit de l'Union (voir, en ce sens, arrêts du 10 juillet 2014, *Impresa Pizzarotti*, C-213/13, EU:C:2014:2067, point 62 ;

du 6 octobre 2015, *Târşia*, C-69/14, EU:C:2015:662, point 30, et du 29 juillet 2019, *Hochtief Solutions Magyarországi Fióktelepe*, C-620/17, EU:C:2019:630, point 60).

30. En effet, conformément au principe de coopération loyale consacré à l'article 4, paragraphe 3, TUE, les modalités procédurales des recours destinés à assurer la sauvegarde des droits que les justiciables tirent du droit de l'Union ne doivent pas être moins favorables que celles concernant des recours similaires de nature interne (principe d'équivalence) et ne doivent pas rendre impossible en pratique ou excessivement difficile l'exercice des droits conférés par l'ordre juridique de l'Union (principe d'effectivité) (arrêt du 24 octobre 2018, *XC e.a.*, C-234/17, EU:C:2018:853, point 22 et jurisprudence citée).

31. Le respect desdites exigences doit être analysé en tenant compte de la place des règles concernées dans l'ensemble de la procédure, du déroulement de ladite procédure et des particularités de ces règles devant les diverses instances nationales (arrêts du 27 juin 2013, *Agrokonsulting-04*, C-93/12, EU:C:2013:432, point 38 et jurisprudence citée, ainsi que du 24 octobre 2018, *XC e.a.*, C-234/17, EU:C:2018:853, point 24).

32. En l'occurrence, il ressort des éléments dont dispose la Cour que le droit roumain offre une voie de recours permettant de demander la révision des décisions juridictionnelles définitives qui s'avèrent contraires au droit de l'Union. Il découle des indications fournies par la juridiction de renvoi que ce recours en révision est soumis à un délai d'un mois, qui court à compter de la communication de la décision juridictionnelle dont la révision est demandée. Ledit délai ressortait de l'arrêt n° 45/2016, lequel concernait l'interprétation et l'application de l'article 21, paragraphe 2, de la loi n° 554/2004.

33. Partant, il y a lieu d'examiner si un tel délai est compatible avec les principes d'équivalence et d'effectivité.

Sur le principe d'équivalence

34. Ainsi qu'il a été rappelé au point 30 du présent arrêt, le principe d'équivalence s'oppose à ce qu'un État membre prévoie des modalités procédurales moins favorables pour les demandes visant la sauvegarde des droits que les justiciables tirent du droit de l'Union que pour celles applicables aux recours similaires de nature interne.

35. Il convient dès lors de vérifier si le recours en révision en cause au principal peut être considéré comme similaire à un recours fondé sur une violation du droit national, en tenant compte de l'objet, de la cause ainsi que des éléments essentiels de ces recours (voir, en ce sens, arrêts du 27 juin 2013, *Agrokonsulting-04*, C-93/12, EU:C:2013:432, point 39, et du 24 octobre 2018, *XC e.a.*, C--234/17, EU:C:2018:853, point 27).

36. À cet égard, ainsi que l'a relevé, en substance, M. l'avocat général au point 55 de ses conclusions, la juridiction de renvoi ne mentionne pas, dans les motifs de sa demande de décision préjudicielle, l'existence d'un recours en révision fondé sur une violation du droit national qui serait susceptible d'être considéré comme étant similaire à celui en cause au principal.

37. En revanche, la Commission fait valoir que le recours en révision d'une décision juridictionnelle définitive ayant enfreint le droit de l'Union, prévu à l'article 21, paragraphe 2, de la loi n° 554/2004, est similaire à celui prévu à l'article 509, paragraphe 1, point 11, du code de procédure civile, qui prévoit la possibilité d'introduire un recours en révision d'une décision juridictionnelle lorsque, après que la décision est devenue définitive, la Curtea Constituțională (Cour constitutionnelle) s'est prononcée sur l'exception d'inconstitutionnalité soulevée dans cette affaire et a déclaré inconstitutionnelle la disposition visée par cette exception.

38. Or, la Commission considère que le principe d'équivalence est méconnu en l'occurrence, dès lors que les modalités procédurales applicables aux recours fondés sur l'article 509, paragraphe 1, point 11, du code de procédure civile sont plus favorables que celles applicables aux recours en révision introduits sur le fondement de l'article 21, paragraphe 2, de la loi n° 554/2004. En effet, selon la Commission, alors que le premier recours peut être introduit dans un délai de trois mois à compter de la date de publication de l'arrêt de la Curtea Constituțională (Cour constitutionnelle) constatant l'inconstitutionnalité d'une disposition nationale, le deuxième recours doit être formé dans un délai d'un mois à compter de la date de communication de la décision dont la révision est demandée.

39. Toutefois, ainsi que l'a relevé M. l'avocat général aux points 71 et 77 de ses conclusions, dans le cadre de l'article 509, paragraphe 1, point 11, du code de procédure civile, l'arrêt rendu par la Curtea Constituțională (Cour constitutionnelle) constatant l'inconstitutionnalité d'une disposition nationale permet de revenir uniquement sur la décision juridictionnelle définitive, adoptée dans le cadre de la procédure au cours de laquelle les parties ont soulevé l'inconstitutionnalité d'une disposition nationale, alors que l'article 21, paragraphe 2, de la loi n° 554/2004 permettrait de revenir sur toute décision juridictionnelle définitive rendue en violation du droit de l'Union.

40. Pour autant, en l'absence de précision sur ce dernier point, la Cour n'est pas en mesure de se prononcer sur l'existence ou l'absence de similitude entre le recours en révision institué à l'article 21, paragraphe 2, de la loi n° 554/2004 et celui prévu à l'article 509, paragraphe 1, point 11, du code de procédure civile ni, partant, sur le point de savoir si les exigences découlant du principe d'équivalence sont respectées en l'occurrence.

41. Cela étant, c'est à la juridiction de renvoi qu'il appartient de vérifier le respect du principe d'équivalence dans l'affaire au principal à la lumière de la jurisprudence citée au point 30 du présent arrêt, étant rappelé que cette juridiction conserve la faculté de soumettre une nouvelle demande de décision préjudicielle lorsqu'elle sera en mesure de fournir à la Cour l'ensemble des éléments permettant à celle-ci de statuer sur la question du respect du principe d'équivalence (voir, en ce sens, ordonnance du 12 mai 2016, *Security Service e.a.*, C-692/15 à C-694/15, EU:C:2016:344, point 30 ainsi que jurisprudence citée).

Sur le principe d'effectivité

42. En ce qui concerne le principe d'effectivité, il convient de rappeler que, selon une jurisprudence constante de la Cour, chaque cas dans lequel se pose la question de savoir si une disposition procédurale nationale rend impossible ou excessivement difficile l'application du droit de l'Union doit être analysé en tenant compte de la place de cette disposition dans l'ensemble de la procédure, de son déroulement et des particularités de celle-ci, devant les diverses instances nationales. Dans cette perspective, il y a lieu, notamment, de prendre en considération, le cas échéant, la protection des droits de la défense, le principe de la sécurité juridique et le bon déroulement de la procédure (arrêts du 14 juin 2012, *Banco Español de Crédito*, C-618/10, EU:C:2012:349, point 49 ; du 22 février 2018, *INEOS Köln*, C-572/16, EU:C:2018:100, point 44, ainsi que du 24 octobre 2018, *XC e.a.*, C-234/17, EU:C:2018:853, point 49).

43. S'agissant, plus particulièrement, des délais de forclusion, la Cour a jugé que, dans l'intérêt de la sécurité juridique, la fixation de délais raisonnables sous peine de forclusion est compatible avec le principe d'effectivité (voir, en ce sens, arrêts du 16 décembre 1976, *Rewe-Zentralfinanz et Rewe-Zentral*, 33/76, EU:C:1976:188, point 5 ; du 10 juillet 1997, *Palmisani*, C-261/95, EU:C:1997:351, point 28 ; du 29 octobre 2015, *BBVA*, C-8/14, EU:C:2015:731, point 28, ainsi que du 22 février 2018, *INEOS Köln*, C-572/16, EU:C:2018:100, point 47).

44. En l'occurrence, ainsi qu'il ressort des éléments du dossier dont dispose la Cour, la Curtea de Apel Ploieşti (cour d'appel de Ploieşti) a considéré, conformément à l'arrêt n° 45/2016, que le deuxième recours en révision introduit par Mme Călin était tardif. Selon cet arrêt, le délai pour introduire une demande en révision était d'un mois à compter de la communication à Mme Călin du jugement du 15 mai 2014 dont la révision est demandée.

45. Il convient dès lors de vérifier le caractère raisonnable d'un tel délai, à l'expiration duquel un justiciable ne peut plus introduire une demande en révision d'une décision juridictionnelle définitive rendue en violation du droit de l'Union.

46. À cet égard, il y a lieu de constater qu'un délai d'un mois pour introduire un tel recours en révision d'une décision juridictionnelle définitive, lequel est, selon l'intitulé de l'article 21 de la loi n° 554/2004, une voie de recours de nature « extraordinaire », n'est pas en soi critiquable.

47. En effet, un délai de forclusion pour introduire un recours en révision présente un caractère raisonnable en ce qu'il permet au justiciable d'évaluer s'il existe des motifs de demander la révision d'une décision juridictionnelle définitive et, le cas échéant, de préparer le recours en révision contre cette dernière. À cet égard, il importe de relever que, dans la présente affaire, il n'a nullement été soutenu que le délai d'un mois imparti à cet effet était déraisonnable (voir, par analogie, arrêt du 6 octobre 2009, *Asturcom Telecomunicaciones*, C-40/08, EU:C:2009:615, point 44).

48. Par ailleurs, il importe de préciser que le délai de recours en révision en cause au principal commence à courir à compter de la communication aux parties de la décision juridictionnelle définitive concernée. Ainsi, les parties ne sauraient se trouver dans une situation où ce délai est écoulé sans même qu'elles aient eu connaissance de la décision juridictionnelle définitive (voir, par analogie, arrêt du 6 octobre 2009, *Asturcom Telecomunicaciones*, C-40/08, EU:C:2009:615, point 45).

49. Dans ces conditions, la durée du délai de recours en révision en cause au principal n'apparaît pas, en tant que telle, de nature à rendre pratiquement impossible ou excessivement difficile l'introduction d'une demande en révision d'une décision juridictionnelle définitive.

50. En ce qui concerne les modalités d'application de ce délai, il convient de rappeler que le principe de sécurité juridique a pour corollaire le principe de protection de la confiance légitime et exige, d'une part, que les règles de droit soient claires et précises et, d'autre part, que leur application soit prévisible pour les justiciables (voir, en ce sens, arrêts du 15 février 1996, *Duff e.a.*, C-63/93, EU:C:1996:51, point 20 ; du 10 septembre 2009, *Plantanol*, C-201/08, EU:C:2009:539, point 46, ainsi que du 11 juin 2015, *Berlington Hungary e.a.*, C-98/14, EU:C:2015:386, point 77).

51. Or, il ressort de la décision de renvoi que le délai d'un mois pour introduire un recours en révision a été fixé par l'arrêt n° 45/2016 lequel s'impose aux juridictions roumaines à compter de sa publication au *Monitorul Oficial al României*. Ainsi qu'il ressort des réponses écrites des parties à une question de la Cour, bien que cet arrêt ait été prononcé le 12 décembre 2016, il n'a été publié au *Monitorul Oficial al României* que le 23 mai 2017.

52. Ainsi, l'arrêt n° 45/2016 n'avait pas encore été publié au *Monitorul Oficial al României* lorsque Mme Călin a introduit, le 17 août 2016, son deuxième recours en révision.

53. Au vu de ces éléments, il apparaît, sous réserve des vérifications qu'il incombe à la juridiction de renvoi d'effectuer, que la Curtea de Apel Ploieşti (cour d'appel de Ploieşti) a appliqué le délai prévu par l'arrêt n° 45/2016 pour constater la tardivité du deuxième recours en révision introduit par Mme Călin, alors que cet arrêt n'avait pas encore été publié. Par ailleurs, il ne ressort pas des informations dont dispose la Cour qu'il existait, en droit roumain, au moment où Mme Călin a introduit ledit recours en révision, un autre délai pour introduire une telle demande en révision, qui aurait pu être considéré comme étant clair, précis et prévisible, au sens de la jurisprudence citée au point 50 du présent arrêt.

54. Lors de l'audience, le gouvernement roumain a toutefois indiqué que, avant la publication de l'arrêt n° 45/2016 au *Monitorul Oficial al României*, les juridictions roumaines appliquaient des délais divergents pour l'introduction des recours en révision fondés sur l'article 21, paragraphe 2, de la loi n° 554/2004, puisqu'elles n'étaient pas tenues d'appliquer un délai spécifique.

55. Si, par cette affirmation, le gouvernement roumain cherche à justifier l'application de la solution dégagée par l'arrêt n° 45/2016 avant même la publication de celui-ci, force est de constater qu'une telle pratique n'était pas de nature à rendre claire, précise et prévisible la règle du délai du recours en révision et, ce faisant, à concourir à l'objectif de sécurité juridique.

56. Par ailleurs, la juridiction de renvoi ayant relevé que l'application dudit délai par la Curtea de Apel Ploieşti (cour d'appel de Ploieşti) avait eu pour conséquence l'impossibilité de rembourser à Mme Călin la taxe perçue en violation du droit de l'Union, étant donné que Mme Călin ne disposait d'aucun autre moyen procédural national pour obtenir la restitution de cette taxe, il convient de rappeler, ainsi que l'a relevé M. l'avocat général au point 103 de ses conclusions, que le principe de l'autorité de la chose jugée ne s'oppose pas à la reconnaissance du principe de la responsabilité de l'État du fait de la décision d'une juridiction statuant en dernier ressort (arrêt du 30 septembre 2003, *Köbler*, C-224/01, EU:C:2003:513, point 40), telle que la juridiction de renvoi. En effet, en raison, notamment, de la circonstance qu'une violation des droits tirés du droit de l'Union par une telle décision ne peut normalement plus faire l'objet d'un redressement, les particuliers ne sauraient être privés de la possibilité d'engager la responsabilité de l'État afin d'obtenir par ce moyen une protection juridique de leurs droits (arrêts du 30 septembre 2003, *Köbler*, C-224/01, EU:C:2003:513, point 34 ; du 6 octobre 2015, *Târşia*, C-69/14, EU:C:2015:662, point 40, ainsi que du 24 octobre 2018, *XC e.a.*, C-234/17, EU:C:2018:853, point 58).

57. Eu égard à ce qui précède, il y a lieu de répondre à la question posée que :

– le droit de l'Union, en particulier les principes d'équivalence et d'effectivité, doit être interprété en ce sens qu'il ne s'oppose pas, en principe, à une disposition nationale, telle qu'interprétée par un arrêt d'une juridiction nationale, prévoyant un délai de forclusion d'un mois pour l'introduction d'une demande en révision d'une décision juridictionnelle définitive rendue en violation du droit de l'Union, qui court à compter de la communication de la décision dont la révision est demandée ;

– toutefois, le principe d'effectivité, lu en combinaison avec le principe de sécurité juridique, doit être interprété en ce sens qu'il s'oppose, dans des circonstances telles que celles en cause au principal, à l'application par une juridiction nationale d'un délai de forclusion d'un mois pour l'introduction d'une demande en révision d'une décision juridictionnelle définitive, lorsque, au moment de l'introduction de cette demande en révision, l'arrêt instaurant ledit délai n'a pas été encore publié au *Monitorul Oficial al României.*

[...]

Par ces motifs, la Cour (quatrième chambre) dit pour droit :

1) Le droit de l'Union, en particulier les principes d'équivalence et d'effectivité, doit être interprété en ce sens qu'il ne s'oppose pas, en principe, à une disposition nationale, telle qu'interprétée par un arrêt d'une juridiction nationale, prévoyant un délai de forclusion d'un mois pour l'introduction d'une demande en révision d'une décision juridictionnelle définitive rendue en violation du droit de l'Union, qui court à compter de la communication de la décision dont la révision est demandée.

2) Toutefois, le principe d'effectivité, lu en combinaison avec le principe de sécurité juridique, doit être interprété en ce sens qu'il s'oppose, dans des circonstances telles que celles en cause au principal, à l'application par une juridiction nationale d'un délai de forclusion d'un mois pour l'introduction d'une demande en révision d'une décision juridictionnelle définitive lorsque, au moment de l'introduction de cette demande en révision, l'arrêt instaurant ledit délai n'a pas été encore publié au *Monitorul Oficial al României.*

Observations

Sans être d'une grande originalité, l'affaire *Călin* a néanmoins le mérite de permettre à la Cour de dégager, après l'arrêt *Lucchini*(1), une autre exception au respect dû à l'autorité

(1) CJCE, 18 juillet 2007, *Lucchini*, aff. C-119/05, ECLI:EU:C:2007:434.

de chose jugée d'une décision juridictionnelle nationale devenue définitive.

Fidèle à la jurisprudence *Kapferer* (2), qui a été constamment réaffirmée depuis, l'arrêt *Călin* rappelle que « le droit de l'Union n'impose pas au juge national d'écarter l'application des règles de procédure internes conférant l'autorité de la chose jugée à une décision juridictionnelle, même si cela permettait de remédier à une situation nationale incompatible avec ce droit » (pt 28), l'indemnisation du préjudice subi par le justiciable étant susceptible d'être assurée à travers le recours en responsabilité judiciaire de l'État. Dès lors, la révision d'une décision juridictionnelle définitive contraire au droit de l'Union ne peut être obtenue que si le droit national le permet et dans les conditions qu'il définit, sous réserve du respect des principes d'équivalence et d'effectivité. Bien que la Commission ait fait état d'une possible méconnaissance du principe d'équivalence, la Cour ne s'estime pas suffisamment éclairée sur cet aspect du litige au principal, qui n'était pas documenté dans la demande de décision préjudicielle. Aussi laisse-t-elle à la juridiction de renvoi le soin de vérifier cet aspect, au besoin après l'avoir réinterrogée spécifiquement sur ce point (3).

L'intérêt de l'arrêt *Călin* réside donc dans le traitement du principe d'effectivité. La Cour relève qu'un délai d'un mois laissé aux justiciables pour introduire un recours en révision « n'est pas, en soi critiquable ». Un tel délai de forclusion paraît « raisonnable », d'autant plus si on le corrèle au caractère extraordinaire de cette action (pts 46 et 47).

Malgré ce terreau favorable à l'entérinement par la Cour de ce délai de forclusion d'un mois, celui-ci va succomber, non sans paradoxe, sur l'autel du principe de sécurité juridique. En effet, alors que, dans son volet stabilité du droit, la sécurité juridique justifie que ne soit pas remise en cause la chose définitivement jugée par une juridiction nationale en violation du droit de l'Union, ce principe, dans sa dimension prévisibilité du droit, exige qu'un délai de forclusion découle de règles de droit claires et précises, dont l'application doit être prévisible

(2) CJCE, 16 mars 2006, *Kapferer*, aff. C-234/04, ECLI:EU:C:2006:178, pt 24.
(3) Pts 36-41 de l'arrêt *Călin*.

pour les justiciables (pt 50). Or, ces exigences ne sont pas remplies en l'occurrence. La Cour relève ainsi que, compte tenu de divergences entre les juridictions roumaines quant au délai de forclusion qu'il convenait d'appliquer, la Haute Cour de cassation et de justice roumaine a, dans sa fonction d'unification du droit, estimé, dans un arrêt du 12 décembre 2016, qu'il conviendrait désormais d'imposer un délai d'un mois. La difficulté provient toutefois de ce que cet arrêt n'a été publié au journal officiel roumain que le 23 mai 2017. Il s'ensuit que cet arrêt « n'avait pas encore été publié au [Journal officiel roumain] lorsque Mme Călin a introduit, le 17 août 2016, son deuxième recours en révision »(4). Il est rare que la Cour dispose d'informations aussi précises concernant la publication d'une décisions juridictionnelle nationale et, partant, la date à laquelle elle peut être réputée opposable aux justiciables. À cet égard, la situation soumise à la Cour était aisée à appréhender dès lors que l'arrêt « clarificateur » de la Haute Cour de cassation et de justice avait été opposé rétroactivement à la requérante au principal.

Nul doute que la Cour sera, à l'avenir, confrontée à des configurations plus complexes dans le cadre desquelles se poseront la question de savoir s'il n'y a pas lieu d'imposer l'écoulement d'un certain délai entre la publication d'une décision de justice et son opposabilité afin de s'assurer que les justiciables ont pu en prendre connaissance. Peut-être faudra-t-il également tenir compte de la qualité de la publication (au *Journal officiel*, sur le site du ministère de la justice, de la juridiction, d'une revue juridique… ?). Il faudra toutefois que la Cour soit interrogée spécifiquement sur ce point pour qu'elle puisse apporter des réponses précises sur ces problématiques passablement complexes. Pour l'heure, la Cour peut seulement avoir conscience de ces difficultés, sans disposer d'informations suffisantes pour aborder frontalement ces aspects(5).

Laurent Coutron

(4) Pts 51 et s. de l'arrêt *Călin*, spéc. pt 52.
(5) Voy. par ex., CJUE, 3 octobre 2019, *Irgita*, aff. C-285/18, ECLI:EU:C:2019:829, pt 56.

Cour de justice, 4e ch., 21 novembre 2019, *Deutsche Lufthansa*, aff. C-379/18, ECLI:EU:C:2019:1000

Conclusions de l'avocat général M. Campos Sánchez-Bordona, du 27 juin 2019, ECLI:EU:C:2019:548

Mots-clés : Transports aériens – Redevances aéroportuaires – Protection des droits des usagers d'aéroport – Possibilité pour l'entité gestionnaire d'aéroport de convenir de redevances inférieures à celles approuvées par l'autorité de supervision indépendante – Voies de recours de l'usager d'aéroport – Contestation incidente devant une juridiction civile statuant en équité

Cadre normatif : directive 2009/12/CE

Extraits de l'arrêt

1. La demande de décision préjudicielle porte sur l'interprétation de l'article 3, de l'article 6, paragraphes 3 à 5, ainsi que de l'article 11, paragraphes 1 et 7, de la directive 2009/12/CE du Parlement européen et du Conseil, du 11 mars 2009, sur les redevances aéroportuaires (*JO* 2009, L 70, p. 11).

2. Cette demande a été introduite dans le cadre d'un litige opposant Deutsche Lufthansa AG au Land Berlin (Land de Berlin, Allemagne) au sujet de l'approbation par ce dernier du nouveau système de redevances aéroportuaires établi, pour l'aéroport Berlin-Tegel (Allemagne), par Berliner Flughafen GmbH (ci-après « BFG ») en sa qualité d'entité gestionnaire d'aéroport.

Le cadre juridique

Le droit de l'Union

[...]

9. L'article 11 de ladite directive, qui est relatif à l'« Autorité de supervision indépendante », énonce, à ses paragraphes 1 et 7 :

« 1. Les États membres désignent ou mettent en place une autorité indépendante qui constitue leur autorité de supervision indépendante nationale et qui est chargée de veiller à la bonne application des mesures prises pour se conformer à la présente directive et d'assumer, au minimum, les tâches assignées au titre de l'article 6. Cette autorité peut être la même que l'entité à laquelle l'État membre a confié l'application des mesures de régulation supplémentaires visées à l'article 1er, paragraphe 5, y compris l'approbation du système de redevances et/ou du niveau des redevances aéroportuaires, à condition qu'elle réponde aux exigences mentionnées au paragraphe 3 du présent article.

[...]

7. Lorsqu'elle examine la justification d'une modification du système ou du niveau des redevances aéroportuaires conformément à l'article 6, l'autorité de supervision indépendante a accès aux informations nécessaires émanant des parties concernées et est tenue de consulter ces parties pour prendre sa décision. Sans préjudice de l'article 6, paragraphe 4, elle prend une décision définitive dans les meilleurs délais et, en tout état de cause, au plus tard quatre mois après avoir été saisie de la question. Ce délai peut être prolongé de deux mois dans des cas exceptionnels et dûment justifiés. Les décisions de l'autorité de supervision indépendante sont contraignantes, sans préjudice d'un examen parlementaire ou d'un contrôle juridictionnel, conformément aux dispositions applicables dans les États membres. »

Le droit allemand

[...]

11. Consacré aux recours en annulation et en injonction, l'article 42, paragraphe 2, de la Verwaltungsgerichtsordnung (code de procédure administrative), dans sa version applicable au litige au principal, prévoit notamment que, dans la mesure où la loi n'en dispose pas autrement, un recours en annulation dirigé contre un acte administratif n'est recevable que si le requérant fait valoir qu'il est lésé dans ses droits par cet acte.

12. Le critère en vertu duquel les juridictions civiles allemandes exercent leur contrôle sur les redevances fixées par l'entité gestionnaire d'aéroport découle de l'article 315 du Bürgerliches Gesetzbuch (code civil), dans sa version applicable au litige au principal (ci-après le « BGB »). Aux termes de cette disposition, intitulée « Détermination de la prestation par une partie » :

« (1) Si la prestation doit être déterminée par l'une des parties contractantes, il y a lieu d'admettre, dans le doute, que cette détermination doit être faite ex æquo et bono.

(2) La détermination s'effectue moyennant une déclaration adressée à l'autre partie.

(3) Lorsque la détermination doit s'opérer ex aequo et bono, la détermination effectuée ne lie l'autre partie que si elle est conforme à l'équité. Si elle

n'est pas conforme à l'équité, elle est effectuée par jugement ; il en va de même lorsque la détermination tarde à être prise. »

Le litige au principal et les questions préjudicielles

13. Deutsche Lufthansa, qui est une société de transport aérien, conteste, en sa qualité d'usager d'aéroport, l'approbation d'un nouveau système de redevances aéroportuaires pour l'aéroport Berlin-Tegel, lequel est géré par le Land de Berlin.

14. Par une décision du 13 octobre 2014, le Land de Berlin, en sa qualité d'entité responsable de l'autorité de supervision indépendante, a autorisé, avec effet à compter du 1er janvier 2015, le nouveau système de redevances aéroportuaires élaboré par BFG (ci-après l'« autorisation litigieuse »).

15. Deutsche Lufthansa a formé un recours en annulation contre ladite autorisation. Par jugement du 22 juin 2016, ce recours a été déclaré irrecevable par l'Oberverwaltungsgericht Berlin-Brandenburg (tribunal administratif supérieur de Berlin-Brandebourg, Allemagne) au motif que Deutsche Lufthansa n'avait pas qualité pour agir, au sens de l'article 42, paragraphe 2, du code de procédure administrative.

16. Cette juridiction a relevé, en premier lieu, que, conformément à un arrêt du Bundesverwaltungsgericht (Cour administrative fédérale, Allemagne), du 8 juillet 1977, portant sur la disposition qui précédait l'article 19b LuftVG et qui était contenue dans la Luftverkehrs-Zulassungs-Ordnung (règlement relatif aux licences d'exploitation en matière de navigation aérienne), du 19 juin 1964 (BGBl. 1964 I, p. 370), la cause juridique des redevances aéroportuaires est constituée non pas par l'autorisation litigieuse, mais par l'utilisation de l'aéroport, de sorte que cette autorisation n'aurait aucun autre effet juridique autonome que celui de permettre à l'entité gestionnaire d'aéroport de faire valoir la nouvelle réglementation tarifaire à l'égard des usagers d'aéroport. L'article 19b du LuftVG confirmerait que l'effet de droit public de ladite autorisation se limiterait à la relation entre l'autorité de supervision indépendante et l'entité gestionnaire d'aéroport qui en serait destinataire. Bien que se rapportant à une réglementation antérieure à celle applicable au litige au principal, cette interprétation demeurerait valable.

17. En deuxième lieu, l'article 19b du LuftVG n'aurait pas d'effet protecteur à l'égard de tiers, dont Deutsche Lufthansa pourrait se prévaloir en tant qu'usager d'aéroport. Les exigences de non-discrimination et de transparence seraient, en effet, insusceptibles d'ouvrir aux usagers d'aéroport un droit de recours contre l'autorisation d'un système de redevances aéroportuaires.

18. En troisième lieu, les redevances aéroportuaires auraient été soumises, jusqu'à l'abrogation de la disposition précédant l'article 19b LuftVG, à un contrôle du juge civil fondé sur l'équité, au titre de l'article 315 du BGB, un tel contrôle étant réputé satisfaire les exigences constitutionnelles. L'article 19b du LuftVG n'aurait pas eu d'incidence à cet égard.

19. En quatrième et dernier lieu, cette appréciation serait également compatible avec la directive 2009/12, notamment avec ses articles 6 et 11.

20. Deutsche Lufthansa a formé un recours en *Revision* contre le jugement de l'Oberverwaltungsgericht Berlin-Brandenburg (tribunal administratif supérieur de Berlin-Brandebourg) devant la juridiction de renvoi. Deutsche Lufthansa soutient que l'article 42, paragraphe 2, du code de procédure administrative doit conduire à déclarer recevable un recours en annulation formé par un particulier dès lors que ce dernier fait valoir, de manière plausible, qu'il est lésé dans ses droits par l'acte administratif contesté.

21. Selon la juridiction de renvoi, Deutsche Lufthansa disposerait d'une qualité pour agir en annulation, en vertu du droit allemand, si l'autorisation litigieuse produisait un effet d'encadrement des rapports de droit privé, à savoir si, dans un système de redevances aéroportuaires, la redevance fixée par l'une des parties contractantes et autorisée par l'autorité de supervision indépendante s'imposait obligatoirement aux parties contractantes qui ne pourraient s'en écarter dans le cadre de contrats d'utilisation.

22. En effet, lorsqu'une autorisation d'un système de redevances aéroportuaires a un effet d'encadrement des rapports de droit privé, les parties contractantes concernées pourraient faire valoir une atteinte à leur liberté d'agir découlant de l'article 2, paragraphe 1, du Grundgesetz (Loi fondamentale). Or, dans la mesure où cette liberté d'agir comprend la liberté contractuelle et donc le droit de négocier avec l'autre partie le contenu des accords contractuels en étant libre de toute contrainte étatique, elle serait susceptible de fonder la qualité pour agir de ces parties, au sens de l'article 42, paragraphe 2, du code de procédure administrative.

23. La juridiction de renvoi observe, à cet égard, premièrement, que, dans le domaine des postes et des télécommunications, le législateur allemand a expressément prévu un tel effet d'encadrement des rapports privés.

24. À l'inverse, il n'existerait aucun indice suggérant que le législateur allemand a souhaité conférer à l'exigence d'autorisation prévue à l'article 19b, paragraphe 1, deuxième phrase, du LuftVG un tel effet d'encadrement des rapports de droit privé. Selon la juridiction de renvoi, ce silence du législateur allemand ne saurait être fortuit dès lors, d'une part, que des lois antérieures prévoyaient des dispositifs d'encadrement

des rapports de droit privé et, d'autre part, que l'arrêt du Bundesverwaltungsgericht (Cour administrative fédérale), du 8 juillet 1977, cité au point 16 du présent arrêt, ne pouvait être ignoré. Il faudrait donc en déduire que les usagers d'aéroport et l'entité gestionnaire d'aéroport pourraient, même sous le régime de l'article 19b du LuftVG, fixer des redevances s'écartant des tarifs autorisés.

25. En outre, reconnaître à l'autorisation d'un système de redevances aéroportuaires un effet d'encadrement des rapports de droit privé et, corrélativement, une qualité pour agir aux usagers d'aéroport modifierait fondamentalement le système traditionnel des voies de recours, puisque la voie civile ferait place à la voie administrative, cette hypothèse n'ayant pas été envisagée par le législateur allemand.

26. Ces considérations fondées sur le droit national pourraient cependant ne pas être pertinentes si la directive 2009/12 imposait, par principe, de ne pas permettre aux entités gestionnaires d'aéroport et aux usagers d'aéroport de convenir de redevances aéroportuaires différentes de celles approuvées par l'autorité de supervision indépendante au titre de l'article 6, paragraphe 5, première phrase, sous a), de cette directive.

27. Deuxièmement, un usager d'aéroport aurait une qualité pour agir contre une autorisation telle que l'autorisation litigieuse, en vertu de l'article 42, paragraphe 2, du code de procédure administrative, si l'article 19b du LuftVG protégeait les usagers d'aéroport au titre de la protection des tiers. Il conviendrait cependant à cet effet que la disposition en cause prévoie des éléments factuels d'individualisation permettant de distinguer un cercle de personnes suffisamment détaché de la généralité du public.

28. Troisièmement, la directive 2009/12, notamment son article 3 qui interdit toute discrimination, pourrait imposer de reconnaître à Deutsche Lufthansa une qualité pour agir, au sens de l'article 42, paragraphe 2, du code de procédure administrative, dans le cadre d'un recours dirigé contre l'autorisation litigieuse. Tel serait le cas si le contrôle du système de redevances par les juridictions civiles, fondé sur l'équité conformément à l'article 315 du BGB, ne satisfaisait pas aux exigences de cette directive. En effet, il serait contraire aux règles constitutionnelles, en présence de redevances soumises à un encadrement étatique, de refuser, en principe, aux personnes qui doivent s'en acquitter, un contrôle desdites redevances tant par les juridictions administratives que par les juridictions civiles.

29. Quatrièmement, la juridiction de renvoi souligne que, de jurisprudence constante, elle considère que le critère de l'équité prévu à l'article 315 du BGB impose une mise en balance des intérêts économiques objectifs des contractants concernés ainsi qu'une appréciation exhaustive de l'objet du contrat et de l'importance de la prestation pour laquelle le prix demandé serait censé représenter une contrepartie raisonnable.

En outre, bien que cette disposition ne le prévoie pas, d'autres aspects, tels que d'éventuelles dispositions de lois spéciales, à l'instar des principes de droit de l'Union concernant les redevances, pourraient également être pris en compte dans le cadre de cette mise en balance.

30. Par ailleurs, en cas de redevances d'un montant trop élevé, le juge civil déterminerait le montant équitable, en lui conférant un effet *ex tunc*, conformément à la directive 2009/12. Bien qu'une nouvelle fixation du montant des redevances par le juge n'ait certes, au départ, qu'un effet inter partes, les autres usagers ne manqueraient pas de s'en prévaloir en introduisant à leur tour un recours similaire, de sorte que ces recours aboutiraient globalement à une égalisation du montant des redevances.

31. La juridiction de renvoi estime, à cet égard, que l'arrêt du 9 novembre 2017, *CTL Logistics* (C-489/15, EU:C:2017:834) ne permet pas de déterminer si l'interprétation dégagée par la Cour dans cet arrêt est transposable aux redevances aéroportuaires régies par la directive 2009/12 ni si le contrôle des systèmes de redevances par les juridictions civiles, fondé sur l'équité conformément à l'article 315 du BGB, est conforme à la directive 2009/12.

32. Une qualité pour agir de Deutsche Lufthansa, en tant qu'usager d'aéroport, dans le cadre d'un recours dirigé contre l'autorisation litigieuse pourrait également être envisagée, dès lors que la directive 2009/12 reconnaît, à son article 11, paragraphe 7, première phrase, le statut de « parties concernées » aux usagers d'aéroport. Cette directive pourrait ainsi être appréhendée comme servant les intérêts des usagers d'aéroport en leur reconnaissant des droits d'information et de consultation.

33. Considérant que la question de savoir si Deutsche Lufthansa, en tant qu'usager d'aéroport, dispose d'une qualité pour agir, conformément à l'article 42, paragraphe 2, du code de procédure administrative, dans le cadre d'un recours en annulation formé contre l'autorisation litigieuse dépend de l'interprétation de la directive 2009/12, le Bundesverwaltungsgericht (Cour administrative fédérale) a décidé de surseoir à statuer et de poser à la Cour les questions préjudicielles suivantes :

« 1) Une disposition nationale qui prévoit que le système de redevances aéroportuaires décidé par l'entité gestionnaire d'aéroport doit être présenté pour approbation à l'autorité de supervision indépendante, sans interdire à l'entité gestionnaire d'aéroport et à l'usager d'aéroport d'établir d'autres redevances que celles approuvées par l'autorité de supervision, est-elle compatible avec la directive [2009/12], et, notamment, avec son article 3, son article 6, paragraphes 3 à 5, et son article 11, paragraphes 1 et 7 ?

2) Une interprétation du droit national en vertu de laquelle un usager d'aéroport ne peut pas attaquer l'approbation du système de redevances

aéroportuaires par l'autorité de supervision indépendante, mais peut former un recours contre l'entité gestionnaire d'aéroport, et faire valoir, à cette occasion, que la redevance fixée dans le système de redevances aéroportuaires n'est pas conforme à l'équité est-elle compatible avec ladite directive ? »

Sur les questions préjudicielles

[...]

Sur la seconde question

54. Par sa seconde question, la juridiction de renvoi demande, en substance, si la directive 2009/12 doit être interprétée en ce sens qu'elle s'oppose à une interprétation du droit national en vertu de laquelle un usager d'aéroport ne peut pas contester directement la décision d'approbation du système de redevances aéroportuaires de l'autorité de supervision indépendante, mais peut former un recours contre l'entité gestionnaire d'aéroport devant une juridiction civile et faire valoir uniquement, à cette occasion, que la redevance fixée dans le système de redevances aéroportuaires dont doit s'acquitter cet usager n'est pas conforme à l'équité.

55. À titre liminaire, il y a lieu de relever que, en disposant que les décisions de l'autorité de supervision indépendante sont contraignantes, sans préjudice d'un examen parlementaire ou d'un contrôle juridictionnel, conformément aux dispositions applicables dans les États membres, l'article 11, paragraphe 7, dernière phrase, de la directive 2009/12 est susceptible d'être interprété en ce sens qu'il permet aux États membres de choisir entre un contrôle parlementaire ou un contrôle juridictionnel.

56. Toutefois, en vertu d'une jurisprudence constante, le principe de protection juridictionnelle effective constitue un principe général du droit de l'Union, qui découle des traditions constitutionnelles communes aux États membres et qui est aujourd'hui consacré à l'article 47 de la charte des droits fondamentaux de l'Union européenne (voir, en ce sens, arrêt du 13 mars 2007, *Unibet*, C-432/05, EU:C:2007:163, point 37). En outre, l'article 19, paragraphe 1, second alinéa, TUE impose aux États membres d'établir les voies de recours nécessaires pour assurer une protection juridictionnelle effective dans les domaines couverts par le droit de l'Union.

57. Il s'ensuit que l'absence de contrôle juridictionnel ne saurait être compensée par un contrôle parlementaire.

58. Par ailleurs, ainsi que l'a relevé, en substance, M. l'avocat général aux points 32 à 40 de ses conclusions, les principes de base sur lesquels repose la directive 2009/12, à savoir l'absence de discrimination, la transparence et la consultation des intéressés lors de la modification du

système ou du niveau des redevances aéroportuaires, qui sont respectivement garantis par les articles 3, 7 et 6 de cette directive, lus en combinaison avec les considérants 9 et 11 à 13 de ladite directive, s'analysent à la fois comme des obligations incombant à l'entité gestionnaire d'aéroport et comme des droits dont peuvent se prévaloir en justice les usagers d'aéroport en leur qualité de « parties concernées », au sens de l'article 11, paragraphe 7, de la directive 2009/12.

59. Dans ces conditions, il incombe aux juridictions des États membres d'assurer la protection juridictionnelle des droits que les justiciables tirent de la directive 2009/12 (voir en ce sens, notamment, arrêt du 13 mars 2007, *Unibet*, C-432/05, EU:C:2007:163, point 38).

60. À cet égard, s'il appartient, en principe, au droit national de déterminer la qualité et l'intérêt d'un justiciable pour agir en justice, le droit de l'Union exige néanmoins que la législation nationale ne porte pas atteinte au droit à une protection juridictionnelle effective (voir, en ce sens, arrêt du 13 mars 2007, *Unibet*, C-432/05, EU:C:2007:163, point 42), conformément à l'article 19, paragraphe 1, second alinéa, TUE.

61. Cela étant, le principe de protection juridictionnelle effective ne requiert pas, en tant que tel, l'existence d'un recours autonome tendant, à titre principal, à contester la conformité de dispositions nationales aux normes de l'Union, pour autant qu'il existe une ou plusieurs voies de recours permettant, de manière incidente, d'assurer le respect des droits que les justiciables tirent du droit de l'Union (voir, en ce sens, arrêt du 13 mars 2007, *Unibet*, C-432/05, EU:C:2007:163, points 47 et 53).

62. À cet égard, s'il appartient, en principe, à l'ordre juridique interne de chaque État membre de désigner les juridictions compétentes et de régler les modalités procédurales des recours destinés à assurer la sauvegarde des droits que les justiciables tirent du droit de l'Union, ces modalités procédurales ne doivent pas, notamment, rendre pratiquement impossible ou excessivement difficile l'exercice des droits conférés par l'ordre juridique de l'Union (principe d'effectivité) (voir, en ce sens, arrêt du 13 mars 2007, *Unibet*, C-432/05, EU:C:2007:163, points 39 et 43 ainsi que jurisprudence citée).

63. En outre, il incombe aux juridictions nationales d'interpréter les modalités procédurales applicables aux recours dont elles sont saisies, dans toute la mesure possible d'une manière telle que ces modalités puissent recevoir une application qui contribue à la mise en œuvre de l'objectif de garantir une protection juridictionnelle effective des droits que tirent les justiciables du droit de l'Union (voir, en ce sens, arrêt du 13 mars 2007, *Unibet*, C-432/05, EU:C:2007:163, point 44). De surcroît, une juridiction nationale ne saurait valablement considérer qu'elle se trouve dans l'impossibilité d'interpréter une disposition nationale en conformité avec le droit de l'Union en raison du seul fait que cette disposition a, de

manière constante, été interprétée dans un sens qui n'est pas compatible avec ce droit (arrêt du 11 septembre 2018, *IR*, C-68/17, EU:C:2018:696, point 65).

64. C'est à la lumière de ces considérations qu'il convient de répondre à la seconde question posée par la juridiction de renvoi.

65. En l'occurrence, il ressort de la décision de renvoi que, en Allemagne, en vertu de l'article 42, paragraphe 2, du code de procédure administrative, un recours en annulation dirigé contre un acte administratif n'est recevable que si le requérant fait valoir qu'il est lésé dans ses droits par cet acte. Or, depuis l'arrêt du Bundesverwaltungsgericht (Cour administrative fédérale), du 8 juillet 1977, cité au point 16 du présent arrêt, la décision par laquelle l'autorité de supervision indépendante approuve un système de redevances aéroportuaires est réputée ne produire d'effet juridique que dans la relation entre cette autorité et l'entité gestionnaire d'aéroport. Une telle décision ne peut donc être contestée qu'indirectement, devant une juridiction civile, à l'occasion d'un recours dirigé contre une décision de l'entité gestionnaire d'aéroport exigeant le paiement d'une redevance. En outre, l'article 315, paragraphe 3, du BGB imposant au juge civil de statuer en équité, ce juge doit mettre en balance les intérêts économiques objectifs des contractants concernés, mais aussi apprécier de manière exhaustive l'objet du contrat et l'importance de la prestation pour laquelle le prix demandé est censé représenter une contrepartie raisonnable. Il ressortirait toutefois de la jurisprudence nationale que le juge civil peut également tenir compte d'autres aspects découlant de lois spéciales, tels que les principes de droit de l'Union.

66. Il convient donc de déterminer si, dans l'affaire en cause au principal, l'obligation, pour l'usager d'aéroport souhaitant contester la décision de l'autorité de supervision indépendante approuvant le système des redevances aéroportuaires au regard de la directive 2009/12, de saisir une juridiction civile statuant en équité, sur le fondement de l'article 315, paragraphe 3, du BGB, n'a pas pour effet de rendre pratiquement impossible ou excessivement difficile l'exercice des droits conférés par cette directive, en violation du principe d'effectivité (voir, en ce sens, arrêt du 13 mars 2007, *Unibet*, C-432/05, EU:C:2007:163, point 43 et jurisprudence citée).

67. À cet égard, il suffit de constater, ainsi que la Cour l'a déjà relevé dans un contexte similaire, que, en insistant exclusivement sur la rationalité économique du contrat individuel, l'application de l'article 315, paragraphe 3, du BGB méconnaît le fait que seule une détermination des redevances fondées sur des critères uniformes peut garantir que la politique en matière de redevances soit appliquée de la même manière à toutes les entreprises concernées (voir, en ce sens, arrêt du 9 novembre 2017, *CTL Logistics*, C-489/15, EU:C:2017:834, point 74).

68. En outre, ainsi que l'a relevé M. l'avocat général au point 77 de ses conclusions, d'autres aspects « cruciaux » de la procédure qui a donné lieu à l'approbation des redevances aéroportuaires, comme les questions relatives à la formation de la volonté de l'autorité de supervision indépendante ou aux éventuels vices de forme qui ont pu influencer le contenu de la décision d'approbation, échappent au contrôle de la juridiction civile.

69. Enfin, un contrôle des redevances fondé sur l'équité ainsi que l'adoption, le cas échéant, d'une décision résultant d'une appréciation *ex aequo et bono*, conformément à l'article 315, paragraphe 3, du BGB, sont contraires au principe de non-discrimination des usagers d'aéroport garanti par l'article 3 de la directive 2009/12, d'autant plus que les jugements rendus par les juridictions civiles allemandes ne disposeraient que d'un effet limité aux seules parties aux litiges portés devant ces juridictions (voir, par analogie, arrêt du 9 novembre 2017, *CTL Logistics*, C-489/15, EU:C:2017:834, points 83 et 94).

70. Il s'ensuit que l'article 315, paragraphe 3, du BGB en vertu duquel les usagers d'aéroport se trouvent dans l'impossibilité d'obtenir un contrôle juridictionnel effectué sur la base d'éléments objectifs et susceptible d'assurer le plein respect des conditions imposées par la directive 2009/12 ne permet pas aux juridictions civiles allemandes d'assurer une protection juridictionnelle effective à ces usagers.

71. Dans ces conditions, il convient de répondre à la seconde question que la directive 2009/12 doit être interprétée en ce sens qu'elle s'oppose à une interprétation du droit national en vertu de laquelle un usager d'aéroport ne peut pas contester directement la décision d'approbation du système de redevances aéroportuaires de l'autorité de supervision indépendante, mais peut former un recours contre l'entité gestionnaire d'aéroport devant une juridiction civile et faire valoir uniquement, à cette occasion, que la redevance fixée dans le système de redevances aéroportuaires dont doit s'acquitter cet usager n'est pas conforme à l'équité.

[...]

Par ces motifs, la Cour (quatrième chambre) dit pour droit :

[...]

2) La directive 2009/12 doit être interprétée en ce sens qu'elle s'oppose à une interprétation du droit national en vertu de laquelle un usager d'aéroport ne peut pas contester directement la décision d'approbation du système de redevances aéroportuaires de l'autorité de supervision indépendante, mais peut former un recours contre l'entité gestionnaire d'aéroport devant une juridiction civile et faire valoir uniquement, à cette occasion, que la redevance fixée dans le système de redevances aéroportuaires dont doit s'acquitter cet usager n'est pas conforme à l'équité.

Observations

Cette affaire, qui présente une évidente parenté avec l'affaire *Unibet*(1), invitait la Cour à confronter le dispositif allemand de répartition des compétences juridictionnelles avec le droit à un recours effectif. En l'occurrence, la compagnie aérienne Deutsche Lufthansa avait saisi le juge administratif allemand d'un recours en annulation dirigé contre la décision du Land de Berlin approuvant le nouveau système de redevances aéroportuaires pour l'aéroport de Berlin-Tegel. En première instance, son recours a été déclaré irrecevable pour défaut de qualité pour agir. En substance, cette décision d'approbation ne concernerait que les relations entre l'autorité de supervision, à savoir le Land de Berlin, et l'entité gérant l'aéroport. Partant, elle ne serait susceptible d'affecter que les intérêts de cette dernière. Dans cette perspective, une compagnie aérienne, en sa qualité d'usager d'aéroport, ne serait concernée par le système de redevances qu'au moment où le gestionnaire de l'aéroport lui demanderait de s'acquitter du paiement des redevances correspondant aux vols qu'elle a effectués à destination ou au départ de cet aéroport. Or, la relation entre la compagnie aérienne et le gestionnaire de l'aéroport relevant du droit privé, une compagnie ne peut contester le système de redevances qu'incidemment, à l'occasion d'une contestation de la redevance devant le juge civil. La difficulté provient de ce que le Code civil allemand prévoit que le juge civil statue en équité, même si la jurisprudence permet de prendre en considération des principes de droit de l'Union dans le cadre de ce contrôle (pt 29).

La Cour devait donc, dans le cadre de la seconde question préjudicielle(2), apprécier la conformité de ce dispositif avec le droit à un recours effectif. Même s'il n'aurait pas été surprenant de voir la Cour reformuler cette question afin de viser l'article 47 de la Charte, l'inclusion d'une telle référence

(1) CJCE, 13 mars 2007, *Unibet*, aff. C-432/05, ECLI:EU:C:2007:163.
(2) La première n'intéressant pas le contentieux, elle ne sera pas abordée.

ne s'est pas révélée nécessaire dans la mesure où l'article 11, paragraphe 7, de la directive 2009/12 (3) dispose que « [l]es décisions de l'autorité de supervision indépendante sont contraignantes, sans préjudice d'un examen parlementaire ou d'un contrôle juridictionnel, conformément aux dispositions applicables dans les États membres ». À l'heure actuelle, un simple contrôle parlementaire ne saurait être appréhendé comme une alternative valable au contrôle juridictionnel. Interprétant cette disposition à la lumière de l'article 47 de la Charte et de l'article 19 TUE, la Cour considère donc que « l'absence de contrôle juridictionnel ne saurait être compensée par un contrôle parlementaire » (pt 57).

La suite du raisonnement de la Cour est très largement calquée sur celui qu'elle avait adopté dans l'arrêt *Unibet*. Est ainsi rappelé que, eu égard à la liberté dont disposent les États membres pour organiser leur système juridictionnel, « le principe de protection juridictionnelle effective ne requiert pas [...] l'existence d'un recours autonome tendant, à titre principal, à contester la conformité de dispositions nationales aux normes de l'Union, pour autant qu'il existe une ou plusieurs voies de recours permettant, de manière incidente, d'assurer le respect des droits que les justiciables tirent du droit de l'Union » (pt 61). La question cruciale devient donc celle de savoir si le contrôle effectué, à titre incident, par le juge civil sur la décision d'approbation satisfait les exigences du droit à un recours effectif. Or, « en insistant exclusivement sur la rationalité du contrat individuel » conclu entre le gestionnaire d'aéroport et une compagnie aérienne, le contrôle en équité auquel se livre le juge civil occulte « certains autres aspects "cruciaux" de la procédure [d]'approbation des redevances aéroportuaires, comme les questions relatives à la formation de la volonté de l'autorité de supervision indépendante ou aux éventuels vices de forme qui ont pu influencer le contenu de la décision d'approbation, échappent au contrôle de la juridiction civile » (pt 68). En outre, dans la mesure où ce contrôle juridictionnel, qui ne remplit pas les standards d'un recours effectif, ne bénéficie

(3) Directive 2009/12/CE du Parlement européen et du Conseil, du 11 mars 2009, sur les redevances aéroportuaires (*JO*, L 70, 2009, p. 11).

que d'un effet *inter partes*, il méconnaît également le principe de non-discrimination des usagers d'aéroport que garantit la directive 2009/12 (pt 69).

La conclusion est donc sans appel : la réglementation allemande « en vertu [de laquelle] les usagers d'aéroport se trouvent dans l'impossibilité d'obtenir un contrôle juridictionnel effectué sur la base d'éléments objectifs et susceptible d'assurer le plein respect des conditions imposées par la directive 2009/12 ne permet pas aux juridictions civiles allemandes d'assurer une protection juridictionnelle effective à ces usagers » (pt 70). En revanche, compte tenu de la liberté dont disposent les États membres pour organiser leur système judiciaire, la Cour s'est bien gardée d'indiquer à la juridiction de renvoi qu'il lui incombait de déclarer recevable le recours formé par Deutsche Lufthansa. Certes, cette issue est la plus probable, d'autant plus si l'on garde à l'esprit la précision *a priori* anodine mais, en réalité, déterminante, apportée au point 58, selon laquelle « les principes de base sur lesquels repose la directive 2009/12, à savoir l'absence de discrimination, la transparence et la consultation des intéressés lors de la modification du système ou du niveau des redevances aéroportuaires [...] s'analysent à la fois comme des obligations incombant à l'entité gestionnaire d'aéroport et comme des droits dont peuvent se prévaloir en justice les usagers d'aéroport [...] ». Néanmoins, en théorie, le juge administratif pourrait persister à considérer qu'une décision approuvant un nouveau système de redevances aéroportuaires ne constitue pas un acte de nature à léser un droit subjectif des compagnies aériennes et, partant, décliner sa compétence. En pareil cas, il appartiendrait alors au juge civil d'écarter l'interprétation jurisprudentielle qui prévaut depuis 1977 de la règle selon laquelle il ne peut statuer qu'en équité. Peut-être suffirait-il d'ailleurs de substituer à la faculté de prendre en considération les principes généraux de droit de l'Union une véritable obligation ? Cette éventualité-là est également couverte par l'arrêt, la Cour ayant pris soin de rappeler l'obligation qui incombe aux juridictions nationales d'interpréter les règles procédurales conformément à l'objectif de garantir une protection juridictionnelle effective. À ce titre, « une juridiction nationale ne saurait valablement considérer qu'elle se trouve dans l'impossibilité d'interpréter une disposition nationale en conformité avec le droit de l'Union en raison du seul fait que cette disposition a, de manière constante, été interprétée dans un sens qui n'est pas compatible avec ce droit » (pt 63).

Laurent COUTRON

Cour de justice, gde ch., 19 décembre 2019, *Deutsche Umwelthilfe*, aff. C-752/18, ECLI:EU:C:2019:1114

Conclusions de l'avocat général H. Saugmandsgaard Øe, du 14 novembre 2019, ECLI:EU:C:2019:972

Mots-clés : Environnement – Pollution atmosphérique – Qualité de l'air ambiant – Plan relatif à la qualité de l'air – Valeurs limites pour le dioxyde d'azote – Obligation d'adopter les mesures appropriées pour assurer une période de dépassement minimale – Obligation pour les juridictions nationales de prendre toute mesure nécessaire – Refus par un gouvernement régional de se conformer à une injonction judiciaire – Contrainte par corps envisagée contre des hauts représentants politiques ou des hauts fonctionnaires de la région concernée – Protection juridictionnelle effective – Droit à la liberté personnelle – Base légale – Proportionnalité

Cadre normatif : articles 6, 47, premier alinéa, et 52, paragraphe 1, de la charte des droits fondamentaux de l'union européenne ; directive 2008/50/CE

Extrait de l'arrêt

Ayant pour objet une demande de décision préjudicielle au titre de l'article 267 TFUE, introduite par le Bayerischer Verwaltungsgerichtshof (tribunal administratif supérieur du Land de Bavière, Allemagne), par décision du 9 novembre 2018, parvenue à la Cour le 3 décembre 2018, dans la procédure

1. La demande de décision préjudicielle porte sur l'interprétation de l'article 9, paragraphe 4, première phrase, de la convention sur l'accès à l'information, la participation du public au processus décisionnel et l'accès à la justice en matière d'environnement, signée à Aarhus le 25 juin 1998 et approuvée au nom de la Communauté européenne par la décision 2005/370/CE du Conseil, du 17 février 2005 (*JO* 2005, L 124, p. 1, ci-après la « convention d'Aarhus »), de l'article 4, paragraphe 3, et de l'article 19, paragraphe 1, TUE, de l'article 197, paragraphe 1, TFUE, ainsi que de l'article 47, premier alinéa, de la charte des droits fondamentaux de l'Union européenne (ci-après la « Charte »).

2. Cette demande a été présentée dans le cadre d'un litige opposant Deutsche Umwelthilfe eV, une organisation non gouvernementale pour la protection de l'environnement, au Freistaat Bayern (Land de Bavière, Allemagne) au sujet de l'exécution forcée d'une injonction judiciaire d'adopter des interdictions de circulation en vue de respecter les obligations découlant de la directive 2008/50/CE du Parlement européen et du Conseil, du 21 mai 2008, concernant la qualité de l'air ambiant et un air pur pour l'Europe (*JO* 2008, L 152, p. 1).

Le cadre juridique

[...]

Le droit allemand

9. L'article 104, paragraphe 1, première phrase, du Grundgesetz (loi fondamentale) dispose :

« La liberté de la personne ne peut être restreinte qu'en vertu d'une loi formelle et dans le respect des formes qui y sont prescrites. »

10. L'article 167, paragraphe 1, première phrase, de la Verwaltungsgerichtsordnung (code de justice administrative, ci-après la « VwGO ») prévoit :

« Sauf disposition contraire de la présente loi, l'exécution est régie, mutatis mutandis, par le huitième livre de la Zivilprozessordnung [code de procédure civile]. »

11. Selon les explications fournies par la juridiction de renvoi, l'article 172 de la VwGO constitue une telle disposition contraire, qui, conformément à la formule d'introduction de l'article 167, paragraphe 1, première phrase, de la VwGO, exclut en principe l'application des dispositions en matière d'exécution forcée figurant au huitième livre de la Zivilprozessordnung (code de procédure civile, ci-après la « ZPO »). Il énonce :

« Si, dans les cas visés à l'article 113, paragraphe 1, deuxième phrase, à l'article 113, paragraphe 5, ainsi qu'à l'article 123, l'administration ne se conforme pas à l'injonction qui lui a été faite dans le jugement ou dans l'ordonnance ordonnant des mesures provisoires, le tribunal de première instance peut, sur demande, la menacer par ordonnance d'une astreinte d'un montant allant jusqu'à 10 000 euros à défaut d'exécution dans le délai qu'il fixe, procéder en cas d'inexécution dans ledit délai à la liquidation de cette astreinte et procéder d'office à l'exécution forcée. Une même injonction peut donner lieu à plusieurs reprises au prononcé d'une astreinte, à sa liquidation et à son exécution. »

12. L'article 888, paragraphes 1 et 2, de la ZPO est libellé comme suit :

« 1. Lorsqu'un acte ne peut pas être accompli par un tiers et qu'il dépend exclusivement de la volonté du débiteur, le tribunal saisi en première instance constate, sur demande, qu'il y a lieu de contraindre le débiteur à accomplir cet acte en recourant à l'astreinte et, en cas d'impossibilité de recouvrer celle-ci, à la contrainte par corps ou à la contrainte par corps. Le montant de chaque astreinte ne peut excéder 25 000 euros. Les dispositions de la section 2 relatives à la contrainte par corps s'appliquent mutatis mutandis.

2. Les moyens de coercition sont ordonnés sans avertissement comminatoire préalable. »

13. L'article 890, paragraphes 1 et 2, de la ZPO prévoit :

« 1. Si le débiteur contrevient à son obligation de ne pas faire ou de tolérer un acte, il sera, à la demande du créancier, condamné pour chaque infraction par le tribunal saisi en première instance à une amende civile et, en cas d'impossibilité de recouvrer celle-ci, à une contrainte par corps ou à une contrainte par corps de six mois maximum. Le montant de chaque amende ne peut excéder 250 000 euros, la durée totale de la contrainte par corps, deux années.

2. La condamnation doit être précédée d'un avertissement comminatoire fait, sur demande, par le tribunal saisi en première instance s'il ne figure pas déjà dans le jugement prononçant l'obligation. »

Le litige au principal et la question préjudicielle

14. Il ressort de la décision de renvoi que la valeur limite fixée par les dispositions combinées de l'article 13, paragraphe 1, deuxième alinéa, et de l'annexe XI, B, de la directive 2008/50 pour le dioxyde d'azote (NO2), à savoir 40 $\mu g/m^3$ en moyenne sur une année civile, a été dépassée en de nombreux endroits, parfois très largement, sur plusieurs kilomètres de route à l'intérieur de la ville de Munich (Allemagne).

15. À la suite d'un recours introduit par Deutsche Umwelthilfe, le Verwaltungsgericht München (tribunal administratif de Munich, Allemagne) a enjoint au Land de Bavière, par jugement du 9 octobre 2012, de modifier le plan d'action pour la qualité de l'air, applicable en ce qui concerne la ville de Munich, lequel constitue un « plan relatif à la qualité de l'air » au sens de l'article 23 de la directive 2008/50, de telle sorte que celui-ci contienne les mesures nécessaires pour que la valeur limite fixée pour le dioxyde d'azote soit respectée le plus rapidement possible dans cette ville. Ce jugement a acquis force de chose jugée.

16. Par ordonnance du 21 juin 2016, le Verwaltungsgericht München (tribunal administratif de Munich) a menacé le Land de Bavière d'une

astreinte de 10 000 euros en cas d'inexécution de ladite injonction dans un délai d'un an à compter de la signification de cette ordonnance. Dans le cadre de la procédure de recours contre cette même ordonnance, le Bayerischer Verwaltungsgerichtshof (tribunal administratif supérieur du Land de Bavière, Allemagne) a, par ordonnance du 27 février 2017, menacé le Land de Bavière d'astreintes d'un montant de 2 000 à 4 000 euros s'il ne prenait pas les mesures nécessaires pour respecter les valeurs limites fixées par la directive 2008/50, en ce compris l'imposition d'interdictions de circulation pour certains véhicules à moteur diesel dans diverses zones urbaines. Cette ordonnance est, elle aussi, passée en force de chose jugée.

17. Le Land de Bavière n'ayant pas pleinement respecté les obligations découlant de l'ordonnance du 27 février 2017, le Verwaltungsgericht München (tribunal administratif de Munich) a, sur demande de Deutsche Umwelthilfe, condamné le Land de Bavière, par ordonnance du 26 octobre 2017, au paiement d'une astreinte d'un montant de 4 000 euros. Le Land de Bavière n'a pas fait appel de cette ordonnance et a réglé le montant de l'astreinte.

18. Par la suite, le Land de Bavière ne s'est toujours pas conformé à toutes les injonctions qui lui avaient été faites par l'ordonnance du 27 février 2017. Au contraire, des représentants du Land de Bavière, dont le ministre-président de ce Land, ont publiquement fait part de leur intention de ne pas respecter les obligations susmentionnées relatives à l'imposition d'interdictions de circulation.

19. Par ordonnances du 28 janvier 2018, le Verwaltungsgericht München (tribunal administratif de Munich) a, sur demande de Deutsche Umwelthilfe, liquidé à la charge du Land de Bavière une astreinte d'un montant de 4 000 euros, en raison de l'inexécution d'un point du dispositif de l'ordonnance du 27 février 2017, et menacé ce Land de lui infliger une astreinte supplémentaire d'un montant identique si celui-ci ne se conformait pas, dans un nouveau délai, à un autre point du dispositif de cette ordonnance. En revanche, cette juridiction a rejeté, notamment, la demande de prononcé d'une contrainte par corps contre la ministre de l'Environnement et de la Protection des consommateurs du Land de Bavière ou, à défaut, le ministre-président de ce Land. Le Land de Bavière s'est pourvu contre ces ordonnances du 28 janvier 2018 devant le Bayerischer Verwaltungsgerichtshof (tribunal administratif supérieur du Land de Bavière), lequel a rejeté ces recours par ordonnance du 14 août 2018.

20. Est, toutefois, toujours pendant devant cette dernière juridiction le recours formé par Deutsche Umwelthilfe contre l'ordonnance du 28 janvier 2018 par laquelle a été rejetée sa demande de prononcé d'une contrainte par corps. Selon la juridiction de renvoi, il n'y a pas lieu de s'attendre à ce que le Land de Bavière se conforme à l'ordonnance du 27 février 2017 en adoptant les interdictions de circulation en cause.

21. Or, lorsque le pouvoir exécutif manifeste de façon aussi claire sa détermination à ne pas se conformer à certaines décisions de justice, il faudrait considérer que le prononcé et la liquidation de nouvelles astreintes, d'un montant plus élevé, ne sont pas susceptibles de faire modifier ce comportement. En effet, le paiement d'une astreinte n'entraînerait aucune perte patrimoniale pour le Land de Bavière. Au contraire, le règlement de cette astreinte s'effectuerait en portant le montant fixé par le tribunal à la charge d'un poste déterminé du budget du Land concerné et en comptabilisant ce même montant en tant que recette de la caisse centrale de ce Land.

22. Si, en principe, il pourrait être envisageable d'assurer le respect des obligations et des décisions de justice en cause au moyen d'une contrainte par corps, prononcée contre certains membres du gouvernement de Haute-Bavière (Allemagne), du ministre de l'Environnement et de la Protection des consommateurs du Land de Bavière ou encore du ministre-président de ce Land, la juridiction de renvoi considère que, pour des raisons de droit constitutionnel, cet instrument, prévu par la ZPO, n'est pas applicable en l'occurrence.

23. En effet, alors que l'article 167, paragraphe 1, première phrase, de la VwGO permet d'appliquer, sauf disposition contraire de cette loi, les mesures prévues au huitième livre de la ZPO, dont la contrainte par corps, l'article 172 de la VwGO constituerait une telle disposition contraire, excluant l'application des mesures d'exécution forcée figurant au huitième livre de la ZPO.

24. Certes, le Bundesverfassungsgericht (Cour constitutionnelle fédérale, Allemagne) aurait déjà dit pour droit que les juridictions de l'ordre administratif ont en principe le devoir de considérer, le cas échéant, qu'elles ne sont pas liées par les restrictions résultant de l'article 172 de la VwGO.

25. Cependant, selon la juridiction de renvoi, si une contrainte par corps était prononcée contre des titulaires d'une fonction relevant de l'exercice de l'autorité publique sur le fondement de l'article 888 de la ZPO, cela reviendrait à méconnaître l'exigence, énoncée par le Bundesverfassungsgericht (Cour constitutionnelle fédérale), dans son ordonnance du 13 octobre 1970, selon laquelle l'intention du législateur lors de l'adoption d'une disposition servant de base juridique à une privation de liberté doit avoir englobé l'objectif pour la réalisation duquel cette disposition est désormais appliquée. Or, selon la juridiction de renvoi, eu égard à la genèse de l'article 888 de la ZPO, l'exigence ainsi posée n'est pas remplie en ce qui concerne les titulaires d'une fonction relevant de l'exercice de l'autorité publique.

26. Cette juridiction se demande néanmoins si le droit de l'Union n'exige pas une appréciation différente de la situation juridique en cause au principal.

27. En effet, si le prononcé d'une contrainte par corps dans une situation telle que celle en cause au principal s'impose en vertu du droit de l'Union, les tribunaux allemands ne seraient pas autorisés à tenir compte de l'obstacle que constitue la jurisprudence constitutionnelle susmentionnée.

28. Dans ces circonstances, le Bayerischer Verwaltungsgerichtshof (tribunal administratif supérieur du Land de Bavière) a décidé de surseoir à statuer et de poser à la Cour la question préjudicielle suivante :

« Convient-il d'interpréter

- l'exigence, inscrite à l'article 4, paragraphe 3, deuxième alinéa, TUE, selon laquelle les États membres doivent prendre toute mesure générale ou particulière propre à assurer l'exécution des obligations découlant des traités ou résultant des actes des institutions de l'Union ;
- le principe de mise en œuvre effective du droit de l'Union par les États membres, énoncé, notamment, à l'article 197, paragraphe 1, TFUE ;
- le droit à un recours effectif, garanti par l'article 47, [premier alinéa], de la [Charte] ;
- l'obligation des États contractants d'offrir des recours effectifs en matière d'environnement qui découle de l'article 9, paragraphe 4, première phrase, de la [convention d'Aarhus], et
- l'obligation des États membres d'assurer une protection juridictionnelle effective dans les domaines couverts par le droit de l'Union, imposée à l'article 19, paragraphe 1, second alinéa, TUE,

en ce sens qu'une juridiction allemande est habilitée – et le cas échéant même obligée – d'ordonner la contrainte par corps à l'égard de titulaires d'une fonction relevant de l'exercice de l'autorité publique d'un Land [...] en vue d'obtenir ainsi la bonne exécution de l'obligation, pesant sur ce Land, de mettre à jour un plan relatif à la qualité de l'air, au sens de l'article 23 de la directive [2008/50], et de donner à ce plan un certain contenu minimal, lorsque ledit Land a été condamné, par décision passée en force de chose jugée, à procéder à cette mise à jour et que,

- à plusieurs reprises, une astreinte a été prononcée contre le Land concerné et liquidée, sans résultat ;
- même à supposer que les montants fixés soient plus élevés qu'auparavant, le prononcé et la liquidation d'astreintes sont dépourvus de tout effet de coercition notable, parce que le paiement de l'astreinte n'entraîne aucune perte patrimoniale pour le Land

condamné par décision passée en force de chose jugée et donne uniquement lieu à un transfert comptable, d'un poste budgétaire du budget du Land vers un autre, du montant à hauteur duquel cette astreinte a été liquidée ;

- le Land, condamné par décision passée en force de chose jugée, a formellement déclaré, tant devant les tribunaux que publiquement – notamment, par la voix du titulaire de la plus haute fonction politique du Land, devant le parlement – qu'il ne se conformera pas aux injonctions relatives au plan d'action pour la qualité de l'air que les tribunaux lui ont adressées ;
- le droit national prévoit en principe l'instrument de la contrainte par corps aux fins de l'exécution de décisions de justice, mais la jurisprudence de la cour constitutionnelle nationale fait obstacle à l'application de la disposition en cause à une situation telle que celle en cause en l'espèce, et
- le droit national n'offre pas, dans une situation telle que celle en cause en l'espèce, des moyens de coercition plus efficaces que le prononcé et la liquidation d'une astreinte mais moins intrusif que la contrainte par corps et le recours à de tels moyens de coercition est par ailleurs exclu pour des raisons de fond ? »

Sur la question préjudicielle

29. Par sa question, la juridiction de renvoi souhaite savoir, en substance, si le droit de l'Union, notamment l'article 47, premier alinéa, de la Charte, doit être interprété en ce sens que, dans des circonstances caractérisées par un refus persistant d'une autorité nationale de se conformer à une décision de justice lui enjoignant d'exécuter une obligation claire, précise et inconditionnelle découlant dudit droit, notamment de la directive 2008/50, celui-ci habilite voire oblige la juridiction nationale compétente à prononcer une contrainte par corps contre des titulaires d'une fonction relevant de l'exercice de l'autorité publique.

30. Selon la juridiction de renvoi, cette question se pose dans le contexte de la jurisprudence de la Cour selon laquelle, lorsqu'un État membre n'a pas respecté les exigences résultant de l'article 13, paragraphe 1, deuxième alinéa, de la directive 2008/50, tout en ne demandant pas le report du délai dans les conditions prévues à l'article 22 de cette directive, il appartient à la juridiction nationale compétente, éventuellement saisie, de prendre, à l'égard de l'autorité nationale, toute mesure nécessaire, telle une injonction, afin que cette autorité établisse le plan exigé par ladite directive dans les conditions que celle-ci prévoit (arrêt du 19 novembre 2014, *ClientEarth*, C-404/13, EU:C:2014:2382, point 58).

31. En l'occurrence, la juridiction de renvoi a d'ores et déjà, en application de cette jurisprudence, fait injonction au Land de Bavière d'adopter des interdictions de circulation pour certains véhicules à moteur diesel dans diverses zones urbaines de la ville de Munich, pour faire respecter le plus rapidement possible la valeur limite fixée à l'annexe XI, B, de la directive 2008/50 pour le dioxyde d'azote.

32. Face au refus du Land de Bavière de se conformer à ladite injonction, passée en force de chose jugée, l'affaire au principal porte spécifiquement sur une demande de Deutsche Umwelthilfe en vue de l'exécution forcée de cette injonction au moyen d'une contrainte par corps prononcée contre la ministre de l'Environnement et de la Protection des consommateurs du Land de Bavière ou, à défaut, contre le ministre-président de ce Land.

33. À cet égard, il convient de relever, en premier lieu, que, en l'absence d'harmonisation des mécanismes nationaux d'exécution forcée, les modalités de leur mise en œuvre relèvent de l'ordre juridique interne des États membres en vertu du principe d'autonomie procédurale de ces derniers. Néanmoins, ces modalités doivent répondre à la double condition de ne pas être moins favorables que celles régissant des situations similaires soumises au droit interne (principe d'équivalence) et de ne pas rendre impossible ou excessivement difficile l'exercice des droits conférés par le droit de l'Union (principe d'effectivité) (arrêt du 26 juin 2019, *Kuhar*, C-407/18, EU:C:2019:537, point 46 et jurisprudence citée).

34. En deuxième lieu, il importe de rappeler que les États membres, lorsqu'ils mettent en œuvre le droit de l'Union, sont tenus d'assurer le respect du droit à un recours effectif consacré par l'article 47, premier alinéa, de la Charte (arrêt du 29 juillet 2019, *Torubarov*, C-556/17, EU:C:2019:626, point 69), lequel constitue une réaffirmation du principe de protection juridictionnelle effective. S'agissant de recours visant au respect du droit de l'environnement, en particulier à l'initiative d'associations de protection de l'environnement comme dans le litige au principal, ce droit à un recours effectif est également consacré par l'article 9, paragraphe 4, de la convention d'Aarhus.

35. Or, selon la jurisprudence de la Cour, une législation nationale qui aboutit à une situation dans laquelle le jugement d'une juridiction demeure inopérant, à défaut pour celle-ci de disposer d'un moyen quelconque pour le faire respecter, méconnaît le contenu essentiel du droit à un recours effectif consacré par l'article 47 de la Charte (voir, en ce sens, arrêt du 29 juillet 2019, *Torubarov*, C-556/17, EU:C:2019:626, point 72).

36. En effet, ledit droit serait illusoire si l'ordre juridique d'un État membre permettait qu'une décision judiciaire définitive et obligatoire reste inopérante au détriment d'une partie (arrêts du 30 juin 2016, *Toma et Biroul Executorului Judecătoresc Horațiu-Vasile Cruduleci*, C-205/15,

EU:C:2016:499, point 43 et jurisprudence citée, ainsi que du 29 juillet 2019, *Torubarov*, C-556/17, EU:C:2019:626, point 57).

37. Il ressort, plus spécifiquement, de la jurisprudence de la Cour européenne des droits de l'homme relative à l'article 6, paragraphe 1, de la convention européenne de sauvegarde des droits de l'homme et des libertés fondamentales, signée à Rome le 4 novembre 1950, à la lumière de laquelle il convient d'interpréter l'article 47 de la Charte (arrêt du 30 juin 2016, *Toma et Biroul Executorului Judecătoresc Horațiu-Vasile Cruduleci*, C-205/15, EU:C:2016:499, point 41 ainsi que jurisprudence citée), que le fait, pour les autorités publiques, de ne pas se conformer à une décision judiciaire définitive et exécutoire prive cette disposition de tout effet utile (voir, en ce sens, Cour EDH, 19 mars 1997, *Hornsby c. Grèce*, CE:ECHR:1997:0319JUD001835791, §§ 41 et 45).

38. Le droit à un recours effectif est d'autant plus important que, dans le domaine couvert par la directive 2008/50, le défaut de prendre les mesures exigées par celle-ci mettrait en danger la santé des personnes (voir, par analogie, arrêt du 25 juillet 2008, *Janecek*, C-237/07, EU:C:2008:447, point 38).

39. Par ailleurs, il appartient au juge national, afin d'assurer une protection juridictionnelle effective dans les domaines couverts par le droit de l'Union de l'environnement, de donner de son droit national une interprétation qui, dans toute la mesure du possible, soit conforme tant aux objectifs de l'article 9, paragraphes 3 et 4, de la convention d'Aarhus qu'à celui de protection juridictionnelle effective des droits conférés par le droit de l'Union (voir, en ce sens, arrêt du 8 mars 2011, *Lesoochranárske zoskupenie*, C-240/09, EU:C:2011:125, points 50 et 51).

40. À cette fin, il incombe audit juge de vérifier, en prenant en considération l'ensemble du droit interne et en faisant application des méthodes d'interprétation reconnues par celui-ci, s'il peut parvenir à une interprétation de ce droit qui lui permettrait d'appliquer des mesures de coercition efficaces pour assurer l'exécution, par les autorités publiques, d'un jugement passé en force de chose jugée, telles que, notamment, des astreintes d'un montant élevé, répétées à courte échéance, et dont le paiement ne se ferait pas, en fin de compte, au bénéfice du budget dont elles proviennent.

41. Cela étant, en l'occurrence, la juridiction de renvoi estime qu'elle ne saurait faire respecter le principe d'effectivité du droit de l'Union et le droit à un recours effectif, à moins que le droit de l'Union ne l'habilite voire ne l'oblige à écarter les raisons d'ordre constitutionnel empêchant, selon elle, l'application de la contrainte par corps contre des titulaires d'une fonction relevant de l'exercice de l'autorité publique.

42. À cet égard, il convient de rappeler que, à défaut de pouvoir procéder à une interprétation de la réglementation nationale conforme aux exigences du droit de l'Union, le juge national, saisi dans le cadre de sa compétence a, en tant qu'organe d'un État membre, l'obligation de laisser inappliquée toute disposition nationale contraire à une disposition de droit de l'Union qui est d'effet direct dans le litige dont il est saisi (arrêts du 9 mars 1978, Simmenthal, 106/77, EU:C:1978:49, point 21, ainsi que du 24 juin 2019, *Popławski*, C-573/17, EU:C:2019:530, points 58 et 61).

43. Cependant, cette jurisprudence de la Cour ne saurait être comprise en ce sens que le principe d'effectivité du droit de l'Union et le respect du droit à une protection juridictionnelle effective, garanti par l'article 47, premier alinéa, de la Charte, obligent le juge national à laisser inappliquée une disposition de droit national ou la seule interprétation de celle-ci qui lui paraît conforme à la Constitution nationale si, ce faisant, il méconnaissait un autre droit fondamental garanti par le droit de l'Union.

44. En effet, et ainsi qu'il ressort de l'article 52, paragraphe 1, de la Charte, le droit à une protection juridictionnelle effective n'est pas un droit absolu et il peut comporter des restrictions, notamment pour protéger les droits et les libertés d'autrui. Or, une mesure de coercition telle que la contrainte par corps emporte une limitation au droit à la liberté, garanti par l'article 6 de la Charte.

45. Afin de répondre à la question préjudicielle, il convient dès lors de procéder, en troisième lieu, à une mise en balance des droits fondamentaux en cause au regard des exigences prévues à l'article 52, paragraphe 1, première phrase, de la Charte.

46. S'agissant des exigences que la base légale d'une limitation au droit à la liberté doit remplir, la Cour a déjà relevé, à la lumière de l'arrêt de la Cour EDH du 21 octobre 2013, *Del Río Prada c. Espagne* (CE:ECHR:2013:1021JUD004275009), qu'une loi habilitant le juge à priver une personne de sa liberté doit, pour répondre aux exigences de l'article 52, paragraphe 1, de la Charte, être suffisamment accessible, précise et prévisible dans son application afin d'éviter tout danger d'arbitraire (arrêt du 15 mars 2017, *Al Chodor*, C-528/15, EU:C:2017:213, points 38 et 40).

47. Il y a lieu de préciser que ces conditions valent à l'égard de tout type de privation de liberté, y compris lorsque celle-ci résulte de la nécessité d'assurer l'exécution d'une condamnation infligée par une décision judiciaire, et cela indépendamment de la possibilité pour la personne concernée d'éviter la privation de liberté en exécutant une injonction ordonnée par cette même décision ou une décision antérieure.

48. S'il ressort des débats qui ont eu lieu lors de l'audience devant la Cour que des doutes subsistent quant à la réunion des conditions permettant de prononcer la contrainte par corps prévue par le droit allemand

contre des titulaires d'une fonction relevant de l'exercice de l'autorité publique, il revient à la seule juridiction de renvoi d'apprécier si les dispositions nationales pertinentes sont, eu égard à leur libellé et à leur substance, suffisamment accessibles, précises et prévisibles dans leur application et permettent ainsi d'éviter tout danger d'arbitraire.

49. Si tel n'est pas le cas, le juge national ne saurait prononcer, sur le seul fondement du principe d'effectivité ainsi que du droit à une protection juridictionnelle effective, une contrainte par corps. En effet, toute limitation du droit à la liberté doit être prévue par une loi répondant aux exigences rappelées au point 46 du présent arrêt.

50. S'agissant des exigences découlant du principe de proportionnalité, il importe de rappeler que, lorsque plusieurs droits fondamentaux sont en cause, l'appréciation du respect du principe de proportionnalité doit s'effectuer dans le respect de la conciliation nécessaire des exigences liées à la protection des différents droits et d'un juste équilibre entre eux (voir, en ce sens, arrêt du 22 janvier 2013, *Sky Österreich*, C-283/11, EU:C:2013:28, point 60 et jurisprudence citée).

51. Or, il y a lieu de considérer que, comme l'a relevé M. l'avocat général au point 86 de ses conclusions, dès lors que le prononcé d'une contrainte par corps emporte une privation de liberté, il ne peut y être recouru que lorsqu'il n'existe aucune mesure moins contraignante permettant d'atteindre l'objectif poursuivi. Il appartient, partant, à la juridiction de renvoi de vérifier si le droit national régissant l'exécution forcée est susceptible d'une interprétation conforme au droit à une protection juridictionnelle effective en ce sens qu'il autoriserait cette juridiction à adopter des mesures non attentatoires au droit à la liberté, telles que celles évoquées au point 40 du présent arrêt.

52. C'est uniquement dans l'hypothèse où la juridiction de renvoi devait conclure que, dans le contexte de la mise en balance visée au point 45 du présent arrêt, la limitation qui serait apportée au droit à la liberté du fait du prononcé d'une contrainte par corps respecte les conditions posées à cet égard à l'article 52, paragraphe 1, de la Charte, que le droit de l'Union non seulement autoriserait, mais exigerait le recours à une telle mesure.

53. Il convient encore de souligner que les développements qui précèdent sont sans préjudice, notamment, de la possibilité qu'une méconnaissance de la directive 2008/50 telle que celle que la juridiction de renvoi identifie comme étant à l'origine du litige au principal soit constatée par la Cour dans le cadre d'un recours en manquement.

54. Par ailleurs, il y a lieu de rappeler que la pleine efficacité du droit de l'Union et la protection effective des droits que les particuliers en tirent peuvent, le cas échéant, être assurées par le principe de la responsabilité de l'État pour des dommages causés aux particuliers par des violations

du droit de l'Union qui lui sont imputables, ce principe étant inhérent au système des traités sur lesquels cette dernière est fondée (voir, en ce sens, arrêts du 5 mars 1996, *Brasserie du pêcheur et Factortame*, C-46/93 et C-48/93, EU:C:1996:79, points 20, 39 et 52, ainsi que du 28 juillet 2016, *Tomášová*, C-168/15, EU:C:2016:602, point 18 et jurisprudence citée).

55. Ledit principe est valable pour toute hypothèse de violation du droit de l'Union par un État membre, et ce quelle que soit l'autorité publique auteur de cette violation (arrêt du 28 juillet 2016, *Tomášová*, C-168/15, EU:C:2016:602, point 19 et jurisprudence citée).

56. Eu égard à tout ce qui précède, il y a lieu de répondre à la question posée que le droit de l'Union, notamment l'article 47, premier alinéa, de la Charte, doit être interprété en ce sens que, dans des circonstances caractérisées par un refus persistant d'une autorité nationale de se conformer à une décision de justice lui enjoignant d'exécuter une obligation claire, précise et inconditionnelle découlant dudit droit, notamment de la directive 2008/50, il incombe à la juridiction nationale compétente de prononcer une contrainte par corps contre des titulaires d'une fonction relevant de l'exercice de l'autorité publique lorsque, dans les dispositions du droit interne, il existe une base légale pour l'adoption d'une telle contrainte qui soit suffisamment accessible, précise et prévisible dans son application et pour autant que la limitation qui serait apportée au droit à la liberté, garanti par l'article 6 de la Charte, du fait d'un tel prononcé respecte les autres conditions posées à cet égard à l'article 52, paragraphe 1, de la Charte. En revanche, en l'absence d'une telle base légale dans le droit interne, le droit de l'Union n'habilite pas cette juridiction à avoir recours à une telle mesure.

[...]

Par ces motifs, la Cour (grande chambre) dit pour droit :

Le droit de l'Union, notamment l'article 47, premier alinéa, de la charte des droits fondamentaux de l'Union européenne, doit être interprété en ce sens que, dans des circonstances caractérisées par un refus persistant d'une autorité nationale de se conformer à une décision de justice lui enjoignant d'exécuter une obligation claire, précise et inconditionnelle découlant dudit droit, notamment de la directive 2008/50/CE du Parlement européen et du Conseil, du 21 mai 2008, concernant la qualité de l'air ambiant et un air pur pour l'Europe, il incombe à la juridiction nationale compétente de prononcer une contrainte par corps contre des titulaires d'une fonction relevant de l'exercice de l'autorité publique lorsque, dans les dispositions du droit interne, il existe une base légale pour l'adoption d'une telle contrainte qui soit suffisamment accessible, précise et prévisible dans son application et pour autant que la limitation qui serait apportée au droit à la liberté, garanti par l'article 6 de la charte des droits fondamentaux, du fait d'un tel prononcé respecte les autres conditions posées à cet égard à l'article 52, paragraphe 1, de celle-ci. En revanche, en l'absence d'une telle base légale dans le droit interne, le droit de l'Union n'habilite pas cette juridiction à avoir recours à une telle mesure.

Observations

Constatant que la valeur fixée par la directive 2008/50 du Parlement européen et du Conseil, du 21 mai 2008, concernant la qualité de l'air ambiant et un air pur pour l'Europe (1) pour le dioxyde d'azote (NO2) avait été dépassée, parfois très largement, en de nombreux endroits sur plusieurs kilomètres de route à l'intérieur de la ville de Munich, les requérants au principal avait assigné le Land de Bavière devant le tribunal administratif de Munich. Cette juridiction enjoint à ce Land, par un jugement du 9 octobre 2012, passé en force de chose jugée, de modifier son plan d'action pour la qualité de l'air afin de respecter au plus vite la valeur limite pour le dioxyde d'azote. Hélas, rien ne se produisit, les dirigeants de ce Land s'offrant même le luxe de se répandre dans les médias pour affirmer qu'ils n'exécuteraient pas ce jugement. En Bavière, Land dans lequel l'automobile est reine, il serait en effet politiquement malvenu, voire suicidaire, de stigmatiser les grosses berlines allemandes roulant au diesel. Près de quatre ans plus tard, en juin 2016, le tribunal administratif de Munich menaça donc le Land de Bavière de le condamner au paiement d'une astreinte de 10 000 euros en cas d'inexécution, dans un délai d'un an, de l'injonction qui lui avait été faite en 2012. Tant le montant ridiculement faible en jeu que le long délai écoulé, auquel s'ajoute l'année laissée au Land de Bavière pour s'exécuter montrent l'ineffectivité de la sanction juridictionnelle prononcée jusqu'alors. En définitive, après de nouvelles péripéties judiciaires, le Land de Berlin fut condamné au paiement d'une astreinte de 4 000 euros en octobre 2017, somme dont il s'est évidemment acquitté sans sourciller.

(1) *JOCE*, L 152, 2008, p. 1.

On imagine sans peine la frustration des requérants au principal. Cinq ans de procédure pour obtenir une condamnation indolore pour le Land. Ce constat est d'autant plus démoralisant que le paiement d'une astreinte « n'entraînerait [paradoxalement] aucune perte patrimoniale pour le Land de Bavière » (pt 21). Il s'agirait en effet d'une opération blanche ou neutre pour cette autorité dans la mesure où lorsque l'administration du Land condamnée s'acquitte de l'astreinte, ce montant vient abonder le budget du Land. C'est dans ce contexte que les requérants au principal ont sollicité du tribunal administratif de Munich qu'il prononce une contrainte par corps contre la ministre de l'Environnement du Land de Bavière ou, à défaut, contre le ministre-président de ce Land. À la suite du rejet de leur demande, les requérants au principal ont contesté la décision du juge de première instance devant le tribunal administratif supérieur du Land de Bavière.

À ce stade, l'affaire présente une triple originalité. Tout d'abord, si l'on excepte les situations qui relèvent de ce que l'on peut qualifier de crise de l'État de droit, il est exceptionnel de voir une autorité publique persister dans son refus de se conformer à une décision de justice et encore plus exceptionnel de voir une telle autorité revendiquer, à des fins électoralistes, un tel refus. Ensuite, ainsi que cela résulte du libellé même de la question préjudicielle, il ne semble pas exister de sanction intermédiaire entre l'infliction d'une astreinte et la condamnation à une contrainte par corps (2). Enfin, à travers ce renvoi préjudiciel, la juridiction de renvoi recherche la caution de la Cour pour surmonter « l'obstacle que constitue la jurisprudence [de la Cour] constitutionnelle » allemande qui, depuis 1970, empêche de prononcer une mesure de contrainte par corps contre des titulaires d'une fonction relevant de l'exercice de l'autorité publique (3).

On le voit, l'affaire était donc particulièrement sensible et le lecteur qui, désireux d'en connaître l'épilogue, commencerait

(2) Arrêt *Deutsche Umwelthilfe*, pt 28, dernier tiret.
(3) Voy. arrêt *Deutsche Umwelthilfe*, pts 22-27, et spéc. pt 27.

par la fin de l'arrêt, serait passablement surpris en découvrant sa motivation. En effet, le décalage est saisissant entre une motivation plutôt compassionnelle de la Cour, qui s'efforce de dégager des solutions alternatives destinées à compenser l'impossibilité de recourir, dans les circonstances de l'affaire au principal, à une contrainte par corps, et un dispositif rédigé en termes plutôt volontariste. C'est ainsi que « le droit de l'Union, notamment l'article 47, premier alinéa, de la Charte, doit être interprété en ce sens que, dans des circonstances caractérisées par un refus persistant d'une autorité nationale de se conformer à une décision de justice lui enjoignant d'exécuter une obligation claire, précise et inconditionnelle découlant dudit droit, notamment de la directive 2008/50, il incombe à la juridiction nationale compétente de prononcer une contrainte par corps contre des titulaires d'une fonction relevant de l'exercice de l'autorité publique lorsque, dans les dispositions du droit interne, il existe une base légale pour l'adoption d'une telle contrainte qui soit suffisamment accessible, précise et prévisible dans son application et pour autant que la limitation qui serait apportée au droit à la liberté, garanti par l'article 6 de la Charte, du fait d'un tel prononcé respecte les autres conditions posées à cet égard à l'article 52, paragraphe 1, de la Charte. En revanche, en l'absence d'une telle base légale dans le droit interne, le droit de l'Union n'habilite pas cette juridiction à avoir recours à une telle mesure » (pt 56). L'articulation du dispositif a de quoi surprendre, tant il est évident que, en l'occurrence, le recours à la contrainte par corps s'avérera impossible. En effet, la Cour feint d'ignorer la prémisse du raisonnement de la juridiction de renvoi, à savoir que, certes, « le droit national prévoit en principe l'instrument de la contrainte par corps aux fins de l'exécution de décisions de justice, mais [que] la jurisprudence de la [C]our constitutionnelle nationale fait obstacle à l'application de la disposition en cause à une situation telle que celle en cause en l'espèce » (4). Dans la mesure où la jurisprudence de la Cour constitutionnelle allemande fait obstacle au prononcé d'une contrainte par

(4) Arrêt *Deutsche Umwelthilfe*, pt 28, avant-dernier tiret.

corps à l'encontre d'un titulaire d'une fonction relevant de l'exercice de l'autorité publique, il paraît inenvisageable de voir la juridiction de renvoi considérer que l'application d'une telle sanction à des personnes détentrices de l'autorité publique résulterait d'une loi « suffisamment accessible, précise et prévisible dans son application afin d'éviter tout danger d'arbitraire » (pt 46). Bien que certaines observations soumises à la Cour, notamment lors de l'audience, aient pu suggérer que la décision de la Cour constitutionnelle de 1970 ne constitue pas un obstacle incontournable, il paraît évident que cette argumentation a déjà été soulevée devant la juridiction de renvoi de sorte que cette dernière ne va pas changer de position sur ce point. Au final, la mise en balance à laquelle se livre la Cour entre le droit à un recours effectif et le droit à la liberté garanti par l'article 6 de la Charte (5), selon une démarche qui n'est pas sans rappeler celle qu'elle avait adoptée dans la célèbre affaire *Schmidberger* (6), peut sembler assez largement superfétatoire.

Or, dès lors que la Cour refuse d'investir directement le juge national du pouvoir d'ordonner, en vertu du droit de l'Union lui-même une mesure de contrainte par corps, elle doit logiquement se placer sur le terrain de l'autonomie procédurale. Il s'ensuit que « le juge national ne saurait prononcer, sur le seul fondement du principe d'effectivité ainsi que du droit à une protection juridictionnelle effective, une contrainte par corps. En effet, toute limitation du droit à la liberté doit être prévue par une loi répondant aux exigences [d'accessibilité, de précision et de prévisibilité suffisantes dans son application afin d'éviter tout danger d'arbitraire] » (pt 49).

Il apparaît ainsi que les requérants au principal devront se contenter d'une « satisfaction platonique », ce qui n'est évidemment guère satisfaisant. Telle est la raison pour laquelle la Cour s'efforce de mentionner l'existence de solutions alternatives. La première, qui avait été évoquée très tôt, pour ne pas dire trop tôt, dans le raisonnement consisterait, pour le juge national, à apprécier si le droit allemand ne pourrait pas être interprété en ce sens qu'il autorise la condamnation

(5) Voy. arrêt *Deutsche Umwelthilfe*, pts 44 et s.
(6) CJCE, gde ch., 12 juin 2003, *Schmidberger*, aff. C-112/00, ECLI:EU:C:2003:333.

à « des astreintes d'un montant élevé, répétées à courte échéance, et dont le paiement ne se ferait pas, en fin de compte, au bénéfice du budget dont elles proviennent » (pts 40 et 51). Cela étant, le droit allemand semblant prévoir un plafond de 25 000 euros, il faudrait que la périodicité de l'astreinte soit extrêmement courte pour qu'une telle sanction soit prise au sérieux par la collectivité condamnée, surtout lorsque celle-ci est passablement riche, comme c'est le cas du Land de Bavière. La deuxième possibilité, qui peut sembler soit relativement naïve, soit témoigner de ce que la Cour paraît désarmée, consiste à rappeler que le constat d'échec auquel semblent parvenir tant la Cour que, par extension, la juridiction de renvoi, est « sans préjudice » de la possibilité pour la Commission d'introduire un recours en manquement (pt 53). Dès lors que le refus de la Commission d'introduire un recours en manquement est à l'abri de toute contestation contentieuse (7), cette – fausse – alternative s'apparente à un *cautère sur une jambe de bois*. Toutefois, si l'on fait montre d'un peu plus d'optimisme, on peut appréhender l'évocation du recours en manquement comme une sorte d'appel à la Commission, de la même manière que, en de rares occasions, la Cour a pu en appeler au Constituant ou au législateur afin de susciter une révision du droit de l'Union (8). La troisième possibilité invite clairement à passer de l'optimisme à l'utopie. En effet, de deux choses l'une, soit l'évocation de la possibilité d'engager la responsabilité de l'État, dans les circonstances de l'affaire au principal, ne constitue guère plus qu'un élément de décoration, destiné à suggérer artificiellement l'existence de solutions de repli – ce qui est plausible –, soit la mention de cette faculté est proprement révolutionnaire sur le plan contentieux. Si l'on garde à l'esprit que, d'ordinaire, lorsque la Cour mentionne une alternative à la stratégie contentieuse choisie par les requérants (9), celle-ci est praticable, on devrait en conclure que la Cour est loyale ou de bonne foi lorsqu'elle mobilise

---

(7) CJCE, 14 février 1989, *Star Fruit c/ Commission*, aff. 247/87, ECLI:EU:C:1989:58.

(8) L'exemple le plus connu correspond au célèbre arrêt *UPA c/ Conseil* (CJCE, gde ch., 25 juillet 2002, aff. C-50/00 P, ECLI:EU:C:2002:462).

(9) Le plus souvent, il s'agit pour la Cour de souligner que l'irrecevabilité opposée au requérant dans le cadre du recours en annulation ne saurait aboutir à une négation de son droit

le principe de la responsabilité des États membres pour violation du droit de l'Union. Pourtant, si l'on s'en tient à la jurisprudence constante, il paraît impossible d'engager la responsabilité de l'Allemagne, en raison du comportement du Land de Bavière, dans les circonstances de l'affaire au principal. Certes, la Cour a relevé que « le défaut de prendre les mesures exigées par [la directive 2008/50] mettrait en danger la santé des personnes » (pt 38), la pollution de l'air causant de nombreuses maladies, ainsi qu'un trop grand nombre de décès chaque année. Cependant, à l'exception des personnes souffrant de maladies respiratoires graves, les conséquences d'une pollution risquent fort de ne se manifester qu'au bout d'un certain nombre d'années. Or, en attendant, le lien de causalité fera immanquablement défaut. Ainsi, compte tenu du contexte de l'affaire *Deutsche Umwelthilfe*, soit la Cour s'est référée, à la va-vite, au principe de responsabilité, soit elle a entendu indiquer qu'elle était prête à indemniser le préjudice contre la Nature (10). Cependant, là où il est admis, un tel préjudice débouche sur une réparation en nature, autrement dit, sur l'adoption de mesures correctrices, ce qui semble aporétique en l'occurrence. Ainsi, quel que soit la direction dans laquelle porte le regard, contrainte par corps ou indemnisation du préjudice causé à la Nature, l'horizon paraît bien sombre.

Laurent Coutron

à une protection juridictionnelle effective dès lors qu'il peut susciter un acte d'application et ensuite soulever une exception d'illégalité ou solliciter un renvoi préjudiciel en appréciation de validité.

(10) Voy. not. Ch. Cournil, « Les droits fondamentaux au service de l'émergence d'un contentieux climatique contre l'État . Des stratégies contentieuses des requérants à l'activisme des juges », *in* Ch. Cournil, S. Lavorel, M. Moliner et M. Torre-Schaub (dir.), *Quel(s) droit(s) pour les changements climatiques*, Paris, Mare et Martin, 2018, p. 185.

VI. CITOYENNETÉ

Cour de justice, gde ch., 12 mars 2019, *Tjebbes e.a. c/ Minister van Buitenlandse Zaken*, aff. C-221/17, ECLI:EU:C:2019:189

Conclusions de l'avocat général P. Mengozzi, du 12 juillet 2018, ECLI:EU:C:2018:572

Mots-clés : Nationalités d'un État membre et d'un État tiers – Perte de plein droit de la nationalité d'un État membre et de la citoyenneté de l'Union – Conséquences – Proportionnalité – Effectivité de la nationalité

Cadre normatif : article 20 TFUE ; articles 7 et 24, paragraphe 2, de la charte des droits fondamentaux de l'Union européenne

Notes et observations : L. Clément-Wilz, F. Martucci et C. Mayeur-Carpentier, *RFDA*, 2019, Chron., p. 921 ; P. Bonneville, S. Markarian, H. Cassagnabère et C. Gänser, *AFDA*, 2019, Chron., p. 1047 ; J. Lepoutre, *D.*, 2019, p. 875 ; E. Pataut, *RTDE*, 2019, Chron., p. 709 ; A. Rigaux, *Europe*, mai 2019, Comm., n° 5, étude 4

Extraits de l'arrêt

1. La demande de décision préjudicielle porte sur l'interprétation des articles 20 et 21 TFUE ainsi que de l'article 7 de la charte des droits fondamentaux de l'Union européenne (ci-après la « Charte »).

2. Cette demande a été présentée dans le cadre d'un litige opposant Mmes M. G. Tjebbes, G. J. M. Koopman, E. Saleh Abady et L. Duboux au Minister van Buitenlandse Zaken (ministre des Affaires étrangères, Pays-Bas) (ci-après le « ministre ») au sujet du refus de ce dernier d'examiner leur demande respective d'obtention d'un passeport national.

[...]

Sur la question préjudicielle

27. Par sa question, la juridiction de renvoi demande, en substance, si les articles 20 et 21 TFUE, lus à la lumière de l'article 7 de la Charte, doivent être interprétés en ce sens qu'ils s'opposent à une législation d'un État membre, telle que celle en cause au principal, qui prévoit, sous certaines conditions, la perte de plein droit de la nationalité de cet État

membre, entraînant, s'agissant des personnes n'ayant pas également la nationalité d'un autre État membre, la perte de leur statut de citoyen de l'Union et des droits qui y sont attachés, sans qu'il soit procédé à un examen individuel, au titre du principe de proportionnalité, des conséquences d'une telle perte sur la situation de ces personnes au regard du droit de l'Union.

28. Il y a lieu d'emblée de relever que, dans la mesure où il ne ressort pas de la décision de renvoi que les requérantes au principal ont exercé leur droit à la libre circulation à l'intérieur de l'Union, il n'y a pas lieu de répondre à la question posée au regard de l'article 21 TFUE.

29. Cette précision étant faite, il convient de constater que la loi sur la nationalité dispose, à son article 15, paragraphe 1, sous c), qu'un majeur perd la nationalité néerlandaise s'il possède également une nationalité étrangère et qu'il a eu sa résidence principale pendant une période ininterrompue de dix ans au cours de sa majorité, en ayant les deux nationalités, en dehors des Pays-Bas et des territoires auxquels le traité UE est applicable. En outre, l'article 16, paragraphe 1, sous d), de cette loi prévoit qu'un mineur perd, en principe, la nationalité néerlandaise si son père ou sa mère perd la nationalité néerlandaise au titre, notamment, de l'article 15 paragraphe 1, sous c), de ladite loi.

30. À cet égard, il importe de rappeler que la Cour a déjà jugé que, si la définition des conditions d'acquisition et de perte de la nationalité relève, conformément au droit international, de la compétence de chaque État membre, le fait qu'une matière ressortit à la compétence des États membres n'empêche toutefois pas que, dans des situations relevant du droit de l'Union, les règles nationales concernées doivent respecter ce dernier (arrêt du 2 mars 2010, *Rottmann*, C-135/08, EU:C:2010:104, points 39 et 41 ainsi que jurisprudence citée).

31. Or, l'article 20 TFUE confère à toute personne ayant la nationalité d'un État membre le statut de citoyen de l'Union, lequel a vocation, selon une jurisprudence constante, à être le statut fondamental des ressortissants des États membres [arrêt du 8 mai 2018, *K.A. e.a. (Regroupement familial en Belgique)*, C-82/16, EU:C:2018:308, point 47 ainsi que jurisprudence citée].

32. Partant, la situation de citoyennes de l'Union qui, telles les requérantes au principal, ne possèdent la nationalité que d'un seul État membre et qui, par la perte de cette nationalité, sont confrontées à la perte du statut conféré par l'article 20 TFUE ainsi que des droits y attachés relève, par sa nature et ses conséquences, du droit de l'Union. Ainsi, les États membres doivent, dans l'exercice de leur compétence en matière de nationalité, respecter le droit de l'Union (arrêt du 2 mars 2010, *Rottmann*, C-135/08, EU:C:2010:104, points 42 et 45).

33. Dans ce contexte, la Cour a déjà jugé qu'il est légitime pour un État membre de vouloir protéger le rapport particulier de solidarité et de loyauté entre lui-même et ses ressortissants ainsi que la réciprocité de droits et de devoirs, qui sont le fondement du lien de nationalité (arrêt du 2 mars 2010, *Rottmann*, C-135/08, EU:C:2010:104, point 51).

34. En l'occurrence, il ressort de la décision de renvoi que, par l'adoption de l'article 15, paragraphe 1, sous c), de la loi sur la nationalité, le législateur néerlandais a entendu introduire un régime visant, notamment, à écarter les effets indésirables de la possession, par une même personne, de nationalités multiples. Le gouvernement néerlandais précise, par ailleurs, dans les observations qu'il a soumises à la Cour, que, parmi les objectifs de la loi sur la nationalité figure celui d'empêcher que des personnes obtiennent ou conservent la nationalité néerlandaise alors même qu'elles n'ont pas ou plus de lien avec le Royaume des Pays-Bas. L'objectif de l'article 16, paragraphe 1, sous d), de cette loi consisterait, quant à lui, à rétablir l'unité de nationalité au sein de la famille.

35. Ainsi que l'indique M. l'avocat général aux points 53 et 55 de ses conclusions, dans l'exercice de sa compétence lui permettant de définir les conditions d'acquisition et de perte de la nationalité, il est légitime pour un État membre de considérer que la nationalité traduit la manifestation d'un lien effectif entre lui-même et ses ressortissants, et d'attacher en conséquence à l'absence ou à la cessation d'un tel lien effectif la perte de sa nationalité. Il est, de même, légitime qu'un État membre veuille protéger l'unité de nationalité au sein d'une même famille.

36. À cet égard, un critère, tel que celui prévu à l'article 15, paragraphe 1, sous c), de la loi sur la nationalité, fondé sur la résidence habituelle des ressortissants du Royaume des Pays-Bas pendant une période ininterrompue de dix ans en dehors de cet État membre et des territoires auxquels le traité UE est applicable peut être considéré comme reflétant l'absence de ce lien effectif. De même, il peut être considéré, ainsi que l'indique le gouvernement néerlandais à propos de l'article 16, paragraphe 1, sous d), de cette loi, que l'absence de lien effectif entre les parents d'un enfant mineur et le Royaume des Pays-Bas implique, en principe, l'absence de ce lien entre cet enfant et cet État membre.

37. La légitimité, dans son principe, de la perte de la nationalité d'un État membre dans de telles situations est, d'ailleurs, corroborée par les dispositions de l'article 6 et de l'article 7, paragraphes 3 à 6, de la convention sur la réduction des cas d'apatridie, qui prévoient, dans des situations similaires, qu'un individu est susceptible de perdre la nationalité d'un État contractant, pour autant qu'il ne devient pas apatride. Ce risque d'apatridie est, en l'occurrence, écarté par les dispositions nationales en cause au principal, étant donné que leur application est subordonnée à la possession par la personne concernée, en plus de la nationalité

néerlandaise, de celle d'un autre État. De même, l'article 7, paragraphe 1, sous e), et paragraphe 2, de la convention sur la nationalité dispose qu'un État partie peut prévoir la perte de sa nationalité, notamment, dans le cas d'un majeur, lorsque tout lien effectif est absent entre cet État et un ressortissant qui réside habituellement à l'étranger et, dans le cas d'un mineur, pour l'enfant dont les parents perdent la nationalité dudit État.

38. Cette légitimité est encore confortée par le fait que, ainsi que le relève la juridiction de renvoi, lorsque la personne concernée sollicite, dans la période de dix ans visée à l'article 15, paragraphe 1, sous c), de la loi sur la nationalité, la délivrance d'une déclaration relative à la possession de la nationalité néerlandaise, d'un document de voyage ou d'une carte d'identité néerlandaise, au sens de la loi sur les passeports, le législateur néerlandais considère que cette personne entend ainsi conserver un lien effectif avec le Royaume des Pays-Bas, ainsi que l'atteste le fait que, aux termes de l'article 15, paragraphe 4, de la loi sur la nationalité, la délivrance de l'un de ces documents interrompt ladite période et exclut, par conséquent, la perte de la nationalité néerlandaise.

39. Dans ces conditions, le droit de l'Union ne s'oppose pas, par principe, à ce que, dans des situations telles que celles visées à l'article 15, paragraphe 1, sous c), de la loi sur la nationalité et à l'article 16, paragraphe 1, sous d), de cette loi, un État membre prévoie, pour des motifs d'intérêt général, la perte de sa nationalité, quand bien même cette perte entraîne, pour la personne concernée, celle de son statut de citoyen de l'Union.

40. Toutefois, il appartient aux autorités nationales compétentes et aux juridictions nationales de vérifier si la perte de la nationalité de l'État membre concerné, lorsqu'elle entraîne la perte du statut de citoyen de l'Union et des droits qui en découlent, respecte le principe de proportionnalité en ce qui concerne les conséquences qu'elle comporte sur la situation de la personne concernée et, le cas échéant, des membres de sa famille, au regard du droit de l'Union (voir, en ce sens, arrêt du 2 mars 2010, *Rottmann*, C-135/08, EU:C:2010:104, points 55 et 56).

41. La perte de plein droit de la nationalité d'un État membre serait incompatible avec le principe de proportionnalité si les règles nationales pertinentes ne permettaient, à aucun moment, un examen individuel des conséquences que comporte cette perte pour les personnes concernées au regard du droit de l'Union.

42. Il s'ensuit que, dans une situation telle que celle en cause au principal, dans laquelle la perte de la nationalité d'un État membre intervient de plein droit et entraîne la perte du statut de citoyen de l'Union, les autorités et les juridictions nationales compétentes doivent être en mesure d'examiner, de manière incidente, les conséquences de cette perte de nationalité et, le cas échéant, de faire recouvrer *ex tunc* la nationalité à

la personne concernée, à l'occasion de la demande, par celle-ci, d'un document de voyage ou de tout autre document attestant de sa nationalité.

43. D'ailleurs, la juridiction de renvoi indique, en substance, que tant le ministre que les juridictions compétentes sont appelés, en vertu du droit national, à examiner la possibilité de maintenir la nationalité néerlandaise dans le cadre de la procédure relative aux demandes de renouvellement de passeports, en effectuant une appréciation complète au regard du principe de proportionnalité consacré par le droit de l'Union.

44. Un tel examen exige une appréciation de la situation individuelle de la personne concernée ainsi que de celle de sa famille afin de déterminer si la perte de la nationalité de l'État membre concerné, lorsqu'elle emporte celle du statut de citoyen de l'Union, a des conséquences qui affecteraient de manière disproportionnée, par rapport à l'objectif poursuivi par le législateur national, le développement normal de sa vie familiale et professionnelle, au regard du droit de l'Union. De telles conséquences ne sauraient être hypothétiques ou éventuelles.

45. Dans le cadre de cet examen de proportionnalité, il incombe, en particulier, aux autorités nationales compétentes et, le cas échéant, aux juridictions nationales de s'assurer qu'une telle perte de nationalité est conforme aux droits fondamentaux garantis par la Charte dont la Cour assure le respect et, tout particulièrement, au droit au respect de la vie familiale, tel qu'il est énoncé à l'article 7 de la Charte, cet article devant être lu en combinaison avec l'obligation de prendre en considération l'intérêt supérieur de l'enfant, reconnu à l'article 24, paragraphe 2, de la Charte (arrêt du 10 mai 2017, *Chavez-Vilchez e.a.*, C-133/15, EU:C:2017:354, point 70).

46. S'agissant des circonstances relatives à la situation individuelle de la personne concernée, susceptibles d'être pertinentes aux fins de l'appréciation que les autorités nationales compétentes et les juridictions nationales doivent effectuer en l'occurrence, il y a lieu de mentionner, notamment, le fait que, à la suite de la perte de plein droit de la nationalité néerlandaise et du statut de citoyen de l'Union, la personne concernée se verrait exposée à des limitations dans l'exercice de son droit de circuler et de séjourner librement sur le territoire des États membres comportant, le cas échéant, des difficultés particulières pour continuer à se rendre aux Pays-Bas ou dans un autre État membre afin d'y maintenir des liens effectifs et réguliers avec des membres de sa famille, d'y exercer son activité professionnelle ou d'y entreprendre les démarches nécessaires pour y exercer une telle activité. Sont également pertinents, d'une part, le fait que la personne concernée n'aurait pas pu renoncer à la nationalité d'un État tiers et, de ce fait, relève de l'application de l'article 15, paragraphe 1, sous c), de la loi sur la nationalité et, d'autre part, le risque sérieux de détérioration substantielle de sa sécurité ou de sa liberté d'aller et venir

auquel serait exposée la personne concernée en raison de l'impossibilité pour elle de bénéficier, sur le territoire de l'État tiers où cette personne réside, de la protection consulaire au titre de l'article 20, paragraphe 2, sous c), TFUE.

47. S'agissant de personnes mineures, les autorités administratives ou judiciaires compétentes se doivent, en outre, de prendre en compte, dans le cadre de leur examen individuel, l'existence éventuelle de circonstances dont il découle que la perte, par le mineur concerné, de sa nationalité néerlandaise, qui est attachée par le législateur national à la perte de la nationalité néerlandaise de l'un de ses parents aux fins de préserver l'unité de nationalité au sein de la famille, ne correspond pas, en raison des conséquences d'une telle perte pour ce mineur au regard du droit de l'Union, à l'intérêt supérieur de l'enfant, tel que consacré à l'article 24 de la Charte.

48. Eu égard aux considérations qui précèdent, il y a lieu de répondre à la question posée que l'article 20 TFUE, lu à la lumière des articles 7 et 24 de la Charte, doit être interprété en ce sens qu'il ne s'oppose pas à une législation d'un État membre, telle que celle en cause au principal, qui prévoit, sous certaines conditions, la perte de plein droit de la nationalité de cet État membre, entraînant, s'agissant des personnes n'ayant pas également la nationalité d'un autre État membre, la perte de leur statut de citoyen de l'Union et des droits qui y sont attachés, pour autant que les autorités nationales compétentes, y compris, le cas échéant, les juridictions nationales, sont en mesure d'examiner, de manière incidente, les conséquences de cette perte de nationalité et, éventuellement, de faire recouvrer *ex tunc* la nationalité aux personnes concernées, à l'occasion de la demande, par celles-ci, d'un document de voyage ou de tout autre document attestant de leur nationalité. Dans le cadre de cet examen, ces autorités et juridictions doivent vérifier si la perte de la nationalité de l'État membre concerné, qui emporte celle du statut de citoyen de l'Union, respecte le principe de proportionnalité en ce qui concerne les conséquences qu'elle comporte sur la situation de chaque personne concernée et, le cas échéant, sur celle des membres de sa famille au regard du droit de l'Union.

Observations

L'arrêt *Tjebbes* constitue sans nul doute une prise de position particulièrement importante de la Cour de justice, dans la droite ligne de l'arrêt *Rottmann* du 2 mars 2010 (1), lequel avait substantiellement fait évoluer le délicat équilibre

(1) CJUE, gde ch., 2 mars 2010, *Rottmann*, aff. C-135/08, ECLI:EU:C:2010:104.

entre le respect de l'exclusivité de la compétence étatique en ce qui concerne les conditions d'octroi et de retrait de la nationalité et la nécessité d'affirmer et de raffermir le caractère fondamental du statut de citoyen de l'Union. La décision est rendue en outre dans un contexte géopolitique particulièrement sensible sur ces questions : le Brexit renouvelle la question des liens entre citoyenneté de l'Union et nationalité étatique, et l'argument relatif à la perte du statut de citoyen de l'Union du fait de la procédure de retrait enclenchée par le Royaume-Uni en 2016 a été plusieurs fois avancé devant les juridictions britanniques et européenne pour contester, voire remettre en cause l'ensemble du processus menant à la sortie de l'Union européenne du Royaume-Uni (2). En outre, dans un contexte toujours plus marqué par la menace terroriste, le droit de la nationalité a pu être utilisé comme une arme controversée, comme l'attestent les règles de déchéance de la nationalité mises en place ou simplement envisagées dans certains États membres de l'Union.

En l'espèce, Mesdames Tjebbes, Koopman, Saleh Abady et Duboux, possèdent, soit depuis la naissance, soit du fait d'une procédure particulière, la nationalité néerlandaise. Elles ont aussi la nationalité d'un État tiers à l'Union européenne, de naissance ou du fait du mariage. En possession d'un passeport néerlandais ou, pour l'une d'elles mineure, inscrite sur le passeport néerlandais de son responsable légal, elles sont établies dans des pays tiers (Canada, Suisse ou Iran), et ont introduit une demande de renouvellement ou d'obtention de passeport auprès des ambassades des Pays-Bas des États dans lesquelles elles résident. Ces demandes ont été rejetées, le ministre ayant refusé de les examiner au motif que les requérantes avaient perdu de plein droit leur nationalité néerlandaise, en vertu de l'article 15, paragraphe 1, sous d), de la loi sur la nationalité, lequel prévoit, pour toute personne possédant une autre nationalité et n'ayant pas entrepris certaines démarches consulaires, une telle conséquence automatique dans le cas d'une résidence de dix ans en dehors de l'Union européenne. Le *Rade van State* néerlandais

(2) Voy. not. l'écho donné par la Cour de justice à ces thèses dans l'arrêt *Wightman*, prononcé en assemblée plénière le 10 décembre 2018, aff. C-621/18, ECLI:EU:C:2018:999.

(Conseil d'État) saisit la Cour de justice d'une question préjudicielle en interprétation pour savoir si et dans quelle mesure une telle législation est compatible avec le droit de l'Union, plus particulièrement les articles 20 et 21 TFUE, lus à la lumière de l'article 7 de la Charte des droits fondamentaux de l'Union européenne (droit à la vie privée et familiale). La juridiction de renvoi s'interroge plus précisément sur l'absence d'examen individuel au titre du principe de proportionnalité, à la fois concernant la personne majeure et la personne mineure.

Examen des questions

Amenée à examiner la compatibilité de la législation nationale avec l'article 20 du TFUE, la Cour rappelle sans surprise l'un des principaux apports de l'arrêt *Rottmann*, en jugeant que « la situation de citoyennes de l'Union qui, telles les requérantes au principal, ne possèdent la nationalité que d'un seul État membre et qui, par la perte de cette nationalité, sont confrontées à la perte du statut conféré par l'article 20 TFUE ainsi que des droits y attachés relève, par sa nature et ses conséquences, du droit de l'Union »(3). Elle juge légitimes les objectifs mis en avant par l'État, notamment la nécessité pour le lien de nationalité de traduire la manifestation d'un lien effectif entre lui-même et ses ressortissants, ainsi que le souci de protéger l'unité de nationalité au sein d'une même famille. C'est au stade de l'appréciation du critère choisi par les Pays-Bas, pourtant extrêmement formaliste et quelque peu brutal, que les éléments mis en avant par la Cour de justice paraissent lacunaires. La Cour se contente en effet de relever, sans plus d'explications, qu'« un critère, tel que celui prévu à l'article 15, paragraphe 1, sous c), de la loi sur la nationalité, fondé sur la résidence habituelle des ressortissants du Royaume des Pays-Bas pendant une période ininterrompue de dix ans en dehors de cet État membre et des territoires auxquels le traité UE est applicable peut être considéré comme reflétant l'absence de ce lien effectif. De même, il peut être considéré, ainsi que l'indique le

(3) Pt 32 de l'arrêt.

gouvernement néerlandais à propos de l'article 16, paragraphe 1, sous d), de cette loi, que l'absence de lien effectif entre les parents d'un enfant mineur et le Royaume des Pays-Bas implique, en principe, l'absence de ce lien entre cet enfant et cet État membre »(4). La Cour s'appuie en outre d'une part, sur la logique de la convention sur la réduction des cas d'apatridie, qui prévoit la possibilité d'une perte de la nationalité dans des conditions similaires à condition que le ressortissant ne devienne pas apatride, d'autre part, sur le tempérament apporté par la loi néerlandaise, laquelle prévoit que la délivrance d'une déclaration relative à la possession de la nationalité, sollicitée par l'intéressé dans la période de dix ans visée, exclut la perte de la nationalité.

On notera avec intérêt et une certaine surprise que la Cour s'appuie ici sur des éléments (référence au droit international général, démarches administratives) qu'elle hésite en règle générale à mettre en avant ou à considérer comme décisifs. À l'inverse, nulle trace dans l'arrêt *Tjebbes*, quand la Cour examine la légitimité de la législation néerlandaise et admet l'exigence d'effectivité de la nationalité, d'une recherche approfondie de ce qui serait véritablement susceptible de fonder cette « effectivité », à l'inverse d'un courant jurisprudentiel singulièrement développé sur l'intégration du citoyen européen, à la fois manifestation la plus tangible de la citoyenneté européenne et condition pour en obtenir la pleine jouissance. La contradiction pourrait pourtant n'être qu'apparente : il s'agit sans doute pour la Cour de respecter, s'agissant de la nationalité, la compétence nationale, sans s'immiscer dans les critères qui fonderaient son effectivité. Le caractère purement formel de la nationalité en sort sans doute renforcé, mais la différence entre la nationalité, « simple » critère d'accès à la citoyenneté européenne, et la citoyenneté de l'Union, « façonnée » par l'intégration substantielle de l'individu dans la société européenne, n'en est que plus marquée(5).

(4) Pt 36.

(5) C'est là une différence qui nous paraît faite par la Cour de longue date, voy. à ce sujet notre thèse *Les fondements juridiques de la citoyenneté européenne*, Bruxelles, Bruylant, 2007, not. pp. 144 et s.

La Cour reconnaît alors la compatibilité de principe avec le droit de l'Union de la législation néerlandaise, et donc de la perte du statut de citoyen susceptible de résulter de son application. Elle poursuit cependant, dans un développement clairement contraire à la solution préconisée par l'Avocat général Mengozzi (6), en soumettant les autorités nationales à un contrôle de proportionnalité dont elle développe de manière plus prolixe les contours, en exigeant notamment que les autorités nationales se livrent à une appréciation de la situation individuelle de la personne concernée ainsi que de celle de sa famille. Dans la ligne de l'arrêt *Chavez-Vilchez* (7), la Cour donne toute sa place, et c'est heureux, à la protection des droits fondamentaux, notamment le droit au respect de la vie familiale énoncé à l'article 7 de la Charte des droits fondamentaux, lu en combinaison avec l'obligation de prendre en considération l'intérêt supérieur de l'enfant, reconnu à l'article 24, paragraphe 2, de la Charte (8), et qui ne faisait pas partie des dispositions sollicitées par la juridiction de renvoi. La perte de la nationalité ne saurait entrer en contradiction avec ces normes et principes, la Cour confirmant ainsi, pour la première fois, que la nationalité fait bien partie du corpus des droits de l'homme (9). C'est particulièrement important dans la situation de la personne mineure, laquelle peut perdre sa nationalité suite à la perte de la nationalité de l'un de ses parents aux fins de préserver l'unité de nationalité au sein de la famille : une telle conséquence heurtera le droit de l'Union si cette situation ne correspond pas à l'intérêt supérieur de l'enfant tel que consacré par la Charte (10).

Les « circonstances relatives à la situation individuelle de la personne concernée » susceptibles d'être prises en compte dans le cadre du contrôle de proportionnalité sont nécessairement plus floues : doivent être évaluées les limitations dans

---

(6) Concl. prononcées le 12 juillet 2018 (ECLI:EU:C:2018:572), voy. not. les pts 61 et s.

(7) CJUE, 10 mai 2017, *Chavez-Vilchez e.a.*, aff. C-133/15, EU:C:2017:354, pt 70.

(8) Pt 45 de l'arrêt *Tjebbes*.

(9) On rappellera que dans l'arrêt *Rottmann*, la Cour n'avait nullement envisagé la situation du requérant sous l'angle de l'apatridie, mais par le seul prisme de la citoyenneté de l'Union.

(10) Pt 47 de l'arrêt *Tjebbes*.

l'exercice du droit de circuler et de séjourner librement sur le territoire des États membres, et notamment les difficultés pour se rendre aux Pays-Bas ou dans un autre État membre pour y maintenir des liens effectifs avec des membres de la famille, ou encore exercer une activité professionnelle. Doit aussi être pris en considération le fait qu'une personne n'aurait pas pu renoncer à la nationalité d'un État tiers, ou le risque de détérioration de sa sécurité résultant de l'impossibilité de bénéficier sur le territoire de l'État tiers de résidence, de la protection consulaire au titre de l'article 20, paragraphe 2, TFUE (11).

Critiquée pour son manque d'audace, voire pour la vision très réductrice et dangereuse pour le statut de citoyen qu'elle imposerait par sa démarche (12), la Cour de justice ne nous parait cependant pas prendre le contrepied radical de sa jurisprudence antérieure. Amenée à s'immiscer dans une compétence exclusivement nationale, celle relative aux conditions d'octroi et de perte de la nationalité, elle pose des jalons supplémentaires en exigeant un examen strictement individualisé de la situation de l'intéressé. Elle poursuit aussi et surtout, au prix il est vrai d'une certaine retenue, des raisonnements qu'elle a déjà développés, qu'il s'agisse du caractère formel de la nationalité ou de la réalité du « territoire de l'Union », qu'elle contribue à dessiner, quitte à forcer l'opposition entre le « nous » et « les autres ».

Myriam Benlolo-Carabot

(11) Pt 46 de l'arrêt.

(12) Voy. surtout le commentaire très critique de D. Kochenov, « The Tjebbes Fail », *European papers*, http://www.europeanpapers.eu/en/europeanforum/the-tjebbes-fail.

Cour de justice, 3e ch., 13 juin 2019, *TopFit eV et Daniele Biffi c/ Deutscher Leichtathletikverband eV*, aff. C-22/18, ECLI:EU:C:2019:497

Conclusions de l'avocat général E. Tanchev, du 7 mars 2019, ECLI:EU:C:2019:181

Mots-clés : Pratique du sport amateur – Règlement d'une fédération sportive – Participation au championnat national d'un État membre d'un athlète amateur ayant la nationalité d'un autre État membre – Traitement différent en raison de la nationalité – Restriction à la libre circulation – intégration du citoyen européen dans la société d'accueil

Cadre normatif : articles 18, 21 et 165 TFUE

Notes et observations : L. Clément-Wilz, F. Martucci et C. Mayeur-Carpentier, *RFDA*, 2019, Chron., p. 921 ; E. Pataut, *RTDE*, 2019, Chron., p. 722 ; A. Rigaux, *Europe*, août 2019, Comm., n° 315

Extraits de l'arrêt

1. La demande de décision préjudicielle porte sur l'interprétation des articles 18, 21 et 165 TFUE.

2. Cette demande a été présentée dans le cadre d'un litige opposant TopFit eV et M. Daniele Biffi à la Deutscher Leichtathletikverband eV (Fédération nationale d'athlétisme allemande, ci-après la « DLV »), au sujet des conditions de participation des ressortissants d'autres États membres à des championnats nationaux de sport amateur dans la catégorie senior.

[...]

Sur les questions préjudicielles

26. Par ses questions, qu'il y a lieu d'examiner ensemble, la juridiction de renvoi demande en substance si les articles 18, 21 et 165 TFUE doivent être interprétés en ce sens qu'ils s'opposent à une réglementation d'une fédération sportive nationale, telle que celle en cause au principal,

en vertu de laquelle un citoyen de l'Union, ressortissant d'un autre État membre, qui réside depuis de nombreuses années sur le territoire de l'État membre où est établie cette fédération où il pratique la course à pied en amateur dans la catégorie senior ne peut pas participer aux championnats nationaux dans ces disciplines au même titre que les nationaux, en ce sens que, même s'il remplit toutes les conditions requises sauf celle de la nationalité, il ne peut participer à ces championnats que « hors classement » ou « sans classement », sans avoir accès à la finale et sans pouvoir obtenir le titre de champion national et qu'il peut même ne pas être admis à participer à ces championnats.

27. À cet égard, il convient de relever qu'un citoyen de l'Union, tel que M. Biffi, ressortissant italien qui s'est déplacé en Allemagne où il réside depuis 15 ans, a exercé son droit à la libre circulation, au sens de l'article 21 TFUE.

28. Conformément à une jurisprudence constante, le statut de citoyen de l'Union a vocation à être le statut fondamental des ressortissants des États membres permettant à ceux parmi ces derniers qui se trouvent dans la même situation d'obtenir, indépendamment de leur nationalité et sans préjudice des exceptions expressément prévues à cet égard, le même traitement juridique (arrêt du 20 septembre 2001, *Grzelczyk*, C-184/99, EU:C:2001:458, point 31).

29. Ainsi que la Cour l'a déjà jugé, la situation d'un citoyen de l'Union qui a fait usage de sa liberté de circulation relève du champ d'application de l'article 18 TFUE, qui consacre le principe de non-discrimination en raison de la nationalité (arrêt du 13 novembre 2018, *Raugevicius*, C-247/17, EU:C:2018:898, point 27).

30. Cet article a vocation à s'appliquer à un citoyen de l'Union qui, à l'instar de M. Biffi, réside dans un État membre autre que celui dont il a la nationalité, dans lequel il entend participer à des compétitions sportives en tant qu'amateur.

31. En outre, la Cour a déjà jugé que le droit de l'Union garantit à tout ressortissant d'un État membre tant la liberté de se rendre dans un autre État membre pour y exercer une activité salariée ou non salariée que celle d'y résider après y avoir exercé une telle activité et que l'accès aux activités de loisirs offertes dans cet État constitue le corollaire de la liberté de circulation (arrêt du 7 mars 1996, *Commission/France*, C-334/94, EU:C:1996:90, point 21).

32. La Cour a également jugé que les droits conférés à un citoyen de l'Union par l'article 21, paragraphe 1, TFUE tendent, notamment, à favoriser l'intégration progressive du citoyen de l'Union concerné dans la société de l'État membre d'accueil (voir, en ce sens, arrêt du 14 novembre 2017, *Lounes*, C-165/16, EU:C:2017:862, point 56).

33. De plus, l'article 165 TFUE reflète l'importance sociale considérable du sport dans l'Union, notamment du sport amateur, laquelle avait été mise en avant dans la déclaration n° 29 relative au sport figurant à l'annexe de l'acte final de la conférence ayant arrêté le texte du traité d'Amsterdam (voir, en ce sens, arrêts du 15 décembre 1995, *Bosman*, C-415/93, EU:C:1995:463, point 106, ainsi que du 13 avril 2000, *Lehtonen et Castors Braine*, C-176/96, EU:C:2000:201, point 33), et le rôle du sport comme facteur d'intégration dans la société de l'État membre d'accueil.

34. Il résulte donc d'une lecture combinée de l'article 21, paragraphe 1, TFUE et de l'article 165 TFUE que la pratique d'un sport amateur, notamment au sein d'un club sportif, permet au citoyen de l'Union qui réside dans un État membre autre que celui dont il a la nationalité de créer des liens avec la société de l'État dans lequel il s'est déplacé et réside ou de consolider ceux-ci. Cela vaut également en ce qui concerne la participation à des compétitions sportives de tout niveau.

35. Il s'ensuit qu'un citoyen de l'Union, tel que M. Biffi, peut légitimement se prévaloir des articles 18 et 21 TFUE dans le cadre de sa pratique d'un sport amateur en compétition dans la société de l'État membre d'accueil.

36. La question se pose néanmoins de savoir si les règles des fédérations nationales sportives sont soumises aux règles du traité au même titre que les règles d'origine étatique.

37. À cet égard, il convient de rappeler que, conformément à une jurisprudence constante, le respect des libertés fondamentales et l'interdiction de la discrimination sur le fondement de la nationalité prévus par le traité s'imposent aussi aux réglementations de nature non publique qui visent à régler de façon collective le travail salarié et les prestations de services (voir, notamment, arrêts du 12 décembre 1974, *Walrave et Koch*, 36/74, EU:C:1974:140, point 17 ; du 15 décembre 1995, *Bosman*, C-415/93, EU:C:1995:463, point 82 ; du 18 décembre 2007, *Laval un Partneri*, C-341/05, EU:C:2007:809, point 98, ainsi que du 16 mars 2010, *Olympique Lyonnais*, C-325/08, EU:C:2010:143, point 30).

38. La Cour a ainsi jugé que l'abolition entre les États membres des obstacles à la libre circulation des personnes et à la libre prestation des services, objectif fondamental de la Communauté européenne, énoncé à l'article 3, sous c), du traité CEE (abrogé par le traité de Lisbonne), remplacé en substance par les articles 3 à 6 TFUE, serait compromise si l'abolition des barrières d'origine étatique pouvait être neutralisée par des obstacles résultant de l'exercice de leur autonomie juridique par des associations ou des organismes ne relevant pas du droit public (voir, en ce sens, arrêt du 12 décembre 1974, *Walrave et Koch*, 36/74, EU:C:1974:140, point 18).

39. Le principe consacré par cette jurisprudence de la Cour trouve également à s'appliquer lorsqu'un groupe ou une organisation exerce un certain pouvoir sur les particuliers et est en mesure de leur imposer des conditions qui nuisent à l'exercice des libertés fondamentales garanties par le traité (voir, en ce sens, arrêt du 3 octobre 2000, *Ferlini*, C-411/98, EU:C:2000:530, point 50).

40. Il en résulte que les règles d'une fédération sportive nationale, telle que celles en cause au principal, qui régissent l'accès des citoyens de l'Union aux compétitions sportives, sont soumises aux règles du traité, notamment aux articles 18 et 21 TFUE.

41. Il convient dès lors d'examiner si de telles règles sont conformes à ces articles.

42. La juridiction de renvoi expose, à cet égard, qu'un citoyen de l'Union tel que M. Biffi est traité différemment d'un national depuis le changement du règlement d'athlétisme introduit par la DLV le 17 juin 2016.

43. Selon cette juridiction, un tel citoyen, même s'il remplit les conditions relatives aux performances sportives requises et s'il dispose d'un droit de participation à des épreuves sportives au titre d'un club affilié à la fédération d'athlétisme nationale depuis au moins un an, peut, en raison de sa nationalité, se voir refuser la participation à un championnat national amateur de course à pied sur de courtes distances en catégorie senior ou n'être que partiellement admis à y participer.

44. Il convient de relever qu'une telle différence de traitement est susceptible de créer une restriction à la liberté de circulation de ce citoyen de l'Union (voir, en ce sens, arrêt du 13 novembre 2018, *Raugevicius*, C-247/17, EU:C:2018:898, point 28).

45. Il ressort, en l'occurrence, de la décision de renvoi qu'un sportif amateur tel que M. Biffi n'a pas accès aux championnats nationaux organisés par la DLV dans la catégorie senior dans les mêmes conditions que les ressortissants allemands, bien que ces championnats fassent partie des compétitions les plus importantes à l'échelon national. Lorsqu'il est autorisé à participer à ces championnats, il ne peut désormais prendre part qu'aux tours qualificatifs sans classement et donc sans accès à la finale ou qu'aux épreuves contre la montre, mais hors classement.

46. Une réglementation telle que celle en cause au principal peut également conduire, ainsi que l'exposent TopFit et M. Biffi dans leurs observations écrites, à ce que les athlètes ressortissants d'un État membre autre que la République fédérale d'Allemagne soient moins bien soutenus par les clubs sportifs auxquels ils sont rattachés que les athlètes nationaux, car ces clubs auront moins d'intérêt à investir dans un athlète qui n'a pas vocation à participer aux championnats nationaux. Dans ce cas, les athlètes ressortissants d'autres États membres, tels que M. Biffi, pourraient

moins bien s'intégrer dans leur club sportif de rattachement et, par conséquent, dans la société de leur État membre de résidence.

47. Il y a lieu de constater que de tels effets sont susceptibles de rendre moins attrayant l'exercice du sport amateur par les citoyens de l'Union et constituent, partant, une restriction à la liberté de circulation de ces derniers au sens de l'article 21 TFUE.

48. Or, une restriction à la liberté de circulation des citoyens de l'Union ne peut être justifiée que si elle est fondée sur des considérations objectives et est proportionnée à l'objectif légitimement poursuivi par la réglementation en cause (voir, en ce sens, arrêt du 13 novembre 2018, *Raugevicius*, C-247/17, EU:C:2018:898, point 31).

49. À cet égard, il y a lieu de rappeler que, dans le domaine du sport, la Cour a itérativement jugé que les dispositions du droit de l'Union en matière de libre circulation des personnes et des services ne s'opposent pas à des réglementations ou à des pratiques justifiées par des motifs tenant au caractère et au cadre spécifiques de certaines rencontres sportives, telles que des matchs entre équipes nationales de différents pays. Toutefois, cette restriction du champ d'application des dispositions en cause doit rester limitée à son objectif propre et ne peut être invoquée pour exclure toute une activité sportive du champ d'application du traité (voir, en ce sens, arrêt du 15 décembre 1995, *Bosman*, C-415/93, EU:C:1995:463, points 76 et 127).

50. Or, dès lors que, à première vue, l'attribution du titre de champion national dans une certaine discipline sportive ne couvre pas toutes les compétitions se déroulant au niveau national dans cette discipline, cette attribution a un effet limité sur la pratique de la discipline sportive en cause. Par ailleurs, à l'instar de ce qui a été jugé au sujet de la composition des équipes nationales, il apparaît légitime de réserver l'attribution du titre de champion national dans une certaine discipline sportive à un ressortissant national, cet élément national pouvant être considéré comme une caractéristique même du titre de champion national. Toutefois, il importe que les restrictions qui découlent de la poursuite dudit objectif soient conformes au principe de proportionnalité.

51. En l'espèce, la DLV estime, de manière générale, que, en tant que fédération sportive, elle jouit d'une autonomie dans l'établissement de ses règles et que le public s'attend à ce que le champion national d'un État soit un ressortissant de cet État. Cette fédération fait valoir, par ailleurs, deux explications spécifiques visant à justifier sa réglementation. Premièrement, la désignation du champion national et des deuxième et troisième meilleurs athlètes nationaux servirait à sélectionner les athlètes qui représenteront leur pays aux championnats internationaux tels que les championnats d'Europe, en l'occurrence sous l'abréviation « GER » qui renvoie au mot « *Germany* », c'est-à-dire l'Allemagne. Deuxièmement, la

DLV indique qu'il n'est pas possible de distinguer selon les catégories d'âge et de prévoir une dérogation pour les seniors par rapport aux jeunes de moins de 20 ans et à ceux de la catégorie « élite ».

52. S'agissant, tout d'abord, de l'affirmation selon laquelle les fédérations sportives sont libres d'établir leurs règles, il convient de rappeler, ainsi qu'il a déjà été exposé au point 40 du présent arrêt, que l'autonomie dont disposent ces associations privées pour adopter des réglementations sportives ne saurait les autoriser à limiter l'exercice des droits conférés par le traité aux particuliers (voir, en ce sens, arrêt du 15 décembre 1995, *Bosman*, C-415/93, EU:C:1995:463, point 81).

53. Il convient de souligner que le fait qu'une règle soit purement sportive n'implique pas qu'elle soit exclue d'emblée du champ d'application du traité (voir, en ce sens, arrêt du 18 juillet 2006, *Meca-Medina et Majcen / Commission*, C-519/04 P, EU:C:2006:492, point 33).

54. Par conséquent, l'argument selon lequel le public s'attend à ce que le champion national d'un pays ait la nationalité de ce pays ne justifie pas n'importe quelle restriction à la participation des non-nationaux aux championnats nationaux.

55. Il convient dès lors, encore, d'examiner les justifications spécifiques invoquées par la DLV.

56. S'agissant de la première de ces justifications, à savoir la désignation du champion national qui représentera son pays aux championnats internationaux, il ressort de l'audience devant la Cour que la DLV ne sélectionne pas elle-même les participants à des championnats internationaux de la catégorie senior, mais que les athlètes qui appartiennent à un club affilié à la DLV et qui remplissent les conditions de performance peuvent, quelle que soit leur nationalité, participer à ces championnats et s'y inscrivent eux-mêmes. Ainsi, un ressortissant d'un État membre autre que la République fédérale d'Allemagne peut devenir champion d'Europe senior de course à pied en concourant pour l'Allemagne. Selon les propres indications de la DLV, celle-ci ne sélectionne les meilleurs athlètes nationaux afin de participer à des championnats internationaux que dans la catégorie « élite ».

57. En ce qui concerne la seconde justification invoquée par la DLV, à savoir la nécessité d'adopter les mêmes règles pour toutes les catégories d'âge, il découle du point précédent qu'elle n'est pas étayée par les déclarations de la DLV sur le mécanisme de sélection des athlètes au niveau international, dont il ressort qu'il ne concernerait que la catégorie « élite ».

58. Ainsi, aucune des deux justifications avancées par la DLV n'apparaît fondée sur des considérations objectives.

59. Il appartient à la juridiction de renvoi de vérifier s'il existe d'autres justifications des règles de non-admission partielle des non-nationaux aux championnats nationaux.

60. À cet égard, il convient encore de rappeler que, s'il revient aux entités concernées, telles que les organisateurs des championnats ou les fédérations sportives, d'édicter les règles appropriées pour assurer le bon déroulement des compétitions (arrêt du 11 avril 2000, *Deliège*, C-51/96 et C-191/97, EU:C:2000:199, point 67), ces règles ne doivent pas aller au-delà de ce qui est nécessaire pour atteindre l'objectif poursuivi (arrêt du 13 avril 2000, *Lehtonen et Castors Braine*, C-176/96, EU:C:2000:201, point 56).

61. En ce qui concerne l'argument selon lequel il s'agit d'un sport individuel par élimination progressive, en l'occurrence la course à pied sur courtes distances qui se court sur huit couloirs, il y a lieu de constater que la présence d'un ou de plusieurs non-nationaux dans l'épreuve finale est susceptible d'empêcher un national de remporter le championnat et de faire obstacle à la désignation des meilleurs nationaux.

62. Toutefois, même dans le cadre de tels sports, la non-admission des non-nationaux à l'épreuve finale ne doit pas aller au-delà de ce qui est nécessaire pour atteindre l'objectif poursuivi. À cet égard, il faut tenir compte du fait que, dans l'État membre en cause dans la présente affaire, cette exclusion n'a pas existé pendant des années pour la catégorie senior.

63. Il appartient à la juridiction nationale appelée à examiner l'existence d'éventuelles autres justifications d'effectuer cet examen en tenant compte de l'objectif découlant d'une lecture combinée des dispositions de l'article 21, paragraphe 1, TFUE et de l'article 165 TFUE d'ouvrir davantage les compétitions et de l'importance d'intégrer les résidents, surtout ceux de longue durée, comme en l'occurrence M. Biffi, dans l'État membre d'accueil.

64. S'agissant, ensuite, de la non-admission totale aux championnats nationaux, la DLV considère qu'elle ne se pose pas dans la présente affaire, dès lors que M. Biffi devrait pouvoir continuer à participer à ces championnats. Toutefois, il ressort de la décision de renvoi que M. Biffi n'a pas été admis à participer à un championnat national en 2017. De plus, selon les précisions relatives au cadre réglementaire apportées par la DLV dans ses observations écrites, la participation des non-nationaux, membres d'un club affilié à la DLV, étant subordonnée à une autorisation, une telle exclusion resterait possible.

65. À cet égard, il y a lieu de rappeler que, pour qu'un tel régime d'autorisation préalable soit justifié au regard des articles 18 et 21 TFUE, il doit, en tout état de cause, être fondé sur des critères objectifs, non discriminatoires et connus à l'avance, de manière à encadrer l'exercice du

pouvoir d'appréciation de la DLV afin que celui-ci ne soit pas utilisé de manière arbitraire (voir en ce sens, notamment, arrêt du 20 février 2001, *Analir e.a.*, C-205/99, EU:C:2001:107, point 38).

66. Il convient, en outre, de relever que, dès lors qu'il existe un mécanisme relatif à la participation d'un athlète non-national à un championnat national, à tout le moins aux tours qualificatifs et/ou hors classement, la non-admission totale d'un tel athlète à ces championnats en raison de sa nationalité apparaît, en tout état de cause, disproportionnée.

67. Il y a lieu, par conséquent, de répondre aux questions posées que les articles 18, 21 et 165 TFUE doivent être interprétés en ce sens qu'ils s'opposent à une réglementation d'une fédération sportive nationale, telle que celle en cause au principal, en vertu de laquelle un citoyen de l'Union, ressortissant d'un autre État membre, qui réside depuis de nombreuses années sur le territoire de l'État membre où est établie cette fédération où il pratique la course à pied en amateur dans la catégorie senior, ne peut pas participer aux championnats nationaux dans ces disciplines au même titre que les nationaux ou ne peut y participer que « hors classement » ou « sans classement », sans avoir accès à la finale et sans pouvoir obtenir le titre de champion national, à moins que cette réglementation ne soit justifiée par des considérations objectives et proportionnées à l'objectif légitimement poursuivi, ce qu'il appartient à la juridiction de renvoi de vérifier.

Observations

Le rôle du sport dans la construction de la Communauté, puis de l'Union européenne, fait l'objet d'une jurisprudence d'ores et déjà abondante. L'arrêt *TopFit eV. et Daniele Biffi* constituera sans doute une pierre importante de cet édifice, car c'est la première fois que la Cour affirme avec autant de netteté le lien entre le sport, l'intégration dans la société d'accueil et le statut fondamental du citoyen de l'Union.

Ressortissant italien résidant en Allemagne depuis quinze ans, M. Daniele Biffi pratique la course à pied en amateur au sein d'une fédération sportive allemande, la Deutscher Leichtathletikverband eV (Fédération nationale d'athlétisme allemande, ci-après la « DLV »). Jusqu'au 17 juin 2016, le règlement d'athlétisme prévoyait que la participation aux championnats allemands était ouverte aux citoyens de l'Union ne possédant pas la nationalité allemande s'ils disposaient d'un droit de participation au titre d'une association.

Mais cette disposition a été abrogée, et l'article 5.2 du règlement ne mentionne plus que les nationaux. Monsieur Biffi peut participer à ces championnats seulement « hors classement », sans avoir accès à la finale et sans pouvoir obtenir le titre de champion national. La juridiction allemande devant laquelle il conteste ces règles pose une question préjudicielle à la CJUE : elle souligne que M. Biffi est un sportif senior qui demeure un sportif amateur n'exerçant aucune activité économique lorsqu'il participe à ces championnats, mais se demande si une telle condition de nationalité ne constitue pas une discrimination interdite au regard notamment de l'article 165 du TFUE, lequel se réfère expressément au sport (1), et des articles 18, 20 et 21 du TFUE.

Examen des questions

Ce n'est pas tant la solution préconisée par la Cour que les fondements juridiques et l'argumentation qu'elle mobilise qui doivent retenir l'attention. L'Avocat général Tanchev préconisait une approche classique, pourtant négligée par la juridiction de renvoi dans la formulation de ses questions. Il avait en effet estimé que l'affaire devait à titre principal être envisagée sous l'angle de l'article 49 du TFUE et de la liberté d'établissement, l'intéressé ne pouvant selon lui être considéré comme un sportif « amateur » puisqu'il gagnait sa vie en dispensant des entrainements sportifs, en exerçant une activité indépendante laquelle serait incontestablement valorisée par le statut de champion d'Allemagne (2). L'avocat général reprend donc la distinction traditionnellement entérinée par la jurisprudence de la Cour entre pratique professionnelle du sport, à ce titre considéré comme une activité économique relevant du champ d'application du traité, et pratique amateure, laquelle renvoie à des règlementations ou pratiques qui peuvent exclure des joueurs étrangers pour des motifs non économiques, intéressant uniquement le sport en tant que tel (3).

---

(1) Le deuxième alinéa du paragraphe premier de l'article 165 du TFUE est ainsi rédigé : « L'Union contribue à la promotion des enjeux européens du sport, tout en tenant compte de ses spécificités, de ses structures fondées sur le volontariat ainsi que de sa fonction sociale et éducative ».

(2) Pts 50 et s., concl.

(3) Voy. e.a. CJCE, 11 avril 2000, *Deliège*, aff. C-51/96 et C-191/97, ECLI:EU:C:2000:119, pt 43 ; CJCE, 13 avril 2000, *Lehtonen*, aff. C-176/96, ECLI:EU:C:2000:201, pt 34.

Rien de tel dans la démarche finalement choisie par la Cour. Se situant résolument dans le champ de la citoyenneté de l'Union, la Cour juge que l'article 18 du TFUE a vocation à s'appliquer à un citoyen de l'Union tel M. Biffi, qui réside dans un État membre autre que celui dont il a la nationalité, dans lequel il entend participer à des compétitions sportives en tant qu'amateur (4). Pour la première fois, la Cour combine plusieurs affirmations pour justifier une telle prise de position, et conclure qu'un citoyen de l'Union tel M. Biffi peut se prévaloir des articles 18 et 21 du TFUE dans le cadre de sa pratique d'un sport amateur en compétition dans la société de l'État membre d'accueil : d'une part, l'article 165, lequel reflète l'importance sociale du sport dans l'Union, notamment du sport amateur (5), et d'autre part, dans la droite ligne de l'arrêt *Lounes* (6), le fait que « les droits conférés à un citoyen de l'Union par l'article 21, paragraphe 1, TFUE tendent, notamment, à favoriser l'intégration progressive du citoyen de l'Union concerné dans la société de l'État membre d'accueil » (7). Il en résulte que « la pratique d'un sport amateur, notamment au sein d'un club sportif, permet au citoyen de l'Union qui réside dans un État membre autre que celui dont il a la nationalité de créer des liens avec la société de l'État dans lequel il s'est déplacé et réside ou de consolider ceux-ci » (8).

La Cour doit également prendre position sur la soumission aux règles du traité des fédérations sportives nationales. Elle rappelle sa jurisprudence constante selon laquelle le respect des libertés fondamentales s'impose aussi aux réglementations non publiques qui visent à régler de façon collective des activités telles que le travail salarié et les prestations de service, puis étend substantiellement la portée de cette affirmation en jugeant que ce principe trouve aussi à s'appliquer « lorsqu'un groupe ou une organisation exerce un certain pouvoir sur les particuliers et est en mesure de leur

(4) Pt 30 de l'arrêt.
(5) Pt 33 de l'arrêt.
(6) CJUE (gde ch.), 14 novembre 2017, *Lounes*, aff. C-165/16, ECLI:C:2017:862, pt 56.
(7) Pt 32 de l'arrêt.
(8) Pt 34.

imposer des conditions qui nuisent à l'exercice des libertés fondamentales garanties par le traité »(9).

Sans surprise, la Cour déroule alors un raisonnement classique sur la restriction apportée par la règlementation nationale et ses possibles justifications. Soumise au principe de proportionnalité, la règle instaurée par la DLV ne parait pas susceptible de franchir le test de conformité au droit de l'Union européenne, même s'il revient au juge national d'en vérifier le caractère objectif et proportionné à l'objectif poursuivi. La Cour refuse notamment les arguments avancés par la DLV, pointant à juste titre que l'exclusion des non-nationaux à l'épreuve finale n'a pas existé pendant des années pour la catégorie senior, et soulignant de manière notable « l'importance d'intégrer les résidents, surtout ceux de longue durée, comme en l'occurrence M. Biffi, dans l'État membre d'accueil »(10).

Myriam Benlolo-Carabot

(9) Pt 39.
(10) Pt 63 de l'arrêt.

VII. DROIT DES LIBERTÉS ÉCONOMIQUES

Cour de justice, gde ch., 21 mai 2019, *Commission c/ Hongrie*, aff. C-235/17, ECLI:EU:C:2019:432

Conclusions de l'avocat général H. Saugmandsgaard Oe, du 29 novembre 2018, ECLI:EU:C:2018:971

Mots-clés : Manquement d'État – Droit de propriété – Usufruit – Libre circulation des capitaux – Justifications

Cadre normatif : article 63 TFUE ; article 17 de la charte des droits fondamentaux de l'Union européenne

Extraits de l'arrêt

1. Par sa requête, la Commission européenne demande à la Cour de constater que, eu égard en particulier aux dispositions en vigueur depuis le 1er janvier 2013 de la termőföldről szóló 1994. évi LV. törvény (loi n° LV de 1994 sur les terres productives, ci-après la « loi de 1994 sur les terres productives »), aux dispositions pertinentes de la mező- és erdőgazdasági földek forgalmáról szóló 2013. évi CXXII. törvény (loi n° CXXII de 2013 relative à la vente de terres agricoles et sylvicoles, ci-après la « loi de 2013 sur les terres agricoles »), à certaines dispositions de la mező- és erdőgazdasági földek forgalmáról szóló 2013. évi CXXII. törvénnyel összefüggő egyes rendelkezésekről és átmeneti szabályokról szóló 2013. évi CCXII. törvény (loi n° CCXII de 2013 portant dispositions diverses et mesures transitoires concernant la loi n° CXXII de 2013 relative à la vente de terres agricoles et sylvicoles, ci-après la « loi de 2013 relative aux mesures transitoires ») et à l'article 94, paragraphe 5, de l'ingatlan-nyilvántartásról szóló 1997. évi CXLI. törvény (loi n° CXLI de 1997 relative au registre foncier, ci-après la « loi relative au registre foncier »), en restreignant de façon manifestement disproportionnée les droits d'usufruit sur les terres agricoles et sylvicoles, la Hongrie a manqué aux obligations qui lui incombent en vertu des articles 49 et 63 TFUE et de l'article 17 de la Charte des droits fondamentaux de l'Union européenne (ci-après la « Charte »).

[...]

Sur l'article 49 TFUE

51. S'agissant de la demande de la Commission que soit constaté un manquement aux obligations qui incombent à la Hongrie en vertu de l'article 49 TFUE, il convient de rappeler que, lorsque le droit d'acquérir, d'exploiter et d'aliéner des biens immobiliers sur le territoire d'un autre État membre est exercé, en tant que complément du droit d'établissement, il génère des mouvements de capitaux (arrêt du 6 mars 2018, *SEGRO et Horváth*, C-52/16 et C-113/16, EU:C:2018:157, point 54).

52. Comme l'a fait valoir la Commission en évoquant, à cet égard, le cas de ressortissants d'États membres autres que la Hongrie exerçant une activité d'exploitation agricole dans cet État membre et ayant, à cette fin, acquis, de manière directe ou indirecte, un droit d'usufruit sur des terres agricoles, un tel droit constitue, en pareille hypothèse, un complément à l'exercice du droit d'établissement de ces ressortissants.

53. Bien que la réglementation contestée soit dès lors a priori susceptible de relever à la fois du champ d'application de l'article 49 TFUE et de celui de l'article 63 TFUE, il n'en demeure, toutefois, pas moins que, en l'occurrence, la restriction à la liberté d'établissement résultant de la réglementation contestée qu'allègue la Commission dans son recours constituerait la conséquence directe de la restriction à la libre circulation des capitaux qu'elle dénonce, par ailleurs, dans ce même recours. La première restriction alléguée étant ainsi indissociable de la seconde, il n'est pas nécessaire d'examiner la réglementation contestée à la lumière de l'article 49 TFUE (voir, en ce sens, arrêts du 4 juin 2002, *Commission/Portugal*, C-367/98, EU:C:2002:326, point 56 ; du 13 mai 2003, *Commission/Espagne*, C-463/00, EU:C:2003:272, point 86, ainsi que du 10 novembre 2011, *Commission/Portugal*, C-212/09, EU:C:2011:717, point 98 et jurisprudence citée).

Sur l'article 63 TFUE et l'article 17 de la Charte

Sur l'applicabilité de l'article 63 TFUE et sur l'existence d'une restriction à la libre circulation des capitaux

54. Il convient de rappeler que les mouvements de capitaux comprennent les opérations par lesquelles des non-résidents effectuent des investissements immobiliers sur le territoire d'un État membre, ainsi qu'il ressort de la nomenclature des mouvements de capitaux figurant à l'annexe I de la directive 88/361/CEE du Conseil, du 24 juin 1988, pour la mise en œuvre de l'article 67 du traité CE [article abrogé par le traité d'Amsterdam] (*JO* 1988, L 178, p. 5), cette nomenclature conservant la valeur indicative qui était la sienne pour définir la notion de mouvements de

capitaux (arrêt du 6 mars 2018, *SEGRO et Horváth*, C-52/16 et C-113/16, EU:C:2018:157, point 56 ainsi que jurisprudence citée).

55. Relèvent de cette notion notamment les investissements immobiliers portant sur l'acquisition d'un usufruit sur des terres, ainsi qu'en atteste, en particulier, la précision, contenue dans les notes explicatives figurant à l'annexe I de la directive 88/361, selon laquelle la catégorie des investissements immobiliers couverts par cette dernière inclut l'acquisition de droits d'usufruit sur les propriétés bâties et non bâties (arrêt du 6 mars 2018, *SEGRO et Horváth*, C-52/16 et C-113/16, EU:C:2018:157, point 57).

56. En l'occurrence, la réglementation contestée supprime les droits d'usufruit antérieurement acquis sur des terres agricoles, lorsque les titulaires de ces droits ne satisfont pas à l'exigence à laquelle la législation nationale subordonne désormais l'acquisition de tels droits, à savoir l'existence d'un lien de parenté proche entre l'acquéreur du droit d'usufruit et le propriétaire des terres concernées.

57. Il est constant, par ailleurs, que, parmi les titulaires de droits d'usufruit ainsi affectés par ladite réglementation figurent de nombreux ressortissants d'États membres autres que la Hongrie ayant acquis de tels droits, soit directement, soit, indirectement, au moyen d'une personne morale constituée en Hongrie.

58. Or, en prévoyant l'extinction ex lege des droits d'usufruit ainsi détenus sur des terres agricoles par les ressortissants d'États membres autres que la Hongrie, la réglementation contestée restreint, par son objet même et en raison de ce seul fait, le droit des intéressés à la libre circulation des capitaux garanti par l'article 63 TFUE. En effet, cette réglementation prive ceux-ci tant de la possibilité de continuer à jouir de leur droit d'usufruit, en les empêchant, notamment, d'utiliser et d'exploiter les terres concernées ou de les donner en fermage et d'en tirer ainsi profit, que de la possibilité éventuelle d'aliéner ce droit, par exemple en le rétrocédant au propriétaire. Ladite réglementation est, par ailleurs, de nature à dissuader les non-résidents de faire des investissements en Hongrie à l'avenir (voir, en ce sens, arrêt du 6 mars 2018, *SEGRO et Horváth*, C-52/16 et C-113/16, EU:C:2018:157, points 62 à 66).

Sur la justification de la restriction à la libre circulation des capitaux et sur l'applicabilité de l'article 17 de la Charte

59. Ainsi qu'il découle de la jurisprudence de la Cour, une mesure telle que la réglementation contestée, qui restreint la liberté de circulation des capitaux, ne saurait être admise qu'à condition d'être justifiée par des raisons impérieuses d'intérêt général, et de respecter le principe de proportionnalité, ce qui exige qu'elle soit propre à garantir la réalisation de l'objectif légitimement poursuivi et qu'elle n'aille pas au-delà de ce qui est

nécessaire pour qu'il soit atteint (voir, en ce sens, arrêt du 11 novembre 2010, *Commission/Portugal*, C-543/08, EU:C:2010:669, point 83).

60. De la même manière, une telle mesure pourrait être justifiée par les raisons mentionnées à l'article 65 TFUE pour autant qu'elle respecte ledit principe de proportionnalité (arrêt du 6 mars 2018, *SEGRO et Horváth*, C-52/16 et C-113/16, EU:C:2018:157, point 77 ainsi que jurisprudence citée).

61. Il importe également de rappeler, à cet égard, qu'une réglementation nationale n'est propre à garantir la réalisation de l'objectif invoqué que si elle répond véritablement au souci de l'atteindre d'une manière cohérente et systématique (arrêt du 6 mars 2018, *SEGRO et Horváth*, C-52/16 et C-113/16, EU:C:2018:157, point 78 ainsi que jurisprudence citée).

62. En l'occurrence, la Hongrie a fait valoir que la réglementation contestée est justifiée, respectivement, par des raisons impérieuses d'intérêt général reconnues par la jurisprudence de la Cour, à savoir des objectifs liés à l'exploitation rationnelle des terres agricoles, et par des motifs visés à l'article 65 TFUE. S'agissant de cette dernière disposition, cet État membre invoque, plus précisément, d'une part, la volonté de remédier à des violations de la réglementation nationale en matière de contrôle des changes et, d'autre part, celle de lutter, au titre de la protection de l'ordre public, contre des pratiques d'acquisition abusives.

63. Par ailleurs, il importe également de rappeler que les droits fondamentaux garantis par la Charte ont vocation à être appliqués dans toutes les situations régies par le droit de l'Union et qu'ils doivent, ainsi, notamment être respectés lorsqu'une réglementation nationale entre dans le champ d'application de ce droit (voir, notamment, arrêts du 26 février 2013, *Åkerberg Fransson*, C-617/10, EU:C:2013:105, points 19 à 21, et du 21 décembre 2016, *AGET Iraklis*, C-201/15, EU:C:2016:972, point 62).

64. Or, tel est notamment le cas lorsqu'une réglementation nationale est de nature à entraver l'une ou plusieurs des libertés fondamentales garanties par le traité FUE et que l'État membre concerné invoque des motifs visés à l'article 65 TFUE ou des raisons impérieuses d'intérêt général reconnues par le droit de l'Union pour justifier une telle entrave. En pareille hypothèse, la réglementation nationale concernée ne peut, aux termes d'une jurisprudence constante, bénéficier des exceptions ainsi prévues que si elle est conforme aux droits fondamentaux dont la Cour assure le respect (voir, en ce sens, arrêts du 18 juin 1991, *ERT*, C-260/89, EU:C:1991:254, point 43 ; du 27 avril 2006, *Commission/Allemagne*, C-441/02, EU:C:2006:253, point 108 et jurisprudence citée, ainsi que du 21 décembre 2016, *AGET Iraklis*, C-201/15, EU:C:2016:972, point 63).

65. À cet égard, et ainsi que l'a déjà jugé la Cour, le recours, par un État membre, à des exceptions prévues par le droit de l'Union pour justifier une entrave à une liberté fondamentale garantie par le traité doit être considéré comme « mettant en œuvre le droit de l'Union », au sens de l'article 51, paragraphe 1, de la Charte (arrêt du 21 décembre 2016, *AGET Iraklis*, C-201/15, EU:C:2016:972, point 64 et jurisprudence citée).

66. Or, en l'occurrence, ainsi qu'il a été relevé aux points 58 et 62 du présent arrêt, la réglementation contestée est constitutive d'une restriction à la libre circulation des capitaux et la Hongrie invoque l'existence de raisons impérieuses d'intérêt général ainsi que des motifs visés à l'article 65 TFUE aux fins de justifier cette restriction. Dans ces conditions, la compatibilité de cette réglementation avec le droit de l'Union doit être examinée au regard tant des exceptions ainsi prévues par le traité et la jurisprudence de la Cour que des droits fondamentaux garantis par la Charte (voir, en ce sens, arrêt du 21 décembre 2016, *AGET Iraklis*, C-201/15, EU:C:2016:972, points 65, 102 et 103), parmi lesquels figure le droit de propriété garanti par l'article 17 de cette dernière dont la Commission allègue la violation en l'occurrence.

Sur l'existence d'une privation de propriété au sens de l'article 17, paragraphe 1, de la Charte

67. Conformément à l'article 17, paragraphe 1, de la Charte, toute personne a le droit de jouir de la propriété des biens qu'elle a acquis légalement, de les utiliser, d'en disposer et de les léguer, et nul ne peut être privé de sa propriété, si ce n'est pour cause d'utilité publique, dans des cas et des conditions prévus par une loi et moyennant en temps utile une juste indemnité pour sa perte. Par ailleurs, l'usage des biens peut être réglementé par la loi dans la mesure nécessaire à l'intérêt général.

68. À cet égard, il convient de rappeler, à titre liminaire, que, ainsi que l'a déjà relevé la Cour, l'article 17 de la Charte constitue une règle de droit ayant pour objet de conférer des droits aux particuliers (voir, en ce sens, arrêt du 20 septembre 2016, *Ledra Advertising e.a./Commission et BCE*, C-8/15 P à C-10/15 P, EU:C:2016:701, point 66).

69. S'agissant des conditions matérielles énoncées à l'article 17, paragraphe 1, de la Charte, il découle, en premier lieu, de la jurisprudence de la Cour que la protection conférée par cette disposition porte sur des droits ayant une valeur patrimoniale dont découle, eu égard à l'ordre juridique concerné, une position juridique acquise permettant un exercice autonome de ces droits par et au profit de leur titulaire (arrêts du 22 janvier 2013, *Sky Österreich*, C-283/11, EU:C:2013:28, point 34, ainsi que du 3 septembre 2015, *Inuit Tapiriit Kanatami e.a./Commission*, C-398/13 P, EU:C:2015:535, point 60).

70. Or, contrairement à ce qu'a soutenu la Hongrie à cet égard lors de l'audience, il est manifeste que des droits d'usufruit sur un bien immeuble tels que ceux en cause, en ce qu'ils autorisent leur titulaire à user et à jouir de ce bien, revêtent une valeur patrimoniale et confèrent à ce titulaire une position juridique acquise permettant l'exercice autonome de ces droits d'usage et de jouissance, et ce quand bien même la transmissibilité de tels droits serait limitée ou exclue en vertu du droit national applicable.

71. En effet, l'acquisition, par voie contractuelle, de tels droits d'usufruit sur des terres agricoles s'accompagne, en principe, du versement d'un prix. Ces droits permettent à leurs titulaires de jouir de telles terres, notamment à des fins économiques, voire, le cas échéant, de louer celles-ci à des tiers, et relèvent ainsi du champ d'application de l'article 17, paragraphe 1, de la Charte.

72. Il ressort, en outre, de la jurisprudence de la Cour européenne des droits de l'homme relative à l'article 1er du protocole n° 1 à la CEDH, jurisprudence qu'il convient de prendre en considération en vertu de l'article 52, paragraphe 3, de la Charte, aux fins de l'interprétation de l'article 17 de celle-ci, en tant que seuil de protection minimale (voir, en ce sens, arrêts du 15 mars 2017, *Al Chodor*, C-528/15, EU:C:2017:213, point 37 ; du 13 juin 2017, *Florescu e.a.*, C-258/14, EU:C:2017:448, point 49, ainsi que du 12 février 2019, *TC*, C-492/18 PPU, EU:C:2019:108, point 57), que les droits d'usage ou d'usufruit sur un bien immeuble sont à considérer comme des « biens » susceptibles de bénéficier de la protection garantie par ledit article 1er (voir, notamment, Cour EDH, 12 décembre 2002, *Wittek c. Allemagne*, CE:ECHR:2002:1212JUD003729097, §§ 43 à 46 ; Cour EDH, 16 novembre 2004, *Bruncrona c. Finlande*, CE:ECHR:2004:1116JUD004167398, § 78, ainsi que Cour EDH, 9 février 2006, *Athanasiou e.a. c. Grèce*, CE:ECHR:2006:0209JUD000253102, § 22).

73. En deuxième lieu, les droits d'usufruit dont la réglementation contestée a opéré la suppression doivent, contrairement à ce qu'a soutenu la Hongrie, être considérés comme ayant été « acquis légalement », au sens de l'article 17, paragraphe 1, de la Charte.

74. À cet égard, il convient de relever, tout d'abord, que, ainsi qu'il ressort des points 8 et 9 du présent arrêt, les modifications législatives introduites au cours des années 1991 et 1994, aux fins d'interdire l'acquisition de terres agricoles aux personnes physiques ne possédant pas la nationalité hongroise et aux personnes morales, ne concernaient pas l'acquisition de droits d'usufruit sur de telles terres. Ce n'est, en effet, qu'à partir du 1er janvier 2002 que la loi de 1994 sur les terres productives a été modifiée, afin d'exclure également la possibilité de constituer contractuellement un droit d'usufruit sur les terres agricoles au profit de ces personnes physiques ou morales.

75. Ainsi, les droits d'usufruit concernés par la réglementation contestée ont été constitués sur des terres agricoles à une époque où la constitution de tels droits n'était pas interdite par la législation nationale en vigueur.

76. Ensuite, la Hongrie n'a établi ni que la réglementation nationale en matière de contrôle des changes qu'elle invoque visait à soumettre les acquisitions de droits d'usufruit par des non-résidents à une autorisation de change sous peine d'invalidité de ces acquisitions, ni que les droits d'usufruit acquis par les ressortissants d'autres États membres et supprimés par la réglementation contestée étaient, en vertu du droit national applicable, nuls *ab initio* pour contournement des règles applicables en matière d'acquisition de la propriété de terres agricoles.

77. À cet égard, ainsi que l'a relevé la Commission et que l'a admis la Hongrie durant la phase précontentieuse de la procédure, il n'existe aucune décision judiciaire ayant constaté une telle nullité à propos de tels droits d'usufruit. En revanche, la Commission a fait état devant la Cour d'un arrêt de la Kúria (Cour suprême, Hongrie) du 26 janvier 2010, dont les motifs indiquent clairement que la simple constitution d'un droit d'usufruit sur une terre agricole n'implique pas que les parties aient entendu contourner la réglementation applicable en matière de vente de telles terres.

78. Par ailleurs, s'il semble, certes, ressortir de l'arrêt n° 25, du 21 juillet 2015, de l'Alkotmánybíróság (Cour constitutionnelle) que la réglementation contestée tendait, à tout le moins partiellement, à éliminer les effets juridiques d'une pratique d'acquisition des terres agricoles en vertu de laquelle le droit d'usufruit aurait été appliqué « de manière dysfonctionnelle », un tel constat n'apparaît pas équivalent à un constat d'abus de la part de l'ensemble des titulaires de droits d'usufruit concernés, ledit arrêt soulignant au demeurant que la réglementation contestée avait mis fin aux droits d'usufruit concernés pour l'avenir, mais sans qualifier aucun comportement antérieur d'illégal.

79. Enfin, il est constant que les droits d'usufruit ainsi acquis par des non-résidents ont fait l'objet d'inscriptions systématiques dans les registres fonciers par les autorités hongroises compétentes. Or, ainsi que s'accordent à le reconnaître les parties, une telle inscription requiert que l'acte concerné revête la forme soit d'un acte public, soit d'un acte sous seing privé contresigné par un avocat, et a pour conséquence, conformément à l'article 5 de la loi relative au registre foncier, que la donnée immobilière concernée existe jusqu'à preuve du contraire. La Commission a souligné, en outre, sans être contredite sur ce point par la Hongrie, que, en vertu de l'article 3 de cette loi tel qu'en vigueur jusqu'au 15 mars 2014, une telle inscription avait un caractère constitutif.

80. Ainsi, il est constant que les intéressés ont, de manière générale, pu jouir de ces droits sans troubles, en se comportant en usufruitiers, le cas échéant depuis de très nombreuses années. Ils ont été confortés, s'agissant de la sécurité juridique s'attachant à leurs titres, tout d'abord, par l'enregistrement de ceux-ci dans les registres fonciers, ensuite, par l'absence d'actions des autorités nationales entreprises dans un délai raisonnable aux fins éventuelles de faire constater la nullité de ces titres et de radier leur inscription dans ces registres, et, enfin, par la confirmation, par la voie législative, de l'existence desdits titres, la loi n° CCXIII de 2012, adoptée un peu plus d'une année avant la réglementation contestée, ayant, en effet, décrété le maintien de ces titres jusqu'au 1er janvier 2033.

81. En troisième lieu, et ainsi que M. l'avocat général l'a relevé aux points 136 et 157 de ses conclusions, les droits d'usufruit concernés constituent un démembrement du droit de propriété, en ce qu'ils confèrent à leurs titulaires deux attributs essentiels de ce dernier droit, à savoir le droit de se servir du bien concerné et le droit d'en percevoir les revenus. Or, la réglementation contestée supprime ex lege tous les droits d'usufruit existants et portant sur les terres concernées à l'exception de ceux qui auraient été constitués entre membres proches d'une même famille. Une telle suppression prive ainsi, par définition, de manière forcée, intégrale et définitive les intéressés de ces droits d'usufruit au profit des nus-propriétaires desdites terres.

82. Il s'ensuit que la réglementation contestée comporte non pas des restrictions à l'usage des biens, mais une privation de propriété, au sens de l'article 17, paragraphe 1, de la Charte.

83. Ne saurait prospérer, à cet égard, l'argumentation développée par la Hongrie lors de l'audience selon laquelle les titulaires de droits d'usufruit ainsi dépossédés conserveraient une possibilité de continuer à jouir des terres concernées moyennant la conclusion d'un contrat de bail avec le propriétaire. En effet, une telle conclusion dépend exclusivement du consentement du propriétaire et elle ne permet pas de restituer à l'ancien titulaire du droit d'usufruit le droit réel qui était le sien auparavant et qui est d'une nature différente du droit personnel issu d'un contrat de bail. Par ailleurs, elle met à sa charge des inconvénients qu'il n'aurait pas subis s'il avait conservé son titre.

84. En outre, en disposant que « nul ne peut être privé de sa propriété », l'article 17, paragraphe 1, deuxième phrase, de la Charte ne vise pas uniquement des privations de propriété ayant pour objet de transférer celle-ci aux autorités publiques. Ainsi, contrairement à ce qu'a également soutenu la Hongrie à cet égard, la circonstance que les droits d'usufruit concernés ne sont pas acquis par l'autorité publique, mais que leur extinction a pour conséquence que se reconstitue la pleine propriété des terres en cause au profit des propriétaires n'affecte en rien le fait que la

suppression de ces droits a pour conséquence la privation de ceux-ci pour leurs anciens titulaires.

85. À cet égard, il convient également de faire observer que la Cour européenne des droits de l'homme a considéré que s'analysait en une privation de propriété, au sens de l'article 1er, premier alinéa, seconde phrase, du protocole no 1 à la CEDH, la cession obligatoire, en vertu d'une législation nationale, de la propriété d'immeubles entre le propriétaire de ceux-ci et le titulaire d'un droit d'emphytéose sur ces mêmes biens (Cour EDH, 21 février 1986, *James e.a. c. Royaume-Uni*, CE:ECHR:1986:0221JUD000879379, §§ 27, 30 et 38) ou encore le transfert obligatoire d'une propriété agricole d'une personne à une autre à des fins de rationalisation de l'agriculture (Cour EDH, 21 février 1990, *Håkansson et Sturesson c. Suède*, CE:ECHR:1990:0221JUD001185585, §§ 42 à 44).

86. Il ressort des considérations exposées aux points 69 à 85 du présent arrêt que la suppression de droits d'usufruit opérée par la réglementation contestée constitue une privation de propriété, au sens de l'article 17, paragraphe 1, de la Charte.

87. Si cette disposition n'interdit pas, de manière absolue, des privations de propriété, elle prévoit, cependant, que celles-ci ne peuvent intervenir que pour cause d'utilité publique, dans des cas et conditions prévus par une loi, et moyennant, en temps utile, une juste indemnité pour la perte de cette propriété.

88. S'agissant de ces exigences, il importe de tenir compte, également, des précisions figurant à l'article 52, paragraphe 1, de la Charte, disposition selon laquelle des limitations peuvent être apportées à l'exercice de droits consacrés par celle-ci, pour autant que ces limitations sont prévues par la loi, qu'elles respectent le contenu essentiel desdits droits et que, dans le respect du principe de proportionnalité, elles sont nécessaires et répondent effectivement à des objectifs d'intérêt général reconnus par l'Union ou au besoin de protection des droits et libertés d'autrui.

89. Une lecture combinée de l'article 17, paragraphe 1, de la Charte et de l'article 52, paragraphe 1, de celle-ci conduit à considérer, d'une part, que, lorsqu'est invoquée une cause d'utilité publique pour justifier une privation de propriété, c'est au regard de cette cause et des objectifs d'intérêt général que recouvre celle-ci qu'il convient de veiller au respect du principe de proportionnalité prévu à l'article 52, paragraphe 1, de la Charte. D'autre part, une telle lecture implique que, à défaut d'existence d'une telle cause d'utilité publique propre à justifier une privation de propriété, ou, à supposer une telle cause d'utilité publique établie, à défaut de satisfaire aux conditions posées à l'article 17, paragraphe 1, deuxième phrase, de la Charte, il serait porté atteinte au droit de propriété garanti par cette disposition.

Sur les justifications et sur les causes d'utilité publique

Sur la justification fondée sur des objectifs d'intérêt général liés à l'exploitation des terres agricoles

90. Ainsi qu'il ressort des points 31 et 43 du présent arrêt, la Hongrie soutient que, à supposer que la réglementation contestée soit jugée constitutive d'une restriction à la libre circulation des capitaux, cette réglementation, en ce qu'elle soumet tout maintien de droits existants d'usufruit sur des terres agricoles à la condition que l'usufruitier ait la qualité de membre de la famille proche du propriétaire des terres concernées, vise, tout à la fois, à réserver la propriété des terres agricoles aux personnes qui les exploitent et à empêcher l'acquisition de ces terres à des fins purement spéculatives, à permettre l'exploitation de celles-ci par de nouvelles entreprises, à faciliter la création d'exploitations agricoles de taille viable et concurrentielles et à éviter un morcellement des fonds agricoles ainsi qu'un exode rural et un dépeuplement des campagnes.

91. À cet égard, il y a lieu de rappeler que la Cour a admis que des réglementations nationales puissent restreindre la libre circulation des capitaux au nom d'objectifs tels que ceux visant à préserver l'exploitation des terres agricoles en faire-valoir direct et à tendre à ce que les domaines agricoles soient de manière prédominante habités et exploités par leurs propriétaires, ainsi qu'à maintenir, dans un but d'aménagement du territoire, une population permanente en milieu rural et à favoriser un usage raisonnable des terres disponibles en luttant contre la pression foncière (arrêt du 6 mars 2018, *SEGRO et Horváth*, C-52/16 et C-113/16, EU:C:2018:157, point 82 ainsi que jurisprudence citée).

92. Il en va de même s'agissant des objectifs consistant à conserver une répartition de la propriété foncière permettant le développement d'exploitations viables et l'entretien harmonieux de l'espace et des paysages (arrêt du 6 mars 2018, *SEGRO et Horváth*, C-52/16 et C-113/16, EU:C:2018:157, point 83 ainsi que jurisprudence citée).

93. En l'occurrence, il importe, toutefois, de vérifier, ainsi qu'il a été rappelé au point 59 du présent arrêt, si la réglementation contestée poursuit effectivement les objectifs légitimes d'intérêt général ainsi allégués et si elle est propre à garantir la réalisation de ceux-ci et ne va pas au-delà de ce qui est nécessaire pour les atteindre.

94. Dans ce contexte, il y a également lieu de rappeler que les raisons justificatives susceptibles d'être invoquées par un État membre doivent être accompagnées des preuves appropriées ou d'une analyse de l'aptitude et de la proportionnalité de la mesure restrictive adoptée par cet État, ainsi que des éléments précis permettant d'étayer son argumentation (arrêt du 26 mai 2016, *Commission/Grèce*, C-244/15, EU:C:2016:359, point 42 et jurisprudence citée).

95. À cet égard, il convient, premièrement, de faire observer que la réglementation contestée, en ce qu'elle supprime tous les droits d'usufruit existants sur les terres agricoles à l'exception de ceux dont est titulaire un proche parent du propriétaire de celles-ci, ne paraît pas appropriée aux fins de poursuivre les objectifs invoqués par la Hongrie et avec lesquels elle ne présente aucun rapport direct.

96. En effet, la Hongrie n'a pas établi les raisons pour lesquelles le type de titre dont jouit une personne sur une terre agricole permettrait de déterminer si l'intéressé exploite ou non lui-même ladite terre, réside ou non à proximité de celle-ci, l'a ou non acquise à des fins éventuelles de spéculation, ou serait de nature à contribuer au développement d'une agriculture viable et concurrentielle, notamment en évitant un morcellement des terres.

97. Par ailleurs, ainsi que l'a déjà jugé la Cour au point 87 de l'arrêt du 6 mars 2018, *SEGRO et Horváth* (C-52/16 et C-113/16, EU:C:2018:157), l'existence du lien de parenté en l'occurrence exigé entre l'usufruitier et le propriétaire n'est pas de nature à garantir que l'usufruitier exploite lui-même le fonds concerné et qu'il n'a pas acquis le droit d'usufruit en cause à des fins purement spéculatives. De la même manière, rien ne permet de considérer, a priori, qu'un tiers par rapport à la famille du propriétaire s'étant porté acquéreur d'un droit d'usufruit sur un tel fonds ne serait pas en mesure d'exploiter lui-même ce dernier et que l'acquisition aurait nécessairement été réalisée à des fins purement spéculatives, en l'absence de toute volonté de cultiver ledit fonds.

98. La Hongrie n'a, au demeurant, pas davantage établi en quoi cette exigence afférente au lien de proche parenté pourrait être de nature à contribuer au soutien et au développement d'une agriculture viable et concurrentielle, notamment en évitant un morcellement des terres, ou à permettre d'éviter un exode rural et le dépeuplement des campagnes.

99. Deuxièmement, la réglementation contestée va, en tout état de cause, au-delà de ce qui est nécessaire pour atteindre les objectifs allégués par la Hongrie.

100. En effet, il apparaît que d'autres mesures, moins attentatoires à la liberté de mouvement des capitaux que celles prévues par ladite réglementation, auraient pu être adoptées aux fins d'assurer que l'existence d'un droit d'usufruit sur une terre affectée à l'exploitation agricole ne puisse avoir pour conséquence l'arrêt de cette exploitation. À cet égard, il aurait, par exemple, été possible d'exiger de l'usufruitier qu'il maintienne une telle affectation agricole, le cas échéant, en assurant lui-même l'exploitation de la terre concernée, dans des conditions propres à assurer la viabilité de cette exploitation (voir, en ce sens, arrêt du 6 mars 2018, *SEGRO et Horváth*, C-52/16 et C-113/16, EU:C:2018:157, points 92 et 93).

101. La Hongrie n'a ainsi établi ni que la réglementation contestée poursuivrait véritablement les objectifs d'intérêt général liés à l'exploitation des terres agricoles qu'elle allègue, ni, en tout état de cause, qu'elle soit propre à garantir de manière cohérente la réalisation de tels objectifs et limitée aux mesures nécessaires à ces fins.

Sur la justification tirée de la violation de la réglementation nationale en matière de contrôle des changes

102. L'article 65, paragraphe 1, sous b), TFUE dispose que l'article 63 TFUE ne porte pas atteinte au droit qu'ont les États membres de prendre toutes les mesures indispensables pour faire échec aux infractions à leurs lois et règlements, de prévoir des procédures de déclaration des mouvements de capitaux à des fins d'information administrative ou statistique, ou de prendre les mesures justifiées par des motifs liés à l'ordre public ou à la sécurité publique. En vertu de l'article 65, paragraphe 3, TFUE, de telles mesures ou procédures ne doivent toutefois constituer ni un moyen de discrimination arbitraire ni une restriction déguisée de la libre circulation des capitaux et des paiements, telle que définie à l'article 63 TFUE.

103. À cet égard, il convient de rappeler que, en tant que dérogation au principe fondamental de la libre circulation des capitaux, l'article 65, paragraphe 1, sous b), TFUE doit faire l'objet d'une interprétation stricte (arrêt du 6 mars 2018, *SEGRO et Horváth*, C-52/16 et C-113/16, EU:C:2018:157, point 96 ainsi que jurisprudence citée).

104. En l'occurrence, la Hongrie soutient que, dès lors que des acquisitions de droits d'usufruit sur des terres agricoles ont eu lieu avant le 1er janvier 2002 et qu'elles ont été faites par des non-résidents, au sens de la réglementation nationale alors applicable en matière de contrôle des changes, elles étaient soumises, en vertu de cette réglementation, à une autorisation délivrée par la Banque nationale de Hongrie. Or, de telles autorisations de change n'auraient jamais été sollicitées pour de telles acquisitions, de telle sorte que celles-ci auraient été invalides.

105. À cet égard, il y a lieu de relever, premièrement, que, ainsi qu'il ressort du point 76 du présent arrêt, la Hongrie n'a pas établi que la réglementation nationale en matière de contrôle des changes à laquelle elle se réfère aurait visé à soumettre les acquisitions de droits d'usufruit par des non-résidents à une autorisation de change, sous peine d'invalidité de ces acquisitions. Elle n'a pas davantage établi que l'adoption de la réglementation contestée aurait été guidée par la volonté de remédier à des violations de cette réglementation nationale en matière de contrôle des changes.

106. S'agissant du premier de ces deux aspects, il convient de relever, en outre, que, à supposer même que la validité ab initio de certains droits d'usufruit supprimés par la réglementation contestée ait été soumise à la condition de détenir une autorisation de change, la Commission a produit devant la Cour des extraits de l'avis n° 1/2010, du 28 juin 2010, et d'un arrêt (affaire BH2000.556) rendus par la Kúria (Cour suprême), dont une analyse littérale indique que, en vertu de l'article 237, paragraphe 2, de la loi n° IV de 1959 instituant le code civil, disposition en vigueur à l'époque où la réglementation nationale en matière de contrôle des changes invoquée a été abrogée, à partir de la date où une autorisation cesse d'être nécessaire à la formation d'un contrat, un contrat conclu sans que celle-ci ait été obtenue doit être considéré comme étant définitivement et valablement formé.

107. S'agissant du second aspect, il y a lieu de rappeler que la réglementation contestée prévoit l'extinction systématique des droits d'usufruit détenus sur des terres agricoles par des personnes ne pouvant justifier d'un lien de proche parenté avec le propriétaire du fonds concerné. Or, ce critère de parenté n'entretient aucun lien avec la réglementation nationale en matière de contrôle des changes. Par ailleurs, il est constant, ainsi qu'il ressort, notamment, du point 42 du présent arrêt, que la suppression de droits d'usufruit décrétée par la réglementation contestée trouve à s'appliquer non seulement à l'égard de non-résidents, mais également à l'égard de personnes résidant en Hongrie et de personnes morales établies dans cet État membre qui ne sont pourtant pas soumises à la réglementation nationale en matière de contrôle des changes invoquée.

108. Deuxièmement, et en tout état de cause, la suppression ex lege de droits d'usufruit inscrits de longue date dans les registres fonciers, qui est intervenue plus de dix ans après que ladite réglementation nationale en matière de contrôle des changes a été abrogée, ne constitue pas une mesure proportionnée. En effet, d'autres mesures, moins étendues dans leurs effets, auraient pu être adoptées aux fins de sanctionner ab initio d'éventuelles infractions à la réglementation nationale en matière de contrôle des changes, telles que des amendes administratives (arrêt du 6 mars 2018, *SEGRO et Horváth*, C-52/16 et C-113/16, EU:C:2018:157, point 106 ainsi que jurisprudence citée).

109. Eu égard à tout ce qui précède, la Hongrie n'a établi ni que la réglementation nationale en matière de contrôle des changes qu'elle invoque est de nature à avoir affecté la validité des droits d'usufruit concernés par la réglementation contestée, ni que cette dernière a été adoptée aux fins de remédier à de telles infractions éventuelles à cette réglementation en matière de contrôle des changes, ni, en tout état de cause, et à supposer qu'une telle finalité ait effectivement été poursuivie par la réglementation

contestée, que la suppression de droits d'usufruit opérée par celle-ci serait proportionnée à cette fin et admissible au titre de l'article 65 TFUE.

Sur la justification fondée sur la lutte, menée au titre de la protection de l'ordre public, contre les pratiques visant à contourner la loi nationale

110. Ainsi qu'il a été rappelé au point 102 du présent arrêt, l'article 65, paragraphe 1, sous b), TFUE dispose, notamment, que l'article 63 TFUE ne porte pas atteinte au droit qu'ont les États membres de prendre les mesures justifiées par des motifs liés à l'ordre public ou à la sécurité publique.

111. En l'occurrence, la Hongrie soutient que les droits d'usufruit dont la réglementation contestée opère la suppression ont été acquis en contournant l'interdiction légale faite aux personnes physiques ressortissantes d'autres États membres et aux personnes morales d'acquérir la propriété de terres agricoles et qu'ils étaient dès lors nuls ab initio, raison pour laquelle le législateur hongrois a décidé de remédier *ex lege* à de tels abus.

112. À cet égard, il y a lieu de rappeler, s'agissant de la lutte contre les pratiques ayant pour objet de contourner la loi nationale, que la Cour a, certes, déjà admis qu'une mesure restreignant une liberté fondamentale pouvait, le cas échéant, être justifiée lorsqu'elle vise à lutter contre les montages purement artificiels, dont le but est d'échapper à l'emprise de la législation nationale concernée (arrêt du 6 mars 2018, *SEGRO et Horváth*, C-52/16 et C-113/16, EU:C:2018:157, point 114 ainsi que jurisprudence citée).

113. Cependant, en premier lieu et ainsi qu'il a déjà été constaté aux points 76 à 80 du présent arrêt, la Hongrie n'a pas établi que les droits d'usufruit affectés par la réglementation contestée, à savoir ceux qui ont été constitués, avant l'année 2002, sur des terres agricoles par des personnes morales et par des ressortissants d'autres États membres, auraient été invalides, en vertu du droit national applicable, du fait d'un contournement de certaines règles de ce dernier.

114. En second lieu, une justification telle que celle mentionnée au point 112 du présent arrêt n'est, selon la jurisprudence, admissible que pour autant qu'elle vise spécifiquement les montages artificiels dont le but est d'échapper à l'emprise de la législation nationale concernée. Cela exclut notamment toute édiction d'une présomption générale de pratiques abusives, qui suffirait à justifier une restriction à la libre circulation des capitaux (arrêt du 6 mars 2018, *SEGRO et Horváth*, C-52/16 et C-113/16, EU:C:2018:157, points 115 et 116 ainsi que jurisprudence citée).

115. Pour être conforme au principe de proportionnalité, une mesure poursuivant un tel objectif spécifique de lutte contre les montages purement artificiels devrait, au contraire, permettre aux juridictions nationales de procéder à un examen au cas par cas, en prenant en considération les particularités de chaque espèce et en se fondant sur des éléments objectifs, pour tenir compte du comportement abusif ou frauduleux des personnes concernées (arrêt du 6 mars 2018, *SEGRO et Horváth*, C-52/16 et C-113/16, EU:C:2018:157, point 117 ainsi que jurisprudence citée).

116. Or, force est de constater que la réglementation contestée ne satisfait à aucune des exigences rappelées aux points 114 et 115 du présent arrêt.

117. Premièrement, l'arrêt n° 25, du 21 juillet 2015, de l'Alkotmánybíróság (Cour constitutionnelle), évoqué au point 78 du présent arrêt, ne comporte aucun constat d'abus de la part des titulaires de droits d'usufruit concernés et souligne que la suppression de ces droits d'usufruit par la réglementation contestée a surtout été jugée nécessaire aux fins de réaliser pleinement l'objectif stratégique national recherché par le nouveau dispositif juridique mis en place, à savoir que les terres productives devaient être uniquement la propriété des personnes physiques qui les travaillent.

118. Dans ces conditions, il n'a pas été établi que la réglementation contestée poursuit l'objectif spécifique de lutter contre des comportements ayant consisté à créer des montages artificiels dont le but aurait été d'échapper à l'emprise de la législation nationale relative aux acquisitions de fonds agricoles.

119. Deuxièmement, et en tout état de cause, il ne saurait raisonnablement être inféré de la seule circonstance que le titulaire d'un droit d'usufruit sur une terre agricole est une personne morale ou une personne physique qui n'a pas la qualité de proche parent du propriétaire de cette terre qu'une telle personne a agi abusivement au moment où elle a acquis un tel droit d'usufruit. Ainsi qu'il a été rappelé au point 114 du présent arrêt, l'édiction d'une présomption générale de pratiques abusives ne saurait être admise (voir, en ce sens, arrêt du 6 mars 2018, *SEGRO et Horváth*, C-52/16 et C-113/16, EU:C:2018:157, point 121).

120. Ainsi, d'autres mesures, moins attentatoires à la libre circulation des capitaux, telles que des sanctions ou des actions spécifiques en nullité devant le juge national aux fins de lutter contre d'éventuels contournements avérés de la législation nationale applicable, pourraient, pour autant qu'elles respectent les autres exigences découlant du droit de l'Union, être envisagées (voir, en ce sens, arrêt du 6 mars 2018, *SEGRO et Horváth*, C-52/16 et C-113/16, EU:C:2018:157, point 122).

121. À cet égard, l'argumentation de la Hongrie tirée de considérations d'ordre budgétaire et d'économie des moyens de la justice ne saurait

être admise. En effet, il est de jurisprudence constante que des motifs de nature purement économique ne sauraient constituer des raisons impérieuses d'intérêt général de nature à justifier une restriction à une liberté fondamentale garantie par le traité. Il en va de même des considérations d'ordre purement administratif (arrêt du 6 mars 2018, *SEGRO et Horváth*, C-52/16 et C-113/16, EU:C:2018:157, point 123 ainsi que jurisprudence citée).

122. Il s'ensuit que la restriction à la libre circulation des capitaux qu'engendre la réglementation contestée ne peut être justifiée par la volonté de lutter contre des montages purement artificiels, dont le but aurait été d'échapper à l'emprise de la législation nationale applicable en matière d'acquisition de propriétés agricoles.

Sur l'absence de causes d'utilité publique et de régime d'indemnisation au sens de l'article 17 de la Charte

123. En ce qui concerne la privation de propriété, au sens de l'article 17, paragraphe 1, de la Charte, engendrée par la suppression des droits d'usufruit concernés, il convient d'ajouter, eu égard aux exigences rappelées aux points 87 à 89 du présent arrêt, au respect desquelles est subordonnée l'admissibilité d'une telle privation, que cette suppression est prévue par la loi.

124. En outre, si des objectifs d'intérêt général afférents à l'exploitation des terres agricoles, tels que ceux mentionnés aux points 91 et 92 du présent arrêt, ou des objectifs tels que ceux visant à remédier à des violations d'une réglementation nationale en matière de contrôle des changes ou à lutter contre des pratiques abusives qui auraient eu pour objet de contourner une législation nationale applicable, peuvent, certes, relever d'une ou de plusieurs causes d'utilité publique, au sens de ladite disposition, il ressort, toutefois, du point 101 du présent arrêt que la Hongrie n'a, en l'espèce, aucunement établi ni que la suppression ex lege des droits d'usufruit opérée par la réglementation contestée poursuit véritablement lesdits objectifs afférents à l'exploitation des terres agricoles, ni, en tout état de cause, qu'elle serait propre à atteindre ceux-ci ou encore nécessaire dans cette perspective. Par ailleurs, et eu égard aux constats effectués, respectivement, aux points 109 et 122 du présent arrêt, une suppression de droits d'usufruit telle que celle opérée ex lege par la réglementation contestée ne saurait davantage être considérée ni comme étant intervenue aux fins de remédier à des violations du droit national en matière de contrôle des changes ou de lutter contre de telles pratiques abusives, faute pour ces violations et pratiques d'avoir été établies, ni, en tout état de cause, comme satisfaisant à l'exigence de proportionnalité rappelée au point 89 du présent arrêt.

125. En tout état de cause, la réglementation contestée ne satisfait pas à l'exigence posée à l'article 17, paragraphe 1, deuxième phrase, de la Charte, selon laquelle une juste indemnité doit être versée en temps utile pour une privation de propriété telle que la perte des droits d'usufruit concernés.

126. Selon les termes mêmes de ladite disposition, une privation de propriété ne peut intervenir que « dans des cas et conditions prévus par une loi et moyennant en temps utile une juste indemnité pour sa perte », de telle sorte que cette indemnité, qui constitue ainsi l'une des conditions à laquelle la Charte soumet une telle privation, doit être prévue par la loi. Il s'ensuit qu'une législation nationale opérant une privation de propriété doit prévoir, de manière claire et précise, que cette privation donne droit à une indemnisation ainsi que les conditions de celle-ci. Or, force est de constater que la réglementation contestée ne comporte aucune disposition prévoyant l'indemnisation des titulaires de droits d'usufruit dépossédés et en réglant les modalités.

127. À cet égard, le renvoi aux règles générales de droit civil mis en avant par la Hongrie dans sa défense ne saurait satisfaire aux exigences découlant de l'article 17, paragraphe 1, de la Charte. Au demeurant, et à supposer même qu'il fût légalement possible à un État membre, au regard de cette disposition, de se décharger sur des particuliers de l'indemnisation de privations de propriétés dont il est lui-même exclusivement à l'origine, force est de constater qu'un tel renvoi ferait en l'occurrence reposer sur les titulaires de droits d'usufruit la charge de devoir poursuivre le recouvrement, moyennant des procédures pouvant se révéler longues et coûteuses, d'éventuelles indemnités qui pourraient leur être dues par le propriétaire du fonds. De telles règles du droit civil ne permettent pas de déterminer de manière aisée et suffisamment précise ou prévisible si des indemnités pourront effectivement être obtenues au terme de telles procédures, ni de savoir, le cas échéant, quelles en seront la nature et l'importance.

128. Sur ce plan, il convient également de relever que, en ce qui concerne l'article 1er du protocole no 1 à la CEDH, il ressort de la jurisprudence de la Cour européenne des droits de l'homme que celle-ci considère que, lorsque les biens d'un individu font l'objet d'une expropriation, il doit exister une procédure qui assure une appréciation globale des conséquences d'une expropriation, à savoir l'octroi d'une indemnité en relation avec la valeur du bien exproprié, la détermination des titulaires de l'indemnité et toute autre question afférente à l'expropriation (Cour EDH, 9 octobre 2003, *Biozokat A. E. c. Grèce*, CE:ECHR:2003:1009JUD006158200, § 29).

129. Eu égard aux considérations énoncées aux points 123 à 128 du présent arrêt, il y a lieu de constater que la privation de propriété qu'opère la réglementation contestée n'est pas justifiée par une cause d'utilité publique, ni, au demeurant, accompagnée d'un régime de paiement d'une

juste indemnité en temps utile. Partant, ladite réglementation porte atteinte au droit de propriété garanti par l'article 17, paragraphe 1, de la Charte.

Conclusion

130. Eu égard à tout ce qui précède, il convient de conclure, d'une part, que la Hongrie n'a pas établi que la suppression de droits d'usufruit détenus directement ou indirectement par les ressortissants d'États membres autres que la Hongrie qu'opère la réglementation contestée viserait à garantir la réalisation d'objectifs d'intérêt général admis par la jurisprudence de la Cour ou mentionnés à l'article 65, paragraphe 1, sous b), TFUE, ni que cette suppression serait appropriée et cohérente, ou encore limitée aux mesures nécessaires, aux fins de poursuivre de tels objectifs. D'autre part, ladite suppression n'est pas conforme à l'article 17, paragraphe 1, de la Charte. En conséquence, les entraves à la libre circulation des capitaux ainsi nées de la privation de biens acquis au moyen de capitaux bénéficiant de la protection instaurée par l'article 63 TFUE ne sauraient être justifiées.

131. Dans ces conditions, il y a lieu de constater que, en adoptant la réglementation contestée et en supprimant, de la sorte, ex lege, les droits d'usufruit sur des terres agricoles sises en Hongrie que détiennent directement ou indirectement des ressortissants d'autres États membres, la Hongrie a manqué aux obligations qui lui incombent en vertu des dispositions combinées de l'article 63 TFUE et de l'article 17 de la Charte.

Observations

Alors qu'une telle affaire portant sur la suppression des droits d'usufruit confrontée à la libre circulation des capitaux aurait pu s'inscrire dans le lot des affaires classiques en cette matière, elle a pris un relief particulier en raison de l'application cumulative des règles de libre circulation et des droits fondamentaux consacrés par la Charte des droits fondamentaux de l'Union européenne, ce qui a pleinement justifié son examen en grande chambre.

On sait, en vertu d'une jurisprudence désormais constante, que les investissements immobiliers portant sur des droits d'usufruit se rapportent à la libre circulation des capitaux établie à l'article 63 TFUE à condition que la situation en cause ne soit pas cantonnée à des éléments qui se situent dans un seul État membre. En effet, la Cour de justice a souligné que le droit de l'Union ne pouvait être appliqué à une situation interne où il n'aurait pas été question de l'exercice d'une liberté de circulation au sein de l'Union européenne (1).

En se fondant initialement sur la nomenclature des mouvements de capitaux figurant à l'annexe I de la directive 88/361/CE, la Cour de justice a considéré que les opérations par lesquelles les non-résidents effectuent des investissements immobiliers sur le territoire d'un État membre constituent des mouvements de capitaux (2). Relèvent de cette notion les investissements qui portent sur l'acquisition d'un usufruit sur des terres agricoles (3).

En même temps qu'il relève de la libre circulation des capitaux, le régime d'acquisition et d'extinction des droits d'usufruit peut relever du droit d'établissement garanti par l'article 49 TFUE. En effet, un tel régime peut avoir pour effet de dissuader des ressortissants d'un autre État membre de s'établir dans l'État membre considéré ou rendre l'établissement plus difficile ou moins attractif.

Plutôt que d'examiner la législation en cause au regard des deux libertés de circulation, à savoir la libre circulation des capitaux et le droit d'établissement, la Cour de justice a décidé, conformément à une ligne de jurisprudence bien établie qui se rattache à la théorie dite du « centre de gravité », de se focaliser sur l'atteinte prépondérante à l'une d'elle, la libre circulation des capitaux, considérant que l'atteinte à l'autre liberté était « la conséquence directe de la libre circulation des capitaux » (pt 53). En effet, la Cour de justice considère en principe qu'une réglementation doit être confrontée à une seule liberté s'il apparaît que l'autre liberté invoquée est secondaire par rapport à la liberté à laquelle la restriction est examinée à titre principal (4).

---

(1) CJUE, 20 mars 2014, *Caixa d'Estalvis i Pensions de Barcelona*, aff. C-139/12, EU:C:2014:174, pt 42.

(2) CJCE, 1er juin 1999, *Konle*, aff. C-302/97, EU:C:1999:271, *Rec.*, p. I-3099, pt 22 ; CJCE, 8 septembre 2005, *Blanckaert*, aff. C-512/03, EU:C:2005:516, *Rec.*, p. I-7685, pt 35 ; CJUE, 1er décembre 2011, *Commission c/ Belgique*, aff. C-250/08, EU:C:2011:793, *Rec.*, p. I-12341, pt 36.

(3) CJUE, 6 mars 2018, *SEGRO et Horvath*, aff. jtes C-52/16 et C-113/16, ECLI:EU:C:2018:157, pt 57.

(4) CJCE, 3 octobre 2006, *Fidium Finanz*, aff. C-452/04, EU:C:2006:631, *Rec.*, p. I-9521, pt 34 ; CJUE, 1er juillet 2010, *Dijkman et Dijkman-Lavaleije*, aff. C-233/09, EU:C:2010:397, *Rec.*, p. I-6649, pt 33.

Les restrictions à la libre circulation des capitaux prennent de multiples formes (5). Celle qui a été mise en œuvre par la Hongrie dans la présente affaire a été appliquée non pas en fonction du lieu de résidence des investisseurs ou de l'origine des capitaux comme c'est souvent le cas mais en raison de la nationalité des personnes intéressées. La Cour de justice avait déjà jugé qu'une réglementation nationale qui a pour objet de supprimer des droits d'usufruit et qui impose une exigence de lien de proche parenté avec le propriétaire de la terre est de nature à jouer davantage au détriment des ressortissants d'autres États membres que des ressortissants nationaux et constitue une discrimination indirecte fondée sur la nationalité (6). Il en va de même d'une réglementation qui prévoit l'extinction *ex lege* des droits d'usufruit détenus sur les terres agricoles par des ressortissants d'autres États membres (7). Elle les prive de jouir de leur droit d'usufruit et peut dissuader les non-résidents de faire des investissements en Hongrie.

L'entrave étant caractérisée, les justifications invoquées devaient ensuite être examinées. C'est à ce stade d'examen que la Cour de justice examine curieusement l'applicabilité de l'article 17 de la Charte des droits fondamentaux.

On conçoit fort bien que la Cour de justice envisage une justification d'une disposition nationale restrictive au regard des droits fondamentaux, ce qu'elle a fait dans le passé dans ses arrêts *Schmidberger* et *Omega*. On reste toutefois dubitatif sur la nécessité de renforcer l'examen de la restriction déjà caractérisée au regard d'une liberté de circulation en ayant recours à une disposition qui garantit un droit fondamental du même ordre que celui garanti par la liberté de circulation.

La Cour de justice décide ainsi d'examiner la restriction au regard tant des « exceptions ainsi prévues par le traité et la jurisprudence de la Cour » que des droits fondamentaux garantis par la Charte. Il y a lieu d'observer que le terme « exception » est impropre, les raisons permettant de justifier

(5) Voy. F. Picod, « Libre circulation des capitaux et des moyens de paiement », *J. Cl. Europe*, 2020, fasc. 890.

(6) CJUE, 6 mars 2018, *SEGRO et Horvath*, aff. jtes C-52/16 et C-113/16, préc., pt 74.

(7) CJUE, 21 mai 2019, *Commission c/ Hongrie*, aff. C-235/16, pt 58.

une restriction étant des dérogations, et non des exceptions, soumises à des exigences en termes d'aptitude, de nécessité et de proportionnalité. Il est regrettable que la Cour de justice entretienne ce type de confusion sémantique.

L'examen d'une privation au sens de l'article 17, paragraphe 1er, de la Charte est mené de manière classique mais relativement laborieuse. La Cour de justice prend soin à plusieurs reprises de citer la jurisprudence de la Cour européenne des droits de l'homme (pts 72 et 85) avant d'observer avec justesse que la suppression des droits d'usufruit opérée par la réglementation en cause constitue une privation de propriété au sens de l'article 17, paragraphe 1er, de la Charte (pt 86).

Le constat d'une telle violation devait conduire la Cour de justice à examiner ensuite la justification fondée sur l'utilité publique, ce qu'elle fait en dernier lieu après l'examen des justifications applicables à la liberté de circulation des capitaux. Se fondant à nouveau sur la jurisprudence de la Cour européenne des droits de l'homme, selon laquelle il doit exister une procédure qui assure une appréciation globale des conséquences d'une expropriation (pt 128), la Cour de justice conclut justement que la réglementation n'est pas justifiée par une cause d'utilité publique (pt 129).

L'examen des justifications propres à la liberté de circulation des capitaux ne présente aucune originalité et conduit à un résultat sans surprise.

La justification prévue à l'article 65, paragraphe 1, sous b), TFUE concernant le contrôle des changes qui a déjà donné lieu à une jurisprudence caractérisée par la sévérité des conditions imposées conduit la Cour de justice à observer logiquement que la Hongrie n'est pas parvenue à prouver que la réglementation était justifiée sur les fondements énoncés et que, en tout état de cause, la restriction prévoyant la suppression des droits d'usufruit était disproportionnée.

La justification prévue à l'article 65, paragraphe 1, sous b), TFUE concernant la protection de l'ordre public, également d'interprétation stricte, va connaître le même sort (pts 112 à 122).

Un tel arrêt conduit à s'interroger sur le mode opératoire susceptible d'être utilisé à l'avenir par la Cour de justice.

Si les affaires mettant en cause une violation d'une liberté de circulation et du droit de propriété garanti par l'article 17 de la Charte sont peu nombreuses, nombreuses sont les affaires qui pourraient mettre en lumière parallèlement une entrave à une liberté de circulation et une violation d'autres droits fondamentaux, tels que la liberté d'expression ou la liberté d'entreprise consacrées respectivement par les articles 11 et 16 de la Charte, ce qui n'a pas encore été le cas. Elles pourraient également l'être au regard de l'article 21, paragraphe 2, de la Charte en cas de discrimination fondée sur la nationalité, alors que l'on pensait que l'application de cette disposition était subsidiaire par rapport à celle des dispositions spécifiques. L'arrêt du 18 juin 2019, *Autriche c/ Allemagne* (8), est révélateur d'un tel mouvement, la Cour faisant une application cumulative des articles 34 et 56 TFUE sur les libertés de circulation et de l'article 18 TFUE qui interdit les discriminations fondées sur la nationalité.

L'invocation des libertés de circulation pourrait, si un tel mouvement se dessine, être renforcée également par l'invocation distincte de droits fondamentaux spécifiques, tels que les droits de la défense, le droit à une protection juridictionnelle effective ou même le droit à une bonne administration, qui, jusqu'à présent, venaient se fondre dans le cadre du régime des libertés de circulation.

Il conviendra dès lors d'être vigilant au sujet d'un tel mouvement jurisprudentiel de manière à mieux orienter les contestations des justiciables et l'examen juridictionnel auquel elles donnent lieu.

Fabrice Picod

(8) Voy. *infra*.

Cour de justice, gde ch., 18 juin 2019, *Autriche c/ Commission*, aff. C-591/17, ECLI:EU:C:2019:504

Conclusions de l'avocat général N. Wahl, du 6 février 2019, ECLI:EU:C:2019:99

Mots-clés : Manquement d'État – Redevance d'utilisation des infrastructures pour les véhicules automobiles particuliers – Exonération de la taxe pour les propriétaires de véhicules immatriculés dans l'État membre – Discrimination fondée sur la nationalité – Libre circulation des marchandises – Libre prestation de services

Cadre normatif : articles 18, 34, 56 et 92 TFUE

Extraits de l'arrêt

1. Par sa requête, la République d'Autriche demande à la Cour de constater que, en introduisant la redevance d'utilisation des infrastructures pour les véhicules automobiles particuliers par le biais de l'Infrastrukturabgabegesetz (loi relative aux redevances d'utilisation des infrastructures), du 8 juin 2015 (BGBl. I, p. 904), dans sa version issue de l'article 1er de la loi du 18 mai 2017 (BGBl. I, p. 1218) (ci-après l'« InfrAG »), et en prévoyant une exonération de la taxe sur les véhicules automobiles correspondant, à tout le moins, au montant de ladite redevance pour les propriétaires de véhicules immatriculés en Allemagne, introduite dans le Kraftfahrzeugsteuergesetz (loi relative à la taxe sur les véhicules automobiles), du 26 septembre 2002 (BGBl. I, p. 3818, ci-après la « KraftStG »), par le Zweites Verkehrsteueränderungsgesetz (deuxième loi de modification de la taxe de circulation), du 8 juin 2015 (BGBl. I, p. 901), et modifiée en dernier lieu par le Gesetz zur Änderung des Zweiten Verkehrsteueränderungsgesetzes (loi modifiant la deuxième loi de modification de la taxe de circulation), du 6 juin 2017 (BGBl. I, p. 1493) (ci-après, ensemble, les « mesures nationales litigieuses »), la République fédérale d'Allemagne a violé les articles 18, 34, 56 et 92 TFUE.

Le cadre juridique

[…]

La procédure précontentieuse et la procédure devant la Cour

14. Par lettre de mise en demeure du 18 juin 2015, la Commission européenne a engagé une procédure en manquement contre la République fédérale d'Allemagne, en mettant en cause, d'une part, les effets combinés des mesures nationales litigieuses et, d'autre part, les prix des vignettes de courte durée. La lettre de mise en demeure, complétée par une seconde lettre de mise en demeure du 10 décembre 2015, attirait l'attention des autorités allemandes sur une éventuelle violation par ces mesures des articles 18, 34, 45, 56 et 92 TFUE. À la suite d'un échange de vues avec les autorités allemandes et après avoir émis un avis motivé le 28 avril 2016, la Commission a décidé, le 29 septembre 2016, de saisir la Cour en vertu de l'article 258 TFUE.

15. Toutefois, à la suite de modifications apportées aux dispositions de la législation allemande critiquées par la Commission, celle-ci a décidé, le 17 mai 2017, de mettre fin à la procédure en manquement.

16. Par une lettre du 7 juillet 2017, la République d'Autriche a saisi pour avis la Commission en application de l'article 259 TFUE, au sujet d'une éventuelle violation par la République fédérale d'Allemagne des articles 18, 34, 56 et 92 TFUE résultant des effets combinés de la redevance d'utilisation des infrastructures et de l'exonération de la taxe sur les véhicules automobiles pour les titulaires de véhicules immatriculés en Allemagne.

17. Par lettre du 14 juillet 2017, la Commission a accusé réception de la lettre de la République d'Autriche.

18. Par lettre du 11 août 2017, la République fédérale d'Allemagne a rejeté l'argumentation de la République d'Autriche et a justifié les mesures nationales litigieuses essentiellement par le changement de système, qui est passé du financement par l'impôt au financement par les utilisateurs, ainsi que la légalité des mesures compensatoires sur la base de la directive Eurovignettes.

19. Le 31 août 2017, une audition s'est tenue au siège de la Commission, au cours de laquelle la République d'Autriche et la République fédérale d'Allemagne ont présenté chacune leurs arguments.

20. La Commission n'a pas émis d'avis motivé dans le délai de trois mois prévu à l'article 259 TFUE.

21. Le 12 octobre 2017, la République d'Autriche a alors introduit le présent recours.

22. Par décisions du président de la Cour des 15 janvier et 14 février 2018, le Royaume des Pays-Bas et le Royaume de Danemark ont été admis à intervenir au soutien, respectivement, des conclusions de la République d'Autriche et de celles de la République fédérale d'Allemagne.

Sur le recours

23. À l'appui de son recours, la République d'Autriche soulève quatre griefs à l'égard de la législation nationale en cause, étant précisé que celle-ci, quoique adoptée, n'est pas encore entrée en vigueur. Les premier et deuxième griefs sont tirés de la violation de l'article 18 TFUE résultant, d'une part, de l'effet combiné de la redevance d'utilisation des infrastructures et de l'exonération de la taxe sur les véhicules automobiles pour les véhicules immatriculés en Allemagne, ainsi que, d'autre part, de l'aménagement et de l'application de la redevance d'utilisation des infrastructures. Le troisième grief est tiré d'une violation des articles 34 et 56 TFUE par l'ensemble des mesures critiquées au titre des premier et deuxième griefs. Le quatrième grief est tiré d'une violation de l'article 92 TFUE par l'effet combiné de la redevance d'utilisation des infrastructures et de l'exonération de la taxe sur les véhicules automobiles pour les véhicules immatriculés en Allemagne.

Sur le premier grief, tiré de la violation de l'article 18 TFUE résultant de l'effet combiné des mesures nationales litigieuses

[...]

37. La République d'Autriche soutient en substance, dans le cadre de son premier grief, que la redevance d'utilisation des infrastructures et l'exonération de la taxe sur les véhicules automobiles pour les véhicules immatriculés en Allemagne, bien que ne reposant pas formellement sur une distinction selon la nationalité, aboutissent, par leur effet combiné, à réserver aux ressortissants allemands un traitement plus favorable que celui réservé aux ressortissants d'autres États membres et méconnaissent ainsi l'article 18, premier alinéa, TFUE.

38. Cette disposition prévoit que, dans le domaine d'application des traités, et sans préjudice des dispositions particulières qu'ils prévoient, est interdite toute discrimination exercée en raison de la nationalité.

39. À cet égard, tout d'abord, il convient de relever que, selon une jurisprudence constante, l'article 18 TFUE, qui consacre le principe général de non-discrimination en raison de la nationalité, n'a vocation à s'appliquer de manière autonome que dans des situations régies par le droit de l'Union pour lesquelles le traité FUE ne prévoit pas de règles spécifiques de non-discrimination (arrêt du 18 juillet 2017, Erzberger, C-566/15, EU:C:2017:562, point 25 et jurisprudence citée).

40. Or, le principe de non-discrimination en raison de la nationalité est mis en œuvre, notamment, dans le domaine de la libre circulation des marchandises, à l'article 34 TFUE, lu en combinaison avec l'article 36 TFUE (voir, en ce sens, arrêt du 8 juin 2017, *Medisanus*, C-296/15, EU:C:2017:431, point 65), dans celui de la libre circulation des travailleurs, à l'article 45 TFUE (voir, en ce sens, arrêt du 22 juin 2017, *Bechtel*, C-20/16, EU:C:2017:488, point 32 et jurisprudence citée) et, dans celui de la libre prestation des services, aux articles 56 à 62 TFUE (voir, en ce sens, arrêt du 19 juin 2014, *Strojírny Prostějov et ACO Industries Tábor*, C-53/13 et C-80/13, EU:C:2014:2011, point 32 ainsi que jurisprudence citée).

41. Il s'ensuit que, dans la présente affaire, les mesures nationales litigieuses ne sauraient être examinées au regard de l'article 18, premier alinéa, TFUE que dans la mesure où elles s'appliquent à des situations ne relevant pas de telles règles spécifiques de non-discrimination prévues par le traité FUE.

42. Ensuite, il importe de rappeler que le principe général de non-discrimination en raison de la nationalité, que consacre l'article 18, premier alinéa, TFUE, prohibe non seulement les discriminations directes, fondées sur la nationalité, mais encore toutes formes indirectes de discrimination qui, par application d'autres critères de distinction, aboutissent en fait au même résultat (voir, en ce sens, arrêt du 13 avril 2010, *Bressol e.a.*, C-73/08, EU:C:2010:181, point 40 ainsi que jurisprudence citée).

43. Afin d'apprécier le bien-fondé du premier grief de la République d'Autriche, il convient, en premier lieu, de vérifier si les mesures nationales litigieuses présentent entre elles un lien justifiant qu'elles fassent l'objet d'une appréciation conjointe au regard du droit de l'Union.

44. À cet égard, tout d'abord, il y a lieu de faire observer que, ainsi qu'il ressort du dossier soumis à la Cour, la redevance d'utilisation des infrastructures et l'exonération de la taxe sur les véhicules automobiles ont été introduites le même jour, soit le 8 juin 2015, puis modifiées à des dates proches, soit, respectivement, les 18 mai 2017 et 6 juin 2017, et que l'application de cette exonération a été subordonnée au début de la collecte de ladite redevance. Par ailleurs, le montant de l'exonération dont profitent les propriétaires de véhicules immatriculés en Allemagne correspond au montant de la redevance d'utilisation des infrastructures que ces propriétaires ont dû préalablement verser, sauf en ce qui concerne les véhicules de la classe d'émission Euro 6, dont les propriétaires bénéficient d'une exonération de la taxe sur les véhicules automobiles d'un montant supérieur à celui de la redevance qu'ils ont dû payer. Il en résulte que l'exonération de la taxe sur les véhicules automobiles a dans tous les cas pour effet, à tout le moins, de compenser, pour les propriétaires de

véhicules immatriculés en Allemagne, la nouvelle charge que constitue la redevance d'utilisation des infrastructures.

45. Ensuite, s'agissant de la perception de la redevance d'utilisation des infrastructures auprès des propriétaires de véhicules immatriculés en Allemagne, la République fédérale d'Allemagne a prévu que cette redevance soit due, tout comme la taxe sur les véhicules automobiles, en raison de l'immatriculation du véhicule.

46. Force est donc de constater que, tant du point de vue temporel que du point de vue matériel, il existe un lien à ce point étroit entre les mesures nationales litigieuses qu'il est justifié de les apprécier de façon conjointe au regard du droit de l'Union, en particulier de l'article 18 TFUE. L'existence d'un tel lien est, par ailleurs, reconnue par la République fédérale d'Allemagne, ainsi qu'il ressort du point 28 du présent arrêt.

47. Il convient, en deuxième lieu, de vérifier si les mesures nationales litigieuses, appréciées conjointement, instituent une différence de traitement en raison de la nationalité.

48. À cet égard, il est constant que, en application de ces mesures, tous les usagers des autoroutes allemandes sont soumis à la redevance d'utilisation des infrastructures, indépendamment du lieu d'immatriculation de leurs véhicules. Toutefois, les propriétaires des véhicules immatriculés en Allemagne bénéficient d'une exonération de la taxe sur les véhicules automobiles d'un montant au moins équivalent à celui de la redevance qu'ils ont dû verser, si bien que la charge économique de cette redevance ne repose, de facto, que sur les propriétaires et les conducteurs des véhicules immatriculés dans un État membre autre que l'Allemagne.

49. Il apparaît ainsi que, du fait de la combinaison des mesures nationales litigieuses, les propriétaires et les conducteurs de véhicules immatriculés dans un État membre autre que l'Allemagne, qui font usage des autoroutes allemandes, se voient traités de manière moins favorable que les propriétaires de véhicules immatriculés en Allemagne, en ce qui concerne l'utilisation de ces autoroutes, et ce alors même qu'ils se trouvent dans des situations comparables au regard de cette utilisation.

50. Une telle inégalité de traitement est particulièrement manifeste s'agissant des véhicules de la classe d'émission Euro 6. En effet, alors que les propriétaires de ce type de véhicules immatriculés en Allemagne bénéficient d'une surcompensation de la redevance d'utilisation des infrastructures, les propriétaires et les conducteurs de véhicules de la classe d'émission Euro 6 immatriculés dans un État membre autre que l'Allemagne, qui font usage des autoroutes allemandes, doivent, en tout état de cause, supporter ladite redevance. Ainsi, ces derniers sont traités moins favorablement non seulement par rapport aux propriétaires de véhicules de la classe d'émission Euro 6 immatriculés en Allemagne mais

encore par rapport aux propriétaires de véhicules plus polluants immatriculés dans cet État membre.

51. Enfin, si la différence de traitement constatée n'est pas directement fondée sur la nationalité, il reste que la grande majorité des propriétaires et des conducteurs de véhicules immatriculés dans des États membres autres que l'Allemagne ne sont pas des ressortissants allemands, alors que la grande majorité des propriétaires de véhicules immatriculés en Allemagne le sont, de telle sorte qu'une telle différence aboutit en fait au même résultat qu'une différence de traitement fondée sur la nationalité.

52. La circonstance que, d'une part, les propriétaires de véhicules immatriculés en Allemagne sont assujettis à la redevance d'utilisation des infrastructures et sont, en outre, soumis à la taxe sur les véhicules automobiles, et que, d'autre part, le montant devant être versé par les propriétaires et les conducteurs de véhicules immatriculés dans des États membres autres que l'Allemagne, au titre de cette redevance, correspond, au maximum, à celui devant être versé par les propriétaires de véhicules immatriculés en Allemagne, au titre de la même redevance, ne modifie en rien, contrairement à ce que la République fédérale d'Allemagne prétend, la constatation figurant au point 49 du présent arrêt. Ainsi, l'inégalité de traitement constatée au détriment des propriétaires et des conducteurs de véhicules immatriculés dans des États membres autres que l'Allemagne résulte du fait que, en raison de l'exonération dont bénéficient les propriétaires de véhicules immatriculés en Allemagne, ces derniers ne sont pas, de facto, soumis à la charge économique que représente la redevance d'utilisation des infrastructures.

53. Cette constatation ne saurait non plus être infirmée par les arguments avancés par la République fédérale d'Allemagne, résumés aux points 30 à 32 du présent arrêt.

54. Premièrement, s'agissant de l'argument selon lequel il est conforme au droit de l'Union que l'exonération de la taxe sur les véhicules automobiles ne profite qu'aux propriétaires de véhicules immatriculés en Allemagne, la Cour a certes jugé que, en l'absence d'harmonisation de la taxation des véhicules automobiles, les États membres sont libres d'exercer leur compétence fiscale en ce domaine, l'immatriculation apparaissant comme étant le corollaire naturel de l'exercice de cette compétence (voir, en ce sens, arrêt du 21 mars 2002, *Cura Anlagen*, C-451/99, EU:C:2002:195, points 40 et 41). Une telle circonstance explique que la taxe sur les véhicules automobiles ne frappe que les propriétaires de véhicules immatriculés en Allemagne, si bien que seuls ces derniers peuvent bénéficier de l'exonération de cette taxe.

55. Toutefois, cette circonstance ne signifie pas pour autant que le montant de ladite taxe ne soit pas pertinent en vue d'apprécier l'existence

d'une discrimination affectant les propriétaires et les conducteurs de véhicules immatriculés dans des États membres autres que l'Allemagne.

56. En effet, il importe de rappeler que, selon une jurisprudence constante, les États membres doivent exercer leur compétence en matière de fiscalité directe dans le respect du droit de l'Union et, notamment, des libertés fondamentales garanties par le traité FUE (arrêts du 21 mars 2002, *Cura Anlagen*, C-451/99, EU:C:2002:195, point 40, ainsi que du 25 juillet 2018, *TTL*, C-553/16, EU:C:2018:604, point 44 et jurisprudence citée).

57. Il s'ensuit que, en instituant des taxes sur les véhicules automobiles, les États membres doivent respecter, notamment, le principe d'égalité de traitement, de telle sorte que les modalités d'application de ces taxes ne constituent pas un moyen de discrimination.

58. Or, en l'occurrence, l'exonération de la taxe sur les véhicules automobiles au profit des propriétaires de véhicules immatriculés en Allemagne a pour effet de compenser intégralement la redevance d'utilisation des infrastructures acquittée par ces derniers, si bien que, ainsi qu'il a été relevé au point 48 du présent arrêt, la charge économique de ladite redevance pèse, de facto, sur les seuls propriétaires et conducteurs de véhicules immatriculés dans des États membres autres que l'Allemagne, ce qui constitue une mesure discriminatoire au détriment de ces derniers.

59. Ainsi, le montant de la taxe sur les véhicules automobiles est pertinent au regard des propriétaires et des conducteurs de véhicules immatriculés dans des États membres autres que l'Allemagne dans la mesure où les règles applicables pour sa fixation aboutissent en réalité à une différence de traitement à leur détriment.

60. Deuxièmement, comme le soutient la République fédérale d'Allemagne, il est loisible aux États membres de modifier le système de financement de leurs infrastructures routières en substituant à un système de financement par l'impôt un système de financement par l'ensemble des utilisateurs, y inclus les propriétaires et les conducteurs de véhicules immatriculés dans d'autres États membres faisant usage de ces infrastructures, afin que tous ces utilisateurs contribuent de manière équitable et proportionnée audit financement, pour autant que cette modification respecte le droit de l'Union, y compris le principe de non-discrimination consacré à l'article 18, premier alinéa, TFUE. Une telle modification procède du libre choix de tout État membre de définir les modalités de financement de ses infrastructures publiques, dans le respect du droit de l'Union.

61. En l'occurrence, il ressort des écritures de la République fédérale d'Allemagne que cet État membre a décidé, s'agissant de ses infrastructures de transport fédérales, de passer partiellement d'un système de

financement par l'impôt à un système de financement fondé sur les principes de l'« utilisateur-payeur » et du « pollueur-payeur ».

62. Ce changement de système repose sur l'introduction de la redevance d'utilisation des infrastructures à laquelle sont soumis tous les usagers des autoroutes allemandes, que leur véhicule soit ou non immatriculé en Allemagne, et dont les recettes sont entièrement affectées au financement des infrastructures routières, la République fédérale d'Allemagne ayant aménagé les tarifs de cette redevance en fonction de la classe d'émission des véhicules concernés.

63. Force est toutefois de constater que les mesures nationales litigieuses n'apparaissent pas cohérentes au regard de l'objectif poursuivi par la République fédérale d'Allemagne lorsque celle-ci a introduit la redevance d'utilisation des infrastructures, rappelé au point 61 du présent arrêt.

64. À cet égard, la République fédérale d'Allemagne a, parallèlement à l'introduction de cette redevance, conçu un mécanisme de compensation individuelle de celle-ci, en faveur des propriétaires de véhicules immatriculés en Allemagne, par le biais d'une exonération de la taxe sur les véhicules automobiles à hauteur d'un montant au moins équivalent à celui payé au titre de cette redevance.

65. Or, cet État membre ne saurait être suivi lorsqu'il soutient que cette exonération reflète le passage à un système de financement des infrastructures routières par l'ensemble des utilisateurs, en application des principes de l'« utilisateur-payeur » et du « pollueur-payeur ».

66. En effet, la République fédérale d'Allemagne a elle-même admis dans ses écritures que, du fait de l'exonération de la taxe sur les véhicules automobiles dont ils bénéficient, les propriétaires de véhicules immatriculés en Allemagne, en dépit de la circonstance qu'ils sont soumis au paiement de la redevance d'utilisation des infrastructures, ne subissent en réalité aucune charge supplémentaire depuis l'introduction de ladite redevance.

67. Certes, cet État membre avance que lesdits propriétaires contribuaient déjà au financement des infrastructures routières avant l'introduction de cette redevance, par le biais de la taxe sur les véhicules automobiles, et que le mécanisme de compensation vise ainsi à éviter une charge fiscale disproportionnée. Toutefois, outre le fait que la République fédérale d'Allemagne souligne elle-même, en des termes généraux, que les infrastructures fédérales sont financées par l'impôt, elle n'a apporté aucune précision quant à l'étendue de cette contribution et n'a donc aucunement établi que la compensation accordée à ces propriétaires, sous la forme d'une exonération de ladite taxe à hauteur d'un montant au moins équivalent à celui de la redevance d'utilisation des infrastructures, n'excède pas ladite contribution et présente ainsi un caractère adéquat.

68. Au demeurant, s'agissant des propriétaires de véhicules immatriculés en Allemagne, il y a lieu de faire observer que la redevance d'utilisation des infrastructures est conçue de telle manière qu'elle ne dépend nullement de l'utilisation effective par ceux-ci des routes fédérales. Ainsi, d'une part, cette redevance est due même par un tel propriétaire qui n'emprunte jamais ces routes. D'autre part, le propriétaire d'un véhicule immatriculé en Allemagne est automatiquement soumis à la redevance annuelle et n'a donc pas la possibilité d'opter pour une vignette de plus courte durée si celle-ci répond mieux à sa fréquence d'utilisation desdites routes. De tels éléments, couplés à la circonstance que lesdits propriétaires bénéficient par ailleurs d'une exonération de la taxe sur les véhicules automobiles à hauteur d'un montant au moins équivalent à celui payé au titre de cette redevance, démontrent que le passage à un système de financement fondé sur les principes de l'« utilisateur-payeur » et du « pollueur-payeur » vise en réalité exclusivement les propriétaires et les conducteurs de véhicules immatriculés dans des États membres autres que l'Allemagne, tandis que le principe d'un financement par l'impôt demeure d'application pour les propriétaires de véhicules immatriculés dans cet État membre.

69. Dans ces circonstances, il y a lieu de conclure que le mécanisme de compensation en cause en l'espèce est discriminatoire à l'égard des propriétaires et des conducteurs de véhicules immatriculés dans des États membres autres que l'Allemagne dès lors que la République fédérale d'Allemagne n'a pas été en mesure d'établir que ledit mécanisme répond à l'objectif annoncé par cet État membre de passer d'un système de financement des infrastructures par l'impôt à un système de financement par l'ensemble des utilisateurs, la réduction de la taxe sur les véhicules automobiles introduite par cet État membre ayant en fait pour conséquence l'exonération de la redevance d'utilisation des infrastructures en faveur des propriétaires de véhicules immatriculés en Allemagne.

70. Troisièmement, la combinaison des mesures nationales litigieuses ne saurait en tout état de cause trouver de fondement, même par analogie, dans la directive Eurovignettes.

71. Il suffit de relever à cet égard qu'aucune disposition de cette directive n'autorise, dans le cadre de la taxation des poids lourds pour l'utilisation des infrastructures, un mécanisme de compensation de la redevance d'utilisation des infrastructures tel que celui en cause en l'espèce. En effet, outre que l'article 7 duodecies de ladite directive vise seulement une « compensation adéquate », cette compensation doit, en tout état de cause, respecter le droit de l'Union.

72. Par ailleurs, l'existence supposée, dans le cadre de la directive Eurovignettes, de modèles de compensation de la taxe sur les véhicules automobiles semblables au modèle en cause en l'espèce dans d'autres États

membres ne saurait non plus fonder la conformité de la combinaison des mesures nationales litigieuses à l'article 18 TFUE.

73. Enfin, en troisième lieu, il importe de rappeler que, selon une jurisprudence constante, une discrimination indirecte sur la base de la nationalité ne peut être justifiée que si elle se fonde sur des considérations objectives indépendantes de la nationalité des personnes concernées et proportionnées à l'objectif légitimement poursuivi par le droit national (arrêt du 4 octobre 2012, *Commission/Autriche*, C-75/11, EU:C:2012:605, point 52 et jurisprudence citée).

74. Dans ce contexte, la République fédérale d'Allemagne invoque, aux fins de justifier la discrimination indirecte résultant de la combinaison des mesures nationales litigieuses, des considérations liées à la protection de l'environnement, à la répartition de la charge entre les utilisateurs allemands et les utilisateurs étrangers afin de préserver la cohérence du régime fiscal, ainsi qu'au changement du système de financement des infrastructures.

75. S'agissant, tout d'abord, des considérations environnementales, si, conformément à la jurisprudence de la Cour, la protection de l'environnement constitue un objectif légitime aux fins de justifier une différence de traitement en raison de la nationalité (voir, par analogie, s'agissant de la justification de restrictions aux libertés fondamentales, arrêt du 3 avril 2014, *Commission/Espagne*, C-428/12, non publié, EU:C:2014:218, point 36 et jurisprudence citée), la République fédérale d'Allemagne n'établit toutefois pas en quoi l'instauration d'une redevance d'utilisation des infrastructures ne frappant, de facto, que les propriétaires et les conducteurs de véhicules immatriculés dans des États membres autres que l'Allemagne serait propre à garantir cet objectif.

76. S'agissant, ensuite, de l'objectif consistant à passer d'un système de financement des infrastructures par l'impôt à un système de financement par les utilisateurs, à supposer même que cet objectif puisse justifier une différence de traitement, il ressort des points 64 à 69 du présent arrêt que la combinaison des mesures nationales litigieuses ne serait toutefois pas appropriée pour atteindre ledit objectif.

77. S'agissant, enfin, de l'argument de la République fédérale d'Allemagne tiré de l'exigence de garantir la cohérence du régime fiscal par la répartition équitable de la charge que représente la redevance d'utilisation des infrastructures, celui-ci ne saurait être retenu. En effet, comme il a été constaté au point 69 du présent arrêt, la combinaison des mesures nationales litigieuses aboutit, de facto, à exonérer de ladite redevance les propriétaires de véhicules immatriculés en Allemagne et, partant, à limiter la charge que représente cette redevance aux seuls propriétaires et conducteurs de véhicules qui ne sont pas immatriculés dans cet État membre.

78. Eu égard aux considérations qui précèdent, il y a lieu d'accueillir le premier grief et de constater que, en introduisant la redevance d'utilisation des infrastructures et en prévoyant, simultanément, une exonération de la taxe sur les véhicules automobiles d'un montant au moins équivalent à celui de la redevance versée, en faveur des propriétaires de véhicules immatriculés en Allemagne, la République fédérale d'Allemagne a manqué aux obligations qui lui incombent en vertu de l'article 18 TFUE.

Sur le deuxième grief, tiré de la violation de l'article 18 TFUE résultant de l'aménagement et de l'application de la redevance d'utilisation des infrastructures

[...]

91. Il convient de vérifier si les dispositions de l'InfrAG concernant les contrôles aléatoires, l'interdiction de la poursuite de la route au moyen du véhicule concerné, le recouvrement a posteriori de la redevance d'utilisation des infrastructures, l'imposition éventuelle d'une amende ainsi que le versement d'une caution instituent une discrimination au détriment des propriétaires et des conducteurs de véhicules immatriculés dans des États membres autres que l'Allemagne et, dans l'affirmative, si celle-ci peut être justifiée.

92. À cet égard, s'agissant, en premier lieu, des dispositions de l'InfrAG concernant les contrôles aléatoires, l'interdiction de la poursuite de la route et l'éventuelle imposition d'une amende en cas de violation de l'obligation de payer la redevance d'utilisation des infrastructures due, il importe de constater, ainsi que M. l'avocat général l'a relevé aux points 80 et 81 de ses conclusions, que rien dans le dossier soumis à la Cour ne permet de déduire que ces dispositions seraient applicables uniquement aux propriétaires et aux conducteurs de véhicules immatriculés dans des États membres autres que l'Allemagne.

93. Au contraire, il ressort du libellé desdites dispositions que tant les propriétaires de véhicules immatriculés en Allemagne que les propriétaires et les conducteurs de véhicules immatriculés dans des États membres autres que l'Allemagne sont susceptibles de faire l'objet de contrôles aléatoires, aux fins de vérifier s'ils ont respecté l'obligation de payer la redevance d'utilisation des infrastructures due et, si tel n'est pas le cas, de se voir interdire de poursuivre leur route au moyen du véhicule concerné et infliger une amende, ainsi que la République fédérale d'Allemagne l'a fait valoir dans ses observations.

94. Par ailleurs, la République d'Autriche n'a pas établi que les dispositions de l'InfrAG sur ce point, quoique rédigées de façon neutre, désavantageraient particulièrement les propriétaires et les conducteurs de véhicules immatriculés dans des États membres autres que l'Allemagne.

95. À ce dernier égard, en ce qui concerne les dispositions relatives à l'imposition d'amendes, il convient de relever, d'une part, que, contrairement à ce que soutient la République d'Autriche, la circonstance que les éléments constitutifs de certaines infractions, tels que le paiement incomplet de la redevance ou la fourniture incorrecte de renseignements, ne peuvent être constatés que dans le chef des propriétaires et des conducteurs de véhicules immatriculés dans des États membres autres que l'Allemagne, n'étaye pas l'affirmation selon laquelle ces dispositions viseraient majoritairement ces derniers.

96. En effet, une telle circonstance est une conséquence inévitable des différences objectives existant entre les propriétaires de véhicules immatriculés en Allemagne et les propriétaires et les conducteurs de véhicules immatriculés dans des États membres autres que l'Allemagne en ce qui concerne tant la fixation du montant de la redevance d'utilisation des infrastructures que le paiement de celle-ci. À cet égard, alors que les propriétaires de véhicules immatriculés en Allemagne sont tenus de payer d'avance la redevance, sous la forme d'une vignette annuelle acquise lors de l'immatriculation des véhicules, à hauteur d'un montant fixé d'office par l'autorité compétente, les propriétaires et les conducteurs de véhicules immatriculés dans des États membres autres que l'Allemagne ne doivent s'acquitter de cette redevance que lorsqu'ils utilisent les autoroutes allemandes, après le franchissement d'une frontière, sous la forme d'une vignette d'une durée variable, selon le choix de l'usager concerné, et à hauteur d'un montant fixé d'après les informations fournies par celui-ci même.

97. D'autre part, la République d'Autriche n'a fourni aucune indication concernant le montant des éventuelles amendes susceptibles d'être infligées pour des infractions ne pouvant être commises que par les propriétaires et les conducteurs de véhicules immatriculés dans des États membres autres que l'Allemagne, de telle sorte qu'aucun élément du dossier soumis à la Cour ne permet de constater qu'un tel montant serait disproportionné par rapport à la gravité des infractions.

98. S'agissant, en deuxième lieu, du recouvrement a posteriori, prévu à l'article 12 de l'InfrAG, de la redevance d'utilisation des infrastructures non payée, à concurrence du montant de la vignette annuelle, en cas d'utilisation des autoroutes allemandes sans vignette valable, ou de la différence entre le montant déjà versé et celui de la vignette annuelle, en cas d'utilisation des autoroutes allemandes avec une vignette d'une durée de validité trop courte, une telle disposition n'apparaît pas discriminatoire, dès lors que les propriétaires de véhicules immatriculés en Allemagne doivent également payer le montant correspondant à une vignette annuelle.

99. Par ailleurs, à supposer même que cette disposition institue une différence de traitement au détriment des propriétaires et des

conducteurs de véhicules immatriculés dans des États membres autres que l'Allemagne, elle serait justifiée par l'objectif de garantir le paiement effectif de la redevance d'utilisation des infrastructures due. En effet, outre qu'une telle disposition permet d'atteindre cet objectif, l'obligation faite aux propriétaires et aux conducteurs de véhicules immatriculés dans des États membres autres que l'Allemagne de payer, en cas d'infraction, la redevance d'utilisation des infrastructures à hauteur du montant de la vignette annuelle ou de la différence entre le montant de la vignette annuelle et le montant déjà versé n'apparaît pas disproportionnée, compte tenu du fait que les autorités allemandes qui constatent, lors d'un contrôle aléatoire, une violation de l'obligation de faire l'acquisition d'une vignette pour utiliser les autoroutes allemandes ne peuvent généralement pas savoir depuis combien de temps le contrevenant circule sur ces routes sans disposer de la vignette exigible.

100. S'agissant, en troisième lieu, de la possibilité, prévue à l'article 11, paragraphe 7, de l'InfrAG, pour les autorités qui constatent, lors d'un contrôle aléatoire, la violation de l'obligation de payer la redevance d'utilisation des infrastructures due, de prélever une somme à titre de caution d'un montant équivalent à l'amende infligée et aux frais de la procédure administrative, il est vrai, ainsi que la République fédérale d'Allemagne l'a confirmé dans ses observations, que cette possibilité n'est ouverte qu'envers les contrevenants utilisant un véhicule immatriculé dans un État membre autre que l'Allemagne. Par conséquent, ladite disposition institue une différence de traitement au détriment de ces derniers.

101. La République fédérale d'Allemagne fait toutefois valoir qu'une telle différence est justifiée par la nécessité de garantir le paiement des amendes infligées aux contrevenants utilisant un véhicule immatriculé dans un État membre autre que l'Allemagne, compte tenu de la difficulté de recouvrer ces créances lorsque ces contrevenants ont quitté le territoire allemand.

102. À cet égard, il convient de rappeler que la Cour a déjà jugé que l'absence d'instruments conventionnels permettant d'assurer l'exécution d'une condamnation dans un État membre autre que celui où elle a été prononcée justifie objectivement une différence de traitement entre contrevenants résidents et non-résidents et que l'obligation de versement d'une somme à titre de caution, imposée aux seuls contrevenants non-résidents, est apte à empêcher qu'ils puissent se soustraire à une sanction effective en déclarant simplement qu'ils ne souhaitent pas consentir à la perception immédiate de l'amende (arrêt du 19 mars 2002, *Commission/Italie*, C-224/00, EU:C:2002:185, point 21).

103. Eu égard à cette jurisprudence, il y a lieu de constater que l'objectif de garantir le paiement des amendes infligées aux contrevenants utilisant un véhicule immatriculé dans un État membre autre que l'Allemagne,

que poursuit la possibilité d'exiger de ceux-ci le versement d'une caution, justifie la différence de traitement qui en résulte entre ces contrevenants et les contrevenants utilisant un véhicule immatriculé en Allemagne.

104. L'existence d'un accord bilatéral concernant la coopération judiciaire et administrative entre la République d'Autriche et la République fédérale d'Allemagne n'a aucune incidence à cet égard, dès lors que, ainsi que M. l'avocat général l'a relevé au point 97 de ses conclusions, cette dernière n'a pas conclu d'accords similaires avec l'ensemble des autres États membres.

105. La possibilité d'exiger le versement d'une somme à titre de caution permettant d'atteindre l'objectif poursuivi, il reste à vérifier si une telle exigence va au-delà de ce qui est nécessaire pour atteindre cet objectif.

106. À cet égard, il convient de relever que, d'une part, ainsi qu'il ressort du libellé de l'article 11, paragraphe 7, de l'InfrAG, et comme la République fédérale d'Allemagne l'a fait remarquer dans ses observations, en cas de constatation, lors d'un contrôle aléatoire, d'une infraction aux dispositions nationales concernant la redevance d'utilisation des infrastructures, les autorités allemandes peuvent, et non doivent, exiger des contrevenants utilisant un véhicule immatriculé dans un État membre autre que l'Allemagne et refusant de payer immédiatement l'amende infligée de verser une caution pour garantir le paiement de cette amende.

107. Dans la mesure où le versement d'une caution n'est pas exigé d'une manière automatique de tous les contrevenants, il est raisonnable de présumer que les autorités compétentes n'imposeront cette exigence que lorsque, au vu des circonstances individuelles, il existera un risque que l'amende infligée ne puisse être perçue ou ne puisse l'être que très difficilement. En tout état de cause, la République d'Autriche n'a fourni aucun élément de nature à remettre en cause cette présomption.

108. D'autre part, il convient de relever que le montant fixé pour cette caution est limité à l'amende infligée et aux frais de la procédure administrative.

109. Dans ces conditions, il n'apparaît pas que la différence de traitement résultant de la possibilité d'exiger des contrevenants utilisant un véhicule immatriculé dans un État membre autre que l'Allemagne le versement d'une caution en vue d'assurer le paiement de l'amende infligée soit disproportionnée au regard de l'objectif poursuivi.

110. Eu égard aux considérations qui précèdent, il y a lieu de rejeter le deuxième grief.

Sur le troisième grief, tiré de la violation des articles 34 et 56 TFUE

[...]

Sur l'existence d'une restriction à la libre circulation des marchandises

119. Il convient de rappeler que la libre circulation des marchandises entre les États membres est un principe fondamental du traité FUE qui trouve son expression dans l'interdiction, énoncée à l'article 34 TFUE, des restrictions quantitatives à l'importation entre les États membres ainsi que de toutes mesures d'effet équivalent (arrêt du 27 avril 2017, *Noria Distribution*, C-672/15, EU:C:2017:310, point 17 et jurisprudence citée).

120. Selon une jurisprudence constante, l'interdiction des mesures d'effet équivalent à des restrictions quantitatives à l'importation édictée à l'article 34 TFUE vise toute mesure des États membres susceptible d'entraver directement ou indirectement, actuellement ou potentiellement, le commerce à l'intérieur de l'Union (arrêt du 3 avril 2014, *Commission/Espagne*, C-428/12, non publié, EU:C:2014:218, point 26 et jurisprudence citée).

121. Par ailleurs, une mesure, même si elle n'a ni pour objet ni pour effet de traiter moins favorablement des produits en provenance d'autres États membres, relève également de la notion de « mesure d'effet équivalent à des restrictions quantitatives », au sens de l'article 34 TFUE, si elle entrave l'accès au marché d'un État membre des produits originaires d'autres États membres (arrêt du 3 avril 2014, *Commission/Espagne*, C-428/12, non publié, EU:C:2014:218, point 29 et jurisprudence citée).

122. Enfin, il ressort d'une jurisprudence constante qu'une réglementation nationale qui constitue une mesure d'effet équivalent à des restrictions quantitatives peut être justifiée par l'une des raisons d'intérêt général énumérées à l'article 36 TFUE ou par des exigences impératives. Dans l'un et l'autre cas, la disposition nationale doit être propre à garantir la réalisation de l'objectif poursuivi et ne pas aller au-delà de ce qui est nécessaire pour qu'il soit atteint (arrêts du 6 septembre 2012, *Commission/Belgique*, C-150/11, EU:C:2012:539, point 53 et jurisprudence citée, ainsi que du 12 novembre 2015, *Visnapuu*, C-198/14, EU:C:2015:751, point 110).

123. C'est à la lumière de cette jurisprudence qu'il convient de vérifier si les mesures nationales litigieuses portent atteinte à la libre circulation des marchandises.

124. Aux fins de cette vérification, il importe de rappeler que, ainsi qu'il a été relevé au point 46 du présent arrêt, le lien existant entre ces

mesures justifie leur appréciation conjointe au regard du droit de l'Union et, dès lors, de l'article 34 TFUE.

125. À cet égard, il y a lieu, tout d'abord, de relever que, même si la redevance d'utilisation des infrastructures n'est pas perçue sur les produits transportés en tant que tels, elle est néanmoins susceptible d'affecter les marchandises livrées au moyen de véhicules automobiles particuliers jusqu'à 3,5 tonnes immatriculés dans un État membre autre que l'Allemagne, lors du franchissement de la frontière, et doit dès lors être examinée, en combinaison avec l'exonération de la taxe sur les véhicules automobiles, au regard des dispositions applicables en matière de libre circulation des marchandises.

126. Ensuite, les considérations évoquées aux points 48 et 49 du présent arrêt permettent de constater que, bien que la redevance d'utilisation des infrastructures s'applique formellement tant au regard des marchandises livrées au moyen de véhicules immatriculés en Allemagne qu'au regard des marchandises livrées au moyen de véhicules immatriculés dans un État membre autre que l'Allemagne, il s'avère que, du fait de l'exonération de la taxe sur les véhicules automobiles, applicable au regard de la première catégorie de marchandises, ladite redevance n'est susceptible d'affecter, en fait, que la seconde catégorie de marchandises. Par conséquent, en vertu de l'application combinée des mesures nationales litigieuses, ces dernières marchandises sont traitées moins favorablement que les marchandises livrées au moyen de véhicules immatriculés en Allemagne.

127. Il résulte de ce qui précède que les mesures nationales litigieuses sont susceptibles d'entraver l'accès au marché allemand des produits en provenance d'autres États membres. En effet, la redevance d'utilisation des infrastructures à laquelle sont, en fait, seulement soumis les véhicules qui transportent ces produits est susceptible d'augmenter les coûts de transport et, par voie de conséquence, le prix desdits produits, affectant ainsi leur compétitivité.

128. L'argument de la République fédérale d'Allemagne selon lequel la redevance d'utilisation des infrastructures constitue seulement une modalité de vente, au sens de l'arrêt du 24 novembre 1993, *Keck et Mithouard* (C-267/91 et C-268/91, EU:C:1993:905), ne saurait être retenu.

129. En effet, dès lors que, ainsi que M. l'avocat général l'a relevé au point 118 de ses conclusions, la notion de « modalités de vente » ne couvre que les dispositions nationales qui réglementent la manière selon laquelle les produits peuvent être commercialisés, les règles concernant la manière dont les marchandises sont susceptibles d'être transportées ne relèvent pas de cette notion.

130. Ne saurait davantage être retenu l'argument de la République fédérale d'Allemagne selon lequel les éventuels effets restrictifs de la

redevance d'utilisation des infrastructures sont trop aléatoires et indirects pour porter atteinte à l'article 34 TFUE, conformément à la jurisprudence de la Cour, notamment à l'arrêt du 13 octobre 1993, *CMC Motorradcenter* (C-93/92, EU:C:1993:838).

131. À cet égard, il suffit de constater que, au regard des conséquences des mesures nationales litigieuses décrites au point 127 du présent arrêt, il ne peut pas raisonnablement être soutenu que les effets restrictifs de ces mesures soient trop aléatoires et indirects pour porter atteinte à l'article 34 TFUE.

132. Dans ces conditions, il y a lieu de conclure que les mesures nationales litigieuses constituent une restriction à la libre circulation des marchandises, contraire à l'article 34 TFUE, à moins qu'elle ne soit objectivement justifiée.

133. Or, à cet égard, la République fédérale d'Allemagne n'a invoqué aucun motif de nature à justifier une telle restriction. En tout état de cause, les considérations invoquées par cet État membre, en réponse au premier grief, pour justifier la différence de traitement entre les propriétaires de véhicules immatriculés en Allemagne et les propriétaires et les conducteurs de véhicules immatriculés dans des États membres autres que l'Allemagne ne sauraient être pertinentes aux fins de justifier ladite restriction, pour les mêmes raisons que celles exposées aux points 75 à 77 du présent arrêt.

134. Par conséquent, les mesures nationales litigieuses constituent une restriction à la libre circulation des marchandises, contraire à l'article 34 TFUE.

Sur l'existence d'une restriction à la libre prestation des services

135. Il convient de rappeler que, conformément à la jurisprudence de la Cour, l'article 56 TFUE s'oppose à l'application de toute réglementation nationale ayant pour effet de rendre la prestation de services entre États membres plus difficile que la prestation de services purement interne à un État membre (arrêt du 28 avril 1998, *Kohll*, C-158/96, EU:C:1998:171, point 33 et jurisprudence citée).

136. Constituent des restrictions à la libre prestation des services les mesures nationales qui interdisent, gênent ou rendent moins attrayant l'exercice de cette liberté (arrêt du 25 juillet 2018, *TTL*, C-553/16, EU:C:2018:604, point 46 et jurisprudence citée).

137. En revanche, ne sont pas visées à l'article 56 TFUE des mesures dont le seul effet est d'engendrer des coûts supplémentaires pour la prestation en cause et qui affectent de la même manière la prestation de services entre États membres et celle interne à un État membre (arrêt

du 8 septembre 2005, *Mobistar et Belgacom Mobile*, C-544/03 et C-545/03, EU:C:2005:518, point 31 ainsi que jurisprudence citée).

138. Il convient également de rappeler que, ainsi qu'il ressort d'une jurisprudence bien établie, la libre prestation des services inclut non seulement la libre prestation des services active dans le cadre de laquelle le prestataire se déplace vers le bénéficiaire des services, mais également la libre prestation des services passive, à savoir la liberté des destinataires de services de se rendre dans un autre État membre dans lequel se trouve le prestataire pour y bénéficier de ces services (voir, en ce sens, arrêts du 2 février 1989, *Cowan*, 186/87, EU:C:1989:47, point 15, ainsi que du 11 septembre 2007, *Schwarz et Gootjes-Schwarz*, C-76/05, EU:C:2007:492, point 36 et jurisprudence citée).

139. Enfin, il ressort de la jurisprudence de la Cour qu'une restriction à la libre prestation des services ne saurait être admise que si elle poursuit un objectif légitime compatible avec le traité FUE et se justifie par des raisons impérieuses d'intérêt général, pour autant, en pareil cas, qu'elle est propre à garantir la réalisation de l'objectif poursuivi et qu'elle ne va pas au-delà de ce qui est nécessaire pour l'atteindre (arrêt du 25 juillet 2018, *TTL*, C-553/16, EU:C:2018:604, point 52 et jurisprudence citée).

140. C'est à la lumière de cette jurisprudence qu'il convient de vérifier si les mesures nationales litigieuses, appréciées conjointement, portent atteinte à la libre prestation des services.

141. À cet égard, il n'est pas contesté que les prestataires de services qui se rendent en Allemagne pour y fournir leurs services, au moyen d'un véhicule jusqu'à 3,5 tonnes immatriculé dans un État membre autre que l'Allemagne, sont soumis à la redevance d'utilisation des infrastructures, et que ces prestataires sont majoritairement établis dans un État membre autre que l'Allemagne, tandis que les prestataires de services en Allemagne qui, aux fins de cette prestation, se déplacent au moyen d'un véhicule immatriculé dans cet État membre sont majoritairement établis en Allemagne.

142. Il n'est pas non plus contesté que les destinataires de services qui, au moyen d'un véhicule immatriculé dans un État membre autre que l'Allemagne, se rendent en Allemagne pour y bénéficier des services concernés sont soumis à ladite redevance et que ces destinataires proviennent majoritairement d'un État membre autre que l'Allemagne, alors que les destinataires de services fournis en Allemagne qui, afin de bénéficier desdits services, se déplacent dans un véhicule immatriculé en Allemagne proviennent normalement de cet État membre.

143. Par ailleurs, les considérations évoquées aux points 48 et 49 du présent arrêt permettent de constater que, du fait de l'exonération de la taxe sur les véhicules automobiles dont bénéficient les prestataires et les

destinataires de services établis en Allemagne, la redevance d'utilisation des infrastructures ne frappe, en fait, que les prestataires et les destinataires de services provenant d'un autre État membre.

144. Il résulte de ce qui précède que les mesures nationales litigieuses sont susceptibles d'entraver l'accès des prestataires et des destinataires de services provenant d'un État membre autre que l'Allemagne au marché allemand. En effet, la redevance d'utilisation d'infrastructures est susceptible, du fait de l'exonération de la taxe sur les véhicules automobiles faisant partie des mesures nationales litigieuses, soit d'augmenter le coût de services fournis en Allemagne par ces prestataires, soit d'augmenter le coût que représente pour ces destinataires le fait de se rendre dans cet État membre pour y bénéficier d'un service.

145. La République fédérale d'Allemagne ne saurait se fonder valablement sur la jurisprudence énoncée au point 117 du présent arrêt pour écarter l'existence d'une entrave dans le cas d'espèce.

146. En effet, une telle jurisprudence n'est applicable que lorsque les mesures nationales en cause affectent de la même manière la prestation de services entre États membres et celle interne à un État membre, ce qui n'est pas le cas en l'occurrence.

147. Dans ces conditions, il y a lieu de conclure que les mesures nationales litigieuses constituent une restriction à la libre prestation des services, contraire à l'article 56 TFUE, à moins qu'elle ne soit objectivement justifiée.

148. Or, à cet égard, la République fédérale d'Allemagne n'a invoqué aucun motif de nature à justifier une telle restriction. En tout état de cause, les considérations invoquées par cet État membre, en réponse au premier grief, pour justifier la différence de traitement entre les propriétaires de véhicules immatriculés en Allemagne et les propriétaires et les conducteurs de véhicules immatriculés dans des États membres autres que l'Allemagne ne sauraient être pertinentes aux fins de justifier ladite restriction, pour les mêmes raisons que celles exposées aux points 75 à 77 du présent arrêt.

149. Par conséquent, les mesures nationales litigieuses constituent une restriction à la libre prestation des services, contraire à l'article 56 TFUE.

150. Eu égard aux considérations qui précèdent, il y a lieu d'accueillir le troisième grief et de constater que, en introduisant la redevance d'utilisation des infrastructures et en prévoyant, simultanément, une exonération de la taxe sur les véhicules automobiles d'un montant au moins équivalent à celui de la redevance versée en faveur des propriétaires de véhicules immatriculés en Allemagne, la République fédérale d'Allemagne a manqué aux obligations qui lui incombent en vertu des articles 34 et 56 TFUE.

Sur le quatrième grief, tiré de la violation de l'article 92 TFUE

[...]

158. Conformément à l'article 92 TFUE, jusqu'à l'établissement des dispositions visées à l'article 91, paragraphe 1, TFUE et sauf adoption à l'unanimité par le Conseil d'une mesure accordant une dérogation, aucun des États membres ne peut rendre moins favorables, dans leur effet direct ou indirect à l'égard des transporteurs des autres États membres par rapport aux transporteurs nationaux, les dispositions diverses régissant la matière au 1er janvier 1958 ou, pour les États adhérents, à la date de leur adhésion.

159. En l'occurrence, il est, d'une part, constant que l'activité de transport soumise à la redevance d'utilisation des infrastructures peut être effectuée au moyen de véhicules jusqu'à 3,5 tonnes. Dans ce cas, l'activité est communément connue sous la dénomination de « transport léger ».

160. D'autre part, si le secteur du transport routier est largement couvert par la législation de l'Union, il n'en demeure pas moins que le transport léger n'a fait l'objet d'aucune réglementation au niveau du droit de l'Union. En particulier, aucune réglementation relative à la taxation de l'utilisation des routes par les véhicules jusqu'à 3,5 tonnes n'a été établie, conformément à l'article 91 TFUE. Il ressort ainsi de l'article 1er de la directive Eurovignettes, lu conjointement avec l'article 2, sous d), de cette directive, que le rapprochement des législations des États membres que celle-ci opère concerne uniquement les véhicules de plus de 3,5 tonnes.

161. Enfin, compte tenu des considérations évoquées aux points 141 et 143 du présent arrêt, il y a lieu de constater que, du fait de la combinaison des mesures nationales litigieuses, seuls les transporteurs qui utilisent un véhicule jusqu'à 3,5 tonnes immatriculé dans un État membre autre que l'Allemagne (ci-après les « transporteurs étrangers ») sont, en fait, affectés par la redevance d'utilisation des infrastructures, les transporteurs qui utilisent un véhicule de moins de 3,5 tonnes immatriculé en Allemagne (ci-après les « transporteurs allemands ») bénéficiant d'une compensation de cette redevance.

162. Force est donc de constater que, en compensant intégralement la nouvelle charge que constitue la redevance d'utilisation des infrastructures, payable par tous les transporteurs, par une exonération de la taxe sur les véhicules automobiles d'un montant au moins équivalent à la redevance versée, ce dont profitent les transporteurs allemands et sont exclus les transporteurs étrangers, les mesures nationales litigieuses ont pour effet de modifier, dans un sens qui leur est défavorable, la situation des transporteurs étrangers par rapport à celle des transporteurs allemands (voir, en ce sens, arrêt du 19 mai 1992, *Commission/Allemagne*, C-195/90, EU:C:1992:219, point 23).

163. Il y a lieu, par suite, d'accueillir le quatrième grief et de constater que, en introduisant la redevance d'utilisation des infrastructures et en prévoyant, simultanément, une exonération de la taxe sur les véhicules automobiles d'un montant au moins équivalent à celui de la redevance versée, en faveur des propriétaires de véhicules immatriculés en Allemagne, la République fédérale d'Allemagne a manqué aux obligations qui lui incombent en vertu de l'article 92 TFUE.

164. Il découle de tout ce qui précède que, en introduisant la redevance d'utilisation des infrastructures pour les véhicules automobiles particuliers et en prévoyant, simultanément, une exonération de la taxe sur les véhicules automobiles d'un montant au moins équivalent à celui de la redevance versée, en faveur des propriétaires de véhicules immatriculés en Allemagne, la République fédérale d'Allemagne a manqué aux obligations qui lui incombent en vertu des articles 18, 34, 56 et 92 TFUE.

[...]

Observations

À défaut d'être un arrêt totalement convaincant, l'arrêt *Autriche c/Allemagne* présente plusieurs caractères singuliers qui méritent qu'on lui porte une attention particulière.

N'ayant connu qu'une dizaine de cas, la procédure en manquement prévue à l'article 259 TFUE qui permet à un État membre d'agir contre un autre État membre a rarement été mise en œuvre dans le cadre des libertés de circulation (1) compte tenu de la vigilance exercée par la Commission européenne et de l'importance des saisines des juridictions nationales dans ce domaine. C'est précisément à la suite d'une procédure ouverte par la Commission sur le fondement de l'article 258 TFUE à laquelle celle dernière a mis fin que la République d'Autriche a saisi la Commission sur le fondement de l'article 259 TFUE sans toutefois réussir à la convaincre. La Commission n'ayant pas émis d'avis motivé dans le délai de trois mois prévu par le traité, la République d'Autriche a saisi la Cour de justice.

L'arrêt rendu par la Cour de justice prend en grande partie le contre-pied des conclusions courageuses de l'avocat

(1) Voy. par ex. CJCE, 16 septembre 2000, *Belgique c/ Espagne*, aff. C-388/95, EU:C:2000:244, *Rec.*, p. I-3123.

général Nils Wahl qui n'avait pas constaté de discrimination en fonction de la nationalité et qui avait considéré que la législation allemande ne créait pas une entrave suffisante à la libre circulation des marchandises et à la libre prestation de services pour donner lieu à une constatation de manquement.

On comprend qu'une telle législation ait pu susciter la perplexité et la discussion compte tenu de son caractère original et sophistiqué. La redevance d'utilisation des infrastructures pour les véhicules automobiles ne faisait pas l'objet d'une exonération en tant que telle pour les véhicules immatriculés en Allemagne comme on aurait pu l'imaginer mais était prise en compte, au minimum à hauteur de son montant, pour donner lieu à une exonération du paiement d'une autre taxe applicable aux véhicules immatriculés en Allemagne. Par ce système ingénieux, le législateur allemand avait établi une forme de compensation dictée par l'idée que les personnes qui faisaient immatriculer leurs véhicules en Allemagne et qui payaient à ce titre une taxe sur les véhicules ne devaient pas subir la charge d'une autre taxe.

Le problème consistait à savoir si une telle législation était discriminatoire et si elle entravait réellement les échanges de marchandises et de services au point de conduire la Cour de justice à constater un manquement.

Le grief portant sur la violation de l'article 18 TFUE interdisant les discriminations en raison de la nationalité appelle plusieurs observations.

On sait qu'un tel article n'a vocation à s'appliquer de manière autonome que dans des situations pour lesquelles le traité FUE ne prévoit pas de règles spécifiques de non-discrimination, ce que la Cour de justice a d'ailleurs rappelé (pt 39). Dans la mesure où les règles de libre circulation des marchandises et de libre prestation de services qui intègrent le principe de non-discrimination tout en le dépassant sont applicables à la législation mise en cause, on aurait pu considérer que l'article 18 TFUE n'avait pas à s'appliquer.

La Cour de justice a décidé au contraire d'appliquer l'article 18 TFUE sans véritablement justifier cette application.

Elle souligne que « les mesures nationales litigieuses ne sauraient être examinées au regard de l'article 18, premier alinéa, TFUE que dans la mesure où elles s'appliquent à des situations ne relevant pas de telles règles spécifiques de non-discrimination prévues par le traité FUE » (pt 41), ce qui est à la fois, selon nous, imprécis et insuffisant. Exige-t-on que les règles spécifiques interdisent les discriminations en général voire d'autres types de discrimination tenant par exemple à l'origine des produits ou précisément les discriminations en raison de la nationalité pour rendre l'article 18 TFUE inapplicable ? L'applicabilité des règles spécifiques à des mesures indistinctement applicables, c'est-à-dire au-delà du champ des discriminations, a-t-elle pour effet de permettre l'applicabilité de l'article 18 TFUE ?

La Cour de justice aurait pu également commencer par statuer sur les griefs fondés sur les règles spécifiques et se prononcer sur l'applicabilité de l'article 18 TFUE et, le cas échéant, sur les violations de cette disposition.

Elle a, au contraire, décidé d'examiner en premier lieu le grief fondé sur l'article 18 TFUE résultant de l'effet combiné des mesures nationales litigieuses.

La Cour de justice a consacré pas moins de quarante points de motifs à l'appréciation de la discrimination. Une telle motivation, ponctuée des expressions habituelles telles qu'« en l'occurrence », « au demeurant », traduit la difficulté qu'a ressentie la Cour de justice à adopter une ligne de raisonnement convaincante.

À la différence de son avocat général, la Cour de justice considère que les deux taxes mises en place le même jour, puis modifiées à des dates proches, doivent être appréciées conjointement alors qu'elles n'ont pas exactement le même fait générateur, l'immatriculation des véhicules étant il est vrai un élément commun et décisif dans l'application des taxes. C'est le lien matériel et temporel entre les taxes qui est mis en lumière par la Cour au point de permettre ensuite une appréciation conjointe de la différence de traitement en raison de la nationalité.

S'il est clair que le régime institué ne crée pas une discrimination formellement fondée sur la nationalité, il est de nature à pénaliser davantage les ressortissants des autres États membres que les ressortissants allemands compte tenu de ce que « la grande majorité des propriétaires et des conducteurs de véhicules immatriculés dans des États membres autres que l'Allemagne ne sont pas des ressortissants allemands, alors que la grande majorité des propriétaires de véhicules immatriculés en Allemagne le sont » (pt 51). Il est toutefois regrettable que ce type d'assertion ne soit pas étayé par des chiffres ou des statistiques qui auraient été apportés par la partie requérante. Dans une affaire en manquement traditionnelle, c'est-à-dire fondée sur l'article 258 TFUE, la Commission aurait pris soin d'apporter quelques éléments de preuve à l'appui d'une telle allégation se rapportant à une allégation indirecte.

Les justifications avancées par l'Allemagne étaient vouées à l'échec en raison de l'insuffisance de l'argumentation se rapportant à l'aptitude et la proportionnalité de telles mesures.

On constate avec intérêt que la Cour de justice accepte l'invocabilité de principe de raisons d'intérêt général fondées notamment sur la protection de l'environnement et l'exigence de cohérence du régime fiscal en vue de justifier une atteinte au principe de non-discrimination sur le fondement de l'article 18 TFUE comme dans le cadre des atteintes aux libertés de circulation. Le raisonnement n'est heureusement pas différent de celui qui est appliqué en vue de justifier une atteinte à l'article 21, paragraphe 2, de la Charte des droits fondamentaux au regard des critères établis à l'article 52 de la Charte.

La Cour a, en deuxième lieu, décidé d'examiner le grief également fondé sur l'article 18 TFUE au sujet de l'aménagement et de l'application de la redevance d'utilisation des infrastructures.

C'est pratiquement sur cet unique point qu'elle a suivi son avocat général en raison de la faiblesse de l'argumentation de la requérante visant à établir que les contrôles aléatoires, l'interdiction de la poursuite de la circulation sur la route, l'éventuelle amende, le recouvrement *a posteriori* étaient appliqués de manière discriminatoire.

Une des modalités tenant au prélèvement d'une somme à titre de caution a justement été considérée discriminatoire, une telle possibilité n'étant applicable qu'aux contrevenants utilisant des véhicules immatriculés dans un autre État membre, mais a été justifiée sur le fondement de l'objectif tenant à garantir le paiement des amendes dans la mesure où le montant de la caution était limité à celui de l'amende et aux frais de procédure (pts 102 à 109).

Après avoir ainsi statué sur les griefs fondés sur la violation de l'article 18 TFUE, la Cour de justice a, en troisième lieu, examiné le grief tiré de la violation des articles 34 et 56 TFUE qui se rapportent aux libertés de circulation.

La restriction à la libre circulation des marchandises était discutable dans la mesure où la législation ne frappait pas la circulation des produits en raison de leurs caractéristiques, de leurs modalités de vente ou de leur mode d'utilisation comme cela est le plus souvent le cas au regard de la jurisprudence de la Cour de justice (2).

À juste titre, la Cour de justice, suivant également sur ce point son avocat général, a écarté la position du gouvernement allemand qui entendait rattacher la législation à la catégorie des modalités de vente au sens de la jurisprudence *Keck et Mithouard* de manière à établir ainsi qu'en raison de son caractère indistinctement applicable la législation ne tombait pas sous le coup de l'article 34 TFUE (pt 129). Il est clair que la législation en cause ne portait nullement sur les modalités de vente des produits contenus dans les véhicules automobiles en circulation.

La législation ne se rapportant pas aux caractéristiques, à la présentation, à la dénomination des produits au sens de la jurisprudence *Cassis de Dijon*, il convenait de se demander, conformément à la jurisprudence initiée dans l'affaire dite des « remorques italiennes » (3) si elle était susceptible d'entraver l'accès au marché d'un État membre des produits originaires d'un autre État membre.

On sait qu'un certain nombre de réglementations relatives au transport de marchandises ont été examinées au moyen

(2) Voy. F. Picod, « Mesures d'effet équivalant à des restrictions quantitatives. Typologie », *J. Cl. Europe*, 2020, fasc. 550-5.

(3) CJCE, 10 février 2009, *Commission c/ Italie*, aff. C-110/05, EU:C:2009:66, *Rec.*, p. I-519.

de ce prisme mettant en lumière le critère de l'accès au marché (4).

L'exonération de la taxe d'utilisation des véhicules immatriculés en Allemagne est susceptible de rejaillir sur le commerce de marchandises transportées par des véhicules non immatriculés en Allemagne, ce qui peut, aux yeux de la Cour de justice, avoir un effet sur les prix des produits et, « affecter ainsi leur compétitivité » (pts 126 et 127).

Il s'agit là d'une conception extensive de la notion d'entrave aux échanges qui aurait mérité d'être explicitée.

En effet, une certaine confusion est entretenue entre les véhicules automobiles qui sont eux-mêmes qualifiables de marchandises et les produits qu'ils sont susceptibles de transporter. Il aurait été appréciable, à des fins de pédagogie judiciaire, de préciser si la législation en cause affecte la circulation des véhicules ou des produits qu'ils peuvent contenir ou des deux cumulativement.

Si l'on peut souscrire au constat établi par la Cour de justice selon lequel les mesures litigieuses affectent l'accès au marché allemand de produits en provenance d'autres États membres (pt 127), on est amené à supposer que l'entrave frappe aussi bien les produits du commerce que les effets personnels des conducteurs de voitures ainsi en circulation.

La position de l'avocat général qui estimait que les éventuels effets restrictifs de la redevance étaient trop aléatoires et indirects pour être assimilés à une entrave aux échanges, conformément à une jurisprudence initiée il y a quarante ans, a été écartée pratiquement sans motivation. On pourrait attendre quelques explications de la Cour de justice à ce sujet, qui n'en est pourtant pas avare sur d'autres points (5), de manière à mieux canaliser cet argument avancé régulièrement par les États membres.

Aucune justification n'ayant été avancée dans ce cadre par l'Allemagne, la Cour de justice a tout de même pris soin de souligner que les justifications avancées au titre du premier grief n'étaient pas pertinentes avant de constater la violation de l'article 34 TFUE.

---

(4) CJCE, 10 février 2009, *Commission c/ Italie*, aff. C-110/05, EU:C:2009:66, *Rec.*, p. I-519, pts 56-58 ; CJUE, 3 avril 2014, *Commission c/ Espagne*, aff. C-428/12, EU:C:2014:218, pts 30-33.

(5) Voy. *supra*.

La restriction à la libre prestation des services était également discutable dans la mesure où les services en cause étaient difficiles à identifier.

C'est sous l'angle du transport au moyen des véhicules automobiles objets d'une différence de traitement que la restriction a été appréhendée. Les prestataires établis dans un autre État membre se déplaçant majoritairement au moyen de véhicules immatriculés à l'étranger sont désavantagés par rapport aux prestataires établis en Allemagne, ce qui entraîne une différence de traitement et, en tout état de cause, une augmentation du coût d'un service. La Cour va même jusqu'à appliquer un raisonnement identique au sujet des destinataires de services, l'entrave découlant de l'augmentation du coût du service reçu, ce qui est difficile à caractériser.

Il résulte de cet arrêt que l'augmentation du coût d'un service pour le prestataire ou pour le destinataire est susceptible d'entraver la prestation des services au sens de l'article 56 TFUE. Conformément à la jurisprudence relative à la notion d'entrave à la libre prestation des services, une réglementation qui a pour effet de rendre « moins attrayant » l'exercice de cette liberté est une entrave.

Aucune justification n'ayant non plus été avancée dans ce cadre par l'Allemagne, la Cour de justice a pris soin de souligner que les justifications avancées au titre du premier grief n'étaient pas pertinentes avant de constater la violation de l'article 56 TFUE.

Fabrice Picod

VIII. POLITIQUES ET ACTIONS DE L'UE (HORS ENVIRONNEMENT ET CONSOMMATION)

(Aucun arrêt significatif n'a été retenu dans cette matière en 2019)

IX. DROITS SOCIAUX

Cour de justice, 3e ch., 8 mai 2019, *SF c/ Inspecteur van de Belastingdienst*, aff. C-631/17, ECLI:EU:C:2019:381

Conclusions de l'avocat général G. Pitruzzella, du 10 janvier 2019, ECLI:EU:C:2019:10

Mots-clés : Travailleurs – Marin – Navire battant pavillon d'un État tiers – Territoire européen – Dissociation entre la résidence de l'employeur et la résidence du travailleur – Situations non prévues par les règlements – Détermination de la législation applicable

Cadre normatif : article 11, paragraphe 3, sous e), du règlement (CE) n° 883/2004

Notes et observations : P. Chaumette, *in Le droit maritime français*, 2019, pp. 697-701

Extraits de l'arrêt

1. La demande de décision préjudicielle porte sur l'interprétation du règlement (CE) n° 883/2004 du Parlement européen et du Conseil, du 29 avril 2004, portant sur la coordination des systèmes de sécurité sociale (*JO* 2004, L 166, p. 1, et rectificatif *JO* 2004, L 200, p. 1), tel que modifié par le règlement (UE) n° 465/2012 du Parlement européen et du Conseil, du 22 mai 2012 (*JO* 2012, L 149, p. 4) (ci-après le « règlement n° 883/2004 »).

2. Cette demande a été présentée dans le cadre d'un litige opposant SF à l'inspecteur van de Belastingdienst (inspecteur du service des impôts, Pays-Bas, ci-après l'« inspecteur ») au sujet de l'affiliation de SF au régime général d'assurance sociale néerlandais pour la période comprise entre le 13 août et le 31 décembre 2013.

[…]

Le litige au principal et la question préjudicielle

6. Durant la période comprise entre le 13 août et le 31 décembre 2013, SF, un ressortissant letton résidant en Lettonie, a travaillé en tant que steward pour le compte d'Oceanwide Offshore Services B.V., une entreprise établie aux Pays-Bas.

7. SF exerçait cette activité à bord d'un navire battant pavillon des Bahamas, qui naviguait, au cours de cette période, au niveau de la partie allemande du plateau continental de la mer du Nord.

8. Les autorités fiscales néerlandaises ont émis, à la charge de SF, un avis d'imposition pour l'exercice 2013 au titre de l'impôt sur le revenu et des cotisations d'assurances sociales. À la suite de la réclamation formée par SF contre cet avis, l'inspecteur n'a maintenu celui-ci qu'en tant qu'il déclare SF redevable des cotisations sociales auprès du régime d'assurance sociale néerlandais pour la période comprise entre le 13 août et le 31 décembre 2013.

9. SF a formé un recours devant le rechtbank Zeeland-West-Brabant (tribunal de Zélande-Brabant occidental, Pays-Bas) contre la décision de l'inspecteur, en soutenant qu'il ne relève pas dudit régime.

10. Saisie de la question de savoir si SF était effectivement redevable de telles cotisations et éprouvant des doutes à cet égard, cette juridiction a décidé de poser des questions préjudicielles au Hoge Raad der Nederlanden (Cour suprême des Pays-Bas).

11. Le Hoge Raad der Nederlanden (Cour suprême des Pays-Bas) considère que, même si l'activité professionnelle exercée par SF durant la période en cause ne peut être considérée comme l'ayant été sur le territoire d'un État membre de l'Union, il existe un rattachement suffisamment étroit avec le territoire de cette dernière qui implique l'application en l'espèce du règlement n° 883/2004. Cette juridiction considère également que SF relève du champ d'application personnel de ce règlement.

12. Selon ladite juridiction, la situation caractérisant le litige pendant devant le rechtbank Zeeland-West-Brabant (tribunal de Zélande-Brabant occidental), dans laquelle l'activité salariée du travailleur concerné est exercée sur un navire battant pavillon d'un État tiers, ne relève pas du champ d'application de l'article 11, paragraphe 3, sous a) à d), ni de celui de l'article 11, paragraphe 4, du règlement n° 883/2004.

13. Elle estime qu'une telle situation est néanmoins susceptible de relever du champ d'application de l'article 11, paragraphe 3, sous e), du règlement n° 883/2004, qui prévoit que les personnes autres que celles visées aux points a) à d) de cet article 11, paragraphe 3, sont soumises à la législation de l'État membre de résidence.

14. La juridiction de renvoi souligne, à cet égard, qu'il a été soutenu devant elle que l'article 11, paragraphe 3, sous e), du règlement n° 883/2004 n'est pas applicable à une situation telle que celle au principal, dès lors qu'il ressortirait des Notes explicatives sur la modernisation de la coordination en matière de sécurité sociale – Règlements (CE) n° 883/2004 et (CE) n° 987/2009 de la Commission, du mois de janvier 2011, que cette disposition n'est applicable qu'aux personnes économiquement non actives.

15. Ladite juridiction considère toutefois qu'une telle interprétation ne ressort pas du libellé de la disposition en cause, laquelle constituerait une règle de conflit libellée en termes généraux, s'appliquant, par défaut, aux personnes autres que celles visées à l'article 11, paragraphe 3, sous a) à d), et aux articles 12 à 16 du règlement n° 883/2004.

16. Il a, par ailleurs, également été soutenu devant la juridiction de renvoi que, bien que ne s'appliquant pas directement, l'article 11, paragraphe 3, sous a), et l'article 11, paragraphe 4, du règlement n° 883/2004 devraient s'appliquer par analogie et conduire à désigner la loi de l'État membre dans lequel l'employeur est établi, à l'instar de ce que la Cour a jugé dans ses arrêts du 29 juin 1994, *Aldewereld* (C-60/93, EU:C:1994:271), et du 19 mars 2015, *Kik* (C-266/13, EU:C:2015:188), à propos des dispositions du règlement (CEE) n° 1408/71 du Conseil, du 14 juin 1971, relatif à l'application des régimes de sécurité sociale aux travailleurs salariés, aux travailleurs non salariés et aux membres de leur famille qui se déplacent à l'intérieur de la Communauté, dans sa version modifiée et mise à jour par le règlement (CE) n° 118/97 du Conseil, du 2 décembre 1996 (*JO* 1997, L 28, p. 1), tel que modifié par le règlement (CE) n° 647/2005 du Parlement européen et du Conseil, du 13 avril 2005 (*JO* 2005, L 117, p. 1) (ci-après le « règlement n° 1408/71 »). Toutefois, ladite juridiction considère que le système de règles de conflit de loi instauré par le règlement n° 883/2004 est plus complet et ne comporte pas de lacunes, de telle sorte qu'il n'y aurait pas lieu, en l'occurrence, de s'inspirer de ladite jurisprudence.

17. La juridiction de renvoi estime néanmoins que des doutes persistent quant à l'interprétation des dispositions du règlement n° 883/2004 aux fins de la détermination de la législation applicable dans une situation telle que celle en cause au principal.

18. Compte tenu de ces considérations, le Hoge Raad der Nederlanden (Cour suprême des Pays-Bas) a décidé de surseoir à statuer et de poser à la Cour la question préjudicielle suivante :

« Quelle est la loi applicable au titre du règlement n° 883/2004 dans l'hypothèse où l'intéressé (a) réside en Lettonie, (b) a la nationalité lettone, (c) travaille au service d'un employeur établi aux Pays-Bas, (d) exerce la profession de marin, (e) effectue son travail à bord d'un navire battant pavillon des Bahamas et (f) effectue cette activité en dehors du territoire de l'Union européenne ? »

Sur la question préjudicielle

19. Par sa question, la juridiction de renvoi demande, en substance, si l'article 11, paragraphe 3, sous e), du règlement n° 883/2004 doit être interprété en ce sens qu'une situation, telle que celle en cause au principal,

dans laquelle une personne, tout en travaillant en tant que marin pour le compte d'un employeur établi dans un État membre, sur un navire battant pavillon d'un État tiers et naviguant en dehors du territoire de l'Union européenne, a conservé sa résidence dans son État membre d'origine, relève du champ d'application de ladite disposition, de sorte que la législation nationale applicable est celle de l'État membre de résidence de cette personne.

20. Il importe de rappeler, à titre liminaire, que, dès lors qu'une personne relève du champ d'application personnel du règlement n° 883/2004, tel qu'il est défini à l'article 2 de ce dernier, la règle d'unicité énoncée à l'article 11, paragraphe 1, de ce règlement est en principe pertinente et la législation nationale applicable est déterminée conformément aux dispositions du titre II dudit règlement (voir, en ce sens, arrêt du 19 mars 2015, *Kik*, C-266/13, EU:C:2015:188, point 47 et jurisprudence citée, ainsi que arrêt du 25 octobre 2018, *Walltopia*, C-451/17, EU:C:2018:861, point 42 et jurisprudence citée).

21. En l'occurrence, il ressort du dossier soumis à la Cour que, durant la période en cause au principal, SF, tout en conservant sa résidence dans son État membre d'origine, à savoir la Lettonie, travaillait en tant que marin pour le compte d'un employeur établi dans un autre État membre, à savoir les Pays-Bas, sur un navire battant pavillon d'un État tiers, naviguant en dehors du territoire de l'Union.

22. À cet égard, la Cour a déjà jugé que la seule circonstance que les activités d'un travailleur s'exercent en dehors du territoire de l'Union ne suffit pas pour écarter l'application des règles de l'Union sur la libre circulation des travailleurs, et notamment du règlement n° 883/2004, dès lors que le rapport de travail garde un rattachement suffisamment étroit avec ce territoire (voir, en ce sens, arrêt du 19 mars 2015, *Kik*, C-266/13, EU:C:2015:188, point 42 et jurisprudence citée).

23. Selon la jurisprudence de la Cour, un rattachement suffisamment étroit entre le rapport de travail en cause et le territoire de l'Union découle, notamment, de la circonstance qu'un citoyen de l'Union, résidant dans un État membre, a été engagé par une entreprise établie dans un autre État membre pour le compte de laquelle il exerce ses activités (arrêt du 19 mars 2015, *Kik*, C-266/13, EU:C:2015:188, point 43 et jurisprudence citée).

24. Ainsi que l'a considéré la juridiction de renvoi, il s'ensuit que, alors même que, en l'occurrence, les activités de SF étaient exercées en dehors du territoire de l'Union, le rapport de travail en cause conserve un rattachement suffisamment étroit avec ce territoire dès lors que, durant la période en cause, SF avait conservé sa résidence en Lettonie et que le lieu d'établissement de son employeur était situé aux Pays-Bas.

25. Une situation telle que celle en cause au principal doit, par conséquent, être considérée comme relevant du champ d'application du règlement n° 883/2004 et la législation nationale applicable au principal doit, de ce fait, être déterminée conformément aux dispositions du titre II dudit règlement.

26. En l'occurrence, il est constant qu'une personne telle que SF ne relève pas des règles spéciales prévues aux articles 12 à 16 du règlement n° 883/2004, qui concernent les personnes qui font l'objet d'un détachement, celles qui exercent une activité dans deux ou plusieurs États membres, celles qui ont choisi une assurance volontaire ou facultative, ou, encore, celles qui sont agents auxiliaires des institutions européennes.

27. L'intéressé ne relève pas davantage des situations prévues aux points a) à d) de l'article 11, paragraphe 3, du règlement n° 883/2004, qui concernent des personnes qui exercent une activité salariée dans un État membre, des fonctionnaires, des personnes qui bénéficient de prestations de chômage, ou encore des personnes qui sont appelées ou rappelées sous les drapeaux ou qui effectuent le service civil dans un État membre.

28. En outre, SF travaillant comme marin sur un navire battant pavillon d'un État tiers, il ne relève pas non plus de la règle générale figurant à l'article 11, paragraphe 4, du règlement n° 883/2004, qui désigne la législation de l'État membre du pavillon en ce qui concerne les gens de mer (voir, en ce sens, arrêt du 19 mars 2015, *Kik*, C-266/13, EU:C:2015:188, point 56).

[...]

30. Il ressort du libellé de l'article 11, paragraphe 3, sous e), du règlement n° 883/2004 que « les personnes autres que celles visées aux points a) à d) sont soumises à la législation de l'État membre de résidence, sans préjudice d'autres dispositions du présent règlement qui leur garantissent des prestations en vue de la législation d'un ou de plusieurs autres États membres ».

31. Ainsi que M. l'avocat général l'a souligné aux points 34 et 35 de ses conclusions, il découle de l'analyse littérale de cette disposition que le législateur de l'Union a employé des termes généraux, notamment les expressions « les personnes autres » ainsi que « sans préjudice d'autres dispositions du présent règlement », aux fins de conférer à cet article 11, paragraphe 3, sous e), le caractère d'une règle résiduelle, qui a vocation à s'appliquer à toutes les personnes qui se trouvent dans une situation qui n'est pas spécifiquement réglée par d'autres dispositions dudit règlement, et d'instaurer un système complet de détermination de la législation applicable.

32. Par ailleurs, le libellé de cette disposition ne prévoit aucune limitation du champ d'application de celle-ci aux personnes économiquement non actives.

33. En ce qui concerne les objectifs poursuivis par le règlement n° 883/2004, il y a lieu de rappeler que, conformément à une jurisprudence constante, les dispositions du titre II du règlement n° 883/2004, dont font partie les articles 11 à 16 de celui-ci, constituent un système complet et uniforme de règles de conflit de loi qui ont pour but non seulement d'éviter l'application simultanée de plusieurs législations nationales et les complications qui peuvent en résulter, mais également d'empêcher que les personnes entrant dans le champ d'application de ce règlement soient privées de protection en matière de sécurité sociale, faute de législation qui leur serait applicable (arrêts du 14 juin 2016, *Commission/Royaume-Uni*, C-308/14, EU:C:2016:436, point 64, ainsi que du 25 octobre 2018, *Walltopia*, C-451/17, EU:C:2018:861, point 41 et jurisprudence citée).

34. S'agissant, plus particulièrement, de l'article 11, paragraphe 3, du règlement n° 883/2004, la Cour a jugé que cette disposition a pour objet de déterminer, sous réserve des articles 12 à 16 de ce règlement, la législation nationale applicable aux personnes se trouvant dans l'une des situations visées aux points a) à e) dudit article 11, paragraphe 3 (arrêt du 25 octobre 2018, *Walltopia*, C-451/17, EU:C:2018:861, point 43 et jurisprudence citée).

35. Certes, la Cour a jugé que l'article 11, paragraphe 3, sous e), du règlement n° 883/2004 s'applique, notamment, aux personnes économiquement non actives (voir, en ce sens, arrêt du 14 juin 2016, *Commission/Royaume-Uni*, C-308/14, EU:C:2016:436, point 63).

36. Toutefois, ainsi que M. l'avocat général l'a souligné aux points 44 et 45 de ses conclusions, une interprétation restrictive de l'article 11, paragraphe 3, sous e), du règlement n° 883/2004, qui limiterait le champ d'application de cette disposition aux seules personnes économiquement non actives serait susceptible de priver des personnes, qui ne relèvent pas des hypothèses visées aux points a) à d) de cet article 11, paragraphe 3, ni d'autres dispositions du règlement n° 883/2004, de protection en matière de sécurité sociale, faute de législation qui leur serait applicable.

37. En ce qui concerne la genèse de l'article 11, paragraphe 3, sous e), du règlement n° 883/2004, qui s'inscrit dans un contexte de modernisation et de simplification des règles contenues dans le règlement n° 1408/71, il convient de relever, ainsi que l'a également exposé M. l'avocat général au point 49 de ses conclusions, que cette disposition a remplacé l'article 13, paragraphe 2, sous f), du règlement n° 1408/71, qui prévoyait que « la personne à laquelle la législation d'un État membre cesse d'être applicable, sans que la législation d'un autre État membre lui devienne applicable

en conformité avec l'une des règles énoncées aux alinéas précédents ou avec l'une des exceptions ou règles particulières visées aux articles 14 à 17, est soumise à la législation de l'État membre sur le territoire duquel elle réside ».

38. À cet égard, il convient de rappeler que l'article 13 du règlement n° 1408/71 et, plus particulièrement son paragraphe 2, sous f), a été interprété de manière large, afin de répondre à l'objectif poursuivi par la réglementation dont il fait partie consistant à éviter que des personnes qui relèvent du champ d'application de ce règlement soient privées de protection en matière de sécurité sociale, au motif qu'aucune législation ne leur serait applicable (voir, en ce sens, arrêt du 11 juin 1998, *Kuusijärvi*, C-275/96, EU:C:1998:279, point 40).

39. Or, l'article 11, paragraphe 3, sous e), du règlement n° 883/2004 poursuit le même objectif, et, dans la mesure où cette disposition est libellée en des termes plus larges que ceux employés à l'article 13, paragraphe 2, sous f), du règlement n° 1408/71, en ce qu'elle vise explicitement les personnes qui se trouvent dans une situation qui ne relève pas des autres dispositions dudit règlement, celle-ci ne saurait être interprétée de manière restrictive.

40. Par conséquent, l'article 11, paragraphe 3, sous e), du règlement n° 883/2004 doit être interprété en ce sens qu'il s'applique à toutes les personnes qui ne sont pas visées aux points a) à d) de cette disposition, et non pas uniquement à celles qui sont économiquement non actives.

41. Ainsi que l'a souligné M. l'avocat général au point 50 de ses conclusions, cette interprétation ne saurait être remise en cause par les notes explicatives de la Commission, mentionnées au point 14 du présent arrêt, et le Guide pratique sur la législation applicable dans l'Union européenne (UE), dans l'Espace économique européen (EEE) et en Suisse, élaboré et approuvé par la Commission administrative pour la coordination des systèmes de sécurité sociale et publié au mois de décembre 2013. En effet, même si ces documents constituent des instruments utiles pour l'interprétation du règlement n° 883/2004, ils n'ont aucune force obligatoire et ne sauraient, dès lors, lier la Cour dans l'interprétation de ce règlement.

42. Eu égard à tout ce qui précède, une situation telle que celle en cause au principal est régie par l'article 11, paragraphe 3, sous e), du règlement n° 883/2004, qui prévoit que la législation nationale applicable est celle de l'État membre de résidence de l'intéressé.

43. Ce constat ne saurait être remis en cause par la circonstance, invoquée par le gouvernement néerlandais lors de l'audience, selon laquelle certains États membres subordonneraient l'affiliation de l'intéressé au système de sécurité sociale national à la condition que celui-ci exerce une

activité salariée sur leur territoire, de sorte que, dans une situation telle que celle en cause au principal, l'intéressé serait susceptible de ne pas être affilié à un système de sécurité sociale et d'être privé de protection sociale.

44. En effet, en l'occurrence, il ne découle pas du dossier soumis à la Cour que la législation nationale de l'État membre de résidence de l'intéressé prévoie une telle condition.

45. En tout état de cause, il ressort d'une jurisprudence constante de la Cour que, s'il appartient à la législation de chaque État membre de déterminer les conditions de l'existence du droit de s'affilier à un régime de sécurité sociale, les États membres sont toutefois tenus, en fixant ces conditions, de respecter les dispositions du droit de l'Union en vigueur. En particulier, les règles de conflit prévues par le règlement n° 883/2004 s'imposent de manière impérative aux États membres et ces derniers ne disposent donc pas de la faculté de déterminer la mesure dans laquelle leur propre législation ou celle d'un autre État membre est applicable (voir, en ce sens, arrêt du 25 octobre 2018, *Walltopia*, C-451/17, EU:C:2018:861, points 47 et 48 ainsi que jurisprudence citée).

46. Par conséquent, les conditions de l'existence du droit de s'affilier à un régime de sécurité sociale ne peuvent avoir pour effet d'exclure du champ d'application de la législation en cause les personnes auxquelles, en vertu du règlement n° 883/2004, cette législation est applicable (arrêt du 25 octobre 2018, *Walltopia*, C-451/17, EU:C:2018:861, point 49 et jurisprudence citée).

47. Compte tenu de l'ensemble des considérations qui précèdent, il y a lieu de répondre à la question posée que l'article 11, paragraphe 3, sous e), du règlement n° 883/2004 doit être interprété en ce sens qu'une situation, telle que celle en cause au principal, dans laquelle une personne, tout en travaillant en tant que marin pour le compte d'un employeur établi dans un État membre, sur un navire battant pavillon d'un État tiers et naviguant en dehors du territoire de l'Union, a conservé sa résidence dans son État membre d'origine, relève du champ d'application de ladite disposition, de sorte que la législation nationale applicable est celle de l'État membre de résidence de cette personne.

Sur les dépens

48. La procédure revêtant, à l'égard des parties au principal, le caractère d'un incident soulevé devant la juridiction de renvoi, il appartient à celle-ci de statuer sur les dépens. Les frais exposés pour soumettre des observations à la Cour, autres que ceux desdites parties, ne peuvent faire l'objet d'un remboursement.

Par ces motifs, la Cour (troisième chambre) dit pour droit :

L'article 11, paragraphe 3, sous e), du règlement (CE) n° 883/2004 du Parlement européen et du Conseil, du 29 avril 2004, portant sur la coordination des systèmes de sécurité sociale, tel que modifié par le règlement (UE) n° 465/2012 du Parlement européen et du Conseil, du 22 mai 2012, doit être interprété en ce sens qu'une situation, telle que celle en cause au principal, dans laquelle une personne, tout en travaillant en tant que marin pour le compte d'un employeur établi dans un État membre, sur un navire battant pavillon d'un État tiers et naviguant en dehors du territoire de l'Union européenne, a conservé sa résidence dans son État membre d'origine, relève du champ d'application de ladite disposition, de sorte que la législation nationale applicable est celle de l'État membre de résidence de cette personne.

Observations

L'arrêt *SF* est un arrêt important à plus d'un titre. Pour la première fois, en effet, la Cour de justice livre une interprétation de l'article 11, paragraphe 3, sous e), disposition nouvelle du règlement n° 883/2004, qui n'existait pas sous cette forme au sein de l'ancien règlement n° 1408/71. En outre, il apporte une contribution aux conditions d'affiliation des gens de mer et à l'appréhension par les règlements européens de situations de travail localisées en dehors du territoire de l'Union européenne.

L'affaire concernait, en effet, un marin ressortissant letton résidant en Lettonie, qui travaillait pour le compte d'un employeur établi aux Pays-Bas, en qualité de steward sur un navire battant pavillon des Bahamas et qui naviguait pendant la période litigieuse sur les eaux internationales au niveau de la partie allemande du plateau continental de la mer du Nord. Si la résidence du salarié et le domicile de l'employeur étaient ainsi situés dans deux États membres distincts, le pavillon du navire renvoyait à un État tiers de même que la localisation du travail en dehors du territoire de l'Union.

À l'origine de l'affaire, les autorités néerlandaises avaient émis un avis de recouvrement de cotisations sociales auprès du régime d'assurance néerlandais pour une période limitée, comprise entre le 13 août et le 31 décembre 2013. Soutenant qu'il ne relevait pas du régime des Pays-Bas, lieu d'établissement de son employeur, le salarié contestait devoir les cotisations réclamées par l'institution néerlandaise. Interrogée par le tribunal saisi du litige, la Cour suprême des Pays-Bas, constatant que la situation de l'intéressé ne relevait d'aucun des cas spécifiquement visés par le règlement a demandé à la Cour de justice si elle pouvait être appréhendée par l'article 11, paragraphe 3, sous e), du règlement en vertu duquel « les personnes autres que celles visées aux points a) à d) sont soumises à la législation de résidence […] ». Une réponse positive à la question revenait à soustraire l'intéressé à la législation des Pays-Bas et à l'obligation de paiement des cotisations réclamées.

La localisation du travail en dehors de l'Union européenne n'était pas vraiment discutée. Il est vrai que la Cour avait déjà jugé dans une affaire assez similaire (1) que « le travail effectué à bord d'un navire battant pavillon d'un État tiers qui se trouve dans les eaux internationales à hauteur de la partie du plateau continental adjacente à un État membre ne saurait être assimilé à un travail effectué sur le territoire d'un État membre ». Or, en l'espèce, le navire portant pavillon des Bahamas se trouvait pendant la période litigieuse, à hauteur de la partie allemande du plateau continental situé sous la mer du Nord.

Une première question concernait l'applicabilité du règlement. La localisation du travail sur le territoire d'un État tiers n'emportait-elle pas inapplicabilité du règlement ? La question pouvait légitimement se poser dans la mesure où, en principe, les règlements de coordination ne s'appliquent ni aux situations purement internes à un État membre ni à celles nouées entre un État membre et un pays tiers, sans aucun rattachement avec le droit de l'Union (2). Mais précisément, « la seule circonstance que les activités d'un travailleur s'exercent en dehors du territoire de l'Union ne suffit pas pour écarter l'application des règles de l'Union » selon une formule constante de la Cour (3). Dès lors que le rapport

---

(1) CJUE, 19 mars 2015, *Kick*, aff. C-266/13, EU:C:2015:188.

(2) CJCE, 11 octobre 2001, *Khalil e.a.*, aff. C-95/99 à C-98/99 et 180/99, ECLI:EU:C:2001:532.

(3) CJUE, 7 juin 2012, *Bakker*, aff. C-106/11, ECLI:EU:C:2012:328 ; CJUE, 29 juin 2014, *Aldewereld*, aff. C-60/93, EU:C:1994:271 ; CJUE, 19 mars 2015, *Kick*, préc.

de travail garde un rattachement suffisamment étroit avec le territoire européen, les règles relatives à la libre circulation des travailleurs et plus précisément celles relatives à la coordination des régimes de sécurité sociale trouvent application même si ce rapport est localisé en dehors du territoire de l'Union (4). Chacun se souvient que dans l'arrêt *Bakker* (5) la Cour avait jugé que la situation d'un Néerlandais résidant en Espagne et qui exerçait son activité sur un navire battant pavillon néerlandais au sein des eaux territoriales de la Chine et des Émirats Arabes Unis relevait des règlements de coordination, la nationalité d'un État membre et la résidence sur le territoire d'un autre État membre étant suffisants pour caractériser le rattachement avec le territoire européen et par là avec le droit de l'Union. C'est donc fort logiquement, qu'en l'espèce, la Cour a jugé sans hésiter que la relation de travail présentait un « rattachement suffisamment étroit avec le territoire de l'Union ». La nationalité de l'intéressé, sa résidence en Lettonie et la domiciliation de l'employeur aux Pays-Bas suffisaient à caractériser un tel rattachement.

Pas d'avantage que l'applicabilité territoriale, l'applicabilité personnelle du règlement ne soulevait de difficulté. Rappelons que selon son article 2, le règlement s'applique « aux ressortissants de l'un des États membres [...] qui sont ou ont été soumis à la législation d'un ou de plusieurs États membres [...] ». Ressortissant letton, l'intéressé justifiait de la nationalité d'un État membre. Quant à la condition d'affiliation à la législation d'un État membre, elle était manifestement remplie puisque la question litigieuse portait précisément sur le point de savoir si l'intéressé devait être soumis à la législation des Pays-Bas, pays de domiciliation de son employeur ou à la législation de la République de Lettonie, pays de sa résidence. Quelle que soit la solution, il s'agissait bien de la législation d'un État membre.

L'applicabilité du règlement emporte nécessairement l'application du principe d'unicité énoncé à l'article 11, paragraphe 1, et par là, la détermination de la loi applicable

(4) CJUE, 29 juin 2014, *Aldewereld*, préc.
(5) CJUE, 7 juin 2012, *Bakker*, préc.

conformément aux règles de conflit qu'il prévoit. En effet, comme le rappelle constamment la Cour, celles-ci ont pour but d'éviter non seulement les conflits positifs, c'est-à-dire l'application simultanée de plusieurs législations nationales, mais également les conflits négatifs, c'est-à-dire qu'aucune loi ne soit applicable à la situation (6).

Il convenait donc en l'espèce de déterminer la loi applicable à la situation de ce marin.

Dans le système du règlement n° 883/2004, les règles générales de détermination de la loi applicable sont prévues à l'article 11 et plus précisément aux paragraphes 3 et 4. À l'évidence, la plupart des hypothèses visées par ces dispositions ne pouvait, en l'espèce, couvrir la situation de l'intéressé qui, rappelons-le, exerçait son activité sur un navire battant pavillon d'un État tiers et naviguant en dehors du territoire de l'Union. En effet, l'article 11, paragraphe 3, sous a), b) c) d), vise respectivement l'exercice d'une activité sur le territoire d'un État membre, la situation des fonctionnaires, celle des personnes percevant des allocations de chômage et les personnes appelées sous les drapeaux. Quant à l'article 11, paragraphe 4, s'il appréhende spécifiquement la situation des marins exerçant à bord d'un navire en mer, il ne vise que les navires battant pavillon d'un État membre ce qui n'était pas le cas en l'espèce puisque le navire sur lequel travaillait le salarié battait pavillon des Bahamas. La Cour prend soin d'écarter scrupuleusement chacune de ces dispositions.

La situation d'espèce ne pouvait non plus relever des dispositions particulières prévues aux articles 12 à 16 qui appréhendent respectivement le détachement (article 12, paragraphe 1), l'exercice temporaire d'une activité non salariée dans un autre État membre que celui du lieu d'exercice habituel de cette activité (article 12, paragraphe 2), l'exercice d'une activité sur le territoire de plusieurs États membres (article 13), les personnes soumises à une assurance volontaire ou facultative (article 14) et les agents des institutions européennes (article 15).

(6) CJUE, 11 juin 1998, *Kuusijärvi*, aff. C-275/96, ECLI:EU:C:1998:279 ; CJUE, 1er février 2017, *Tolley*, aff. C-430/15, ECLI:EU:C:2017:74.

Compte tenu de cette impossibilité de rattacher la relation de travail à une des situations prévues par le règlement, la question s'est posée de savoir si cette relation ne devait pas être appréhendée par l'article 11, paragraphe 3, sous e), en vertu duquel « les personnes autres que celles visées aux points a) à d) sont soumises à la législation de l'État membre de résidence, sans préjudice d'autres dispositions du présent règlement qui leur garantissent des prestations en vertu de la législation d'un ou de plusieurs autres États membres ». Telle était précisément la question posée à la Cour par la juridiction de renvoi.

Conduisant à la loi de résidence, l'application de cette disposition était défendue par l'intéressé ainsi que par les gouvernements grecs et polonais.

En revanche, selon la Commission et le gouvernement néerlandais cette disposition ne pouvait trouver application puisque selon eux, elle était réservée aux personnes non actives économiquement.

La réponse apportée par la Cour est dénuée d'ambiguïté. L'article 11, paragraphe 3, sous e), doit revêtir une portée large en tant que disposition résiduelle et ne saurait, en aucun cas, être limitée aux non actifs. S'il est vrai que le règlement n° 883/2004 est applicable à tous les citoyens affiliés à la législation d'un État membre indépendamment de l'exercice d'une activité, rien ne justifie, selon la juridiction européenne, que la disposition en cause soit limitée aux personnes économiquement non actives. Cette disposition revêt, selon la Cour un caractère résiduel en ce sens qu'elle doit s'appliquer à toutes les situations qui ne se rattachent à celles visées spécifiquement par le règlement.

La large portée ainsi conférée à l'article 11, paragraphe 3, sous e), se réclame d'abord d'une interprétation littérale de la disposition. Suivant les conclusions de l'Avocat général Pitruzzella, la Cour s'appuie sur les termes généraux de cette disposition qui vise notamment « les personnes autres » que celles visées par les autres dispositions sans aucune distinction ni référence aux personnes économiquement non actives.

Suivant encore les conclusions de l'avocat général, la Cour prend un soin particulier à démontrer que son interprétation de l'article 11, paragraphe 3, sous e), répond également aux objectifs poursuivis par le règlement puisqu'elle permet d'éviter que des personnes qui ne relèveraient pas des hypothèses spécifiquement visées par le règlement soient privées de protection sociale, faute de législation applicable. Or, c'est à un tel résultat que conduirait une limitation de l'article 11, paragraphe 3, sous e), aux seules personnes exerçant une activité économique.

L'interprétation de la Cour se réclame enfin de la genèse de l'article 11, paragraphe 3, sous e). Si cette disposition constitue certes, une innovation du règlement n° 883/2004, elle s'est substituée à l'ancien article 13, paragraphe 2, sous f), du règlement n° 1408/71 qui prévoyait que « la personne à laquelle la législation d'un État membre cesse d'être applicable sans que la législation d'un autre État membre lui devienne applicable [...] est soumise à la législation de l'État membre sur le territoire duquel elle réside ». Cette disposition qui ne visait que la cessation d'activité, en écho à la jurisprudence de la Cour (7), avait pourtant reçu une interprétation large en faveur de l'application de loi de résidence dans toutes les hypothèses de cessation de l'application d'une législation d'un État membre (8). Pour la Cour, formulée en des termes plus généraux, l'article 11, paragraphe 3, sous e), du règlement n° 883/2004 ne saurait être interprétée de manière plus restrictive que l'ancienne disposition.

Le soin mis par la Cour à justifier son interprétation s'explique sans doute par la liberté qu'elle prend par rapport aux notes explicatives de la Commission et aux travaux de la Commission administrative pour la coordination des systèmes de sécurité sociale lesquels plaidaient pour une limitation de la portée de la disposition litigieuse aux personnes économiquement non actives. Sans nier l'utilité de ces instruments pour l'interprétation des dispositions du règlement, la Cour affirme avec force et clarté qu'elle ne saurait être liée par ces instruments dépourvus de toute force obligatoire.

L'application de la loi de résidence prévue par l'article 11, paragraphe 3, sous e), ne risque-t-elle pas d'être annihilée

(7) CJUE, 10 mars 1992, *Twomey*, aff. C-215/90, ECLI:EU:C:1992:117.
(8) CJUE, 11 juin 1998, *Kuusijärvi*, préc. ; CJUE, 1er février 2017, *Tolley*, préc.

par une éventuelle subordination de l'affiliation à cette législation à l'exercice d'une activité sur ce territoire de résidence ? Pour parer à cette difficulté, la Cour prend soin de neutraliser toute condition de ce type qui figurerait au sein de la loi de résidence. En effet, si en l'absence d'harmonisation, chaque État membre demeure compétent pour déterminer les conditions d'affiliation à sa législation, l'exercice de cette compétence doit se faire dans le respect des dispositions prévues par le règlement (9). En d'autres termes, les conditions nationales entourant l'affiliation à une législation de sécurité sociale d'un État membre ne sauraient avoir pour conséquence d'exclure du champ d'application de ce régime les personnes auxquelles cette législation est applicable en vertu des règles de conflit issues du règlement. Ce faisant, la Cour applique à la législation de résidence ce qu'elle applique à la législation du lieu d'emploi. En effet, si aucune condition liée à l'activité ne saurait priver un ressortissant d'un État membre du bénéfice de l'application de la loi de résidence en vertu du règlement, aucune clause de résidence ne saurait priver un ressortissant d'un État membre de l'application de la législation du pays d'emploi en vertu des règles de conflit prévues par le règlement.

La solution à laquelle parvient la Cour mérite d'être approuvée, en particulier du point de vue de la sécurité juridique. En faisant de l'article 11, paragraphe 3, sous e), une vraie disposition résiduelle, la Cour fige la loi de résidence comme loi applicable à toutes les situations non prévues par le règlement. Or, dans l'ancien système issu du règlement n° 1408/71, les solutions non spécifiquement prévues par le règlement étaient comblées par le juge. En ce sens, l'article 11, paragraphe 3, sous e) nouveau, répond davantage à l'objectif du règlement d'éviter qu'aucune loi ne soit applicable.

Ismaël Omarjee

(9) CJUE, 7 juin 2012, *Bakker*, préc.

Cour de justice, 1re ch., 12 décembre 2019, *WA c/ Instituto Nacional de la Seguridad Social (INSS)*, aff. C-450/18, ECLI:EU:C:2019:1075

Conclusions de l'avocat général M. Bobek, du 10 septembre 2019, ECLI:EU:C:2019:696

Mots-clés : Régimes légaux de sécurité sociale – Égalité de traitement entre hommes et femmes – Complément de pension réservé aux femmes – Discrimination directe fondée sur le sexe – Situation comparable – Dérogations – Justifications

Cadre normatif : article 157 TFUE ; directive 79/7/CEE

Notes et observations : L. Driguez, *Europe*, février 2020, p. 31

Extraits de l'arrêt

1. La demande de décision préjudicielle porte sur l'interprétation de l'article 157 TFUE et de la directive 2006/54/CE du Parlement européen et du Conseil, du 5 juillet 2006, relative à la mise en œuvre du principe de l'égalité des chances et de l'égalité de traitement entre hommes et femmes en matière d'emploi et de travail (*JO* 2006, L 204, p. 23).

2. Cette demande a été présentée dans le cadre d'un litige opposant WA, père de deux enfants, à l'Instituto Nacional de la Seguridad Social (INSS) (Institut national de la sécurité sociale, Espagne) au sujet du refus de lui octroyer un complément de pension dont bénéficient les femmes ayant eu au moins deux enfants biologiques ou adoptés.

[...]

Le litige au principal et la question préjudicielle

16. Par une décision du 25 janvier 2017, l'INSS a octroyé à WA une pension pour incapacité de travail permanente absolue, à hauteur de 100 % de la base de calcul (ci-après la « décision du 25 janvier 2017 »). Cette pension s'élevait à 1 603,43 euros par mois, augmentés des revalorisations.

17. WA a introduit une réclamation administrative préalable contre cette décision, en soutenant que, étant le père de deux filles, il devait, sur le fondement de l'article 60, paragraphe 1, de la LGSS, bénéficier du droit de percevoir le complément de pension prévu à cette disposition

(ci-après le « complément de pension en cause »), représentant 5 % du montant initial de sa pension, dans les mêmes conditions que les femmes qui sont mères de deux enfants et qui bénéficient de pensions contributives d'incapacité permanente au titre d'un régime du système de sécurité sociale espagnol.

18. Par une décision du 9 juin 2017, l'INSS a rejeté la réclamation administrative préalable de WA et a confirmé la décision du 25 janvier 2017. À cet égard, l'INSS a indiqué que le complément de pension en cause est octroyé exclusivement aux femmes bénéficiaires d'une pension contributive de la sécurité sociale espagnole, mères d'au moins deux enfants, au titre de leur contribution démographique à la sécurité sociale.

19. Entre-temps, le 23 mai 2017, WA a introduit un recours contre la décision du 25 janvier 2017 devant le Juzgado de lo Social n° 3 de Gerona (tribunal du travail n° 3 de Gérone, Espagne), en demandant que lui soit reconnu le droit de bénéficier du complément de pension en cause.

20. Le 18 mai 2018, le Juzgado de lo Social n° 3 de Gerona (tribunal du travail n° 3 de Gérone) a été informé du décès de WA, survenu le 9 décembre 2017. DC, l'épouse de celui-ci, a succédé au défunt en tant que partie requérante dans le litige au principal. La juridiction de renvoi indique que, dès lors, le versement éventuel du complément de pension en cause courrait jusqu'à la date du décès de WA.

21. La juridiction de renvoi relève que l'article 60, paragraphe 1, de la LGSS octroie le droit au complément de pension en cause aux femmes qui ont eu au moins deux enfants biologiques ou adoptés, en raison de leur contribution démographique à la sécurité sociale, alors que les hommes placés dans une situation identique ne bénéficient pas de ce droit. Cette juridiction exprime des doutes quant à la conformité au droit de l'Union d'une telle disposition.

22. En effet, la notion de « contribution démographique à la sécurité sociale », visée à l'article 60, paragraphe 1, de la LGSS, pourrait valoir aussi bien pour les femmes que pour les hommes, étant donné que la procréation et la responsabilité en ce qui concerne les soins, l'alimentation et l'éducation des enfants, de même que l'attention portée à ceux-ci, valent pour toute personne ayant la condition de mère ou de père. Par conséquent, l'interruption de travail motivée par la naissance, l'adoption ou par les soins apportés à ces enfants pourrait porter préjudice de manière identique aux femmes et aux hommes, indépendamment de leur contribution démographique à la sécurité sociale. Dans ce cadre, l'article 60, paragraphe 1, de la LGSS instaurerait une différence de traitement injustifiée en faveur des femmes, au détriment des hommes placés dans une situation identique.

23. La procréation impliquerait cependant un sacrifice plus important pour les femmes sur les plans personnel et professionnel. En effet, elles devraient faire face à une période de grossesse ainsi qu'à l'accouchement, qui ont des implications biologiques et physiologiques évidentes, avec le préjudice que cela implique sur le plan physique ainsi qu'en ce qui concerne le travail et les attentes légitimes de promotion dans le cadre professionnel. Du point de vue biologique, les dispositions de l'article 60, paragraphe 1, de la LGSS pourraient donc être justifiées en tant qu'elles visent à protéger les femmes des conséquences de la grossesse et de la maternité.

24. Dans ces conditions, le Juzgado de lo Social n° 3 de Gerona (tribunal du travail n° 3 de Gérone) a décidé de surseoir à statuer et de poser à la Cour la question préjudicielle suivante :

« Une règle de droit national (à savoir l'article 60, paragraphe 1, de la [LGSS]) qui, eu égard à leur contribution démographique à la sécurité sociale, reconnaît un droit à un complément de pension aux femmes qui ont eu des enfants biologiques ou adoptés et qui bénéficient d'un régime du système de sécurité sociale des pensions contributives de retraite, de survie ou d'incapacité permanente et qui, en revanche, ne reconnaît pas un tel droit aux hommes se trouvant dans une situation identique porte-t-elle atteinte au principe d'égalité de traitement qui interdit toute discrimination fondée sur le sexe, qui est reconnu à l'article 157 [TFUE] et par la directive [76/207], telle que modifiée par la directive [2002/73] et refondue par la directive [2006/54] ? »

Sur la question préjudicielle

[...]

Sur le fond

38. En vertu de l'article 4, paragraphe 1, troisième tiret, de la directive 79/7, le principe de l'égalité de traitement implique l'absence de toute discrimination fondée sur le sexe, soit directement, soit indirectement, par référence, notamment, à l'état matrimonial ou familial, en ce qui concerne le calcul des prestations.

39. L'affaire au principal porte sur le calcul du montant total de la pension d'incapacité permanente d'un homme ayant eu deux enfants, celui-ci demandant à bénéficier du complément de pension en cause.

40. Selon l'article 60, paragraphe 1, de la LGSS, eu égard à la contribution démographique des femmes à la sécurité sociale, le complément de pension en cause est accordé à celles-ci lorsqu'elles ont eu au moins deux enfants biologiques ou adoptés et qu'elles bénéficient notamment

de pensions contributives d'incapacité permanente au titre d'un régime du système de sécurité sociale. En revanche, les hommes, lorsqu'ils se trouvent placés dans une situation identique, ne bénéficient pas de ce complément de pension.

41. Il apparaît, ainsi, que cette réglementation nationale accorde un traitement moins favorable aux hommes ayant eu au moins deux enfants biologiques ou adoptés. Un tel traitement moins favorable fondé sur le sexe est susceptible de constituer une discrimination directe, au sens de l'article 4, paragraphe 1, de la directive 79/7.

42. Selon une jurisprudence constante de la Cour, une discrimination consiste dans l'application de règles différentes à des situations comparables ou bien dans l'application de la même règle à des situations différentes (arrêts du 13 février 1996, *Gillespie e.a.*, C-342/93, EU:C:1996:46, point 16, ainsi que du 8 mai 2019, *Praxair MRC*, C-486/18, EU:C:2019:379, point 73).

43. Il convient, ainsi, de vérifier si la différence de traitement entre les hommes et les femmes instituée par la réglementation nationale en cause au principal concerne des catégories de personnes se trouvant dans des situations comparables.

44. À cet égard, l'exigence tenant au caractère comparable des situations ne requiert pas que les situations soient identiques, mais seulement qu'elles soient similaires [arrêt du 26 juin 2018, *MB (Changement de sexe et pension de retraite)*, C-451/16, EU:C:2018:492, point 41 et jurisprudence citée].

45. Le caractère comparable des situations doit être apprécié non pas de manière globale et abstraite, mais de manière spécifique et concrète au regard de l'ensemble des éléments qui les caractérisent, à la lumière notamment de l'objet et du but de la réglementation nationale qui institue la distinction en cause ainsi que, le cas échéant, des principes et des objectifs du domaine dont relève cette réglementation nationale [arrêt du 26 juin 2018, *MB (Changement de sexe et pension de retraite)*, C-451/16, EU:C:2018:492, point 42 et jurisprudence citée].

46. S'agissant du but poursuivi par l'article 60, paragraphe 1, de la LGSS, à savoir récompenser la contribution démographique des femmes à la sécurité sociale, il y a lieu de constater que la contribution des hommes à la démographie est tout aussi nécessaire que celle des femmes.

47. Dès lors, le seul motif de la contribution démographique à la sécurité sociale ne saurait justifier que les hommes et les femmes ne soient pas dans une situation comparable au regard de l'octroi du complément de pension en cause.

48. Cependant, en réponse à une question écrite posée par la Cour, le gouvernement espagnol a souligné que l'objectif poursuivi par ce

complément de pension ne consiste pas seulement à récompenser les femmes ayant eu au moins deux enfants pour leur contribution démographique à la sécurité sociale. Ledit complément aurait également été conçu comme une mesure visant à réduire l'écart entre les montants de pension des hommes et ceux des femmes, résultant des différences de parcours professionnels. Le but poursuivi consisterait à garantir l'octroi de pensions adéquates aux femmes dont la capacité de cotisation et, partant, le montant de la pension ont été réduits lorsque leurs carrières professionnelles ont été interrompues ou écourtées, en raison du fait qu'elles ont eu au moins deux enfants.

49. En outre, l'INSS, dans ses observations écrites, fait valoir que le complément de pension en cause est justifié par des motifs de politique sociale. À cet effet, l'INSS fournit de nombreuses données statistiques, qui font ressortir une différence entre les montants de pension des hommes et ceux des femmes, ainsi que, d'une part, entre les montants de pension des femmes sans enfant ou ayant eu un enfant et, d'autre part, ceux des femmes ayant eu au moins deux enfants.

50. À cet égard, en ce qui concerne l'objectif consistant à réduire l'écart entre les montants de pension des femmes et ceux des hommes, par l'attribution du complément de pension en cause, il y a lieu de relever que l'article 60, paragraphe 1, de la LGSS vise, à tout le moins en partie, la protection des femmes en leur qualité de parent.

51. Or, d'une part, il s'agit d'une qualité que peuvent avoir tout à la fois les hommes et les femmes et, d'autre part, la situation d'un père et celle d'une mère peuvent être comparables en ce qui concerne l'éducation des enfants (voir, en ce sens, arrêts du 29 novembre 2001, *Griesmar*, C-366/99, EU:C:2001:648, point 56, et du 26 mars 2009, *Commission/Grèce*, C-559/07, non publié, EU:C:2009:198, point 69).

52. En particulier, la circonstance que les femmes sont plus touchées par les désavantages professionnels résultant de l'éducation des enfants parce que ce sont elles en général qui assument cette éducation n'est pas de nature à exclure la comparabilité de leur situation avec celle d'un homme qui a assumé l'éducation de ses enfants et a été, de ce fait, exposé aux mêmes désavantages de carrière (voir, en ce sens, arrêt du 29 novembre 2001, *Griesmar*, C-366/99, EU:C:2001:648, point 56).

53. Dans ces conditions, ainsi que l'a relevé M. l'avocat général au point 66 de ses conclusions, l'existence de données statistiques faisant état de différences structurelles entre les montants de pension des femmes et ceux des hommes ne suffit pas à permettre d'aboutir à la conclusion que, au regard du complément de pension en cause, les femmes et les hommes ne sont pas placés dans une situation comparable en tant que parent.

54. Selon la jurisprudence de la Cour, une dérogation à l'interdiction, énoncée à l'article 4, paragraphe 1, de la directive 79/7, de toute discrimination directe fondée sur le sexe n'est possible que dans les cas énumérés exhaustivement par les dispositions de cette directive [voir, en ce sens, arrêts du 3 septembre 2014, *X*, C-318/13, EU:C:2014:2133, points 34 et 35, ainsi que du 26 juin 2018, *MB (Changement de sexe et pension de retraite)*, C-451/16, EU:C:2018:492, point 50].

55. S'agissant de ces motifs de dérogation, il convient de relever, en premier lieu, que, en vertu de l'article 4, paragraphe 2, de la directive 79/7, le principe de l'égalité de traitement ne fait pas obstacle aux dispositions relatives à la protection de la femme en raison de la maternité.

56. À cet égard, il résulte de la jurisprudence de la Cour que, en réservant aux États membres le droit de maintenir ou d'introduire des dispositions destinées à assurer cette protection, l'article 4, paragraphe 2, de la directive 79/7 reconnaît la légitimité, au regard du principe de l'égalité de traitement entre les sexes, d'une part, de la protection de la condition biologique de la femme au cours de sa grossesse et à la suite de celle-ci et, d'autre part, de la protection des rapports particuliers entre la femme et son enfant au cours de la période qui fait suite à l'accouchement (voir en ce sens, s'agissant de la directive 76/207, arrêts du 12 juillet 1984, *Hofmann*, 184/83, EU:C:1984:273, point 25, et du 19 septembre 2013, *Betriu Montull*, C-5/12, EU:C:2013:571, point 62).

57. Or, en l'occurrence, l'article 60, paragraphe 1, de la LGSS ne contient aucun élément établissant un lien entre l'octroi du complément de pension en cause et la prise d'un congé de maternité ou les désavantages que subirait une femme dans sa carrière en raison de son éloignement du service pendant la période qui suit l'accouchement.

58. En particulier, ledit complément est accordé aux femmes ayant adopté des enfants, ce qui indique que le législateur national n'a pas entendu limiter l'application de l'article 60, paragraphe 1, de la LGSS à la protection de la condition biologique des femmes ayant accouché.

59. En outre, ainsi que l'a relevé M. l'avocat général au point 54 de ses conclusions, cette disposition n'exige pas que les femmes aient effectivement arrêté de travailler au moment où elles ont eu leurs enfants, la condition relative à la prise d'un congé de maternité faisant ainsi défaut. Tel est notamment le cas lorsqu'une femme a accouché avant d'entrer sur le marché du travail.

60. Dès lors, il y a lieu de constater qu'un complément de pension tel que celui en cause au principal ne relève pas du champ d'application de la dérogation à l'interdiction des discriminations prévue à l'article 4, paragraphe 2, de la directive 79/7.

61. En second lieu, selon l'article 7, paragraphe 1, sous b), de cette directive, celle-ci ne fait pas obstacle à la faculté qu'ont les États membres d'exclure de son champ d'application les avantages accordés en matière d'assurance vieillesse aux personnes qui ont élevé des enfants et l'acquisition de droits aux prestations à la suite de périodes d'interruption d'emploi dues à l'éducation des enfants.

62. À cet égard, il importe de relever que, en tout état de cause, l'article 60, paragraphe 1, de la LGSS subordonne l'octroi du complément de pension en cause non pas à l'éducation des enfants ou à l'existence de périodes d'interruption d'emploi dues à l'éducation des enfants, mais uniquement à ce que les femmes bénéficiaires aient eu au moins deux enfants biologiques ou adoptés et perçoivent une pension contributive de retraite, de veuvage ou d'incapacité permanente au titre d'un régime du système de sécurité sociale.

63. Par conséquent, l'article 7, paragraphe 1, sous b), de la directive 79/7 n'est pas applicable à une prestation telle que le complément de pension en cause.

64. Enfin, il convient d'ajouter que, en vertu de l'article 157, paragraphe 4, TFUE, pour assurer concrètement une pleine égalité entre les hommes et les femmes dans la vie professionnelle, le principe de l'égalité de traitement n'empêche pas un État membre de maintenir ou d'adopter des mesures prévoyant des avantages spécifiques destinés à faciliter l'exercice d'une activité professionnelle par le sexe sous-représenté ou à prévenir ou à compenser des désavantages dans la carrière professionnelle.

65. Cependant, cette disposition ne saurait s'appliquer à une réglementation nationale telle que l'article 60, paragraphe 1, de la LGSS étant donné que le complément de pension en cause se borne à accorder aux femmes un surplus au moment de l'octroi d'une pension, notamment dans le cas d'une invalidité permanente, sans porter remède aux problèmes qu'elles peuvent rencontrer durant leur carrière professionnelle et que ce complément n'apparaît pas comme étant de nature à compenser les désavantages auxquels seraient exposées les femmes en aidant celles-ci dans cette carrière et, ainsi, à assurer concrètement une pleine égalité entre les hommes et les femmes dans la vie professionnelle (voir, en ce sens, arrêts du 29 novembre 2001, *Griesmar*, C-366/99, EU:C:2001:648, point 65, et du 17 juillet 2014, *Leone*, C-173/13, EU:C:2014:2090, point 101).

66. Partant, il y a lieu de constater qu'une réglementation nationale telle que celle en cause au principal est constitutive d'une discrimination directe fondée sur le sexe et est, dès lors, interdite par la directive 79/7.

67. Eu égard aux considérations qui précèdent, il convient de répondre à la question posée que la directive 79/7 doit être interprétée en ce sens qu'elle s'oppose à une réglementation nationale, telle que celle en cause

au principal, qui prévoit le droit à un complément de pension pour les femmes ayant eu au moins deux enfants biologiques ou adoptés et bénéficiant de pensions contributives d'incapacité permanente au titre d'un régime du système de sécurité sociale national, alors que les hommes placés dans une situation identique ne disposent pas du droit à un tel complément de pension.

Sur les dépens

68. La procédure revêtant, à l'égard des parties au principal, le caractère d'un incident soulevé devant la juridiction de renvoi, il appartient à celle-ci de statuer sur les dépens. Les frais exposés pour soumettre des observations à la Cour, autres que ceux desdites parties, ne peuvent faire l'objet d'un remboursement.

Par ces motifs, la Cour (première chambre) dit pour droit :

La directive 79/7/CEE du Conseil, du 19 décembre 1978, relative à la mise en œuvre progressive du principe de l'égalité de traitement entre hommes et femmes en matière de sécurité sociale, doit être interprétée en ce sens qu'elle s'oppose à une réglementation nationale, telle que celle en cause au principal, qui prévoit le droit à un complément de pension pour les femmes ayant eu au moins deux enfants biologiques ou adoptés et bénéficiant de pensions contributives d'incapacité permanente au titre d'un régime du système de sécurité sociale national, alors que les hommes placés dans une situation identique ne disposent pas du droit à un tel complément de pension.

Observations

L'arrêt sous commentaire apporte une nouvelle pierre à l'application du principe d'égalité entre les hommes et les femmes dans le domaine de la sécurité sociale. Mais alors que jusqu'à présent, la Cour avait eu à se prononcer essentiellement sur l'application de ce principe dans les régimes professionnels de retraite, le présent arrêt porte sur la résonance de ce principe dans les régimes légaux de sécurité sociale.

Était en question l'article 60 de la loi générale de sécurité sociale espagnole accordant aux femmes ayant eu des enfants biologiques ou adoptés et bénéficiaires de pensions contributives de retraite, de veuvage ou d'incapacité permanente, un complément de pension « eu égard à leur contribution démographique à la sécurité sociale ».

S'appuyant sur cette disposition, l'administration espagnole (INSS) a refusé d'octroyer ce complément à un père de deux enfants, bénéficiaire d'une pension pour incapacité de travail permanente, en arguant de la réservation de ce complément aux femmes. Saisi par le requérant, le tribunal de travail de Gérone, exprimant des doutes quant à la validité de cette disposition au regard du droit de l'Union, a interrogé la Cour de justice sur la conformité au principe de non-discrimination fondée sur le sexe de la réservation du complément de pension aux seules femmes ayant eu des enfants biologiques ou adoptés à l'exclusion des hommes de se trouvant dans la même situation.

Avant même de se prononcer sur le fond, la juridiction européenne n'a pas hésité à reformuler la question soumise en reconsidérant, en particulier, les dispositions du droit de l'Union visées par la juridiction nationale. À l'appui de sa question, cette dernière invoquait le principe d'égalité « reconnu par l'article 157 TFUE et la directive 76/207 refondue par la directive 2006/54 ».

Or, ces dispositions n'étaient pas pertinentes en l'espèce dans la mesure où elles ne visent que les régimes de pensions professionnels à l'exclusion des pensions issues des régimes légaux qui relèvent, pour leur part, de la directive 79/7.

Rappelons, en effet, qu'en vertu de l'article 157, paragraphe 1, TFUE « chaque État membre assure l'application du principe de l'égalité des rémunérations entre travailleurs masculins et travailleurs féminins pour un même travail ou un travail de valeur égale », et que selon le paragraphe 2 « on entend par rémunération le salaire ou traitement ordinaire de base ou minimum, et tous autres avantages payés directement ou indirectement, en espèces ou en nature, par l'employeur ou travailleur en raison de l'emploi de ce dernier ». Selon une jurisprudence constante développée notamment en matière de retraites, les pensions relèvent de cette notion de rémunération si elles « sont fonction de la relation d'emploi unissant le travailleur à l'employeur » et intéressent une catégorie particulière de travailleurs (1).

(1) CJCE, 28 septembre 1994, *Beune*, aff. C-7/93, ECLI:EU:C:1994:350 ; CJCE, 29 novembre 2001, *Griesmar*, aff. C-366/99, ECLI:EU:C:2001:648.

Une distinction est ainsi établie entre ces régimes professionnels qui relèvent de la notion de rémunération et les régimes de pensions légaux qui ne relèvent pas de cette notion (2). Ces régimes légaux sont ceux « directement réglés par la loi à l'exclusion de tout élément de concertation au sein de l'entreprise ou de la branche professionnelle intéressée et obligatoirement applicable à des catégories générales de travailleurs ».

Au regard de ces éléments, le complément de pension, en l'espèce, ne pouvait être qualifié de pension professionnelle. Pension publique contributive, il était prévu par la loi et était adossé à une pension contributive d'invalidité permanente, également prévue par la loi, qui n'intéressait pas qu'une catégorie de travailleurs et était attribuée indépendamment de tout élément de concertation. Dès lors, le complément de pension ne pouvait relever de l'article 157 TFUE. Pour les mêmes raisons, il ne pouvait non plus relever de la directive 2006/54 dont les dispositions prévoient expressément qu'elles ne s'appliquent pas aux régimes légaux (article 1er, alinéa 2, c), combiné à l'article 2, paragraphe 1, f)).

Le complément de pension relevait, en revanche, de la directive 79/7 du 19 décembre 1978 « relative à la mise en œuvre progressive de l'égalité de traitement entre hommes et femmes en matière de sécurité sociale ». Destiné notamment à compléter une pension d'invalidité permanente, il couvrait le risque invalidité visé par cette directive.

Au regard de l'ensemble de ces éléments, la Cour a pu, sans aucune hésitation, considérer que la question posée revenait à se demander si la réservation du complément de pension d'invalidité aux seules femmes ayant accouché ou adopté au moins deux enfants, à l'exclusion des hommes, était conforme ou non au principe d'égalité prévu par la directive 79/7.

Au regard de ce texte, l'analyse de la discrimination au sens de l'article 4, paragraphe 1, de la directive est classique.

La caractérisation de celle-ci passe d'abord par la constatation d'une différenciation entre hommes et femmes. La Cour

---

(2) CJUE, 22 novembre 2012, *Elbal Moreno*, aff. C-385/11, ECLI:EU:C:2012:746.

n'a pas de mal, en l'espèce, à constater le traitement moins favorable accordé aux hommes par rapport aux femmes. Le complément de pension est, en effet, réservé à ces dernières dès lors qu'elles ont eu au moins deux enfants biologiques ou adoptés alors que les hommes répondant à ces conditions n'en bénéficient pas.

Une telle différenciation ne constitue cependant une discrimination que si elle concerne des situations comparables, cette exigence étant appréciée avec souplesse puisqu'elle ne requiert pas que les situations soient identiques mais seulement similaires(3). La Cour prend un soin particulier à rappeler les critères d'appréciation de la comparabilité des situations. Cette appréciation doit se faire *in concreto* à la lumière de l'objet et du but de la réglementation litigieuse voire au regard « des principes et des objectifs du domaine » dont relève cette réglementation.

En l'espèce, le but poursuivi par la réglementation espagnole résidait étrangement dans la « contribution démographique des femmes à la sécurité sociale ». Objectif sibyllin, résidant sans doute dans la volonté de récompenser les femmes ayant eu deux enfants pour leur contribution à la démographie.

Sans véritablement s'interroger sur le sens d'un tel objectif, recherche qui aurait été pourtant utile, la Cour se contente d'affirmer que « la contribution des hommes à la démographie est tout aussi nécessaire que celle des femmes » pour considérer finalement que ce seul objectif ne saurait caractériser une différence de situation entre hommes et femmes pour le bénéfice du complément de pension litigieux.

Le deuxième objectif poursuivi par la législation espagnole ne trouve pas davantage grâce auprès de la Cour. L'attribution du complément de pension aux femmes viserait à « réduire l'écart entre les montants de pension des hommes et ceux des femmes résultant des différences de parcours professionnels ». Le complément aurait ainsi pour but de garantir un montant de pension « adéquat » aux femmes ayant dû interrompre leur carrière pour s'occuper de leurs enfants.

(3) CJUE, 26 juin 2018, *MB*, aff. C-451/16, ECLI:EU:C:2018:492.

Aux yeux de la Cour, de tels objectifs assignés à la pension complémentaire ne suffisent pas à caractériser une différence de situation entre les femmes et les hommes. En effet, ils appréhendent non pas les femmes en tant que telles mais les femmes en tant que parent, qualité que peuvent avoir également les hommes. Fidèle à une jurisprudence désormais bien établie (4) et développée dans le domaine de la retraite, la Cour de justice considère qu'au regard de l'éducation des enfants, les hommes et les femmes se trouvent dans une situation comparable si bien qu'aucun avantage ne peut être réservé aux personnes de l'une ou de l'autre sexe.

La Cour se montre totalement insensible aux données factuelles attestant que les femmes interrompent davantage que les hommes leur carrière pour l'éducation des enfants. Pas davantage, les données statistiques faisant ressortir des « différences structurelles » entre les montants de pension des femmes et ceux des hommes ne suffisent à établir qu'en tant que parent, les femmes et les hommes ne sont pas placés dans une situation comparable au regard du complément de pension. Dès lors, celui-ci ne pouvait être réservé aux femmes ayant élevé deux enfants.

Mais cet avantage ne pouvait-il pas trouver une justification dans la possibilité offerte par l'article 4, paragraphe 2, de la directive, de dérogations à l'exigence d'égalité au titre de la protection de la femme en raison de la maternité ? L'on sait que cette dérogation répond à la nécessité de protéger à la fois la condition biologique de la femme au cours de sa grossesse et le rapport qu'elle entretient avec son enfant pendant la période qui suit l'accouchement.

La réponse est négative. Au sein de la législation espagnole aucun élément ne permettait, en effet, d'établir un quelconque lien entre l'attribution du complément de pension et la prise du congé de maternité ou les périodes d'interruption après l'accouchement. Mieux, l'octroi de la pension n'était nullement conditionné par la nécessité d'une interruption effective de la carrière ni pendant la grossesse ni après. Suivant les conclusions de l'Avocat général Bobek, la Cour relève que les femmes ayant accouché avant leur entrée sur le

(4) CJUE, 29 novembre 2001, *Griesmar*, préc.

marché du travail pouvaient bénéficier du complément de pension ce qui montre bien que l'octroi de celui-ci n'était en aucun cas conditionné par une période d'interruption de l'activité.

Last but not least, la Cour juge que la réservation du complément de pension aux femmes ne peut être justifiée au titre des mesures relevant de l'article 157, paragraphe 4, TFUE. Rappelons que selon cette disposition « pour assurer concrètement une pleine égalité entre hommes et femmes dans la vie professionnelle, le principe de l'égalité de traitement n'empêche pas un État membre de maintenir ou d'adopter des mesures prévoyant des avantages spécifiques destinés à faciliter l'exercice d'une activité professionnelle par le sexe sous-représenté ou à prévenir ou compenser des désavantages dans la carrière professionnelle ».

Pour être comprise, cette disposition doit être lue à la lumière du paragraphe 3 qui permet au législateur européen d'adopter des mesures de différenciation positive en faveur de l'un ou l'autre sexe afin de garantir l'égalité des chances et de traitement entre hommes et femmes en matière d'emploi et de travail. Dans la continuité de cette disposition, ce paragraphe 4 permet aux États de maintenir ou de prévoir de telles mesures soit pour faciliter l'accès à une activité professionnelle pour le sexe sous représenté soit pour prévenir ou compenser des désavantages dans la carrière professionnelle. En l'espèce, il suffit à la Cour de constater l'absence de lien entre le complément de pension et la carrière professionnelle des femmes pour refuser toute justification de ce complément par l'article 157, paragraphe 4.

Il n'empêche que ce faisant, la Cour semble considérer que cette disposition est apte à appréhender des avantages en matière de sécurité sociale, suivant en cela les conclusions de l'Avocat général Bobek. Or, une telle approche n'allait pas de soi au regard de la structure de l'article 157 et des termes mêmes de son paragraphe 4. Comme souligné plus haut, cette disposition se situe à la suite du paragraphe 3 qui fonde des éventuelles mesures européennes de différenciation positive en matière d'emploi et de travail. Dès lors, l'on est fondé à penser que les mesures des États membres permises par le paragraphe 4 sont également circonscrites à celles relatives à l'emploi et au travail, à l'exclusion des dispositions de sécurité sociale. La référence à la vie professionnelle au sein du paragraphe 4 plaide également en ce sens. Mais en acceptant de contrôler le complément de pension au regard de cette disposition, la Cour ne l'a pas entendu ainsi et a implicitement étendu le champ de l'article 157, paragraphe 4, à la sécurité sociale. Il est vrai que parmi les mesures autorisées par l'article 157, paragraphe 4, celles visant à « compenser des désavantages dans la carrière professionnelle » ouvrent la voie à des dispositions dans le domaine de la sécurité sociale, notamment mais pas seulement en matière de retraite. Cette extension du champ de l'article 157, paragraphe 4, à des dispositions dans ce domaine n'est pas le moindre intérêt de la décision de la Cour même si, en l'espèce, la réservation du complément de pension aux femmes ne pouvait être justifiée à ce titre.

Ismaël Omarjee

Cour de justice, gde ch., 19 novembre 2019, *TSN*, aff. C-609/17, ECLI:EU:C:2019:981

Conclusions de l'avocat général Y. Bot, du 4 juin 2019, ECLI:EU:C:2019:459

Mots-clés : Charte des droits fondamentaux – Congés payés

Cadre normatif : directive 2003/88/CE du Parlement européen et du Conseil, du 4 novembre 2003, concernant certains aspects de l'aménagement du temps de travail (*JO*, 2003, L 299, p. 9) ; article 31, paragraphe 2, de la charte des droits fondamentaux de l'Union européenne

Notes et observations : L. Driguez, *Europe*, janvier 2020, n° 1, comm. 23

Extraits de l'arrêt

1. Les demandes de décision préjudicielle portent sur l'interprétation de l'article 7 de la directive 2003/88/CE du Parlement européen et du Conseil, du 4 novembre 2003, concernant certains aspects de l'aménagement du temps de travail (*JO* 2003, L 299, p. 9), ainsi que de l'article 31, paragraphe 2, de la charte des droits fondamentaux de l'Union européenne (ci-après la « Charte »).

2. Ces demandes ont été présentées dans le cadre de deux litiges opposant, dans l'affaire C-609/17, *Terveys- ja sosiaalialan neuvottelujärjestö (TSN) ry* (ci-après « TSN ») à Hyvinvointialan liitto ry et, dans l'affaire C-610/17, *Auto- ja Kuljetusalan Työntekijäliitto AKT ry* (ci-après « AKT ») à Satamaoperaattorit ry au sujet du refus d'accorder à deux travailleurs ayant été en incapacité de travail pour cause de maladie durant une période de congé annuel payé un report de congé annuel payé, à concurrence de tout ou partie des jours de maladie concernés.

[...]

Sur les questions préjudicielles

Sur la première question

32. Par sa première question posée dans chacune des affaires C-609/17 et C-610/17, la juridiction de renvoi demande, en substance, si l'article 7,

paragraphe 1, de la directive 2003/88 doit être interprété en ce sens qu'il s'oppose à des réglementations nationales et à des conventions collectives qui prévoient l'octroi de jours de congé annuel payé excédant la période minimale de quatre semaines prévue à ladite disposition, tout en excluant un report pour cause de maladie de ces jours de congé.

33. À cet égard, il y a lieu de rappeler qu'il est de jurisprudence constante que la directive 2003/88 ne s'oppose pas à des dispositions internes accordant un droit au congé annuel payé d'une durée supérieure aux quatre semaines prévues à l'article 7, paragraphe 1, de cette directive, dans les conditions d'obtention et d'octroi fixées par le droit national (voir, en ce sens, arrêts du 24 janvier 2012, *Dominguez*, C-282/10, EU:C:2012:33, point 47 ; du 3 mai 2012, *Neidel*, C-337/10, EU:C:2012:263, point 34 ; du 20 juillet 2016, *Maschek*, C-341/15, EU:C:2016:576, point 38, et du 13 décembre 2018, *Hein*, C-385/17, EU:C:2018:1018, point 31).

34. En effet, il ressort de manière explicite des libellés de l'article 1er, paragraphe 1 et paragraphe 2, sous a), de l'article 7, paragraphe 1, et de l'article 15 de la directive 2003/88 que l'objet de cette dernière se borne à fixer des prescriptions minimales de sécurité et de santé en matière d'aménagement du temps de travail, ne portant pas atteinte à la faculté des États membres d'appliquer des dispositions nationales plus favorables à la protection des travailleurs (arrêts du 24 janvier 2012, *Dominguez*, C-282/10, EU:C:2012:33, point 48 ; du 3 mai 2012, *Neidel*, C-337/10, EU:C:2012:263, point 35, et du 13 décembre 2018, *Hein*, C-385/17, EU:C:2018:1018, point 30).

35. En pareil cas, les droits au congé annuel payé ainsi accordés au-delà du minimum requis à l'article 7, paragraphe 1, de la directive 2003/88 sont régis non pas par cette directive, mais par le droit national, en dehors du régime établi par ladite directive, étant toutefois rappelé que de telles dispositions nationales plus favorables aux travailleurs ne pourraient servir à compenser une atteinte éventuelle à la protection minimale assurée par cette disposition du droit de l'Union, telle que celle résultant, notamment, d'une réduction de la rémunération due au titre du congé annuel payé minimal qu'elle garantit ainsi (voir, en ce sens, arrêt du 13 décembre 2018, *Hein*, C-385/17, EU:C:2018:1018, points 42 et 43, ainsi que, par analogie, arrêt du 10 juillet 2014, *Julián Hernández e.a.*, C-198/13, EU:C:2014:2055, points 43 et 44).

36. Comme l'a relevé M. l'avocat général au point 58 de ses conclusions, il appartient, dès lors, aux États membres, d'une part, de décider s'ils octroient ou non aux travailleurs des jours de congé annuel payé supplémentaires allant au-delà de la période minimale de quatre semaines garantie par l'article 7, paragraphe 1, de la directive 2003/88 et, d'autre part, de déterminer, le cas échéant, les conditions d'octroi et d'extinction de ces jours de congé supplémentaires, sans être tenus, à cet égard, au

respect des règles protectrices que la Cour a dégagées en ce qui concerne ladite période minimale.

37. La Cour a, ainsi, notamment jugé, en présence d'une réglementation nationale et d'une convention collective prévoyant que le droit aux congés annuels payés n'est pas ouvert, au titre d'une année déterminée, pendant les absences pour maladie ou longue maladie ayant motivé une interruption de travail égale ou supérieure à douze mois consécutifs, qu'il est loisible aux États membres de prévoir que le droit au congé annuel payé accordé par le droit national varie suivant l'origine de l'absence du travailleur pour raison de santé, à condition qu'il soit toujours supérieur ou égal à la période minimale de quatre semaines prévue à l'article 7 de la directive 2003/88 (arrêt du 24 janvier 2012, *Dominguez*, C-282/10, EU:C:2012:33, point 49).

38. De même, la Cour a-t-elle jugé que, lorsqu'ils décident d'octroyer aux travailleurs des droits à congé annuel payé allant au-delà de ladite période minimale de quatre semaines, les États membres demeurent notamment libres d'accorder ou non un droit à une indemnité financière, au travailleur partant à la retraite, lorsque ce dernier n'a pu bénéficier des droits à congé excédant ainsi ladite période minimale, en raison du fait qu'il n'a pas exercé ses fonctions pour cause de maladie, et, si tel est le cas, de fixer les conditions d'un tel octroi éventuel (voir, en ce sens, arrêts du 3 mai 2012, *Neidel*, C-337/10, EU:C:2012:263, point 36, et du 20 juillet 2016, *Maschek*, C-341/15, EU:C:2016:576, point 39).

39. Une solution analogue doit prévaloir en présence de réglementations nationales et de conventions collectives qui, à l'instar de celles en cause au principal, accordent aux travailleurs un droit au congé annuel payé d'une durée supérieure à la période minimale de quatre semaines prévue à l'article 7, paragraphe 1, de la directive 2003/88, tout en excluant le droit de reporter tout ou partie des jours de congé annuel payé excédant ladite période minimale, lorsque le travailleur s'est trouvé en situation d'incapacité de travail pour cause de maladie, durant tout ou partie d'une période de congé annuel payé. En effet, il demeure loisible aux États membres de prévoir ou non un tel droit de report et, si tel est le cas, d'en fixer les conditions, pour autant que le droit au congé annuel payé bénéficiant effectivement au travailleur, alors qu'il ne se trouve pas en situation d'incapacité de travail pour cause de maladie, demeure, pour sa part, toujours au moins égal à la période minimale de quatre semaines susmentionnée.

40. Eu égard aux considérations qui précèdent, il y a lieu de répondre à la première question posée dans chacune des affaires C-609/17 et C-610/17 que l'article 7, paragraphe 1, de la directive 2003/88 doit être interprété en ce sens qu'il ne s'oppose pas à des réglementations nationales et à des conventions collectives qui prévoient l'octroi de jours de congé annuel

payé excédant la période minimale de quatre semaines prévue à ladite disposition, tout en excluant un report pour cause de maladie de ces jours de congé.

Sur la troisième question

41. Par sa troisième question posée dans chacune des affaires C-609/17 et C-610/17, qu'il convient d'examiner en second lieu, la juridiction de renvoi demande, en substance, si l'article 31, paragraphe 2, de la Charte doit être interprété en ce sens qu'il s'oppose à des réglementations nationales et à des conventions collectives qui prévoient l'octroi de jours de congé annuel payé excédant la période minimale de quatre semaines prévue à l'article 7, paragraphe 1, de la directive 2003/88, tout en excluant un report pour cause de maladie de ces jours de congé.

42. Le champ d'application de la Charte est défini à l'article 51, paragraphe 1, de celle-ci, aux termes duquel, pour ce qui est de l'action des États membres, les dispositions de la Charte s'adressent à ceux-ci uniquement lorsqu'ils mettent en œuvre le droit de l'Union (arrêt du 13 juin 2017, *Florescu e.a.*, C-258/14, EU:C:2017:448, point 44 et jurisprudence citée). Selon son article 51, paragraphe 2, la Charte n'étend pas le champ d'application du droit de l'Union au-delà des compétences de l'Union européenne, ni ne crée aucune compétence ni aucune tâche nouvelles pour l'Union et ne modifie pas les compétences et les tâches définies dans les traités.

43. Il y a lieu, par ailleurs, de rappeler que, conformément à une jurisprudence constante, les droits fondamentaux garantis dans l'ordre juridique de l'Union ont vocation à être appliqués dans toutes les situations régies par le droit de l'Union (arrêt du 6 novembre 2018, *Bauer et Willmeroth*, C-569/16 et C-570/16, EU:C:2018:871, point 52 ainsi que jurisprudence citée).

44. À cet égard, il convient de rappeler que, en vertu de l'article 94 du règlement de procédure de la Cour, la juridiction de renvoi est appelée à expliquer le lien qu'elle établit entre les dispositions du droit de l'Union dont elle demande l'interprétation et la législation nationale applicable au litige qui lui est soumis. Or, la décision de renvoi ne contient aucun élément permettant de constater que le litige au principal concerne l'interprétation ou l'application de dispositions du droit de l'Union autres que la directive 2003/88 et l'article 31, paragraphe 2, de la Charte.

45. Il importe, dès lors, de vérifier si des réglementations nationales et des conventions collectives qui prévoient l'octroi de jours de congé annuel payé excédant la période minimale de quatre semaines prévue à l'article 7, paragraphe 1, de la directive 2003/88, tout en excluant un report, pour cause de maladie, de ces jours de congé, doivent être considérées comme

opérant une mise en œuvre de ladite directive, au sens de l'article 51, paragraphe 1, de la Charte, et si, en conséquence, l'article 31, paragraphe 2, de cette dernière a vocation à s'appliquer à des situations telles que celles en cause au principal (voir, en ce sens, arrêt du 6 novembre 2018, *Bauer et Willmeroth*, C-569/16 et C-570/16, EU:C:2018:871, point 53 ainsi que jurisprudence citée).

46. À cet égard, il convient de rappeler que le seul fait que des mesures internes relèvent, comme c'est le cas en l'occurrence, d'un domaine dans lequel l'Union dispose de compétences ne saurait les placer dans le champ d'application du droit de l'Union et, donc, entraîner l'applicabilité de la Charte (voir, en ce sens, arrêt du 10 juillet 2014, *Julián Hernández e.a.*, C-198/13, EU:C:2014:2055, point 36 ainsi que jurisprudence citée).

47. Il y a lieu de rappeler également, d'une part, que, en vertu de l'article 4, paragraphe 2, sous b), TFUE, l'Union et les États membres disposent, dans le domaine de la politique sociale, pour les aspects définis dans le traité FUE, d'une compétence partagée, au sens de l'article 2, paragraphe 2, TFUE. D'autre part, et ainsi que le précise l'article 153, paragraphe 1, TFUE et que le rappelle le considérant 2 de la directive 2003/88, l'Union soutient et complète l'action des États membres dans le domaine de l'amélioration du milieu de travail, pour protéger la sécurité et la santé des travailleurs.

48. À cet égard, il importe de souligner que la directive 2003/88 qui, ainsi qu'il a été rappelé au point 34 du présent arrêt, se borne à fixer des prescriptions minimales de sécurité et de santé en matière d'aménagement du temps de travail a été adoptée sur la base de l'article 137, paragraphe 2, CE, devenu article 153, paragraphe 2, TFUE. Or, ainsi qu'il ressort de la jurisprudence de la Cour, l'expression « prescriptions minimales » figurant à ces dispositions du droit primaire et reprise à l'article 1er, paragraphe 1, de ladite directive, doit être lue à la lumière de l'article 137, paragraphe 4, CE, devenu article 153, paragraphe 4, TFUE, qui précise que de telles prescriptions minimales ne peuvent empêcher un État membre de maintenir ou d'établir des mesures de protection plus strictes, compatibles avec les traités. Il s'ensuit que les États membres demeurent libres, dans l'exercice de leur compétence retenue, d'adopter de telles normes, plus rigoureuses que celles qui font l'objet de l'intervention du législateur de l'Union, pour autant qu'elles ne remettent pas en cause la cohérence de ladite intervention (voir, en ce sens, arrêt du 17 décembre 1998, *IP*, C-2/97, EU:C:1998:613, points 35, 37 et 40).

49. Ainsi, l'article 15 de la directive 2003/88, selon lequel cette dernière « ne porte pas atteinte » à la « faculté » des États membres d'appliquer des dispositions nationales plus favorables à la protection de la sécurité et de la santé des travailleurs, ne confère pas aux États membres une faculté de légiférer en vertu du droit de l'Union, mais se limite à reconnaître le

pouvoir qu'ont ceux-ci de prévoir dans le droit national de telles dispositions plus favorables, en dehors du cadre du régime établi par cette directive (voir, par analogie, arrêt du 10 juillet 2014, *Julián Hernández e.a.*, C-198/13, EU:C:2014:2055, point 44).

50. En cela, les situations en cause au principal diffèrent de la situation dans laquelle un acte de l'Union investit les États membres d'une liberté de choix entre plusieurs modalités d'application ou d'un pouvoir discrétionnaire ou d'appréciation qui fait partie intégrante du régime établi par cet acte, ou encore de la situation dans laquelle un tel acte autorise l'adoption, par les États membres, de mesures spécifiques destinées à contribuer à la réalisation de son objet (voir, à ces divers égards, arrêts du 21 décembre 2011, *N. S. e.a.*, C-411/10 et C-493/10, EU:C:2011:865, points 64 à 68 ; du 16 février 2017, *C. K. e.a.*, C-578/16 PPU, EU:C:2017:127, point 53 ; du 9 mars 2017, *Milkova*, C-406/15, EU:C:2017:198, points 46, 47, 52 et 53 ainsi que jurisprudence citée, et du 13 juin 2017, *Florescu e.a.*, C-258/14, EU:C:2017:448, point 48).

51. En l'occurrence, il convient de relever, enfin, que le fait d'octroyer aux travailleurs des jours de congé annuel payé excédant la période minimale de quatre semaines garantie à l'article 7, paragraphe 1, de la directive 2003/88 et de prévoir une absence de report de ceux-ci pour cause de maladie, en application de réglementations nationales et de conventions collectives telles que celles en cause au principal, n'est, en tant que tel, susceptible ni d'affecter ou de limiter la protection minimale ainsi garantie à ces travailleurs en vertu de cette disposition (voir, par analogie, arrêt du 10 juillet 2014, *Julián Hernández e.a.*, C-198/13, EU:C:2014:2055, point 43) ni de porter atteinte à d'autres dispositions de ladite directive, à sa cohérence ou aux objectifs qu'elle poursuit.

52. Il découle de tout ce qui précède que, lorsque les États membres accordent ou permettent aux partenaires sociaux d'accorder des droits à congé annuel payé excédant la durée minimale de quatre semaines prévue à l'article 7, paragraphe 1, de cette directive, de tels droits ou, encore, les conditions d'un report éventuel de ceux-ci en cas de maladie survenue durant le congé relèvent de l'exercice de la compétence retenue des États membres, sans être réglementés par ladite directive ni relever du champ d'application de cette dernière (voir, par analogie, arrêt du 10 juillet 2014, *Julián Hernández e.a.*, C-198/13, EU:C:2014:2055, point 45).

53. Or, lorsque les dispositions du droit de l'Union dans le domaine concerné ne réglementent pas un aspect et n'imposent aucune obligation spécifique aux États membres à l'égard d'une situation donnée, la réglementation nationale qu'édicte un État membre quant à cet aspect se situe en dehors du champ d'application de la Charte et la situation concernée ne saurait être appréciée au regard des dispositions de cette dernière (voir, en ce sens, arrêts du 10 juillet 2014, *Julián Hernández e.a.*,

C-198/13, EU:C:2014:2055, point 35 ; du 14 décembre 2017, *Miravitlles Ciurana e.a.*, C-243/16, EU:C:2017:969, point 34, ainsi que du 19 avril 2018, *Consorzio Italian Management et Catania Multiservizi*, C-152/17, EU:C:2018:264, points 34 et 35).

54. Partant, en adoptant des réglementations nationales ou en autorisant la négociation de conventions collectives qui, à l'instar de celles en cause au principal, accordent aux travailleurs des droits à des jours de congé annuel payé excédant la période minimale de quatre semaines prévue à l'article 7, paragraphe 1, de la directive 2003/88 et prévoient les conditions de report éventuel de tels droits supplémentaires en cas de maladie du travailleur, les États membres ne procèdent pas à une mise en œuvre de cette directive, au sens de l'article 51, paragraphe 1, de la Charte.

55. Eu égard à l'ensemble des considérations qui précèdent, il y a lieu de répondre à la troisième question posée dans chacune des affaires C-609/17 et C-610/17 que l'article 31, paragraphe 2, de la Charte, lu en combinaison avec l'article 51, paragraphe 1, de celle-ci, doit être interprété en ce sens qu'il n'a pas vocation à s'appliquer en présence de réglementations nationales et de conventions collectives qui prévoient l'octroi de jours de congé annuel payé excédant la période minimale de quatre semaines prévue à l'article 7, paragraphe 1, de la directive 2003/88, tout en excluant le report pour cause de maladie de ces jours de congé.

Observations

La solution retenue par l'arrêt *TSN*(1), qui porte sur l'application de l'article 31(2) de la Charte à une réglementation nationale concernant des congés accordés au-delà du minimum de quatre semaine requis par la directive 2003/88(2), ne surprendra pas : pas plus que la directive elle-même, la Charte ne trouve à s'appliquer au-delà du domaine de l'harmonisation minimale, c'est-à-dire dans le champ de la protection « renforcée » que les droits nationaux peuvent choisir d'assurer. Elle ne va pourtant pas de soi, pour deux raisons très différentes.

La première concerne le régime des congés payés. Faute d'extension du droit de l'Union à l'ensemble des congés payés

(1) CJUE, 19 novembre 2019, *TSN*, aff. C-609/17, ECLI:EU:C:2019:981.

(2) Directive du Parlement européen et du Conseil du 4 novembre 2003 concernant certains aspects de l'aménagement du temps de travail, *JOUE*, L 299, 18 novembre 2003, p. 9.

accordés aux salariés, le régime de ces congés est fracturé : pour partie soumis aux exigences élevées résultant de la jurisprudence de la Cour, d'autant plus vigilante qu'elle reconnaît désormais que le droit au congé est un droit fondamental résultant de l'article 31(2) de la Charte (3), pour l'autre dépendant entièrement des choix nationaux. On imagine la frustration des salariés qui ne peuvent bénéficier que dans une mesure limitée des avancées qui résultent du droit de l'Union dans ce domaine.

La seconde est liée au champ d'application de la Charte des droits fondamentaux. Comme le montrent les conclusions de l'Avocat général Bot, il existe une série d'arguments en faveur de l'extension du champ d'application de la Charte au domaine de la protection renforcée. S'ils n'ont pas été suivis, ces arguments mettent en relief le fait que la solution retenue par l'arrêt est controversée, au sein même de la Cour. L'enjeu est important : comme l'indiquait l'avocat général, « ces affaires, en tant qu'elles sont relatives au champ d'application de la Charte, concernent la problématique de l'équilibre constitutionnel entre l'Union et les États membres ».

En ce qui concerne les droits sociaux, comme le montrent les conclusions, ce n'est pas seulement l'accroissement de la protection que le droit de l'Union peut assurer aux travailleurs qui est en cause, loin s'en faut. Certes, dans les deux cas considérés par la Cour de justice dans l'affaire *TSN*, l'article 31 de la Charte, qui protège le droit à des conditions de travail justes et équitables est invoqué par les salariés, pour leur permettre de reporter des semaines de congés qu'ils n'ont pas pu prendre en raison d'un congé maladie. Mais l'applicabilité de la Charte aurait une portée beaucoup plus large : elle aboutirait à placer tout le domaine du droit social national relevant de « la protection renforcée » sous le contrôle de l'ensemble de ses dispositions de la Charte, y compris les libertés économiques et, en particulier, la liberté d'entreprise.

Admettre l'extension du domaine de la Charte, ce serait donc ouvrir grand la porte à une jurisprudence s'inscrivant dans

(3) *Cf.* not., CJUE, 6 novembre 2018, *Max Planck*, aff. C-684/16, ECLI:EU:C:2018:874.

la ligne de l'arrêt *Alemo Herron*(4), selon laquelle la directive transfert(5) (qui vise aussi à réaliser une harmonisation minimale), n'autorise pas les États membres à prendre les mesures qui, tout en étant plus favorables aux travailleurs, « sont susceptibles de porter atteinte à la substance même du droit du cessionnaire à la liberté d'entreprise »(6). C'est précisément ce « modèle » que revendique l'avocat général, dans ses conclusions. Cette thèse a son origine dans les opinions émises par plusieurs avocats généraux, ainsi que dans plusieurs arrêts de la Cour, favorables à ce que des mesures nationales allant au-delà du noyau dur de protection minimale défini par une directive, ou prévoyant des règles plus strictes que celles contenues dans une directive, soient soumises au respect du droit de l'Union et, en particulier, aux principes généraux de ce droit(7). Pour soutenir cette solution, l'avocat général soulignait que la directive 2003/88 a pour base juridique l'article 153(4) TFUE qui indique que les dispositions adoptées en vertu de cet article « ne peuvent empêcher un État membre de maintenir ou d'établir des mesures de protection plus strictes *compatibles avec les traités* ».

Le raisonnement mené par la Cour ne va toutefois pas dans ce sens et retient sur une conception plus restrictive du champ d'application de la Charte, que la Cour avait déjà utilisée dans l'arrêt *Julián Hernández*(8). Pour apprécier la portée de l'article 11, premier alinéa, de la directive 2008/94, relative à la protection des travailleurs salariés en cas d'insolvabilité de l'employeur, disposition comparable à celle de l'article 15 de la directive 2003/88, qui prévoit que

(4) CJUE, 18 juillet 2013, *Alemo Herron*, aff. C-426/11, ECLI:EU:C:2013:521.

(5) Directive 2001/23/CE du Conseil, du 12 mars 2001, concernant le rapprochement des législations des États membres relatives au maintien des droits des travailleurs en cas de transfert d'entreprises, d'établissements ou de parties d'entreprises ou d'établissements, *JOUE*, L 82, 2001, p. 16.

(6) § 36 de l'arrêt.

(7) Les conclusions font notamment référence aux arrêts du 28 octobre 1999, *ARD*, aff. C-6/98, ECLI:EU:C:1999:532 ; du 16 septembre 2010, *Chatzi*, aff. C-149/10, ECLI:EU:C:2010:534 ; ainsi que du 18 juillet 2013, *Sky Italia*, aff. C-234/12, ECLI:EU:C:2013:496. S'agissant des conclusions d'autres avocats généraux, sont citées, notamment, les conclusions de l'Avocat général Mischo dans l'affaire *IP* (C-2/97) ; de l'Avocat général Tizzano dans l'affaire *Commission c/ Luxembourg* (C-519/03), ainsi que de l'Avocat général Ruiz-Jarabo Colomer dans l'affaire *Deponiezweckverband Eiterköpfe* (C-6/03).

(8) CJUE, 10 juillet 2014, *Julián Hernández*, aff. C-198/13, ECLI:EU:C:2014:2055.

cette directive « ne porte pas atteinte à la faculté des États membres d'appliquer ou d'introduire des dispositions législatives, réglementaires ou administratives plus favorables aux travailleurs salariés », la Cour avait souligné que cette disposition de la directive « se limite à constater » que la directive ne porte pas atteinte à la faculté des États membres d'adopter des dispositions plus protectrices des travailleurs. Une telle disposition ne confère donc pas aux États membres une faculté de légiférer en vertu du droit de l'Union, mais se limite à reconnaître le pouvoir des États membres, en vertu du droit national, de prévoir de telles dispositions plus favorables en dehors du cadre du régime établi par cette directive. Par conséquent, une disposition de droit national qui se limite à accorder aux travailleurs salariés une protection plus favorable résultant de l'exercice de la seule compétence des États membres ne relève pas du champ d'application de la directive et ne peut donc pas être considérée comme mettant en œuvre le droit de l'Union, au sens de l'article 51, paragraphe 1, de la Charte. Ce raisonnement est intégralement repris dans l'arrêt *TSN*.

Le seul fait que des mesures internes relèvent d'un domaine dans lequel l'Union dispose de compétences, rappelle la Cour, ne les place pas dans le champ d'application du droit de l'Union et n'entraîne donc pas l'applicabilité de la Charte (9). En prenant des mesures d'harmonisation minimales, l'Union européenne ne remet pas en cause la compétence des États, dès lors qu'elle consiste, dans le domaine concerné, à améliorer le niveau de protection. Le domaine de protection additionnelle se situe hors de la compétence exercée par l'Union européenne. Il n'y a pas, comme dans d'autres actes, d'intervention de l'Union qui confère aux États une liberté de choix entre plusieurs modalités d'application, ou un pouvoir discrétionnaire ou d'appréciation qui ferait partie intégrante du régime établi par l'acte. Il ne s'agit pas non plus d'une situation dans laquelle un acte autorise l'adoption, par les États membres, de mesures spécifiques destinées à

(9) CJUE, *Julián Hernández*, préc.

contribuer à la réalisation de son objet(10) puisque précisément l'objet du texte est de garantir une protection minimale. L'octroi aux travailleurs de jours de congé annuel payé excédant la période minimale de quatre semaines, garantie par la directive 2003/88 et l'absence de report de ceux-ci pour cause de maladie ne porte pas atteinte à la protection minimale garantie par la directive ni à aucune autre de ses dispositions. La décision indique toutefois, ouvrant une brèche, que si la cohérence ou les objectifs de la directive étaient affectés, la solution pourrait être différente.

Les droits sociaux n'ont pourtant rien à gagner d'un accroissement du champ d'application de la Charte qui permettrait son application aux domaines de protection renforcée, si une telle extension peut permettre « de neutraliser efficacement »(11) des mesures nationales plus protectrices, portant atteinte à la liberté d'entreprise.

Sophie Robin-Olivier

(10) Sur ces questions, voy. CJUE, 21 décembre 2011, *N. S.*, aff. C-411/10 et C-493/10, EU:C:2011:865, pts 64-68 ; CJUE, 16 février 2017, *C. K.*, aff. C-578/16 PPU, ECLI:EU:C:2017:127, pt 53 ; CJUE, 9 mars 2017, *Milkova*, aff. C-406/15, ECLI:EU:C:2017:198, pts 46, 47, 52 et 53 ; CJUE, 13 juin 2017, *Florescu*, aff. C-258/14, ECLI:EU:C:2017:448, pt 48.

(11) Pt 117 des concl.

Cour de justice, 3e ch., 13 juin 2019, *Ellinika Nafpigeia*, aff. C-664/17, ECLI:EU:C:2019:496

Conclusions de l'avocat général M. Szpunar, du 7 février 2019, ECLI:EU:C:2019:105

Mots-clés : Transferts d'entreprise – Liquidation – Fraude – Abus

Cadre normatif : directive 2001/23/CE du Conseil du 12 mars 2001 concernant le rapprochement des législations des États membres relatives au maintien des droits des travailleurs en cas de transfert d'entreprises, d'établissements ou de parties d'entreprises ou d'établissements (*JOUE*, L 82 du 22 mars 2001, p. 16)

Notes et observations : L. Driguez, *Europe*, août 2019, nos 8-9, comm. 344 ; J.-Ph. Lhernould, « Transfert d'entreprise, cession d'une unité de production du groupe et fraude », *Revue de jurisprudence sociale*, 2019, n° 1, pp. 764 et 765

Extraits de l'arrêt

1. La demande de décision préjudicielle porte sur l'interprétation de l'article 1er, paragraphe 1, sous a) et b), de la directive 2001/23/CE du Conseil, du 12 mars 2001, concernant le rapprochement des législations des États membres relatives au maintien des droits des travailleurs en cas de transfert d'entreprises, d'établissements ou de parties d'entreprises ou d'établissements (*JO* 2001, L 82, p. 16).

2. Cette demande a été présentée dans le cadre d'un litige opposant Ellinika Nafpigeia AE à M. Panagiotis Anagnostopoulos et à 89 autres salariés (ci-après les « salariés concernés ») au sujet de l'exécution des contrats de travail initialement conclus entre ces parties.

[...]

Sur les questions préjudicielles

34. Par ses deux questions, qu'il convient d'examiner ensemble, la juridiction de renvoi demande, en substance, si la directive 2001/23, notamment son article 1er, paragraphe 1, sous a) et b), doit être interprétée en

ce sens qu'elle s'applique au transfert d'une unité de production lorsque, d'une part, le cédant, le cessionnaire ou ces deux personnes conjointement agissent en vue de la poursuite par le cessionnaire de l'activité économique exercée par le cédant, mais également en vue de la disparition ultérieure du cessionnaire lui-même, dans le cadre d'une liquidation, et, d'autre part, l'unité en cause, n'ayant pas la capacité d'atteindre son objet économique sans recourir aux facteurs de production provenant de tiers, n'est pas totalement autonome.

35. Il y a lieu de relever, à titre liminaire, qu'il ressort de l'article 1er, paragraphe 1, sous a), de la directive 2001/23 que celle-ci est applicable à tout transfert d'entreprise, d'établissement ou de partie d'entreprise ou d'établissement à un autre employeur résultant d'une cession conventionnelle ou d'une fusion.

36. Sous réserve de remplir les conditions susmentionnées, le transfert doit satisfaire également aux conditions fixées à l'article 1er, paragraphe 1, sous b), de cette directive, à savoir porter sur une entité économique, maintenant son identité, entendue comme un ensemble organisé de moyens, en vue de la poursuite d'une activité économique, que celle-ci soit essentielle ou accessoire.

37. Afin de fournir une réponse utile à la juridiction de renvoi, il convient, dans un premier temps, de répondre à la question de savoir si la directive 2001/23, notamment son article 1er, paragraphe 1, sous b), est susceptible de s'appliquer dans une situation dans laquelle le cédant, le cessionnaire ou ces deux personnes conjointement envisagent non seulement la poursuite, par le cessionnaire, de l'activité de l'entité transférée, mais également la liquidation future du cessionnaire lui-même. En effet, ce n'est qu'en cas de réponse affirmative qu'il y aura lieu, dans un second temps, de répondre à la question de savoir si une entité transférée, telle que celle en cause au principal, est susceptible de relever de l'article 1er, paragraphe 1, sous a) et b), de la directive 2001/23.

38. Tout d'abord, si l'article 1er, paragraphe 1, sous b), de la directive 2001/23 prévoit que le transfert doit être réalisé « en vue de la poursuite d'une activité économique », il ne ressort toutefois pas de ce libellé qu'une telle poursuite d'activité doive être illimitée dans le temps ni que le cédant, le cessionnaire ou ces deux personnes conjointement ne pourraient avoir également l'intention de faire disparaître, ultérieurement, après avoir poursuivi l'activité en cause, le cessionnaire lui-même.

39. Il ne résulte ainsi d'aucune disposition de la directive 2001/23 que le législateur de l'Union a entendu subordonner l'applicabilité de ladite directive à la pérennité du cessionnaire au-delà d'un terme particulier.

40. Il convient de souligner, ensuite, que l'interprétation qui aboutirait à exclure du champ d'application de la directive 2001/23 un transfert

tel que celui en cause au principal irait à l'encontre de l'objectif premier poursuivi par cette directive.

41. En effet, la directive 2001/23 vise à assurer la continuité des relations de travail existant au sein d'une entité économique, indépendamment du changement de propriétaire (arrêt du 6 mars 2014, *Amatori e.a.*, C-458/12, EU:C:2014:124, point 51 ainsi que jurisprudence citée).

42. Or, c'est notamment dans la perspective de la poursuite de l'activité économique par le nouvel exploitant que le transfert en cause au principal semble avoir été réalisé, de sorte que la poursuite des relations de travail garantie par la directive 2001/23 doit, en l'occurrence, être assurée.

43. Enfin, cette interprétation est corroborée par l'article 5, paragraphe 1, de la directive 2001/23, qui constitue un élément du contexte dans lequel s'inscrit l'article 1er, paragraphe 1, sous b), de cette directive.

44. En effet, en vertu de l'article 5, paragraphe 1, de la directive 2001/23, les articles 3 et 4 de celle-ci ne s'appliquent pas, en principe, lorsque le cédant fait l'objet de procédures de faillite ou d'insolvabilité analogues ouvertes en vue de la liquidation des biens du cédant.

45. Il s'ensuit que la protection assurée, à l'égard des travailleurs, par les articles 3 et 4 de la directive 2001/23 n'est susceptible de cesser que dans l'hypothèse où c'est le cédant qui fait l'objet d'une telle procédure à la date du transfert.

46. Or, dans l'affaire au principal, il est constant que, d'une part, le cédant ne fait pas l'objet d'une telle procédure et que, d'autre part, la cessation de l'activité économique transférée n'est envisagée que pour l'avenir, dans le cadre de la mise en liquidation du cessionnaire.

47. Il en résulte que, dans des circonstances telles que celles au principal, les travailleurs concernés par le transfert ne sauraient être privés de la protection que leur accordent les articles 3 et 4 de la directive 2001/23.

48. Il découle de ce qui précède que la directive 2001/23, notamment son article 1er, paragraphe 1, sous b), est, en principe, susceptible de s'appliquer dans une situation dans laquelle le cédant, le cessionnaire ou ces deux personnes conjointement envisagent non seulement la poursuite, par le cessionnaire, de l'activité de l'entité transférée, mais également la liquidation future du cessionnaire lui-même.

49. Ainsi qu'il ressort du point 31 du présent arrêt, la juridiction de renvoi semble néanmoins éprouver des doutes quant à la question de savoir si, dans l'affaire pendante devant elle, le transfert ne fait pas l'objet d'un détournement par le cédant, le cessionnaire ou ces deux personnes conjointement, afin de dissimuler leur véritable intention qui serait de faciliter la liquidation de l'entité transférée sans avoir à en assumer les répercussions financières.

50. À cet égard, il y a lieu de rappeler le principe général de droit de l'Union selon lequel l'application de la réglementation de l'Union ne saurait être étendue jusqu'à couvrir des opérations qui sont réalisées dans le but de bénéficier frauduleusement ou abusivement des avantages prévus par le droit de l'Union (voir, en ce sens, arrêt du 26 février 2019, *N Luxembourg 1 e.a.*, C-115/16, C-118/16, C-119/16 et C-299/16, EU:C:2019:134, points 96 à 97 et jurisprudence citée).

51. Il en découle que le bénéfice des dispositions du droit de l'Union doit être refusé lorsque celles-ci sont invoquées non pas en vue de réaliser les objectifs de ces dispositions, mais dans le but de bénéficier d'un avantage du droit de l'Union alors que les conditions pour bénéficier de cet avantage ne sont que formellement remplies (voir, en ce sens, arrêt du 26 février 2019, *N Luxembourg 1 e.a.*, C-115/16, C-118/16, C-119/16 et C-299/16, EU:C:2019:134, point 98).

52. Il revient à la Cour de fournir à la juridiction de renvoi des indications utiles pour pouvoir vérifier si le cédant et le cessionnaire respectent ou non le principe rappelé au point 50 du présent arrêt.

53. À cet égard, si l'article 1er, paragraphe 1, sous b), de la directive 2001/23 subordonne son applicabilité à la condition que l'activité économique de l'entité transférée se poursuive après le transfert, la simple poursuite de cette activité ne saurait, en soi, conduire au constat que ladite condition est remplie.

54. En effet, la Cour a jugé que, pour relever de la directive 2001/23, le transfert doit permettre au cessionnaire la poursuite des activités ou de certaines activités du cédant de manière stable (voir, en ce sens, arrêt du 2 décembre 1999, *Allen e.a.*, C-234/98, EU:C:1999:594, point 37 ainsi que jurisprudence citée).

55. Il convient de comprendre l'exigence de stabilité fixée par la Cour comme renvoyant à un ensemble cohérent de facteurs de production différents, notamment d'éléments corporels ou incorporels, ainsi que d'effectifs nécessaires, permettant à l'entité transférée de poursuivre une activité économique (voir, en ce sens, arrêt du 19 septembre 1995, *Rygaard*, C-48/94, EU:C:1995:290, point 21).

56. Or, un ensemble de facteurs de production qui tend, dès le transfert, à générer un déséquilibre entre les intrants et les extrants dans la production, risquant ainsi de conduire à l'étouffement de celle-ci et d'aboutir, progressivement mais inévitablement, à la disparition de l'activité transférée, non seulement ne saurait être considéré comme conforme à l'exigence de stabilité mais pourrait notamment traduire une intention abusive des opérateurs économiques en cause visant à se soustraire aux répercussions financières négatives liées à la future liquidation

de l'entité transférée qui eussent normalement dû incomber au cédant et que le cessionnaire n'est pas en mesure d'assumer.

57. Tel pourrait également être le cas si l'activité de l'entité transférée se limitait à l'achèvement de certains contrats ou programmes déterminés, sans que soit mis en place, au sein de l'entreprise du cessionnaire, un ensemble organisé d'éléments tels que ceux mentionnés au point 55 du présent arrêt (voir, en ce sens, arrêt du 19 septembre 1995, *Rygaard*, C-48/94, EU:C:1995:290, points 20 à 22).

58. Il appartient à la juridiction de renvoi de vérifier, au regard des critères qui précèdent, si, dans une situation telle que celle en cause au principal, le cédant et le cessionnaire en cause respectent le principe général de droit de l'Union énoncé au point 50 du présent arrêt et peuvent, par conséquent, bénéficier des avantages que la directive 2001/23 prévoit en cas de transfert d'entreprise.

59. Dans un second temps, ainsi qu'annoncé au point 37 du présent arrêt, il convient d'examiner si l'article 1er, paragraphe 1, sous a) et b), de la directive 2001/23 est susceptible de s'appliquer au transfert d'une entité telle que celle en cause au principal.

60. Aux fins de relever du champ d'application de ladite directive, le transfert doit porter sur une partie de l'entreprise cédante constituant une entité économique entendue comme un ensemble organisé de personnes et d'éléments permettant l'exercice d'une activité économique qui poursuit un objectif propre et qui est suffisamment structurée et autonome (voir, en ce sens, arrêt du 13 septembre 2007, *Jouini e.a.*, C-458/05, EU:C:2007:512, point 31 et jurisprudence citée).

61. Aux mêmes fins, l'entité en cause doit également maintenir son identité postérieurement au transfert (voir, en ce sens, arrêt du 12 février 2009, *Klarenberg*, C-466/07, EU:C:2009:85, point 39).

62. Dans la mesure où l'identité d'une entité économique est constituée par une pluralité indissociable d'éléments, tels que le personnel qui la compose, son encadrement, l'organisation de son travail, ses méthodes d'exploitation ou encore, le cas échéant, les moyens d'exploitation à sa disposition (arrêt du 20 juillet 2017, *Piscarreta Ricardo*, C-416/16, EU:C:2017:574, point 43 et jurisprudence citée), cette identité implique nécessairement, entre autres éléments, une autonomie fonctionnelle.

63. Ainsi, étant inhérente à son identité, l'autonomie fonctionnelle d'une telle entité doit, ainsi que l'exige l'article 1er, paragraphe 1, sous b), de la directive 2001/23, être maintenue après le transfert.

64. En outre, il n'est pas nécessaire que ladite autonomie soit totale. En effet, il découle expressément du libellé de l'article 1er, paragraphe 1, sous a), de la directive 2001/23 que celle-ci est applicable non seulement

au transfert d'entreprise, mais également dans le cas où une partie d'entreprise est transférée.

65. Par conséquent, une unité de production d'une entreprise, telle que celle en cause au principal, dont l'activité s'exerçait, antérieurement au transfert, au sein de cette entreprise et dont l'autonomie en son sein était, de ce fait, limitée, ne saurait d'emblée être exclue du champ d'application de la directive 2001/23.

66. En l'occurrence, il découle de la décision de renvoi que l'unité de production transférée pourrait ne pas avoir la capacité de fonctionner pour atteindre son objet économique sans recourir aux facteurs de production d'un tiers.

67. En effet, si les parties d'une même entreprise bénéficient de l'autonomie d'ensemble de cette dernière, l'autonomie dont ont besoin ces parties dans leurs propres relations avec l'extérieur risque de faire défaut.

68. Dans un contexte similaire, la Cour a notamment jugé qu'une interprétation de l'article 1er, paragraphe 1, sous b), de la directive 2001/23 qui exclurait du champ d'application de cette directive une situation dans laquelle les éléments corporels indispensables au déroulement de l'activité transférée n'ont jamais cessé d'appartenir au cédant priverait ladite directive d'une partie de son effet utile (voir arrêt du 7 août 2018, *Colino Sigüenza*, C-472/16, EU:C:2018:646, point 39 et jurisprudence citée).

69. Toutefois, étant donné que, ainsi qu'il ressort du point 21 du présent arrêt, une unité de production telle que celle en cause au principal, constituée par la « direction du matériel roulant » d'Ellinika Nafpigeia, a été transférée à ETYE, filiale de la première, cette unité ne peut plus être regardée comme disposant de l'autonomie de la société mère. Le maintien de l'autonomie d'une unité détachée, telle que celle en cause au principal, suppose donc que cette dernière dispose, postérieurement au transfert, de garanties suffisantes lui assurant l'accès aux facteurs de production du tiers en cause afin de ne pas dépendre des choix économiques effectués par celui-ci de manière unilatérale.

70. Ces garanties peuvent prendre, en particulier, la forme de conventions ou de contrats, entre l'unité transférée et le tiers concerné, qui fixent les conditions précises et impératives dans lesquelles l'accès aux facteurs de production de ce dernier sera assuré.

71. En définitive, il appartiendra à la juridiction de renvoi de vérifier, à la lumière des éléments exposés aux points 69 et 70 du présent arrêt et en tenant compte de l'ensemble des circonstances de fait qui caractérisent l'opération en cause, que l'unité de production transférée dispose de garanties suffisantes lui assurant l'accès aux facteurs de production de tiers.

72. Dans ces conditions, il y a lieu de répondre aux questions posées que la directive 2001/23, notamment son article 1er, paragraphe 1, sous a) et b), doit être interprétée en ce sens qu'elle s'applique au transfert d'une unité de production lorsque, d'une part, le cédant, le cessionnaire ou ces deux personnes conjointement agissent en vue de la poursuite par le cessionnaire de l'activité économique exercée par le cédant, mais également en vue de la disparition ultérieure du cessionnaire lui-même, dans le cadre d'une liquidation, et, d'autre part, l'unité en cause, n'ayant pas la capacité d'atteindre son objet économique sans recourir aux facteurs de production provenant de tiers, n'est pas totalement autonome, à la condition, ce qu'il appartient à la juridiction de renvoi de vérifier, d'une part, que le principe général du droit de l'Union imposant au cédant et au cessionnaire de ne pas chercher à bénéficier frauduleusement et abusivement des avantages qu'ils pourraient tirer de la directive 2001/23 soit respecté, et, d'autre part, que l'unité de production concernée dispose de garanties suffisantes lui assurant l'accès aux facteurs de production d'un tiers afin de ne pas dépendre des choix économiques effectués par celui-ci de manière unilatérale.

Observations

La directive sur les transferts d'entreprises continue de nourrir le contentieux (1). Parmi toutes les affaires parvenues à la Cour de justice, certaines posent des questions qui peuvent paraître particulièrement importantes, dans la perspective d'une multiplication des restructurations d'entreprises, contrecoup des effets de la crise sanitaire. Dans l'arrêt *Ellinika Nafpigeia*, en particulier, les difficultés concernent une réorganisation de l'entreprise qui entraîne la disparition de certaines activités : la question posée à la Cour porte sur la possibilité d'utiliser le mécanisme du transfert d'entreprise pour éviter des licenciements économiques, coûteux pour le cédant. Autrement dit, l'organisation d'un transfert par le cédant lui-même, afin de placer les salariés dans une société destinée à disparaître, cas à l'origine de l'arrêt *Ellinika Nafpigeia*, est-il couvert par la directive ? Dans sa jurisprudence antérieure, la Cour de justice a donné

(1) Voy. aussi, récemment : CJUE, 3e ch., 16 mai 2019, *Plessers*, aff. C-509/17, ECLI:EU:C:2019:42.

l'impression de négliger ce problème. En retenant une conception extensive du transfert d'entreprise, elle soutenait que l'opération était toujours plus favorable aux salariés concernés qu'un licenciement(2). La solution retenue dans l'affaire *Ellinika Nafpigeia* est différente, signe d'une évolution. Il est vrai que l'hypothèse de détournement pouvait difficilement être ignorée : elle était évoquée, très explicitement, par la juridiction de renvoi.

Dans cette affaire, le cédant et le cessionnaire avaient organisé la poursuite par le cessionnaire de l'activité économique exercée par le cédant et la disparition ultérieure de celui-ci, dans le cadre d'une liquidation. De surcroît, l'unité transférée n'avait pas la capacité d'atteindre son objet économique sans recourir aux facteurs de production provenant du cédant.

Certes, la Cour commence par reconnaître que « la directive 2001/23 [...], est, en principe, susceptible de s'appliquer dans une situation dans laquelle le cédant, le cessionnaire ou ces deux personnes conjointement envisagent non seulement la poursuite, par le cessionnaire, de l'activité de l'entité transférée, mais également la liquidation future du cessionnaire lui-même ». Toutefois, elle accepte de reconsidérer cette première approche, face aux doutes exprimés par la juridiction de renvoi qui évoque un détournement du mécanisme du transfert, destiné à dissimuler l'intention véritable qui serait de faciliter la liquidation de l'entité transférée, sans avoir à en assumer les répercussions financières.

Rappelant « le principe général de droit de l'Union selon lequel l'application de la réglementation de l'Union ne saurait être étendue jusqu'à couvrir des opérations qui sont réalisées dans le but de bénéficier frauduleusement ou abusivement des avantages prévus par le droit de l'Union »(3), elle admet que le bénéfice des dispositions du droit de l'Union doit être refusé lorsque celles-ci sont invoquées non pas en vue de réaliser les objectifs de ces dispositions, mais dans le but de bénéficier d'un avantage du droit de l'Union, alors que les conditions pour en bénéficier ne sont que formellement remplies.

---

(2) CJUE, 6 mars 2014, *Amatori*, aff. C-458/12, ECLI:EU:C:2014:124.

(3) Sur ce principe, voy. not. V. Bassani, « L'interdiction de l'abus de droit : principe général du droit de l'Union ? », *Europe*, 2019, n° 4, p. 3.

En ce qui concerne le transfert d'entreprise, la directive subordonne son applicabilité à la condition que l'activité économique de l'entité transférée se poursuive après le transfert, mais, pour que cette condition soit remplie, il faut que le transfert permette au cessionnaire la poursuite des activités, ou de certaines activités, « de manière stable »(4). Cette exigence de stabilité renvoie, selon la Cour, à l'existence d'un ensemble cohérent de facteurs de production, éléments corporels ou incorporels, ainsi que des effectifs nécessaires pour permettre à l'entité transférée de poursuivre une activité économique(5). Lorsqu'au contraire, dès le transfert, la situation économique dans laquelle est placée l'entité transférée ne peut que conduire, progressivement mais inévitablement, à la disparition de celle-ci, non seulement l'exigence de stabilité n'est pas remplie, mais cela peut révéler un abus : l'intention des opérateurs économiques de se soustraire aux répercussions financières négatives liées à la future liquidation de l'entité transférée, qui auraient normalement dû incomber au cédant et que le cessionnaire n'est pas en mesure d'assumer. Il en serait de même, selon la Cour, si l'activité de l'entité transférée se limitait à l'achèvement de certains contrats ou programmes déterminés, sans avoir les moyens de poursuivre une activité économique.

Si l'opération réalisée ne constitue pas un transfert d'entreprise, au sens de la directive, les salariés peuvent considérer qu'ils sont restés au service du cédant, qui doit donc mener à bien les licenciements économiques, en respectant les procédures et les droits des salariés (dont on peut espérer qu'ils ne sont pas négligeables, eu égard à leur longue ancienneté). La décision fait ainsi obstacle aux manœuvres par lesquelles certaines entreprises tentent de dévoyer le mécanisme du transfert d'entreprise, destiné à assurer la stabilité des emplois des salariés concernés par des restructurations, pour en faire un moyen moins coûteux de réduire les effectifs. Cette jurisprudence résistera-t-elle à la crise économique qui s'annonce ?

Sophie Robin-Olivier

(4) *Cf.* not. CJUE, 2 décembre 1999, *Allen*, aff. C-234/98, ECLI:EU:C:1999:594.
(5) Voy. en ce sens, CJUE, 19 septembre 1995, *Rygaard*, aff. C-48/94, ECLI:EU:C:1995:290.

Cour de justice, 5e ch., 19 décembre 2019, *Pensions-Sicherungs-Verein*, aff. C-168/18, ECLI:EU:C:2019:1128

Conclusions de l'avocat général G. Hogan, du 8 mai 2019, ECLI:EU:C:2019:392

Mots-clés : Insolvabilité – Minimum vital

Cadre normatif : directive 2008/94/CE du Parlement européen et du Conseil du 22 octobre 2008 relative à la protection des travailleurs salariés en cas d'insolvabilité de l'employeur (*JOUE*, L 283 du 28 octobre 2008, p. 36)

Notes et observations : L. Driguez, *Europe*, février 2020, n° 2, comm. 68

Extraits de l'arrêt

1. La demande de décision préjudicielle porte sur l'interprétation de l'article 8 de la directive 2008/94/CE du Parlement européen et du Conseil, du 22 octobre 2008, relative à la protection des travailleurs salariés en cas d'insolvabilité de l'employeur (*JO* 2008, L 283, p. 36).

2. Cette demande a été présentée dans le cadre d'un litige opposant Pensions-Sicherungs-Verein VVaG (organisme de garantie des pensions professionnelles, ci-après « PSV ») à M. Günther Bauer au sujet de la compensation des réductions du montant de prestations versées par une caisse de retraite.

[...]

Sur les questions préjudicielles

Sur la deuxième question

37. Par sa deuxième question, la juridiction de renvoi demande quelles sont les circonstances particulières dans lesquelles il convient de considérer, aux fins de l'application de l'article 8 de la directive 2008/94, qu'une réduction du montant des prestations de retraite professionnelle servies à un ancien travailleur salarié, en raison de l'insolvabilité de son ancien employeur, est manifestement disproportionnée, entraînant l'obligation des États membres d'assurer une protection minimale, bien que l'intéressé

perçoive au moins la moitié du montant des prestations découlant de ses droits acquis à une pension de retraite professionnelle.

38. Il importe de rappeler que les États membres disposent, dans le cadre de la transposition de l'article 8 de cette directive, d'une large marge d'appréciation pour déterminer tant le mécanisme que le niveau de protection des droits acquis par les travailleurs à des prestations de vieillesse au titre des régimes complémentaires de prévoyance. Cette disposition ne peut donc pas être interprétée comme exigeant une garantie intégrale des droits en cause (voir, en ce sens, arrêt du 6 septembre 2018, *Hampshire*, C-17/17, EU:C:2018:674, point 41).

39. Ainsi, cet article 8 ne fait pas obstacle à ce que les États membres réduisent, en poursuivant des objectifs économiques et sociaux légitimes, les droits acquis des travailleurs salariés en cas d'insolvabilité de leur employeur, pour autant qu'ils respectent notamment le principe de proportionnalité (voir, en ce sens, arrêt du 6 septembre 2018, *Hampshire*, C-17/17, EU:C:2018:674, point 42).

40. Il s'ensuit que les États membres sont tenus, conformément à l'objectif poursuivi par la directive 2008/94, de garantir, aux travailleurs, en l'absence de tout abus de droit de leur part, au sens de l'article 12 de cette directive, le minimum de protection exigé par cette disposition (voir, en ce sens, arrêts du 24 novembre 2016, *Webb-Sämann*, C-454/15, EU:C:2016:891, point 35, et du 6 septembre 2018, *Hampshire*, C-17/17, EU:C:2018:674, point 47).

41. La Cour a déjà jugé qu'une transposition correcte de l'article 8 de ladite directive nécessite qu'un ancien travailleur salarié perçoive, en cas d'insolvabilité de son employeur, au moins la moitié des prestations de vieillesse découlant des droits à pension accumulés dans le cadre d'un régime complémentaire de prévoyance professionnel (voir, en ce sens, arrêts du 25 janvier 2007, *Robins e.a.*, C-278/05, EU:C:2007:56, point 57 ; du 25 avril 2013, *Hogan e.a.*, C-398/11, EU:C:2013:272, point 51 ; du 24 novembre 2016, *Webb-Sämann*, C-454/15, EU:C:2016:891, point 35, ainsi que du 6 septembre 2018, *Hampshire*, C-17/17, EU:C:2018:674, point 50).

42. De plus, la Cour a précisé que, même si une garantie minimale à hauteur de la moitié des prestations de vieillesse s'impose en vertu de l'article 8 de la directive 2008/94, cela n'a pas pour effet d'exclure que, dans certaines circonstances, les pertes subies par un travailleur ou un ancien travailleur puissent être également regardées comme étant manifestement disproportionnées à la lumière de l'obligation de protection des intérêts des travailleurs salariés, visée à cette disposition (voir, en ce sens, arrêts du 24 novembre 2016, *Webb-Sämann*, C-454/15, EU:C:2016:891, point 35, et du 6 septembre 2018, *Hampshire*, C-17/17, EU:C:2018:674, point 50).

43. Il ressort de l'exposé des motifs de la proposition de directive du Conseil concernant le rapprochement des législations des États membres relatives à la protection des travailleurs en cas d'insolvabilité de l'employeur, du 11 avril 1978 [COM(78) 141 final], que l'objectif poursuivi par cette directive consistait à offrir une protection dans des circonstances menaçant de priver le travailleur et sa famille de moyens de subsistance. En particulier, ainsi qu'il est indiqué dans cet exposé des motifs, les dispositions figurant désormais à l'article 8 de la directive 2008/94 sont justifiées par la volonté du législateur de l'Union d'éviter les circonstances particulièrement pénibles, pour le travailleur, en raison de la perte des droits qu'il avait acquis au bénéfice d'un régime complémentaire de prévoyance.

44. Il peut en être déduit qu'une réduction des prestations de vieillesse d'un ancien travailleur salarié doit être considérée comme étant manifestement disproportionnée lorsqu'il résulte de cette réduction, ainsi que, le cas échéant, de l'évolution prévue de celle-ci, que la capacité de l'intéressé à subvenir à ses besoins est gravement affectée. Tel serait le cas d'une réduction des prestations de vieillesse subie par un ancien travailleur salarié qui vit déjà ou devrait vivre du fait de cette réduction en dessous du seuil de risque de pauvreté déterminé pour l'État membre concerné par Eurostat.

45. L'article 8 de la directive 2008/94 exige, en tant qu'obligation de protection minimale, qu'un État membre garantisse, à un ancien travailleur exposé à une telle réduction de ses prestations de vieillesse, une indemnité d'un montant qui, sans qu'il couvre nécessairement la totalité des pertes subies, soit à même de remédier à leur caractère manifestement disproportionné.

46. Eu égard aux considérations qui précèdent, il convient de répondre à la deuxième question que l'article 8 de la directive 2008/94 doit être interprété en ce sens qu'une réduction du montant des prestations de retraite professionnelle servies à un ancien travailleur salarié, en raison de l'insolvabilité de son ancien employeur, est considérée comme étant manifestement disproportionnée, bien que l'intéressé perçoive au moins la moitié du montant des prestations découlant de ses droits acquis, lorsque cet ancien travailleur salarié vit déjà ou devrait vivre du fait de cette réduction en dessous du seuil de risque de pauvreté déterminé pour l'État membre concerné par Eurostat.

Observations

L'importance de la protection des droits des salariés, en cas d'insolvabilité de l'employeur, ne se dément pas : de la crise des années 1970, qui a justifié l'adoption de la directive 80/987 (1), à la crise qui s'annonce, en passant par la crise financière de la dernière décennie, la garantie des salaires n'aura pas été créée et harmonisée en vain. La jurisprudence récente de la Cour montre que, dans ce domaine, l'objectif de protection des salariés a été pris au sérieux. Alors que, il y a quelques années, la Cour de justice rappelait que les directives sociales visaient aussi l'égalisation des conditions de la concurrence, pour limiter l'étendue de la protection (2), cette approche restrictive n'a pas affecté l'interprétation de la directive insolvabilité (3).

Cette orientation sociale se confirme dans l'arrêt *Pensions-Sicherungs-Verein* : pour exiger que des ressources minimales soient garanties, quelles que soient les difficultés financières rencontrées par les institutions de retraite complémentaire, la Cour de justice rappelle les objectifs sociaux de la directive. Elle s'appuie sur l'exposé des motifs de la première proposition de directive, en date du 11 avril 1978 (4), selon lequel l'objectif poursuivi par ce texte est d'assurer une protection au travailleur dans des circonstances menaçant de le priver, ainsi que sa famille, de moyens de subsistance. Ce retour aux documents préparatoires des textes fondateurs de la politique sociale de l'Union permet de mettre en exergue leur fonction sociale qui consiste, notamment, à lutter contre la pauvreté. Ce n'est certainement pas la politique sociale la plus ambitieuse qui soit : elle ne protège qu'un minimum vital (5). Mais, en tant de crise, la garantie de ce minimum

(1) Directive du Conseil, du 20 octobre 1980 relative à la protection des travailleurs salariés en cas d'insolvabilité de l'employeur, *JOUE*, L 283, 28 octobre 1980, p. 23.

(2) *Cf.* en particulier : CJUE, 18 juillet 2013, *Alemo-Herron*, aff. C-426/11, ECLI:EU:C:2013:521 et CJUE, 30 avril 2015, *USDAW et Wilson*, aff. C-80/14, ECLI:EU:C:2015:291.

(3) Voy. déjà : CJUE, 25 février 2016, *Stroumpoulis*, aff. C-292/14, ECLI:EU:C:2016:116 et notre commentaire : « Oublier Viking : Quand la Cour de justice fait primer la législation sociale de l'Union sur la liberté d'organisation des entreprises de transport maritime », *RDT*, 2016, p. 581.

(4) COM(78) 141 final.

(5) En ce sens, L. Driguez, « Protection contre l'insolvabilité de l'employeur », *Europe*, 2020, n° 2, comm. 68.

pourrait n'être pas inutile. D'autant moins que la détermination du minimum vital ne va pas de soi, ni à l'échelle nationale (6) ni à l'échelle européenne.

La directive insolvabilité, devenue directive 2008/94 (7) autorise les Etats à réduire, pour des raisons économiques et sociales légitimes, les droits acquis des travailleurs salariés en cas d'insolvabilité de leur employeur, à la condition que ces États respectent, notamment, un principe de proportionnalité (8). Une marge d'appréciation importante est laissée aux États pour déterminer le niveau de protection des droits acquis par les travailleurs à des prestations de vieillesse, au titre des régimes complémentaires de prévoyance, et une garantie intégrale des droits en cause n'est pas exigée (9).

Dans sa jurisprudence antérieure, la Cour a jugé qu'une réduction qui permet au travailleur de conserver au moins la moitié de ses droits pouvait être considérée comme proportionnée (10), sans exclure cependant que, dans certaines circonstances, les pertes subies puissent être considérées comme manifestement disproportionnées à la lumière de l'obligation de protection des intérêts des travailleurs (11). Selon le montant des droits concernés, la réduction de moitié produit des résultats assez différents sur le niveau des ressources du bénéficiaire dont il faut tenir compte. Cette approche correspond à l'idée que le système prévu par la directive est un système mixte, qui doit non seulement préserver une certaine stabilité des ressources, ce qui relève d'une approche assurantielle du régime de protection contre le risque d'insolvabilité, mais aussi assurer un filet de sécurité,

---

(6) Sur ce sujet, voy. la très intéressante décision de la Cour constitutionnelle allemande du 5 novembre 2019, BVerfG, Urteil des Ersten Senats vom 05 November 2019 – 1 BvL 7/16 –, Rn. (1-225), http://www.bverfg.de/e/ls20191105_1bvl000716.html.

(7) Devenue la directive 2008/94/CE du Parlement européen et du Conseil du 22 octobre 2008 relative à la protection des travailleurs salariés en cas d'insolvabilité de l'employeur, *JOUE*, L 283, 28 octobre 2008, p. 36.

(8) Voy., en ce sens, arrêt du 6 septembre 2018, *Hampshire*, aff. C-17/17, ECLI:EU:C:2018:674.

(9) *Ibid.*

(10) Voy., déjà, en ce sens, arrêts du 25 janvier 2007, *Robins e.a.*, aff. C-278/05, ECLI:EU:C:2007:56, pt 57 et, plus récemment, du 25 avril 2013, *Hogan e.a.*, aff. C-398/11, ECLI:EU:C:2013:272, pt 51 ; du 24 novembre 2016, *Webb-Sämann*, aff. C-454/15, ECLI:EU:C:2016:891, pt 35, ainsi que du 6 septembre 2018, *Hampshire*, aff. C-17/17, préc.

(11) Voy., en ce sens, arrêts du 24 novembre 2016, *Webb-Sämann*, aff. C-454/15, préc., pt 35, et du 6 septembre 2018, *Hampshire*, aff. C-17/17, préc., pt 50.

destiné à éviter la pauvreté, selon une logique qui est celle de l'assistance sociale. C'est précisément cette deuxième fonction, assistancielle, sur laquelle l'arrêt *Pensions-Sicherungs-Verein* insiste : aucune réduction des prestations versées ne doit affecter la capacité de l'intéressé à subvenir à ses besoins.

La Cour apporte aussi une clarification sur la manière dont ce minimum vital doit être apprécié : les ressources ne doivent être inférieures au seuil du risque de pauvreté, tel qu'il est déterminé, pour l'État membre concerné, par les statistiques produites par Eurostat. Cette logique d'un minimum garanti, mais différencié, selon l'Etat membre concerné, est une dimension importante de l'Europe sociale, que l'idée d'un salaire minimum équitable, européen, pourrait prolonger (12).

Sophie Robin-Olivier

(12) Voy. notamment les idées développées par la Commission européenne à ce sujet à l'occasion de la première phase de consultation des partenaires sociaux, au titre de l'article 154 TFUE, « sur une éventuelle action visant à relever les défis liés à un salaire minimum équitable », C(2020) 83 final, 14 janvier 2020.

X. ENVIRONNEMENT

Cour de justice, 6e ch., 13 mars 2019, *République de Pologne c/ Parlement européen et Conseil de l'Union européenne*, aff. C-128/17, ECLI:EU:C:2019:194

Arrêt rendu sans conclusions de l'avocat général N. Wahl

Mots-clés : Recours en annulation – Directive (EU) 2016/2284 – Réduction des émissions nationales de certains polluants atmosphériques – Adoption d'actes de droit de l'Union – Déroulement de la procédure législative – Article 4, paragraphe 3, TUE – Principe de coopération loyale – Exercice effectif du pouvoir d'appréciation du législateur de l'Union – Analyse d'impact – Évaluation suffisante des effets de l'acte attaqué – Article 5, paragraphe 4, TUE – Principe de proportionnalité – Article 4, paragraphe 2, TUE – Égalité des États membres devant les traités – Article 191, paragraphe 2, TFUE – Politique de l'Union dans le domaine de l'environnement – Prise en compte de la diversité des régions de l'Union européenne – Contrôle juridictionnel

Cadre normatif : Article 4, paragraphes 2 et 3, et article 5, paragraphe 4, TUE ; article 191, paragraphe 2, TFUE ; charte des droits fondamentaux de l'Union européenne ; directive (EU) 2016/2284 du Parlement européen et du Conseil, du 14 décembre 2016, concernant la réduction des émissions nationales de certains polluants atmosphériques, modifiant la directive 2003/35/CE et abrogeant la directive 2001/81/CE (*JO*, 2016, L 344, p. 1)

Extraits de l'arrêt

1. Par sa requête, la République de Pologne demande à la Cour, à titre principal, d'annuler la directive (EU) 2016/2284 du Parlement européen et du Conseil, du 14 décembre 2016, concernant la réduction des émissions nationales de certains polluants atmosphériques, modifiant la directive 2003/35/CE et abrogeant la directive 2001/81/CE (*JO* 2016, L 344, p. 1, ci-après la « directive attaquée »), et, à titre subsidiaire, de l'annuler dans la mesure où elle établit des engagements nationaux de réduction de ces émissions à l'horizon de l'année 2030.

[...]

Sur le recours

Sur le troisième moyen

Argumentation des parties

21. Par son troisième moyen, qu'il convient d'examiner en premier lieu, la République de Pologne soutient que le Parlement et le Conseil ont violé l'obligation de procéder à une analyse d'impact en bonne et due forme de la directive attaquée avant son adoption.

22. Conformément au point 13 de l'accord interinstitutionnel « Mieux légiférer », la Commission serait obligée d'effectuer une analyse d'impact lorsqu'un acte juridique est susceptible d'avoir des conséquences importantes. En vertu du point 12 de cet accord, les analyses d'impact réalisées dans le cadre du processus législatif devraient examiner l'existence, l'ampleur et les conséquences d'un problème. Elles devraient tenir compte des coûts et des incidences économiques, sociaux et environnementaux. Ces analyses devraient également être proportionnées en ce qui concerne leur portée et les sujets qu'elles abordent et se fonder sur des informations objectives, complètes et exactes. Conformément aux lignes directrices de la Commission, du 7 juillet 2017, relatives aux modalités d'application de l'accord interinstitutionnel « Mieux légiférer » [SWD(2017) 350 final], la Commission serait obligée de réaliser une analyse sectorielle. Par conséquent, cette institution n'aurait pas de pouvoir d'appréciation discrétionnaire sur le contenu d'une analyse d'impact.

23. L'analyse d'impact ne satisferait pas à ces exigences. Les coûts liés aux engagements nationaux de réduction des émissions ainsi que les effets économiques pour les secteurs concernés n'auraient pas été dûment examinés ou auraient été sous-estimés. En outre, les données utilisées afin d'apprécier les effets positifs de la directive attaquée ne seraient pas fiables.

24. Ces défauts concerneraient, en particulier, le potentiel de réduction des émissions et le coût des mesures nécessaires dans les secteurs de la production agricole, du transport individuel et de la production de l'électricité. Il en irait de même en ce qui concerne la modernisation du chauffage domestique.

25. En outre, l'analyse d'impact serait trop générale, dès lors qu'elle examinerait conjointement les incidences qui découlent de l'ensemble des actes adoptés dans le cadre du paquet « Air pur », à savoir la directive attaquée, la directive (UE) 2015/2193 du Parlement européen et du Conseil, du 25 novembre 2015, relative à la limitation des émissions de certains polluants dans l'atmosphère en provenance des installations de

combustion moyennes (*JO* 2015, L 313, p. 1), et la décision 2017/1757. Elle omettrait également de tenir compte de la situation spécifique de chaque État membre.

26. Au vu de ce qui précède, il serait impossible d'estimer les coûts afférents à la mise en œuvre de la directive attaquée en Pologne.

27. Par ailleurs, au cours de la procédure législative, le Parlement et le Conseil auraient modifié des éléments substantiels de la proposition de directive, notamment en ce qui concerne le taux de réduction des particules fines en Pologne. De ce fait, conformément au point 15 de l'accord interinstitutionnel « Mieux légiférer », l'analyse d'impact aurait dû être actualisée. Celle-ci ayant été élaborée au cours de l'année 2013, son actualisation aurait également été nécessaire afin de vérifier si elle était toujours d'actualité pour l'année 2016.

28. De surcroît, il ressortirait de l'analyse d'impact que la mise en œuvre des engagements nationaux de réduction des émissions pourrait exiger une modification de la structure même de l'approvisionnement énergétique des États membres. La directive attaquée aurait, dans ce cas, dû être adoptée à l'unanimité sur la base de l'article 192, paragraphe 2, TFUE, qui prévoit un tel quorum de vote lorsque des mesures affectent sensiblement le choix d'un État membre entre différentes sources d'énergie et la structure générale de son approvisionnement énergétique.

29. Le Parlement et le Conseil concluent au rejet du troisième moyen.

Appréciation de la Cour

30. À l'appui de son troisième moyen, la République de Pologne fait valoir, en substance, le caractère irrégulier de la procédure d'adoption de la directive attaquée, du fait des lacunes affectant l'analyse d'impact, notamment quant aux conséquences des mesures envisagées sur l'économie des États membres, en particulier sur la République de Pologne.

31. Il y a lieu de relever, en premier lieu, que, ainsi que le soutient, à juste titre, le Parlement, la forme dans laquelle les données de base prises en compte par le législateur de l'Union sont répertoriées est dépourvue d'importance. Le législateur de l'Union peut tenir compte non seulement de l'analyse d'impact, mais également de toute autre source d'information (voir, par analogie, arrêts du 8 juillet 2010, *Afton Chemical*, C-343/09, EU:C:2010:419, points 36, 37 et 40, ainsi que du 4 mai 2016, *Pillbox 38*, C-477/14, EU:C:2016:324, points 64 à 66).

32. Afin d'adopter la directive attaquée, le législateur de l'Union s'est fondé sur l'analyse d'impact, sur les données contenues dans le système GAINS, sur les rapports STPA ainsi que sur une analyse de sensibilité,

dont un résumé figure dans le document n° 11265/16 du Conseil, du 14 juillet 2016.

33. En ce qui concerne, d'abord, l'analyse d'impact, comme l'indiquent le Conseil et la Commission, celle-ci présente les coûts liés au respect des engagements à charge de chacun des États membres et pour chaque option envisagée, exprimés en millions d'euros et en pourcentage du produit intérieur brut (PIB). Les coûts liés au respect des engagements sont également présentés pour chaque secteur de l'économie au niveau de l'Union.

34. L'analyse d'impact examine cinq options stratégiques qui se distinguent par le niveau de réduction des émissions envisagé. Pour chacune des options, elle fournit, sur la base des estimations et des prévisions, une appréciation des investissements nécessaires pour leur mise en œuvre ainsi que des avantages directs et autres qui en résulteront.

35. Ensuite, en ce qui concerne le système GAINS, ainsi que l'observe le Conseil, ce système permet l'étude des stratégies de contrôle des émissions présentant un rapport coût-efficacité satisfaisant, en reproduisant dans la mesure du possible les émissions historiques et en établissant, sur cette base, des projections relatives aux émissions de certains polluants atmosphériques pour chaque pays. Les données utilisées à cet effet sont les données provenant des statistiques internationales de l'énergie et de l'industrie ainsi que des inventaires d'émissions et les données fournies par les pays concernés eux-mêmes. Le mode opératoire du système GAINS consiste à mettre à la disposition des États membres toutes les données leur permettant de présenter des éléments de preuve à l'appui des hypothèses alternatives soumises pour examen. Les références au cadre actualisé figurent dans l'analyse d'impact. Les données détaillées relatives aux paramètres utilisés pour chaque secteur des différents États membres ont été publiées sur le site Internet GAINS pour que ces États puissent identifier les hypothèses concrètes émises en ce qui concerne leur situation.

36. La Commission précise à cet égard, à juste titre, que le système GAINS fournit des informations détaillées relatives à chaque secteur de l'activité économique de chaque État membre quant aux émissions produites, au potentiel de réduction de ces émissions et aux coûts liés à une telle réduction.

37. Ainsi que le souligne le Parlement, ces données ont été examinées en collaboration étroite avec les autorités et les experts nationaux. D'ailleurs, il n'est pas contesté que les États membres avaient accès au système GAINS et aux rapports STPA élaborés par l'IIASA.

38. Il ressort, en outre, des observations du Parlement et du Conseil, soutenus par la Commission, que l'IIASA a actualisé ses calculs après la publication de l'analyse d'impact et a adopté, dans ce cadre, les rapports

STPA 11 à 16b. Afin d'éliminer un certain nombre de différences constatées entre les hypothèses nationales et celles de l'IIASA, il a publié les rapports STPA 13 et 14 et a recalculé les engagements de réduction des émissions dans le rapport STPA 16. Dans sa requête, la République de Pologne admet, d'ailleurs, que l'examen des divergences entre les estimations effectuées par différents États membres et les estimations réalisées par l'IIASA a fait l'objet d'une publication dans plusieurs rapports STPA.

39. Ainsi que le Conseil, soutenu par la Commission, le relève, les États membres avaient également la possibilité de présenter leurs positions relatives aux écarts entre leurs estimations de coûts et celles effectuées par l'IIASA dans le cadre des discussions bilatérales menées par la présidence du Conseil. Le résultat de ces discussions fait l'objet du rapport STPA 16, ce que la République de Pologne ne conteste pas.

40. Enfin, une analyse de sensibilité a été effectuée afin de déterminer définitivement l'étendue des engagements nationaux de réduction des émissions portant sur la période comprise entre l'année 2020 et l'année 2029 et à partir de l'année 2030, tels qu'ils figurent à l'annexe II de la directive attaquée. Ainsi qu'il a été indiqué au point 32 du présent arrêt, le document n° 11265/16 du Conseil, du 14 juillet 2016, contient un résumé de cette analyse. Une version complète de celle-ci a été transmise aux autorités polonaises le 13 mai 2016, comme le relève la Commission. Dans le cadre de cette analyse de sensibilité, il a été vérifié si l'utilisation des propres estimations des États membres relatives à certaines hypothèses aurait affecté la faisabilité des engagements de réduction des émissions proposés dans le rapport STPA 16.

41. Il résulte des considérations qui précèdent que la République de Pologne n'est pas fondée à soutenir que les données prises en compte par le législateur de l'Union afin d'adopter la directive attaquée étaient incomplètes en ce qui concerne la situation particulière de la République de Pologne, dès lors que ces données ont été établies par l'IIASA conjointement avec des représentants de cet État membre et, notamment, sur la base de données fournies par ces derniers. De surcroît, ainsi qu'il ressort du document n° 11265/16 du Conseil, du 14 juillet 2016 (pages 66 et 67), la République de Pologne n'a pas transmis toutes les informations requises relatives à certains polluants visés par la directive attaquée.

42. Pour les mêmes raisons et, notamment, dès lors que le législateur de l'Union s'est également fondé sur d'autres informations à sa disposition, les arguments de la République de Pologne visant à établir que l'analyse d'impact aurait été imprécise, insuffisante et trop générale ne sauraient prospérer.

43. En deuxième lieu, s'agissant de l'argumentation de la République de Pologne selon laquelle le Parlement et le Conseil auraient modifié des éléments substantiels de la proposition de directive et auraient dû, de ce

fait, procéder à une actualisation de l'analyse d'impact, conformément au point 15 de l'accord interinstitutionnel « Mieux légiférer », il suffit de constater que cette disposition ne contient, en tout état de cause, aucune obligation ferme à charge des institutions concernées. Elle prévoit uniquement la faculté de procéder à une telle actualisation si le Parlement et le Conseil « le jugeront approprié et nécessaire aux fins du processus législatif ».

44. En tout état de cause, la République de Pologne ne saurait reprocher au Parlement et au Conseil d'avoir fondé l'adoption de la directive attaquée sur des données qui n'étaient plus à jour. En effet, le processus décisionnel a été constamment accompagné par des mises à jour des données disponibles dont témoignent, notamment, les rapports STPA et l'analyse de sensibilité mentionnés aux points précédents du présent arrêt.

45. Il résulte de ce qui précède que le Parlement et le Conseil ont pris en compte, au cours de la procédure législative, les données scientifiques et les informations disponibles pour exercer effectivement leur pouvoir d'appréciation.

46. En troisième lieu, quant aux allégations de la République de Pologne selon laquelle la directive attaquée aurait dû être adoptée sur la base non pas du paragraphe 1, mais du paragraphe 2 de l'article 192 TFUE, celles-ci doivent être rejetées dans le cadre du présent moyen comme étant inopérantes. En effet, par son troisième moyen, la République de Pologne cherche à démontrer uniquement le caractère lacunaire de l'analyse d'impact sans remettre en cause le choix de la base juridique de la directive attaquée.

47. Partant, le troisième moyen doit être rejeté.

Sur les premier et deuxième moyens

Argumentation des parties

48. Par ses premier et deuxième moyens, la République de Pologne soutient que le Parlement et le Conseil ont violé les principes de coopération loyale, de transparence et d'ouverture ainsi que l'obligation de motiver les actes juridiques.

49. D'une part, les négociations relatives aux engagements nationaux de réduction des émissions auraient été discriminatoires et opaques et, d'autre part, la République de Pologne aurait été privée des garanties procédurales, telles que la possibilité de vérifier les hypothèses sous-jacentes à ces engagements.

50. Il ressortirait de l'arrêt du 24 juin 1992, *Commission/Grèce* (C-137/91, EU:C:1992:272), que le principe de coopération loyale, tel que

consacré à l'article 4, paragraphe 3, TUE, peut être le fondement autonome d'un recours devant la Cour, et de l'arrêt du 14 juin 2016, *Parlement/Conseil* (C-263/14, EU:C:2016:435), que la violation de ce principe permettrait l'annulation d'un acte de droit de l'Union, même en l'absence de violation de la procédure législative prévue par le traité FUE.

51. La République de Pologne, soutenue par la Hongrie et la Roumanie, considère que, afin de respecter pleinement le principe de coopération loyale au cours de la procédure menant à l'adoption d'un acte de droit de l'Union, le Conseil est tenu de transmettre, au stade des travaux préparatoires, les informations permettant de comprendre les incidences d'un tel acte à tous les États membres. L'arrêt du 5 décembre 2017, *Allemagne/Conseil* (C-600/14, EU:C:2017:935, point 107), corroborerait cette interprétation.

52. En outre, les principes de coopération loyale, de transparence et d'ouverture ainsi que l'obligation de motivation s'appliqueraient au processus législatif et garantiraient son bon fonctionnement, ce qui ressortirait de l'accord interinstitutionnel « Mieux légiférer ».

53. La République de Pologne indique qu'elle a émis tout au long de la procédure ayant mené à l'adoption de la directive attaquée des réserves relatives au déroulement des négociations. Elle aurait également demandé des informations supplémentaires, au motif que les hypothèses et les données qui ont été utilisées afin de déterminer les engagements nationaux de réduction des émissions auraient été, en partie, inconnues.

54. En effet, certaines informations essentielles ne seraient contenues ni dans le système GAINS ni dans les publications de l'IIASA. En particulier, la République de Pologne n'aurait pas pu vérifier certaines hypothèses concernant la répartition, secteur par secteur, des sources de pollution atmosphérique, les hypothèses de développement des économies des États membres et les prévisions relatives aux émissions retenues à l'horizon de l'année 2030. Les modalités selon lesquelles l'objectif général en matière de santé a été converti en engagements de réduction des émissions et la façon dont ces engagements ont été déterminés pour chaque État membre n'auraient pas été divulguées. La République de Pologne aurait demandé, sans succès, une description de chaque sous-catégorie de sources d'émissions examinées.

55. À défaut d'un accès à toutes les hypothèses retenues, aux outils de modélisation, à la programmation et aux paramètres, le système GAINS ne pourrait pas combler ces lacunes. Il en irait de même du modèle dit « Primes », utilisé par la Commission pour générer les données d'entrée dans le système GAINS. S'agissant du document n° 11265/16 du Conseil, du 14 juillet 2016, il ne contiendrait pas non plus les informations nécessaires, mais seulement une brève description de la méthodologie utilisée.

56. Au soutien des conclusions de la République de Pologne, la Roumanie fait valoir que le document n° 11265/16 du Conseil, du 14 juillet 2016, ne contient pas toutes les informations techniques justifiant les engagements de réduction des émissions imposés à la République de Pologne. Par ailleurs, ce document aurait été communiqué tardivement, à savoir après le vote, au Conseil, le 29 juin 2016, portant sur le projet de directive.

57. De surcroît, selon la République de Pologne, certaines hypothèses de base sont erronées, notamment celles relatives au rythme de remplacement des véhicules équipés de moteurs à combustion et aux émissions d'ammoniac dans l'agriculture. La Commission n'aurait pas corrigé ces erreurs, comme l'aurait pourtant réclamé la République de Pologne.

58. La République de Pologne considère que, malgré ses réclamations, les problèmes dont elle avait fait état n'ont pas été pris en compte par le Conseil qui a ainsi violé son droit de participer pleinement à la procédure législative.

59. Le principe de coopération loyale comporterait le droit d'être entendu, qui permet à une partie concernée par un acte lui faisant grief de faire connaître utilement son point de vue. Ce droit aurait été méconnu, dès lors que la République de Pologne ne pouvait pas connaître les effets socio-économiques qu'impliquent les engagements de réduction des émissions imposés aux États membres.

60. Le principe de coopération loyale exigerait, en outre, une coopération de bonne foi entre les institutions et les États membres qui devraient s'accorder sur les solutions envisagées et les données prises en compte à cette fin. Les institutions auraient été tenues de dialoguer avec la République de Pologne et de motiver le rejet des objections formulées par cet État membre. Le simple renvoi aux modèles analytiques du système GAINS ou à d'autres documents de l'IIASA, accessibles à tous les États membres, ne suffirait pas à cet égard.

61. Par ailleurs, la Roumanie soutient que le principe de transparence est consacré à l'article 19, paragraphe 1, de la décision n° 2009/937/UE du Conseil, du 1er décembre 2009, portant adoption de son règlement intérieur (*JO* 2009, L 325, p. 35, ci-après le « règlement intérieur du Conseil »). La portée de ce principe serait concrétisée à l'article 20 de ce règlement, lu conjointement avec son annexe V, qui prévoit que la « présidence transmet aux délégations, dès que possible dans le cadre de la préparation des travaux du Coreper, toutes les informations nécessaires pour permettre une préparation approfondie de celui-ci ».

62. En l'espèce, le délai entre la communication, le 28 juin 2016, de la nouvelle proposition de rédaction de l'annexe II de la directive attaquée et l'approbation de cette proposition au sein du Coreper, le 29 juin 2016, afin de conclure un accord avec le Parlement, n'aurait pas permis une

préparation approfondie. De plus, la méthodologie de calcul des engagements nationaux n'aurait été communiquée aux États membres que le 18 juillet 2016.

63. Ce constat ne serait pas infirmé par le fait que la directive attaquée a été adoptée à la suite d'un vote du Conseil seulement le 8 décembre 2016, dès lors que, après le vote du 29 juin 2016, les États membres auraient été, de facto, privés de toute possibilité de faire valoir leurs positions respectives.

64. En outre, la Roumanie estime que les dispositions de l'annexe II, article 5, du règlement intérieur du Conseil, qui prévoit l'application du règlement (CE) n° 1049/2001 du Parlement européen et du Conseil, du 30 mai 2001, relatif à l'accès du public aux documents du Parlement européen, du Conseil et de la Commission (*JO* 2001, L 145, p. 43), n'ont pas été respectées dans le cadre du traitement des demandes de renseignement formulées par la République de Pologne.

65. Le Parlement et le Conseil considèrent que ces moyens doivent être écartés.

Appréciation de la Cour

66. Il ressort, notamment, de l'argumentation reproduite, en substance, aux points 51, 52 et 58 à 60 du présent arrêt, que, en invoquant une violation du principe de transparence, du droit d'être entendu et de l'obligation de motivation, la République de Pologne cherche uniquement à illustrer les obligations que les institutions de l'Union sont tenues de respecter au cours du processus législatif, au titre du principe de coopération loyale. Partant, il n'y a lieu d'apprécier les arguments soulevés par cet État membre à l'appui de ses premier et deuxième moyens qu'à l'aune de ce dernier principe.

67. Il convient de rappeler que, en vertu de l'article 4, paragraphe 3, TUE, l'Union et les États membres se respectent et s'assistent mutuellement dans l'accomplissement des missions découlant des traités.

68. Il convient, dès lors, de vérifier, en tenant compte du déroulement du processus décisionnel ayant abouti à l'adoption de la directive attaquée, tel qu'il ressort du dossier soumis à la Cour, si le Parlement et le Conseil ont manqué à leur devoir de coopération loyale.

69. À cet égard, ainsi qu'il ressort du point 14 du présent arrêt, au sein du Conseil, la proposition de directive et l'analyse d'impact ont fait l'objet de discussions lors de vingt-quatre réunions au niveau du groupe de travail, treize réunions du Coreper et quatre réunions au niveau des ministres entre l'année 2014 et l'année 2016. De plus, les présidences

successives du Conseil ont organisé des réunions bilatérales informelles avec tous les États membres, en partie avec l'appui de la Commission.

70. En outre, ainsi qu'il ressort des points 32 à 41 du présent arrêt, la République de Pologne avait, au cours du processus législatif, accès à l'ensemble des documents sur lesquels s'est fondé le législateur de l'Union afin d'adopter la directive attaquée et pouvait présenter ses observations relatives aux données contenues dans ces documents et aux hypothèses retenues.

71. Ce constat n'est pas infirmé par l'allégation de la Roumanie selon laquelle le document n° 11265/16 du Conseil, du 14 juillet 2016, aurait été transmis tardivement à la République de Pologne. En effet, ce document a été disponible plusieurs mois avant l'adoption par le Conseil, le 8 décembre 2016, de la directive attaquée.

72. La République de Pologne soutient, en outre, que les informations dont disposaient le législateur de l'Union et les États membres au cours du processus législatif ayant mené à l'adoption de la directive attaquée étaient insuffisantes afin de comprendre toutes les incidences de cette directive, voire, pour partie, erronées.

73. Toutefois, dans les domaines où le législateur de l'Union dispose d'un large pouvoir d'appréciation, la Cour vérifie seulement si les auteurs de l'acte attaqué sont en mesure d'établir que cet acte a été adopté moyennant un exercice effectif de leur pouvoir d'appréciation et d'exposer, à cette fin, de façon claire et non équivoque, les données de base ayant dû être prises en compte pour fonder les mesures contestées de cet acte et dont dépendait l'exercice de leur pouvoir d'appréciation (voir, en ce sens, arrêt du 21 juin 2018, *Pologne/Parlement et Conseil*, C-5/16, EU:C:2018:483, points 151 à 153). Or, il ressort du point 45 du présent arrêt que le législateur de l'Union s'est effectivement acquitté de cette obligation en prenant en compte l'ensemble des nombreuses données disponibles.

74. L'obligation de coopération loyale ne saurait avoir une portée plus étendue, en ce sens qu'elle aurait pour effet de contraindre, en toutes circonstances, le législateur de l'Union à produire, à la demande d'un État membre, des documents et des informations prétendument manquants ou à corriger des informations dont il dispose avant de pouvoir procéder à l'adoption d'un acte. En effet, une telle interprétation risquerait d'empêcher les institutions d'exercer leur pouvoir d'appréciation et de bloquer le processus législatif.

75. Il est, certes, vrai que le devoir de coopération loyale comporte l'obligation d'assistance mutuelle qui implique, notamment, l'échange des informations pertinentes entre les institutions et les États membres dans le cadre du processus législatif. Toutefois, cette obligation ne saurait permettre à l'un de ces États, en cas de désaccord sur le caractère

suffisant, pertinent ou exact des données disponibles, de contester pour ce seul motif la légalité du processus décisionnel.

76. Il résulte à cet égard de la jurisprudence de la Cour que l'adoption d'un acte législatif dans le respect des dispositions pertinentes du traité FUE, malgré l'opposition d'une minorité d'États membres, ne saurait constituer une violation de l'obligation de coopération loyale incombant au Parlement et au Conseil et (voir, en ce sens, arrêts du 13 octobre 1992, *Portugal et Espagne/Conseil*, C-63/90 et C-67/90, EU:C:1992:381, point 53, ainsi que du 23 novembre 1999, *Portugal/Conseil*, C-149/96, EU:C:1999:574, point 66).

77. L'arrêt du 5 décembre 2017, *Allemagne/Conseil* (C-600/14, EU:C:2017:935), ne permet pas d'infirmer ce constat, dès lors que, au point 107 de celui-ci, invoqué par la République de Pologne, la Cour n'a examiné que la question de savoir si, eu égard au principe de coopération loyale, le processus décisionnel ayant conduit à l'adoption de l'acte attaqué dans l'affaire ayant donné lieu à cet arrêt avait été mené avec la célérité requise, compte tenu des circonstances pertinentes.

78. S'agissant de l'argumentation de la Roumanie, reproduite, en substance, aux points 61 à 63 du présent arrêt, selon laquelle la procédure législative n'a pas été menée conformément au règlement intérieur du Conseil du fait de la communication tardive de certaines informations et de certains documents, il convient de relever que, par ses premier et deuxième moyens, la République de Pologne soutient qu'elle ne détenait pas les informations nécessaires afin de participer utilement au processus ayant mené à l'adoption de la directive attaquée. En revanche, elle n'allègue pas que le règlement intérieur du Conseil aurait été violé ni que des informations ou des documents lui auraient été transmis tardivement.

79. À cet égard, il y a lieu de rappeler qu'une partie qui, au titre de l'article 40 du statut de la Cour de justice de l'Union européenne, est admise à intervenir à un litige soumis à cette dernière ne peut pas modifier l'objet du litige tel que circonscrit par les conclusions et les moyens des parties principales. Il s'ensuit que seuls les arguments d'une partie intervenante qui s'inscrivent dans le cadre défini par ces conclusions et moyens sont recevables (arrêt du 7 octobre 2014, *Allemagne/Conseil*, C-399/12, EU:C:2014:2258, point 27).

80. Partant, cette argumentation de la Roumanie doit être écartée.

81. Il en va de même de l'argumentation de la Roumanie tirée d'une violation du règlement n° 1049/2001, dès lors que la République de Pologne ne soutient pas qu'elle a adressé au Conseil une demande d'accès aux documents, en application du règlement n° 1049/2001, ni que le Parlement et le Conseil auraient violé ce règlement.

82. Eu égard à ce qui précède, il y a lieu d'écarter les premier et deuxième moyens de la République de Pologne.

Sur le quatrième moyen

Argumentation des parties

83. Par son quatrième moyen, la République de Pologne soutient que les mesures nécessaires afin de respecter les engagements nationaux de réduction des émissions prévus par la directive attaquée sont susceptibles d'entraîner, pour elle, des effets négatifs pour certains secteurs et des coûts socio-économiques particulièrement lourds. Le législateur de l'Union n'en aurait pas tenu compte et aurait, dès lors, commis une erreur manifeste en adoptant la directive attaquée, constitutive d'une violation du principe de proportionnalité, tel que consacré à l'article 5, paragraphe 4, TUE.

84. Elle estime que le contrôle, par la Cour, de la proportionnalité d'une mesure n'est pas limité aux erreurs manifestes, mais comprend la mise en balance des intérêts en présence ainsi que l'appréciation du caractère adéquat des mesures contestées, de leur nécessité et de la capacité des États membres à les mettre en œuvre. La Cour devrait également examiner l'existence de solutions moins contraignantes, le rapport entre les coûts et l'objectif poursuivi ainsi que les options permettant de réduire la charge des opérateurs économiques.

85. Aux fins de cet examen, la version révisée du protocole de Göteborg, mentionnée dans les considérants de la directive attaquée, ne pourrait pas servir de cadre de référence. Elle n'aurait pas été ratifiée par tous les États membres et ne relèverait pas de l'ordre juridique de l'Union.

86. Quant aux coûts de la mise en œuvre de la directive attaquée, la République de Pologne considère que ceux-ci s'élèvent, en ce qui la concerne, à environ 557 millions d'euros par an, en sus des coûts liés à la mise en œuvre de la directive 2008/50. Ces coûts et les effets négatifs qui découlent des engagements nationaux de réduction des émissions pour les secteurs industriels et non industriels, à savoir les transports, l'agriculture et le secteur urbain domestique, seraient nettement supérieurs aux avantages qui en résulteraient.

87. Dans le secteur de l'agriculture, plus de deux tiers des exploitations seraient de petite taille et pourraient être exemptées des mesures visant à réduire les émissions d'ammoniac, au titre de l'annexe III, partie 2, point C, de la directive attaquée. Partant, un tiers des exploitations agricoles nationales devrait porter tout le poids de ces mesures. Dans le secteur du transport, le parc automobile polonais serait, en grande partie, constitué de véhicules ayant plus de dix ans. Leur remplacement générerait des coûts estimés entre 1,3 et 3,9 milliards d'euros, sans que

le niveau de réduction des émissions requis puisse être atteint par cette mesure. Le coût lié au remplacement des dispositifs de chauffage domestique s'élèverait à environ 12,7 milliards d'euros pour l'ensemble du pays. En outre, l'abandon du charbon, qui serait la source d'énergie la moins coûteuse, augmenterait sensiblement le prix de l'énergie.

88. Vu la structure de ces secteurs, la réduction des émissions conformément à la directive attaquée frapperait davantage les personnes à faibles revenus. La République de Pologne ne serait pas en mesure d'imputer cette charge à d'autres personnes. En particulier, les principes du pollueur-payeur et de l'égalité de traitement s'opposeraient au transfert de la responsabilité aux grandes exploitations agricoles. Ainsi, la compétitivité des petites exploitations agricoles serait menacée.

89. Par ailleurs, elle considère que les engagements nationaux de réduction des émissions ainsi que l'imposition d'un délai bref aux fins de leur mise en œuvre vont au-delà de ce qui est nécessaire pour parvenir à l'objectif fixé par le législateur de l'Union. Il en irait de même en ce qui concerne l'obligation, pour les États membres, de déterminer, dès l'année 2025, un niveau indicatif d'émissions au moyen d'une trajectoire de réduction linéaire, défini en fonction des engagements de réduction des émissions, d'une part, pour l'année 2020 et, d'autre part, pour l'année 2030. Un mécanisme de réalisation progressive des engagements entre l'année 2030 et l'année 2035 aurait été envisageable et aurait permis de répartir les coûts dans le temps. Ces coûts pourraient, en outre, s'avérer moins élevés dès lors que le prix des technologies pourrait baisser au fil du temps.

90. D'ailleurs, le caractère contraignant du calendrier prévu par la directive attaquée serait contraire à l'article 288 TFUE, en vertu duquel une directive laisse aux États membres le choix de la forme et des moyens pour sa mise en œuvre.

91. Le mécanisme de flexibilité prévu à l'article 5, paragraphe 3, de la directive attaquée n'atténuerait pas l'ampleur des engagements nationaux de réduction des émissions dès lors que les conditions d'application de ce mécanisme seraient trop restrictives.

92. L'examen de la proportionnalité de la directive attaquée montrerait, en outre, que la République de Pologne serait amenée à supporter une charge plus lourde que les autres États membres. En ce qui concerne la réduction des émissions d'ammoniac, l'objectif fixé pour la République de Pologne serait une diminution de ces émissions à concurrence de 17 %, alors que, en moyenne, au niveau de l'Union, il se situerait autour de 13 %. En ce qui concerne les particules fines ($PM^{2,5}$), la République de Pologne devrait atteindre une réduction de 58 % par rapport à la moyenne de 27 %. Certes, le potentiel de réduction des émissions en Pologne serait élevé. Toutefois, il ne pourrait pas justifier des obligations disproportionnées à charge de cet État membre.

93. Le Parlement et le Conseil considèrent que ce moyen doit être rejeté.

Appréciation de la Cour

94. À titre liminaire, il y a lieu de rappeler que, selon une jurisprudence constante de la Cour, le principe de proportionnalité exige que les actes des institutions de l'Union soient aptes à réaliser les objectifs légitimes poursuivis par la réglementation en cause et ne dépassent pas les limites de ce qui est nécessaire à la réalisation de ces objectifs, étant entendu que, lorsqu'un choix s'offre entre plusieurs mesures appropriées, il convient de recourir à la moins contraignante et que les inconvénients causés ne doivent pas être démesurés par rapport aux buts visés (voir, notamment, arrêts du 4 mai 2016, *Pologne/Parlement et Conseil*, C-358/14, EU:C:2016:323, point 78, ainsi que du 6 septembre 2017, *Slovaquie et Hongrie/Conseil*, C-643/15 et C-647/15, EU:C:2017:631, point 206).

95. S'agissant du contrôle juridictionnel du respect de ce principe, dans un cadre technique complexe et à caractère évolutif, le législateur de l'Union dispose d'un large pouvoir d'appréciation, notamment quant aux éléments factuels d'ordre scientifique et technique hautement complexes pour déterminer la nature et l'étendue des mesures qu'il adopte, tandis que le contrôle du juge de l'Union doit se limiter à examiner si l'exercice d'un tel pouvoir n'est pas entaché d'une erreur manifeste ou d'un détournement de pouvoir ou encore si le législateur de l'Union n'a pas manifestement dépassé les limites de son pouvoir d'appréciation. Dans un tel contexte, le juge de l'Union ne peut en effet substituer son appréciation des éléments factuels d'ordre scientifique et technique à celle du législateur de l'Union à qui le traité a conféré cette tâche (arrêt du 21 juin 2018, *Pologne/Parlement et Conseil*, C-5/16, EU:C:2018:483, point 150).

96. Au vu de ces considérations, il y a lieu de déterminer si, en adoptant les mesures visées par la directive attaquée, le législateur de l'Union n'a pas commis d'erreur manifeste et si les inconvénients qui en résultent pour certains acteurs économiques sont sans commune mesure avec les avantages qu'elles présentent (voir, en ce sens, arrêt du 21 juin 2018, *Pologne/Parlement et Conseil*, C-5/16, EU:C:2018:483, point 170).

97. Ainsi qu'il ressort du considérant 1 de la directive attaquée, en dépit des progrès déjà réalisés dans l'Union en matière d'émissions atmosphériques anthropiques et de qualité de l'air, il subsiste des incidences négatives et des risques notables en termes de santé humaine et d'environnement. Selon son considérant 8, la mise en œuvre de cette directive par les États membres devrait également contribuer à la réalisation des objectifs de qualité de l'air fixés dans la législation de l'Union et des progrès en vue d'atteindre l'objectif à long terme de l'Union consistant

à parvenir à des niveaux de qualité de l'air conformes aux lignes directrices relatives à la qualité de l'air publiées par l'Organisation mondiale de la santé (OMS).

98. Conformément à son article 1er, paragraphe 1, et à son article 4, cette directive prévoit plusieurs mesures permettant de progresser vers des niveaux de qualité de l'air n'entraînant pas d'incidence négative notable ni de risque pour la santé humaine et l'environnement et, notamment, la réduction des émissions en deux étapes pour la période comprise entre l'année 2020 et l'année 2029 et à partir de l'année 2030.

99. Il ressort du considérant 7 de la directive attaquée que les engagements nationaux de réduction des émissions pour la période comprise entre l'année 2020 et l'année 2029, qui figurent à son annexe II, doivent permettre à l'Union de se conformer aux engagements internationaux des États membres et de l'Union. En effet, ces engagements sont identiques à ceux fixés dans la version révisée du protocole de Göteborg qui, ainsi qu'il a été relevé au point 11 du présent arrêt, a été approuvée, au nom de l'Union, par la décision 2017/1757.

100. En outre, il découle de l'analyse d'impact que les engagements nationaux de réduction des émissions pour la période comprise entre l'année 2020 et l'année 2029 pourraient être atteints si la législation de l'Union en matière de qualité de l'air en vigueur en 2012 était pleinement mise en œuvre.

101. Comme l'énonce le considérant 14 de la directive attaquée, les engagements nationaux de réduction des émissions qu'elle prévoit à l'horizon de l'année 2030 se fondent, notamment, sur l'estimation du potentiel de réduction de chaque État membre, sur l'examen technique des différences entre les estimations nationales et celles contenues dans le STPA 16, ainsi que sur l'objectif politique consistant à maintenir d'ici à l'année 2030 la réduction totale des impacts sur la santé par rapport à l'année 2005 à un niveau aussi proche que possible de celui figurant dans la proposition de directive.

102. Pour que ce dernier objectif puisse être atteint, l'article 4, paragraphe 2, de cette directive, lu à la lumière du considérant 13 de celle-ci, prévoit un mécanisme afin de garantir des progrès concrets en vue de parvenir au niveau de réduction des émissions applicable à partir de l'année 2030. Cette disposition oblige les États membres à ce que les émissions nationales produites en 2025 correspondent à un niveau qui résulte d'une trajectoire de réduction linéaire entre les engagements pour l'année 2020 et ceux pour l'année 2030. De cette manière, la directive attaquée favorise une réduction des émissions progressive et continue.

103. Au vu de l'ensemble de ces considérations, il n'apparaît pas que le législateur de l'Union a commis une erreur manifeste en prévoyant

l'obligation, pour les États membres, de limiter au moins leurs émissions anthropiques annuelles de dioxyde de soufre, d'oxydes d'azote, de composés organiques volatils non méthaniques, d'ammoniac et de particules fines conformément aux engagements nationaux de réduction des émissions applicables pour la période comprise entre l'année 2020 et l'année 2029 et à partir de l'année 2030, mentionnés à l'annexe II de la directive attaquée.

104. Ce constat ne saurait être infirmé par l'argumentation de la République de Pologne selon laquelle les conséquences négatives qui découleraient pour elle du respect de ces engagements dans les secteurs de l'agriculture et du transport ainsi que pour les ménages ne disposant que des faibles revenus seraient disproportionnées.

105. En effet, il convient de constater, à l'instar du Parlement et du Conseil, que ni la répartition des coûts relatifs à l'exécution des engagements de réduction des émissions, ni la source de leur financement n'a été déterminée par la directive attaquée, ainsi qu'il ressort de son considérant 19.

106. Par ailleurs, le législateur de l'Union n'est pas tenu de prendre en considération la situation particulière d'un État membre lorsque l'acte de l'Union concerné a des conséquences dans tous les États membres et suppose qu'un équilibre entre les différents intérêts en présence, compte tenu des objectifs poursuivis par cet acte, soit assuré. Dès lors, la recherche d'un tel équilibre prenant en considération non pas la situation particulière d'un seul État membre, mais celle de l'ensemble des États membres de l'Union ne saurait, par elle-même, être regardée comme étant contraire au principe de proportionnalité (voir, en ce sens, arrêt du 21 juin 2018, *Pologne/Parlement et Conseil*, C-5/16, EU:C:2018:483, point 167).

107. À cet égard, ainsi qu'il ressort déjà des points 32 à 40 du présent arrêt, le Parlement et le Conseil n'ont pas omis de tenir compte des coûts socio-économiques qu'entraîne la mise en œuvre de la directive attaquée, s'agissant notamment de la République de Pologne. C'est, au contraire, sur la base de l'ensemble des informations dont ces institutions disposaient qu'elles ont considéré que les coûts liés à la mise en œuvre de cette directive étaient considérablement moins importants que les avantages socio-économiques qui en découlent. Parmi ces avantages figurent, à titre d'exemple, la réduction des coûts des soins de santé, l'amélioration de la productivité, la réduction des dégâts aux bâtiments, des récoltes plus abondantes et l'accroissement de l'espérance de vie en bonne santé.

108. Il ressort, en outre, des considérants 9 et 10 de cette même directive que celle-ci cherche à permettre la réalisation, de manière efficace au regard des coûts, des objectifs de qualité de l'air définis dans la législation de l'Union et qu'elle contribue à la réduction des coûts sanitaires de

la pollution atmosphérique dans l'Union en améliorant le bien-être des citoyens de l'Union.

109. Ainsi qu'il ressort du point 34 du présent arrêt, l'analyse d'impact a fait état des coûts et des avantages respectifs liés à cinq options stratégiques. Comme le confirme le Conseil, l'option dite « 6C » a été retenue. Il ressort, notamment, de l'annexe 7 de l'analyse d'impact que cette option était, en termes de coûts et d'avantages, celle dont la mise en œuvre était susceptible de générer le bénéfice net le plus élevé. Ainsi que la Commission le relève, l'option 6C prévoyait la fixation de l'engagement global de réduction des émissions pour l'année 2025 à un niveau de 75 % de la réduction d'écart *(gap closure)* par rapport aux lignes directrices de l'OMS concernant l'incidence des particules fines ($PM^{2,5}$) sur la santé humaine.

110. Ainsi que la Commission le relève, en outre, la proposition de directive comportait une réduction d'écart moins ambitieuse de 67 % sur une période plus longue, à savoir jusqu'à l'année 2030, dont il était estimé qu'elle serait susceptible de diminuer, d'une part, la charge des coûts de 40 % pour les deux secteurs les plus concernés, à savoir ceux de l'agriculture et du raffinage, et, d'autre part, l'ensemble des coûts liés à la diminution de la pollution de l'air de 25 % par rapport aux coûts présentés dans l'analyse d'impact.

111. Pendant les négociations au sein du Conseil, le niveau global des engagements de réduction des émissions a été réduit davantage, ce que la République de Pologne a admis elle-même dans sa requête. En effet, ainsi que la Commission l'a également confirmé, la proposition de directive prévoyait, à l'horizon de l'année 2030, un objectif général de diminution des décès prématurés dus à la mauvaise qualité de l'air en Europe à 52 % par rapport au nombre de ce type de décès constatés au cours de l'année 2005. Au cours des négociations au sein du Conseil, cet objectif a été ramené à 49,6 %. Sur cette base, le Parlement a arrêté, le 23 novembre 2016, sa position sur la proposition de directive, que le Conseil a ratifiée le 8 décembre 2016.

112. En outre, il ressort du chapitre 6 et de l'annexe 8 de l'analyse d'impact que la répartition des efforts entre les États membres n'est pas manifestement déséquilibrée. Certes, en Suède, un investissement correspondant à 0,003 % du PIB et, en Bulgarie, à 0,168 % du PIB a été anticipé afin d'atteindre les objectifs fixés par l'option 6C. Toutefois, cette différence reflète, à la fois, les différents niveaux de PIB au sein de l'Union ainsi que les efforts déjà entrepris dans certains États membres. Le Conseil relève à cet égard, à juste titre, que le lien entre le niveau historique des émissions et le niveau des efforts requis au titre de la directive attaquée est conforme au principe du pollueur-payeur.

113. Du reste, il suffit de relever que la République de Pologne se borne à critiquer les coûts élevés qui résultent des engagements nationaux de

réduction des émissions sans considérer les avantages dont il est question au point 107 du présent arrêt. Elle ne démontre pas non plus que ces engagements vont au-delà de ce qui est nécessaire par rapport aux objectifs de la directive attaquée, ni ne fournit d'éléments permettant de considérer que des engagements moins contraignants auraient également permis d'atteindre ces objectifs.

114. Les critiques de la République de Pologne relatives au choix de l'année 2030 comme date de début de l'augmentation du niveau de réduction des émissions doivent être réfutées pour les mêmes motifs que ceux évoqués au point 113 du présent arrêt. En particulier, le fait qu'un report de cette date permette de répartir les coûts dans le temps ne suffit pas pour conclure que le choix du législateur de l'Union entraînerait manifestement des conséquences disproportionnées à charge de cet État membre. Il en va de même de l'hypothèse selon laquelle le prix des technologies permettant de réduire les émissions visées par la directive attaquée pourrait baisser au fil du temps.

115. Ces mêmes considérations s'appliquent mutatis mutandis à l'allégation selon laquelle l'obligation de réduction des émissions selon une trajectoire linéaire, conformément à l'article 4, paragraphe 2, de la directive attaquée, constituerait une charge supplémentaire disproportionnée pour ce qui concerne la République de Pologne. Cette dernière ne fournit aucun élément permettant de considérer que le législateur de l'Union a commis une erreur manifeste en ayant décidé d'instaurer un mécanisme de réduction graduelle des émissions à partir du niveau prévu pour l'année 2020 afin de garantir un progrès concret vers le niveau prévu pour la période postérieure à l'année 2030.

116. Par ailleurs, quant à l'argumentation selon laquelle cette obligation de réduction graduelle limiterait la marge de manœuvre des États membres d'une manière excessive, compte tenu de la nature juridique même des directives, telle qu'elle découle de l'article 288 TFUE, il suffit de constater que la directive attaquée prévoit, certes, des obligations contraignantes, mais laisse aux États membres le choix des moyens afin de les atteindre. En tout état de cause, le quatrième moyen de la République de Pologne porte sur la proportionnalité de la directive attaquée, et non pas sur une violation de l'article 296, premier alinéa, TFUE, relatif aux actes juridiques de l'Union.

117. Dans la mesure où la République de Pologne soutient que la directive attaquée lui impose une charge plus lourde qu'aux autres États membres, elle cherche, en réalité, à démontrer une violation du principe d'égalité des États membres devant les traités qu'il y a lieu d'examiner dans le cadre du cinquième moyen.

118. À la lumière de tout ce qui précède, il y a lieu d'écarter le quatrième moyen.

Sur le cinquième moyen

Argumentation des parties

119. Par son cinquième moyen, la République de Pologne fait valoir une violation des principes d'égalité des États membres devant les traités et de développement équilibré, au motif que les engagements nationaux de réduction des émissions prévus par la directive attaquée ont été fixés sans tenir compte de la situation économique et sociale, de l'avancée technologique et des coûts de la mise en œuvre de ces engagements dans les différents États membres et régions de l'Union.

120. Au soutien de ce moyen, la République de Pologne invoque les dispositions de l'article 4, paragraphe 2, TUE et de l'article 191 TFUE, relatives, respectivement, à l'égalité des États membres devant les traités et au développement équilibré des régions, et se réfère, à cet égard, à l'arrêt du 14 juillet 1998, *Safety Hi-Tech* (C-284/95, EU:C:1998:352, points 36 et 37). Par celui-ci, la Cour aurait jugé que tous les objectifs, principes et critères prévus à l'article 191 TFUE doivent être considérés comme revêtant la même importance et être pris en compte dans la mesure du possible. Les articles 37 et 51 de la charte des droits fondamentaux de l'Union européenne (ci-après la « Charte ») exigeraient également le respect du principe du développement équilibré dans l'élaboration de la politique environnementale de l'Union.

121. Afin de respecter ces obligations, il ne suffirait pas de tenir compte des données socio-économiques relatives à un État membre de manière sélective, lacunaire et simplifiée. La directive attaquée ne procéderait pas non plus à une mise en balance des intérêts, à savoir entre la protection de l'environnement, d'une part, et le développement économique des diverses régions de l'Union, d'autre part. Au contraire, elle risquerait de réduire la compétitivité, d'entraîner une diminution du niveau de vie et d'aggraver la pauvreté en Pologne, ce qui serait contraire à la politique de cohésion de l'Union.

122. Par ailleurs, en Pologne, le coût de la mise en œuvre des engagements nationaux de réduction des émissions s'élèverait à environ 543 millions d'euros par an. Cette estimation serait proche des 557 millions d'euros par an calculés par l'IIASA au cours de l'année 2015, correspondant à environ un quart du coût total de la mise en œuvre des engagements au sein de l'Union. Ce montant se rajouterait aux coûts liés à la mise en œuvre de la directive 2008/50. Si la République de Pologne ne conteste pas la nécessité de réduire les émissions visées par la directive attaquée, elle considère que sa mise en œuvre entraîne une charge disproportionnée en ce qui la concerne, dès lors que le coût y afférent s'élève à presque 15 euros par mois et par habitant en Pologne, alors que, en ce qui concerne les États membres prospères, tels que le Royaume d'Espagne, la

République française et le Royaume-Uni de Grande-Bretagne et d'Irlande du Nord, ce coût est inférieur à 3 euros.

123. Cette charge disproportionnée témoignerait du fait que la méthodologie ayant permis de déterminer les engagements nationaux de réduction des émissions n'a pas tenu compte des coûts liés à la mise en œuvre de la directive attaquée. Le niveau historique des émissions visées par cette directive en Pologne ne pourrait pas justifier des coûts disproportionnés qui seraient, en tout état de cause, contraires au principe de développement durable. La référence à ce niveau historique méconnaîtrait, en outre, l'amélioration considérable de la qualité de l'air dans cet État membre depuis un bon nombre d'années.

124. D'ailleurs, les considérants 9 et 13 de la directive attaquée s'opposeraient à l'imposition d'engagements qui entraîneraient des coûts disproportionnés. Le point 84 de la décision n° 1386/2013/UE du Parlement européen et du Conseil, du 20 novembre 2013, relative à un programme d'action général de l'Union pour l'environnement à l'horizon 2020 « Bien vivre, dans les limites de notre planète » (*JO* 2013, L 354, p. 171), confirmerait ce constat.

125. En outre, l'analyse d'impact n'aurait pas dûment pris en compte les effets de la pollution transfrontalière venant des pays tiers, en particulier, dès lors que les données pertinentes fournies par l'Ukraine et la République de Biélorussie seraient incomplètes. Or, la pollution transfrontalière risquerait d'annihiler les efforts entrepris par la République de Pologne afin de respecter ses engagements au titre de la directive attaquée, ce qui entraînerait une inégalité de traitement des États membres disposant de frontières avec des pays tiers par rapport aux autres États membres et serait contraire au principe du pollueur-payeur.

126. Le Parlement et le Conseil concluent au rejet du cinquième moyen.

Appréciation de la Cour

127. Par son cinquième moyen, la République de Pologne soutient en premier lieu, en substance, que le coût de la mise en œuvre de la directive attaquée est considérablement plus élevé en Pologne que dans d'autres États membres. Cet écart serait disproportionné et contraire au principe d'égalité des États membres devant les traités, prévu à l'article 4, paragraphe 2, TUE, à l'article 191, paragraphe 3, TFUE ainsi qu'à l'article 37 de la Charte. Ces deux dernières dispositions exigeraient, notamment, la prise en compte du développement équilibré et durable des régions de l'Union.

128. À cet égard, il y a lieu de rappeler que l'article 191, paragraphe 2, TFUE dispose que la politique de l'Union dans le domaine de l'environnement vise un « niveau de protection élevé », en tenant compte

de la diversité des situations dans les différentes régions de l'Union. Dans le même sens, l'article 3, paragraphe 3, TUE prévoit que l'Union œuvre notamment pour un « niveau élevé de protection et d'amélioration de la qualité de l'environnement » (arrêt du 21 décembre 2016, *Associazione Italia Nostra Onlus*, C-444/15, EU:C:2016:978, point 42).

129. Quant à l'article 37 de la Charte, celui-ci prévoit qu'un « niveau élevé de protection de l'environnement et l'amélioration de sa qualité doivent être intégrés dans les politiques de l'Union et assurés conformément au principe du développement durable ».

130. L'article 52, paragraphe 2, de la Charte dispose que les droits reconnus par celle-ci qui font l'objet de dispositions dans les traités s'exercent dans les conditions et les limites définies par ceux-ci. Tel est le cas de l'article 37 de la Charte qui repose, en substance, sur l'article 3, paragraphe 3, TUE et les articles 11 et 191 TFUE (arrêt du 21 décembre 2016, *Associazione Italia Nostra Onlus*, C-444/15, EU:C:2016:978, point 62).

131. Par conséquent, l'argumentation de la République de Pologne relative à la Charte doit être examinée à la lumière des conditions et des limites qui découlent de l'article 191 TFUE.

132. S'il est constant que l'article 191, paragraphe 2, TFUE exige que la politique de l'Union dans le domaine de l'environnement vise un niveau de protection élevé, un tel niveau de protection, pour être compatible avec cette disposition, ne doit pas nécessairement être techniquement le plus élevé possible (arrêt du 21 décembre 2016, *Associazione Italia Nostra Onlus*, C-444/15, EU:C:2016:978, point 44).

133. En effet, l'article 191 TFUE prévoit une série d'objectifs, de principes et de critères que le législateur de l'Union doit respecter dans le cadre de la mise en œuvre de la politique de l'environnement (voir, en ce sens, arrêt du 14 juillet 1998, *Safety Hi-Tech*, C-284/95, EU:C:1998:352, point 36).

134. En particulier, il ressort de l'article 191, paragraphe 3, TFUE que, dans l'élaboration de sa politique dans le domaine de l'environnement, l'Union tient compte des données scientifiques et techniques disponibles, des conditions de l'environnement dans les diverses régions de l'Union, des avantages et des charges qui peuvent résulter de l'action ou de l'absence d'action ainsi que du développement économique et social de l'Union dans son ensemble et du développement équilibré de ses régions.

135. Toutefois, en raison de la nécessité de la mise en balance de certains de ces objectifs et principes ainsi que de la complexité de la mise en œuvre de ces critères, le contrôle judiciaire doit nécessairement se limiter à examiner si le législateur de l'Union a commis une erreur d'appréciation manifeste quant aux conditions d'application de l'article 191 TFUE (arrêts du 14 juillet 1998, *Safety Hi-Tech*, C-284/95, EU:C:1998:352, point 37,

et du 21 décembre 2016, *Associazione Italia Nostra Onlus*, C-444/15, EU:C:2016:978, point 46).

136. Ainsi qu'il ressort, notamment, des points 32 à 40 du présent arrêt, le législateur de l'Union a adopté la directive attaquée en tenant compte d'une multitude de données, au nombre desquelles figuraient, notamment, des informations relatives au coût de sa mise en œuvre dans chaque État membre et aux avantages qui en résulteraient. Il a également fait un choix entre plusieurs options afin de sélectionner celle qui était susceptible de générer le plus grand bénéfice net.

137. En outre, ainsi qu'il a déjà été relevé, en particulier, aux points 101 et 112 du présent arrêt, le législateur de l'Union a dûment tenu compte du potentiel de réduction des émissions dans chaque État membre et a cherché à établir une répartition équilibrée des efforts entre ceux-ci.

138. Ce faisant, ce législateur a satisfait à l'obligation qui lui incombe en vertu de l'article 191, paragraphe 3, TFUE. En effet, sur la base des données scientifiques et techniques disponibles, il a effectivement tenu compte du développement équilibré de l'Union et de ses régions, notamment en prenant en considération les coûts liés à la mise en œuvre de la directive attaquée dans chaque État membre et les avantages susceptibles d'en résulter.

139. Ce constat est corroboré par la jurisprudence rappelée au point 106 du présent arrêt, selon laquelle la recherche, par le législateur de l'Union, d'un tel équilibre à l'aune non pas de la situation particulière d'un seul État membre, mais de celle de l'ensemble de ceux-ci, ne saurait être regardée comme étant contraire au principe de proportionnalité.

140. La République de Pologne soutient, en deuxième lieu, que certains secteurs socio-économiques et certaines de ses régions, tels que le secteur agricole et les régions rurales, seront particulièrement affectés par les obligations financières qui découlent des engagements nationaux de réduction des émissions. À cet égard, il suffit de rappeler, ainsi qu'il ressort du point 105 du présent arrêt, que ni la répartition des coûts relatifs à l'exécution de ces engagements ni la source de leur financement n'ont été déterminées par la directive attaquée, dont la mise en œuvre appartient aux États membres.

141. Par ailleurs, le fait que la République de Pologne fasse partie des États membres qui, afin de respecter leurs engagements au titre de la directive attaquée, devront procéder aux investissements financiers les plus importants ne signifie pas, en soi, que cette directive impose à cet État membre, ou aux régions couvertes par son territoire, une charge disproportionnée.

142. S'agissant, en troisième lieu, de l'argument tiré d'une prétendue absence de prise en compte de la pollution transfrontalière, il suffit de

constater que la République de Pologne ne fournit pas d'informations permettant d'étayer ses critiques. En particulier, cet État membre n'explique pas les raisons pour lesquelles la pollution transfrontalière aurait des conséquences déterminantes sur les émissions visées par la directive attaquée produites sur le territoire polonais et, partant, sur la fixation de ses engagements à réduire celles-ci.

143. En effet, il découle de l'article 1er, paragraphe 1, et de l'article 2, paragraphe 1, de la directive attaquée que celle-ci s'applique aux émissions des polluants visés à son annexe I « provenant de toutes les sources présentes sur le territoire des États membres » et qu'elle détermine les engagements des États membres à réduire ces émissions. Ainsi que l'énonce le considérant 14 de cette directive, ces engagements à l'horizon de l'année 2030 se fondent sur l'estimation du potentiel de réduction de chaque État membre et sur l'objectif politique consistant à réduire l'impact de la pollution sur la santé.

144. Par son allégation selon laquelle la pollution transfrontalière annihilerait les efforts qui lui incombent au titre de la directive attaquée, la République de Pologne ne parvient pas non plus à démontrer une violation du principe d'égalité de traitement, dès lors qu'elle n'avance aucune précision à l'appui de cette allégation permettant d'en apprécier, en tout état de cause, le bien-fondé.

145. Il découle des considérations qui précèdent que le législateur de l'Union n'a pas commis d'erreur d'appréciation manifeste quant aux conditions d'application de l'article 191 TFUE.

146. Pour les mêmes motifs, il y a lieu de rejeter l'argumentation de la République de Pologne selon laquelle la directive attaquée viole le principe d'égalité des États membres devant les traités.

147. Le cinquième moyen doit, dès lors, être rejeté dans son ensemble.

148. Aucun des moyens invoqués par la République de Pologne au soutien de son recours n'étant fondé, il y a lieu, en conséquence, de rejeter celui-ci dans son ensemble.

Sur les dépens

[...]

Par ces motifs, la Cour (sixième chambre) déclare et arrête :

1) Le recours est rejeté.

2) La République de Pologne est condamnée aux dépens exposés par le Parlement européen et le Conseil de l'Union européenne.

3) La Hongrie, la Roumanie ainsi que la Commission européenne supportent leurs propres dépens.

Observations

La République de Pologne demande à la Cour, à titre principal, d'annuler la directive (UE) 2016/2284 du Parlement européen et du Conseil, du 14 décembre 2016, concernant la réduction des émissions nationales de certains polluants atmosphériques, modifiant la directive 2003/35/CE et abrogeant la directive 2001/81/CE (1) (ci-après la « directive attaquée »), et, à titre subsidiaire, de l'annuler dans la mesure où elle établit des engagements nationaux de réduction de ces émissions à l'horizon de l'année 2030.

Examen de la question

La Cour de justice rejette le recours en annulation intenté par la Pologne contre la directive 2016/2284, plus particulièrement en ce qu'elle établit, par la voie de la procédure législative ordinaire puisqu'elle est fondée sur l'article 192, paragraphe 1, TFUE, et donc pour ce qui concerne les États membres à la majorité qualifiée, des « engagements nationaux » de réduction des émissions nationales de certains polluants atmosphériques à l'horizon de l'année 2030.

La directive attaquée a abrogé et remplacé la directive 2001/81 du 23 octobre 2001, fixant des plafonds d'émission nationaux pour certains polluants atmosphériques (2), laquelle visait à limiter les émissions de polluants acidifiants et eutrophisants et des précurseurs de l'ozone afin de lutter contre les risques d'effets nuisibles provoqués par l'acidification, l'eutrophisation des sols et l'ozone au sol. Elle s'inscrivait dans le cadre de la mise en œuvre du protocole de Göteborg du 1er décembre 1999 à la Convention de la CEE-NU sur la pollution atmosphérique transfrontière à longue distance afin de diminuer l'acidification, l'eutrophisation et l'ozone au sol. À l'époque, le législateur avait considéré qu'il n'était « techniquement pas envisageable d'atteindre les objectifs à long terme consistant à éliminer les effets néfastes de l'acidification et à réduire l'exposition de l'homme et de

(1) *JO*, L 344, 2016, p. 1.
(2) *JOCE*, L 309, 27 novembre 2001.

l'environnement à l'ozone au sol de manière à respecter les valeurs de référence établies par l'OMS »(3), mais qu'en revanche, l'attribution à chaque État membre d'un ensemble de plafonds nationaux pour les émissions de dioxyde de soufre, d'oxydes d'azote, de composés organiques volatils et d'ammoniac était « un moyen rentable d'atteindre des objectifs environnementaux intermédiaires » en laissant aux États membres « une marge de manœuvre pour déterminer comment s'y conformer »(4). Étaient ainsi fixés des plafonds d'émission nationaux qui portaient sur le dioxyde de soufre (SO_2), l'oxyde d'azote (NO_X), les COV et d'ammoniac (NH_3) et que les États membres devaient satisfaire en se dotant de programmes de réduction progressive des émissions nationales de ces polluants.

La directive 2016/2284, prenant le relais de cette première approche, est plus ambitieuse, même si le législateur reconnaît qu'elle ne l'est pas assez, chose rare, en énonçant que les nouveaux « engagements nationaux de réduction » pour l'horizon 2030 se fondent, notamment, « sur l'objectif politique consistant à maintenir d'ici à 2030 la réduction totale des impacts sur la santé [...] à un niveau aussi proche que possible de celui figurant dans la proposition de la Commission » ! Le même législateur a d'ailleurs relevé que, bien qu'entre 1990 et 2010, les émissions de dioxyde de soufre ont été réduites de 82 %, les émissions d'oxydes d'azote de 47 %, celles de composés organiques volatils non méthaniques de 56 % et celles d'ammoniac de 28 % dans l'Union, « il subsiste des incidences négatives et des risques notables en termes de santé humaine et d'environnement »(5). D'ailleurs, la directive 2016/2284 ne vise pas à assurer des niveaux de qualité de l'air n'entraînant pas d'incidence négative notable ni de risque pour la santé humaine et l'environnement, elle n'est adoptée qu'« afin de progresser vers » de tels niveaux(6). Il fallait en effet à tout le moins fixer de nouveaux objectifs stratégiques pour la période allant jusqu'en 2030

(3) Directive 2001/81, cons. n° 7.
(4) Directive 2001/81, cons. n° 11.
(5) Directive 2016/2284, cons. n° 1.
(6) Directive 2016/2284, art. 1er, § 1.

« afin de se rapprocher davantage de l'objectif à long terme de l'Union en matière de qualité de l'air » (7), et ce d'autant plus que la version révisée du protocole de Göteborg prévoit de nouveaux engagements de réduction des émissions par rapport à 2005 (8).

Tout ceci n'a pas empêché la Pologne, soutenue par la Hongrie et la Roumanie, de demander, en vain, l'annulation de la directive aux motifs allégués de l'irrégularité du déroulement de la procédure législative et de violations du principe de coopération loyale, du principe de proportionnalité, de l'égalité des États membres devant les traités ou encore de l'obligation de prise en compte de la diversité des régions de l'Union européenne.

La Cour a considéré que la procédure législative avait été régulière, les données prises en compte par le législateur de l'Union n'étant pas incomplètes en ce qui concerne la situation nationale particulière, ni l'analyse d'impact imprécise, insuffisante ou trop générale. L'État membre n'est en particulier pas fondé à soutenir que la procédure législative aurait été irrégulière au motif que les données prises en compte par le législateur étaient incomplètes en ce qui concerne sa situation particulière, ou que l'analyse d'impact aurait été imprécise, insuffisante ou trop générale, dès lors que ces données ont été établies par l'*International Institute for Applied System Analysis* (« IIASA ») en sa qualité de consultant de la Commission, conjointement avec des représentants de cet État membre et, notamment, sur la base de données fournies par ces derniers (pts 37-42).

De plus, le législateur n'a pas manqué à son devoir de coopération loyale dès lors que la proposition de directive et l'analyse d'impact avaient fait l'objet de nombreuses et substantielles discussions au cours desquelles l'État membre avait eu accès à l'ensemble des documents sur lesquels s'est fondé le législateur et avait pu présenter ses observations. La proposition de directive et l'analyse d'impact ont fait l'objet de discussions lors de vingt-quatre réunions au niveau du groupe de travail, treize réunions du Coreper et quatre

(7) Directive 2016/2284, cons. n° 3 et art. 1er, § 2.
(8) Directive 2016/2284, cons. n° 6.

réunions au niveau des ministres, et les présidences successives du Conseil ont organisé des réunions bilatérales informelles avec tous les États membres, en partie avec l'appui de la Commission. L'État membre avait, au cours du processus législatif, accès à l'ensemble des documents sur lesquels s'est fondé le législateur et pouvait présenter ses observations (pts 69-71).

Dans les domaines où le législateur de l'Union dispose d'un large pouvoir d'appréciation, le contrôle juridictionnel se limite à vérifier si les auteurs de l'acte attaqué sont en mesure d'établir que cet acte a été adopté moyennant un exercice effectif de leur pouvoir d'appréciation et d'exposer, à cette fin, de façon claire et non équivoque, les données de base ayant dû être prises en compte pour fonder les mesures contestées de cet acte et dont dépendait l'exercice de leur pouvoir d'appréciation. Si le devoir de coopération loyale comporte l'obligation d'assistance mutuelle qui implique, notamment, l'échange des informations pertinentes entre les institutions et les États membres dans le cadre du processus législatif, il ne saurait permettre à l'un de ces États, en cas de désaccord sur le caractère suffisant, pertinent ou exact des données disponibles, de contester pour ce seul motif la légalité du processus décisionnel (pts 73-75). Au demeurant, ce contrôle juridictionnel s'exerce plutôt au regard des principes qui orientent l'action législative.

Or, le législateur n'a pas commis d'erreur manifeste en prévoyant l'obligation, pour les États membres, de limiter leurs émissions anthropiques annuelles, en ce compris au motif que les conséquences négatives qui découleraient pour l'État membre du respect de ces engagements dans les secteurs de l'agriculture et du transport ainsi que pour les ménages ne disposant que des faibles revenus seraient disproportionnées, ni la répartition des coûts relatifs à l'exécution des engagements de réduction des émissions, ni la source de leur financement n'ayant été déterminées par la directive (pts 103-105).

Le législateur de l'Union ne méconnaît pas un prétendu « principe d'égalité des États membres devant les traités » lorsqu'il tient compte « d'une multitude de données », au nombre desquelles figurent, notamment, des informations relatives au coût de la mise en œuvre de l'acte considéré dans chaque État membre et aux avantages qui en résulteraient et lorsqu'il fait un choix entre plusieurs options afin de sélectionner celle susceptible de générer le plus grand bénéfice net, tenant compte du potentiel de réduction des émissions dans chaque État membre et cherchant à établir une répartition équilibrée des efforts entre ceux-ci (pts 127 et s.).

Le moyen qui était peut-être le plus important sur le plan politique et les plus nouveaux sur le terrain juridique développés à l'encontre de la directive par la Pologne tenait à ce que le coût de sa mise en œuvre y aurait été « considérablement plus élevé » que dans d'autres États membres, écart disproportionné et « contraire au principe d'égalité des États membres devant les traités, prévu à l'article 4, paragraphe 2, TUE, à l'article 191, paragraphe 3, TFUE ainsi qu'à l'article 37 de la Charte ». La Cour s'appuie sur l'article 52, paragraphe 2, de la Charte pour énoncer que les dispositions de l'article 37 « s'exercent dans les conditions et les limites définies » par l'article 3, paragraphe 3, TUE et les articles 11 et 191 TFUE sur lesquels l'article 37 « repose, en substance » (pt 130). La conclusion s'impose alors immédiatement : « [p]ar conséquent, l'argumentation de la République de Pologne relative à la Charte doit être examinée à la lumière des conditions et des limites qui découlent de l'article 191 TFUE » (pt 131), ce qu'elle fera en effet.

La recherche d'un niveau élevé de protection de l'environnement est intrinsèquement tempérée. En effet, elle doit tenir compte « de la diversité des situations dans les différentes régions de l'Union »(9). Cette modération est liée à l'un des traits spécifiques de la protection de l'environnement : elle doit, de toute évidence, s'adapter aux caractéristiques des éléments auxquels elle s'applique, qui diffèrent grandement d'un État membre à l'autre. Cette différenciation écologique s'impose à peine de nuire grandement à l'effet utile de la mesure.

(9) Art. 191, § 3, TFUE.

La Cour vérifie à ce titre que législateur de l'Union a adopté la mesure législative en cause en tenant compte, par exemple, des informations relatives au coût de sa mise en œuvre dans chaque État membre et aux avantages qui en résulteraient et, faisant un choix entre plusieurs options afin de sélectionner celle qui était susceptible de générer le plus grand bénéfice net, tenant compte de l'efficacité potentielle de la mesure dans chaque État membre et cherchant à établir une répartition équilibrée des efforts entre ceux-ci. Le législateur avait en l'espèce pris en considération des données scientifiques et techniques disponibles, des conditions de l'environnement dans les diverses régions de l'Union, des avantages et des charges qui peuvent résulter de l'action ou de l'absence d'action ainsi que du développement économique et social de l'Union dans son ensemble et du développement équilibré de ses régions (pts 134-138)...

Patrick THIEFFRY

Cour de justice, 10e ch., 11 juillet 2019, *Agrenergy Srl et Fusignano Due Srl c/ Ministero dello Sviluppo Economico*, aff. C-180/18, C-286/18 et C-287/18, ECLI:EU:C:2019:605

Arrêt rendu sans conclusions de l'avocat général H. Saugmandsgaard Øe

Mots-clés : Renvoi préjudiciel – Environnement – Directive 2009/28/CE – Article 3, paragraphe 3, sous a) – Promotion de l'utilisation de l'énergie produite à partir de sources renouvelables – Production d'énergie électrique par des installations solaires photovoltaïques – Modification d'un régime d'aide – Principes de sécurité juridique et de protection de la confiance légitime

Cadre normatif : directive 2009/28/CE du Parlement européen et du Conseil, du 23 avril 2009, relative à la promotion de l'utilisation de l'énergie produite à partir de sources renouvelables et modifiant puis abrogeant les directives 2001/77/CE et 2003/30/CE (*JO*, 2009, L 140, p. 16)

Notes et observations : F. Peraldi-Leneuf, « Énergies renouvelables », *Europe*, 2019, Comm. n° 10, pp. 43 et 44

Extraits de l'arrêt

1. Les demandes de décision préjudicielle portent sur l'interprétation de l'article 3, paragraphe 3, sous a), de la directive 2009/28/CE du Parlement européen et du Conseil, du 23 avril 2009, relative à la promotion de l'utilisation de l'énergie produite à partir de sources renouvelables et modifiant puis abrogeant les directives 2001/77/CE et 2003/30/CE (*JO* 2009, L 140, p. 16).

2. Ces demandes ont été présentées dans le cadre de litiges opposant Agrenergy Srl (affaires C-180/18 et C-286/18) et Fusignano Due Srl (affaire C-287/18) au Ministero dello Sviluppo Economico (ministère du Développement économique, Italie) au sujet de la légalité d'un décret ministériel et du droit de ces entreprises de bénéficier des tarifs incitatifs fixés par un précédent décret ministériel.

[...]

Sur la question préjudicielle

24. Par sa question, la juridiction de renvoi demande, en substance, si l'article 3, paragraphe 3, sous a), de la directive 2009/28, lu à la lumière des principes de sécurité juridique et de protection de la confiance légitime, doit être interprété en ce sens qu'il s'oppose à une réglementation nationale, telle que celle en cause au principal, qui permet à un État membre de prévoir la réduction, voire la suppression, des tarifs incitatifs pour l'énergie produite par les installations solaires photovoltaïques fixés antérieurement.

25. Il convient de rappeler que la directive 2009/28 a pour objet, ainsi qu'il ressort de son article 1er, de définir un cadre commun pour la promotion de la production d'énergie à partir de sources renouvelables, en fixant, notamment, des objectifs nationaux contraignants concernant la part de l'énergie produite à partir de telles sources dans la consommation finale brute d'énergie.

26. L'article 3, paragraphe 3, sous a), de la directive 2009/28 prévoit que les États membres peuvent appliquer des régimes d'aide afin d'atteindre les objectifs prévus à l'article 3, paragraphes 1 et 2, de cette directive, selon lesquels, d'une part, chaque État membre veille à ce que la part d'énergie produite à partir de sources renouvelables dans sa consommation finale d'énergie en 2020 corresponde au minimum à son objectif national global, tel que prévu à l'annexe I, partie A, de ladite directive, et, d'autre part, les États membres mettent en place des mesures conçues de manière efficace pour garantir que leur part d'énergie produite à partir de telles sources est au moins égale à celle prévue dans la trajectoire indicative établie dans l'annexe I, partie B, de la même directive.

27. La Cour a jugé que, ainsi qu'il ressort du libellé même de l'article 3, paragraphe 3, sous a), de la directive 2009/28 et, en particulier, du terme « peuvent », les États membres ne sont nullement obligés, en vue de promouvoir l'utilisation de l'énergie produite à partir de sources renouvelables, d'adopter des régimes d'aide. Ils disposent ainsi d'une marge d'appréciation quant aux mesures qu'ils estiment appropriées pour atteindre les objectifs contraignants nationaux globaux fixés à l'article 3, paragraphes 1 et 2, de cette directive, lu en combinaison avec l'annexe I de celle-ci (voir, en ce sens, arrêt du 20 septembre 2017, *Elecdey Carcelen e.a.*, C-215/16, C-216/16, C-220/16 et C-221/16, EU:C:2017:705, points 31 et 32). Une telle marge d'appréciation implique que les États membres sont libres d'adopter, de modifier ou de supprimer des régimes d'aide, pourvu, notamment, que ces objectifs soient atteints.

28. Par ailleurs, il convient de souligner que, ainsi qu'il découle d'une jurisprudence constante, lorsque les États membres adoptent, de la sorte, des mesures par lesquelles ils mettent en œuvre le droit de l'Union,

ils sont tenus de respecter les principes généraux de ce droit, au rang desquels figure, notamment, le principe de sécurité juridique (arrêt du 1er juillet 2014, *Ålands Vindkraft*, C-573/12, EU:C:2014:2037, point 125 et jurisprudence citée).

29. Selon une jurisprudence également constante de la Cour, le principe de sécurité juridique, qui a pour corollaire le principe de protection de la confiance légitime, exige, d'une part, que les règles de droit soient claires et précises et, d'autre part, que leur application soit prévisible pour les justiciables, en particulier lorsqu'elles peuvent avoir sur les individus et les entreprises des conséquences défavorables (voir, en ce sens, arrêt du 11 juin 2015, *Berlington Hungary e.a.*, C-98/14, EU:C:2015:386, point 77).

30. En particulier, ledit principe exige qu'une réglementation permette aux intéressés de connaître avec exactitude l'étendue des obligations qu'elle leur impose et que ces derniers puissent connaître sans ambiguïté leurs droits et leurs obligations et prendre leurs dispositions en conséquence (voir, notamment, arrêt du 1er juillet 2014, *Ålands Vindkraft*, C-573/12, EU:C:2014:2037, point 128 et jurisprudence citée).

31. S'agissant du principe de protection de la confiance légitime, il ressort d'une jurisprudence constante de la Cour que la possibilité de se prévaloir de ce dernier est ouverte à tout opérateur économique à l'égard duquel une autorité nationale a fait naître des espérances fondées. Toutefois, lorsqu'un opérateur économique prudent et avisé est en mesure de prévoir l'adoption d'une mesure de nature à affecter ses intérêts, il ne saurait invoquer le bénéfice d'un tel principe lorsque cette mesure est adoptée. De plus, les opérateurs économiques ne sont pas justifiés à placer leur confiance légitime dans le maintien d'une situation existante, qui peut être modifiée dans le cadre du pouvoir d'appréciation des autorités nationales (arrêt du 10 septembre 2009, *Plantanol*, C-201/08, EU:C:2009:539, point 53 et jurisprudence citée).

32. En outre, s'agissant d'un régime prévu par une réglementation nationale, c'est en tenant compte des modalités d'information normalement utilisées par l'État membre qui l'a adoptée et des circonstances de l'espèce que la juridiction de renvoi doit apprécier, de manière globale et *in concreto*, si la confiance légitime des opérateurs économiques visés par cette réglementation a été dûment respectée (arrêt du 10 septembre 2009, *Plantanol*, C-201/08, EU:C:2009:539, point 57).

33. C'est à la juridiction de renvoi qu'il incombe d'examiner si une réglementation nationale telle que celle en cause au principal est conforme auxdits principes, la Cour, statuant sur renvoi préjudiciel au titre de l'article 267 TFUE, étant uniquement compétente pour fournir à cette juridiction tous les éléments d'interprétation relevant du droit de l'Union qui peuvent lui permettre d'apprécier cette conformité (arrêt du 1er juillet

2014, *Ålands Vindkraft*, C-573/12, EU:C:2014:2037, point 126 et jurisprudence citée).

34. La juridiction de renvoi peut tenir compte, à cet effet, de tous les éléments pertinents qui ressortent des termes, de la finalité ou de l'économie des législations concernées (arrêt du 11 juin 2015, *Berlington Hungary e.a.*, C-98/14, EU:C:2015:386, point 81 et jurisprudence citée).

35. En vue de fournir une réponse utile à la juridiction de renvoi, il convient de relever, en particulier, les éléments suivants, qui ressortent du dossier dont dispose la Cour.

36. En premier lieu, le décret législatif n° 28/2011, qui a transposé la directive 2009/28 dans le droit italien, prévoyait déjà, à son article 25, paragraphe 10, qu'un décret ministériel devait réglementer l'incitation à la production d'énergie électrique à partir d'installations solaires photovoltaïques et qu'un tel décret serait fondé sur les principes d'une fixation d'une limite annuelle de puissance électrique cumulée des installations photovoltaïques susceptibles de bénéficier des tarifs incitatifs, ainsi que d'une fixation de tels tarifs, qui tiendraient compte de la baisse du coût des technologies et des installations ainsi que des mesures d'incitation appliquées dans les autres États membres et de la nature du site d'implantation des installations.

37. En second lieu, le quatrième compte-énergie, adopté en application de cette disposition, prévoyait, d'une part, à son article 6, paragraphe 2, que les grandes installations mises en service au plus tard le 31 août 2011 bénéficiaient directement des tarifs incitatifs. Il est constant, toutefois, que les installations en cause au principal ne satisfaisaient pas à cette condition, dès lors qu'elles avaient été mises en service après cette date.

38. D'autre part, l'article 6, paragraphe 3, sous a), du quatrième compte-énergie établissait, pour les installations ne faisant pas partie de celles qui avaient été mises en service au plus tard à cette date, une condition d'admissibilité aux mesures d'incitation, à savoir l'inscription en rang utile dans l'un des registres ouverts par GSE. Ces registres étaient en principe ouverts chaque semestre et les installations y étaient inscrites suivant un classement, selon lequel elles accédaient aux mesures d'incitation. GSE indique qu'il publiait sur son site Internet, d'une part, un « compteur photovoltaïque » indiquant le nombre d'installations bénéficiant des mesures incitatives et le coût annuel supporté pour leur incitation et, d'autre part, des avis signalant l'absence d'ouverture des registres, lorsque les plafonds de coûts étaient atteints.

39. À cet égard, le quatrième compte-énergie a limité les coûts indicatifs cumulés des incitations à 6 milliards d'euros, ce montant correspondant à un objectif indicatif de puissance au niveau national d'environ 23 000 MW et faisant obstacle, lorsqu'il était atteint, à l'ouverture de nouveaux registres.

Ce compte-énergie prévoyait également que, lorsque ledit montant était atteint, le régime d'incitation pouvait être modifié. En l'occurrence, le montant de 6 milliards d'euros a été atteint au mois de mars 2012 et, par conséquent, le registre des « grandes installations » n'a pas été ouvert au titre du second semestre de l'année 2012. En application de l'article 25 du décret législatif n° 28/2011, le cinquième compte-énergie a été adopté.

40. Le gouvernement italien fait valoir que ces circonstances devaient être connues des requérantes au principal. Ces dernières reconnaissent, dans leurs observations écrites, avoir pris connaissance d'une communication de GSE relative à l'épuisement du montant des incitations prévues par le quatrième compte-énergie et à l'absence d'ouverture d'un nouveau registre.

41. Il s'ensuit que, sous réserve de vérifications par la juridiction de renvoi, la possibilité de bénéficier des tarifs incitatifs prévus par le quatrième compte-énergie dépendait, d'une part, de l'inscription en rang utile d'une installation solaire photovoltaïque dans un registre ouvert par GSE et, d'autre part, d'une absence de dépassement de ladite limite des coûts d'incitation indicatifs au cours de la période précédente. Une telle incitation n'était donc pas offerte à tous les opérateurs d'installations solaires photovoltaïques et n'était pas non plus garantie pendant une période spécifique, mais dépendait des conditions et des circonstances susmentionnées.

42. Toutes ces conditions paraissent clairement ressortir de la réglementation nationale en cause au principal, de telle sorte que leur application aurait dû, en principe, être prévisible pour les opérateurs économiques concernés, ce qu'il appartient à la juridiction de renvoi de vérifier également.

43. En effet, il ressort du dossier dont dispose la Cour que les dispositions réglementaires en cause au principal ont été dûment publiées, qu'elles étaient suffisamment précises et que les requérantes au principal avaient eu connaissance de leur contenu.

44. En outre, ces dispositions étaient de nature à indiquer d'emblée à des opérateurs économiques prudents et avisés que le régime d'incitations applicable aux installations solaires photovoltaïques était susceptible d'être adapté, voire supprimé, par les autorités nationales, afin de tenir compte de l'évolution de certaines circonstances, et que, partant, aucune certitude dans le maintien d'un tel régime au cours d'une période déterminée ne pouvait être fondée sur les dispositions de ladite réglementation.

45. Par l'adoption du cinquième compte-énergie, le législateur italien semble précisément avoir prévu, eu égard à l'évolution de certaines circonstances, l'adaptation de ce régime d'incitations dans les conditions fixées par ce cinquième compte-énergie.

46. Au vu des éléments qui précèdent et sous réserve d'appréciations relevant de la seule compétence de la juridiction de renvoi, il n'apparaît pas que la réglementation en cause au principal soit de nature à enfreindre les principes de sécurité juridique et de protection de la confiance légitime ni qu'elle soit incompatible avec la directive 2009/28.

47. Eu égard à l'ensemble des considérations qui précèdent, il y a lieu de répondre à la question posée que, sous réserve des vérifications qu'il appartient à la juridiction de renvoi d'effectuer en tenant compte de tous les éléments pertinents, l'article 3, paragraphe 3, sous a), de la directive 2009/28, lu à la lumière des principes de sécurité juridique et de protection de la confiance légitime, doit être interprété en ce sens qu'il ne s'oppose pas à une réglementation nationale, telle que celle en cause au principal, qui permet à un État membre de prévoir la réduction, voire la suppression, des tarifs incitatifs pour l'énergie produite par les installations solaires photovoltaïques fixés antérieurement.

Sur les dépens

[...]

Par ces motifs, la Cour (dixième chambre) dit pour droit :

Sous réserve des vérifications qu'il appartient à la juridiction de renvoi d'effectuer en tenant compte de tous les éléments pertinents, l'article 3, paragraphe 3, sous a), de la directive 2009/28/CE du Parlement européen et du Conseil, du 23 avril 2009, relative à la promotion de l'utilisation de l'énergie produite à partir de sources renouvelables et modifiant puis abrogeant les directives 2001/77/CE et 2003/30/CE, lu à la lumière des principes de sécurité juridique et de protection de la confiance légitime, doit être interprété en ce sens qu'il ne s'oppose pas à une réglementation nationale, telle que celle en cause au principal, qui permet à un État membre de prévoir la réduction, voire la suppression, des tarifs incitatifs pour l'énergie produite par les installations solaires photovoltaïques fixés antérieurement.

Observations

L'affaire ici commentée présente un intérêt tout particulier en tant qu'il porte sur la question très litigieuse de l'évolution des régimes de soutien aux énergies de sources renouvelables au gré des circonstances économiques, et en particulier de leur rentabilité désormais avérée. Notamment, un courant important de sentences arbitrales porte sur le resserrement des soutiens aux énergies renouvelables dans plusieurs États membres en raison de l'évolution du contexte économique, phénomène d'ailleurs également appréhendé par le droit des aides d'État. Ce contentieux s'inscrit généralement dans le cadre du traité sur la charte de l'énergie qui prévoit, à l'échelle de la grande Europe, la promotion et la protection des investissements, lesquels se voient garantir « des conditions stables, équitables, favorables et transparentes », ainsi que la résolution des différends y afférent. Plusieurs dizaines de recours ont été formés par des exploitants d'installations de production d'électricité d'origine photovoltaïque en Espagne, en Italie, en République tchèque et en Bulgarie. Les sentences admettent qu'en l'absence d'autres circonstances critiquables, une mesure environnementale légitime et rationnelle puisse ne pas engager la responsabilité de l'État qui l'adopte, marquant une évolution conceptuelle de la situation en restreignant le champ des attentes légitimes des investisseurs quant à la profitabilité et à la durabilité de leurs investissements et, de manière corrélative, en confortant le droit de l'État à réglementer pour des raisons légitimes telles que des considérations sanitaires ou environnementales (1).

Cette problématique est ici envisagée par le juge de l'Union dans des termes différents, car propres à son ordre juridique, celui des principes de sécurité juridique et de protection de la confiance légitime, outre bien entendu celui de la teneur du droit dérivé.

Examen des questions

Disons-le sans ménager un suspense qui n'existait pas vraiment, la Cour jugera en l'espèce que l'article 3, paragraphe 3, sous a), de la directive 2009/28, lu à la lumière des principes de sécurité juridique et de protection de confiance légitime, ne s'oppose pas à une réglementation nationale qui permet à un État membre de prévoir la réduction, voire la

(1) Voy., par ex., P. Thieffry, « L'arbitrage et le droit européen de l'environnement », *Rev. Arb.*, 2019, n° , p. 1069.

suppression, des tarifs incitatifs pour l'énergie produite par les installations solaires photovoltaïques fixés antérieurement.

Les principes de sécurité juridique et de protection de la confiance légitime sont parfois invoqués pour justifier que de nouvelles mesures ne s'appliquent pas à des situations préexistantes. La jurisprudence admet qu'il en soit ainsi, s'agissant d'une directive, à condition que la situation en question soit antérieure à l'expiration du délai prévu pour sa transposition, refusant de tenir compte de la date effective de celle-ci (2). Ces principes sont également invoqués à propos de mesures nationales, notamment dans l'espace normatif occupé par des dispositions environnementales de l'Union européenne. Par exemple, ils ne s'opposent pas normalement à ce qu'un État membre supprime, avant la date d'expiration prévue initialement par la réglementation nationale, un régime d'exonération fiscale applicable à un biocarburant constituant un produit énergétique – et relevant à ces deux titres du droit européen – dès lors qu'il résulte de l'ensemble des circonstances pertinentes qu'un opérateur prudent et avisé dispose d'éléments suffisants lui permettant de s'attendre à une telle suppression (3).

Les termes de la directive 2009/28 portaient en eux une solution comparable. La Cour relève ainsi que l'article 3, paragraphe 3, sous a), prévoit que les États membres peuvent appliquer des régimes d'aide afin d'atteindre les objectifs de part d'énergie de sources renouvelables dans leur « mix énergétique » qui leur sont impartis, mettant ainsi en place des mesures conçues de manière efficace. Elle considère dès lors qu'il ressort du libellé même de cette disposition « et, en particulier, du terme "peuvent" », que « les États membres ne sont nullement obligés, en vue de promouvoir l'utilisation de l'énergie produite à partir de sources renouvelables, d'adopter des régimes d'aide ». Ils disposent ainsi d'une marge d'appréciation quant aux mesures qu'ils estiment appropriées pour atteindre les objectifs contraignants

(2) Voy., par ex., CJCE, 21 janvier 1999, *Commission c/ Portugal*, aff. C-150/97, ECLI:EU:C:1999:15, *Rec.*, p. I-259, pts 22 et 23.

(3) CJCE, 10 septembre 2009, *Plantanol GmbH c/ Hauptzollamt Darmstadt*, aff. C-201/08, ECLI:EU:C:2009:539, *Rec.*, p. I-8343.

nationaux globaux fixés (4). Elle ajoute qu'une telle marge d'appréciation « implique que les États membres sont libres d'adopter, de modifier ou de supprimer des régimes d'aide, pourvu, notamment, que ces objectifs soient atteints » (pts 26 et 27).

La Cour va cependant plus loin avec une formule dont on appréciera le sel : si c'est (de toute évidence) à la juridiction de renvoi qu'il incombe d'examiner si une réglementation nationale telle que celle en cause au principal est conforme auxdits principes, tenant compte, « à cet effet, de tous les éléments pertinents qui ressortent des termes, de la finalité ou de l'économie des législations concernées », elle n'en déclare pas moins qu'« [e]n vue de fournir une réponse utile à la juridiction de renvoi, il convient de relever, en particulier [certains] éléments [...], qui ressortent du dossier dont dispose la Cour » (pt 35). Et d'exposer et de conclure, laissant en réalité bien peu de marge de manœuvre à la juridiction de renvoi, que, la possibilité de bénéficier des tarifs incitatifs préexistants dépendant, d'une part, de l'inscription en rang utile d'une installation solaire photovoltaïque dans un registre et, d'autre part, d'une absence de dépassement d'une limite des coûts d'incitation indicatifs au cours de la période précédente, et n'étant donc pas offerte à tous les opérateurs d'installations solaires photovoltaïques ni garantie pendant une période spécifique, conditions ressortant clairement de la réglementation nationale, leur application aurait dû, en principe, être prévisible pour les opérateurs économiques concernés (pts 36-46).

Il faut encore noter que la directive 2009/28 a été abrogée et remplacée par la directive 2018/2001 du 11 décembre 2018, relative à la promotion de l'utilisation de l'énergie produite à partir de sources renouvelables (5). La directive 2018/21 est

(4) Voy., en ce sens, CJUE, 20 septembre 2017, *Elecdey Carcelen e.a.*, aff. C-215/16, C-216/16, C-220/16 et C-221/16, EU:C:2017:705, pts 31 et 32.

(5) *JOUE*, L 328, 21 décembre 2018 ; voy., B. Le Baut-Ferrarese, « La directive 2018/2001/UE du 11 décembre 2018 relative à la promotion de l'utilisation des énergies renouvelables : entre renouvellement de l'européanisation et européanisation renouvelée », *Energie – Environnement – Infrastructures*, août-septembre 2018, étude 24. Voy., également, P. Thieffry, « Transition énergétique : transition, gouvernance et... aides d'État », *in* B. Le Baut-Ferrarese, *Les transitions énergétiques dans l'Union européenne*, Bruxelles, Bruylant, 2015, pp. 223 et s.

l'une des mesures du paquet législatif « Une énergie propre pour tous les Européens », conçu « pour montrer que la transition vers l'énergie propre constitue le secteur de croissance de l'avenir », qui avait lui-même été présenté le 30 novembre 2016 (6) en perspective de la COP 21. En d'autres termes, il s'agit d'une des mesures prises par l'Union pour la mise en œuvre de l'accord de Paris. Or, le législateur de 2018 y appelle à la prévisibilité et à la stabilité des régimes d'aides qui devraient garantir la viabilité des projets (7). La directive 2018/2001 est plus explicite et plus soucieuse des intérêts des investisseurs que la précédente. Certes, les États membres peuvent adapter le niveau de l'aide, mais ce doit être conformément à des critères objectifs et pour autant que ces critères aient été prévus au niveau de la conception originale du régime d'aide. Au demeurant, ils doivent en publier un calendrier indicatif à cinq ans et le réviser tous les ans. Mieux, la révision du niveau et des conditions de l'aide accordée ne doit pas avoir d'incidence négative sur les droits conférés ni même compromettre la viabilité économique des projets bénéficiant déjà d'une aide (8).

Patrick THIEFFRY

(6) Communication de la Commission du 30 novembre 2016, Une énergie propre pour tous les Européens, COM(2016) 860 final.
(7) Directive 2018/2001, cons. 29.
(8) Directive 2018/2001, art. 6.

Cour de justice, gde ch., 29 juillet 2019, *Inter-Environnement Wallonie ASBL et Bond Beter Leefmilieu Vlaanderen ASBL c/ Conseil des ministres*, aff. C-411/17, ECLI:EU:C:2019:622

Conclusions de l'avocat général J. Kokott, du 29 novembre 2018, ECLI:EU:C:2018:972

Mots-clés : Renvoi préjudiciel – Environnement – Convention d'Espoo – Convention d'Aarhus – Conservation des habitats naturels ainsi que de la faune et de la flore sauvages – Directive 92/43/CEE – Article 6, paragraphe 3 – Notion de « projet » – Évaluation des incidences sur le site concerné – Article 6, paragraphe 4 – Notion de « raisons impératives d'intérêt public majeur » – Conservation des oiseaux sauvages – Directive 2009/147/CE – Évaluation des incidences de certains projets publics et privés sur l'environnement – Directive 2011/92/UE – Article 1er, paragraphe 2, sous a) – Notion de « projet » – Article 2, paragraphe 1 – Article 4, paragraphe 1 – Évaluation des incidences sur l'environnement – Article 2, paragraphe 4 – Exemption de l'évaluation – Sortie progressive de l'énergie nucléaire – Législation nationale prévoyant, d'une part, le redémarrage, pour une durée de près de dix années, de l'activité de production industrielle d'électricité d'une centrale nucléaire à l'arrêt, avec pour effet de reporter de dix ans la date initialement fixée par le législateur national pour sa désactivation et la fin de son activité, et, d'autre part, le report, de dix ans également, du terme initialement prévu par ce même législateur pour la désactivation et l'arrêt de la production industrielle d'électricité d'une centrale en activité – Absence d'évaluation de l'incidence sur l'environnement

Cadre normatif : convention sur l'évaluation de l'impact sur l'environnement dans un contexte transfrontière, conclue à Espoo (Finlande) le 25 février 1991 ; convention sur l'accès à l'information, la participation du public au processus décisionnel et l'accès à la justice en matière d'environnement, conclue à Aarhus (Danemark) le 25 juin 1998 ; directive 92/43/CEE du 21 mai 1992, concernant la conservation des habitats naturels ainsi que de la faune et de la flore sauvages (*JO*, 1992, L 206, p. 7) ; directive 2009/147/CE du 30 novembre 2009, concernant la conservation des oiseaux sauvages (*JO*, 2010, L 20, p. 7) ; directive 2011/92/UE du 13 décembre 2011, concernant l'évaluation des incidences de certains projets publics et privés sur l'environnement (*JO*, 2012, L 26, p. 1)

Notes et observations : B. Le Baut-Ferrarese et M. Moliner-Dubost, « Le droit de l'Union européenne au cœur du dilemme de la sortie du nucléaire », *Énergie – Environnement – Infrastructures*, 2019, n° 12, comm. 58 ; Ph. Bonneville, Chr. Gänser et S. Markarian, « Chronique de jurisprudence de la CJUE », *AJDA*, 2019, p. 2291

Extraits de l'arrêt

1. La demande de décision préjudicielle porte sur l'interprétation de la convention sur l'évaluation de l'impact sur l'environnement dans un contexte transfrontière, conclue à Espoo (Finlande) le 25 février 1991 et approuvée au nom de la Communauté européenne par décision du Conseil du 27 juin 1997 (ci-après la « convention d'Espoo »), et de la convention sur l'accès à l'information, la participation du public au processus décisionnel et l'accès à la justice en matière d'environnement, conclue à Aarhus (Danemark) le 25 juin 1998 et approuvée au nom de la Communauté par la décision 2005/370/CE du Conseil, du 17 février 2005 (*JO* 2005, L 124, p. 1) (ci-après la « convention d'Aarhus »), ainsi que de la directive 92/43/CEE du Conseil, du 21 mai 1992, concernant la conservation des habitats naturels ainsi que de la faune et de la flore sauvages (*JO* 1992, L 206, p. 7), telle que modifiée par la directive 2013/17/UE du Conseil, du 13 mai 2013 (*JO* 2013, L 158, p. 193) (ci-après la « directive habitats »), de la directive 2009/147/CE du Parlement européen et du Conseil, du 30 novembre 2009, concernant la conservation des oiseaux sauvages (*JO* 2010, L 20, p. 7), telle que modifiée par la directive 2013/17 (ci-après la « directive oiseaux »), et de la directive 2011/92/UE du Parlement européen et du Conseil, du 13 décembre 2011, concernant l'évaluation des incidences de certains projets publics et privés sur l'environnement (*JO* 2012, L 26, p. 1, ci-après la « directive EIE »).

2. Cette demande a été présentée dans le cadre d'un litige opposant Inter-Environnement Wallonie ASBL et Bond Beter Leefmilieu Vlaanderen ASBL au Conseil des ministres (Belgique) au sujet de la loi par laquelle le Royaume de Belgique a, d'une part, prévu le redémarrage, pour une durée de près de dix années, de l'activité de production industrielle d'électricité

d'une centrale nucléaire à l'arrêt et, d'autre part, reporté de dix ans le terme initialement prévu pour la désactivation et l'arrêt de la production industrielle d'électricité d'une centrale nucléaire en activité.

[...]

III. Sur les questions préjudicielles

A. Sur les sixième et septième questions, relatives à la directive EIE

1. Sur la sixième question, sous a) à c)

59. Par sa sixième question, sous a) à c), qu'il convient d'examiner en premier lieu, la juridiction de renvoi demande, en substance, si l'article 1er, paragraphe 2, sous a), premier tiret, et l'article 2, paragraphe 1, de la directive EIE doivent être interprétés en ce sens que le redémarrage, pour une période de près de dix années, de la production industrielle d'électricité d'une centrale nucléaire à l'arrêt, avec pour effet de reporter de dix ans la date initialement fixée par le législateur national pour sa désactivation et la fin de son activité, et le report, de dix ans également, du terme initialement prévu par ce même législateur pour la désactivation et l'arrêt de la production industrielle d'électricité d'une centrale en activité, mesures qui impliquent des travaux de modernisation des centrales concernées, constituent un projet, au sens de cette directive, et, le cas échéant, si ces mesures et ces travaux doivent être soumis à une évaluation des incidences sur l'environnement préalablement à l'adoption desdites mesures par le législateur national. La juridiction de renvoi s'interroge également sur la pertinence de la circonstance selon laquelle la mise en œuvre des mesures contestées devant elle exige, pour l'une des deux centrales concernées, l'adoption d'actes ultérieurs, tels que la délivrance d'une nouvelle autorisation individuelle de production d'électricité à des fins industrielles.

60. Dès lors que, selon le considérant 1 de la directive EIE, celle-ci codifie la directive 85/337, l'interprétation fournie par la Cour en ce qui concerne les dispositions de cette dernière directive vaut également pour la directive EIE lorsque leurs dispositions sont identiques.

a) Sur la notion de « projet », au sens de la directive EIE

61. Il convient de rappeler que la définition du terme « projet », contenue à l'article 1er, paragraphe 2, sous a), de la directive EIE, vise, à son premier tiret, la réalisation de travaux de construction ou d'autres installations ou ouvrages et, à son second tiret, d'autres interventions dans le milieu naturel ou le paysage, y compris celles destinées à l'exploitation des ressources du sol.

62. Il ressort de la jurisprudence de la Cour que le terme « projet » correspond, au regard, en particulier, du libellé de l'article 1er, paragraphe 2, sous

a), premier tiret, de la directive EIE, à des travaux ou à des interventions modifiant la réalité physique du site (voir, en ce sens, arrêt du 19 avril 2012, *Pro-Braine e.a.*, C-121/11, EU:C:2012:225, point 31 et jurisprudence citée).

63. La question posée par la juridiction de renvoi est de savoir si les mesures en cause au principal relèvent d'une telle qualification dès lors qu'elles nécessitent pour leur mise en œuvre, et s'accompagnent donc nécessairement, d'importants investissements et travaux de modernisation des deux centrales concernées.

64. Il ressort, en effet, du dossier dont dispose la Cour que les mesures en cause au principal impliquent la réalisation de travaux d'envergure sur les centrales Doel 1 et Doel 2, destinés à les moderniser et à garantir le respect des normes actuelles de sécurité, ainsi qu'en atteste l'enveloppe financière, d'un montant de 700 millions d'euros, qui leur serait consacrée.

65. Selon la décision de renvoi, la convention du 30 novembre 2015 prévoit la réalisation d'un plan d'investissements dit « de jouvence », qui décrit ces travaux comme étant ceux nécessaires à la prolongation de la durée d'exploitation des deux centrales et comme comprenant, notamment, les investissements approuvés par l'AFCN dans le cadre du plan LTO pour le remplacement d'installations pour cause de vieillissement et la modernisation d'autres installations, ainsi que les modifications à apporter en vertu de la quatrième revue périodique de sûreté et des tests de résistance effectués à la suite de l'accident de Fukushima (Japon).

66. En particulier, il ressort du dossier fourni à la Cour que ces travaux devraient porter notamment sur la modernisation des dômes des centrales Doel 1 et Doel 2, le renouvellement des piscines de stockage du combustible usagé, l'installation d'une nouvelle station de pompage et l'adaptation des soubassements afin de mieux protéger ces centrales contre les inondations. Ces travaux impliqueraient non seulement des améliorations des structures existantes mais aussi la réalisation de trois bâtiments, dont deux seraient destinés à héberger les systèmes de ventilation et le troisième une structure anti-incendie. Or, de tels travaux sont de nature à affecter la réalité physique des sites concernés, au sens de la jurisprudence de la Cour.

67. Par ailleurs, s'il est vrai que ces travaux sont mentionnés non pas dans la loi du 28 juin 2015 mais dans la convention du 30 novembre 2015, ils sont néanmoins étroitement liés aux mesures adoptées par le législateur belge.

68. En effet, ces dernières, par l'ampleur de la prolongation de la durée d'activité de production industrielle d'énergie qu'elles prévoient, n'ont pu être votées sans que le législateur belge ait préalablement eu connaissance de la nature et de la faisabilité technique et financière des travaux de modernisation qu'elles impliquent ainsi que des investissements nécessaires à leur mise en œuvre. D'ailleurs, l'exposé des motifs de la

loi du 28 juin 2015 et les travaux préparatoires à celle-ci mentionnent expressément ces travaux de modernisation et investissements.

69. Il importe également de relever que ce lien matériel entre les mesures contestées devant la juridiction de renvoi et les investissements mentionnés au point précédent est confirmé par le fait que la loi du 28 juin 2015 a inséré, à l'article 4 de la loi du 31 janvier 2003, un paragraphe 3, prévoyant que, à défaut de conclusion, au plus tard pour le 30 novembre 2015, d'une convention entre le propriétaire des centrales Doel 1 et Doel 2 et l'État belge, le Roi avancerait au 31 mars 2016 la date de désactivation de ces centrales.

70. En outre, il résulte également du dossier transmis à la Cour que l'exploitant des deux centrales s'est juridiquement engagé à réaliser l'ensemble de ces travaux pour la fin de l'année 2019.

71. Compte tenu de ces différents éléments, des mesures telles celles en cause au principal ne sauraient être artificiellement détachées des travaux qui leur sont indissociablement liés, aux fins d'apprécier l'existence, en l'occurrence, d'un projet, au sens de l'article 1er, paragraphe 2, sous a), premier tiret, de la directive EIE. Il y a, dès lors, lieu de constater que de telles mesures et les travaux de modernisation qui leur sont indissociablement liés font, ensemble, et sous réserve des appréciations de fait qu'il appartient à la juridiction de renvoi d'effectuer, partie d'un même projet, au sens de cette disposition.

72. La circonstance que la mise en œuvre de ces mesures exige, pour l'une des deux centrales concernées, l'adoption d'actes ultérieurs, tels que la délivrance d'une nouvelle autorisation individuelle de production d'électricité à des fins industrielles, n'est pas de nature à modifier cette analyse.

b) Sur la nécessité d'une évaluation des incidences sur l'environnement

73. Il convient, à titre préalable, de rappeler que des projets, au sens de l'article 1er, paragraphe 2, sous a), de la directive EIE, doivent, avant d'être autorisés, être soumis à une évaluation de leurs incidences sur l'environnement en vertu de l'article 2, paragraphe 1, de cette directive, lorsqu'ils sont susceptibles d'avoir des incidences notables sur l'environnement, notamment en raison de leur nature, de leurs dimensions ou de leur localisation.

74. En outre, l'article 2, paragraphe 1, de la directive EIE exige non pas que tout projet susceptible d'avoir une incidence notable sur l'environnement soit soumis à la procédure d'évaluation que cette directive prévoit, mais que seuls doivent l'être ceux qui sont mentionnés à l'article 4 de cette directive, lequel renvoie aux projets énumérés aux

annexes I et II de celle-ci (voir, en ce sens, arrêt du 17 mars 2011, *Brussels Hoofdstedelijk Gewest e.a.*, C-275/09, EU:C:2011:154, point 25).

75. Enfin, il résulte d'une lecture combinée de l'article 2, paragraphe 1, et de l'article 4, paragraphe 1, de la directive EIE que les projets qui relèvent de l'annexe I de cette directive présentent, par nature, un risque d'incidences notables sur l'environnement et doivent impérativement faire l'objet d'une évaluation de leurs incidences environnementales (voir, en ce sens, sur cette obligation d'évaluation, arrêts du 24 novembre 2011, *Commission/Espagne*, C-404/09, EU:C:2011:768, point 74, ainsi que du 11 février 2015, *Marktgemeinde Straßwalchen e.a.*, C-531/13, EU:C:2015:79, point 20).

1) Sur l'application des annexes I et II de la directive EIE

76. Le point 2, sous b), de l'annexe I de la directive EIE mentionne, au nombre des projets que l'article 4, paragraphe 1, de cette directive soumet à une évaluation conformément aux articles 5 à 10 de ladite directive, les centrales nucléaires et les autres réacteurs nucléaires, y compris leur démantèlement ou leur déclassement.

77. Il importe, dès lors, d'apprécier si des mesures telles que celles en cause au principal, ensemble avec les travaux dont elles sont indissociables, sont susceptibles de relever du point 24 de l'annexe I de la directive EIE, qui renvoie à « [t]oute modification ou extension des projets énumérés dans la présente annexe qui répond en elle-même aux seuils éventuels, qui y sont énoncés », ou du point 13, sous a), de l'annexe II de cette directive, qui se réfère à « [t]oute modification ou extension des projets figurant à l'annexe I ou à la présente annexe, déjà autorisés, réalisés ou en cours de réalisation, qui peut avoir des incidences négatives importantes sur l'environnement (modification ou extension ne figurant pas à l'annexe I) ».

78. S'agissant du point 24 de l'annexe I de la directive EIE, il résulte de ses termes et de son économie qu'il vise les modifications ou les extensions d'un projet qui, notamment par leur nature ou leur ampleur, présentent des risques similaires, en termes d'incidences sur l'environnement, au projet lui-même.

79. Or, les mesures en cause au principal, qui ont pour effet de prolonger, pour une période significative de dix ans, la durée, antérieurement limitée à quarante ans par la loi du 31 janvier 2003, de l'autorisation de production par les deux centrales concernées d'électricité à des fins industrielles, doivent, combinées aux importants travaux de rénovation rendus nécessaires par la vétusté de ces centrales et l'obligation de les mettre en conformité avec les normes de sécurité, être considérées comme étant d'une ampleur comparable, en termes de risques d'incidences environnementales, à celle de la mise en service initiale desdites centrales.

80. Il convient, par conséquent, de considérer que ces mesures et ces travaux relèvent du point 24 de l'annexe I de la directive EIE. En effet, un tel projet présente, par nature, un risque d'incidences notables sur l'environnement, au sens de l'article 2, paragraphe 1, de cette directive, et doit impérativement être soumis à l'évaluation de ses incidences environnementales en vertu de l'article 4, paragraphe 1, de ladite directive.

81. En outre, les centrales Doel 1 et Doel 2 étant situées à proximité de la frontière du Royaume de Belgique avec le Royaume des Pays-Bas, il ne saurait être contesté qu'un tel projet est également susceptible d'avoir des incidences notables sur l'environnement de ce dernier État membre, au sens de l'article 7, paragraphe 1, de la même directive.

2) Sur le moment auquel l'évaluation des incidences sur l'environnement doit être réalisée

82. L'article 2, paragraphe 1, de la directive EIE précise que l'évaluation des incidences sur l'environnement qu'elle impose doit intervenir « avant l'octroi de l'autorisation » des projets qui y sont soumis.

83. Ainsi que la Cour l'a déjà souligné, le caractère préalable d'une telle évaluation se justifie par la nécessité que, dans le processus de décision, l'autorité compétente tienne compte le plus tôt possible des incidences sur l'environnement de tous les processus techniques de planification et de décision afin d'éviter, dès l'origine, la création de pollutions ou de nuisances plutôt que de combattre ultérieurement leurs effets (arrêt du 31 mai 2018, *Commission/Pologne*, C-526/16, non publié, EU:C:2018:356, point 75 et jurisprudence citée).

84. Il convient également d'indiquer que l'article 1er, paragraphe 2, sous c), de la directive EIE définit le terme « autorisation » comme étant la décision de l'autorité ou des autorités compétentes qui ouvre le droit du maître d'ouvrage de réaliser le projet, ce qu'il revient en principe à la juridiction de renvoi de déterminer, sur la base de la réglementation nationale applicable.

85. Par ailleurs, dans le cas où le droit national prévoit que la procédure d'autorisation se déroule en plusieurs étapes, l'évaluation des incidences sur l'environnement d'un projet doit, en principe, être effectuée aussitôt qu'il est possible d'identifier et d'évaluer tous les effets que ce projet est susceptible d'avoir sur l'environnement (arrêts du 7 janvier 2004, *Wells*, C-201/02, EU:C:2004:12, point 52, ainsi que du 28 février 2008, *Abraham e.a.*, C-2/07, EU:C:2008:133, point 26).

86. Ainsi, lorsque l'une de ces étapes est une décision principale et l'autre une décision d'exécution qui ne peut aller au-delà des paramètres déterminés par la décision principale, les effets que le projet est susceptible d'avoir sur l'environnement doivent être identifiés et évalués lors de la procédure relative à la décision principale. Ce n'est que si ces effets ne

sont identifiables que lors de la procédure relative à la décision d'exécution que l'évaluation devrait être effectuée au cours de cette dernière procédure (arrêts du 7 janvier 2004, *Wells*, C-201/02, EU:C:2004:12, point 52, ainsi que du 28 février 2008, *Abraham e.a.*, C-2/07, EU:C:2008:133, point 26).

87. En l'occurrence, s'il appartient à la juridiction de renvoi de déterminer, sur la base de la réglementation nationale applicable, si la loi du 28 juin 2015 vaut autorisation, au sens de l'article 1er, paragraphe 2, sous c), de la directive EIE, il convient d'ores et déjà de constater que cette loi prévoit, de manière précise et sans condition, d'une part, le redémarrage, pour une période de près de dix années, de la production industrielle d'électricité d'une centrale nucléaire à l'arrêt, avec pour effet de reporter de dix ans la date initialement fixée par le législateur national pour sa désactivation et la fin de sa production industrielle d'électricité, et, d'autre part, le report, de dix ans également, du terme initialement prévu par le législateur national pour l'arrêt de la production industrielle d'électricité d'une centrale en activité.

88. Il en résulte que, même si la mise en œuvre de ces mesures nécessite l'adoption d'actes ultérieurs dans le cadre d'un processus complexe et encadré, visant notamment à assurer le respect des normes de sûreté et de sécurité applicables à cette activité de production industrielle d'électricité d'origine nucléaire, et si lesdites mesures sont en particulier soumises, ainsi qu'il ressort de l'exposé des motifs de la loi du 28 juin 2015, à une approbation préalable de l'AFCN, il n'en demeure pas moins que ces mesures, une fois adoptées par le législateur national, définissent les caractéristiques essentielles du projet et n'ont plus, a priori, vocation à être discutées ou remises en cause.

89. Quant à la circonstance que la mise en œuvre de ce projet nécessite la délivrance, pour l'une des deux centrales concernées, d'une nouvelle autorisation individuelle de production d'électricité à des fins industrielles, elle ne saurait justifier qu'une évaluation de ses incidences environnementales ne soit réalisée qu'après l'adoption de cette loi. Il importe, d'ailleurs, de relever que, selon les indications fournies par la décision de renvoi, la quantité supplémentaire de déchets radioactifs susceptible d'être générée par les mesures en cause au principal, à savoir 350 m^3, avait été portée à la connaissance du Parlement belge avant cette adoption.

90. En outre, ainsi qu'il a été constaté aux points 63 à 71 du présent arrêt, les mesures en cause au principal constituent, ensemble avec les travaux de modernisation qui leur sont indissociablement liés, un projet, au sens de l'article 1er, paragraphe 2, sous a), premier tiret, de la directive EIE.

91. Dans ce contexte, il semble à première vue que la loi du 28 juin 2015 vaut autorisation, au sens de l'article 1er, paragraphe 2, sous c), de cette directive, ou que, à tout le moins, elle constitue la première étape

du processus d'autorisation du projet en cause, en ce qui concerne ses caractéristiques essentielles.

92. Quant au point de savoir si l'évaluation des incidences environnementales devait également porter sur les travaux indissociablement liés aux mesures en cause au principal, tel serait le cas si, ce qu'il appartient à la juridiction de renvoi de vérifier, tant ces travaux que leurs incidences potentielles sur l'environnement étaient suffisamment identifiables à ce stade de la procédure d'autorisation. Sur ce point, il ressort de la décision de renvoi que, ainsi qu'il a déjà été souligné au point 68 du présent arrêt, tant la nature que le montant des travaux nécessités par les mesures contenues dans la loi du 28 juin 2015 étaient également connus du Parlement belge avant l'adoption de cette loi.

93. Par ailleurs, dès lors que le projet en cause au principal est susceptible d'avoir des incidences notables sur l'environnement d'un autre État membre, il importe de constater qu'il doit également être soumis à une procédure d'évaluation transfrontière conforme à l'article 7 de la directive EIE.

94. Compte tenu de tout ce qui précède, il convient de répondre à la sixième question, sous a) à c), que l'article 1er, paragraphe 2, sous a), premier tiret, l'article 2, paragraphe 1, et l'article 4, paragraphe 1, de la directive EIE doivent être interprétés en ce sens que le redémarrage, pour une période de près de dix années, de la production industrielle d'électricité d'une centrale nucléaire à l'arrêt, avec pour effet de reporter de dix ans la date initialement fixée par le législateur national pour sa désactivation et la fin de son activité, et le report, de dix ans également, du terme initialement prévu par ce même législateur pour la désactivation et l'arrêt de la production industrielle d'électricité d'une centrale en activité, mesures qui impliquent des travaux de modernisation des centrales concernées de nature à affecter la réalité physique des sites, constituent un « projet », au sens de cette directive, qui doit, en principe, et sous réserve des vérifications qu'il appartient à la juridiction de renvoi d'effectuer, être soumis à une évaluation des incidences sur l'environnement, préalablement à l'adoption de ces mesures. La circonstance que la mise en œuvre de ces dernières implique des actes ultérieurs, tels que la délivrance, pour l'une des centrales concernées, d'une nouvelle autorisation individuelle de production d'électricité à des fins industrielles, n'est pas déterminante à cet égard. Les travaux indissociablement liés auxdites mesures doivent également être soumis à une telle évaluation avant l'adoption de ces mêmes mesures si, ce qu'il appartient à la juridiction de renvoi de vérifier, leur nature et leurs incidences potentielles sur l'environnement sont suffisamment identifiables à ce stade.

2. Sur la sixième question, sous d)

95. Par sa sixième question, sous d), la juridiction de renvoi demande, en substance, si l'article 2, paragraphe 4, de la directive EIE doit être interprété en ce sens qu'un projet tel que celui en cause au principal peut être exempté d'une évaluation des incidences sur l'environnement pour des motifs liés à la sécurité de l'approvisionnement en électricité de l'État membre concerné.

96. En vertu de l'article 2, paragraphe 4, premier alinéa, de la directive EIE, les États membres peuvent, dans des cas exceptionnels, exempter en totalité ou en partie un projet spécifique des dispositions qu'elle prévoit, sans préjudice toutefois de l'article 7 de ladite directive, relatif aux obligations qui s'imposent à un État membre sur le territoire duquel est envisagée la réalisation d'un projet susceptible d'avoir des incidences notables sur l'environnement d'un autre État membre.

97. S'il ne peut être exclu que la nécessité d'assurer la sécurité d'approvisionnement en électricité d'un État membre puisse caractériser un cas exceptionnel, au sens de l'article 2, paragraphe 4, premier alinéa, de la directive EIE, de nature à justifier d'exempter un projet d'une évaluation des incidences sur l'environnement, il importe de rappeler que l'article 2, paragraphe 4, deuxième alinéa, sous a) à c), de cette directive impose des obligations particulières aux États membres qui entendent se prévaloir de cette exemption.

98. En effet, dans un tel cas, les États membres concernés sont tenus d'examiner si une autre forme d'évaluation conviendrait, de mettre à la disposition du public concerné les informations obtenues dans ce cadre, d'informer la Commission, préalablement à l'octroi de l'autorisation, des motifs qui justifient l'exception accordée et de lui fournir les informations qu'ils mettent, le cas échéant, à la disposition de leurs propres ressortissants.

99. Ainsi que l'a relevé Mme l'avocate générale au point 150 de ses conclusions, ces obligations constituent non pas de simples formalités mais des conditions destinées à assurer le respect, autant que possible, des objectifs poursuivis par la directive EIE.

100. En l'occurrence, s'il appartient à la juridiction de renvoi de vérifier le respect par le Royaume de Belgique desdites obligations, il peut d'ores et déjà être constaté que la Commission indique dans ses observations écrites qu'elle n'a pas été informée par cet État membre de la mise en œuvre de ladite exemption.

101. Par ailleurs, l'article 2, paragraphe 4, de la directive EIE ne permet d'exempter un projet de l'évaluation des incidences sur l'environnement que si l'État membre concerné est à même de démontrer que le risque

pour la sécurité de l'approvisionnement en électricité qu'il invoque est raisonnablement probable et que ce projet présente un caractère d'urgence susceptible de justifier l'absence d'une telle évaluation. En outre, ainsi qu'il a été dit au point 96 du présent arrêt, une telle exemption s'applique sans préjudice de l'article 7 de cette directive, relatif à l'évaluation des projets ayant des incidences transfrontières.

102. Eu égard à ce qui précède, il convient de répondre à la sixième question, sous d), que l'article 2, paragraphe 4, de la directive EIE doit être interprété en ce sens qu'il n'autorise un État membre à exempter un projet tel que celui en cause au principal d'une évaluation des incidences sur l'environnement en vue d'assurer la sécurité de son approvisionnement en électricité que dans le cas où cet État membre démontre que le risque pour la sécurité de cet approvisionnement est raisonnablement probable et que le projet en cause présente un caractère d'urgence susceptible de justifier l'absence d'une telle évaluation, pour autant que les obligations prévues à l'article 2, paragraphe 4, deuxième alinéa, sous a) à c), de cette directive sont respectées. Une telle possibilité d'exemption est cependant sans préjudice des obligations qui s'imposent à l'État membre concerné en vertu de l'article 7 de ladite directive.

3. Sur la septième question

103. Par sa septième question, la juridiction de renvoi demande, en substance, si l'article 1er, paragraphe 4, de la directive EIE doit être interprété en ce sens qu'une législation nationale telle que celle en cause au principal constitue un acte législatif national spécifique, au sens de cette disposition, exclu, en vertu de celle-ci, du champ d'application de cette directive.

104. À cet égard, il y a lieu de rappeler que l'article 1er, paragraphe 4, de la directive EIE, qui a repris la teneur de l'article 1er, paragraphe 5, de la directive 85/337, subordonne l'exclusion d'un projet du champ d'application de la directive EIE au respect de deux conditions.

105. La première condition implique que le projet soit adopté par un acte législatif spécifique, qui présente les mêmes caractéristiques qu'une autorisation. Cet acte doit notamment ouvrir au maître d'ouvrage le droit de réaliser le projet (voir, en ce sens, arrêt du 16 février 2012, *Solvay e.a.*, C-182/10, EU:C:2012:82, point 32 et jurisprudence citée).

106. Le projet doit, en outre, être adopté en détail, à savoir de manière suffisamment précise et définitive, de sorte que l'acte législatif adoptant celui-ci doit comporter, à l'instar d'une autorisation, après leur prise en compte par le législateur, tous les éléments du projet pertinents, au regard de l'évaluation des incidences sur l'environnement. L'acte législatif

doit attester que les objectifs de la directive EIE ont été atteints en ce qui concerne le projet concerné (voir, en ce sens, arrêt du 16 février 2012, *Solvay e.a.*, C-182/10, EU:C:2012:82, point 33 et jurisprudence citée).

107. Il en résulte qu'un acte législatif ne peut être considéré comme adoptant un projet en détail, au sens de l'article 1er, paragraphe 4, de la directive EIE, lorsqu'il ne comporte pas les éléments nécessaires à l'évaluation des incidences de ce projet sur l'environnement ou qu'il nécessite l'adoption d'autres actes pour ouvrir au maître d'ouvrage le droit de réaliser le projet (voir, en ce sens, arrêt du 16 février 2012, *Solvay e.a.*, C-182/10, EU:C:2012:82, point 34 et jurisprudence citée).

108. La seconde condition prévue à l'article 1er, paragraphe 4, de la directive EIE implique que les objectifs de cette directive, y compris celui de la mise à disposition d'informations, soient atteints à travers la procédure législative. Il résulte en effet de l'article 2, paragraphe 1, de ladite directive que l'objectif essentiel de cette dernière est de garantir que les projets susceptibles d'avoir des incidences notables sur l'environnement, notamment en raison de leur nature, de leurs dimensions ou de leur localisation, soient, avant l'octroi d'une autorisation, soumis à une évaluation en ce qui concerne leurs incidences sur l'environnement (voir, en ce sens, arrêt du 16 février 2012, *Solvay e.a.*, C-182/10, EU:C:2012:82, point 35 et jurisprudence citée).

109. Par conséquent, le législateur doit avoir à sa disposition, au moment de l'adoption du projet en cause, une information suffisante. À cet égard, il ressort de l'article 5, paragraphe 3, de la directive EIE que les informations à fournir par le maître d'ouvrage comportent au minimum une description du projet comprenant des informations relatives à son site, à sa conception et à ses dimensions, une description des mesures envisagées pour éviter et réduire des incidences négatives importantes et, si possible, y remédier, les données nécessaires pour identifier et évaluer les effets principaux que le projet est susceptible d'avoir sur l'environnement, une esquisse des principales solutions de substitution qui ont été examinées par le maître d'ouvrage et une indication des principales raisons de son choix, eu égard aux incidences sur l'environnement, ainsi qu'un résumé non technique de ces différentes informations (voir, en ce sens, arrêts du 18 octobre 2011, *Boxus e.a.*, C-128/09 à C-131/09, C-134/09 et C-135/09, EU:C:2011:667, point 43, ainsi que du 16 février 2012, *Solvay e.a.*, C-182/10, EU:C:2012:82, point 37).

110. En l'occurrence, il appartient à la juridiction de renvoi de déterminer si ces conditions ont été respectées, en tenant compte tant du contenu de l'acte législatif adopté que de l'ensemble de la procédure législative qui a conduit à son adoption, et notamment des actes préparatoires et des débats parlementaires (voir, en ce sens, arrêts du 18 octobre 2011,

Boxus e.a., C-128/09 à C-131/09, C-134/09 et C-135/09, EU:C:2011:667, point 47, ainsi que du 16 février 2012, *Solvay e.a.*, C-182/10, EU:C:2012:82, point 41).

111. Pour autant, au regard des informations portées à la connaissance de la Cour, il semble que tel n'ait pas été le cas.

112. En effet, si la juridiction de renvoi mentionne l'existence d'études et d'auditions préalables à l'adoption de la loi du 28 juin 2015, il ne ressort pas du dossier dont dispose la Cour que le législateur national a eu connaissance des informations visées au point 109 du présent arrêt en ce qui concerne tant les mesures en cause au principal que les travaux indissociablement liés à ces mesures, dont il a été considéré, dans le cadre de la réponse à la sixième question, sous a) à c), qu'ils constituaient, ensemble, un même projet.

113. En outre, ainsi qu'il résulte notamment du point 91 du présent arrêt, une loi telle que celle du 28 juin 2015 pourrait ne constituer qu'une première étape dans le processus d'autorisation du projet en cause au principal, pour ce qui concerne les travaux que celui-ci implique, de telle sorte qu'elle ne remplirait pas non plus l'une des conditions requises pour que le projet y afférent soit exclu du champ d'application de la directive EIE en application de l'article 1er, paragraphe 4, de celle-ci, à savoir avoir été adopté en détail, par un acte législatif spécifique.

114. Compte tenu de ce qui précède, il convient de répondre à la septième question que l'article 1er, paragraphe 4, de la directive EIE doit être interprété en ce sens qu'une législation nationale telle que celle en cause au principal ne constitue pas un acte législatif national spécifique, au sens de cette disposition, exclu, en vertu de celle-ci, du champ d'application de cette directive.

B. Sur la huitième question, relative à la directive habitats

1. Sur la huitième question, sous a) à c)

115. Par sa huitième question, sous a) à c), la juridiction de renvoi demande, en substance, si l'article 6, paragraphe 3, de la directive habitats, combiné avec les articles 3 et 4 de la directive oiseaux et lu, le cas échéant, à la lumière de la directive EIE, doit être interprété en ce sens que des mesures telles que celles en cause au principal constituent, compte tenu des travaux de modernisation et de mise en conformité aux normes de sécurité actuelles qu'elles impliquent, un plan ou un projet soumis à évaluation, en vertu de cet article 6, paragraphe 3, et, le cas échéant, si cette évaluation doit être réalisée avant leur adoption par le législateur. La juridiction de renvoi demande également s'il y a lieu de distinguer à cet égard selon que ces mesures visent l'une ou l'autre des deux centrales en cause au principal, eu égard à la nécessité, pour l'une d'entre elles, que

soient adoptés ultérieurement des actes d'exécution, tels que la délivrance d'une nouvelle autorisation individuelle de production d'électricité à des fins industrielles.

a) Observations liminaires

116. L'article 6 de la directive habitats impose aux États membres un ensemble d'obligations et de procédures spécifiques visant à assurer, ainsi qu'il ressort de l'article 2, paragraphe 2, de cette directive, le maintien ou, le cas échéant, le rétablissement, dans un état de conservation favorable, des habitats naturels et des espèces de faune et de flore sauvages d'intérêt communautaire, en vue d'atteindre l'objectif plus général poursuivi par cette même directive de garantir un niveau élevé de protection de l'environnement des sites protégés en vertu de celle-ci [voir, en ce sens, arrêt du 17 avril 2018, *Commission/Pologne (Forêt de Białowieża)*, C-441/17, EU:C:2018:255, point 106 et jurisprudence citée].

117. L'article 6, paragraphe 3, de la directive habitats prévoit une procédure d'évaluation visant à garantir, à l'aide d'un contrôle préalable, qu'un plan ou un projet non directement lié ou nécessaire à la gestion du site concerné, mais susceptible d'affecter ce dernier de manière significative, ne soit autorisé que pour autant qu'il ne porte pas atteinte à l'intégrité de ce site [arrêts du 17 avril 2018, *Commission/Pologne (Forêt de Białowieża)*, C-441/17, EU:C:2018:255, point 108 et jurisprudence citée, ainsi que du 25 juillet 2018, *Grace et Sweetman*, C-164/17, EU:C:2018:593, point 38].

118. Ce même article 6, paragraphe 3, distingue deux phases dans la procédure d'évaluation qu'il prévoit.

119. La première, visée à la première phrase de cette disposition, exige des États membres qu'ils effectuent une évaluation appropriée des incidences d'un plan ou d'un projet sur un site protégé lorsqu'il existe une probabilité que ce plan ou ce projet l'affecte de manière significative. La seconde, visée à sa seconde phrase, qui intervient à la suite de ladite évaluation appropriée, limite l'autorisation d'un tel plan ou projet à la condition que celui-ci ne porte pas atteinte à l'intégrité du site concerné, sous réserve des dispositions du paragraphe 4 de cet article 6 (arrêt du 25 juillet 2018, *Grace et Sweetman*, C-164/17, EU:C:2018:593, point 32).

120. En outre, une évaluation appropriée des incidences d'un plan ou d'un projet implique que, avant l'approbation de celui-ci, doivent être identifiés, compte tenu des meilleures connaissances scientifiques en la matière, tous les aspects de ce plan ou de ce projet pouvant, par eux-mêmes ou conjointement avec d'autres plans ou d'autres projets, affecter les objectifs de conservation du site protégé. Les autorités

nationales compétentes n'autorisent une activité qu'à la condition qu'elles aient acquis la certitude que cette activité est dépourvue d'effets préjudiciables pour l'intégrité de ce site. Il en est ainsi lorsqu'il ne subsiste aucun doute raisonnable d'un point de vue scientifique quant à l'absence de tels effets (arrêt du 7 novembre 2018, *Holohan e.a.*, C-461/17, EU:C:2018:883, point 33 ainsi que jurisprudence citée).

121. Il convient également d'indiquer que, en ce qui concerne les zones classées en zones de protection spéciale, les obligations découlant de l'article 6, paragraphe 3, de la directive habitats remplacent, conformément à l'article 7 de cette directive, les obligations découlant de l'article 4, paragraphe 4, première phrase, de la directive oiseaux, à partir de la date de classification en vertu de cette directive lorsque cette dernière date est postérieure à la date de mise en application de la directive habitats [arrêts du 17 avril 2018, *Commission/Pologne (Forêt de Białowieża)*, C-441/17, EU:C:2018:255, point 109 et jurisprudence citée, ainsi que du 25 juillet 2018, *Grace et Sweetman*, C-164/17, EU:C:2018:593, point 27].

b) Sur la notion de « projet », au sens de la directive habitats

122. La directive habitats ne définissant pas la notion de « projet », au sens de son article 6, paragraphe 3, il y a lieu, tout d'abord, de tenir compte de la notion de « projet », au sens de l'article 1er, paragraphe 2, sous a), de la directive EIE (voir, en ce sens, arrêts du 7 septembre 2004, *Waddenvereniging et Vogelbeschermingsvereniging*, C-127/02, EU:C:2004:482, points 23, 24 et 26 ; du 14 janvier 2010, *Stadt Papenburg*, C-226/08, EU:C:2010:10, point 38 ; du 17 juillet 2014, *Commission/Grèce*, C-600/12, non publié, EU:C:2014:2086, point 75, ainsi que du 7 novembre 2018, *Coöperatie Mobilisation for the Environment e.a.*, C-293/17 et C-294/17, EU:C:2018:882, point 60).

123. En outre, la Cour a déjà jugé que, si une activité relève de la directive EIE, elle doit, à plus forte raison, relever de la directive habitats (arrêt du 7 novembre 2018, *Coöperatie Mobilisation for the Environment e.a.*, C-293/17 et C-294/17, EU:C:2018:882, point 65).

124. Il s'ensuit que, si une activité est considérée comme étant un projet, au sens de la directive EIE, elle est susceptible de constituer un projet, au sens de la directive habitats (arrêt du 7 novembre 2018, *Coöperatie Mobilisation for the Environment e.a.*, C-293/17 et C-294/17, EU:C:2018:882, point 66).

125. Compte tenu de la réponse apportée à la sixième question, sous a) à c), il y a lieu de considérer que des mesures telles que celles en cause au principal, ensemble avec les travaux qui leur sont indissociablement liés, constituent un projet, au sens de la directive habitats.

126. Ensuite, il est constant que le projet en cause au principal n'est pas lié ou nécessaire à la gestion d'un site protégé.

127. Enfin, il importe de rappeler que le fait qu'une activité récurrente a été autorisée en vertu du droit national avant l'entrée en vigueur de la directive habitats ne constitue pas, par elle-même, un obstacle à ce qu'une telle activité puisse être considérée, lors de chaque intervention ultérieure, comme un projet distinct au sens de cette directive, au risque de soustraire cette activité de manière permanente à toute évaluation préalable de ses incidences sur le site concerné (voir, en ce sens, arrêts du 14 janvier 2010, *Stadt Papenburg*, C-226/08, EU:C:2010:10, point 41, ainsi que du 7 novembre 2018, *Coöperatie Mobilisation for the Environment e.a.*, C-293/17 et C-294/17, EU:C:2018:882, point 77).

128. À cette fin, il convient d'apprécier si, eu égard notamment à leur récurrence, à leur nature ou à leurs conditions d'exécution, certaines activités doivent être regardées comme constituant une opération unique et peuvent être considérées comme un seul et même projet, au sens de l'article 6, paragraphe 3, de la directive habitats (voir, en ce sens, arrêts du 14 janvier 2010, *Stadt Papenburg*, C-226/08, EU:C:2010:10, point 47, ainsi que du 7 novembre 2018, *Coöperatie Mobilisation for the Environment e.a.*, C-293/17 et C-294/17, EU:C:2018:882, point 78).

129. Tel ne serait pas le cas en l'absence de continuité et d'identité d'une activité, notamment quant à ses lieux et ses conditions d'exécution (arrêt du 7 novembre 2018, *Coöperatie Mobilisation for the Environment e.a.*, C-293/17 et C-294/17, EU:C:2018:882, point 83).

130. En l'occurrence, si l'activité de production industrielle d'électricité des centrales Doel 1 et Doel 2 avait été autorisée avant l'entrée en vigueur de la directive habitats, pour une période illimitée, la loi du 31 janvier 2003 a toutefois limité à 40 ans cette période d'activité, à savoir jusqu'au 15 février 2015 pour la centrale Doel 1 et jusqu'au 1er décembre 2015 pour la centrale Doel 2. Ainsi que le relève la juridiction de renvoi, les mesures en cause au principal ont modifié ce choix législatif, ce qui a, notamment, nécessité le redémarrage de l'une de ces deux centrales.

131. Il est également constant que, lors de la mise en œuvre de ces mesures, l'activité de production industrielle de ces deux centrales ne sera pas réalisée dans des conditions d'exécution identiques à celles initialement autorisées, ne serait-ce qu'en raison de l'évolution des connaissances scientifiques et des nouvelles normes de sécurité applicables, ces dernières justifiant, ainsi qu'il a été rappelé aux points 64 à 66 du présent arrêt, que soient réalisés des travaux de modernisation d'envergure. D'ailleurs, il ressort de la décision de renvoi qu'une autorisation de production a été octroyée à l'exploitant desdites centrales après l'entrée en vigueur de la directive habitats, à la suite d'une augmentation de leur puissance.

132. Il en résulte que des mesures telles que celles en cause au principal, ensemble avec les travaux qui leur sont indissociablement liés, constituent un projet distinct, soumis aux règles d'évaluation prévues à l'article 6, paragraphe 3, de la directive habitats.

133. La qualité de législateur de l'autorité nationale compétente pour approuver le plan ou le projet en cause est sans incidence. En effet, contrairement à ce que prévoit la directive EIE, il ne peut être dérogé à l'évaluation prévue à l'article 6, paragraphe 3, de la directive habitats au motif que l'autorité compétente pour autoriser le projet en cause est le législateur (voir, en ce sens, arrêt du 16 février 2012, *Solvay e.a.*, C-182/10, EU:C:2012:82, point 69).

c) Sur le risque d'affectation significative d'un site protégé

134. Il résulte de la jurisprudence de la Cour que l'exigence d'une évaluation appropriée des incidences d'un plan ou d'un projet prévue à l'article 6, paragraphe 3, de la directive habitats est subordonnée à la condition qu'il y ait une probabilité ou un risque qu'il affecte le site concerné de manière significative. Compte tenu, en particulier, du principe de précaution, il est considéré qu'un tel risque existe dès lors qu'il ne peut être exclu, sur la base des meilleures connaissances scientifiques en la matière, que le plan ou le projet puisse affecter les objectifs de conservation de ce site. L'appréciation du risque doit être effectuée, notamment, à la lumière des caractéristiques et des conditions environnementales spécifiques du site concerné par un tel plan ou projet [voir, en ce sens, arrêt du 17 avril 2018, *Commission/Pologne (Forêt de Białowieża)*, C-441/17, EU:C:2018:255, points 111 et 112 ainsi que jurisprudence citée].

135. En l'occurrence, ainsi qu'il ressort d'extraits de travaux parlementaires relatifs à la loi du 28 juin 2015 reproduits dans la décision de renvoi, et comme l'a également relevé Mme l'avocate générale aux points 24 à 26 de ses conclusions, les centrales faisant l'objet des mesures en cause au principal, qui sont situées sur les rives de l'Escaut, se trouvent à proximité de zones protégées, au titre de la directive habitats et de la directive oiseaux, établies notamment en faveur d'espèces protégées de poissons et d'agnathes évoluant dans ce fleuve.

136. À cet égard, il convient de rappeler que la circonstance qu'un projet est situé à l'extérieur d'une zone Natura 2000 ne dispense pas des exigences énoncées à l'article 6, paragraphe 3, de la directive habitats (voir, en ce sens, arrêts du 10 janvier 2006, *Commission/Allemagne*, C-98/03, EU:C:2006:3, points 44 et 51, ainsi que du 26 avril 2017, *Commission/Allemagne*, C-142/16, EU:C:2017:301, point 29).

137. En l'occurrence, le projet en cause au principal, tant par l'ampleur des travaux qu'il implique que par la durée de prolongation

de l'activité de production industrielle d'électricité des deux centrales qu'il prévoit, risque à l'évidence de compromettre les objectifs de conservation des sites protégés situés à proximité, ne serait-ce qu'en raison des modalités mêmes de fonctionnement de celles-ci, et en particulier des prélèvements d'importantes masses d'eau effectués dans le fleuve à proximité pour les besoins du système de refroidissement ainsi que du rejet de ces masses d'eau, mais aussi de l'existence du risque d'accident grave qu'il comporte (voir, par analogie, arrêts du 10 janvier 2006, *Commission/Allemagne*, C-98/03, EU:C:2006:3, point 44, et du 26 avril 2017, *Commission/Allemagne*, C-142/16, EU:C:2017:301, point 30), sans qu'il y ait lieu de distinguer la situation de chacune des deux centrales.

138. Partant, un projet tel que celui en cause au principal est susceptible d'affecter de manière significative des sites protégés, au sens de l'article 6, paragraphe 3, de la directive habitats.

139. Il résulte de ce qui précède que l'article 6, paragraphe 3, de la directive habitats doit être interprété en ce sens que des mesures telles que celles en cause au principal, ensemble avec les travaux qui leur sont indissociablement liés, constituent un projet devant faire l'objet d'une évaluation appropriée de ses incidences sur le site concerné conformément à cette directive, sans qu'il y ait lieu de distinguer selon que ces mesures sont relatives à l'une ou l'autre des deux centrales en cause.

d) Sur le moment auquel l'évaluation doit avoir lieu

140. L'article 6, paragraphe 3, seconde phrase, de la directive habitats précise que, à la suite de la réalisation de l'évaluation appropriée, les autorités nationales compétentes « ne marquent leur accord » sur un projet qu'après s'être assurées qu'il ne portera pas atteinte à l'intégrité du site concerné et après avoir pris, le cas échéant, l'avis du public.

141. Il en résulte qu'une telle évaluation doit nécessairement intervenir avant cet accord.

142. Par ailleurs, si la directive habitats ne définit pas les conditions dans lesquelles les autorités « marquent leur accord » pour un projet donné, en application de l'article 6, paragraphe 3, de celle-ci, la notion d'« autorisation » figurant à l'article 1er, paragraphe 2, sous c), de la directive EIE est pertinente pour définir le sens de ces termes.

143. Ainsi, par analogie avec ce qui a été jugé par la Cour en ce qui concerne la directive EIE, dans le cas où le droit national prévoit que la procédure d'autorisation se déroule en plusieurs étapes, il y a lieu de considérer que l'évaluation exigée à l'article 6, paragraphe 3, de la directive habitats doit, en principe, être effectuée aussitôt que tous les effets

que le projet en cause est susceptible d'avoir sur un site protégé sont suffisamment identifiables.

144. Par conséquent, et pour des raisons similaires à celles énoncées aux points 87 à 91 du présent arrêt, une législation nationale telle que la loi du 28 juin 2015 présente les caractéristiques d'un accord des autorités à l'égard du projet concerné, au sens de l'article 6, paragraphe 3, de la directive habitats, et la circonstance que la mise en œuvre de ce projet doit faire l'objet d'actes ultérieurs, en particulier, s'agissant de l'une des deux centrales concernées, d'une nouvelle autorisation individuelle de production d'électricité à des fins industrielles, ne saurait justifier l'absence d'évaluation appropriée de ses incidences avant l'adoption de cette législation. En outre, s'agissant des travaux indissociablement liés aux mesures en cause au principal, ils doivent être soumis à évaluation, à ce stade de la procédure d'autorisation du projet, si leur nature et leurs incidences potentielles sur les sites protégés sont suffisamment identifiables, ce qu'il appartient à la juridiction de renvoi de vérifier.

145. Eu égard à ce qui précède, il convient de répondre à la huitième question, sous a) à c), que l'article 6, paragraphe 3, de la directive habitats doit être interprété en ce sens que des mesures telles que celles en cause au principal, ensemble avec les travaux de modernisation et de mise en conformité aux normes de sécurité actuelles, constituent un projet soumis à une évaluation appropriée de ses incidences sur les sites protégés concernés. Ces mesures doivent faire l'objet d'une telle évaluation avant leur adoption par le législateur. La circonstance que la mise en œuvre desdites mesures implique des actes ultérieurs, tels que la délivrance, pour l'une des centrales concernées, d'une nouvelle autorisation individuelle de production d'électricité à des fins industrielles, n'est pas déterminante à cet égard. Les travaux indissociablement liés à ces mêmes mesures doivent également être soumis à une telle évaluation avant l'adoption de ces dernières si, ce qu'il appartient à la juridiction de renvoi de vérifier, leur nature et leurs incidences potentielles sur les sites protégés sont suffisamment identifiables à ce stade.

2. Sur la huitième question, sous d)

146. Par sa huitième question, sous d), la juridiction de renvoi demande, en substance, si l'article 6, paragraphe 4, de la directive habitats doit être interprété en ce sens que l'objectif d'assurer la sécurité de l'approvisionnement en électricité d'un État membre constitue une raison impérative d'intérêt public majeur, au sens de cette disposition.

147. En tant que disposition dérogatoire au critère d'autorisation énoncé à l'article 6, paragraphe 3, seconde phrase, de la directive

habitats, l'article 6, paragraphe 4, de celle-ci doit faire l'objet d'une interprétation stricte et ne saurait s'appliquer qu'après que les incidences d'un plan ou d'un projet ont été analysées conformément aux dispositions dudit paragraphe 3 [arrêt du 17 avril 2018, *Commission/ Pologne (Forêt de Białowieża)*, C-441/17, EU:C:2018:255, point 189 et jurisprudence citée].

148. En effet, en vertu de l'article 6, paragraphe 4, premier alinéa, de la directive habitats, dans l'hypothèse où, en dépit de conclusions négatives de l'évaluation effectuée conformément à l'article 6, paragraphe 3, première phrase, de cette directive, et en l'absence de solutions alternatives, un plan ou un projet doit néanmoins être réalisé pour des raisons impératives d'intérêt public majeur, y compris de nature sociale ou économique, l'État membre doit prendre toute mesure compensatoire nécessaire pour assurer que la cohérence globale de Natura 2000 est protégée [voir, en ce sens, arrêts du 20 septembre 2007, *Commission/Italie*, C-304/05, EU:C:2007:532, point 81, et du 17 avril 2018, *Commission/Pologne (Forêt de Białowieża)*, C-441/17, EU:C:2018:255, point 190].

149. En outre, lorsque le site concerné abrite un type d'habitat naturel ou une espèce prioritaires, l'article 6, paragraphe 4, second alinéa, de la directive habitats prévoit que seules peuvent être évoquées des considérations liées à la santé de l'homme et à la sécurité publique ou à des conséquences bénéfiques primordiales pour l'environnement ou, après avis de la Commission, à d'autres raisons impératives d'intérêt public majeur.

150. La connaissance des incidences d'un plan ou d'un projet, au regard des objectifs de conservation relatifs au site en question, constitue, dès lors, un préalable indispensable à l'application de l'article 6, paragraphe 4, de la directive habitats, car, en l'absence de ces éléments, aucune condition d'application de cette disposition dérogatoire ne saurait être appréciée. L'examen d'éventuelles raisons impératives d'intérêt public majeur et celui de l'existence d'alternatives moins préjudiciables requièrent en effet une mise en balance par rapport aux atteintes portées audit site par le plan ou le projet considéré. En outre, afin de déterminer la nature d'éventuelles mesures compensatoires, les atteintes au site concerné doivent être identifiées avec précision [arrêts du 20 septembre 2007, *Commission/Italie*, C-304/05, EU:C:2007:532, point 83, et du 17 avril 2018, *Commission/Pologne (Forêt de Białowieża)*, C-441/17, EU:C:2018:255, point 191 et jurisprudence citée].

151. En l'occurrence, il ressort de la décision de renvoi que la huitième question, sous d), repose sur la prémisse selon laquelle les études et les auditions réalisées dans le cadre de la procédure d'adoption des mesures

en cause au principal ont permis de procéder à une évaluation conforme aux exigences énoncées à l'article 6, paragraphe 3, de la directive habitats.

152. Toutefois, outre le fait qu'il ne ressort pas du dossier soumis à la Cour que ces études et ces auditions aient permis de réaliser une évaluation des incidences sur l'environnement conforme aux exigences de la directive EIE, il incomberait en tout état de cause à la juridiction de renvoi de vérifier si une telle évaluation peut être considérée comme répondant également aux exigences de la directive habitats (voir, par analogie, arrêts du 22 septembre 2011, *Valčiukienė e.a.*, C-295/10, EU:C:2011:608, point 62, ainsi que du 10 septembre 2015, *Dimos Kropias Attikis*, C-473/14, EU:C:2015:582, point 58).

153. Pour que tel soit le cas, il convient en particulier, ainsi qu'il a été rappelé au point 120 du présent arrêt, que soient identifiés, compte tenu des meilleures connaissances scientifiques en la matière, tous les aspects du plan ou du projet en cause pouvant, par eux-mêmes ou en combinaison avec d'autres plans ou projets, affecter les objectifs de conservation des sites protégés concernés [voir, en ce sens, arrêts du 17 avril 2018, *Commission/Pologne (Forêt de Białowieża)*, C-441/17, EU:C:2018:255, point 113 et jurisprudence citée, ainsi que du 25 juillet 2018, *Grace et Sweetman*, C-164/17, EU:C:2018:593, point 40].

154. Il appartiendrait également, le cas échéant, à la juridiction de renvoi de vérifier si les études et les auditions réalisées dans le cadre de la procédure d'adoption des mesures en cause au principal ont donné lieu à des conclusions négatives, puisque, à défaut, il n'y aurait pas lieu d'appliquer l'article 6, paragraphe 4, de la directive habitats.

155. Quant à la question de savoir si l'objectif d'assurer la sécurité de l'approvisionnement en électricité d'un État membre constitue une raison impérative d'intérêt public majeur, au sens de l'article 6, paragraphe 4, premier alinéa, de la directive habitats, il convient de rappeler que l'intérêt de nature à justifier la réalisation d'un plan ou d'un projet doit être à la fois « public » et « majeur », ce qui implique qu'il soit d'une importance telle qu'il puisse être mis en balance avec l'objectif de conservation des habitats naturels, de la faune, y compris l'avifaune, et de la flore sauvages poursuivi par cette directive (arrêt du 11 septembre 2012, *Nomarchiaki Aftodioikisi Aitoloakarnanias e.a.*, C-43/10, EU:C:2012:560, point 121).

156. À cet égard, il peut être relevé que l'article 194, paragraphe 1, sous b), TFUE identifie la sécurité d'approvisionnement énergétique dans l'Union européenne comme l'un des objectifs fondamentaux de la politique de l'Union dans le domaine de l'énergie (arrêt du 7 septembre 2016, *ANODE*, C-121/15, EU:C:2016:637, point 48).

157. En outre, et en tout état de cause, l'objectif d'assurer, en tout temps, la sécurité d'approvisionnement en électricité dans un État membre, remplit les conditions rappelées au point 155 du présent arrêt.

158. Cependant, dans le cas où le site protégé susceptible d'être affecté par un projet abrite un type d'habitat naturel ou une espèce prioritaires, au sens de la directive habitats, seule la nécessité d'écarter une menace réelle et grave de rupture de l'approvisionnement en électricité de l'État membre concerné est de nature à constituer, dans des circonstances telles que celles en cause au principal, une raison de sécurité publique susceptible, en vertu de l'article 6, paragraphe 4, second alinéa, de cette directive, de justifier la réalisation du projet.

159. Par conséquent, il y a lieu de répondre à la huitième question, sous d), que l'article 6, paragraphe 4, premier alinéa, de la directive habitats doit être interprété en ce sens que l'objectif d'assurer, en tout temps, la sécurité de l'approvisionnement en électricité d'un État membre constitue une raison impérative d'intérêt public majeur, au sens de cette disposition. L'article 6, paragraphe 4, second alinéa, de cette directive doit être interprété en ce sens que, dans le cas où le site protégé susceptible d'être affecté par un projet abrite un type d'habitat naturel ou une espèce prioritaires, ce qu'il revient à la juridiction de renvoi de vérifier, seule la nécessité d'écarter une menace réelle et grave de rupture de l'approvisionnement en électricité de l'État membre concerné est de nature à constituer, dans des circonstances telles que celles en cause au principal, une raison de sécurité publique, au sens de cette disposition.

C. Sur les première à troisième questions, relatives à la convention d'Espoo

160. Par ses première à troisième questions, la juridiction de renvoi demande, en substance, si la convention d'Espoo doit être interprétée en ce sens que des mesures telles que celles en cause au principal doivent être soumises à l'évaluation de l'impact sur l'environnement qu'elle prévoit.

161. Toutefois, il a été relevé, au point 93 du présent arrêt, que des mesures telles que celles en cause au principal font partie d'un projet susceptible d'avoir des incidences notables sur l'environnement d'un autre État membre et devant être soumis à une procédure d'évaluation de ses incidences transfrontières conforme à l'article 7 de la directive EIE, laquelle tient compte, ainsi que l'indique son considérant 15, des exigences de la convention d'Espoo.

162. Dans ce contexte, il n'y a donc pas lieu de répondre aux première à troisième questions, relatives à la convention d'Espoo.

D. Sur les quatrième et cinquième questions, relatives à la convention d'Aarhus

163. Par ses quatrième et cinquième questions, la juridiction de renvoi demande, en substance, si l'article 6 de la convention d'Aarhus doit être interprété en ce sens que les exigences de participation du public qu'il prévoit s'appliquent à des mesures telles que celles en cause au principal.

164. Il ressort de la décision de renvoi que la Cour constitutionnelle pose ces questions en raison des doutes qu'elle éprouve quant à l'applicabilité à ces mesures de la directive EIE, laquelle, ainsi qu'il ressort notamment de ses considérants 18 à 20, a pourtant vocation à prendre en compte les stipulations de la convention d'Aarhus.

165. Il résulte, toutefois, des réponses apportées aux sixième et septième questions que des mesures telles que celles en cause au principal, ensemble avec les travaux qui leur sont indissociablement liés, constituent un projet devant être soumis, préalablement à son adoption, à une évaluation de ses incidences sur l'environnement, en vertu de la directive EIE.

166. Il n'y a, dès lors, pas lieu de répondre aux quatrième et cinquième questions.

E. Sur la neuvième question, relative au maintien des effets de la loi en cause au principal

167. Par sa neuvième question, la juridiction de renvoi demande, en substance, si le droit de l'Union permet à une juridiction nationale de maintenir les effets de mesures telles que celles en cause au principal le temps nécessaire aux fins de remédier à leur illégalité éventuelle au regard des directives EIE et habitats.

168. À cet égard, il convient de constater que, si la directive EIE impose, à son article 2, paragraphe 1, une obligation d'évaluation préalable des projets que cette disposition vise, la directive habitats prévoit également, pour ce qui concerne les projets soumis à évaluation en vertu de son article 6, paragraphe 3, que les États membres ne peuvent marquer leur accord qu'après s'être assurés dans ce cadre de l'absence d'atteinte à l'intégrité du site concerné.

169. Cela étant, ni la directive EIE ni la directive habitats ne précisent les conséquences qu'il convient de tirer d'une violation des obligations qu'elles édictent.

170. Pour autant, en vertu du principe de coopération loyale, prévu à l'article 4, paragraphe 3, TUE, les États membres sont tenus d'effacer les conséquences illicites de cette violation du droit de l'Union. Les autorités nationales compétentes sont ainsi dans l'obligation de prendre, dans le

cadre de leurs compétences, toutes les mesures nécessaires afin de remédier à l'omission d'une évaluation des incidences sur l'environnement, par exemple en retirant ou en suspendant une autorisation déjà accordée, afin d'effectuer une telle évaluation (voir, en ce sens, arrêt du 26 juillet 2017, *Comune di Corridonia e.a.*, C-196/16 et C-197/16, EU:C:2017:589, point 35 et jurisprudence citée).

171. Une telle obligation incombe également aux juridictions nationales saisies de recours à l'encontre d'un acte national comportant une telle autorisation. Il convient, à cet égard, de rappeler que les modalités procédurales applicables à de tels recours relèvent de l'ordre juridique interne de chaque État membre en vertu du principe de l'autonomie procédurale des États membres, à condition toutefois qu'elles ne soient pas moins favorables que celles régissant des situations similaires de nature interne (principe d'équivalence) et qu'elles ne rendent pas impossible en pratique ou excessivement difficile l'exercice des droits conférés par l'ordre juridique de l'Union (principe d'effectivité) (voir, en ce sens, arrêt du 28 février 2012, *Inter-Environnement Wallonie et Terre wallonne*, C-41/11, EU:C:2012:103, point 45 ainsi que jurisprudence citée).

172. Par conséquent, les juridictions saisies à cet égard doivent adopter, sur le fondement de leur droit national, des mesures tendant à la suspension ou à l'annulation de l'autorisation d'un projet adoptée en méconnaissance de l'obligation de procéder à une évaluation environnementale (voir, en ce sens, arrêt du 28 février 2012, *Inter-Environnement Wallonie et Terre Wallonne*, C-41/11, EU:C:2012:103, point 46 et jurisprudence citée).

173. Il est vrai que la Cour a également jugé que le droit de l'Union ne s'oppose pas à ce que des règles nationales permettent, dans certains cas, de régulariser des opérations ou des actes irréguliers au regard du droit de l'Union (arrêt du 26 juillet 2017, *Comune di Corridonia e.a.*, C-196/16 et C-197/16, EU:C:2017:589, point 37 ainsi que jurisprudence citée).

174. Toutefois, une telle possibilité de régularisation doit être subordonnée à la condition qu'elle n'offre pas aux intéressés l'occasion de contourner les règles du droit de l'Union ou de se dispenser de les appliquer et qu'elle demeure exceptionnelle (arrêt du 26 juillet 2017, *Comune di Corridonia e.a.*, C-196/16 et C-197/16, EU:C:2017:589, point 38 ainsi que jurisprudence citée).

175. Ainsi, en cas d'omission d'une évaluation des incidences d'un projet sur l'environnement exigée par la directive EIE, s'il incombe aux États membres d'en effacer les conséquences illicites, le droit de l'Union ne s'oppose pas à ce qu'une telle évaluation soit effectuée à titre de régularisation alors que le projet est en cours de réalisation ou même après qu'il

a été réalisé, à la double condition, d'une part, que les règles nationales permettant cette régularisation n'offrent pas aux intéressés l'occasion de contourner les règles du droit de l'Union ou de se dispenser de les appliquer et, d'autre part, que l'évaluation effectuée à titre de régularisation ne porte pas uniquement sur les incidences futures de ce projet pour l'environnement, mais prenne en compte l'ensemble des incidences environnementales survenues depuis la réalisation dudit projet (voir, en ce sens, arrêts du 26 juillet 2017, *Comune di Corridonia e.a.*, C-196/16 et C-197/16, EU:C:2017:589, point 43, ainsi que du 28 février 2018, *Comune di Castelbellino*, C-117/17, EU:C:2018:129, point 30).

176. Par analogie, il y a lieu de considérer que le droit de l'Union ne s'oppose pas non plus, et sous réserve des mêmes conditions, à ce qu'une telle régularisation soit effectuée en cas d'omission de l'évaluation préalable des incidences du projet concerné sur un site protégé, exigée à l'article 6, paragraphe 3, de la directive habitats.

177. Il convient d'ajouter que seule la Cour peut, à titre exceptionnel et pour des considérations impérieuses de sécurité juridique, accorder une suspension provisoire de l'effet d'éviction exercé par une règle du droit de l'Union à l'égard du droit national contraire à celle-ci. En effet, si des juridictions nationales avaient le pouvoir de donner aux dispositions nationales la primauté par rapport au droit de l'Union auquel ces dispositions contreviennent, serait-ce même à titre provisoire, il serait porté atteinte à l'application uniforme du droit de l'Union (voir, en ce sens, arrêts du 8 septembre 2010, *Winner Wetten*, C-409/06, EU:C:2010:503, points 66 et 67, ainsi que du 28 juillet 2016, *Association France Nature Environnement*, C-379/15, EU:C:2016:603, point 33).

178. Toutefois, la Cour a également jugé, au point 58 de son arrêt du 28 février 2012, *Inter-Environnement Wallonie et Terre wallonne* (C-41/11, EU:C:2012:103), qu'une juridiction nationale peut, compte tenu de l'existence d'une considération impérieuse liée, comme tel était le cas dans l'affaire ayant donné lieu à cet arrêt, à la protection de l'environnement et pour autant que sont respectées les conditions que cet arrêt précise, exceptionnellement être autorisée à faire usage de sa disposition nationale l'habilitant à maintenir certains effets d'un acte national annulé. Il ressort ainsi dudit arrêt que la Cour a entendu reconnaître, au cas par cas, et à titre exceptionnel, à une juridiction nationale la faculté d'aménager les effets de l'annulation d'une disposition nationale jugée incompatible avec le droit de l'Union dans le respect des conditions posées par la jurisprudence de la Cour (voir, en ce sens, arrêt du 28 juillet 2016, *Association France Nature Environnement*, C-379/15, EU:C:2016:603, point 34).

179. En l'occurrence, conformément à la jurisprudence citée au point 177 du présent arrêt, il appartient à la seule Cour de déterminer

les conditions dans lesquelles il peut être justifié, à titre exceptionnel, de maintenir les effets de mesures telles que celles en cause au principal en raison de considérations impérieuses ayant trait à la sécurité de l'approvisionnement en électricité de l'État membre concerné. À cet égard, de telles considérations ne sauraient justifier le maintien des effets de mesures nationales adoptées en méconnaissance des obligations découlant des directives EIE et habitats que si, dans l'hypothèse d'une annulation ou d'une suspension des effets de ces mesures, il existait une menace réelle et grave de rupture de l'approvisionnement en électricité de l'État membre concerné, à laquelle il ne pourrait être fait face par d'autres moyens et alternatives, notamment dans le cadre du marché intérieur.

180. Il revient à la juridiction de renvoi d'apprécier si, compte tenu des autres moyens et alternatives dont l'État membre concerné dispose pour assurer l'approvisionnement en électricité sur son territoire, le maintien exceptionnel des effets des mesures contestées devant cette juridiction est ainsi justifié par la nécessité de faire face à une telle menace.

181. En tout état de cause, un tel maintien ne peut couvrir que le laps de temps strictement nécessaire pour remédier à l'illégalité.

182. Compte tenu de ce qui précède, il convient de répondre à la neuvième question que le droit de l'Union doit être interprété en ce sens qu'une juridiction nationale peut, si le droit interne le permet, exceptionnellement maintenir les effets de mesures, telles que celles en cause au principal, qui auraient été adoptées en violation des obligations édictées par les directives EIE et habitats, si ce maintien est justifié par des considérations impérieuses liées à la nécessité d'écarter une menace réelle et grave de rupture de l'approvisionnement en électricité de l'État membre concerné, à laquelle il ne pourrait être fait face par d'autres moyens et alternatives, notamment dans le cadre du marché intérieur. Ledit maintien ne peut couvrir que le laps de temps strictement nécessaire pour remédier à cette illégalité.

Sur les dépens

[...]

Par ces motifs, la Cour (grande chambre) dit pour droit :

1) L'article 1er, paragraphe 2, sous a), premier tiret, l'article 2, paragraphe 1, et l'article 4, paragraphe 1, de la directive 2011/92/UE du Parlement européen et du Conseil, du 13 décembre 2011, concernant l'évaluation des incidences de certains projets publics et privés sur l'environnement, doivent être interprétés en ce sens que le redémarrage, pour une période de près de dix années, de la production industrielle d'électricité d'une centrale nucléaire à l'arrêt, avec pour

effet de reporter de dix ans la date initialement fixée par le législateur national pour sa désactivation et la fin de son activité, et le report, de dix ans également, du terme initialement prévu par ce même législateur pour la désactivation et l'arrêt de la production industrielle d'électricité d'une centrale en activité, mesures qui impliquent des travaux de modernisation des centrales concernées de nature à affecter la réalité physique des sites, constituent un « projet », au sens de cette directive, qui doit, en principe, et sous réserve des vérifications qu'il appartient à la juridiction de renvoi d'effectuer, être soumis à une évaluation des incidences sur l'environnement, préalablement à l'adoption de ces mesures. La circonstance que la mise en œuvre de ces dernières implique des actes ultérieurs, tels que la délivrance, pour l'une des centrales concernées, d'une nouvelle autorisation individuelle de production d'électricité à des fins industrielles, n'est pas déterminante à cet égard. Les travaux indissociablement liés auxdites mesures doivent également être soumis à une telle évaluation avant l'adoption de ces mêmes mesures si, ce qu'il appartient à la juridiction de renvoi de vérifier, leur nature et leurs incidences potentielles sur l'environnement sont suffisamment identifiables à ce stade.

2) L'article 2, paragraphe 4, de la directive 2011/92 doit être interprété en ce sens qu'il n'autorise un État membre à exempter un projet tel que celui en cause au principal d'une évaluation des incidences sur l'environnement en vue d'assurer la sécurité de son approvisionnement en électricité que dans le cas où cet État membre démontre que le risque pour la sécurité de cet approvisionnement est raisonnablement probable et que le projet en cause présente un caractère d'urgence susceptible de justifier l'absence d'une telle évaluation, pour autant que les obligations prévues à l'article 2, paragraphe 4, deuxième alinéa, sous a) à c), de cette directive sont respectées. Une telle possibilité d'exemption est cependant sans préjudice des obligations qui s'imposent à l'État membre concerné en vertu de l'article 7 de ladite directive.

3) L'article 1er, paragraphe 4, de la directive 2011/92 doit être interprété en ce sens qu'une législation nationale telle que celle en cause au principal ne constitue pas un acte législatif national spécifique, au sens de cette disposition, exclu, en vertu de celle-ci, du champ d'application de cette directive.

4) L'article 6, paragraphe 3, de la directive 92/43/CEE du Conseil, du 21 mai 1992, concernant la conservation des habitats naturels ainsi que de la faune et de la flore sauvages, doit être interprété en ce sens que des mesures telles que celles en cause au principal, ensemble avec les travaux de modernisation et de mise en conformité aux normes de sécurité actuelles, constituent un projet soumis

à une évaluation appropriée de ses incidences sur les sites protégés concernés. Ces mesures doivent faire l'objet d'une telle évaluation avant leur adoption par le législateur. La circonstance que la mise en œuvre desdites mesures implique des actes ultérieurs, tels que la délivrance, pour l'une des centrales concernées, d'une nouvelle autorisation individuelle de production d'électricité à des fins industrielles, n'est pas déterminante à cet égard. Les travaux indissociablement liés à ces mêmes mesures doivent également être soumis à une telle évaluation avant l'adoption de ces dernières si, ce qu'il appartient à la juridiction de renvoi de vérifier, leur nature et leurs incidences potentielles sur les sites protégés sont suffisamment identifiables à ce stade.

5) L'article 6, paragraphe 4, premier alinéa, de la directive 92/43 doit être interprété en ce sens que l'objectif d'assurer, en tout temps, la sécurité de l'approvisionnement en électricité d'un État membre constitue une raison impérative d'intérêt public majeur, au sens de cette disposition. L'article 6, paragraphe 4, second alinéa, de cette directive doit être interprété en ce sens que, dans le cas où le site protégé susceptible d'être affecté par un projet abrite un type d'habitat naturel ou une espèce prioritaires, ce qu'il revient à la juridiction de renvoi de vérifier, seule la nécessité d'écarter une menace réelle et grave de rupture de l'approvisionnement en électricité de l'État membre concerné est de nature à constituer, dans des circonstances telles que celles en cause au principal, une raison de sécurité publique, au sens de cette disposition.

6) Le droit de l'Union doit être interprété en ce sens qu'une juridiction nationale peut, si le droit interne le permet, exceptionnellement maintenir les effets de mesures, telles que celles en cause au principal, qui auraient été adoptées en violation des obligations édictées par les directives 2011/92 et 92/43, si ce maintien est justifié par des considérations impérieuses liées à la nécessité d'écarter une menace réelle et grave de rupture de l'approvisionnement en électricité de l'État membre concerné, à laquelle il ne pourrait être fait face par d'autres moyens et alternatives, notamment dans le cadre du marché intérieur. Ledit maintien ne peut couvrir que le laps de temps strictement nécessaire pour remédier à cette illégalité.

Observations

L'arrêt commenté, rendu en grande chambre le 29 juillet 2019 sur question préjudicielle de la Cour constitutionnelle belge, retient l'attention, à tout le moins, en ce qu'il concerne la délicate question de la prolongation de la durée de vie des centrales nucléaires.

Est convoquée, pour en traiter à titre préjudiciel, une nuée de normes internationales et européennes de premier plan, la convention d'Espoo sur l'évaluation de l'impact sur l'environnement dans un contexte transfrontière du 25 février 1991 ; la convention d'Aarhus sur l'accès à l'information, la participation du public au processus décisionnel et l'accès à la justice en matière d'environnement du 25 juin 1998 ; la directive 92/43, du 21 mai 1992, concernant la conservation des habitats naturels ainsi que de la faune et de la flore sauvages (la directive « Habitats ») ; la directive 2009/147, concernant la conservation des oiseaux sauvages (la directive « Oiseaux ») ; et la directive 2011/92, du 13 décembre 2011, concernant l'évaluation des incidences de certains projets publics et privés sur l'environnement (la directive « EIE »).

À l'origine du débat est un litige opposant deux ONG, Inter-Environnement Wallonie et Bond Beter Leefmilieu Vlaanderen, à l'État belge au sujet de la loi qui a, d'une part, prévu le redémarrage, pour une durée de près de dix années, de l'activité de production industrielle d'électricité d'une centrale nucléaire à l'arrêt et, d'autre part, reporté de dix ans le terme initialement prévu pour la désactivation et l'arrêt de la production industrielle d'électricité d'une centrale nucléaire en activité.

Examen des questions

Le litige objet du recours préjudiciel porte sur le redémarrage, pour une période de près de dix années, de la production industrielle d'électricité d'une centrale nucléaire à l'arrêt, avec pour effet de reporter de dix ans la date initialement fixée pour sa désactivation et la fin de son activité, et le report, de dix ans également, du terme initialement prévu pour la désactivation et l'arrêt de la production industrielle d'électricité d'une centrale en activité. Ces mesures impliquent des travaux de modernisation d'envergure auxquels une enveloppe d'un montant de 700 millions d'euros est consacrée, comportant non seulement l'amélioration des structures existantes mais aussi la réalisation de trois bâtiments.

Dès l'abord, la Cour juge que les mesures prévues sont de nature à affecter la réalité physique des sites, étant d'une ampleur comparable, en termes de risques d'incidences environnementales, à celle de la mise en service initiale des dites centrales. Elles constituent de ce fait un « projet » qui relève de l'annexe 1 de la directive EIE, et qui doit, en principe, être soumis à évaluation préalable (pts 61-94).

L'article 2, paragraphe 4, de la directive EIE dispose que les États membres peuvent, dans des cas exceptionnels, exempter en totalité ou en partie, un projet spécifique de ses dispositions. Toutefois, juge ici la Cour, cette disposition n'autorise un État membre à exempter un projet tel que celui en cause au principal d'une EIE en vue d'assurer la sécurité de son approvisionnement en électricité que dans le cas où le risque pour la sécurité de cet approvisionnement est raisonnablement probable et où le projet présente un caractère d'urgence susceptible de justifier l'absence d'une telle évaluation (pts 95-101).

Diverses tentatives ont été faites pour trouver des formules permettant de régulariser la situation découlant de l'absence d'EIE, largement en vain. Il en est ainsi à tel point que la validation législative elle-même, pourtant prévue à l'article 1er, paragraphe 4, de la directive EIE, ne bénéficie d'aucune faveur en droit de l'Union. La Cour rappelle que ne sont exclus de ce chef du champ d'application de la directive que les projets adoptés en détail par un acte législatif spécifique, de manière que les objectifs de la directive aient été atteints par la procédure législative. Plus précisément, ne constitue pas un acte législatif national spécifique exclu du champ d'application de la directive EIE, une législation nationale adoptée sans que le législateur ait à sa disposition une information suffisante sur le projet, son site, sa conception et ses dimensions, les mesures envisagées pour éviter et réduire des incidences négatives importantes et, si possible, y remédier, les données nécessaires pour identifier et évaluer les effets principaux que le projet est susceptible d'avoir sur l'environnement, une esquisse des principales solutions de substitution qui ont été examinées par le maître d'ouvrage et une indication des principales raisons de son choix, ainsi qu'un résumé non technique de ces différentes informations (pts 103-109).

Poursuivant son examen des questions préjudicielles, la Cour rappelle ensuite qu'étant considérées comme un projet au sens de la directive EIE, de telles mesures, ensemble avec les travaux qui leur sont indissociablement liés, constituent également un projet, au sens de la directive « Habitats ». Une source importante de contentieux réside dans l'article 6, paragraphe 3, de cette directive qui dispose, notamment, que « tout plan ou projet non directement lié ou nécessaire à la gestion du site mais susceptible d'affecter ce site de manière significative, individuellement ou en conjugaison avec d'autres plans et projets, fait l'objet d'une évaluation appropriée de ses incidences sur le site eu égard aux objectifs de conservation de ce site [...] ». Il s'agit d'une procédure *sui generis* qui s'impose en principe à chaque plan ou projet concerné de manière individuelle (1) et qu'il convient de ne pas assimiler à celles, prévues de manière transversale, par la directive 2001/42 du 27 juin 2001, relative à l'évaluation des incidences de certains plans et programmes sur l'environnement (2) ou par la directive EIE. Les notions de « plan » et de « projet » n'étant pas définies par la directive « Habitats », la Cour tient compte de la définition de la directive EIE, selon laquelle la réalisation de travaux de construction ou d'autres installations ou ouvrages ainsi que d'autres interventions dans le milieu naturel constituent des « projets » (3), plus restrictive que celle résultant de la directive « Habitats ». Ainsi, une activité qui relève de la directive EIE doit, à plus forte raison, relever de la directive « habitats », mais l'inverse n'est pas vrai de telle sorte que des activités de pâturage de bétail et d'épandage d'effluents sur ou dans le sol à proximité peuvent être qualifiées de

(1) Voy., en ce sens, CJUE, 7 novembre 2018, *Coöperatie Mobilisation for the Environment et Vereniging Leefmilieu*, aff. C-293/17, ECLI:EU:C:2018:882, pt 104 ; voy., également, pt 120.
(2) *JOCE*, L 197, 27 juillet 2001.
(3) CJUE, 17 juillet 2014, *Commission c/ Grèce*, aff. C-600/12, ECLI:EU:C:2014:2086.

« projet », au sens de l'article 6, paragraphe 3, de la directive « Habitats »(4). C'est la position que reprend la Cour dans l'arrêt commenté à propos des mesures nécessaires pour la prolongation de la durée des centrales nucléaires (pt 125).

La Cour examine ensuite la question de savoir si ce projet risque de compromettre les objectifs de conservation des sites protégés situés à proximité. L'exigence d'une évaluation appropriée des incidences d'un plan ou d'un projet prévue à l'article 6, paragraphe 3, de la directive « Habitats » est « subordonnée à la condition qu'il y ait une probabilité ou un risque qu'il affecte le site concerné de manière significative ». La Cour se réfère ici au principe de précaution pour énoncer qu'« il est considéré qu'un tel risque existe dès lors qu'il ne peut être exclu, sur la base des meilleures connaissances scientifiques en la matière, que le plan ou le projet puisse affecter les objectifs de conservation de ce site » et que son appréciation « doit être effectuée, notamment, à la lumière des caractéristiques et des conditions environnementales spécifiques du site concerné par un tel plan ou projet »(5) (pt 134). Ainsi, le projet de mesures et de travaux prévu pour la prolongation de centrales nucléaires belges, tant par l'ampleur des travaux qu'il implique que par la durée de prolongation de l'activité qu'il prévoit, « risque à l'évidence de compromettre les objectifs de conservation des sites protégés situés à proximité, ne serait-ce qu'en raison des modalités mêmes de fonctionnement, et en particulier des prélèvements d'importantes masses d'eau effectués dans le fleuve à proximité pour les besoins du système de refroidissement ainsi que du rejet de ces masses d'eau, mais aussi de l'existence du risque d'accident grave qu'il comporte » (pt 137).

Abordant enfin la question du maintien des effets de la loi en cause au principal, la Cour rappelle qu'il n'appartient qu'à elle de déterminer les conditions dans lesquelles un tel maintien peut être justifié, à titre exceptionnel, en raison de considérations impérieuses ayant trait, en l'occurrence, à la sécurité de l'approvisionnement en électricité de l'État membre concerné.

(4) CJUE, 7 novembre 2018, *Coöperatie Mobilisation for the Environment et Vereniging Leefmilieu*, aff. C-293/17, préc., pts 65 et 66.

(5) Voy., également, CJUE, gde ch., 17 avril 2018, *Commission c/ Pologne*, aff. C-441/17, ECLI:EU:C:2018:255, pts 111 et 112, et la jurisprudence citée.

Elle considère qu'il ne saurait en aller ainsi « que si, dans l'hypothèse d'une annulation ou d'une suspension des effets de ces mesures, il existait une menace réelle et grave de rupture de l'approvisionnement en électricité de l'État membre concerné, à laquelle il ne pourrait être fait face par d'autres moyens et alternatives, notamment dans le cadre du marché intérieur » (pt 179), et pour le laps de temps strictement nécessaire pour remédier à cette illégalité (pt 181).

Patrick THIEFFRY

Cour de justice, gde ch., 26 février 2019, *Œuvre d'assistance aux bêtes d'abattoirs (OABA) c/ Ministre de l'Agriculture et de l'Alimentation e.a.*, aff. C-497/17, ECLI:EU:C:2019:137

Conclusions non conformes de l'avocat général N. Wahl, du 20 septembre 2018, ECLI:EU:C:2018:747

Mots-clés : Renvoi préjudiciel – Article 13 TFUE – Bien-être des animaux – Règlement (CE) n° 1099/2009 – Protection des animaux au moment de leur mise à mort – Méthodes particulières d'abattage prescrites par des rites religieux – Règlement (CE) n° 834/2007 – Article 3 et article 14, paragraphe 1, sous b), viii) – Compatibilité avec la production biologique – Règlement (CE) n° 889/2008 – Article 57, premier alinéa – Logo de production biologique de l'Union européenne

Cadre normatif : règlement (CE) n° 834/2007 du Conseil, du 28 juin 2007, relatif à la production biologique et à l'étiquetage des produits biologiques et abrogeant le règlement (CEE) n° 2092/91 (*JO*, 2007, L 189, p. 1) ; règlement (CE) n° 889/2008 de la Commission, du 5 septembre 2008, portant modalités d'application du règlement n° 834/2007 (*JO*, 2008, L 250, p. 1) ; règlement (CE) n° 1099/2009 du Conseil, du 24 septembre 2009, sur la protection des animaux au moment de leur mise à mort (*JO*, 2009, L 303, p. 1).

Notes et observations : F. Marchadier, « L'abattage, le bien-être de l'animal et la labellisation "agriculture biologique" », *D.*, 2019, 805 ; Ph. Bonneville, S. Markarian, H. Cassagnabère et Chr. Gänser, « Chronique de jurisprudence de la CJUE », *AJDA*, 2019, p. 1047 ; A. Bouveresse, Fr. Martucci et C. Mayeur-Carpentier, *Droit de l'Union européenne et droit administratif français – RFDA*, 2019, p. 921

Extraits de l'arrêt

1. La demande de décision préjudicielle porte sur l'interprétation de l'article 13 TFUE, du règlement (CE) n° 834/2007 du Conseil, du 28 juin

2007, relatif à la production biologique et à l'étiquetage des produits biologiques et abrogeant le règlement (CEE) n° 2092/91 (*JO* 2007, L 189, p. 1), du règlement (CE) n° 889/2008 de la Commission, du 5 septembre 2008, portant modalités d'application du règlement n° 834/2007 (*JO* 2008, L 250, p. 1), tel que modifié par le règlement (UE) n° 271/2010, du 24 mars 2010 (*JO* 2010, L 84, p. 19) (ci-après le « règlement n° 889/2008 »), ainsi que du règlement (CE) n° 1099/2009 du Conseil, du 24 septembre 2009, sur la protection des animaux au moment de leur mise à mort (*JO* 2009, L 303, p. 1).

2. Cette demande a été introduite dans le cadre d'un litige opposant l'association Œuvre d'Assistance aux bêtes d'Abattoirs (ci-après l'« association OABA ») au ministre de l'Agriculture et de l'Alimentation (ci-après le « ministre de l'Agriculture »), à Bionoor SARL, à Ecocert France SAS (ci–après « Ecocert ») et à l'Institut national de l'origine et de la qualité (INAO) au sujet d'une demande de l'association OABA visant à ce que soient interdites la publicité et la commercialisation de produits issus de viande bovine de la marque « Tendre France », certifiés « halal » et comportant la mention « agriculture biologique » (ci-après la « mention "AB" »).

[...]

Sur la question préjudicielle

34. À titre liminaire, il y a lieu de relever que, en se référant respectivement à un label européen « AB » et à une mention « AB », la juridiction de renvoi et les parties au principal entendent viser, en réalité, le logo biologique de l'Union européenne au sens de l'article 25 du règlement n° 834/2007 et de l'article 57 du règlement n° 889/2008.

35. Dans ces conditions, il convient de considérer que, par sa question, la juridiction de renvoi demande, en substance, si le règlement n° 834/2007, notamment son article 3 et son article 14, paragraphe 1, sous b), viii), lu à la lumière de l'article 13 TFUE, doit être interprété en ce sens qu'il autorise l'apposition du logo biologique de l'Union européenne sur des produits issus d'animaux ayant fait l'objet d'un abattage rituel sans étourdissement préalable, conduit dans les conditions fixées par le règlement n° 1099/2009, notamment par son article 4, paragraphe 4.

36. À cet égard, il y a lieu de relever que le considérant 1 du règlement n° 834/2007 énonce que la production biologique, qui constitue un système global de gestion agricole et de production alimentaire, se caractérise par « l'application de normes élevées en matière de bien-être animal », tandis que le considérant 10 du règlement n° 889/2008 reconnaît le bien-être animal comme « l'une des priorités de l'agriculture biologique ». L'article 3, sous a), iv), et sous c), du règlement n° 834/2007 dispose également que la production biologique vise, notamment, à « établir un système de gestion durable pour l'agriculture qui [...] respecte des normes élevées en matière de bien-être

animal » et à « produire une grande variété de denrées alimentaires et autres produits agricoles qui répondent à la demande des consommateurs concernant des biens produits par l'utilisation de procédés qui ne nuisent pas [...] au bien-être des animaux ». L'article 5, sous h), de ce règlement prévoit encore que l'agriculture biologique entend « assurer un niveau élevé de bien-être animal en respectant les besoins propres à chaque espèce ».

37. L'obligation de réduire au minimum la souffrance de l'animal, qui est consacrée à l'article 14, paragraphe 1, sous b), viii), du règlement n° 834/2007, contribue à concrétiser cet objectif consistant à assurer un niveau élevé de bien-être animal.

38. En soulignant à plusieurs reprises sa volonté d'assurer un niveau élevé de bien-être animal dans le cadre de l'agriculture biologique, le législateur de l'Union a entendu mettre en exergue que ce mode de production agricole se caractérise par l'observation de normes renforcées en matière de bien-être animal dans tous les lieux et à tous les stades de cette production où il est possible d'améliorer encore davantage ce bien-être.

39. Conformément notamment à son article 1er, paragraphe 3, le règlement n° 834/2007 s'applique à tout opérateur exerçant une activité à un stade quelconque de la production, de la préparation ou de la distribution des produits agricoles visés au paragraphe 2 de cette disposition. Or, aux termes de l'article 2, sous i), dudit règlement, la « préparation » inclut notamment l'abattage des animaux.

40. Ce règlement se borne, à cet égard, à affirmer, à son article 14, paragraphe 1, sous b), viii), que « toute souffrance, y compris la mutilation, est réduite au minimum pendant toute la durée de vie de l'animal, y compris lors de l'abattage ».

41. Certes, aucune disposition du règlement n° 834/2007 ou du règlement n° 889/2008 ne définit expressément le ou les modes d'abattage des animaux aptes à réduire au minimum la souffrance animale et, partant, à concrétiser l'objectif consistant à garantir un niveau élevé de bien-être animal.

42. Toutefois, le règlement n° 834/2007 ne saurait être lu indépendamment du règlement n° 1099/2009.

43. En effet, d'une part, ce dernier règlement régit spécifiquement l'abattage des animaux.

44. D'autre part, la protection du bien-être animal constitue l'objectif principal poursuivi par le règlement n° 1099/2009, ainsi qu'il ressort de l'intitulé même de ce règlement et de son considérant 2, et ce, conformément à l'article 13 TFUE, en vertu duquel l'Union et les États membres doivent tenir pleinement compte des exigences du bien-être des animaux lorsqu'ils formulent et mettent en œuvre la politique de celle-ci (voir, en ce sens, arrêt du 29 mai 2018, *Liga van Moskeeën en Islamitische Organisaties Provincie Antwerpen e.a.*, C-426/16, EU:C:2018:335, points 63 et 64).

45. À cet égard, le règlement n° 1099/2009 contribue, ainsi que l'énoncent respectivement ses considérants 4 et 24, au « renforcement de la protection des animaux au moment de leur abattage » et à favoriser « certaines méthodes d'étourdissement [qui] peuvent induire la mort de l'animal d'une manière qui évite la douleur et atténue autant que possible la détresse ou la souffrance pour l'animal ».

46. En outre, aux termes de l'article 3 du règlement n° 1099/2009, « [t]oute douleur, détresse ou souffrance évitable est épargnée aux animaux lors de la mise à mort ». Cette prescription générale applicable à la mise à mort des animaux est, en particulier, concrétisée à l'article 4, paragraphe 1, de ce règlement, qui prévoit, d'une part, que « [l]es animaux sont mis à mort uniquement après étourdissement » et, d'autre part, que « [l]'animal est maintenu dans un état d'inconscience et d'insensibilité jusqu'à sa mort ».

47. L'article 4, paragraphe 1, du règlement n° 1099/2009, lu en combinaison avec le considérant 20 de ce règlement, pose ainsi le principe de l'étourdissement de l'animal préalablement à sa mise à mort et l'érige même en une obligation. En effet, ainsi que l'a relevé, en substance, M. l'avocat général au point 43 de ses conclusions, des études scientifiques ont établi que l'étourdissement constitue la technique qui porte le moins atteinte au bien-être animal au moment de l'abattage.

48. S'il est vrai que l'article 4, paragraphe 4, du règlement n° 1099/2009, lu à la lumière du considérant 18 de ce règlement, admet la pratique de l'abattage rituel, dans le cadre duquel l'animal peut être mis à mort sans étourdissement préalable, cette forme d'abattage, qui n'est autorisée qu'à titre dérogatoire dans l'Union et uniquement afin d'assurer le respect de la liberté de religion (voir, en ce sens, arrêt du 29 mai 2018, *Liga van Moskeeën en Islamitische Organisaties Provincie Antwerpen e.a.*, C-426/16, EU:C:2018:335, points 55 à 57), n'est pas de nature à atténuer toute douleur, détresse ou souffrance de l'animal aussi efficacement qu'un abattage précédé d'un étourdissement, lequel, conformément à l'article 2, sous f), de ce règlement, lu à la lumière du considérant 20 de celui-ci, est nécessaire pour provoquer chez l'animal un état d'inconscience et de perte de sensibilité de nature à réduire considérablement ses souffrances.

49. À cet égard, il y a lieu d'observer que, si le règlement n° 1099/2009 précise, à son considérant 43, que l'abattage sans étourdissement préalable nécessite une incision précise de la gorge à l'aide d'un couteau tranchant pour limiter « autant que possible » les souffrances de l'animal, l'emploi d'une telle technique ne permet pas de réduire « au minimum » les souffrances de l'animal au sens de l'article 14, paragraphe 1, sous b), viii), du règlement n° 834/2007.

50. Dès lors, contrairement à ce que font valoir tant le gouvernement français que les défenderesses au principal dans leurs observations écrites,

les méthodes particulières d'abattage prescrites par des rites religieux, qui sont réalisées sans étourdissement préalable et qu'admet l'article 4, paragraphe 4, du règlement n° 1099/2009, n'équivalent pas, en termes de garantie d'un niveau élevé de bien-être de l'animal au moment de sa mise à mort, à la méthode d'abattage avec étourdissement préalable, en principe imposée par l'article 4, paragraphe 1, de ce règlement.

51. Il convient encore de relever que le considérant 3 du règlement n° 834/2007 énonce l'objectif de « préserver et justifier la confiance des consommateurs dans les produits étiquetés en tant que produits biologiques ». À cet égard, il est important de veiller à ce que les consommateurs aient l'assurance que les produits porteurs du logo biologique de l'Union européenne ont effectivement été obtenus dans le respect des normes les plus élevées, notamment en matière de bien-être animal.

52. Eu égard aux considérations qui précèdent, il y a lieu de répondre à la question posée que le règlement n° 834/2007, notamment son article 3 et son article 14, paragraphe 1, sous b), viii), lu à la lumière de l'article 13 TFUE, doit être interprété en ce sens qu'il n'autorise pas l'apposition du logo biologique de l'Union européenne sur des produits issus d'animaux ayant fait l'objet d'un abattage rituel sans étourdissement préalable, conduit dans les conditions fixées par le règlement n° 1099/2009, notamment par son article 4, paragraphe 4.

Sur les dépens

[...]

Par ces motifs, la Cour (grande chambre) dit pour droit :

Le règlement (CE) n° 834/2007 du Conseil, du 28 juin 2007, relatif à la production biologique et à l'étiquetage des produits biologiques et abrogeant le règlement (CEE) n° 2092/91, notamment son article 3 et son article 14, paragraphe 1, sous b), viii), lu à la lumière de l'article 13 TFUE, doit être interprété en ce sens qu'il n'autorise pas l'apposition du logo de production biologique de l'Union européenne, visé à l'article 57, premier alinéa, du règlement (CE) n° 889/2008 de la Commission, du 5 septembre 2008, portant modalités d'application du règlement n° 834/2007, tel que modifié par le règlement (UE) n° 271/2010, du 24 mars 2010, sur des produits issus d'animaux ayant fait l'objet d'un abattage rituel sans étourdissement préalable, conduit dans les conditions fixées par le règlement (CE) n° 1099/2009 du Conseil, du 24 septembre 2009, sur la protection des animaux au moment de leur mise à mort, notamment par son article 4, paragraphe 4.

Observations

La demande de décision préjudicielle a été introduite dans le cadre d'un litige opposant l'association Œuvre d'Assistance aux bêtes d'Abattoirs (l'« association OABA ») au ministre de l'Agriculture et de l'Alimentation, à Bionoor SARL, à Ecocert France SAS et à l'Institut national de l'origine et de la qualité (INAO). L'association OABA demandait l'interdiction de la publicité et de la commercialisation de produits issus de viande bovine de la marque « Tendre France », certifiés « halal » et comportant la mention « agriculture biologique » avec apposition du logo « AB ».

Elle porte sur l'interprétation de l'article 13 TFUE, du règlement (CE) n° 834/2007 du Conseil, du 28 juin 2007, relatif à la production biologique et à l'étiquetage des produits biologiques et abrogeant le règlement (CEE) n° 2092/91 (1), du règlement (CE) n° 889/2008 de la Commission, du 5 septembre 2008, portant modalités d'application du règlement n° 834/2007 (2), tel que modifié par le règlement (UE) n° 271/2010, du 24 mars 2010 (3) (ci-après le « règlement n° 889/2008 »), ainsi que du règlement (CE) n° 1099/2009 du Conseil, du 24 septembre 2009, sur la protection des animaux au moment de leur mise à mort (4).

Examen de la question

L'article 13 FUE prévoit que « lorsqu'ils formulent et mettent en œuvre la politique de l'Union dans les domaines de l'agriculture, de la pêche, des transports, du marché intérieur, de la recherche et développement technologique et de l'espace, l'Union et les États membres tiennent pleinement compte des exigences du bien-être des animaux en tant qu'êtres sensibles, tout en respectant les dispositions législatives ou administratives et les usages des États membres en matière notamment de rites religieux, de traditions culturelles et de patrimoines régionaux ». C'est le

(1) *JO*, L 189, 2007, p. 1.
(2) *JO*, L 250, 2008, p. 1.
(3) *JO*, L 84, 2010, p. 19.
(4) *JO*, L 303, 2009, p. 1.

traité de Lisbonne qui a intégré au traité FUE cette préoccupation qui figurait jusqu'alors au protocole n° 33 au traité CE.

Le règlement n° 1099/2009 du 24 septembre 2009, sur la protection des animaux au moment de leur mise à mort, s'inscrit naturellement dans cette perspective. Le législateur rappelle en effet que le bien-être des animaux est une valeur communautaire qui est ainsi consacrée et que, partant, la protection des animaux au moment de leur abattage ou de leur mise à mort « est une question d'intérêt public qui influe sur l'attitude des consommateurs à l'égard des produits agricoles ». En outre, le renforcement de la protection des animaux au moment de leur abattage « contribue à améliorer la qualité de la viande et, indirectement, génère des effets positifs sur la sécurité professionnelle dans les abattoirs » (5). Plus concrètement, il reconnaît que beaucoup de méthodes de mise à mort sont douloureuses pour les animaux et que « l'étourdissement est donc nécessaire pour provoquer un état d'inconscience et une perte de sensibilité avant la mise à mort ou au moment de celle-ci » (6), et enfin que l'abattage sans étourdissement « nécessite une incision précise de la gorge à l'aide d'un couteau tranchant pour limiter autant que possible les souffrances de l'animal » ainsi que l'immobilisation « de manière individuelle et par des moyens mécaniques » (7).

La Cour de justice a rendu la décision préjudicielle ici commentée, sur conclusions non conformes de l'avocat général, dans le cadre d'un litige opposant une association d'assistance aux bêtes d'abattoirs au ministre de l'Agriculture et de l'Alimentation et aux organismes de certification aux fins d'interdiction de la publicité et de la commercialisation de produits issus de viande bovine certifiés « halal » et comportant la mention « agriculture biologique » avec apposition du logo « AB ». Elle porte sur l'interprétation de l'article 13 TFUE, du règlement n° 1099/2009 ainsi que du règlement n° 834/2007 du 28 juin 2007, relatif à la production biologique et à l'étiquetage des produits biologiques.

---

(5) Règlement n° 1099/2009, cons. n° 4.
(6) Règlement n° 1099/2009, cons. n° 20.
(7) Règlement n° 1099/2009, cons. n° 43.

Cet arrêt intéresse dès l'abord par sa solution : le règlement n° 834/2007, lu à la lumière de l'article 13 TFUE, doit être interprété en ce sens qu'il n'autorise pas l'apposition du logo biologique de l'Union européenne sur des produits issus d'animaux ayant fait l'objet d'un abattage rituel sans étourdissement préalable conduit dans les conditions fixées par le règlement n° 1099/2009. En soulignant à plusieurs reprises sa volonté d'assurer un niveau élevé de bien-être animal dans le cadre de l'agriculture biologique, le législateur de l'Union a entendu mettre en exergue que ce mode de production agricole se caractérise par l'observation de normes renforcées en matière de bien-être animal dans tous les lieux et à tous les stades de cette production où il est possible d'améliorer encore davantage ce bien-être (pt 38).

Pour arriver à cette solution, la Cour considère que le règlement n° 834/2007 – la réglementation du label AB – ne saurait être lu indépendamment du règlement n° 1099/2009 – celle de la mise à mort des animaux. Il en va ainsi car, d'une part, ce dernier règlement régit spécifiquement l'abattage des animaux et, d'autre part, la protection du bien-être animal constitue l'objectif principal qu'il poursuit conformément à l'article 13 TFUE (pts 42-44). Si le règlement n° 1099/2009 admet la pratique de l'abattage rituel, cette forme d'abattage, qui n'est autorisée qu'à titre dérogatoire dans l'Union et uniquement afin d'assurer le respect de la liberté de religion n'est pas de nature à atténuer toute douleur, détresse ou souffrance de l'animal aussi efficacement qu'un abattage précédé d'un étourdissement (pt 48).

Dès lors, il est important de veiller à ce que les consommateurs aient l'assurance que les produits porteurs du logo biologique de l'Union européenne ont effectivement été obtenus dans le respect des normes les plus élevées, notamment en matière de bien-être animal (pt 51).

Patrick Thieffry

Cour de justice, 2e ch., 10 octobre 2019, *Luonnonsuojeluyhdistys Tapiola Pohjois-Savo – Kainuu ry*, aff. C-647/17, ECLI:EU:C:2019:851

Arrêt rendu sur conclusions non conformes de l'avocat général H. Saugmandsgaard Øe, du 8 mai 2019, ECLI:EU:C:2019:394

Mots-clés : Renvoi préjudiciel – Conservation des habitats naturels ainsi que de la faune et de la flore sauvages – Directive 92/43/CEE – Article 12, paragraphe 1 – Système de protection stricte des espèces animales – Annexe IV – *Canis lupus* (loup) – Article 16, paragraphe 1, sous e) – Dérogation permettant la prise d'un nombre limité de certains spécimens – Chasse de gestion – Évaluation de l'état de conservation des populations de l'espèce concernée

Cadre normatif : directive 92/43/CEE du Conseil, du 21 mai 1992, concernant la conservation des habitats naturels ainsi que de la faune et de la flore sauvages (*JO*, 1992, L 206, p. 7)

Notes et observations : Ph. Bonneville, Chr. Gänser et S. Markarian, « Chronique de jurisprudence de la CJUE », *AJDA*, 2020, p. 398

Extraits de l'arrêt

1. La demande de décision préjudicielle porte sur l'interprétation de l'article 16, paragraphe 1, de la directive 92/43/CEE du Conseil, du 21 mai 1992, concernant la conservation des habitats naturels ainsi que de la faune et de la flore sauvages (*JO* 1992, L 206, p. 7, ci-après la « directive "habitats" »).

2. Cette demande a été présentée dans le cadre d'une procédure engagée par Luonnonsuojeluyhdistys Tapiola Pohjois-Savo – Kainuu ry (ci-après « Tapiola ») au sujet de la légalité de décisions du Suomen riistakeskus (Office finlandais de la faune sauvage, ci-après l'« Office ») accordant des dérogations pour la chasse au loup.

[...]

Sur les questions préjudicielles

24. Par ses questions, qu'il convient d'examiner ensemble, la juridiction de renvoi demande, en substance, si l'article 16, paragraphe 1, sous e), de la directive « habitats » doit être interprété en ce sens qu'il s'oppose à l'adoption de décisions accordant des dérogations à l'interdiction de mise à mort intentionnelle du loup, énoncée à l'article 12, paragraphe 1, sous a), lu en combinaison avec l'annexe IV, point a), de cette directive, au titre de la chasse de gestion, dont l'objectif est la lutte contre le braconnage.

25. À titre liminaire, il convient de rappeler que, en vertu de l'article 2, paragraphe 1, de la directive « habitats », celle-ci a pour objet de contribuer à assurer la biodiversité par la conservation des habitats naturels ainsi que de la faune et de la flore sauvages sur le territoire européen des États membres. En outre, selon l'article 2, paragraphes 2 et 3, de cette directive, les mesures prises en vertu de celle-ci visent à assurer le maintien ou le rétablissement, dans un état de conservation favorable, des habitats naturels et des espèces de faune et de flore sauvages d'intérêt pour l'Union européenne, et tiennent compte des exigences économiques, sociales et culturelles, ainsi que des particularités régionales et locales.

26. L'article 12, paragraphe 1, sous a) et d), de la directive « habitats » impose aux États membres de prendre les mesures nécessaires pour instaurer un système de protection stricte des espèces animales figurant à l'annexe IV, point a), de cette directive, dans leur aire de répartition naturelle, interdisant toute forme de capture ou de mise à mort intentionnelle de spécimens de ces espèces dans la nature ainsi que la détérioration ou la destruction des sites de reproduction ou des aires de repos [arrêt du 17 avril 2018, *Commission/Pologne (Forêt de Białowieża)*, C-441/17, EU:C:2018:255, point 230].

27. Le respect de cette disposition impose aux États membres non seulement l'adoption d'un cadre législatif complet, mais également la mise en œuvre de mesures concrètes et spécifiques de protection. De même, le système de protection stricte suppose l'adoption de mesures cohérentes et coordonnées, à caractère préventif. Un tel système de protection stricte doit donc permettre d'éviter effectivement la capture ou la mise à mort intentionnelle dans la nature ainsi que la détérioration ou la destruction des sites de reproduction ou des aires de repos des espèces animales figurant à l'annexe IV, point a), de la directive « habitats » [arrêt du 17 avril 2018, *Commission/Pologne (Forêt de Białowieża)*, C-441/17, EU:C:2018:255, point 231 et jurisprudence citée].

28. Si l'article 16, paragraphe 1, de la directive « habitats » autorise les États membres à déroger aux dispositions des articles 12 à 14 ainsi que de l'article 15, sous a) et b), de celle-ci, une dérogation adoptée sur ce fondement est soumise, dans la mesure où elle permet à ces États membres

d'échapper aux obligations qu'implique le système de protection stricte des espèces naturelles, à la condition qu'il n'existe pas une autre solution satisfaisante et que cette dérogation ne nuise pas au maintien, dans un état de conservation favorable, des populations des espèces concernées dans leur aire de répartition naturelle.

29. Il y a lieu de constater que ces conditions concernent l'ensemble des hypothèses visées à l'article 16, paragraphe 1, de ladite directive.

30. Il importe également de souligner que l'article 16, paragraphe 1, de la directive « habitats », qui définit de façon précise et exhaustive les conditions dans lesquelles les États membres peuvent déroger aux articles 12 à 14 ainsi qu'à l'article 15, sous a) et b), de celle-ci, constitue une exception au système de protection prévu par ladite directive, qui doit être interprété de manière restrictive (voir, en ce sens, arrêts du 20 octobre 2005, *Commission/Royaume-Uni*, C-6/04, EU:C:2005:626, point 111, ainsi que du 10 mai 2007, *Commission/Autriche*, C-508/04, EU:C:2007:274, points 110 et 128) et qui fait peser la charge de la preuve de l'existence des conditions requises, pour chaque dérogation, sur l'autorité qui en prend la décision (voir, par analogie, arrêt du 8 juin 2006, *WWF Italia e.a.*, C-60/05, EU:C:2006:378, point 34).

31. Par ailleurs, il y a lieu de noter que l'espèce canis lupus, communément appelée loup, figure au nombre des espèces animales « présentant un intérêt communautaire et nécessitant une protection stricte », dont la liste est établie à l'annexe IV, point a), de la directive « habitats », à l'exception, notamment, des « populations finlandaises à l'intérieur de la zone de gestion des rennes ».

32. Enfin, ainsi que l'a relevé M. l'avocat général au point 40 de ses conclusions, la notion de « prise », au sens de l'article 16, paragraphe 1, de la directive « habitats », doit être comprise en ce sens qu'elle inclut tant la capture que la mise à mort de spécimens des espèces concernées, de telle sorte que cette disposition peut, en principe, servir de fondement pour l'adoption de dérogations visant, notamment, à permettre la mise à mort de spécimens des espèces visées à l'annexe IV, point a), de cette directive, moyennant le respect des conditions spécifiques y prévues.

33. C'est au regard de ces considérations liminaires qu'il convient d'examiner les interrogations de la juridiction de renvoi.

34. S'agissant, en premier lieu, de l'objectif visé par une dérogation octroyée au titre de l'article 16, paragraphe 1, de la directive « habitats », il y a lieu de relever que, alors que les points a) à d), de cette disposition explicitent, pour chacune des dérogations qu'ils prévoient, les objectifs poursuivis, à savoir l'intérêt de la protection de la faune et de la flore sauvages et la conservation des habitats naturels [a)], la prévention des dommages importants [b)], l'intérêt de la santé et de la sécurité publiques

ainsi que l'intérêt public majeur [c)], la recherche et l'éducation, le repeuplement et la réintroduction d'espèces [d)], tel n'est pas le cas du point e) de ladite disposition, celui-ci ne précisant pas l'objectif poursuivi par la dérogation y afférente.

35. Par ailleurs, les dérogations fondées sur l'article 16, paragraphe 1, sous e), de la directive « habitats » doivent répondre à des conditions supplémentaires par rapport à celles visées à l'article 16, paragraphe 1, sous a) à d), de cette directive. Elles permettent, dans des conditions strictement contrôlées, d'une manière sélective et dans une mesure limitée, la prise ou la détention d'un nombre limité et spécifié de certains spécimens des espèces figurant à l'annexe IV de ladite directive.

36. L'article 16, paragraphe 1, sous e), de la directive « habitats » ne saurait donc constituer une base juridique générale pour l'octroi des dérogations à l'article 12, paragraphe 1, de cette directive, sauf à priver les autres hypothèses de l'article 16, paragraphe 1, de ladite directive et ledit système de protection stricte de leur effet utile.

37. Par conséquent, l'objectif d'une dérogation fondée sur l'article 16, paragraphe 1, sous e), de la directive « habitats » ne peut, en principe, se confondre avec les objectifs des dérogations fondées sur l'article 16, paragraphe 1, sous a) à d), de cette directive, de sorte que la première disposition ne saurait servir de fondement à l'adoption d'une dérogation que dans les cas où les secondes dispositions ne sont pas pertinentes.

38. En tout état de cause, les dérogations accordées au titre de l'article 16, paragraphe 1, de ladite directive ne doivent pas, prises globalement, produire des effets allant à l'encontre des objectifs poursuivis par cette dernière, tels que rappelés au point 25 du présent arrêt.

39. En l'occurrence, il ressort de la demande de décision préjudicielle que les dérogations en cause au principal, à l'instar du plan de gestion des loups dans le cadre duquel elles s'inscrivaient, poursuivaient l'objectif consistant à réduire le braconnage. La prévention des dommages aux chiens et l'amélioration du sentiment général de sécurité des personnes habitant à proximité des zones occupées par les loups étaient présentées comme étant des moyens pertinents à cet égard et étroitement liés à cet objectif, dans la mesure où leur réalisation devait contribuer, selon l'Office, à augmenter la « tolérance sociale » des populations humaines locales par rapport au loup et, en conséquence, à faire diminuer la chasse illégale.

40. En outre, il ressort d'une question posée par la Cour lors de l'audience que le plan de gestion des loups approuvé au cours de l'année 2015 comprenait des mesures et des projets pour atteindre un état de conservation favorable de cette espèce et que l'autorisation de la chasse de gestion aux loups avait pour objectif de renforcer la bienveillance des

habitants à l'égard du loup et, par voie de conséquence, de réduire le braconnage.

41. Il convient ainsi de rappeler que les objectifs invoqués à l'appui d'une dérogation doivent être définis de manière claire, précise et étayée dans la décision de dérogation. En effet, une dérogation fondée sur l'article 16, paragraphe 1, de la directive « habitats » ne peut constituer qu'une application concrète et ponctuelle pour répondre à des exigences précises et à des situations spécifiques (voir, par analogie, arrêts du 8 juin 2006, *WWF Italia e.a.*, C-60/05, EU:C:2006:378, point 34, ainsi que du 11 novembre 2010, *Commission/Italie*, C-164/09, non publié, EU:C:2010:672, point 25).

42. À cet égard, il y a lieu de relever, premièrement, qu'il ressort du contenu des décisions de dérogation en cause au principal et, notamment, du plan de gestion dans lequel elles s'inscrivent que le braconnage constituait, au regard de l'objectif de la directive « habitats », un défi important pour la préservation des espèces menacées. La juridiction de renvoi a, à cet égard, précisé que le nombre de loups en Finlande a considérablement fluctué au cours des années et elle suppose que ces variations sont liées au braconnage qui, au vu du statut menacé du loup, présentait un enjeu pour la conservation de ce dernier. Par ailleurs, à l'occasion de l'audience, tant l'Office que le gouvernement finlandais ont confirmé que la lutte contre le braconnage visait, en tant qu'objectif final, la conservation de l'espèce concernée.

43. La lutte contre le braconnage peut ainsi être invoquée en tant que méthode contribuant au maintien ou au rétablissement dans un état de conservation favorable de l'espèce concernée et, partant, comme un objectif couvert par l'article 16, paragraphe 1, sous e), de cette directive.

44. Deuxièmement, s'agissant de l'aptitude des dérogations adoptées au titre de l'article 16, paragraphe 1, sous e), de ladite directive, à atteindre l'objectif poursuivi, il y a lieu de souligner que, dans la mesure où les dérogations en cause au principal procédaient d'une expérimentation visant à vérifier si une autorisation limitée de la chasse légale pouvait contribuer à réduire le braconnage et, in fine, à améliorer l'état de conservation de la population de loups, leur aptitude à atteindre ces objectifs, dans les circonstances dans lesquelles leur octroi a été demandé, était entourée d'incertitudes au moment de leur adoption par l'Office.

45. Dans un tel contexte, il revient, ainsi que l'a relevé M. l'avocat général au point 62 de ses conclusions, à l'autorité nationale d'étayer, sur la base de données scientifiques rigoureuses, y compris, le cas échéant, des données comparatives relatives aux conséquences de la chasse de gestion sur l'état de conservation du loup, l'hypothèse selon laquelle l'autorisation de la chasse de gestion est réellement susceptible de faire baisser la chasse illégale, et ce dans une mesure telle qu'elle exercerait un effet positif net

sur l'état de conservation de la population de loups, tout en tenant compte du nombre de dérogations envisagées et des estimations les plus récentes du nombre de prises illégales.

46. En l'occurrence, l'Office avance qu'il serait démontré que la chasse de gestion est de nature à réduire le braconnage, ce que contestent Tapiola et la Commission européenne. La juridiction de renvoi, pour sa part, expose qu'aucune preuve scientifique ne permet de conclure que la chasse légale d'une espèce protégée fait baisser le braconnage dans une mesure telle qu'elle aurait globalement un effet positif sur l'état de conservation du loup. Il reviendra ainsi à ladite juridiction d'établir, de manière définitive, au regard des considérations qui précèdent, l'aptitude des dérogations octroyées au titre de la chasse de gestion à atteindre leur objectif de lutte contre le braconnage dans l'intérêt de la protection de l'espèce et le respect par l'Office de ses obligations à cet égard.

47. En deuxième lieu, une dérogation ne peut être octroyée au titre de l'article 16, paragraphe 1, de la directive « habitats » lorsque l'objectif poursuivi par cette dérogation peut être atteint par une autre solution satisfaisante, au sens de cette disposition. Ainsi, une telle dérogation ne peut intervenir qu'en l'absence d'une mesure alternative permettant d'atteindre l'objectif poursuivi de manière satisfaisante, tout en respectant les interdictions prévues par ladite directive.

48. En l'occurrence, il y a lieu de considérer que la seule existence d'une activité illégale telle que le braconnage ou les difficultés auxquelles se heurte la mise en œuvre du contrôle de celle-ci ne sauraient suffire à dispenser un État membre de son obligation de garantir la protection des espèces protégées au titre de l'annexe IV de la directive « habitats ». Dans une telle situation, il lui incombe, au contraire, de privilégier le contrôle strict et efficace de cette activité illégale, d'une part, et la mise en œuvre de moyens n'impliquant pas l'inobservation des interdictions posées au titre des articles 12 à 14 ainsi que de l'article 15, sous a) et b), de cette directive, d'autre part.

49. Il convient en outre de relever que l'article 16, paragraphe 1, de la directive « habitats » impose aux États membres de fournir une motivation précise et adéquate relative à l'absence d'une autre solution satisfaisante permettant d'atteindre les objectifs invoqués à l'appui de la dérogation en cause (voir, en ce sens, arrêt du 14 juin 2007, *Commission/Finlande*, C-342/05, EU:C:2007:341, point 31).

50. Cette obligation de motivation n'est pas remplie lorsque la décision de dérogation ne comporte ni mention relative à l'inexistence d'une autre solution satisfaisante ni renvoi aux rapports techniques, juridiques et scientifiques pertinents à cet égard (voir, par analogie, arrêts du 16 octobre 2003, *Ligue pour la protection des oiseaux e.a.*, C-182/02,

EU:C:2003:558, point 14, ainsi que du 21 juin 2018, *Commission/Malte*, C-557/15, EU:C:2018:477, points 50 et 51).

51. Au vu de ce qui précède, il incombe aux autorités nationales compétentes, dans le contexte de l'autorisation de dérogations telles que celles en cause au principal, d'établir que, compte tenu notamment des meilleures connaissances scientifiques et techniques pertinentes, ainsi qu'à la lumière des circonstances tenant à la situation spécifique en cause, il n'existe aucune autre solution satisfaisante permettant d'atteindre l'objectif poursuivi dans le respect des interdictions édictées dans la directive « habitats ».

52. En l'occurrence, la décision de renvoi ne contient aucun élément indiquant que l'Office aurait démontré que l'unique moyen d'atteindre l'objectif invoqué au soutien des dérogations de gestion consistait en l'autorisation, au titre de l'article 16, paragraphe 1, sous e), de la directive « habitats », d'un certain niveau de chasse de gestion du loup.

53. Partant, il apparaît que les décisions autorisant des dérogations telles que celles en cause au principal ne répondent pas à l'exigence de motivation précise et adéquate relative à l'absence d'une autre solution satisfaisante permettant d'atteindre l'objectif invoqué, rappelée au point 49 du présent arrêt, ce qu'il revient toutefois à la juridiction de renvoi de confirmer.

54. Il convient, en troisième lieu, de s'assurer que la dérogation en cause n'enfreint pas la condition, énoncée à l'article 16, paragraphe 1, de la directive « habitats », selon laquelle cette dérogation ne saurait nuire au maintien, dans un état de conservation favorable, des populations des espèces concernées dans leur aire de répartition naturelle.

55. En effet, l'état de conservation favorable desdites populations dans leur aire de répartition naturelle est une condition nécessaire et préalable à l'octroi des dérogations que ledit article 16, paragraphe 1, prévoit (voir, en ce sens, arrêt du 10 mai 2007, *Commission/Autriche*, C-508/04, EU:C:2007:274, point 115).

56. À cet égard, il convient de rappeler que l'article 1er, sous i), de la directive « habitats » qualifie un état de conservation comme étant favorable lorsque, premièrement, les données relatives à la dynamique de la population de l'espèce en question indiquent que cette espèce continue et est susceptible de continuer à long terme à constituer un élément viable des habitats naturels auxquels elle appartient, deuxièmement, l'aire de répartition naturelle de l'espèce ne diminue ni ne risque de diminuer dans un avenir prévisible et, troisièmement, il existe et il continuera probablement d'exister un habitat suffisamment étendu pour que ses populations se maintiennent à long terme.

57. Une dérogation au titre de l'article 16, paragraphe 1, de la directive « habitats » doit ainsi être fondée sur des critères définis de manière à assurer la préservation à long terme de la dynamique et de la stabilité sociale de l'espèce visée.

58. Dès lors, ainsi que l'a en substance relevé M. l'avocat général aux points 79 à 82 de ses conclusions, lors de l'appréciation de l'octroi d'une dérogation fondée sur ledit article 16, paragraphe 1, il appartient à l'autorité nationale compétente de déterminer, notamment au niveau national ou, le cas échéant, au niveau de la région biogéographique visée lorsque les frontières de cet État membre chevauchent plusieurs régions biogéographiques, ou encore si l'aire de répartition naturelle de l'espèce l'exige et, dans la mesure du possible, sur le plan transfrontalier, dans un premier temps, l'état de conservation des populations des espèces concernées et, dans un deuxième temps, les impacts géographiques et démographiques que les dérogations envisagées sont susceptibles de produire sur celui-ci.

59. En outre, comme l'a relevé M. l'avocat général au point 83 de ses conclusions, l'évaluation de l'impact d'une dérogation au niveau du territoire d'une population locale est généralement nécessaire en vue de déterminer son incidence sur l'état de conservation de la population en cause à plus grande échelle. En effet, dans la mesure où une telle dérogation doit, conformément aux considérations rappelées au point 41 du présent arrêt, répondre à des exigences précises et à des situations spécifiques, les conséquences d'une telle dérogation seront généralement ressenties de manière la plus immédiate dans la zone locale visée par celle-ci. Par ailleurs, ainsi qu'il ressort du dossier dont dispose la Cour, l'état de conservation d'une population à l'échelle nationale ou biogéographique dépend également de l'incidence cumulée des différentes dérogations affectant des zones locales.

60. En revanche, contrairement à ce que prétend l'Office, il ne saurait être tenu compte, aux fins de cette évaluation, de la partie de l'aire de répartition naturelle de la population concernée s'étendant à certaines parties du territoire d'un État tiers, qui n'est pas tenu par les obligations de protection stricte des espèces d'intérêt pour l'Union.

61. Partant, une telle dérogation ne saurait être adoptée sans qu'aient été évalués l'état de conservation des populations de l'espèce concernée ainsi que l'impact que la dérogation envisagée est susceptible d'avoir sur celui-ci au niveau local ainsi qu'au niveau du territoire de cet État membre ou, le cas échéant, au niveau de la région biogéographique visée lorsque les frontières de cet État membre chevauchent plusieurs régions biogéographiques, ou encore si l'aire de répartition naturelle de l'espèce l'exige et, dans la mesure du possible, sur le plan transfrontalier.

62. Eu égard aux interrogations de la juridiction de renvoi, il convient d'ajouter, premièrement, qu'un plan de gestion et une réglementation nationale fixant le nombre maximal de spécimens pouvant être abattus pour une année cynégétique donnée sur le territoire national peuvent constituer un facteur pertinent aux fins de déterminer le respect de l'exigence rappelée au point 54 du présent arrêt, dès lors qu'ils sont susceptibles de garantir que l'effet cumulatif annuel des dérogations individuelles ne porte pas préjudice au maintien ou au rétablissement des populations de l'espèce concernée dans un état de conservation favorable.

63. À cet égard, il ressort des chiffres avancés par Tapiola et la Commission, dont la juridiction de renvoi devra vérifier l'exactitude, que, d'une part, 43 ou 44 loups ont été abattus en Finlande sur la base de dérogations au titre de la chasse de gestion, autorisées en vertu de la réglementation nationale, au cours de l'année cynégétique 2015-2016, dont une moitié étaient des spécimens reproducteurs, sur une population comptant au total entre 275 et 310 spécimens au niveau national. Ainsi, la chasse de gestion aurait entraîné la mise à mort de près de 15 % de la population totale des loups en Finlande, dont de nombreux spécimens reproducteurs. D'autre part, le nombre annuel de prises illégales a été estimé à environ 30 spécimens par le plan de gestion.

64. Partant, cette chasse de gestion aboutirait à la mise à mort de 13 ou de 14 spécimens additionnels par rapport à ceux qui auraient, selon les estimations, succombé en raison du braconnage, entraînant ainsi un effet net négatif sur ladite population.

65. Au vu de ce qui précède, il est permis de douter que le plan de gestion et la réglementation nationale fixant le nombre maximal de spécimens pouvant être abattus pour une année cynégétique, dans le contexte desquels s'inscrivent les dérogations en cause au principal, permettent de respecter l'exigence rappelée au point 54 du présent arrêt, ce qu'il revient cependant à la juridiction de renvoi de vérifier.

66. Il importe, dans ce contexte, de souligner également que, conformément au principe de précaution consacré à l'article 191, paragraphe 2, TFUE, si l'examen des meilleures données scientifiques disponibles laisse subsister une incertitude sur le point de savoir si une telle dérogation nuira ou non au maintien ou au rétablissement des populations d'une espèce menacée d'extinction dans un état de conservation favorable, l'État membre doit s'abstenir de l'adopter ou de la mettre en œuvre.

67. Il appartient ainsi à la juridiction de renvoi de déterminer si l'Office a établi, sur la base des données scientifiques, que les limites territoriales et quantitatives encadrant les dérogations en cause au principal suffisaient à garantir qu'elles ne nuiraient pas au maintien, dans un état de conservation favorable, des populations des espèces concernées dans leur aire de répartition naturelle.

68. Deuxièmement, en ce qui concerne l'incidence de l'état de conservation défavorable d'une espèce sur la possibilité d'autoriser les dérogations au titre de l'article 16, paragraphe 1, de la directive « habitats », la Cour a déjà jugé que l'octroi de telles dérogations demeure possible à titre exceptionnel lorsqu'il est dûment établi qu'elles ne sont pas de nature à aggraver l'état de conservation non favorable des populations ou à empêcher le rétablissement, dans un état de conservation favorable, de celles-ci. En effet, selon la Cour, il ne peut être exclu que l'abattage d'un nombre limité de spécimens soit sans incidence sur l'objectif visé audit article 16, paragraphe 1, consistant à maintenir dans un état de conservation favorable la population des loups dans son aire de répartition naturelle. Une telle dérogation serait dès lors neutre pour l'espèce concernée (arrêt du 14 juin 2007, *Commission/Finlande*, C-342/05, EU:C:2007:341, point 29).

69. Il convient cependant de souligner que l'octroi, à titre exceptionnel, de telles dérogations doit être apprécié également à la lumière du principe de précaution, rappelé au point 66 du présent arrêt.

70. En quatrième lieu, l'article 16, paragraphe 1, sous e), de la directive « habitats » impose le respect de conditions relatives au caractère limité et spécifié du nombre de spécimens des espèces pouvant faire l'objet d'une prise ou d'une détention, à la manière sélective et dans une mesure limitée dans laquelle cette prise ou cette détention peut intervenir, ainsi qu'au caractère strict du contrôle auquel le respect de ces conditions doit être soumis.

71. S'agissant, tout d'abord, de la condition relative au nombre limité et spécifié de prises ou de détentions de certains spécimens des espèces visées, il convient de relever que ce nombre dépendra, dans chaque cas, du niveau de la population de l'espèce, de son état de conservation et de ses caractéristiques biologiques. Ce nombre doit ainsi être déterminé sur la base d'informations scientifiques rigoureuses de nature géographique, climatique, environnementale et biologique, ainsi qu'au regard de celles permettant d'apprécier la situation en ce qui concerne la reproduction et la mortalité annuelle totale pour cause naturelle de l'espèce concernée (voir, par analogie, arrêts du 8 juin 2006, *WWF Italia e.a.*, C-60/05, EU:C:2006:378, points 25 et 29, ainsi que du 21 juin 2018, *Commission/Malte*, C-557/15, EU:C:2018:477, point 62).

72. Le nombre de prises autorisées au titre de la dérogation prévue à l'article 16, paragraphe 1, sous e), de la directive « habitats » doit ainsi, pour être considéré comme remplissant cette condition, être circonscrit dans une mesure telle qu'il n'entraîne pas le risque d'un impact négatif significatif sur la structure de la population concernée, quand bien même il ne nuirait pas, en soi, au maintien, dans un état de conservation favorable, des populations des espèces concernées dans leur aire de répartition naturelle. Ce nombre doit être non seulement strictement limité au

regard des critères mentionnés, mais également clairement spécifié dans les décisions de dérogations.

73. S'agissant, ensuite, des conditions de sélectivité et de limitation de la prise ou de la détention de certains spécimens des espèces, il y a lieu de considérer qu'elles imposent que la dérogation porte sur un nombre de spécimens déterminé de la façon la plus étroite, spécifique et opportune possible, compte tenu de l'objectif poursuivi par la dérogation en cause. Il peut être ainsi nécessaire, eu égard au niveau de la population de l'espèce en cause, de son état de conservation et de ses caractéristiques biologiques, que la dérogation soit limitée non seulement à l'espèce concernée ou aux types ou groupes de spécimens de celle-ci, mais également aux spécimens identifiés individuellement.

74. Enfin, la condition relative à l'encadrement des dérogations fondées sur l'article 16, paragraphe 1, sous e), de la directive « habitats » par des conditions strictement contrôlées implique, en particulier, que ces conditions ainsi que la manière dont leur respect est assuré permettent de garantir le caractère sélectif et limité des prises ou de la détention des spécimens des espèces concernées. Ainsi, pour toute dérogation fondée sur cette disposition, l'autorité nationale compétente doit s'assurer du respect des conditions y prévues avant son adoption et surveiller son incidence a posteriori. En effet, la réglementation nationale doit garantir que la légalité des décisions octroyant des dérogations au titre de cette disposition et la manière dont ces décisions sont appliquées, y compris en ce qui concerne le respect des conditions tenant notamment aux lieux, dates, quantités et types de spécimens visés, dont elles sont assorties, soient contrôlées de manière effective et en temps utile (voir, par analogie, arrêt du 8 juin 2006, *WWF Italia e.a.*, C-60/05, EU:C:2006:378, point 47).

75. En l'occurrence, il ressort du dossier dont dispose la Cour, premièrement, que les dérogations en cause au principal portent sur l'abattage d'un nombre limité de loups, à savoir sept spécimens. Or, ainsi que l'a relevé la Commission, ce nombre doit être replacé, aux fins d'apprécier le respect des conditions prévues à l'article 16, paragraphe 1, sous e), de la directive « habitats », dans le contexte plus large des prises autorisées au titre de la chasse de gestion, lequel, ainsi qu'il a été rappelé aux points 62 à 64 du présent arrêt, permet de douter du respect des exigences posées par cette disposition.

76. Deuxièmement, il est vrai que les décisions de dérogation en cause au principal contiennent certaines indications relatives aux types de spécimens ciblés, en particulier les spécimens jeunes ou ceux causant des nuisances.

77. Toutefois, ainsi qu'il ressort de la décision de renvoi et des précisions données lors de l'audience, ces dérogations se bornent à recommander à leurs destinataires de cibler certains individus et d'en éviter

d'autres, sans les y obliger. Elles ne permettent ainsi pas d'exclure que soient ciblés, dans la mise en œuvre de ces dérogations, les spécimens reproducteurs qui revêtent une importance particulière au regard des objectifs de la directive « habitats », tels que rappelés au point 25 du présent arrêt.

78. Troisièmement, il ressort du dossier soumis à la Cour que, malgré l'indication, dans lesdites dérogations, en sens contraire, 20 mâles dominants semblent avoir été abattus dans le cadre de la chasse de gestion au cours de l'année cynégétique en cause au principal, ce qui permet de mettre en doute la nature sélective des dérogations octroyées, l'efficacité du contrôle de leur mise en œuvre ainsi que le caractère limité des prises.

79. Ainsi, sous réserve des vérifications qu'il incombe à la juridiction de renvoi d'effectuer, il ne ressort pas du dossier dont dispose la Cour que les conditions dans lesquelles ont été octroyées les dérogations en cause au principal ainsi que la manière dont leur respect est contrôlé permettent de garantir le caractère sélectif et limité des prises des spécimens des espèces concernées au sens de l'article 16, paragraphe 1, sous e), de la directive « habitats ».

80. Eu égard aux considérations qui précèdent, il y a lieu de répondre aux questions posées par la juridiction de renvoi que l'article 16, paragraphe 1, sous e), de la directive « habitats » doit être interprété en ce sens qu'il s'oppose à l'adoption de décisions accordant des dérogations à l'interdiction de mise à mort intentionnelle du loup, énoncée à l'article 12, paragraphe 1, sous a), lu en combinaison avec l'annexe IV, point a), de cette directive, au titre de la chasse de gestion, dont l'objectif est la lutte contre le braconnage, si :

- l'objectif poursuivi par de telles dérogations n'est pas étayé de façon claire et précise et si, au vu de données scientifiques rigoureuses, l'autorité nationale ne parvient pas à établir que ces dérogations sont aptes à atteindre cet objectif,
- il n'est pas dûment établi que l'objectif qu'elles visent ne puisse être atteint par une autre solution satisfaisante, la seule existence d'une activité illégale ou les difficultés auxquelles se heurte la mise en œuvre du contrôle de celle-ci ne pouvant constituer un élément suffisant à cet égard,
- il n'est pas garanti que les dérogations ne nuiront pas au maintien, dans un état de conservation favorable, des populations de l'espèce concernée dans leur aire de répartition naturelle,
- les dérogations n'ont pas fait l'objet d'une évaluation de l'état de conservation des populations de l'espèce concernée ainsi que de l'impact que la dérogation envisagée est susceptible d'avoir sur celui-ci, au niveau du territoire de cet État membre ou, le cas échéant, au niveau de la région biogéographique visée lorsque les

frontières de cet État membre chevauchent plusieurs régions biogéographiques, ou encore, si l'aire de répartition naturelle de l'espèce l'exige et, dans la mesure du possible, sur le plan transfrontalier, et

– il n'est pas satisfait à l'ensemble des conditions tenant à la manière sélective et à la mesure limitée des prises d'un nombre limité et spécifié de certains spécimens des espèces figurant à l'annexe IV de ladite directive dans des conditions strictement contrôlées, dont le respect doit être établi eu égard, notamment, au niveau de la population, de son état de conservation et de ses caractéristiques biologiques.

Il incombe à la juridiction de renvoi de vérifier si tel est le cas dans l'affaire au principal.

Sur les dépens

[...]

Par ces motifs, la Cour (deuxième chambre) dit pour droit :

L'article 16, paragraphe 1, sous e), de la directive 92/43/CEE du Conseil, du 21 mai 1992, concernant la conservation des habitats naturels ainsi que de la faune et de la flore sauvages, doit être interprété en ce sens qu'il s'oppose à l'adoption de décisions accordant des dérogations à l'interdiction de mise à mort intentionnelle du loup, énoncée à l'article 12, paragraphe 1, sous a), lu en combinaison avec l'annexe IV, point a), de cette directive, au titre de la chasse de gestion, dont l'objectif est la lutte contre le braconnage, si :

– l'objectif poursuivi par de telles dérogations n'est pas étayé de façon claire et précise et si, au vu de données scientifiques rigoureuses, l'autorité nationale ne parvient pas à établir que ces dérogations sont aptes à atteindre cet objectif,
– il n'est pas dûment établi que l'objectif qu'elles visent ne puisse être atteint par une autre solution satisfaisante, la seule existence d'une activité illégale ou les difficultés auxquelles se heurte la mise en œuvre du contrôle de celle-ci ne pouvant constituer un élément suffisant à cet égard,
– il n'est pas garanti que les dérogations ne nuiront pas au maintien, dans un état de conservation favorable, des populations de l'espèce concernée dans leur aire de répartition naturelle,
– les dérogations n'ont pas fait l'objet d'une évaluation de l'état de conservation des populations de l'espèce concernée ainsi que de l'impact que la dérogation envisagée est susceptible d'avoir sur celui-ci, au niveau du territoire de cet État membre ou, le cas échéant, au niveau de la région biogéographique visée lorsque les frontières de cet État membre chevauchent plusieurs régions

biogéographiques, ou encore, si l'aire de répartition naturelle de l'espèce l'exige et, dans la mesure du possible, sur le plan transfrontalier, et

– il n'est pas satisfait à l'ensemble des conditions tenant à la manière sélective et à la mesure limitée des prises d'un nombre limité et spécifié de certains spécimens des espèces figurant à l'annexe IV de ladite directive dans des conditions strictement contrôlées, dont le respect doit être établi eu égard, notamment, au niveau de la population, de son état de conservation et de ses caractéristiques biologiques.

Il incombe à la juridiction de renvoi de vérifier si tel est le cas dans l'affaire au principal.

Observations

La question préjudicielle porte sur l'interprétation de l'article 16, paragraphe 1, de la directive 92/43/CEE du Conseil, du 21 mai 1992, concernant la conservation des habitats naturels ainsi que de la faune et de la flore sauvages (1) (ci-après la directive « Habitats »).

Elle est présentée dans le cadre d'une procédure portant sur la légalité de décisions de l'Office finlandais de la faune sauvage (ci-après l'« Office ») accordant des dérogations pour la chasse au loup.

Examen des questions

La norme juridique en cause en l'espèce n'est pas sans rappeler la législation applicable à la protection des oiseaux sauvages qui est bien connue de la jurisprudence (et des chasseurs...) pour imposer un régime de protection complète des espèces protégées pendant les périodes nidicoles et les différents stades de reproduction et de dépendance, y compris lors de leur trajet de retour vers leur lieu de nidification (2). De manière assez parallèle, mais moins connue, la directive 92/43 prévoit en faveur de certaines espèces animales qui en relèvent un « régime de protection stricte » et des dérogations.

(1) *JO*, L 206, 1992, p. 7.

(2) Directive 2009/147, du 30 novembre 2009, concernant la conservation des oiseaux sauvages (*JOUE*, L 20, 26 janvier 2010), art. 7, § 4.

Le loup figure à l'annexe IV, point A, de la directive 92/43 parmi les espèces animales en faveur desquelles l'article 12 dispose que les États membres prennent « les mesures nécessaires pour instaurer un système de protection stricte [...] dans leur aire de répartition naturelle [...] ». À ce titre, ils interdisent, notamment « toute forme de capture ou de mise à mort intentionnelle de spécimens de ces espèces dans la nature » (3). Ils doivent également interdire la perturbation intentionnelle de ces espèces notamment durant la période de reproduction, de dépendance, d'hibernation et de migration ; la destruction ou le ramassage intentionnels des œufs dans la nature ; et la détérioration ou la destruction des sites de reproduction ou des aires de repos (4).

Cependant, l'article 16, paragraphe 1, de la directive autorise les États membres, dans certaines circonstances, à déroger à ces dispositions à la condition qu'il n'existe pas une autre solution satisfaisante et que cette dérogation ne nuise pas au maintien, dans un état de conservation favorable, des populations des espèces concernées dans leur aire de répartition naturelle. Ces circonstances sont réunies lorsqu'une dérogation est accordée dans l'intérêt de la protection de la faune et de la flore sauvages et de la conservation des habitats naturels, pour prévenir des dommages importants, dans l'intérêt de la santé et de la sécurité publiques, ou pour d'autres raisons impératives d'intérêt public majeur, à des fins de recherche et d'éducation, de repeuplement et de réintroduction de et pour des opérations de reproduction nécessaires à ces fins, ou encore « pour permettre, dans des conditions strictement contrôlées, d'une manière sélective et dans une mesure limitée, la prise ou la détention d'un nombre limité et spécifié par les autorités nationales compétentes de certains spécimens [...] » (pt 28).

Ces dispositions sont formulées dans des termes qui évoquent directement ceux de la directive 2009/147, au point que la Cour de justice se réfère à sa jurisprudence sur la chasse aux oiseaux « par analogie ». Ce raisonnement par

(3) Directive 92/43, art. 12, § 1, a).
(4) Directive 92/43, art. 12, § 1, b), c) et d).

analogie a été suggéré à la Cour par l'avocat général qui y a lui-même recours dans ses conclusions à cinq reprises (pt 54 et notes 5, 7, 24 et 32), précisant que sa lecture « résulte également d'une application par analogie de la jurisprudence relative à l'article 9, paragraphe 1, sous c), de la directive 2009/147 [...] », laquelle « permet de déroger aux obligations de protection tirées de cette directive dans des conditions comparables à celles énoncées à l'article 16, paragraphe 1, sous e), de la directive habitats » (*idem*, note 5).

La Cour avait déjà condamné la Finlande en 2007 pour avoir délivré deux permis de chasse au loup à titre « préventif », sans qu'il soit établi qu'elle est de nature à prévenir des dommages importants comme l'aurait exigé la législation européenne (5). Des décisions avaient accordé des permis pour la chasse « à un nombre déterminé de loups dans une zone géographique bien délimitée mais sans s'appuyer sur une évaluation de l'état de conservation de l'espèce, sans fournir une motivation précise et adéquate quant à l'absence d'une autre solution satisfaisante et sans identifier de façon précise les loups causant des dommages importants qui pouvaient être abattus » (6). Ne se fondant pas sur une évaluation de leur impact sur le maintien dans un état de conservation favorable de la population dans son aire de répartition naturelle et ne comportant pas une motivation précise et adéquate quant à l'absence d'une autre solution satisfaisante, elles étaient contraires à l'article 16, paragraphe 1, de la directive « Habitats ».

Elle s'est à nouveau prononcée dans l'arrêt commenté, cette fois sur deux permis accordés pour abattre un total de sept loups sur une période d'un mois dont les autorités finlandaises arguaient qu'ils avaient été accordés « au titre de la prévention de dommages », et plus précisément de dommages causés aux chiens et de l'inquiétude des populations locales. En effet, l'une des circonstances susmentionnées dans lesquelles une dérogation est envisageable, est celle de mesures prises « pour prévenir des dommages importants

---

(5) CJUE, 14 juin 2007, *Commission c/ Finlande*, aff. C-342/05, ECLI:EU:C:2007:341, pts 21 et 39.

(6) *Ibid.*, pts 30 et 31.

notamment aux cultures, à l'élevage, aux forêts, aux pêcheries, aux eaux et à d'autres formes de propriété »(7).

La Cour rappelle que le respect de ces dispositions impose aux États membres non seulement l'adoption d'un cadre législatif complet, mais également la mise en œuvre de mesures concrètes et spécifiques de protection. De même, le « système de protection stricte » suppose l'adoption de mesures cohérentes et coordonnées, à caractère préventif, permettant d'éviter effectivement la capture ou la mise à mort intentionnelle dans la nature ainsi que la détérioration ou la destruction des sites de reproduction ou des aires de repos des espèces animales figurant à l'annexe IV, sous a), de la directive « Habitats » (pts 26 et 27).

Le caractère dérogatoire de l'article 16, paragraphe 1, conduit bien entendu à son interprétation stricte et à ce que l'autorité administrative qui l'applique assume la charge de la preuve de l'existence des conditions requises (pt 30). Une telle dérogation ne peut constituer « qu'une application concrète et ponctuelle pour répondre à des exigences précises et à des situations spécifiques » (pt 41). Au demeurant, la décision doit comporter « une motivation précise et adéquate relative à l'absence d'une autre solution satisfaisante permettant d'atteindre les objectifs invoqués à l'appui de la dérogation en cause » (pt 49). Sur tous ces points, la Cour raisonne ici par analogie avec sa jurisprudence sur les dispositions relatives à la chasse aux oiseaux sauvages (pts 30, 41 et 50).

En l'espèce, ces conditions ne sont pas satisfaites. Certes, relève la Cour, l'objectif poursuivi consistant à réduire le braconnage peut ainsi être invoqué en tant que méthode contribuant au maintien ou au rétablissement dans un état de conservation favorable de l'espèce concernée couvert par l'article 16, paragraphe 1, sous e), de cette directive (pt 43), c'est-à-dire au regard de la dérogation prévue « pour permettre, dans des conditions strictement contrôlées, d'une manière sélective et dans une mesure limitée, la prise ou la détention d'un nombre limité et spécifié par les autorités

(7) Directive 92/43, art. 16, § 1, e).

nationales compétentes de certains spécimens des espèces figurant à l'annexe IV ». Il faut noter ainsi que la Cour ne se place pas sur le terrain de la « prévention de dommages » invoqué par la Finlande. Pour elle, en effet, l'article 16, paragraphe 1, sous e), de la directive ne pouvant constituer une base juridique générale pour l'octroi des dérogations à l'article 12, paragraphe 1, l'objectif d'une telle dérogation « ne peut, en principe, se confondre avec les objectifs des dérogations fondées sur l'article 16, paragraphe 1, sous a) à d), de sorte qu'elle ne saurait servir de fondement à l'adoption d'une dérogation que dans les cas où ces autres dispositions ne sont pas pertinentes ».

Cependant, dans la mesure où les dérogations en cause au principal procèdent d'une expérimentation visant à vérifier si une autorisation limitée de la chasse légale pouvait contribuer à réduire le braconnage et à améliorer l'état de conservation de la population de loups, leur aptitude à atteindre ces objectifs « était entourée d'incertitudes au moment de leur adoption » (pt 44). De plus, « la seule existence d'une activité illégale telle que le braconnage ou les difficultés auxquelles se heurte la mise en œuvre du contrôle de celle-ci ne sauraient suffire à dispenser un État membre de son obligation de garantir la protection des espèces protégées » et il lui incombe de privilégier le contrôle strict et efficace de cette activité illégale et la mise en œuvre de moyens n'impliquant pas l'inobservation des interdictions participant au régime strict de protection (pt 48). Or, la décision de dérogation ne comporte ni mention relative à l'inexistence d'une autre solution satisfaisante, ni renvoi aux rapports techniques, juridiques et scientifiques pertinents à cet égard, ce sur quoi la Cour fait aussi une analogie avec sa jurisprudence sur la chasse aux oiseaux (pt 50).

La Cour s'attarde longuement sur la condition selon laquelle la dérogation ne saurait nuire au maintien, dans un état de conservation favorable, des populations des espèces concernées dans leur aire de répartition naturelle, « condition nécessaire et préalable » qui doit se traduire par des critères définis « de manière à assurer la préservation à long terme de la dynamique et de la stabilité sociale de l'espèce visée » (pts 54-57), ou tout au moins, « à titre exceptionnel » qu'elle ne soit pas de nature à aggraver l'état non favorable de conservation des populations ou à empêcher le rétablissement de son état favorable (pt 68). Il en découle que doivent au préalable être évalués l'état de conservation des populations de l'espèce concernée ainsi que l'impact que la dérogation envisagée est susceptible d'avoir sur celui-ci au niveau local ainsi qu'au niveau du territoire de cet État membre ou au niveau de la région biogéographique visée (pt 65). Dans un cas comme dans l'autre, si l'examen des meilleures données scientifiques disponibles laisse subsister une incertitude, l'État membre doit s'abstenir de l'adopter ou de la mettre en œuvre « conformément au principe de précaution » (pts 66 et 69).

C'est aussi par analogie avec la jurisprudence relative aux oiseaux (pts 71 et 74) que la Cour approche les conditions relatives au nombre limité et spécifié de prises ou de détention de specimens, à la sélectivité de ces prélèvements et au caractère strict de leur contrôle. En l'espèce, si les dérogations ne portent que sur sept specimens, ce nombre doit être replacé dans le contexte plus large de la quarantaine de prises effectuées au titre de la chasse de gestion, soit près de 15 % de la population totale des loups en Finlande, les mâles dominants paraissant avoir été ciblés, le tout au profit d'une formulation particulièrement vague des paramètres fixés (pts 75-78).

Patrick Thieffry

Cour de justice, gde ch., 19 décembre 2019,
Deutsche Umwelthilfe eV c/ Freistaat Bayern,
aff. C-752/18, ECLI:EU:C:2019:137

Conclusions non conformes de l'avocat général H. Saugmandsgaard ØE, du 14 novembre 2019, ECLI:EU:C:2019:972

Mots-clés : Renvoi préjudiciel – Environnement – Pollution atmosphérique – Qualité de l'air ambiant – Plan relatif à la qualité de l'air – Valeurs limites pour le dioxyde d'azote – Obligation d'adopter les mesures appropriées pour assurer une période de dépassement minimale – Obligation pour les juridictions nationales de prendre toute mesure nécessaire – Refus par un gouvernement régional de se conformer à une injonction judiciaire – Contrainte par corps envisagée contre des hauts représentants politiques ou des hauts fonctionnaires de la région concernée – Protection juridictionnelle effective – Droit à la liberté personnelle – Base légale – Proportionnalité

Cadre normatif : article 9, paragraphe 4, première phrase, de la convention sur l'accès à l'information, la participation du public au processus décisionnel et l'accès à la justice en matière d'environnement, signée à Aarhus le 25 juin 1998 et approuvée au nom de la Communauté européenne par la décision 2005/370/CE du Conseil, du 17 février 2005 (*JO*, 2005, L 124, p. 1) ; article 4, paragraphe 3, et article 19, paragraphe 1, TUE ; article 197, paragraphe 1, TFUE ; article 47, premier alinéa de la charte des droits fondamentaux de l'Union européenne ; directive 2008/50/CE du Parlement européen et du Conseil, du 21 mai 2008, concernant la qualité de l'air ambiant et un air pur pour l'Europe (*JO* 2008, L 152, p. 1)

Notes et observations : L. Coutron, « Chronique Contentieux de l'UE – À propos du droit à l'exécution des décisions des juridictions nationales : une construction à parfaire », *RTD eur.*, 2020, p. 279 ; Ph. Bonneville, Chr. Gänser et S. Markarian, « Chronique de jurisprudence de la CJUE », *AJDA*, 2020, p. 398

Extraits de l'arrêt

1. La demande de décision préjudicielle porte sur l'interprétation de l'article 9, paragraphe 4, première phrase, de la convention sur l'accès à l'information, la participation du public au processus décisionnel et l'accès à la justice en matière d'environnement, signée à Aarhus le 25 juin 1998 et approuvée au nom de la Communauté européenne par la décision 2005/370/CE du Conseil, du 17 février 2005 (*JO* 2005, L 124, p. 1, ci-après la « convention d'Aarhus »), de l'article 4, paragraphe 3, et de l'article 19, paragraphe 1, TUE, de l'article 197, paragraphe 1, TFUE, ainsi que de l'article 47, premier alinéa, de la charte des droits fondamentaux de l'Union européenne (ci-après la « Charte »).

2. Cette demande a été présentée dans le cadre d'un litige opposant Deutsche Umwelthilfe eV, une organisation non gouvernementale pour la protection de l'environnement, au Freistaat Bayern (Land de Bavière, Allemagne) au sujet de l'exécution forcée d'une injonction judiciaire d'adopter des interdictions de circulation en vue de respecter les obligations découlant de la directive 2008/50/CE du Parlement européen et du Conseil, du 21 mai 2008, concernant la qualité de l'air ambiant et un air pur pour l'Europe (*JO* 2008, L 152, p. 1).

[...]

Sur la question préjudicielle

29. Par sa question, la juridiction de renvoi souhaite savoir, en substance, si le droit de l'Union, notamment l'article 47, premier alinéa, de la Charte, doit être interprété en ce sens que, dans des circonstances caractérisées par un refus persistant d'une autorité nationale de se conformer à une décision de justice lui enjoignant d'exécuter une obligation claire, précise et inconditionnelle découlant dudit droit, notamment de la directive 2008/50, celui-ci habilite voire oblige la juridiction nationale compétente à prononcer une contrainte par corps contre des titulaires d'une fonction relevant de l'exercice de l'autorité publique.

30. Selon la juridiction de renvoi, cette question se pose dans le contexte de la jurisprudence de la Cour selon laquelle, lorsqu'un État membre n'a pas respecté les exigences résultant de l'article 13, paragraphe 1, deuxième alinéa, de la directive 2008/50, tout en ne demandant pas le report du délai dans les conditions prévues à l'article 22 de cette directive, il appartient à la juridiction nationale compétente, éventuellement saisie, de prendre, à l'égard de l'autorité nationale, toute mesure nécessaire, telle une injonction, afin que cette autorité établisse le plan exigé par ladite directive dans les conditions que celle-ci prévoit (arrêt du 19 novembre 2014, *ClientEarth*, C-404/13, EU:C:2014:2382, point 58).

31. En l'occurrence, la juridiction de renvoi a d'ores et déjà, en application de cette jurisprudence, fait injonction au Land de Bavière d'adopter des interdictions de circulation pour certains véhicules à moteur diesel dans diverses zones urbaines de la ville de Munich, pour faire respecter le plus rapidement possible la valeur limite fixée à l'annexe XI, B, de la directive 2008/50 pour le dioxyde d'azote.

32. Face au refus du Land de Bavière de se conformer à ladite injonction, passée en force de chose jugée, l'affaire au principal porte spécifiquement sur une demande de Deutsche Umwelthilfe en vue de l'exécution forcée de cette injonction au moyen d'une contrainte par corps prononcée contre la ministre de l'Environnement et de la Protection des consommateurs du Land de Bavière ou, à défaut, contre le ministre-président de ce Land.

33. À cet égard, il convient de relever, en premier lieu, que, en l'absence d'harmonisation des mécanismes nationaux d'exécution forcée, les modalités de leur mise en œuvre relèvent de l'ordre juridique interne des États membres en vertu du principe d'autonomie procédurale de ces derniers. Néanmoins, ces modalités doivent répondre à la double condition de ne pas être moins favorables que celles régissant des situations similaires soumises au droit interne (principe d'équivalence) et de ne pas rendre impossible ou excessivement difficile l'exercice des droits conférés par le droit de l'Union (principe d'effectivité) (arrêt du 26 juin 2019, *Kuhar*, C-407/18, EU:C:2019:537, point 46 et jurisprudence citée).

34. En deuxième lieu, il importe de rappeler que les États membres, lorsqu'ils mettent en œuvre le droit de l'Union, sont tenus d'assurer le respect du droit à un recours effectif consacré par l'article 47, premier alinéa, de la Charte (arrêt du 29 juillet 2019, *Torubarov*, C-556/17, EU:C:2019:626, point 69), lequel constitue une réaffirmation du principe de protection juridictionnelle effective. S'agissant de recours visant au respect du droit de l'environnement, en particulier à l'initiative d'associations de protection de l'environnement comme dans le litige au principal, ce droit à un recours effectif est également consacré par l'article 9, paragraphe 4, de la convention d'Aarhus.

35. Or, selon la jurisprudence de la Cour, une législation nationale qui aboutit à une situation dans laquelle le jugement d'une juridiction demeure inopérant, à défaut pour celle-ci de disposer d'un moyen quelconque pour le faire respecter, méconnaît le contenu essentiel du droit à un recours effectif consacré par l'article 47 de la Charte (voir, en ce sens, arrêt du 29 juillet 2019, *Torubarov*, C-556/17, EU:C:2019:626, point 72).

36. En effet, ledit droit serait illusoire si l'ordre juridique d'un État membre permettait qu'une décision judiciaire définitive et obligatoire reste inopérante au détriment d'une partie (arrêts du 30 juin 2016, *Toma*

et Biroul Executorului Judecătoresc Horațiu-Vasile Cruduleci, C-205/15, EU:C:2016:499, point 43 et jurisprudence citée, ainsi que du 29 juillet 2019, *Torubarov*, C-556/17, EU:C:2019:626, point 57).

37. Il ressort, plus spécifiquement, de la jurisprudence de la Cour européenne des droits de l'homme relative à l'article 6, paragraphe 1, de la convention européenne de sauvegarde des droits de l'homme et des libertés fondamentales, signée à Rome le 4 novembre 1950, à la lumière de laquelle il convient d'interpréter l'article 47 de la Charte (arrêt du 30 juin 2016, *Toma et Biroul Executorului Judecătoresc Horațiu-Vasile Cruduleci*, C-205/15, EU:C:2016:499, point 41 ainsi que jurisprudence citée), que le fait, pour les autorités publiques, de ne pas se conformer à une décision judiciaire définitive et exécutoire prive cette disposition de tout effet utile (voir, en ce sens, Cour EDH, 19 mars 1997, *Hornsby c. Grèce*, CE:ECHR:1997:0319JUD001835791, §§ 41 et 45).

38. Le droit à un recours effectif est d'autant plus important que, dans le domaine couvert par la directive 2008/50, le défaut de prendre les mesures exigées par celle-ci mettrait en danger la santé des personnes (voir, par analogie, arrêt du 25 juillet 2008, *Janecek*, C-237/07, EU:C:2008:447, point 38).

39. Par ailleurs, il appartient au juge national, afin d'assurer une protection juridictionnelle effective dans les domaines couverts par le droit de l'Union de l'environnement, de donner de son droit national une interprétation qui, dans toute la mesure du possible, soit conforme tant aux objectifs de l'article 9, paragraphes 3 et 4, de la convention d'Aarhus qu'à celui de protection juridictionnelle effective des droits conférés par le droit de l'Union (voir, en ce sens, arrêt du 8 mars 2011, *Lesoochranárske zoskupenie*, C-240/09, EU:C:2011:125, points 50 et 51).

40. À cette fin, il incombe audit juge de vérifier, en prenant en considération l'ensemble du droit interne et en faisant application des méthodes d'interprétation reconnues par celui-ci, s'il peut parvenir à une interprétation de ce droit qui lui permettrait d'appliquer des mesures de coercition efficaces pour assurer l'exécution, par les autorités publiques, d'un jugement passé en force de chose jugée, telles que, notamment, des astreintes d'un montant élevé, répétées à courte échéance, et dont le paiement ne se ferait pas, en fin de compte, au bénéfice du budget dont elles proviennent.

41. Cela étant, en l'occurrence, la juridiction de renvoi estime qu'elle ne saurait faire respecter le principe d'effectivité du droit de l'Union et le droit à un recours effectif, à moins que le droit de l'Union ne l'habilite voire ne l'oblige à écarter les raisons d'ordre constitutionnel empêchant, selon elle, l'application de la contrainte par corps contre des titulaires d'une fonction relevant de l'exercice de l'autorité publique.

42. À cet égard, il convient de rappeler que, à défaut de pouvoir procéder à une interprétation de la réglementation nationale conforme aux exigences du droit de l'Union, le juge national, saisi dans le cadre de sa compétence a, en tant qu'organe d'un État membre, l'obligation de laisser inappliquée toute disposition nationale contraire à une disposition de droit de l'Union qui est d'effet direct dans le litige dont il est saisi (arrêts du 9 mars 1978, *Simmenthal*, 106/77, EU:C:1978:49, point 21, ainsi que du 24 juin 2019, *Popławski*, C-573/17, EU:C:2019:530, points 58 et 61).

43. Cependant, cette jurisprudence de la Cour ne saurait être comprise en ce sens que le principe d'effectivité du droit de l'Union et le respect du droit à une protection juridictionnelle effective, garanti par l'article 47, premier alinéa, de la Charte, obligent le juge national à laisser inappliquée une disposition de droit national ou la seule interprétation de celle-ci qui lui paraît conforme à la Constitution nationale si, ce faisant, il méconnaissait un autre droit fondamental garanti par le droit de l'Union.

44. En effet, et ainsi qu'il ressort de l'article 52, paragraphe 1, de la Charte, le droit à une protection juridictionnelle effective n'est pas un droit absolu et il peut comporter des restrictions, notamment pour protéger les droits et les libertés d'autrui. Or, une mesure de coercition telle que la contrainte par corps emporte une limitation au droit à la liberté, garanti par l'article 6 de la Charte.

45. Afin de répondre à la question préjudicielle, il convient dès lors de procéder, en troisième lieu, à une mise en balance des droits fondamentaux en cause au regard des exigences prévues à l'article 52, paragraphe 1, première phrase, de la Charte.

46. S'agissant des exigences que la base légale d'une limitation au droit à la liberté doit remplir, la Cour a déjà relevé, à la lumière de l'arrêt de la Cour EDH du 21 octobre 2013, *Del Río Prada c. Espagne* (CE:ECHR:2013:1021JUD004275009), qu'une loi habilitant le juge à priver une personne de sa liberté doit, pour répondre aux exigences de l'article 52, paragraphe 1, de la Charte, être suffisamment accessible, précise et prévisible dans son application afin d'éviter tout danger d'arbitraire (arrêt du 15 mars 2017, *Al Chodor*, C-528/15, EU:C:2017:213, points 38 et 40).

47. Il y a lieu de préciser que ces conditions valent à l'égard de tout type de privation de liberté, y compris lorsque celle-ci résulte de la nécessité d'assurer l'exécution d'une condamnation infligée par une décision judiciaire, et cela indépendamment de la possibilité pour la personne concernée d'éviter la privation de liberté en exécutant une injonction ordonnée par cette même décision ou une décision antérieure.

48. S'il ressort des débats qui ont eu lieu lors de l'audience devant la Cour que des doutes subsistent quant à la réunion des conditions permettant de prononcer la contrainte par corps prévue par le droit allemand

contre des titulaires d'une fonction relevant de l'exercice de l'autorité publique, il revient à la seule juridiction de renvoi d'apprécier si les dispositions nationales pertinentes sont, eu égard à leur libellé et à leur substance, suffisamment accessibles, précises et prévisibles dans leur application et permettent ainsi d'éviter tout danger d'arbitraire.

49. Si tel n'est pas le cas, le juge national ne saurait prononcer, sur le seul fondement du principe d'effectivité ainsi que du droit à une protection juridictionnelle effective, une contrainte par corps. En effet, toute limitation du droit à la liberté doit être prévue par une loi répondant aux exigences rappelées au point 46 du présent arrêt.

50. S'agissant des exigences découlant du principe de proportionnalité, il importe de rappeler que, lorsque plusieurs droits fondamentaux sont en cause, l'appréciation du respect du principe de proportionnalité doit s'effectuer dans le respect de la conciliation nécessaire des exigences liées à la protection des différents droits et d'un juste équilibre entre eux (voir, en ce sens, arrêt du 22 janvier 2013, *Sky Österreich*, C-283/11, EU:C:2013:28, point 60 et jurisprudence citée).

51. Or, il y a lieu de considérer que, comme l'a relevé M. l'avocat général au point 86 de ses conclusions, dès lors que le prononcé d'une contrainte par corps emporte une privation de liberté, il ne peut y être recouru que lorsqu'il n'existe aucune mesure moins contraignante permettant d'atteindre l'objectif poursuivi. Il appartient, partant, à la juridiction de renvoi de vérifier si le droit national régissant l'exécution forcée est susceptible d'une interprétation conforme au droit à une protection juridictionnelle effective en ce sens qu'il autoriserait cette juridiction à adopter des mesures non attentatoires au droit à la liberté, telles que celles évoquées au point 40 du présent arrêt.

52. C'est uniquement dans l'hypothèse où la juridiction de renvoi devait conclure que, dans le contexte de la mise en balance visée au point 45 du présent arrêt, la limitation qui serait apportée au droit à la liberté du fait du prononcé d'une contrainte par corps respecte les conditions posées à cet égard à l'article 52, paragraphe 1, de la Charte, que le droit de l'Union non seulement autoriserait, mais exigerait le recours à une telle mesure.

53. Il convient encore de souligner que les développements qui précèdent sont sans préjudice, notamment, de la possibilité qu'une méconnaissance de la directive 2008/50 telle que celle que la juridiction de renvoi identifie comme étant à l'origine du litige au principal soit constatée par la Cour dans le cadre d'un recours en manquement.

54. Par ailleurs, il y a lieu de rappeler que la pleine efficacité du droit de l'Union et la protection effective des droits que les particuliers en tirent peuvent, le cas échéant, être assurées par le principe de la responsabilité de l'État pour des dommages causés aux particuliers par des violations

du droit de l'Union qui lui sont imputables, ce principe étant inhérent au système des traités sur lesquels cette dernière est fondée (voir, en ce sens, arrêts du 5 mars 1996, *Brasserie du pêcheur et Factortame*, C-46/93 et C-48/93, EU:C:1996:79, points 20, 39 et 52, ainsi que du 28 juillet 2016, *Tomášová*, C-168/15, EU:C:2016:602, point 18 et jurisprudence citée).

55. Ledit principe est valable pour toute hypothèse de violation du droit de l'Union par un État membre, et ce quelle que soit l'autorité publique auteur de cette violation (arrêt du 28 juillet 2016, *Tomášová*, C-168/15, EU:C:2016:602, point 19 et jurisprudence citée).

56. Eu égard à tout ce qui précède, il y a lieu de répondre à la question posée que le droit de l'Union, notamment l'article 47, premier alinéa, de la Charte, doit être interprété en ce sens que, dans des circonstances caractérisées par un refus persistant d'une autorité nationale de se conformer à une décision de justice lui enjoignant d'exécuter une obligation claire, précise et inconditionnelle découlant dudit droit, notamment de la directive 2008/50, il incombe à la juridiction nationale compétente de prononcer une contrainte par corps contre des titulaires d'une fonction relevant de l'exercice de l'autorité publique lorsque, dans les dispositions du droit interne, il existe une base légale pour l'adoption d'une telle contrainte qui soit suffisamment accessible, précise et prévisible dans son application et pour autant que la limitation qui serait apportée au droit à la liberté, garanti par l'article 6 de la Charte, du fait d'un tel prononcé respecte les autres conditions posées à cet égard à l'article 52, paragraphe 1, de la Charte. En revanche, en l'absence d'une telle base légale dans le droit interne, le droit de l'Union n'habilite pas cette juridiction à avoir recours à une telle mesure.

Sur les dépens

[...]

Par ces motifs, la Cour (grande chambre) dit pour droit :

Le droit de l'Union, notamment l'article 47, premier alinéa, de la charte des droits fondamentaux de l'Union européenne, doit être interprété en ce sens que, dans des circonstances caractérisées par un refus persistant d'une autorité nationale de se conformer à une décision de justice lui enjoignant d'exécuter une obligation claire, précise et inconditionnelle découlant dudit droit, notamment de la directive 2008/50/CE du Parlement européen et du Conseil, du 21 mai 2008, concernant la qualité de l'air ambiant et un air pur pour l'Europe, il incombe à la juridiction nationale compétente de prononcer une contrainte par corps contre des titulaires d'une fonction relevant de l'exercice de l'autorité publique lorsque, dans les dispositions du droit interne, il existe une base légale pour l'adoption d'une telle contrainte qui soit suffisamment accessible, précise et prévisible dans son application et pour autant que la limitation qui serait apportée au droit à la liberté, garanti par l'article 6 de la charte des droits fondamentaux, du fait d'un tel prononcé respecte les autres conditions posées à cet égard à l'article 52, paragraphe 1, de celle-ci. En revanche, en l'absence d'une telle base légale dans le droit interne, le droit de l'Union n'habilite pas cette juridiction à avoir recours à une telle mesure.

Observations

La question préjudicielle porte sur l'interprétation de l'article 9, paragraphe 4, première phrase, de la convention sur l'accès à l'information, la participation du public au processus décisionnel et l'accès à la justice en matière d'environnement, signée à Aarhus le 25 juin 1998 (*JO* 2005, L 124, p. 1, ci-après la « convention d'Aarhus »), de l'article 4, paragraphe 3, et de l'article 19, paragraphe 1, TUE, de l'article 197, paragraphe 1, TFUE, ainsi que de l'article 47, premier alinéa, de la charte des droits fondamentaux de l'Union européenne (ci-après la « Charte »).

Elle a été présentée dans le cadre d'un litige opposant une organisation non gouvernementale de protection de l'environnement au Land de Bavière suite à l'inexécution d'une injonction judiciaire d'adopter des interdictions de circulation en vue de respecter les obligations découlant de la directive 2008/50/CE, du 21 mai 2008, concernant la qualité de l'air ambiant et un air pur pour l'Europe (*JO* 2008, L 152, p. 1).

Examen de la question

La directive 2008/50 est l'un des textes les plus importants du droit européen de l'environnement, à tout le moins en dehors de ceux concourant à la lutte contre les changements climatiques, puisqu'elle s'attaque à ce qui est sans doute l'autre plus grand péril environnemental et sanitaire actuel dans l'Union, à savoir la pollution atmosphérique. Pour s'en tenir à l'essentiel, elle impose une surveillance de la qualité de l'air, des *valeurs limites* de concentration et des *seuils d'alerte* pour les niveaux de pollution de l'air ambiant, ainsi que l'établissement et la mise en œuvre de plans relatifs à la qualité de l'air.

Quelques semaines avant l'arrêt commenté, la Cour avait déjà jugé que le droit à un recours effectif constituait l'un des éléments dont découle une obligation pour les juridictions des États membres de faire usage de leur pouvoir d'injonction à l'égard des autorités nationales lorsque les conditions en sont remplies (1). En l'espèce, la juridiction nationale devait vérifier si les points de prélèvement sont installés conformément aux critères fixés par la législation sur la qualité de l'air parce que celle-ci prévoit « des obligations précises, claires et inconditionnelles de telle sorte qu'elles peuvent être invoquées par des particuliers à l'égard de l'État », le pouvoir d'appréciation des autorités nationales pour leur mise en œuvre ne signifiant nullement qu'elles soient exemptes de tout contrôle juridictionnel. Pour la Cour, eu égard notamment au droit à un recours effectif de l'article 47 de la Charte, il incombait dès lors au juge national « de prendre, à l'égard de l'autorité nationale compétente, toute mesure nécessaire, telle que, si elle est prévue par le droit national, une injonction, afin que ces points de prélèvements soient placés dans le respect de ces critères ».

La situation qui a donné lieu à l'arrêt rendu en grande chambre le 19 décembre 2019 dans l'affaire *Deutsche Umwelthilfe*, ici commenté, est de nature à frapper beaucoup plus fortement les esprits, en tous cas par son côté symbolique. Les faits de l'espèce s'inscrivaient une étape plus loin dans la progression devant la juridiction de renvoi puisque le Land de Bavière avait déjà été condamné à plusieurs astreintes, s'était abstenu de les payer, et avait publiquement fait part de son intention de ne pas respecter l'obligation ainsi sanctionnée, à savoir l'interdiction de circulation de certains véhicules à moteur diesel dans diverses zones urbaines (pts 15-18). Pour la juridiction de renvoi, le prononcé et la liquidation d'astreintes, même élevées, seraient en vain puisque n'entraînant aucune perte patrimoniale pour le Land de Bavière qui en porterait le montant à la charge d'un poste déterminé de son budget et le comptabiliserait en contrepartie en tant que recette (pts 21 et 40).

(1) CJUE, 26 juin 2019, *Craeynest e.a. c/ Brussels Hoofdstedelijk Gewest*, aff. C-723/17, ECLI:EU:C:2019:533.

Pour le côté spectaculaire de l'affaire, on soulignera que l'enjeu n'était rien de moins que le prononcé d'une contrainte par corps – pratiquement disparue en France depuis longtemps – contre certains membres du gouvernement de Haute-Bavière, le ministre de l'Environnement et de la Protection des consommateurs du Land de Bavière et même le ministre-président de ce Land. Toutefois, la juridiction de renvoi considérant que, pour des raisons de droit constitutionnel, cet instrument, autrement prévu par le droit allemand, n'était pas applicable en l'occurrence, elle demanda à la Cour si le droit de l'Union ne la conduirait pas à en faire usage nonobstant cet obstacle de droit interne (pts 22-27). La Cour de justice examina alors la question de savoir si le droit de l'Union « habilite voire oblige la juridiction nationale compétente à prononcer une contrainte par corps contre des titulaires d'une fonction relevant de l'exercice de l'autorité publique » (pt 29) et, ce faisant, « à écarter les raisons d'ordre constitutionnel empêchant, selon elle, l'application d'une contrainte par corps contre des titulaires d'une fonction relevant de l'autorité publique » (pt 41).

La Cour rappelle sa jurisprudence selon laquelle, en l'absence d'harmonisation des mécanismes nationaux d'exécution forcée, les modalités de leur mise en œuvre relèvent de l'ordre juridique interne des États membres en vertu du principe d'autonomie procédurale, mais doivent répondre à la double exigence des principes d'équivalence et d'effectivité, ajoutant cette fois qu'« il importe de rappeler » qu'ils sont tenus d'assurer le respect du droit à un recours effectif consacré par l'article 47 de la Charte ainsi, en l'occurrence que par l'article 9, paragraphe 4, de la convention d'Aarhus, et allant jusqu'à se référer à la jurisprudence de la Cour européenne des droits de l'homme relative à l'article 6, paragraphe 1, de la convention européenne de sauvegarde des droits de l'homme et des libertés fondamentales selon laquelle le fait, pour les autorités publiques, de ne pas se conformer à une décision judiciaire définitive et exécutoire prive cette disposition de tout effet utile (2). Enfin, et peut-être surtout du point de vue de la pertinence environnementale de l'analyse, le

(2) Cour EDH, 19 mars 1997, *Hornsby c/ Grèce*, CE:ECHR:1997:0319JUD001835791, §§ 41 et 45.

droit à un recours effectif « est d'autant plus important que, dans le domaine couvert par la directive 2008/50, le défaut de prendre les mesures exigées par celle-ci mettrait en danger la santé des personnes » (pt 38).

À ce stade, il peut donc sembler que l'affaire est entendue, norme constitutionnelle ou non, l'organisation interne de l'État membre pouvant encore moins rendre illusoire le droit à un recours effectif que celui-ci porte sur la qualité de l'air ambiant, et donc la santé environnementale !

Pourtant, le raisonnement de la Cour se heurte alors à une difficulté qui donne à l'affaire une toute autre dimension du point de vue de l'incidence de la Charte en matière environnementale. D'une part, il ressort de son article 52, paragraphe 1, que le droit à une protection juridictionnelle effective n'est pas un droit absolu et qu'il peut comporter des restrictions, notamment pour protéger les droits et les libertés d'autrui. D'autre part, une mesure de coercition telle que la contrainte par corps emporte une limitation au droit à la liberté, lui-même garanti par l'article 6 de la Charte. Dès lors, il convient de procéder à une mise en balance des droits fondamentaux en cause (pts 44 et 45).

À nouveau, la Cour se réfère à sa jurisprudence et à celle de la Cour EDH pour rappeler qu'en ce qui concerne les exigences que la base légale d'une limitation au droit à la liberté doit remplir, « une loi habilitant le juge à priver une personne de sa liberté doit [...] être suffisamment accessible, précise et prévisible dans son application afin d'éviter tout danger d'arbitraire », ce qu'il appartient à la juridiction de renvoi d'apprécier (pts 46-49). Quant aux exigences découlant du principe de proportionnalité, il ne peut être recouru à une privation de liberté que lorsqu'« il n'existe aucune mesure moins contraignante permettant d'atteindre l'objectif poursuivi » (pts 50-52).

Restait alors pour la Cour à énoncer ce qui est peut-être le plus important sur le plan de l'incidence pratique pour la protection de l'environnement, à savoir si, dans une telle situation, une mesure de contrainte par corps serait simplement compatible avec le droit de l'Union ou si, à l'inverse, celui-ci l'imposerait, et ce nonobstant une disposition constitutionnelle nationale contraire. La Cour répond sans ambiguïté : « le droit de l'Union non seulement autoriserait, mais exigerait le recours à une telle mesure » (pt 52). En d'autres termes, les juridictions des États membres doivent avoir recours à tous les instruments prévus par leurs systèmes procéduraux, y compris en écartant des dispositions protectrices des représentants des autorités publiques, pour assurer l'effectivité de leurs décisions sanctionnant l'inexécution des dispositions de la législation environnementale de l'Union.

Patrick THIEFFRY

XI. FISCALITÉ

Cour de justice, gde ch., 26 février 2019, *N Luxembourg 1 et autres c/ Skatteministeriet*, aff. jtes C-115/16, C-118/16, C-119/16 et C-299/16, ECLI:EU:C:2019:134

Conclusions partiellement conformes de l'avocat général J. Kokott, du 1er mars 2018, ECLI:EU:C:2018:143

Mots-clés : Renvoi préjudiciel – Rapprochement des législations – Régime fiscal commun applicable aux paiements d'intérêts et de redevances effectués entre des sociétés associées d'États membres différents – Bénéficiaire effectif des intérêts et des redevances – Abus de droit – Société établie dans un État membre et versant à une société associée établie dans un autre État membre des intérêts, dont la totalité ou la quasi-totalité est ensuite transférée en dehors du territoire de l'Union européenne – Filiale soumise à une obligation de retenir l'impôt sur les intérêts à la source

Cadre normatif : article 63 TFUE ; directive 2003/49/CE du Conseil, du 3 juin 2003, concernant un régime fiscal commun applicable aux paiements d'intérêts et de redevances effectués entre des sociétés associées d'États membres différents

Notes et observations : V. Bassani, « L'interdiction de l'abus de droit : principe général du droit de l'Union ? À propos des arrêts rendus par la grande chambre de Cour de justice le 26 février 2019 », *Europe*, 2019, n° 4, pp. 6-11 ; N. de Boynes, « La CJUE donne son éclairage sur la notion d'abus de droit », *Revue de Droit Fiscal*, 2019, n° 21, pp. 32-48 ; G. Cavalier, « Du nouveau sur l'abus de droit et le bénéficiaire effectif ? Ou comment la théorie pourrait justifier une position jurisprudentielle », *Revue internationale des services financiers*, 2019, n° 2, pp. 66-73 ; J. Englisch, « The Danish tax avoidance cases : New milestones in the Court's anti-abuse doctrine », *Common Market Law Review*, 2020, vol. 57, n° 2, pp. 503-538 ; J. L. Rodríguez, « Some Thoughts to Understand the Court of Justice Recent Case-Law in the Danmark Cases on Tax

Abuse », *EC Tax Review*, 2020, vol. 29, n° 2, pp. 71-83 ; A. MAITROT DE LA MOTTE, « Note sous CJUE (grande chambre), 26 février 2019, Skatteministeriet c/ T Danmark et Y Denmark Aps, aff. jointes C-116/16 et C-117/16 ; et N Luxembourg 1 et autres c/ Skatteministeriet, aff. jointes C-115/16, C-118/16, C-119/16 et C-299/16 », *Fiscalité Internationale*, 2019, n° 2, pp. 72-75 ; G. REMBRY, H. CHRISTOPHE et G. EXERJEAN, « Mise en perspective du concept de bénéficiaire effectif à la lumière de la décision N Luxembourg 1 et a », *Revue de Droit Fiscal*, 2019, n° 21, pp. 3-6 ; E. THOMAS, « Jurisprudence de la CJUE : fiscalité directe (janvier/mars 2019) », *Revue de Droit Fiscal*, 2019, n° 16, pp. 14-25 ; L. C. VAN HULTEN et J. J. A. M. KORVING, « Case law note : Svig og Misbrug : The Danish Anti-Abuse Cases », *Intertax*, 2019, vol. 47, nos 8/9, pp. 793-800

EXTRAITS DE L'ARRÊT

82. Les questions posées par les juridictions nationales portent sur trois thèmes. Le premier thème est relatif à la notion de « bénéficiaire effectif » au sens de la directive 2003/49 ainsi qu'à l'existence d'une base juridique permettant à un État membre de refuser, en raison de la commission d'un abus de droit, le bénéfice de l'exonération de toute imposition prévue à l'article 1er, paragraphe 1, de ladite directive à une société ayant payé des intérêts à une entité établie dans un autre État membre. Pour autant qu'une telle base juridique existe, le deuxième thème abordé par les questions porte sur les éléments constitutifs d'un éventuel abus de droit et sur les modalités de preuve y afférentes. Enfin, le troisième thème des questions, également posées dans l'hypothèse de l'existence d'une possibilité pour un État membre de refuser de faire bénéficier une telle société des avantages de la directive 2003/49, porte sur l'interprétation des dispositions du traité FUE relatives à la liberté d'établissement et à la libre circulation des capitaux, afin de permettre aux juridictions de renvoi de vérifier si la législation danoise viole ces libertés.

Sur les premières questions, sous a) à c), les deuxièmes questions, sous a) et b), et les troisièmes questions dans les affaires C-115/16, C-118/16, C-119/16 et C-299/16

83. En premier lieu, par les premières questions, sous a) à c), dans les affaires C-115/16, C-118/16, C-119/16 et C-299/16, les juridictions de

renvoi s'interrogent sur le point de savoir comment doit être interprétée la notion de « bénéficiaire des intérêts », au sens de l'article 1er, paragraphes 1 et 4, de la directive 2003/49. En second lieu, par les deuxièmes questions, sous a) et b), et les troisièmes questions dans les affaires C-115/16, C-118/16, C-119/16 et C-299/16, les juridictions de renvoi demandent en substance si la lutte contre la fraude ou les abus, permise par l'article 5 de la directive 2003/49, suppose l'existence d'une disposition nationale ou conventionnelle anti-abus au sens du paragraphe 1 de cet article. Ces juridictions demandent notamment si une disposition nationale ou conventionnelle contenant la notion de « bénéficiaire effectif » peut être considérée comme constituant une base juridique permettant de lutter contre la fraude ou l'abus de droit.

Sur la notion de « bénéficiaire des intérêts »

84. Il convient de relever d'emblée que la notion de « bénéficiaire des intérêts », qui figure à l'article 1er, paragraphe 1, de la directive 2003/49, ne saurait faire référence à des notions de droit national de portées diverses.

85. Il a été jugé, à cet égard, qu'il résulte des considérants 2 à 4 de la directive 2003/49 que celle-ci vise à l'élimination des doubles impositions en ce qui concerne les paiements d'intérêts et de redevances effectués entre des sociétés associées d'États membres différents et à ce que ces paiements soient soumis une fois à l'impôt dans un seul État membre, la suppression de toute imposition sur lesdits paiements dans l'État membre d'où ils proviennent constituant la solution la plus appropriée pour réaliser l'égalité de traitement fiscal entre opérations nationales et opérations transfrontalières (arrêt du 21 juillet 2011, *Scheuten Solar Technology*, C-397/09, EU:C:2011:499, point 24).

86. Le champ d'application de la directive 2003/49, tel qu'il est circonscrit à l'article 1er, paragraphe 1, de celle-ci, porte, dès lors, sur l'exonération des paiements d'intérêts et de redevances échus dans l'État membre d'origine de ces derniers, lorsque le bénéficiaire de ceux-ci est une société établie dans un autre État membre ou un établissement stable, situé dans un autre État membre, appartenant à une société d'un État membre (arrêt du 21 juillet 2011, *Scheuten Solar Technology*, C-397/09, EU:C:2011:499, point 25).

87. La Cour a par ailleurs souligné que, dès lors que l'article 2, sous a), de cette directive définit les intérêts comme « les revenus de créances de toute nature », seul le bénéficiaire effectif peut percevoir des intérêts qui constituent les revenus de telles créances (voir, en ce sens, arrêt du 21 juillet 2011, *Scheuten Solar Technology*, C-397/09, EU:C:2011:499, point 27).

88. La notion de « bénéficiaire des intérêts », au sens de ladite directive, doit dès lors être interprétée comme désignant une entité qui bénéficie

réellement des intérêts qui lui sont versés. L'article 1er, paragraphe 4, de la même directive conforte cette référence à la réalité économique en précisant qu'une société d'un État membre n'est considérée comme bénéficiaire des intérêts ou des redevances que si elle les perçoit pour son compte propre et non comme représentant, par exemple comme administrateur fiduciaire ou signataire autorisé, d'une autre personne.

89. Ainsi qu'il ressort du point 10 du présent arrêt, si quelques versions linguistiques de l'article 1er, paragraphe 1, de la directive 2003/49, telles celles en langues bulgare, française, lettone et roumaine, utilisent le terme « bénéficiaire », les autres versions recourent à des expressions telles que « bénéficiaire effectif » (versions en langues espagnole, tchèque, estonienne, anglaise, italienne, lituanienne, maltaise, portugaise et finlandaise) ou « propriétaire »/« celui qui a le droit d'utiliser » (versions en langues allemande, danoise, hellénique, croate, hongroise, polonaise, slovaque, slovène et suédoise), ou encore « celui qui a droit en dernier lieu » (version en langue néerlandaise). L'utilisation de ces différentes expressions met en évidence que le terme « bénéficiaire » vise non pas un bénéficiaire identifié formellement, mais bien l'entité qui bénéficie économiquement des intérêts perçus et dispose dès lors de la faculté d'en déterminer librement l'affectation. Conformément à ce qui a été rappelé au point 86du présent arrêt, seule une entité établie dans l'Union peut constituer un bénéficiaire effectif d'intérêts, susceptible de bénéficier de l'exonération prévue à l'article 1er, paragraphe 1, de la directive 2003/49.

90. En outre, ainsi qu'il ressort de la proposition de directive du Conseil concernant un régime fiscal commun applicable aux paiements d'intérêts et de redevances effectués entre des sociétés associées d'États membres différents, présentée le 6 mars 1998 [document COM(1998) 67 final] et à l'origine de la directive 2003/49, cette dernière s'inspire de l'article 11 du modèle de convention fiscale de l'OCDE de 1996 et poursuit le même objectif que celui-ci, à savoir éviter la double imposition internationale. La notion de « bénéficiaire effectif », qui figure dans les conventions bilatérales fondées sur ce modèle, ainsi que les modifications successives apportées audit modèle et aux commentaires y afférents sont, dès lors, pertinentes pour l'interprétation de ladite directive.

91. Les requérantes au principal font valoir qu'une interprétation de la notion de « bénéficiaire des intérêts ou redevances », au sens de l'article 1er, paragraphe 1, de la directive 2003/49, à la lumière du modèle de convention fiscale de l'OCDE et des commentaires y afférents, ne pourrait être admise car elle serait privée de toute légitimité démocratique. Cet argument ne saurait toutefois être retenu, dès lors qu'une telle interprétation, même inspirée des travaux de l'OCDE, trouve son fondement, ainsi qu'il ressort des points 85 à 90 du présent arrêt, dans cette directive elle-même ainsi que dans son histoire législative reflétant le processus démocratique de l'Union.

92. Or, il résulte de l'évolution du modèle de convention fiscale de l'OCDE et des commentaires y afférents, telle qu'exposée aux points 4 à 6 du présent arrêt, que la notion de « bénéficiaire effectif » exclut les sociétés relais et doit être entendue non pas dans une acception étroite et technique, mais dans un sens qui permette d'éviter la double imposition ainsi que de prévenir la fraude et l'évasion fiscale.

93. Les conventions bilatérales conclues par les États membres avec d'autres États membres sur la base du modèle de convention fiscale de l'OCDE, telles que la convention fiscale entre les pays nordiques, attestent elles aussi de cette évolution. Il y a en effet lieu de constater que lesdites conventions, citées aux points 16 à 18 du présent arrêt, contiennent toutes l'expression « bénéficiaire effectif » au sens dudit modèle.

94. Il convient encore de préciser que la seule circonstance que la société qui perçoit les intérêts dans un État membre n'en est pas le « bénéficiaire effectif » ne signifie pas nécessairement que l'exonération prévue à l'article 1er, paragraphe 1, de la directive 2003/49 n'est pas applicable. Il est en effet concevable que de tels intérêts soient exonérés à ce titre, dans l'État de la source, lorsque la société qui perçoit ceux-ci en transfère le montant à un bénéficiaire effectif établi dans l'Union et répondant par ailleurs à l'ensemble des conditions édictées par la directive 2003/49 pour bénéficier d'une telle exonération.

Sur la nécessité d'une disposition nationale ou conventionnelle spécifique mettant en œuvre l'article 5 de la directive 2003/49

95. Les juridictions de renvoi cherchent à savoir si, pour lutter contre un abus de droit dans le cadre de l'application de la directive 2003/49, un État membre doit avoir adopté une disposition nationale spécifique de transposition de cette directive ou s'il peut se référer à des principes ou à des dispositions anti-abus nationaux ou conventionnels.

96. À cet égard, il est de jurisprudence constante qu'il existe, dans le droit de l'Union, un principe général de droit selon lequel les justiciables ne sauraient frauduleusement ou abusivement se prévaloir des normes du droit de l'Union (arrêts du 9 mars 1999, *Centros*, C-212/97, EU:C:1999:126, point 24 et jurisprudence citée ; du 21 février 2006, *Halifax e.a.*, C-255/02, EU:C:2006:121, point 68 ; du 12 septembre 2006, *Cadbury Schweppes et Cadbury Schweppes Overseas*, C-196/04, EU:C:2006:544, point 35 ; du 22 novembre 2017, *Cussens e.a.*, C-251/16, EU:C:2017:881, point 27, ainsi que du 11 juillet 2018, *Commission/Belgique*, C-356/15, EU:C:2018:555, point 99).

97. Le respect de ce principe général de droit s'impose aux justiciables. En effet, l'application de la réglementation de l'Union ne saurait être étendue jusqu'à couvrir les opérations qui sont réalisées dans le but de

bénéficier frauduleusement ou abusivement des avantages prévus par le droit de l'Union (voir, en ce sens, arrêts du 5 juillet 2007, *Kofoed*, C-321/05, EU:C:2007:408, point 38 ; du 22 novembre 2017, *Cussens e.a.*, C-251/16, EU:C:2017:881, point 27, ainsi que du 11 juillet 2018, *Commission/Belgique*, C-356/15, EU:C:2018:555, point 99).

98. Il découle ainsi de ce principe qu'un État membre doit refuser le bénéfice des dispositions du droit de l'Union lorsque celles-ci sont invoquées non pas en vue de réaliser les objectifs de ces dispositions, mais dans le but de bénéficier d'un avantage du droit de l'Union alors que les conditions pour bénéficier de cet avantage ne sont que formellement remplies.

99. Tel est le cas, par exemple, lorsque l'accomplissement de formalités douanières ne s'inscrit pas dans le cadre de transactions commerciales normales, mais est purement formel et vise seulement à bénéficier abusivement de l'octroi de montants compensateurs (voir, en ce sens, arrêts du 27 octobre 1981, *Schumacher e.a.*, 250/80, EU:C:1981:246, point 16, ainsi que du 3 mars 1993, *General Milk Products*, C-8/92, EU:C:1993:82, point 21) ou de restitutions à l'exportation (voir, en ce sens, arrêt du 14 décembre 2000, *Emsland-Stärke*, C-110/99, EU:C:2000:695, point 59).

100. Par ailleurs, le principe de l'interdiction de l'abus de droit trouve à s'appliquer dans des matières aussi variées que la libre circulation des marchandises (arrêt du 10 janvier 1985, Association des Centres distributeurs Leclerc et Thouars Distribution, 229/83, EU:C:1985:1, point 27), la libre prestation des services (arrêt du 3 février 1993, *Veronica Omroep Organisatie*, C-148/91, EU:C:1993:45, point 13), les marchés publics de services (arrêt du 11 décembre 2014, *Azienda sanitaria locale n. 5 « Spezzino » e.a.*, C-113/13, EU:C:2014:2440, point 62), la liberté d'établissement (arrêt du 9 mars 1999, *Centros*, C-212/97, EU:C:1999:126, point 24), le droit des sociétés (arrêt du 23 mars 2000, *Diamantis*, C-373/97, EU:C:2000:150, point 33), la sécurité sociale (arrêts du 2 mai 1996, *Paletta*, C-206/94, EU:C:1996:182, point 24 ; du 6 février 2018, *Altun e.a.*, C-359/16, EU:C:2018:63, point 48, ainsi que du 11 juillet 2018, *Commission/Belgique*, C-356/15, EU:C:2018:555, point 99), les transports (arrêt du 6 avril 2006, *Agip Petroli*, C-456/04, EU:C:2006:241, points 19 à 25), la politique sociale (arrêt du 28 juillet 2016, *Kratzer*, C-423/15, EU:C:2016:604, points 37 à 41), les mesures restrictives (arrêt du 21 décembre 2011, *Afrasiabi e.a.*, C-72/11, EU:C:2011:874, point 62) ou encore la taxe sur la valeur ajoutée (TVA) (arrêt du 21 février 2006, *Halifax e.a.*, C-255/02, EU:C:2006:121, point 74).

101. S'agissant de cette dernière matière, la Cour a relevé à plusieurs reprises que, si la lutte contre la fraude, l'évasion fiscale et les abus éventuels est un objectif reconnu et encouragé par la sixième directive 77/388 du Conseil, du 17 mai 1977, en matière d'harmonisation des législations des États membres relatives aux taxes sur le chiffre d'affaires – Système

commun de taxe sur la valeur ajoutée : assiette uniforme (*JO* 1977, L 145, p. 1), le principe d'interdiction des pratiques abusives n'en constitue pas moins un principe général du droit de l'Union qui s'applique indépendamment du point de savoir si les droits et les avantages dont il est abusé trouvent leur fondement dans les traités, dans un règlement ou dans une directive (voir, en ce sens, arrêt du 22 novembre 2017, *Cussens e.a.*, C-251/16, EU:C:2017:881, points 30 et 31).

102. Il s'ensuit que le principe général d'interdiction des pratiques abusives doit être opposé à une personne lorsque celle-ci se prévaut de certaines règles du droit de l'Union prévoyant un avantage d'une manière qui n'est pas cohérente avec les finalités que visent ces règles. La Cour a ainsi jugé que ce principe est opposable à un assujetti en vue de lui refuser le bénéfice, notamment, du droit à exonération de la TVA, même en l'absence de dispositions du droit national prévoyant un tel refus (voir, en ce sens, arrêts du 18 décembre 2014, *Schoenimport « Italmoda » Mariano Previti e.a.*, C-131/13, C-163/13 et C-164/13, EU:C:2014:2455, point 62, ainsi que du 22 novembre 2017, *Cussens e.a.*, C-251/16, EU:C:2017:881, point 33).

103. Dans les affaires au principal, les règles dont l'abus est allégué par SKAT sont les dispositions de la directive 2003/49, laquelle a été adoptée afin de favoriser le développement d'un marché unique ayant les caractéristiques d'un marché intérieur et prévoit une exonération, dans l'État membre d'origine, des intérêts versés à une société associée établie dans un autre État membre. Ainsi qu'il ressort de la proposition de directive mentionnée au point 90 du présent arrêt, certaines définitions énoncées dans cette directive sont inspirées de celles figurant à l'article 11 du modèle de convention fiscale de l'OCDE de 1996.

104. Si l'article 5, paragraphe 1, de la directive 2003/49 prévoit que celle-ci ne fait pas obstacle à l'application des dispositions nationales ou des dispositions fondées sur des conventions, qui sont nécessaires pour prévenir les fraudes ou les abus, cette disposition ne saurait être interprétée comme excluant l'application du principe général du droit de l'Union de l'interdiction des pratiques abusives, rappelé aux points 96 à 98 du présent arrêt. En effet, les opérations dont SKAT allègue qu'elles sont constitutives d'abus de droit relèvent du champ d'application du droit de l'Union (voir, en ce sens, arrêt du 22 décembre 2010, *Weald Leasing*, C-103/09, EU:C:2010:804, point 42) et pourraient s'avérer incompatibles avec l'objectif poursuivi par cette directive.

105. En outre, si l'article 5, paragraphe 2, de la directive 2003/49 prévoit que les États membres peuvent, en cas de fraude, d'évasion ou d'abus, retirer le bénéfice de cette directive ou refuser d'appliquer celle-ci, cette disposition ne saurait elle non plus être interprétée comme excluant l'application du principe du droit de l'Union de l'interdiction des pratiques

abusives, dans la mesure où l'application dudit principe n'est pas soumise à une exigence de transposition, comme le sont les dispositions de cette directive (voir, en ce sens, arrêt du 22 novembre 2017, *Cussens e.a.*, C-251/16, EU:C:2017:881, points 28 et 31).

106. Comme il a été rappelé au point 85 du présent arrêt, il ressort des considérants 2 à 4 de la directive 2003/49 que celle-ci a pour objet l'élimination de la double imposition des intérêts et des redevances payés entre sociétés associées d'États membres différents ou entre des établissements stables de ces sociétés afin, d'une part, de leur éviter des formalités administratives trop lourdes et des charges de trésorerie et, d'autre part, de réaliser l'égalité de traitement fiscal entre opérations nationales et opérations transfrontalières.

107. Or, autoriser la création de montages financiers ayant pour seul but de bénéficier des avantages fiscaux résultant de l'application de la directive 2003/49 ne serait pas cohérent avec de tels objectifs et, au contraire, porterait atteinte à la cohésion économique ainsi qu'au bon fonctionnement du marché intérieur en faussant les conditions de concurrence. Ainsi que l'a relevé en substance Mme l'avocate générale au point 63 de ses conclusions dans l'affaire C-115/16, il en irait ainsi également même si les opérations en cause ne poursuivent pas exclusivement un tel but, la Cour ayant jugé que le principe d'interdiction des pratiques abusives s'applique, en matière fiscale, lorsque la recherche d'un avantage fiscal constitue le but essentiel des opérations en cause (voir, en ce sens, arrêts du 21 février 2008, *Part Service*, C-425/06, EU:C:2008:108, point 45, ainsi que du 22 novembre 2017, *Cussens e.a.*, C-251/16, EU:C:2017:881, point 53).

108. Au demeurant, il ne saurait être opposé à l'application du principe général d'interdiction des pratiques abusives le droit pour les contribuables de tirer avantage de la concurrence que se livreraient les États membres en raison du défaut d'harmonisation de l'imposition des revenus. À cet égard, il y a lieu de rappeler que la directive 2003/49 a pour objectif une harmonisation en matière d'impôts directs afin de permettre aux opérateurs économiques de bénéficier du marché intérieur en supprimant les doubles impositions et que, plus particulièrement, le considérant 6 de cette directive précise qu'il convient de ne pas priver les États membres de la possibilité de prendre les mesures nécessaires pour combattre les fraudes et les abus.

109. Si la recherche, par un contribuable, du régime fiscal le plus avantageux pour lui ne saurait, en tant que telle, fonder une présomption générale de fraude ou d'abus (voir, en ce sens, arrêts du 12 septembre 2006, *Cadbury Schweppes et Cadbury Schweppes Overseas*, C-196/04, EU:C:2006:544, point 50 ; du 29 novembre 2011, *National Grid Indus*, C-371/10, EU:C:2011:785, point 84, ainsi que du 24 novembre 2016,

SECIL, C-464/14, EU:C:2016:896, point 60), il n'en demeure pas moins qu'un tel contribuable ne saurait bénéficier d'un droit ou d'un avantage découlant du droit de l'Union lorsque l'opération en cause est purement artificielle sur le plan économique et vise à échapper à l'emprise de la législation de l'État membre concerné (voir, en ce sens, arrêts du 12 septembre 2006, *Cadbury Schweppes et Cadbury Schweppes Overseas*, C-196/04, EU:C:2006:544, point 51 ; du 7 novembre 2013, *K*, C-322/11, EU:C:2013:716, point 61, ainsi que du 25 octobre 2017, *Polbud – Wykonawstwo*, C-106/16, EU:C:2017:804, points 61 à 63).

110. Il résulte de ces éléments qu'il incombe aux autorités et aux juridictions nationales de refuser le bénéfice de droits prévus par la directive 2003/49 lorsque ceux-ci sont invoqués frauduleusement ou abusivement.

111. Ainsi, au regard du principe général du droit de l'Union d'interdiction des pratiques abusives et de la nécessité de faire respecter ce principe dans le cadre de la mise en œuvre du droit de l'Union, l'absence de dispositions anti-abus nationales ou conventionnelles est sans incidence sur l'obligation, pour les autorités nationales, de refuser le bénéfice de droits prévus par la directive 2003/49, invoqués frauduleusement ou abusivement.

112. Les requérantes au principal se prévalent de l'arrêt du 5 juillet 2007, *Kofoed* (C-321/05, EU:C:2007:408), qui concernait le bénéfice d'une exonération prévue par la directive 90/434/CEE du Conseil, du 23 juillet 1990, concernant le régime fiscal commun applicable aux fusions, scissions, apports d'actifs et échanges d'actions intéressant des sociétés d'États membres différents (*JO* L 225, p. 1), pour soutenir que, en raison de l'article 5, paragraphe 1, de la directive 2003/49, le bénéfice des avantages prévus par cette directive ne peut être refusé par l'État membre concerné que lorsque la législation nationale comporte une base juridique distincte et spécifique à cet égard.

113. Cette argumentation ne saurait toutefois être retenue.

114. La Cour a certes rappelé, au point 42 de l'arrêt du 5 juillet 2007, *Kofoed* (C-321/05, EU:C:2007:408), que le principe de sécurité juridique s'oppose à ce que les directives puissent, par elles-mêmes, créer des obligations dans le chef des particuliers et, partant, être invoquées en tant que telles, par l'État membre, à l'encontre des particuliers.

115. Elle a également rappelé qu'un tel constat est sans préjudice de l'exigence pour toutes les autorités d'un État membre, lorsqu'elles appliquent le droit national, d'interpréter celui-ci dans toute la mesure du possible à la lumière du texte et de la finalité des directives, afin d'atteindre le résultat visé par celles-ci, lesdites autorités étant ainsi en mesure d'opposer une interprétation conforme du droit national à des

particuliers (voir, en ce sens, arrêt du 5 juillet 2007, *Kofoed*, C-321/05, EU:C:2007:408, point 45 et jurisprudence citée).

116. C'est sur la base de ces considérations que la Cour a invité la juridiction de renvoi à examiner s'il existait, en droit danois, une disposition ou un principe général selon lequel l'abus de droit est prohibé ou bien d'autres dispositions sur la fraude ou l'évasion fiscales qui pourraient être interprétés conformément à la disposition de la directive 90/434 en vertu de laquelle, en substance, un État membre peut refuser le droit à déduction prévu par cette directive en présence d'une opération visant pour l'essentiel une telle fraude ou évasion et à vérifier ensuite, le cas échéant, si les conditions pour l'application de ces dispositions internes étaient réunies dans l'affaire au principal (voir, en ce sens, arrêt du 5 juillet 2007, *Kofoed*, C-321/05, EU:C:2007:408, points 46 et 47).

117. Néanmoins, même s'il s'avérait, dans les affaires au principal, que le droit national ne comporte pas de règles susceptibles d'une interprétation conforme à l'article 5 de la directive 2003/49, il ne saurait, nonobstant ce que la Cour a jugé dans l'arrêt du 5 juillet 2007, *Kofoed* (C-321/05, EU:C:2007:408), en être déduit que les autorités et les juridictions nationales seraient empêchées de refuser l'avantage tiré du droit à l'exonération prévu à l'article 1er, paragraphe 1, de cette directive dans l'hypothèse d'une fraude ou d'un abus de droit (voir, par analogie, arrêt du 18 décembre 2014, *Schoenimport « Italmoda » Mariano Previti e.a.*, C-131/13, C-163/13 et C-164/13, EU:C:2014:2455, point 54).

118. En effet, un refus opposé à un contribuable en présence de telles circonstances ne relève pas du cas de figure évoqué au point 114 du présent arrêt, dès lors qu'il répond au principe général du droit de l'Union selon lequel nul ne saurait frauduleusement ou abusivement se prévaloir des normes du droit de l'Union (voir, par analogie, arrêt du 18 décembre 2014, *Schoenimport « Italmoda » Mariano Previti e.a.*, C-131/13, C-163/13 et C-164/13, EU:C:2014:2455, points 55 et 56 ainsi que jurisprudence citée).

119. Ainsi, dans la mesure où, comme il a été rappelé au point 96 du présent arrêt, des faits frauduleux ou abusifs ne sauraient fonder un droit prévu par l'ordre juridique de l'Union, le refus d'un avantage au titre d'une directive, en l'occurrence de la directive 2003/49, ne revient pas à imposer une obligation au particulier concerné en vertu de cette directive, mais n'est que la simple conséquence de la constatation selon laquelle les conditions objectives requises aux fins de l'obtention de l'avantage recherché, prévues par ladite directive en ce qui concerne ce droit, ne sont que formellement remplies (voir, par analogie, arrêt du 18 décembre 2014, *Schoenimport « Italmoda » Mariano Previti e.a.*, C-131/13, C-163/13 et C-164/13, EU:C:2014:2455, point 57 et jurisprudence citée).

120. Dans de telles circonstances, les États membres doivent, dès lors, refuser l'avantage résultant de la directive 2003/49, conformément au principe général d'interdiction des pratiques abusives selon lequel le droit de l'Union ne saurait couvrir les pratiques abusives d'opérateurs économiques (voir, en ce sens, arrêt du 11 juillet 2018, *Commission/Belgique*, C-356/15, EU:C:2018:555, point 99 et jurisprudence citée).

121. Eu égard au constat opéré au point 111 du présent arrêt, il n'y a pas lieu de répondre aux troisièmes questions posées par les juridictions de renvoi, portant en substance sur le point de savoir si une disposition d'une convention bilatérale visant à éviter la double imposition et se référant à la notion de « bénéficiaire effectif » est susceptible de constituer une base juridique pour lutter contre les pratiques frauduleuses et abusives dans le cadre de la directive 2003/49.

122. Eu égard à l'ensemble de ces éléments, il y a lieu de répondre aux premières questions, sous a) à c), et aux deuxièmes questions, sous a) et b), dans les affaires C-115/16, C-118/16, C-119/16 et C-299/16 de la manière suivante :

– L'article 1er, paragraphe 1, de la directive 2003/49, lu conjointement avec l'article 1er, paragraphe 4, de cette directive, doit être interprété en ce sens que l'exonération de toute imposition des paiements d'intérêts qu'il prévoit est réservée aux seuls bénéficiaires effectifs de tels intérêts, à savoir aux entités qui bénéficient réellement de ces intérêts sur le plan économique et qui disposent dès lors du pouvoir d'en déterminer librement l'affectation.
– Le principe général du droit de l'Union selon lequel les justiciables ne sauraient frauduleusement ou abusivement se prévaloir des normes du droit de l'Union doit être interprété en ce sens que le bénéfice de l'exonération de toute imposition des paiements d'intérêts prévue à l'article 1er, paragraphe 1, de la directive 2003/49 doit, en présence d'une pratique frauduleuse ou abusive, être refusé à un contribuable par les autorités et les juridictions nationales, même en l'absence de dispositions du droit national ou conventionnel prévoyant un tel refus.

Sur les premières questions, sous d) à f), dans les affaires C-115/16, C-118/16 et C-119/16, sur la première question, sous d) et e), dans l'affaire C-299/16, sur les quatrièmes questions dans les affaires C-115/16 et C-118/16, sur la cinquième question dans l'affaire C-115/16, sur la sixième question dans l'affaire C-118/16, et sur les quatrièmes questions dans les affaires C-119/16 et C-299/16

123. Par les premières questions, sous d) à f), dans les affaires C-115/16, C-118/16 et C-119/16, la première question, sous d) et e), dans l'affaire

C-299/16 ainsi que les quatrièmes questions dans les affaires C-115/16 et C-118/16, les juridictions de renvoi demandent en substance quels sont les éléments constitutifs d'un abus de droit et comment ces éléments peuvent être établis. Elles s'interrogent notamment, dans ce contexte, sur le point de savoir s'il peut exister un abus de droit lorsque des intérêts transférés par des sociétés relais ont finalement pour bénéficiaire effectif une société ayant son siège dans un État tiers avec lequel l'État membre concerné a conclu une convention fiscale tendant à éviter la double imposition. Par la cinquième question dans l'affaire C-115/16, la sixième question dans l'affaire C-118/16 et les quatrièmes questions dans les affaires C-119/16 et C-299/16, ces juridictions demandent en substance si un État membre qui refuse de reconnaître à une société d'un autre État membre la qualité de bénéficiaire des intérêts est tenu d'identifier la société qu'il considère, le cas échéant, comme étant le bénéficiaire effectif.

Sur les éléments constitutifs d'un abus de droit et les preuves y afférentes

124. Ainsi qu'il ressort de la jurisprudence de la Cour, la preuve d'une pratique abusive nécessite, d'une part, un ensemble de circonstances objectives d'où il résulte que, malgré un respect formel des conditions prévues par la réglementation de l'Union, l'objectif poursuivi par cette réglementation n'a pas été atteint et, d'autre part, un élément subjectif consistant en la volonté d'obtenir un avantage résultant de la réglementation de l'Union en créant artificiellement les conditions requises pour son obtention (arrêts du 14 décembre 2000, *Emsland-Stärke*, C-110/99, EU:C:2000:695, points 52 et 53, ainsi que du 12 mars 2014, *O. et B.*, C-456/12, EU:C:2014:135, point 58).

125. C'est ainsi l'examen d'un ensemble de faits qui permet de vérifier si les éléments constitutifs d'une pratique abusive sont réunis, et notamment si des opérateurs économiques ont effectué des opérations purement formelles ou artificielles, dénuées de toute justification économique et commerciale, dans le but essentiel de bénéficier d'un avantage indu (voir, en ce sens, arrêts du 20 juin 2013, *Newey*, C-653/11, EU:C:2013:409, points 47 à 49 ; du 13 mars 2014, *SICES e.a.*, C-155/13, EU:C:2014:145, point 33, ainsi que du 14 avril 2016, *Cervati et Malvi*, C-131/14, EU:C:2016:255, point 47).

126. Il n'appartient pas à la Cour d'apprécier les faits au principal. Toutefois, la Cour, statuant sur renvoi préjudiciel, peut, le cas échéant, fournir des indices aux juridictions nationales afin de les guider dans l'appréciation des cas d'espèce dont elles ont à connaître. Dans les affaires au principal, si la présence d'un certain nombre de ces indices pourrait permettre de conclure à l'existence d'un abus de droit, il incombe néanmoins aux juridictions de renvoi de vérifier si ces indices sont objectifs

et concordants, et si les requérantes au principal ont eu la possibilité d'apporter la preuve contraire.

127. Peut être considéré comme étant un montage artificiel un groupe de sociétés qui n'est pas mis en place pour des motifs qui reflètent la réalité économique, a une structure purement formelle et a pour principal objectif ou pour l'un de ses objectifs principaux l'obtention d'un avantage fiscal allant à l'encontre de l'objet ou de la finalité du droit fiscal applicable. Tel est le cas notamment lorsque, grâce à une entité relais insérée dans la structure du groupe entre la société qui verse des intérêts et l'entité qui en est le bénéficiaire effectif, le paiement de l'impôt sur les intérêts est évité.

128. Ainsi, constitue un indice de l'existence d'un montage visant à bénéficier indûment de l'exonération prévue à l'article 1er, paragraphe 1, de la directive 2003/49 le fait que lesdits intérêts sont reversés, en totalité ou quasi-totalité et dans un très bref délai suivant leur perception, par la société qui les a perçus à des entités qui ne répondent pas aux conditions d'application de la directive 2003/49 soit parce que ces entités ne sont établies dans aucun État membre, soit parce qu'elles ne sont pas constituées sous l'une des formes visées à l'annexe de cette directive, soit parce qu'elles ne sont pas assujetties à l'un des impôts énumérés à l'article 3, sous a), iii), de ladite directive sans bénéficier d'une exonération, soit encore parce qu'elles n'ont pas la qualité de société associée, au sens de l'article 3, sous b), de la même directive.

129. Or, ne répondent pas aux conditions d'application de la directive 2003/49 des entités ayant leur résidence fiscale en dehors de l'Union, telles que les sociétés en cause dans les affaires C-119/16 et C-299/16 ou les fonds d'investissement en cause dans les affaires C-115/16 et C-299/16. Dans ces affaires, si les intérêts avaient été payés directement par l'entreprise danoise débitrice aux entités bénéficiaires qui, selon le ministère des Impôts, en ont été les bénéficiaires effectifs, le Royaume de Danemark aurait pu percevoir l'impôt retenu à la source.

130. De même, le caractère artificiel d'un montage est susceptible d'être corroboré par la circonstance que le groupe de sociétés concerné est structuré de manière telle que la société qui perçoit les intérêts payés par la société débitrice doit elle-même reverser ces intérêts à une troisième société ne répondant pas aux conditions d'application de la directive 2003/49, ce qui a pour conséquence qu'elle ne réalise qu'un bénéfice taxable insignifiant lorsqu'elle agit en qualité de société relais afin de permettre le flux financier de la société débitrice vers l'entité qui est le bénéficiaire effectif des sommes versées.

131. La circonstance qu'une société agit comme société relais peut être établie lorsque celle-ci a pour unique activité la perception des intérêts et la transmission de ceux-ci au bénéficiaire effectif ou à d'autres sociétés

relais. L'absence d'activité économique effective doit, à cet égard, à la lumière des spécificités caractérisant l'activité économique en question, être déduite d'une analyse de l'ensemble des éléments pertinents relatifs, notamment, à la gestion de la société, à son bilan comptable, à la structure de ses coûts et aux frais réellement exposés, au personnel qu'elle emploie ainsi qu'aux locaux et à l'équipement dont elle dispose.

132. Peuvent également constituer des indices d'un montage artificiel les différents contrats existant entre les sociétés impliquées dans les opérations financières en cause, donnant lieu à des flux financiers intragroupes qui, ainsi que le mentionne l'article 4 de la directive 2003/49, peuvent avoir pour objet le transfert de bénéfices d'une société commerciale bénéficiaire vers des entités actionnaires en vue d'éviter ou de réduire au maximum la charge de l'impôt. Peuvent, de même, être utilisées comme indices d'un tel montage les modalités de financement des opérations, l'évaluation des fonds propres des sociétés intermédiaires ainsi que l'absence de pouvoir des sociétés relais de disposer économiquement des intérêts perçus. À cet égard, sont susceptibles de constituer de tels indices non seulement une obligation contractuelle ou légale, pour la société qui perçoit des intérêts, de les reverser à un tiers, mais également le fait que, « fondamentalement », ainsi que le mentionne la juridiction de renvoi dans les affaires C-115/16, C-118/16 et C-119/16, cette société, sans être tenue par une telle obligation contractuelle ou légale, ne dispose pas du droit d'utiliser ces sommes et d'en jouir.

133. Au demeurant, de tels indices peuvent être confortés par des coïncidences ou des proximités temporelles entre, d'un côté, l'entrée en vigueur de nouvelles législations fiscales importantes, telle la législation danoise en cause au principal, que certains groupes de sociétés s'efforcent de contourner, et, de l'autre, la mise sur pied d'opérations financières complexes et l'octroi de prêts au sein d'un même groupe.

134. Les juridictions de renvoi s'interrogent également sur le point de savoir, en substance, s'il peut y avoir abus de droit lorsque des intérêts transférés par des sociétés relais ont finalement pour bénéficiaire effectif une société ayant son siège dans un État tiers avec lequel l'État membre d'origine a conclu une convention fiscale, en vertu de laquelle les intérêts n'auraient fait l'objet d'aucune retenue s'ils avaient été directement versés à la société ayant son siège dans cet État tiers.

135. À cet égard, lors de l'examen de la structure du groupe, il est sans pertinence que certains des bénéficiaires effectifs des intérêts versés par la société relais aient leur résidence fiscale dans un État tiers ayant conclu une convention de prévention de la double imposition avec l'État membre d'origine. Force est en effet de constater que l'existence d'une telle convention ne saurait exclure, en soi, un abus de droit. Ainsi, une convention de cette nature ne saurait remettre en question l'existence

d'un abus de droit dûment établie sur la base d'un ensemble de faits attestant que des opérateurs économiques ont effectué des opérations purement formelles ou artificielles dénuées de toute justification économique et commerciale dans le but essentiel de bénéficier indûment de l'exonération de toute imposition prévue à l'article 1er, paragraphe 1, de la directive 2003/49.

136. Il convient d'ajouter que, alors qu'une taxation doit correspondre à une réalité économique, l'existence d'une convention de prévention de la double imposition n'est pas comme telle de nature à établir la réalité d'un paiement effectué à des bénéficiaires résidents de l'État tiers avec lequel cette convention a été conclue. Si la société débitrice des intérêts souhaite bénéficier des avantages d'une telle convention, il lui est loisible de verser ces intérêts directement aux entités ayant leur résidence fiscale dans un État ayant conclu une convention de prévention de la double imposition avec l'État d'origine.

137. Cela étant, il ne saurait non plus être exclu, en présence d'une situation dans laquelle les intérêts auraient été exonérés en cas de versement direct à la société ayant son siège dans un État tiers, que le but de la structure du groupe soit étranger à tout abus de droit. Dans un tel cas, il ne saurait être reproché au groupe d'avoir opté pour une telle structure plutôt que pour un versement direct des intérêts à ladite société.

138. De surcroît, lorsque le bénéficiaire effectif d'un paiement d'intérêts a sa résidence fiscale dans un État tiers, le refus de l'exonération prévue à l'article 1er, paragraphe 1, de la directive 2003/49 n'est nullement soumis au constat d'une fraude ou d'un abus de droit. En effet, ainsi qu'il a été rappelé en substance au point 86 du présent arrêt, cette disposition a vocation à exonérer les paiements d'intérêts échus dans l'État membre d'origine uniquement lorsque le bénéficiaire effectif desdits intérêts est une société établie dans un autre État membre ou un établissement stable, situé dans un autre État membre, appartenant à une société d'un État membre.

139. Eu égard à l'ensemble de ces éléments, il y a lieu de répondre aux premières questions, sous d) à f), dans les affaires C-115/16, C-118/16 et C-119/16, à la première question, sous d) et e), dans l'affaire C-299/16 ainsi qu'aux quatrièmes questions dans les affaires C-115/16 et C-118/16 que la preuve d'une pratique abusive nécessite, d'une part, un ensemble de circonstances objectives d'où il résulte que, malgré un respect formel des conditions prévues par la réglementation de l'Union, l'objectif poursuivi par cette réglementation n'a pas été atteint et, d'autre part, un élément subjectif consistant en la volonté d'obtenir un avantage résultant de la réglementation de l'Union en créant artificiellement les conditions requises pour son obtention. La réunion d'un certain nombre d'indices peut attester de l'existence d'un abus de droit, pour autant que ces indices sont

objectifs et concordants. Peuvent constituer de tels indices, notamment, l'existence de sociétés relais n'ayant pas de justification économique ainsi que le caractère purement formel de la structure du groupe de sociétés, du montage financier et des prêts. La circonstance que l'État membre dont proviennent les intérêts a conclu une convention avec l'État tiers dans lequel réside la société qui en est le bénéficiaire effectif est sans incidence sur la constatation éventuelle d'un abus de droit.

Sur la charge de la preuve de l'abus de droit

140. Il convient de constater, ainsi qu'il ressort de l'article 1er, paragraphes 11 et 12, de même que de l'article 1er, paragraphe 13, sous b), de la directive 2003/49, que l'État membre d'origine peut imposer à la société ayant perçu des intérêts d'établir qu'elle en est le bénéficiaire effectif, au sens où cette notion a été précisée au point 122, premier tiret, du présent arrêt.

141. La Cour a d'ailleurs jugé, plus généralement, que rien n'empêche les autorités fiscales concernées d'exiger du contribuable les preuves qu'elles jugent nécessaires pour l'établissement concret des impôts et des taxes concernés et, le cas échéant, de refuser l'exonération demandée si ces preuves ne sont pas fournies (voir, en ce sens, arrêt du 28 février 2013, *Petersen et Petersen*, C-544/11, EU:C:2013:124, point 51 ainsi que jurisprudence citée).

142. En revanche, dans le cas où une autorité fiscale de l'État membre d'origine entend, pour un motif tiré de l'existence d'une pratique abusive, refuser à une société ayant versé des intérêts à une société établie dans un autre État membre l'exonération prévue à l'article 1er, paragraphe 1, de la directive 2003/49, il lui appartient d'établir l'existence d'éléments constitutifs d'une telle pratique abusive en tenant compte de l'ensemble des éléments pertinents, notamment du fait que la société à laquelle les intérêts ont été versés n'en est pas le bénéficiaire effectif.

143. À cet égard, il appartient à une telle autorité non pas d'identifier les bénéficiaires effectifs de ces intérêts, mais d'établir que le prétendu bénéficiaire effectif n'est qu'une société relais par l'intermédiaire de laquelle un abus de droit a été commis. En effet, pareille identification peut s'avérer impossible, notamment parce que les bénéficiaires effectifs potentiels sont inconnus. L'autorité fiscale nationale ne dispose pas nécessairement, compte tenu de la complexité de certains montages financiers et de la possibilité que les sociétés intermédiaires impliquées dans les montages soient établies en dehors de l'Union, des renseignements lui permettant d'identifier ces bénéficiaires. Or, il ne saurait être exigé de cette autorité qu'elle fournisse des preuves qu'il lui serait impossible d'apporter.

144. Par ailleurs, même si les bénéficiaires effectifs potentiels sont connus, il n'est pas nécessairement établi lesquels d'entre eux sont ou seront les bénéficiaires effectifs réels. Ainsi, lorsqu'une société percevant des intérêts a une société mère, laquelle a elle-même une société mère, les autorités fiscales et les juridictions de l'État membre d'origine se trouvent, selon toute vraisemblance, dans l'impossibilité de déterminer laquelle de ces deux sociétés mères est ou sera le bénéficiaire effectif des intérêts. En outre, l'attribution de ces intérêts pourrait avoir été décidée postérieurement aux constatations de l'autorité fiscale relatives à la société relais.

145. Par conséquent, il y a lieu de répondre à la cinquième question dans l'affaire C-115/16, à la sixième question dans l'affaire C-118/16 et aux quatrièmes questions dans les affaires C-119/16 et C-299/16 que, en vue de refuser de reconnaître à une société la qualité de bénéficiaire effectif d'intérêts ou d'établir l'existence d'un abus de droit, une autorité nationale n'est pas tenue d'identifier la ou les entités qu'elle considère comme étant les bénéficiaires effectifs de ces intérêts.

Sur la cinquième question, sous a) à c), dans l'affaire C-118/16

146. Par la cinquième question, sous a) à c), dans l'affaire C-118/16, la juridiction de renvoi demande en substance si une SCA agréée en tant que SICAR de droit luxembourgeois peut bénéficier des dispositions de la directive 2003/49. Il y a lieu de constater que cette question ne présente un intérêt que dans l'hypothèse où X SCA, SICAR devrait être regardée comme étant le bénéficiaire effectif des intérêts qui lui ont été versés par X Denmark, ce qu'il appartient à la seule juridiction de renvoi de vérifier.

147. Cela étant précisé, il convient de souligner, à l'instar de la Commission et de plusieurs gouvernements ayant présenté des observations, que l'article 3, sous a), de la directive 2003/49 subordonne la qualité de « société d'un État membre » susceptible de bénéficier d'avantages prévus au titre de cette directive à la réunion de trois conditions. En premier lieu, cette société doit revêtir l'une des formes énumérées à l'annexe de ladite directive. En deuxième lieu, elle doit être considérée, en vertu de la législation fiscale d'un État membre, comme y ayant sa résidence fiscale et ne pas être considérée, aux termes d'une convention en matière de double imposition, comme ayant sa résidence fiscale en dehors de l'Union. En troisième lieu, elle doit être assujettie à l'un des impôts énumérés à l'article 3, sous a), iii), de la directive 2003/49 sans bénéficier d'une exonération, ou à tout impôt de nature identique ou analogue qui serait établi après la date d'entrée en vigueur de cette directive et qui se substituerait à l'un des impôts existants ou qui s'y ajouterait.

148. S'agissant de la première condition, celle-ci doit, sous réserve de vérification par la juridiction de renvoi, être tenue pour remplie dans le

cas de X SCA, SICAR, dès lors que, comme l'a souligné le gouvernement luxembourgeois à l'audience, une SCA agréée en tant que SICAR présente l'une des formes sociales énumérées à l'annexe de la directive 2003/49.

149. S'agissant de la deuxième condition, celle-ci apparaît également remplie, sous la même réserve, dès lors que X SCA, SICAR a sa résidence fiscale au Luxembourg.

150. S'agissant de la troisième condition, il est constant que X SCA, SICAR est assujettie à l'impôt sur les revenus des collectivités au Luxembourg, qui est l'un des impôts énumérés à l'article 3, sous a), iii), de la directive 2003/49.

151. Toutefois, dans le cas où il devrait être constaté que, comme le soutient SKAT dans le litige au principal dans l'affaire C-118/16, les intérêts perçus par X SCA, SICAR sont effectivement exonérés à ce titre de l'impôt sur les revenus des collectivités au Luxembourg, il y aurait alors lieu de relever que ladite société ne satisfait pas à la troisième condition mentionnée au point 147 du présent arrêt et qu'elle ne saurait dès lors être regardée comme étant une « société d'un État membre » au sens de la directive 2003/49. Il appartient toutefois à la seule juridiction de renvoi de procéder, le cas échéant, aux vérifications nécessaires sur ce point.

152. Cette interprétation de la portée de la troisième condition mentionnée au point 147du présent arrêt est corroborée, d'une part, par l'article 1er, paragraphe 5, sous b), de la directive 2003/49, dont il ressort qu'un établissement stable ne peut être considéré comme étant le bénéficiaire effectif des intérêts, au sens de cette directive, que « si les paiements d'intérêts [qu'il perçoit] constituent des recettes auxquelles est applicable, dans l'État membre où cet établissement stable se situe, l'un des impôts mentionnés à l'article 3, point a), iii), [de ladite directive] », et, d'autre part, par l'objectif de la même directive, qui, ainsi qu'il a été rappelé en substance au point 85 du présent arrêt, est de faire en sorte que ces paiements d'intérêts soient soumis une fois à l'impôt dans un seul État membre.

153. Partant, il y a lieu de répondre à la cinquième question, sous a) à c), dans l'affaire C-118/16 que l'article 3, sous a), de la directive 2003/49 doit être interprété en ce sens qu'une SCA agréée en tant que SICAR de droit luxembourgeois ne saurait être qualifiée de société d'un État membre, au sens de ladite directive, susceptible de bénéficier de l'exonération prévue à l'article 1er, paragraphe 1, de celle-ci si, ce qu'il incombe à la juridiction de renvoi de vérifier, les intérêts perçus par ladite SICAR, dans une situation telle que celle en cause au principal, sont exonérés de l'impôt sur les revenus des collectivités au Luxembourg.

Sur les sixième et septième questions dans l'affaire C-115/16, les septième et huitième questions dans l'affaire C-118/16, les cinquième et sixième questions dans l'affaire C-119/16, ainsi que les cinquième à septième questions dans l'affaire C-299/16

154. Par les sixième et septième questions dans l'affaire C-115/16, les septième et huitième questions dans l'affaire C-118/16, les cinquième et sixième questions dans l'affaire C-119/16, ainsi que les cinquième à septième questions dans l'affaire C-299/16, les juridictions de renvoi cherchent à savoir, pour le cas où le régime, prévu à l'article 1er de la directive 2003/49, d'exonération de la retenue à la source sur les intérêts payés par une société résidente d'un État membre à une société résidente d'un autre État membre ne serait pas applicable, si les articles 49 et 54 TFUE ou l'article 63 TFUE doivent être interprétés en ce sens qu'ils s'opposent à différents aspects de la réglementation du premier État membre, telle que celle en cause au principal, relative à l'imposition de ces intérêts.

155. À cet égard, il importe d'emblée de distinguer deux hypothèses. La première hypothèse est celle où l'inapplicabilité du régime d'exonération de la retenue à la source prévu par la directive 2003/49 découle du constat de l'existence d'une fraude ou d'un abus, au sens de l'article 5 de cette directive. Dans une telle hypothèse, une société résidente d'un État membre ne saurait, eu égard à la jurisprudence rappelée au point 96 du présent arrêt, revendiquer le bénéfice des libertés consacrées par le traité FUE pour mettre en cause la réglementation nationale régissant l'imposition des intérêts payés à une société résidente d'un autre État membre.

156. La seconde hypothèse est celle où l'inapplicabilité du régime d'exonération de la retenue à la source prévu par la directive 2003/49 découle du fait que les conditions d'application de ce régime d'exonération ne sont pas remplies, sans qu'ait toutefois été constatée l'existence d'une fraude ou d'un abus, au sens de l'article 5 de ladite directive. En pareille hypothèse, il convient de vérifier si les articles du traité FUE mentionnés au point 154 du présent arrêt doivent être interprétés en ce sens qu'ils s'opposent à une réglementation nationale, telle que celle en cause au principal, relative à l'imposition desdits intérêts.

157. À cet égard, en premier lieu, par la septième question dans l'affaire C-115/16, la huitième question dans l'affaire C-118/16, la sixième question dans l'affaire C-119/16 ainsi que la septième question dans l'affaire C-299/16, les juridictions de renvoi demandent, en substance, si les articles 49 et 54 TFUE ou l'article 63 TFUE doivent être interprétés en ce sens qu'ils s'opposent à une réglementation nationale selon laquelle une société résidente qui paie des intérêts à une société non-résidente est tenue de procéder à une retenue à la source sur ces intérêts alors

qu'une telle obligation ne pèse pas sur cette société résidente lorsque la société qui perçoit les intérêts est également une société résidente. Elles demandent, par ailleurs, si ces mêmes articles doivent être interprétés en ce sens qu'ils s'opposent à une réglementation nationale selon laquelle une société résidente qui perçoit des intérêts d'une autre société résidente n'est pas soumise à l'obligation de verser un précompte au titre de l'impôt des sociétés au cours des deux premières années d'imposition et n'est donc tenue au paiement de cet impôt en relation avec ces intérêts qu'à une échéance sensiblement plus lointaine que celle de la retenue à la source opérée en cas de paiement d'intérêts par une société résidente à une société non-résidente.

158. Il convient, à titre liminaire, de relever, comme l'a souligné la Commission, que le paiement d'intérêts liés à un prêt concernant deux sociétés résidant dans des États membres différents relève des dispositions relatives à la libre circulation des capitaux, au sens de l'article 63 TFUE (voir, en ce sens, arrêts du 3 octobre 2006, *Fidium Finanz*, C-452/04, EU:C:2006:631, points 41 et 42, ainsi que du 3 octobre 2013, *Itelcar*, C-282/12, EU:C:2013:629, point 14). Il y a donc lieu d'examiner ces questions à l'aune de cet article.

159. À cet égard, et indépendamment des effets qu'une retenue à la source peut avoir sur la situation fiscale de la société qui perçoit les intérêts, l'obligation pour la société qui les paie d'effectuer une retenue à la source lorsque ce paiement est fait à une société non-résidente *peut*, dans la mesure où elle entraîne une surcharge administrative et des risques en matière de responsabilité qui n'existeraient pas si l'emprunt avait été contracté auprès d'une société résidente, rendre moins attrayants les prêts transfrontaliers que les prêts nationaux (voir, en ce sens, arrêt du 18 octobre 2012, *X*, C-498/10, EU:C:2012:635, points 28 et 32). Une telle obligation est donc constitutive d'une restriction à la libre circulation des capitaux, au sens de l'article 63 TFUE.

160. Toutefois, la nécessité de garantir l'efficacité du recouvrement de l'impôt constitue une raison impérieuse d'intérêt général susceptible de justifier une telle restriction. En effet, la procédure de retenue à la source et le régime de responsabilité lui servant de garantie constituent un moyen légitime et approprié d'assurer le traitement fiscal des revenus d'une société résidant en dehors de l'État d'imposition. Par ailleurs, une telle mesure ne va pas au-delà de ce qui est nécessaire aux fins de la réalisation de cet objectif (voir, en ce sens, arrêts du 18 octobre 2012, *X*, C-498/10, EU:C:2012:635, points 39 et 43 à 52, ainsi que du 13 juillet 2016, *Brisal et KBC Finance Ireland*, C-18/15, EU:C:2016:549, points 21 et 22).

161. Quant au fait que la réglementation nationale en cause au principal prévoit qu'une société résidente qui perçoit des intérêts d'une autre

société résidente n'est pas soumise à l'obligation de verser un précompte au titre de l'impôt des sociétés au cours des deux premières années d'imposition et n'est donc tenue au paiement de cet impôt en relation avec ces intérêts qu'à une échéance sensiblement plus lointaine que celle de la retenue à la source opérée en cas de paiement d'intérêts par une société résidente à une société non-résidente, il en résulte que, alors que les intérêts payés par une société résidente à une société non-résidente font l'objet d'une imposition immédiate et définitive, ceux qui sont payés par une société résidente à une autre société résidente ne sont soumis au paiement d'aucun précompte au cours des deux premières années d'imposition, ce qui procure ainsi un avantage de trésorerie à cette dernière société (voir, en ce sens, arrêt du 22 novembre 2018, *Sofina e.a.*, C-575/17, EU:C:2018:943, point 28).

162. Or, l'exclusion d'un avantage de trésorerie dans une situation transfrontalière alors qu'il est octroyé dans une situation équivalente sur le territoire national constitue une restriction à la libre circulation des capitaux (arrêt du 22 novembre 2018, *Sofina e.a.*, C-575/17, EU:C:2018:943, point 29 ainsi que jurisprudence citée).

163. Le gouvernement danois fait cependant valoir, en se référant à l'arrêt du 22 décembre 2008, *Truck Center* (C-282/07, EU:C:2008:762), qu'une réglementation nationale prévoyant uniquement des modalités de perception de l'impôt différentes en fonction du siège de la société qui perçoit les intérêts concerne des situations qui ne sont pas objectivement comparables.

164. Toutefois, s'il ressort, certes, des points 41 et 46 de l'arrêt du 22 décembre 2008, *Truck Center* (C-282/07, EU:C:2008:762), qu'une différence de traitement consistant dans l'application de techniques ou de modalités de perception de l'impôt différentes en fonction du lieu de résidence de la société qui perçoit les revenus en cause concerne des situations qui ne sont pas objectivement comparables, la Cour n'en a pas moins précisé, aux points 43 et 44 dudit arrêt, que les revenus en cause dans l'affaire ayant donné lieu à ce même arrêt étaient, en tout état de cause, soumis à imposition, qu'ils aient été perçus par une société résidente ou par une société non-résidente (voir, en ce sens, arrêt du 22 novembre 2018, *Sofina e.a.*, C-575/17, EU:C:2018:943, point 51). La Cour a, notamment, souligné, au point 49 de l'arrêt du 22 décembre 2008, *Truck Center* (C-282/07, EU:C:2008:762), que les sociétés résidentes étaient tenues d'effectuer des versements anticipés de l'impôt des sociétés en relation avec les intérêts perçus d'une autre société résidente.

165. Or, en l'occurrence, la réglementation nationale en cause au principal ne se limite pas à prévoir des modalités de perception de l'impôt différentes en fonction du lieu de résidence de la société qui perçoit des intérêts payés par une société résidente, mais elle dispense la

société résidente qui perçoit des intérêts d'une autre société résidente de l'obligation de payer un précompte en relation avec ces intérêts pendant les deux premières années d'imposition, de sorte que cette première société n'est tenue au paiement d'un impôt en relation avec ces intérêts qu'à une échéance sensiblement plus lointaine que celle de la retenue à la source opérée en cas de paiement d'intérêts par une société résidente à une société non-résidente. Or, l'appréciation de l'existence d'un éventuel traitement désavantageux des intérêts payés aux sociétés non-résidentes doit être effectuée pour chaque exercice fiscal, pris individuellement (voir, en ce sens, arrêts du 2 juin 2016, *Pensioenfonds Metaal en Techniek*, C-252/14, EU:C:2016:402, point 41, ainsi que du 22 novembre 2018, *Sofina e.a.*, C-575/17, EU:C:2018:943, points 30 et 52).

166. Partant, et à défaut pour le gouvernement danois d'avoir fait état d'une quelconque raison impérieuse d'intérêt général susceptible de justifier la restriction à la libre circulation des capitaux constatée au point 162 du présent arrêt, il y a lieu de considérer que celle-ci est contraire à l'article 63 TFUE.

167. Eu égard aux considérations exposées aux points 158 à 166 du présent arrêt, l'article 63 TFUE doit être interprété en ce sens qu'il ne s'oppose pas, en principe, à une réglementation nationale selon laquelle une société résidente qui paie des intérêts à une société non-résidente est tenue de procéder à une retenue à la source sur ces intérêts alors qu'une telle obligation ne pèse pas sur cette société résidente lorsque la société qui perçoit les intérêts est également une société résidente. Cet article s'oppose toutefois à une réglementation nationale prévoyant une telle retenue à la source en cas de paiement d'intérêts par une société résidente à une société non-résidente alors qu'une société résidente qui perçoit des intérêts d'une autre société résidente n'est pas soumise à l'obligation de verser un précompte au titre de l'impôt des sociétés au cours des deux premières années d'imposition et n'est donc tenue au paiement de cet impôt en relation avec ces intérêts qu'à une échéance sensiblement plus lointaine que celle de cette retenue à la source.

168. En deuxième lieu, par la sixième question dans l'affaire C-115/16, la septième question dans l'affaire C-118/16, la cinquième question dans l'affaire C-119/16 ainsi que la sixième question dans l'affaire C-299/16, les juridictions de renvoi demandent, en substance, si les articles 49 et 54 TFUE doivent être interprétés en ce sens qu'ils s'opposent à une réglementation nationale qui impose à la société résidente sur laquelle pèse une obligation de retenue à la source sur des intérêts versés par celle-ci à une société non-résidente l'obligation, en cas de paiement tardif de cette retenue, de s'acquitter d'intérêts moratoires dont le taux est plus élevé que celui qui est applicable en cas de paiement tardif de l'impôt des sociétés qui frappe, notamment, les intérêts perçus par une société résidente d'une autre société résidente.

169. Ainsi qu'il a été précisé au point 158 du présent arrêt, il convient de répondre à ces questions à l'aune de l'article 63 TFUE.

170. À cet égard, il y a lieu de relever qu'une réglementation nationale telle que celle visée au point 168 du présent arrêt instaure une différence de traitement en termes de taux d'intérêts moratoires, selon que le paiement tardif de l'impôt dû sur les intérêts payés par une société résidente se rapporte à un prêt accordé par une société non-résidente ou par une autre société résidente. L'application d'un taux d'intérêts moratoires plus élevé en cas de retard de paiement de la retenue à la source due sur les intérêts payés par une société résidente à une société non-résidente qu'en cas de retard de paiement de l'impôt des sociétés dû sur les intérêts perçus par une société résidente d'une autre société résidente a ainsi pour conséquence de rendre les prêts transfrontaliers moins attrayants que les prêts nationaux. Il en résulte une restriction à la libre circulation des capitaux.

171. Or, ainsi que l'a relevé la Commission, une telle restriction ne saurait être justifiée par le fait, mis en avant par le gouvernement danois, que l'imposition des intérêts afférents à un prêt obtenu d'une société résidente et celle des intérêts afférents à un prêt obtenu d'une société non-résidente relèvent de techniques et de modalités de perception différentes. Dans ces conditions, et à défaut pour le gouvernement danois d'avoir fait état d'une quelconque raison impérieuse d'intérêt général susceptible de justifier cette restriction, celle-ci doit être considérée comme étant contraire à l'article 63 TFUE.

172. Eu égard aux considérations exposées aux points 169 à 171 du présent arrêt, l'article 63 TFUE doit être interprété en ce sens qu'il s'oppose à une réglementation nationale qui impose à la société résidente sur laquelle pèse l'obligation de procéder à une retenue à la source sur des intérêts versés par celle-ci à une société non-résidente l'obligation, en cas de paiement tardif de cette retenue, de s'acquitter d'intérêts moratoires dont le taux est plus élevé que celui qui est applicable en cas de paiement tardif de l'impôt des sociétés qui frappe, notamment, les intérêts perçus par une société résidente d'une autre société résidente.

173. En troisième lieu, par sa cinquième question dans l'affaire C-299/16, la juridiction de renvoi demande, en substance, si les articles 49 et 54 TFUE doivent être interprétés en ce sens qu'ils s'opposent à une réglementation nationale prévoyant que, lorsqu'une société résidente est soumise à une obligation de retenue à la source sur les intérêts qu'elle paie à une société non-résidente, il n'est pas tenu compte des dépenses sous forme d'intérêts que cette dernière a supportées, alors que, selon cette réglementation nationale, de telles dépenses peuvent être déduites par une société résidente qui perçoit des intérêts d'une autre société résidente aux fins de l'établissement de son revenu imposable.

174. Ainsi qu'il a été précisé au point 158 du présent arrêt, il convient également de répondre à cette question à l'aune de l'article 63 TFUE.

175. À cet égard, comme l'a relevé la Commission, et ainsi que l'a admis, selon les indications fournies par le gouvernement danois, le ministère des Impôts après l'introduction de l'affaire C-299/16 devant la Cour, il découle de l'arrêt du 13 juillet 2016, *Brisal et KBC Finance Ireland* (C-18/15, EU:C:2016:549, points 23 à 55), qu'une réglementation nationale en vertu de laquelle une société non-résidente est imposée, par la voie d'une retenue à la source opérée par une société résidente, sur les intérêts qui lui sont payés par cette dernière, sans qu'il soit possible de déduire les frais professionnels, tels que des dépenses d'intérêt, directement liés à l'activité de prêt en cause, alors qu'une telle possibilité de déduction est reconnue aux sociétés résidentes percevant des intérêts d'une autre société résidente, constitue une restriction à la libre circulation des capitaux interdite, en principe, par le traité FUE.

176. Le gouvernement danois fait néanmoins valoir qu'une telle restriction est justifiée à des fins de lutte contre les abus résultant du fait que la société non-résidente percevant les intérêts est, certes, soumise à l'impôt sur ceux-ci dans l'État membre de sa résidence, mais ne sera, en fin de compte, jamais imposée car lesdits intérêts seront neutralisés par les dépenses d'intérêts correspondantes ou par des transferts intragroupe déductibles.

177. À cet égard, il convient de rappeler que, ainsi qu'il ressort du point 155 du présent arrêt, le constat éventuel d'un montage abusif ou frauduleux qui justifierait l'inapplicabilité de la directive 2003/49 emporterait également comme conséquence l'inapplicabilité des libertés fondamentales garanties par le traité FUE.

178. En revanche, en l'absence d'un tel constat, la restriction mentionnée au point 175 du présent arrêt ne saurait être justifiée par les considérations mises en avant par le gouvernement danois, de telle sorte qu'elle doit être considérée comme étant contraire à l'article 63 du TFUE. En effet, des dépenses d'intérêts ou des transferts intragroupes sont également susceptibles d'aboutir à une réduction voire à une neutralisation de l'impôt dû lorsqu'une société résidente perçoit des intérêts d'une autre société résidente.

179. Il s'ensuit que cet article doit être interprété en ce sens qu'il s'oppose, hormis en cas de constat de fraude ou d'abus, à une réglementation nationale prévoyant que, lorsqu'une société résidente est soumise à une obligation de retenue à la source sur les intérêts qu'elle paie à une société non-résidente, il n'est pas tenu compte des dépenses sous forme d'intérêts, directement liées à l'activité de prêt en cause, que cette dernière société a supportées, alors que, selon cette réglementation nationale, de telles dépenses peuvent être déduites par une société résidente qui perçoit

des intérêts d'une autre société résidente aux fins de l'établissement de son revenu imposable.

180. Eu égard à l'ensemble des considérations qui précèdent, il convient de répondre aux sixième et septième questions dans l'affaire C-115/16, aux septième et huitième questions dans l'affaire C-118/16, aux cinquième et sixième questions dans l'affaire C-119/16, ainsi qu'aux cinquième à septième questions dans l'affaire C-299/16 de la manière suivante :

- Dans une situation dans laquelle le régime, prévu par la directive 2003/49, d'exonération de la retenue à la source sur les intérêts versés par une société résidente d'un État membre à une société résidente d'un autre État membre n'est pas applicable en raison de la constatation de l'existence d'une fraude ou d'un abus, au sens de l'article 5 de cette directive, l'application des libertés consacrées par le traité FUE ne saurait être invoquée pour mettre en cause la réglementation du premier État membre régissant l'imposition de ces intérêts.
- En dehors d'une telle situation, l'article 63 TFUE doit être interprété en ce sens que :
  - il ne s'oppose pas, en principe, à une réglementation nationale selon laquelle une société résidente qui paie des intérêts à une société non-résidente est tenue de procéder à une retenue à la source sur ces intérêts alors qu'une telle obligation ne pèse pas sur cette société résidente lorsque la société qui perçoit les intérêts est également une société résidente, mais il s'oppose à une réglementation nationale prévoyant une telle retenue à la source en cas de paiements d'intérêts par une société résidente à une société non-résidente alors qu'une société résidente qui perçoit des intérêts d'une autre société résidente n'est pas soumise à l'obligation de verser un précompte au titre de l'impôt des sociétés au cours des deux premières années d'imposition et n'est donc tenue au paiement de cet impôt en relation avec ces intérêts qu'à une échéance sensiblement plus lointaine que celle de cette retenue à la source ;
  - il s'oppose à une réglementation nationale qui impose à la société résidente sur laquelle pèse l'obligation de procéder à une retenue à la source sur des intérêts versés par celle-ci à une société non-résidente l'obligation, en cas de paiement tardif de cette retenue, de s'acquitter d'intérêts moratoires dont le taux est plus élevé que celui qui est applicable en cas de paiement tardif de l'impôt des sociétés qui frappe, notamment, les intérêts perçus par une société résidente d'une autre société résidente ;
  - il s'oppose à une réglementation nationale prévoyant que, lorsqu'une société résidente est soumise à une obligation de retenue à la source sur les intérêts qu'elle paie à une société

non-résidente, il n'est pas tenu compte des dépenses sous forme d'intérêts, directement liées à l'activité de prêt en cause, que cette dernière société a supportées, alors que, selon cette réglementation nationale, de telles dépenses peuvent être déduites par une société résidente qui perçoit des intérêts d'une autre société résidente aux fins de l'établissement de son revenu imposable.

Observations

Rendu le 26 février 2019 sur renvois préjudiciels de plusieurs cours d'appel danoises, l'arrêt *N Luxembourg 1* constitue un apport majeur de la Cour de justice en matière de lutte contre les abus de droit fiscal.

Les six affaires qui ont donné lieu à cet arrêt et à l'arrêt *Skatteministeriet contre T Danmark et Y Denmark Aps* du même jour(1), qui est rédigé dans des termes identiques s'agissant des questions communes, portaient sur des retenues à la source consécutives au paiement, par des sociétés établies au Danemark, d'intérêts et de dividendes à des sociétés non-résidentes qui avaient été appréhendées par l'administration fiscale danoise comme n'étant pas leurs bénéficiaires effectifs. Dès lors que ces entités non-résidentes avaient été considérées comme des sociétés-relais utilisées dans le cadre de montages fiscaux, l'administration fiscale danoise avait refusé que fussent appliqués les régimes d'exonération prévus par la directive « intérêts-redevances » (2) et par la directive « mères-filiales »

(1) GJUE, gde ch., 26 février 2019, *Skatteministeriet c/ T Danmark et Y Denmark Aps*, aff. jtes C-116/16 et C-117/16. Il doit être relevé, en outre, que dans un troisième arrêt du même jour (CJUE, gde ch., 26 février 2019, *X GmbH c/ Finanzamt Stuttgart Körperschaften*, aff. C-135/17) portant sur un dispositif allemand de lutte contre le transfert de bénéfices à des sociétés étrangères contrôlées, la Cour de justice a par ailleurs facilité les conditions dans lesquelles les États membres peuvent combattre l'évasion fiscale impliquant des « pays tiers ». Pour ce faire, elle a procédé à une interprétation favorable des conditions d'application de la clause de gel de l'art. 64 TFUE.

(2) Directive 2003/49/CE du Conseil, du 3 juin 2003, concernant un régime fiscal commun applicable aux paiements d'intérêts et de redevances effectués entre des sociétés associées d'États membres différents (*JO* 2003, L 157, p. 49).

dans sa version antérieure à 2011 (3). À cet égard, elle se prévalait de ce que ces directives ne faisaient pas obstacle à l'application des dispositions nationales ou des dispositions fondées sur des conventions qui sont nécessaires pour prévenir les fraudes ou les abus. Plus précisément, l'administration fiscale prétendait qu'elle pouvait appliquer le principe dit « de réalité » (*substance over form*) et le principe dit du « bénéficiaire légitime des revenus » (dont il ressort « que les autorités fiscales ne sont pas tenues d'admettre une dissociation artificielle entre l'entreprise ou l'activité qui génère les revenus et l'affectation des revenus qui en découlent. Ce principe vise donc à déterminer la personne qui – quelles que soient les apparences formelles – est le véritable bénéficiaire d'un revenu donné et donc celle qui est redevable de l'impôt y afférent » (4)) sans que le droit primaire (libertés de circulation) et le droit dérivé (directives « mères-filiales » et « intérêts-redevances ») ne s'y opposent.

Saisie de questions préjudicielles portant en substance sur cette dernière considération, la Cour de justice a dû indiquer à quelles conditions les administrations fiscales des États membres peuvent ou doivent lutter contre les montages abusifs. Dans cette perspective, les deux arrêts de grande chambre du 26 février 2019 doivent être remarqués à trois égards.

En premier lieu, la Cour y a jugé que l'existence d'un abus de droit peut être invoquée par un État membre même s'il n'existe aucun texte explicite en ce sens dès lors qu'« il existe, dans le droit de l'Union, un principe général de droit selon lequel les justiciables ne sauraient frauduleusement ou abusivement se prévaloir des normes du droit de l'Union » (5). Plus avant, elle a ensuite ajouté que l'invocation d'un abus de droit de type « fraude à la loi » est une obligation lorsqu'est en cause le droit de l'Union : « le principe général d'interdiction

(3) Directive 90/435/CEE du Conseil, du 23 juillet 1990, concernant le régime fiscal commun applicable aux sociétés mères et filiales d'États membres différents (*JO* 1990, L 225, p. 6). Cette directive a été refondue en 2011 : voy. directive n° 2011/96/UE du Conseil du 30 novembre 2011 concernant le régime fiscal commun applicable aux sociétés mères et filiales d'États membres différents (*JO* L 345 du 29 décembre 2011, pp. 8-16).

(4) Voy. l'arrêt *N Luxembourg 1 e.a. c/ Skatteministeriet*, pt 26.

(5) Voy. l'arrêt *N Luxembourg 1 e.a. c/ Skatteministeriet*, pt 96.

des pratiques abusives doit être opposé à une personne lorsque celle-ci se prévaut de certaines règles du droit de l'Union prévoyant un avantage d'une manière qui n'est pas cohérente avec les finalités que visent ces règles »(6). Cet ajout est l'un des apports majeurs de l'arrêt.

En deuxième lieu, la Cour a combiné des jurisprudences apparemment divergentes quant aux éléments constitutifs d'un abus de droit fiscal. Dans l'arrêt *Cadbury Schweppes*(7), la Cour avait en effet jugé qu'en matière de fiscalité directe, des restrictions à la libre circulation pouvaient être justifiées par la lutte contre les montages purement artificiels, « dépourvus de réalité économique, dans le but d'éluder l'impôt normalement dû sur les bénéfices générés par des activités réalisées sur le territoire national »(8), alors qu'en matière de TVA, elle avait considéré que « la jurisprudence issue de l'arrêt Halifax n'exige pas d'établir que l'obtention d'un avantage fiscal constitue le seul objectif des opérations en cause. Si des opérations poursuivant exclusivement un tel objectif sont susceptibles de remplir l'exigence résultant de cette jurisprudence, la Cour a précisé, au point 45 de son arrêt du 21 février 2008, Part Service (C-425/06, EU:C:2008:108), qu'il en allait de même lorsque la recherche d'un avantage fiscal constitue le but essentiel des opérations en cause »(9). Refusant de faire prévaloir l'un des deux courants sur l'autre, la Cour a indiqué, dans l'arrêt *N Luxembourg 1*, que « la preuve d'une pratique abusive nécessite, d'une part, un ensemble de circonstances objectives d'où il résulte que, malgré un respect formel des conditions prévues par la réglementation

---

(6) Voy. l'arrêt *N Luxembourg 1 e.a. c/ Skatteministeriet*, pt 102.

(7) CJCE, gde ch., 12 septembre 2006, *Cadbury Schweppes et Cadbury Schweppes Overseas*, aff. C-196/04, *Dr. fisc.*, 2006, n° 39, act. 176 ; *Rec. CJCE*, 2006, I, p. 7995 ; *BDCF*, 2006, vol. 146, n° 12, concl. Ph. Léger.

(8) Voy. pt 55 de l'arrêt *Cadbury Schweppes*.

(9) CJUE, 22 novembre 2017, *Cussens e.a.*, aff. C-251/16, pt 53. Voy. aussi CJUE, 17 décembre 2015, *WebMindLicenses*, aff. C-419/14, pt 36 : « Aux points 74 et 75 de l'arrêt Halifax e.a. (C-255/02, EU:C:2006:121), la Cour a jugé que la constatation d'une pratique abusive en matière de TVA exige, d'une part, que les opérations en cause, malgré l'application formelle des conditions prévues par les dispositions pertinentes de la directive TVA et de la législation nationale la transposant, aient pour résultat l'obtention d'un avantage fiscal dont l'octroi serait contraire à l'objectif poursuivi par ces dispositions et, d'autre part, qu'il résulte d'un ensemble d'éléments objectifs que le but essentiel des opérations en cause se limite à l'obtention de cet avantage fiscal ».

de l'Union, l'objectif poursuivi par cette réglementation n'a pas été atteint et, d'autre part, un élément subjectif consistant en la volonté d'obtenir un avantage résultant de la réglementation de l'Union en créant artificiellement les conditions requises pour son obtention »(10), avant d'ajouter que « c'est ainsi l'examen d'un ensemble de faits qui permet de vérifier si les éléments constitutifs d'une pratique abusive sont réunis, et notamment si des opérateurs économiques ont effectué des opérations purement formelles ou artificielles, dénuées de toute justification économique et commerciale, dans le but essentiel de bénéficier d'un avantage indu »(11). Combinant deux approches jurisprudentielles, cette formulation présente deux limites : elle emploie à la fois l'idée de *montage purement artificiel* et de *but essentiel*, sans trancher entre le but exclusivement fiscal ou le but principalement fiscal qui doit caractériser un abus ; et, surtout, elle ne fixe pas de critère juridique clair, ce qui explique que la Cour ait ensuite éprouvé le besoin, aux points 127 et suivants de l'arrêt, de préciser à quels indices factuels il est possible de recourir pour mettre en évidence un abus de droit. Ceci ne va pas sans risquer de méconnaître l'exigence de sécurité juridique.

En troisième lieu, la Cour a confirmé des principes acquis s'agissant de la dévolution de la charge la preuve. Elle a ainsi considéré qu'il appartient à l'administration fiscale « d'établir que le prétendu bénéficiaire effectif n'est qu'une société relais par l'intermédiaire de laquelle un abus de droit a été commis »(12), dans la continuité de la jurisprudence dont il ressort qu'une présomption défavorable au contribuable est en principe contraire au droit de l'Union(13). Toutefois,

(10) Voy. l'arrêt *N Luxembourg 1 e.a. c/ Skatteministeriet*, pt 124.

(11) Voy. *ibid.*, pt 125.

(12) Voy. *ibid.*, pt 143. Voy. aussi le pt 145.

(13) S'agissant de la jurisprudence antérieure, voy. CJCE, 12 septembre 2006, *Cadbury Schweppes et Cadbury Schweppes Overseas*, aff. C-196/04, préc., *Dr. fisc.*, 2006, n° 39, act. 176 ; *Rec. CJCE*, 2006, I, p. 7995 ; *BDCF*, 2006, vol. 146, n° 12, concl. Ph. Léger. CJUE, 10 novembre 2011, *Foggia – Sociedade Gestora de Participações Sociais*, aff. C-126/10, pt 37. CJUE, 8 mars 2017, *Euro Park Service*, aff. C-14/16, pts 55 et 56. CJUE, 6ᵉ ch., 7 septembre 2017, *Eqiom SAS, anciennement Holcim France SAS, et Enka SA*, aff. C-6/16. CJUE, 6ᵉ ch., 20 décembre 2017, *Deister Holding AG, anciennement Traxx Investments NV* (C-504/16) et *Juhler Holding A/S* (C-613/16) *c/ Bundeszentralamt für Steuern*, aff. C-504/16 et C-613/16, spéc. pts 63 et 69.

l'administration fiscale n'est pas tenue « d'identifier les bénéficiaires effectifs », en application du principe selon lequel « il ne saurait être exigé de cette autorité qu'elle fournisse des preuves qu'il lui serait impossible d'apporter » (14).

Au regard des incertitudes relatives aux éléments constitutifs d'un abus de droit, des stratégies d'optimisation fiscales mises en œuvre par les contribuables et des dispositifs de lutte déployés par les États membres sous l'impulsion souvent bienvenue de l'Union européenne, d'autres grands arrêts devraient être prochainement rendus à la suite de l'arrêt *N Luxembourg 1*.

Alexandre MAITROT DE LA MOTTE

(14) Voy. l'arrêt *N Luxembourg 1 e.a. c/ Skatteministeriet*, pt 143.

Cour de justice, gde ch., 26 février 2019,
Martin Wächtler c/ Finanzamt Konstanz,
aff. C-581/17, ECLI:EU:C:2019:138

Conclusions conformes de l'avocat général M. Wathelet, du 27 septembre 2018, ECLI:EU:C:2018:779

MOTS-CLÉS : Renvoi préjudiciel – Accord entre la Communauté européenne et la Confédération suisse sur la libre circulation des personnes – Transfert du lieu du domicile d'une personne physique d'un État membre vers la Suisse – Imposition des plus-values latentes afférentes aux parts d'une société – Fiscalité directe – Libre circulation des indépendants – Égalité de traitement

CADRE NORMATIF : accord entre la Communauté européenne et ses États membres, d'une part, et la Confédération suisse, d'autre part, sur la libre circulation des personnes, signé à Luxembourg le 21 juin 1999

NOTES ET OBSERVATIONS : F. PÉRALDI-LENEUF, « Accord CE/Suisse », *Europe*, 2019, n° 4, p. 20 ; E. THOMAS, « Jurisprudence de la CJUE : fiscalité directe (janvier/mars 2019) », *Revue de Droit Fiscal*, 2019, n° 16, pp. 14-25

EXTRAITS DE L'ARRÊT

33. Ainsi qu'il a été exposé au point 30 du présent arrêt, la possibilité de reporter le paiement de l'impôt relatif aux plus-values latentes afférentes à des parts de société, dans le cas du transfert, par un ressortissant allemand, de son domicile vers un État membre autre que la République fédérale d'Allemagne ou vers un État tiers partie à l'accord EEE, a été introduite par le législateur national pour rendre le régime fiscal allemand conforme au droit de l'Union relatif à la libre circulation des personnes, étant donné qu'un ressortissant allemand qui maintient son domicile sur le territoire national n'est imposé sur des plus-values afférentes à des parts de société qu'au moment de la réalisation de celles-ci.

34. Dès lors, il y a lieu de comprendre que, par sa question, la juridiction de renvoi demande, en substance, si les stipulations de l'ALCP doivent être interprétées en ce sens qu'elles s'opposent à un régime fiscal d'un État membre qui, dans une situation où un ressortissant d'un État

membre, personne physique, exerçant une activité économique sur le territoire de la Confédération suisse, transfère son domicile de l'État membre dont le régime fiscal est en cause vers la Suisse, prévoit le recouvrement, au moment de ce transfert, de l'impôt dû sur les plus-values latentes afférentes à des parts sociales détenues par ce ressortissant, alors que, en cas de maintien du domicile dans le même État membre, le recouvrement de l'impôt n'a lieu qu'au moment où des plus-values sont réalisées, à savoir lors de la cession des parts sociales concernées.

35. À titre liminaire, l'ALCP étant un traité international, il doit être interprété, conformément à l'article 31 de la convention de Vienne sur le droit des traités, du 23 mai 1969 (*Recueil des traités des Nations unies*, vol. 1155, p. 331), de bonne foi, suivant le sens ordinaire à attribuer à ses termes dans leur contexte, et à la lumière de son objet et de son but (arrêts du 2 mars 1999, *Eddline El-Yassini*, C-416/96, EU:C:1999:107, point 47, et du 24 novembre 2016, *SECIL*, C-464/14, EU:C:2016:896, point 94 ainsi que jurisprudence citée). En outre, il résulte de cette disposition qu'un terme sera entendu dans un sens particulier s'il est établi que telle était l'intention des parties (voir, en ce sens, arrêt du 27 février 2018, *Western Sahara Campaign UK*, C-266/16, EU:C:2018:118, point 70).

36. Dans ce contexte, il importe de préciser, en premier lieu, que l'ALCP se situe dans le cadre plus général des relations entre l'Union européenne et la Confédération suisse. Si cette dernière ne participe pas à l'Espace économique européen et au marché intérieur de l'Union, elle est toutefois liée à celle-ci par de multiples accords couvrant de vastes domaines et prévoyant des droits et des obligations spécifiques, analogues, à certains égards, à ceux prévus par le traité. L'objet général de ces accords, y compris de l'ALCP, est de resserrer les liens économiques entre l'Union et la Confédération suisse (arrêt du 6 octobre 2011, *Graf et Engel*, C-506/10, EU:C:2011:643, point 33).

37. Toutefois, la Confédération suisse n'ayant pas adhéré au marché intérieur de l'Union, l'interprétation donnée des dispositions du droit de l'Union relatives à ce marché ne peut être automatiquement transposée à l'interprétation de l'ALCP, sauf dispositions expresses à cet effet prévues par cet accord lui-même (arrêt du 15 mars 2018, *Picart*, C-355/16, EU:C:2018:184, point 29).

38. S'agissant, en second lieu, de l'objectif de l'ALCP et de l'interprétation de ses termes, il résulte du préambule, de l'article 1er et de l'article 16, paragraphe 2, de cet accord que celui-ci vise à réaliser, en faveur des ressortissants, personnes physiques, de l'Union et de la Confédération suisse, la libre circulation des personnes sur le territoire de ces parties en s'appuyant sur les dispositions en application dans l'Union, dont les notions doivent être interprétées en tenant compte de la jurisprudence pertinente de la Cour antérieure à la date de la signature dudit accord.

39. Quant à la jurisprudence postérieure à cette date, il convient de relever que l'article 16, paragraphe 2, de l'ALCP prévoit, d'une part, que cette jurisprudence doit être communiquée à la Confédération suisse et, d'autre part, que, en vue d'assurer le bon fonctionnement de cet accord, à la demande d'une partie contractante, le comité mixte prévu à l'article 14 dudit accord détermine les implications d'une telle jurisprudence. Cela étant, même en l'absence de décision de ce comité, il y a lieu, ainsi que l'a relevé M. l'avocat général aux points 71 et 72 de ses conclusions, de prendre également en considération ladite jurisprudence pour autant que celle-ci ne fait que préciser ou confirmer les principes dégagés dans la jurisprudence existante à la date de la signature de l'ALCP relative aux notions de droit de l'Union, dont cet accord s'inspire.

40. C'est à la lumière de ces considérations qu'il convient d'examiner le champ d'application et les stipulations de l'ALCP.

41. Aux termes du préambule ainsi que de l'article 1er, sous a) et c), de l'ALCP, relèvent du champ d'application de cet accord aussi bien les personnes physiques exerçant une activité économique que celles n'exerçant pas une telle activité.

42. Il ressort du dossier dont dispose la Cour que M. Wächtler exerce une activité économique, en l'occurrence celle de conseiller informatique dans le cadre d'une société établie en Suisse dont il est le gérant.

43. S'agissant, plus particulièrement, d'une telle personne, il découle du libellé de l'article 1er, sous a), dudit accord que ce dernier vise à octroyer un droit d'entrée, de séjour, d'accès à une activité économique salariée, d'établissement en tant qu'indépendant et le droit de demeurer sur le territoire des parties contractantes. À cette fin, l'article 4 de ce même accord prévoit que le droit de séjour et d'accès à une activité économique est garanti conformément aux dispositions de l'annexe I de celui-ci.

44. En ce qui concerne le statut sous lequel l'activité économique en cause est exercée, il résulte d'une comparaison entre les articles 6 et 7 de l'annexe I de l'ALCP et les articles 12 et 13 de cette annexe que la distinction opérée entre le travailleur salarié et l'indépendant est liée à la question de savoir si l'activité économique en question doit être considérée comme étant une « activité salariée » ou une « activité non salariée ».

45. Dans ce contexte, il y a lieu de rappeler que la notion de « travailleur salarié » est une notion du droit de l'Union (arrêt du 19 mars 1964, *Unger*, 75/63, EU:C:1964:19, p. 363) qui existait déjà à la date de la signature de cet accord. La caractéristique essentielle de la relation de travail salarié est la circonstance qu'une personne accomplit, pendant un certain temps, en faveur d'une autre et sous la direction de celle-ci, des prestations en contrepartie desquelles elle perçoit une rémunération.

À l'inverse, doit être qualifiée d'« activité non salariée » une activité exercée sans lien de subordination (voir, par analogie, arrêts du 27 juin 1996, *Asscher*, C-107/94, EU:C:1996:251, points 25 et 26, ainsi que du 20 novembre 2001, *Jany e.a.*, C-268/99, EU:C:2001:616, point 34).

46. M. Wächtler exerçant ses activités de conseiller informatique dans le cadre d'une société dont il est le gérant et dont il détient 50 % des parts sociales, le lien de subordination qui caractérise une activité salariée fait, en l'espèce, défaut, ainsi que M. l'avocat général l'a relevé aux points 38 et 39 de ses conclusions. Il s'ensuit que M. Wächtler exerce une activité économique non salariée en tant qu'indépendant, au sens de l'ALCP.

47. S'agissant du champ d'application *ratione personae* de la notion d'« indépendant », au sens de l'ALCP, la Cour a déjà précisé que ce champ est défini aux articles 12 et 13 de l'annexe I de cet accord (arrêt du 15 mars 2018, *Picart*, C-355/16, EU:C:2018:184, point 18).

48. Il ressort de l'article 12, paragraphe 1, de cette annexe que cette disposition est applicable au ressortissant, personne physique, d'une partie contractante qui s'établit sur le territoire d'une autre partie contractante et exerce une activité non salariée sur le territoire de cette autre partie (voir, en ce sens, arrêt du 15 mars 2018, *Picart*, C-355/16, EU:C:2018:184, points 22 et 23).

49. Or, M. Wächtler se trouve dans la situation d'un ressortissant d'une partie contractante de l'ALCP, à savoir la République fédérale d'Allemagne, qui s'est établi sur le territoire d'une autre partie contractante, à savoir la Confédération suisse, pour y exercer, dans le cadre d'une société, son activité non salariée. Cette situation relève, partant, du champ d'application de l'article 12 de l'annexe I de l'ALCP.

50. La circonstance que M. Wächtler détient 50 % des parts sociales de la société dans le cadre de laquelle il exerce l'activité non salariée en question ne saurait remettre en cause cette constatation. En effet, ainsi que M. l'avocat général l'a relevé, en substance, aux points 43 à 56 de ses conclusions, le droit d'établissement en tant qu'indépendant, au sens de l'ALCP, comprend, à l'exception de la prestation de services, toute activité économique ou lucrative d'une personne physique ne relevant pas de la notion de « salarié ». En outre, l'exercice effectif de ce droit présuppose la faculté de choisir la forme juridique appropriée à cette fin.

51. En ce qui concerne la possibilité pour un ressortissant d'une partie contractante de faire valoir les droits tirés de l'ALCP à l'égard de son État d'origine, il convient de relever que, selon une jurisprudence de la Cour qui existait déjà à la date de la signature de cet accord, le droit d'établissement, au sens du droit de l'Union, vise non seulement à assurer le bénéfice du traitement national dans l'État membre d'accueil, mais également à faire obstacle aux restrictions émanant de l'État membre

d'origine du ressortissant concerné (voir, en ce sens, arrêt du 27 septembre 1988, *Daily Mail and General Trust*, 81/87, EU:C:1988:456, point 16).

52. Ainsi, dans certaines circonstances et en fonction des dispositions applicables, un ressortissant d'une partie contractante de l'ALCP peut invoquer les droits tirés de cet accord non seulement à l'égard de l'État vers lequel il exerce son droit à la libre circulation, mais également à l'égard de son État d'origine (arrêt du 15 mars 2018, *Picart*, C-355/16, EU:C:2018:184, point 16 et jurisprudence citée).

53. En effet, la liberté de circulation des personnes garantie par l'ALCP serait entravée si un ressortissant d'une partie contractante subissait un désavantage dans son État d'origine pour la seule raison d'avoir exercé son droit à la libre circulation (arrêt du 15 décembre 2011, *Bergström*, C-257/10, EU:C:2011:839, point 28).

54. Il s'ensuit que le principe d'égalité de traitement, prévu à l'article 15, paragraphe 2, de l'annexe I de l'ALCP, lu en combinaison avec l'article 9 de cette annexe, peut être invoqué par un travailleur indépendant relevant du champ d'application de cet accord également à l'égard de son État d'origine.

55. Le principe d'égalité de traitement constituant une notion du droit de l'Union (voir, en ce sens, arrêts du 19 octobre 1977, *Ruckdeschel e.a.*, 117/76 et 16/77, EU:C:1977:160, point 7, ainsi que du 6 octobre 2011, *Graf et Engel*, C-506/10, EU:C:2011:643, point 26 et jurisprudence citée) qui existait à la date de la signature de l'ALCP, il y a lieu, ainsi qu'il résulte des points 38 et 39 du présent arrêt, de tenir compte des principes dégagés par la jurisprudence de la Cour relative à l'égalité de traitement afin de déterminer l'existence d'une éventuelle inégalité de traitement prohibée par l'ALCP (voir, en ce sens, arrêts du 6 octobre 2011, *Graf et Engel*, C-506/10, EU:C:2011:643, point 26, ainsi que du 21 septembre 2016, *Radgen*, C-478/15, EU:C:2016:705, point 47).

56. En l'occurrence, il convient de constater qu'un ressortissant allemand qui, comme M. Wächtler, a exercé son droit d'établissement en tant qu'indépendant au titre de l'ALCP subit un désavantage fiscal par rapport à d'autres ressortissants allemands qui, comme lui, exercent une activité indépendante dans le cadre d'une société dont ils détiennent des parts sociales, mais qui, à la différence de lui, maintiennent leur domicile en Allemagne. En effet, ces derniers ne doivent payer l'impôt sur les plus-values afférentes aux parts sociales concernées que lorsque ces plus-values sont réalisées, à savoir lors de la cession de ces parts sociales, alors qu'un ressortissant tel que M. Wächtler est tenu de payer l'impôt en cause, au moment du transfert de son domicile vers la Suisse, sur les plus-values latentes afférentes à de telles parts sociales, sans pouvoir bénéficier d'un report de paiement jusqu'à la cession desdites parts.

57. Cette différence de traitement, qui constitue un désavantage de trésorerie pour un ressortissant allemand tel que M. Wächtler, est de nature à le dissuader de faire effectivement usage de son droit d'établissement tiré de l'ALCP. Il s'ensuit que le régime fiscal en cause au principal est susceptible d'entraver le droit d'établissement en tant qu'indépendant garanti par cet accord.

58. Il y a toutefois lieu de relever que l'article 21, paragraphe 2, de l'ALCP permet l'application d'un traitement différencié, en matière fiscale, aux contribuables qui ne se trouvent pas dans une situation comparable, en particulier en ce qui concerne leur lieu de résidence (arrêt du 21 septembre 2016, *Radgen*, C-478/15, EU:C:2016:705, point 45).

59. À cet égard, il convient d'indiquer que, aux termes de l'article 6 de l'AStG, la République fédérale d'Allemagne a décidé d'exercer sa compétence fiscale à l'égard des plus-values, afférentes à des parts sociales détenues par un ressortissant allemand, qui sont nées durant la période d'assujettissement illimité de ce ressortissant, en tant que résident fiscal en Allemagne, à l'impôt allemand et ce, quel que soit le territoire sur lequel lesdites plus-values sont nées.

60. Au regard de l'objectif de cette législation, qui est d'imposer les plus-values de parts sociales qui sont nées dans le cadre de la compétence fiscale de la République fédérale d'Allemagne, la situation d'un ressortissant d'un État membre qui transfère son domicile de l'Allemagne vers la Suisse est comparable à celle d'un ressortissant d'un État membre qui maintient son domicile en Allemagne. En effet, dans les deux cas, le pouvoir d'imposer ces plus-values revient à la République fédérale d'Allemagne, ce pouvoir étant lié, en vertu de sa législation nationale, à la résidence fiscale du ressortissant concerné sur son territoire durant la période où lesdites plus-values sont nées, quel que soit le lieu où elles sont apparues.

61. Se pose alors la question de savoir si la différence de traitement mentionnée aux points 56 et 57 du présent arrêt peut être justifiée par les raisons impérieuses d'intérêt général évoquées par la juridiction de renvoi et exposées au point 31 du présent arrêt, à savoir la préservation de la répartition de la compétence fiscale entre les parties à l'ALCP concernées, l'efficacité des contrôles fiscaux et la nécessité de garantir l'efficacité du recouvrement de l'impôt afin de prévenir des pertes de recettes fiscales.

62. À cet égard, l'article 21, paragraphe 3, de l'ALCP prévoit qu'aucune disposition de cet accord ne fait obstacle à l'adoption, par les parties contractantes, d'une mesure destinée à assurer l'imposition, le paiement et le recouvrement effectif des impôts ou à éviter l'évasion fiscale, conformément aux dispositions de la législation fiscale nationale d'une partie contractante ou aux accords visant à éviter la double imposition liant

la Confédération suisse, d'une part, et un ou plusieurs États membres, d'autre part, ou d'autres arrangements fiscaux.

63. Toutefois, de telles mesures, lesquelles correspondent, en vertu de la jurisprudence de la Cour dans le cadre de la libre circulation des personnes à l'intérieur de l'Union, à des raisons impérieuses d'intérêt général (voir, entre autres, arrêts du 15 mai 1997, *Futura Participations et Singer*, C-250/95, EU:C:1997:239, point 31 et jurisprudence citée ; du 3 octobre 2006, *FKP Scorpio Konzertproduktionen*, C-290/04, EU:C:2006:630, point 36, ainsi que du 11 décembre 2014, *Commission/Espagne*, C-678/11, EU:C:2014:2434, points 45 et 46), doivent, en tout état de cause, respecter le principe de proportionnalité, à savoir qu'elles doivent être propres à réaliser ces objectifs et qu'elles ne doivent pas aller au-delà de ce qui est nécessaire pour les atteindre.

64. En l'occurrence, il y a lieu de préciser que, si la détermination du montant de l'impôt en cause au moment du transfert du domicile vers la Suisse est une mesure apte à assurer la réalisation de l'objectif relatif à la préservation de la répartition de la compétence fiscale entre cet État et la République fédérale d'Allemagne, cet objectif ne saurait, en revanche, justifier l'impossibilité de reporter le paiement de cet impôt. En effet, un tel report n'implique pas que la République fédérale d'Allemagne renonce, au profit de la Confédération suisse, à sa compétence fiscale sur les plus-values nées durant la période d'assujettissement illimité du détenteur des parts sociales concernées à l'impôt allemand.

65. S'agissant de l'objectif relatif à l'efficacité des contrôles fiscaux, la convention entre la Confédération suisse et la République fédérale d'Allemagne prévoit la possibilité d'échange de renseignements en matière fiscale entre ses parties contractantes, de sorte que la République fédérale d'Allemagne pourrait obtenir des autorités suisses compétentes les informations nécessaires concernant la cession, par le ressortissant concerné qui a préalablement transféré son domicile en Suisse, des parts sociales auxquelles sont inhérentes les plus-values latentes en cause. Par voie de conséquence, l'absence de possibilité de report du paiement de l'impôt en cause au principal est une mesure qui, en tout état de cause, va au-delà de ce qui est nécessaire pour atteindre ledit objectif.

66. Quant à l'objectif tiré de la nécessité de garantir l'efficacité du recouvrement de l'impôt afin de prévenir des pertes de recettes fiscales, il convient de constater que le recouvrement immédiat de l'imposition en cause au moment du transfert du domicile du contribuable peut, en principe, être justifié par la nécessité d'assurer le recouvrement efficace des dettes fiscales. Toutefois, ainsi que M. l'avocat général l'a relevé aux points 103 à 105 de ses conclusions, cette mesure va au-delà de ce qui est nécessaire pour atteindre cet objectif et doit ainsi être considérée comme disproportionnée. En effet, dans un cas où il existe

un risque de non-recouvrement de l'impôt dû, notamment en raison de l'absence de mécanisme d'assistance mutuelle en matière de recouvrement des créances fiscales, le report du recouvrement de cet impôt peut être subordonné à l'exigence de la constitution d'une garantie (voir, par analogie, arrêts du 29 novembre 2011, *National Grid Indus*, C-371/10, EU:C:2011:785, points 73 et 74, ainsi que du 23 janvier 2014, *DMC*, C-164/12, EU:C:2014:20, points 65 à 67).

67. Dans ces conditions, il convient de conclure que le régime fiscal en cause au principal constitue une restriction non justifiée au droit d'établissement prévu par l'ALCP.

68. Cette conclusion n'est pas remise en cause par le fait que, dans le cas où le recouvrement immédiat de l'impôt dû entraînerait des conséquences difficilement supportables pour le contribuable, ce régime fiscal prévoit la possibilité d'un paiement échelonné de cet impôt. En effet, outre le fait que cette mesure d'échelonnement n'est possible que dans ce cas spécifique, elle n'est pas de nature à effacer, dans un tel cas, le désavantage de trésorerie que constitue l'obligation pour le contribuable de payer, au moment du transfert de son domicile vers la Suisse, une partie de l'impôt dû sur les plus-values latentes afférentes aux parts sociales concernées. En outre, elle demeure plus onéreuse, pour le contribuable, qu'une mesure consistant à prévoir le report, jusqu'à la cession de ces parts sociales, du paiement de l'impôt dû.

69. Eu égard à l'ensemble des considérations qui précèdent, il convient de répondre à la question posée que les stipulations de l'ALCP doivent être interprétées en ce sens qu'elles s'opposent à un régime fiscal d'un État membre qui, dans une situation où un ressortissant d'un État membre, personne physique, exerçant une activité économique sur le territoire de la Confédération suisse, transfère son domicile de l'État membre dont le régime fiscal est en cause vers la Suisse, prévoit le recouvrement, au moment de ce transfert, de l'impôt dû sur les plus-values latentes afférentes à des parts sociales détenues par ce ressortissant, alors que, en cas de maintien du domicile dans le même État membre, le recouvrement de l'impôt n'a lieu qu'au moment où des plus-values sont réalisées, à savoir lors de la cession des parts sociales concernées.

OBSERVATIONS

À la suite de l'arrêt *Picart*(1), l'affaire *Wächtler* posait la question de l'extension de la jurisprudence *Lasteyrie du Saillant*(2), relative aux *exit taxes*, à des personnes ayant transféré leur domicile fiscal en Suisse.

Dans l'affaire *Lasteyrie du Saillant*, la Cour de justice avait considéré qu'il est contraire à la liberté d'établissement de taxer les contribuables qui transfèrent leur domicile fiscal vers un autre État membre à raison de leurs plus-values latentes en matière de valeurs mobilières dès lors que les contribuables qui continuent à résider en France ne sont taxés qu'après la réalisation effective des plus-values. Cet arrêt avait inauguré une jurisprudence importante en matière d'*exit taxes*. Fondée le plus souvent sur la liberté d'établissement, elle avait été étendue aux entreprises à partir de 2011(3).

Parce que la liberté d'établissement protégée par l'article 49 TFUE ne s'applique que dans les relations entre les États membres, elle ne peut pas être invoquée par les contribuables qui transfèrent leur domicile fiscal en Suisse et qui, à raison d'un tel transfert, sont soumis par leur État européen d'origine à une *exit tax*. Aussi ces contribuables tentent-ils de se prévaloir de l'accord entre la Communauté européenne et ses États membres, d'une part, et la Confédération suisse, d'autre part, sur la libre circulation des personnes (ci-après l'« ALCP »)(4) qui protège tout ressortissant d'une partie contractante désirant s'établir sur le territoire d'une autre partie contractante en vue d'exercer une activité non salariée.

Pour deux raisons tenant à la situation d'espèce, la Cour avait refusé, dans l'arrêt *Picart*, que ce contribuable français fût protégé par les dispositions de l'ALCP relatives à la

---

(1) CJUE, 1re ch., 15 mars 2018, *Christian Picart c/ Ministre des Finances et des Comptes publics*, aff. C-355/17.

(2) CJCE, 11 mars 2004, *Hughes de Lasteyrie du Saillant c/ Ministère de l'Économie, des Finances et de l'Industrie*, aff. C-9/02, ECLI:EU:C:2004:138.

(3) CJUE, 29 novembre 2011, *National Grid Indus BV c/ Inspecteur van de Belastingdienst Rijnmond/kantoor Rotterdam*, aff. C-371/10, ECLI:EU:C:2011:785.

(4) Accord signé à Luxembourg le 21 juin 1999 (*JO* 2002, L 114, p. 6).

liberté d'établissement. À cet effet, elle avait d'une part relevé « que M. Picart, ressortissant français, entend non pas exercer son activité économique sur le territoire de la Confédération suisse, mais conserver une activité sur le territoire de son État d'origine. Il s'ensuit que la situation de M. Picart ne relève pas du champ d'application de l'article 12, paragraphe 1, de l'annexe I de l'ALCP »(5) qui, en effet, ne protège que les ressortissants d'une partie contractante désirant s'établir sur le territoire d'une autre partie contractante en vue d'exercer une activité non salariée sur ce territoire. Et elle avait constaté, d'autre part, que M. Picart demeurait « sur le territoire de son État de résidence, à savoir la Confédération suisse, d'où il entend exercer son activité économique dans son État d'origine, et que, contrairement à ce que prévoit l'article 13, paragraphe 1, de l'annexe I de l'ALCP, il n'effectue pas chaque jour, ou au moins une fois par semaine, un trajet du lieu de son activité économique à celui de sa résidence »(6).

Il en est allé autrement dans l'arrêt *Martin Wächtler c/ Finanzamt Konstanz* du 26 février 2019 relatif à un ressortissant allemand qui gérait une société de droit suisse dont il détenait 50 % des parts sociales, et qui avait transféré son domicile de l'Allemagne vers la Suisse. Pour juger qu'il ne pouvait pas être soumis à une *exit tax* allemande ne frappant que les transferts de domicile vers des « pays tiers », la Cour a relevé que, contrairement à M. Picart, M. Wächtler remplissait les conditions relatives à l'établissement sur le territoire d'une autre partie contractante et à l'exercice d'une activité non salariée sur le territoire de cette autre partie. Puis elle a constaté qu'au regard de la différence de traitement entre les contribuables qui transfèrent leur domicile fiscal vers la Suisse (taxés sur des plus-values latentes, c'est-à-dire non encore réalisées) et ceux qui ne procèdent pas à un tel transfert (exclusivement taxés à raison de plus-values réelles), la législation allemande méconnaissait le principe de libre circulation des personnes protégé par l'Accord. Dans un deuxième temps, la Cour a ensuite dû se demander si

(5) Pt 24 de l'arrêt *Picart*.
(6) Pt 27 de l'arrêt *Picart*.

cette restriction pouvait être justifiée par la répartition équilibrée du pouvoir d'imposition, par l'efficacité des contrôles fiscaux, ou par la nécessité de garantir l'efficacité du recouvrement de l'impôt, qui sont des raisons impérieuses d'intérêt général reconnues par sa jurisprudence. Elle a alors répondu négativement au regard de l'impossibilité, pour les contribuables concernés, de bénéficier de mécanismes de report d'imposition ou de paiement échelonné de l'*exit tax* allemande : compte tenu d'une telle impossibilité, le principe de proportionnalité n'était en effet pas respecté (7).

Donnant toute sa force à l'accord entre la Communauté européenne et ses États membres, d'une part, et la Confédération suisse, d'autre part, sur la libre circulation des personnes, l'arrêt *Martin Wächtler c/ Finanzamt Konstanz* étend ainsi la jurisprudence *Lasteyrie du Saillant* et *National Grid Indus*, fondée sur la liberté d'établissement, aux situations impliquant la Suisse. Il contribue, ce faisant, à une meilleure protection des ressortissants d'une partie contractante désirant s'établir sur le territoire de l'autre partie contractante.

Alexandre MAITROT DE LA MOTTE

(7) Sur cette exigence, voy. CJUE, 29 novembre 2011, *National Grid Indus BV c/ Inspecteur van de Belastingdienst Rijnmond/kantoor Rotterdam*, aff. C-371/10, préc.

Cour de justice, gde ch., 18 juin 2019, *République d'Autriche c/ République fédérale d'Allemagne*, aff. C-591/17, ECLI:EU:C:2019:504

Conclusions contraires de l'avocat général N. Wahl, du 6 février 2019, ECLI:EU:C:2019:99

MOTS-CLÉS : Manquement d'État – Réglementation d'un État membre prévoyant une redevance d'utilisation des infrastructures pour les véhicules automobiles particuliers – Situation dans laquelle les propriétaires des véhicules immatriculés dans cet État membre bénéficient d'une exonération de la taxe sur les véhicules automobiles d'un montant correspondant à cette redevance.

CADRE NORMATIF : articles 18, 34, 56 et 92 TFUE

NOTES ET OBSERVATIONS : Ph. BONNEVILLE, H. CASSAGNABÈRE, Chr. GÄNSER et S. MARKARIAN, « Vignettes automobiles allemandes-Exonération d'une taxe sur les véhicules bénéficiant aux seuls véhicules immatriculés en Allemagne », *AJDA*, 2019, n° 28, pp. 1636-1637 ; J.-Y. CARLIER et P.-A. VAN MALLEGHEM, « Libre circulation des personnes dans l'Union européenne », *Journal de Droit Européen*, 2020, n° 268, pp. 173-184 ; A. RIGAUX, « Manquement interétatique », *Europe*, 2019, n° 8, pp. 20-22

EXTRAITS DE L'ARRÊT

Voyez l'arrêt reproduit pages 405 et suivantes.

Observations

L'arrêt *Autriche contre Allemagne* témoigne des difficultés rencontrées par les États membres lorsqu'il s'agit de mettre en œuvre des taxes environnementales.

Dans l'affaire ayant donné lieu à cet arrêt était en cause une redevance d'utilisation des infrastructures pour les véhicules automobiles particuliers, créée par l'Allemagne au début des années 2000. Au regard d'autres dispositifs préexistants, l'Allemagne avait prévu, s'agissant d'une taxe sur les véhicules automobiles, que les propriétaires de véhicules immatriculés en Allemagne y assujettis pourraient bénéficier, pour son calcul, d'une exonération au moins égale à la redevance d'utilisation des infrastructures. Considérant que cet ensemble de mesures instaurait plusieurs types de discriminations, l'Autriche a saisi la Cour de justice d'un recours fondé sur quatre griefs. Si l'Avocat général Nils Wahl a considéré qu'aucun d'eux n'était fondé, seul le deuxième n'a pas convaincu la Cour de justice.

Le premier grief portait sur le respect du principe de non-discrimination selon la nationalité. Appréhendant ensemble la redevance d'utilisation (pesant sur tous les automobilistes) et l'exonération de la taxe sur les véhicules automobiles (ne bénéficiant qu'aux propriétaires de véhicules immatriculés en Allemagne), la Cour a constaté que « la charge économique de cette redevance ne repose, de facto, que sur les propriétaires et les conducteurs des véhicules immatriculés dans un État membre autre que l'Allemagne »(1), de sorte que « les propriétaires et les conducteurs de véhicules immatriculés dans un État membre autre que l'Allemagne, qui font usage des autoroutes allemandes, se voient traités de manière moins favorable que les propriétaires de véhicules immatriculés en Allemagne, en ce qui concerne l'utilisation de ces autoroutes, et ce alors même qu'ils se trouvent dans des situations comparables au regard de cette

(1) Pt 48 de l'arrêt.

utilisation »(2). Elle en a conclu que l'application simultanée des deux mesures portait atteinte à l'article 18 TFUE.

Le deuxième grief n'a en revanche pas convaincu la Cour. S'il était prétendu que les contrôles aléatoires, la perception d'une caution, l'interdiction de poursuivre la route, et le recouvrement *a posteriori* de la redevance d'utilisation des infrastructures (à hauteur du montant de la vignette annuelle ou de la différence entre le montant déjà versé et celui de la vignette annuelle) ne seraient applicables qu'aux véhicules immatriculés à l'étranger, la Cour de justice n'a pas reconnu le caractère discriminatoire de ces procédés. S'agissant des trois premières questions (contrôles aléatoires, interdiction de la poursuite de la route, et amendes), elle a considéré qu'il n'était pas établi que seuls les propriétaires et conducteurs de véhicules immatriculés dans d'autres États membres seraient concernés. S'agissant du paiement *a posteriori*, elle a jugé qu'« à supposer même que cette disposition institue une différence de traitement au détriment des propriétaires et des conducteurs de véhicules immatriculés dans des États membres autres que l'Allemagne, elle serait justifiée par l'objectif de garantir le paiement effectif de la redevance d'utilisation des infrastructures due »(3). Il s'agit là d'une justification souvent employée en matière de fiscalité directe.

Plus classique, le troisième grief concernait l'accès au marché et la libre prestation des services. Dans l'arrêt *Autriche contre Allemagne*, la Cour a estimé que ce grief était fondé aux motifs, d'une part, que « les mesures nationales litigieuses sont susceptibles d'entraver l'accès au marché allemand des produits en provenance d'autres États membres. En effet, la redevance d'utilisation des infrastructures à laquelle sont, en fait, seulement soumis les véhicules qui transportent ces produits est susceptible d'augmenter les coûts de transport et, par voie de conséquence, le prix desdits produits, affectant ainsi leur compétitivité »(4) et, d'autre part, que « les mesures nationales litigieuses sont susceptibles d'entraver l'accès des prestataires et des

(2) Pt 49 de l'arrêt.
(3) Pt 99 de l'arrêt.
(4) Pt 127 de l'arrêt.

destinataires de services provenant d'un État membre autre que l'Allemagne au marché allemand. En effet, la redevance d'utilisation d'infrastructures est susceptible, du fait de l'exonération de la taxe sur les véhicules automobiles faisant partie des mesures nationales litigieuses, soit d'augmenter le coût de services fournis en Allemagne par ces prestataires, soit d'augmenter le coût que représente pour ces destinataires le fait de se rendre dans cet État membre pour y bénéficier d'un service »(5).

En quatrième lieu, la Cour a constaté qu'en raison de la différence de traitement entre les transporteurs allemands et les transporteurs des autres États membres, la règlementation litigieuse violait l'article 92 TFUE (interdiction de rendre moins favorables, dans leur effet direct ou indirect à l'égard des transporteurs des autres États membres par rapport aux transporteurs nationaux, les règles relatives au transport).

Statuant sur des questions qui devraient se développer au fur et à mesure de la mise en place de dispositifs fiscaux environnementaux par les États membres, l'arrêt *Autriche contre Allemagne* montre les limites auxquels ces derniers risquent de se heurter, notamment dans l'hypothèse dans laquelle des discriminations légales ou factuelles en résultent. Au cas d'espèce, ce n'était pas tant la redevance d'utilisation des infrastructures pour les véhicules automobiles particuliers qui était en cause, mais plutôt l'exonération corrélative de la taxe sur les véhicules automobiles dès lors qu'elle n'était accordée qu'aux propriétaires de véhicules immatriculés en Allemagne.

Alexandre Maitrot de la Motte

(5) Pt 144 de l'arrêt.

Cour de justice, 1re ch., 19 juin 2019, *Skatteverket c/ Holmen AB*, aff. C-608/17, ECLI:EU:C:2019:511

Conclusions conformes de l'avocate générale J. Kokott, du 10 janvier 2019, ECLI:EU:C:2019:9

Mots-clés : Renvoi préjudiciel – Impôt sur les sociétés – Groupe de sociétés – Liberté d'établissement – Déduction des pertes subies par une filiale non-résidente – Notion de « pertes définitives » – Application à une sous-filiale – Législation de l'État de résidence de la société mère exigeant une détention directe de la filiale – Législation de l'État de résidence de la filiale limitant l'imputation des pertes et l'interdisant l'année de la liquidation.

Cadre normatif : articles 49 et 54 TFUE

Notes et observations : V. Bassani, « Déduction fiscale des pertes », *Europe*, 2019, n° 8, pp. 24 et 25 ; D. Gutmann, « Transfert transfrontalier des pertes : suite du feuilleton », *Option Finance*, 2019, n° 1517, pp. 44 et 45 ; J.-L. Pierre, « Groupe de sociétés. Territorialité de l'imposition des bénéfices des sociétés », *Droit des sociétés*, 2019, n° 11, p. 48 ; E. Thomas, « Jurisprudence de la CJUE : fiscalité directe (avril/juin 2019) », *Revue de Droit Fiscal*, 2019, n° 29, pp. 18-26 ; R. Vabres, « Déductibilité des pertes transfrontalières : nouvel épisode européen », *Revue internationale des services financiers*, 2019, n° 3, pp. 152 et 153 ; R. Vabres, P. Gour, A. Périn-Dureau, A. Retureau et M. Sadowsky, « Droit Fiscal », *Bulletin mensuel d'information des sociétés Joly*, 2019, n° 12, pp. 42-52

Extraits de l'arrêt

Sur les questions préjudicielles

18. Il y a lieu, à titre liminaire, de rappeler que, aux points 43 à 51 de l'arrêt Marks & Spencer, la Cour a jugé qu'une restriction à la liberté d'établissement tenant à une limitation au droit d'une société de déduire les pertes d'une filiale étrangère, alors que cette déductibilité est accordée

pour une filiale résidente, est justifiée par la nécessité de préserver la répartition équilibrée des pouvoirs d'imposition entre les États membres et de faire obstacle aux risques de double emploi des pertes ainsi que d'évasion fiscale.

19. Au point 55 dudit arrêt, la Cour a toutefois précisé que, même s'il s'agit d'une restriction en principe justifiée, il n'en reste pas moins disproportionné pour l'État de résidence de la société mère d'exclure la possibilité pour celle-ci de prendre fiscalement en compte à son niveau des pertes d'une filiale non-résidente, alors qualifiées de définitives, dans une situation où :

- la filiale non-résidente a épuisé les possibilités de prise en compte des pertes qui existent dans son État de résidence au titre de l'exercice fiscal concerné par la demande de dégrèvement ainsi que des exercices fiscaux antérieurs, le cas échéant au moyen d'un transfert de ces pertes à un tiers ou de l'imputation desdites pertes sur des bénéfices réalisés par la filiale au cours d'exercices antérieurs, et
- il n'existe pas de possibilité pour que les pertes de la filiale étrangère puissent être prises en compte dans son État de résidence au titre des exercices futurs soit par elle-même, soit par un tiers, notamment en cas de cession de la filiale à celui-ci.

Sur la première question

20. Par sa première question, la juridiction de renvoi demande, en substance, si la notion de pertes définitives d'une filiale non-résidente, au sens du point 55 de l'arrêt Marks & Spencer peut s'appliquer à une sous-filiale.

21. Cette question se pose dans le contexte de la législation suédoise en cause au principal, qui conditionne un dégrèvement de groupe en cas de pertes d'une filiale non-résidente à l'existence d'un lien direct entre la société mère qui en fait la demande et la filiale non-résidente subissant les pertes.

22. Il y a lieu de rappeler qu'une telle condition, qui conduit à exclure un dégrèvement de groupe transfrontalier dans certaines hypothèses, est susceptible d'être justifiée par les raisons impérieuses d'intérêt général mentionnées au point 18 du présent arrêt.

23. En effet, ainsi que la Cour l'a jugé aux points 45 à 52 de l'arrêt Marks & Spencer, la préservation de la répartition du pouvoir d'imposition entre les États membres peut rendre nécessaire l'application, aux activités économiques des sociétés établies dans l'un de ces États, des seules règles fiscales de celui-ci, en ce qui concerne tant les bénéfices que les pertes. De ce point de vue, donner aux sociétés la faculté d'opter pour la prise en compte de leurs pertes dans l'État membre de leur établissement ou

dans un autre État membre compromettrait sensiblement une répartition équilibrée du pouvoir d'imposition entre les États membres, l'assiette d'imposition se trouvant augmentée dans le premier État et diminuée dans le second, à concurrence des pertes transférées. Par ailleurs, les États membres doivent pouvoir, en excluant le dégrèvement transfrontalier, faire obstacle tant au risque de double imputation des pertes qu'à celui que des groupes de sociétés pratiquent des transferts organisés de pertes en direction de sociétés établies dans les États membres appliquant des taux d'imposition élevés et dans lesquels, par conséquent, la valeur fiscale des pertes est plus importante.

24. Encore faut-il, néanmoins, qu'une condition à un dégrèvement de groupe telle que celle en cause au principal soit propre à garantir la réalisation des objectifs poursuivis et n'aille pas au-delà de ce qui est nécessaire pour les atteindre.

25. Il y a lieu, à cet égard, de distinguer deux cas de figure.

26. Le premier concerne l'hypothèse dans laquelle la ou les filiales interposées entre la société mère demandant le bénéfice d'un dégrèvement de groupe et la sous-filiale subissant des pertes susceptibles d'être regardées comme étant définitives ne sont pas établies dans le même État membre.

27. Dans ce cas, il ne peut être exclu qu'un groupe puisse choisir l'État membre d'utilisation de pertes définitives, en optant soit pour celui de la société mère faîtière, soit pour celui de toute filiale potentiellement interposée.

28. Une telle possibilité d'option serait de nature à permettre des stratégies d'optimisation des taux d'imposition du groupe, susceptibles de remettre en cause la répartition équilibrée du pouvoir d'imposition entre les États membres et de leur faire courir un risque d'imputation multiple des pertes.

29. Il n'est alors pas disproportionné de la part d'un État membre de poser une condition de lien direct au dégrèvement transfrontalier, quand bien même toutes les autres impossibilités mentionnées au point 55 de l'arrêt Marks & Spencer seraient établies, et ce d'autant moins que l'exception prévue à ce point s'applique, en tout état de cause, à l'État membre de la filiale détenant directement la sous-filiale qui se trouverait saisi d'une demande de dégrèvement transfrontalier afférent aux pertes de cette dernière.

30. Le second cas de figure concerne l'hypothèse dans laquelle la ou les filiales interposées entre la société mère demandant le bénéfice d'un dégrèvement de groupe et la sous-filiale subissant des pertes susceptibles d'être regardées comme étant définitives sont établies dans le même État membre. Tel semble être le cas dans l'affaire au principal, dès lors que

tant la filiale interposée de Holmen que sa sous-filiale accusant des pertes ont leur siège en Espagne.

31. Dans de telles circonstances, les risques d'optimisation du taux d'imposition du groupe par le choix de l'État membre d'imputation des pertes et de prise en compte multiple de celles-ci par plusieurs États membres sont du même ordre que ceux constatés par la Cour aux points 45 à 52 de l'arrêt *Marks & Spencer*.

32. Il serait alors disproportionné pour un État membre de poser une condition de détention directe telle que celle en cause au principal lorsque les conditions énoncées au point 55 de l'arrêt Marks & Spencer sont remplies.

33. Il convient, par suite, de répondre à la première question préjudicielle que la notion de pertes définitives d'une filiale non-résidente, au sens du point 55 de l'arrêt Marks & Spencer, ne s'applique pas à une sous-filiale, à moins que toutes les sociétés intermédiaires entre la société mère demandant un dégrèvement de groupe et la sous-filiale subissant des pertes susceptibles d'être regardées comme étant définitives ne soient résidentes du même État membre.

Sur la troisième question

34. Par sa troisième question, la juridiction de renvoi souhaite, en substance, savoir quelle pertinence il convient d'accorder, dans l'appréciation du caractère définitif des pertes d'une filiale non-résidente, au sens du point 55 de l'arrêt Marks & Spencer, à la circonstance que l'État membre dont relève la filiale ne permet pas de transférer des pertes d'une société à un autre assujetti l'année d'une liquidation, mais autorise néanmoins le transfert de telles pertes sur d'autres exercices fiscaux de la même société.

35. La Cour est ainsi appelée à préciser si une situation telle que celles envisagées par Holmen, dans laquelle, l'année d'une liquidation, l'État membre de la société non-résidente permet seulement l'utilisation fiscale des pertes par la société qui les a subies, est au nombre de celles, mentionnées par la Cour au point 55, second tiret, de l'arrêt Marks & Spencer, dans lesquelles il n'existe pas de possibilité de prise en compte des pertes de la filiale étrangère dans son État de résidence au titre des exercices futurs.

36. Or, il suffit, à cet égard, de rappeler que les motifs retenus par la Cour au point 55, second tiret, de l'arrêt *Marks & Spencer* ont expressément envisagé que l'impossibilité conditionnant le caractère définitif des pertes puisse se rapporter à leur prise en compte au titre des exercices futurs par un tiers, notamment en cas de cession de la filiale à celui-ci.

37. Il en résulte que, dans une situation telle que celles envisagées par Holmen, et quand bien même toutes les autres impossibilités mentionnées au point 55 de l'arrêt Marks & Spencer seraient le cas échéant établies, des pertes ne sauraient pour autant être qualifiées de définitives s'il reste possible de faire valoir économiquement ces pertes en les transférant à un tiers avant la clôture de la liquidation.

38. En effet, ainsi que l'a relevé Mme l'avocate générale aux points 57 à 63 de ses conclusions, il ne peut être d'emblée exclu qu'un tiers puisse prendre en compte fiscalement les pertes de la filiale dans l'État de résidence de cette dernière, par exemple à la suite d'une cession de celle-ci pour un prix intégrant la valeur de l'avantage fiscal que représente la déductibilité des pertes pour le futur (voir, en ce sens, arrêt du 21 février 2013, *A*, C-123/11, EU:C:2013:84, points 52 et suivants, ainsi que arrêt de ce jour, *Memira Holding*, C-607/17, point 26).

39. Par conséquent, dans une situation telle que celles envisagées par Holmen, à défaut pour cette dernière de démontrer que la possibilité mentionnée au point précédent est exclue, la seule circonstance que le droit de l'État de résidence de la filiale ne permet pas le transfert de pertes l'année d'une liquidation ne saurait être, en elle-même, suffisante pour regarder les pertes de la filiale ou de la sous-filiale comme étant définitives.

40. Il convient, par suite, de répondre à la troisième question que, aux fins de l'appréciation du caractère définitif des pertes d'une filiale non-résidente, au sens du point 55 de l'arrêt Marks & Spencer, la circonstance que l'État membre dont relève la filiale ne permet pas de transférer des pertes d'une société à un autre assujetti l'année d'une liquidation n'est pas déterminante, à moins que la société mère ne démontre qu'il lui est impossible de valoriser ces pertes en faisant en sorte, notamment au moyen d'une cession, qu'elles soient prises en compte par un tiers au titre d'exercices futurs.

Sur les deuxième et quatrième questions

41. Par ses deuxième et quatrième questions, qu'il y a lieu d'examiner ensemble et en dernier lieu, la juridiction de renvoi demande, en substance, si, dans l'hypothèse où la circonstance mentionnée dans la troisième question deviendrait pertinente, il conviendrait de tenir compte du fait que la législation de l'État de la filiale accusant des pertes susceptibles d'être qualifiées de définitives a eu pour conséquence qu'une partie des pertes a dû être reportée en raison d'une limitation à l'imputation des pertes sur la même entité, ou n'a pas pu être imputée sur les bénéfices réalisés par une autre entité du même groupe.

42. À cet égard, et ainsi qu'il a été dit dans le cadre de la réponse à la troisième question, les restrictions, quelles qu'elles soient, au transfert

de pertes découlant de la législation de l'État de résidence de la filiale ne sont pas déterminantes tant que l'impossibilité de voir utiliser les pertes par un tiers, notamment après une cession dont le prix intégrerait la valeur fiscale des pertes, n'a pas été établie par la société mère.

43. Si une telle preuve est apportée, et que les autres conditions mentionnées au point 55 de l'arrêt Marks & Spencer sont par ailleurs réunies, les autorités fiscales sont tenues de considérer que les pertes d'une filiale non-résidente sont définitives et qu'il est, partant, disproportionné de ne pas permettre à la société mère de les prendre en compte à son niveau.

44. Dans cette perspective, est sans incidence, aux fins d'apprécier le caractère définitif de pertes, la mesure dans laquelle la société déficitaire a été limitée dans ses possibilités de report en avant des pertes, ou celle dans laquelle d'autres entités du même groupe également situées dans l'État de résidence de la filiale déficitaire auraient pu être limitées dans leurs possibilité de se voir transférer des pertes de la filiale.

45. Il convient, par conséquent, de répondre aux deuxième et quatrième questions que, dans l'hypothèse où la circonstance mentionnée dans la troisième question deviendrait pertinente, est indifférente la mesure dans laquelle la législation de l'État de la filiale accusant des pertes susceptibles d'être qualifiées de définitives a eu pour conséquence qu'une partie de celles-ci n'a pas pu être imputée sur les bénéfices courants de la filiale déficitaire ou sur ceux d'une autre entité du même groupe.

Observations

La Cour de justice rend presque tous les ans un grand arrêt en matière de pertes fiscales transfrontalières. L'année 2019 n'a pas échappé à cette règle.

Inaugurée par l'arrêt *Marks & Spencer*(1), la jurisprudence de la Cour relative aux transferts internationaux de pertes fiscales peut être résumée comme suit. En principe, il est contraire à la liberté d'établissement qu'un État membre refuse à une société résidente de tirer parti, au plan fiscal, des pertes réalisées par des filiales ou succursales qui résident dans d'autres États membres, dès lors qu'il est possible de bénéficier d'un traitement fiscal favorable lorsque ces structures secondaires sont des filiales ou des succursales

(1) CJCE, 13 décembre 2005, *Marks & Spencer*, aff. C-446/03, ECLI:EU:C:2005:763, *Rec.*, p. I-10837.

résidentes. Toutefois, de telles restrictions, qui résultent de l'application de règles différentes à des situations identiques, peuvent être justifiées par des raisons impérieuses d'intérêt général « tenant, à la fois, à la répartition équilibrée du pouvoir d'imposition entre les États membres, à la cohérence du régime fiscal [...] ainsi qu'à la nécessité de prévenir les risques de double déduction des pertes »(2). Dans de telles circonstances se pose alors, et enfin, la question de la proportionnalité de la restriction ainsi justifiée. Pour y répondre, la Cour considère traditionnellement que lorsque les pertes des filiales sont des « pertes définitives » (c'est-à-dire des pertes non susceptibles d'être prises en compte dans l'État de leur réalisation), le refus de prise en compte de ces pertes par l'État de résidence de la société mère ou de l'établissement principal est disproportionné et donc contraire à la liberté d'établissement. Communément appelée « exception *Marks & Spencer* », cette règle prétorienne a été formulée au paragraphe 55 de l'arrêt *Marks & Spencer*(3), dont il ressort que lorsque des pertes domestiques sont susceptibles d'être prises en compte par la société-mère, le refus de prise en compte des pertes transfrontalières similaires « va au-delà de ce qui est nécessaire pour atteindre l'essentiel des objectifs poursuivis dans une situation où :

– la filiale non résidente a épuisé les possibilités de prise en compte des pertes qui existent dans son État de résidence au titre de l'exercice fiscal concerné par la demande de dégrèvement ainsi que des exercices fiscaux antérieurs, le cas échéant au moyen d'un transfert de ces pertes à un tiers ou de l'imputation desdites pertes sur des bénéfices réalisés par la filiale au cours d'exercices antérieurs, et
– il n'existe pas de possibilité pour que les pertes de la filiale étrangère puissent être prises en compte dans son État de résidence au titre des exercices futurs soit par elle-même, soit par un tiers, notamment en cas de cession de la filiale à celui-ci ».

(2) CJUE, gde ch., 12 juin 2018, *A/S Bevola et Jens W. Trock ApS c/ Skatteministeriet*, aff. C-650/16, ECLI:EU:C:2018:424, pt 53.

(3) Pour une confirmation en tous points, voy. CJUE, gde ch., 3 février 2015, *Commission européenne c/ Royaume-Uni de Grande-Bretagne et d'Irlande du Nord*, aff. C-172/13, ECLI:EU:C:2015:50.

En pratique, la mise en œuvre de l'« exception *Marks & Spencer* » ne va pas sans poser de nombreuses difficultés, comme en témoigne l'arrêt *Holmen AB* relatif aux pertes des sous-filiales (c'est-à-dire à des pertes indirectes).

Statuant pour la première fois sur cette question, la Cour de justice a jugé, dans l'arrêt rendu le 19 juin 2019, que la notion de « pertes définitives » (au sens et pour l'application de « l'exception *Marks & Spencer* ») ne s'applique pas lorsqu'elles sont réalisées par des sous-filiales, sauf si toutes les sociétés intermédiaires résident dans le même État membre (qui peut être celui de la société mère ou celui de la sous-filiale). Cette solution de principe résulte de ce que statuer autrement « serait de nature à permettre des stratégies d'optimisation des taux d'imposition du groupe, susceptibles de remettre en cause la répartition équilibrée du pouvoir d'imposition entre les États membres et de leur faire courir un risque d'imputation multiple des pertes »(4) ; et l'exception tient à ce que si toutes les structures intermédiaires résident dans l'État de la société faîtière ou dans l'État de la sous-filiale, « les risques d'optimisation du taux d'imposition du groupe par le choix de l'État membre d'imputation des pertes et de prise en compte multiple de celles-ci par plusieurs États membres »(5) disparaissent.

L'arrêt *Holmen AB* a ensuite amené la Cour à répondre à la question de savoir si les pertes d'une filiale non-résidente sont définitives, au sens du point 55 de l'arrêt *Marks & Spencer*, lorsque l'État membre dont relève la filiale ne permet pas de transférer ces pertes à un autre assujetti l'année d'une liquidation, mais autorise le transfert de telles pertes sur d'autres exercices fiscaux de la même société. Selon la Cour, les pertes dont il s'agit ne sont en principe pas définitives, sauf si la société mère démontre qu'il lui est impossible de valoriser ces pertes en faisant en sorte, notamment au moyen d'une cession, qu'elles soient prises en compte par un tiers au titre d'exercices futurs(6). Dans cette hypothèse,

(4) Pt 28 de l'arrêt *Holmen AB*.
(5) Pt 31 de l'arrêt *Holmen AB*.
(6) Pt 40 de l'arrêt *Holmen AB*.

est alors indifférente la mesure dans laquelle la législation de l'État de la filiale accusant des pertes susceptibles d'être qualifiées de définitives a eu pour conséquence qu'une partie de celles-ci n'a pas pu être imputée sur les bénéfices courants de la filiale déficitaire ou sur ceux d'une autre entité du même groupe (7).

Au regard de ces précisions, l'apport de l'arrêt *Holmen AB* est double : il détermine, d'une part, les conditions dans lesquelles la jurisprudence *Marks & Spencer* peut être étendue à des sous-filiales ; et il contribue, d'autre part, à identifier les pertes qui sont « définitives » au sens de cette jurisprudence (8).

Alexandre Maitrot de la Motte

(7) Pt 45 de l'arrêt *Holmen AB*.

(8) Dans un autre arrêt du même jour, la Cour a par ailleurs jugé qu'en vue d'apprécier caractère définitif des pertes d'une filiale non-résidente, la circonstance que l'État membre dont relève la filiale ne permet pas de transférer des pertes d'une société à un autre assujetti en cas de fusion, alors qu'un tel transfert est prévu par l'État membre dont relève la société mère en cas de fusion entre sociétés résidentes, n'est pas déterminante, à moins que la société mère démontre qu'il lui est impossible de valoriser ces pertes en faisant en sorte, notamment au moyen d'une cession, qu'elles soient fiscalement prises en compte par un tiers au titre d'exercices futurs. Et si cette circonstance devenait pertinente, il serait indifférent qu'il n'existe alors, dans l'État de résidence de la filiale, aucune autre entité qui aurait pu déduire les pertes en cas de fusion si une telle déduction avait été autorisée (CJUE, 1re ch., 19 juin 2019, *Skatteverket c/ Memira Holding AB*, aff. C-607/17, ECLI:EU:C:2019:510).

XII. ENTENTES, ABUS DE POSITION DOMINANTE ET CONCENTRATIONS

Cour de justice, 2e ch., 14 mars 2019, *Vantaan kaupunki c/ Skanska Industrial Solutions Oy, NCC Industry Oy, Asfaltmix Oy*, aff. C-724/17, ECLI:EU:C:2019:1069

Conclusions de l'avocat général N. Wahl, du 6 février 2019, ECLI:EU:C:2019:100

Mots-clés : Renvoi préjudiciel – Concurrence – Réparation du préjudice causé par une entente interdite par cet article – Détermination des entités responsables de la réparation – Succession d'entités juridiques – Notion d'« entreprise » – Critère de la continuité économique

Cadre normatif : article 101 TFUE

Notes et observations : L. Idot, « Actions en réparation et notion d'entreprise », *Europe*, 2019, n° 5, comm. 206

Extraits de l'arrêt

Sur les questions préjudicielles

23. Par ses première et deuxième questions, qu'il y a lieu d'examiner ensemble, la juridiction de renvoi demande, en substance, si l'article 101 TFUE doit être interprété en ce sens que, dans une situation telle que celle en cause au principal, dans laquelle toutes les actions des sociétés ayant participé à une entente interdite par cet article ont été acquises par d'autres sociétés, qui ont dissous ces premières sociétés et ont poursuivi leurs activités commerciales, les sociétés acquéreuses peuvent être tenues responsables du préjudice causé par cette entente.

24. À cet égard, il y a lieu de rappeler que l'article 101, paragraphe 1, et l'article 102 TFUE produisent des effets directs dans les relations entre les particuliers et engendrent des droits dans le chef des justiciables, que les juridictions nationales doivent sauvegarder (arrêt du 5 juin 2014, *Kone e.a.*, C-557/12, EU:C:2014:1317, point 20 ainsi que jurisprudence citée).

25. Il est de jurisprudence constante que la pleine efficacité de l'article 101 TFUE et, en particulier, l'effet utile de l'interdiction énoncée à son paragraphe 1 seraient mis en cause si toute personne ne pouvait demander réparation du dommage que lui aurait causé un contrat ou un comportement susceptible de restreindre ou de fausser le jeu de la

concurrence (arrêt du 5 juin 2014, *Kone e.a.*, C-557/12, EU:C:2014:1317, point 21 ainsi que jurisprudence citée).

26. Ainsi, toute personne est en droit de demander réparation du préjudice subi lorsqu'il existe un lien de causalité entre ledit préjudice et une entente ou une pratique interdite par l'article 101 TFUE (arrêt du 5 juin 2014, Kone e.a., C-557/12, EU:C:2014:1317, point 22 ainsi que jurisprudence citée).

27. Certes, en l'absence de réglementation de l'Union en la matière, il appartient à l'ordre juridique interne de chaque État membre de régler les modalités d'exercice du droit de demander réparation du préjudice résultant d'une entente ou d'une pratique interdite par l'article 101 TFUE, pour autant que les principes d'équivalence et d'effectivité sont respectés (voir, en ce sens, arrêt du 5 juin 2014, *Kone e.a.*, C-557/12, EU:C:2014:1317, point 24 ainsi que jurisprudence citée).

28. Toutefois, ainsi que l'a relevé, en substance, M. l'avocat général aux points 60 à 62 de ses conclusions, la question de la détermination de l'entité tenue de réparer le préjudice causé par une infraction à l'article 101 TFUE est directement régie par le droit de l'Union.

29. En effet, il ressort du libellé de l'article 101, paragraphe 1, TFUE que les auteurs des traités ont choisi d'utiliser la notion d'« entreprise » pour désigner l'auteur d'une infraction à l'interdiction énoncée à cette disposition (voir, en ce sens, arrêt du 27 avril 2017, *Akzo Nobel e.a./ Commission*, C-516/15 P, EU:C:2017:314, point 46).

30. En outre, il est de jurisprudence constante que le droit de la concurrence de l'Union vise les activités des entreprises (voir, en ce sens, arrêts du 11 décembre 2007, *ETI e.a.*, C-280/06, EU:C:2007:775, point 38 et jurisprudence citée, ainsi que du 18 décembre 2014, *Commission/Parker Hannifin Manufacturing et Parker-Hannifin*, C-434/13 P, EU:C:2014:2456, point 39 et jurisprudence citée).

31. Or, la responsabilité du préjudice résultant des infractions aux règles de concurrence de l'Union ayant un caractère personnel, il incombe à l'entreprise qui enfreint ces règles de répondre du préjudice causé par l'infraction.

32. Il résulte des considérations qui précèdent que les entités tenues de réparer le préjudice causé par une entente ou par une pratique interdite par l'article 101 TFUE sont les entreprises, au sens de cette disposition, qui ont participé à cette entente ou à cette pratique.

33. Cette interprétation n'est pas remise en cause par l'argument de la Commission européenne, présenté à l'audience, selon lequel il résulterait de l'article 11, paragraphe 1, de la directive 2014/104/UE du Parlement européen et du Conseil, du 26 novembre 2014, relative à certaines règles régissant les actions en dommages et intérêts en droit national pour les

infractions aux dispositions du droit de la concurrence des États membres et de l'Union européenne (*JO* 2014, L 349, p. 1), aux termes duquel les États membres veillent à ce que les entreprises qui ont enfreint le droit de la concurrence par un comportement conjoint soient solidairement responsables du préjudice causé par l'infraction au droit de la concurrence, qu'il appartient à l'ordre juridique interne de chaque État membre de déterminer l'entité tenue de réparer ce préjudice, dans le respect des principes d'équivalence et d'effectivité.

34. En effet, cette disposition de la directive 2014/104, laquelle directive n'est, par ailleurs, pas applicable *ratione temporis* aux faits en cause au principal, a trait non pas à la détermination des entités tenues de réparer un tel préjudice, mais à la répartition de la responsabilité entre lesdites entités, et, partant, ne confère pas de pouvoirs aux États membres pour procéder à cette détermination.

35. Au contraire, ladite disposition confirme, comme le fait l'article 1er de la directive 2014/104, intitulé « Objet et champ d'application », à son paragraphe 1, première phrase, que les responsables du préjudice causé par une infraction au droit de la concurrence de l'Union sont précisément les « entreprises » ayant commis cette infraction.

36. Cela étant précisé, il convient de rappeler que la notion d'« entreprise », au sens de l'article 101 TFUE, comprend toute entité exerçant une activité économique, indépendamment du statut juridique de cette entité et de son mode de financement (arrêt du 11 décembre 2007, *ETI e.a.*, C-280/06, EU:C:2007:775, point 38 ainsi que jurisprudence citée).

37. Cette notion, placée dans ce contexte, doit être comprise comme désignant une unité économique même si, du point de vue juridique, cette unité économique est constituée de plusieurs personnes physiques ou morales (arrêt du 27 avril 2017, *Akzo Nobel e.a./Commission*, C-516/15 P, EU:C:2017:314, point 48 ainsi que jurisprudence citée).

38. S'agissant d'une situation de restructuration d'entreprise, telle que celle en cause au principal, dans laquelle l'entité ayant commis l'infraction au droit de la concurrence de l'Union a cessé d'exister, il convient de rappeler que, lorsqu'une entité ayant commis une telle infraction fait l'objet d'un changement juridique ou organisationnel, ce changement n'a pas nécessairement pour effet de créer une nouvelle entreprise dégagée de la responsabilité des comportements contraires aux règles de concurrence de la précédente entité si, du point de vue économique, il y a identité entre celle-ci et la nouvelle entité (voir, en ce sens, arrêts du 11 décembre 2007, *ETI e.a.*, C-280/06, EU:C:2007:775, point 42 ; du 5 décembre 2013, *SNIA/Commission*, C-448/11 P, non publié, EU:C:2013:801, point 22, ainsi que du 18 décembre 2014, *Commission/Parker Hannifin Manufacturing et Parker-Hannifin*, C-434/13 P, EU:C:2014:2456, point 40).

39. Ainsi, il n'est pas incompatible avec le principe de responsabilité personnelle d'imputer la responsabilité d'une infraction à une société en sa qualité de société absorbante de la société qui a commis l'infraction, lorsque cette dernière a cessé d'exister (arrêt du 5 décembre 2013, *SNIA/Commission*, C-448/11 P, non publié, EU:C:2013:801, point 23 et jurisprudence citée).

40. En outre, la Cour a précisé qu'il peut se révéler nécessaire, aux fins de la mise en œuvre efficace des règles de concurrence de l'Union, d'imputer la responsabilité pour infraction à ces règles à l'acquéreur de l'entreprise ayant commis cette infraction, lorsque cette dernière entreprise cesse d'exister en raison du fait qu'elle a été absorbée par cet acquéreur, lequel reprend, en tant que société absorbante, ses actifs et ses passifs, y compris ses responsabilités pour cause d'infraction au droit de l'Union (arrêt du 5 décembre 2013, *SNIA/Commission*, C-448/11 P, non publié, EU:C:2013:801, point 25).

41. À cet égard, Asfaltmix soutient, en substance, que, la jurisprudence rappelée aux points 36 à 40 du présent arrêt ayant été développée dans le contexte de l'infliction, par la Commission, d'amendes au titre de l'article 23, paragraphe 2, du règlement (CE) n° 1/2003 du Conseil, du 16 décembre 2002, relatif à la mise en œuvre des règles de concurrence prévues aux articles [101] et [102 TFUE] (*JO* 2003, L 1, p. 1), cette jurisprudence n'est pas applicable à une action en dommages et intérêts, telle que celle en cause au principal.

42. Cet argument ne saurait être retenu.

43. En effet, ainsi qu'il a été rappelé au point 25 du présent arrêt, le droit de toute personne de demander réparation du préjudice causé par une entente ou une pratique interdite par l'article 101 TFUE assure la pleine efficacité de cet article, en particulier, l'effet utile de l'interdiction énoncée au paragraphe 1 de celui-ci.

44. Ce droit renforce, en effet, le caractère opérationnel des règles de concurrence de l'Union et il est de nature à décourager les accords ou les pratiques, souvent dissimulés, susceptibles de restreindre ou de fausser le jeu de la concurrence, en contribuant ainsi au maintien d'une concurrence effective dans l'Union (arrêt du 5 juin 2014, *Kone e.a.*, C-557/12, EU:C:2014:1317, point 23 ainsi que jurisprudence citée).

45. Ainsi, comme l'a relevé, en substance, M. l'avocat général au point 80 de ses conclusions, les actions en dommages et intérêts pour violation des règles de concurrence de l'Union font partie intégrante du système de mise en œuvre de ces règles, qui vise à réprimer les comportements anticoncurrentiels des entreprises et à dissuader celles-ci de se livrer à de tels comportements.

46. Dès lors, si des entreprises, responsables du préjudice causé par une infraction aux règles de concurrence de l'Union, pouvaient échapper à leur responsabilité par le simple fait que leur identité a été modifiée par suite de restructurations, de cessions ou d'autres changements juridiques ou organisationnels, l'objectif poursuivi par ce système ainsi que l'effet utile desdites règles seraient compromis (voir, par analogie, arrêt du 11 décembre 2007, *ETI e.a.*, C-280/06, EU:C:2007:775, point 41 ainsi que jurisprudence citée).

47. Il s'ensuit que la notion d'« entreprise », au sens de l'article 101 TFUE, qui constitue une notion autonome du droit de l'Union, ne saurait avoir une portée différente dans le contexte de l'infliction, par la Commission, d'amendes au titre de l'article 23, paragraphe 2, du règlement n° 1/2003 et dans celui des actions en dommages et intérêts pour violation des règles de concurrence de l'Union.

48. Dans l'affaire au principal, il ressort des informations fournies par la juridiction de renvoi que SIS, NCC et Asfaltmix ont acquis toutes les actions, respectivement, de Sata-Asfaltti, d'Interasfaltti et d'Asfalttineliö, sociétés ayant participé à l'entente en cause, et, par la suite, à l'occasion de procédures de liquidation volontaires intervenues au cours des années 2000, 2001 et 2003, ont pris en charge l'ensemble des activités commerciales respectives de ces dernières sociétés et ont dissous celles-ci.

49. Il apparaît ainsi, sous réserve d'une appréciation définitive par la juridiction de renvoi au regard de l'ensemble des éléments pertinents, que, du point de vue économique, il y a identité entre SIS, NCC et Asfaltmix, d'une part, et, respectivement, Sata-Asfaltti, Interasfaltti et Asfalttineliö, d'autre part, ces trois dernières sociétés ayant cessé d'exister en tant que personnes morales.

50. Dans ces conditions, il convient de considérer que SIS, NCC et Asfaltmix, en tant que successeurs, respectivement, de Sata-Asfaltti, d'Interasfaltti et d'Asfalttineliö, ont endossé la responsabilité de ces dernières sociétés au titre du préjudice causé par l'entente en cause, en raison du fait qu'elles ont assuré, en tant que personnes morales, la continuité économique desdites sociétés.

51. Eu égard à l'ensemble des considérations qui précèdent, il convient de répondre aux première et deuxième questions que l'article 101 TFUE doit être interprété en ce sens que, dans une situation telle que celle en cause au principal, dans laquelle toutes les actions des sociétés ayant participé à une entente interdite par cet article ont été acquises par d'autres sociétés, qui ont dissous ces premières sociétés et ont poursuivi leurs activités commerciales, les sociétés acquéresses peuvent être tenues responsables du préjudice causé par cette entente.

52. Au vu de la réponse apportée aux première et deuxième questions, il n'y a pas lieu de répondre à la troisième question.

Observations

Cet arrêt *Skanska* mérite d'être rangé, avec les arrêts *Courage*(1) *et Manfredi*(2), *parmi les grands arrêts du private enforcement* du droit de la concurrence. Il contribue à construire un régime européen des actions privées en réparation des dommages causés par les infractions de concurrence, dans le même mouvement que la directive adoptée par l'Union pour harmoniser les droits nationaux(3). Après cet arrêt, il devient clair qu'il appartient aux juges de droit commun de consulter le droit européen des pratiques anticoncurrentielles aux fins de désigner le débiteur de réparation. Les implications de l'arrêt seront nombreuses ; il sera un puissant vecteur d'harmonisation des solutions dans l'Union.

Procédure devant la Cour

L'autorité finlandaise de concurrence avait découvert une entente sur le marché de l'asphalte entre 1994 et 2002. Parmi ses membres se trouvait une société Asfaltti-Tekra, dont l'intégralité du capital fut cédée à une autre société, Skanska Asfaltti, au cours de la période infractionnelle. Celle-ci participa à son tour à l'entente. Asfaltti-Tekra fut ensuite l'objet d'une liquidation volontaire, ses activités furent transférées dans le patrimoine de Skanska Asfaltti (nommée alors Skanska Industrial Solutions – SIS). En 2004, des sanctions pécuniaires furent prononcées à l'encontre, notamment, de SIS, non seulement pour son propre comportement, mais aussi pour celui de Asfaltti-Tekra, au nom d'un principe de continuité économique. Il fut alors demandé au juge

(1) CJCE, 20 septembre 2001, *Courage et Crehan*, aff. C-453/99, ECLI:EU:C:2001:46.

(2) CJCE, 13 juillet 2006, *Manfredi e.a.*, aff. jtes C-295/04 à C-298/04, ECLI:EU:C:2006:461.

(3) PE et Cons. UE, directive 2014/104/UE relative à certaines règles régissant les actions en dommages et intérêts en droit national pour les infractions aux dispositions du droit de la concurrence des États membres et de l'Union européenne, *JOUE*, L 349, 5 décembre 2014, pp. 1-19.

national finlandais de dire si l'entité continuatrice des activités économiques de l'infracteur pouvait se voir assignée en dommages et intérêts dans le cadre d'une action civile en réparation. Le problème remonta jusqu'à la Cour suprême de Finlande qui demanda en substance à la Cour de justice, par le moyen d'une question préjudicielle, de dire sur quel fondement déterminer les entités tenues d'indemniser le dommage : celui de l'article 101 du TFUE ou celui du droit national ? Ensuite, la Cour finlandaise demanda si, en supposant que la première solution prévale, les entités responsables sont celles qui relèvent de la notion d'« entreprise » au sens de l'article 101, avec cette conséquence qu'un juge civil devrait le cas échéant appliquer le principe de continuité économique. La Cour répondit que « [l]'article 101 TFUE doit être interprété en ce sens que, dans une situation telle que celle en cause au principal, dans laquelle toutes les actions des sociétés ayant participé à une entente interdite par cet article ont été acquises par d'autres sociétés, qui ont dissous ces premières sociétés et ont poursuivi leurs activités commerciales, les sociétés acquéresses peuvent être tenues responsables du préjudice causé par cette entente ».

Examen

Une première difficulté consistait, pour la Cour, à préciser comment articuler le droit national et le droit de l'Union, quant à la question de la détermination du régime des actions privées en dommages et intérêts. La directive « Dommages » du 26 novembre 2014 (4) a entendu harmoniser seulement certaines questions relatives au régime juridique national des actions privées. Pour le reste, la Cour considère que la détermination des conditions constitutives de la responsabilité relève du droit de l'Union. Dans son arrêt, après avoir rappelé que l'article 101, paragraphe 1, produit des effets directs entre les particuliers et engendre des droits dans le chef des justiciables, elle explique : « Certes, en l'absence de réglementation de l'Union en la matière, il appartient à l'ordre juridique interne de chaque État membre de régler les modalités d'exercice du droit de demander réparation

(4) PE et Cons. UE, directive 2014/104/UE, préc.

du préjudice résultant d'une entente ou d'une pratique interdite par l'article 101 TFUE, pour autant que les principes d'équivalence et d'effectivité sont respectés (voir, en ce sens, arrêt du 5 juin 2014, *Kone e.a.*, C-557/12, EU:C:2014:1317, point 24 ainsi que jurisprudence citée) » (pt 27). Elle ajoute : « Toutefois, ainsi que l'a relevé, en substance, M. l'avocat général aux points 60 à 62 de ses conclusions, la question de la détermination de l'entité tenue de réparer le préjudice causé par une infraction à l'article 101 TFUE est directement régie par le droit de l'Union » (pt 28).

Il importe donc de distinguer les « conditions constitutives » du droit à réparation, et les « modalités d'exercice » de ce droit. Alors que la détermination des « modalités d'exercice » relève du droit national, sous la réserve du respect des principes européens d'équivalence et d'effectivité, la définition des « conditions constitutives » du droit à réparation relève du droit de l'Union, directement, au nom du principe d'effectivité de l'article 101.

En l'occurrence, il importait de savoir si la question de la détermination des entités responsables civilement est une condition d'existence du droit à réparation, ou une simple modalité d'exercice. La Cour ne le dit pas clairement, sinon par renvoi aux conclusions de M. Wahl, mais il est bien clair que pour elle la détermination des personnes tenues à réparation est une condition constitutive de la responsabilité – et donc une condition d'existence du droit à réparation, qui est régie par le droit de l'Union. On peut désormais supposer qu'il régira en réalité l'ensemble des conditions d'existence du droit à réparation.

À ce titre, le régime déployé au titre du contentieux public (ou *public enforcement*) devra être considéré : la Cour fait à nouveau référence aux conclusions de M. Wahl et note que « les actions en dommages et intérêts pour violation des règles de concurrence de l'Union font partie intégrante du système de mise en œuvre de ces règles, qui vise à réprimer les comportements anticoncurrentiels des entreprises et à dissuader celles-ci de se livrer à de tels comportements » (pt 45). Elle ajoute plus loin que « la notion d'"entreprise", au sens de l'article 101 du TFUE, qui constitue une notion autonome du droit de l'Union, ne saurait avoir une portée différente dans le contexte de l'infliction, par la Commission, d'amendes au titre de l'article 23, paragraphe 2, du règlement n° 1/2003 et dans celui des actions en dommages et intérêts pour violation des règles de concurrence de l'Union » (pt 47). La Cour confirme qu'un juge national, saisi de la question de savoir quelle est la personne responsable civilement pour les dommages causés par une infraction de concurrence, pourra purement et simplement se référer au droit de l'Union, élaboré dans le cadre du *public enforcement*, et donc s'inspirer du *corpus* de solutions dégagées par la jurisprudence. Cette position aura des conséquences importantes dans les États membres dont les règles de responsabilité civile s'en trouveront significativement impactées.

Cela veut aussi dire, de manière plus directe, que c'est le droit de l'Union qui donnera la définition pertinente de la notion d'entreprise que doivent retenir les juges de droit commun. Et l'on sait que la Cour de justice a retenu très tôt une notion bien particulière pour définir l'entreprise, une notion économique. Dans l'affaire *Skanska*, la conclusion était certaine : le continuateur économique de l'activité de la société éteinte devait être considéré comme responsable. D'un point de vue économique, il forme bien une seule et même entreprise avec l'entité juridique ayant commis les infractions puisqu'il a repris ses activités. En droit de la concurrence, ainsi que la Cour le rappelle, il est en effet décidé que « [s]'agissant d'une situation de restructuration d'entreprise [...] dans laquelle l'entité ayant commis l'infraction au droit de la concurrence de l'Union a cessé d'exister, il convient de rappeler que, lorsqu'une entité ayant commis une telle infraction fait l'objet d'un changement juridique ou organisationnel, ce changement n'a pas nécessairement pour effet de créer une nouvelle entreprise dégagée de la responsabilité des comportements contraires aux règles de concurrence de la précédente entité si, du point de vue économique, il y a identité entre celle-ci et la nouvelle entité » (pt 38). De même, il a été jugé au titre de l'application du droit des pratiques anti-concurrentielles qu'il est possible d'imputer la responsabilité à « l'acquéreur de l'entreprise ayant commis cette infraction, lorsque cette dernière entreprise cesse d'exister en raison du fait qu'elle a été absorbée par cet acquéreur, lequel reprend, en tant que société absorbante, ses actifs et ses passifs, y compris ses responsabilités pour cause d'infraction au droit de l'Union » (pt 40).

Il reste à envisager dans quelle mesure cette notion d'entreprise pourrait avoir vocation à viser d'autres situations. On songe par exemple au point de savoir si le juge national devra désormais considérer qu'une société mère est civilement responsable du fait de ses filiales qui commettraient une infraction aux règles de concurrence. En droit de la concurrence, la solution est bien établie, et une présomption capitalistique permet d'imputer la responsabilité de la filiale à la société qui en détient le capital (5). Il reste à mesurer de quelle manière les juges nationaux vont s'en saisir.

David Bosco

(5) Voy. CJCE, 10 septembre 2009, *Akzo*, aff. C-97/08 P, ECLI:EU:C:2009:536, pt 56.

Cour de justice, gde ch., 12 décembre 2019, *Otis, Schindler, Kone, Thyssenkrupp c/ Land Oberösterreich*, aff. C-435/18, ECLI:EU:C:2019:1069

Conclusions de l'avocate générale J. Kokott, du 29 juillet 2019, ECLI:EU:C:2019:651

Mots clés : Mise en œuvre de l'article 101 TFUE – Sphère privée – Action en réparation – Cartel des ascenseurs – Qualité de victime – Fournisseur ou acheteur sur marché concerné (non) – Prêteur pour acquisition du bien affecté

Cadre normatif : article 101 TFUE

Notes et observations : D. Bosco, « Actions privées en réparation : une victime ne se situant pas sur le marché affecté par l'infraction peut demander réparation », *Contrats Concurrence Consommation*, 2020, n° 2, comm. 28

Extraits de l'arrêt

[...]

Sur la question préjudicielle

20. Par sa question, la juridiction de renvoi demande, en substance, si l'article 101 TFUE doit être interprété en ce sens que les personnes n'opérant pas comme fournisseur ni comme acheteur sur le marché concerné par une entente, mais qui ont accordé des subventions, sous la forme de prêts incitatifs, à des acheteurs de produits offerts sur ce marché peuvent demander la condamnation des entreprises ayant participé à cette entente à la réparation du préjudice qu'elles ont subi en raison du fait que, le montant de ces subventions ayant été plus élevé qu'il ne l'aurait été en l'absence de ladite entente, ces personnes n'ont pas pu utiliser ce différentiel à d'autres fins plus lucratives.

21. À cet égard, il y a lieu de rappeler que l'article 101, paragraphe 1, TFUE produit des effets directs dans les relations entre les particuliers et engendre des droits dans le chef des justiciables, que les juridictions nationales doivent sauvegarder (arrêts du 20 septembre 2001, *Courage et Crehan*, C-453/99, EU:C:2001:465, point 23, et du 14 mars 2019, *Skanska Industrial Solutions e.a.*, C-724/17, EU:C:2019:204, point 24 ainsi que jurisprudence citée).

22. La pleine efficacité de l'article 101 TFUE et, en particulier, l'effet utile de l'interdiction énoncée à son paragraphe 1 seraient mis en cause si toute personne ne pouvait demander réparation du dommage que lui aurait causé un contrat ou un comportement susceptible de restreindre ou de fausser le jeu de la concurrence (arrêts du 20 septembre 2001, *Courage et Crehan*, C-453/99, EU:C:2001:465, point 26, ainsi que du 14 mars 2019, *Skanska Industrial Solutions e.a.*, C-724/17, EU:C:2019:204, point 25 ainsi que jurisprudence citée).

23. Ainsi, toute personne est en droit de demander réparation du préjudice subi lorsqu'il existe un lien de causalité entre ledit préjudice et une entente ou une pratique interdite par l'article 101 TFUE (arrêts du 13 juillet 2006, *Manfredi e.a.*, C-295/04 à C-298/04, EU:C:2006:461, point 61, ainsi que du 14 mars 2019, *Skanska Industrial Solutions e.a.*, C-724/17, EU:C:2019:204, point 26 et jurisprudence citée).

24. Le droit de toute personne de demander réparation d'un tel dommage renforce, en effet, le caractère opérationnel des règles de concurrence de l'Union et il est de nature à décourager les accords ou pratiques, souvent dissimulés, susceptibles de restreindre ou de fausser le jeu de la concurrence, en contribuant ainsi au maintien d'une concurrence effective dans l'Union européenne (arrêt du 5 juin 2014, *Kone e.a.*, C-557/12, EU:C:2014:1317, point 23 ainsi que jurisprudence citée).

25. À cet égard, et spécifiquement dans le domaine du droit de la concurrence, les règles nationales portant sur les modalités d'exercice du droit de demander réparation du préjudice résultant d'une entente ou d'une pratique interdite par l'article 101 TFUE ne doivent pas porter atteinte à l'application effective de cette disposition (voir, en ce sens, arrêt du 5 juin 2014, *Kone e.a.*, C-557/12, EU:C:2014:1317, point 26 ainsi que jurisprudence citée).

26. Partant, le droit des États membres doit, en particulier, tenir compte de l'objectif poursuivi par l'article 101 TFUE, visant à garantir le maintien d'une concurrence effective et non faussée dans le marché intérieur et, ainsi, des prix fixés en fonction du jeu de la libre concurrence. C'est pour assurer cette effectivité du droit de l'Union que la Cour a jugé, ainsi qu'il a été rappelé au point 23 du présent arrêt, que les règles nationales doivent reconnaître à toute personne le droit de demander réparation du préjudice subi (voir, en ce sens, arrêt du 5 juin 2014, *Kone e.a.*, C-557/12, EU:C:2014:1317, point 32 ainsi que jurisprudence citée).

27. Il importe encore de souligner que, comme l'a également relevé, en substance, Mme l'avocate générale au point 78 de ses conclusions, tant la garantie de la pleine efficacité et de l'effet utile de l'article 101 TFUE que la protection efficace contre les conséquences préjudiciables d'une violation du droit de la concurrence seraient gravement compromises si la possibilité de demander réparation du préjudice causé par une entente

était limitée aux fournisseurs et aux acheteurs du marché concerné par l'entente. En effet, cela priverait d'emblée et de manière systématique des victimes potentielles de la possibilité de demander réparation.

28. Dans l'affaire au principal, le Land de Haute-Autriche prétend avoir subi un dommage non pas en tant qu'acheteur des produits concernés par l'entente en cause, mais en sa qualité d'organisme public accordant des subventions. En effet, il octroie à des tiers des prêts incitatifs avec un taux d'intérêt moins élevé que le taux d'intérêt du marché. Étant donné que le montant des prêts est lié aux coûts de la construction, le Land de Haute-Autriche estime qu'il a subi un préjudice, dès lors que le montant des prêts – et, par voie de conséquence, le montant de l'aide financière qu'il a octroyée à un taux d'intérêt privilégié – a été plus élevé que celui qui aurait été accordé à défaut d'entente.

29. Toutefois, les requérantes au principal contestent, en substance, le droit du Land de Haute-Autriche de demander l'indemnisation du préjudice qu'il estime avoir subi, au motif que ce dernier ne présente pas de lien suffisant avec l'objectif de protection poursuivi par l'article 101 TFUE et n'est donc pas susceptible de donner lieu à réparation.

30. Cependant, ainsi qu'il ressort des points 22 à 25, 26 et 27 du présent arrêt, tout préjudice ayant un lien de causalité avec une infraction à l'article 101 TFUE doit être susceptible de donner lieu à réparation afin d'assurer l'application effective de l'article 101 TFUE et de préserver l'effet utile de cette disposition.

31. Sous peine que les participants à une entente ne soient pas tenus de réparer l'ensemble des dommages qu'ils auraient pu avoir causés, il n'est pas nécessaire, à cet égard, ainsi que Mme l'avocate générale l'a fait observer, en substance, au point 84 de ses conclusions, que le préjudice subi par la personne concernée présente, en outre, un lien spécifique avec l'« objectif de protection » poursuivi par l'article 101 TFUE.

32. Par conséquent, des personnes qui n'opèrent pas comme fournisseur ni comme acheteur sur le marché concerné par l'entente doivent pouvoir demander la réparation du dommage résultant du fait que, en raison de cette entente, elles ont dû accorder des subventions plus importantes que si ladite entente n'avait pas existé et n'ont, par suite, pas pu placer ce différentiel dans des investissements plus lucratifs.

33. Il appartient cependant à la juridiction de renvoi de déterminer si, en l'occurrence, le Land de Haute-Autriche a subi concrètement un tel préjudice, en vérifiant, notamment, si cette autorité disposait ou non de la possibilité d'effectuer des placements plus lucratifs, et, dans l'affirmative, si cette autorité apporte les preuves nécessaires de l'existence d'un lien de causalité entre ce préjudice et l'entente en cause.

34. Eu égard à l'ensemble des considérations qui précèdent, il convient de répondre à la question posée que l'article 101 TFUE doit être interprété en ce sens que les personnes n'opérant pas comme fournisseur ou comme acheteur sur le marché concerné par une entente, mais qui ont accordé des subventions, sous la forme de prêts incitatifs, à des acheteurs de produits offerts sur ce marché, peuvent demander la condamnation des entreprises ayant participé à cette entente à la réparation du préjudice qu'elles ont subi du fait que, le montant de ces subventions ayant été plus élevé qu'il ne l'aurait été en l'absence de ladite entente, ces personnes n'ont pas pu utiliser ce différentiel à d'autres fins plus lucratives.

Sur les dépens

35. La procédure revêtant, à l'égard des parties au principal, le caractère d'un incident soulevé devant la juridiction de renvoi, il appartient à celle-ci de statuer sur les dépens. Les frais exposés pour soumettre des observations à la Cour, autres que ceux desdites parties, ne peuvent faire l'objet d'un remboursement.

Par ces motifs, la Cour (cinquième chambre) dit pour droit :

L'article 101 TFUE doit être interprété en ce sens que les personnes n'opérant pas comme fournisseur ou comme acheteur sur le marché concerné par une entente, mais qui ont accordé des subventions, sous la forme de prêts incitatifs, à des acheteurs de produits offerts sur ce marché, peuvent demander la condamnation des entreprises ayant participé à cette entente à la réparation du préjudice qu'elles ont subi du fait que, le montant de ces subventions ayant été plus élevé qu'il ne l'aurait été en l'absence de ladite entente, ces personnes n'ont pas pu utiliser ce différentiel à d'autres fins plus lucratives.

Observations

L'apport du cartel des ascensoristes au droit de la réparation des préjudices issus de la violation des règles de concurrence est exceptionnel avec pas moins de trois arrêts rendus par la Cour de justice (1). Par ce dernier arrêt de la série, celle-ci trace encore plus profondément son sillon sur la qualité de la victime, le préjudice et le lien de causalité.

(1) CJUE, 6 novembre 2012, *Europese Gemeenschaft c/ Otis e.a.*, aff. C-199/11, ECLI:EU:C:2012:684 ; CJUE, 5 juin 2014, *Kone, Otis, Schindler et Thyssenkrupp*, aff. C-557/12, ECLI:EU:C:2014:1317.

Procédure devant la Cour

La Commission a constaté en 2007 que plusieurs sociétés avaient conclu, à partir des années 1980, des ententes sur l'installation et l'entretien des ascenseurs et des escaliers roulants en Belgique, en Allemagne, au Luxembourg et aux Pays-Bas. C'est ainsi que les groupes Otis, Schindler, Kone et Thyssenkrupp ont été condamnés à 992 millions d'euros pour quatre infractions uniques et continues, distinctes mais liées, dans chacun de ces États membres (2). Les ententes portaient sur le partage des ventes et installations, la répartition des marchés publics et privés, l'absence de concurrence pour les contrats d'entretien ni pour les contrats de modernisation. Les recours devant le Tribunal de l'Union furent rejetés, si ce n'est la non-caractérisation de la réitération au profit de Thyssenkrupp (3). Le pourvoi devant la Cour de justice fut également rejeté tant sur la notion de responsabilité de la société *holding* pour les infractions commises par sa filiale que sur le respect des principes fondamentaux et, enfin, sur la légalité des lignes directrices sur la détermination des amendes (4). Une autre action publique parallèle fut engagée par l'autorité de la concurrence autrichienne à propos des ententes ayant été menées sur le seul marché de l'Autriche. La Cour suprême de cet État membre confirma la condamnation de ces groupes (5). Avec ces deux actions publiques assorties de recours multiples, la mise en œuvre de l'article 101 TFUE apparaît déjà très soutenue à l'occasion d'un même cartel. Or, l'une et l'autre vont donner lieu à des actions consécutives qui vont susciter trois questions préjudicielles. La première se greffait sur la condamnation de la Commission, tandis que les deux suivantes – dont celle correspondant à l'arrêt ici commenté – étaient suscitées par la condamnation du cartel en Autriche.

(2) Comm., déc., 21 février 2007, COMP/E-1/38.823 – Ascenseurs et escaliers mécaniques.
(3) Trib. UE, 13 juillet 2011, aff. jtes T-138/07, T-141/07, T-142/07, T-144/07, T-145/07, T-146/07, T-147/07, T-148/07, T-149/07, T-150/07, T-151/07, T-154/07.
(4) CJUE, 18 juillet 2013, *Schindler e.a.*, aff. C-501/11P, ECLI:EU:C:2013:522.
(5) *Oberster Gerichtshof*, 8 octobre 2008.

Examen

Le présent arrêt participe du mouvement d'extension de la qualité de la victime, à l'instar des deux précédents. Il contribue également à l'approfondissement de la notion de préjudice.

Le mouvement d'extension de la qualité de la victime est continu depuis l'arrêt *Courage*. Dans l'arrêt de 2012, la victime était peu banale puisqu'il s'agissait de l'Union européenne elle-même. Une juridiction belge soumettait à la Cour de justice un cas inédit : l'action en réparation de la Commission pour les préjudices résultant d'une violation de l'article 101 TFUE qu'elle avait elle-même établie. De fait, tous les bâtiments des institutions européennes avaient subi le surenchérissement de leurs ascenseurs et escalators. Dans un premier temps, la Cour de justice avait repris les attendus des arrêts de principe *Courage* et *Manfredi* par lesquels elle avait déclaré que, en vue de la pleine efficacité de l'article 101 TFUE, « toute » personne est en droit de se prévaloir d'une telle violation pour obtenir réparation (6). Puis, elle avait considéré que la Charte des droits fondamentaux était respectée dans la mesure où le recours juridictionnel peut être effectué en contrôle de légalité. Dès lors, la Commission ne pouvait être considérée comme juge et partie dans l'établissement d'une faute. De plus, le juge civil était tenu d'apprécier le dommage et le lien de causalité. Ainsi, l'Union européenne elle-même pouvait être une victime apte à obtenir une réparation.

Dans l'arrêt *Kone*, rendu en 2014, la Cour de justice se prononçait sur l'extension de la qualité de victime à un acheteur d'une entreprise non-membre du cartel, dès lors que ce cartel avait produit un effet d'ombrelle sur la politique de prix du vendeur non cartelliste. Une entreprise demandait l'indemnisation du préjudice subi en raison de prix élevés résultant de contrats conclus avec des entreprises qui n'avaient pas participé au cartel, mais avait été influencées par lui sans le savoir. Ces entreprises tierces auraient été

(6) CJUE, 6 novembre 2012, *Europese Gemeenschaft c/ Otis e.a.*, aff. C-199/11, préc., pt 41, citant CJUE, 20 septembre 2001, *Courage et Crehan*, aff. C-453/99, ECLI:EU:C:2001:465, pt 26 et CJUE, 13 juillet 2006, aff. C-295/04, ECLI:EU:C:2006:461, pt 60.

incitées à pratiquer des prix plus élevés en suivant l'évolution de leurs concurrents en collusion. Leur client invoquait ainsi que leur politique commerciale avait bénéficié d'un prix de protection (« *umbrella pricing* »). La Cour écarta les doutes sur la qualité de la victime. Elle reconnut ce phénomène économique et la possibilité d'un tel dommage (7). Elle invoqua la pleine effectivité de l'article 101 TFUE pour ouvrir droit à sa réparation. Par conséquent, l'interprétation du droit national de la responsabilité civile ne devait pas y faire obstacle. Elle écarta, enfin, toute discussion sur la notion du lien de causalité, notamment dans la perception de la causalité adéquate par laquelle le droit autrichien ne prend pas en compte le dommage atypique ou imprévisible (8). C'est dire qu'il convient de réinterpréter la notion de victime et celle de la causalité dans les droits nationaux de la responsabilité civile au regard du principe d'effet utile de la prohibition des ententes.

Le présent arrêt est dans la même veine. Il répondait lui aussi aux doutes sur la qualité de victime et de préjudice. La demande de réparation émanait du Land de Haute-Autriche. Celui-ci faisait valoir qu'une ligne de son budget était dédiée à l'aide au financement de projets de construction de logements sous forme de prêts bonifiés. À ce titre, il soutenait que les coûts liés à l'installation des ascenseurs avaient alourdi les coûts globaux et l'avait contraint à prêter des montants plus élevés, alors qu'il aurait pu placer la différence au taux d'intérêt moyen des emprunts de l'État fédéral. Cette argumentation a été écartée par le premier juge autrichien au motif que le Land n'était pas un opérateur actif sur le marché des ascenseurs et n'avait donc subi qu'un dommage indirect. La juridiction d'appel ne l'a pas suivi, mais la Cour suprême d'Autriche reprenait cette objection dans sa question préjudicielle et ajoutait que le préjudice n'avait pas un lien suffisant avec la finalité de l'interdiction des ententes.

---

(7) CJUE, 5 juin 2014, *Kone, Otis, Schindler et Thyssenkrupp*, aff. C-557/12, préc., pts 29 et 30.

(8) *Ibid.*, pt 52 ; voy. S. Carval, « La responsabilité civile des membres d'une entente peut être engagée du fait du dommage causé par un effet d'ombrelle sur les prix », *D.*, 2014, p. 1525.

S'agissant de la qualité de victime, la Cour se contente de rappeler son attendu de principe sur l'ouverture de la réparation à « toute victime » en citant précisément la mention qu'elle en avait faite dans l'arrêt *Kone*. La notion de victime ne devrait plus l'être non plus en raison de l'article 1er de la même directive, reprenant mot pour moi l'attendu de l'arrêt *Courage*. Comme l'arrêt *Skanska* sur les conséquences civiles de la qualification d'unité économique de la société mère et sa filiale (9), le présent arrêt révèle dans un autre contexte les résistances dans l'interprétation des droits nationaux sur cette notion. Dans sa réponse, la Cour de justice est relativement laconique sur ce point.

La question de l'appréciation du préjudice est encore plus révélatrice de la rigidité des juges nationaux. Selon la Cour suprême, le préjudice invoqué ne présentait pas de lien suffisant avec la finalité de l'interdiction des ententes. En droit autrichien, la responsabilité requiert la survenance d'un dommage que la norme transgressée voulait précisément protéger. Ainsi, un dommage produit par suite d'un effet collatéral dans une sphère qui n'est pas protégée par l'interdiction énoncée ne donne pas lieu à réparation. Avec fermeté, la Cour de justice maintient son analyse favorable à la réparation. Elle considère qu'« il n'est pas nécessaire que le préjudice subi par la personne concernée présente un lien spécifique avec l'objectif de protection poursuivi par l'article 101 TFUE ». Elle recommande donc de ne pas enfermer la notion de préjudice dans une perception de l'objectif de protection de l'article 101, non seulement étroite, mais erronée. À cet égard, elle aurait pu tirer parti de l'argument économique avancée par la cour d'appel autrichienne qui n'avait pas suivi le premier juge. Celle-ci avait opportunément souligné que le Land de Haute-Autriche, en contribuant à la réalisation de projets de construction, était à l'origine d'une demande non négligeable sur le marché des ascenseurs sur lequel les ascensoristes en cause avaient pu vendre leurs produits et services à des prix plus élevés en raison de l'entente.

---

(9) CJUE, 14 mars 2019, *Skanska*, aff. C-274/17.

Pour renforcer la notion de préjudice, elle conclut sur le lien de causalité qui lui paraît plausible avec celui-ci. Elle recommande ainsi au juge autrichien de vérifier si le Land de Haute-Autriche disposait ou non de la possibilité d'effectuer des placements plus lucratifs pour établir le lien de causalité entre la faute et le préjudice.

La rigidité des juges autrichiens peut étonner en France. Il est vrai que notre droit de la responsabilité ne comprend pas les mêmes exigences sur le lien entre le préjudice et les finalités protégées de la norme violée. Il n'en demeure pas moins que sa rigidité demeure sur la qualité de la victime. À cet égard comme à tous les autres, la notion de dommage à l'économie a été utile pour une prise conscience du juriste français sur l'ampleur des dysfonctionnements et sur l'objectif de protection des règles de concurrence. Certes, le législateur français a été critiqué pour avoir introduit dans l'article L-462-2-I, alinéa 3, du code de commerce le concept de dommage à l'économie. Il est acquis chez les économistes qu'il est la base de la nocivité anticoncurrentielle, mais qu'il est impossible de le quantifier dans sa plénitude (10). Néanmoins, la notion a son utilité. L'Autorité de la concurrence a considéré dans un communiqué de procédure qu'elle pouvait le caractériser qualitativement sans procéder à une reconstitution chiffrée à partir d'une pluralité de critères. Parmi ceux-ci figure « l'incidence générale sur l'économie sur les opérateurs économiques en amont, sur les utilisateurs en aval et sur les consommateurs finals » (11). Préalablement, l'Autorité a pris le soin de cerner la notion : « il englobe tous les aspects de la perturbation qu'elle est de nature à causer au fonctionnement concurrentiel des activités, secteurs ou marchés directement ou indirectement concernés, ainsi qu'à l'économie générale ». Elle poursuit qu'« il intègre non seulement le transfert et la perte de bien-être que l'infraction est de nature à engendrer au détriment des consommateurs intermédiaires ou finals et de la collectivité dans son ensemble,

(10) J. M. Folz, Chr. Raysseguier et A. Schaub, *Rapport sur l'appréciation de la sanction en matière de pratiques anticoncurrentielles, Rapport public*, Paris, La Documentation française, 2010.

(11) Autorité de la concurrence, communiqué de procédure du 16 mai 2011 relatif à la détermination des sanctions pécuniaires, pt 31.

mais aussi, notamment, son incidence négative sur les incitations des autres acteurs économiques, par exemple en matière d'innovation. Il ne se réduit donc pas à une perte précisément mesurable ». Ces développements, bien que concernant la détermination de l'amende, éclairent l'ampleur de la finalité de la prohibition. Dès lors, on imagine mal l'élaboration en France d'une question préjudicielle faisant valoir, comme le fait la Cour suprême de l'Autriche, que le préjudice invoqué par le prêteur n'a pas un lien suffisant avec la finalité de l'interdiction des ententes.

Avec cet arrêt *Otis*, la Cour de justice invite une nouvelle fois les juges nationaux à revisiter les concepts de leur droit de la responsabilité civile, comme elle l'avait déjà fait déjà dans les arrêts fondateurs des affaires *Courage* et *Manfredi*. Le chemin est difficile.

Catherine PRIETO

XIII. AIDES D'ÉTAT

Cour de justice, 1re ch., 23 janvier 2019, *Presidenza del Consiglio dei Ministri c/ Fallimento Traghetti del Mediterraneo SpA*, aff. C-387/17, ECLI:EU:C:2019:51

Conclusions de l'avocat général N. Wahl, du 13 septembre 2018, ECLI:EU:C:2018:712

Mots-clés : Aides d'État – Aides existantes et aides nouvelles – Qualification – Principes de sécurité juridique et de protection de la confiance légitime – Subventions octroyées avant la libéralisation d'un marché initialement fermé à la concurrence – Action en dommages et intérêts contre l'État membre intentée par un concurrent de la société bénéficiaire

Cadre normatif : articles 107 et 108 TFUE ; règlement (CE) n° 659/1999

Notes et observations : L. Idot, « Aides existantes », *Europe*, mars 2019, n° 128, p. 29 ; D. Berlin, « Une aide illégale, même compatible, peut fonder un recours en dommages et intérêts », *Lexis actu.* 15 février 2019

Extraits de l'arrêt

[...]

Le litige au principal et les questions préjudicielles

12. Ainsi qu'il ressort des arrêts du 13 juin 2006, *Traghetti del Mediterraneo* (C-173/03, EU:C:2006:391), et du 10 juin 2010, *Fallimento Traghetti del Mediterraneo* (C-140/09, EU:C:2010:335), FTDM et Tirrenia sont deux entreprises de transport maritime qui, dans les années 70, effectuaient des liaisons maritimes régulières entre l'Italie continentale et les îles de Sardaigne et de Sicile.

13. Au cours de l'année 1981, FTDM a assigné Tirrenia devant le Tribunale di Napoli (tribunal de Naples, Italie), aux fins d'obtenir réparation du préjudice qu'elle prétendait avoir subi du fait de la politique de bas prix pratiquée par cette dernière entre les années 1976 et 1980. FTDM soutenait que Tirrenia avait abusé de sa position dominante sur le marché en

cause en pratiquant des tarifs largement inférieurs au prix coûtant grâce au versement de subventions publiques en violation du droit de l'Union.

14. FTDM a été déboutée de sa demande par jugement du Tribunale di Napoli (tribunal de Naples) du 26 mai 1993, confirmé par arrêt de la Corte d'appello di Napoli (cour d'appel de Naples, Italie) du 13 décembre 1996.

15. Le pourvoi formé contre cet arrêt par le curateur de la faillite de FTDM, société entre-temps mise en liquidation, a été rejeté par arrêt de la Corte suprema di cassazione (Cour de cassation, Italie) du 19 avril 2000, qui a notamment refusé de déférer à la demande de l'auteur du pourvoi de soumettre à la Cour des questions préjudicielles portant sur la compatibilité avec le droit de l'Union de la loi n° 684, au motif que la solution retenue par les juges du fond respectait les dispositions pertinentes et était conforme à la jurisprudence de la Cour.

16. Par acte du 15 avril 2002, le curateur de la faillite de FTDM a attrait l'État italien devant le Tribunale di Genova (tribunal de Gênes, Italie), aux fins que soit retenue la responsabilité de cet État à divers titres : dans sa fonction législative, pour avoir octroyé des aides, au titre de la loi n° 684, incompatibles avec le traité CEE ; dans sa fonction juridictionnelle, pour avoir manqué, par l'arrêt de la Corte di Cassazione (Cour de cassation) du 19 avril 2000, à l'obligation de saisir la Cour de questions préjudicielles portant sur la conformité au droit de l'Union de la loi n° 684, et, enfin, dans sa fonction administrative, pour avoir omis d'informer la Corte suprema di Cassazione (Cour de cassation) de l'ouverture d'une procédure d'infraction devant la Commission européenne, en ce qui concerne cette loi, manquant ainsi aux obligations de coopération loyale avec les institutions européennes.

17. Dans son recours, FTDM concluait à la condamnation de l'État italien à lui verser la somme de 9 240 000 euros en réparation de son préjudice.

18. Le 14 avril 2003, le Tribunale di Genova (tribunal de Gênes) a saisi la Cour d'une demande de décision préjudicielle. Celle-ci a donné lieu à l'arrêt du 13 juin 2006, *Traghetti del Mediterraneo* (C-173/03, EU:C:2006:391).

19. À la suite de cet arrêt, le Tribunale di Genova (tribunal de Gênes) a, par jugement du 27 février 2009, constaté « l'existence de l'illégalité commise par l'État juge » et ordonné la poursuite de la procédure, par une ordonnance séparée, pour qu'il soit statué sur la demande en réparation des dommages résultant de cette illégalité. C'est à ce stade de ladite procédure que, s'interrogeant sur l'interprétation du droit de l'Union relatif aux aides d'État, il a saisi à nouveau la Cour.

20. Par arrêt du 10 juin 2010, *Fallimento Traghetti del Mediterraneo* (C-140/09, EU:C:2010:335), la Cour a jugé que « [l]e droit de l'Union doit être

interprété en ce sens que des subventions versées dans les circonstances caractérisant le litige au principal, en vertu d'une législation nationale prévoyant le versement d'acomptes avant l'approbation d'une convention, constituent des aides d'État si ces subventions sont susceptibles d'affecter les échanges entre États membres et faussent ou menacent de fausser la concurrence, ce qu'il incombe au juge national de vérifier ».

21. Par décision du 30 juillet 2012, le Tribunale di Genova (tribunal de Gênes) a condamné la présidence du Conseil des ministres à payer à FTDM la somme de 2 330 355,78 euros, majorée de la réévaluation monétaire et des intérêts légaux, en réparation du préjudice subi par cette dernière en raison du comportement illicite de l'État dans sa fonction juridictionnelle.

22. La présidence du Conseil des ministres, à titre principal, et FTDM, à titre incident, ont interjeté appel de cette décision.

23. Par arrêt du 24 juillet 2014, la Corte di appello di Genova (cour d'appel de Gênes, Italie) a annulé ladite décision et statué sur le fond de l'affaire.

24. Tout en rejetant les demandes de réparation de FTDM fondées sur la responsabilité de l'État italien dans ses fonctions juridictionnelle et administrative, cette juridiction a fait droit à celle fondée sur la responsabilité de cet État dans sa fonction législative, en raison de l'adoption, par le Parlement italien, de la loi n° 684. Elle a, en conséquence, condamné ledit État à payer à FTDM la somme de 2 330 355,78 euros, majorés de la réévaluation monétaire et des intérêts légaux, en réparation du préjudice subi par cette société.

25. La Corte di appello di Genova (cour d'appel de Gênes) a, en particulier, considéré que les subventions octroyées à Tirrenia avaient été susceptibles d'affecter les échanges entre États membres au motif que, « pour des raisons de proximité géographique, les routes desservies par Tirrenia, auraient pu être exploitées par des vecteurs d'autres États membres (en particulier [le Royaume d'Espagne] et la [République française]) qui, toutefois, se seraient trouvés dans des conditions décourageantes par rapport à la première ».

26. En outre, cette juridiction a considéré que la présence d'opérateurs d'autres États membres sur les lignes desservies par Tirrenia avait été constatée par la Commission dans sa décision 2001/851/CEE, du 21 juin 2001, concernant les aides d'État versées par l'Italie à la compagnie maritime Tirrenia di Navigazione (*JO* 2001, L 318, p. 9).

27. Par ailleurs, ladite juridiction a constaté que, eu égard à la valeur importante des subventions versées durant les années en question, soit environ 400 milliards de lires italiennes (ITL), et au fait que Tirrenia opérait également sur des liaisons internationales, ces subventions relevaient également du régime interdit des subventions dites croisées.

28. Dans ces conditions, la Corte di appello di Genova (cour d'appel de Gênes) a considéré que les subventions en cause au principal, en ce qu'elles n'étaient pas antérieures à l'entrée en vigueur du traité CEE, devaient être considérées comme des aides nouvelles, soumises à l'obligation de notification au titre de l'article 93, paragraphe 3, du traité CEE, de telle sorte que, en l'absence d'une telle notification, il y avait violation du droit de l'Union.

29. La présidence du Conseil des ministres s'est pourvue en cassation contre cet arrêt devant la juridiction de renvoi, en soutenant notamment que les subventions octroyées à Tirrenia avaient été erronément qualifiées d'aides nouvelles et non d'aides existantes.

30. La juridiction de renvoi fait observer, tout d'abord, que, aux fins de la qualification juridique d'aide existante ou d'aide nouvelle d'une aide d'État octroyée dans le contexte d'un marché non libéralisé, tel que celui en cause au principal, il convient d'examiner l'applicabilité *ratione temporis* de l'article 1er, sous b), v), du règlement n° 659/1999 ainsi que son champ d'application.

31. Ensuite, cette juridiction souligne l'importance d'une des caractéristiques du marché concerné, à savoir l'absence de libéralisation de ce marché. Ainsi, elle considère que, au point 143 de son arrêt du 15 juin 2000, *Alzetta e.a./Commission* (T-298/97, T-312/97, T-313/97, T-315/97, T-600/97 à T-607/97, T-1/98, T-3/98 à T-6/98 et T-23/98, EU:T:2000:151), le Tribunal de première instance des Communautés européennes a dégagé un principe selon lequel un régime d'aides institué dans un marché initialement fermé à la concurrence doit être considéré, lors de la libéralisation de ce marché, comme un régime d'aides existant, et ajoute que ce principe a été confirmé par la Cour aux points 66 à 69 de l'arrêt du 29 avril 2004, *Italie/Commission* (C-298/00 P, EU:C:2004:240). Dès lors, aux fins de la qualification juridique des subventions en cause au principal d'aides existantes ou d'aides nouvelles, il conviendrait d'examiner également le champ d'application dudit principe.

32. La juridiction de renvoi fait néanmoins observer également qu'il ressort d'une série d'affaires concernant les entreprises du Gruppo Tirrenia di Navigazione, qui ont donné lieu à l'arrêt de la Cour du 10 mai 2005, *Italie/Commission* (C-400/99, EU:C:2005:275), et aux arrêts du Tribunal du 20 juin 2007, *Tirrenia di Navigazione e.a./Commission* (T-246/99, non publié, EU:T:2007:186), et du 4 mars 2009, *Tirrenia di Navigazione e.a./Commission* (T-265/04, T-292/04 et T-504/04, non publié, EU:T:2009:48), que l'absence de libéralisation du marché du cabotage maritime a été jugée sans pertinence pour la qualification de certaines des mesures en cause dans ces affaires d'aides existantes.

33. Enfin, la juridiction de renvoi s'interroge sur l'applicabilité de l'article 1er, sous b), iv), du règlement n° 659/1999, lu en combinaison avec

l'article 15 de ce règlement, à des subventions octroyées avant l'entrée en vigueur dudit règlement. Selon cette juridiction, il ressort de l'arrêt du 16 avril 2015, *Trapeza Eurobank Ergasias* (C-690/13, EU:C:2015:235), que ces dispositions pourraient être applicables aux faits antérieurs à l'entrée en vigueur du même règlement.

34. C'est dans ces conditions que la Corte suprema di cassazione (Cour de cassation), a décidé de surseoir à statuer et de poser à la Cour les questions préjudicielles suivantes :

« 1) Aux fins de la qualification des aides en cause (comme aides "existantes", et donc pas "nouvelles"), faut-il appliquer, et dans quelle mesure, l'article 1er, sous b), v), du règlement [n° 659/1999] qui vise : "toute aide qui est réputée existante parce qu'il peut être établi qu'elle ne constituait pas une aide au moment de sa mise en vigueur, mais qui est devenue une aide par la suite en raison de l'évolution du marché commun et sans avoir été modifiée par l'État membre. Les mesures qui deviennent une aide suite à la libéralisation d'une activité par le droit communautaire ne sont pas considérées comme une aide existante après la date fixée pour la libéralisation", ou bien faut-il appliquer, et dans quelle mesure, le principe (dont la portée est formellement différente de celui de droit positif susmentionné) – dégagé par le Tribunal dans son arrêt du 15 juin 2000, *Alzetta e.a./Commission* (T-298/97, T-312/97, T-313/97, T-315/97, T-600/97 à T-607/97, T-1/98, T-3/98 à T-6/98 et T-23/98, EU:T:2000:151, point 143), et confirmé, pour ce qui nous intéresse aux fins de la décision dans la présente affaire, par la Cour, dans son arrêt du 29 avril 2004, *Italie/Commission* (C-298/00 P, EU:C:2004:240, points 66 à 69) – selon lequel, "[...] un régime d'aides institué dans un marché initialement fermé à la concurrence doit être considéré, lors de la libéralisation de ce marché, comme un régime d'aides existant, dans la mesure où il ne relevait pas, au moment de son institution, du champ d'application de l'article 92, paragraphe 1, du traité CEE [devenu l'article 87, paragraphe 1, CE, lui-même devenu, article 107, paragraphe 1, TFUE], uniquement applicable dans les secteurs ouverts à la concurrence, eu égard aux conditions énoncées par ce texte, relatives à l'affectation des échanges entre les États membres et aux répercussions sur la concurrence" ?

2) En tout état de cause, et toujours aux fins de la qualification des aides susmentionnées, faut-il appliquer, et dans quelle mesure, l'article 1er, sous b), iv), du même règlement [n° 659/1999] qui définit les aides existantes comme étant "toute aide réputée existante conformément à l'article 15" – cette dernière disposition établissant quant à elle un délai de prescription de dix ans pour la récupération des aides accordées illégalement –, ou bien faut-il appliquer, et dans quelle mesure (analogue ou non par rapport au principe exprimé dans la disposition de droit positif susmentionnée), les principes, constamment affirmés par la Cour, de protection de la confiance légitime et de sécurité juridique ? »

Sur les questions préjudicielles

Sur la première question

35. Par sa première question, la juridiction de renvoi demande, en substance, si des subventions octroyées à une entreprise avant la date de libéralisation du marché concerné, telles que celles en cause au principal, peuvent être qualifiées d'aides existantes en raison de la seule absence formelle de libéralisation dudit marché au moment de leur octroi.

36. À cet égard, il convient de rappeler que, selon une jurisprudence constante de la Cour, la qualification d'une mesure nationale d'aide d'État requiert que toutes les conditions suivantes soient remplies. Premièrement, il doit s'agir d'une intervention de l'État ou au moyen de ressources d'État. Deuxièmement, cette intervention doit être susceptible d'affecter les échanges entre États membres. Troisièmement, elle doit accorder un avantage sélectif à son bénéficiaire. Quatrièmement, elle doit fausser ou menacer de fausser la concurrence (voir, arrêt du 21 décembre 2016, *Commission/World Duty Free Group e.a.*, C-20/15 P et C-21/15 P, EU:C:2016:981, point 53).

37. Cela étant rappelé, il y a lieu de vérifier, dans une situation telle que celle en cause au principal, dans laquelle le marché concerné n'était pas encore formellement ouvert à la concurrence, si, au moment de leur octroi, les subventions concernées constituaient des aides d'État parce qu'elles répondaient aux conditions d'affectation des échanges entre États membres et de distorsion de la concurrence.

38. À cet égard, il convient de relever que, s'il est vrai qu'une aide d'État peut, en principe, être réputée existante parce qu'il peut être établi qu'elle ne constituait pas une aide au moment de sa mise en vigueur, notamment en raison de l'absence de libéralisation dans le marché concerné, la Cour a déjà dit pour droit qu'une telle absence de libéralisation n'exclut pas nécessairement qu'une mesure d'aide soit susceptible d'affecter les échanges entre États membres et fausse ou menace de fausser la concurrence (voir, en ce sens, arrêt du 10 juin 2010, *Fallimento Traghetti del Mediterraneo*, C-140/09, EU:C:2010:335, point 49).

39. En effet, une aide d'État est susceptible d'affecter les échanges entre les États membres et de fausser ou de menacer de fausser la concurrence, alors même que le marché concerné n'est que partiellement ouvert à la concurrence.

40. Il suffit que, au moment de la mise en vigueur d'une mesure d'aide, il y ait une situation de concurrence effective sur le marché concerné pour qu'une intervention de l'État ou au moyen de ressources d'État soit susceptible d'affecter les échanges entre États membres et de fausser ou de menacer de fausser la concurrence.

41. En l'occurrence, ainsi que M. l'avocat général l'a relevé au point 67 de ses conclusions, la circonstance que le marché de cabotage maritime en cause au principal n'ait été libéralisé par voie réglementaire que bien postérieurement à l'octroi des subventions en cause au principal ne permet pas d'exclure que, avant cette libéralisation, celles-ci constituaient des aides d'État satisfaisant aux conditions rappelées au point 36 du présent arrêt.

42. À cet égard, il convient de rappeler que, ainsi qu'il ressort du point 50 de l'arrêt du 10 juin 2010, *Fallimento Traghetti del Mediterraneo* (C-140/09, EU:C:2010:335), il ne peut être exclu, d'une part, que Tirrenia ait été en concurrence avec des entreprises d'autres États membres sur les lignes internes concernées et, d'autre part, qu'elle ait été en situation de concurrence avec de telles entreprises sur des lignes internationales et que, en l'absence de comptabilité séparée pour ses différentes activités, il ait existé un risque de subventions croisées, c'est-à-dire un risque que les recettes tirées de son activité de cabotage ayant bénéficié des subventions en cause au principal aient été utilisées au profit d'activités exercées par elle sur lesdites lignes internationales.

43. Ainsi, il ressort du dossier dont dispose la Cour que, quand bien même le marché concerné n'était pas formellement libéralisé, il semble que ce marché, à l'époque des faits au principal, était un marché concurrentiel et que les subventions accordées à Tirrenia étaient susceptibles d'affecter les échanges entre États membres et de fausser ou de menacer de fausser la concurrence.

44. Dans ces conditions, il y a lieu de considérer que, pour autant que les subventions en cause au principal relevaient, au moment de leur octroi, de la notion d'« aide d'État » en raison du fait qu'elles remplissent tous les critères nécessaires à cet effet, en particulier qu'elles étaient susceptibles d'affecter les échanges entre les États membres et de fausser ou de menacer de fausser la concurrence, ce qu'il incombe à la juridiction de renvoi de vérifier, ces mesures ne sauraient, en principe, être qualifiées d'aide existante en raison uniquement de l'absence formelle de libéralisation du marché concerné.

45. Compte tenu de ces considérations, il y a lieu de répondre à la première question que des subventions octroyées à une entreprise avant la date de libéralisation du marché concerné, telles que celles en cause au principal, ne peuvent être qualifiées d'aides existantes en raison de la seule absence formelle de libéralisation dudit marché au moment de leur octroi, pour autant que ces subventions étaient susceptibles d'affecter les échanges entre États membres et faussaient ou menaçaient de fausser la concurrence, ce qu'il incombe à la juridiction de renvoi de vérifier.

Sur la seconde question

46. Par sa seconde question, la juridiction de renvoi s'interroge sur le point de savoir si, dans une situation telle que celle en cause au principal, il y a lieu, aux fins de la qualification des subventions en cause d'aides existantes ou d'aides nouvelles, d'appliquer l'article 1er, sous b), iv), du règlement n° 659/1999, ou s'il convient de se fonder sur les principes de protection de la confiance légitime et de sécurité juridique.

47. En ce qui concerne, tout d'abord, l'applicabilité de l'article 1er, sous b), iv), de ce règlement, dans une situation telle que celle en cause au principal, il importe, en premier lieu, de relever que la notion d'« aides existantes » visée à cette disposition apparaît étroitement liée au rôle ainsi qu'aux fonctions et aux pouvoirs spécifiques dévolus à la Commission dans le cadre du système de contrôle des aides d'État.

48. À cet égard, il y a lieu de rappeler que, aux termes de ladite disposition, on entend par aide existante toute aide réputée existante conformément à l'article 15 du règlement n° 659/1999.

49. Selon l'article 15, paragraphe 3, de ce règlement, toute aide à l'égard de laquelle le délai de prescription de dix ans a expiré est réputée être une aide existante.

50. De son côté, l'article 15, paragraphe 2, dudit règlement prévoit que toute mesure prise par la Commission ou un État membre, agissant à la demande de la Commission, à l'égard de l'aide illégale interrompt ledit délai et que chaque interruption fait courir de nouveau ce même délai.

51. Il ressort du libellé de ces dispositions que la qualification d'une aide d'État d'aide existante, au sens de l'article 1er, sous b), iv), de ce même règlement, dépend, en principe, de la question de savoir si la Commission a pris ou non des mesures à l'égard de l'aide concernée dans le délai de prescription.

52. En outre, selon l'article 15, paragraphe 1, du règlement n° 659/1999, ce sont les pouvoirs de la Commission en matière de récupération des aides d'État qui sont soumis au délai de prescription de dix ans.

53. En second lieu, il importe de souligner que, dans le cadre du système de contrôle des aides d'État, les juridictions nationales ont un rôle particulier et jouissent d'un certain niveau d'indépendance par rapport à la Commission, notamment lorsqu'elles sont saisies d'une action en dommages et intérêts, en l'absence de décision de la Commission.

54. À cet égard, selon une jurisprudence constante de la Cour, la mise en œuvre de ce système de contrôle incombe, d'une part, à la Commission et, d'autre part, aux juridictions nationales, leurs rôles respectifs étant complémentaires mais distincts (arrêt du 21 novembre 2013, *Deutsche Lufthansa*, C-284/12, EU:C:2013:755, point 27 et jurisprudence citée).

55. Plus particulièrement, l'appréciation de la compatibilité de mesures d'aide avec le marché commun relève de la compétence exclusive de la Commission, agissant sous le contrôle des juridictions de l'Union, tandis que les juridictions nationales veillent à la sauvegarde des droits des justiciables en cas de violation de l'obligation de notification préalable des aides d'État à la Commission prévue à l'article 93 paragraphe 3, du traité CEE (voir, en ce sens, arrêt du 5 octobre 2006, *Transalpine Ölleitung in Österreich*, C-368/04, EU:C:2006:644, point 38).

56. En remplissant leur mission, les juridictions nationales peuvent être amenées à accueillir des demandes d'indemnisation de dommages causés par l'aide d'État illégale aux concurrents du bénéficiaire.

57. En effet, ainsi que M. l'avocat général l'a relevé en substance aux points 82 et 84 de ses conclusions, dans le cadre de telles actions en dommages et intérêts, ces juridictions, en exerçant leurs fonctions de sauvegarde des droits des justiciables, jouissent d'une certaine indépendance par rapport à l'intervention de la Commission si bien que la possibilité de réclamer des dommages et intérêts est, en principe, indépendante de toute procédure d'examen parallèle menée par la Commission relative à l'aide en cause.

58. À cet égard, il est de jurisprudence constante de la Cour que l'ouverture par la Commission de la procédure formelle d'examen des aides d'État ne saurait décharger les juridictions nationales de leur obligation de sauvegarder les droits des justiciables face à une méconnaissance éventuelle de l'article 93, paragraphe 3, du traité CEE (arrêt du 21 novembre 2013, *Deutsche Lufthansa*, C-284/12, EU:C:2013:755, point 32).

59. De même, il y a lieu de rappeler, en ce qui concerne le niveau d'indépendance des juridictions nationales, que, sous peine de porter atteinte à l'effet direct de l'article 93 paragraphe 3, du traité CEE, dernière phrase, et de méconnaître les intérêts des justiciables que ces juridictions ont pour mission de préserver, une décision de la Commission déclarant une aide non notifiée compatible avec le marché intérieur n'a pas pour conséquence de régulariser, a posteriori, les actes d'exécution qui sont invalides du fait qu'ils ont été pris en méconnaissance de l'interdiction visée par cette disposition. Toute autre interprétation conduirait à favoriser l'inobservation, par l'État membre concerné, de ladite disposition et la priverait de son effet utile (arrêt du 5 octobre 2006, *Transalpine Ölleitung in Österreich*, C-368/04, EU:C:2006:644, point 41 et jurisprudence citée).

60. Partant, lorsqu'un requérant parvient à démontrer devant la juridiction nationale qu'il a subi un dommage causé par la mise en vigueur prématurée d'une aide d'État et, plus spécifiquement, par l'avantage temporel illégal qu'en a retiré le bénéficiaire, l'action en dommages et intérêts peut, en principe, être accueillie quand bien même la Commission, au

moment où la juridiction nationale statue sur la demande, aurait déjà approuvé l'aide concernée.

61. Il résulte des considérations énoncées aux points 47 à 60 du présent arrêt que, eu égard au rôle que jouent les juridictions nationales dans le système de contrôle des aides d'État ainsi qu'à leur niveau d'indépendance par rapport à la Commission, notamment lorsqu'elles sont saisies d'une action en dommages et intérêts en l'absence de décision de la Commission, il convient de considérer, ainsi que M. l'avocat général l'a relevé au point 91 de ses conclusions, que l'expiration du délai de prescription de dix ans prévu à l'article 15, paragraphe 1, du règlement n° 659/1999 ne fait que limiter dans le temps les pouvoirs de la Commission en matière de récupération des aides d'État.

62. Dès lors, l'expiration du délai de prescription prévu à l'article 15, paragraphe 1, du règlement n° 659/1999 ne saurait avoir pour effet de régulariser rétroactivement des aides d'État entachées d'illégalité, du seul fait qu'elles deviennent des aides existantes au sens de l'article 1er, sous b), v), et, par suite, de priver de tout fondement juridique un recours en dommages et intérêt introduit contre l'État membre concerné par des particuliers et des concurrents affectés par l'octroi de l'aide illégale.

63. Toute autre interprétation reviendrait à amoindrir la portée de l'obligation de notification des mesures d'aides qui pèsent sur les États membres et, ainsi, à priver l'article 93 paragraphe 3, du traité CEE de son effet utile, notamment, lorsque cette disposition ne fait aucune référence au rôle et aux fonctions et aux pouvoirs spécifiques de la Commission.

64. En ce qui concerne les doutes de la juridiction de renvoi, résultant de l'arrêt du 16 avril 2015, *Trapeza Eurobank Ergasias*, (C-690/13, EU:C:2015:235), quant à l'applicabilité de l'article 1er, sous b), iv), du règlement n° 659/1999 aux fins de la qualification des subventions en cause au principal d'aides existantes ou d'aides nouvelles, il convient de souligner, ainsi que M. l'avocat général l'a relevé au point 102 de ses conclusions, que l'affaire ayant donné lieu à cet arrêt concernait non pas une action en dommages et intérêts, mais le point de savoir si les dispositions nationales, qui instituent des privilèges potentiellement incompatibles avec les règles du droit de l'Union en matière d'aides d'État, devaient ou non faire l'objet d'une notification au sens de l'article 88, paragraphe 3, CE et, dans l'affirmative, si ces dispositions devaient être laissées inappliquées.

65. Il ne saurait, dès lors, être tiré argument de cette jurisprudence pour considérer que la définition de la notion d'« aide existante » figurant à l'article 1er, sous b), iv), du règlement n° 659/1999 serait applicable dans le cadre d'une action en dommages et intérêts telle que celle en cause au principal.

66. En outre, il convient de rappeler que, dans la mesure où le règlement n° 659/1999 contient des règles de nature procédurale qui s'appliquent à toutes les procédures administratives en matière d'aides d'État pendantes devant la Commission, celui-ci codifie et étaye la pratique de la Commission en matière d'examen des aides d'État et ne contient aucune disposition relative aux pouvoirs et aux obligations des juridictions nationales, lesquels restent régis par les dispositions du traité, telles qu'interprétées par la Cour (voir, en ce sens, arrêt du 5 octobre 2006, *Transalpine Ölleitung in Österreich*, C-368/04, EU:C:2006:644, points 34 et 35).

67. Il résulte des considérations qui précèdent que la définition de la notion d'« aide existante » figurant à l'article 1er, sous b), iv), du règlement n° 659/1999 n'est pas applicable à une situation telle que celle en cause au principal.

68. S'agissant, ensuite, de l'invocabilité du principe de la protection de la confiance légitime, il convient de relever que ce principe ne saurait être invoqué par une personne ayant violé le droit en vigueur (voir, en ce sens, arrêt du 14 juillet 2005, *ThyssenKrupp/Commission*, C-65/02 P et C-73/02 P, EU:C:2005:454, point 41).

69. Cette constatation est, ainsi que M. l'avocat général l'a relevé au point 109 de ses conclusions, encore plus valable à l'égard des entités étatiques ayant octroyé une aide d'État en méconnaissance de la procédure prévue à l'article 93, paragraphe 3, du traité CEE.

70. Il s'ensuit que, dans le cas où des subventions ont été octroyées en violation de l'obligation de notification préalable instaurée à l'article 93, paragraphe 3, du traité CEE, les entités étatiques ne sauraient se prévaloir du principe de la protection de la confiance légitime (voir, en ce sens, arrêt du 15 décembre 2005, *Unicredito Italiano*, C-148/04, EU:C:2005:774, point 104).

71. S'agissant, enfin, de l'application du principe de sécurité juridique dans une situation telle que celle en cause au principal, il y a lieu de rappeler que les délais de prescription remplissent, de façon générale, la fonction d'assurer la sécurité juridique (arrêt du 13 juin 2013, *Unanimes e.a.*, C-671/11 à C-676/11, EU:C:2013:388, point 31). Or, pour remplir leur fonction de garantir la sécurité juridique, ces délais doivent être fixés à l'avance et toute application « par analogie » d'un délai de prescription doit être suffisamment prévisible pour le justiciable (voir, en ce sens, arrêt du 5 mai 2011, *Ze Fu Fleischhandel et Vion Trading*, C-201/10 et C-202/10, EU:C:2011:282, point 32 ainsi que jurisprudence citée).

72. À cet égard, et dès lors qu'il n'existe pas de réglementation communautaire en la matière, il appartient à l'ordre juridique interne de chaque État membre de désigner les juridictions compétentes et de régler les modalités procédurales des recours en justice destinés à assurer la

sauvegarde des droits que les justiciables tirent du droit communautaire pour autant, d'une part, que ces modalités ne sont pas moins favorables que celles concernant des droits qui trouveraient leur origine dans l'ordre juridique interne (principe de l'équivalence) et, d'autre part, qu'elles ne rendent pas impossible ou excessivement difficile, en pratique, l'exercice des droits conférés par l'ordre juridique communautaire (principe d'effectivité) (arrêt du 5 octobre 2006, *Transalpine Ölleitung in Österreich*, C-368/04, EU:C:2006:644, point 45).

73. Ainsi, les seules règles de prescription applicables en l'espèce sont celles du droit national, interprétées à la lumière des principes d'effectivité et d'équivalence.

74. Dans ce contexte, il serait contraire au principe de sécurité juridique d'appliquer par analogie le délai de dix ans prévu à l'article 15, paragraphe 1, du règlement n° 659/1999 à une action en dommages et intérêts intentée contre l'État membre concerné par un concurrent de la société bénéficiaire des aides d'État.

75. En effet, un particulier ne saurait se voir imposer un délai de prescription fixé par une disposition qui vise seulement à limiter dans le temps les pouvoirs de la Commission en matière de récupération des aides d'État. L'expiration d'un tel délai ne saurait faire obstacle à l'engagement devant le juge national de la responsabilité de l'État pour violation de l'obligation de notification préalable prévue à l'article 93, paragraphe 3, du traité CEE.

76. Eu égard aux considérations qui précèdent, il y a lieu de répondre à la seconde question que l'article 1er, sous b), iv), du règlement n° 659/1999 doit être interprété en ce sens qu'il n'est pas applicable à une situation telle que celle en cause au principal. Dans la mesure où les subventions en cause au principal ont été octroyées en violation de l'obligation de notification préalable instaurée à l'article 93 du traité CEE, les entités étatiques ne sauraient se prévaloir du principe de la protection de la confiance légitime. Dans une situation telle que celle en cause au principal, où une action en dommages et intérêts contre l'État membre est intentée par un concurrent de la société bénéficiaire, le principe de sécurité juridique ne permet pas d'imposer au requérant, par une application par analogie, un délai de prescription tel que celui fixé à l'article 15, paragraphe 1, de ce règlement.

Sur les dépens

77. La procédure revêtant, à l'égard des parties au principal, le caractère d'un incident soulevé devant la juridiction de renvoi, il appartient à celle-ci de statuer sur les dépens. Les frais exposés pour soumettre des

observations à la Cour, autres que ceux desdites parties, ne peuvent faire l'objet d'un remboursement.

Par ces motifs, la Cour (première chambre) dit pour droit :

1) Des subventions octroyées à une entreprise avant la date de libéralisation du marché concerné, telles que celles en cause au principal, ne peuvent être qualifiées d'aides existantes en raison de la seule absence formelle de libéralisation dudit marché au moment de leur octroi, pour autant que ces subventions étaient susceptibles d'affecter les échanges entre États membres et faussaient ou menaçaient de fausser la concurrence, ce qu'il incombe à la juridiction de renvoi de vérifier.

2) L'article 1er, sous b), iv), du règlement (CE) n° 659/1999 du Conseil, du 22 mars 1999, portant modalités d'application de l'article [108 TFUE], doit être interprété en ce sens qu'il n'est pas applicable à une situation telle que celle en cause au principal. Dans la mesure où les subventions en cause au principal ont été octroyées en violation de l'obligation de notification préalable instaurée à l'article 93 du traité CEE, les entités étatiques ne sauraient se prévaloir du principe de la protection de la confiance légitime. Dans une situation telle que celle en cause au principal, où une action en dommages et intérêts contre l'État membre est intentée par un concurrent de la société bénéficiaire, le principe de sécurité juridique ne permet pas d'imposer au requérant, par une application par analogie, un délai de prescription tel que celui fixé à l'article 15, paragraphe 1, de ce règlement.

Observations

Procédure

L'arrêt présenté est l'aboutissement, que l'on espère définitif, d'une procédure à interminables rebondissements devant les juridictions italiennes qui a conduit la Cour de justice à intervenir déjà deux fois. L'observateur ne pourrait que se réjouir d'une telle occasion de décortiquer les multiples aspects procéduraux de l'affaire, si celle-ci n'avait conduit une entreprise à la faillite, de sorte que les solutions apportées par ce dernier arrêt concernant une procédure d'indemnisation sont certes les bienvenues dans une perspective de justice, mais révèlent également combien le droit et surtout les procédures ne sont pas toujours au rendez-vous des justiciables, ou si l'on veut utiliser une formule plus neutre, que le temps des affaires n'est pas celui du procès, tant s'en faut.

Remontons donc dans le temps. À l'origine, il existait, en Italie, deux entreprises de transport maritime, Fallimento Traghetti del Mediterraneo (ci-après « FTDM ») et Tirrenia di Navigazione (ci-après « Tirrenia »), qui, dans les années 1970, effectuaient des liaisons maritimes régulières entre l'Italie continentale et les îles de Sardaigne et de Sicile. Au cours de l'année 1981, alors qu'elle avait été placée sous concordat, FTDM a assigné Tirrenia devant le Tribunale di Napoli aux fins d'obtenir réparation du préjudice qu'elle aurait subi, au cours des années antérieures, du fait de la politique de bas prix pratiquée par cette dernière, entre les années 1976 et 1980. FTDM soutenait notamment que Tirrenia avait abusé de sa position dominante sur le marché en cause en pratiquant des tarifs largement inférieurs au prix coûtant rendus possibles grâce au versement de subventions publiques en violation du droit de l'Union (en vertu de la *legge* n. 684 – *Ristrutturazione dei servizi marittimi di preminente interesse nazionale*, loi n° 684 portant restructuration des services maritimes d'intérêt national prééminent, du 20 décembre 1974 [GURI n° 336, du 24 décembre 1974, ci-après la « loi n° 684 »]).

Par jugement du *Tribunale di Napoli* du 26 mai 1993, confirmé par arrêt de la *Corte d'appello di Napoli* du 13 décembre 1996, cette demande d'indemnisation a été rejetée par les juridictions italiennes au motif que les subventions octroyées par les autorités de cet État étaient légales dans la mesure où elles répondaient à des objectifs d'intérêt général liés, notamment, au développement du *Mezzogiorno* et où, en tout état de cause, elles ne portaient pas atteinte à l'exercice d'activités de liaisons maritimes différentes et concurrentes de celles incriminées par FTDM. Partant, aucun acte de concurrence déloyale ne pouvait être imputé à Tirrenia.

Estimant, pour sa part, que ces deux décisions juridictionnelles étaient entachées d'erreurs de droit dans la mesure où, notamment, elles étaient fondées sur une interprétation erronée des règles du traité en matière d'aides d'État, le curateur de la faillite de FTDM a formé un pourvoi contre l'arrêt de la Corte d'appello di Napoli, dans le cadre duquel il a invité la Corte suprema di cassazione à soumettre à la Cour de justice les questions pertinentes d'interprétation du droit communautaire au titre de l'article 177, troisième alinéa, du traité CE (devenu entre-temps article 234, troisième alinéa, CE).

Par son arrêt n° 5087 du 19 avril 2000 (ci-après l'« arrêt du 19 avril 2000 »), la Corte suprema di cassazione a toutefois refusé de déférer à cette demande au motif que la solution retenue par les juges du fond respectait la lettre des dispositions pertinentes du traité et était, de surcroît, parfaitement conforme à la jurisprudence de la Cour de justice, en particulier à son arrêt du 22 mai 1985, *Parlement Contre Conseil* (1). Pour parvenir à cette conclusion, la Cour de cassation italienne a estimé, d'une part, s'agissant de la violation alléguée des articles 90 et 92 du traité CE, que ces articles permettaient de déroger, sous certaines conditions, à l'interdiction de principe des aides d'État afin de favoriser le développement économique de régions défavorisées ou de satisfaire des demandes de biens ou de services que le jeu de la libre concurrence ne permet pas de satisfaire pleinement. Or, selon cette juridiction, ces conditions auraient été précisément remplies en l'espèce puisque, au cours de la période considérée (soit entre 1976 et 1980), les transports de masse entre l'Italie continentale et ses îles principales n'auraient pu, en raison de leur coût, être assurés que par voie maritime, de sorte qu'il aurait été nécessaire de répondre à une demande, toujours plus pressante, pour ce type de services en confiant la gestion de ces transports à un concessionnaire public pratiquant un tarif imposé. Toujours selon elle, la distorsion de concurrence qui prétendument découlerait de l'existence de cette concession n'impliquerait pas, toutefois, que l'aide octroyée aurait été automatiquement frappée d'illégalité. En effet, l'octroi d'une telle concession de service public comporterait toujours, implicitement, un effet de

(1) CJCE, 22 mai 1985, *Parlement c/ Conseil*, aff. 13/83, *Rec.*, p. 1513.

distorsion de concurrence et FTDM n'aurait pas réussi à démontrer que Tirrenia avait tiré profit de l'aide accordée par l'État pour réaliser des bénéfices liés à d'autres activités que celles pour lesquelles les subventions avaient été effectivement été accordées. Enfin, s'agissant, d'autre part, du moyen tiré de la violation des articles 85 et 86 du traité CE, la *Corte suprema di cassazione* l'avait rejeté comme non fondé au motif que l'activité de cabotage maritime n'avait pas encore été libéralisée à l'époque des faits litigieux et que la nature et le contexte territorial restreints de cette activité ne permettaient donc pas d'identifier clairement le marché pertinent au sens de l'article 86 du traité CE. Dans ce contexte, cette juridiction a toutefois relevé que, s'il était difficile d'identifier ledit marché, une concurrence réelle pouvait néanmoins s'exercer dans le secteur concerné dès lors que l'aide octroyée en l'espèce ne visait qu'une seule activité parmi celles, nombreuses, qu'effectue traditionnellement une entreprise de transport maritime et qu'elle était limitée, de surcroît, à un seul État membre.

Estimant, en effet, que l'arrêt du 19 avril 2000 était fondé sur une interprétation inexacte des règles du traité relatives à la concurrence et aux aides d'État et sur la prémisse erronée de l'existence d'une jurisprudence constante de la Cour en la matière, et par acte du 15 avril 2002, le curateur de la faillite de FTDM, société entre-temps mise en liquidation, a attrait l'État italien devant le *Tribunale di Genova* aux fins d'obtenir la condamnation de ce dernier à la réparation du préjudice que cette entreprise aurait subi du fait de la faute de l'État italien (i) dans sa fonction législative, pour avoir octroyé des aides, au titre de la loi n° 684, incompatibles avec le traité CEE (ii) dans sa fonction juridictionnelle, pour avoir manqué, par l'arrêt de la *Corte di Cassazione* (Cour de cassation) du 19 avril 2000, à l'obligation de saisir la Cour de questions préjudicielles portant sur la conformité au droit de l'Union de la loi n° 684, et, enfin, (iii) dans sa fonction administrative, pour avoir omis d'informer la *Corte suprema di Cassazione* (Cour de cassation) de l'ouverture d'une procédure d'infraction devant la Commission européenne, en ce qui concerne cette loi, manquant ainsi aux obligations de coopération loyale avec les institutions européennes. Plus précisément s'agissant du deuxième moyen (ii) et à l'appui de son recours, FTDM, s'appuyant, notamment sur la décision 2001/851/CE de la Commission, du 21 juin 2001, concernant les aides d'État versées par l'Italie à la compagnie maritime Tirrenia di Navigazione (2), décision portant, certes, sur des subventions octroyées postérieurement à la période en cause dans le litige au principal, mais adoptée à l'issue d'une procédure engagée par la Commission avant l'audience de plaidoiries devant la *Corte suprema di cassazione* dans l'affaire ayant donné lieu à l'arrêt du 19 avril 2000, faisait valoir que, si cette dernière juridiction s'était adressée à la Cour de justice, l'issue du pourvoi aurait été tout autre. À l'instar de la Commission, dans la décision précitée, la Cour de justice aurait en effet mis en relief la dimension communautaire des activités de cabotage maritime ainsi que les difficultés inhérentes à l'appréciation de la compatibilité de subventions publiques avec les règles du traité en matière d'aides d'État, ce qui aurait amené la *Corte suprema di cassazione* à déclarer illégales les aides octroyées à Tirrenia.

Dans son recours, FTDM concluait à la condamnation de l'État italien à lui verser la somme de 9 240 000 euros en réparation de son préjudice.

Le 14 avril 2003, le *Tribunale di Genova* a saisi la Cour de justice d'une demande de décision préjudicielle. Celle-ci a donné lieu à l'arrêt de la Cour du 13 juin 2006, *Traghetti del Mediterraneo* (3). Celle-ci a dit pour droit d'une part que le droit communautaire s'oppose à une législation nationale qui exclut, de manière générale, la responsabilité de l'État membre pour les dommages causés aux particuliers du fait d'une violation du droit communautaire imputable à une juridiction statuant en dernier ressort au motif que la violation en cause résulte d'une interprétation des règles de droit ou d'une appréciation des faits et des preuves effectuées par cette juridiction, et d'autre part, que ce même droit communautaire s'oppose également à une législation nationale qui

(2) *JOCE*, L 318, 2001, p. 9.
(3) CJCE, 13 juin 2006, *Traghetti del Mediterraneo*, aff. C-173/03, EU:C:2006:391.

limite l'engagement de cette responsabilité aux seuls cas du dol ou de la faute grave du juge, si une telle limitation conduisait à exclure l'engagement de la responsabilité de l'État membre concerné dans d'autres cas où une méconnaissance manifeste du droit applicable, telle que précisée aux points 53 à 56 de l'arrêt du 30 septembre 2003, *Köbler* (4), a été commise.

À la suite de cet arrêt, le *Tribunale di Genova* a, par jugement du 27 février 2009, constaté « l'existence de l'illégalité commise par l'État juge » et ordonné la poursuite de la procédure, par une ordonnance séparée, pour qu'il soit statué sur la demande en réparation des dommages résultant de cette illégalité. C'est à ce stade de ladite procédure que, s'interrogeant sur l'interprétation du droit de l'Union relatif aux aides d'État, il a saisi à nouveau la Cour de justice.

Par un deuxième arrêt du 10 juin 2010, *Fallimento Traghetti del Mediterraneo* (5), la Cour de justice a jugé que « [l]e droit de l'Union doit être interprété en ce sens que des subventions versées dans les circonstances caractérisant le litige au principal, en vertu d'une législation nationale prévoyant le versement d'acomptes avant l'approbation d'une convention, constituent des aides d'État si ces subventions sont susceptibles d'affecter les échanges entre États membres et faussent ou menacent de fausser la concurrence, ce qu'il incombe au juge national de vérifier ».

Appliquant cette jurisprudence, par une décision du 30 juillet 2012, le *Tribunale di Genova* a condamné l'État italien (*i.e.* la présidence du Conseil des ministres) à payer à FTDM la somme de 2 330 355,78 euros, majorée de la réévaluation monétaire et des intérêts légaux, en réparation du préjudice subi par cette dernière en raison du comportement illicite de l'État dans sa fonction juridictionnelle.

La présidence du Conseil des ministres, à titre principal, et FTDM, à titre incident, ont interjeté appel de cette décision. Ce qui a conduit la *Corte di appello di Genova*, par arrêt

(4) CJCE, 30 septembre 2003, *Köbler*, aff. C-224/01, EU:C:2003:513.

(5) CJUE, 10 juin 2010, *Fallimento Traghetti del Mediterraneo*, aff. C-140/09 EU:C:2010:335.

du 24 juillet 2014, à annuler ladite décision et à statuer sur le fond de l'affaire.

Tout en rejetant les demandes de réparation de FTDM fondées sur la responsabilité de l'État italien dans ses fonctions juridictionnelle et administrative (argument ii) et iii), cette juridiction a fait droit à celle fondée sur la responsabilité de cet État dans sa fonction législative, en raison de l'adoption, par le Parlement italien, de la loi n° 684. Elle a, en particulier, considéré que les subventions octroyées à Tirrenia avaient été susceptibles d'affecter les échanges entre États membres au motif que, « pour des raisons de proximité géographique, les routes desservies par Tirrenia, auraient pu être exploitées par des vecteurs d'autres États membres (en particulier [le Royaume d'Espagne] et la [République française]) qui, toutefois, se seraient trouvés dans des conditions décourageantes par rapport à la première ». En outre, elle a considéré que la présence d'opérateurs d'autres États membres sur les lignes desservies par Tirrenia avait même été constatée par la Commission dans sa décision précitée 2001/851/CEE, du 21 juin 2001. Plus particulièrement elle a estimé que, eu égard à la valeur importante des subventions versées durant les années en question, soit environ 400 milliards de lires italiennes, et au fait que Tirrenia opérait également sur des liaisons internationales, ces subventions relevaient également du régime interdit des subventions dites croisées. Pour finir, elle a considéré que les subventions en cause au principal, en ce qu'elles n'étaient pas antérieures à l'entrée en vigueur du traité CEE, devaient être considérées comme des aides nouvelles, soumises à l'obligation de notification au titre de l'article 93, paragraphe 3, du traité CEE, de telle sorte que, en l'absence d'une telle notification, il y avait violation du droit de l'Union.

En conséquence, elle a condamné ledit État italien à payer à FTDM la même somme de 2 330 355,78 euros, majorés de la réévaluation monétaire et des intérêts légaux, en réparation du préjudice subi par cette société.

La présidence du Conseil des ministres s'est pourvue en cassation contre cet arrêt devant la juridiction de renvoi, en soutenant notamment que les subventions octroyées à

Tirrenia avaient été erronément qualifiées d'aides nouvelles et non d'aides existantes. Cette juridiction de renvoi faisait observer, tout d'abord, que, aux fins de la qualification juridique d'aide existante ou d'aide nouvelle d'une aide d'État octroyée dans le contexte d'un marché non libéralisé, tel que celui en cause au principal, il convenait d'examiner l'applicabilité *ratione temporis* de l'article 1er, sous b), v), du règlement n° 659/1999 du Conseil, du 22 mars 1999, portant modalités d'application de l'article 93 du traité CE (6), applicable à l'époque, remplacé depuis par le règlement (UE) 2015/1589 du Conseil, du 13 juillet 2015, portant modalités d'application de l'article 108 du traité sur le fonctionnement de l'Union européenne (7).

Ensuite, cette juridiction mettait l'accent sur l'importance d'une des caractéristiques du marché concerné, à savoir l'absence de libéralisation de ce marché. Elle considérait ainsi que, au point 143 de son arrêt du 15 juin 2000, *Alzetta e.a. contre Commission* (8), le Tribunal de première instance des Communautés européennes avait dégagé un principe selon lequel un régime d'aides institué dans un marché initialement fermé à la concurrence doit être considéré, lors de la libéralisation de ce marché, comme un régime d'aides existant, et ajoute que ce principe aurait été confirmé par la Cour de justice aux points 66 à 69 de son arrêt du 29 avril 2004, *Italie c/Commission* (9). Dès lors, aux fins de la qualification juridique des subventions en cause au principal d'aides existantes ou d'aides nouvelles, il conviendrait d'examiner également le champ d'application dudit principe.

La juridiction de renvoi fait néanmoins observer également qu'il ressort d'une série d'affaires concernant les entreprises du Gruppo Tirrenia di Navigazione, qui ont donné lieu à l'arrêt de la Cour du 10 mai 2005, *Italie c/Commission* (10),

(6) *JOCE*, 27 mars 1999, L 83, p. 1

(7) *JOUE*, 24 septembre 2015, L 248, p. 9, ci-après « le règlement de procédure ».

(8) CJCE, 15 juin 2000, *Alzetta e.a. c/ Commission*, aff. jtes T-298/97, T-312/97, T-313/97, T-315/97, T-600/97 à T-607/97, T-1/98, T-3/98 à T-6/98 et T-23/98, EU:T:2000:151.

(9) CJCE, 29 avril 2004, *Italie c/ Commission*, aff. C-298/00 P, EU:C:2004:240.

(10) CJCE, 10 mai 2005, *Italie c/ Commission*, aff. C-400/99, EU:C:2005:275.

et aux arrêts du Tribunal du 20 juin 2007, *Tirrenia di Navigazione e.a. contre Commission* (11), et du 4 mars 2009, *Tirrenia di Navigazione e.a. c/Commission* (12), que l'absence de libéralisation du marché du cabotage maritime a été jugée sans pertinence pour la qualification de certaines des mesures en cause dans ces affaires d'aides existantes.

Enfin, la juridiction de renvoi s'interrogeait sur l'applicabilité de l'article 1er, sous b), iv), du règlement n° 659/1999, selon lequel est une aide existante « toute aide réputée existante conformément à l'article 15 du présent règlement » (devenu article 17 du nouveau règlement de procédure) lu en combinaison avec l'article 15 de ce règlement (selon lequel « [t]oute aide à l'égard de laquelle le délai de prescription a expiré est réputée être une aide existante »), à des subventions octroyées avant l'entrée en vigueur dudit règlement. Selon cette juridiction, il ressortirait de l'arrêt du 16 avril 2015, *Trapeza Eurobank Ergasias* (13), que ces dispositions pourraient être applicables aux faits antérieurs à l'entrée en vigueur du même règlement.

C'est dans ces conditions que la *Corte suprema di cassazione* a décidé de surseoir à statuer et de poser à la Cour de justice les questions préjudicielles auxquelles la Cour a répondu dans son arrêt sous commentaire.

Fond

Sur le fond, la Cour de justice devait successivement aborder deux questions : la première consistait à préciser, en l'espèce, si les aides litigieuses devaient être qualifiées d'aides nouvelles ou d'aides existantes compte tenu du fait qu'elles avaient été accordées à une entreprise pour son activité sur un marché non encore libéralisé. La seconde évoquait le même problème de qualification mais cette fois au regard du règlement de procédure et/ou des principes de confiance légitime et de sécurité juridique.

---

(11) CJCE, 20 juin 2007, *Tirrenia di Navigazione e.a. c/ Commission*, aff. T-246/99, EU:T:2007:186, non publié.

(12) CJCE, 4 mars 2009, *Tirrenia di Navigazione e.a. c/ Commission*, aff. jtes T-265/04, T-292/04 et T-504/04, EU:T:2009:48, non publié.

(13) CJUE, 16 avril 2015, *Trapeza Eurobank Ergasias*, aff. C-690/13, EU:C:2015:235.

La première question soulevait donc un problème particulièrement intéressant. En effet, sans revenir sur la définition de l'aide au regard de l'article 107 TFUE, l'on sait que cette définition comporte un élément sur les quatre exigés : il doit s'agir d'une intervention de l'État ou au moyen de ressources d'État. Deuxièmement, cette intervention doit être susceptible d'affecter les échanges entre États membres. Troisièmement, elle doit accorder un avantage sélectif à son bénéficiaire. Quatrièmement, elle doit fausser ou menacer de fausser la concurrence (14) qui pointe sur l'effet anti concurrentiel du versement litigieux (15). En d'autres termes, une aide doit affecter la concurrence. Mais quid d'une « aide » versée alors qu'il n'existe aucune concurrence pour l'entreprise bénéficiaire ? Ne doit-on pas considérer qu'elle ne peut recevoir la qualification d'aide au regard de l'article 107 TFUE, puisqu'elle ne peut affecter aucune concurrence ? La juridiction de renvoi avançait, à l'appui d'une réponse en ce sens, une jurisprudence du Tribunal et de la Cour qui semblait bien avoir admis qu'un régime d'aides institué dans un marché initialement fermé à la concurrence doit être considéré, lors de la libéralisation de ce marché, comme un régime d'aides existant, dans la mesure où il ne relevait pas, au moment de son institution, du champ d'application de l'article 92, paragraphe 1, du traité CEE [devenu l'article 87, paragraphe 1, CE, lui-même devenu, article 107, paragraphe 1, TFUE], uniquement applicable dans les secteurs ouverts à la concurrence, eu égard aux conditions énoncées par ce texte, relatives à l'affectation des échanges entre les États membres et aux répercussions sur la concurrence (16).

Le gouvernement italien développait un argument en ce sens et le prolongeait d'un autre : dans la mesure où les subventions versées à Tirrenia l'ont été à une époque où « le marché » des liaisons maritimes entre l'Italie continentale

(14) CJUE, 21 décembre 2016, *Commission c/ World Duty Free Group e.a.*, aff. jtes C-20/15 P et C-21/15 P, EU:C:2016:981, pt 53 et jurisprudence citée.

(15) Sur cette question, en général, voy. F. Picod, *JurisClasseur Europe*, Aides d'État, 2020, fasc. 1530 et synthèse, n° 23.

(16) TPICE, 15 juin 2000, *Alzetta e.a. c/ Commission*, aff. jtes T-298/97, T-312/97, T-313/97, T-315/97, T-600/97 à T-607/97, T-1/98, T-3/98 à T-6/98 et T-23/98, EU:T:2000:151, pt 143,

et la Sicile et la Sardaigne n'était pas encore ouvert à la concurrence, elles ne pouvaient être qualifiées d'aide d'État au sens de l'article 107 TFUE mais devaient, postérieurement à la libéralisation de ce marché, être qualifiées d'aides existantes, ce qui dispensait l'État de l'obligation de notification préalable au titre de l'article 108, paragraphe 3, TFUE.

En réalité, cet argument ne pouvait convaincre dans la mesure où, la Cour de justice, dans son arrêt précité de 2010 dans cette affaire, avait déjà en partie répondu à cet argument. En effet, elle avait jugé que s'il est vrai qu'une aide d'État peut, en principe, être réputée existante parce qu'il peut être établi qu'elle ne constituait pas une aide au moment de sa mise en vigueur, notamment en raison de l'absence de libéralisation dans le marché concerné, une telle absence de libéralisation n'exclut pas nécessairement qu'une mesure d'aide soit susceptible d'affecter les échanges entre États membres et fausse ou menace de fausser la concurrence (17).

En clair, et de première part, il ne peut être exclu que sur un marché, même s'il n'est que partiellement ouvert à la concurrence, une aide du type de celle en cause dans l'affaire ici commentée, puisse quand même affecter le peu de concurrence existant à la condition que celle-ci soit bien effective (pt 40).

De seconde part, la concurrence susceptible d'être affectée n'est pas seulement celle (faible mais effective) sur le marché non complètement libéralisé (cabotage maritime), mais également celle pouvant exister sur d'autres marchés sur lesquels l'entreprise bénéficiaire peut être active, et qui serait ainsi faussée par l'effet croisé des subventions reçues. Déjà dans son arrêt de 2010, précité (pt 50), la Cour de justice avait admis que Tirrenia pouvait avoir été en concurrence avec des entreprises d'autres États membres sur les lignes internes concernées mais aussi qu'elle a pu être en situation de concurrence avec de telles entreprises sur des lignes

---

confirmé par CJCE, 29 avril 2004, *Italie c/ Commission*, aff. C-298/00 P, EU:C:2004:240, pts 66 à 69, ci-après « la jurisprudence *Alzetta* ».

(17) CJUE, 10 juin 2010, *Fallimento Traghetti del Mediterraneo*, aff. C-140/09, EU:C:2010:335, pt 49.

internationales et que, en l'absence de comptabilité séparée pour ses différentes activités, il ait existé un risque de subventions croisées, c'est-à-dire un risque que les recettes tirées de son activité de cabotage ayant bénéficié des subventions en cause au principal aient été utilisées au profit d'activités exercées par elle sur lesdites lignes internationales.

Or, en l'espèce, en 2019, il a suffi à la Cour de justice de relever (pt 43) que le dossier de l'affaire montrait que le seul marché domestique (cabotage domestique), bien qu'il ne fût pas formellement libéralisé, était néanmoins, à l'époque des faits au principal, un marché concurrentiel et que les subventions accordées à Tirrenia étaient susceptibles d'affecter les échanges entre États membres et de fausser ou de menacer de fausser la concurrence.

Il va de soi que la conséquence immédiate est que, pour autant que les subventions versées à Tirrenia pendant la période contestée, répondent aux trois autres conditions de la définition des aides au sens de l'article 107 TFUE, ce que la Cour de justice demande au juge national de vérifier, ces subventions dont l'effet anti-concurrentiel, au moins potentiel, vient d'être admis, doivent donc être qualifiées d'aides d'État, dès le début de leur versement.

La conséquence immédiate est qu'il n'est pas possible pour l'État italien de se retrancher derrière la jurisprudence *Alzetta*, avancée par la juridiction de renvoi, pour échapper à cette qualification et donc bénéficier de la qualification d'aide existante depuis la libéralisation du marché du cabotage maritime. C'est ce que confirme la Cour lorsqu'elle conclut (pt 45) « des subventions octroyées à une entreprise avant la date de libéralisation du marché concerné, telles que celles en cause au principal, ne peuvent être qualifiées d'aides existantes en raison de la seule absence formelle de libéralisation dudit marché au moment de leur octroi, pour autant que ces subventions étaient susceptibles d'affecter les échanges entre États membres et faussaient ou menaçaient de fausser la concurrence, ce qu'il incombe à la juridiction de renvoi de vérifier ». On se contentera d'ajouter que cette solution ne vaut que pour des marchés qui ne sont que formellement exclus de la libéralisation, c'est-à-dire des marchés qui, en fait, connaissent quand même un minimum de concurrence. Cependant dans le cadre d'un véritable monopole d'État, une telle jurisprudence n'aurait pas de sens, faute de concurrence effective à protéger.

La seconde question a conduit la Cour à rappeler sa jurisprudence, qu'elle devait d'ailleurs réitérer deux mois plus tard (18) et encore récemment (19), s'agissant toujours de la qualification de la mesure litigieuse mais au regard cette fois du règlement de procédure.

En effet, on rappelle que l'article 1, lettre b), iv, du règlement de procédure qualifie d'aide existante, entre autres, « toute aide réputée existante conformément à l'article 15 [ou 17 aujourd'hui] du présent règlement ». Le renvoi à l'article 15 (ou 17 du nouveau règlement) est un renvoi au paragraphe 3 de cette disposition selon lequel le concept d'aide existante s'étend à « [t]oute aide à l'égard de laquelle le délai de prescription a expiré est réputée être une aide existante », sachant que ce délai de prescription est de dix ans (20).

Avant toute chose, ce délai de dix ans doit s'entendre en l'absence de mesure d'instruction de la part de la Commission. En effet, comme le précise la Cour (pt 50) « l'article 15, paragraphe 2, dudit règlement prévoit que toute mesure prise par la Commission ou un État membre, agissant à la demande de la Commission, à l'égard de l'aide illégale interrompt ledit délai et que chaque interruption fait courir de nouveau ce même délai ». En clair, et au regard de cette disposition, la question revenait à se demander si, compte tenu de la période incriminée du versement de l'aide (1976 et 1980), la Commission ou l'État italien au nom de la Commission, avait adopté un acte interruptif de la prescription. Car, en cas de réponse négative, on pouvait s'interroger sur la prescription de l'action au fond (dépôt de plainte de FTDM du 15 avril 2001). En l'espèce, le premier acte de la Commission

(18) CJUE, 5 mars 2019, *Eesti Pagar*, aff. C-349/17, EU:C:2019:172.
(19) CJUE, 30 avril 2020, *Nelson Antunes da Cunha Lda*, aff. C-627/18, EU:C:2020:321.
(20) Sur la distinction entre aide nouvelle et aide existante, voy. F. Picod, *JurisClasseur Europe*, 2020, fasc. 1530, et synthèse, n°s 40 et s.

s'agissant des aides versés à Tirrenia est la lettre adressée par la Commission à l'État italien informant ce dernier de l'ouverture de la procédure au titre de ce qui serait aujourd'hui l'article 108, paragraphe 2, TFUE et qui devait conduire la Commission à adopter sa décision précitée 2001/851/CE, du 21 juin 2001, concernant les aides d'État versées par l'Italie à la compagnie maritime Tirrenia di Navigazione (21). Or cette lettre date du 6 août 1999, ce qui est postérieur de 19 ans à l'année 1980, dernière année de la période incriminée.

Il pouvait donc paraître justifié d'avancer l'argument de la prescription. C'était cependant oublier que les parties au fond n'étaient pas dans le cadre d'une procédure administrative mais dans celui d'un contentieux devant le juge national. Or, pour complémentaires que soient les rôles de la Commission et des juridictions nationale dans le contrôle des aides d'États, les textes applicables à ces deux intervenants ne sont pas les mêmes.

C'est l'occasion pour la Cour de revenir sur ce rôle complémentaire mais distinct qu'elle a depuis longtemps explicité (22). Ainsi même si la mise en œuvre de ce système de contrôle incombe, d'une part, à la Commission et, d'autre part, aux juridictions nationales, leurs rôles respectifs sont complémentaires mais distincts (23). Plus particulièrement, l'appréciation de la compatibilité de mesures d'aide avec le marché commun relève de la compétence exclusive de la Commission, agissant sous le contrôle des juridictions de l'Union, alors que les juridictions nationales veillent quant à elles à la sauvegarde des droits des justiciables en cas de violation de la seule obligation de notification préalable des aides d'État à la Commission prévue à l'article 108 paragraphe 3, TFUE (24).

---

(21) *JOUE*, 4 décembre 2001, L 318, p. 9.

(22) Voy. sur le plan doctrinal F. Picod, *JuriClasseur Europe*, fasc. 1530 et synthèse Aides d'État, n°s 57 et s., et quant à la jurisprudence CJCE, 21 novembre 1991, *Fédération nationale du commerce extérieur des produits alimentaires et Syndicat national des négociants et transformateurs de saumon*, aff. C-354/90, *Rec.*, p. I-5505, pt 11, ci-après l'« arrêt FNCE », et du 11 juillet 1996, *SFEI e.a.*, aff. C-39/94, *Rec.*, p. I-3547, pt 39 et la jurisprudence citée.

(23) CJUE, 21 novembre 2013, *Deutsche Lufthansa*, aff. C-284/12, EU:C:2013:755, pt 27 et jurisprudence citée.

(24) CJCE, 5 octobre 2006, *Transalpine Ölleitung in Österreich*, aff. C-368/04, EU:C:2006:644, pt 38.

On sait que ce rôle des juridictions nationales peut les amener à accueillir des demandes de mesures provisoires de la part de concurrent de bénéficiaires d'aide d'État illégales souhaitant faire cesser le versement de celles-ci(25). À cet égard, il appartient aux juridictions nationales de garantir que toutes les conséquences d'une violation de l'article 108, paragraphe 3, dernière phrase, TFUE sont tirées, conformément à leur droit national, notamment en ce qui concerne tant la validité des actes d'exécution que le recouvrement des soutiens financiers accordés au mépris de cette disposition, l'objet de leur mission étant, par conséquent, d'adopter les mesures propres à remédier à l'illégalité de la mise à exécution des aides, afin que le bénéficiaire ne conserve pas la libre disposition de celles-ci pour le temps restant à courir jusqu'à la décision finale de la Commission(26).

Cependant, deux remarques permettent de nuancer l'application de cette jurisprudence au cas d'espèce. D'abord, le fait qu'en l'espèce l'action devant le juge national n'était pas une demande de mesure provisoire, qui selon la jurisprudence citée, obéit à l'objectif de garantir l'effet utile de la compétence exclusive de la Commission pour connaître de la compatibilité de l'aide, même si en même temps il s'agit de garantir les droits des justiciables que ceux-ci tirent de l'article 108, paragraphe 3, TFUE.

En revanche, en l'espèce, le juge national était saisi d'un contentieux indemnitaire lié à un contentieux de la responsabilité. Or, dans le cadre de telles actions en dommages et intérêts, les juridictions, en exerçant leurs fonctions de sauvegarde des droits des justiciables, jouissent d'une certaine indépendance par rapport à l'intervention de la Commission si bien que la possibilité de réclamer des dommages et intérêts est, en principe, indépendante de toute procédure d'examen parallèle menée par la Commission relative à l'aide en cause (pt 57). Il est même possible d'aller jusqu'à prétendre que l'objectif tenant à la sauvegarde de la compétence de la

(25) Voy. les arrêts précités *FNCE* et *SFEI*.

(26) CJUE, 21 novembre 2013, *Deutsche Lufthansa*, aff. C-284/12, EU:C:2013:755, pts 30 et 31 ainsi que jurisprudence citée.

Commission est ici totalement étranger à ce type d'action devant le juge national, même si la faute invoquée, source de la responsabilité et donc des dommages et intérêts, réside bien dans le versement d'une aide illégale, c'est-à-dire d'une aide violant la compétence de la Commission, et non pas d'une aide incompatible (ce que seule la Commission pourra éventuellement établir).

De cette affirmation la Cour de justice tire deux conséquences, l'une déjà connue, l'autre plus nouvelle. La première (pt 59) est que « sous peine de porter atteinte à l'effet direct de l'article [108] paragraphe 3, du traité [...], dernière phrase, et de méconnaître les intérêts des justiciables que ces juridictions ont pour mission de préserver, une décision de la Commission déclarant une aide non notifiée compatible avec le marché intérieur n'a pas pour conséquence de régulariser, a posteriori, les actes d'exécution qui sont invalides du fait qu'ils ont été pris en méconnaissance de l'interdiction visée par cette disposition. Toute autre interprétation conduirait à favoriser l'inobservation, par l'État membre concerné, de ladite disposition et la priverait de son effet utile » (27). Pour la Cour, (pt 60 de l'arrêt commenté), lorsqu'un requérant parvient à démontrer devant la juridiction nationale qu'il a subi un dommage causé par la mise en vigueur prématurée d'une aide d'État et, plus spécifiquement, par l'avantage temporel illégal qu'en a retiré le bénéficiaire, l'action en dommages et intérêts peut, en principe, être accueillie quand bien même la Commission, au moment où la juridiction nationale statue sur la demande, aurait déjà approuvé l'aide concernée. Cette solution déjà acquise antérieurement repose sur une logique imparable mais laisse toujours dubitatif quant à la contrariété susceptible de survenir entre la décision du juge national qui fait droit à la sanction du versement de subvention non notifiée, estimant qu'il s'agit d'une aide illégale, et la décision de la Commission qui viendrait ultérieurement décider non pas que l'aide est compatible mais que la mesure en cause ne constitue pas une aide dont le projet n'avait de

(27) CJCE, 5 octobre 2006, *Transalpine Ölleitung in Österreich*, aff. C-368/04, EU:C:2006:644, pt 41 et jurisprudence citée.

ce fait pas être notifié au titre de l'article 108, paragraphe 3, TFUE.

Ensuite, il faut rappeler que, s'agissant précisément des règles contenues dans le règlement de procédure, et en particulier celles relatives au délai de prescription (article 15 ancien, article 17 nouveau) elles ne s'appliquent que dans le cadre des procédures administratives faisant intervenir la Commission. En effet, la Cour a précisé, aux points 34 et 35 de son arrêt du 5 octobre 2006, *Transalpine Ölleitung in Österreich* (28), que, dans la mesure où le règlement de procédure contient des règles de nature procédurale qui s'appliquent à toutes les procédures administratives en matière d'aides d'État pendantes devant la Commission, celui-ci codifie et étaye la pratique de la Commission en matière d'examen des aides d'État mais ne contient aucune disposition relative aux pouvoirs et aux obligations des juridictions nationales, lesquels restent régis par les dispositions du traité, telles qu'interprétées par la Cour. En clair, la question du délai de prescription pour la récupération d'une aide illicite, que ce soit d'ailleurs par les juridictions ou les autorités nationales ressortit, sauf exception à la compétence du seul droit national. En effet, les règles de prescription du règlement de procédure ne font que limiter dans le temps les pouvoirs de la Commission en matière de récupération des aides d'État. Dès lors, l'expiration du délai de prescription de ce règlement « ne saurait avoir pour effet de régulariser rétroactivement des aides d'État entachées d'illégalité, du seul fait qu'elles deviennent des aides existantes au sens de l'article 1er, sous b), v), et, par suite, de priver de tout fondement juridique un recours en dommages et intérêt introduit contre l'État membre concerné par des particuliers et des concurrents affectés par l'octroi de l'aide illégale » (pt 62).

Si l'article 15 (ou 17 aujourd'hui), en matière de délai de prescription, du règlement de procédure ne trouve pas à s'appliquer, la conclusion s'impose (pt 67) « Il résulte des considérations qui précèdent que la définition de la notion

---

(28) CJCE, 5 octobre 2006, *Transalpine Ölleitung in Österreich*, aff. C-368/04, EU:C:2006:644.

d'« aide existante » figurant à l'article 1er, sous b), iv), du règlement n° 659/1999 [qui renvoyait à l'article 15 de ce dernier] n'est pas applicable à une situation telle que celle en cause au principal ». C'est là tout le paradoxe, il n'est possible de qualifier une mesure « d'aide existante » que sur la base du droit de l'Union, et en particulier le règlement de procédure, mais devant les juridictions nationales, ce règlement n'est pas applicable. Est-ce à dire que les juridictions nationales devant lesquelles est portée une action indemnitaire ont toute liberté pour qualifier d'aide existante, la mesure dont l'absence de notification sert de fondement à l'action judiciaire ?

Ce serait aller trop loin. En effet, les juridictions seront d'abord tenues par la jurisprudence de la Cour de justice en la matière, notamment sur la définition des aides existantes. Ensuite, les principes du droit de l'Union vont trouver à intervenir. À cet égard, l'Italie qui invoquait devant la Cour le principe de confiance légitime pour tenter de pallier l'inapplicabilité du règlement de procédure et ainsi échapper aux conséquences indemnitaires de son impéritie, a été vertement renvoyée par la Cour à mieux se défendre, par le rappel de la jurisprudence constante selon laquelle (pt 68) « S'agissant, ensuite, de l'invocabilité du principe de la protection de la confiance légitime, il convient de relever que ce principe ne saurait être invoqué par une personne ayant violé le droit en vigueur » (29). D'où il découle que dans le cas où des subventions ont été octroyées en violation de l'obligation de notification préalable instaurée à l'article 108, paragraphe 3, TFUE, les entités étatiques ne sauraient se prévaloir du principe de la protection de la confiance légitime (30).

Reste donc le principe de sécurité juridique qui, s'il est reconnu dans l'ordre juridique interne de l'État du juge de renvoi, pourrait être de nature à limiter l'action indemnitaire portée devant lui, mais à deux conditions que la Cour de justice rappelle : d'une part, que les modalités procédurales

(29) Voy. par ex. CJCE, 14 juillet 2005, *ThyssenKrupp c/ Commission*, aff. jtes C-65/02 P et C-73/02 P, EU:C:2005:454, pt 41.

(30) CJCE, 15 décembre 2005, *Unicredito Italiano*, aff. C-148/04, EU:C:2005:774, pt 104.

de ce type de contentieux ne sont pas moins favorables que celles concernant des droits qui trouveraient leur origine dans l'ordre juridique interne (principe de l'équivalence) et, d'autre part, qu'elles ne rendent pas impossible ou excessivement difficile, en pratique, l'exercice des droits conférés par l'ordre juridique communautaire (principe d'effectivité) (31). En conclusion (pt 73) « les seules règles de prescription applicables en l'espèce sont celles du droit national, interprétées à la lumière des principes d'effectivité et d'équivalence ». Si le principe d'équivalence ne pose qu'une limite peu contraignante, le principe d'effectivité, lui devrait fortement contraindre le droit national à repousser toute application « nationale » de la sécurité juridique pour repousser l'action indemnitaire dans une configuration comme celle de l'espèce. On rappelle que s'agissant de l'obligation de récupération celle-ci n'a été jugée remplie que lorsque l'État membre concerné a effectivement récupéré non seulement le montant de l'aide incompatible, mais également les intérêts (32). La Cour en donne déjà un exemple en refusant que le juge national applique « par analogie » avec le règlement de procédure une prescription décennale à une telle action, car une telle limite serait elle-même contraire au principe de sécurité juridique (pt 74). De surcroît, compte tenu du but et de la portée de l'obligation de notification préalable, reconnus par la Cour, il est peu vraisemblable que beaucoup de dispositions nationales soient à même de limiter, en tout cas l'action indemnitaire, mais vraisemblablement toutes les actions fondées sur une violation de l'article 108, paragraphe 3, TFUE, et puissent trouver le couvert du principe de sécurité juridique. Que l'on se souvienne que « s'il convient de veiller au respect des impératifs de sécurité juridique, il importe également de mettre en balance le respect de ces impératifs avec l'intérêt public visant à éviter que le fonctionnement du marché ne soit faussé par des aides d'État nuisibles pour

(31) CJCE, 5 octobre 2006, *Transalpine Ölleitung in Österreich*, aff. C-368/04, EU:C:2006:644, pt 45.

(32) CJCE, 12 février 2008, *CELF et ministre de la Culture et de la Communication*, aff. C-199/06, EU:C:2008:79, pt 54, et CJUE, 3 septembre 2015, *A2A*, aff. C-89/14, EU:C:2015:537, pt 42.

la concurrence, ce qui exige, selon une jurisprudence constante de la Cour, que des aides illégales soient restituées afin de rétablir la situation antérieure »(33), et qu'il « est de jurisprudence constante que, compte tenu du caractère impératif du contrôle des aides étatiques opéré par la Commission au titre de l'article 108 TFUE, que d'une part, les entreprises bénéficiaires d'une aide ne sauraient avoir, en principe, une confiance légitime dans la régularité de l'aide que si celle-ci a été accordée dans le respect de la procédure prévue à cet article et, que d'autre part, un opérateur économique diligent doit normalement être en mesure de s'assurer que cette procédure a été respectée ». En particulier, lorsqu'une aide est mise à exécution sans notification préalable à la Commission, de sorte qu'elle est illégale en vertu de l'article 108, paragraphe 3, TFUE, le bénéficiaire de l'aide ne peut avoir, à ce moment, une confiance légitime dans la régularité de l'octroi de celle-ci (34), et il en va ainsi tant dans les cas d'aides individuelles que dans ceux d'aides octroyées en vertu d'un régime d'aide. Il (comme le dispensateur de l'aide) ne saurait pas plus échapper aux conséquences de cette illégalité au nom du principe de sécurité juridique (35).

Dominique Berlin

(33) CJCE, 14 janvier 1997, *Espagne c/ Commission*, aff. C-169/95, EU:C:1997:10, pt 47 et jurisprudence citée.

(34) CJUE, 5 mars 2019, *Eesti Pagar*, aff. C-349/17, préc., pt 98, et jurisprudence citée.

(35) CJUE, 30 avril 2020, *Nelson Antunes da Cunha Lda*, aff. C-627/18, préc., pt 60.

Cour de justice, gde ch., 5 mars 2019, *Eesti Pagar AS c/ Ettevõtluse Arendamise Sihtasutus, Majandus- ja Kommunikatsiooniministeerium*, aff. C-349/17, ECLI:EU:C:2019:172

Conclusions de l'avocat général M. Wathelet, du 25 septembre 2018, ECLI:EU:C:2018:768

Mots-clés : Renvoi préjudiciel – Aides d'État – Aides ayant un effet incitatif – Notion de « début de la réalisation du projet » – Compétences des autorités nationales – Aide illégale – Absence de décision de la Commission européenne ou d'une juridiction nationale – Obligation incombant aux autorités nationales de récupérer de leur propre initiative une aide illégale – Principe général du droit de l'Union de la protection de la confiance légitime –Absence – Prescription – Aides cofinancées à partir d'un fonds structurel – Intérêts – Obligation de réclamer des intérêts – Principe d'effectivité

Cadre normatif : articles 107 et 108 TFUE ; règlement (CE) n° 800/2008 (règlement général d'exemption par catégorie) ; règlement (CE, Euratom) n° 2988/95 sur la protection des intérêts financiers des Communautés européennes

Notes et observations : L. Idot, « Aides illégales et rôle des autorités nationales », *Europe*, mai 2019, n° 209, p. 36 ; M.-Chr. de Montecler, « Les autorités nationales doivent prendre l'initiative de récupérer une aide d'État illégale », *Dalloz actualités*, 8 mars 2019 ; Cl. Vannini, « Récupération des aides d'État illégales par les autorités nationales : Un nouveau raisonnement ? », *CMS Francis Lefevbre, Legal*, 14 mai 2019

Extraits de l'arrêt

[...]

Le litige au principal et les questions préjudicielles

21. Le 28 août 2008, Eesti Pagar a conclu un contrat aux termes duquel elle s'est engagée auprès de Kauko-Telko Oy à acquérir une chaîne de production de pain moulé et de pain de mie pour le prix de 2 770 000 euros. Conformément à ses stipulations, ce contrat a pris effet après un premier versement de 5 % de ce prix, intervenu le 3 septembre 2008.

22. Le 29 septembre 2008, Eesti Pagar a conclu avec AS Nordea Finance Estonia un contrat de leasing, à la suite duquel a été conclu, le 13 octobre 2008, un contrat de vente tripartite, par lequel Kauko-Telko s'est engagée à vendre cette chaîne de production de pain à Nordea Finance Estonia, qui s'est engagée à donner celle-ci en leasing à Eesti Pagar. Ce contrat a pris effet à sa signature.

23. Le 24 octobre 2008, Eesti Pagar a présenté à l'EAS, sur le fondement de l'article 1er du décret n° 44, du 4 juin 2008, une demande d'aide pour l'acquisition et l'installation de ladite chaîne de production de pain. Par une décision du 10 mars 2009, l'EAS a fait droit à cette demande pour un montant de 526 300 euros. Il a été précisé lors de l'audience devant la Cour que cette aide était cofinancée à partir du Fonds européen de développement régional (FEDER).

24. Par une lettre du 22 janvier 2013, l'EAS a informé Eesti Pagar que le contrat de vente conclu le 28 août 2008 méconnaissait la condition d'effet incitatif de l'aide prévue à l'article 8, paragraphe 2, du règlement n° 800/2008, de sorte qu'Eesti Pagar s'était vu octroyer une aide d'État illégale. Eesti Pagar, estimant que l'aide d'État dont elle avait bénéficié présentait bien un caractère incitatif, n'a pas adressé, contrairement à ce que l'EAS lui a conseillé dans la même lettre, une demande d'autorisation de ladite aide à la Commission.

25. Par une lettre du 12 juillet 2013, l'EAS a informé Eesti Pagar qu'elle avait engagé une procédure de non-conformité en raison de cette irrégularité et qu'elle envisageait de récupérer le montant de 526 300 euros versé au titre de l'aide en cause.

26. Le 8 janvier 2014, l'EAS a adopté une décision de récupération auprès d'Eesti Pagar du montant de l'aide en cause, majoré de 98 454 euros au titre des intérêts composés afférents à la période comprise entre la date du versement de cette aide et la date de récupération de celle-ci, conformément à l'article 9 du règlement n° 794/2004 et à l'article 28 du STS. Selon cette décision, un contrôle ex post effectué au mois de décembre 2012 avait révélé l'existence du contrat de vente du 28 août 2008, conclu avant la présentation de la demande d'aide auprès de l'EAS, de sorte que l'effet incitatif requis à l'article 8, paragraphe 2, du règlement n° 800/2008 n'était pas démontré.

27. Le 10 février 2014, Eesti Pagar a introduit un recours hiérarchique contre ladite décision, qui a été rejeté par la décision du ministère n° 14-0003, du 21 mars 2014.

28. Le 21 avril 2014, Eesti Pagar a saisi le Tallinna Halduskohus (tribunal administratif de Tallinn, Estonie) d'un recours tendant, à titre principal, à l'annulation de la décision de récupération de l'EAS et de la décision confirmative du ministère, à titre subsidiaire, à la constatation de l'illégalité de ces décisions en ce qui concerne la récupération de l'aide en cause et, à titre encore plus subsidiaire, à l'annulation de celles-ci en ce qui concerne les intérêts réclamés. Par jugement du 17 novembre 2014, cette juridiction a rejeté ce recours dans son intégralité.

29. Le 16 décembre 2014, Eesti Pagar a interjeté appel de ce jugement devant la juridiction de renvoi, qui l'a rejeté par un arrêt du 25 septembre 2015.

30. Le 26 octobre 2015, Eesti Pagar a formé un pourvoi en cassation, auquel la Riigikohus (Cour suprême, Estonie) a fait partiellement droit, par un arrêt du 9 juin 2016, en annulant l'arrêt de la juridiction de renvoi ainsi que le point 1.1 du dispositif de la décision de récupération du 8 janvier 2014, de même que la partie du point 1.2 de cette décision concernant les intérêts. Elle a, au surplus, renvoyé l'affaire devant la juridiction de renvoi pour un nouvel examen. L'arrêt de la Riigikohus (Cour suprême) est notamment fondé sur les considérations suivantes :

- un engagement ferme d'acheter des équipements avant d'introduire la demande d'aide n'exclut pas un effet incitatif lorsque l'acheteur peut se délier sans difficultés excessives du contrat en cas de refus de l'aide, ce qui n'apparaîtrait pas exclu en l'espèce ;
- aucune disposition du droit de l'Union n'obligeant expressément et impérativement les États membres à récupérer une aide illégale sans décision de la Commission, la récupération d'une telle aide à l'initiative de l'État membre concerné relève d'une décision discrétionnaire de ses autorités ;
- dans le cadre de la récupération d'une aide à l'initiative de l'État membre concerné, il convient de procéder à une appréciation discrétionnaire en prenant en compte la confiance légitime du bénéficiaire, qui peut naître de l'action d'une autorité nationale ;
- s'il n'est pas certain, en l'espèce, que s'applique le délai de prescription de quatre ans, prévu à l'article 3, paragraphe 1, du règlement n° 2988/95 pour les cas de récupération d'aides structurelles payées par l'État membre concerné, en tout état de cause, le délai de prescription de dix ans, prévu à l'article 15, paragraphe 1, du règlement n° 659/1999 ne saurait s'appliquer en l'absence d'une décision de la Commission sur la récupération d'une aide, et

– ni le droit estonien ni le droit de l'Union ne fournissent de base juridique pour réclamer des intérêts pour la période comprise entre le paiement de l'aide en cause et sa récupération, étant donné, notamment, que les articles 9 et 11 du règlement n° 794/2004 ne visent, conformément à l'article 14, paragraphe 2, première phrase, du règlement n° 659/1999, que les intérêts afférents à une aide qui doit être récupérée en vertu d'une décision de la Commission et que l'article 4, paragraphe 2, et l'article 5, paragraphe 1, sous b), du règlement n° 2988/95 ne prévoient pas d'obligation de payer des intérêts, mais supposent qu'une telle obligation est prévue par des actes du droit de l'Union ou des États membres.

31. Dans le cadre de la procédure ainsi reprise devant la juridiction de renvoi, Eesti Pagar affirme, notamment, que les contrats qu'elle a conclus les 28 août, 29 septembre et 13 octobre 2008 n'étaient pas contraignants, dès lors que, en cas de refus de l'aide demandée, elle aurait facilement pu y mettre fin en s'acquittant de modestes frais de dédit. Le projet d'acquisition et d'installation d'une chaîne de production de pain n'aurait pas été réalisé sans l'aide demandée et l'EAS aurait dû examiner l'effet incitatif de celle-ci sur le fond.

32. Cette société prétend également que la conclusion de ces contrats était connue par l'EAS au moment de la présentation de la demande d'aide et que leur conclusion avant la présentation de cette demande lui a été recommandée par un représentant de celle-ci. Par l'octroi de l'aide demandée, l'EAS aurait ainsi créé à l'égard de ladite société une confiance légitime dans la légalité de cette aide.

33. En outre, Eesti Pagar fait valoir qu'il n'existe aucune obligation pour l'EAS de récupérer l'aide en cause, que la récupération de celle-ci n'est plus possible en vertu de la règle de prescription prévue à l'article 11, paragraphe 1, du décret gouvernemental n° 278 et de l'article 26, paragraphe 6, du STS, voire de l'article 3, paragraphe 1, du règlement n° 2988/95, et que les intérêts réclamés sont contraires à l'article 27, paragraphe 1, et à l'article 28, paragraphes 1 à 3, du STS.

34. L'EAS et le ministère considèrent que la demande d'aide ne satisfaisait pas aux conditions prévues à l'article 8, paragraphe 2, du règlement n° 800/2008 et que, en vertu notamment de l'article 101 du règlement n° 1083/2006, l'EAS était tenue de réclamer à Eesti Pagar le remboursement de l'aide en cause.

35. L'EAS conteste avoir eu, lors de l'examen de la demande d'aide, connaissance des contrats conclus par Eesti Pagar les 28 août, 29 septembre et 13 octobre 2008 et avoir recommandé leur conclusion. Elle n'aurait ainsi créé aucune confiance légitime en faveur de ladite société. Le ministère estime que, en tout état de cause, ni la bonne foi du

bénéficiaire ni le comportement d'un organe administratif ne dispensent de l'obligation de rembourser une aide illégale.

36. Selon l'EAS et le ministère, le délai de prescription de dix ans prévu à l'article 15, paragraphe 1, du règlement n° 659/1999 s'applique en l'espèce, au moins par analogie, et l'obligation de payer des intérêts résulte, notamment, de l'article 14, paragraphe 2, de ce règlement.

37. Le 30 décembre 2016, la Commission a présenté des observations à la juridiction de renvoi en qualité d'*amicus curiae*.

38. La juridiction de renvoi relève, en premier lieu, que, si elle est liée, en vertu d'une règle de droit interne, par l'appréciation portée en droit par l'arrêt du 9 juin 2016 de la Riigikohus (Cour suprême), il ressort de la jurisprudence de la Cour que l'existence d'une telle règle ne saurait la priver de la faculté prévue à l'article 267 TFUE de saisir la Cour de questions d'interprétation du droit de l'Union.

39. En deuxième lieu, elle relève que l'analyse de la Riigikohus (Cour suprême), selon laquelle il était possible d'apprécier la question de savoir si la personne qui a présenté une demande afin de recevoir une aide aurait pu, au cas où cette aide lui aurait été refusée, se délier des contrats sans difficulté excessive, est inspirée par une jurisprudence de la Cour relative non pas à la compétence des autorités nationales dans le contexte d'un règlement général d'exemption par catégorie, mais d'une appréciation individuelle effectuée par la Commission au titre de l'article 107, paragraphe 3, TFUE. Elle doute néanmoins que cette jurisprudence soit transposable à l'appréciation de l'effet incitatif effectuée par l'État membre concerné sur le fondement du règlement n° 800/2008 et s'interroge sur le point de savoir si l'autorité de cet État membre est compétente pour apprécier sur le fond la question de savoir si l'aide en cause est pourvue d'un effet incitatif.

40. En troisième lieu, cette juridiction considère qu'il ne ressort pas clairement de la jurisprudence de la Cour si un État membre, lorsqu'il prend la décision de récupérer une aide illégale sans décision en ce sens de la Commission, est autorisé à se fonder sur les principes nationaux du droit de la procédure administrative et à prendre en compte la confiance légitime que l'autorité nationale a fait naître à l'égard du bénéficiaire de l'aide en cause.

41. En quatrième lieu, la juridiction de renvoi estime qu'une incertitude demeure également sur le point de savoir s'il convient, pour une décision de récupération d'une aide illégale prise par une autorité d'un État membre, de se référer au délai de prescription de quatre ans, prévu à l'article 3, paragraphe 1, du règlement n° 2988/95 ou au délai de prescription de dix ans, prévu à l'article 15, paragraphe 1, du règlement n° 659/1999.

42. En cinquième lieu, cette juridiction précise que, bien que la Riigikohus (Cour suprême) ait résolu le litige partiellement en ce qui concerne les intérêts et ait annulé la décision de récupération en ce que celle-ci obligeait Eesti Pagar à payer des intérêts, il reste nécessaire, pour résoudre l'affaire dont elle est saisie, de connaître les conditions auxquelles le droit de l'Union subordonne le paiement d'intérêts en cas de récupération d'une aide illégale à l'initiative d'un État membre.

43. Or, la jurisprudence de la Cour ne ferait pas apparaître de manière suffisamment claire si l'autorité de l'État membre, lorsqu'elle récupère une aide illégale de sa propre initiative, doit se référer à cet égard aux objectifs énoncés à l'article 108, paragraphe 3, TFUE, indépendamment des règles du droit interne applicables pour exiger des intérêts, et de calculer les intérêts conformément aux dispositions des articles 9 et 11 du règlement n° 794/2004.

44. C'est dans ces circonstances que la Tallinna Ringkonnakohus (cour d'appel de Tallinn, Estonie) a décidé de surseoir à statuer et de poser à la Cour les questions préjudicielles suivantes :

« [1)] L'article 8, paragraphe 2, du [règlement n° 800/2008] doit-il être interprété en ce sens que, dans le cadre de cette disposition, la "réalisation du projet ou de l'activité" a débuté lorsque l'activité à subventionner consiste par exemple à acquérir des équipements et que le contrat de vente portant sur ces équipements a été conclu ? Les autorités de l'État membre sont-elles compétentes pour apprécier la méconnaissance du critère prévu dans cette disposition au regard des frais de dédit du contrat dont la conclusion est constitutive d'une violation de l'exigence d'un effet incitatif ? À supposer que les autorités de l'État membre aient une telle compétence, jusqu'à quel montant (en pourcentage) peut-on considérer que les frais de dédit du contrat représentent un coût d'importance suffisamment marginale pour que l'exigence de l'effet incitatif soit satisfaite ?

[2)] L'autorité de l'État membre a-t-elle l'obligation de récupérer une aide illégale qu'elle a octroyée même si la Commission [...] n'a pas rendu de décision en ce sens ?

[3)] L'autorité de l'État membre qui décide d'octroyer l'aide en considérant à tort qu'il s'agit d'une aide répondant aux conditions [du règlement n° 800/2008], mais qui, en réalité, octroie une aide illégale, peut-elle créer une confiance légitime à l'égard du bénéficiaire de cette aide ? En particulier, est-il suffisant, pour créer une confiance légitime à l'égard du bénéficiaire de l'aide, que l'autorité de l'État membre, lors de l'octroi de l'aide illégale, ait connaissance des circonstances en raison desquelles l'aide ne relève pas de l'exemption par catégorie ?

Si la réponse à la question précédente est affirmative, il est alors nécessaire de mettre en balance l'intérêt public avec l'intérêt du particulier.

Dans le cadre d'une telle mise en balance, est-il pertinent que la Commission ait rendu une décision, déclarant l'aide en question incompatible avec le marché commun ?

[4)] Quel délai de prescription s'applique-t-il à la récupération de l'aide illégale par l'autorité de l'État membre ? S'agit-il d'un délai de dix ans, au terme desquels l'aide devient une aide existante au sens de l'article 1er et de l'article 15 du [règlement n° 659/1999] et ne peut plus être récupérée, ou de quatre ans, conformément à l'article 3, paragraphe 1, du [règlement n° 2988/95] ?

La base juridique d'une telle récupération, lorsque l'aide a été octroyée au titre d'un fonds structurel, est-elle l'article 108, paragraphe 3, [TFUE], ou bien le [règlement n° 2988/95] ?

[5)] Lorsque l'autorité de l'État membre récupère une aide illégale, a-t-elle dans ce cadre l'obligation de réclamer au bénéficiaire des intérêts sur cette aide illégale ? Dans l'affirmative, quelles règles s'appliquent-elles au calcul des intérêts, notamment en ce qui concerne le taux d'intérêt et la période sur laquelle courent lesdits intérêts ? »

Sur les questions préjudicielles

Sur la recevabilité de la demande de décision préjudicielle

[...]

54. Il s'ensuit que la demande de décision préjudicielle est recevable dans son ensemble.

Sur le fond

Sur la première question, relative à l'effet incitatif de l'aide

55. Par sa première question, la juridiction de renvoi demande, en substance, si l'article 8, paragraphe 2, du règlement n° 800/2008 doit être interprété en ce sens que la « réalisation du projet ou de l'activité », au sens de cette disposition, a débuté lorsqu'une première commande d'équipements destinés à ce projet ou à cette activité a été effectuée au moyen de la conclusion d'un contrat de vente avant la présentation d'une demande d'aide, si bien qu'une aide ne saurait être réputée avoir eu un effet incitatif au sens de ladite disposition, ou si, en dépit de la conclusion d'un tel contrat, les autorités nationales compétentes doivent vérifier si, eu égard au montant des frais de dédit du contrat, l'exigence d'effet incitatif, au sens de la même disposition, est ou non satisfaite.

56. À cet égard, il y a lieu de rappeler que l'obligation de notification constitue l'un des éléments fondamentaux du système de contrôle mis en

place par le traité FUE dans le domaine des aides d'État. Dans le cadre de ce système, les États membres ont l'obligation, d'une part, de notifier à la Commission chaque mesure tendant à instituer ou à modifier une aide, au sens de l'article 107, paragraphe 1, TFUE, et, d'autre part, de ne pas mettre en œuvre une telle mesure, conformément à l'article 108, paragraphe 3, TFUE, aussi longtemps que ladite institution n'a pas pris une décision finale concernant ladite mesure (arrêt du 21 juillet 2016, *Dilly's Wellnesshotel*, C-493/14, EU:C:2016:577, points 31 et 32 ainsi que jurisprudence citée).

57. Or, conformément à l'article 109 TFUE, le Conseil de l'Union européenne est autorisé à prendre tous règlements utiles en vue de l'application des articles 107 et 108 TFUE et à fixer notamment les conditions d'application de l'article 108, paragraphe 3, TFUE ainsi que les catégories d'aides qui sont dispensées de la procédure prévue à cette dernière disposition. Par ailleurs, aux termes de l'article 108, paragraphe 4, TFUE, la Commission peut adopter des règlements concernant les catégories d'aides d'État que le Conseil a déterminées, conformément à l'article 109 TFUE, comme pouvant être dispensées de la procédure prévue à l'article 108, paragraphe 3, TFUE (arrêt du 21 juillet 2016, *Dilly's Wellnesshotel*, C-493/14, EU:C:2016:577, points 33 et 34).

58. Ainsi, c'est en application de l'article 94 du traité CE (devenu article 89 CE, lui-même devenu article 109 TFUE) qu'avait été adopté le règlement n° 994/98, en vertu duquel a été adopté, par la suite, le règlement n° 800/2008 (arrêt du 21 juillet 2016, *Dilly's Wellnesshotel*, C-493/14, EU:C:2016:577, point 35).

59. Il en résulte que, nonobstant l'obligation de notification préalable de chaque mesure tendant à instituer ou à modifier une aide nouvelle, qui s'impose aux États membres en vertu des traités et qui constitue l'un des éléments fondamentaux du système de contrôle des aides d'État, si une mesure d'aide adoptée par un État membre remplit les conditions pertinentes prévues par le règlement n° 800/2008, cet État membre peut se prévaloir de l'exemption de son obligation de notification prévue à l'article 3 de ce règlement. À l'inverse, il ressort du considérant 7 dudit règlement que les aides d'État qui ne sont pas couvertes par le même règlement restent soumises à l'obligation de notification prévue à l'article 108, paragraphe 3, TFUE (arrêt du 21 juillet 2016, *Dilly's Wellnesshotel*, C-493/14, EU:C:2016:577, point 36).

60. Par ailleurs, en tant que tempérament à la règle générale que constitue l'obligation de notification, les dispositions du règlement n° 800/2008 et les conditions prévues par celui-ci doivent être entendues de manière stricte. En effet, si la Commission est autorisée à adopter des règlements d'exemption par catégorie d'aide, afin d'assurer une surveillance efficace des règles de concurrence en matière d'aides d'État et de simplifier la

gestion administrative, sans affaiblir son pouvoir de contrôle dans ce domaine, de tels règlements ont également pour objectif d'augmenter la transparence et la sécurité juridique. Le respect des conditions prévues par ces règlements, y compris, par conséquent, par le règlement n° 800/2008, permet d'assurer que ces objectifs soient pleinement remplis (arrêt du 21 juillet 2016, *Dilly's Wellnesshotel*, C-493/14, EU:C:2016:577, points 37 et 38).

61. Ainsi que le font valoir le gouvernement estonien et la Commission, les objectifs consistant à assurer une surveillance efficace des règles de concurrence en matière d'aides d'État, à simplifier la gestion administrative et à augmenter la transparence et la sécurité juridique, tout comme l'impératif d'assurer une application cohérente à travers l'Union des conditions d'exemption prévues, requièrent que les critères pour l'application d'une exemption soient clairs et simples à appliquer par les autorités nationales.

62. Aux termes de l'article 8, paragraphe 2, du règlement n° 800/2008, les aides accordées aux PME, couvertes par ce règlement, sont réputées avoir un effet incitatif si, avant le début de la réalisation du projet ou de l'activité en question, le bénéficiaire a présenté une demande d'aide à l'État membre concerné.

63. À cet égard, tout d'abord, il ressort du considérant 28 dudit règlement que la Commission a prévu le critère de l'antériorité d'une telle demande par rapport à la réalisation du projet en cause afin de garantir que l'aide est nécessaire et constitue une incitation à développer de nouvelles activités ou de nouveaux projets et, partant, d'exclure du champ d'application du même règlement les aides en faveur d'activités que le bénéficiaire entreprendrait déjà aux conditions normales du marché.

64. Or, l'antériorité de la demande d'aide par rapport au début de l'exécution du projet d'investissement constitue un critère simple, pertinent et adéquat permettant à la Commission de présumer l'effet incitatif de l'aide projetée.

65. Ensuite, il découle notamment des considérants 1, 2 et 5 ainsi que de l'article 3 du règlement n° 800/2008 que la Commission a, en substance, exercé ex ante, par l'adoption de ce règlement, les compétences que lui confère l'article 107, paragraphe 3, TFUE pour toutes les aides remplissant les critères prévus par ledit règlement, et seulement pour celles-ci.

66. À cet égard, il résulte notamment du considérant 28 et de l'article 8, paragraphes 3 et 6, du règlement n° 800/2008, qu'il incombe aux autorités nationales de vérifier, avant l'octroi d'une aide au titre de ce règlement, le respect des conditions relatives au caractère incitatif de ladite aide pour les PME prévues à l'article 8, paragraphe 2, dudit règlement.

67. Enfin, d'une part, aucun élément du règlement n° 800/2008 ne tend à indiquer que la Commission aurait, par l'adoption de ce règlement, eu l'intention de transférer aux autorités nationales la tâche de vérifier l'existence ou non d'un effet incitatif réel. Au contraire, en indiquant que l'intégralité de la mesure d'aide n'est pas exemptée si les conditions énoncées à l'article 8, paragraphes 2 et 3, dudit règlement ne sont pas remplies, le paragraphe 6 de cet article tend à confirmer que, s'agissant de la condition visée au paragraphe 2 dudit article, le rôle desdites autorités se limite à vérifier si la demande d'aide a été présentée avant le début de la réalisation du projet ou de l'activité en question et, pour cette raison, si l'aide doit ou non être réputée avoir un effet incitatif.

68. D'autre part, force est de constater que l'existence ou non d'un tel effet ne saurait être considérée comme étant un critère clair et simple à appliquer par les autorités nationales, dès lors que, notamment, sa vérification requerrait d'effectuer, au cas par cas, des appréciations économiques complexes. Un tel critère ne serait dès lors pas conforme aux exigences identifiées au point 61 du présent arrêt.

69. Dans ces conditions, il convient de considérer que le règlement n° 800/2008 confère aux autorités nationales non pas la mission de vérifier l'existence ou non d'un effet incitatif réel de l'aide en cause, mais celle de vérifier si les demandes d'aides qui leur sont soumises remplissent ou non les conditions prévues à l'article 8 de ce règlement et permettant de considérer que des aides sont réputées avoir un caractère incitatif.

70. Il incombe ainsi aux autorités nationales de vérifier, notamment, si la condition prévue à l'article 8, paragraphe 2, du règlement n° 800/2008, à savoir que la demande d'aide a été présentée « avant le début de la réalisation du projet ou de l'activité en question », est remplie, faute de quoi l'intégralité de la mesure d'aide n'est pas exemptée, ainsi que le prévoit le paragraphe 6 de cet article.

71. S'agissant de l'interprétation de cette condition, la Commission a précisé, au point 38 des lignes directrices, qu'« une aide ne peut être accordée au titre de régimes d'aides que si le bénéficiaire a présenté une demande à cet effet et si l'autorité responsable de l'administration du régime a ensuite confirmé par écrit que, sous réserve de vérifications plus détaillées, le projet en principe remplissait les conditions d'admissibilité fixées dans le régime avant le début des travaux ».

72. Cette institution a, par ailleurs, défini audit point cette dernière notion du « début des travaux » comme visant « soit le début des travaux de construction, soit le premier engagement ferme de commander des équipements, à l'exclusion des études de faisabilité préliminaires ».

73. Or, ainsi que l'a relevé M. l'avocat général au point 81 de ses conclusions, cette définition, malgré le caractère non contraignant des

lignes directrices, est pertinente dès lors qu'elle répond aux objectifs et aux exigences rappelés au point 61 du présent arrêt.

74. Il s'ensuit que, dans une situation telle que celle en cause au principal, la mission des autorités nationales se limite, s'agissant de la condition prévue à l'article 8, paragraphe 2, du règlement n° 800/2008, à vérifier si c'est bien avant la première commande d'équipements au moyen de la conclusion d'un engagement juridiquement contraignant que le bénéficiaire potentiel a présenté sa demande d'aide.

75. À cet égard, il incombe aux autorités nationales compétentes, ainsi que M. l'avocat général l'a relevé au point 82 de ses conclusions, d'examiner au cas par cas la nature précise des engagements éventuellement pris avant la présentation d'une demande d'aide par un bénéficiaire potentiel.

76. Dans cette perspective, si un contrat d'achat d'équipements conclu sous condition de l'obtention de l'aide à demander peut être considéré, ainsi que l'ont fait valoir à juste titre l'EAS et le gouvernement estonien lors de l'audience devant la Cour, comme n'étant pas un engagement juridiquement contraignant, en vue de l'application de l'article 8, paragraphe 2, du règlement n° 800/2008, il n'en va pas de même d'un tel engagement inconditionnel, lequel doit, en principe, être considéré comme étant juridiquement contraignant quels que soient les éventuels frais de dédit du contrat.

77. En effet, conformément à l'économie et aux objectifs de cette disposition, des considérations économiques telles que celles liées aux frais de dédit ne peuvent être prises en compte par une autorité nationale en présence d'un engagement inconditionnel et juridiquement contraignant.

78. Quant à l'arrêt du 13 juin 2013, *HGA e.a./Commission* (C-630/11 P à C-633/11 P, EU:C:2013:387), cité par la juridiction de renvoi dans sa demande de décision préjudicielle, la Cour a certes relevé en substance, au point 109 de celui-ci, que, dans le contexte de l'article 107, paragraphe 3, sous a), TFUE, le caractère nécessaire d'une aide pour un projet d'investissement à finalité régionale pouvait être démontré sur la base de critères autres que celui de l'antériorité de la demande d'aide par rapport au début de l'exécution dudit projet.

79. Ainsi que le fait valoir la Commission, une telle conclusion n'est toutefois pas transposable à l'appréciation à laquelle une autorité nationale doit procéder au titre de l'article 8, paragraphe 2, du règlement n° 800/2008, ladite institution bénéficiant, pour l'application de l'article 107, paragraphe 3, TFUE, d'un large pouvoir d'appréciation dont l'exercice implique des évaluations complexes d'ordre économique et social (arrêts du 11 septembre 2008, *Allemagne e.a./Kronofrance*, C-75/05 P et C-80/05 P, EU:C:2008:482, point 59, ainsi que du 8 mars 2016, *Grèce/ Commission*, C-431/14 P, EU:C:2016:145, point 68).

80. En l'occurrence, il ressort de l'exposé des faits figurant dans la décision de renvoi que, le 28 août 2008, Eesti Pagar a conclu un contrat de vente aux termes duquel elle s'est engagée à acquérir une chaîne de production de pain moulé et de pain de mie, que ce contrat a pris effet après un premier versement de 5 % du prix convenu, intervenu le 3 septembre 2008, qu'Eesti Pagar a conclu, le 29 septembre 2008, un contrat de leasing et que, par la suite, les parties à ces deux contrats ont, le 13 octobre 2008, conclu un contrat de vente tripartite qui a pris effet à sa signature.

81. Il apparaît ainsi, ce qu'il incombe toutefois à la juridiction de renvoi de vérifier, qu'Eesti Pagar avait pris, avant la présentation de sa demande d'aide le 24 octobre 2008, des engagements inconditionnels et juridiquement contraignants, de sorte qu'elle devait être considérée, quels que soient les frais de dédit desdits contrats, comme étant inéligible au régime d'aide en cause au principal.

82. Eu égard aux considérations qui précèdent, il y a lieu de répondre à la première question que l'article 8, paragraphe 2, du règlement n° 800/2008 doit être interprété en ce sens que la « réalisation du projet ou de l'activité », au sens de cette disposition, a débuté lorsqu'une première commande d'équipements destinés à ce projet ou à cette activité a été effectuée au moyen de la conclusion d'un engagement inconditionnel et juridiquement contraignant avant la présentation de la demande d'aide, quels que soient les éventuels frais de dédit de cet engagement.

Sur la deuxième question et sur la seconde partie de la quatrième question, relatives à l'obligation de récupérer une aide illégale

83. Par sa deuxième question et la seconde partie de sa quatrième question, qu'il convient d'examiner conjointement, la juridiction de renvoi demande, en substance, si le droit de l'Union doit être interprété en ce sens qu'il incombe à l'autorité nationale de récupérer de sa propre initiative une aide qu'elle a octroyée en application du règlement n° 800/2008 lorsqu'elle constate, par la suite, que les conditions posées par ce règlement n'étaient pas remplies et s'interroge quant au fondement juridique sur lequel une telle récupération doit reposer lorsque l'aide a été cofinancée à partir d'un fonds structurel.

84. Il convient de rappeler d'emblée que l'article 108, paragraphe 3, TFUE institue un contrôle préventif sur les projets d'aides nouvelles. La prévention ainsi organisée vise à ce que seules des aides compatibles soient mises à exécution. Afin de réaliser cet objectif, la mise en œuvre d'un projet d'aide est différée jusqu'à ce que le doute sur sa compatibilité soit levé par la décision finale de la Commission (arrêt du 21 novembre 2013, *Deutsche Lufthansa*, C-284/12, EU:C:2013:755, points 25 et 26 ainsi que jurisprudence citée).

85. Il a déjà été rappelé, au point 56 du présent arrêt, que l'obligation de notification constitue l'un des éléments fondamentaux de ce contrôle et que les États membres ont ainsi l'obligation tant de notifier à la Commission chaque mesure tendant à instituer ou à modifier une aide que de ne pas mettre en œuvre une telle mesure aussi longtemps que la Commission n'a pas pris une décision finale concernant ladite mesure.

86. Il a également été rappelé, au point 59 du présent arrêt, que ce n'est que si une mesure d'aide adoptée par un État membre remplit les conditions pertinentes prévues par le règlement n° 800/2008 que cet État membre peut se prévaloir de l'exemption de son obligation de notification prévue à l'article 3 de ce règlement et que, à l'inverse, les aides d'État qui ne sont pas couvertes par ce règlement restent soumises à l'obligation de notification prévue à l'article 108, paragraphe 3, TFUE.

87. Il s'ensuit que, si une aide a été octroyée en application du règlement n° 800/2008 alors que les conditions posées pour bénéficier d'une exemption au titre de ce règlement n'étaient pas remplies, ladite aide l'a été en violation de l'obligation de notification et doit, partant, être considérée comme étant illégale.

88. À cet égard, la Cour a précisé que l'interdiction de mise à exécution des projets d'aide édictée à l'article 108, paragraphe 3, dernière phrase, TFUE revêt un effet direct et que le caractère immédiatement applicable de l'interdiction de mise à exécution visée à cette disposition s'étend à toute aide qui aurait été mise à exécution sans être notifiée (voir, en ce sens, arrêt du 21 novembre 2013, *Deutsche Lufthansa*, C-284/12, EU:C:2013:755, point 29 et jurisprudence citée).

89. La Cour en a déduit qu'il incombe aux juridictions nationales de garantir que toutes les conséquences d'une violation de l'article 108, paragraphe 3, dernière phrase, TFUE sont tirées, conformément à leur droit national, notamment en ce qui concerne tant la validité des actes d'exécution que le recouvrement des soutiens financiers accordés au mépris de cette disposition, l'objet de leur mission étant, par conséquent, d'adopter les mesures propres à remédier à l'illégalité de la mise à exécution des aides, afin que le bénéficiaire ne conserve pas la libre disposition de celles-ci pour le temps restant à courir jusqu'à la décision de la Commission (voir, en ce sens, arrêt du 21 novembre 2013, *Deutsche Lufthansa*, C-284/12, EU:C:2013:755, points 30 et 31 ainsi que jurisprudence citée).

90. Or, toute disposition du droit de l'Union remplissant les conditions requises pour produire un effet direct s'impose à toutes les autorités des États membres, à savoir non seulement les juridictions nationales, mais également tous les organes de l'administration, y compris les autorités décentralisées, et ces autorités sont tenues d'en faire application (voir, en ce sens, arrêt du 24 mai 2012, *Amia*, C-97/11, EU:C:2012:306, point 38 et jurisprudence citée).

91. En effet, selon une jurisprudence constante de la Cour, tant les autorités administratives que les juridictions nationales chargées d'appliquer, dans le cadre de leurs compétences respectives, les dispositions du droit de l'Union ont l'obligation d'assurer le plein effet de ces dispositions (arrêt du 14 septembre 2017, *The Trustees of the BT Pension Scheme*, C-628/15, EU:C:2017:687, point 54 et jurisprudence citée).

92. Il s'ensuit que, lorsqu'une autorité nationale constate qu'une aide qu'elle a octroyée en application du règlement n° 800/2008 ne remplit pas les conditions posées pour bénéficier de l'exemption prévue par ce règlement, il lui incombe, mutatis mutandis, de respecter les mêmes obligations que celles évoquées au point 89 du présent arrêt, dont celle de récupérer de sa propre initiative l'aide illégalement octroyée.

93. Cela étant, compte tenu non seulement des conséquences qu'une telle récupération de l'aide est susceptible d'entraîner pour l'entreprise concernée, mais aussi de l'exigence pour les États membres, édictée à l'article 4, paragraphe 3, deuxième alinéa, TUE, de prendre toute mesure générale ou particulière propre à assurer l'exécution des obligations découlant des traités ou résultant des actes des institutions de l'Union, il appartient à l'autorité nationale à laquelle a été adressée une demande d'aide susceptible de relever du règlement n° 800/2008 d'examiner avec soin, en tenant compte des éléments qui lui ont été soumis, si l'aide sollicitée répond à l'ensemble des conditions pertinentes édictées par ledit règlement et de refuser cette demande s'il n'est pas satisfait à l'une de ces conditions.

94. S'agissant du fondement juridique d'une telle récupération, il résulte notamment des considérations exposées aux points 89 à 92 du présent arrêt que l'article 108, paragraphe 3, TFUE impose aux autorités nationales de récupérer de leur propre initiative les aides qu'elles ont octroyées, notamment en appliquant à tort le règlement n° 800/2008. Ces considérations s'appliquent indistinctement aux aides cofinancées à partir d'un fonds structurel, l'article 101 du règlement n° 1083/2006 rappelant, en effet, cette obligation. En outre, dans les cas où le règlement n° 2988/95 trouve à s'appliquer, son article 4, paragraphe 1, impose la même obligation.

95. Eu égard aux considérations qui précèdent, il y a lieu de répondre à la deuxième question et à la seconde partie de la quatrième question que l'article 108, paragraphe 3, TFUE doit être interprété en ce sens que cette disposition exige de l'autorité nationale de récupérer de sa propre initiative une aide qu'elle a octroyée en application du règlement n° 800/2008 lorsqu'elle constate, par la suite, que les conditions posées par ce règlement n'étaient pas remplies.

Sur la troisième question, relative au principe de protection de la confiance légitime

96. Par sa troisième question, la juridiction de renvoi demande, en substance, si le droit de l'Union doit être interprété en ce sens que l'autorité nationale peut, lorsqu'elle octroie une aide en appliquant à tort le règlement n° 800/2008, créer une confiance légitime dans la régularité de cette aide à l'égard du bénéficiaire de celle-ci, si, en cas de réponse affirmative, il est alors nécessaire de mettre en balance l'intérêt public avec l'intérêt du particulier et si est pertinente, à cet égard, l'existence ou non d'une décision de la Commission relative à la compatibilité de ladite aide avec le marché intérieur.

97. Conformément à une jurisprudence constante de la Cour, le droit de se prévaloir du principe de la protection de la confiance légitime suppose que des assurances précises, inconditionnelles et concordantes, émanant de sources autorisées et fiables, ont été fournies à l'intéressé par les autorités compétentes de l'Union. En effet, ce droit appartient à tout justiciable à l'égard duquel une institution, un organe ou un organisme de l'Union, en lui fournissant des assurances précises, a fait naître à son égard des espérances fondées. Constituent de telles assurances, quelle que soit la forme sous laquelle ils sont communiqués, des renseignements précis, inconditionnels et concordants (arrêt du 13 juin 2013, *HGA e.a./ Commission*, C-630/11 P à C-633/11 P, EU:C:2013:387, point 132).

98. Il est également de jurisprudence constante de la Cour que, compte tenu du caractère impératif du contrôle des aides étatiques opéré par la Commission au titre de l'article 108 TFUE, d'une part, les entreprises bénéficiaires d'une aide ne sauraient avoir, en principe, une confiance légitime dans la régularité de l'aide que si celle-ci a été accordée dans le respect de la procédure prévue à cet article et, d'autre part, un opérateur économique diligent doit normalement être en mesure de s'assurer que cette procédure a été respectée. En particulier, lorsqu'une aide est mise à exécution sans notification préalable à la Commission, de sorte qu'elle est illégale en vertu de l'article 108, paragraphe 3, TFUE, le bénéficiaire de l'aide ne peut avoir, à ce moment, une confiance légitime dans la régularité de l'octroi de celle-ci (arrêts du 15 décembre 2005, *Unicredito Italiano*, C-148/04, EU:C:2005:774, point 104, et du 19 mars 2015, *OTP Bank*, C-672/13, EU:C:2015:185, point 77).

99. Or, il a déjà été constaté, aux points 59 et 87 du présent arrêt, que ce n'est que si une mesure d'aide adoptée par un État membre remplit les conditions pertinentes prévues par le règlement n° 800/2008 que cet État membre est exempté de son obligation de notification et que, à l'inverse, une aide octroyée en application de ce règlement, alors même que les conditions posées pour bénéficier de celui-ci n'étaient pas remplies, l'a été

en violation de l'obligation de notification et doit être considérée comme étant illégale.

100. En outre, il a été précisé, aux points 89 à 92 du présent arrêt, que, dans une telle situation, il incombe tant aux juridictions nationales qu'aux organes de l'administration des États membres de garantir que toutes les conséquences découlant de la violation de l'article 108, paragraphe 3, dernière phrase, TFUE sont tirées, notamment en ce qui concerne la validité des actes d'exécution et le recouvrement des aides accordées en méconnaissance de cette disposition.

101. Il en découle, d'une part, qu'une autorité nationale octroyant une aide en application du règlement n° 800/2008 ne saurait être considérée comme étant investie de la compétence de prendre une décision définitive concluant à l'absence d'obligation de notifier l'aide demandée à la Commission, au titre de l'article 108, paragraphe 3, TFUE.

102. En effet, dès lors que la Commission a, en substance, elle-même exercé ex ante, par l'adoption du règlement n° 800/2008, les compétences que lui confère l'article 107, paragraphe 3, TFUE pour toutes les aides remplissant les critères prévus par ce règlement, et seulement pour celles-ci, ainsi qu'il a été relevé au point 65 du présent arrêt, elle n'a conféré aucun pouvoir décisionnel aux autorités nationales en ce qui concerne l'étendue de l'exemption de notification, lesdites autorités se trouvant ainsi sur le même plan que les bénéficiaires potentiels d'aides et devant, ainsi qu'il a été souligné au point 93 du présent arrêt, s'assurer que leurs décisions se conforment audit règlement, faute de quoi s'enclenchent les conséquences rappelées au point 100 dudit arrêt.

103. Il en découle, d'autre part, que, lorsqu'une autorité nationale octroie une aide en appliquant à tort le règlement n° 800/2008, elle le fait en méconnaissance tant des dispositions de ce règlement que de l'article 108, paragraphe 3, TFUE.

104. Or, il est de jurisprudence constante de la Cour que le principe de protection de la confiance légitime ne peut être invoqué à l'encontre d'une disposition précise d'un texte de droit de l'Union et que le comportement d'une autorité nationale chargée d'appliquer le droit de l'Union, qui est en contradiction avec ce dernier, ne saurait fonder, à l'égard d'un opérateur économique, une confiance légitime à bénéficier d'un traitement contraire au droit de l'Union (arrêts du 20 juin 2013, *Agroferm*, C-568/11, EU:C:2013:407, point 52 et jurisprudence citée, ainsi que du 7 août 2018, *Ministru kabinets*, C-120/17, EU:C:2018:638, point 52).

105. Il s'ensuit qu'il est exclu d'emblée que, dans une situation telle que celle en cause au principal, une autorité nationale, telle que l'EAS, puisse avoir créé à l'égard d'un bénéficiaire d'une aide octroyée à tort en application du règlement n° 800/2008, tel qu'Eesti Pagar, une confiance légitime dans la régularité de cette aide.

106. Eu égard aux considérations qui précèdent, il y a lieu de répondre à la troisième question que le droit de l'Union doit être interprété en ce sens qu'une autorité nationale ne peut pas, lorsqu'elle octroie une aide en appliquant à tort le règlement n° 800/2008, créer une confiance légitime dans la régularité de cette aide en faveur du bénéficiaire de celle-ci.

Sur la première partie de la quatrième question, relative au délai de prescription applicable à la récupération d'une aide illégale

107. Par la première partie de sa quatrième question, la juridiction de renvoi demande, en substance, si le droit de l'Union doit être interprété en ce sens que, lorsqu'une autorité nationale a octroyé une aide au titre d'un fonds structurel en appliquant à tort le règlement n° 800/2008, le délai de prescription applicable à la récupération d'une aide illégale est celui de dix ans visé à l'article 15 du règlement n° 659/1999, celui de quatre ans visé à l'article 3, paragraphe 1, du règlement n° 2988/95 ou celui prévu par le droit national applicable.

108. À cet égard, il résulte de la jurisprudence rappelée au point 89 du présent arrêt que, en l'absence de réglementation de l'Union en la matière, la récupération de l'aide illégale doit s'effectuer conformément aux modalités de mise en œuvre prévues par le droit national applicable.

109. En particulier, contrairement à ce que prétendent les gouvernements estonien et grec ainsi que la Commission, ne saurait être appliqué à une telle récupération, ni directement, ni indirectement, ni par analogie, le délai de dix ans, visé à l'article 15 du règlement n° 659/1999.

110. En effet, d'une part, ainsi que l'a relevé M. l'avocat général aux points 149 et 152 de ses conclusions, la Cour a précisé, aux points 34 et 35 de son arrêt du 5 octobre 2006, *Transalpine Ölleitung in Österreich* (C-368/04, EU:C:2006:644), que, dans la mesure où le règlement n° 659/1999 contient des règles de nature procédurale qui s'appliquent à toutes les procédures administratives en matière d'aides d'État pendantes devant la Commission, celui-ci codifie et étaye la pratique de la Commission en matière d'examen des aides d'État et ne contient aucune disposition relative aux pouvoirs et aux obligations des juridictions nationales, lesquels restent régis par les dispositions du traité, telles qu'interprétées par la Cour.

111. Or, il résulte des considérations exposées aux points 89 à 92 du présent arrêt que ces appréciations valent tout autant s'agissant des pouvoirs et des obligations des autorités administratives nationales.

112. D'autre part, il est de jurisprudence constante que les délais de prescription remplissent, de façon générale, la fonction d'assurer la

sécurité juridique (arrêt du 13 juin 2013, *Unanimes e.a.*, C-671/11 à C-676/11, EU:C:2013:388, point 31), que, pour remplir cette fonction, ce délai doit être fixé à l'avance et que toute application « par analogie » d'un délai de prescription doit être suffisamment prévisible pour le justiciable (arrêt du 5 mai 2011, *Ze Fu Fleischhandel et Vion Trading*, C-201/10 et C-202/10, EU:C:2011:282, point 32 ainsi que jurisprudence citée).

113. Or, eu égard à la jurisprudence rappelée au point précédent, une application par analogie, dans des circonstances telles que celles prévalant dans l'affaire au principal, du délai de dix ans visé à l'article 15 du règlement n° 659/1999, ne saurait être considérée comme étant suffisamment prévisible pour un justiciable, tel qu'Eesti Pagar.

114. En tout état de cause, ainsi que l'a relevé M. l'avocat général au point 147 de ses conclusions, la seule circonstance que des règles de prescription nationales sont en principe applicables à la récupération d'une aide illégalement octroyée, de la propre initiative des autorités nationales, est sans préjudice de la possibilité que la récupération de cette aide ait lieu ultérieurement, en exécution d'une décision en ce sens de la Commission qui, lorsqu'elle a en sa possession des informations concernant la prétendue illégalité de ladite aide, quelle que soit la source de ces informations, après l'expiration des délais de prescription nationaux, demeure libre de se saisir, dans le délai de dix ans visé à l'article 15 du règlement n° 659/1999, de l'examen de ladite aide.

115. Par ailleurs, s'agissant spécifiquement des aides cofinancées à partir d'un fonds structurel de l'Union, tel que, en l'occurrence, le FEDER, le règlement n° 2988/95 est susceptible de s'appliquer, dès lors que des intérêts financiers de l'Union sont en jeu.

116. En effet, en adoptant le règlement n° 2988/95, en particulier l'article 3, paragraphe 1, premier alinéa, de celui-ci, le législateur de l'Union a décidé d'instituer une règle générale de prescription applicable en la matière et par laquelle il entendait, d'une part, définir un délai minimal appliqué dans tous les États membres et, d'autre part, renoncer à la possibilité de poursuivre une irrégularité portant atteinte aux intérêts financiers de l'Union après l'écoulement d'une période de quatre années postérieure à la réalisation de cette irrégularité (arrêt du 22 décembre 2010, *Corman*, C-131/10, EU:C:2010:825, point 39 et jurisprudence citée).

117. Il en résulte que, à partir de la date d'entrée en vigueur du règlement n° 2988/95, toute irrégularité portant atteinte aux intérêts financiers de l'Union peut, en principe et excepté dans des secteurs pour lesquels le législateur de l'Union a prévu un délai inférieur, être poursuivie par les autorités compétentes des États membres dans un délai de quatre années (arrêt du 22 décembre 2010, *Corman*, C-131/10, EU:C:2010:825, point 40 et jurisprudence citée).

118. À cet égard, il y a lieu de relever que, conformément à l'article 1er de ce règlement, relèvent de son champ d'application les « irrégularités » au regard du droit de l'Union, celles-ci étant définies comme étant toute violation d'une disposition du droit de l'Union résultant d'un acte ou d'une omission d'un opérateur économique qui a ou aurait pour effet de porter préjudice au budget général de l'Union ou à des budgets gérés par celle-ci, soit par la diminution ou la suppression de recettes provenant des ressources propres perçues directement pour le compte de l'Union, soit par une dépense indue.

119. S'agissant plus particulièrement de la condition selon laquelle la violation d'une disposition du droit de l'Union doit résulter d'un acte ou d'une omission d'un opérateur économique, la Cour a eu l'occasion de préciser que la règle relative à la prescription prévue à l'article 3, paragraphe 1, premier alinéa, dudit règlement n'a pas vocation à s'appliquer à la poursuite d'irrégularités résultant d'erreurs des autorités nationales octroyant un avantage financier au nom et pour le compte du budget de l'Union (arrêt du 21 décembre 2011, *Chambre de commerce et d'industrie de l'Indre*, C-465/10, EU:C:2011:867, point 44 ainsi que jurisprudence citée).

120. Cela étant, dans une situation telle que celle en cause dans le litige au principal, il incombe d'abord au demandeur d'une aide de s'assurer qu'il remplit les conditions prévues par le règlement n° 800/2008 pour bénéficier d'une aide exemptée au titre de ce dernier, si bien que l'octroi d'une aide en méconnaissance de ces conditions ne saurait être considérée comme résultant exclusivement d'une erreur commise par l'autorité nationale concernée.

121. Il en va ainsi même lorsque ladite autorité a été informée par le bénéficiaire de l'aide en cause des circonstances engendrant la violation d'une disposition du droit de l'Union, une telle circonstance étant, en tant que telle, sans influence sur la qualification d'« irrégularité », au sens de l'article 1er, paragraphe 2, du règlement n° 2988/95 (voir, en ce sens, arrêt du 21 décembre 2011, *Chambre de commerce et d'industrie de l'Indre*, C-465/10, EU:C:2011:867, point 48 ainsi que jurisprudence citée).

122. Par ailleurs, la définition d'une « irrégularité », au sens de l'article 1er, paragraphe 2, du règlement n° 2988/95, couvre aussi bien les irrégularités intentionnelles ou causées par négligence pouvant, conformément à l'article 5 de ce règlement, conduire à une sanction administrative, que les irrégularités entraînant uniquement le retrait de l'avantage indûment perçu, conformément à l'article 4 du même règlement (arrêt du 24 juin 2004, *Handlbauer*, C-278/02, EU:C:2004:388, point 33).

123. La réalisation d'une irrégularité, qui fait courir le délai de prescription, suppose la réunion de deux conditions, à savoir un acte ou une omission d'un opérateur économique, constituant une violation du droit

de l'Union, ainsi qu'un préjudice, ou un préjudice potentiel, porté au budget de l'Union (arrêt du 6 octobre 2015, *Firma Ernst Kollmer Fleischimport und -export*, C-59/14, EU:C:2015:660, point 24).

124. Dans des circonstances où la violation du droit de l'Union a été détectée après la réalisation du préjudice, le délai de prescription commence à courir à partir de la réalisation de l'irrégularité, c'est-à-dire à partir du moment où tant l'acte ou l'omission d'un opérateur économique constituant une violation du droit de l'Union que le préjudice porté au budget de l'Union ou aux budgets gérés par celle-ci sont survenus (arrêt du 6 octobre 2015, *Firma Ernst Kollmer Fleischimport und -export*, C-59/14, EU:C:2015:660, point 25).

125. Conformément à l'article 3, paragraphe 1, troisième alinéa, du règlement n° 2988/95, la prescription des poursuites peut être interrompue par tout acte porté à la connaissance de la personne en cause, émanant de l'autorité compétente et visant à l'instruction ou à la poursuite de l'irrégularité.

126. À cet égard, il ressort du libellé de l'article 3, paragraphe 1, troisième alinéa, du règlement n° 2988/95 que la notion de « personne en cause » désigne l'opérateur économique soupçonné d'avoir commis les irrégularités, que la notion d'« acte d'instruction ou de poursuite » vise tout acte qui circonscrit avec suffisamment de précision les opérations sur lesquelles portent les soupçons d'irrégularités et que, partant, la condition visée à cette disposition doit être considérée comme remplie lorsqu'un ensemble d'éléments factuels permettent de conclure qu'un tel acte d'instruction ou de poursuite a effectivement été porté à la connaissance de la personne en cause (voir, en ce sens, arrêt du 11 juin 2015, *Pfeifer & Langen*, C-52/14, EU:C:2015:381, points 36, 38 et 43).

127. En l'occurrence, sous réserve de vérification par la juridiction de renvoi, il résulte de cette jurisprudence que le règlement n° 2988/95 est applicable aux faits au principal, qu'une irrégularité au sens de son article 1er a été commise par Eesti Pagar, qu'une connaissance éventuelle par l'EAS d'une commande d'équipements au moyen de la conclusion par cette société d'un engagement inconditionnel et juridiquement contraignant préalablement à la présentation de sa demande d'aide n'affecterait pas l'existence d'une telle irrégularité, que le délai de prescription de quatre ans prévu à l'article 3, paragraphe 1, premier alinéa, du règlement n° 2988/95 a ainsi commencé à courir le 10 mars 2009, date à laquelle, comme il a été indiqué au point 23 du présent arrêt, l'EAS a fait droit à la demande d'aide présentée par Eesti Pagar et où, partant, un préjudice a été porté au budget de l'Union, et que ce délai a été interrompu par la lettre du 22 janvier 2013 évoquée au point 24 du présent arrêt voire, si les conditions visées au point 126 du présent arrêt sont réunies, par le

contrôle ex post effectué au mois de décembre 2012 évoqué au point 26 du présent arrêt.

128. Eu égard à l'ensemble des considérations qui précèdent, il y a lieu de répondre à la première partie de la quatrième question que le droit de l'Union doit être interprété en ce sens que, lorsqu'une autorité nationale a octroyé une aide au titre d'un fonds structurel en appliquant à tort le règlement n° 800/2008, le délai de prescription applicable à la récupération de l'aide illégale est, si les conditions d'application du règlement n° 2988/95 sont réunies, de quatre ans, conformément à l'article 3, paragraphe 1, de ce règlement ou, à défaut, le délai prévu par le droit national applicable.

Sur la cinquième question, relative à l'obligation de réclamer des intérêts

129. Par sa cinquième question, la juridiction de renvoi demande, en substance, si le droit de l'Union doit être interprété en ce sens que, lorsqu'une autorité nationale procède de sa propre initiative à la récupération d'une aide qu'elle a octroyée à tort au titre du règlement n° 800/2008, il lui incombe de réclamer au bénéficiaire de cette aide des intérêts, et, dans l'affirmative, quelles sont les règles qui s'appliquent au calcul desdits intérêts, notamment en ce qui concerne le taux d'intérêt et la période durant laquelle courent ces intérêts.

130. Il a été relevé, aux points 99 et 100 du présent arrêt, que, si une aide a été octroyée en application du règlement n° 800/2008, alors même que les conditions posées pour bénéficier de ce règlement n'étaient pas remplies, cette aide doit être considérée comme étant illégale et que, dans de telles circonstances, il incombe tant aux juridictions nationales qu'aux organes de l'administration des États membres de garantir que toutes les conséquences découlant de la violation de l'article 108, paragraphe 3, dernière phrase, TFUE sont tirées, notamment en ce qui concerne la validité des actes d'exécution et le recouvrement des aides accordées en méconnaissance de cette disposition.

131. S'agissant desdites conséquences, il importe de rappeler que, selon une jurisprudence constante de la Cour, la conséquence logique de la constatation de l'illégalité d'une aide est sa suppression par voie de récupération afin de rétablir la situation antérieure. En effet, le principal objectif visé par la récupération d'une aide d'État versée illégalement est d'éliminer la distorsion de concurrence causée par l'avantage concurrentiel procuré par une telle aide. Or, par le remboursement de l'aide, le bénéficiaire perd l'avantage dont il disposait sur le marché par rapport à ses concurrents et la situation antérieure au versement de l'aide est rétablie (arrêt du 8 décembre 2011, *Residex Capital IV*, C-275/10, EU:C:2011:814, points 33 et 34).

132. Cela étant, du point de vue du bénéficiaire de l'aide, l'avantage indu aura consisté également dans le non-versement des intérêts qu'il aurait acquittés sur le montant en cause de l'aide, s'il avait dû emprunter ce montant sur le marché pendant la durée de l'illégalité, ainsi que dans l'amélioration de sa position concurrentielle face aux autres opérateurs du marché pendant ladite durée (voir, en ce sens, arrêt du 12 février 2008, *CELF et ministre de la Culture et de la Communication*, C-199/06, EU:C:2008:79, point 51).

133. Partant, dans une situation telle que celle du litige au principal et sans préjudice des règles de prescription applicables à celle–ci, une mesure qui consisterait uniquement en une obligation de récupération sans intérêts ne serait pas propre à remédier complètement aux effets de l'illégalité, dès lors qu'elle ne rétablirait pas la situation antérieure et n'éliminerait pas entièrement la distorsion de concurrence (voir, en ce sens, arrêts du 12 février 2008, CELF et ministre de la Culture et de la Communication, C-199/06, EU:C:2008:79, points 52 à 54, ainsi que du 8 décembre 2011, *Residex Capital IV*, C-275/10, EU:C:2011:814, points 33 et 34).

134. L'autorité nationale est donc tenue, en application de l'article 108, paragraphe 3, TFUE, d'ordonner au bénéficiaire de l'aide le paiement d'intérêts au titre de la période d'illégalité (voir, en ce sens, arrêts du 12 février 2008, CELF et ministre de la Culture et de la Communication, C-199/06, EU:C:2008:79, point 52, ainsi que du 8 décembre 2011, *Residex Capital IV*, C-275/10, EU:C:2011:814, points 33 à 35).

135. En ce qui concerne les règles qui s'appliquent au calcul des intérêts, il résulte de la jurisprudence rappelée au point 89 du présent arrêt que, en l'absence de réglementation de l'Union en la matière, la récupération de l'aide illégale doit s'effectuer conformément aux règles du droit national applicable.

136. En particulier, pour les raisons évoquées notamment aux points 110 et 111 du présent arrêt, ni l'article 14, paragraphe 2, du règlement n° 659/1999 ni les articles 9 et 11 du règlement n° 794/2004 ne sauraient être considérés comme étant une telle réglementation de l'Union en la matière. Contrairement à ce que prétendent les gouvernements estonien et grec ainsi que la Commission, ces dispositions ne sauraient non plus, en raison des mêmes considérations, être appliquées indirectement ou par analogie.

137. Cela étant, conformément à une jurisprudence constante de la Cour, la réglementation nationale applicable ne doit pas être moins favorable que celle régissant des situations similaires de nature interne (principe d'équivalence) ni être aménagée de manière à rendre en pratique impossible ou excessivement difficile l'exercice des droits conférés par l'ordre juridique de l'Union (principe d'effectivité) (arrêt du 11 novembre 2015, *Klausner Holz Niedersachsen*, C-505/14, EU:C:2015:742, point 40).

138. En ce qui concerne le principe d'effectivité, la Cour a déjà jugé que chaque cas où se pose la question de savoir si une disposition procédurale nationale rend impossible ou excessivement difficile l'application du droit de l'Union doit être analysé en tenant compte de la place de cette disposition dans l'ensemble de la procédure, de son déroulement et de ses particularités, devant les diverses instances nationales (arrêt du 11 novembre 2015, *Klausner Holz Niedersachsen*, C-505/14, EU:C:2015:742, point 41).

139. À cet égard, il convient de considérer que le droit national ne peut avoir pour conséquence de faire échec à l'application du droit de l'Union en ce qu'il rendrait impossible l'obligation pour les juridictions ou les autorités nationales de garantir le respect de l'article 108, paragraphe 3, troisième phrase, TFUE (voir, en ce sens, arrêt du 11 novembre 2015, *Klausner Holz Niedersachsen*, C-505/14, EU:C:2015:742, points 42 et 45).

140. En effet, une règle nationale qui empêcherait le juge national ou une autorité nationale de tirer toutes les conséquences de la violation de l'article 108, paragraphe 3, troisième phrase, TFUE doit être regardée comme incompatible avec le principe d'effectivité (voir, en ce sens, arrêt du 11 novembre 2015, *Klausner Holz Niedersachsen*, C-505/14, EU:C:2015:742, points 42 et 45).

141. En l'occurrence, il résulte de cette jurisprudence que, si la récupération de l'aide illégale doit s'effectuer conformément aux règles du droit national applicable, il n'en demeure pas moins que l'article 108, paragraphe 3, TFUE exige que ces règles assurent une récupération intégrale de l'aide illégale et que, partant, il soit notamment ordonné au bénéficiaire de celle-ci le paiement d'intérêts au titre de l'ensemble de la période durant laquelle il a bénéficié de cette aide et à un taux égal à celui qui aurait été appliqué s'il avait dû emprunter le montant de l'aide en cause sur le marché au cours de ladite période.

142. Eu égard à l'ensemble des considérations qui précèdent, il y a lieu de répondre à la cinquième question que le droit de l'Union doit être interprété en ce sens que, lorsqu'une autorité nationale procède de sa propre initiative à la récupération d'une aide qu'elle a octroyée à tort au titre du règlement n° 800/2008, il lui incombe de réclamer au bénéficiaire de cette aide des intérêts conformément aux règles du droit national applicable. À cet égard, l'article 108, paragraphe 3, TFUE exige que ces règles permettent d'assurer une récupération intégrale de l'aide illégale et que, partant, il soit notamment ordonné au bénéficiaire de l'aide le paiement d'intérêts au titre de l'ensemble de la période durant laquelle il a bénéficié de cette aide et à un taux égal à celui qui aurait été appliqué s'il avait dû emprunter le montant de l'aide en cause sur le marché au cours de ladite période.

Sur les dépens

143. La procédure revêtant, à l'égard des parties au principal, le caractère d'un incident soulevé devant la juridiction de renvoi, il appartient à celle-ci de statuer sur les dépens. Les frais exposés pour soumettre des observations à la Cour, autres que ceux desdites parties, ne peuvent faire l'objet d'un remboursement.

Par ces motifs, la Cour (grande chambre) dit pour droit :

1) L'article 8, paragraphe 2, du règlement (CE) n° 800/2008 de la Commission, du 6 août 2008, déclarant certaines catégories d'aide compatibles avec le marché commun en application des articles [107 et 108 TFUE] (Règlement général d'exemption par catégorie), doit être interprété en ce sens que la « réalisation du projet ou de l'activité », au sens de cette disposition, a débuté lorsqu'une première commande d'équipements destinés à ce projet ou à cette activité a été effectuée au moyen de la conclusion d'un engagement inconditionnel et juridiquement contraignant avant la présentation de la demande d'aide, quels que soient les éventuels frais de dédit de cet engagement.
2) L'article 108, paragraphe 3, TFUE doit être interprété en ce sens que cette disposition exige de l'autorité nationale de récupérer de sa propre initiative une aide qu'elle a octroyée en application du règlement n° 800/2008 lorsqu'elle constate, par la suite, que les conditions posées par ce règlement n'étaient pas remplies.
3) Le droit de l'Union doit être interprété en ce sens qu'une autorité nationale ne peut pas, lorsqu'elle octroie une aide en appliquant à tort le règlement n° 800/2008, créer une confiance légitime dans la régularité de cette aide en faveur du bénéficiaire de celle-ci.
4) Le droit de l'Union doit être interprété en ce sens que, lorsqu'une autorité nationale a octroyé une aide au titre d'un fonds structurel en appliquant à tort le règlement n° 800/2008, le délai de prescription applicable à la récupération de l'aide illégale est, si les conditions d'application du règlement (CE, Euratom) n° 2988/95 du Conseil, du 18 décembre 1995, relatif à la protection des intérêts financiers des Communautés européennes, sont réunies, de quatre ans, conformément à l'article 3, paragraphe 1, de ce règlement ou, à défaut, le délai prévu par le droit national applicable.
5) Le droit de l'Union doit être interprété en ce sens que, lorsqu'une autorité nationale procède de sa propre initiative à la récupération d'une aide qu'elle a octroyée à tort au titre du règlement n° 800/2008, il lui incombe de réclamer au bénéficiaire de cette aide des intérêts conformément aux règles du droit national applicable.

À cet égard, l'article 108, paragraphe 3, TFUE exige que ces règles permettent d'assurer une récupération intégrale de l'aide illégale et que, partant, il soit notamment ordonné au bénéficiaire de l'aide le paiement d'intérêts au titre de l'ensemble de la période durant laquelle il a bénéficié de cette aide et à un taux égal à celui qui aurait été appliqué s'il avait dû emprunter le montant de l'aide en cause sur le marché au cours de ladite période.

Observations

Procédure

La procédure en tant que telle n'appelle pas de commentaire particulier. On se limitera à quelques mots concernant la recevabilité des questions préjudicielles dont l'irrecevabilité était soulevée par l'entreprise bénéficiaire de l'aide qui avançait plusieurs arguments à l'appui de ses prétentions.

En premier lieu, elle faisait valoir que les questions posées, à l'exception de la quatrième, étaient non pertinentes dans la mesure où la juridiction suprême estonienne (dans son arrêt du 9 juin 2016) avait déjà tranché les points de droit qui sous-tendaient ces questions. En deuxième lieu, et s'agissant des questions un à quatre, elle indiquait qu'elles n'étaient pas pertinentes et reposaient sur des suppositions erronées et une description incomplète et erronée des faits, notamment ceux relatifs au caractère contraignant ou non du contrat conclu le 28 août 2008.

La Cour de justice n'a pas eu de mal à écarter ces arguments, même après avoir rappelé que selon une jurisprudence constante de la Cour, dans le cadre de la coopération entre cette dernière et les juridictions nationales instituée à l'article 267 TFUE, il appartient au seul juge national qui est saisi du litige et qui doit assumer la responsabilité de la décision juridictionnelle à intervenir d'apprécier, au regard des particularités de l'affaire, tant la nécessité d'une décision préjudicielle pour être en mesure de rendre son jugement que la pertinence des questions qu'il pose à la Cour (1).

(1) CJUE, 27 juin 2017, *Congregación de Escuelas Pías Provincia Betania*, aff. C-74/16, EU:C:2017:496, pt 24 et jurisprudence constante citée.

En effet, ce n'est, par exception, que s'il apparaît de manière manifeste que (i) l'interprétation sollicitée du droit de l'Union n'a aucun rapport avec la réalité ou l'objet du litige au principal, (ii) lorsque le problème est de nature hypothétique ou encore (iii) lorsque la Cour ne dispose pas des éléments de fait et de droit nécessaires pour répondre de façon utile aux questions qui lui sont posées que la Cour s'estime en droit de refuser de répondre aux questions qui lui sont adressées par une juridiction nationale.

S'agissant du point (iii) et en réponse au second argument de l'entreprise, la Cour se contente de constater que la juridiction de renvoi a clairement défini le cadre factuel et réglementaire dans lequel s'insèrent les questions qu'elle avait posées. Il n'appartient pas à la Cour d'en vérifier l'exactitude (2).

Ensuite, et pour répondre au premier argument de l'entreprise, la Cour commence par remarquer que loin d'avoir tranché définitivement le litige, la Cour suprême estonienne, par son arrêt du 9 juin 2016, avait renvoyé l'affaire devant la juridiction de renvoi pour un nouvel examen en ce qui concerne les problématiques faisant l'objet des questions un à quatre. Or, de première part, et selon une jurisprudence bien établie de la Cour, une règle de droit national, en vertu de laquelle les juridictions ne statuant pas en dernière instance sont liées par des appréciations portées par la juridiction supérieure, ne saurait enlever à ces juridictions la faculté de la saisir de questions d'interprétation du droit de l'Union concerné par de telles appréciations en droit. En effet la juridiction qui ne statue pas en dernière instance doit être libre, si elle considère que l'appréciation en droit faite au degré supérieur pourrait l'amener à rendre un jugement contraire au droit de l'Union, de la saisir des questions qui la préoccupent (3). De seconde part, si la cour suprême estonienne avait partiellement résolu, par son arrêt du 9 juin 2016, le

(2) CJUE, 20 mai 2010, *Ioannis Katsivardas – Nikolaos Tsitsikas*, aff. C-160/09, EU:C:2010:293, pt 27.

(3) CJUE, 5 octobre 2010, *Elchinov*, aff. C-173/09, EU:C:2010:581, pt 27.

litige au principal en ce qui concerne les intérêts, elle avait également précisé qu'il demeurait nécessaire, pour résoudre cette partie du litige, de connaître la réponse de la Cour à la cinquième question, en faisant la lumière sur les conditions auxquelles le droit de l'Union subordonne le paiement d'intérêts en cas de récupération d'une aide illégale.

Il ne faisait donc pas de doute que l'on ne se situait dans aucun des cas de figure autorisant la Cour à refuser de répondre. Dès lors, les questions étaient donc bien recevables, ce qui a permis à la Cour d'aborder le fond.

Fond

Précisément, les points de fond étaient au nombre de quatre : (i) la question de la nature d'aide du versement de l'EAS liée à celle de l'obligation de notification préalable, (ii) celle des rapports entre la Commission et les autorités nationales dans le cadre du contrôle des aides d'État, (iii) celle du délai de prescription des aides illicites, (iv) la question des intérêts moratoires.

La première question présentait un intérêt particulier dans la mesure où il s'agissait moins de la question, désormais classique, du respect de l'article 108, paragraphe 3, TFUE que de celle des conditions d'application du règlement d'exemption catégorielle (CE) n° 800/2008 de la Commission, du 6 août 2008 (4). Notons immédiatement que ce règlement fait suite à une habilitation du Conseil (elle-même fondée sur l'article 94 du traité CE, devenu article 89 CE, lui-même devenu article 109 TFUE) n° 994/98 du Conseil, du 7 mai 1998, sur l'application des articles 92 et 93 du traité instituant la Communauté européenne à certaines catégories d'aides d'État horizontales, et notamment son article 1, paragraphe 1, lettres a et b (5).

En effet, et la Cour le rappelle dans l'arrêt (pt 56), l'obligation de notification constitue l'un des éléments fondamentaux du système de contrôle mis en place par le traité

(4) *JOUE*, 9 août 2008, L 214, p. 3.
(5) *JOCE*, 14 mai 1998, L 142, p. 1.

dans le domaine des aides d'État. Dans le cadre de ce système, les États membres ont donc l'obligation, d'une part, de notifier à la Commission chaque mesure tendant à instituer ou à modifier une aide, au sens de l'article 107, paragraphe 1, TFUE, et, d'autre part, de ne pas mettre en œuvre une telle mesure, conformément à l'article 108, paragraphe 3, TFUE, aussi longtemps que ladite institution n'a pas pris une décision finale concernant ladite mesure (6).

Pour assurer l'effectivité de ce contrôle, la Cour a depuis longtemps qualifié l'article 108, paragraphe 3, TFUE de disposition directement invocable par les particuliers dont la violation est sanctionnable par les juridictions nationales, alors même que ni l'article 107 ni le reste de l'article 108 ne possèdent cette qualité (7).

Mais ici une première ambiguïté doit être levée, bien qu'elle n'ait pas été soulevée par les parties, mais qui réside dans l'objet de ce règlement 800/2008. En effet, l'article 109 TFUE dispose : « Le Conseil, sur proposition de la Commission et après consultation du Parlement européen, peut prendre tous règlements utiles en vue de l'application des articles 107 et 108 et fixer notamment les conditions d'application de l'article 108, paragraphe 3, et les catégories d'aides qui sont dispensées de cette procédure ». L'objet du règlement n° 994/98 du Conseil repose donc sur le dernier membre de phrase de l'article 109 : il ne s'agit pas de fixer les conditions d'application de l'article 108, paragraphe 3, mais bien de prévoir des exceptions à son application pour des « catégories d'aides ». Il en va de même pour le règlement de la Commission n° 800/2008, en cause dans l'affaire, la Commission pouvant de surcroît s'autoriser de l'article 108, paragraphe 4, selon lequel : « La Commission peut adopter des règlements concernant les catégories d'aides d'État que le Conseil a déterminées, conformément à l'article 109, comme pouvant être dispensées de la procédure prévue au paragraphe 3 du présent article ». Au demeurant, la Cour

(6) CJUE, 21 juillet 2016, *Dilly's Wellnesshotel*, aff. C-493/14, EU:C:2016:577, pts 31 et 32 qui rappellent la jurisprudence antérieure.
(7) CJCE, 11 décembre 1973, *Gebrüder Lorenz GmbH*, aff. 120/73, *Rec.*, p. 1471, spéc. pt 8.

indique (pt 59) que nonobstant l'obligation de notification préalable de chaque mesure tendant à instituer ou à modifier une aide nouvelle, « qui s'impose aux États membres en vertu des traités et qui constitue l'un des éléments fondamentaux du système de contrôle des aides d'État, si une mesure d'aide adoptée par un État membre remplit les conditions pertinentes prévues par le règlement n° 800/2008, cet État membre peut se prévaloir de l'exemption de son obligation de notification prévue à l'article 3 de ce règlement ». À l'inverse, il ressort du considérant 7 dudit règlement que les aides d'État qui ne sont pas couvertes par le même règlement restent soumises à l'obligation de notification prévue à l'article 108, paragraphe 3, TFUE (8).

Il n'en reste pas moins, et ce point sera important, qu'en tant que dérogation (« tempérament » dit la Cour, pt 60) à l'obligation de l'article 108, paragraphe 3, TFUE, l'interprétation des dispositions du règlement n° 800/2008 sera nécessairement stricte. L'explication fournie par les juges n'est pas inintéressante. En effet « si la Commission est autorisée à adopter des règlements d'exemption par catégorie d'aide, afin d'assurer une surveillance efficace des règles de concurrence en matière d'aides d'État et de simplifier la gestion administrative, sans affaiblir son pouvoir de contrôle dans ce domaine, de tels règlements ont également pour objectif d'augmenter la transparence et la sécurité juridique ». On se serait attendu à une formulation légèrement différente, car, si l'on suit le raisonnement de la Cour, il faut admettre que bien que « la Commission soit autorisée à adopter des règlements d'exemption par catégorie d'aide en vue de simplifier la gestion administrative de son pouvoir de contrôle, l'usage de cette faculté ne doit pas porter atteinte à l'efficacité de son pouvoir de surveillance du respect des règles de concurrence. Par ailleurs, ces règlements doivent nécessairement poursuivre un objectif de transparence et de sécurité juridique ». Une telle formulation aurait sans doute été plus claire même si la Cour conclut que « le respect des conditions prévues par ces règlements, y compris, par

(8) CJUE, 21 juillet 2016, *Dilly's Wellnesshotel*, aff. C-493/14, préc., pt 36.

conséquent, par le règlement n° 800/2008, permet d'assurer que ces objectifs soient pleinement remplis ». D'autant que, comme on va le voir, ce sont les objectifs de clarté et de sécurité juridique qui vont commander l'interprétation des dispositions du règlement n° 800/2008 (pt 61).

Précisément, ce règlement énumère un certain nombre de conditions auxquelles doivent répondre les aides prétendant à la dispense de notification préalable (sachant qu'un État peut toujours décider de notifier une aide même si elle répond aux conditions d'exonération du règlement n° 800/2008, *cf.* considérant 7 du préambule de ce dernier). Parmi ces conditions, et à supposer que toutes les autres soient satisfaites, l'article 8 prévoit que la dispense de notification ne concerne que les « aides qui ont un effet incitatif ». On remarquera que cet effet incitatif n'est nullement une condition à la qualification d'une mesure en tant qu'aide au titre de l'article 107 TFUE. En effet pour une telle qualification, on sait qu'une mesure nationale doit répondre à quatre conditions : la mesure doit être imputable à l'État, au sens large, ou impliquer les finances publiques, elle doit procurer un avantage (qui n'existerait pas autrement) à une entreprise ou une catégorie d'entreprises, elle doit affecter les échanges entre États membres, et enfin avoir un effet perturbateur sur la concurrence. Ces conditions sont supposées être réunies pour les mesures visées par l'article 8 du règlement puisqu'elles sont déjà qualifiées d'aide. L'effet incitatif est donc une condition supplémentaire permettant de dispenser les aides de notification préalable prévue à l'article 108, paragraphe 3, TFUE. Mais en quoi consiste cet effet incitatif ?

Il n'est pas, on le répète, inclus dans le caractère sélectif de l'aide, pas plus que dans l'avantage que cette dernière est censée conférer à son (ou ses) destinataire(s). Mais en réalité on ne le saura pas, car, comme le dit la Cour, cet effet incitatif ne doit pas être recherché dans les caractéristiques matérielles de la mesure nationale (pts 67 et 68) mais plus simplement dans un aspect formel ou plutôt procédural.

Ce critère formel est énoncé à l'article 8, paragraphe 2, du règlement n° 800/2008 pour les aides aux PME (le même critère est applicable aux aides aux grandes entreprises, auquel le paragraphe 3 ajoute d'autres critères plus matériels dont les autorités nationales doivent vérifier l'existence). Il dispose « Les aides accordées aux PME, couvertes par le présent règlement, sont réputées avoir un effet incitatif si, avant le début de la réalisation du projet ou de l'activité en question, le bénéficiaire a présenté une demande d'aide à l'État membre concerné ». Il s'agit donc d'un simple critère d'antériorité de la demande d'aide par rapport au début de réalisation du projet. Cette antériorité fait présumer que l'opérateur a, en quelque sorte, subordonné la réalisation de son projet à l'obtention de l'aide. L'explication peut être éclairée par le considérant 28 du règlement n° 800/2008 qui indique que le critère d'antériorité de la demande s'explique par la volonté d'exclure du bénéfice de la disposition « les aides en faveur d'activités que le bénéficiaire entreprendrait déjà aux conditions normales du marché » pour ne retenir que celles qui sont nécessaires et constituent une incitation à développer d'autres activités ou projets. Cette explication étant donnée, on voit bien ici combien il était prudent de s'en tenir à un critère purement formel et à une présomption, tant la variété des clauses conditionnelles ou résolutoires des instruments juridiques vecteurs du projet serait de nature à introduire une grande incertitude dans l'application de l'exemption ou du moins une atteinte sérieuse à la sécurité juridique, sans compter les difficultés dans l'appréciation juridico-économique, par les autorités nationales de cet effet incitatif (pt 68 de l'arrêt : « force est de constater que l'existence ou non d'un tel effet ne saurait être considérée comme étant un critère clair et simple à appliquer par les autorités nationales, dès lors que, notamment, sa vérification requerrait d'effectuer, au cas par cas, des appréciations économiques complexes »).

Cette règle présente également le mérite de constituer un critère simple, pertinent et adéquat permettant à la Commission de présumer l'effet incitatif de l'aide projetée (pt 64). Par ailleurs, le rôle des autorités nationales se limite, de ce fait, à vérifier si la demande d'aide a été présentée avant le début de la réalisation du projet ou de l'activité en question et, pour cette raison, si l'aide doit ou non être réputée avoir un effet incitatif (pt 67). On notera au passage que cette règle issue de l'article 8, paragraphe 2, du règlement n° 800/2008 doit se distinguer des pouvoirs que la Commission possède, au titre de l'article 107, paragraphe 3, lettre a), TFUE, pour apprécier la compatibilité des aides destinées à favoriser le développement économique de régions dans lesquelles le niveau de vie est anormalement bas ou dans lesquelles sévit un grave sous-emploi, contrairement à ce qu'avançait la juridiction de renvoi (en citant l'arrêt CJUE, 13 juin 2013, *HGA e.a./Commission*, aff. jtes C-630/11 P à C-633/11 P, EU:C:2013:387, selon lequel (pt 109) le caractère nécessaire d'une aide pour un projet d'investissement à finalité régionale pouvait être démontré sur la base de critères autres que celui de l'antériorité de la demande d'aide par rapport au début de l'exécution dudit projet). Il aurait été possible de répondre que l'appréciation de la compatibilité ne peut être comparée celle du respect de l'obligation de notification, leur objet étant résolument différent, mais la Cour a préféré repousser cette assimilation en prenant en compte les pouvoirs de l'institution et en indiquant que cette jurisprudence « n'est [...] pas transposable à l'appréciation à laquelle une autorité nationale doit procéder au titre de l'article 8, paragraphe 2, du règlement n° 800/2008, ladite institution bénéficiant, pour l'application de l'article 107, paragraphe 3, TFUE, d'un large pouvoir d'appréciation dont l'exercice implique des évaluations complexes d'ordre économique et social ».

Enfin, et pour que l'application de la règle soit aussi claire que possible, la Cour s'attache à expliciter l'expression « avant le début de la réalisation du projet ou de l'activité en question ». La Commission dans ses lignes directrices applicables à l'époque du litige (9), avait fourni un début d'interprétation en indiquant qu'une aide « ne peut être accordée au titre de régimes d'aides que si le bénéficiaire a présenté une demande à cet effet et si l'autorité responsable

(9) Lignes directrices concernant les aides d'État à finalité régionale pour la période 2007-2013 (2006/C 54/08), *JOUE*, 2006, C 54, p. 13, ci-après les « lignes directrices ».

de l'administration du régime a ensuite confirmé par écrit que, sous réserve de vérifications plus détaillées, le projet en principe remplissait les conditions d'admissibilité fixées dans le régime avant le début des travaux ». La notion de « début des travaux » était elle-même explicitée à la note de bas de page n° 40 qui visait « soit le début des travaux de construction, soit le premier engagement ferme de commander des équipements, à l'exclusion des études de faisabilité préliminaires ». Il est vrai, et la Cour le rappelle (pt 73), que les lignes directrices n'ont aucun effet normatif, toutefois elles représentent un instrument pertinent d'interprétation, pour autant qu'elles conduisent à un résultat conforme aux objectifs du règlement.

Si, comme en l'espèce, il n'est pas véritablement question de travaux mais de contrat de cession/acquisition et de *leasing*, la Cour admet que le critère de l'antériorité de la demande d'aide, que les autorités nationales doivent vérifier, impose d'examiner au cas par cas la nature précise des engagements éventuellement pris avant la présentation d'une demande d'aide par un bénéficiaire potentiel. À cet égard (pt 76) « si un contrat d'achat d'équipements conclu sous condition de l'obtention de l'aide à demander peut être considéré, [...] comme n'étant pas un engagement juridiquement contraignant, en vue de l'application de l'article 8, paragraphe 2, du règlement n° 800/2008, il n'en va pas de même d'un tel engagement inconditionnel, lequel doit, en principe, être considéré comme étant juridiquement contraignant quels que soient les éventuels frais de dédit du contrat ». Il semble que l'adjectif « inconditionnel » doit être entendu dans un sens large en couvrant l'absence de clause posant des conditions à l'entrée en vigueur de certains engagements (comme d'ailleurs celle qui subordonnerait l'entrée en vigueur de tout ou partie du contrat à l'obtention de l'aide, voire à sa notification, ou à la constatation de son exemption de cette dernière) comme celle de clauses permettant de revenir sur le caractère contraignant de l'engagement si certains objectifs ne sont pas atteints.

En l'espèce, aucune réponse n'est apportée (aucune mention du contenu des contrats en cause n'est fournie par l'arrêt et n'était semble-t-il fournie à la Cour) car la Cour renvoie aux juridictions nationales (pt 81) le soin de vérifier la satisfaction du critère sachant que, le 28 août 2008, Eesti Pagar avait conclu un contrat de vente aux termes duquel elle s'était engagée à acquérir une chaîne de production de pain moulé et de pain de mie, que ce contrat avait pris effet après un premier versement de 5 % du prix convenu, intervenu le 3 septembre 2008, qu'Eesti Pagar avait conclu, le 29 septembre 2008, un contrat de *leasing* et que, par la suite, les parties à ces deux contrats avaient, le 13 octobre 2008, conclu un contrat de vente tripartite qui avait pris effet à sa signature, alors qu'Eesti Pagar avait présenté sa demande d'aide le 24 octobre 2008.

(ii) S'agissant des rôles respectifs de la Commission et des juridictions/autorités nationales dans le contrôle des aides d'État, l'arrêt commenté ajoute une pierre à un édifice déjà très complet. En effet, et la Cour le rappelle, si la Commission détient l'exclusivité de la compétence pour examiner la compatibilité d'une aide avec l'article 107 TFUE, les juridictions nationales ont un rôle important à jouer dans le respect de l'effet utile de ce contrôle, et en particulier dans le respect de l'obligation de notification préalable visée à l'article 108, paragraphe 3, TFUE dont on rappelle qu'il a été jugé d'effet direct (10).

À cet égard, une aide mise en œuvre sans avoir été notifiée préalablement et avoir reçu l'autorisation de la Commission doit être regardée comme une aide « illégale » (à distinguer d'une aide incompatible qui est une aide, illégale ou non, dont les conditions de fond sont contraires à l'article 107

(10) La Cour citant sa jurisprudence ne remonte pas à l'arrêt préc. de 1973, mais se contente de citer son arrêt du 21 novembre 2013, *Deutsche Lufthansa*, aff. C-284/12, EU:C:2013:755, pt 29 qui lui, renvoie non seulement à l'arrêt de 1973, mais également aux très importants arrêts du 21 novembre 1991, *Fédération nationale du commerce extérieur des produits alimentaires et Syndicat national des négociants et transformateurs de saumon*, aff. C-354/90, ci-après l'« arrêt FNCE », *Rec.*, p. I-5505, pt 11, et du 11 juillet 1996, *SFEI e.a.*, aff. C-39/94, *Rec.*, p. I-3547, pt 39.

TFUE), selon le règlement de procédure (11). On sait que la Commission dispose (12), dans le respect des droits de la défense, du pouvoir d'arrêter une décision enjoignant à l'État membre de suspendre le versement de toute aide illégale, jusqu'à ce qu'elle statue sur la compatibilité de cette aide avec le marché intérieur (ci-après dénommée « injonction de suspension »). Elle dispose également, mais dans des conditions bien précises (13), du pouvoir d'adopter une décision enjoignant à l'État membre de récupérer provisoirement toute aide versée illégalement, jusqu'à ce qu'elle statue sur la compatibilité de cette aide avec le marché intérieur (ci-après dénommée « injonction de récupération »). Mais, la Commission ne dispose pas d'une compétence exclusive pour tirer les conséquences de l'illégalité des aides. Tout au contraire, les juridictions nationales, en raison de l'effet direct de l'article 108, paragraphe 3, TFUE, sont tenues de donner plein effet à cette disposition et comme le rappelle la Cour, dans le présent arrêt (pt 89), il leur incombe de garantir que toutes les conséquences d'une violation de l'article 108, paragraphe 3, dernière phrase, TFUE sont tirées, conformément à leur droit national, notamment en ce qui concerne tant la validité des actes d'exécution que le recouvrement des soutiens financiers accordés au mépris de cette disposition, l'objet de leur mission étant, par conséquent, d'adopter les mesures propres à remédier à l'illégalité de la mise à exécution des aides, afin que le bénéficiaire ne conserve pas la libre disposition de celles-ci pour le temps restant à courir jusqu'à la décision de la Commission (14). Ainsi en France, le juge administratif, faisant application de cette jurisprudence, a déjà ordonné la suspension du versement d'une aide

(11) Art. 1, f), règlement (UE) 2015/1589 du Conseil, du 13 juillet 2015, portant modalités d'application de l'article 108 du traité sur le fonctionnement de l'Union européenne, *JOUE*, 24 septembre 2015, L 248, p. 9, remplaçant l'ancien règlement (CE) n° 659/1999 du Conseil applicable à l'époque des faits mais abrogé depuis.

(12) Art. 13, § 1, du règlement de procédure.

(13) Art. 13, § 2, du règlement de procédure.

(14) CJUE, 21 novembre 2013, *Deutsche Lufthansa*, aff. C-284/12, préc., pts 30 et 31 ainsi que jurisprudence citée.

qui aurait dû être notifiée (15) et rappelé à l'État son obligation de récupération des aides illégales (16).

Appliquée à l'espèce, cette jurisprudence a permis à la Cour de justice d'apporter deux précisions. La première est que ce qui incombe aux juridictions nationales vaut, dans le respect de leurs compétences respectives, pour les administrations (autorités) nationales. En effet, tous les organes de l'administration, y compris les autorités décentralisées, sont tenus de faire application du droit de l'Union d'effet direct (17). En conséquence, et en l'espèce l'obligation d'assurer le plein effet de l'obligation de notification préalable (disposition d'effet direct) prévue à l'article 108, paragraphe 3, TFUE s'imposait non seulement aux juridictions nationales mais également à l'administration estonienne. Particulièrement ici, et c'est la seconde précision, où cette administration est en charge de l'application du règlement n° 800/2008 qui, seul, permet de dispenser l'État de son obligation de notification. Comme le précise la Cour, la portée de cette obligation est double. D'abord, elle oblige, et non permet, l'administration à récupérer une aide qui aurait été illégalement accordée (pt 92). C'est la moindre des choses dans la mesure où c'est cette administration qui a accordé l'aide illégale. La Cour précise simplement que cette obligation s'applique indistinctement aux aides cofinancées à partir d'un fonds structurel, l'article 101 du règlement n° 1083/2006, du 11 juillet 2006, portant dispositions générales sur le Fonds européen de développement régional, le Fonds social européen et le Fonds de cohésion (18) applicable en l'espèce, rappelant, en effet, cette obligation. En outre, dans les cas où le règlement (CE, Euratom) n° 2988/95 du Conseil, du 18 décembre 1995, relatif à la protection des intérêts financiers des Communautés

(15) CE, 28 juillet 2009, n° 329819, *Sociétés Air France, Régional et Britair*.

(16) CE, 15 avril 2016, n° 393721, *Association Vent de Colère !*. *Adde* CE, 18 mars 2020, n° 396651, *Autocars R. Suzanne et le Syndicat autonome des transporteurs de voyageurs*.

(17) CJUE, 24 mai 2012, *Amia*, aff. C-97/11, EU:C:2012:306, pt 38 et jurisprudence citée, sur l'obligation des autorités nationales de s'assurer que le créancier a droit à des intérêts moratoires en cas de débiteur défaillant, comme le prévoyait un article d'effet direct d'une directive environnementale. *Adde* CJUE, 14 septembre 2017, *The Trustees of the BT Pension Scheme*, aff. C-628/15, EU:C:2017:687, pt 54 et jurisprudence citée.

(18) *JOUE*, 31 juillet 2006, L 210, p. 25.

européennes (19) trouve à s'appliquer, son article 4, paragraphe 1, impose la même obligation. Ensuite, l'administration, à laquelle une demande d'aide est adressée, est tenue de vérifier avec tout le soin nécessaire (la Cour, pt 93, semble fonder cette obligation sur le devoir de coopération loyale tel qu'exprimé à l'article 4, paragraphe 3, deuxième alinéa, TUE) que les conditions prévues par le règlement n° 800/2008 sont bien réunies avant de se dispenser de la notifier à la Commission. Mais la Cour semble aller un peu plus loin, puisqu'elle semble indiquer que si l'administration constate, sur la base des informations mises à sa disposition, que l'aide sollicitée ne répond pas à l'ensemble des conditions pertinentes édictées par ledit règlement elle peut refuser cette demande, s'il n'est pas satisfait à l'une de ces conditions. Ainsi, non seulement l'administration pourrait procéder à la notification d'un projet d'aide si une des seules conditions posées par le règlement n° 800/2008 pour la dispense de notification n'est pas satisfaite, mais de surcroît, elle pourrait et même devrait refuser la demande d'aide. De là à admettre que la Cour autorise l'administration nationale à apprécier le bien-fondé de l'aide sollicitée, il y a un pas important qu'il paraît difficile de franchir sans empiéter sur les compétences exclusives que le traité FUE confie à la Commission. On comprendra donc ce passage de l'arrêt comme faisant obligation à l'administration de vérifier que toutes les conditions prévues par le règlement n° 800/2008 sont réunies par une demande d'aide qui lui est adressée, et dans la négative de refuser que cette demande puisse bénéficier de l'allégement procédural prévu par ledit règlement.

Enfin, et abstraction faite de l'éventuelle responsabilité de l'administration qui aurait, à tort, accordé une aide illégale (20), la Cour de justice devait répondre à la question de savoir si l'autorité nationale peut, lorsqu'elle octroie une aide en appliquant à tort le règlement n° 800/2008, créer une

(19) *JOCE*, 23 décembre 1995, L 312, p. 1.

(20) Voy. par ex. CAA Paris, 23 janvier 2006, *Groupe Salmon Arc-en-ciel*, n° 04 PA01092, « affaire *Borotra* ».

confiance légitime dans la régularité de cette aide à l'égard du bénéficiaire de celle-ci. On sait que le règlement de procédure prévoit expressément que « la Commission n'exige pas la récupération de l'aide si, ce faisant, elle allait à l'encontre d'un principe général du droit communautaire ». En application de cette disposition, le principe de confiance légitime du bénéficiaire de l'aide est de nature à justifier la non-restitution d'une aide illégale. Toutefois, en matière d'aide, l'application de ce principe est très strictement encadrée par la Cour de justice. Le juge de l'Union estime, en effet, qu'une entreprise ne peut ignorer les règles applicables et connaît nécessairement les risques qu'elle prend, en acceptant une aide non autorisée par la Commission européenne. Rappelant cette jurisprudence, selon laquelle lorsqu'une aide est mise à exécution sans notification préalable à la Commission, de sorte qu'elle est illégale en vertu de l'article 108, paragraphe 3, TFUE, le bénéficiaire de l'aide ne peut avoir, à ce moment, une confiance légitime dans la régularité de l'octroi de celle-ci (21), la Cour, en l'espèce, dénie toute idée de confiance légitime, d'abord parce que (pt 101) une autorité nationale octroyant une aide en application du règlement n° 800/2008 ne saurait être considérée comme étant investie de la compétence de prendre une décision définitive concluant à l'absence d'obligation de notifier l'aide demandée à la Commission, au titre de l'article 108, paragraphe 3, TFUE et, ensuite, parce que (pt 102) « dès lors que la Commission a, en substance, elle-même exercé ex ante, par l'adoption du règlement n° 800/2008, les compétences que lui confère l'article 107, paragraphe 3, TFUE pour toutes les aides remplissant les critères prévus par ce règlement, et seulement pour celles-ci, [...] elle n'a conféré aucun pouvoir décisionnel aux autorités nationales en ce qui concerne l'étendue de l'exemption de notification, lesdites autorités se trouvant ainsi sur le même plan que les bénéficiaires potentiels d'aides et devant, [...], s'assurer que leurs décisions se

(21) CJCE, 15 décembre 2005, *Unicredito Italiano*, aff. C-148/04, EU:C:2005:774, pt 104, et CJUE, 19 mars 2015, *OTP Bank*, aff. C-672/13, EU:C:2015:185, pt 77.

conforment audit règlement, faute de quoi s'enclenchent les conséquences » déjà rappelées. De sorte qu'en accordant une aide en méconnaissance du règlement n° 800/2008, l'administration le fait en méconnaissance tant des dispositions de ce règlement que de l'article 108, paragraphe 3, TFUE. Or, le comportement d'une autorité nationale chargée d'appliquer le droit de l'Union, qui est en contradiction avec ce dernier, ne saurait fonder, à l'égard d'un opérateur économique, une quelconque confiance légitime à bénéficier d'un traitement contraire au droit de l'Union(22).

(iii). À partir du moment où il a été admis que l'autorité nationale pouvait remettre en cause une aide illégale, et surtout incompatible, la question suivante était celle de la date jusqu'à laquelle il est possible de remettre en cause une aide illégalement versée et d'en obtenir le reversement. La première réponse à laquelle on pense intuitivement est la date de prescription inscrite dans le règlement de procédure (article 17, anciennement article 15 du règlement applicable à l'époque des faits), à savoir dix ans commençant à courir « le jour où l'aide illégale est accordée au bénéficiaire, à titre d'aide individuelle ou dans le cadre d'un régime d'aide » et sachant que « toute mesure prise par la Commission ou un État membre, agissant à la demande de la Commission, à l'égard de l'aide illégale interrompt le délai de prescription ». Toutefois, le point était apparemment fermement discuté, comme le montrent les conclusions de l'avocat général (conclusions précitées, pts 131-156). En effet, le problème de l'applicabilité du règlement de procédure se compliquait de l'intervention d'un financement de l'Union et donc de l'éventuelle application de deux autres textes qui prévoyaient également une règle de prescription, mais différente : le règlement n° 1083/2006 sur l'intervention du Fonds de développement régional qui, à supposer que, comme on l'a vu, l'État ait fait une application erronée du règlement n° 800/2008, entraîne la possible application du délai de

(22) CJUE, 20 juin 2013, *Agroferm*, aff. C-568/11, EU:C:2013:407, pt 52 et jurisprudence citée, et CJUE, 7 août 2018, *Ministru kabinets*, aff. C-120/17, EU:C:2018:638, pt 52.

prescription de quatre ans visé à l'article 3, paragraphe 1, du règlement n° 2988/95 sur la protection des intérêts financiers de l'Union. Enfin, une troisième thèse consistait à se conformer tout simplement aux délais de prescription nationaux.

La Cour a commencé par rappeler un principe dont l'application paraissait conditionnelle, à savoir qu'en l'absence de texte de l'Union applicable, la récupération de l'aide illégale doit s'effectuer conformément aux modalités de mise en œuvre prévues par le droit national applicable. Il s'agit effectivement d'une jurisprudence constante (23), mais qui d'abord vaut essentiellement sur les modalités de mises en œuvre de la récupération, et non forcément pour les délais de prescription, et ensuite, à supposer que les délais de prescription soient couverts par la formule, demande à ce que soit vérifiée précisément l'absence de texte de droit de l'Union applicable. Or, de ce dernier point de vue, la Cour repousse catégoriquement l'application du règlement de procédure : « contrairement à ce que prétendent les gouvernements estonien et grec ainsi que la Commission, ne saurait être appliqué à une telle récupération, ni directement, ni indirectement, ni par analogie, le délai de dix ans, visé à l'article 15 du règlement n° 659/1999 » (pt 109). Deux arguments essentiels sont avancés à l'appui de ce rejet.

Le premier est tiré de sa propre jurisprudence puisque dans son arrêt de 2006 (24), elle aurait déjà admis que dans la mesure où le règlement de procédure contient des règles de nature procédurale qui s'appliquent à toutes les procédures administratives en matière d'aides d'État pendantes devant la Commission, celui-ci codifie et étaye la pratique de la Commission en matière d'examen des aides d'État et ne contient aucune disposition relative aux pouvoirs et aux obligations des juridictions nationales, lesquels restent régis par les dispositions du traité, telles qu'interprétées par la Cour, sachant que ce qui vaut pour les juridictions vaut

(23) CJUE, 21 novembre 2013, *Deutsche Lufthansa*, aff. C-284/12, préc. et la jurisprudence rappelée.

(24) CJCE, 5 octobre 2006, *Transalpine Ölleitung in Österreich*, aff. C-368/04, EU:C:2006:644, pts 34 et 35.

pour les autorités nationales. Cette solution de principe, l'inappllicabilité directe du règlement de procédure, la Cour vient de la confirmer récemment (25).

Le second est fondé sur le principe de sécurité juridique. En effet, admettre l'applicabilité du délai (prévu dans le règlement de procédure) de dix ans « indirectement » ou « par analogie » ne remplit pas l'exigence de prévisibilité inhérente au principe de sécurité juridique (26). Et en l'espèce, « une application par analogie, dans des circonstances telles que celles prévalant dans l'affaire au principal, du délai de dix ans, visé à l'article 15 du règlement n° 659/1999, ne saurait être considérée comme étant suffisamment prévisible pour un justiciable, tel qu'Eesti Pagar » (pt 113).

Si, le règlement de procédure n'est donc pas applicable, existe-t-il un autre texte de l'Union susceptible d'intervenir ? C'est plus que probable puisque s'agissant spécifiquement des aides cofinancées à partir d'un fonds structurel de l'Union, tel que le FEDER, le règlement n° 2988/95 sur la protection des intérêts financiers de l'Union est susceptible de s'appliquer, dès lors que des intérêts financiers de l'Union sont en jeu. En effet conformément à l'article 1er de ce règlement, relèvent de son champ d'application les « irrégularités » au regard du droit de l'Union, celles-ci étant définies comme étant toute violation d'une disposition du droit de l'Union résultant d'un acte ou d'une omission d'un opérateur économique qui a ou aurait pour effet de porter préjudice au budget général de l'Union ou à des budgets gérés par celle-ci, soit par la diminution ou la suppression de recettes provenant des ressources propres perçues directement pour le compte de l'Union, soit par une dépense indue. Ainsi, la réalisation d'une irrégularité, qui fait courir le délai de prescription, suppose la réunion de deux conditions, à savoir un acte ou une omission d'un opérateur économique, constituant

(25) CJUE, 30 avril 2020, *Nelson Antunes da Cunha Lda*, aff. C-627/18, ECLI:EU:C:2020:321, pt 33.

(26) CJUE, 13 juin 2013, *Unanimes e.a.*, aff. jtes C-671/11 à C-676/11, EU:C:2013:388, pt 31, et surtout CJUE, 5 mai 2011, *Ze Fu Fleischhandel et Vion Trading*, aff. jtes C-201/10 et C-202/10, EU:C:2011:282, pt 32 ainsi que jurisprudence citée.

une violation du droit de l'Union, ainsi qu'un préjudice, ou un préjudice potentiel, porté au budget de l'Union (27).

Toutefois, cette « irrégularité » consistant en la violation d'une disposition du droit de l'Union doit résulter d'un acte ou d'une omission imputable à un opérateur économique. En effet, la Cour a déjà eu l'occasion de préciser que la règle relative à la prescription prévue à l'article 3, paragraphe 1, premier alinéa, dudit règlement n'a pas vocation à s'appliquer à la poursuite d'irrégularités résultant d'erreurs des autorités nationales octroyant un avantage financier au nom et pour le compte du budget de l'Union (28). Au demeurant, la jurisprudence a précisé qu'une « irrégularité », au sens de l'article 1er, paragraphe 2, du règlement n° 2988/95, couvre aussi bien les irrégularités intentionnelles ou causées par négligence pouvant, conformément à l'article 5 de ce règlement, conduire à une sanction administrative, que les irrégularités entraînant uniquement le retrait de l'avantage indûment perçu, conformément à l'article 4 du même règlement (29).

Cependant, en l'espèce, même s'il est possible de considérer que c'est l'autorité nationale qui a accordé illégalement le bénéfice du règlement n° 800/2008, la Cour semble considérer (pt 120) que c'était d'abord au demandeur d'une aide de s'assurer qu'il remplissait les conditions prévues par le règlement n° 800/2008 pour bénéficier d'une aide exemptée au titre de ce dernier de sorte que, toujours selon la Cour, l'octroi d'une aide en méconnaissance de ces conditions ne saurait être considéré comme résultant exclusivement d'une erreur commise par l'autorité nationale concernée, quand bien même ladite autorité aurait été informée par le bénéficiaire de l'aide en cause des circonstances engendrant la violation d'une disposition du droit de l'Union, une telle circonstance étant, en tant que telle, sans influence sur la qualification d'« irrégularité », au sens de l'article 1er, paragraphe 2, du

---

(27) CJUE, 6 octobre 2015, *Firma Ernst Kollmer Fleischimport und -export*, aff. C-59/14, EU:C:2015:660, pt 24.

(28) CJUE, 21 décembre 2011, *Chambre de commerce et d'industrie de l'Indre*, aff. C-465/10, EU:C:2011:867, pt 44 ainsi que jurisprudence citée.

(29) CJCE, 24 juin 2004, *Handlbauer*, aff. C-278/02, EU:C:2004:388, pt 33.

règlement n° 2988/95 (30). Si l'on comprend bien le raisonnement suivi par la Cour, on ne peut s'empêcher de penser que d'une part, c'est quand même l'autorité nationale qui a accordé illégalement le bénéfice du règlement (même si c'est sur la base de renseignements inexacts ou d'une appréciation erronée du bénéficiaire), et d'autre part, que cette application erronée du règlement a entraîné une autre irrégularité, elle aussi imputable à l'autorité nationale, l'absence de notification de l'aide illégale.

Sur la base de ces éléments la Cour admet (pt 127) que, sous réserve de vérification par la juridiction de renvoi, il résulte de cette jurisprudence que le règlement n° 2988/95 est applicable aux faits au principal. D'abord parce que, comme l'explique l'avocat général (pt 154 des conclusions précitées), « l'aide en cause a été octroyée à Eesti Pagar sur la base du décret n° 44, adopté en vertu de la loi sur les aides structurelles pour la période 2007-2013 (la STS) [et que] Conformément à son article 1er, paragraphe 2, la STS s'applique à l'octroi et à l'utilisation des ressources allouées à l'aide structurelle sur la base d'un programme opérationnel approuvé par la Commission, conformément à l'article 32, paragraphe 5, du règlement n° 1083/2006 ». Ensuite parce que, au regard de ce règlement n° 2988/95, (i) une irrégularité au sens de son article 1er a été commise par Eesti Pagar, (ii) une connaissance éventuelle par l'autorité nationale (EAS) d'une commande d'équipements au moyen de la conclusion par cette société d'un engagement inconditionnel et juridiquement contraignant préalablement à la présentation de sa demande d'aide n'affecterait pas l'existence d'une telle irrégularité, (iii) le délai de prescription de quatre ans prévu à l'article 3, paragraphe 1, premier alinéa, du règlement n° 2988/95 a ainsi commencé à courir le 10 mars 2009, date à laquelle, l'EAS a fait droit à la demande d'aide présentée par Eesti Pagar et où, partant, un préjudice a été porté au budget de l'Union, et enfin (iv) ce délai a été interrompu

(30) CJUE, 21 décembre 2011, *Chambre de commerce et d'industrie de l'Indre*, aff. C-465/10, EU:C:2011:867, pt 48 ainsi que jurisprudence citée.

par la lettre du 22 janvier 2013 en tant qu'acte « d'instruction ou de poursuite » (au sens de l'article 3, paragraphe 1, troisième alinéa) et pour autant que les conditions visées à cette disposition sont réunies, par le contrôle ex post effectué au mois de décembre 2012.

Cette solution est-elle pour autant transposable en toutes circonstances et exclusive de l'application des règles nationales de prescription ? Si la question se pose, c'est que l'arrêt montre bien qu'en adoptant le règlement n° 2988/95, en particulier l'article 3, paragraphe 1, premier alinéa, de celui-ci, le législateur de l'Union a décidé d'instituer une règle générale de prescription applicable, dès lors qu'une aide implique un risque pour les finances européennes. Comme le rappelle la Cour, le législateur de l'Union a entendu, par ce règlement, d'une part, définir un délai minimal appliqué dans tous les États membres et, d'autre part, renoncer à la possibilité de poursuivre une irrégularité portant atteinte aux intérêts financiers de l'Union après l'écoulement d'une période de quatre années postérieure à la réalisation de cette irrégularité (31). Toutefois, une réponse négative doit être apportée à cette question car la solution fournie dans l'arrêt *Eesti Pagar* doit être au moins doublement nuancée. D'abord, dans celui-ci la Cour n'a pas explicitement écarté l'application des règles nationales, elle a au contraire rappelé que ces règles s'appliquaient de préférence au règlement de procédure lorsqu'il s'agit pour les autorités et juridictions nationales de récupérer une aide illégale ou incompatible. Certes l'application des règles de prescription nationale, à les supposer plus courtes que celles du règlement de procédure, pourrait conduire, a priori, à l'impossibilité de recouvrer l'aide illégale, cependant, comme le dit la Cour (pt 114), ce risque est « sans préjudice de la possibilité que la récupération de cette aide ait lieu ultérieurement, en exécution d'une décision en ce sens de la Commission qui, lorsqu'elle a en sa possession des informations concernant la prétendue illégalité de ladite aide, quelle que soit la source de ces

(31) CJUE, 22 décembre 2010, *Corman*, aff. C-131/10, EU:C:2010:825, pt 39 et jurisprudence citée.

informations, après l'expiration des délais de prescription nationaux, demeure libre de se saisir, dans le délai de dix ans visé à l'article 15 du règlement n° 659/1999, de l'examen de ladite aide ».

Ensuite, l'application du règlement n° 2988/95 n'est pas automatiquement exclusif des règles nationales en matière de prescription. Notamment dans le cas où l'aide illicite aurait été doublement financée, pour partie sur des fonds purement nationaux et pour partie sur des fonds européens. Il ne fait plus de doute depuis cet arrêt que la récupération de cette dernière partie de l'aide illicite s'effectuerait dans le cadre du délai de prescription de quatre ans prévus par le règlement n° 2988/95. Cependant, la partie de l'aide illicite résultant du versement de subsides purement nationaux, ne pourrait être récupérée que dans le délai de prescription prévu par le droit national. À supposer que ce dernier soit plus court que celui du règlement n° 2988/95, une partie de l'aide illicite ne pourrait donc pas être récupérée, réserve faite de l'application de la jurisprudence selon laquelle une règle nationale qui empêcherait le juge national ou une autorité nationale de tirer toutes les conséquences de la violation de l'article 108, paragraphe 3, troisième phrase, TFUE doit être regardée comme incompatible avec le principe d'effectivité (32), sauf à considérer que les éventuelles mesures antérieures d'instruction de la procédure menée en vertu du règlement n° 2988/95 peuvent valoir suspension du délai de prescription nationale, quand bien même les sommes concernées ont une origine différente mais un même bénéficiaire.

La dernière question à laquelle, la Cour devait répondre concernait l'application d'intérêts à l'aide illicite lors de sa récupération. Traditionnellement, selon la Cour, « l'application d'intérêts composés constitue un moyen particulièrement approprié afin de parvenir à une neutralisation de l'avantage concurrentiel conféré illégalement aux entreprises

(32) CJUE, 11 novembre 2015, *Klausner Holz Niedersachsen*, aff. C-505/14, EU:C:2015:742, pts 42 et 45.

bénéficiaires de ladite aide d'État »(33). L'objectif de la récupération des intérêts est de supprimer, « [d]u point de vue du bénéficiaire de l'aide, l'avantage indu [qui] aura consisté, d'une part, dans le non-versement des intérêts qu'il aurait acquittés sur le montant en cause de l'aide compatible, s'il avait dû emprunter ce montant sur le marché dans l'attente de la décision de la Commission, et, d'autre part, dans l'amélioration de sa position concurrentielle face aux autres opérateurs du marché pendant la durée de l'illégalité ». C'est pourquoi, selon la Cour, « une mesure qui consisterait uniquement en une obligation de récupération sans intérêts ne serait pas propre, en principe, à remédier aux effets de l'illégalité »(34).

Toutefois, en l'espèce, lorsqu'une autorité nationale procède de sa propre initiative à la récupération d'une aide qu'elle a octroyée à tort au titre du règlement n° 800/2008, lui incombe-t-il de réclamer au bénéficiaire de cette aide des intérêts, et quels intérêts ? À la première partie de la question la Cour répond positivement sur la base de la jurisprudence évoquée au point précédent (pt 134) « [l]'autorité nationale est donc tenue, en application de l'article 108, paragraphe 3, TFUE, d'ordonner au bénéficiaire de l'aide le paiement d'intérêts au titre de la période d'illégalité ». On signale qu'à le supposer applicable, c'est-à-dire à supposer que la Commission ait adopté une injonction de récupération, l'article 16 du règlement de procédure prévoit également la perception d'intérêts.

Quant aux règles relatives au calcul des intérêts, la Cour commence par redire que le règlement de procédure n'est pas applicable aux faits de l'espèce, puisqu'il est uniquement applicable lorsque c'est la Commission qui ordonne le recouvrement. On s'attendait donc à ce que logiquement elle se tourne, comme précédemment et pour les mêmes raisons,

(33) CJUE, 8 décembre 2011, *Residex Capital IV*, aff. C-275/10, EU:C:2011:814, pts 33 et 34 et CJUE, 3 septembre 2015, *A2A SpA c/ Agenzia delle Entrate*, aff. C-89/14, EU:C:2015:537, pt 42.

(34) CJCE, 22 février 2008, *Centre d'exportation du livre français (CELF) et ministre de la Culture et de la Communication c/ Société internationale de diffusion et d'édition (SIDE)*, aff. C-199/06, EU:C:2008:79, pts 50-54.

vers le règlement n° 2988/95, d'autant que celui-ci prévoit bien en son article 4, paragraphe 2, que l'application des mesures de récupération « est limitée au retrait de l'avantage obtenu augmenté, si cela est prévu, d'intérêts qui peuvent être déterminés de façon forfaitaire ». Il est vrai que cette règle pose plus le principe des intérêts que des règles de calcul de ces derniers, sauf à prévoir leur éventuel caractère forfaitaire. Cependant, sans qu'elle s'en explique, la Cour se tourne vers l'application des règles nationales (pt 135) qu'elle se contente d'assortir, comme chaque fois qu'il s'agit d'appliquer des règles de procédures nationales, des limites tenant à l'application des principes d'équivalence et d'effectivité.

En clair, la réglementation nationale applicable ne doit pas être moins favorable que celle régissant des situations similaires de nature interne (principe d'équivalence) ni être aménagée de manière à rendre en pratique impossible ou excessivement difficile l'exercice des droits conférés par l'ordre juridique de l'Union (principe d'effectivité). Plus précisément ici, l'article 108, paragraphe 3, TFUE pèse de tout son poids pour donner un effet maximum au principe d'effectivité : en effet le droit national ne saurait avoir pour conséquence de faire échec à l'application du droit de l'Union en ce qu'il rendrait impossible l'obligation pour les juridictions ou les autorités nationales de garantir le respect de l'article 108, paragraphe 3, troisième phrase, TFUE, et notamment veiller à ce que l'objectif de la sanction de sa violation soit la neutralisation de l'avantage concurrentiel illicitement acquis (35). Et la Cour, tirant la conséquence de ces principes conclut (pt 142) que « l'article 108, paragraphe 3, TFUE exige que ces règles permettent d'assurer une récupération intégrale de l'aide illégale et que, partant, il soit notamment ordonné au bénéficiaire de l'aide le paiement d'intérêts au titre de l'ensemble de la période durant laquelle il a bénéficié de cette aide et à un taux égal à celui qui aurait été appliqué

(35) CJUE, 11 novembre 2015, *Klausner Holz Niedersachsen*, aff. C-505/14, EU:C:2015:742, pts 42 et 45.

s'il avait dû emprunter le montant de l'aide en cause sur le marché au cours de ladite période ».

On ajoutera que dans son arrêt du 30 avril 2020, *Nelson Antunes da Cunha Lda*, précité (pts 52 et 61) la Cour a jouté que dans le cas où c'est la Commission qui a pris une injonction de récupération, et donc où le règlement de procédure est applicable, « Un délai de prescription national, applicable au recouvrement d'une aide [y compris les intérêts] devant être récupérée, qui a expiré avant même l'adoption de la décision de récupération de la Commission [...] ou lorsque ce délai de prescription s'est écoulé, principalement, en raison du retard mis par les autorités nationales pour exécuter cette décision doit donc être laissé inappliqué par la juridiction de renvoi ».

Dominique Berlin

XIV. ESPACE DE LIBERTÉ, DE SÉCURITÉ ET DE JUSTICE

Cour de justice, gde ch., 19 mars 2019, *Abubacarr Jawo c/ Allemagne*, aff. C-163/17, ECLI:EU:C:2019:218

Conclusions de l'avocat général M. Wathelet, du 25 juillet 2018, ECLI:EU:C:2018:613

Mots-clés : Renvoi préjudiciel – Espace de liberté, de sécurité et de justice – Système de Dublin – Transfert du demandeur d'asile vers l'État membre responsable de l'examen de la demande de protection internationale – Notion de « fuite » – Modalités de prolongation du délai de transfert – Risque sérieux de traitement inhumain ou dégradant à l'issue de la procédure d'asile – Conditions de vie des bénéficiaires d'une protection internationale dans ledit État membre

Cadre normatif : articles 3 et 29 du règlement (UE) n° 604/2013 établissant les critères et mécanismes de détermination de l'État membre responsable de l'examen d'une demande de protection internationale introduite dans l'un des États membres par un ressortissant de pays tiers ou un apatride ; article 4 de la charte des droits fondamentaux de l'Union européenne ; article 3 de la convention européenne des droits de l'Homme

Notes et observations : S. Barbou des Places, « Quelle place pour la personne dans le contentieux des transferts Dublin ? Les enseignements de l'arrêt Jawo », *RTDE*, 2020, p. 142 ; obs. F. Gazin, *Europe*, mai 2019, n° 5

Extraits de l'arrêt

1. La demande de décision préjudicielle porte sur l'interprétation de l'article 3, paragraphe 2, et de l'article 29, paragraphes 1 et 2, du règlement (UE) n° 604/2013 du Parlement européen et du Conseil, du 26 juin 2013, établissant les critères et mécanismes de détermination de l'État membre responsable de l'examen d'une demande de protection internationale introduite dans l'un des États membres par un ressortissant de pays tiers ou un apatride (*JO* 2013, L 180, p. 31, ci-après le « règlement

Dublin III »), ainsi que de l'article 4 de la Charte des droits fondamentaux de l'Union européenne (ci-après la « Charte »).

2. Cette demande a été présentée dans le cadre d'un litige opposant M. Abubacarr Jawo à la Bundesrepublik Deutschland (République fédérale d'Allemagne), au sujet d'une décision de transfert de l'intéressé vers l'Italie.

La procédure devant la Cour

49. À la demande de la juridiction de renvoi, la chambre désignée a examiné la nécessité de soumettre la présente affaire à la procédure préjudicielle d'urgence prévue à l'article 107 du règlement de procédure de la Cour. Le 24 avril 2017, cette chambre a décidé, M. l'avocat général entendu, de ne pas faire droit à cette demande.

Sur les questions préjudicielles

Sur les première et deuxième questions

Sur la première question

50. Par sa première question, qui comprend deux parties, la juridiction de renvoi demande, d'une part, si l'article 29, paragraphe 2, seconde phrase, du règlement Dublin III doit être interprété en ce sens que, afin qu'il puisse être considéré que la personne concernée a pris la fuite, au sens de cette disposition, il est nécessaire que celle-ci se soit soustraite délibérément aux autorités compétentes, dans le but de faire échec à son transfert, ou si, au contraire, il est suffisant, à cet égard, que cette personne ait quitté le lieu de résidence qui lui a été attribué, sans que ces autorités aient été informées de son absence, de telle sorte que ce transfert ne puisse être mis à exécution.

51. D'autre part, la juridiction de renvoi demande si l'article 27, paragraphe 1, du règlement Dublin III doit être interprété en ce sens que, dans le cadre d'une procédure dirigée contre une décision de transfert, la personne concernée peut se prévaloir de l'article 29, paragraphe 2, de ce règlement en soutenant que le délai de transfert a expiré au motif qu'elle n'avait pas pris la fuite.

[...]

53. S'agissant du point de savoir dans quelles conditions il peut être considéré que le demandeur « prend la fuite », au sens de l'article 29, paragraphe 2, seconde phrase, du règlement Dublin III, il convient de constater que ce règlement ne contient pas de précisions à ce sujet.

54. En effet, le règlement Dublin III ne contient pas de définition de la notion de « fuite » et aucune de ses dispositions ne spécifie expressément

si cette notion suppose que l'intéressé ait eu l'intention de se soustraire à l'emprise des autorités afin de faire échec à son transfert.

55. Or, conformément à une jurisprudence constante de la Cour, il découle de l'exigence d'une application uniforme du droit de l'Union que, dans la mesure où une disposition de celui-ci ne renvoie pas au droit des États membres en ce qui concerne une notion particulière, cette dernière doit trouver, dans toute l'Union, une interprétation autonome et uniforme qui doit être recherchée en tenant compte non seulement des termes de la disposition concernée, mais également de son contexte et de l'objectif poursuivi par la réglementation dont cette disposition fait partie (arrêt du 8 mars 2018, *Doceram*, C-395/16, EU:C:2018:172, point 20 et jurisprudence citée).

[...]

59. Compte tenu de cet objectif de célérité, le délai de transfert de six mois fixé à l'article 29, paragraphe 1 et paragraphe 2, première phrase, du règlement Dublin III vise à assurer que la personne concernée soit effectivement transférée le plus rapidement possible vers l'État membre responsable de l'examen de sa demande de protection internationale, tout en laissant, eu égard à la complexité pratique et aux difficultés organisationnelles qui s'attachent à la mise en œuvre du transfert de cette personne, le temps nécessaire aux deux États membres concernés pour se concerter en vue de la réalisation de ce transfert et, plus précisément, à l'État membre requérant pour régler les modalités de réalisation du transfert (voir, en ce sens, arrêt du 29 janvier 2009, *Petrosian*, C-19/08, EU:C:2009:41, point 40).

60. C'est dans ce contexte que l'article 29, paragraphe 2, seconde phrase, du règlement Dublin III permet, à titre exceptionnel, la prolongation de ce délai de six mois, afin de tenir compte du fait qu'il est matériellement impossible pour l'État membre requérant de procéder au transfert de la personne concernée en raison de l'emprisonnement ou de la fuite de celle-ci.

61. Or, compte tenu des difficultés considérables susceptibles d'être rencontrées par les autorités compétentes pour apporter la preuve des intentions de la personne concernée, le fait d'exiger une telle preuve de leur part serait susceptible de permettre aux demandeurs de protection internationale qui ne souhaitent pas être transférés vers l'État membre désigné comme responsable de l'examen de leur demande par le règlement Dublin III d'échapper aux autorités de l'État membre requérant jusqu'à l'expiration du délai de six mois, afin que la responsabilité de cet examen incombe à ce dernier État membre, en application de l'article 29, paragraphe 2, première phrase, de ce règlement.

62. Partant, afin d'assurer le fonctionnement effectif du système de Dublin et la réalisation des objectifs de celui-ci, il doit être considéré que, lorsque le transfert de la personne concernée ne peut être mis à exécution en raison du fait que celle-ci a quitté le lieu de résidence qui lui a été attribué, sans qu'elle ait informé les autorités nationales compétentes de son absence, ces dernières sont en droit de présumer que cette personne avait l'intention de se soustraire à ces autorités dans le but de faire échec à son transfert, à condition, toutefois, que ladite personne ait été dûment informée des obligations lui incombant à cet égard.

[...]

66. En ce qui concerne la seconde partie de la première question, visant à savoir si, dans le cadre d'une procédure dirigée contre une décision de transfert, la personne concernée peut se prévaloir de l'article 29, paragraphe 2, du règlement Dublin III, en soutenant que le délai de transfert avait expiré au motif qu'elle n'avait pas pris la fuite, il importe de constater qu'il découle de l'arrêt du 25 octobre 2017, *Shiri* (C-201/16, EU:C:2017:805), rendu après l'introduction de la présente demande de décision préjudicielle, que celui-ci appelle une réponse affirmative.

...

69. Le droit que la réglementation allemande semble, sous réserve de vérification par la juridiction de renvoi, reconnaître à un demandeur se trouvant dans une situation telle que celle de M. Jawo d'invoquer des circonstances postérieures à l'adoption de la décision de transfert prise à son égard, dans le cadre d'un recours dirigé contre cette décision, satisfait à cette obligation de prévoir une voie de recours effective et rapide (voir, en ce sens, arrêt du 25 octobre 2017, *Shiri*, C-201/16, EU:C:2017:805, point 46).

[...]

Sur la troisième question

76. Par sa troisième question, la juridiction de renvoi demande si l'article 4 de la Charte doit être interprété en ce sens qu'il s'oppose à ce qu'un demandeur de protection internationale soit transféré, en application de l'article 29 du règlement Dublin III, vers l'État membre qui, conformément à ce règlement, est responsable du traitement de sa demande de protection internationale, lorsque, en cas d'octroi d'une telle protection dans cet État membre, ce demandeur encourrait un risque sérieux de subir un traitement inhumain ou dégradant, au sens de cet article 4, en raison des conditions de vie prévisibles qu'il rencontrerait en tant que bénéficiaire d'une protection internationale dans ledit État membre. Cette juridiction s'interroge, par ailleurs, sur le point de savoir si cette question relève du champ d'application du droit de l'Union. En

outre, elle souhaite savoir quels sont, le cas échéant, les critères en fonction desquels le juge national doit apprécier les conditions de vie d'une personne à laquelle la protection internationale a été accordée.

[...]

78. Il résulte, par ailleurs, d'une jurisprudence constante que les dispositions du règlement Dublin III doivent être interprétées et appliquées dans le respect des droits fondamentaux garantis par la Charte et, notamment, de son article 4, qui interdit, sans aucune possibilité de dérogation, les traitements inhumains ou dégradants sous toutes leurs formes et qui revêt, ainsi, une importance fondamentale et un caractère général et absolu en tant qu'il est étroitement lié au respect de la dignité humaine, visée à l'article 1er de la Charte (voir, en ce sens, arrêts du 5 avril 2016, *Aranyosi et Căldăraru*, C-404/15 et C-659/15 PPU, EU:C:2016:198, points 85 et 86, ainsi que du 16 février 2017, *C. K. e.a.*, C-578/16 PPU, EU:C:2017:127, points 59, 69 et 93).

79. La troisième question constitue, par conséquent, une question d'interprétation du droit de l'Union, au sens de l'article 267 TFUE.

80. En deuxième lieu, il importe de rappeler que le droit de l'Union repose sur la prémisse fondamentale selon laquelle chaque État membre partage avec tous les autres États membres, et reconnaît que ceux-ci partagent avec lui, une série de valeurs communes sur lesquelles l'Union est fondée, comme il est précisé à l'article 2 TUE. Cette prémisse implique et justifie l'existence de la confiance mutuelle entre les États membres dans la reconnaissance de ces valeurs et, donc, dans le respect du droit de l'Union qui les met en œuvre [arrêt du 25 juillet 2018, *Minister for Justice and Equality (Défaillances du système judiciaire)*, C-216/18 PPU, EU:C:2018:586, point 35 et jurisprudence citée], ainsi que dans le fait que leurs ordres juridiques nationaux respectifs sont en mesure de fournir une protection équivalente et effective des droits fondamentaux reconnus par la Charte, notamment aux articles 1er et 4 de celle-ci, qui consacrent l'une des valeurs fondamentales de l'Union et de ses États membres (voir, en ce sens, arrêt du 5 avril 2016, *Aranyosi et Căldăraru*, C-404/15 et C-659/15 PPU, EU:C:2016:198, points 77 et 87).

81. Le principe de confiance mutuelle entre les États membres a, dans le droit de l'Union, une importance fondamentale, étant donné qu'il permet la création et le maintien d'un espace sans frontières intérieures. Plus spécifiquement, le principe de confiance mutuelle impose, notamment en ce qui concerne l'espace de liberté, de sécurité et de justice, à chacun de ces États de considérer, sauf dans des circonstances exceptionnelles, que tous les autres États membres respectent le droit de l'Union et, tout particulièrement, les droits fondamentaux reconnus par ce droit [voir, en ce sens, arrêts du 5 avril 2016, *Aranyosi et Căldăraru*, C-404/15 et C-659/15 PPU, EU:C:2016:198, point 78, ainsi que du 25 juillet 2018, *Minister for*

Justice and Equality (Défaillances du système judiciaire), C-216/18 PPU, EU:C:2018:586, point 36].

82. Partant, dans le contexte du système européen commun d'asile, et notamment du règlement Dublin III, qui est fondé sur le principe de confiance mutuelle et qui vise, par une rationalisation des demandes de protection internationale, à accélérer le traitement de celles-ci dans l'intérêt tant des demandeurs que des États participants, il doit être présumé que le traitement réservé aux demandeurs d'une telle protection dans chaque État membre est conforme aux exigences de la Charte, de la convention relative au statut des réfugiés, signée à Genève le 28 juillet 1951 [*Recueil des traités des Nations unies*, vol. 189, p. 150, n° 2545 (1954)], ainsi que de la CEDH (voir, en ce sens, arrêt du 21 décembre 2011, *N. S. e.a.*, C-411/10 et C-493/10, EU:C:2011:865, points 78 à 80).

83. Il ne saurait, cependant, être exclu que ce système rencontre, en pratique, des difficultés majeures de fonctionnement dans un État membre déterminé, de telle sorte qu'il existe un risque sérieux que des demandeurs d'une protection internationale soient, en cas de transfert vers cet État membre, traités d'une manière incompatible avec leurs droits fondamentaux (arrêt du 21 décembre 2011, *N. S. e.a.*, C-411/10 et C-493/10, EU:C:2011:865, point 81).

84. Dans ces conditions, l'application d'une présomption irréfragable selon laquelle les droits fondamentaux du demandeur d'une protection internationale seront respectés dans l'État membre qui, en vertu du règlement Dublin III, est désigné comme responsable de l'examen de la demande serait incompatible avec l'obligation d'interpréter et d'appliquer ce règlement d'une manière conforme aux droits fondamentaux (voir, en ce sens, arrêt du 21 décembre 2011, *N. S. e.a.*, C-411/10 et C-493/10, EU:C:2011:865, points 99, 100 et 105).

85. Ainsi, la Cour a déjà jugé que, en vertu de l'article 4 de la Charte, il incombe aux États membres, y compris aux juridictions nationales, de ne pas transférer un demandeur d'asile vers l'État membre responsable, au sens du règlement Dublin II, prédécesseur du règlement Dublin III, lorsqu'ils ne peuvent ignorer que les défaillances systémiques de la procédure d'asile et des conditions d'accueil des demandeurs d'asile dans cet État membre constituent des motifs sérieux et avérés de croire que le demandeur courra un risque réel d'être soumis à des traitements inhumains ou dégradants, au sens de cette disposition (arrêt du 21 décembre 2011, *N. S. e.a.*, C-411/10 et C-493/10, EU:C:2011:865, point 106).

86. L'article 3, paragraphe 2, deuxième et troisième alinéas, du règlement Dublin III, qui a codifié cette jurisprudence, précise que, dans une telle situation, l'État membre procédant à la détermination de l'État membre responsable devient l'État membre responsable de l'examen de la demande de protection internationale s'il constate, après la poursuite

de l'examen des critères énoncés au chapitre III de ce règlement, qu'il est impossible de transférer le demandeur vers un État membre désigné sur la base de ces critères ou vers le premier État membre auprès duquel la demande a été introduite.

87. Si l'article 3, paragraphe 2, deuxième alinéa, du règlement Dublin III n'envisage que la situation à l'origine de l'arrêt du 21 décembre 2011, *N. S. e.a.* (C-411/10 et C-493/10, EU:C:2011:865), à savoir celle dans laquelle le risque réel de traitement inhumain ou dégradant, au sens de l'article 4 de la Charte, résulte de défaillances systémiques dans la procédure d'asile et les conditions d'accueil des demandeurs d'une protection internationale dans l'État membre qui, en vertu de ce règlement, est désigné comme responsable de l'examen de la demande, il découle toutefois des points 83 et 84 du présent arrêt ainsi que du caractère général et absolu de l'interdiction prévue à cet article 4 que le transfert d'un demandeur vers cet État membre est exclu dans toute situation dans laquelle il existe des motifs sérieux et avérés de croire que le demandeur courra un tel risque lors de son transfert ou par suite de celui-ci.

88. Partant, il est indifférent, aux fins de l'application dudit article 4, que ce soit au moment même du transfert, lors de la procédure d'asile ou à l'issue de celle-ci que la personne concernée encourrait, en raison de son transfert vers l'État membre responsable, au sens du règlement Dublin III, un risque sérieux de subir un traitement inhumain ou dégradant.

89. En effet, ainsi que l'a relevé la juridiction de renvoi, le système européen commun d'asile et le principe de confiance mutuelle reposent sur l'assurance que l'application de ce système n'entraîne, à aucun stade et sous aucune forme, un risque sérieux de violations de l'article 4 de la Charte. Il serait, à cet égard, contradictoire que l'existence d'un tel risque au stade de la procédure d'asile empêche un transfert, alors que le même risque serait toléré lorsque cette procédure s'est achevée par la reconnaissance d'une protection internationale.

90. À cet égard, lorsque la juridiction saisie d'un recours contre une décision de transfert dispose d'éléments produits par la personne concernée aux fins d'établir l'existence d'un tel risque, cette juridiction est tenue d'apprécier, sur la base d'éléments objectifs, fiables, précis et dûment actualisés et au regard du standard de protection des droits fondamentaux garanti par le droit de l'Union, la réalité de défaillances soit systémiques ou généralisées, soit touchant certains groupes de personnes (voir, par analogie, arrêt du 5 avril 2016, *Aranyosi et Căldăraru*, C-404/15 et C-659/15 PPU, EU:C:2016:198, point 89).

[...]

97. En tout état de cause, le seul fait que la protection sociale et/ou les conditions de vie sont plus favorables dans l'État membre requérant que

dans l'État membre normalement responsable de l'examen de la demande de protection internationale n'est pas de nature à conforter la conclusion selon laquelle la personne concernée serait exposée, en cas de transfert vers ce dernier État membre, à un risque réel de subir un traitement contraire à l'article 4 de la Charte.

[...]

Par ces motifs, la Cour (grande chambre) dit pour droit :

1) L'article 29, paragraphe 2, seconde phrase, du règlement (UE) no 604/2013 du Parlement européen et du Conseil, du 26 juin 2013, établissant les critères et mécanismes de détermination de l'État membre responsable de l'examen d'une demande de protection internationale introduite dans l'un des États membres par un ressortissant de pays tiers ou un apatride, doit être interprété en ce sens qu'un demandeur « prend la fuite », au sens de cette disposition, lorsqu'il se soustrait délibérément aux autorités nationales compétentes pour procéder à son transfert, afin de faire échec à ce dernier. Il peut être présumé que tel est le cas lorsque ce transfert ne peut être mis à exécution en raison du fait que ce demandeur a quitté le lieu de résidence qui lui a été attribué sans avoir informé les autorités nationales compétentes de son absence, à condition qu'il ait été informé de ses obligations à cet égard, ce qu'il appartient à la juridiction de renvoi de vérifier. Ledit demandeur conserve la possibilité de démontrer que le fait qu'il n'a pas avisé ces autorités de son absence est justifié par des raisons valables et non pas par l'intention de se soustraire à ces autorités.

   L'article 27, paragraphe 1, du règlement n° 604/2013 doit être interprété en ce sens que, dans le cadre d'une procédure dirigée contre une décision de transfert, la personne concernée peut se prévaloir de l'article 29, paragraphe 2, de ce règlement, en faisant valoir que, dès lors qu'elle n'avait pas pris la fuite, le délai de transfert de six mois avait expiré.

2) L'article 29, paragraphe 2, seconde phrase, du règlement n° 604/2013 doit être interprété en ce sens que, afin de porter le délai de transfert à dix-huit mois au maximum, il est suffisant que l'État membre requérant informe, avant l'expiration du délai de transfert de six mois, l'État membre responsable du fait que la personne concernée a pris la fuite et qu'il indique, dans le même temps, le nouveau délai de transfert.

3) Le droit de l'Union doit être interprété en ce sens que relève de son champ d'application la question de savoir si l'article 4 de la Charte des droits fondamentaux de l'Union européenne s'oppose à ce qu'un demandeur de protection internationale soit transféré, en application de l'article 29 du règlement n° 604/2013, vers l'État membre

qui, conformément à ce règlement, est normalement responsable de l'examen de sa demande de protection internationale, lorsque, en cas d'octroi d'une telle protection dans cet État membre, ce demandeur encourrait un risque sérieux de subir un traitement inhumain ou dégradant, au sens de cet article 4, en raison des conditions de vie prévisibles qu'il rencontrerait en tant que bénéficiaire d'une protection internationale dans ledit État membre.

L'article 4 de la charte des droits fondamentaux doit être interprété en ce sens qu'il ne s'oppose pas à un tel transfert du demandeur de protection internationale, à moins que la juridiction saisie d'un recours contre la décision de transfert ne constate, sur la base d'éléments objectifs, fiables, précis et dûment actualisés et au regard du standard de protection des droits fondamentaux garanti par le droit de l'Union, la réalité de ce risque pour ce demandeur, en raison du fait que, en cas de transfert, celui-ci se trouverait, indépendamment de sa volonté et de ses choix personnels, dans une situation de dénuement matériel extrême.

Observations

M. Abubacarr Jawo, originaire de la Gambie, a introduit une première demande d'asile en Italie, qu'il avait gagnée par la voie maritime. Il a ensuite présenté une autre demande d'asile en Allemagne, rejetée comme irrecevable par les autorités allemandes qui ont ordonné son éloignement vers l'Italie, décision tenue en échec en 2015 en raison de son absence lors de la notification. Toutefois, la tentative, en juin 2015, de transférer M. Jawo vers l'Italie a échoué en raison du fait qu'il n'était pas présent dans la structure d'hébergement collectif où il logeait. M. Jawo a déclaré lors de son retour qu'il avait rendu visite à un ami dans une autre ville allemande et que personne ne lui avait indiqué qu'il aurait dû signaler son absence.

Il faisait donc valoir devant le tribunal administratif supérieur du Bade-Wurtemberg, que l'Allemagne était devenue l'État membre responsable de sa demande d'asile en raison de l'expiration du délai de six mois prévu par le règlement Dublin III pour le transférer vers l'État membre normalement responsable, l'Italie. N'ayant pas pris la fuite au moment de la tentative de transfert, ce délai ne pourrait pas être porté à un maximum de dix-huit mois. En outre, son transfert vers l'Italie serait illicite en raison du fait qu'il y existerait des défaillances systémiques dans la procédure d'asile et les conditions d'accueil des demandeurs ainsi que dans les conditions de vie des bénéficiaires d'une protection internationale.

Le juge allemand demande donc à la Cour de justice d'interpréter le règlement Dublin III et la portée de ses obligations de transfert autant que l'impact de la protection des droits fondamentaux sur ces obligations. Les différentes réponses que le juge de l'Union lui apporte s'efforcent de dessiner un équilibre toujours délicat entre les intérêts de l'individu et l'application du droit de l'Union, quitte à revenir sur des positions jurisprudentielles antérieures.

Examen des questions

De manière très technique, le juge de renvoi posait des questions importantes d'interprétation du règlement Dublin III.

La première concernait la notion de « fuite » au sens de l'article 29, paragraphe 2, de ce règlement, lequel prévoit un transfert de plein droit du demandeur de protection vers l'État de premier accueil au terme d'un délai de six mois. La Cour constate que « le règlement Dublin III ne contient pas de définition de la notion de "fuite" et aucune de ses dispositions ne spécifie expressément si cette notion suppose que l'intéressé ait eu l'intention de se soustraire à l'emprise des autorités afin de faire échec à son transfert » (pt 54). Or, il découle classiquement de l'exigence d'une application uniforme du droit de l'Union que, dans la mesure où une disposition de celui-ci ne renvoie pas au droit des États membres en ce qui concerne une notion particulière, cette dernière doit trouver, dans toute l'Union, une interprétation autonome et uniforme qui doit être recherchée en tenant compte non seulement des termes de la disposition concernée, mais également de son contexte et de l'objectif poursuivi par la réglementation dont cette disposition fait partie. Travail auquel la Cour se livre en s'interrogeant sur le caractère délibéré de la volonté de la personne de se soustraire aux autorités nationales.

Elle souligne la grande difficulté qu'il y aurait à obliger ces autorités à apporter la preuve de cette volonté et la faille qui s'ouvrirait alors dans l'application du texte de Dublin III, l'expiration du délai de six mois permettant alors de choisir son État d'accueil. Aussi, « afin d'assurer le fonctionnement effectif du système de Dublin et la réalisation des objectifs de celui-ci, il doit être considéré que, lorsque le transfert de la personne concernée ne peut être mis à exécution en raison du fait que celle-ci a quitté le lieu de résidence qui lui a été attribué, sans qu'elle ait informé les autorités nationales compétentes de son absence, ces dernières sont en droit de présumer que cette personne avait l'intention de se soustraire à ces autorités dans le but de faire échec à son transfert, à condition, toutefois, que ladite personne ait été dûment informée des obligations lui incombant à cet égard » (pt 62).

La seconde question consistait à tirer les conséquences de la première et à s'interroger sur le droit au recours effectif des demandeurs, c'est-à-dire à savoir si la personne pouvait objecter ne pas avoir pris la fuite et avancer l'argument de l'expiration du délai de transfert à l'occasion d'une procédure contre la décision de ce transfert. La Cour admet l'applicabilité de l'article 29, paragraphe 2, du règlement Dublin, lequel ne s'adresse donc pas qu'aux seuls États membres lorsqu'ils organisent le transfert. Dans la logique de sa jurisprudence antérieure (1), la Cour indique donc que le juge national « doit pouvoir examiner les allégations d'un demandeur de protection internationale selon lesquelles cette décision aurait été adoptée en violation des dispositions figurant à l'article 29, paragraphe 2, de ce règlement, en tant que l'État membre requérant serait déjà devenu l'État membre responsable au jour de l'adoption de ladite décision, en raison de l'expiration préalable du délai de six mois, tel que défini à l'article 29, paragraphes 1 et 2, dudit règlement » (pt 67). Le droit que la réglementation allemande semble, sous réserve de vérification par la juridiction de renvoi, reconnaître à un demandeur se trouvant dans une situation telle que celle de M. Jawo

(1) CJUE, 25 octobre 2017, *Shiri*, aff. C-201/16, ECLI:EU:C:2017:805.

d'invoquer des circonstances postérieures à l'adoption de la décision de transfert prise à son égard, dans le cadre d'un recours dirigé contre cette décision, satisfait à cette obligation de prévoir une voie de recours effective et rapide.

De manière plus politique, la Cour se penche ensuite sur le fond de la protection, celui de la confrontation des droits fondamentaux de la personne avec les objectifs de célérité et d'efficacité qu'elle vante à propos de la réglementation Dublin.

Le juge de renvoi l'interroge en effet sur une question devenue classique en matière d'entraide répressive pénale entre les États membres et que la Cour avait évacuée rapidement dans une jurisprudence aussi critiquée que critiquable (2) : celle des risques encourus par l'individu en cas de défaillance dans l'État de transfert.

En réponse à la question du juge allemand, sourcilleux comme on le sait sur ce terrain, la Cour constate que la décision d'un État membre de transférer un demandeur en application de l'article 29 du règlement Dublin III vers l'État membre qui est en principe responsable de l'examen de la demande de protection internationale constitue un élément du système européen commun d'asile et, partant, met en œuvre le droit de l'Union, au sens de l'article 51, paragraphe 1, de la Charte. Il s'agit bien là « d'une question d'interprétation du droit de l'Union au sens de l'article 267 TFUE » (pt 79).

Derrière le rappel désormais classique de l'importance du principe de confiance mutuelle au sein du droit de l'Union, la Cour répète qu'il doit être présumé que le traitement réservé aux demandeurs d'une telle protection dans chaque État membre est conforme aux exigences de la Charte, de la convention relative au statut des réfugiés, signée à Genève, ainsi que de la CEDH. Dans ces conditions, l'application d'une présomption irréfragable selon laquelle les droits fondamentaux du demandeur d'une protection internationale seront respectés dans l'État membre qui, en vertu du règlement Dublin III, est désigné comme responsable de l'examen de la demande serait incompatible avec l'obligation d'interpréter et d'appliquer ce règlement d'une manière conforme aux droits fondamentaux.

(2) CJUE, 21 décembre 2011, *N. S. e.a.*, aff. C-411/10 et C-493/10, ECLI:EU:C:2011:865.

Ce qui lui permet de reconnaître qu'il « ne saurait, cependant, être exclu que ce système rencontre, en pratique, des difficultés majeures de fonctionnement dans un État membre déterminé, de telle sorte qu'il existe un risque sérieux que des demandeurs d'une protection internationale soient, en cas de transfert vers cet État membre, traités d'une manière incompatible avec leurs droits fondamentaux » (pt 84). Le texte de Dublin III ayant intégré les hypothèses qui avaient conduit à la jurisprudence *N. S. e.a.*, l'arrêt *CK* ayant réglé l'applicabilité de la protection de l'État d'accueil en matière de transfert, rien n'était dit, en droit, à propos de la situation dans l'État de transfert.

La juridiction de renvoi s'interrogeait en effet sur la conduite à tenir « lorsque, en cas d'octroi d'une telle protection dans cet État membre, ce demandeur encourrait un risque sérieux de subir un traitement inhumain ou dégradant, au sens de cet article 4, en raison des conditions de vie prévisibles qu'il rencontrerait en tant que bénéficiaire d'une protection internationale dans ledit État membre » (pt 76).

Courageusement, la Cour l'entend et estime que le caractère général et absolu de l'interdiction des traitements inhumains et dégradants posée par l'article 4 de la Charte implique que « le transfert d'un demandeur vers cet État membre est exclu dans toute situation dans laquelle il existe des motifs sérieux et avérés de croire que le demandeur courra un tel risque lors de son transfert ou par suite de celui-ci ». Il est donc « indifférent » de faire varier la protection selon le moment de la décision et même contradictoire « que l'existence d'un tel risque au stade de la procédure d'asile empêche un transfert, alors que le même risque serait toléré lorsque cette procédure s'est achevée par la reconnaissance d'une protection internationale » (pt 89).

Dans la logique de sa jurisprudence en matière de mandat d'arrêt européen, la Cour s'appuie alors sur le juge national en valorisant la place tenue par les voies de recours effectives en droit interne dans le droit de l'asile : « cette juridiction est tenue d'apprécier, sur la base d'éléments objectifs, fiables, précis et dûment actualisés et au regard du standard de protection des droits fondamentaux garanti par le droit de l'Union, la réalité de défaillances soit systémiques ou généralisées, soit touchant certains groupes de personnes » (pt 90).

Restait alors la question infiniment délicate de dessiner les critères ou bien le seuil de gravité à partir desquels la vigilance du juge national doit s'exercer. En appui sur la jurisprudence *MSS* de la Cour européenne des droits de l'homme, la Cour avance que ce seuil « serait atteint lorsque l'indifférence des autorités d'un État membre aurait pour conséquence qu'une personne entièrement dépendante de l'aide publique se trouverait, indépendamment de sa volonté et de ses choix personnels, dans une situation de dénuement matériel extrême, qui ne lui permettrait pas de faire face à ses besoins les plus élémentaires, tels que notamment ceux de se nourrir, de se laver et de se loger, et qui porterait atteinte à sa santé physique ou mentale ou la mettrait dans un état de dégradation incompatible avec la dignité humaine » (pt 92). Ce qui l'amène à écarter l'idée que « l'existence de carences » dans l'État responsable ou même « le seul fait que la protection sociale et/ou les conditions de vie sont plus favorables dans l'État membre requérant que dans l'État membre normalement responsable de l'examen de la demande » soient constitutifs d'un tel seuil.

Ce faisant, elle alimente ainsi les doutes quant à sa réelle volonté de relativiser l'importance qu'elle a décidé d'accorder à la confiance mutuelle entre États, imprudemment de notre point de vue.

Henri Labayle

Cour de justice, gde ch., 19 mars 2019, *Préfet des Pyrénées-Orientales c/ Abdelaziz Arib e.a.*, aff. C-444/17, ECLI:EU:C:2019:220

Conclusions de l'avocat général M. Szpunar, du 17 octobre 2018, ECLI:EU:C:2018:836.

MOTS-CLÉS : Renvoi préjudiciel – Espace de liberté, de sécurité et de justice – Contrôle aux frontières, asile et immigration – Réintroduction temporaire par un État membre du contrôle à ses frontières intérieures – Entrée irrégulière d'un ressortissant d'un pays tiers – Assimilation des frontières intérieures aux frontières extérieures – Champ d'application

CADRE NORMATIF : article 32 du règlement (UE) 2016/399 (Code frontières Schengen) ; article 2, paragraphe 2, sous a), de la directive 2008/115/CE

NOTES ET OBSERVATIONS : P. BONNEVILLE, H. CASSAGNABÈRE, C. GÄNSER et S. MARKARIAN, « Chronique de jurisprudence de la CJUE », *AJDA*, 2019, p. 1047 ; obs. F. Gazin, *Europe*, 2019, n° 5, p. 21

EXTRAITS DE L'ARRÊT

1. La demande de décision préjudicielle porte sur l'interprétation de l'article 32 du règlement (UE) 2016/399 du Parlement européen et du Conseil, du 9 mars 2016, concernant un code de l'Union relatif au régime de franchissement des frontières par les personnes (code frontières Schengen) (*JO* 2016, L 77, p. 1, ci-après le « code frontières Schengen »), ainsi que de l'article 2, paragraphe 2, sous a), et de l'article 4, paragraphe 4, de la directive 2008/115/CE du Parlement européen et du Conseil, du 16 décembre 2008, relative aux normes et procédures communes applicables dans les États membres au retour des ressortissants de pays tiers en séjour irrégulier (*JO* 2008, L 348, p. 98).

2. Cette demande a été présentée dans le cadre d'un litige opposant le préfet des Pyrénées-Orientales (France) à M. Abdelaziz Arib, au procureur de la République près le tribunal de grande instance de Montpellier (France) et au procureur général près la cour d'appel de Montpellier (France) au sujet de la prolongation de la rétention administrative de M. Arib, entré irrégulièrement sur le territoire français.

Sur la compétence de la Cour

Sur les première et deuxième questions

35. Par ses première et deuxième questions, qu'il convient d'examiner conjointement, la juridiction de renvoi demande, en substance, si l'article 2, paragraphe 2, sous a), de la directive 2008/115, lu en combinaison avec l'article 32 du code frontières Schengen, doit être interprété en ce sens qu'il s'applique à la situation d'un ressortissant de pays tiers, arrêté à proximité immédiate d'une frontière intérieure d'un État membre, lorsque cet État membre a réintroduit, en vertu de l'article 25 de ce code, le contrôle à cette frontière, en raison d'une menace grave pour l'ordre public ou la sécurité intérieure dudit État membre.

36. À titre liminaire, il importe de souligner que, ainsi qu'il a été mentionné aux points 22 et 23 du présent arrêt, M. Arib, de nationalité marocaine, n'a pas fait l'objet d'une décision de refus d'entrée sur le territoire français, mais a été contrôlé, par les autorités françaises, à proximité immédiate de la frontière franco-espagnole, après que des contrôles à cette frontière ont été réintroduits en vertu de l'article 25 du code frontières Schengen, et a été placé en garde à vue, à la suite de ce contrôle, au motif qu'il était suspecté d'avoir commis le délit, visé à l'article L. 621-2 du Ceseda, consistant à être entré irrégulièrement sur le territoire français.

[...]

38. Un ressortissant de pays tiers qui, comme M. Arib, après être entré irrégulièrement sur le territoire d'un État membre, est intercepté sur le territoire de cet État membre, à proximité immédiate de l'une de ses frontières intérieures, sans remplir les conditions d'entrée, de séjour ou de résidence sur ce territoire doit, dès lors, être considéré comme séjournant de manière irrégulière sur le territoire dudit État membre.

39. Un ressortissant de pays tiers dans une telle situation relève, selon l'article 2, paragraphe 1, de la directive 2008/115, et sous réserve de l'article 2, paragraphe 2, de cette directive, du champ d'application de cette dernière. Il doit donc, en principe, être soumis aux normes et aux procédures communes prévues par celle-ci en vue de son éloignement et cela tant que le séjour n'a pas été, le cas échéant, régularisé (voir, en ce sens, arrêt du 7 juin 2016, *Affum*, C-47/15, EU:C:2016:408, point 61).

40. À cet égard, il convient de rappeler, deuxièmement, que, selon la jurisprudence de la Cour, ladite directive ne s'oppose pas à une réglementation d'un État membre permettant l'emprisonnement d'un ressortissant d'un pays tiers auquel la procédure de retour établie par la même directive a été appliquée et qui soit séjourne irrégulièrement sur le territoire de cet État membre sans motif justifié de non-retour, soit est entré de

nouveau sur ce territoire en violation d'une interdiction d'entrée (voir, en ce sens, arrêt du 7 juin 2016, *Affum*, C-47/15, EU:C:2016:408, points 54 et 64).

41. Il ressort, toutefois, du dossier soumis à la Cour ainsi que des réponses fournies lors de l'audience aux questions posées par la Cour que M. Arib ne se trouve dans aucune des deux situations visées au point précédent.

[...]

44. Il convient, dès lors, de déterminer si un ressortissant d'un pays tiers qui se trouve en séjour irrégulier sur le territoire d'un État membre et qui a été arrêté à proximité immédiate d'une frontière intérieure de cet État membre relève de la seconde situation visée à l'article 2, paragraphe 2, sous a), de la directive 2008/115, lorsque l'État membre concerné a réintroduit des contrôles à cette frontière en raison d'une menace grave pour l'ordre public ou la sécurité intérieure dudit État membre, conformément à l'article 25 du code frontières Schengen.

45. À cet égard, il y a lieu de rappeler, en premier lieu, que, selon la jurisprudence de la Cour, les deux situations visées à l'article 2, paragraphe 2, sous a), de la directive 2008/115 se rapportent exclusivement au franchissement d'une frontière extérieure d'un État membre, telle que définie à l'article 2 du code frontières Schengen, et ne concernent donc pas le franchissement d'une frontière commune à des États membres faisant partie de l'espace Schengen (arrêt du 7 juin 2016, *Affum*, C-47/15, EU:C:2016:408, point 69).

46. Plus particulièrement, la seconde des situations visées à l'article 2, paragraphe 2, sous a), de la directive 2008/115 implique un lien temporel et spatial direct entre l'arrestation ou l'interception du ressortissant d'un pays tiers et le franchissement d'une frontière extérieure. Sont ainsi visés des ressortissants de pays tiers qui ont été arrêtés ou interceptés par les autorités compétentes au moment même du franchissement irrégulier d'une frontière extérieure ou après ce franchissement dans la proximité de cette frontière (voir, en ce sens, arrêt du 7 juin 2016, *Affum*, C-47/15, EU:C:2016:408, point 72).

47. Ainsi, l'article 2, paragraphe 2, sous a), de la directive 2008/115 doit être interprété en ce sens qu'il ne permet pas aux États membres de soustraire des ressortissants de pays tiers en séjour irrégulier du champ d'application de cette directive au motif de leur entrée irrégulière par une frontière intérieure (arrêt du 7 juin 2016, *Affum*, C-47/15, EU:C:2016:408, points 69 et 77).

48. Il convient toutefois de déterminer, en second lieu, si la circonstance que des contrôles ont été réintroduits par un État membre à ses frontières intérieures, conformément à l'article 25 du code frontières

Schengen, est de nature à faire relever de l'article 2, paragraphe 2, sous a), de la directive 2008/115 la situation d'un ressortissant d'un pays tiers, en séjour irrégulier sur le territoire de cet État membre et appréhendé à proximité d'une telle frontière intérieure.

49. L'article 25 du code frontière Schengen autorise, à titre exceptionnel et dans certaines conditions, un État membre à réintroduire temporairement un contrôle aux frontières sur tous les tronçons ou certains tronçons spécifiques de ses frontières intérieures en cas de menace grave pour l'ordre public ou la sécurité intérieure de cet État membre. Selon l'article 32 de ce code, lorsqu'un contrôle aux frontières intérieures est réintroduit, les dispositions pertinentes dudit code relatives aux frontières extérieures s'appliquent mutatis mutandis.

50. À cet égard, il convient de souligner, premièrement, que, en tant que dérogation au champ d'application de la directive 2008/115, l'exception prévue à l'article 2, paragraphe 2, sous a), de celle-ci doit être interprétée de manière stricte.

[...]

52. En ce qui concerne, deuxièmement, la finalité poursuivie par l'article 2, paragraphe 2, sous a), de la directive 2008/115, la Cour a déjà jugé que celle-ci consiste à permettre aux États membres, dans les deux situations visées à cette disposition, de continuer à appliquer, à leurs frontières extérieures, des procédures de retour simplifiées, sans devoir suivre toutes les étapes procédurales prévues par cette directive, afin de pouvoir éloigner plus rapidement les ressortissants de pays tiers interceptés à l'occasion du franchissement d'une telle frontière (arrêt du 7 juin 2016, *Affum*, C-47/15, EU:C:2016:408, point 74).

53. À cet égard, il convient de constater que l'article 2, paragraphe 2, sous a), de la directive 2008/115 traite de manière identique l'interception ou l'arrestation à proximité immédiate d'une frontière extérieure d'un État membre, visée à l'article 13 du code frontières Schengen, et l'adoption d'une décision de refus d'entrée, au sens de l'article 14 de ce code.

54. En effet, si, comme le confirme l'article 14, paragraphe 4, du code frontières Schengen, l'adoption d'une décision de refus d'entrée sur le territoire de l'espace Schengen vise à éviter que le ressortissant de pays tiers auquel elle est opposée pénètre sur ce territoire, l'arrestation ou l'interception d'un tel ressortissant, en séjour irrégulier, à l'occasion du franchissement d'une frontière extérieure ou à proximité immédiate d'une telle frontière, permet également aux autorités nationales compétentes de prendre aisément et rapidement, compte tenu du lieu où ledit ressortissant a été appréhendé, les mesures appropriées afin d'éviter qu'il demeure sur ledit territoire, en le ramenant immédiatement à la frontière extérieure qu'il a franchie irrégulièrement.

55. Dans de telles circonstances, caractérisées, notamment, par la proximité d'une frontière extérieure, il peut être justifié d'autoriser un État membre à ne pas suivre toutes les étapes de la procédure prévue par la directive 2008/115, afin d'accélérer le retour vers un pays tiers des ressortissants de pays tiers en séjour irrégulier sur son territoire.

56. Inversement, la seule réintroduction de contrôles aux frontières intérieures d'un État membre n'a pas pour conséquence qu'un ressortissant de pays tiers, en séjour irrégulier et appréhendé à l'occasion du franchissement de cette frontière ou à proximité immédiate de celle-ci, puisse être éloigné plus rapidement ou aisément du territoire de l'espace Schengen, en étant immédiatement ramené à une frontière extérieure, que s'il avait été appréhendé, à l'occasion d'un contrôle de police, au sens de l'article 23, sous a), du code frontières Schengen, au même endroit, sans que des contrôles auxdites frontières aient été réintroduits.

[...]

59. Il s'ensuit que, au regard de l'objectif poursuivi par l'article 2, paragraphe 2, sous a), de la directive 2008/115, il n'y a pas lieu de distinguer la situation d'un ressortissant d'un pays tiers en séjour irrégulier, appréhendé à proximité immédiate d'une frontière intérieure, selon que des contrôles ont été ou non réintroduits à ladite frontière.

60. Troisièmement, la nécessité d'une interprétation restrictive du champ d'application de l'article 2, paragraphe 2, sous a), de la directive 2008/115 est également corroborée par une analyse du contexte dans lequel s'insère cette disposition et, plus particulièrement, par une lecture systématique du code frontières Schengen.

61. À cet égard, il y a lieu de relever, tout d'abord, qu'il découle de ce code qu'une frontière intérieure sur laquelle des contrôles ont été réintroduits par un État membre en vertu de l'article 25 dudit code n'équivaut pas à une frontière extérieure, au sens du même code.

62. En effet, aux termes de l'article 2 du code frontières Schengen, les notions de « frontières intérieures » et de « frontières extérieures » sont exclusives l'une de l'autre. Or, l'article 32 de ce code se borne à prévoir que, lorsque des contrôles aux frontières intérieures sont réintroduits par un État membre, seules les dispositions dudit code relatives aux frontières extérieures qui sont pertinentes s'appliquent mutatis mutandis. En revanche, ledit article 32 ne prévoit pas, ainsi que M. l'avocat général l'a relevé, en substance, au point 52 de ses conclusions, que, dans un tel cas, il soit fait application de l'article 2, paragraphe 2, sous a), de la directive 2008/115. Le libellé même du code frontières Schengen s'oppose, dès lors, à ce que, aux fins de cette directive, une frontière intérieure sur laquelle des contrôles ont été réintroduits en vertu de l'article 25 de ce code soit assimilée à une frontière extérieure.

63. Ensuite, il est vrai, comme le souligne la juridiction de renvoi, que l'article 5, paragraphe 3, du code frontières Schengen impose aux États membres d'instaurer, en cas de franchissement non autorisé des frontières extérieures en dehors des points de passage frontaliers ou des heures d'ouverture fixées, des sanctions qui soient effectives, proportionnées et dissuasives.

64. Toutefois, et indépendamment du point de savoir si cette disposition constitue une disposition pertinente, au sens de l'article 32 du code frontières Schengen, applicable, mutatis mutandis, en cas de réintroduction par un État membre d'un contrôle à ses frontières intérieures, il convient, en tout état de cause, de relever que ladite disposition n'entend nullement déroger aux normes et aux procédures communes établies par la directive 2008/115, comme cela est d'ailleurs expressément confirmé à l'article 13, paragraphe 1, dudit code, lequel prévoit que des mesures doivent être prises à l'encontre d'une personne ayant franchi illégalement une frontière extérieure et que, si cette personne n'a pas le droit de séjourner sur le territoire de l'État membre concerné, elle est appréhendée et fait l'objet de procédures respectant la directive 2008/115 (voir, en ce sens, arrêt du 7 juin 2016, *Affum*, C-47/15, EU:C:2016:408, point 90).

65. L'article 13, paragraphe 1, du code frontières Schengen vise ainsi à préciser la relation entre la surveillance des frontières et la mise en œuvre des procédures de retour prévues par la directive 2008/115 (arrêt du 26 juillet 2017, *Jafari*, C-646/16, EU:C:2017:586, point 69). Il s'ensuit que les mesures adoptées par les États membres, notamment en conformité avec l'article 5, paragraphe 3, du code frontières Schengen, afin de garantir l'effectivité de la surveillance aux frontières, ne peuvent avoir pour effet de modifier les obligations qui découlent pour les États membres de cette directive.

[...]

Par ces motifs, la Cour (grande chambre) dit pour droit :

L'article 2, paragraphe 2, sous a), de la directive 2008/115/CE du Parlement européen et du Conseil, du 16 décembre 2008, relative aux normes et procédures communes applicables dans les États membres au retour des ressortissants de pays tiers en séjour irrégulier, lu en combinaison avec l'article 32 du règlement (UE) 2016/399 du Parlement européen et du Conseil, du 9 mars 2016, concernant un code de l'Union relatif au régime de franchissement des frontières par les personnes (code frontières Schengen), doit être interprété en ce sens qu'il ne s'applique pas à la situation d'un ressortissant de pays tiers, arrêté à proximité immédiate d'une frontière intérieure et en séjour irrégulier sur le territoire d'un État membre, même lorsque cet État membre a réintroduit, en vertu de l'article 25 de ce règlement, le contrôle à cette frontière, en raison d'une menace grave pour l'ordre public ou la sécurité intérieure dudit État membre.

Observations

L'obstination de la Cour de cassation française a déjà conduit la Cour de justice à préciser en deux temps (1) que les dispositions de la directive 2008/115/CE dite directive « retour », s'opposent, en principe, à l'infliction d'une peine d'emprisonnement à un ressortissant d'un pays tiers au seul motif de l'irrégularité de son séjour dans un État membre. La jurisprudence dessine ainsi deux seules exceptions à cette interdiction, celle où la situation dans laquelle une procédure de retour établie par la directive 2008/115 a été appliquée et où le ressortissant continue à séjourner irrégulièrement sur le territoire de cet État membre sans motif justifié de non-retour et celle de la situation dans laquelle une procédure de retour a été appliquée et que la personne concernée entre de nouveau sur ledit territoire en violation d'une interdiction d'entrée.

Le contrôle de M. Abdelaziz Arib, de nationalité marocaine, sur le territoire français, à proximité de la frontière terrestre séparant la France de l'Espagne, à bord d'un autocar provenant du Maroc, est venu ajouter une troisième interrogation à cet état du droit.

Objet d'une mesure d'éloignement du territoire français et suspecté d'être entré illégalement sur le territoire français, ce dernier avait été placé en garde à vue avant l'exécution d'un arrêté portant obligation de quitter le territoire français. Le juge judiciaire ayant annulé ce placement en garde à vue, le préfet avait formé un pourvoi devant la Cour de cassation. Celle-ci interrogeait la Cour de justice sur le fait de savoir si une frontière intérieure sur laquelle un contrôle a été réintroduit est assimilable, au sens de la directive retour, à une frontière extérieure et si, en conséquence, la France

(1) CJUE, 28 avril 2011, *Hassen el Dridi c/ Italie*, aff. C-61/11 PPU, ECLI:EU:C:2011:268 ; CJUE, 6 décembre 2011, *Achughbabian*, aff. C-329/11, ECLI:EU:C:2011:807.

pouvait décider de ne pas appliquer à l'égard de M. Arib la procédure de retour prévue par la directive « retour ».

Examen des questions

La Cour de justice souligne d'emblée en préalable que l'intéressé n'a pas fait l'objet d'une décision de refus d'entrée sur le territoire français mais qu'il a été contrôlé, par les autorités françaises, à proximité immédiate de la frontière franco-espagnole, après que des contrôles à cette frontière ont été réintroduits en vertu de l'article 25 du code frontières Schengen, et au motif qu'il était suspecté d'avoir commis le délit d'entrée irrégulière sur le territoire français.

Se pose alors la question de l'applicabilité ou pas de la directive « retour », commandant la possibilité ou pas de prononcer une peine d'emprisonnement à l'encontre du ressortissant étranger au motif de l'irrégularité de son séjour. Pour la Cour, « un ressortissant de pays tiers qui, comme M. Arib, après être entré irrégulièrement sur le territoire d'un État membre, est intercepté sur le territoire de cet État membre, à proximité immédiate de l'une de ses frontières intérieures, sans remplir les conditions d'entrée, de séjour ou de résidence sur ce territoire doit, dès lors, être considéré comme séjournant de manière irrégulière sur le territoire dudit État membre » (pt 38). Il relève donc du champ d'application de la directive.

Restait alors à savoir s'il s'inscrivait ou pas dans le cadre des deux exceptions ouvertes par l'article 2, paragraphe 2, de ladite directive, celle où il y a eu refus d'entrée sur le territoire ou franchissement irrégulier des frontières extérieures de l'État.

Le juge souligne en premier lieu que la possibilité d'écarter de manière dérogatoire l'application de la directive 2008/115 doit être interprétée de manière stricte (2). L'objectif de l'article 2, paragraphe 2, sous a), est en effet de permettre aux États membres de continuer à appliquer, à leurs frontières extérieures, des procédures de retour simplifiées, sans devoir suivre toutes les étapes procédurales prévues par la

(2) CJUE, 7 juin 2016, *Affum*, aff. C-47/15, ECLI:EU:C:2016:408, pts 69 et 77.

directive, et de ramener immédiatement le ressortissant de pays tiers à la frontière extérieure qu'il a franchie irrégulièrement.

De son point de vue, les deux situations visées à l'article 2, paragraphe 2, sous a), de la directive 2008/115 se rapportent exclusivement au franchissement d'une frontière extérieure d'un État membre, telle que définie à l'article 2 du code frontières Schengen, et ne concernent donc pas le franchissement d'une frontière commune à des États membres faisant partie de l'espace Schengen, comme elle l'a indiqué dans son arrêt précité *Affum*.

Restait alors la « circonstance » du rétablissement français des contrôles aux frontières intérieures et qui troublait le juge de renvoi. Elle conduisait, benoîtement, la France et l'Allemagne à avancer devant le juge qu'il fallait de ce fait considérer dans ce cas la frontière franco-espagnole comme une frontière extérieure (conclusions de l'avocat général, pt 48). La Cour de justice ne s'y trompe pas. Elle suit l'opinion de son avocat général qui estimait justement que « les États membres ne protègent pas les mêmes intérêts juridiques aux frontières extérieures et aux frontières intérieures. Un État membre qui, en vertu du code frontières Schengen, est chargé de contrôler les frontières extérieures de cet espace agit dans l'intérêt de tous les États membres de l'espace Schengen. Par contre, un État membre qui décide de rétablir les contrôles aux frontières intérieures le fait dans son propre intérêt » (conclusions précitées, pts 58 et 59).

Pour la Cour, il découle du code frontières Schengen « qu'une frontière intérieure sur laquelle des contrôles ont été réintroduits par un État membre en vertu de l'article 25 dudit code n'équivaut pas à une frontière extérieure, au sens du même code ». En effet, « aux termes de l'article 2 du code frontières Schengen, les notions de “frontières intérieures” et de “frontières extérieures” sont exclusives l'une de l'autre » (pts 61 et 62). Le libellé même du code frontières Schengen s'oppose, dès lors, à ce que, aux fins de cette directive, une frontière intérieure sur laquelle des contrôles ont été réintroduits en vertu de l'article 25 de ce code puisse être assimilée à une frontière extérieure.

Aussi, la procédure de retour prévue par la directive « retour » s'applique à un ressortissant de pays tiers arrêté à proximité d'une frontière intérieure d'un État membre en séjour irrégulier, même lorsque cet État a rétabli temporairement le contrôle à cette frontière. Ce rétablissement n'en fait pas une frontière extérieure et il ne permet donc pas à cet État d'écarter l'application de la directive 2008/115 telle que la Cour de justice l'a interprétée. Le placement en garde à vue d'un ressortissant de pays tiers au seul motif de son entrée irrégulière sur le territoire français n'est donc pas possible.

Henri LABAYLE

Cour de justice, gde ch., 14 mai 2019, *M. et X. et X.*, aff. jtes C-391/16, C-77/17 et C-78/17, ECLI:EU:C:2019:403

Conclusions de l'avocat général M. Wathelet, du 21 juin 2018, ECLI:EU:C:2018:486

Mots-clés : Renvoi préjudiciel – Espace de liberté, de sécurité et de justice – Politique d'asile – Protection internationale – Statut de réfugié – Refus d'octroi ou révocation du statut de réfugié en cas de menace pour la sécurité ou la société de l'État membre d'accueil – Validité – Convention de Genève

Cadre normatif : article 6, paragraphe 3, TUE ; article 78, paragraphe 1, TFUE ; convention relative au statut des réfugiés, signée à Genève le 28 juillet 1951 ; directive 2011/95/UE concernant les normes relatives aux conditions que doivent remplir les ressortissants des pays tiers ou les apatrides pour pouvoir bénéficier d'une protection internationale, à un statut uniforme pour les réfugiés ou les personnes pouvant bénéficier de la protection subsidiaire, et au contenu de cette protection (*JO*, 2011, L 337, p. 9) ; charte des droits fondamentaux de l'Union européenne

Notes et observations : J. Y. Carlier et L. Leboeuf, « Droit européen des migrations », *Journal de droit européen*, 2020, p. 132 ; J.-B. Farçy, « Sécurité nationale et exclusion du statut de protection internationale : vers une autonomie croissante du droit européen ? », *Cahiers de l'EDEM*, juin 2019

Extraits de l'arrêt

1. Les demandes de décision préjudicielle portent sur l'interprétation ainsi que sur la validité de l'article 14, paragraphes 4 à 6, de la directive 2011/95/UE du Parlement européen et du Conseil, du 13 décembre 2011, concernant les normes relatives aux conditions que doivent remplir les ressortissants des pays tiers ou les apatrides pour pouvoir bénéficier d'une protection internationale, à un statut uniforme pour les réfugiés ou les personnes pouvant bénéficier de la protection subsidiaire, et au contenu de cette protection (*JO* 2011, L 337, p. 9), entrée en vigueur le 9 janvier

2012, au regard de l'article 78, paragraphe 1, TFUE, de l'article 6, paragraphe 3, TUE et de l'article 18 de la Charte des droits fondamentaux de l'Union européenne (ci-après la « Charte »).

2. Ces demandes ont été présentées dans le cadre de trois litiges opposant, pour le premier (affaire C-391/16), M. au Ministerstvo vnitra (ministère de l'Intérieur, République tchèque) au sujet de la décision révoquant son droit d'asile, pour le deuxième (affaire C-77/17), X. au Commissaire général aux réfugiés et aux apatrides (Belgique, ci-après le « Commissaire général ») au sujet de la décision refusant de lui reconnaître le statut de réfugié et de lui octroyer le bénéfice de la protection subsidiaire, et, pour le troisième (affaire C-78/17), X. au Commissaire général au sujet de la décision lui retirant le statut de réfugié.

[...]

Sur la compétence de la Cour

67. Les États membres et les institutions ayant soumis des observations écrites à la Cour ont exprimé des avis divergents quant à la question de savoir si la Cour est compétente pour apprécier, dans le cadre des présentes demandes de décision préjudicielle, la validité de la directive 2011/95 à l'aune de l'article 78, paragraphe 1, TFUE et de l'article 18 de la Charte, ceux-ci faisant référence à la convention de Genève.

68. À cet égard, le gouvernement allemand considère qu'une telle question appelle une réponse négative en ce qui concerne les demandes de décision préjudicielle dans les affaires C-77/17 et C-78/17, dans la mesure où lesdites demandes visent, en substance, à obtenir une interprétation de la convention de Genève, alors que, comme il ressort de la jurisprudence issue de l'arrêt du 17 juillet 2014, *Qurbani* (C-481/13, EU:C:2014:2101, points 20, 21 et 28), la compétence de la Cour pour interpréter cette convention est limitée.

69. De leur côté, le Conseil et la Commission font observer que la Cour s'est déjà prononcée sur la nécessité d'interpréter les dispositions de la directive 2011/95 dans le respect de la convention de Genève. Quant au Parlement, il considère que, cette directive étant un acte législatif autonome de l'Union, dont la Cour garantit la primauté, l'unité et l'effectivité, l'examen de la validité de ladite directive devrait s'effectuer uniquement sur la base des traités UE et FUE ainsi que de la Charte. La directive 2011/95 devrait être interprétée, dans la mesure du possible, d'une manière qui ne remette pas en cause sa validité tout en respectant, notamment, les principes fondamentaux de la convention de Genève.

70. En revanche, les gouvernements français et néerlandais soulignent que, si l'Union n'est pas partie à la convention de Genève, l'article 78 TFUE et l'article 18 de la Charte obligent néanmoins l'Union à la

respecter. Ainsi, la Cour serait compétente pour apprécier la compatibilité de l'article 14, paragraphes 4 à 6, de la directive 2011/95 avec cette convention.

71. À cet égard, il résulte de l'article 19, paragraphe 3, sous b), TUE et de l'article 267, premier alinéa, sous b), TFUE que la Cour est compétente pour statuer à titre préjudiciel sur l'interprétation et la validité des actes pris par les institutions de l'Union, sans exception aucune, ces actes devant être pleinement compatibles avec les dispositions des traités et avec les principes constitutionnels qui en découlent ainsi qu'avec les dispositions de la Charte (voir, en ce sens, arrêt du 27 février 2018, *Western Sahara Campaign UK*, C-266/16, EU:C:2018:118, points 44 et 46).

72. En l'espèce, il convient de relever que la directive 2011/95 a été adoptée sur le fondement de l'article 78, paragraphe 2, sous a) et b), TFUE. Aux termes de l'article 78, paragraphe 1, TFUE, la politique commune en matière d'asile, de protection subsidiaire et de protection temporaire, qui vise à « offrir un statut approprié à tout ressortissant d'un pays tiers nécessitant une protection internationale et à assurer le respect du principe de non-refoulement », « doit être conforme à la [convention de Genève] et au [protocole] ainsi qu'aux autres traités pertinents ».

73. En outre, l'article 18 de la Charte dispose que le « droit d'asile est garanti dans le respect des règles de la [convention de Genève] et [du protocole] conformément au [traité UE] et au [traité FUE] ».

74. Ainsi, bien que l'Union ne soit pas partie contractante à la convention de Genève, l'article 78, paragraphe 1, TFUE et l'article 18 de la Charte lui imposent néanmoins le respect des règles de cette convention. La directive 2011/95 doit donc, en vertu de ces dispositions du droit primaire, respecter ces règles (voir, en ce sens, arrêts du 1er mars 2016, *Alo et Osso*, C-443/14 et C-444/14, EU:C:2016:127, point 29 et jurisprudence citée, ainsi que du 19 juin 2018, *Gnandi*, C-181/16, EU:C:2018:465, point 53 et jurisprudence citée).

75. Par conséquent, la Cour est compétente pour examiner la validité de l'article 14, paragraphes 4 à 6, de la directive 2011/95 à l'aune de l'article 78, paragraphe 1, TFUE et de l'article 18 de la Charte, et, dans le cadre de cet examen, pour vérifier si ces dispositions de cette directive sont susceptibles d'être interprétées dans un sens qui respecte le niveau de protection garanti par les règles de la convention de Genève.

Sur les questions préjudicielles

76. Les questions des juridictions de renvoi quant à la validité de l'article 14, paragraphes 4 à 6, de la directive 2011/95 portent, en substance, sur le point de savoir si l'article 14, paragraphes 4 et 5, de cette directive a pour effet de priver le ressortissant d'un pays tiers ou l'apatride

concerné, qui remplit les conditions matérielles prévues à l'article 2, sous d), de ladite directive, de la qualité de réfugié et s'il méconnaît, de ce fait, l'article 1er de la convention de Genève. Leurs interrogations tiennent plus précisément au fait que les hypothèses visées à l'article 14, paragraphes 4 et 5, de la directive 2011/95 ne correspondent pas aux causes d'exclusion et de cessation figurant à l'article 1er, sections C à F, de la convention de Genève alors que ces causes d'exclusion et de cessation revêtent, dans le système de cette convention, un caractère exhaustif.

77. À cet égard, il y a lieu de rappeler que, selon un principe général d'interprétation, un acte de l'Union doit être interprété, dans la mesure du possible, d'une manière qui ne remette pas en cause sa validité et en conformité avec l'ensemble du droit primaire et, notamment, avec les dispositions de la Charte (arrêt du 15 février 2016, *N.*, C-601/15 PPU, EU:C:2016:84, point 48 et jurisprudence citée). Ainsi, lorsqu'un texte du droit dérivé de l'Union est susceptible de plus d'une interprétation, il convient de donner la préférence à celle qui rend la disposition conforme au droit primaire plutôt qu'à celle conduisant à constater son incompatibilité avec celui-ci (arrêt du 26 juin 2007, *Ordre des barreaux francophones et germanophone e.a.*, C-305/05, EU:C:2007:383, point 28 ainsi que jurisprudence citée).

[...]

Sur le système institué par la directive 2011/95

79. Comme il ressort du considérant 12 de la directive 2011/95, les dispositions de celle-ci visent à assurer l'application de critères communs pour l'identification des personnes ayant besoin d'une protection internationale ainsi qu'un niveau minimal d'avantages à ces personnes dans tous les États membres.

80. À cet égard, il convient de rappeler, ainsi que le confirme le considérant 3 de la directive 2011/95, que le système européen commun d'asile dont fait partie cette directive est fondé sur l'application intégrale et globale de la convention de Genève et du protocole, et l'assurance que nul ne sera renvoyé là où il risque à nouveau d'être persécuté (voir, en ce sens, arrêts du 21 décembre 2011, *N. S. e.a.*, C-411/10 et C-493/10, EU:C:2011:865, point 75, ainsi que du 1er mars 2016, *Alo et Osso*, C-443/14 et C-444/14, EU:C:2016:127, point 30).

81. En outre, il ressort des considérants 4, 23 et 24 de la directive 2011/95 que la convention de Genève constitue la pierre angulaire du régime juridique international de protection des réfugiés et que les dispositions de cette directive relatives aux conditions d'octroi du statut de réfugié ainsi qu'au contenu de ce dernier ont été adoptées pour aider les autorités compétentes des États membres à appliquer cette convention en

se fondant sur des notions et des critères communs pour reconnaître aux demandeurs d'asile le statut de réfugié au sens de l'article 1er de ladite convention (voir, en ce sens, arrêts du 31 janvier 2017, *Lounani*, C-573/14, EU:C:2017:71, point 41, et du 13 septembre 2018, *Ahmed*, C-369/17, EU:C:2018:713, point 40 ainsi que jurisprudence citée).

[...]

83. Ainsi, si la directive 2011/95 établit un système normatif comportant des notions et des critères communs aux États membres et, donc, propres à l'Union, elle est néanmoins fondée sur la convention de Genève et a, notamment, pour finalité que soit pleinement respecté l'article 1er de cette convention.

[...]

90. Le fait que la qualité de « réfugié », au sens de l'article 2, sous d), de la directive 2011/95 et de l'article 1er, section A, de la convention de Genève, ne dépend pas de la reconnaissance formelle de cette qualité par l'octroi du « statut de réfugié », au sens de l'article 2, sous e), de cette directive, est, du reste, corroboré par les termes de l'article 21, paragraphe 2, de ladite directive, selon lesquels un « réfugié » peut, dans le respect de la condition énoncée à cette disposition, être refoulé, « qu'il soit ou ne soit pas formellement reconnu comme tel ».

91. La reconnaissance formelle de la qualité de réfugié, que constitue l'octroi du statut de réfugié, a pour conséquence que le réfugié concerné est, en vertu de l'article 2, sous b), de la directive 2011/95, bénéficiaire d'une protection internationale, au sens de cette directive, de telle sorte qu'il dispose, comme l'a relevé M. l'avocat général au point 91 de ses conclusions, de l'ensemble des droits et des avantages prévus par le chapitre VII de ladite directive, lequel comporte à la fois des droits équivalents à ceux qui figurent dans la convention de Genève et, ainsi que l'ont fait observer notamment le Parlement et le gouvernement du Royaume-Uni, des droits plus protecteurs qui n'ont pas d'équivalents dans cette convention, tels que ceux visés à l'article 24, paragraphe 1, ainsi qu'aux articles 28 et 34 de la directive 2011/95.

92. Il découle des considérations qui précèdent que la qualité de « réfugié », au sens de l'article 2, sous d), de la directive 2011/95 et de l'article 1er, section A, de la convention de Genève, ne dépend pas de la reconnaissance formelle de cette qualité par l'octroi du « statut de réfugié », au sens de l'article 2, sous e), de cette directive, lu en combinaison avec l'article 13 de cette dernière.

Sur l'article 14, paragraphes 4 et 5, de la directive 2011/95

93. S'agissant des hypothèses, visées à l'article 14, paragraphes 4 et 5, de la directive 2011/95, dans lesquelles les États membres peuvent

procéder à la révocation ou au refus d'octroi du statut de réfugié, celles-ci correspondent, comme l'a relevé M. l'avocat général au point 56 de ses conclusions, en substance, à celles dans lesquelles les États membres peuvent procéder au refoulement d'un réfugié en vertu de l'article 21, paragraphe 2, de cette directive et de l'article 33, paragraphe 2, de la convention de Genève.

[...]

99. Dans le cas où un État membre décide de révoquer le statut de réfugié ou de ne pas l'octroyer au titre de l'article 14, paragraphe 4 ou 5, de la directive 2011/95, les ressortissants de pays tiers ou les apatrides concernés se voient, certes, privés dudit statut et ne disposent donc pas, ou plus, de l'ensemble des droits et des avantages énoncés au chapitre VII de cette directive, ceux-ci étant associés à ce statut. Toutefois, ainsi que le prévoit explicitement l'article 14, paragraphe 6, de ladite directive, ces personnes jouissent, ou continuent de jouir, d'un certain nombre de droits prévus par la convention de Genève (voir, en ce sens, arrêt du 24 juin 2015, *H. T.*, C-373/13, EU:C:2015:413, point 71), ce qui, ainsi que l'a souligné M. l'avocat général au point 100 de ses conclusions, confirme qu'ils ont, ou continuent d'avoir, la qualité de réfugié, au sens, notamment, de l'article 1er, section A, de ladite convention, en dépit de cette révocation ou de ce refus.

100. Il en résulte que les dispositions de l'article 14, paragraphes 4 à 6, de la directive 2011/95 ne sauraient être interprétées en ce sens que la révocation du statut de réfugié ou le refus d'octroi de ce statut a pour effet de priver le ressortissant d'un pays tiers ou l'apatride concerné qui remplit les conditions matérielles de l'article 2, sous d), de cette directive, lu en combinaison avec les dispositions du chapitre III de celle-ci, de la qualité de réfugié, au sens de l'article 1er, section A, de la convention de Genève, et donc de l'exclure de la protection internationale que l'article 18 de la Charte impose de lui garantir dans le respect de ladite convention.

Sur l'article 14, paragraphe 6, de la directive 2011/95

[...]

110. Il ressort de l'ensemble des considérations qui précèdent que, tandis que, sous l'empire de la convention de Genève, les personnes relevant de l'une des hypothèses décrites à l'article 14, paragraphes 4 et 5, de la directive 2011/95 sont passibles, en vertu de l'article 33, paragraphe 2, de ladite convention, d'une mesure de refoulement ou d'expulsion vers leur pays d'origine, et ce quand bien même leur vie ou leur liberté y serait menacée, de telles personnes ne peuvent en revanche, en vertu de l'article 21, paragraphe 2, de cette directive, faire l'objet d'un refoulement si celui-ci leur faisait courir le risque que soient violés leurs droits

fondamentaux consacrés à l'article 4 et à l'article 19, paragraphe 2, de la Charte. Ces personnes sont, certes, susceptibles de faire l'objet, dans l'État membre concerné, d'une décision de révocation du statut de réfugié, au sens de l'article 2, sous e), de la directive 2011/95, ou d'une décision de refus d'octroi de ce statut, mais l'adoption de telles décisions ne saurait affecter leur qualité de réfugié lorsqu'elles remplissent les conditions matérielles requises pour être considérées comme étant des réfugiés, au sens de l'article 2, sous d), de cette directive, lu en combinaison avec les dispositions du chapitre III de celle-ci, et, donc, de l'article 1er, section A, de la convention de Genève.

Par ces motifs, la Cour (grande chambre) dit pour droit :

L'examen de l'article 14, paragraphes 4 à 6, de la directive 2011/95/UE du Parlement européen et du Conseil, du 13 décembre 2011, concernant les normes relatives aux conditions que doivent remplir les ressortissants des pays tiers ou les apatrides pour pouvoir bénéficier d'une protection internationale, à un statut uniforme pour les réfugiés ou les personnes pouvant bénéficier de la protection subsidiaire, et au contenu de cette protection, n'a révélé aucun élément de nature à affecter la validité de ces dispositions au regard de l'article 78, paragraphe 1, TFUE et de l'article 18 de la Charte des droits fondamentaux de l'Union européenne.

Observations

Étaient en cause devant la Cour de justice de l'Union deux demandes de décision préjudicielle formées l'une, par le Conseil du contentieux des étrangers en Belgique (affaires C-77/17 et C-78/17) et, l'autre, dans l'affaire C-391/16, par la Cour administrative suprême de la République tchèque. Ces juridictions nationales s'interrogeaient sur l'interprétation et la validité de l'article 14, paragraphes 4 et 6, de la directive 2011/95, dite directive « qualification ».

Ces demandes avaient été présentées dans le cadre de litiges concernant la validité des décisions par lesquelles les autorités nationales compétentes en matière d'asile avaient refusé d'accorder le statut de réfugié et le statut conféré par la protection subsidiaire à X. (affaire C-77/17) en application de la législation belge transposant l'article 14, paragraphe 5, de la directive 2011/95 et avaient retiré le statut de réfugié précédemment octroyé à X. (affaire C-78/17) et à M.

(affaire C-391/16) en vertu des dispositions de droit interne (belge et tchèque, respectivement) transposant le paragraphe 4 de cet article.

Examen des questions

Le droit de l'asile dans l'Union européenne repose tout à la fois sur le respect de la Convention de Genève, texte de droit international liant les États membres, et sur l'article 18 de la Charte des droits fondamentaux, le titre V du TFUE lui consacrant son article 78 dont les textes d'application constituent le régime commun d'asile.

En l'espèce, la première question posée par les États intervenants devant le juge de l'Union portait sur la compétence de ce dernier. Certains d'entre eux, ainsi que le Parlement, estimaient en effet qu'était en cause en réalité une demande d'interprétation de la Convention de Genève et que la Cour s'était déjà prononcée sur ce point (1). D'autres en revanche s'appuyaient sur l'exigence de respect de cette convention posée depuis Maastricht et consacrée par la Charte des droits fondamentaux. Reprenant la lettre des traités et s'appuyant sur l'article 19 TUE, la Cour souligne que « bien que l'Union ne soit pas partie contractante à la convention de Genève, l'article 78, paragraphe 1, TFUE et l'article 18 de la Charte lui imposent néanmoins le respect des règles de cette convention. La directive 2011/95 doit donc, en vertu de ces dispositions du droit primaire, respecter ces règles » (pt 74). Ceci implique pour elle de « vérifier si ces dispositions de cette directive sont susceptibles d'être interprétées dans un sens qui respecte le niveau de protection garanti par les règles de la convention de Genève » (pt 75).

Au fond, le débat portait sur le fait que la directive « qualification » autorise la révocation du statut de réfugié en cas de menace pour la sécurité ou la société d'un État membre là où la convention de Genève de 1951 relative au statut de réfugié ne prévoit pas de cessation ni d'exclusion du statut de réfugié pour des raisons de sécurité dans le pays d'accueil. Elle se borne dans son article 33, paragraphe 2, à autoriser une exception au principe de non-refoulement posé par son

(1) CJUE, 17 juillet 2014, *Qurbani*, aff. C-481/13, ECLI:EU:C:2014:2101.

paragraphe premier. La Cour n'y voit pas de motif à invalidation du texte de droit dérivé.

La lecture « systémique » à laquelle la CJUE se livre n'est guère nouvelle : « le système européen commun d'asile dont fait partie cette directive est fondé sur l'application intégrale et globale de la convention de Genève et du protocole, et l'assurance que nul ne sera renvoyé là où il risque à nouveau d'être persécuté (voir, en ce sens, arrêts du 21 décembre 2011, *N. S. e.a.*, C-411/10 et C-493/10, EU:C:2011:865, point 75, ainsi que du 1er mars 2016, *Alo et Osso*, C-443/14 et C-444/14, EU:C:2016:127, point 30) » (pt 80). La convention de Genève « constitue la pierre angulaire du régime juridique international de protection des réfugiés et que les dispositions de cette directive relatives aux conditions d'octroi du statut de réfugié ainsi qu'au contenu de ce dernier ont été adoptées pour aider les autorités compétentes des États membres à appliquer cette convention en se fondant sur des notions et des critères communs pour reconnaître aux demandeurs d'asile le statut de réfugié » (pt 81).

Aussi, le « système normatif » établi par la directive 2011/95 comporte des notions et des critères communs aux États membres et, donc, propres à l'Union, la directive « qualification » étant néanmoins fondée sur la convention de Genève et ayant, notamment, pour finalité que soit pleinement respecté l'article 1er de cette convention (pt 83).

Ce qui conduit la Cour de justice à suivre la distinction proposée par son avocat général et les observations du gouvernement, celle qui existe entre la « qualité » de réfugié résultant de la convention de Genève et le « statut » de réfugié qu'organise la directive. Aussi, la qualité de « réfugié », au sens de la directive 2011/95 et de la convention de Genève, ne dépend pas de la reconnaissance formelle de cette qualité par l'octroi du « statut de réfugié », au sens de cette directive (pt 92). La perte de cette qualité au sens de la directive n'implique pas celle de la protection que la convention procure et, tout particulièrement, celle du principe de non-refoulement (pt 99).

Ce faisant, l'affaire 391/16 contribue à opérer une distinction entre la protection conventionnelle du réfugié et la protection européenne de ce dernier, le plancher de cette protection demeurant le caractère absolu de l'obligation de ne pas refouler ce dernier. Cette distinction ne profite pas nécessairement à ces réfugiés et il reviendra aux États membres de gérer ce no man's land. De l'aveu de la Cour, « les États membres, lorsqu'ils mettent en œuvre l'article 14, paragraphe 4 ou 5, de cette directive, ne sont, en principe, tenus d'accorder aux réfugiés qui se trouvent sur leur territoire respectif que les droits expressément visés à l'article 14, paragraphe 6, de ladite directive ainsi que ceux des droits énoncés dans la convention de Genève qui sont garantis à tout réfugié se trouvant sur le territoire d'un État contractant et dont la jouissance n'exige pas une résidence régulière » (pt 104). Le juge de l'Union en a conscience : « il y a lieu de souligner que celle-ci ne saurait être interprétée en aucune manière en ce sens qu'elle aurait pour effet d'inciter ces États à se soustraire à leurs obligations internationales, telles qu'elles résultent de la convention de Genève, en limitant les droits que tirent ces personnes de cette convention » (pt 108).

Henri Labayle

Cour de justice, gde ch., 27 mai 2019,
OG et PI (Parquets de Lübeck et de Zwickau),
aff. C-508/18 et C-82/19 PPU, EU:C:2019:456

MOTS-CLÉS : Coopération judiciaire en matière pénale – Reconnaissance mutuelle des décisions judiciaires – Mandat d'arrêt européen – Parquet comme autorité judiciaire d'émission – Indépendance du parquet

CADRE NORMATIF : décision-cadre 2002/584/JAI du Conseil, du 13 juin 2002, relative au mandat d'arrêt européen et aux procédures de remise entre États membres, telle que modifiée par la décision-cadre 2009/299/JAI du Conseil, du 26 février 2009, article 6

EXTRAITS DE L'ARRÊT

1. Les demandes de décision préjudicielle portent sur l'interprétation de l'article 6, paragraphe 1, de la décision-cadre 2002/584/JAI du Conseil, du 13 juin 2002, relative au mandat d'arrêt européen et aux procédures de remise entre États membres (*JO* 2002, L 190, p. 1), telle que modifiée par la décision-cadre 2009/299/JAI du Conseil, du 26 février 2009 (*JO* 2009, L 81, p. 24) (ci-après la « décision-cadre 2002/584 »).

2. Ces demandes ont été présentées dans le cadre de l'exécution, en Irlande, de deux mandats d'arrêt européens émis respectivement, dans l'affaire C-508/18, le 13 mai 2016 par la Staatsanwaltschaft bei dem Landgericht Lübeck (parquet près le tribunal régional de Lübeck, Allemagne) (ci-après le « parquet de Lübeck ») aux fins de poursuites pénales engagées à l'encontre d'OG et, dans l'affaire C-82/19 PPU, le 15 mars 2018 par la Staatsanwaltschaft Zwickau (parquet de Zwickau, Allemagne) aux fins de poursuites pénales engagées à l'encontre de PI.

[...]

Sur les questions préjudicielles

42. Par leurs questions respectives, qu'il convient d'examiner ensemble, les juridictions de renvoi demandent, en substance, si la notion d'« autorité judiciaire d'émission », au sens de l'article 6, paragraphe 1, de la décision-cadre 2002/584, doit être interprétée en ce sens qu'elle vise les parquets d'un État membre qui sont compétents pour exercer les

poursuites pénales et entretiennent un rapport de subordination à l'égard d'un organe du pouvoir exécutif de cet État membre, tel qu'un ministre de la Justice, et peuvent être soumis, directement ou indirectement, à des ordres ou à des instructions individuels de la part de ce dernier dans le cadre de l'adoption d'une décision relative à l'émission d'un mandat d'arrêt européen.

43. À titre liminaire, il convient de rappeler que tant le principe de confiance mutuelle entre les États membres que le principe de reconnaissance mutuelle, qui repose lui-même sur la confiance réciproque entre ces derniers, ont, dans le droit de l'Union, une importance fondamentale, étant donné qu'ils permettent la création et le maintien d'un espace sans frontières intérieures. Plus spécifiquement, le principe de confiance mutuelle impose, notamment en ce qui concerne l'espace de liberté, de sécurité et de justice, à chacun de ces États de considérer, sauf dans des circonstances exceptionnelles, que tous les autres États membres respectent le droit de l'Union et, tout particulièrement, les droits fondamentaux reconnus par ce droit [arrêt du 25 juillet 2018, *Minister for Justice and Equality (Défaillances du système judiciaire)*, C-216/18 PPU, EU:C:2018:586, point 36 ainsi que jurisprudence citée].

44. S'agissant, en particulier, de la décision-cadre 2002/584, il ressort du considérant 6 de celle-ci que le mandat d'arrêt européen qu'elle instaure constitue la première concrétisation, dans le domaine du droit pénal, du principe de reconnaissance mutuelle.

45. Ce principe trouve application à l'article 1er, paragraphe 2, de cette décision-cadre qui consacre la règle selon laquelle les États membres sont tenus d'exécuter tout mandat d'arrêt européen sur la base dudit principe et conformément aux dispositions de ladite décision-cadre. Les autorités judiciaires d'exécution ne peuvent donc, en principe, refuser d'exécuter un tel mandat que pour les motifs, exhaustivement énumérés, de non-exécution prévus aux articles 3, 4 et 4 bis de la même décision-cadre. De même, l'exécution du mandat d'arrêt européen ne saurait être subordonnée qu'à l'une des conditions limitativement prévues à l'article 5 de celle-ci. Par conséquent, alors que l'exécution du mandat d'arrêt européen constitue le principe, le refus d'exécution est conçu comme une exception qui doit faire l'objet d'une interprétation stricte [voir, en ce sens, arrêt du 25 juillet 2018, *Minister for Justice and Equality (Défaillances du système judiciaire)*, C-216/18 PPU, EU:C:2018:586, point 41 ainsi que jurisprudence citée].

46. Toutefois, le principe de reconnaissance mutuelle présuppose que seuls les mandats d'arrêt européens, au sens de l'article 1er, paragraphe 1, de la décision-cadre 2002/584, doivent être exécutés conformément aux dispositions de celle-ci. Or, il ressort de cet article qu'un tel mandat d'arrêt constitue une « décision judiciaire », ce qui requiert qu'il soit émis

par une « autorité judiciaire », au sens de l'article 6, paragraphe 1, de cette décision-cadre (voir, en ce sens, arrêts du 10 novembre 2016, *Poltorak*, C-452/16 PPU, EU:C:2016:858, point 28, et du 10 novembre 2016, *Kovalkovas*, C-477/16 PPU, EU:C:2016:861, point 29).

47. Aux termes de l'article 6, paragraphe 1, de ladite décision-cadre, l'autorité judiciaire d'émission est l'autorité judiciaire de l'État membre d'émission qui est compétente pour délivrer un mandat d'arrêt européen en vertu du droit de cet État.

48. Si, conformément au principe d'autonomie procédurale, les États membres peuvent désigner, selon leur droit national, l'« autorité judiciaire » ayant compétence pour émettre un mandat d'arrêt européen, le sens et la portée de cette notion ne sauraient être laissés à l'appréciation de chaque État membre (voir, en ce sens, arrêts du 10 novembre 2016, *Poltorak*, C-452/16 PPU, EU:C:2016:858, points 30 et 31, ainsi que du 10 novembre 2016, *Kovalkovas*, C-477/16 PPU, EU:C:2016:861, points 31 et 32).

49. Ladite notion requiert, dans toute l'Union, une interprétation autonome et uniforme qui, conformément à une jurisprudence constante de la Cour, doit être recherchée en tenant compte à la fois des termes de l'article 6, paragraphe 1, de la décision-cadre 2002/584, du contexte dans lequel il s'insère et de l'objectif poursuivi par cette décision-cadre (voir, en ce sens, arrêts du 10 novembre 2016, *Poltorak*, C-452/16 PPU, EU:C:2016:858, point 32, et du 10 novembre 2016, *Kovalkovas*, C-477/16 PPU, EU:C:2016:861, point 33).

50. À cet égard, il convient de rappeler, en premier lieu, que la Cour a déjà jugé que les termes « autorité judiciaire », figurant à cette disposition, ne se limitent pas à désigner les seuls juges ou juridictions d'un État membre, mais doivent s'entendre comme désignant, plus largement, les autorités participant à l'administration de la justice pénale de cet État membre, à la différence, notamment, des ministères ou des services de police, qui relèvent du pouvoir exécutif (voir, en ce sens, arrêts du 10 novembre 2016, *Poltorak*, C-452/16 PPU, EU:C:2016:858, points 33 et 35, ainsi que du 10 novembre 2016, *Kovalkovas*, C-477/16 PPU, EU:C:2016:861, points 34 et 36).

51. Il en découle que la notion d'« autorité judiciaire », au sens de l'article 6, paragraphe 1, de la décision-cadre 2002/584, est susceptible d'englober les autorités d'un État membre qui, sans nécessairement être des juges ou des juridictions, participent à l'administration de la justice pénale de cet État membre.

52. Cette interprétation est corroborée, d'une part, par le contexte dans lequel s'insère l'article 6, paragraphe 1, de la décision-cadre 2002/584. À cet égard, il convient de relever que cette dernière est un instrument de la

coopération judiciaire en matière pénale, laquelle porte sur la reconnaissance mutuelle non pas uniquement des décisions définitives rendues par les juridictions pénales, mais plus largement des décisions adoptées par les autorités judiciaires des États membres dans le cadre de la procédure pénale, en ce compris la phase de cette procédure relative aux poursuites pénales.

53. En effet, la coopération judiciaire en matière pénale, telle qu'elle était prévue à l'article 31 UE, lequel constitue la base juridique de la décision-cadre 2002/584, visait notamment la coopération entre les autorités judiciaires des États membres tant pour ce qui est de la procédure que de l'exécution des décisions.

54. Le terme « procédure », qui s'entend largement, est susceptible de couvrir la procédure pénale dans son ensemble, à savoir la phase préalable au procès pénal, le procès pénal lui-même et la phase d'exécution de la décision définitive d'une juridiction pénale rendue à l'encontre d'une personne reconnue coupable d'une infraction pénale.

55. Cette interprétation est confortée par le libellé de l'article 82, paragraphe 1, sous d), TFUE, qui a remplacé l'article 31 UE, et qui précise désormais que la coopération judiciaire en matière pénale porte sur la coopération entre les autorités judiciaires ou équivalentes des États membres dans le cadre des poursuites pénales et de l'exécution des décisions.

56. D'autre part, l'interprétation qui précède est également confirmée par l'objectif que poursuit la décision-cadre 2002/584, cette dernière visant, ainsi qu'il ressort de son considérant 5, l'instauration d'un système de libre circulation des décisions judiciaires en matière pénale, tant pré-sentencielles que définitives, dans l'espace de liberté, de sécurité et de justice.

57. En effet, la décision-cadre 2002/584 a pour objet, par l'instauration d'un système simplifié et efficace de remise des personnes condamnées ou soupçonnées d'avoir enfreint la loi pénale, de faciliter et d'accélérer la coopération judiciaire en vue de contribuer à réaliser l'objectif assigné à l'Union de devenir un espace de liberté, de sécurité et de justice en se fondant sur le degré de confiance élevé qui doit exister entre les États membres, conformément au principe de reconnaissance mutuelle (arrêt du 22 décembre 2017, *Ardic*, C-571/17 PPU, EU:C:2017:1026, point 69 et jurisprudence citée).

58. L'émission d'un mandat d'arrêt européen peut ainsi viser, comme le prévoit l'article 1er, paragraphe 1, de cette décision-cadre, deux objets distincts. Ce mandat d'arrêt peut être délivré soit pour l'exercice de poursuites pénales dans l'État membre d'émission, soit pour l'exécution d'une peine ou d'une mesure de sûreté privatives de liberté dans ce même État (voir, en ce sens, arrêt du 21 octobre 2010, *B.*, C-306/09, EU:C:2010:626, point 49).

59. Dès lors, dans la mesure où le mandat d'arrêt européen facilite la libre circulation des décisions judiciaires, préalables au jugement, relatives à l'exercice des poursuites pénales, il y a lieu de considérer que les autorités qui, en vertu du droit national, sont compétentes pour adopter de telles décisions sont susceptibles de relever du champ d'application de ladite décision-cadre.

60. Il découle des considérations exposées aux points 50 à 59 du présent arrêt qu'une autorité, telle qu'un parquet, qui dispose de la compétence, dans le cadre de la procédure pénale, pour exercer des poursuites à l'égard d'une personne soupçonnée d'avoir commis une infraction pénale aux fins qu'elle soit attraite devant une juridiction, doit être considérée comme participant à l'administration de la justice de l'État membre concerné.

61. En l'occurrence, il ressort des éléments du dossier dont dispose la Cour que, en Allemagne, les parquets jouent un rôle essentiel dans la conduite de la procédure pénale.

62. À cet égard, dans ses observations soumises à la Cour, le gouvernement allemand a indiqué que, conformément aux dispositions du droit allemand régissant la procédure pénale, le déclenchement de l'action publique relève des parquets, de telle sorte qu'ils sont les seuls compétents pour entamer les poursuites pénales. En outre, en vertu du principe de légalité, ces parquets sont, en principe, soumis à l'obligation d'ouvrir une enquête portant sur toute personne soupçonnée d'une infraction pénale. Ainsi, il découle de ces indications que, d'une manière générale, lesdits parquets sont amenés, dans le cadre de la procédure pénale, à mettre en place les conditions préalables à l'exercice du pouvoir judiciaire par les juridictions pénales de cet État membre.

63. Dans ces conditions, de tels parquets sont susceptibles d'être considérés comme participant à l'administration de la justice pénale dans l'État membre concerné.

64. En second lieu, en se référant à l'exigence d'indépendance des juridictions, les juridictions de renvoi nourrissent des doutes quant au point de savoir si les parquets en cause au principal répondent à cette exigence, dans la mesure où ces derniers appartiennent à une structure hiérarchisée qui dépend du ministre de la Justice du Land concerné et dans laquelle ce ministre dispose d'un pouvoir de contrôle et de direction, voire d'instruction, à l'égard des entités qui, comme ces parquets, lui sont subordonnées.

65. À cet égard, il y a lieu de rappeler que la décision-cadre 2002/584 vise à instaurer un système simplifié de remise directement entre autorités judiciaires, destiné à se substituer à un système de coopération classique entre États souverains, lequel implique l'intervention et l'appréciation du pouvoir politique, aux fins d'assurer la libre circulation

des décisions judiciaires en matière pénale, dans l'espace de liberté, de sécurité et de justice (voir, en ce sens, arrêt du 10 novembre 2016, *Kovalkovas*, C-477/16 PPU, EU:C:2016:861, point 41).

66. Dans ce cadre, lorsqu'un mandat d'arrêt européen est émis en vue de l'arrestation et de la remise par un autre État membre d'une personne recherchée pour l'exercice de poursuites pénales, cette personne doit avoir bénéficié, à un premier stade de la procédure, des garanties procédurales et des droits fondamentaux, dont la protection doit être assurée par les autorités judiciaires de l'État membre d'émission, selon le droit national applicable, notamment en vue de l'adoption d'un mandat d'arrêt national (arrêt du 1er juin 2016, *Bob-Dogi*, C-241/15, EU:C:2016:385, point 55).

67. Le système du mandat d'arrêt européen comporte ainsi une protection à deux niveaux des droits en matière de procédure et des droits fondamentaux dont doit bénéficier la personne recherchée, dès lors que, à la protection judiciaire prévue au premier niveau, lors de l'adoption d'une décision nationale, telle qu'un mandat d'arrêt national, s'ajoute celle devant être assurée au second niveau, lors de l'émission du mandat d'arrêt européen, laquelle peut intervenir, le cas échéant, dans des délais brefs, après l'adoption de ladite décision judiciaire nationale (arrêt du 1er juin 2016, *Bob-Dogi*, C-241/15, EU:C:2016:385, point 56).

68. S'agissant d'une mesure qui, telle que l'émission d'un mandat d'arrêt européen, est de nature à porter atteinte au droit à la liberté de la personne concernée, consacré à l'article 6 de la charte des droits fondamentaux de l'Union européenne, cette protection implique qu'une décision satisfaisant aux exigences inhérentes à une protection juridictionnelle effective soit adoptée, à tout le moins, à l'un des deux niveaux de ladite protection.

69. Il s'ensuit que, lorsque le droit de l'État membre d'émission attribue la compétence pour émettre un mandat d'arrêt européen à une autorité qui, tout en participant à l'administration de la justice de cet État membre, n'est pas un juge ou une juridiction, la décision judiciaire nationale, telle qu'un mandat d'arrêt national, sur laquelle se greffe le mandat d'arrêt européen, doit, pour sa part, satisfaire à de telles exigences.

70. La satisfaction de ces exigences permet ainsi de garantir à l'autorité judiciaire d'exécution que la décision d'émettre un mandat d'arrêt européen aux fins de poursuites pénales est fondée sur une procédure nationale soumise à un contrôle juridictionnel et que la personne qui a fait l'objet de ce mandat d'arrêt national a bénéficié de toutes les garanties propres à l'adoption de ce type de décisions, notamment de celles résultant des droits fondamentaux et des principes juridiques fondamentaux visés à l'article 1er, paragraphe 3, de la décision-cadre 2002/584.

71. Le second niveau de protection des droits de la personne concernée, mentionné au point 67 du présent arrêt, implique que l'autorité judiciaire compétente, en vertu du droit national, pour émettre un mandat d'arrêt européen contrôle, en particulier, le respect des conditions nécessaires à cette émission et examine le point de savoir si, au regard des spécificités de chaque espèce, ladite émission revêt un caractère proportionné (voir, en ce sens, arrêt du 10 novembre 2016, *Kovalkovas*, C-477/16 PPU, EU:C:2016:861, point 47).

72. C'est, en effet, à l'« autorité judiciaire d'émission », visée à l'article 6, paragraphe 1, de la décision-cadre 2002/584, à savoir l'entité qui, in fine, prend la décision d'émettre le mandat d'arrêt européen, qu'il incombe d'assurer ce second niveau de protection, et ce même lorsque ce mandat d'arrêt européen se fonde sur une décision nationale rendue par un juge ou une juridiction.

73. Ainsi, l'« autorité judiciaire d'émission », au sens de l'article 6, paragraphe 1, de la décision-cadre 2002/584, doit être en mesure d'exercer cette fonction de façon objective, en prenant en compte tous les éléments à charge et à décharge, et sans être exposée au risque que son pouvoir décisionnel fasse l'objet d'ordres ou d'instructions extérieurs, notamment de la part du pouvoir exécutif, de telle sorte qu'il n'existe aucun doute quant au fait que la décision d'émettre le mandat d'arrêt européen revienne à cette autorité et non pas, en définitive, audit pouvoir (voir, en ce sens, arrêt du 10 novembre 2016, *Kovalkovas*, C-477/16 PPU, EU:C:2016:861, point 42).

74. Par conséquent, l'autorité judiciaire d'émission doit pouvoir apporter à l'autorité judiciaire d'exécution l'assurance que, au regard des garanties offertes par l'ordre juridique de l'État membre d'émission, elle agit de manière indépendante dans l'exercice de ses fonctions inhérentes à l'émission d'un mandat d'arrêt européen. Cette indépendance exige qu'il existe des règles statutaires et organisationnelles propres à garantir que l'autorité judiciaire d'émission ne soit pas exposée, dans le cadre de l'adoption d'une décision d'émettre un tel mandat d'arrêt, à un quelconque risque d'être soumise notamment à une instruction individuelle de la part du pouvoir exécutif.

75. En outre, lorsque le droit de l'État membre d'émission attribue la compétence pour émettre un mandat d'arrêt européen à une autorité qui, tout en participant à l'administration de la justice de cet État membre, n'est pas elle-même une juridiction, la décision d'émettre un tel mandat d'arrêt et, notamment, le caractère proportionné d'une telle décision doivent pouvoir être soumis, dans ledit État membre, à un recours juridictionnel qui satisfait pleinement aux exigences inhérentes à une protection juridictionnelle effective.

76. En l'occurrence, il ressort, certes, des indications figurant dans les décisions de renvoi et confirmées par le gouvernement allemand lors de l'audience devant la Cour, que les parquets allemands sont tenus à l'objectivité et doivent enquêter non seulement à charge, mais également à décharge. Il n'en demeure pas moins que, selon lesdites indications, conformément aux articles 146 et 147 du GVG, le ministre de la Justice dispose d'un pouvoir d'instruction « externe » à l'égard de ces parquets.

77. Ainsi que ce gouvernement l'a confirmé lors de l'audience devant la Cour, ce pouvoir d'instruction confère à ce ministre la faculté d'influer directement sur la décision d'un parquet d'émettre ou, le cas échéant, de ne pas émettre un mandat d'arrêt européen. Ledit gouvernement a précisé que ce pouvoir d'instruction pouvait s'exercer, en particulier, au stade de l'examen de la proportionnalité de l'émission d'un tel mandat d'arrêt européen.

78. Certes, il y a lieu de relever que, comme l'a fait valoir le gouvernement allemand, le droit allemand prévoit des garanties permettant d'encadrer le pouvoir d'instruction dont dispose le ministre de la Justice à l'égard du ministère public, de telle sorte que les situations dans lesquelles ce pouvoir pourrait être exercé seraient extrêmement rares.

79. Ainsi, d'une part, ce gouvernement a indiqué que le principe de légalité qui s'applique à l'action du parquet permet de garantir que les éventuelles instructions individuelles que celui-ci pourrait recevoir du ministre de la Justice ne sauraient en tout état de cause excéder les limites de la loi et du droit. Les membres des parquets du Land du Schleswig-Holstein et du Land de Saxe seraient, en outre, des fonctionnaires ne pouvant pas être révoqués de leurs fonctions en raison d'une simple inobservation d'une instruction. D'autre part, ledit gouvernement a indiqué que, dans le Land du Schleswig-Holstein, les instructions du ministre à l'égard des parquets doivent être formulées par écrit et communiquées au président du parlement régional. Dans le Land de Saxe, le contrat de coalition du gouvernement de ce Land prévoirait que le pouvoir d'instruction du ministre de la Justice ne sera plus exercé dans un certain nombre de cas individuels tant que ce contrat sera en vigueur.

80. Toutefois, il convient de constater que de telles garanties, fussent-elles avérées, ne permettent pas, en tout état de cause, d'exclure pleinement que la décision d'un parquet, tel que ceux en cause dans les affaires au principal, d'émettre un mandat d'arrêt européen puisse, dans un cas individuel, être soumise à une instruction du ministre de la Justice du Land concerné.

81. Tout d'abord, si, en vertu du principe de légalité, une instruction du ministre qui serait manifestement illicite ne devrait pas, en principe, être suivie par le parquet concerné, il y a lieu de relever que, ainsi qu'il ressort du point 76 du présent arrêt, le pouvoir d'instruction de ce ministre

est reconnu par le GVG et que celui-ci ne précise pas les conditions dans lesquelles ce pouvoir peut être exercé. Ainsi, l'existence de ce principe n'est pas de nature, à elle seule, à empêcher le ministre de la Justice d'un Land d'influer sur le pouvoir d'appréciation dont disposent les parquets de ce Land lorsqu'ils décident d'émettre un mandat d'arrêt européen, ce que, d'ailleurs, le gouvernement allemand a confirmé lors de l'audience devant la Cour.

82. Ensuite, si dans certains Länder, tels que le Land du Schleswig-Holstein, les instructions du ministre doivent prendre une forme écrite, il n'en demeure pas moins que, comme il a été souligné au point précédent, celles-ci restent autorisées par le GVG. En outre, il est ressorti des débats qui se sont tenus lors de l'audience devant la Cour que, eu égard à la formulation générale de ladite loi, il ne pouvait, en tout état de cause, être exclu que ces instructions puissent être données oralement.

83. Enfin, s'agissant du Land de Saxe, si, à l'heure actuelle, le pouvoir exécutif a décidé de ne pas faire usage du pouvoir d'instruction dans certains cas individuels, force est de constater que cette garantie ne semble pas couvrir tous les cas. En tout état de cause, ladite garantie n'est pas inscrite dans la loi, de telle sorte qu'il n'est pas à exclure que cette situation puisse être modifiée à l'avenir par une décision politique.

84. Or, ainsi qu'il a été relevé au point 73 du présent arrêt, le risque que le pouvoir exécutif puisse exercer une telle influence sur le parquet dans un cas individuel ne permet pas de garantir que, dans le cadre de l'exercice de ses fonctions aux fins de l'émission d'un mandat d'arrêt européen, ce parquet réponde aux garanties mentionnées au point 74 du présent arrêt.

85. Cette considération ne saurait être remise en cause par le fait que, comme l'a fait valoir le gouvernement allemand lors de l'audience devant la Cour, la décision des parquets, tels que ceux en cause au principal, d'émettre un mandat d'arrêt européen peut faire l'objet d'un recours par la personne concernée devant les juridictions allemandes compétentes.

86. Au regard des indications fournies par ce gouvernement, il n'apparaît en effet pas que l'existence de cette voie de recours soit de nature, en soi, à prémunir les parquets contre le risque que leurs décisions soient soumises à une instruction individuelle du ministre de la Justice dans le cadre de l'émission d'un mandat d'arrêt européen.

87. En effet, si une telle voie de recours permet d'assurer que l'exercice des fonctions du parquet est soumis à la possibilité d'un contrôle juridictionnel a posteriori, une éventuelle instruction individuelle du ministre de la Justice à l'égard des parquets lors de l'émission du mandat d'arrêt européen demeure, en tout état de cause, permise par la loi allemande.

88. Il résulte de ce qui précède que, dans la mesure où les parquets en cause au principal sont exposés au risque d'être influencés par le pouvoir exécutif dans leur décision d'émettre un mandat d'arrêt européen, ces parquets ne paraissent pas répondre à l'une des exigences requises pour pouvoir être qualifiés d'« autorité judiciaire d'émission », au sens de l'article 6, paragraphe 1, de la décision-cadre 2002/584, à savoir celle de présenter la garantie d'agir de manière indépendante dans le cadre de l'émission d'un tel mandat d'arrêt.

89. En l'occurrence, il est, à cet égard, sans pertinence, pour les motifs figurant au point 73 du présent arrêt, que, dans le cadre de l'émission des mandats d'arrêt européens en cause au principal, les parquets de Lübeck et de Zwickau ne se soient vu adresser aucune instruction individuelle de la part des ministres de la Justice des Länder concernés.

90. Au vu de l'ensemble des considérations qui précèdent, il y a lieu de répondre aux questions posées que la notion d'« autorité judiciaire d'émission », au sens de l'article 6, paragraphe 1, de la décision-cadre 2002/584, doit être interprétée en ce sens qu'elle ne vise pas les parquets d'un État membre qui sont exposés au risque d'être soumis, directement ou indirectement, à des ordres ou à des instructions individuels de la part du pouvoir exécutif, tel qu'un ministre de la Justice, dans le cadre de l'adoption d'une décision relative à l'émission d'un mandat d'arrêt européen.

Sur les dépens

91. La procédure revêtant, à l'égard des parties au principal, le caractère d'un incident soulevé devant les juridictions de renvoi, il appartient à celles-ci de statuer sur les dépens. Les frais exposés pour soumettre des observations à la Cour, autres que ceux desdites parties, ne peuvent faire l'objet d'un remboursement.

Par ces motifs, la Cour (grande chambre) dit pour droit :

1) Les affaires C-508/18 et C-82/19 PPU sont jointes aux fins de l'arrêt.

2) La notion d'« autorité judiciaire d'émission », au sens de l'article 6, paragraphe 1, de la décision-cadre 2002/584/JAI du Conseil, du 13 juin 2002, relative au mandat d'arrêt européen et aux procédures de remise entre États membres, telle que modifiée par la décision-cadre 2009/299/JAI du Conseil, du 26 février 2009, doit être interprétée en ce sens qu'elle ne vise pas les parquets d'un État membre qui sont exposés au risque d'être soumis, directement ou indirectement, à des ordres ou à des instructions individuels de la part du pouvoir exécutif, tel qu'un ministre de la Justice, dans le cadre de l'adoption d'une décision relative à l'émission d'un mandat d'arrêt européen.

Observations

La Cour a rendu le 27 mai 2019 un arrêt de principe sur le rôle que peut jouer le ministère public dans l'émission d'un mandat d'arrêt européen. La question y était de savoir si les magistrats du parquet d'un État membre de l'Union, qui sont compétents pour exercer les poursuites pénales, peuvent être considérés comme des « autorités judiciaires d'émission » au sens de l'article 6, paragraphe 1, de la décision-cadre 2002/584/JAI relative au mandat d'arrêt européen et aux procédures de remise entre États membres (1), lorsqu'ils sont dans un lien de subordination à l'égard d'un organe du pouvoir exécutif de cet État membre. Au-delà de son aspect technique, cette question nous renvoie à celle, plus large, de l'indépendance de la justice, sous l'angle de l'État de droit.

Cet arrêt a été rendu à l'occasion de deux affaires distinctes (OG [C-508/18] et PI [C-82/19 PPU]) (2), renvoyées par deux juridictions irlandaises – la *Supreme Court* dans un cas, la *High Court* dans l'autre –, à propos de deux parquets d'un même État, l'Allemagne (les parquets de Lübeck et de Zwickau).

L'article 6, paragraphe 1, de la décision-cadre dispose que « l'autorité judiciaire d'émission est l'autorité judiciaire de l'État membre d'émission qui est compétente pour délivrer un mandat d'arrêt européen en vertu du droit de cet État ». La question est donc de savoir si le ministère public est couvert par cette notion d'« autorité judiciaire d'émission ».

La Cour considère que, nonobstant le principe de l'autonomie procédurale des États membres, cette notion requiert une interprétation autonome et uniforme, qui tienne

(1) Décision-cadre 2002/584/JAI du Conseil, du 13 juin 2002, relative au mandat d'arrêt européen et aux procédures de remise entre États membres (*JO* 2002, L 190, p. 1), telle que modifiée par la décision-cadre 2009/299/JAI du Conseil, du 26 février 2009 (*JO* 2009, L 81, p. 24) (ci-après la « décision-cadre »).

(2) Arrêt du 27 mai 2019, *OG et PI (Parquets de Lübeck et de Zwickau)*, aff. C-508/18 et C-82/19 PPU, EU:C:2019:456.

compte des termes de la disposition à interpréter, de son contexte et de l'objectif poursuivi par la décision-cadre (pt 48)(3).

Dans deux arrêts antérieurs, *Kovalkovas* et *Poltorak*, du 10 novembre 2016(4), la Cour avait déjà précisé cette notion en indiquant que les termes d'autorité judiciaire « ne se limitent pas à désigner les seuls juges ou juridictions d'un État membre, mais doivent s'entendre comme désignant, plus largement, les autorités participant à l'administration de la justice pénale de cet État membre, à la différence, notamment, des ministères ou des services de police, qui relèvent du pouvoir exécutif ». La Cour avait à cette occasion clarifié le fait qu'un organe tel qu'un ministère de la Justice (dans la première affaire) ou qu'un service de police (dans la seconde affaire), ne pouvaient être considérés comme une « autorité judiciaire d'émission » au sens de la décision-cadre. La question de savoir si le parquet, qui n'est ni une juridiction ni un organe de l'exécutif, était couvert par la notion n'était pas posée à la Cour dans ces deux affaires.

Il a dès lors fallu attendre les arrêts *OG et PI* et *PF (Procureur général de Lituanie)*(5), du 27 mai 2019, pour que la Cour se penche directement sur cette question(6), à l'occasion de questions préjudicielles concernant l'émission de mandats d'arrêt européens aux fins de poursuites par deux parquets allemands dans le premier arrêt et par le procureur général de Lituanie dans le deuxième arrêt, lequel ne sera pas commenté spécifiquement ici.

---

(3) *Ibid.*, pts 48 et 49. Voy. sur la notion d'interprétation autonome et uniforme : J.-A. Gutierrez-Fons et K. Lenaerts, « Chapitre 1. – Les méthodes "classiques" d'interprétation », *in Les méthodes d'interprétation de la Cour de justice de l'Union européenne*, Bruxelles, Bruylant, 2020, p. 25 ; C. Leroy, « 5. – L'impact du contentieux du mandat d'arrêt européen sur la coopération pénale européenne », *in Coopération opérationnelle en droit pénal de l'Union européenne*, Bruxelles, Bruylant, 2020, p. 82.

(4) Arrêts du 10 novembre 2016, *Poltorak*, aff. C-452/16 PPU, EU:C:2016:858, et *Kovalkovas*, aff. C-477/16 PPU, EU:C:2016:861.

(5) Arrêt du 27 mai 2019, *PF (Procureur général de Lituanie)*, aff. C-509/18, EU:C:2019:457.

(6) Voy. à cet égard : A. Weyembergh et F. Catteau, « Arrêt "OG et PI" : la notion d'autorité judiciaire d'émission et l'exigence d'indépendance à la lumière de la décision-cadre relative au mandat d'arrêt européen », *JDE*, 2019, vol. 263, n° 9, pp. 363-366 ; C. Rizcallah, « La notion d'autorité judiciaire d'émission dans le cadre du mandat d'arrêt européen et la "procéduralisation" du principe de confiance mutuelle », *Obs. Bxl*, 2020, n° 1, pp. 36-39.

La Cour a confirmé, dans l'arrêt *OG et PI*, que la notion d'« autorité judiciaire » est « susceptible d'englober les autorités d'un État membre qui, sans nécessairement être des juges ou des juridictions, participent à l'administration de la justice pénale de cet État membre » (pt 51). La notion d'administration de la justice pénale doit être entendue comme couvrant la procédure pénale dans son ensemble (pt 54), donc également la phase qui est relative aux poursuites pénales (pt 52). Dès lors, elle vise bien une autorité telle qu'un parquet, « qui dispose de la compétence, dans le cadre de la procédure pénale, pour exercer des poursuites à l'égard d'une personne soupçonnée d'avoir commis une infraction pénale aux fins qu'elle soit attraite devant une juridiction » (pt 60). L'exigence de la participation à l'administration de la justice pénale est donc remplie.

Néanmoins, pour que le parquet puisse être considéré comme une « autorité judiciaire d'émission », il faut encore qu'il réponde à une exigence d'indépendance. Le parquet doit être indépendant à l'égard du pouvoir exécutif, parce que c'est l'essence-même de la reconnaissance mutuelle que de soustraire la coopération judiciaire à l'appréciation du pouvoir politique (pt 65). Il faut aussi que la procédure confère une protection juridictionnelle effective à la personne recherchée, *a fortiori* dans l'hypothèse où, comme en l'espèce, l'autorité judiciaire d'émission ne serait pas une juridiction.

La Cour considère que cette protection juridictionnelle doit se concevoir à deux niveaux – celui de l'adoption du mandat d'arrêt national et celui de l'émission du mandat d'arrêt européen – et qu'elle doit au moins être assurée à un de ces deux niveaux. Cela signifie que, si un mandat d'arrêt européen est émis par un magistrat qui n'est pas un juge ou une juridiction, la protection juridictionnelle doit avoir été assurée au niveau de l'émission du mandat d'arrêt national (pt 69). C'est le premier niveau.

Le second niveau de protection implique quant à lui que l'autorité judiciaire compétente pour émettre un mandat d'arrêt européen « contrôle, en particulier, le respect des conditions nécessaires à cette émission et examine le point de savoir si, au regard des spécificités de chaque espèce, ladite émission revêt un caractère proportionné » (pt 71). Pour ce faire, elle doit agir « de manière indépendante dans l'exercice de ses fonctions inhérentes à l'émission d'un mandat d'arrêt européen »(7). Même dans ce cas, la Cour estime que sa décision doit pouvoir être soumise, dans l'État d'émission, à « un recours juridictionnel qui satisfait pleinement aux exigences inhérentes à une protection juridictionnelle effective », notamment sur la question de la proportionnalité. Néanmoins, la Cour considère qu'un tel recours *a posteriori* ne peut prémunir contre une immixtion du pouvoir exécutif dans la décision d'émettre un mandat d'arrêt européen (pts 86 et 87).

La Cour entremêle ainsi, d'une manière peu lisible, deux questions distinctes mais complémentaires, celle de l'indépendance de l'autorité judiciaire d'émission et celle de la protection juridictionnelle effective contre sa décision, afin de former sa réponse à la question posée par la juridiction de renvoi.

La Cour conclut sur cette base qu'un magistrat du ministère public peut être considéré comme une « autorité judiciaire d'émission » au sens de la décision-cadre, pour autant que son statut, dans son État, « lui confère une garantie d'indépendance par rapport au pouvoir exécutif dans le cadre de l'émission du mandat d'arrêt européen ». Ce n'est par contre pas le cas s'il est exposé « au risque d'être soumis, directement ou indirectement, à des ordres ou à des instructions individuels de la part du pouvoir exécutif, tel qu'un ministre de la Justice, dans le cadre de l'adoption d'une décision relative à l'émission d'un mandat d'arrêt européen » (pt 90). Les parquets de Lübeck et de Zwickau ne peuvent donc être considérées comme des « autorités judiciaires d'émission » au sens de l'article 6, paragraphe 1, de la décision-cadre, parce que le ministre de la Justice des *Länder* concernés dispose d'un pouvoir d'instruction externe à l'égard du parquet, qui, même s'il est encadré par des garanties strictes et qu'il ne puisse être exercé que dans des cas très rares, n'est pas pleinement exclu (8).

(7) Arrêt *OG et PI*, préc., pt 74. Le pt 73 précisait que cela englobait le fait d'« exercer cette fonction de façon objective, en prenant en compte tous les éléments à charge et à décharge, et sans être exposée au risque que son pouvoir décisionnel fasse l'objet d'ordres ou d'instructions extérieurs, notamment de la part du pouvoir exécutif, de telle sorte qu'il n'existe aucun doute quant au fait que la décision d'émettre le mandat d'arrêt européen revienne à cette autorité et non pas, en définitive, audit pouvoir ».

(8) Voy. pts 76-84.

Le principe essentiel dégagé par cet arrêt est que le ministère public peut être une autorité judiciaire d'émission pour autant qu'il soit totalement indépendant du pouvoir exécutif. C'est ensuite de façon casuistique que la Cour va procéder dans des arrêts ultérieurs, pour décider que le procureur général de Lituanie peut être considéré comme une autorité judiciaire d'émission, parce que son indépendance est consacrée par la Constitution lituanienne (arrêt *PF*), tout comme le parquet de Vienne (Autriche), parce que, malgré son manque d'indépendance à l'égard du pouvoir exécutif, sa décision est homologuée par un tribunal indépendant (arrêt *NJ*) (9), ou encore le parquet français, parce que l'existence éventuelle d'instructions générales de politique pénale émises par le ministre de la Justice et contraignantes pour ce type de mandat ne porte pas atteinte à cette indépendance (10).

Par son caractère général et un certain manque de clarté en ce qui concerne la portée de l'exigence d'un recours juridictionnel effectif, cet arrêt a suscité un grand émoi au sein des Etats membres et de nouvelles questions préjudicielles posées à la Cour. C'est en effet le fondement même de la procédure instituée par les droits nationaux qui menaçait d'être mis en péril par la portée de cet arrêt.

Trois arrêts du 12 décembre 2019 sont ensuite venus clarifier l'interprétation donnée par la Cour et apaiser la plupart des craintes qui avaient été exprimées (11).

Derrière la question technique qui est posée, c'est bien la question générale de l'indépendance du ministère public à l'égard de l'exécutif qui est posée de façon sous-jacente, dans le contexte d'un doute grandissant sur le respect des règles de l'État de droit et en particulier de l'indépendance de la justice dans certains États membres, qui s'est exprimé pour la

---

(9) Arrêt *NJ*, préc., pts 46-49.

(10) Arrêt du 12 décembre 2019, *Parquet général du Grand-Duché de Luxembourg et Openbaar Ministerie (Procureurs de Lyon et de Tours)*, aff. C-566/19 PPU et C-626/19 PPU, EU:C:2019:1077, pt 56.

(11) Arrêts du 12 décembre 2019, *Parquet général du Grand-Duché de Luxembourg et Openbaar Ministerie (Procureurs de Lyon et de Tours)*, préc. ; *Openbaar Ministerie (Parquet Suède)*, aff. C-625/19 PPU, EU:C:2019:1078 ; *Openbaar Ministerie (Procureur du Roi de Bruxelles)*, aff. C-627/19 PPU, EU:C:2019:1079. Voy. à ce sujet : D. Flore, « Arrêts "Openbaar Ministerie" : l'émission d'un mandat d'arrêt européen par un magistrat du ministère public », *JDE*, 2020, à paraître en septembre 2020.

première fois dans un arrêt du 25 juillet 2018, portant sur le risque de violation du droit fondamental au procès équitable en cas de remise d'une personne recherchée à un État, en l'occurrence la Pologne, ayant adopté des mesures législatives compromettant l'indépendance du système judiciaire (12).

Daniel FLORE

(12) Arrêt du 25 juillet 2018, *Minister for Justice and Equality (Défaillances du système judiciaire)*, aff. C-216/18 PPU, EU:C:2018:586.

Cour de justice, gde ch., 15 octobre 2019, *Dorobantu*, aff. C-128/18, ECLI:EU:C:2019:857

Mots-clés : Coopération judiciaire en matière pénale – Reconnaissance mutuelle des décisions judiciaires – Mandat d'arrêt européen – Conditions de détention – Interdiction d'un traitement inhumain ou dégradant

Cadre normatif : décision-cadre 2002/584/JAI du Conseil, du 13 juin 2002, relative au mandat d'arrêt européen et aux procédures de remise entre États membres, telle que modifiée par la décision-cadre 2009/299/JAI du Conseil, du 26 février 2009 ; article 4 de la charte des droits fondamentaux de l'Union européenne

Extraits de l'arrêt

1. La demande de décision préjudicielle porte sur l'interprétation de l'article 4 de la charte des droits fondamentaux de l'Union européenne (ci-après la « Charte ») ainsi que de la décision-cadre 2002/584/JAI du Conseil, du 13 juin 2002, relative au mandat d'arrêt européen et aux procédures de remise entre États membres (*JO* 2002, L 190, p. 1), telle que modifiée par la décision-cadre 2009/299/JAI du Conseil, du 26 février 2009 (*JO* 2009, L 81, p. 24) (ci-après la « décision-cadre 2002/584 »).

2. Cette demande a été présentée dans le cadre de l'exécution, en Allemagne, d'un mandat d'arrêt européen émis, le 12 août 2016, par la Judecătoria Medgidia (tribunal de première instance de Medgidia, Roumanie) à l'encontre de M. Dumitru-Tudor Dorobantu, aux fins de l'exercice de poursuites pénales en Roumanie.

[...]

Sur les questions préjudicielles

41. Par ses questions, qu'il convient d'examiner ensemble, la juridiction de renvoi s'interroge, en premier lieu, sur l'intensité et l'étendue du contrôle que l'autorité judiciaire d'exécution, qui dispose d'éléments attestant de l'existence de défaillances systémiques ou généralisées des conditions de détention au sein des établissements pénitentiaires de l'État membre d'émission, doit, au regard de l'article 1er, paragraphe 3, de la décision-cadre 2002/584, lu en combinaison avec l'article 4 de la

Charte, effectuer aux fins d'apprécier s'il existe des motifs sérieux et avérés de croire que, à la suite de sa remise à cet État membre, la personne faisant l'objet d'un mandat d'arrêt européen courra un risque réel d'être soumise à un traitement inhumain ou dégradant, au sens de l'article 4 de la Charte. Elle se demande, en particulier, si ce contrôle doit être complet ou, au contraire, limité aux seuls cas d'insuffisances manifestes de ces conditions de détention.

42. En deuxième lieu, elle demande si, dans le cadre de cette appréciation, elle doit tenir compte d'une exigence d'espace minimal par personne détenue dans une cellule d'un tel établissement. Elle s'interroge également sur les modalités de calcul de cet espace en présence de meubles et d'infrastructures sanitaires au sein de la cellule, de même que sur la pertinence, aux fins d'une telle appréciation, d'autres conditions de détention, telles que les conditions sanitaires ou l'étendue de la liberté de mouvement de la personne détenue au sein de l'établissement pénitentiaire.

43. En troisième lieu, elle cherche à savoir si l'existence de mesures législatives et structurelles portant amélioration du contrôle des conditions de détention dans l'État membre d'émission doit être prise en compte aux fins de cette même appréciation.

44. En quatrième lieu, elle demande si le non-respect éventuel, par cet État membre, des exigences minimales relatives aux conditions de détention peut être mis en balance avec des considérations liées à l'efficacité de la coopération judiciaire en matière pénale ainsi qu'aux principes de confiance et de reconnaissance mutuelles.

Observations liminaires

45. Afin de répondre aux questions posées, il convient, à titre liminaire, de rappeler que, ainsi qu'il ressort de la jurisprudence de la Cour, le droit de l'Union repose sur la prémisse fondamentale selon laquelle chaque État membre partage avec tous les autres États membres, et reconnaît que ceux-ci partagent avec lui, une série de valeurs communes sur lesquelles l'Union est fondée, comme il est précisé à l'article 2 TUE. Cette prémisse implique et justifie l'existence de la confiance mutuelle entre les États membres dans la reconnaissance de ces valeurs et, donc, dans le respect du droit de l'Union qui les met en œuvre [arrêts du 25 juillet 2018, *Minister for Justice and Equality (Défaillances du système judiciaire)*, C-216/18 PPU, EU:C:2018:586, point 35, et du 25 juillet 2018, *Generalstaatsanwaltschaft (Conditions de détention en Hongrie)*, C-220/18 PPU, EU:C:2018:589, point 48].

46. Tant le principe de confiance mutuelle entre les États membres que le principe de reconnaissance mutuelle, qui repose lui-même sur la confiance réciproque entre ces derniers, ont, dans le droit de l'Union, une

importance fondamentale, étant donné qu'ils permettent la création et le maintien d'un espace sans frontières intérieures. Plus spécifiquement, le principe de confiance mutuelle impose, notamment en ce qui concerne l'espace de liberté, de sécurité et de justice, à chacun de ces États de considérer, sauf dans des circonstances exceptionnelles, que tous les autres États membres respectent le droit de l'Union et, tout particulièrement, les droits fondamentaux reconnus par ce droit [arrêts du 25 juillet 2018, *Minister for Justice and Equality (Défaillances du système judiciaire)*, C-216/18 PPU, EU:C:2018:586, point 36, et du 25 juillet 2018, *Generalstaatsanwaltschaft (Conditions de détention en Hongrie)*, C-220/18 PPU, EU:C:2018:589, point 49].

47. Ainsi, lorsqu'ils mettent en œuvre le droit de l'Union, les États membres peuvent être tenus, en vertu de ce même droit, de présumer le respect des droits fondamentaux par les autres États membres, de telle sorte qu'il ne leur est pas possible non seulement d'exiger d'un autre État membre un niveau de protection national des droits fondamentaux plus élevé que celui assuré par le droit de l'Union, mais également, sauf dans des cas exceptionnels, de vérifier si cet autre État membre a effectivement respecté, dans un cas concret, les droits fondamentaux garantis par l'Union [arrêts du 25 juillet 2018, *Minister for Justice and Equality (Défaillances du système judiciaire)*, C-216/18 PPU, EU:C:2018:586, point 37 et jurisprudence citée, ainsi que du 25 juillet 2018, *Generalstaatsanwaltschaft (Conditions de détention en Hongrie)*, C-220/18 PPU, EU:C:2018:589, point 50].

48. Dans le domaine régi par la décision-cadre 2002/584, le principe de reconnaissance mutuelle, qui constitue, ainsi qu'il ressort notamment du considérant 6 de celle-ci, la « pierre angulaire » de la coopération judiciaire en matière pénale, trouve application à l'article 1er, paragraphe 2, de cette décision-cadre, qui consacre la règle selon laquelle les États membres sont tenus d'exécuter tout mandat d'arrêt européen sur la base du principe de reconnaissance mutuelle et conformément aux dispositions de ladite décision-cadre. Les autorités judiciaires d'exécution ne peuvent donc, en principe, refuser d'exécuter un tel mandat que pour les motifs, exhaustivement énumérés, de non-exécution prévus par la décision-cadre et l'exécution du mandat d'arrêt européen ne saurait être subordonnée qu'à l'une des conditions limitativement prévues à l'article 5 de la même décision-cadre. Alors que l'exécution du mandat d'arrêt européen constitue le principe, le refus d'exécution est conçu comme une exception, qui doit faire l'objet d'une interprétation stricte. Ainsi, la décision-cadre 2002/584 énonce explicitement les motifs de non-exécution obligatoire (article 3) et facultative (articles 4 et 4 bis) du mandat d'arrêt européen, ainsi que les garanties à fournir par l'État membre d'émission dans des cas particuliers (article 5) [arrêts du 25 juillet 2018, *Minister for Justice and Equality (Défaillances du système judiciaire)*, C-216/18 PPU, EU:C:2018:586,

points 41 et 42, ainsi que du 25 juillet 2018, *Generalstaatsanwaltschaft (Conditions de détention en Hongrie)*, C-220/18 PPU, EU:C:2018:589, points 54 et 55].

49. Il n'en reste pas moins que la Cour a également admis que d'autres limitations aux principes de reconnaissance et de confiance mutuelles entre États membres puissent être apportées « dans des circonstances exceptionnelles » [arrêts du 25 juillet 2018, *Minister for Justice and Equality (Défaillances du système judiciaire)*, C-216/18 PPU, EU:C:2018:586, point 43 et jurisprudence citée, ainsi que du 25 juillet 2018, *Generalstaatsanwaltschaft (Conditions de détention en Hongrie)*, C-220/18 PPU, EU:C:2018:589, point 56].

50. Dans ce contexte, la Cour a affirmé, sous certaines conditions, l'obligation pour l'autorité judiciaire d'exécution de mettre fin à la procédure de remise instituée par la décision-cadre 2002/584, lorsqu'une telle remise risque de conduire à un traitement inhumain ou dégradant, au sens de l'article 4 de la Charte, de la personne recherchée [voir, en ce sens, arrêts du 5 avril 2016, *Aranyosi et Căldăraru*, C-404/15 et C-659/15 PPU, EU:C:2016:198, point 84 ; du 25 juillet 2018, *Minister for Justice and Equality (Défaillances du système judiciaire)*, C-216/18 PPU, EU:C:2018:586, point 44, ainsi que du 25 juillet 2018, *Generalstaatsanwaltschaft (Conditions de détention en Hongrie)*, C-220/18 PPU, EU:C:2018:589, point 57].

51. Ainsi, lorsque l'autorité judiciaire de l'État membre d'exécution dispose d'éléments attestant de l'existence d'un risque réel de traitement inhumain ou dégradant des personnes détenues dans l'État membre d'émission, au regard du standard de protection des droits fondamentaux garanti par le droit de l'Union et, en particulier, de l'article 4 de la Charte, elle est tenue d'apprécier l'existence de ce risque lorsqu'elle doit décider de la remise aux autorités de l'État membre d'émission de la personne concernée par un mandat d'arrêt européen. En effet, l'exécution d'un tel mandat ne saurait conduire à un traitement inhumain ou dégradant de cette personne [arrêts du 5 avril 2016, *Aranyosi et Căldăraru*, C-404/15 et C-659/15 PPU, EU:C:2016:198, point 88, ainsi que du 25 juillet 2018, *Generalstaatsanwaltschaft (Conditions de détention en Hongrie)*, C-220/18 PPU, EU:C:2018:589, point 59].

52. À cette fin, l'autorité judiciaire d'exécution doit, tout d'abord, se fonder sur des éléments objectifs, fiables, précis et dûment actualisés sur les conditions de détention qui prévalent dans l'État membre d'émission et démontrant la réalité de défaillances soit systémiques ou généralisées, soit touchant certains groupes de personnes, soit encore certains centres de détention. Ces éléments peuvent résulter notamment de décisions judiciaires internationales, telles que des arrêts de la Cour européenne des droits de l'homme, de décisions judiciaires de l'État membre d'émission

ainsi que de décisions, de rapports et d'autres documents établis par les organes du Conseil de l'Europe ou relevant du système des Nations unies [arrêts du 5 avril 2016, *Aranyosi et Căldăraru*, C-404/15 et C-659/15 PPU, EU:C:2016:198, point 89, ainsi que du 25 juillet 2018, *Generalstaatsanwaltschaft (Conditions de détention en Hongrie)*, C-220/18 PPU, EU:C:2018:589, point 60].

53. En l'occurrence, ainsi qu'il ressort du dossier dont dispose la Cour, la juridiction de renvoi a constaté, sur le fondement de décisions de la Cour européenne des droits de l'homme concernant la Roumanie, de décisions des juridictions allemandes ainsi que d'un rapport du ministère fédéral de la Justice et de la Protection des consommateurs, l'existence d'indices concrets de défaillances systémiques et généralisées des conditions de détention dans cet État membre. Ses questions se fondent ainsi sur la prémisse de l'existence de telles défaillances, dont il incombe à la juridiction de renvoi de vérifier l'exactitude en tenant compte de données dûment actualisées [voir, en ce sens, arrêt du 25 juillet 2018, *Generalstaatsanwaltschaft (Conditions de détention en Hongrie)*, C-220/18 PPU, EU:C:2018:589, point 71].

54. En tout état de cause, la seule existence d'éléments témoignant de défaillances soit systémiques ou généralisées, soit touchant certains groupes de personnes, soit encore certains centres de détention en ce qui concerne les conditions de détention dans l'État membre d'émission n'implique pas nécessairement que, dans un cas concret, la personne concernée serait soumise à un traitement inhumain ou dégradant en cas de remise aux autorités de cet État membre [arrêts du 5 avril 2016, *Aranyosi et Căldăraru*, C-404/15 et C-659/15 PPU, EU:C:2016:198, points 91 et 93, ainsi que du 25 juillet 2018, *Generalstaatsanwaltschaft (Conditions de détention en Hongrie)*, C-220/18 PPU, EU:C:2018:589, point 61].

55. Aussi, afin d'assurer le respect de l'article 4 de la Charte dans le cas particulier d'une personne qui fait l'objet d'un mandat d'arrêt européen, l'autorité judiciaire d'exécution, qui est confrontée à des éléments objectifs, fiables, précis et dûment actualisés témoignant de l'existence de telles défaillances, est-elle tenue, ensuite, d'apprécier de manière concrète et précise si, dans les circonstances de l'espèce, il existe des motifs sérieux et avérés de croire que, à la suite de sa remise à l'État membre d'émission, cette personne courra un risque réel d'être soumise, dans celui-ci, à un traitement inhumain ou dégradant, au sens de l'article 4 de la Charte, en raison des conditions dans lesquelles elle sera détenue dans cet État membre [voir, en ce sens, arrêts du 5 avril 2016, *Aranyosi et Căldăraru*, C-404/15 et C-659/15 PPU, EU:C:2016:198, points 92 et 94, ainsi que du 25 juillet 2018, *Generalstaatsanwaltschaft (Conditions de détention en Hongrie)*, C-220/18 PPU, EU:C:2018:589, point 62].

56. L'interprétation de l'article 4 de la Charte rappelée aux points 50 à 55 du présent arrêt correspond, en substance, au sens conféré à l'article 3 de la CEDH par la Cour européenne des droits de l'homme.

57. Cette dernière a jugé qu'une juridiction d'un État partie à la CEDH ne pouvait pas refuser d'exécuter un mandat d'arrêt européen, au motif que la personne recherchée risquait de faire l'objet, dans l'État d'émission, de conditions de détention impliquant un traitement inhumain et dégradant, lorsque ladite juridiction n'avait pas procédé, au préalable, à un examen actualisé et circonstancié de la situation telle qu'elle se présentait au moment de sa décision et n'avait pas cherché à identifier des défaillances structurelles quant aux conditions de détention ainsi qu'un risque réel et individualisable de violation de l'article 3 de la CEDH dans cet État (Cour EDH, 9 juillet 2019, *Romeo Castaño c. Belgique*, CE:ECHR:2019:0709JUD000835117, § 86).

Sur l'intensité et l'étendue du contrôle, par l'autorité judiciaire d'exécution, des conditions de détention dans l'État membre d'émission

58. S'agissant, en premier lieu, des interrogations de la juridiction de renvoi concernant l'intensité et l'étendue du contrôle, par l'autorité judiciaire d'exécution, des conditions de détention dans l'État membre d'émission au regard de l'article 1er, paragraphe 3, de la décision-cadre 2002/584, lu en combinaison avec l'article 4 de la Charte, il convient, à titre liminaire, de rappeler que, conformément à l'article 52, paragraphe 3, première phrase, de la Charte, dans la mesure où le droit figurant à l'article 4 de celle-ci correspond au droit garanti par l'article 3 de la CEDH, son sens et sa portée sont les mêmes que ceux que lui confère cette convention. En outre, les explications relatives à la Charte précisent, en ce qui concerne cet article 52, paragraphe 3, que le sens et la portée des droits garantis par la CEDH sont déterminés non seulement par le texte de cette convention, mais aussi par la jurisprudence de la Cour européenne des droits de l'homme et celle de la Cour de justice de l'Union européenne.

59. Cette précision liminaire étant apportée, il importe de souligner, premièrement, que, pour relever de l'article 3 de la CEDH, un mauvais traitement doit atteindre un seuil minimal de gravité, qui doit être apprécié en tenant compte de l'ensemble des données de la cause, notamment de la durée du traitement et de ses effets physiques ou mentaux ainsi que, parfois, du sexe, de l'âge et de l'état de santé de la personne [voir, en ce sens, arrêt du 25 juillet 2018, *Generalstaatsanwaltschaft (Conditions de détention en Hongrie)*, C-220/18 PPU, EU:C:2018:589, point 91 et jurisprudence citée].

60. L'article 3 de la CEDH vise à assurer que tout prisonnier est détenu dans des conditions qui garantissent le respect de la dignité humaine,

que les modalités d'exécution de la mesure ne soumettent pas l'intéressé à une détresse ou à une épreuve d'une intensité qui excède le niveau inévitable de souffrance inhérent à la détention et que, eu égard aux exigences pratiques de l'emprisonnement, la santé et le bien-être du prisonnier sont assurés de manière adéquate [arrêts du 5 avril 2016, *Aranyosi et Căldăraru*, C-404/15 et C-659/15 PPU, EU:C:2016:198, point 90, ainsi que du 25 juillet 2018, *Generalstaatsanwaltschaft (Conditions de détention en Hongrie)*, C-220/18 PPU, EU:C:2018:589, point 90 et jurisprudence citée].

61. Dans ce contexte, le contrôle que, dans les circonstances exceptionnelles rappelées aux points 50 à 52 du présent arrêt, l'autorité judiciaire d'exécution doit opérer, en ce qui concerne les conditions de détention dans l'État membre d'émission, aux fins d'apprécier l'existence de motifs sérieux et avérés de croire que, à la suite de la remise à cet État membre, la personne concernée par le mandat d'arrêt européen courra un risque réel d'être soumise, dans celui-ci, à un traitement inhumain ou dégradant, doit reposer sur une évaluation globale des conditions matérielles de détention pertinentes.

62. Eu égard au fait que, ainsi que l'a relevé M. l'avocat général au point 107 de ses conclusions, la prohibition des traitements inhumains ou dégradants, au sens de l'article 4 de la Charte, revêt un caractère absolu (voir, en ce sens, arrêts du 5 avril 2016, *Aranyosi et Căldăraru*, C-404/15 et C-659/15 PPU, EU:C:2016:198, points 85 à 87, ainsi que du 19 mars 2019, *Jawo*, C-163/17, EU:C:2019:218, point 78), le respect de la dignité humaine, qui doit être assuré au titre de cet article, ne serait pas garanti dans le cas où le contrôle des conditions de détention dans l'État membre d'émission, exercé par l'autorité judiciaire d'exécution, serait limité aux seules insuffisances manifestes.

63. S'agissant, deuxièmement, de l'étendue de ce contrôle en ce qui concerne les établissements pénitentiaires de l'État membre d'émission, il convient de rappeler que cette autorité, appelée à décider de la remise d'une personne faisant l'objet d'un mandat d'arrêt européen, doit apprécier, de manière concrète et précise, si, dans les circonstances de l'espèce, il existe un risque réel que cette personne sera soumise, dans cet État membre, à un traitement inhumain ou dégradant [voir, en ce sens, arrêt du 25 juillet 2018, *Generalstaatsanwaltschaft (Conditions de détention en Hongrie)*, C-220/18 PPU, EU:C:2018:589, point 77].

64. Il s'ensuit que l'examen que ladite autorité est tenue d'effectuer ne saurait, eu égard à son caractère concret et précis, porter sur les conditions générales de détention existant au sein de l'ensemble des établissements pénitentiaires de l'État membre d'émission dans lesquels la personne concernée pourrait être incarcérée [voir, en ce sens, arrêt du 25 juillet 2018, *Generalstaatsanwaltschaft (Conditions de détention en Hongrie)*, C-220/18 PPU, EU:C:2018:589, point 78].

65. Au demeurant, l'obligation pour les autorités judiciaires d'exécution d'examiner les conditions de détention existant au sein de l'ensemble des établissements pénitentiaires dans lesquels la personne concernée est susceptible d'être incarcérée dans l'État membre d'émission serait manifestement excessive. Elle serait de surcroît impossible à réaliser dans les délais prévus à l'article 17 de la décision-cadre. Un tel examen serait ainsi de nature à différer de manière substantielle la remise de cette personne et, partant, à priver de tout effet utile le fonctionnement du système du mandat d'arrêt européen. Il en résulterait un risque d'impunité de la personne recherchée [arrêt du 25 juillet 2018, *Generalstaatsanwaltschaft (Conditions de détention en Hongrie)*, C-220/18 PPU, EU:C:2018:589, points 84 et 85].

66. En conséquence, eu égard à la confiance réciproque qui doit exister entre les États membres, sur laquelle repose le système du mandat d'arrêt européen, et compte tenu, en particulier, des délais impartis aux autorités judiciaires d'exécution par l'article 17 de la décision-cadre 2002/584 pour l'adoption de la décision définitive d'exécution d'un tel mandat, ces autorités sont uniquement tenues d'examiner les conditions de détention dans les établissements pénitentiaires dans lesquels, selon les informations dont elles disposent, il est concrètement envisagé que ladite personne sera détenue, y compris à titre temporaire ou transitoire [arrêt du 25 juillet 2018, *Generalstaatsanwaltschaft (Conditions de détention en Hongrie)*, C-220/18 PPU, EU:C:2018:589, point 87].

67. À cette fin, l'autorité judiciaire d'exécution doit, en application de l'article 15, paragraphe 2, de la décision-cadre 2002/584, demander à l'autorité judiciaire de l'État membre d'émission la fourniture d'urgence de toute information complémentaire nécessaire en ce qui concerne les conditions dans lesquelles il est concrètement envisagé de détenir la personne concernée dans cet État membre [arrêt du 25 juillet 2018, *Generalstaatsanwaltschaft (Conditions de détention en Hongrie)*, C-220/18 PPU, EU:C:2018:589, point 63 et jurisprudence citée].

68. Lorsque l'assurance que la personne concernée ne subira pas un traitement inhumain ou dégradant en raison de ses conditions concrètes et précises de détention, quel que soit l'établissement pénitentiaire dans lequel elle sera incarcérée dans l'État membre d'émission, a été apportée ou, à tout le moins, approuvée par l'autorité judiciaire d'émission, au besoin, après qu'a été requise l'assistance de l'autorité centrale ou de l'une des autorités centrales de l'État membre d'émission, au sens de l'article 7 de la décision-cadre 2002/584, l'autorité judiciaire d'exécution doit se fier à celle-ci, du moins en l'absence de tout élément précis permettant de penser que les conditions de détention existant au sein d'un centre de détention déterminé sont contraires à l'article 4 de la Charte [voir, en ce sens, arrêt du 25 juillet 2018, *Generalstaatsanwaltschaft (Conditions de détention en Hongrie)*, C-220/18 PPU, EU:C:2018:589, point 112].

69. C'est, par conséquent, uniquement dans des circonstances exceptionnelles, et sur la base d'éléments précis, que l'autorité judiciaire d'exécution peut constater que, nonobstant une assurance telle que celle visée au point précédent, il existe un risque réel de voir la personne concernée être soumise à un traitement inhumain ou dégradant, au sens de l'article 4 de la Charte, du fait des conditions de sa détention dans l'État membre d'émission.

Sur l'appréciation des conditions de détention au regard de l'espace personnel dont dispose la personne détenue

70. En ce qui concerne, en deuxième lieu, l'appréciation, par l'autorité judiciaire d'exécution, des conditions de détention au regard de l'espace personnel disponible par détenu au sein d'une cellule d'un établissement pénitentiaire, il convient de relever qu'il ressort de la décision de renvoi que M. Dorobantu sera, s'il est remis aux autorités roumaines, incarcéré dans une cellule collective et non pas dans une cellule individuelle. Dès lors, et nonobstant la formulation de la première question posée, il y a lieu, dans le cadre de la présente affaire, de déterminer les exigences minimales en termes d'espace personnel par détenu, uniquement en ce qui concerne l'incarcération dans une cellule collective.

71. Dans cette perspective, il y a lieu de relever que la Cour s'est, eu égard aux considérations rappelées au point 58 du présent arrêt, et en l'absence, actuellement, de règles minimales à cet égard dans le droit de l'Union, fondée sur la jurisprudence de la Cour européenne des droits de l'homme relative à l'article 3 de la CEDH et, plus précisément, sur l'arrêt du 20 octobre 2016, *Muršić c. Croatie* (CE:ECHR:2016:1020JUD000733413).

72. Ce faisant, la Cour a jugé que, compte tenu de l'importance attachée au facteur spatial dans l'appréciation globale des conditions de détention, le fait que l'espace personnel dont dispose un détenu est inférieur à 3 m^2 dans une cellule collective fait naître une forte présomption de violation de l'article 3 de la CEDH [arrêt du 25 juillet 2018, *Generalstaatsanwaltschaft (Conditions de détention en Hongrie)*, C-220/18 PPU, EU:C:2018:589, point 92 et jurisprudence citée].

73. Cette forte présomption de violation de l'article 3 de la CEDH ne peut normalement être réfutée que si, premièrement, les réductions de l'espace personnel par rapport au minimum requis de 3 m^2 sont courtes, occasionnelles et mineures, deuxièmement, elles s'accompagnent d'une liberté de circulation suffisante hors de la cellule et d'activités hors de la cellule adéquates et, troisièmement, l'établissement offre de manière générale des conditions de détention décentes et que la personne concernée n'est pas soumise à d'autres éléments considérés comme des circonstances aggravantes de mauvaises conditions de détention [arrêt du

25 juillet 2018, *Generalstaatsanwaltschaft (Conditions de détention en Hongrie)*, C-220/18 PPU, EU:C:2018:589, point 93 et jurisprudence citée].

74. À cet égard, il convient d'ajouter que, certes, la durée d'une période de détention peut être un facteur pertinent aux fins de l'appréciation de la gravité de la souffrance ou de l'humiliation subies par un détenu en raison des mauvaises conditions de sa détention. Cependant, la brièveté relative d'une période de détention ne soustrait pas automatiquement à elle seule le traitement concerné du champ d'application de l'article 3 de la CEDH, lorsque d'autres éléments suffisent pour le faire relever de cette disposition [voir, en ce sens, arrêt du 25 juillet 2018, *Generalstaatsanwaltschaft (Conditions de détention en Hongrie)*, C-220/18 PPU, EU:C:2018:589, points 97 et 98 ainsi que jurisprudence citée].

75. En outre, il ressort, en substance, de la jurisprudence de la Cour européenne des droits de l'homme que, lorsqu'un détenu dispose, dans une cellule collective, d'un espace personnel compris entre 3 et 4 m^2, le facteur spatial demeure un élément important dans l'appréciation du caractère adéquat des conditions de détention. En pareil cas, il peut être conclu à l'existence d'une violation de l'article 3 de la CEDH si le manque d'espace s'accompagne d'autres mauvaises conditions matérielles de détention, notamment, d'un défaut d'accès à la cour de promenade ou à l'air et à la lumière naturels, d'une mauvaise aération, d'une température insuffisante ou trop élevée dans les locaux, d'une absence d'intimité aux toilettes ou de mauvaises conditions sanitaires et hygiéniques (voir, en ce sens, Cour EDH, 20 octobre 2016, *Muršić c. Croatie*, CE:ECHR:2016:1020JUD000733413, § 139).

76. Lorsqu'un détenu dispose de plus de 4 m^2 d'espace personnel dans une cellule collective et que, par conséquent, cet aspect de ses conditions matérielles de détention ne pose pas de problème, les autres aspects de ces conditions, tels que visés au point précédent, demeurent pertinents aux fins de l'appréciation du caractère adéquat des conditions de détention de l'intéressé au regard de l'article 3 de la CEDH (voir, en ce sens, Cour EDH, 20 octobre 2016, *Muršić c. Croatie*, CE:ECHR:2016:1020JUD000733413, § 140).

77. S'agissant des modalités de calcul, aux fins d'apprécier s'il existe un risque réel pour la personne concernée d'être soumise à un traitement inhumain ou dégradant, au sens de l'article 4 de la Charte, de l'espace minimal dont doit disposer une personne détenue dans une cellule collective au sein de laquelle se trouvent des meubles et des infrastructures sanitaires, il convient également, en l'absence, actuellement, de normes minimales à cet égard dans le droit de l'Union, de tenir compte des critères établis par la Cour européenne des droits de l'homme au regard de l'article 3 de la CEDH. Cette juridiction considère que si, pour le calcul de la surface disponible dans une telle cellule, la surface des sanitaires ne doit pas être prise en compte, ce calcul doit inclure l'espace occupé par les meubles,

étant toutefois précisé que les détenus doivent conserver la possibilité de se mouvoir normalement dans la cellule (voir, en ce sens, Cour EDH, 20 octobre 2016, *Muršić c. Croatie*, CE:ECHR:2016:1020JUD000733413, § 75 et 114 ainsi que jurisprudence citée).

78. En l'occurrence, il ressort des observations présentées par le gouvernement roumain lors de l'audience que M. Dorobantu devrait, à l'issue de sa remise, être détenu dans le cadre d'un régime lui permettant de bénéficier d'une liberté de mouvement importante et, en outre, de travailler, ce qui limiterait le temps passé dans une cellule collective. Il revient à la juridiction de renvoi de vérifier ces éléments et d'apprécier toute autre circonstance pertinente aux fins de l'analyse qu'elle est appelée à effectuer, conformément aux indications exposées aux points 71 à 77 du présent arrêt, le cas échéant en demandant à l'autorité judiciaire d'émission les informations complémentaires nécessaires si elle estime que les informations déjà communiquées par cette dernière sont insuffisantes pour lui permettre de statuer sur la remise.

79. Il convient, enfin, de souligner que, s'il est loisible aux États membres de prévoir, pour leur propre système pénitentiaire, des exigences minimales en termes de conditions de détention plus élevées que celles découlant de l'article 4 de la Charte et de l'article 3 de la CEDH, tel qu'interprété par la Cour européenne des droits de l'homme, un État membre ne peut cependant, en tant qu'État membre d'exécution, subordonner la remise, à l'État membre d'émission, de la personne concernée par un mandat d'arrêt européen qu'au respect de ces dernières exigences, et non au respect de celles découlant de son droit national. En effet, la solution contraire aboutirait, en remettant en cause l'uniformité du standard de protection des droits fondamentaux définis par le droit de l'Union, à porter atteinte aux principes de confiance et de reconnaissance mutuelles que la décision-cadre 2002/584 tend à conforter et, partant, à compromettre l'effectivité de cette décision-cadre (voir, en ce sens, arrêt du 26 février 2013, *Melloni*, C-399/11, EU:C:2013:107, point 63).

Sur la pertinence de mesures générales destinées à améliorer le contrôle des conditions de détention dans l'État membre d'émission

80. S'agissant, en troisième lieu, de l'adoption, dans l'État membre d'émission, de mesures qui, telles l'instauration d'un système de médiation ou l'institution de tribunaux de l'exécution des peines, visent à renforcer le contrôle des conditions de détention dans cet État membre, il convient de souligner que, si un contrôle, notamment, juridictionnel de ces conditions de détention effectué a posteriori constitue un élément important, qui peut contribuer à inciter les autorités de ce dernier à améliorer lesdites conditions et qui, partant, peut être pris en compte

par les autorités judiciaires d'exécution lors de l'appréciation globale des conditions dans lesquelles il est envisagé de détenir une personne faisant l'objet d'un mandat d'arrêt européen aux fins de décider de la remise de cette dernière, il n'en reste pas moins qu'un tel contrôle n'est pas, à lui seul, de nature à écarter le risque de voir cette personne être soumise, à la suite de sa remise, à un traitement incompatible avec l'article 4 de la Charte, en raison des conditions de sa détention [voir, en ce sens, arrêt du 25 juillet 2018, *Generalstaatsanwaltschaft (Conditions de détention en Hongrie)*, C-220/18 PPU, EU:C:2018:589, point 74].

81. Dès lors, même si l'État membre d'émission prévoit des voies de recours permettant de contrôler la légalité des conditions de détention au regard des droits fondamentaux, les autorités judiciaires d'exécution restent tenues de procéder à un examen individuel de la situation de chaque personne concernée, afin de s'assurer que leur décision sur la remise de cette personne ne lui fera pas courir, en raison desdites conditions, un risque réel de subir un traitement inhumain ou dégradant, au sens de cette disposition [arrêt du 25 juillet 2018, *Generalstaatsanwaltschaft (Conditions de détention en Hongrie)*, C-220/18 PPU, EU:C:2018:589, point 75].

Sur la prise en compte de considérations relatives à l'efficacité de la coopération judiciaire en matière pénale ainsi qu'aux principes de confiance et de reconnaissance mutuelles

82. S'agissant, en quatrième lieu, de la question de savoir si l'existence d'un risque réel de voir la personne concernée être soumise à un traitement inhumain ou dégradant en raison de la non-conformité des conditions de sa détention dans l'État membre d'émission aux exigences minimales découlant de la jurisprudence de la Cour européenne des droits de l'homme peut être mise en balance, par l'autorité judiciaire d'exécution appelée à décider de cette remise, avec des considérations liées à l'efficacité de la coopération judiciaire en matière pénale ainsi qu'aux principes de confiance et de reconnaissance mutuelles, il convient de relever que le caractère absolu, rappelé au point 62 du présent arrêt, que revêt la prohibition des traitements inhumains ou dégradants, au sens de l'article 4 de la Charte, s'oppose à ce que le droit fondamental de ne pas être soumis à de tels traitements puisse être d'une quelconque façon limité par de telles considérations.

83. Dans ces conditions, la nécessité de garantir que la personne concernée ne soit, en cas de remise à l'État membre d'émission, soumise à aucun traitement inhumain ou dégradant, au sens de l'article 4 de la Charte, justifie, à titre exceptionnel, une limitation aux principes de confiance et de reconnaissance mutuelles (voir, en ce sens, arrêt du 5 avril 2016, *Aranyosi et Căldăraru*, C-404/15 et C-659/15 PPU, EU:C:2016:198, points 82, 98 à 102 et 104).

84. Il s'ensuit que la constatation, par l'autorité judiciaire d'exécution, de l'existence de motifs sérieux et avérés de croire que, à la suite de sa remise à l'État membre d'émission, la personne concernée par un mandat d'arrêt européen courra un risque réel d'être soumise à un tel traitement, en raison des conditions de détention prévalant dans l'établissement pénitentiaire dans lequel il est concrètement envisagé de l'incarcérer, ne saurait être mise en balance, aux fins de décider d'une telle remise, avec des considérations liées à l'efficacité de la coopération judiciaire en matière pénale ainsi qu'aux principes de confiance et de reconnaissance mutuelles.

85. Eu égard à l'ensemble des considérations qui précèdent, il convient de répondre aux questions posées de la manière suivante :

- L'article 1er, paragraphe 3, de la décision-cadre 2002/584, lu en combinaison avec l'article 4 de la Charte, doit être interprété en ce sens que, lorsque l'autorité judiciaire d'exécution dispose d'éléments objectifs, fiables, précis et dûment actualisés attestant de l'existence de défaillances systémiques ou généralisées des conditions de détention au sein des établissements pénitentiaires de l'État membre d'émission, elle doit, afin d'apprécier s'il existe des motifs sérieux et avérés de croire que, à la suite de sa remise à cet État membre, la personne faisant l'objet d'un mandat d'arrêt européen courra un risque réel d'être soumise à un traitement inhumain ou dégradant, au sens de cet article 4, tenir compte de l'ensemble des aspects matériels pertinents des conditions de détention dans l'établissement pénitentiaire dans lequel il est concrètement envisagé d'incarcérer cette personne, tels que l'espace personnel disponible par détenu dans une cellule de cet établissement, les conditions sanitaires ainsi que l'étendue de la liberté de mouvement du détenu au sein dudit établissement. Cette appréciation n'est pas limitée au contrôle des insuffisances manifestes. Aux fins d'une telle appréciation, l'autorité judiciaire d'exécution doit solliciter de l'autorité judiciaire d'émission les informations qu'elle juge nécessaires et doit se fier, en principe, aux assurances fournies par cette dernière autorité, en l'absence d'éléments précis permettant de considérer que les conditions de détention méconnaissent l'article 4 de la Charte.
- S'agissant, en particulier, de l'espace personnel disponible par détenu, l'autorité judiciaire d'exécution doit, en l'absence, actuellement, de normes minimales à cet égard dans le droit de l'Union, tenir compte des exigences minimales découlant de l'article 3 de la CEDH, tel qu'interprété par la Cour européenne des droits de l'homme. Si, pour le calcul de cet espace disponible, l'espace occupé par les infrastructures sanitaires ne doit pas être pris en compte, ce calcul doit inclure l'espace occupé par les meubles. Les détenus

doivent toutefois conserver la possibilité de se mouvoir normalement dans la cellule.

- L'autorité judiciaire d'exécution ne peut écarter l'existence d'un risque réel de traitement inhumain ou dégradant au seul motif que la personne concernée dispose, dans l'État membre d'émission, d'une voie de recours lui permettant de contester les conditions de sa détention ou qu'il existe, dans cet État membre, des mesures législatives ou structurelles, destinées à renforcer le contrôle des conditions de détention.
- La constatation, par ladite autorité, de l'existence de motifs sérieux et avérés de croire que, à la suite de sa remise à l'État membre d'émission, la personne concernée courra un tel risque, en raison des conditions de détention prévalant dans l'établissement pénitentiaire dans lequel il est concrètement envisagé de l'incarcérer, ne saurait être mise en balance, aux fins de décider d'une telle remise, avec des considérations liées à l'efficacité de la coopération judiciaire en matière pénale ainsi qu'aux principes de confiance et de reconnaissance mutuelles.

Sur les dépens

86. La procédure revêtant, à l'égard des parties au principal, le caractère d'un incident soulevé devant la juridiction de renvoi, il appartient à celle-ci de statuer sur les dépens. Les frais exposés pour soumettre des observations à la Cour, autres que ceux desdites parties, ne peuvent faire l'objet d'un remboursement.

Par ces motifs, la Cour (grande chambre) dit pour droit :

L'article 1er, paragraphe 3, de la décision-cadre 2002/584/JAI du Conseil, du 13 juin 2002, relative au mandat d'arrêt européen et aux procédures de remise entre États membres, telle que modifiée par la décision-cadre 2009/299/JAI du Conseil, du 26 février 2009, lu en combinaison avec l'article 4 de la charte des droits fondamentaux de l'Union européenne, doit être interprété en ce sens que, lorsque l'autorité judiciaire d'exécution dispose d'éléments objectifs, fiables, précis et dûment actualisés attestant de l'existence de défaillances systémiques ou généralisées des conditions de détention au sein des établissements pénitentiaires de l'État membre d'émission, elle doit, afin d'apprécier s'il existe des motifs sérieux et avérés de croire que, à la suite de sa remise à cet État membre, la personne faisant l'objet d'un mandat d'arrêt européen courra un risque réel d'être soumise à un traitement inhumain ou dégradant, au sens de cet article 4, tenir compte de l'ensemble des aspects matériels pertinents des conditions de détention dans l'établissement pénitentiaire dans lequel il est concrètement envisagé d'incarcérer cette personne, tels que l'espace personnel disponible par détenu dans une cellule de cet établissement, les conditions sanitaires ainsi que l'étendue de la liberté de mouvement du détenu au sein dudit établissement. Cette appréciation n'est pas limitée au contrôle des insuffisances manifestes. Aux fins d'une telle appréciation, l'autorité judiciaire d'exécution doit solliciter de l'autorité judiciaire d'émission les informations qu'elle juge nécessaires et doit se fier, en principe, aux assurances fournies par cette dernière autorité, en l'absence d'éléments précis permettant de considérer que les conditions de détention méconnaissent l'article 4 de la charte des droits fondamentaux.

S'agissant, en particulier, de l'espace personnel disponible par détenu, l'autorité judiciaire d'exécution doit, en l'absence, actuellement, de normes minimales à cet égard dans le droit de l'Union, tenir compte des exigences minimales découlant de l'article 3 de la convention européenne de sauvegarde des droits de l'homme et des libertés fondamentales, signée à Rome le 4 novembre 1950, tel qu'interprété par la Cour européenne des droits de l'homme. Si, pour le calcul de cet espace disponible, l'espace occupé par les infrastructures sanitaires ne doit pas être pris en compte, ce calcul doit inclure l'espace occupé par les meubles. Les détenus doivent toutefois conserver la possibilité de se mouvoir normalement dans la cellule.

L'autorité judiciaire d'exécution ne peut écarter l'existence d'un risque réel de traitement inhumain ou dégradant au seul motif que la personne concernée dispose, dans l'État membre d'émission, d'une voie de recours lui permettant de contester les conditions de sa détention ou qu'il existe, dans cet État membre, des mesures législatives ou structurelles, destinées à renforcer le contrôle des conditions de détention.

La constatation, par ladite autorité, de l'existence de motifs sérieux et avérés de croire que, à la suite de sa remise à l'État membre d'émission, la personne concernée courra un tel risque, en raison des conditions de détention prévalant dans l'établissement pénitentiaire dans lequel il est concrètement envisagé de l'incarcérer, ne saurait être mise en balance, aux fins de décider d'une telle remise, avec des considérations liées à l'efficacité de la coopération judiciaire en matière pénale ainsi qu'aux principes de confiance et de reconnaissance mutuelles.

Observations

La Cour a rendu le 15 octobre 2019 un arrêt qui vient compléter deux arrêts antérieurs, sur la question du contrôle, par l'autorité judiciaire d'exécution d'un mandat d'arrêt européen, du risque de violation des droits fondamentaux de la personne, en particulier du risque de traitements inhumains et dégradants, en raison des conditions de détention dans l'Etat d'émission, lorsqu'elle dispose « d'éléments attestant de l'existence de défaillances systémiques ou généralisées des conditions de détention au sein des établissements pénitentiaires de l'État membre d'émission ». Avec ce dernier arrêt, la Cour semble avoir clarifié les zones d'ombre encore existantes et réglé pour un temps la question.

La Cour avait donc déjà été amenée à rendre deux arrêts de principe dans ce domaine, les arrêts *Aranyosi et Căldăraru* du 5 avril 2016 (1), et *Generalstaatsanwaltschaft Bremen* du 25 juillet 2018 (2), ces deux arrêts établissant l'obligation de contrôle par l'autorité d'exécution dans ce cas. Dans son nouvel arrêt, la Cour précise la portée de l'obligation et confirme son caractère incontournable.

En ce qui concerne la portée du contrôle à effectuer, la Cour rappelle le principe d'interprétation fixé par l'article 52, paragraphe 3, de la Charte, qui lui impose, lorsqu'un droit prévu par la Charte correspond à un droit garanti par la CEDH, de lui donner la même portée que celle que lui confère la convention, telle qu'interprétée par la jurisprudence de la Cour européenne des droits de l'homme (pt 59). Elle avait déjà indiqué, dans son arrêt *Generalstaatsanwaltschaft Bremen*, par référence à la jurisprudence de cette Cour à l'égard de l'article 3 de la convention européenne de sauvegarde des droits de l'homme et des libertés fondamentales, l'importance de la dimension spatiale dans l'appréciation des conditions de détention et le fait que, pour qu'il n'y ait pas de forte présomption de violation de cette disposition, il fallait que l'espace personnel du détenu soit d'au moins 3 m^2. Elle précise dans l'arrêt *Dorobantu*, à la suite de la jurisprudence de la Cour européenne des droits de l'homme, que, pour le calcul de cet espace disponible, l'espace occupé par les infrastructures sanitaires ne doit pas être pris en compte, mais bien celui occupé par les meubles. En outre, les détenus doivent conserver la possibilité de se mouvoir normalement

(1) CJUE, 5 avril 2016, *Aranyosi et Căldăraru*, aff. C-404/15 et C-659/15 PPU, EU:C:2016:198.

(2) CJUE, 25 juillet 2018, *Generalstaatsanwaltschaft Bremen*, aff. C-220/18 PPU, ECLI:EU:C:2018:589.

dans la cellule (pt 77) (3). Néanmoins, la Cour ajoute dans ce même arrêt que l'appréciation ne peut se limiter à l'aspect spatial et que l'autorité judiciaire d'exécution doit, pour apprécier le risque de violation, « tenir compte de l'ensemble des aspects matériels pertinents des conditions de détention dans l'établissement pénitentiaire dans lequel il est concrètement envisagé d'incarcérer cette personne », ce qui couvre l'espace personnel disponible par détenu dans une cellule mais aussi les conditions sanitaires ainsi que l'étendue de la liberté de mouvement du détenu au sein dudit établissement (pt 85).

La Cour confirme par ailleurs que le fait qu'il existe une voie de recours dans l'État d'émission pour contester les conditions de détention ou qu'il y ait des mesures législatives ou structurelles destinées à renforcer le contrôle des conditions de détention ne suffit pas à supprimer le risque de violation (pts 81 et 82). En effet, ces moyens permettent sans doute de réparer les éventuelles violations, mais pas de les prévenir.

Enfin, et c'est un point essentiel, pour la première fois, la Cour indique clairement que la constatation du risque de violation, en raison des conditions de détention prévalant dans l'établissement pénitentiaire dans lequel il est concrètement envisagé d'incarcérer la personne, ne saurait être mis en balance, aux fins de décider de la remise, avec des considérations liées à l'efficacité de la coopération judiciaire en matière pénale ainsi qu'aux principes de confiance et de reconnaissance mutuelles (pt 84) (4). Cette affirmation clôt définitivement la question de l'équilibre entre la confiance mutuelle qui doit exister entre les autorités compétentes des États membres et la nécessité du contrôle du respect des droits fondamentaux dans la procédure. La Cour rappelle très bien l'évolution de son propre raisonnement dans ses observations liminaires au présent arrêt (pts 45-77). La reconnaissance mutuelle est basée sur la confiance mutuelle, qui doit entraîner une présomption de conformité de la procédure

(3) Par référence à l'arrêt de la Cour EDH, 20 octobre 2016, *Muršić c/ Croatie*, aff. 7334/13, CE:ECHR:2016:1020JUD000733413, §§ 75 et 114.

(4) Voy. à ce sujet, C. Rizcallah, « Arrêt "Dorobantu" : mandat d'arrêt européen et exigences minimales relatives aux conditions de détention », *JDE*, 2020, n° 2, p. 64.

dans l'État d'émission aux droits fondamentaux de la personne recherchée et par là même dispenser du contrôle de cette conformité. Dès lors, le refus d'exécution est conçu comme une exception, qui doit faire l'objet d'une interprétation stricte. Néanmoins, la Cour reconnaît, depuis son arrêt du 25 juillet 2018, *Minister for Justice and Equality (Défaillances du système judiciaire)*(5), que d'autres limitations aux principes de reconnaissance et de confiance mutuelles entre États membres puissent être apportées « dans des circonstances exceptionnelles ». L'existence de motifs sérieux et avérés de croire que, à la suite de sa remise à l'État membre d'émission, une personne recherchée « courra un risque réel d'être soumise, dans celui-ci, à un traitement inhumain ou dégradant, au sens de l'article 4 de la Charte, en raison des conditions dans lesquelles elle sera détenue dans cet État membre » constitue bien une de ces circonstances exceptionnelles. S'il y a des éléments objectifs, fiables, précis et dûment actualisés qui témoignent de l'existence de défaillances du système pénitentiaire de l'État d'émission, l'autorité d'exécution est dès lors tenue d'apprécier de manière concrète et précise si, dans les circonstances de l'espèce, il existe des motifs sérieux et avérés de croire que la personne courra un risque réel de violation en cas de remise à l'État d'émission.

Pour conclure, il est important d'insister sur le fait qu'au-delà de la reconnaissance de la primauté absolue du contrôle du respect de l'article 4 de la Charte par rapport à la reconnaissance mutuelle et à la confiance mutuelle, la Cour, à la suite d'ailleurs de la Cour européenne des droits de l'homme, ne construit pas ce contrôle comme une cause de refus qui s'appliquerait *a priori*, mais comme l'obligation positive de vérifier, avec le concours de l'autorité judiciaire d'émission, qu'il n'y a pas de risque réel de violation. Ce n'est que dans l'hypothèse où des garanties suffisantes ne pourraient être données que l'autorité judiciaire d'exécution devra mettre fin à la procédure.

Daniel Flore

(5) CJUE, 25 juillet 2018, *Minister for Justice and Equality (Défaillances du système judiciaire)*, aff. C-216/18 PPU, EU:C:2018:586.

XV. ACTION EXTÉRIEURE

Cour de justice, 4e ch., 27 mars 2019, *Commission européenne c/ République fédérale d'Allemagne*, aff. C-620/16, ECLI:EU:C:2019:256

Conclusions de l'avocat général M. Szpunar, du 9 janvier 2019, ECLI:EU:C:2019:3

Mots-clés : Manquement d'État – Principe de coopération loyale – Recevabilité – Effets du comportement reproché à la date d'expiration du délai fixé dans l'avis motivé – Effets continus sur l'unité et la cohérence de l'action internationale de l'Union européenne – Suffisance des mesures prises par l'État membre concerné pour se conformer à l'avis motivé – Vote par la République fédérale d'Allemagne contre la position de l'Union définie dans la décision 2014/699/UE lors de la 25e session de la commission de révision de l'Organisation intergouvernementale pour les transports internationaux ferroviaires (OTIF) et opposition exprimée par ledit État membre contre cette position et contre les modalités d'exercice des droits de vote telles que définies dans cette décision

Cadre normatif : article 4, paragraphe 3, TUE ; article 258 TFUE ; décision 2014/699/UE ; convention relative aux transports internationaux ferroviaires du 9 mai 1980, telle que modifiée par le protocole de Vilnius du 3 juin 1999 (ci-après la « COTIF ») ; accord entre l'Union européenne et l'Organisation intergouvernementale pour les transports internationaux ferroviaires concernant l'adhésion de l'Union européenne à la convention relative aux transports internationaux ferroviaires (COTIF) du 9 mai 1980, telle que modifiée par le protocole de Vilnius du 3 juin 1999 (*JO*, 2013, L 51, p. 8) (ci-après l'« accord d'adhésion »), approuvée par la décision 2013/103/UE du Conseil, du 16 juin 2011, relative à la signature et à la conclusion de l'accord entre l'Union européenne et l'Organisation intergouvernementale pour les transports internationaux ferroviaires concernant l'adhésion de l'Union européenne à la convention relative aux transports internationaux ferroviaires (COTIF) du 9 mai 1980, telle que modifiée par le protocole de Vilnius du 3 juin 1999 (*JO*, 2013, L 51, p. 1) ; décision 2014/699/UE du Conseil, du 24 juin 2014, établissant la position à prendre au nom de l'Union européenne lors de la 25e session de la commission de révision de l'OTIF en ce qui concerne certaines modifications de la convention relative aux transports internationaux ferroviaires (COTIF) et de ses appendices (*JO*, 2014, L 293, p. 26).

Notes et observations : D. Simon, « Recours en manquement – Action extérieure de l'Union », *Europe*, 2019, n° 5, Comm. 187

Extraits de l'arrêt

Par sa requête, la Commission européenne demande à la Cour de constater que, en ayant, lors de la 25e session de la commission de révision de l'Organisation intergouvernementale pour les transports internationaux ferroviaires (OTIF), voté contre la position définie dans la décision 2014/699/UE du Conseil, du 24 juin 2014, établissant la position à prendre au nom de l'Union européenne lors de la 25e session de la commission de révision de l'OTIF en ce qui concerne certaines modifications de la convention relative aux transports internationaux ferroviaires (COTIF) et de ses appendices (*JO* 2014, L 293, p. 26), et en ayant déclaré publiquement son opposition tant à ladite position qu'aux modalités d'exercice des droits de vote prévues dans celle-ci, la République fédérale d'Allemagne a manqué aux obligations qui lui incombent en vertu de cette décision et de l'article 4, paragraphe 3, TUE.

La procédure précontentieuse et la procédure devant la Cour

18. Par lettre du 4 août 2014, la Commission a invité la République fédérale d'Allemagne à expliquer son comportement lors de la 25e session de la commission de révision de l'OTIF, qui a eu lieu les 25 et 26 juin 2014.

19. Dans sa réponse du 12 novembre 2014, la République fédérale d'Allemagne a estimé que son comportement était parfaitement légitime et légal, au motif qu'aucune des modifications en cause ne relevait de la compétence de l'Union, dans la mesure où cette dernière n'avait pas exercé sa compétence interne dans les domaines concernés.

20. Le 29 mai 2015, la Commission a engagé une procédure en manquement au titre de l'article 258, paragraphe 1, TFUE, en adressant une

lettre de mise en demeure à la République fédérale d'Allemagne, dans laquelle elle soutenait que, par son comportement lors de la 25e session de la commission de révision de l'OTIF, cet État membre avait manqué à ses obligations au titre de la décision 2014/699 ainsi que de l'article 4, paragraphe 3, TUE. En outre, la Commission a observé qu'il était possible de déduire du fait que la République fédérale d'Allemagne considérait expressément, suivant ses propres déclarations, son comportement comme étant légitime que cet État membre était susceptible d'avoir un comportement similaire à l'avenir, dans des circonstances semblables.

21. Dans sa réponse du 7 juillet 2015, la République fédérale d'Allemagne a contesté les allégations de la Commission.

22. À l'occasion de l'adoption de la décision (UE) 2015/1734 du Conseil, du 18 septembre 2015, établissant la position à adopter au nom de l'Union européenne lors de la 12e assemblée générale de l'Organisation intergouvernementale pour les transports internationaux ferroviaires (OTIF) en ce qui concerne certaines modifications de la convention relative aux transports internationaux ferroviaires (COTIF) et de ses appendices (*JO* 2015, L 252, p. 43), la République fédérale d'Allemagne a fait une déclaration (ci-après la « déclaration du 17 septembre 2015 »), inscrite au procès-verbal du Conseil et qui énonce :

« [La République fédérale d'Allemagne] estime, d'un point de vue juridique, qu'elle est en droit de voter aux points 8 (Révision partielle de la COTIF – convention de base), 10 [Révision partielle de l'appendice D (CUV)] et 13 (Rapport explicatif, version révisée et consolidée), même si cela va à l'encontre de la décision [2015/1734]. La raison en est que l'Union n'a pas compétence à cet égard. La répartition des compétences entre l'Union et les États membres fait l'objet d'une procédure en cours devant la Cour [...] (affaire C-600/14 – *Allemagne/Conseil*). Dans l'attente d'une décision de la Cour [...], [la République fédérale d'Allemagne], tout en maintenant sa position juridique et sans préjudice de la procédure en instance devant la Cour [...], exercera son droit de vote lors de l'assemblée générale de l'OTIF, sans déroger à cette décision du Conseil, bien qu'elle considère cette décision comme étant illégale. »

23. Le 11 décembre 2015, la Commission a émis un avis motivé, dans lequel elle a réitéré sa position, telle qu'exprimée dans sa lettre de mise en demeure. La Commission a sommé la République fédérale d'Allemagne de prendre toutes les mesures nécessaires aux fins de se conformer à l'avis motivé dans un délai de deux mois à compter de la réception de celui-ci, et, en particulier, aux fins de mettre un terme aux pratiques infractionnelles alléguées, décrites dans ce même avis motivé.

24. Par une lettre datée du 1er février 2016, la République fédérale d'Allemagne a répondu à l'avis motivé en réitérant la position exprimée dans sa réponse à la lettre de mise en demeure.

25. Considérant que la République fédérale d'Allemagne n'avait pas pris, dans le délai requis, les mesures nécessaires en vue de se conformer à l'avis motivé, la Commission a décidé d'introduire le présent recours.

26. Par décision du président de la Cour du 3 janvier 2018, le Conseil a été admis à intervenir au soutien des conclusions de la Commission.

L'arrêt du 5 décembre 2017, *Allemagne/Conseil* (C-600/14, EU:C:2017 :935)

27. Le 22 décembre 2014, la République fédérale d'Allemagne a introduit un recours devant la Cour, tendant à l'annulation partielle de la décision 2014/699, dans la mesure où cette dernière concernait notamment les modifications en cause. Ses moyens portaient sur des violations alléguées, premièrement, du principe d'attribution prévu à l'article 5, paragraphe 2, TUE, en raison d'un défaut de compétence de l'Union, deuxièmement, de l'obligation de motivation prévue à l'article 296 TFUE et, troisièmement, du principe de coopération loyale, prévu à l'article 4, paragraphe 3, TUE, lu en combinaison avec le principe de protection juridictionnelle effective.

28. Par son arrêt du 5 décembre 2017, *Allemagne/Conseil* (C-600/14, EU:C:2017:935), rendu après la fin de la procédure écrite dans la présente affaire, la Cour a rejeté le recours de la République fédérale d'Allemagne, en écartant les trois moyens formulés par cet État membre.

Sur le recours

Sur la recevabilité

29. Par acte séparé du 8 février 2017, la République fédérale d'Allemagne a soulevé une exception d'irrecevabilité du présent recours en vertu de l'article 151 du règlement de procédure de la Cour. Par décision du 10 mai 2017, la Cour, l'avocat général entendu, a joint l'examen de cette demande au fond et la République fédérale d'Allemagne a été invitée à déposer un mémoire en défense.

[...]

39. À titre liminaire, il convient de rappeler qu'il ressort des termes de l'article 258, second alinéa, TFUE que, si l'État membre en cause ne s'est pas conformé à l'avis motivé dans le délai imparti dans ce dernier, la Commission peut saisir la Cour. Selon une jurisprudence constante de la Cour, l'existence d'un manquement doit, par conséquent, être appréciée en fonction de la situation de l'État membre telle qu'elle se présentait au terme de ce délai (voir, notamment, arrêt du 4 mai 2017, *Commission/ Luxembourg*, C-274/15, EU:C:2017:333, point 47).

40. Il ressort également de la jurisprudence de la Cour que la procédure prévue à l'article 258 TFUE repose sur la constatation objective du non-respect par un État membre des obligations que lui imposent le traité FUE ou un acte de droit dérivé et permet aussi de déterminer si un État membre a enfreint le droit de l'Union dans un cas d'espèce (arrêt du 22 février 2018, *Commission/Pologne*, C-336/16, EU:C:2018:94, points 61 et 62 ainsi que jurisprudence citée).

41. La République fédérale d'Allemagne conteste la recevabilité du présent recours en manquement pour deux raisons.

42. En premier lieu, elle considère que le manquement qui lui est reproché porte sur un comportement passé qui a épuisé ses effets avant la date d'expiration du délai fixé dans l'avis motivé de sorte qu'il lui était impossible d'y mettre un terme dans ce délai.

43. À cet égard, il importe de relever que la Commission reproche à la République fédérale d'Allemagne son comportement lors de la 25e session de la commission de révision de l'OTIF, à savoir le vote que cet État membre a émis au sein de cette commission et le point de vue qu'il a exprimé, en violation, d'une part, de la décision 2014/699 et, d'autre part, de l'article 4, paragraphe 3, TUE.

44. Le manquement ainsi reproché consiste en la prétendue inobservance d'une position de l'Union, telle qu'elle figure dans une décision du Conseil adoptée au titre de l'article 218, paragraphe 9, TFUE, disposition qui prévoit une procédure simplifiée aux fins de la définition des positions à prendre au nom de l'Union au titre de sa participation à l'adoption, au sein de l'instance décisionnelle instituée par l'accord international concerné, d'actes relevant de l'application ou de la mise en œuvre de ce dernier (arrêt du 6 octobre 2015, *Conseil/Commission*, C-73/14, EU:C:2015:663, point 65). Ce manquement allégué s'insère donc dans le domaine de l'action extérieure de l'Union et se rapporte plus précisément au processus décisionnel d'une instance internationale créée par un accord auquel l'Union est partie, et au sein de laquelle l'Union avait été autorisée par la décision 2014/699 à soumettre des contributions.

45. Or, une infraction à une décision du Conseil adoptée sur le fondement de l'article 218, paragraphe 9, TFUE, telle que celle qui est reprochée à la République fédérale d'Allemagne en l'espèce, manifeste ses effets non seulement sur le plan interne, mais également sur le plan international sur l'unité et la cohérence de l'action extérieure de l'Union, intérêts qu'une décision prise sur ce fondement a précisément pour objectif de garantir [voir, en ce sens, avis 1/94 (Accords annexés à l'accord OMC), du 15 novembre 1994, EU:C:1994:384, point 108 ; arrêts du 2 juin 2005, *Commission/Luxembourg*, C-266/03, EU:C:2005:341, point 60 ; du 14 juillet 2005, *Commission/Allemagne*, C-433/03, EU:C:2005:462, point 66, et du 20 avril 2010, *Commission/Suède*, C-246/07, EU:C:2010:203, point 73].

46. Il convient d'ajouter que, contrairement à ce que soutient la République fédérale d'Allemagne, les effets préjudiciables d'un manquement à une décision du Conseil adoptée au titre de l'article 218, paragraphe 9, TFUE ne sont pas circonscrits au processus décisionnel de l'instance de l'organisation internationale dans lequel le comportement litigieux s'inscrit, mais se manifestent, d'une manière plus générale, dans l'action internationale de l'Union au sein de cette organisation internationale.

47. Un tel manquement est, notamment, susceptible de mettre en cause l'unité et la cohérence de l'action extérieure de l'Union, au-delà du processus décisionnel concret concerné.

48. Dans ces conditions, si l'argument de la République fédérale d'Allemagne devait être accepté, alors tout État membre qui, par son comportement, porterait atteinte à la réalisation de l'objectif inhérent à une décision adoptée sur le fondement de l'article 218, paragraphe 9, TFUE pourrait échapper à une procédure en manquement, au motif que ce manquement a déjà épuisé ses effets, en conséquence de quoi les États membres pourraient tirer profit de leur propre faute.

49. Dans une telle hypothèse, la Commission serait donc dans l'impossibilité d'agir, dans le cadre des compétences qu'elle tient de l'article 258 TFUE, contre l'État membre concerné devant la Cour en vue de faire constater un tel manquement et d'accomplir pleinement sa mission de gardienne des traités que l'article 17 TUE lui confère.

50. Au surplus, admettre l'irrecevabilité d'un recours en manquement contre un État membre en raison d'une violation d'une décision adoptée au titre de l'article 218, paragraphe 9, TFUE serait préjudiciable tant au caractère obligatoire des décisions, en vertu de l'article 288, quatrième alinéa, TFUE, que, de manière générale, au respect des valeurs sur lesquelles l'Union, conformément à l'article 2 TUE, est fondée, au nombre desquelles figure, notamment, l'État de droit.

51. En effet, la République fédérale d'Allemagne, après avoir pris part aux délibérations et au vote au sein du Conseil concernant une décision arrêtant une position de l'Union, telle que la décision 2014/699, pourrait se délier de cette décision après son adoption, tout en ayant l'assurance que la Commission ne pourrait pas saisir la Cour d'un recours au titre de l'article 258 TFUE contre un tel manquement.

52. Il en résulte que tous les effets du comportement litigieux de la République fédérale d'Allemagne lors de la 25e session de la commission de révision de l'OTIF ne peuvent pas être considérés comme ayant cessé à la fin de cette session. Ce comportement doit être considéré comme ayant produit des effets sur l'unité et la cohérence de l'action internationale de l'Union au sein de l'OTIF au-delà de ladite session.

53. Il s'ensuit que, compte tenu du contexte particulier auquel se rapporte le comportement litigieux, la République fédérale d'Allemagne ne saurait invoquer, afin de contester la recevabilité du présent recours, une jurisprudence en matière de passation de marchés publics, rendue dans des contextes purement internes à l'Union, jurisprudence dont il résulte qu'un recours tendant à faire constater un manquement aux réglementations de l'Union en matière de passation de marchés publics est irrecevable lorsque, à la date d'expiration du délai fixé dans l'avis motivé, l'avis de marché litigieux ou les contrats litigieux avaient déjà épuisé tous leurs effets (arrêts du 27 octobre 2005, *Commission/Italie*, C-525/03, EU:C:2005:648, points 12 à 17, et du 11 octobre 2007, *Commission/Grèce*, C-237/05, EU:C:2007:592, points 33 à 35).

54. Quant à la circonstance invoquée par la République fédérale d'Allemagne selon laquelle l'Union aurait organisé la procédure d'adoption de la décision 2014/699 de façon à l'empêcher d'obtenir une protection juridictionnelle à l'égard de cette décision, un tel grief relève de l'examen au fond du présent recours et non de celui de la recevabilité de celui-ci.

55. En second lieu, la République fédérale d'Allemagne soutient avoir pris toutes les mesures nécessaires au titre de l'article 258, second alinéa, TFUE pour se conformer à l'avis motivé dans le délai déterminé dans celui-ci, de sorte que le recours en manquement de la Commission est irrecevable.

56. Il y a lieu de relever, à cet égard, qu'une telle allégation se confond avec l'examen au fond du manquement, en ce que l'analyse de celle-ci implique de contrôler le comportement de la République fédérale d'Allemagne à la suite de la 25e session de la commission de révision de l'OTIF (voir, par analogie, arrêt du 14 avril 2005, *Commission/Luxembourg*, C-519/03, EU:C:2005:234, point 20). Par conséquent, le bien-fondé de cette allégation fera l'objet de l'analyse au fond de ce manquement.

57. Quant à la circonstance invoquée par la République fédérale d'Allemagne, selon laquelle il ne serait plus possible de remédier à l'atteinte alléguée à la réputation et à la crédibilité de l'Union, elle ne saurait, à la supposer établie, conduire à l'irrecevabilité du présent recours. Ainsi que M. l'avocat général l'a relevé au point 62 de ses conclusions, il ne saurait, en effet, être admis qu'un État membre puisse invoquer un fait accompli dont il est l'auteur pour échapper à un recours en manquement devant la Cour (arrêt du 7 février 1973, *Commission/Italie*, 39/72, EU:C:1973:13, point 10).

58. Au demeurant, il convient de rejeter la critique formulée par la République fédérale d'Allemagne s'agissant de l'imprécision de la requête de la Commission.

59. À cet égard, il ressort clairement des points 15 à 19 de la requête que la Commission reproche à cet État membre un manquement à la décision 2014/699 et à l'article 4, paragraphe 3, TUE seulement en ce qui concerne les points 4 et 7 de l'ordre du jour de la 25e session de la commission de révision de l'OTIF. En effet, dans sa requête, la Commission ne s'est référée à l'annexe de la décision 2014/699 que dans la mesure où cette annexe porte sur les modifications de la COTIF visées aux points 4 et 7 de l'ordre du jour de cette session, et a renvoyé à ces deux points à l'ordre du jour dans son résumé des faits, lesquels n'ont pas été contestés par la République fédérale d'Allemagne.

60. Il résulte des considérations qui précèdent que le recours introduit par la Commission est recevable.

Sur le fond

[...]

75. S'agissant du premier grief, tiré du non-respect de la décision 2014/699, il résulte d'une lecture des pages 31 à 36 du procès-verbal de la 25e session de la commission de révision de l'OTIF, annexé à la requête de la Commission, que la République fédérale d'Allemagne a, s'agissant des points 4 et 7 de l'ordre du jour de cette session, exprimé un point de vue distinct de la position de l'Union, telle que définie dans cette décision, et a voté contre cette position. Il résulte, en outre, d'une lecture des pages 33 à 36 du procès-verbal de ladite session que cet État membre a, s'agissant du point 7 de cet ordre du jour, exprimé son désaccord avec l'exercice par l'Union d'un droit de vote, tel que prévu dans ladite décision.

76. La République fédérale d'Allemagne ne conteste pas ces faits. Elle fait cependant valoir, en premier lieu, que, puisque la décision 2014/699 définit, s'agissant des points 4 et 7 de l'ordre du jour de la 25e session de la commission de révision de l'OTIF, des « position[s] coordonnée[s] recommandée[s] », et attribue, s'agissant du point 4 de cet ordre du jour, le droit de vote aux États membres, elle n'a pas violé cette décision.

77. Cet argument ne saurait être accueilli.

78. Si les positions définies au point 3 de l'annexe de la décision 2014/699 sont précédées des termes « [p]osition coordonnée recommandée », cette décision a été prise au titre de l'article 218, paragraphe 9, TFUE, lequel prévoit l'adoption d'une « décision » établissant les positions à prendre au nom de l'Union dans une instance créée par un accord. Or, conformément à l'article 288, quatrième alinéa, TFUE, « [l]a décision est obligatoire dans tous ses éléments ».

79. En outre, il résulte de l'examen du contenu de la décision 2014/699 que celle-ci énonce, conformément à son article 1er, paragraphe 1, « [l]a position à prendre au nom de l'Union lors de la 25e session de la commission

de révision [de l'OTIF] », en des termes impératifs, comme en témoigne l'utilisation des expressions « les modifications [...] doivent être soutenues », « l'Union n'est [...] pas en position de soutenir [...] et propose » ou « l'Union adopte », pour définir la position de l'Union au point 3 de l'annexe de la décision 2014/699, s'agissant des points 4 et 7 de l'ordre du jour de cette session.

80. Le caractère contraignant de la position de l'Union arrêtée par cette décision est corroboré par l'article 1er, paragraphe 2, de celle-ci qui permet aux représentants de l'Union au sein de la commission de révision de l'OTIF uniquement d'accepter des « modifications mineures » aux documents mentionnés dans l'annexe de ladite décision. Il convient d'ajouter, par ailleurs, que la décision 2014/699 a été publiée dans la série L du Journal officiel de l'Union européenne, en tant qu'acte contraignant.

81. Par ailleurs, l'examen, par la Cour, de la légalité de cette décision dans l'arrêt du 5 décembre 2017, *Allemagne/Conseil* (C-600/14, EU:C:2017:935), au regard des moyens invoqués par la République fédérale d'Allemagne au soutien du recours ayant donné lieu à cet arrêt, présuppose, en effet, que ladite décision constitue un acte attaquable, en ce qu'elle est destinée à produire des effets de droit obligatoires.

82. Il s'ensuit que la décision 2014/699 est un acte qui produit des effets juridiques obligatoires, en ce qu'elle établit la position de l'Union dans le cadre de la 25e session de la commission de révision de l'OTIF, d'une part, pour la Commission et, d'autre part, pour les États membres en ce qu'elle leur impose de défendre ladite position (voir, en ce sens, arrêt du 1er octobre 2009, *Commission/Conseil*, C-370/07, EU:C:2009:590, point 44).

83. Partant, la République fédérale d'Allemagne, en raison de son comportement décrit au point 75 du présent arrêt, a enfreint la position de l'Union définie dans cette décision, ainsi que, s'agissant du point 7 de l'ordre du jour de ladite session, les modalités d'exercice du droit de vote, définies dans ladite décision.

84. S'agissant, en second lieu, de l'argument tiré de l'illégalité de la décision 2014/699, au motif que la République fédérale d'Allemagne n'aurait pas pu obtenir une protection juridictionnelle à l'égard de cette décision avant l'ouverture de la 25e session de la commission de révision de l'OTIF, il ne saurait davantage être accueilli.

85. Ainsi que M. l'avocat général l'a relevé au point 84 de ses conclusions, dans l'Union fondée sur l'État de droit, les actes de ses institutions jouissent d'une présomption de légalité. Dès lors que la décision 2014/699 avait été adoptée, la République fédérale d'Allemagne était donc tenue de la respecter et de la mettre en œuvre (voir, en ce sens, arrêt du 20 septembre 2007, *Commission/Espagne*, C-177/06, EU:C:2007:538, points 36 et 38).

86. Le fait que la République fédérale d'Allemagne a, par la suite, également contesté la légalité de la décision 2014/699 devant la Cour, au titre de l'article 263 TFUE, en raison notamment d'une violation alléguée du principe de protection juridictionnelle effective, ne modifie en rien le caractère obligatoire de cette décision.

87. En effet, le comportement litigieux s'est produit à une date antérieure à la date de l'introduction par la République fédérale d'Allemagne d'un recours en annulation contre la décision 2014/699. Cet État membre n'a, par ailleurs, sollicité ni un sursis à l'exécution de cette décision ni l'adoption de mesures provisoires par la Cour, au titre des articles 278 et 279 TFUE, de sorte que le recours en annulation, conformément à cet article 278, n'avait aucun effet suspensif.

88. Or, il résulte de la jurisprudence de la Cour qu'un État membre ne saurait s'autoriser à prendre unilatéralement des mesures correctives ou des mesures de défense destinées à remédier à une méconnaissance alléguée, par une institution, des règles du droit de l'Union (voir, en ce sens, arrêt du 12 février 2009, *Commission/Grèce*, C-45/07, EU:C:2009:81, point 26).

89. En tout état de cause, la Cour a déjà jugé que le système de voies de recours institué par le traité FUE distingue les recours visés aux articles 258 et 259 TFUE, qui tendent à faire constater qu'un État membre a manqué aux obligations qui lui incombent, et les recours visés aux articles 263 et 265 TFUE, qui tendent à faire contrôler la légalité des actes ou des abstentions des institutions de l'Union. Ces voies de recours poursuivent des objectifs distincts et sont soumises à des modalités différentes. Un État membre ne saurait donc utilement, en l'absence d'une disposition dudit traité l'y autorisant expressément, invoquer l'illégalité d'une décision ou d'une directive dont il est le destinataire comme moyen de défense contre un recours en manquement fondé sur l'inexécution de cette décision ou de cette directive. Il ne pourrait en être autrement que si l'acte en cause était affecté de vices particulièrement graves et évidents, au point de pouvoir être qualifié d'acte inexistant (arrêts du 18 octobre 2012, *Commission/République tchèque*, C-37/11, EU:C:2012:640, point 46, et du 11 octobre 2016, *Commission/Italie*, C-601/14, EU:C:2016:759, point 33).

90. Contrairement à ce que la République fédérale d'Allemagne soutient, cette même jurisprudence s'applique mutatis mutandis en l'espèce, s'agissant de la décision 2014/699 alors même que cet État membre n'était pas, formellement, le destinataire de cette décision. En effet, la République fédérale d'Allemagne, en tant que membre du Conseil, auteur de ladite décision, avait nécessairement connaissance de celle-ci, et était pleinement en mesure de former un recours en annulation de cette même décision dans le respect du délai de deux mois fixé à l'article 263, sixième alinéa, TFUE, comme elle l'a d'ailleurs fait dans le cadre de l'affaire ayant

conduit à l'arrêt du 5 décembre 2017, *Allemagne/Conseil* (C-600/14, EU:C:2017 :935).

91. Quant à l'argument de la République fédérale d'Allemagne selon lequel la décision 2014/699 constituerait un acte inexistant au motif qu'elle n'a que la valeur de simples recommandations sans effet contraignant s'agissant des points 4 et 7 de l'ordre du jour de la 25e session de la commission de révision de l'OTIF, il importe d'observer que, par son arrêt du 5 décembre 2017, *Allemagne/Conseil* (C-600/14, EU:C:2017:935), la Cour a rejeté le recours en annulation partielle formé par cet État membre sans constater, comme elle aurait pu le faire d'office, l'inexistence de cette décision. Dans ces conditions, ladite décision ne saurait être qualifiée d'acte inexistant au sens de la jurisprudence citée au point 89 du présent arrêt. En tout état de cause, il convient d'ajouter que ledit argument doit être écarté car il procède, pour les raisons déjà indiquées aux points 78 à 82 du présent arrêt, d'une lecture erronée de la décision 2014/699.

92. S'agissant du second grief, tiré de la violation de l'article 4, paragraphe 3, TUE, il convient de rappeler qu'il ressort de cette disposition, qui consacre le principe de coopération loyale, que l'Union et les États membres se respectent et s'assistent mutuellement dans l'accomplissement des missions découlant des traités (arrêt du 5 décembre 2017, *Allemagne/Conseil*, C-600/14, EU:C:2017:935, point 105).

93. Il résulte d'une jurisprudence constante que, en particulier s'agissant d'un accord ou d'une convention qui relève, pour partie, de la compétence de l'Union et, pour partie, de celle des États membres, il importe d'assurer une coopération étroite entre ces derniers et les institutions de l'Union tant dans le processus de négociation et de conclusion que dans l'exécution des engagements assumés. Cette obligation de coopération découle de l'exigence d'une unité de représentation internationale de l'Union (arrêt du 20 avril 2010, *Commission/Suède*, C-246/07, EU:C:2010:203, point 73 et jurisprudence citée).

94. Partant, le respect par les États membres d'une décision adoptée par le Conseil au titre de l'article 218, paragraphe 9, TFUE est une expression particulière de l'exigence d'une unité de représentation de l'Union, découlant de l'obligation de coopération loyale.

95. Or, il y a lieu de constater que la République fédérale d'Allemagne, par son comportement litigieux lors de la 25e session de la commission de révision de l'OTIF, a, ainsi qu'en témoigne le procès-verbal de cette session, laissé planer un doute quant à la capacité de l'Union d'exprimer une position et de représenter ses États membres sur la scène internationale, et ce malgré l'adoption de la décision 2014/699. Plus particulièrement, le fait que la République fédérale d'Allemagne se soit écartée, lors de cette session, de la position de l'Union établie dans cette décision risque d'affaiblir le pouvoir de négociation de l'Union au sein de l'OTIF, en ce

qui concerne les sujets traités au cours de ladite session ainsi que des sujets connexes.

96. Cette conclusion n'est pas remise en cause par l'argument de la République fédérale d'Allemagne selon lequel, par la déclaration du 17 septembre 2015, elle aurait levé tout doute quant à son comportement futur de manière à exclure le risque que le comportement qui lui est reproché se reproduise. À cet égard, il convient de relever que, ainsi que la Commission l'a indiqué dans sa requête, la République fédérale d'Allemagne, dans sa réponse du 1er février 2016 à l'avis motivé, n'avait pas dissipé les craintes de cette institution quant à un risque de récidive, mais, au contraire, avait insisté sur le caractère légitime du comportement litigieux dans la mesure où la décision 2014/699 était, selon cet État membre, illégale et ne produisait aucun effet contraignant. Par ailleurs, la République fédérale d'Allemagne s'est fondée, dans ce contexte, non pas sur la déclaration du 17 septembre 2015, mais sur une déclaration précédente faite lors de l'adoption de la décision 2014/699, dont il résultait que cet État membre allait prendre une position distincte de celle figurant dans cette décision au sein de la commission de révision de l'OTIF.

97. Au demeurant, la République fédérale d'Allemagne n'a pas soutenu devant la Cour qu'elle avait informé les instances compétentes de l'OTIF du contenu de la déclaration du 17 septembre 2015 ni qu'elle avait clarifié auprès de cette organisation sa conduite future en son sein.

98. Il s'ensuit que, par son comportement, ledit État membre a porté préjudice à l'efficacité de l'action internationale de l'Union ainsi qu'à la crédibilité et à la réputation de cette dernière sur la scène internationale.

99. La République fédérale d'Allemagne ne saurait justifier son comportement ni par un éventuel manquement par les institutions de l'Union au respect de l'obligation de coopération loyale (voir, en ce sens, arrêt du 12 février 2009, *Commission/Grèce*, C-45/07, EU:C:2009:81, point 26) ni par des difficultés liées à l'adhésion de l'Union à l'OTIF.

100. Eu égard aux considérations qui précèdent, il convient de constater que, en ayant, lors de la 25e session de la commission de révision de l'OTIF, voté contre la position définie dans la décision 2014/699 et en ayant déclaré publiquement son opposition tant à ladite position qu'aux modalités d'exercice des droits de vote prévues dans celle-ci, la République fédérale d'Allemagne a manqué aux obligations qui lui incombent en vertu de cette décision et de l'article 4, paragraphe 3, TUE.

Observations

Cet arrêt est la suite de l'arrêt-clé rendu par la Cour de justice, le 5 décembre 2017(1), concernant les règles et principes applicables pour l'établissement d'une position à prendre au nom de l'Union européenne dans une instance créée par un accord international en application de l'article 218, paragraphe 9, TFUE. Le recours en annulation introduit par l'Allemagne demandait l'annulation partielle de la décision 2014/699/UE du Conseil, du 24 juin 2014, établissant la position à prendre au nom de l'Union européenne, lors de la 25e session de la commission de révision de l'Organisation intergouvernementale pour les transports internationaux ferroviaires (OTIF), en ce qui concerne certaines modifications de la convention relative aux transports internationaux ferroviaires (COTIF) et de ses appendices. Dans cette affaire, l'Allemagne, qui avait voté contre la position définie dans la décision 2014/669/UE, invoquait trois moyens à l'appui de son recours : l'incompétence de l'Union européenne pour adopter ladite décision et donc la violation du principe d'attribution des compétences ancré à l'article 5 TUE, la violation de l'obligation de motivation prévue à l'article 296 TFUE, ainsi que la violation du principe de coopération loyale, lu en combinaison avec le principe de protection juridictionnelle effective. La Cour de justice avait rejeté le recours en annulation introduit par l'Allemagne. Elle avait considéré que le Conseil de l'Union, en adoptant la décision en cause, n'avait pas violé le principe d'attribution des compétences énoncé à l'article 5, paragraphe 2, TUE. Les deux autres moyens avaient aussi été écartés comme non fondés (2).

Dans l'affaire sous examen, la Commission européenne demande à la Cour de constater que, en ayant, lors de la 25e session de la commission de révision de l'OTIF, voté contre la position définie dans la décision 2014/669/UE du

(1) CJUE, 5 décembre 2017, *Allemagne c/ Conseil*, aff. C-600/14, EU:C:2017:296.

(2) Voy. nos observations sur cet arrêt dans l'ouvrage F. Picod (dir.), *Jurisprudence de la CJUE 2017*, Bruxelles, Bruylant, pp. 696-722.

Conseil, établissant la position à prendre au nom de l'Union lors de la session, et en ayant déclaré publiquement son opposition tant à ladite décision qu'aux modalités d'exercice des droits de vote prévus dans celle-ci, l'Allemagne a manqué aux obligations qui lui incombent en vertu de cette décision et du principe de coopération loyale inscrit à l'article 4, paragraphe 3, TUE.

Procédure devant la Cour de justice et exception d'irrecevabilité

Dans le cadre du recours en constatation de manquement, l'Allemagne a soulevé une exception d'irrecevabilité du recours en vertu de l'article 151 du règlement de procédure de la Cour. Elle fait valoir que le comportement mis en cause dans le recours avait épuisé tous ses effets à la fin de la 25e session de la commission de révision de l'OTIF, à savoir avant l'expiration du délai fixé par la Commission européenne dans son avis motivé. Elle a souligné que la procédure de l'article 258 TFUE a pour but de faire en sorte que les États membres mettent fin aux violations dont les effets perdurent à la date d'expiration de délai fixé dans l'avis motivé. Or, l'Allemagne soutient que l'exercice de son droit de vote n'a eu aucune incidence sur le sens des décisions prises lors de la 25e session et qu'il n'y a pas eu d'atteinte à la réputation, à la crédibilité ou à la représentation unitaire de l'Union au sein des membres de la Communauté internationale. Elle allègue encore que ce n'est que lorsque l'État membre en cause ne se conforme pas à l'avis motivé dans le délai requis que la Commission peut saisir la Cour de justice d'un recours en manquement. Enfin, l'Allemagne souligne qu'il ne saurait lui être imposé de formuler des excuses publiques ou d'abandonner son analyse juridique, en vue d'éliminer *a posteriori* l'atteinte alléguée à la réputation et à la crédibilité de l'Union.

La Commission conclut au rejet de l'exception d'irrecevabilité soulevée par l'Allemagne.

Sur la recevabilité, la Cour de justice considère que le manquement reproché consiste en la non-observation d'une position de l'Union figurant dans une décision adoptée par le

Conseil. Ce manquement s'insère dans le domaine de l'action extérieure de l'Union et se rapporte plus précisément au processus décisionnel d'une instance internationale créée par un accord auquel l'Union est partie, et au sein de laquelle l'Union avait été autorisée par la décision 2014/699 à soumettre des contributions. Une telle infraction à une décision du Conseil, adoptée sur la base de l'article 218, paragraphe 9, TFUE, manifeste ses effets non seulement sur le plan interne, mais également sur le plan international sur l'unité et la cohérence de l'action extérieure de l'Union, intérêts qu'une décision prise sur ce fondement a précisément pour objectif de garantir (3). Pour la Cour, un tel manquement est, en substance, susceptible de mettre en cause l'unité et la cohérence de l'action extérieure de l'Union, au-delà du processus décisionnel concret concerné et doit être considéré comme ayant produit des effets au sein de l'OTIF au-delà de la 25e session en cause. En cela notamment, le recours introduit par la Commission européenne est considéré, à juste titre, recevable.

Examen du recours

La Commission européenne fait valoir deux griefs à l'encontre de l'Allemagne dans le cadre du recours.

S'agissant du grief tiré du non-respect de la décision 2014/699, il résulte du dossier que l'Allemagne a, pour certains points de l'ordre du jour de la 25e session de la commission de révision de l'OTIF (pts 4 et 7), exprimé un point de vue distinct de la position de l'Union, telle que définie dans la décision et qu'elle a voté contre cette position. Il apparaît également que s'agissant d'un autre point à l'ordre du jour de cette même 25e session (pt 7), elle a exprimé son désaccord avec l'exercice par l'Union d'un droit de vote, tel que prévu dans ladite décision. Ces faits ne sont pas contestés par l'Allemagne. Cependant, l'État membre fait valoir que la décision 2014/699 ne définit que des « positions coordonnées

(3) CJCE, 15 novembre 1994, *Avis 1/94*, EU:C:1994:384, pt 108 ; CJCE, 2 juin 2005, *Commission c/ Luxembourg*, aff. C-266/03, EU:C:2005:341, pt 60 ; CJCE, 14 juillet 2005, *Commission c/ Allemagne*, aff. C-433/03, EU:C:2005:462, pt 66 ; CJUE, 20 avril 2010, *Commission c/ Suède*, aff. C-246/07, EU:C:2010:203, pt 73.

recommandées », et que de ce fait, elle n'aurait pas violé la décision en cause.

La Cour rappelle que la décision 2014/699 a été prise au titre de l'article 218, paragraphe 9, TFUE, lequel prévoit l'adoption d'une décision établissant les positions à prendre au nom de l'Union dans une instance créée par un accord. Même si les positions définies au point 3 de l'annexe de la décision 2014/699 sont précédées des termes « positions coordonnées recommandées », il n'en demeure pas moins qu'une telle décision est, conformément à l'article 288, quatrième alinéa, TFUE, obligatoire dans tous ses éléments. De surcroît, le caractère contraignant de la position de l'Union arrêtée par cette décision est corroboré par l'article 1er, paragraphe 2, de celle-ci qui permet aux représentants de l'Union au sein de la commission de révision de l'OTIF d'accepter uniquement des « modifications mineures » aux documents mentionnés dans l'annexe de ladite décision. La Cour de justice souligne également que la décision 2014/699 a été publiée au *Journal officiel de l'Union européenne* en tant qu'acte contraignant. Enfin, l'examen effectué par la Cour de la légalité de la décision 2014/699 dans le cadre du recours en annulation introduit par l'Allemagne contre ladite décision présuppose que la décision constitue un acte attaquable, en ce qu'elle est destinée à produire des effets de droit obligatoires. Partant, il convient d'admettre, à juste titre, que l'Allemagne, par son comportement, a enfreint la position de l'Union définie dans la décision 2014/699.

L'argument soulevé par l'Allemagne et tiré de l'illégalité de la décision 2014/699, au motif qu'elle n'aurait pas pu obtenir une protection juridictionnelle à l'égard de cette décision avant l'ouverture de la 25e session de la commission de révision de l'OTIF a, lui aussi, été rejeté par la Cour. Se référant aux conclusions de l'avocat général, celle-ci rappelle que dans l'Union fondée sur l'État de droit, les actes de ses institutions jouissent d'une présomption de légalité. La décision 2014/699 avait été adoptée et l'Allemagne était donc tenue de la respecter et de la mettre en œuvre. Le fait que cet État membre a ensuite contesté la légalité de ladite décision devant la Cour, en vertu de l'article 263 TFUE, en raison notamment d'une violation alléguée du principe de protection juridictionnelle effective, ne modifie en rien le caractère obligatoire de la décision. Il a également été souligné que le comportement litigieux s'est produit à une date antérieure à la date d'introduction par l'Allemagne du recours en annulation contre la décision et que l'État membre n'a, par ailleurs, sollicité ni un sursis à l'exécution de la décision ni l'adoption de mesures provisoires par la Cour au titre des articles 278 et 279 TFUE, de sorte que le recours en annulation n'avait aucun effet suspensif.

S'appuyant sur son arrêt *Commission c/ Grèce* (4), la Cour rappelle qu'un État membre ne saurait s'autoriser à prendre unilatéralement des mesures correctives ou des mesures de défense destinées à remédier à une méconnaissance alléguée par une institution des règles du droit de l'Union. Elle se réfère à sa jurisprudence qui distingue les recours visés aux articles 258 et 259 TFUE de ceux visés aux articles 263 et 265 TFEU. Les premiers tendent à faire constater qu'un État membre a manqué aux obligations qui lui incombent, alors que les seconds tendent à faire contrôler la légalité des actes ou des abstentions des institutions de l'Union. Ces voies de recours poursuivent des objectifs distincts et sont soumises à des modalités différentes. Pour la Cour, un État membre ne saurait donc utilement, en l'absence d'une disposition du traité l'y autorisant expressément, invoquer l'illégalité d'une décision ou d'une directive dont il est le destinataire comme moyen de défense contre un recours en manquement fondé sur l'inexécution de cette décision ou de cette directive. Il ne pourrait en être autrement que si l'acte en cause était affecté de vices particulièrement graves et évidents, au point de pouvoir être qualifié d'acte inexistant (5). Or, telle n'est pas la situation en l'espèce, puisque la Cour a rejeté le recours en annulation introduit par l'Allemagne par son arrêt du 5 décembre 2017 et n'a pas constaté l'inexistence de la décision attaquée, comme elle aurait pu le faire d'office.

(4) CJCE, 12 février 2009, *Commission c/ Grèce*, aff. C-45/07, EU:C:2009:81, pt 26.

(5) CJUE, 18 octobre 2012, *Commission c/ République tchèque*, aff. C-37/11, EU:C:2012:640, pt 46 et CJUE, 11 octobre 2016, *Commission c/ Italie*, aff. C-601/14, EU:C:2016:759, pt 33.

Le second grief que la Commission européenne reproche à l'Allemagne est tiré de la violation de l'article 4, paragraphe 3, TUE. L'Allemagne a voté contre la position de l'Union lors de la 25e session de la commission de révision de l'OTIF, a pris ses distances par rapport au vote émis par l'Union et demandé à exercer son droit de vote alors que celui-ci avait été attribué à l'Union. Ce comportement a créé, selon la Commission, une confusion quant au résultat du vote et porté atteinte à la crédibilité et à la réputation de l'Union, à l'unité de la représentation internationale de celle-ci ainsi qu'à son image en général.

Selon une jurisprudence constante, rappelée en dernier lieu par l'arrêt *Commission c/ Suède* (6), il importe, en particulier s'agissant d'un accord international qui relève, pour partie de la compétence de l'Union, et pour partie de celle des États membres, comme cela est le cas de la COTIF (convention relative aux transports internationaux ferroviaires de 1980), d'assurer une coopération étroite entre les États membres et les institutions tant dans le processus de négociation et de conclusion que dans l'exécution des engagements assumés. Cette obligation découle de l'exigence d'une unité de représentation internationale de l'Union, comme la Cour l'avait déjà souligné dans l'avis 1/94 au sujet de l'adhésion à l'OMC. Le respect par les États membres d'une décision adoptée par le Conseil sur la base de l'article 218, paragraphe 9, TFUE est, selon la Cour, une expression particulière de l'exigence d'une unité de représentation de l'Union, découlant de l'obligation de coopération loyale. Cette approche est parfaitement en adéquation avec la jurisprudence rendue jusqu'à présent au sujet de l'application de la coopération loyale dans le domaine de l'action extérieure. Il est intéressant de noter les éléments retenus par la Cour en vue d'asseoir le comportement litigieux de l'État membre : laisser planer un doute quant à la capacité de l'Union d'exprimer une position et de représenter ses États membres sur la scène internationale (et ce malgré l'adoption de la décision 2014/699) et le fait de s'être écartée de la position de l'Union établie dans cette décision risquant d'affaiblir le pouvoir de négociation

(6) CJUE, 20 avril 2010, *Commission c/ Suède*, aff. C-246/07, préc., pt 73.

de l'Union au sein de l'OTIF pour les sujets traités lors de la 25e session et pour les sujets connexes. En agissant de la sorte, l'État membre a porté préjudice à l'efficacité de l'action internationale de l'Union ainsi qu'à la crédibilité et à la réputation de celle-ci sur la scène internationale.

Cet arrêt se place dans la droite ligne de l'arrêt *Commission c/ Grèce* (7) concernant l'organisation maritime internationale (OMI), dans lequel la Cour de justice avait considéré qu'en soumettant à l'OMI une proposition (proposition litigieuse) dans un domaine qui relève de la compétence exclusive de l'Union, la Grèce avait manqué aux obligations qui lui incombaient en vertu des dispositions en matière de transport et du principe de coopération loyale. L'arrêt *COTIF 2* illustre la position ferme de la Cour de justice en cas de violation par les États membres de leurs obligations découlant des traités et des actes pris par les institutions de l'Union européenne qui mettent en œuvre les accords et conventions auxquels l'Union est partie aux côtés de ses États membres.

Christine KADDOUS

(7) CJCE, 12 février 2009, *Commission c/ Grèce*, aff. C-45/07, préc.

Cour de justice, ass. plén., 30 avril 2019, *Avis 1/17*, ECLI:EU:C:2019:341

Conclusions de l'avocat général Y. Bot, du 29 janvier 2019, ECLI:EU:C:2019:72

Mots-clés : Avis rendu en vertu de l'article 218, paragraphe 11, TFUE – Accord économique et commercial global entre le Canada, d'une part, et l'Union européenne et ses États membres, d'autre part (AECG) – Règlement des différends entre les investisseurs et les États (RDIE) – Mise en place d'un tribunal et d'un tribunal d'appel – Compatibilité avec le droit primaire de l'Union – Exigence de respect de l'autonomie de l'ordre juridique de l'Union – Niveau de protection d'intérêts publics fixé, conformément au cadre constitutionnel de l'Union, par les institutions de celle-ci – Égalité de traitement entre les investisseurs canadiens et ceux de l'Union – Accès auxdits tribunaux et indépendance de ceux-ci – Accessibilité financière – Engagement de garantir celle-ci pour les personnes physiques et pour les petites et moyennes entreprises – Aspects externe et interne de l'exigence d'indépendance – Nomination, rémunération et déontologie des membres – Rôle du Comité mixte de l'AECG – Interprétations contraignantes de l'AECG fixées par ce Comité.

Cadre normatif : accord économique et commercial global entre le Canada, d'une part, et l'Union européenne et ses États membres, d'autre part (AECG) ; décision (UE) 2017/37 du Conseil, du 28 octobre 2016, relative à la signature, au nom de l'Union européenne, de l'accord économique et commercial global (AECG) entre le Canada, d'une part, et l'Union européenne et ses États membres, d'autre part (*JO*, 2017, L 11, p. 1) ; décision (UE) 2017/38 du Conseil, du 28 octobre 2016, relative à l'application provisoire de l'accord économique et commercial global (AECG) entre le Canada, d'une part, et l'Union européenne et ses États membres, d'autre part (*JO*, 2017, L 11, p. 1080) ; articles 20 et 47 de la Charte des droits fondamentaux de l'Union européenne

Notes et observations : J.-F. Delile, « L'avis 1/17, ou, Le retour en grâce des juridictions internationales auprès de la Cour de justice de l'Union européenne », *RAE*, 2019, n° 2, pp. 347-370 ; Ch. Maubernard, « L'avis 1/17, ou, Les contours de l'autonomie procédurale et substantielle de l'ordre juridique de l'Union », *RUE*, 2019, n° 632, pp. 573-580 ; B. Scholtka, « Freihandelsabkommen der EU mit Kanada (CETA) europarechtskonform », *Neue Zeitschrift für Verwaltungsrecht*, 2019, pp. 868-870 ; D. Simon, « Accord UE/CETA : Compatibilité avec le droit primaire », *Europe*, juin 2019, pp. 13 et 14

Extraits de l'avis

[...]

Prise de position de la Cour

105. À titre liminaire, il y a lieu de constater que la demande d'avis concerne le chapitre huit, section F, de l'AECG et que, eu égard à la circonstance rappelée au point 3 du présent avis, elle porte bien sur un « accord envisagé », au sens de l'article 218, paragraphe 11, TFUE. Cette demande est donc recevable, aucun des gouvernements ou institutions ayant participé à la procédure n'ayant au demeurant exprimé un doute à cet égard.

Sur la compatibilité du mécanisme RDIE envisagé avec l'autonomie de l'ordre juridique de l'Union

Principes

106. Il y a lieu de rappeler, d'emblée, qu'un accord international prévoyant la création d'une juridiction chargée de l'interprétation de ses dispositions et dont les décisions lient l'Union est, en principe, compatible avec le droit de cette dernière. En effet, la compétence de l'Union en matière de relations internationales et sa capacité à conclure des accords internationaux comportent nécessairement la faculté de se soumettre aux décisions d'une juridiction créée ou désignée en vertu de tels accords, pour ce qui concerne l'interprétation et l'application de leurs dispositions [avis 2/13 (Adhésion de l'Union à la CEDH), du 18 décembre 2014, EU:C:2014:2454, point 182 ; voir également avis 1/91 (Accord EEE – I), du

14 décembre 1991, EU:C:1991:490, points 40 et 70, ainsi que 1/09 (Accord sur la création d'un système unifié de règlement des litiges en matière de brevets), du 8 mars 2011, EU:C:2011:123, point 74].

107. Un accord international conclu par l'Union peut, par ailleurs, avoir des incidences sur les compétences des institutions de l'Union pourvu, toutefois, que les conditions essentielles de préservation de la nature de ces compétences soient remplies et que, partant, il ne soit pas porté atteinte à l'autonomie de l'ordre juridique de celle-ci [voir, notamment, avis 1/00 (Accord sur la création d'un espace aérien européen commun), du 18 avril 2002, EU:C:2002:231, points 20 et 21, ainsi que 2/13 (Adhésion de l'Union à la CEDH), du 18 décembre 2014, EU:C:2014:2454, point 183].

108. Il s'ensuit que l'AECG, en ce qu'il prévoit, comme il découle du point 6, sous f), g) et i), de l'instrument interprétatif commun et ainsi que M. l'avocat général l'a observé au point 18 de ses conclusions, une judiciarisation du règlement des différends entre les investisseurs et les États par l'instauration d'un Tribunal et d'un Tribunal d'appel de l'AECG et, à plus long terme, d'un Tribunal multilatéral des investissements, ne peut être compatible avec le droit de l'Union qu'à la condition de ne pas porter atteinte à l'autonomie de l'ordre juridique de l'Union.

109. Cette autonomie, qui existe au regard tant du droit des États membres que du droit international, découle des caractéristiques essentielles de l'Union et de son droit. Ce dernier se caractérise en effet par la circonstance d'être issu d'une source autonome, constituée par les traités, par sa primauté par rapport aux droits des États membres ainsi que par l'effet direct de toute une série de dispositions applicables à leurs ressortissants et à eux-mêmes. De telles caractéristiques ont donné lieu à un réseau structuré de principes, de règles et de relations juridiques mutuellement interdépendantes liant, réciproquement, l'Union elle-même et ses États membres, ainsi que ceux-ci entre eux (voir, notamment, arrêt du 10 décembre 2018, *Wightman e.a.*, C-621/18, EU:C:2018:999, point 45 ainsi que jurisprudence citée).

110. Ladite autonomie réside ainsi dans la circonstance que l'Union est dotée d'un cadre constitutionnel qui lui est propre. Relèvent de ce cadre les valeurs fondatrices énoncées à l'article 2 TUE, aux termes duquel l'Union « est fondée sur les valeurs de respect de la dignité humaine, de liberté, de démocratie, d'égalité, de l'État de droit, ainsi que de respect des droits de l'homme », les principes généraux du droit de l'Union, les dispositions de la Charte, ainsi que les dispositions des traités UE et FUE, lesquelles comportent, notamment, les règles d'attribution et de répartition des compétences, les règles de fonctionnement des institutions de l'Union et du système juridictionnel de celle-ci, ainsi que les règles fondamentales dans des domaines spécifiques, structurées de manière à contribuer à la réalisation du processus d'intégration rappelé à l'article 1er, deuxième

alinéa, TUE [voir, en ce sens, avis 2/13 (Adhésion de l'Union à la CEDH), du 18 décembre 2014, EU:C:2014:2454, point 158].

111. Pour garantir la préservation de ces caractéristiques spécifiques et de l'autonomie de l'ordre juridique ainsi créé, les traités ont institué un système juridictionnel destiné à assurer la cohérence et l'unité dans l'interprétation du droit de l'Union. Conformément à l'article 19 TUE, c'est aux juridictions nationales et à la Cour qu'il appartient de garantir la pleine application de ce droit dans l'ensemble des États membres ainsi que la protection juridictionnelle effective, la Cour détenant une compétence exclusive pour fournir l'interprétation définitive dudit droit. À cette fin, ce système comporte, en particulier, la procédure du renvoi préjudiciel prévue à l'article 267 TFUE [avis 2/13 (Adhésion de l'Union à la CEDH), du 18 décembre 2014, EU:C:2014:2454, points 174 à 176 et 246].

112. En l'occurrence, eu égard aux interrogations soulevées dans la demande d'avis, il y a lieu d'examiner si le mécanisme RDIE prévu au chapitre huit, section F, de l'AECG est de nature à empêcher l'Union de fonctionner conformément au cadre constitutionnel susvisé.

113. Aux fins de cet examen, il y a lieu de constater, d'emblée, que le mécanisme RDIE envisagé se situe en dehors du système juridictionnel de l'Union.

114. En effet, le for envisagé par l'AECG est distinct des juridictions internes du Canada, de l'Union et des États membres de celle-ci. Le Tribunal et le Tribunal d'appel de l'AECG ne sauraient, dès lors, être considérés comme faisant partie du système juridictionnel de l'une ou de l'autre de ces Parties.

115. Toutefois, le caractère extérieur du mécanisme RDIE envisagé par rapport au système juridictionnel de l'Union ne signifie pas, en lui-même, que ce mécanisme porte atteinte à l'autonomie de l'ordre juridique de l'Union.

116. En effet, s'agissant des accords internationaux conclus par l'Union, la compétence des juridictions visées à l'article 19 TUE pour interpréter et appliquer ces accords ne prévaut ni sur celle des juridictions des États tiers avec lesquels ces accords ont été conclus ni sur celle des juridictions internationales que de tels accords instaurent.

117. Partant, si lesdits accords font partie intégrante du droit de l'Union et peuvent dès lors faire l'objet de renvois préjudiciels (voir, notamment, arrêts du 30 avril 1974, *Haegeman*, 181/73, EU:C:1974:41, points 5 et 6 ; du 25 février 2010, *Brita*, C-386/08, EU:C:2010:91, point 39, ainsi que du 22 novembre 2017, *Aebtri*, C-224/16, EU:C:2017:880, point 50), ils concernent tout autant lesdits États tiers et peuvent donc également être interprétés par les juridictions de ces États. C'est, en outre, précisément en raison du caractère réciproque des accords internationaux et de la

nécessité de préserver la compétence de l'Union dans les relations internationales qu'il est loisible pour celle-ci, ainsi qu'il ressort de la jurisprudence citée au point **106** du présent avis, de conclure un accord qui confère à une juridiction internationale la compétence pour interpréter cet accord sans que cette juridiction soit soumise aux interprétations dudit accord que fournissent les juridictions des Parties.

118. Il résulte de ces éléments que le droit de l'Union ne s'oppose ni à ce que le chapitre huit, section F, de l'AECG prévoie la création d'un tribunal, d'un tribunal d'appel et, ultérieurement, d'un tribunal multilatéral des investissements ni à ce qu'il leur confère la compétence pour interpréter et appliquer les dispositions de l'accord à l'aune des règles et des principes de droit international applicables entre les Parties. En revanche, ces tribunaux étant extérieurs au système juridictionnel de l'Union, ils ne sauraient être habilités à interpréter ou à appliquer des dispositions du droit de l'Union autres que celles de l'AECG ou à rendre des sentences qui puissent avoir pour effet d'empêcher les institutions de l'Union de fonctionner conformément au cadre constitutionnel de celle-ci.

119. Par conséquent, afin de vérifier la compatibilité du mécanisme RDIE envisagé avec l'autonomie de l'ordre juridique de l'Union, il importe de s'assurer :

- que le chapitre huit, section F, de l'AECG ne confère aux tribunaux envisagés aucune compétence d'interprétation ou d'application du droit de l'Union autre que celle d'interpréter et d'appliquer les dispositions de cet accord à l'aune des règles et des principes de droit international applicables entre les Parties, et
- que ledit chapitre huit, section F, n'aménage pas les compétences de ces tribunaux de manière à ce que ceux-ci, sans pour autant procéder eux-mêmes à l'interprétation ou à l'application des règles du droit de l'Union autres que celles dudit accord, puissent rendre des sentences ayant pour effet d'empêcher les institutions de l'Union de fonctionner conformément au cadre constitutionnel de celle-ci.

Sur l'absence de compétence pour interpréter et appliquer des règles du droit de l'Union autres que les dispositions de l'AECG

120. L'article 8.18 de l'AECG, qui figure au chapitre huit, section F, de celui-ci, confère au Tribunal de l'AECG la compétence pour examiner toute plainte d'un investisseur d'une Partie selon laquelle une autre Partie a violé une obligation prévue aux sections C (articles 8.6 à 8.8) ou D (articles 8.9 à 8.14) de ce chapitre huit.

121. À cette fin, ce tribunal appliquera, aux termes de l'article 8.31, paragraphe 1, de l'AECG, « le présent accord tel qu'il est interprété en

conformité avec la [convention de Vienne], et les autres règles et principes de droit international applicables entre les Parties ». En revanche, ledit Tribunal n'aura pas compétence, ainsi que le précise l'article 8.31, paragraphe 2, première phrase, de cet accord, « pour statuer sur la légalité d'une mesure dont il est allégué qu'elle constitue une violation du présent accord en se fondant sur le droit interne d'une Partie ».

122. Il en découle que la compétence d'interprétation et d'application conférée à ce tribunal se limite aux dispositions de l'AECG et qu'une telle interprétation ou application doit être effectuée conformément aux règles et aux principes de droit international applicables entre les Parties.

123. Le chapitre huit, section F, de l'AECG se distingue en cela du projet d'accord portant création d'un système unifié de règlement des litiges en matière de brevets, déclaré incompatible avec le droit de l'Union dans l'avis 1/09 (Accord sur la création d'un système unifié de règlement des litiges en matière de brevets), du 8 mars 2011 (EU:C:2011:123).

124. En effet, le « droit applicable » dans le cadre de ce projet, défini à son article 14 bis, incluait, entre autres, « la législation communautaire directement applicable, notamment le règlement [...] du Conseil sur le brevet communautaire, et la législation nationale [...] mettant en œuvre la législation communautaire ». La Cour en a déduit, au point 78 de cet avis, que la juridiction du brevet dont la création était envisagée serait appelée à interpréter et à appliquer non seulement les dispositions de l'accord en question, mais également le futur règlement sur le brevet communautaire ainsi que d'autres instruments du droit de l'Union, notamment des règlements et des directives avec lesquels ledit règlement devrait, le cas échéant, être lu conjointement. Elle a également souligné, audit point, que cette juridiction pourrait être appelée à trancher un litige pendant devant elle au regard des droits fondamentaux et des principes généraux du droit de l'Union, voire à examiner la validité d'un acte de l'Union.

125. Ces éléments ont contribué au constat, par la Cour, selon lequel la conclusion dudit projet d'accord aurait dénaturé les compétences que les traités confèrent aux institutions de l'Union et aux États membres qui sont essentielles à la préservation de la nature même du droit de l'Union [avis 1/09 (Accord sur la création d'un système unifié de règlement des litiges en matière de brevets), du 8 mars 2011, EU:C:2011:123, point 89].

126. Le chapitre huit, section F, de l'AECG se distingue également de l'accord d'investissement en cause dans l'affaire ayant conduit à l'arrêt du 6 mars 2018, *Achmea* (C-284/16, EU:C:2018:158), dès lors que, ainsi que la Cour l'a relevé aux points 42, 55 et 56 de cet arrêt, cet accord instituait un tribunal amené à résoudre des litiges pouvant concerner l'interprétation ou l'application du droit de l'Union.

127. Ledit arrêt concernait, en outre, un accord entre des États membres. Or, la question de la compatibilité, avec le droit de l'Union, de l'instauration ou du maintien d'un tribunal d'investissement par un tel accord diffère de celle de la compatibilité, avec ce droit, de l'instauration d'un tel tribunal par un accord entre l'Union et un État tiers (arrêt du 6 mars 2018, *Achmea*, C-284/16, EU:C:2018:158, points 57 et 58).

128. En effet, les États membres sont, dans tout domaine qui relève du droit de l'Union, tenus au respect du principe de confiance mutuelle. Ce principe impose à chacun de ces États de considérer, sauf dans des circonstances exceptionnelles, que tous les autres États membres respectent le droit de l'Union, en ce compris les droits fondamentaux, tels que le droit à un recours effectif devant un tribunal indépendant énoncé à l'article 47 de la Charte [voir notamment, en ce sens, avis 2/13 (Adhésion de l'Union à la CEDH), du 18 décembre 2014, EU:C:2014:2454, point 191, et arrêt du 26 avril 2018, *Donnellan*, C-34/17, EU:C:2018:282, points 40 et 45].

129. Or, ce principe de confiance mutuelle, notamment s'agissant du respect du droit à un recours effectif devant un tribunal indépendant, ne s'applique pas dans les relations entre l'Union et un État tiers.

130. La constatation opérée au point 122 du présent avis n'est pas infirmée par l'article 8.31, paragraphe 2, de l'AECG, qui prévoit que, « en statuant sur la conformité d'une mesure au présent accord, le Tribunal peut tenir compte, s'il y a lieu, du droit interne d'une Partie en tant que question de fait » et énonce que, « [d]ans un tel cas, le Tribunal suit l'interprétation dominante donnée au droit interne par les juridictions ou les autorités de cette Partie », en ajoutant que « le sens donné au droit interne par le Tribunal ne lie pas les juridictions et les autorités de cette Partie ».

131. En effet, ces précisions n'ont pas d'autre objet que celui de refléter la circonstance que le Tribunal de l'AECG, lorsqu'il sera amené à examiner la conformité avec l'AECG de la mesure contestée par l'investisseur qui a été adoptée par l'État d'accueil de l'investissement ou par l'Union, devra inévitablement procéder, sur le fondement des informations et des arguments qui lui seront présentés par ledit investisseur ainsi que par cet État ou par l'Union, à un examen de la portée de ladite mesure. Cet examen peut, le cas échéant, nécessiter une prise en compte du droit interne de la Partie défenderesse. Or, ainsi que l'article 8.31, paragraphe 2, de l'AECG l'indique sans ambiguïté, ledit examen ne saurait être assimilé à une interprétation, par le Tribunal de l'AECG, de ce droit interne, mais consiste, au contraire, en une prise en compte de ce droit en tant que question de fait, ce tribunal étant, à cet égard, tenu de suivre l'interprétation dominante dudit droit donnée par les juridictions et les autorités de ladite Partie, et ces juridictions ainsi que ces autorités n'étant, au demeurant, pas liées par le sens qui serait donné à leur droit interne par ledit tribunal.

132. L'absence de compétence pour interpréter les règles du droit de l'Union autres que les dispositions de l'AECG est également reflétée à l'article 8.21 de cet accord, qui confère non pas au Tribunal de l'AECG, mais à l'Union le pouvoir de déterminer, lorsqu'un investisseur canadien vise à contester des mesures adoptées par un État membre et/ou par l'Union, si le différend doit, eu égard aux règles de répartition des compétences entre l'Union et ses États membres, être porté contre ledit État membre ou contre l'Union. La compétence exclusive de la Cour pour statuer sur la répartition des compétences entre l'Union et ses États membres est ainsi préservée, le chapitre huit, section F, de l'AECG se distinguant à cet égard du projet d'accord qui a fait l'objet de l'avis 2/13 (Adhésion de l'Union à la CEDH), du 18 décembre 2014 (EU:C:2014:2454, points 224 à 231).

133. Le Tribunal d'appel de l'AECG ne sera pas, non plus, amené à interpréter ou à appliquer les règles du droit de l'Union autres que les dispositions de l'AECG. En effet, l'article 8.28, paragraphe 2, sous a), de cet accord énonce que le Tribunal d'appel pourra « confirmer, modifier ou infirmer une sentence rendue par le Tribunal pour [...] erreurs dans l'application ou l'interprétation du droit applicable », ce « droit applicable » visant, eu égard au droit pouvant être appliqué par le Tribunal de l'AECG en vertu de l'article 8.31, paragraphe 1, de cet accord, l'AECG ainsi que les règles et les principes de droit international à l'aune desquels ledit accord doit être interprété et appliqué. Si l'article 8.28, paragraphe 2, sous b), de l'AECG ajoute que le Tribunal d'appel pourra également constater des « erreurs manifestes dans l'appréciation des faits, y compris l'appréciation du droit interne pertinent », il résulte néanmoins de ce qui précède qu'il ne relève pas de l'intention des Parties de conférer au Tribunal d'appel une compétence d'interprétation du droit interne.

134. Le Tribunal et le Tribunal d'appel de l'AECG étant extérieurs au système juridictionnel de l'Union et leur compétence d'interprétation étant limitée aux dispositions de l'AECG à l'aune des règles et des principes de droit international applicables entre les Parties, il est, pour le reste, cohérent que l'AECG ne prévoie aucune procédure d'implication préalable qui habiliterait ou obligerait ce tribunal ou ce tribunal d'appel à saisir la Cour à titre préjudiciel.

135. Pour les mêmes raisons, il est, par ailleurs, cohérent que l'AECG confère à ces tribunaux le pouvoir de statuer définitivement sur le différend porté par un investisseur contre l'État d'accueil de son investissement ou contre l'Union, sans instaurer une procédure de réexamen de la sentence par une juridiction de cet État ou par la Cour et sans permettre à l'investisseur – sous réserve des exceptions ciblées énumérées à l'article 8.22, paragraphe 5, de l'AECG – de porter, pendant ou à l'issue de la procédure devant lesdits tribunaux, le même différend devant une juridiction dudit État ou devant la Cour.

136. Il résulte de ce qui précède que le chapitre huit, section F, de l'AECG ne confère aux tribunaux envisagés aucune compétence d'interprétation ou d'application du droit de l'Union autre que celle portant sur les dispositions de cet accord.

Sur l'absence d'effet sur le fonctionnement des institutions de l'Union conformément au cadre constitutionnel de celle-ci

137. Le Royaume de Belgique et certains des gouvernements ayant présenté des observations ont souligné que, afin de trancher les différends portés devant lui contre l'Union, le Tribunal de l'AECG pourrait, dans le cadre de son examen des faits pertinents, lesquels peuvent comprendre le droit primaire sur le fondement duquel la mesure contestée a été adoptée, mettre en balance l'intérêt constitué par la liberté d'entreprise, invoqué par l'investisseur requérant, avec les intérêts publics, énoncés dans les traités UE et FUE ainsi que dans la Charte, invoqués par l'Union à l'appui de sa défense.

138. Ce tribunal serait ainsi amené à faire, sans pour autant formuler une interprétation de ces traités ou de la Charte, une appréciation de la portée de ceux-ci et à décider sur le fondement de ladite mise en balance, notamment, si la mesure de l'Union est « juste et équitable », au sens de l'article 8.10 de l'AECG, si elle constitue une expropriation indirecte, au sens de l'article 8.12 de cet accord, ou si elle doit être considérée comme étant une restriction injustifiée de la liberté de paiements et de transferts de capitaux telle que prévue à l'article 8.13 dudit accord. Ledit tribunal pourrait ainsi se prononcer sur des actes de droit dérivé de l'Union sur le fondement d'appréciations parallèles à celles que la Cour est habilitée à faire. Or, de telles appréciations du Tribunal de l'AECG conduiraient à des décisions définitives liant l'Union. Se poserait, dès lors, la question de savoir si de telles situations, qui risqueraient d'être fréquentes, porteraient atteinte à la compétence exclusive de la Cour dans l'interprétation définitive du droit de l'Union et, ainsi, à l'autonomie de l'ordre juridique de l'Union.

139. Afin de répondre à cette interrogation, il y a lieu de relever, premièrement, que la définition de la notion d'« investissement », contenue à l'article 8.1 de l'AECG, est particulièrement étendue et permet ainsi aux tribunaux envisagés de prendre connaissance d'un large éventail de différends. Ceux introduits contre l'Union ou un État membre pourront, sous réserve des exceptions ciblées mentionnées dans l'AECG, porter sur des mesures dans tout domaine qui concerne, dans l'Union, l'exploitation d'entreprises et l'utilisation de biens meubles et immeubles, de titres financiers, de droits de propriété intellectuelle, de créances ou de tout autre type d'investissement.

140. Il convient de relever, deuxièmement, que, nonobstant l'article 8.21 de l'AECG, qui habilite l'Union à déterminer si, en cas de plainte déposée devant le Tribunal par un investisseur canadien, elle assumera elle-même le rôle de défendeur ou laissera cette tâche à l'État membre d'accueil de l'investissement, l'Union ne pourra pas s'opposer, lorsque la mesure contestée a été adoptée par elle, à ce que cette mesure soit examinée par ce tribunal. Il ressort, en effet, des règles procédurales énoncées dans l'AECG, et en particulier de l'article 8.25, paragraphe 1, de cet accord, que le défendeur, que ce soit l'État membre d'accueil de l'investissement ou l'Union elle-même, est censé consentir à ce que le différend soit réglé par ledit Tribunal.

141. Il y a lieu de constater, troisièmement, que, si, par la définition de la notion d'« investisseur » énoncée à son article 8.1, ainsi que par la précision contenue au point 6, sous d), de l'instrument interprétatif commun, l'AECG limite le droit de porter un différend devant le Tribunal de l'AECG contre l'Union ou un État membre aux personnes physiques et morales qui présentent un lien réel avec le Canada, il n'en demeure pas moins que cet accord permet à ces personnes de contester, devant ce tribunal, toute « mesure », au sens de l'article 1.1 de l'AECG, tel que délimité, s'agissant du chapitre huit de cet accord, par l'article 8.2 de celui-ci.

142. Dès lors que ledit article 1.1 définit le terme « mesure » comme comprenant « une loi, un règlement, une règle, une procédure, une décision, un acte administratif, une prescription, une pratique ou tout autre type de mesure d'une Partie », les différends contre l'Union pourront porter sur tout type d'acte ou de pratique de celle-ci, pourvu que, conformément à l'article 8.2 de l'AECG, lu en combinaison avec le chapitre huit, sections C, D et F, de cet accord, l'acte ou la pratique en cause « concerne » un « investissement visé », au sens de l'article 8.1 du même accord ou l'« investisseur de l'autre Partie » en ce qui concerne cet investissement visé.

143. S'il ressort ainsi de l'AECG que le différend doit porter sur une mesure qui concerne le requérant ou son investissement visé, cet accord n'exclut toutefois pas que cette mesure ait une portée générale ou mette en œuvre un acte de portée générale.

144. Quatrièmement, il y a lieu de relever que, si le Tribunal de l'AECG ne peut, ainsi qu'il ressort du terme « uniquement » figurant à l'article 8.39, paragraphe 1, de cet accord et du libellé du paragraphe 4 de cet article, ni annuler la mesure contestée ou exiger la mise en conformité du droit interne de la Partie concernée avec l'AECG ni infliger une sanction à la Partie défenderesse, il peut, en revanche, lorsqu'il constate que cette mesure viole l'une des dispositions du chapitre huit, section C ou D, de l'AECG, condamner, en vertu de la disposition sous a) dudit article 8.39, paragraphe 1, la Partie défenderesse à verser à l'investisseur

requérant une somme visant à compenser les dommages subis par celui-ci en raison de ladite violation et incluant tout intérêt applicable.

145. Dès lors que l'article 8.41, paragraphe 2, de l'AECG précise qu'« une partie au différend reconnaît la sentence et s'y conforme sans retard », l'Union devra procéder au paiement de cette somme lorsqu'elle se voit condamnée par une sentence définitive du Tribunal de l'AECG ou, selon les modalités énoncées à l'article 8.28, paragraphe 9, de cet accord, du Tribunal d'appel de l'AECG.

146. À cet égard, il convient d'observer que la compétence, prévue à l'article 8.39, paragraphe 1, sous a), de l'AECG, pour les tribunaux envisagés, d'accorder à un investisseur privé des dommages-intérêts est un aspect du régime RDIE instauré par cet accord qui distingue ce régime du système, en vigueur dans l'Organisation mondiale du commerce (OMC), de règlement des différends entre les parties contractantes à l'OMC, ce système étant en partie fondé sur des négociations entre ces parties contractantes et comportant plusieurs options pour mettre en œuvre des sentences (voir, en ce sens, arrêt du 9 septembre 2008, *FIAMM e.a. / Conseil et Commission*, C-120/06 P et C-121/06 P, EU:C:2008:476, point 116).

147. Les caractéristiques de la compétence du Tribunal et du Tribunal d'appel de l'AECG exposées aux points 139 à 145 du présent avis sont, certes, cohérentes avec la protection des investisseurs étrangers visée par cet accord.

148. Toutefois, sans préjudice du cas de figure où les Parties auraient convenu, dans le cadre de l'AECG, de rapprocher leurs législations, la compétence de ces tribunaux porterait atteinte à l'autonomie de l'ordre juridique de l'Union si elle était aménagée de manière à ce que lesdits tribunaux puissent, dans le cadre de leurs appréciations de restrictions de la liberté d'entreprise visées dans une plainte, mettre en cause le niveau de protection d'un intérêt public ayant présidé à l'introduction de telles restrictions par l'Union à l'égard de l'ensemble des opérateurs qui investissent dans le secteur commercial ou industriel en cause du marché intérieur, plutôt que de se limiter à vérifier si le traitement d'un investisseur ou d'un investissement visé est entaché d'un vice mentionné au chapitre huit, section C ou D, de l'AECG.

149. En effet, si le Tribunal et le Tribunal d'appel de l'AECG étaient compétents pour rendre des sentences constatant que le traitement d'un investisseur canadien est incompatible avec l'AECG en raison du niveau de protection d'un intérêt public fixé par les institutions de l'Union, cette dernière risquerait d'être amenée, sous peine d'être itérativement contrainte par le Tribunal de l'AECG à verser des dommages-intérêts à l'investisseur requérant, à renoncer à atteindre ce niveau de protection.

150. Si l'Union concluait un accord international susceptible d'avoir pour effet que l'Union – ou un État membre dans le cadre de la mise en

œuvre du droit de l'Union – doive modifier ou retirer une réglementation en raison d'une appréciation faite par un tribunal extérieur à son système juridictionnel du niveau de protection d'un intérêt public fixé, conformément au cadre constitutionnel de l'Union, par les institutions de celle-ci, force serait de conclure qu'un tel accord compromet la capacité de l'Union à fonctionner de manière autonome dans son propre cadre constitutionnel.

151. Il y a lieu de souligner, à cet égard, que le législateur de l'Union adopte les réglementations de celle-ci à l'issue du processus démocratique défini dans les traités UE et FUE, et que ces réglementations sont censées, en vertu des principes d'attribution des compétences, de subsidiarité et de proportionnalité édictés à l'article 5 TUE, être à la fois appropriées et nécessaires pour réaliser un objectif légitime de l'Union. Conformément à l'article 19 TUE, c'est au juge de l'Union qu'il appartient d'assurer le contrôle de la conformité du niveau de protection des intérêts publics fixé par une telle réglementation avec, notamment, les traités UE et FUE, la Charte et les principes généraux du droit de l'Union.

152. En ce qui concerne la compétence des tribunaux envisagés pour constater des violations des obligations contenues au chapitre huit, section C, de l'AECG, l'article 28.3, paragraphe 2, de cet accord énonce que les dispositions de cette section C ne pourront pas être interprétées comme empêchant une Partie d'adopter et d'appliquer les mesures nécessaires à la protection de la sécurité publique ou de la moralité publique, au maintien de l'ordre public, à la protection de la santé et de la vie des personnes et des animaux ou à la préservation des végétaux, sous la seule réserve que de telles mesures ne soient pas appliquées de manière à constituer un moyen de discrimination arbitraire ou injustifiable entre les Parties où des conditions similaires existent, ou une restriction déguisée au commerce entre les Parties.

153. Il ressort de ce qui précède que, dans ces conditions, le Tribunal de l'AECG n'est pas compétent pour reconnaître le caractère incompatible avec l'AECG du niveau de protection d'un intérêt public fixé par les mesures de l'Union visées au point 152 du présent avis et pour condamner, sur ce fondement, l'Union au paiement de dommages-intérêts.

154. De la même manière, en ce qui concerne la compétence des tribunaux envisagés pour constater des violations des obligations contenues au chapitre huit, section D, de l'AECG, l'article 8.9, paragraphe 1, de cet accord rappelle explicitement le droit des Parties « de réglementer sur leurs territoires en vue de réaliser des objectifs légitimes en matière de politique, tels que la protection de la santé publique, de la sécurité, de l'environnement ou de la moralité publique, la protection sociale ou des consommateurs, ou la promotion et la protection de la diversité culturelle ». Par ailleurs, l'article 8.9, paragraphe 2, dudit accord prévoit qu'« [i]l

est entendu que le simple fait qu'une Partie exerce son droit de réglementer, notamment par la modification de sa législation, d'une manière qui a des effets défavorables sur un investissement ou qui interfère avec les attentes d'un investisseur, y compris ses attentes de profit, ne constitue pas une violation d'une obligation prévue dans la présente section ».

155. En outre, le point 1, sous d), et le point 2 de l'instrument interprétatif commun disposent que l'AECG « n'aura pas [...] pour effet d'affaiblir [les] normes et réglementations [de chaque Partie] concernant l'innocuité alimentaire, la sécurité des produits, la protection des consommateurs, la santé, l'environnement ou la protection du travail », que « [l]es biens importés, les fournisseurs de services et les investisseurs doivent continuer de respecter les exigences imposées au niveau national, y compris les règles et réglementations applicables », et que l'AECG « préserve la capacité de l'Union [...] et de ses États membres ainsi que du Canada à adopter et à appliquer leurs propres dispositions législatives et réglementaires destinées à réglementer les activités économiques dans l'intérêt public ».

156. Il ressort d'une lecture combinée de ces dispositions que le pouvoir d'appréciation du Tribunal et du Tribunal d'appel de l'AECG ne va pas jusqu'à leur permettre de remettre en cause le niveau de protection d'un intérêt public défini par l'Union à l'issue d'un processus démocratique.

157. Telle est également la portée du point 3 de l'annexe 8-A de l'AECG, aux termes duquel « [i]l est entendu que, sauf dans de rares circonstances où l'impact d'une mesure ou d'une série de mesures est si grave au regard de leur but qu'elles semblent manifestement excessives, les mesures non discriminatoires d'une Partie qui sont conçues et appliquées afin de protéger des objectifs légitimes de bien-être public, notamment en matière de santé, de sécurité et d'environnement, ne constituent pas une expropriation indirecte ».

158. Il importe d'ajouter que la compétence du Tribunal de l'AECG pour constater des violations de l'obligation, énoncée à l'article 8.10 de l'AECG, d'accorder un « traitement juste et équitable » aux investissements visés est spécifiquement circonscrite, dès lors que le paragraphe 2 de cet article énumère exhaustivement les cas de figure dans lesquels une telle constatation peut être faite.

159. À cet égard, les Parties se sont notamment focalisées sur des situations de traitement abusif, de traitement arbitraire manifeste et de discrimination ciblée, ce qui révèle, une fois encore, que le niveau requis de protection d'un intérêt public, tel qu'établi à l'issue d'un processus démocratique, échappe à la compétence dont sont investis les tribunaux envisagés pour vérifier si un traitement accordé par une Partie à un investisseur ou à un investissement visé est « juste et équitable ».

160. Il ressort ainsi de l'ensemble de ces clauses contenues dans l'AECG que, en délimitant expressément la portée du chapitre huit, sections C et D, de cet accord, seules sections pouvant être invoquées devant les tribunaux envisagés par la section F de ce chapitre, les Parties ont pris le soin d'exclure toute compétence, pour ces tribunaux, de remettre en cause les choix démocratiquement opérés au sein d'une Partie en matière, notamment, de niveau de protection de l'ordre public, de la sécurité publique, de la moralité publique, de la santé et de la vie des personnes et des animaux, de l'innocuité alimentaire, des végétaux, de l'environnement, du bien-être au travail, de la sécurité des produits, des consommateurs ou encore des droits fondamentaux.

161. Eu égard aux éléments qui précèdent, il y a lieu de conclure que le chapitre huit, section F, de l'AECG ne porte pas atteinte à l'autonomie de l'ordre juridique de l'Union.

Sur la compatibilité du mécanisme RDIE envisagé avec le principe général d'égalité de traitement et avec l'exigence d'effectivité

Principes

162. Les interrogations formulées dans la demande d'avis sur la compatibilité du mécanisme RDIE envisagé avec le principe général d'égalité de traitement portent sur la conformité de ce mécanisme avec l'article 20 de la Charte, qui énonce la garantie de l'« égalité en droit », et avec l'article 21, paragraphe 2, de la Charte, qui interdit les discriminations fondées sur la nationalité.

163. Or, selon plusieurs gouvernements ayant présenté des observations ainsi que le Conseil, il n'est pas requis que ledit mécanisme soit compatible avec ces dispositions de la Charte.

164. Il importe donc de déterminer, tout d'abord, si la demande d'avis, qui sollicite une prise de position sur la compatibilité du chapitre huit, section F, de l'AECG « avec les traités, en ce compris les droits fondamentaux », requiert ou non un examen au regard de la Charte.

165. À ce sujet, il y a lieu de rappeler que les accords internationaux conclus par l'Union doivent être pleinement compatibles avec les traités ainsi qu'avec les principes constitutionnels qui en découlent [voir, notamment, avis 1/15 (Accord PNR UE-Canada), du 26 juillet 2017, EU:C:2017:592, point 67, et arrêt du 27 février 2018, *Western Sahara Campaign UK*, C-266/16, EU:C:2018:118, point 46].

166. L'article 218, paragraphe 11, TFUE, qui énonce qu'un État membre, le Parlement européen, le Conseil ou la Commission peut recueillir l'avis de la Cour sur la compatibilité d'un accord envisagé « avec

les traités », doit être compris au regard de cette exigence générale de compatibilité avec le cadre constitutionnel de l'Union.

167. Doivent ainsi pouvoir être examinées dans le cadre de la procédure prévue à l'article 218, paragraphe 11, TFUE toutes les questions susceptibles de soulever des doutes quant à la validité matérielle ou formelle de l'accord au regard des traités. Le jugement sur la compatibilité d'un accord avec les traités peut, à cet égard, notamment dépendre non seulement de dispositions qui concernent la compétence, la procédure ou l'organisation institutionnelle de l'Union, mais également de dispositions du droit matériel. Il en va ainsi d'une question relative à la compatibilité d'un accord international envisagé avec les garanties consacrées par la Charte, celle-ci ayant la même valeur juridique que les traités [avis 1/15 (Accord PNR UE-Canada), du 26 juillet 2017, EU:C:2017:592, point 70].

168. S'agissant de l'article 21, paragraphe 2, de la Charte, aux termes duquel, « [d]ans le domaine d'application des traités et sans préjudice de leurs dispositions particulières, toute discrimination exercée en raison de la nationalité est interdite », celui-ci correspond, selon les explications relatives à la Charte (*JO* 2007, C 303, p. 17), à l'article 18, premier alinéa, TFUE et doit s'appliquer conformément à cette disposition du traité FUE.

169. Or, ainsi que la Cour l'a déjà précisé, l'article 18, premier alinéa, TFUE n'a pas vocation à s'appliquer dans le cas d'une éventuelle différence de traitement entre les ressortissants des États membres et ceux des États tiers (arrêt du 4 juin 2009, *Vatsouras et Koupatantze*, C-22/08 et C-23/08, EU:C:2009:344, point 52).

170. Il s'ensuit que l'article 21, paragraphe 2, de la Charte est dépourvu de pertinence lorsqu'il s'agit, comme le sollicite le Royaume de Belgique, d'examiner le point de savoir si le mécanisme RDIE envisagé est susceptible de conduire à une discrimination des investisseurs de l'Union par rapport aux investisseurs canadiens.

171. En revanche, l'article 20 de la Charte, qui dispose que « [t]outes les personnes sont égales en droit », ne prévoit aucune limitation expresse de son champ d'application et s'applique donc à toutes les situations régies par le droit de l'Union, telles que celles relevant du champ d'application d'un accord international conclu par celle-ci (voir, en ce sens, arrêts du 26 février 2013, *Åkerberg Fransson*, C-617/10, EU:C:2013:105, points 19 à 21 ; du 26 septembre 2013, *Texdata Software*, C-418/11, EU:C:2013:588, point 72, et du 16 mai 2017, *Berlioz Investment Fund*, C-682/15, EU:C:2017:373, point 49).

172. Tout comme, sous certaines conditions, les investissements placés dans l'Union par les entreprises et les personnes physiques des États membres, ceux placés dans l'Union par les entreprises et les personnes physiques canadiennes relèvent du champ d'application du droit de

l'Union et, partant, du champ de l'égalité en droit garantie à l'article 20 de la Charte. En effet, ce droit fondamental s'étend à toutes les personnes dont la situation relève du droit de l'Union, indépendamment de leur origine.

173. Certes, ainsi que le Conseil l'a observé, l'article 20 de la Charte n'oblige pas l'Union à consentir, dans ses relations extérieures, un traitement égal à différents États tiers (arrêt du 21 décembre 2016, *Swiss International Air Lines*, C-272/15, EU:C:2016:993, points 24 à 26 ainsi que jurisprudence citée).

174. Toutefois, ainsi que M. l'avocat général l'a relevé aux points 198 et 199 de ses conclusions, cette jurisprudence n'empêche pas d'examiner si un accord international, en ce qu'il instaurerait une différence de traitement, dans l'Union même, entre les personnes d'un État tiers et celles des États membres, enfreint l'article 20 de la Charte.

175. Il y a dès lors lieu d'examiner les interrogations soulevées dans ce volet de la demande d'avis sous l'angle de l'article 20 de la Charte.

176. L'égalité en droit, énoncée à cet article, consacre le principe d'égalité de traitement, qui exige que des situations comparables ne soient pas traitées de manière différente et que des situations différentes ne soient pas traitées de manière égale, à moins qu'un tel traitement ne soit objectivement justifié (arrêts du 17 octobre 2013, *Schaible*, C-101/12, EU:C:2013:661, point 76, ainsi que du 12 juillet 2018, *Spika e.a.*, C-540/16, EU:C:2018:565, point 35).

177. L'exigence tenant au caractère comparable des situations, afin de déterminer l'existence d'une violation du principe d'égalité de traitement, doit être appréciée au regard de l'ensemble des éléments qui les caractérisent et, notamment, à la lumière de l'objet et du but poursuivi par l'acte qui institue la distinction en cause, étant entendu qu'il doit être tenu compte, à cet effet, des principes et des objectifs du domaine dont relève cet acte (arrêts du 16 décembre 2008, *Arcelor Atlantique et Lorraine e.a.*, C-127/07, EU:C:2008:728, point 26 ; du 7 mars 2017, *RPO*, C-390/15, EU:C:2017:174, point 42, ainsi que du 22 janvier 2019, *Cresco Investigation*, C-193/17, EU:C:2019:43, point 42). Pour autant que les situations ne sont pas comparables, une différence de traitement des situations concernées ne viole pas l'égalité en droit consacrée à l'article 20 de la Charte (arrêt du 22 mai 2014, *Glatzel*, C-356/12, EU:C:2014:350, point 84).

178. En ce qui concerne, enfin, l'exigence d'effectivité du droit de l'Union, la demande d'avis s'y réfère seulement dans le cadre d'une interrogation spécifique, qui porte sur le cas de figure dans lequel le Tribunal de l'AECG constaterait que l'imposition, sur le fondement d'une violation de l'article 101 TFUE ou de l'article 102 TFUE, d'une amende à un investisseur canadien est incompatible avec le chapitre huit, section C ou D,

de l'AECG. Il conviendra, partant, d'examiner cette interrogation sous l'angle de l'exigence d'effectivité du droit de la concurrence de l'Union, qui exprime l'interdiction d'entraver l'application des dispositions du traité FUE visant au maintien d'une concurrence non faussée dans le marché intérieur (voir, notamment, arrêt du 5 juin 2014, *Kone*, C-557/12, EU:C:2014:1317, point 32 et jurisprudence citée).

Sur la compatibilité avec le principe d'égalité de traitement

179. Le traitement différencié évoqué dans la demande d'avis résulte de l'impossibilité, pour les entreprises et les personnes physiques des États membres qui investissent dans l'Union et qui sont soumises au droit de celle-ci, de contester des mesures de l'Union devant les tribunaux envisagés par l'AECG, tandis que les entreprises et les personnes physiques canadiennes qui investissent dans le même secteur commercial ou industriel du marché intérieur de l'Union pourront contester ces mesures devant lesdits tribunaux.

180. Toutefois, force est de constater que, si les entreprises et les personnes physiques canadiennes qui investissent dans l'Union se trouvent, au regard de l'objet et de la finalité – davantage exposés aux points 199 et 200 du présent avis – de l'insertion dans l'AECG de dispositions en matière de traitement non discriminatoire et de protection des investissements étrangers, dans une situation comparable à celle des entreprises et des personnes physiques des États membres qui investissent au Canada, leur situation n'est, en revanche, pas comparable à celle des entreprises et des personnes physiques des États membres qui investissent dans l'Union.

181. À cet égard, il convient de relever que la possibilité, pour les entreprises et les personnes physiques canadiennes qui investissent dans l'Union, de se prévaloir de l'AECG devant les tribunaux envisagés, vise à conférer à ces personnes canadiennes, en leur qualité d'investisseurs étrangers, une voie spécifique d'action contre des mesures de l'Union, tandis que les entreprises et les personnes physiques des États membres qui, à l'instar desdites personnes canadiennes, investissent dans l'Union, n'y sont pas des investisseurs étrangers et n'auront donc pas d'accès à cette voie spécifique d'action, ne pouvant, au demeurant, eu égard à la règle inscrite à l'article 30.6, paragraphe 1, de l'AECG, pas non plus se prévaloir directement des règles contenues dans cet accord devant les juridictions des États membres et de l'Union.

182. Le constat opéré au point 180 du présent avis n'est pas infirmé par le fait, mentionné dans la demande d'avis, que les dommages-intérêts octroyés par le Tribunal de l'AECG à un investisseur canadien devront, conformément à l'article 8.39, paragraphe 2, sous a), de cet accord, être

versés à l'entreprise établie dans l'Union que cet investisseur détient ou contrôle, lorsque c'est au nom de cette « entreprise établie localement » que ledit investisseur a déposé sa plainte devant ce tribunal.

183. Il suffit, à cet égard, de constater, comme M. l'avocat général l'a relevé au point 193 de ses conclusions, qu'une telle entreprise est elle-même un investissement de cet investisseur canadien, de telle sorte que l'implication de cette entreprise dans la procédure devant les tribunaux envisagés et dans l'exécution de la sentence n'est pas de nature à altérer le résultat susvisé de l'examen de la comparabilité de la situation des investisseurs canadiens et de celle des investisseurs de l'Union.

184. L'égalité de traitement entre ces deux catégories de personnes n'est pas non plus affectée par le fait que les Parties se sont abstenues d'exclure la possibilité, pour le Tribunal de l'AECG, de rendre une sentence selon laquelle l'amende infligée par la Commission ou par une autorité de la concurrence d'un État membre à un investisseur canadien en raison d'une violation de l'article 101 TFUE ou de l'article 102 TFUE, constitue une violation de l'une des dispositions du chapitre huit, sections C et D, de l'AECG.

185. Il y a lieu de considérer, à cet égard, que, au vu des dispositions de ces sections C et D, une telle sentence est concevable uniquement dans l'hypothèse où la décision infligeant l'amende s'avérerait entachée de l'un des vices mentionnés à l'article 8.10, paragraphe 2, de l'AECG ou priverait l'investisseur des attributs fondamentaux de son investissement, y compris du droit d'user, de jouir et de disposer de son investissement, au sens de l'annexe 8-A, point 1, sous b), de cet accord. Une telle sentence ne saurait, à l'inverse, être envisagée lorsqu'il a été fait une application régulière des règles de concurrence par la Commission ou par une autorité de la concurrence d'un État membre, les Parties à l'AECG ayant expressément admis, à l'article 17.2 de celui-ci, « l'importance d'une concurrence libre et non faussée dans leurs relations commerciales », et reconnu « que les comportements anticoncurrentiels sont susceptibles de fausser le bon fonctionnement des marchés et de réduire les avantages découlant de la libéralisation des échanges ».

186. Or, si une amende entachée d'un tel vice ou ayant un tel effet d'expropriation était infligée par la Commission ou par une autorité de la concurrence d'un État membre à un investisseur de l'Union, celui-ci disposerait des voies de recours nécessaires visant à faire annuler cette amende. Il s'ensuit que, s'il ne peut être exclu que, dans des circonstances exceptionnelles, une sentence du Tribunal de l'AECG telle que décrite dans la demande d'avis puisse avoir pour conséquence de neutraliser les effets d'une amende infligée en raison d'une violation de l'article 101 TFUE ou de l'article 102 TFUE, elle n'aura cependant pas pour effet

de créer une inégalité de traitement au détriment d'un investisseur de l'Union auquel serait infligée une amende entachée d'un vice similaire.

Sur la compatibilité avec l'exigence d'effectivité

187. Dans la mesure où la demande d'avis soulève la question de savoir si la possibilité, pour le Tribunal de l'AECG, de rendre une sentence ayant la portée décrite au point 184 du présent avis, risque de porter atteinte à l'effectivité du droit de la concurrence de l'Union, il suffit de constater que, dans les seuls cas, exposés au point 185 de cet avis, où une telle sentence apparaît concevable, la neutralisation de l'amende ne créerait pas un tel risque. En effet, ainsi qu'il a été exposé au point précédent du présent avis, le droit de l'Union permet lui-même l'annulation de l'amende lorsque celle-ci est entachée d'un vice correspondant à celui que le Tribunal de l'AECG pourrait constater.

188. Le chapitre huit, section F, de l'AECG n'entravant dès lors pas la pleine application des dispositions du traité FUE visant à garantir le maintien d'une concurrence non faussée dans le marché intérieur, il y a lieu de conclure, conformément à la jurisprudence rappelée au point 178 du présent avis, qu'il ne porte pas atteinte à l'exigence d'effectivité du droit de la concurrence de l'Union.

Sur la compatibilité du mécanisme RDIE envisagé avec le droit d'accès à un tribunal indépendant

Principes

189. Dans sa demande d'avis, le Royaume de Belgique s'est référé au droit, énoncé à l'article 47, deuxième alinéa, de la Charte, à un recours devant un « tribunal indépendant et impartial, établi préalablement par la loi », ainsi qu'à « l'effectivité de l'accès à la justice » imposée au troisième alinéa de cet article.

190. À cet égard, il découle dudit article 47, au respect duquel l'Union est tenue en vertu de la jurisprudence rappelée aux points 165 et 167 du présent avis, que, en concluant un accord international qui comprend l'établissement d'organes ayant des caractéristiques juridictionnelles prédominantes et appelés à régler des différends, notamment, entre investisseurs privés et États, tels que le Tribunal et le Tribunal d'appel de l'AECG, l'Union est soumise, s'agissant des modalités d'accès à ces organes et de l'indépendance de ceux-ci, aux dispositions de l'article 47, deuxième et troisième alinéas, de la Charte.

191. Ainsi, l'Union doit veiller, au regard de la nature et des spécificités de tels organes ainsi que du contexte international dans lequel lesdits organes s'inscrivent, à ce que le chapitre huit, section F, de l'AECG et

tout autre texte qui en détermine la portée garantissent que, une fois cet accord conclu et mis en œuvre, les tribunaux constitués auront, chacun, les caractéristiques d'un tribunal accessible et indépendant.

192. Cette constatation n'est pas infirmée par la circonstance que l'État tiers avec lequel l'Union négocie l'accord n'est pas concerné par les garanties offertes en droit de l'Union. En l'occurrence, si le Canada n'est certes pas lié par ces garanties, l'Union l'est toutefois et ne saurait donc, ainsi qu'il découle de la jurisprudence rappelée aux points 165 et 167 du présent avis, conclure un accord qui instaure des tribunaux compétents pour rendre des sentences obligatoires à l'égard de l'Union et pour traiter des différends portés devant eux par des justiciables de l'Union sans que lesdites garanties soient offertes.

193. Ladite constatation n'est pas non plus infirmée par le fait que le mécanisme RDIE envisagé est, ainsi qu'il a été observé devant la Cour, « hybride » en ce qu'il contient, outre des caractéristiques juridictionnelles, plusieurs éléments qui demeurent fondés sur les mécanismes traditionnels de l'arbitrage en matière d'investissements.

194. À ce dernier égard, il importe de relever que, si les règles contenues au chapitre huit, section F, de l'AECG sur l'introduction des affaires devant le Tribunal de l'AECG sont largement inspirées des mécanismes RDIE traditionnels, il en va autrement pour les règles relatives à la composition de ce tribunal et au traitement de ces affaires.

195. En particulier, l'article 8.27 de l'AECG, qui prévoit l'établissement d'un tribunal permanent de quinze membres et énonce, à son paragraphe 7, qu'une division de trois membres sera « chargée d'instruire l'affaire suivant un système de rotation, de sorte à assurer une composition aléatoire et imprévisible des divisions », et l'article 8.28, paragraphe 5, de cet accord, selon lequel la division du Tribunal d'appel de l'AECG constituée pour instruire l'appel est formée de trois membres sélectionnés au hasard, contrastent avec les règles en matière d'arbitrage et concrétisent la volonté des Parties, exprimée au point 6, sous f), de l'instrument interprétatif commun, que « [l]'AECG tourne résolument le dos à l'approche traditionnelle du règlement des différends en matière d'investissements et institue des tribunaux indépendants, impartiaux et permanents dans le domaine des investissements, inspirés des principes de systèmes judiciaires ».

196. Le « changement important et radical dans le domaine des règles en matière d'investissements et du règlement des différends », constaté à titre de conclusion par les Parties au point 6, sous i), de l'instrument interprétatif commun, est également attesté, aux termes du point 6, sous g), de celui-ci, par le fait que l'AECG prévoit un mécanisme d'appel afin, notamment, de garantir la « cohérence des décisions du Tribunal de première instance ».

197. Partant, sans qu'il soit nécessaire de savoir si les Parties qualifieront formellement ces tribunaux d'« organes judiciaires » ni si leurs membres porteront, ainsi que le suggère la déclaration no 36, le titre de « juge », il découle des éléments qui précèdent que lesdits tribunaux exerceront essentiellement des fonctions juridictionnelles. Ils seront permanents et auront une origine légale résidant dans les actes d'approbation de l'AECG adoptés par les Parties. Ils appliqueront, à l'issue d'une procédure contradictoire, des règles de droit, devront exercer leurs fonctions en toute autonomie et rendront des décisions définitives et obligatoires.

198. Concernant le caractère obligatoire de la compétence desdits tribunaux, il y a lieu de relever que cette compétence s'imposera non seulement à l'égard du défendeur, qui devra accepter celle-ci en vertu de l'article 8.25 de l'AECG, mais également à l'égard de l'investisseur requérant, dans l'hypothèse où celui-ci entend se prévaloir directement des dispositions de l'AECG. En effet, dès lors que l'article 30.6 de l'AECG prive les investisseurs de la possibilité de se prévaloir directement de l'AECG devant les juridictions internes des Parties, toute action directement fondée sur les dispositions de cet accord devra être introduite devant le Tribunal de l'AECG. Par la suite, tout appel contre la décision de ce tribunal devra être introduit devant le Tribunal d'appel de l'AECG.

199. En ce qui concerne le niveau d'accessibilité et d'indépendance auquel ces tribunaux doivent répondre afin que le chapitre huit, section F, de l'AECG puisse être considéré comme étant compatible avec l'article 47 de la Charte, il importe de relever que l'insertion dans l'AECG de dispositions en matière de traitement non discriminatoire et de protection des investissements, et l'instauration de tribunaux extérieurs aux systèmes juridictionnels des Parties pour assurer le respect de ces dispositions, ont pour but de donner pleine confiance aux entreprises et aux personnes physiques d'une Partie qu'elles seront traitées, quant à leurs investissements sur le territoire de l'autre Partie, sur un pied d'égalité par rapport aux entreprises et personnes physiques de cette dernière, et qu'elles bénéficieront de la sécurité de leurs investissements sur le territoire de cette autre Partie.

200. En prévoyant la création d'un tel mécanisme extérieur aux systèmes juridictionnels des Parties, le chapitre huit, section F, de l'AECG a, ainsi que l'ont observé le Conseil et la Commission, pour objet d'assurer que ladite confiance des investisseurs étrangers s'étende à l'instance compétente pour constater des violations, par l'État d'accueil de leurs investissements, des sections C et D de ce chapitre. Il s'avère, ainsi, que l'indépendance des tribunaux envisagés à l'égard de l'État d'accueil et l'accès à ces tribunaux pour les investisseurs étrangers, sont indissociablement liés à l'objectif du commerce libre et équitable énoncé à l'article 3, paragraphe 5, TUE et poursuivi par l'AECG.

201. S'agissant de la garantie d'accessibilité, celle-ci implique que la possibilité prévue à l'article 8.18 de l'AECG pour tout investisseur visé à l'article 8.1 de cet accord de porter un différend devant le Tribunal de l'AECG, afin de faire constater une violation de ladite section C ou D, puisse être limitée uniquement par des restrictions proportionnées, y compris celles liées au paiement des frais de justice, qui poursuivent un but légitime et ne portent pas atteinte à la substance même du droit d'accès à un tel tribunal (arrêt du 30 juin 2016, *Toma et Biroul Executorului Judecătoresc Horațiu-Vasile Cruduleci*, C-205/15, EU:C:2016:499, point 44 et jurisprudence citée).

202. L'exigence d'indépendance est, quant à elle, inhérente à la mission de juger et comporte deux aspects. Le premier aspect, d'ordre externe, suppose que l'instance concernée exerce ses fonctions en toute autonomie, sans être soumise à aucun lien hiérarchique ou de subordination à l'égard de quiconque et sans recevoir d'ordres ou d'instructions de quelque origine que ce soit, étant ainsi protégée contre les interventions ou les pressions extérieures susceptibles de porter atteinte à l'indépendance de jugement de ses membres et d'influencer leurs décisions. Cette indispensable liberté à l'égard de tels éléments extérieurs exige certaines garanties propres à protéger la personne de ceux qui ont pour tâche de juger, telles que l'inamovibilité. La perception par ceux-ci d'un niveau de rémunération en adéquation avec l'importance des fonctions qu'ils exercent constitue également une garantie inhérente à l'indépendance [arrêt du 25 juillet 2018, *Minister for Justice and Equality* (Défaillances du système judiciaire), C-216/18 PPU, EU:C:2018:586, points 63 et 64 ainsi que jurisprudence citée].

203. Le second aspect, d'ordre interne, rejoint la notion d'impartialité et vise l'égale distance par rapport aux parties au litige et à leurs intérêts respectifs au regard de l'objet de celui-ci. Cet aspect exige le respect de l'objectivité et l'absence de tout intérêt dans la solution du litige en dehors de la stricte application de la règle de droit [arrêt du 25 juillet 2018, *Minister for Justice and Equality* (Défaillances du système judiciaire), C-216/18 PPU, EU:C:2018:586, point 65 et jurisprudence citée].

204. Ces garanties d'indépendance et d'impartialité postulent l'existence de règles, notamment en ce qui concerne la composition de l'instance, la nomination, la durée des fonctions ainsi que les causes d'abstention, de récusation et de révocation de ses membres, qui permettent d'écarter tout doute légitime, dans l'esprit des justiciables, quant à l'imperméabilité de ladite instance à l'égard d'éléments extérieurs et à sa neutralité par rapport aux intérêts qui s'affrontent [arrêt du 25 juillet 2018, *Minister for Justice and Equality* (Défaillances du système judiciaire), C-216/18 PPU, EU:C:2018:586, point 66].

Sur la compatibilité avec l'exigence d'accessibilité

205. Il ressort des articles 8.1 et 8.18 de l'AECG que cet accord vise à rendre le Tribunal de l'AECG accessible à toute entreprise et à toute personne physique canadienne qui investit dans l'Union ainsi qu'à toute entreprise et à toute personne physique d'un État membre de l'Union qui investit au Canada.

206. Le chapitre huit, section F, de l'AECG exprime, à cet égard, l'objectif des Parties d'aménager le mécanisme RDIE de manière à ce que les investisseurs dont les moyens pour mener une procédure onéreuse sont limités, tels que les personnes physiques et les petites et moyennes entreprises, aient, à l'instar des entreprises disposant de ressources plus étendues, un accès effectif aux tribunaux envisagés.

207. Ainsi, les Parties énoncent, à l'article 8.39, paragraphe 6, de cet accord, qu'il incombera au Comité mixte de l'AECG d'« envisage[r] des règles complémentaires destinées à réduire le fardeau financier pesant sur les demandeurs qui sont des personnes physiques ou des petites et moyennes entreprises ».

208. Le « fardeau financier » dont la réduction est ainsi mise en perspective, comporte, en particulier, les frais et les dépens visés à l'article 8.39, paragraphe 5, dudit accord.

209. Il s'agit, d'une part, des frais de représentation et d'assistance juridique encourus tant par l'investisseur requérant que par la Partie défenderesse. Il découle de cet article 8.39, paragraphe 5, que l'investisseur risque, en cas de rejet de sa plainte, de devoir supporter l'entièreté de ces frais.

210. Ledit fardeau financier consiste, d'autre part, dans le paiement des dépens de la procédure. Il ressort à cet égard d'une lecture conjointe de l'article 8.39, paragraphe 5, de l'AECG et de l'article 8.27, paragraphe 14, de celui-ci que ces dépens incluent notamment les honoraires et les frais des membres du Tribunal qui sont désignés pour traiter le différend. L'investisseur requérant risque, en cas de rejet de sa plainte, de devoir supporter l'entièreté de ces honoraires et de ces frais.

211. Le risque financier encouru en introduisant une procédure devant le Tribunal de l'AECG peut ainsi être, pour une personne physique ou une petite ou moyenne entreprise, d'une ampleur telle qu'il dissuade cet investisseur d'entamer la procédure.

212. Ce manque d'accessibilité du Tribunal de l'AECG, auquel peuvent être confrontés de nombreux investisseurs, n'est pas infirmé par la possibilité, prévue à l'article 8.27, paragraphe 9, de l'AECG, de faire instruire le différend par un seul membre de ce tribunal. En effet, cette réduction

partielle du fardeau financier sera, aux termes de cette disposition, seulement obtenue si le défendeur y consent.

213. Il s'avère ainsi que, en l'absence d'un régime visant à assurer l'accessibilité financière du Tribunal et du Tribunal d'appel de l'AECG aux personnes physiques et aux petites et moyennes entreprises, le mécanisme RDIE risque, en pratique, d'être accessible aux seuls investisseurs qui disposent d'importantes ressources financières. Une telle situation ferait naître une incohérence tant avec le champ d'application personnel du chapitre huit, section F, de l'AECG, qui s'étend à l'ensemble des entreprises et des personnes physiques de l'une des Parties qui investissent sur le territoire de l'autre Partie, qu'avec l'objectif du commerce libre et équitable, énoncé à l'article 3, paragraphe 5, TUE, que l'AECG vise à réaliser au moyen, notamment, de la voie d'action offerte aux investisseurs étrangers devant des tribunaux extérieurs au système juridictionnel de l'État d'accueil.

214. Il importe, par conséquent, afin d'apprécier la compatibilité du chapitre huit, section F, de l'AECG avec l'article 47 de la Charte, d'examiner si les clauses, contenues dans cette section F et dans les textes qui déterminent la portée de celle-ci, au sujet de l'amélioration de l'accessibilité financière des tribunaux envisagés pour les personnes physiques et pour les petites et moyennes entreprises, traduisent des engagements selon lesquels un régime assurant le niveau d'accessibilité requis par l'article 47 de la Charte sera mis en place dès l'instauration de ces tribunaux.

215. De tels engagements ne sont contenus ni à l'article 8.27, paragraphe 15, de l'AECG, aux termes duquel le Comité mixte de l'AECG « peut », par décision, transformer la rétribution mensuelle et les autres honoraires et frais en salaire régulier, ni à l'article 8.39, paragraphe 6, de cet accord, qui dispose que le Comité mixte de l'AECG « envisage » des règles complémentaires destinées à réduire le fardeau financier pesant sur les personnes physiques et sur les petites et moyennes entreprises.

216. Les autres dispositions du chapitre huit, section F, de l'AECG ne contiennent pas non plus d'engagements juridiquement contraignants au sujet de l'accessibilité financière des tribunaux envisagés pour les investisseurs de petite ou moyenne taille.

217. En revanche, la déclaration no 36 énonce que « [l]'accès à cette nouvelle juridiction pour les usagers les plus faibles, c'est-à-dire les [petites et moyennes entreprises] et les particuliers, sera amélioré et facilité » et prévoit, à cette fin, que « [l]'adoption par le [C]omité mixte de règles complémentaires, prévue par l'article 8.39[, paragraphe 6, de l'AECG] [...] sera diligentée de manière à ce que ces règles complémentaires puissent être adoptées dans les meilleurs délais » et que, « [i]ndépendamment de l'issue des discussions au sein du [C]omité mixte, la Commission proposera des

mesures adéquates de (co-)financement public des actions des petites et moyennes entreprises devant cette juridiction ».

218. Force est de constater que, par cette déclaration, la Commission et le Conseil s'engagent à mettre en œuvre, de manière rapide et adéquate, l'article 8.39, paragraphe 6, de l'AECG ainsi qu'à assurer l'accessibilité des tribunaux envisagés aux petites et moyennes entreprises, et cela même dans l'hypothèse où les efforts au sein du Comité mixte de l'AECG devraient échouer.

219. Cet engagement suffit, dans le cadre de la présente procédure d'avis, pour conclure que l'AECG, en tant qu'« accord envisagé », au sens de l'article 218, paragraphe 11, TFUE, est compatible avec l'exigence d'accessibilité desdits tribunaux.

220. En effet, aux termes d'une phrase explicative qui précède les déclarations dont fait partie la déclaration no 36, celles-ci « font partie intégrante du contexte dans lequel le Conseil adopte la décision d'autoriser la signature de l'AECG au nom de l'Union. Elles seront inscrites au procès-verbal du Conseil à cette occasion ».

221. L'engagement susvisé de l'Union de garantir l'accès réel aux tribunaux envisagés pour l'ensemble des investisseurs de l'Union visés par l'AECG conditionne ainsi l'approbation de cet accord par l'Union. Il importe de relever, à cet égard, que, aux termes de la déclaration no 36, ledit engagement fait partie des « principes » sur le fondement desquels « [l]a Commission s'engage à poursuivre sans retard la révision du mécanisme de règlement des différends [...], en temps utile pour que les États membres puissent la considérer dans leurs processus de ratification ». Eu égard à l'alinéa précédent de la même déclaration, par lequel le Conseil et la Commission confirment que l'entrée en vigueur des dispositions du chapitre huit, section F, de l'AECG ne sera pas antérieure à la ratification de l'AECG par tous les États membres, il y a lieu de constater que la conclusion de l'AECG par le Conseil est envisagée en se fondant sur la prémisse que l'accessibilité financière du Tribunal et du Tribunal d'appel de l'AECG à l'ensemble des investisseurs de l'Union visés sera assurée.

222. Compte tenu de ce lien formulé, par l'Union, entre l'accessibilité financière desdits tribunaux et la conclusion de l'AECG, il y a lieu de considérer que l'accord envisagé n'est pas incompatible, sous cet angle, avec l'article 47 de la Charte.

Sur la compatibilité avec l'exigence d'indépendance

223. S'agissant de l'aspect externe de l'exigence d'indépendance, qui suppose que les tribunaux concernés exercent leurs fonctions en toute autonomie, il y a lieu de constater, tout d'abord, que l'AECG dispose, à son article 8.27, paragraphes 4 et 5, que les membres du Tribunal de l'AECG

seront nommés pour des mandats d'une période déterminée et devront posséder des connaissances spécialisées.

224. Il assure, ensuite, à son article 8.27, paragraphes 12 à 15, que ces membres percevront un niveau de rémunération en adéquation avec l'importance de leurs fonctions.

225. Il garantit, enfin, l'inamovibilité desdits membres, la possibilité de leur révocation étant, à l'article 8.30, paragraphe 4, de l'AECG, limitée au cas où le comportement d'un membre ne serait pas conforme aux obligations énoncées au paragraphe 1 de cet article, en particulier l'interdiction de suivre des instructions d'autrui ou de se trouver en position de conflit d'intérêts.

226. L'article 8.28 de l'AECG étend l'applicabilité de l'article 8.27, paragraphe 4, et de l'article 8.30 de cet accord aux membres du Tribunal d'appel. Si les autres composantes susvisées de l'indépendance ne sont pas, avec le même degré de précision, mentionnées à cet article 8.28, il ressort cependant de l'emploi du terme « tribunaux » au point 6, sous f), de l'instrument interprétatif commun que les Parties imposent au Tribunal d'appel les mêmes standards d'indépendance qu'au Tribunal. Cette constatation est corroborée par le tableau de correspondance entre l'instrument interprétatif commun et le texte de l'AECG, qui est joint à cet instrument et mentionne l'article 8.28 de l'AECG parmi les dispositions correspondant au point 6, sous f), dudit instrument.

227. Dans la mesure où le Royaume de Belgique et certains gouvernements ayant présenté des observations s'interrogent sur la compatibilité, avec l'aspect externe de l'exigence d'indépendance, de la compétence que l'article 8.27, paragraphes 2 et 3, ainsi que l'article 8.28, paragraphes 3 et 7, de l'AECG attribuent au Comité mixte de l'AECG pour nommer les membres du Tribunal ainsi que du Tribunal d'appel et pour fixer ou adapter le nombre, par multiples de trois, de membres dont ces tribunaux sont constitués, il y a lieu de tenir compte du fait que l'identité des membres nommés ne saurait être préalablement définie dans le texte de l'AECG et qu'il en va de même s'agissant des augmentations ou des réductions qui pourraient à l'avenir s'imposer en ce qui concerne le nombre des membres. Les garanties rappelées au point 202 du présent avis ne sauraient nullement être comprises comme faisant obstacle à ce qu'un organe non juridictionnel, tel que le Comité mixte de l'AECG, soit compétent pour nommer, dans le strict respect des règles énoncées à l'article 8.27, paragraphes 4 et 5, de l'AECG, lesdits membres et pour adapter, par multiples de trois, leur nombre. Ces garanties ne s'opposent pas non plus à ce qu'un tel organe soit, conformément à l'article 8.30, paragraphe 4, de l'AECG, compétent pour révoquer ces membres.

228. Il ressort, en outre, des articles 26.1 et 26.3 de l'AECG que le Comité mixte de l'AECG aura une composition bipartite et qu'il adoptera ses

décisions par consentement mutuel. Ces éléments permettent, ainsi que M. l'avocat général l'a observé au point 267 de ses conclusions, de considérer que ni la nomination ni la révocation éventuelle d'un membre du Tribunal ou du Tribunal d'appel n'obéiront à des conditions autres que celles énoncées, notamment, à l'article 8.27, paragraphe 4, et à l'article 8.30, paragraphe 1, de l'AECG.

229. Pour la même raison, il y a lieu de considérer que les Parties ont pu, sans porter atteinte à l'exigence d'indépendance, stipuler, à l'article 8.27, paragraphe 12, de l'AECG, que le montant de la rétribution mensuelle visant à garantir la disponibilité des membres desdits tribunaux sera établi par le Comité mixte de l'AECG et, au paragraphe 15 de cet article, que cet organe pourra décider de transformer cette rétribution ainsi que les honoraires et les frais en salaire régulier et fixer les modalités de celui-ci.

230. La possibilité que cette compétence du Comité mixte de l'AECG en matière de rémunération ne soit pas immédiatement exercée n'implique pas que la rémunération desdits membres puisse, dans un premier temps, être aléatoire. En effet, en vertu de l'article 8.27, paragraphe 14, de l'AECG, les honoraires et les frais des membres des tribunaux envisagés seront déterminés conformément à l'article 14, paragraphe 1, du règlement administratif et financier du CIRDI, qui se réfère au barème périodiquement fixé par le secrétaire général du CIRDI.

231. Ainsi que M. l'avocat général l'a relevé aux points 260 et 261 de ses conclusions, le caractère évolutif de ces dispositions concernant la rémunération des membres du Tribunal et du Tribunal d'appel de l'AECG ne saurait être perçu comme constituant une menace pour l'indépendance de ces tribunaux, mais permet au contraire la mise en place progressive d'une juridiction composée de membres employés à temps plein.

232. L'article 8.31, paragraphe 3, de l'AECG, aux termes duquel le Comité mixte de l'AECG peut, par ailleurs, adopter des interprétations de l'accord qui lient le Tribunal de l'AECG, et l'article 8.10, paragraphe 3, de cet accord, qui doit être lu en combinaison avec ledit article 8.31, paragraphe 3, ne portent pas non plus atteinte à la capacité de ce tribunal – ou du Tribunal d'appel de l'AECG – d'exercer ses fonctions en toute autonomie.

233. Il n'est, en effet, ni interdit ni inhabituel, en droit international, de prévoir la possibilité pour les parties à un accord international de préciser, au fur et à mesure que leur volonté commune concernant la portée de cet accord évolue, l'interprétation de celui-ci. De telles précisions peuvent être apportées par les Parties elles-mêmes ou bien par un organe institué par les Parties et investi par celles-ci d'un pouvoir décisionnel les liant.

234. En l'occurrence, il y a lieu de constater que le Comité mixte de l'AECG est, en vertu de l'article 26.1, paragraphe 1, de l'AECG, un comité bipartite qui représente les Parties et qui, en vertu de l'article 26.1, paragraphe 4, sous e), et de l'article 26.3 de l'AECG, est habilité à adopter, par consentement mutuel, des décisions contraignantes, telles que, conformément à l'article 26.1, paragraphe 5, sous e), et à l'article 8.31, paragraphe 3, de l'AECG, des décisions d'interprétation de cet accord qui s'imposent aux Parties et aux tribunaux mis en place par l'AECG sans que les exigences prévues à l'article 47 de la Charte et, notamment, l'exigence d'indépendance ne soient enfreintes. Ces actes interprétatifs ont les effets juridiques découlant de l'article 31, paragraphe 3, de la convention de Vienne, aux termes duquel il est tenu compte, aux fins de l'interprétation d'un traité, de « tout accord ultérieur intervenu entre les parties au sujet de l'interprétation du traité ou de l'application de ses dispositions ».

235. Il importe, par ailleurs, de relever que la participation de l'Union à la fixation, par ce Comité, de telles interprétations contraignantes, est régie par l'article 218, paragraphe 9, TFUE. Son consentement à toute décision visée à l'article 8.31, paragraphe 3, de l'AECG devra, en conséquence, être conforme au droit primaire de l'Union, en particulier aux principes relevant de celui-ci et rappelés ou précisés dans le présent avis.

236. Il importe en outre, au regard de l'exigence d'indépendance du Tribunal de l'AECG et du Tribunal d'appel de l'AECG, que les interprétations fixées par le Comité mixte de l'AECG n'aient pas d'effet sur le traitement des différends qui ont été réglés ou introduits antérieurement à ces interprétations. En effet, s'il en était autrement, le Comité mixte de l'AECG pourrait exercer une influence sur le traitement de différends concrets et donc participer au mécanisme RDIE.

237. Bien que cette garantie d'absence d'effet rétroactif et d'absence d'effet immédiat sur les dossiers pendants ne soit pas expressément prévue à l'article 8.31, paragraphe 3, de l'AECG, il convient là encore de relever que le consentement de l'Union à toute décision visée à l'article 8.31, paragraphe 3, de l'AECG devra être conforme au droit primaire de l'Union et, notamment, au droit à un recours effectif consacré à l'article 47 de la Charte. Ainsi, l'article 8.31, paragraphe 3, de l'AECG ne saurait être interprété, au regard dudit article 47, comme autorisant l'Union à consentir à des décisions d'interprétation du Comité mixte de l'AECG qui produiraient des effets sur le traitement des différends réglés ou pendants.

238. En ce qui concerne l'aspect interne de l'exigence d'indépendance, qui porte notamment sur l'impartialité et vise l'égale distance par rapport aux parties au litige ainsi que l'absence de tout intérêt personnel des membres dans la solution de ce litige, il y a lieu de relever, d'une part, que l'égale distance est garantie non seulement à l'article 8.27, paragraphes 6 et 7, de l'AECG, selon lequel les affaires sont traitées par une division

constituée de manière aléatoire et donc imprévisible pour les parties, composée de trois membres dont un ressortissant d'un État membre de l'Union, un ressortissant du Canada et un ressortissant d'un État tiers, mais aussi par le renvoi, opéré à l'article 8.30, paragraphe 1, de l'AECG, aux lignes directrices de l'IBA, dont il découle, conformément au premier principe général qu'édictent celles-ci, que les membres du Tribunal de l'AECG doivent être impartiaux et indépendants des parties tant à la date à laquelle ils sont saisis d'une plainte que tout au long de l'instance jusqu'à ce qu'il soit mis fin à celle-ci.

239. Pour ce motif, il doit également être considéré que l'aspect interne de l'exigence d'indépendance n'est pas remis en cause par la circonstance, mise en exergue par le Royaume de Belgique dans sa demande d'avis, selon laquelle la rémunération des membres du Tribunal consistera, au moins dans un premier temps, non seulement en une rétribution mensuelle, mais aussi en des honoraires calculés en fonction des journées de travail consacrées à un différend. En effet, tout manquement aux exigences inscrites dans les lignes directrices de l'IBA, y inclus le premier principe général rappelé au point précédent du présent avis, est susceptible d'entraîner la révocation du ou des membres concernés, conformément à l'article 8.30, paragraphe 4, de l'AECG.

240. Il est, en outre, énoncé, à l'article 8.30, paragraphe 1, de cet accord que les membres « n'ont d'attache avec aucun gouvernement ». S'il est précisé, dans la note de bas de page accompagnant cette disposition, que « le fait qu'une personne reçoive une rémunération d'un gouvernement ne suffit pas en soi à l'empêcher d'exercer les fonctions de membre du Tribunal », il convient de considérer que cette précision est, ainsi que la Commission l'a exposé lors de la procédure orale devant la Cour, liée au fait que, dans un premier temps, les membres des tribunaux envisagés ne seront sans doute pas employés à temps plein et pourront notamment inclure des membres, tels que des professeurs de droit, qui reçoivent leur rémunération de la part d'un État sans toutefois être impliqués, directement ou indirectement, dans la définition de la politique gouvernementale de celui-ci.

241. Quant à la circonstance selon laquelle l'article 8.30, paragraphe 1, de l'AECG énonce, à sa troisième phrase, que les membres du Tribunal de l'AECG « ne suivent les instructions d'aucune organisation ou d'aucun gouvernement en ce qui concerne les questions liées au différend », il y a lieu de relever que cette phrase doit être lue à l'aune de l'exigence d'indépendance contenue à la première phrase du même paragraphe, qui implique que ces membres ne peuvent, en dehors de l'hypothèse circonscrite aux points 232 à 237 du présent avis, recevoir d'instruction dans l'exercice de leurs fonctions, qu'il s'agisse d'un différend particulier ou non.

242. S'agissant, d'autre part, de l'absence de tout intérêt personnel des membres dans la solution du litige, l'article 8.30 de l'AECG contient une interdiction générale de conflit d'intérêts direct ou indirect, laquelle inclut, par le renvoi aux lignes directrices de l'IBA, des règles déontologiques en matière d'activités extérieures.

243. Cet article 8.30 rappelle la compétence du Comité des services et de l'investissement, visé à l'article 8.44 de cet accord, d'adopter des « règles complémentaires » à ce sujet, l'emploi du terme « complémentaires » garantissant que ce Comité n'est pas investi d'une compétence pour réduire la portée de l'interdiction de conflit d'intérêts déjà contenue audit accord, mais devra se limiter à adapter, tout en maintenant le standard élevé d'indépendance découlant de cette interdiction, les règles énoncées dans les lignes directrices de l'IBA aux réalités d'un tribunal d'investissement ayant des caractéristiques juridictionnelles prédominantes.

244. Eu égard à l'ensemble de ces éléments, il y a lieu de conclure que l'accord envisagé est compatible avec l'exigence d'indépendance.

Réponse à la demande d'avis

245. Il résulte de l'ensemble des considérations qui précèdent que le chapitre huit, section F, de l'AECG est compatible avec le droit primaire de l'Union.

En conséquence, la Cour (assemblée plénière) émet l'avis suivant :

Le chapitre huit, section F, de l'accord économique et commercial global entre le Canada, d'une part, et l'Union européenne et ses États membres, d'autre part, signé à Bruxelles le 30 octobre 2016, est compatible avec le droit primaire de l'Union européenne.

Observations

L'avis 1/17, rendu par la Cour de justice le 30 avril 2019, porte sur la compatibilité avec le droit primaire du mécanisme de règlement des différends entre investisseurs et États prévu dans l'accord économique et commercial global entre l'Union européenne, ses États membres et le Canada (AECG ou plus connu sous l'acronyme CETA pour *Comprehensive Economic and Trade Agreement*). Cet avis était particulièrement attendu, car il apporte les précisions nécessaires en matière d'investissements après l'arrêt *Achmea* rendu en 2018, qui a été largement débattu aussi bien dans le milieu de l'arbitrage des investissements que dans le milieu des juristes de droit de l'Union.

Avec l'arrêt *Achmea* et maintenant l'avis 1/17, la Cour de justice a pris position sur le mécanisme de règlement des différends entre investisseurs et États dans les accords bilatéraux d'investissement conclus entre États membres, d'une part, et sur celui prévu dans les accords de libre-échange « nouvelle génération » conclus entre l'Union européenne et ses États membres avec des États tiers, d'autre part. Le premier mécanisme porte atteinte à l'autonomie de l'ordre juridique de l'Union européenne, alors que le second est compatible avec cet ordre et avec le droit primaire, en particulier les droits fondamentaux.

Le CETA a été signé le 30 octobre 2016, mais l'accord n'est pas encore conclu au sens de l'article 218, paragraphe 6, TFUE. Il s'agit d'un accord mixte soumis à l'approbation par l'Union européenne et à la ratification par tous les États membres. De nombreuses dispositions de l'accord sont appliquées de manière provisoire, mais pas celles du chapitre 8, section F, visées par la demande d'avis. Ladite section, qui contient les articles 8.18 à 8.45 de l'accord, a notamment pour objet de mettre en place un mécanisme de règlement des différends relatifs aux investissements entre les investisseurs et les États, connu aussi sous l'acronyme ISDS (*Investor-State Dispute Settlement*). Dans ce cadre, il est prévu la création d'un tribunal (article 8.27) et d'un tribunal d'appel (article 8.28). L'accord prévoit également la création ultérieure d'un tribunal multilatéral des investissements assorti d'un mécanisme d'appel connexe (article 8.29 et déclaration n° 36 de la Commission et du Conseil jointe à la décision 2017/37 ; tribunal multilatéral des investissements ; en anglais *Investment Court System*, ICS), dont l'instauration devrait mettre fin au fonctionnement du tribunal et du tribunal d'appel du CETA.

Dans l'avis 1/17, la Cour de justice a affirmé la compatibilité avec le droit primaire de la partie du CETA (chapitre 8, section F) qui organise le mécanisme de règlement des différends entre investisseurs et États en matière de protection des investissements.

Procédure devant la Cour de justice

L'article 218, paragraphe 11, du traité FUE permet à un État membre, au Parlement européen, au Conseil ou à la Commission de recueillir l'avis de la Cour de justice tant sur la compatibilité de l'accord envisagé avec les dispositions des traités que sur la compétence de l'Union ou de l'une de ses institutions pour conclure cet accord. La demande d'avis de la Belgique, soumise le 7 septembre 2017, est libellée comme suit :

« L'accord économique et commercial global avec le Canada, d'une part, et l'Union européenne et ses États membres, d'autre part, signé à Bruxelles le 30 octobre 2016, est-il, à son chapitre 8, section F, compatible avec les traités, en ce compris les droits fondamentaux ? »

La demande d'avis a été introduite par la Belgique dans le cadre d'un compromis qui avait été trouvé sur le plan national belge suite au refus de la région de Wallonie d'autoriser la Belgique à signer le CETA. Le compromis trouvé prévoyait que la Belgique puisse signer l'accord mais qu'elle interrogerait la Cour de justice sur la compatibilité de certaines dispositions de l'accord avec le droit de l'Union européenne.

L'avis 1/17 a été rendu, en assemblée plénière, et quatorze États membres ont présenté des observations. Ces éléments démontrent l'importance de l'avis pour l'avenir du mécanisme du règlement des différends en matière de protection des investissements.

Examen de la demande d'avis

Pour faire écho aux interrogations formulées par la Belgique, la Cour de justice examine la compatibilité du mécanisme de règlement des différends envisagé (mécanisme RDIE) sur trois aspects : la compatibilité avec l'autonomie de l'ordre juridique de l'Union, sa compatibilité avec le principe général d'égalité de traitement et avec l'exigence d'effectivité, et enfin sa compatibilité avec le droit d'accès à un tribunal indépendant. Compte tenu des contraintes de taille des commentaires dans le présent volume, l'examen qui suit porte uniquement sur la compatibilité du mécanisme RDIE avec l'autonomie de l'ordre juridique de l'Union.

L'analyse de la compatibilité du mécanisme du règlement des différends avec l'autonomie de l'ordre juridique de l'Union est précédée d'une section consacrée aux « Principes », qui est particulièrement intéressante car elle appréhende de manière générale les questions-clé en la matière.

Dans cette partie consacrée aux principes, la Cour de justice rappelle qu'un accord international prévoyant la création d'une juridiction chargée de l'interprétation de ses dispositions et dont les décisions lient l'Union est, en principe compatible avec le droit de l'Union. Elle souligne que la compétence de l'Union en matière de relations internationales et sa capacité de conclure des accords internationaux comportent nécessairement la faculté de se soumettre aux décisions d'une juridiction créée ou désignée en vertu de tels accords, pour ce qui concerne l'interprétation et l'application de leurs dispositions (1). Enfin, elle ajoute qu'un accord international conclu par l'Union peut, par ailleurs, avoir des incidences sur les compétences des institutions de l'Union pourvu, toutefois, que les conditions essentielles de préservation de la nature de ces compétences soient remplies et que, partant, il ne soit pas porté atteinte à l'autonomie de l'ordre juridique de celle-ci (2).

Comme le CETA prévoit une judiciarisation du règlement des différends en matière d'investissements entre investisseurs et États par l'instauration d'un tribunal et d'un tribunal d'appel, et à plus long terme, d'un tribunal multilatéral des investissements, il ne peut être compatible avec le droit de l'Union qu'à la condition de ne pas porter atteinte à l'autonomie de l'ordre juridique de l'Union.

Cette autonomie, qui existe au regard tant du droit des États membres que du droit international, découle des caractéristiques essentielles de l'Union et de son droit. Pour ce faire, la Cour de justice rappelle les caractéristiques essentielles de ce droit : issu d'une source autonome, constituée par les traités, par sa primauté par rapport aux droits des États membres ainsi que par l'effet direct de toute une

---

(1) Avis 2/13, EU:C:2014:2454, pt 82 ; avis 1/91, EU:C:1991:490, pts 40 et 70 ; avis 1/09, EU:C:2011:123, pt 74.

(2) Avis 1/00, EU:C:2002:231, pts 20 et 21 ; avis 2/13, EU:C:2014:2454, pt 183.

série de dispositions applicables à leurs ressortissants et à eux-mêmes. Ces caractéristiques ont donné lieu, selon la Cour, à un réseau structuré de principes, de règles et de relations juridiques mutuellement interdépendantes liant, réciproquement l'Union et ses États membres et ceux-ci entre eux (3). Cette autonomie repose donc sur un cadre constitutionnel qui lui est propre. Relèvent notamment de ce cadre les valeurs fondatrices de l'Union, à savoir celles du respect de la dignité humaine, de liberté, de démocratie, d'égalité, de l'État de droit ainsi que du respect des droits de l'homme, les principes généraux du droit de l'Union, les dispositions de la Charte ainsi que les dispositions des traités UE et FUE, lesquelles comportent notamment les règles d'attribution et de répartition des compétences, les règles de fonctionnement des institutions de l'Union et du système juridictionnel de celle-ci, ainsi que les règles fondamentales dans des domaines spécifiques, structurées de manière à contribuer à la réalisation du processus d'intégration rappelé à l'article 1 TUE (4).

Ayant rappelé les éléments fondateurs du cadre constitutionnel de l'Union, la Cour examine si la section F du chapitre 8 du CETA est de nature à empêcher l'Union de fonctionner conformément à ce cadre. Elle constate que le mécanisme RDIE se situe en dehors du système juridictionnel de l'Union, et qu'il ne peut pas être considéré comme faisant partie du système juridictionnel de l'une des parties contractantes à l'accord. Elle ajoute que s'agissant des accords internationaux conclus par l'Union, la compétence des juridictions visées à l'article 19 TUE pour interpréter et appliquer ces accords ne prévaut ni sur celle des juridictions des États tiers avec lesquels ces accords ont été conclus ni sur celle des juridictions internationales que de tels accords instaurent. Cela étant, ces accords internationaux, tel que cela résulte de la jurisprudence de la Cour de justice, font partie intégrante du droit de l'Union et peuvent faire l'objet de renvois préjudiciels (5). Ces mêmes accords concernent

(3) Arrêt *Wightman e.a.*, aff. C-621/18, EU:C:2018:999, pt 95.

(4) Avis 2/13, EU:C:2014:2454, pts 174-176 et 246.

(5) Voy. notamment *Haegeman*, aff. 181/73, EU:C:1974:41, att. 5 et 6 ; *Brita*, aff. C-386/08, EU:C:2010:91, pt 39.

tout autant les États tiers et peuvent donc également être interprétés par leurs juridictions. La Cour précise que c'est en raison de la réciprocité dans les accords internationaux et de la nécessité de préserver la compétence de l'Union dans les relations internationales que celle-ci peut conclure un accord international qui confère à une juridiction internationale la compétence pour interpréter cet accord sans que cette juridiction ne soit soumise aux interprétations dudit accord que fournissent les juridictions des parties. Dès lors, le droit de l'Union ne s'oppose pas à ce que le CETA prévoie la création d'un tribunal, d'un tribunal d'appel et ultérieurement d'un tribunal multilatéral des investissements. Il ne s'oppose pas non plus à ce que le CETA confère à ces tribunaux envisagés la compétence pour interpréter et appliquer les dispositions de l'accord conformément aux règles et principes de droit international applicables entre les parties contractantes. En revanche, ces tribunaux, étant extérieurs au système juridictionnel de l'Union, ne sauraient être habilités à interpréter ou appliquer des dispositions du droit de l'Union autres que celles du CETA ou à rendre des sentences qui puissent avoir pour effet d'empêcher les institutions de l'Union de fonctionner conformément au cadre constitutionnel précédemment décrit.

Il ressort des dispositions du CETA que le tribunal envisagé a la compétence d'examiner toute plainte d'un investisseur d'une partie, selon laquelle une autre partie aurait violé une obligation prévue par l'accord. Pour ce faire, le tribunal appliquera le CETA, tel qu'interprété en conformité avec la convention de Vienne sur le droit des traités et les autres règles et principes de droit international applicables entre les parties. Il n'aura pas compétence pour interpréter et appliquer le droit de l'Union, ce qui diffère de la situation qui était envisagée en matière de brevets (6), où la juridiction du brevet aurait été appelée à interpréter et à appliquer non seulement les dispositions de l'accord en question, mais également le futur règlement sur le brevet communautaire ainsi que d'autres règlements et directives. Lorsque le tribunal envisagé devra statuer sur la conformité d'une mesure avec

(6) Avis 1/09, EU:C:2011:123.

le CETA, il pourra tenir compte, s'il y a lieu, du droit interne d'une partie en tant que question de fait. Ce tribunal sera tenu de suivre l'interprétation dominante dudit droit donnée par les juridictions et les autorités de ladite partie. En outre, les juridictions et autorités de cette partie ne seront pas liées par le sens qui serait donné à leur droit par le tribunal CETA. Un autre élément qui a permis à la Cour de justice d'admettre la conformité du CETA à l'autonomie de l'ordre juridique de l'Union est l'absence de compétence du tribunal envisagé de se prononcer sur des questions de répartition des compétences entre l'Union et ses États membres, se distinguant ainsi de ce qui était envisagé dans le cadre de l'adhésion de l'Union à la CEDH (7).

S'agissant de l'effet potentiel des sentences du tribunal envisagé sur le fonctionnement des institutions de l'Union, la Cour de justice constate qu'il ressort de l'ensemble des clauses contenues dans le CETA, que les parties contractantes ont pris le soin d'exclure toute compétence, pour ces tribunaux, de remettre en cause les choix démocratiquement opérés au sein d'une partie en matière, notamment, de niveau de protection de l'ordre public, de la sécurité publique, de la moralité publique, de la santé et de la vie des personnes et des animaux, de l'innocuité alimentaire, des végétaux, de l'environnement, du bien-être au travail, de la sécurité des produits, des consommateurs ou encore des droits fondamentaux. Cette conclusion se base sur l'analyse des diverses dispositions du CETA visant à protéger le pouvoir législatif de chacune des parties et sur celles relatives à la juridiction limitée du tribunal envisagé en la matière. À cet égard, la Cour de justice fait état du processus démocratique, défini dans les traités UE et FUE, dans le cadre duquel les réglementations sont adoptées dans l'Union, pour souligner la légitimité démocratique des choix législatifs fondamentaux opérés dans l'Union. Enfin, cette partie de l'avis 1/17 se réfère aussi largement à l'instrument interprétatif commun, adopté en 2016, qui tient notamment compte des griefs qui avaient été faits au sein du Parlement wallon au CETA au moment du refus de donner l'autorisation de signer l'accord à la Belgique.

(7) Avis 2/13, pts 224-231.

En conclusion, le mécanisme RDIE du CETA ne porte pas atteinte à l'autonomie de l'ordre juridique de l'Union. Il résulte également de cet avis 2/17 que ce même mécanisme n'est pas incompatible avec le droit primaire de l'Union, en particulier avec le principe d'égalité de traitement et le principe de l'accès à un tribunal indépendant. Cet avis vient préciser et compléter la jurisprudence relative à la protection des investissements et au règlement des différends en la matière. L'avis 2/15 avait permis de déterminer la répartition des compétences entre l'Union européenne et les États membres pour conclure des accords de libre-échange « nouvelle génération » avec des États tiers, incluant des dispositions en matière d'investissements. Pour rappel, l'accord envisagé avec Singapour avait été considéré comme relevant de la compétence exclusive de l'Union, sauf pour les domaines concernant les investissements autres que directs (investissements de portefeuille), le règlement des différends entre investisseurs et États ainsi que les dispositions institutionnelles relatives à ces derniers domaines, lesquels relevaient d'une compétence partagée entre l'Union et les États membres. L'arrêt *Achmea* a, quant à lui, permis de constater la non admissibilité d'un mécanisme de règlement des différends entre investisseurs et États, dans un accord conclu entre États membres, car ledit accord instituait un tribunal amené à résoudre des litiges pouvant concerner l'interprétation ou l'application du droit de l'Union. Enfin, l'avis 1/17 vient compléter ce puzzle juridique autour du domaine du règlement des différends entre investisseurs et États en couvrant le mécanisme RDIE prévu dans des accords conclus entre l'Union européenne et des États tiers.

Christine Kaddous

XVI. DROIT DE LA PROPRIÉTÉ INTELLECTUELLE

Cour de justice, gde ch., 29 juillet 2019, *Funke Medien NRW*, aff. C-469/17, ECLI:EU:C:2019:623

Conclusions de l'avocat général M. Szpunar, du 25 octobre 2018, ECLI:EU:C:2018:870

Mots-clés : Droit d'auteur et droits voisins – Société de l'information – Harmonisation de certains aspects du droit d'auteur et des droits voisins – Exceptions et limitations – Portée – Charte des droits fondamentaux de l'Union européenne

Cadre normatif : charte des droits fondamentaux de l'Union européenne ; directive 2001/29 ; directive 2001/29/CE

Notes et commentaires : A. Lucas, « Chronique – Droit d'auteur et droits voisins », *Propriétés intellectuelles*, 2019, pp. 29-32 ; J.-M. Bruguière, « L'équilibre des droits en matière de droit d'auteur selon la Cour de justice : toutes les exceptions, rien que les exceptions mais pas que les exceptions », *JCP G*, 2019, n° 40, pp. 1725-1730 ; V. Varet, « Droit d'auteur et liberté d'expression : la Cour de justice entre régression et innovation », *Légipresse*, 27 novembre 2019, n° 375 ; C. Geiger et E. Izyumenko, « The Constitutionalization of Intellectual Property Law in the EU and the *Funke Medien, Pelham* and *Spiegel Online* Decisions of the CJEU : Progress, but Still Some Way to Go ! », *International Review of Intellectual Property and Competition Law*, 2020, vol. 51, pp. 282-306

Extraits de l'arrêt

1. La demande de décision préjudicielle porte sur l'interprétation de l'article 2, sous a), de l'article 3, paragraphe 1, et de l'article 5, paragraphes 2 et 3, de la directive 2001/29/CE du Parlement européen et du Conseil, du 22 mai 2001, sur l'harmonisation de certains aspects du droit d'auteur et des droits voisins dans la société de l'information (*JO* 2001, L 167, p. 10).

2. Cette demande a été présentée dans le cadre d'un litige opposant Funke Medien NRW GmbH (ci-après « Funke Medien »), qui exploite le portail Internet du quotidien allemand *Westdeutsche Allgemeine Zeitung*, à

la Bundesrepublik Deutschland (République fédérale d'Allemagne) au sujet de la publication par Funke Medien de certains documents « classifiés à diffusion restreinte » établis par le gouvernement allemand.

[...]

Le litige au principal et les questions préjudicielles

9. La République fédérale d'Allemagne fait établir, de manière hebdomadaire, un rapport de situation militaire sur les interventions de la Bundeswehr (armée fédérale, Allemagne) à l'étranger et sur les évolutions intervenues dans les zones d'intervention. Les rapports ainsi établis sont adressés, sous l'appellation « *Unterrichtung des Parlaments* » (« information du Parlement », ci-après les « UdP »), à certains députés du Bundestag (Parlement fédéral, Allemagne), à des unités du Bundesministerium der Verteidigung (ministère fédéral de la Défense, Allemagne) et d'autres ministères fédéraux, ainsi qu'à certains services placés sous l'autorité du ministère fédéral de la Défense. Les UdP sont considérées comme des « documents classifiés – Restreint », cette qualification correspondant au niveau de confidentialité le plus faible parmi les quatre niveaux de confidentialité prévus par le droit allemand. Parallèlement, la République fédérale d'Allemagne publie des versions synthétisées des UdP sous l'appellation « *Unterrichtung der Öffentlichkeit* » (« information du public »), lesquelles sont accessibles au public sans restriction.

10. Funke Medien exploite le portail Internet du quotidien allemand *Westdeutsche Allgemeine Zeitung*. Le 27 septembre 2012, elle a demandé l'accès à l'ensemble des UdP établies entre le 1er septembre 2001 et le 26 septembre 2012. Cette demande a été rejetée par les autorités compétentes au motif que la divulgation des informations que comportent ces UdP serait susceptible de nuire aux intérêts sécuritaires sensibles de l'armée fédérale. Lesdites autorités se sont, dans ce contexte, référées aux informations du public régulièrement publiées, lesquelles constituent des versions des UdP qui n'affectent pas lesdits intérêts. Funke Medien a toutefois obtenu, par un moyen inconnu, une grande partie des UdP, qu'elle a pour partie publiées sous l'appellation « *Afghanistan Papiere* » (« documents sur l'Afghanistan ») et qui pouvaient être consultées, sur son site Internet, sous la forme de pages individuelles scannées, accompagnées d'un propos introductif, de liens supplémentaires et d'une invitation à interagir.

11. La République fédérale d'Allemagne, qui estime que Funke Medien a ainsi violé son droit d'auteur sur les UdP, a introduit une action en cessation dirigée contre cette dernière, qui a été accueillie par le Landgericht Köln (tribunal régional de Cologne, Allemagne). L'appel interjeté par Funke Medien a été rejeté par l'Oberlandesgericht Köln (tribunal

régional supérieur de Cologne, Allemagne). Par son pourvoi en *Revision*, introduit devant la juridiction de renvoi, Funke Medien a maintenu ses conclusions tendant au rejet de l'action en cessation.

12. La juridiction de renvoi relève que le raisonnement de l'Oberlandesgericht Köln (tribunal régional supérieur de Cologne) repose sur la prémisse selon laquelle les UdP peuvent être protégées en tant qu'« œuvres littéraires » au titre du droit d'auteur et qu'elles ne constituent pas des textes officiels, exclus de la protection de ce droit. Elle souligne néanmoins que cette juridiction n'a fait aucune constatation quant aux caractéristiques concrètes qui permettent de conclure à la particularité créative des UdP.

13. Cela étant, la juridiction de renvoi considère qu'il est exclu d'annuler l'arrêt de l'Oberlandesgericht Köln (tribunal régional supérieur de Cologne) et de renvoyer l'affaire devant cette dernière juridiction pour lui donner l'occasion de faire a posteriori des constatations en ce sens, si une atteinte au droit d'auteur sur les UdP, qu'il conviendrait de supposer aux fins du contrôle juridique à exercer dans le cadre d'un pourvoi en *Revision*, est en tout cas couverte par les règles dérogatoires relatives aux comptes rendus d'événements d'actualité ou aux citations, prévues respectivement aux articles 50 et 51 de l'UrhG, ou si une telle atteinte est justifiée par la liberté d'information ou la liberté de la presse, prévues respectivement aux première et deuxième phrases de l'article 5, paragraphe 1, du Grundgesetz für die Bundesrepublik Deutschland (Loi fondamentale pour la République fédérale d'Allemagne), du 23 mai 1949 (BGBl 1949 I, p. 1, ci-après le « GG ») ainsi qu'à l'article 11 de la charte des droits fondamentaux de l'Union européenne (ci-après la « Charte »). En effet, selon la juridiction de renvoi, l'affaire serait, dans un tel cas, en état d'être jugée, ladite juridiction devant réformer l'arrêt du Landgericht Köln (tribunal régional de Cologne) et rejeter l'action en cessation introduite devant celui-ci par la République fédérale d'Allemagne.

14. La juridiction de renvoi estime, à cet égard, que l'interprétation de l'article 2, sous a), de l'article 3, paragraphe 1, et de l'article 5, paragraphe 3, sous c) et d), de la directive 2001/29, lus à la lumière des droits fondamentaux, en particulier de la liberté d'information et de la liberté de la presse, n'est pas évidente. Elle se demande notamment si ces dispositions laissent des marges d'appréciation pour leur transposition en droit national. Elle relève à cet égard que, selon la jurisprudence du Bundesverfassungsgericht (Cour constitutionnelle fédérale, Allemagne), les dispositions du droit national qui transposent une directive de l'Union européenne doivent être appréciées, en principe, non pas à l'aune des droits fondamentaux garantis par le GG, mais uniquement à l'aune des droits fondamentaux garantis par le droit de l'Union, lorsque cette directive ne laisse aux États membres aucune marge d'appréciation pour sa transposition.

15. Dans ces conditions, le Bundesgerichtshof (Cour fédérale de justice, Allemagne) a décidé de surseoir à statuer et de poser à la Cour les questions préjudicielles suivantes :

« 1) Les dispositions du droit de l'Union relatives au droit exclusif des auteurs à la reproduction [article 2, sous a), de la directive 2001/29] et à la communication au public, y compris la mise à la disposition du public (article 3, paragraphe 1, de la directive 2001/29), de leurs œuvres, ainsi qu'aux exceptions ou aux limitations à ces droits (article 5, paragraphes 2 et 3, de la directive 2001/29), laissent-elles des marges d'appréciation pour leur transposition en droit national ?

2) De quelle manière convient-il de tenir compte des droits fondamentaux consacrés dans la [Charte] dans la détermination de la portée des exceptions ou des limitations, prévues à l'article 5, paragraphes 2 et 3, de la directive 2001/29, au droit exclusif des auteurs à la reproduction [article 2, sous a), de la directive 2001/29] et à la communication au public, y compris la mise à la disposition du public (article 3, paragraphe 1, de la directive 2001/29), de leurs œuvres ?

3) Les droits fondamentaux à la liberté d'information (article 11, paragraphe 1, deuxième phrase, de la [Charte]) ou à la liberté de la presse (article 11, paragraphe 2, de la [Charte]) peuvent-ils justifier des exceptions ou des limitations au droit exclusif des auteurs à la reproduction [article 2, sous a), de la directive 2001/29] et à la communication au public, y compris la mise à la disposition du public (article 3, paragraphe 1, de la directive 2001/29), de leurs œuvres en dehors des exceptions ou des limitations prévues à l'article 5, paragraphes 2 et 3, de la directive 2001/29 ? »

Sur les questions préjudicielles

Sur la première question

27. À titre liminaire, il convient de relever, ainsi qu'il ressort des points 13 et 14 du présent arrêt, que la première question s'inscrit dans le cadre de l'application par la juridiction de renvoi, aux fins du règlement du litige au principal, des règles relatives aux comptes rendus d'événements d'actualité et aux citations, prévues respectivement aux articles 50 et 51 de l'UrhG, qui transposent l'article 5, paragraphe 3, sous c) et d), de la directive 2001/29.

28. Bien que la juridiction de renvoi n'interroge pas spécifiquement la Cour sur l'interprétation de cette disposition de la directive 2001/29, cette juridiction indiquant spécifiquement que, selon l'Oberlandesgericht Köln (tribunal régional supérieur de Cologne), la publication des UdP par Funke Medien sur son site Internet ne remplissait pas les conditions fixées par les articles 50 et 51 de l'UrhG, elle se demande néanmoins si

cette disposition du droit de l'Union de même que l'article 2, sous a), et l'article 3, paragraphe 1, de ladite directive laissent aux États membres une marge d'appréciation pour leur transposition, dès lors que, selon la jurisprudence du Bundesverfassungsgericht (Cour constitutionnelle fédérale), les dispositions du droit national qui transposent une directive de l'Union doivent être appréciées, en principe, non pas à l'aune des droits fondamentaux garantis par le GG, mais uniquement à l'aune des droits fondamentaux garantis par le droit de l'Union, lorsque cette directive ne laisse aux États membres aucune marge d'appréciation pour sa transposition.

29. C'est dans ce contexte que, par sa première question, la juridiction de renvoi demande, en substance, si l'article 2, sous a), et l'article 3, paragraphe 1, de la directive 2001/29, d'une part, ainsi que l'article 5, paragraphe 3, sous c), second cas de figure, et sous d), de cette directive, d'autre part, doivent être interprétés en ce sens qu'ils constituent des mesures d'harmonisation complète.

30. À cet égard, il importe de rappeler que, en vertu du principe de primauté du droit de l'Union, qui est une caractéristique essentielle de l'ordre juridique de l'Union, le fait pour un État membre d'invoquer des dispositions de droit national, fussent-elles d'ordre constitutionnel, ne saurait affecter l'effet du droit de l'Union sur le territoire de cet État (arrêt du 26 février 2013, *Melloni*, C-399/11, EU:C:2013:107, point 59).

31. Il y a lieu de relever sur ce point que, dès lors que la transposition d'une directive par les États membres relève en tout état de cause de la situation, visée à l'article 51 de la Charte, dans laquelle les États membres mettent en œuvre le droit de l'Union, le niveau de protection des droits fondamentaux prévu par la Charte doit être atteint lors d'une telle transposition, indépendamment de la marge d'appréciation dont disposent les États membres lors de cette transposition.

32. Cela étant, lorsque, dans une situation dans laquelle l'action des États membres n'est pas entièrement déterminée par le droit de l'Union, une disposition ou une mesure nationale met en œuvre ce droit au sens de l'article 51, paragraphe 1, de la Charte, il reste loisible aux autorités et aux juridictions nationales d'appliquer des standards nationaux de protection des droits fondamentaux, pourvu que cette application ne compromette pas le niveau de protection prévu par la Charte, telle qu'interprétée par la Cour, ni la primauté, l'unité et l'effectivité du droit de l'Union (arrêts du 26 février 2013, *Melloni*, C-399/11, EU:C:2013:107, point 60, et du 26 février 2013, *Åkerberg Fransson*, C-617/10, EU:C:2013:105, point 29).

33. Ainsi, il est conforme au droit de l'Union que les juridictions et les autorités nationales fassent dépendre cette application de la circonstance, mise en avant par la juridiction de renvoi, que les dispositions d'une directive « laissent des marges d'appréciation pour leur transposition en

droit national », pour autant que cette circonstance est comprise comme visant le degré d'harmonisation opéré par lesdites dispositions, une telle application n'étant envisageable que dans la mesure où ces dispositions n'opèrent pas une harmonisation complète.

34. En l'occurrence, il convient de relever que la directive 2001/29 a pour finalité d'harmoniser seulement certains aspects du droit d'auteur et des droits voisins, plusieurs de ses dispositions révélant en outre l'intention du législateur de l'Union d'accorder une marge d'appréciation aux États membres lors de sa mise en œuvre (voir, en ce sens, arrêt du 5 mars 2015, *Copydan Båndkopi*, C-463/12, EU:C:2015:144, point 57).

35. S'agissant, en premier lieu, des droits exclusifs des titulaires visés à l'article 2, sous a), et à l'article 3, paragraphe 1, de la directive 2001/29, il a été rappelé au point 18 du présent arrêt que ces dispositions prévoient que les États membres attribuent aux auteurs, respectivement, le droit exclusif d'autoriser ou d'interdire la reproduction directe ou indirecte de leurs œuvres, par quelque moyen et sous quelque forme que ce soit, ainsi que le droit exclusif d'autoriser ou d'interdire la communication au public de ces œuvres.

36. Ainsi, ces dispositions définissent, d'une manière non équivoque, les droits exclusifs de reproduction et de communication au public dont jouissent les titulaires du droit d'auteur dans l'Union. Ces dispositions ne sont par ailleurs assorties d'aucune condition ni subordonnées, dans leur exécution ou dans leurs effets, à l'intervention de quelque acte que ce soit.

37. La Cour a, du reste, déjà jugé à cet égard que ces dispositions offrent un cadre juridique harmonisé assurant une protection élevée et homogène des droits de reproduction et de communication au public [avis 3/15 (Traité de Marrakech sur l'accès aux œuvres publiées), du 14 février 2017, EU:C:2017:114, point 119 et jurisprudence citée ; voir également, s'agissant du droit de communication au public, arrêts du 13 février 2014, *Svensson e.a.*, C-466/12, EU:C:2014:76, point 41, ainsi que du 1er mars 2017, *ITV Broadcasting e.a.*, C-275/15, EU:C:2017:144, point 22 et jurisprudence citée].

38. Il s'ensuit que l'article 2, sous a), et l'article 3, paragraphe 1, de la directive 2001/29 constituent des mesures d'harmonisation complète du contenu matériel des droits qui y sont visés (voir, par analogie, s'agissant du droit exclusif du titulaire d'une marque de l'Union européenne, arrêts du 20 novembre 2001, *Zino Davidoff et Levi Strauss*, C-414/99 à C-416/99, EU:C:2001:617, point 39, ainsi que du 12 novembre 2002, *Arsenal Football Club*, C-206/01, EU:C:2002:651, point 43).

39. En second lieu, il convient de rappeler, ainsi qu'il ressort du considérant 32 de la directive 2001/29, que l'article 5 de cette directive prévoit,

à ses paragraphes 2 et 3, une liste d'exceptions et de limitations aux droits exclusifs de reproduction et de communication au public.

40. À cet égard, il ressort de la jurisprudence de la Cour que l'étendue de la marge d'appréciation dont disposent les États membres pour la transposition en droit national d'une exception ou d'une limitation particulière visée à l'article 5, paragraphes 2 ou 3, de la directive 2001/29 doit être appréciée au cas par cas, en fonction notamment des termes de la disposition en cause [voir, en ce sens, arrêts du 21 octobre 2010, *Padawan*, C-467/08, EU:C:2010:620, point 36 ; du 3 septembre 2014, *Deckmyn et Vrijheidsfonds*, C-201/13, EU:C:2014:2132, point 16, ainsi que du 22 septembre 2016, *Microsoft Mobile Sales International e.a.*, C-110/15, EU:C:2016:717, point 27 ; avis 3/15 (Traité de Marrakech sur l'accès aux œuvres publiées), du 14 février 2017, EU:C:2017:114, point 116], le degré d'harmonisation des exceptions et des limitations envisagé par le législateur de l'Union étant en effet fonction de leur incidence sur le bon fonctionnement du marché intérieur, ainsi qu'il est rappelé au considérant 31 de la directive 2001/29.

41. Aux termes de l'article 5, paragraphe 3, sous c), second cas de figure, et sous d), de la directive 2001/29, les exceptions ou limitations qui y sont visées concernent respectivement « l'utilisation d'œuvres ou d'autres objets protégés afin de rendre compte d'événements d'actualité, dans la mesure justifiée par le but d'information poursuivi et sous réserve d'indiquer, à moins que cela ne s'avère impossible, la source, y compris le nom de l'auteur » et les « citations faites, par exemple, à des fins de critique ou de revue, pour autant qu'elles concernent une œuvre ou un autre objet protégé ayant déjà été licitement mis à la disposition du public, que, à moins que cela ne s'avère impossible, la source, y compris le nom de l'auteur, soit indiquée et qu'elles soient faites conformément aux bons usages et dans la mesure justifiée par le but poursuivi ».

42. Ainsi qu'il ressort de son contenu, cette disposition n'harmonise pas de manière complète la portée des exceptions ou des limitations qu'elle comporte.

43. Il ressort en effet, d'une part, de l'utilisation, dans l'article 5, paragraphe 3, sous c), second cas de figure, et sous d), de la directive 2001/29, respectivement des termes « dans la mesure justifiée par le but d'information poursuivi » et « conformément aux bons usages et dans la mesure justifiée par le but poursuivi », que les États membres disposent, dans la transposition de cette disposition et dans l'application des dispositions de droit national qui la mettent en œuvre, d'une marge d'appréciation significative leur permettant de mettre en balance les intérêts en présence. D'autre part, l'article 5, paragraphe 3, sous d), de cette directive ne prévoit, s'agissant des cas dans lesquels une citation peut être effectuée, qu'une liste exemplative de tels cas, comme en atteste

l'utilisation des termes « faites, par exemple, à des fins de critique ou de revue ».

44. Cette marge d'appréciation est confirmée par les travaux législatifs qui ont précédé l'adoption de la directive 2001/29. Ainsi, il ressort de l'exposé des motifs de la proposition de directive du Parlement européen et du Conseil sur l'harmonisation de certains aspects du droit d'auteur et des droits voisins dans la société de l'information, du 10 décembre 1997 [COM(97) 628 final], relatif aux limitations qui sont désormais prévues, en substance, à l'article 5, paragraphe 3, sous c) et d), de la directive 2001/29, que, eu égard à leur importance économique limitée, ces limitations ne devaient pas faire l'objet d'un traitement détaillé dans ladite proposition, seules des conditions minimales étant formulées pour leur application, et que la définition détaillée des conditions d'application de ces exceptions ou limitations devait incomber aux États membres, dans le respect des contours fixés par cette disposition.

45. Nonobstant les considérations qui précèdent, la marge d'appréciation des États membres dans la mise en œuvre de l'article 5, paragraphe 3, sous c), second cas de figure, et sous d), de la directive 2001/29 est circonscrite à plusieurs égards.

46. Premièrement, la Cour a itérativement jugé que la marge d'appréciation dont bénéficient les États membres dans la mise en œuvre des exceptions et limitations prévues à l'article 5, paragraphes 2 et 3, de la directive 2001/29 doit s'exercer dans les limites imposées par le droit de l'Union, ce qui implique que les États membres ne sont pas libres, dans tous les cas, de déterminer, de manière non harmonisée, l'ensemble des paramètres de ces exceptions et limitations [voir, en ce sens, arrêts du 6 février 2003, *SENA*, C-245/00, EU:C:2003:68, point 34 ; du 1er décembre 2011, *Painer*, C-145/10, EU:C:2011:798, point 104, et du 3 septembre 2014, *Deckmyn et Vrijheidsfonds*, C-201/13, EU:C:2014:2132, point 16 ; avis 3/15 (Traité de Marrakech sur l'accès aux œuvres publiées), du 14 février 2017, EU:C:2017:114, point 122].

47. La Cour a ainsi souligné que la faculté pour les États membres de mettre en œuvre une exception ou une limitation aux règles harmonisées énoncées aux articles 2 et 3 de la directive 2001/29 est fortement encadrée par les exigences du droit de l'Union [voir, en ce sens, avis 3/15 (Traité de Marrakech sur l'accès aux œuvres publiées), du 14 février 2017, EU:C:2017:114, point 126].

48. En particulier, les États membres ne peuvent prévoir, dans leur législation, une exception ou une limitation visée à l'article 5, paragraphes 2 et 3, de la directive 2001/29 que pour autant qu'ils respectent l'ensemble des conditions énoncées par cette disposition [voir, par analogie, avis 3/15 (Traité de Marrakech sur l'accès aux œuvres publiées), du 14 février 2017, EU:C:2017:114, point 123 et jurisprudence citée].

49. Les États membres sont également tenus, dans ce cadre, de respecter les principes généraux du droit de l'Union, parmi lesquels figure le principe de proportionnalité, dont il découle que les mesures adoptées doivent être aptes à réaliser l'objectif visé et ne pas aller au-delà de ce qui est nécessaire pour l'atteindre (arrêt du 1er décembre 2011, *Painer*, C-145/10, EU:C:2011:798, points 105 et 106).

50. Deuxièmement, la Cour a rappelé que la marge d'appréciation dont jouissent les États membres pour mettre en œuvre les exceptions et limitations prévues à l'article 5, paragraphes 2 et 3, de la directive 2001/29 ne saurait être utilisée de manière à compromettre les objectifs de cette directive tenant, ainsi qu'il ressort des considérants 1 et 9 de celle-ci, à l'instauration d'un niveau élevé de protection en faveur des auteurs et au bon fonctionnement du marché intérieur [voir, en ce sens, arrêts du 1er décembre 2011, *Painer*, C-145/10, EU:C:2011:798, point 107, et du 10 avril 2014, *ACI Adam e.a.*, C-435/12, EU:C:2014:254, point 34 ; avis 3/15 (Traité de Marrakech sur l'accès aux œuvres publiées), du 14 février 2017, EU:C:2017:114, point 124 et jurisprudence citée].

51. Cela étant, il incombe également aux États membres, dans le cadre de cette mise en œuvre, de sauvegarder l'effet utile des exceptions et des limitations ainsi établies et de respecter leur finalité (voir, en ce sens, arrêts du 4 octobre 2011, *Football Association Premier League e.a.*, C-403/08 et C-429/08, EU:C:2011:631, point 163, ainsi que du 3 septembre 2014, *Deckmyn et Vrijheidsfonds*, C-201/13, EU:C:2014:2132, point 23), et ce afin de maintenir un juste équilibre en matière de droits et d'intérêts entre les différentes catégories de titulaires de droits ainsi qu'entre celles-ci et les utilisateurs d'objets protégés, comme l'énonce le considérant 31 de ladite directive.

52. Troisièmement, la marge d'appréciation dont jouissent les États membres pour mettre en œuvre les exceptions et limitations visées à l'article 5, paragraphes 2 et 3, de la directive 2001/29 est aussi limitée par l'article 5, paragraphe 5, de ladite directive, qui subordonne de telles exceptions ou limitations à une triple condition, à savoir que ces exceptions ou limitations ne soient applicables que dans certains cas spéciaux, qu'elles ne portent pas atteinte à l'exploitation normale de l'œuvre et qu'elles ne causent pas un préjudice injustifié aux intérêts légitimes du titulaire du droit d'auteur [avis 3/15 (Traité de Marrakech sur l'accès aux œuvres publiées), du 14 février 2017, EU:C:2017:114, point 125 et jurisprudence citée].

53. Enfin, quatrièmement, comme il a été rappelé au point 31 du présent arrêt, les principes consacrés par la Charte s'appliquent aux États membres lorsqu'ils mettent en œuvre le droit de l'Union. Il incombe dès lors aux États membres, lors de la transposition des exceptions et des limitations visées à l'article 5, paragraphes 2 et 3, de la directive 2001/29,

de veiller à se fonder sur une interprétation de ces dernières qui permette d'assurer un juste équilibre entre les différents droits fondamentaux protégés par l'ordre juridique de l'Union (arrêts du 27 mars 2014, *UPC Telekabel Wien*, C-314/12, EU:C:2014:192, point 46, et du 18 octobre 2018, *Bastei Lübbe*, C-149/17, EU:C:2018:841, point 45 ainsi que jurisprudence citée ; voir également, par analogie, arrêt du 26 septembre 2013, *IBV & Cie*, C-195/12, EU:C:2013:598, points 48 et 49 ainsi que jurisprudence citée).

54. Eu égard aux considérations qui précèdent, il y a lieu de répondre à la première question que l'article 2, sous a), et l'article 3, paragraphe 1, de la directive 2001/29 doivent être interprétés en ce sens qu'ils constituent des mesures d'harmonisation complète du contenu matériel des droits qui y sont visés. Le point c), second cas de figure, et le point d) du paragraphe 3 de l'article 5 de cette directive doivent être interprétés en ce sens qu'ils ne constituent pas des mesures d'harmonisation complète de la portée des exceptions ou des limitations qu'ils comportent.

Sur la troisième question

55. Par sa troisième question, qu'il convient d'examiner en deuxième lieu, la juridiction de renvoi demande, en substance, si la liberté d'information et la liberté de la presse, consacrées à l'article 11 de la Charte, sont susceptibles de justifier, en dehors des exceptions et des limitations prévues à l'article 5, paragraphes 2 et 3, de la directive 2001/29, une dérogation aux droits exclusifs de reproduction et de communication au public de l'auteur, visés respectivement à l'article 2, sous a), et à l'article 3, paragraphe 1, de ladite directive.

56. D'emblée, il y a lieu de relever qu'il ressort tant de l'exposé des motifs de la proposition COM(97) 628 final que du considérant 32 de la directive 2001/29 que la liste des exceptions et des limitations que comporte l'article 5 de cette directive revêt un caractère exhaustif, ce que la Cour a également souligné à plusieurs reprises (arrêts du 16 novembre 2016, *Soulier et Doke*, C-301/15, EU:C:2016:878, point 34, et du 7 août 2018, *Renckhoff*, C-161/17, EU:C:2018:634, point 16).

57. Ainsi qu'il découle des considérants 3 et 31 de la directive 2001/29, l'harmonisation effectuée par celle-ci vise à maintenir, et ce notamment dans l'environnement électronique, un juste équilibre entre, d'une part, l'intérêt des titulaires des droits d'auteur et des droits voisins à la protection de leur droit de propriété intellectuelle, garantie par l'article 17, paragraphe 2, de la Charte, et, d'autre part, la protection des intérêts et des droits fondamentaux des utilisateurs d'objets protégés, en particulier de leur liberté d'expression et d'information, garantie par l'article 11 de la Charte, ainsi que de l'intérêt général (voir, en ce sens, arrêt du 7 août 2018, *Renckhoff*, C-161/17, EU:C:2018:634, point 41).

58. Or, les mécanismes permettant de trouver un juste équilibre entre ces différents droits et intérêts sont inscrits dans la directive 2001/29 elle-même, en ce qu'elle prévoit notamment, d'une part, à ses articles 2 à 4, les droits exclusifs des titulaires de droits et, d'autre part, à son article 5, les exceptions et limitations à ces droits qui peuvent, voire doivent, être transposées par les États membres, ces mécanismes devant néanmoins être concrétisés par des mesures nationales de transposition de cette directive ainsi que par l'application de celle-ci par les autorités nationales (voir, en ce sens, arrêt du 29 janvier 2008, *Promusicae*, C-275/06, EU:C:2008:54, point 66 et jurisprudence citée).

59. La Cour a itérativement jugé que les droits fondamentaux désormais consacrés par la Charte, dont la Cour assure le respect, s'inspirent des traditions constitutionnelles communes aux États membres ainsi que des indications fournies par les instruments internationaux concernant la protection des droits de l'homme auxquels les États membres ont coopéré ou adhéré (voir, en ce sens, arrêt du 27 juin 2006, *Parlement/Conseil*, C-540/03, EU:C:2006:429, point 35 et jurisprudence citée).

60. En ce qui concerne les exceptions et limitations prévues à l'article 5, paragraphe 3, sous c), second cas de figure, et sous d), de la directive 2001/29, sur lesquelles s'interroge la juridiction de renvoi, il convient de souligner qu'elles visent spécifiquement à privilégier l'exercice du droit à la liberté d'expression des utilisateurs d'objets protégés et à la liberté de la presse, lequel revêt une importance particulière lorsqu'il est protégé au titre des droits fondamentaux, par rapport à l'intérêt de l'auteur à pouvoir s'opposer à l'utilisation de son œuvre, tout en assurant à cet auteur le droit de voir, en principe, son nom indiqué (voir, en ce sens, arrêt du 1er décembre 2011, *Painer*, C-145/10, EU:C:2011:798, point 135).

61. Contribue également au juste équilibre, rappelé aux points 51 et 57 du présent arrêt, l'article 5, paragraphe 5, de cette directive, qui, ainsi qu'il a été souligné au point 52 du présent arrêt, exige que les exceptions et limitations prévues aux paragraphes 1 à 4 de l'article 5 de ladite directive ne soient applicables que dans certains cas spéciaux qui ne portent pas atteinte à l'exploitation normale de l'œuvre ou d'un autre objet protégé ni ne causent un préjudice injustifié aux intérêts légitimes du titulaire du droit.

62. Dans ce contexte, permettre, nonobstant la volonté expresse du législateur de l'Union, rappelée au point 56 du présent arrêt, à chaque État membre d'introduire des dérogations aux droits exclusifs de l'auteur, visés aux articles 2 à 4 de la directive 2001/29, en dehors des exceptions et des limitations prévues de manière exhaustive à l'article 5 de cette directive menacerait l'effectivité de l'harmonisation du droit d'auteur et des droits voisins réalisée par ladite directive ainsi que l'objectif de sécurité juridique poursuivi par celle-ci (arrêt du 13 février 2014, *Svensson e.a.*,

C-466/12, EU:C:2014:76, points 34 et 35). En effet, il ressort expressément du considérant 31 de cette même directive que les disparités qui existaient au niveau des exceptions et des limitations à certains actes soumis à restrictions avaient une incidence négative directe sur le fonctionnement du marché intérieur dans le domaine du droit d'auteur et des droits voisins, la liste des exceptions et des limitations contenue à l'article 5 de la directive 2001/29 visant ainsi à assurer ce bon fonctionnement.

63. En outre, ainsi qu'il ressort du considérant 32 de la même directive, les États membres sont tenus d'appliquer ces exceptions et limitations de manière cohérente. Or, l'exigence de cohérence dans la mise en œuvre de ces exceptions et limitations ne pourrait être assurée si les États membres étaient libres de prévoir de telles exceptions et limitations en dehors de celles expressément prévues par la directive 2001/29 (voir, en ce sens, arrêt du 12 novembre 2015, *Hewlett-Packard Belgium*, C-572/13, EU:C:2015:750, points 38 et 39), la Cour ayant, du reste, déjà souligné qu'aucune disposition de la directive 2001/29 n'envisage la possibilité pour les États membres d'élargir la portée desdites exceptions ou limitations (voir, en ce sens, arrêt du 10 avril 2014, *ACI Adam e.a.*, C-435/12, EU:C:2014:254, point 27).

64. Eu égard aux considérations qui précèdent, il y a lieu de répondre à la troisième question que la liberté d'information et la liberté de la presse, consacrées à l'article 11 de la Charte, ne sont pas susceptibles de justifier, en dehors des exceptions et des limitations prévues à l'article 5, paragraphes 2 et 3, de la directive 2001/29, une dérogation aux droits exclusifs de reproduction et de communication au public de l'auteur, visés respectivement à l'article 2, sous a), et à l'article 3, paragraphe 1, de cette directive.

Sur la deuxième question

65. Par sa deuxième question, la juridiction de renvoi demande, en substance, si le juge national, dans le cadre de la mise en balance qu'il lui incombe d'effectuer entre les droits exclusifs de l'auteur visés à l'article 2, sous a), et à l'article 3, paragraphe 1, de la directive 2001/29, d'une part, et les droits des utilisateurs d'objets protégés visés par les dispositions dérogatoires de l'article 5, paragraphe 3, sous c), second cas de figure, et sous d), de cette directive, d'autre part, peut se départir d'une interprétation restrictive de ces dernières dispositions au profit d'une interprétation de celles-ci qui tienne pleinement compte de la nécessité de respecter la liberté d'expression et d'information, garantie par l'article 11 de la Charte.

66. La juridiction de renvoi nourrit à cet égard des doutes quant à la possibilité d'appliquer, en l'occurrence, l'article 5, paragraphe 3, sous c), second cas de figure, de la directive 2001/29 à l'utilisation des UdP par

Funke Medien, au motif que cette dernière n'aurait pas assorti la publication desdits UdP d'un quelconque acte séparé de compte rendu.

67. Comme il a été rappelé au point 53 du présent arrêt, il incombe aux États membres, lors de la transposition des exceptions et des limitations visées à l'article 5, paragraphes 2 et 3, de la directive 2001/29, de veiller à se fonder sur une interprétation de ces dernières qui permette d'assurer un juste équilibre entre les différents droits fondamentaux protégés par l'ordre juridique de l'Union.

68. Par la suite, lors de la mise en œuvre des mesures de transposition de cette directive, il incombe aux autorités et aux juridictions des États membres non seulement d'interpréter leur droit national d'une manière conforme à cette même directive, mais également de ne pas se fonder sur une interprétation de celle-ci qui entrerait en conflit avec lesdits droits fondamentaux ou avec les autres principes généraux du droit de l'Union, ainsi que la Cour l'a itérativement jugé (voir, en ce sens, arrêts du 29 janvier 2008, *Promusicae*, C-275/06, EU:C:2008:54, point 70 ; du 27 mars 2014, *UPC Telekabel Wien*, C-314/12, EU:C:2014:192, point 46, et du 16 juillet 2015, *Coty Germany*, C-580/13, EU:C:2015:485, point 34).

69. Certes, ainsi que le relève la juridiction de renvoi, une dérogation à une règle générale doit, en principe, faire l'objet d'une interprétation stricte.

70. Toutefois, bien que l'article 5 de la directive 2001/29 soit formellement intitulé « Exceptions et limitations », il y a lieu de relever que de telles exceptions ou limitations comportent elles-mêmes des droits au profit des utilisateurs d'œuvres ou d'autres objets protégés (voir, en ce sens, arrêt du 11 septembre 2014, *Eugen Ulmer*, C-117/13, EU:C:2014:2196, point 43). En outre, cet article a spécifiquement pour objet, ainsi qu'il a été rappelé au point 51 du présent arrêt, d'assurer un juste équilibre entre, d'une part, les droits et intérêts des titulaires de droits, qui font eux-mêmes l'objet d'une interprétation large (voir, en ce sens, arrêt du 16 novembre 2016, *Soulier et Doke*, C-301/15, EU:C:2016:878, points 30 et 31 ainsi que jurisprudence citée) et, d'autre part, les droits et intérêts des utilisateurs d'œuvres ou d'autres objets protégés.

71. Il en découle que l'interprétation des exceptions et des limitations prévues à l'article 5 de la directive 2001/29 doit permettre, ainsi qu'il a été rappelé au point 51 du présent arrêt, de sauvegarder leur effet utile et de respecter leur finalité, une telle exigence revêtant une importance particulière lorsque ces exceptions et limitations visent, à l'instar de celles prévues à l'article 5, paragraphe 3, sous c) et d), de la directive 2001/29, à garantir le respect de libertés fondamentales.

72. Dans ce contexte, il importe, d'une part, d'ajouter que la protection du droit de propriété intellectuelle est certes consacrée à l'article 17,

paragraphe 2, de la Charte. Cela étant, il ne ressort nullement de cette disposition ni de la jurisprudence de la Cour qu'un tel droit serait intangible et que sa protection devrait donc être assurée de manière absolue (arrêts du 24 novembre 2011, *Scarlet Extended*, C-70/10, EU:C:2011:771, point 43 ; du 16 février 2012, *SABAM*, C-360/10, EU:C:2012:85, point 41, et du 27 mars 2014, *UPC Telekabel Wien*, C-314/12, EU:C:2014:192, point 61).

73. D'autre part, il a été rappelé au point 60 du présent arrêt que l'article 5, paragraphe 3, sous c) et d), de la directive 2001/29 vise à privilégier l'exercice du droit à la liberté d'expression des utilisateurs d'objets protégés et à la liberté de la presse, garanti par l'article 11 de la Charte. À cet égard, il y a lieu de relever que, dans la mesure où la Charte contient des droits correspondant à des droits garantis par la convention européenne de sauvegarde des droits de l'homme et des libertés fondamentales, signée à Rome le 4 novembre 1950 (ci-après la « CEDH »), l'article 52, paragraphe 3, de la Charte vise à assurer la cohérence nécessaire entre les droits contenus dans celle-ci et les droits correspondants garantis par la CEDH, sans que cela porte atteinte à l'autonomie du droit de l'Union et de la Cour de justice de l'Union européenne [voir, par analogie, arrêts du 15 février 2016, *N.*, C-601/15 PPU, EU:C:2016:84, point 47, et du 26 septembre 2018, *Staatssecretaris van Veiligheid en justitie (Effet suspensif de l'appel)*, C-180/17, EU:C:2018:775, point 31 ainsi que jurisprudence citée]. L'article 11 de la Charte contient des droits correspondant à ceux garantis par l'article 10, paragraphe 1, de la CEDH (voir, en ce sens, arrêt du 14 février 2019, Buivids, C-345/17, EU:C:2019:122, point 65 et jurisprudence citée).

74. Or, ainsi qu'il ressort de la jurisprudence de la Cour européenne des droits de l'homme, aux fins d'effectuer la mise en balance entre le droit d'auteur et le droit à la liberté d'expression, cette juridiction a notamment souligné la nécessité de tenir compte de la circonstance que le type de « discours » ou d'information en cause revêt une importance particulière, notamment dans le cadre du débat politique ou d'un débat touchant à l'intérêt général (voir, en ce sens, Cour EDH, 10 janvier 2013, *Ashby Donald et autres c. France*, CE:ECHR:2013:0110JUD 003676908, § 39).

75. En l'occurrence, il ressort du dossier soumis à la Cour que Funke Medien a non seulement publié les UdP sur son site Internet, mais les a également présentés sous une forme systématisée et accompagnés d'un propos introductif, de liens supplémentaires et d'une invitation à interagir. Dans de telles circonstances, et à supposer que les UdP doivent être qualifiés d'« œuvres » au sens de l'article 2, sous a), et de l'article 3, paragraphe 1, de la directive 2001/29, il y a lieu de considérer que la publication de ces documents peut constituer une « utilisation d'œuvres [...] afin de rendre compte d'événements d'actualité », au sens de l'article 5,

paragraphe 3, sous c), second cas de figure, de la directive 2001/29. Cette publication est, dès lors, susceptible de relever de cette disposition, pour autant que les autres conditions prévues à cette disposition sont remplies, ce qu'il appartient à la juridiction de renvoi de vérifier.

76. Eu égard aux considérations qui précèdent, il y a lieu de répondre à la deuxième question que le juge national, dans le cadre de la mise en balance qu'il lui incombe d'effectuer, au regard de l'ensemble des circonstances de l'espèce concernée, entre les droits exclusifs de l'auteur visés à l'article 2, sous a), et à l'article 3, paragraphe 1, de la directive 2001/29, d'une part, et les droits des utilisateurs d'objets protégés visés par les dispositions dérogatoires de l'article 5, paragraphe 3, sous c), second cas de figure, et sous d), de cette directive, d'autre part, doit se fonder sur une interprétation de ces dispositions qui, tout en respectant leur libellé et en préservant leur effet utile, soit pleinement conforme aux droits fondamentaux garantis par la Charte.

[...]

Par ces motifs, la Cour (grande chambre) dit pour droit :

1) L'article 2, sous a), et l'article 3, paragraphe 1, de la directive 2001/29/CE du Parlement européen et du Conseil, du 22 mai 2001, sur l'harmonisation de certains aspects du droit d'auteur et des droits voisins dans la société de l'information, doivent être interprétés en ce sens qu'ils constituent des mesures d'harmonisation complète du contenu matériel des droits qui y sont visés. Le point c), second cas de figure, et le point d) du paragraphe 3 de l'article 5 de cette directive doivent être interprétés en ce sens qu'ils ne constituent pas des mesures d'harmonisation complète de la portée des exceptions ou des limitations qu'ils comportent.

2) La liberté d'information et la liberté de la presse, consacrées à l'article 11 de la charte des droits fondamentaux de l'Union européenne, ne sont pas susceptibles de justifier, en dehors des exceptions et des limitations prévues à l'article 5, paragraphes 2 et 3, de la directive 2001/29, une dérogation aux droits exclusifs de reproduction et de communication au public de l'auteur, visés respectivement à l'article 2, sous a), et à l'article 3, paragraphe 1, de cette directive.

3) Le juge national, dans le cadre de la mise en balance qu'il lui incombe d'effectuer, au regard de l'ensemble des circonstances de l'espèce concernée, entre les droits exclusifs de l'auteur visés à l'article 2, sous a), et à l'article 3, paragraphe 1, de la directive 2001/29, d'une part, et les droits des utilisateurs d'objets protégés visés par les dispositions dérogatoires de l'article 5, paragraphe 3, sous c), second cas de figure, et sous d), de cette directive, d'autre part, doit se fonder sur une interprétation de ces dispositions qui,

tout en respectant leur libellé et en préservant leur effet utile, soit pleinement conforme aux droits fondamentaux garantis par la charte des droits fondamentaux de l'Union européenne.

Observations

Par trois arrêts rendus en grande chambre sur des questions préjudicielles posées par la Cour de justice fédérale allemande (*Bundesgerichtshof*), la Cour de justice s'est prononcée sur la complexe articulation entre droit d'auteur, et particulièrement les exceptions qui peuvent s'y appliquer, et droits fondamentaux. L'arrêt *Funke Medien* est commenté ici, mais est largement dupliqué par les arrêts rendus le même jour dans les affaires *Spiegel Online*(1) et *Pelham*(2). Ensemble ils établissent sans aucun doute un jalon important dans une jurisprudence qu'on n'oserait rêver être définitive.

L'irruption des droits fondamentaux en droit d'auteur et plus largement dans la matière de la propriété intellectuelle n'est pas nouvelle et la juridiction européenne y avait déjà consacré plusieurs décisions. Le mouvement de réconciliation des droits intellectuels avec les droits fondamentaux précède l'entrée en vigueur du traité de Lisbonne et de la Charte(3), mais s'est largement amplifié ensuite. Et à la proportionnalité qui guidait les juges européens avant cette entrée en vigueur, s'est substituée assez vite une autre technique de mise en balance, celle du « juste équilibre », technique qui sera au cœur de l'arrêt commenté.

On a ainsi pu parler d'une véritable « constitutionnalisation » du droit d'auteur, reposant sur l'article 17(2) de la Charte des droits fondamentaux qui consacre la protection de la propriété intellectuelle, et sur les autres droits issus de la Charte, parfois invoqués pour diminuer cette protection.

---

(1) CJUE, 29 juillet 2019, *Spiegel Online*, aff. C-516/17, ECLI:EU:C:2019:625.

(2) CJUE, 29 juillet 2019, *Pelham GmbH*, aff. C-476/17, ECLI:EU:C:2019:624.

(3) CJCE, 28 avril 1998, *Metronome Musik GmbH*, aff. C-200/96, ECLI:EU:C:1998:172, pt 21 ; CJUE, 12 septembre 2006, *Laserdisken*, aff. C-479/04, ECLI:EU:C:2006:549, pt 65 ; CJUE, 29 janvier 2009, *Promusicae*, aff. C-275/06, ECLI:EU:C:2008:54, pt 68.

Divers droits fondamentaux se sont confrontés à la protection du droit d'auteur, que ce soit la protection de la vie privée (4), la liberté d'expression (5), le droit d'accès à l'information (6), et même la liberté d'entreprise (7) ou le principe d'égalité de traitement (8). Des limitations à l'exercice du droit d'auteur ont cherché justification dans ces libertés fondamentales dans deux types d'hypothèses, soit pour encadrer la mise en œuvre des droits intellectuels, notamment s'agissant des injonctions adressées aux intermédiaires de l'Internet (9), soit pour rechercher un équilibre entre la protection du droit d'auteur et les libertés et droits fondamentaux des utilisateurs d'œuvres (10). Les trois arrêts du 29 juillet 2019 relèvent de cette dernière catégorie.

L'arrêt *Funke Medien* intervient dans un litige opposant l'État allemand à un organe de presse ayant publié sur son site internet des rapports militaires confidentiels, normalement destinés à une commission du *Bundestag* et à certains ministères et dont seule une version abrégée est accessible au public. La République fédérale d'Allemagne a introduit une action en cessation contre ce site pour violation de son droit d'auteur sur ces rapports. Au-delà de la question de la protection de ces écrits, peu originaux, par le droit d'auteur, les juges allemands s'interrogent sur l'interprétation des exceptions relatives au compte-rendu d'événements de l'actualités et aux citations, et sur l'application subsidiaire et directe de la liberté de la presse prévue par la Loi

(4) CJUE, 29 janvier 2009, *Promusicae*, aff. C-275/06, préc. ; CJCE, 19 février 2009, *LSG*, aff. C-557/0, ECLI:EU:C:2009:107 ; CJUE, 19 avril 2012, *Bonnier Audio*, aff. C-461/10, ECLI:EU:C:2012:219.

(5) CJUE, 1er décembre 2012, *Painer*, aff. C-145/10, ECLI:EU:C:2013:138 ; CJUE, 2 septembre 2014, *Deckmyn*, aff. C-201/13, ECLI:EU:C:2014:2132.

(6) CJUE, 8 septembre 2016, *GS Media*, aff. C-160/15, ECLI:EU:C:2016:644, pt 45.

(7) CJUE, 26 avril 2012, *DR TV2 Danmark*, aff. C-510/10, ECLI:EU:C:2012:244 ; CJUE, 24 novembre 2011, *Scarlet c/ SABAM*, aff. C-70/10, ECLI:EU:C:2011:771 ; CJUE, 27 mars 2014, *UPC Telekabel*, aff. C-314/12, ECLI:EU:C:2014:192 ; CJUE, 15 septembre 2016, *Mc Fadden*, aff. C-484/14, ECLI:EU:C:2016:689.

(8) CJUE, 5 mars 2015, *Copydan*, aff. C-463/12, ECLI:EU:C:2015:144, pt 31.

(9) CJUE, *Scarlet c/ SABAM*, aff. C-70/10, préc. ; CJUE, 27 mars 14, *UPC Telekabel*, aff. C-314/12, préc. ; CJUE, 15 septembre 2016, *Mc Fadden*, aff. C-484/14, préc. ; CJUE, 18 octobre 2018, *Bastei Lubbe*, aff. C-149/17, ECLI:EU:C:2018:841 ; CJUE, 16 juillet 2015, *Coty Germany*, aff. C-580/13, ECLI:EU:C:2015:485.

(10) CJUE, 1er décembre 2012, *Painer*, aff. C-145/10, préc. ; CJUE, 2 septembre 2014, *Deckmyn*, aff. C-201/13, préc. ; CJUE, 8 septembre 2016, *GS Media*, aff. C-160/15, préc., pt 45.

fondamentale allemande (*Grundgesetz*) ainsi que par la Charte des droits fondamentaux de l'Union européenne.

Les deux autres arrêts prononcés le même jour posent des questions similaires d'application des droits fondamentaux en droit d'auteur, soit comme une limitation directe, soit par le biais des exceptions prévues par la directive 2001/29 sur le droit d'auteur dans la société de l'information. *Spiegel Online* concerne la diffusion par un média d'anciens écrits d'un homme politique allemand qui contredisent ses propos actuels, tandis que l'arrêt *Pelham* intervient dans une procédure judiciaire de plus de dix ans relative à la réutilisation de deux secondes d'un phonogramme, succès de la musique électronique allemande des années 1980, dans un *sampling* musical.

La réponse de la Cour est identique dans les trois espèces, au-delà des questions complémentaires spécifiques que pose chaque recours particulier. Elle peut se subdiviser en deux parties : d'une part, la réaffirmation de la primauté du droit européen et ses conséquences sur la latitude des États dans la transposition et l'application des exceptions au droit d'auteur ; d'autre part, une affirmation claire, mais encadrée, de l'importance des exceptions et du rôle des droits fondamentaux en droit d'auteur.

En premier lieu, ces arrêts de la grande chambre sont l'occasion d'asséner très fortement le principe de la primauté du droit européen et de la Charte des droits fondamentaux. En conséquence, le niveau de protection des droits fondamentaux prévu par la Charte doit être atteint lors de la transposition d'une directive en droit national (11). En outre, les États membres ne peuvent appliquer des dispositions de droit national, même d'ordre constitutionnel, et leurs standards de protection des droits fondamentaux si cela affecte l'effet du droit de l'Union sur leur territoire ou le niveau de protection prévu par la Charte (12).

---

(11) Pt 31 de l'arrêt commenté ; également CJUE, 29 juillet 2019, *Spiegel Online*, aff. C-516/17, préc., pt 20 ; CJUE, 29 juillet 2019, *Pelham GmbH*, aff. C-476/17, préc., pt 79.

(12) Pt 32 de l'arrêt commenté ; également CJUE, 29 juillet 2019, *Spiegel Online*, aff. C-516/17, préc., pt 21 ; CJUE, 29 juillet 2019, *Pelham GmbH*, aff. C-476/17, préc., pt 80.

Plus loin dans l'arrêt, la Cour rappelle que la Charte des droits fondamentaux s'inspire des traditions constitutionnelles des États membres et des autres instruments internationaux en la matière (13) mais prévaut sur ceux-ci. Ainsi, la Charte contient des droits correspondant aux droits garantis par la Convention européenne des droits de l'homme, qu'il s'agit d'interpréter de manière cohérente, mais l'arrêt prend bien soin d'insister sur l'autonomie du droit de l'Union et de la Cour de justice en la matière (14). Si la cour de Luxembourg s'appuie en partie sur la jurisprudence de ses homologues strasbourgeois, citant les rares recours dont ces derniers ont eu à connaître en droit d'auteur, et la nécessité de tenir compte du type de discours ou d'information en cause dans l'appréciation de la mise en balance (15), elle s'en inspire surtout à titre de comparaison et de cohérence et non comme une source de jurisprudence qui la lierait. L'Avocat général Szpunar avait bien plus largement suivi l'interprétation de la Cour européenne des droits de l'homme dans ses conclusions (16), refusant de trancher sur une quelconque hiérarchie entre les deux ordres juridiques.

La primauté du droit de l'Union permet également d'établir une sorte de ligne de conduite à destination des États qui transposent les textes communautaires. La marge de manœuvre dont ils bénéficient dépend au premier chef du degré d'harmonisation de la disposition à transposer, qui varie en ce qui concerne les droits et exceptions prévus par la directive 2001/29. Les droits exclusifs (17), ainsi que certaines exceptions (18), étant une mesure d'harmonisation complète, aucune marge de manœuvre n'existe pour les États sur ces questions.

---

(13) Pt 59 de l'arrêt commenté ; également CJUE, 29 juillet 2019, *Spiegel Online*, aff. C-516/17, préc., pt 44 ; CJUE, 29 juillet 2019, *Pelham GmbH*, aff. C-476/17, préc., pt 61.

(14) Pt 73 de l'arrêt commenté ; également CJUE, 29 juillet 2019, *Spiegel Online*, aff. C-516/17, préc., pt 57.

(15) Pt 74 de l'arrêt commenté ; également CJUE, 29 juillet 2019, *Spiegel Online*, aff. C-516/17, préc., pt 58.

(16) Concl. av. gén. Szpunar, pts 45 et s.

(17) Pts 35-38 de l'arrêt commenté ; également CJUE, 29 juillet 2019, *Pelham GmbH*, aff. C-476/17, préc., pts 83-85.

(18) Pt 40 de l'arrêt commenté ; également CJUE, 29 juillet 2019, *Spiegel Online*, aff. C-516/17, préc., pt 25.

En l'absence d'une harmonisation complète, ce qui est le cas pour l'exception de compte-rendu d'actualité invoquée par le média en cause dans l'affaire *Funke Medien* (19), la liberté qui subsiste dans la transposition reste circonscrite par les principes de droit de l'Union, en ce compris la proportionnalité (20), le respect des droits fondamentaux issus de la Charte (21) et s'agissant du droit d'auteur, le respect des conditions posées pour chaque exception (22) et des objectifs poursuivis par les directives – soit la protection élevée des droits des auteurs et autres titulaires (pt 57) et la réalisation du marché intérieur (pt 50) –, le juste équilibre entre droits et exceptions, les limites imposées par le test des trois étapes (23), et la poursuite d'un effet utile des exceptions (24). Si ces divers points apparaissaient déjà dans des décisions antérieures, la Cour dresse ici un véritable guide de transposition aux multiples contraintes, afin de ne pas laisser les États membres libres « de déterminer, de manière non harmonisée, l'ensemble des paramètres de ces exceptions et limitations » (25). Cet impressionnant catalogue de lignes à suivre, les unes œuvrant en faveur d'une protection des droits des auteurs, les autres venant à l'appui d'une sauvegarde équilibrée des intérêts des utilisateurs, est tel qu'on en vient à se demander si les États disposent encore d'une marge d'appréciation leur permettant d'adapter l'exception à leur contexte national ou s'il leur incombe de veiller à transposer ces dispositions d'une manière similaire à celle des autres États.

(19) Pts 41-44 de l'arrêt commenté ; également CJUE, 29 juillet 2019, *Spiegel Online*, aff. C-516/17, préc., pts 26-29.

(20) Pt 49 de l'arrêt commenté ; également CJUE, 29 juillet 2019, *Spiegel Online*, aff. C-516/17, préc., pt 34.

(21) Pt 53 de l'arrêt commenté ; également CJUE, 29 juillet 2019, *Spiegel Online*, aff. C-516/17, préc., pt 38.

(22) Pt 48 de l'arrêt commenté ; également CJUE, 29 juillet 2019, *Spiegel Online*, aff. C-516/17, préc., pt 33.

(23) Pt 52 de l'arrêt commenté ; également CJUE, 29 juillet 2019, *Spiegel Online*, aff. C-516/17, préc., pt 37.

(24) Pt 51 de l'arrêt commenté ; également CJUE, 29 juillet 2019, *Spiegel Online*, aff. C-516/17, préc., pt 36.

(25) Pt 46 de l'arrêt commenté ; également CJUE, 29 juillet 2019, *Spiegel Online*, aff. C-516/17, préc., pt 31.

Répétant sa jurisprudence, la Cour rappelle enfin que les États membres ne sont pas autorisés à autoriser une exception aux droits des auteurs en dehors des cas prévus par la liste exhaustive de l'article 5 de la directive 2001/29 (26). Pas de place donc pour la notion de « libre utilisation » qui existe en droit allemand et par laquelle les défendeurs, dans l'affaire *Pelham*, entendaient légitimer leur utilisation de quelques notes dans un *sampling* musical (27). Plus qu'un rappel, ce refus de sortir de la liste fermée d'exceptions s'adosse à une réflexion riche d'enseignements, quoiqu'ambiguë, sur l'essentielle articulation entre exceptions et droits fondamentaux qui constitue la deuxième partie de l'arrêt, entre renforcement des exceptions et limitations à la lumière des droits fondamentaux et resserrement de leur application respective.

À ce titre, la Cour clôt la question, largement contestée en doctrine, de la possibilité de justifier une utilisation d'une œuvre par un recours direct à un droit fondamental, en dehors des compromis réalisés par le régime légal du droit d'auteur. La question d'un recours à la liberté de la presse ou à la liberté de création, subsidiaire à l'existence d'une exception, était posée dans les trois recours préjudiciels : une liberté fondamentale peut-elle autoriser une utilisation d'une œuvre, qui ne rentrerait dans le cadre d'aucune exception aux droits des titulaires de droit d'auteur ou droits voisins ? La Cour y répond de manière négative, répliquant que la mise en balance doit s'effectuer uniquement au sein du droit d'auteur et des limitations qui y sont prévues par la loi (28). Cette internalisation des utilisations autorisées se réalise par l'identification de la longue liste exhaustive d'exceptions de l'article 5 de la directive 2001/29, dont beaucoup traduisent déjà la prise en compte de libertés fondamentales, et par le test des trois étapes qui en détermine strictement le cadre. Admettre des dérogations aux droits exclusifs hors des hypothèses d'exceptions

(26) Pt 62 de l'arrêt commenté ; également CJUE, 29 juillet 2019, *Spiegel Online*, aff. C-516/17, préc., pt 46 ; CJUE, 29 juillet 2019, *Pelham GmbH*, aff. C-476/17, préc., pt 63.

(27) CJUE, 29 juillet 2019, *Pelham GmbH*, aff. C-476/17, préc., pt 56.

(28) Pt 58 de l'arrêt commenté ; également CJUE, 29 juillet 2019, *Spiegel Online*, aff. C-516/17, préc., pt 43 ; CJUE, 29 juillet 2019, *Pelham GmbH*, aff. C-476/17, préc., pt 60.

comporterait, selon la Cour, un risque d'incohérence et de fragmentation du marché intérieur, au mépris des objectifs d'harmonisation et de sécurité juridique (29). L'Avocat général Szpunar avait d'ailleurs considéré que « cela n'est [...] pas la tâche du juge » (30), bien qu'il ait semblé accepter un recours direct aux droits fondamentaux dans des circonstances exceptionnelles (31) ou en cas de violation flagrante du contenu essentiel d'un droit fondamental (32). En l'espèce, la Cour rejette donc toute justification d'une dérogation aux droits exclusifs des titulaires de droit d'auteur par la liberté d'information et la liberté de la presse, en dehors des exceptions prévues par la directive 2001/29 (pt 64).

Ce refus de l'externalisation de l'équilibre entre droit d'auteur et droits fondamentaux se double toutefois d'un renforcement des exceptions et limitations, en interne, que l'on n'avait jamais vu exprimé aussi vigoureusement par la juridiction européenne.

Dans une jurisprudence qui jusqu'ici faisait passer la « protection élevée des droits des auteurs » avant les exceptions, ces trois arrêts posent un jalon inédit et radical en affirmant que les utilisations autorisées par celles-ci constituent de véritables droits pour les utilisateurs : « Toutefois, bien que l'article 5 de la directive 2001/29 soit formellement intitulé « Exceptions et limitations », il y a lieu de relever que de telles exceptions ou limitations comportent elles-mêmes des *droits* au profit des utilisateurs d'œuvres ou d'autres objets protégés » (33). Jamais les exceptions n'auront eu un tel statut en droit européen (34) et la recherche d'un juste équilibre entre droits des auteurs et droits des utilisateurs (et non exceptions qu'il faudrait limiter) prend un tout autre sens.

---

(29) Pt 63 de l'arrêt commenté ; également CJUE, 29 juillet 2019, *Spiegel Online*, aff. C-516/17, préc., pt 48 ; CJUE, 29 juillet 2019, *Pelham GmbH*, aff. C-476/17, préc., pt 64.

(30) Concl. av. gén. Szpunar, du 12 décembre 2018, sous *Pelham GmbH*, aff. C-476/17, préc., pt 98.

(31) Concl. av. gén. Szpunar, du 25 octobre 2018, sous *Funke Medien NRW*, aff. C-469/17, préc., pt 40.

(32) Concl., sous *Pelham GmbH*, aff. C-476/17, préc., pt 98.

(33) Pt 70 de l'arrêt commenté ; également CJUE, 29 juillet 2019, *Spiegel Online*, aff. C-516/17, préc., pt 54.

(34) *Cf.* cependant CJUE, 11 septembre 2014, *Eugen Ulmer*, aff. C-117/13, ECLI:EU:C:2014:2196, pt 43 ; CJUE, 3 septembre 2014, *Deckmyn*, aff. C-201/13, préc., pt 26 ; CJUE, 27 mars 2014, *UPC Telekabel*, aff. C-314/12, préc., pt 57.

Mais l'effet d'annonce est rapide et ne précise pas si cette nature de « droits » s'applique à toutes les exceptions ou seulement à celles qui traduisent des droits fondamentaux, ni quels sont les effets de cette qualification.

L'accession des exceptions au statut de droits confirme que la « fondamentalisation » de la propriété intellectuelle par l'article 17(2) de la Charte n'aboutit pas, et la Cour l'a répété à de multiples reprises, à en faire une protection intangible et absolue (35).

Il en résulte aussi que l'interprétation des exceptions « doit permettre de sauvegarder leur effet utile et de respecter leur finalité » (36), particulièrement si les exceptions visent à garantir le respect des libertés fondamentales. Cette interprétation téléologique qui atténue quelque peu le principe d'une interprétation stricte ou restrictive des exceptions était déjà présente dans des arrêts antérieurs mais elle est plus solidement étayée ici par la nécessité d'interpréter le droit national à l'aune des droits fondamentaux (37) et la possibilité d'atténuer la protection de la propriété intellectuelle garantie par l'article 17(2) de la Charte en raison du type de discours ou d'information en cause, conformément à la jurisprudence de la Cour européenne des droits de l'homme (38). Rappelons que l'œuvre ici en jeu consistait en des rapports militaires officiels, d'une nature plus informationnelle qu'expressive et d'un faible degré d'originalité. L'arrêt *Pelham* du même jour penche de manière similaire vers une interprétation qui permette de prendre en compte l'usage à des fins artistiques des défendeurs (39) et précise que la détermination d'une atteinte au droit de reproduction doit également être interprétée de manière à tenir compte de la liberté de création (40).

---

(35) Pt 72 de l'arrêt commenté ; également CJUE, 29 juillet 2019, *Spiegel Online*, aff. C-516/17, préc., pt 56 ; CJUE, 29 juillet 2019, *Pelham GmbH*, aff. C-476/17, préc., pt 33.

(36) Pt 71 de l'arrêt commenté ; également CJUE, 29 juillet 2019, *Spiegel Online*, aff. C-516/17, préc., pt 55.

(37) Pt 68 de l'arrêt commenté ; également CJUE, 29 juillet 2019, *Spiegel Online*, aff. C-516/17, préc., pt 52.

(38) Pt 74 de l'arrêt commenté ; également CJUE, 29 juillet 2019, *Spiegel Online*, aff. C-516/17, préc., pt 58.

(39) Pt 34 de l'arrêt commenté ; également CJUE, 29 juillet 2019, *Spiegel Online*, aff. C-516/17, préc., pt 58, s'agissant du contexte politique et d'intérêt général d'utilisation de l'œuvre.

(40) CJUE, 29 juillet 2019, *Pelham GmbH*, aff. C-476/17, préc., pt 31.

Reprenons les trois axes de l'arrêt : nécessité de tenir compte des droits fondamentaux dans la transposition d'une directive, refus d'un recours direct à un droit fondamental pour justifier une dérogation à la protection des droits d'auteur et droits voisins, et réaffirmation des exceptions à la fois comme droits des utilisateurs et consécrations de leurs droits fondamentaux. N'y a-t-il pas là un triangle infernal ou, à tout le moins, une tension entre ces trois angles ?

Premièrement, au terme du développement de la Cour sur la marge de manœuvre subsistant pour les États dans la transposition des directives, pour autant que le niveau de protection des droits fondamentaux prévus par la charge soit atteint, une question intrigante se pose, sans qu'elle soit réellement résolue par la Cour. Est-ce que les États conservent une liberté de ne pas transposer une exception, particulièrement si celle-ci, malgré qu'elle soit prévue de manière optionnelle par la directive de 2001, répond à un droit fondamental, telle la liberté d'expression ou la liberté de la presse ? L'arrêt mentionne rapidement que certaines exceptions et limitations aux droit d'auteur et droits voisins devraient être transposées par les États membres : « les mécanismes permettant de trouver un juste équilibre entre ces différents droits et intérêts sont inscrits dans la directive 2001/29 elle-même, en ce qu'elle prévoit notamment, d'une part, à ses articles 2 à 4, les droits exclusifs des titulaires de droits et, d'autre part, à son article 5, les exceptions et limitations à ces droits qui peuvent, *voire doivent*, être transposées par les États membres »(41). L'Avocat général Szpunar, dans ses conclusions, penchait davantage pour une obligation de transposer certaines exceptions reflétant la mise en balance de la protection avec différents droits fondamentaux, par souci de compatibilité avec la Charte(42).

Et puisque l'externalisation du conflit entre droit d'auteur et droits fondamentaux est écartée, n'en rend-elle pas la transposition d'exceptions reposant sur des droits fondamentaux d'autant plus obligatoire pour les États membres ?

(41) Pt 58 de l'arrêt commenté ; également CJUE, 29 juillet 2019, *Spiegel Online*, aff. C-516/17, préc., pt 43 ; CJUE, 29 juillet 2019, *Pelham GmbH*, aff. C-476/17, préc., pt 60.

(42) Concl. av. gén. SZPUNAR, sous *Funke Medien NRW*, aff. C-469/17, préc., pts 39 et 40 ; concl. av. gén. SZPUNAR, sous *Pelham GmbH*, aff. C-476/17, préc., pt 77.

L'exemple de la parodie est éclairant à cet égard. Si de nombreux pays en ont fait une exception explicite au droit d'auteur, d'autres États membres règlent l'éventuel conflit entre droit d'auteur et usages parodiques en s'appuyant directement sur la liberté d'expression, quand d'autres ne connaissent aucune exception. Cet arrêt signale-t-il un devoir des États d'introduire cette exception ou d'autres, dont le lien avec la liberté d'expression est flagrant, dans leur droit d'auteur, au lieu des instruments juridiques qu'ils utilisaient aux mêmes fins ?

Qu'en est-il ensuite de nouveaux usages qui ne rentreraient pas dans le cadre strict des exceptions existantes mais seraient nécessaires pour jouir d'un droit fondamental ? Ces trois arrêts dénient aux juges nationaux la possibilité de limiter l'exercice du droit d'auteur dans ce cas, mais est-ce compatible avec le respect de la Charte des droits fondamentaux de l'Union ? En faisant des droits fondamentaux la boussole ultime pour tracer son chemin en droit d'auteur, sans admettre pour autant l'exploration de nouveaux horizons, la Cour ne risque-t-elle pas de paralyser les juridictions nationales, pris au piège de transpositions partielles d'exceptions certes facultatives, mais pourtant décisives pour l'exercice de certaines libertés ? Et à l'inverse de rendre encore plus ardue la tâche du législateur national, écartelé entre une protection continue et effective des droits fondamentaux des utilisateurs d'œuvres et contenus protégés et la détermination d'arbitrages, certes assouplis par la règle de l'interprétation utile des exceptions, mais engoncés malgré tout dans le temps figé de la transposition ?

Séverine DUSOLLIER

XVII. MARCHÉS PUBLICS

Cour de justice, 5e ch., 6 juin 2019,
***P.M. e.a. c/ Ministerraad*, aff. C-264/18,**
ECLI:EU:C:2019:472

Mots-clés : Renvoi préjudiciel – Procédures de passation des marchés publics de travaux, de fournitures et de services – Validité – Champ d'application – Exclusion des services d'arbitrage et de conciliation et de certains services juridiques – Principes d'égalité de traitement et de subsidiarité

Cadre normatif : directive 2014/24/UE ; article 10, sous c), et sous d), i), ii) et v), article 49 et 56 TFUE

Notes et observations : G. Delarue, « Le libre-choix de l'avocat dans les marchés publics de prestations juridiques », *La Semaine Juridique Administrations et Collectivités territoriales*, 9 décembre 2019, n° 49, 2349 ; V. Michel, « Validité de l'exclusion de certains services juridiques », *Europe*, 2019, nos 8-9, comm. 329 ; V. Neveux, « Marchés publics de services juridiques : l'avocat est en dehors du champ de la concurrence », *Rev. UE*, 2020, 127 ; W. Zimmer, « Passation – Marchés de services juridiques exclus de l'obligation de mise en concurrence », *Contrats et Marchés publics*, 2019, nos 8-9, comm. 256

Extraits de l'arrêt

1. La demande de décision préjudicielle porte sur la validité de l'article 10, sous c), et sous d), i), ii) et v), de la directive 2014/24/UE du Parlement européen et du Conseil, du 26 février 2014, sur la passation des marchés publics et abrogeant la directive 2004/18/CE (*JO* 2014, L 94, p. 65).

2. Cette demande a été présentée dans le cadre d'un litige opposant P. M., N. G.d.M. et P. V.d.S. au Ministerraad (Conseil des ministres, Belgique) au sujet de l'exclusion, par la législation belge transposant les dispositions de la directive 2014/24, de certains services juridiques des procédures de passation de marchés publics.

Le cadre juridique

Le droit de l'Union

3 Les considérants 1, 4, 24 et 25 de la directive 2014/24 énoncent :

« (1) La passation de marchés publics par les autorités des États membres ou en leur nom doit être conforme aux principes du traité [FUE], notamment la libre circulation des marchandises, la liberté d'établissement et la libre prestation de services, ainsi qu'aux principes qui en découlent comme l'égalité de traitement, la non-discrimination, la reconnaissance mutuelle, la proportionnalité et la transparence. Toutefois, en ce qui concerne les marchés publics dépassant un certain montant, des dispositions devraient être élaborées pour coordonner les procédures nationales de passation de marchés afin de garantir que ces principes soient respectés en pratique et que la passation des marchés publics soit ouverte à la concurrence.

[...]

(4) Les formes de plus en plus diverses que prend l'action publique ont rendu nécessaire de définir plus clairement la notion même de marché public. Cette clarification ne devrait toutefois pas élargir le champ d'application de la présente directive par rapport à celui de la directive 2004/18/CE [du Parlement européen et du Conseil, du 31 mars 2004, relative à la coordination des procédures de passation des marchés publics de travaux, de fournitures et de services (*JO* 2004, L 134, p. 114)]. Les règles de l'Union relatives à la passation des marchés publics ne sont pas destinées à couvrir toutes les formes de dépenses de fonds publics, mais uniquement celles qui visent l'acquisition de travaux, de fournitures ou de services à titre onéreux au moyen d'un marché public. [...]

[...]

(24) Il convient de rappeler que les services d'arbitrage et de conciliation, ainsi que d'autres modes alternatifs similaires de règlement des conflits, sont habituellement fournis par des organismes ou des personnes qui sont agréés ou sélectionnés d'une manière qui ne peut être soumise à des règles de passation des marchés publics. Il convient de préciser que la présente directive ne s'applique pas aux marchés de services portant sur la fourniture de tels services, quelle que soit leur dénomination conformément au droit national.

(25) Un certain nombre de services juridiques sont fournis par des prestataires de services désignés par une cour ou un tribunal d'un État membre, impliquent la représentation de clients par des avocats dans le cadre de procédures judiciaires, doivent être prestés par un notaire ou sont associés à l'exercice de l'autorité publique. De tels services juridiques sont habituellement fournis par des organismes ou des personnes qui sont

désignés ou sélectionnés d'une manière qui ne peut être soumise à des règles de passation des marchés publics par exemple pour la désignation de procureurs publics dans certains États membres. Ces services juridiques devraient dès lors être exclus du champ d'application de la présente directive. »

4. L'article 10 de cette directive, intitulé « Exclusions spécifiques pour les marchés de services », dispose, à ses points c) et d) :

« La présente directive ne s'applique pas aux marchés publics de services ayant pour objet :

[...]

c) les services d'arbitrage et de conciliation ;

d) l'un des services juridiques suivants :

i) la représentation légale d'un client par un avocat au sens de l'article 1er de la directive 77/249/CEE, du Conseil [, du 22 mars 1977, tendant à faciliter l'exercice effectif de la libre prestation de services par les avocats (JO 1977, L 78, p. 17),] dans le cadre :

– d'un arbitrage ou d'une conciliation se déroulant dans un État membre, un pays tiers ou devant une instance internationale d'arbitrage ou de conciliation, ou

– d'une procédure devant les juridictions ou les autorités publiques d'un État membre ou d'un pays tiers ou devant les juridictions ou institutions internationales ;

ii) du conseil juridique fourni en vue de la préparation de toute procédure visée au présent point, sous i), ou lorsqu'il existe des signes tangibles et de fortes probabilités selon lesquels la question sur laquelle porte le conseil fera l'objet d'une telle procédure, pour autant que le conseil émane d'un avocat au sens de l'article 1er de la directive [77/249] ;

[...]

v) d'autres services juridiques qui, dans l'État membre concerné, sont liés, même occasionnellement à l'exercice de la puissance publique ».

Le droit belge

5. Par la loi relative aux marchés publics, du 17 juin 2016 (*Moniteur belge* du 14 juillet 2016, p. 44219), le législateur belge a révisé les règles de passation de marchés et a mis en conformité sa législation avec la directive 2014/24. L'article 28 de cette loi dispose :

« § 1er. Ne sont pas soumis à l'application de la présente loi, sous réserve du paragraphe 2, les marchés publics de services ayant pour objet :

[...]

3° les services d'arbitrage et de conciliation ;

4° l'un des services juridiques suivants :

a) la représentation légale d'un client par un avocat au sens de l'article 1er de la directive [77/249], et ce dans le cadre :

i. d'un arbitrage ou d'une conciliation se déroulant dans un État membre, un pays tiers ou devant une instance internationale d'arbitrage ou de conciliation ou

ii. d'une procédure devant les juridictions ou les autorités publiques d'un État membre ou d'un pays tiers ou devant les juridictions ou institutions internationales ;

b) le conseil juridique fourni en vue de la préparation de toute procédure visée au présent point, sous a), ou lorsqu'il existe des signes tangibles et de fortes probabilités selon lesquels la question sur laquelle porte le conseil fera l'objet d'une telle procédure, pour autant que le conseil émane d'un avocat au sens de l'article 1er de la directive [77/249] précité ;

[...]

e) les autres services juridiques qui, dans le Royaume, sont liés, même occasionnellement, à l'exercice de la puissance publique ;

[...]

§ 2. Le Roi peut fixer les règles de passation auxquelles sont soumis les marchés visés au paragraphe 1er, 4, a et b, dans les cas qu'Il détermine. »

Le litige au principal et la question préjudicielle

6. Le 16 janvier 2017, P. M., N. G.d.M. et P. V.d.S., parties requérantes au principal, avocats et juristes de formation, ont saisi la juridiction de renvoi, le Grondwettelijk Hof (Cour constitutionnelle, Belgique), d'un recours en annulation visant les dispositions de la loi relative aux marchés publics, qui excluent certains services juridiques, ainsi que certains services d'arbitrage et de conciliation, du champ d'application de ladite loi.

7. Les requérants au principal font valoir que ces dispositions créent, en ce qu'elles ont pour effet de soustraire l'attribution des services y visés aux règles de passation des marchés publics prévues par ladite loi, une différence de traitement qui n'est pas susceptible d'être justifiée.

8. La juridiction de renvoi estime ainsi que la question se pose de savoir si l'exclusion de ces services des procédures de passation de marchés publics porte atteinte aux objectifs, poursuivis par le législateur de l'Union lors de l'adoption de la directive 2014/24, relatifs à la pleine concurrence, la libre prestation de services et la liberté d'établissement, et si les principes de subsidiarité et d'égalité de traitement n'auraient pas dû conduire

à une harmonisation des règles du droit de l'Union également à l'égard de ces services.

9. Selon cette juridiction, pour apprécier la constitutionnalité des dispositions législatives nationales dont l'annulation est poursuivie devant elle, il est nécessaire d'examiner si les dispositions de l'article 10, sous c), et sous d), i), ii) et v), de cette directive sont compatibles avec les principes d'égalité de traitement et de subsidiarité ainsi qu'avec les articles 49 et 56 TFUE.

10. Dans ces conditions, le Grondwettelijk Hof (Cour constitutionnelle) a décidé de surseoir à statuer et de poser à la Cour la question préjudicielle suivante :

« L'article 10, [sous c), et sous d), i), ii) et v),] de la directive [2014/24] est-il compatible avec le principe d'égalité, combiné ou non avec le principe de subsidiarité et avec les articles 49 et 56 [TFUE], en ce que les services qu'il vise sont exclus de l'application des règles de passation de marchés figurant dans la directive précitée, qui garantissent pourtant la pleine concurrence et la libre circulation pour la passation de marchés de services par l'autorité ? »

Sur la recevabilité de la demande de décision préjudicielle

11. Les gouvernements tchèque et chypriote contestent la recevabilité de la question préjudicielle et, partant, de la demande de décision préjudicielle.

12. Le gouvernement tchèque allègue que cette question n'a aucun rapport avec la réalité ou l'objet du litige au principal, qui porterait sur la question de savoir si la Constitution belge s'oppose à ce que le droit national exclue du champ d'application des règles nationales en matière de passation des marchés publics certains services juridiques également exclus du champ d'application de la directive 2014/24. Or, le droit de l'Union n'imposerait pas à un État membre d'inclure les services en question dans le champ d'application des règles nationales de transposition. Cette question devrait donc être appréciée uniquement à l'aune de la Constitution belge.

13. Le gouvernement chypriote fait valoir, quant à lui, que la question posée porte sur la conformité de l'article 10, sous c), et sous d), i), ii) et v), de cette directive aux articles 49 et 56 TFUE. Or, toute mesure nationale qui aurait fait l'objet d'une harmonisation exhaustive au niveau de l'Union devrait être appréciée au regard des dispositions de cette mesure d'harmonisation et non pas de celles du droit primaire.

14. À cet égard, il y a lieu de rappeler que, lorsqu'une question sur la validité d'un acte pris par les institutions de l'Union est soulevée devant

une juridiction nationale, c'est à cette juridiction de juger si une décision sur ce point est nécessaire pour rendre son jugement et, partant, de demander à la Cour de statuer sur cette question. En conséquence, dès lors que les questions posées par le juge national portent sur la validité d'une disposition de droit de l'Union, la Cour est, en principe, tenue de statuer (arrêts du 11 novembre 1997, *Eurotunnel e.a.*, C-408/95, EU:C:1997:532, point 19, du 10 décembre 2002, *British American Tobacco (Investments) et Imperial Tobacco*, C-491/01, EU:C:2002:741, point 34, ainsi que du 28 mars 2017, *Rosneft*, C-72/15, EU:C:2017:236, point 49).

15. Il n'est possible pour la Cour de refuser de statuer sur une question préjudicielle posée par une juridiction nationale, au sens de l'article 267 TFUE, que lorsque, notamment, les exigences concernant le contenu de la demande de décision préjudicielle figurant à l'article 94 du règlement de procédure de la Cour ne sont pas respectées ou lorsqu'il apparaît de manière manifeste que l'interprétation ou l'appréciation de la validité d'une règle de l'Union, demandées par la juridiction nationale, n'ont aucun rapport avec la réalité ou l'objet du litige au principal ou lorsque le problème est de nature hypothétique (arrêt du 28 mars 2017, *Rosneft*, C-72/15, EU:C:2017:236, point 50).

16. En l'occurrence, il ressort de la décision de renvoi que les dispositions nationales en cause au principal, dont l'annulation est demandée devant la juridiction de renvoi, concernent la loi de transposition, en droit belge, de la directive 2014/24 et notamment l'exclusion de certains services juridiques du champ d'application de celle-ci.

17. Dans de telles circonstances, contrairement à ce que soutiennent les gouvernements tchèque et chypriote, la question de la validité de l'article 10, sous c), et sous d), i), ii) et v), de la directive 2014/24 n'est pas dépourvue de pertinence pour l'issue du litige au principal. En effet, dans l'hypothèse où l'exclusion prévue auxdites dispositions serait jugée invalide, les dispositions dont l'annulation est demandée devant la juridiction de renvoi devraient être considérées comme contraires au droit de l'Union.

18. Il résulte des considérations qui précèdent que la question posée, et, partant, la demande de décision préjudicielle, est recevable.

Sur la question préjudicielle

19. Par sa question, la juridiction de renvoi demande, en substance, à la Cour de se prononcer sur la validité de l'article 10, sous c), et sous d), i), ii) et v), de la directive 2014/24, au regard des principes d'égalité de traitement et de subsidiarité, ainsi que des articles 49 et 56 TFUE.

20. Concernant, premièrement, le principe de subsidiarité et le respect des articles 49 et 56 TFUE, il convient de rappeler, d'une part, que le

principe de subsidiarité, énoncé à l'article 5, paragraphe 3, TUE, prévoit que, dans les domaines qui ne relèvent pas de sa compétence exclusive, l'Union n'intervient que si, et dans la mesure où, les objectifs de l'action envisagée ne peuvent pas être réalisés de manière suffisante par les États membres et peuvent donc, en raison des dimensions ou des effets de l'action envisagée, être mieux réalisés au niveau de l'Union (voir, en ce sens, arrêt du 4 mai 2016, *Philip Morris Brands e.a.*, C-547/14, EU:C:2016:325, point 215 et jurisprudence citée).

21. Il découle nécessairement du fait que le législateur de l'Union a exclu du champ d'application de la directive 2014/24 les services visés à l'article 10, sous c), et sous d), i), ii) et v), de celle-ci qu'il a, ce faisant, estimé qu'il revenait aux législateurs nationaux de déterminer si ces services devaient être soumis aux règles de passation de marchés publics.

22. Dès lors, il ne saurait être soutenu que ces dispositions ont été adoptées en violation du principe de subsidiarité.

23. D'autre part, quant au respect des articles 49 et 56 TFUE, le considérant 1 de la directive 2014/24 énonce que la passation de marchés publics par les autorités des États membres ou en leur nom doit être conforme aux principes du traité FUE, notamment aux dispositions relatives à la liberté d'établissement et à la libre prestation de services.

24. En effet, selon une jurisprudence constante de la Cour, la coordination au niveau de l'Union des procédures de passation des marchés publics vise à supprimer les entraves à la libre circulation des services et des marchandises que ces procédures peuvent instaurer et donc à protéger les intérêts des opérateurs économiques établis dans un État membre, désireux d'offrir des biens ou des services aux pouvoirs adjudicateurs établis dans un autre État membre (voir, en ce sens, arrêt du 13 novembre 2007, *Commission/Irlande*, C-507/03, EU:C:2007:676, point 27 et jurisprudence citée).

25. Il ne s'ensuit toutefois pas que, en excluant les services visés à l'article 10, sous c), et sous d), i), ii) et v), de la directive 2014/24 du champ d'application de cette dernière et, partant, en ne contraignant pas les États membres à les soumettre aux règles de passation de marchés publics, cette même directive porterait atteinte aux libertés garanties par les traités.

26. Concernant, deuxièmement, le pouvoir d'appréciation du législateur de l'Union et le principe général d'égalité de traitement, selon une jurisprudence constante de la Cour, celle-ci a reconnu au législateur de l'Union, dans le cadre de l'exercice des compétences qui lui sont conférées, un large pouvoir d'appréciation lorsque son action implique des choix de nature politique, économique et sociale et lorsqu'il est appelé à effectuer des appréciations et des évaluations complexes (arrêts du 16 décembre 2008,

Arcelor Atlantique et Lorraine e.a., C-127/07, EU:C:2008:728, point 57, ainsi que du 30 janvier 2019, *Planta Tabak*, C-220/17, EU:C:2019:76, point 44). Seul le caractère manifestement inapproprié d'une mesure arrêtée en ce domaine, par rapport à l'objectif que les institutions compétentes entendent poursuivre, peut affecter la légalité d'une telle mesure (arrêt du 14 décembre 2004, *Swedish Match*, C-210/03, EU:C:2004:802, point 48).

27. Toutefois, même en présence d'un tel pouvoir, le législateur de l'Union est tenu de baser son choix sur des critères objectifs et appropriés par rapport au but poursuivi par la législation en cause (arrêt du 16 décembre 2008, *Arcelor Atlantique et Lorraine e.a.*, C-127/07, EU:C:2008:728, point 58).

28. De plus, conformément à une jurisprudence constante de la Cour, le principe général d'égalité de traitement, en tant que principe général du droit de l'Union, impose que des situations comparables ne soient pas traitées de manière différente et que des situations différentes ne soient pas traitées de manière égale à moins qu'un tel traitement ne soit objectivement justifié (arrêt du 16 décembre 2008, *Arcelor Atlantique et Lorraine e.a.*, C-127/07, EU:C:2008:728, point 23 et jurisprudence citée).

29. Le caractère comparable de situations différentes s'apprécie au regard de l'ensemble des éléments qui les caractérisent. Ces éléments doivent, notamment, être déterminés et appréciés à la lumière de l'objet et du but de l'acte de l'Union qui institue la distinction en cause. Doivent, en outre, être pris en considération les principes et les objectifs du domaine dont relève l'acte en cause (arrêts du 12 mai 2011, *Luxembourg/Parlement et Conseil*, C-176/09, EU:C:2011:290, point 32, ainsi que du 30 janvier 2019, *Planta Tabak*, C-220/17, EU:C:2019:76, point 37).

30. C'est à la lumière de ces principes qu'il convient d'examiner la validité de l'article 10, sous c), et sous d), i), ii), et v), de la directive 2014/24 au regard du principe d'égalité de traitement.

31. Ainsi, en ce qui concerne, en premier lieu, les services d'arbitrage et de conciliation, visés à l'article 10, sous c), de la directive 2014/24, le considérant 24 de celle-ci énonce que les organismes ou personnes fournissant des services d'arbitrage et de conciliation ainsi que d'autres modes alternatifs similaires de règlement des conflits sont sélectionnés d'une manière qui ne peut être soumise à des règles de passation de marchés publics.

32. En effet, les arbitres et conciliateurs doivent toujours être acceptés par toutes les parties au litige et sont désignés d'un commun accord par celles-ci. Un organisme public qui lancerait une procédure de passation de marchés publics pour un service d'arbitrage ou de conciliation ne saurait, dès lors, imposer à l'autre partie l'adjudicataire de ce marché en tant qu'arbitre ou conciliateur commun.

33. Compte tenu de leurs caractéristiques objectives, les services d'arbitrage et de conciliation, visés à cet article 10, sous c), ne sont, partant, pas comparables aux autres services inclus dans le champ d'application de la directive 2014/24. Il s'ensuit que c'est sans porter atteinte au principe de l'égalité de traitement que le législateur de l'Union a pu, dans le cadre de son pouvoir d'appréciation, écarter les services visés à l'article 10, sous c), de la directive 2014/24 du champ d'application de cette dernière.

34. En deuxième lieu, concernant les services fournis par des avocats, visés à l'article 10, sous d), i) et ii), de la directive 2014/24, il ressort du considérant 25 de cette directive que le législateur de l'Union a pris en compte le fait que de tels services juridiques sont habituellement fournis par des organismes ou des personnes qui sont désignés ou sélectionnés d'une manière qui ne peut pas être soumise à des règles de passation des marchés publics dans certains États membres, de telle sorte qu'il convenait d'exclure ces services juridiques du champ d'application de ladite directive.

35. À cet égard, il y a lieu de relever que l'article 10, sous d), i) et ii), de la directive 2014/24 n'exclut pas tous les services susceptibles d'être fournis par un avocat au bénéfice d'un pouvoir adjudicateur du champ d'application de ladite directive, mais uniquement la représentation légale de son client dans le cadre d'une procédure devant une instance internationale d'arbitrage ou de conciliation, devant les juridictions ou les autorités publiques d'un État membre ou d'un pays tiers ainsi que devant les juridictions ou institutions internationales, mais également le conseil juridique fourni dans le cadre de la préparation ou de l'éventualité d'une telle procédure. De telles prestations de services fournies par un avocat ne se conçoivent que dans le cadre d'une relation intuitu personae entre l'avocat et son client, marquée par la confidentialité la plus stricte.

36. Or, d'une part, une telle relation intuitu personae entre l'avocat et son client, caractérisée par le libre choix de son défenseur et le rapport de confiance qui unit le client à son avocat, rend difficile la description objective de la qualité attendue des services à fournir.

37. D'autre part, la confidentialité de la relation entre l'avocat et son client, dont l'objet consiste, particulièrement dans les circonstances décrites au point 35 du présent arrêt, tant à sauvegarder le plein exercice des droits de la défense des justiciables qu'à protéger l'exigence selon laquelle tout justiciable doit avoir la possibilité de s'adresser en toute liberté à son avocat (voir, en ce sens, arrêt du 18 mai 1982, *AM & S Europe/Commission*, 155/79, EU:C:1982:157, point 18), pourrait être menacée par l'obligation, pour le pouvoir adjudicateur, de préciser les conditions d'attribution d'un tel marché ainsi que la publicité qui doit être donnée à de telles conditions.

38. Il en résulte que, eu égard à leurs caractéristiques objectives, les services visés à l'article 10, sous d), i) et ii), de la directive 2014/24 ne sont pas comparables aux autres services inclus dans le champ d'application de cette directive. Compte tenu de cette différence objective, c'est également sans porter atteinte au principe d'égalité de traitement que le législateur de l'Union a pu, dans le cadre de son pouvoir d'appréciation, écarter ces services du champ d'application de ladite directive.

39. En troisième lieu, en ce qui concerne les services juridiques relevant des activités participant, même occasionnellement, à l'exercice de l'autorité publique, visés à l'article 10, sous d), v), de la directive 2014/24, ces activités, et, partant, ces services, sont exclues, aux termes de l'article 51 TFUE, du champ d'application des dispositions de ce traité relatives à la liberté d'établissement et de celles relatives à la libre prestation de services aux termes de l'article 62 TFUE. De tels services se distinguent de ceux qui relèvent du champ d'application de cette directive en ce qu'ils participent directement ou indirectement à l'exercice de la puissance publique et aux fonctions qui ont pour objet la sauvegarde des intérêts généraux de l'État ou des autres collectivités publiques.

40. Il en ressort que, par leur nature même, des services juridiques liés, même occasionnellement, à l'exercice de l'autorité publique ne sont pas comparables, du fait de leurs caractéristiques objectives, aux autres services inclus dans le champ d'application de la directive 2014/24. Compte tenu de cette différence objective, c'est, encore une fois, sans porter atteinte au principe d'égalité de traitement que le législateur de l'Union a pu, dans le cadre de son pouvoir d'appréciation, les exclure du champ d'application de la directive 2014/24.

41. Partant, l'examen des dispositions de l'article 10, sous c), et sous d), i), ii) et v), de la directive 2014/24 n'a révélé aucun élément susceptible d'affecter leur validité au regard des principes d'égalité de traitement et de subsidiarité, ainsi que des articles 49 et 56 TFUE.

42. Eu égard aux considérations qui précèdent, il convient de répondre à la question posée que l'examen de celle-ci n'a révélé aucun élément de nature à affecter la validité des dispositions de l'article 10, sous c), et sous d), i), ii) et v), de la directive 2014/24 au regard des principes d'égalité de traitement et de subsidiarité ainsi que des articles 49 et 56 TFUE.

Observations

La législation belge transposant la directive marchés publics 2014/24 du 24 février 2014 exclut, comme le prévoit l'article 10, points c) et d), de la directive, certains marchés de services juridiques tels que les marchés de services d'arbitrage et de conciliation ainsi que ceux impliquant la représentation légale d'un client par un avocat dans un procès, des procédures de passation des marchés publics. Des avocats et juristes ont saisi la Cour constitutionnelle belge d'un recours en annulation contre les dispositions de cette loi. C'est dans le cadre de ce litige que la CJUE, saisie par la Cour constitutionnelle belge d'un renvoi préjudiciel en appréciation de validité de l'article 10, points c) et d), de la directive, a rendu l'arrêt du 6 juin 2019. Interrogée sur la validité de ces dispositions au regard des principes de subsidiarité et d'égalité de traitement ainsi qu'au regard des articles 49 et 56 du traité relatifs à la liberté d'établissement et à la libre prestation de service, la Cour rejette l'ensemble des griefs. L'apport de l'arrêt est double. Il précise le cadre juridique des marchés de services juridiques au regard du droit européen de la commande publique. Il éclaire également sur le contrôle opéré par le juge de l'Union européenne sur les exclusions aux règles de la commande publique européenne définies par les directives marchés et concessions du 26 février 2014.

L'arrêt du 6 juin 2019 précise, en premier lieu, que le choix fait par le législateur communautaire de soustraire certains marchés de services juridiques aux obligations de mise en concurrence et aux règles de passation prévues par la directive marchés publics ne méconnaît ni le principe de subsidiarité, ni les articles 49 et 56 du traité relatifs à la liberté d'établissement et à la liberté de prestation de service ni enfin le principe général d'égalité de traitement. L'attribution directe de certains marchés de services juridiques n'est donc pas contraire aux principes et règles du traité. Selon la Cour, l'exclusion de certains marchés du champ des directives marchés publics implique en effet « nécessairement », au regard de la définition du principe de subsidiarité rappelée au point 20 de l'arrêt, que les États recouvrent une pleine compétence pour décider, dans le respect du droit de l'Union, de soumettre ou pas ces marchés à des procédures passation. La Cour considère ensuite, au terme d'un raisonnement et d'une motivation lapidaire rappelant ceux portant sur la violation du principe de subsidiarité, que l'exclusion de certains marchés du champ d'application des directives marchés publics ne constitue pas, en elle-même, « une atteinte aux libertés garanties par le traité ». À nouveau, l'exclusion décidée par législateur communautaire ne présume pas, selon la Cour, de la manière dont les États décideront de traiter ces marchés, décision dont pourrait alors résulter une éventuelle violation de la liberté d'établissement et de la libre prestation de service. La Cour considère enfin, qu'au regard des modalités de choix du prestataire des services juridiques bénéficiant de l'exclusion, ces services ne se trouvent pas dans une situation comparable aux autres services juridiques qui interdirait leur traitement différent. Pour les marchés de services d'arbitrage et de conciliation, le pouvoir adjudicateur ne saurait en effet, imposer aux autres parties l'arbitre ou la personne chargée de la conciliation, attributaire du marché (pt 32). La désignation des fournisseurs de ces services, d'un commun accord entre les parties concernées, est incompatible avec les procédures de passation des marchés publics. Pour les marchés de services juridiques impliquant une représentation légale d'un client par un avocat dans une procédure contentieuse ou paracontentieuse ou un conseil juridique dans l'hypothèse où une telle procédure serait engagée (1) ainsi que les services juridiques liés à l'exercice de la puissance publique (2), leur caractère *intuitu personae* impliquant le libre choix du prestataire en fonction de ses caractères propres ainsi que la confidentialité absolue de la relation unissant l'avocat à son client singularisent ces services juridiques et justifient la différence de traitement. Les éléments propres à ce type marché de services sont, selon la Cour, difficilement conciliables avec les conditions et

(1) Art. 10, d), i et ii, de la directive.
(2) Art. 10, d), V, de la directive.

exigences prévues par les procédures de passation des marchés publics lesquelles imposent notamment au pouvoir adjudicateur « une description objective de la qualité attendue des services à fournir » ainsi que la définition, avec une précision suffisante, des conditions d'attribution du marché et la publicité de ces conditions. Le choix du législateur français de soumettre lesdits marchés de services aux procédures de passation des marchés publics (3) se trouve ainsi fragilisé par l'arrêt du 6 juin 2019.

En second lieu, il ressort de l'arrêt que la décision du législateur communautaire d'exclure certains marchés des procédures de passation des marchés publics, laquelle redonne compétence aux États pour décider de soumettre ou pas ces marchés à de telles procédures, relève d'un choix politique que le juge de l'Union ne contrôle pas. Habituellement, le contrôle juridictionnel du principe de subsidiarité s'étend à un contrôle de la qualification juridique, la Cour examinant si les motifs du texte soumis à son examen sont de nature à établir que l'objectif poursuivi devait effectivement être poursuivi au niveau européen (4). La Cour contrôle donc, au titre du principe de subsidiarité, que les mesures prévues par une directive sont propres à réaliser les objectifs de cette directive. En revanche, elle ne vérifie pas que les exclusions prévues par cette directive sont de nature à compromettre ces mêmes objectifs. Il convient toutefois de noter que les arrêts relatifs au principe de subsidiarité, déjà peu nombreux et n'ayant jamais conclu à l'existence d'une violation dudit principe, concernent des hypothèses bien différentes de celle examinée par la Cour en l'espèce. Dans l'affaire commentée relative à une exclusion décidée par le législateur communautaire, ce n'est pas l'intervention de l'Union européenne qui est contestée. C'est au contraire, l'insuffisance de son intervention qui est mise en cause. En écartant de manière aussi lapidaire le grief, la Cour soulève plusieurs interrogations sur la signification et la portée du principe de subsidiarité. Doit-on ainsi en déduire que le

(3) Art. R. 2123-8 du Code de la commande publique.
(4) CJUE, 8 juin 2010, *Vodafone*, aff. 58/08 ; CJUE, 18 juin 2015, aff. 508/13.

principe de subsidiarité ne serait qu'un principe protecteur de la compétence des États et non une source d'obligations pour le législateur communautaire ? L'exclusion décidée par ce dernier redonnant pleine compétence aux États pour agir, dans le respect cependant du droit de l'Union européenne, le principe de subsidiarité ne pourrait donc pas valablement être invoqué pour contester une exclusion. On soulignera également le contrôle laconique de la Cour au regard des articles 49 et 56 du traité. La Cour ne vérifie pas si l'attribution directe des marchés de services juridiques visés par l'article 10 de la directive constitue une restriction à la liberté d'établissement et à la libre prestation de service. Enfin, il ressort de l'arrêt que sous réserve de l'existence d'une différence de situation objective, le législateur communautaire dispose d'un large pouvoir d'appréciation pour décider d'une exclusion. Le choix politique du législateur communautaire de définir des exclusions, ici en matière de commande publique européenne, réduit ainsi à une peau de chagrin le contrôle du juge européen sur la validité de ces exclusions.

Delphine Dero-Bugny et Alix Perrin

Cour de justice, 4e ch., 19 juin 2019, *Meca Srl c/ Comune di Napoli*, aff. C-41/18, ECLI:EU:C:2019:507

Conclusions de l'avocat général M. Campos Sanchez-Bordona, du 7 mars 2019, ECLI:EU:C:2019:183

Mots-clés : Renvoi préjudiciel – Marchés publics –Passation de marchés publics de services – Motifs d'exclusion facultatifs de la participation à une procédure de passation de marché – Faute professionnelle grave remettant en cause l'intégrité de l'opérateur économique – Résiliation d'un contrat antérieur en raison de manquements lors de son exécution – Recours juridictionnel empêchant le pouvoir adjudicateur d'apprécier le manquement contractuel jusqu'à la fin de la procédure judiciaire

Cadre normatif : article 57, paragraphe 4, sous c) et g), de la directive 2014/24/UE

Notes et observations : J.-D. Dreyfus, « L'exclusion d'un candidat à un marché public en raison d'un comportement précédemment fautif », *AJDA*, 2019, p. 400 ; V. Michel, « Exclusion du soumissionnaire », *Europe*, 2019, nos 8-9, comm. 327 ; W. Zimmer, « Motifs d'exclusion automatiques », *Contrats et Marchés publics*, 2019, n° 10, comm. 300

Extraits de l'arrêt

1. La demande de décision préjudicielle porte sur l'interprétation de l'article 57, paragraphe 4, de la directive 2014/24/UE du Parlement européen et du Conseil, du 26 février 2014, sur la passation des marchés publics et abrogeant la directive 2004/18/CE (*JO* 2014, L 94, p. 65).

2. Cette demande a été présentée dans le cadre d'un litige opposant Meca Srl au Comune di Napoli (commune de Naples, Italie) au sujet de la décision de la commune de Naples d'autoriser Sirio Srl à poursuivre sa participation à un appel d'offres.

[...]

24. Par sa question, la juridiction de renvoi cherche, en substance, à savoir si l'article 57, paragraphe 4, sous c) et g), de la directive 2014/24

doit être interprété en ce sens qu'il s'oppose à une réglementation nationale, en vertu de laquelle l'introduction d'un recours juridictionnel contre la décision de résilier un contrat de marché public prise par un pouvoir adjudicateur en raison de défaillances importantes survenues lors de son exécution empêche le pouvoir adjudicateur qui lance un nouvel appel d'offres de porter une quelconque appréciation, au stade de la sélection des soumissionnaires, sur la fiabilité de l'opérateur concerné par cette résiliation.

25. En premier lieu, ainsi que l'a relevé M. l'avocat général au point 32 de ses conclusions, le libellé de l'article 57, paragraphe 4, de la directive 2014/24 est suffisamment proche de celui de l'article 45, paragraphe 2, de la directive 2004/18, disposition qu'il a abrogée, pour que l'interprétation demandée par la juridiction de renvoi puisse s'inspirer de la jurisprudence de la Cour relative à cette dernière disposition.

26. Ainsi, lorsqu'elle a été amenée à interpréter les causes facultatives d'exclusion, telles que celles prévues à l'article 45, paragraphe 2, premier alinéa, sous d) ou g), de la directive 2004/18, seules dispositions qui ne comportaient pas de renvoi au droit national, la Cour s'est appuyée sur l'article 45, paragraphe 2, second alinéa, de cette directive, en vertu duquel les États membres précisent, dans le respect du droit de l'Union, les conditions d'application dudit paragraphe 2, pour encadrer plus strictement la marge d'appréciation de ces États et définir, elle-même, la portée de la cause facultative d'exclusion litigieuse (voir, notamment, arrêt du 13 décembre 2012, *Forposta et ABC Direct Contact*, C-465/11, EU:C:2012:801, points 25 à 31).

27. À cet égard, il est indéniable que la directive 2014/24 restreint la marge d'appréciation des États membres. En effet, alors que le renvoi aux législations et aux réglementations nationales était prévu dans cinq des sept hypothèses figurant à l'article 45, paragraphe 2, de la directive 2004/18, désormais, parmi les neuf hypothèses envisagées à l'article 57, paragraphe 4, de la directive 2014/24, seule l'hypothèse mentionnée au point b) comporte un tel renvoi.

28. En deuxième lieu, aux termes de l'article 57, paragraphe 4, de la directive 2014/24, « [l]es pouvoirs adjudicateurs peuvent exclure ou être obligés par les États membres à exclure tout opérateur économique de la participation à une procédure de passation de marché dans l'un des cas [visés à cette disposition] ». Il résulte ainsi du libellé de ladite disposition que c'est aux pouvoirs adjudicateurs, et non pas à une juridiction nationale, qu'a été confié le soin d'apprécier si un opérateur économique doit être exclu d'une procédure de passation de marché.

29. En troisième lieu, la faculté dont dispose tout pouvoir adjudicateur d'exclure un soumissionnaire d'une procédure de passation de marché est tout particulièrement destinée à lui permettre d'apprécier l'intégrité

et la fiabilité de chacun des soumissionnaires, ainsi qu'en témoignent l'article 57, paragraphe 4, sous c) et g), de même que le considérant 101 de la directive 2014/24.

30. En effet, ainsi que l'a souligné M. l'avocat général aux points 42 et 43 de ses conclusions, ces deux causes d'exclusions se fondent sur un élément essentiel de la relation entre l'adjudicataire du marché et le pouvoir adjudicateur, à savoir la fiabilité de l'adjudicataire, sur laquelle repose la confiance que le pouvoir adjudicateur lui accorde. C'est ainsi que le considérant 101, premier alinéa, de cette directive énonce que les pouvoirs adjudicateurs peuvent exclure les « opérateurs économiques qui se seraient avérés non fiables », tandis que son deuxième alinéa prend en considération, dans l'exécution des marchés publics antérieurs, « un comportement fautif jetant sérieusement le doute quant à la fiabilité de l'opérateur économique ».

31. En quatrième lieu, aux termes de l'article 57, paragraphe 5, de la directive 2014/24, les pouvoirs adjudicateurs doivent pouvoir exclure un opérateur économique « à tout moment de la procédure » et non pas seulement après qu'une juridiction a rendu son jugement, ce qui constitue un indice supplémentaire de la volonté du législateur de l'Union de permettre au pouvoir adjudicateur de porter sa propre appréciation sur les actes qu'un opérateur économique a commis ou omis d'accomplir soit avant, soit durant la procédure de passation de marché, dans un des cas visés à l'article 57, paragraphe 4, de cette directive.

32. Enfin, si un pouvoir adjudicateur devait être automatiquement lié par une appréciation portée par un tiers, il lui serait probablement difficile d'accorder une attention particulière au principe de proportionnalité au moment d'appliquer les causes facultatives d'exclusion. Or, selon le considérant 101 de la directive 2014/24, ce principe implique en particulier que, avant de décider d'exclure un opérateur économique, un tel pouvoir prenne en considération le caractère mineur des irrégularités commises ou la répétition d'irrégularités mineures.

33. Il apparaît ainsi clairement, comme il a été relevé par M. l'avocat général aux points 35 et 36 de ses conclusions, que le pouvoir d'appréciation des États membres n'est pas absolu et que, une fois qu'un État membre décide d'intégrer une des causes facultatives d'exclusion prévues par la directive 2014/24, il doit en respecter les caractéristiques essentielles, telles qu'elles y sont exprimées. En spécifiant que les États membres arrêtent « les conditions d'application du présent article » « dans le respect du droit de l'Union », l'article 57, paragraphe 7, de la directive 2014/24 empêche que les États membres dénaturent les causes facultatives d'exclusion établies à cette disposition ou ignorent les objectifs ou les principes qui inspirent chacune de ces causes.

34. Or, ainsi que cela a été relevé au point 28 du présent arrêt, il ressort du libellé de l'article 57, paragraphe 4, de la directive 2014/24 que le législateur de l'Union a entendu confier au pouvoir adjudicateur, et à lui seul, au stade de la sélection des soumissionnaires, le soin d'apprécier si un candidat ou un soumissionnaire doit être exclu d'une procédure de passation de marché.

35. C'est sur la base des considérations qui précèdent qu'il convient de répondre à la juridiction de renvoi.

36. Ainsi que cela ressort de la décision de renvoi, l'article 80, paragraphe 5, sous c), du code des contrats publics habilite un pouvoir adjudicateur à exclure d'une procédure d'appel d'offres un opérateur économique lorsque, notamment, il démontre, par des moyens appropriés, premièrement, que cet opérateur s'est rendu coupable de fautes professionnelles graves de nature à mettre en doute son intégrité ou sa fiabilité, deuxièmement, que ces fautes professionnelles graves, qui peuvent résulter de défaillances importantes survenues lors de l'exécution d'un marché public antérieur, ont donné lieu à la résiliation du contrat qui le liait au pouvoir adjudicateur, à des dommages et intérêts ou à une autre sanction comparable et, troisièmement, que cette résiliation n'a pas été contestée en justice ou a été confirmée à l'issue d'une procédure juridictionnelle.

37. Il est manifeste qu'une disposition nationale telle que l'article 80, paragraphe 5, sous c), du code des contrats publics n'est pas de nature à préserver l'effet utile de la cause facultative d'exclusion prévue à l'article 57, paragraphe 4, sous c) ou g), de la directive 2014/24.

38. En effet, le pouvoir d'appréciation que l'article 57, paragraphe 4, de la directive 2014/24 confère au pouvoir adjudicateur est paralysé du seul fait de l'introduction par un candidat ou un soumissionnaire d'un recours dirigé contre la résiliation d'un précédent contrat de marché public dont il était signataire, alors même que son comportement a paru suffisamment déficient pour justifier cette résiliation.

39. En outre, une règle telle que celle énoncée à l'article 80, paragraphe 5, sous c), du code des contrats publics n'incite manifestement pas un adjudicataire visé par une décision de résiliation d'un précédent contrat de marché public à adopter des mesures correctives. Dans cette mesure, une telle règle est susceptible de heurter les prescriptions de l'article 57, paragraphe 6, de la directive 2014/24.

40. En effet, cette directive innove notamment en consacrant, à son article 57, paragraphe 6, le mécanisme des mesures correctives (*self-cleaning*). Ce dispositif, qui s'applique aux opérateurs économiques n'ayant pas été exclus par un jugement définitif, tend à inciter un opérateur économique qui se trouve dans l'une des situations visées à l'article 57, paragraphe 4, de ladite directive à fournir des preuves afin d'attester que les mesures

qu'il a prises suffisent à démontrer sa fiabilité malgré l'existence d'une cause facultative d'exclusion pertinente. Si ces preuves sont jugées suffisantes, l'opérateur économique concerné ne doit pas être exclu de la procédure de passation de marché. À cette fin, l'opérateur économique doit prouver qu'il a versé ou entrepris de verser une indemnité en réparation de tout préjudice causé par l'infraction pénale ou la faute, clarifié totalement les faits et circonstances en collaborant activement avec les autorités chargées de l'enquête et pris des mesures concrètes de nature technique et organisationnelle et en matière de personnel propres à prévenir une nouvelle infraction pénale ou une nouvelle faute.

41. À cet égard, les mesures correctives soulignent, ainsi que l'a relevé M. l'avocat général au point 44 de ses conclusions, l'importance qui est attachée à la fiabilité de l'opérateur économique, cet élément influençant profondément les causes d'exclusion relatives aux caractéristiques subjectives du soumissionnaire.

42. Compte tenu de ce qui précède, il y a donc lieu de répondre à la question posée que l'article 57, paragraphe 4, sous c) et g), de la directive 2014/24 doit être interprété en ce sens qu'il s'oppose à une réglementation nationale en vertu de laquelle l'introduction d'un recours juridictionnel contre la décision de résilier un contrat de marché public prise par un pouvoir adjudicateur en raison de défaillances importantes survenues lors de son exécution empêche le pouvoir adjudicateur qui lance un nouvel appel d'offres de porter une quelconque appréciation, au stade de la sélection des soumissionnaires, sur la fiabilité de l'opérateur concerné par cette résiliation.

OBSERVATIONS

L'arrêt du 19 juin 2019 permet à la Cour de justice de se prononcer pour la première fois sur l'interprétation de l'article 57, paragraphe 4, de la directive 2014/24 qui prévoit les clauses facultatives d'exclusion d'un opérateur économique de la participation à une procédure de passation de marché. La juridiction de l'Union européenne s'interroge plus précisément sur les motifs d'exclusion facultatifs prévu aux points c) et g) de cet article. Selon l'article 57, paragraphe 4, c) et g), « les pouvoirs adjudicateurs peuvent exclure ou être obligés par les États membres à exclure tout opérateur économique de la participation à une procédure de passation de marché dans l'un des cas suivants : [...] c) le pouvoir adjudicateur peut démontrer par tout moyen approprié que l'opérateur économique a commis une faute professionnelle grave qui remet en cause son intégrité ; [...] g) des défaillances importantes ou persistantes de l'opérateur économique ont été constatées lors de l'exécution d'une obligation essentielle qui lui incombait dans le cadre d'un marché public antérieur, d'un marché antérieur passé avec une entité adjudicatrice ou d'une concession antérieure, lorsque ces défaillances ont donné lieu à la résiliation dudit marché ou de la concession, à des dommages et intérêts ou à une autre sanction comparable ».

L'article 57, paragraphe 4, de la directive 2014/24 est très proche de l'article 45, paragraphe 2, de la directive 2004/18. Mais il s'en distingue à deux égards. Il restreint tout d'abord la marge d'appréciation des États membres dans la mise en œuvre des clauses facultatives d'exclusion dans la mesure où, dans les neuf cas identifiés, il ne renvoie qu'une seule fois aux législations et réglementations nationales (alors que dans la directive de 2004, le renvoi était prévu dans cinq des sept hypothèses envisagées). Il renforce ensuite le rôle du pouvoir adjudicateur dans l'appréciation de ces clauses d'exclusion facultatives lorsqu'elles sont prévues par le droit national. Cela est particulièrement visible lorsqu'est en cause, comme dans les hypothèses visées au c) et g) du paragraphe 4 de l'article 57, un élément essentiel de la relation entre l'adjudicataire du marché et le pouvoir adjudicateur, à savoir la fiabilité de l'adjudicataire sur laquelle repose la confiance du pouvoir adjudicateur.

En l'espèce, la commune de Naples avait lancé un appel d'offres en vue de l'attribution d'un marché public de services portant sur la restauration scolaire. Ce marché était divisé en dix lots correspondant à l'une des municipalités de la commune de Naples. Sirio, au titre de l'année précédente, avait conclu avec la commune de Naples un contrat de prestation de services de restauration scolaire. Ce contrat a été résilié en cours d'année en raison de cas d'intoxication alimentaire. Sirio a participé à la nouvelle procédure d'appel d'offres en rappelant que le contrat le liant à la commune de Naples avait été résilié et qu'il avait formé un recours contre cette décision de résiliation devant le tribunal de Naples qui n'avait pas encore statué. Le pouvoir adjudicateur a autorisé Sirio à poursuivre sa participation à l'appel d'offres et celui-ci a obtenu le marché. Une société concurrente a contesté devant le tribunal administratif, avant même la décision d'attribution du marché, la participation de Sirio à la procédure de passation. Elle soutient que le pouvoir adjudicateur n'a pas apprécié la gravité du manquement commis par Sirio dans le cadre de l'exécution du marché résilié alors même que la réglementation nationale habilite le pouvoir adjudicateur à exclure d'une procédure d'appel d'offres un opérateur économique lorsque, notamment, il démontre, par des moyens appropriés, que l'opérateur économique s'est rendu coupable de fautes professionnelles graves, de nature à mettre en doute son intégrité ou sa fiabilité. La commune de Naples justifie, quant à elle, sa décision de maintenir Sirio dans la procédure par l'interprétation retenue par les juridictions italiennes de la réglementation nationale. Selon la jurisprudence des juridictions nationales, le soumissionnaire qui a commis des défaillances dans l'exécution d'un marché public antérieur doit être admis à participer à une procédure d'appel d'offres ultérieure s'il a formé un recours, encore pendant, contre la résiliation contractuelle intervenue à la suite desdites défaillances.

La juridiction administrative, saisie du litige, interroge la Cour de justice sur le point de savoir si une telle obligation d'admission automatique d'un soumissionnaire ayant exercé un recours contre la résiliation contractuelle, qui empêche le pouvoir adjudicateur qui lance un nouvel appel d'offres de porter une quelconque appréciation, au stade de la sélection des soumissionnaires, sur la fiabilité de l'opérateur concerné par cette résiliation, est conforme avec l'article 57, paragraphe 4, sous c) et g), de la directive 2014/24. La juridiction de l'Union arrive à une conclusion négative et met en avant l'autonomie du pouvoir d'appréciation dont dispose le pouvoir adjudicateur dans l'appréciation des clauses facultatives une fois que celles-ci sont prévues par le droit national. Selon elle, « il ressort du libellé de l'article 57, paragraphe 4, de la directive 2014/24 que c'est aux pouvoirs adjudicateurs, et non pas à une juridiction nationale, qu'a été confié le soin d'apprécier si un opérateur économique doit être exclu d'une procédure de passation de marché »(1). Pour la Cour, le législateur de l'Union en introduisant cette disposition, « a entendu confier au pouvoir adjudicateur, et à lui seul, au stade de la sélection des soumissionnaires, le soin d'apprécier si un candidat ou un soumissionnaire doit être exclu d'une procédure de passation de marché »(2). En l'espèce, la réglementation nationale, telle qu'interprétée par les juridictions nationales, ne permet pas de préserver l'effet de la cause facultative d'exclusion prévue à l'article 57, paragraphe 4, c) et g). Elle conduit en effet à paralyser le pouvoir d'appréciation accordé au pouvoir adjudicateur du seul fait de l'introduction d'un recours dirigé contre la résiliation d'un précédent contrat dont il était signataire alors même que ce comportement a paru suffisamment déficient pour justifier cette résiliation. Une telle réglementation est en outre de nature à remettre en cause le nouveau mécanisme mis en place par l'article 57, paragraphe 6, de la directive de 2014 qui a pour objet d'inciter un soumissionnaire entrant dans une des hypothèses d'exclusion facultative prévue par l'article 57, paragraphe 4, à adopter des mesures correctives afin de les transmettre au pouvoir adjudicateur qui pourra alors décider de ne pas exclure l'opérateur de la participation à la procédure de passation(3).

L'autonomie du pouvoir adjudicateur dans l'appréciation des clauses facultatives d'exclusion, liée notamment à l'importance du lien de confiance entre l'adjudicataire et le pouvoir adjudicateur, a été réaffirmée par la Cour dans un autre arrêt rendu le 3 octobre 2019. Dans celui-ci, la Cour de justice reconnaît que « l'établissement d'une relation de confiance entre le pouvoir adjudicateur et l'adjudicataire suppose [...] que le pouvoir adjudicateur ne soit pas

(1) Pt 28 de l'arrêt.

(2) Pt 34 de l'arrêt.

(3) Art. 57, § 6, al. 1, directive 2014/24 : « Tout opérateur économique qui se trouve dans l'une des situations visées aux paragraphes 1 et 4 peut fournir des preuves afin d'attester que les mesures qu'il a prises suffisent à démontrer sa fiabilité malgré l'existence d'un motif d'exclusion pertinent. Si ces preuves sont jugées suffisantes, l'opérateur économique concerné n'est pas exclu de la procédure de passation de marché ».

automatiquement lié par l'appréciation portée, dans le cadre d'un marché public antérieur, par un autre pouvoir adjudicateur. Il s'ensuit qu'un pouvoir adjudicateur ne saurait automatiquement déduire de la décision d'un autre pouvoir adjudicateur de résilier un marché public antérieur, au motif que l'adjudicataire aurait sous-traité une partie des travaux sans son agrément préalable, que des défaillances importantes ou persistantes, au sens de l'article 57, paragraphe 4, sous g), de la directive 2014/24, ont été commises par cet adjudicataire relativement à l'exécution d'une obligation essentielle afférente à ce marché public. Il incombe en effet au pouvoir adjudicateur de procéder à sa propre évaluation du comportement de l'opérateur économique visé par la résiliation d'un marché public antérieur. À cet égard, il doit examiner, de manière diligente et impartiale, sur la base de tous les éléments pertinents, notamment la décision de résiliation, et eu égard au principe de proportionnalité, si cet opérateur est, de son point de vue, responsable de défaillances importantes ou persistantes commises lors de l'exécution d'une obligation essentielle qui lui incombait dans le cadre dudit marché, lesdites défaillances étant susceptibles de provoquer la rupture du lien de confiance avec l'opérateur économique en cause »(4).

Delphine Dero-Bugny et Alix Perrin

(4) CJUE, 3 octobre 2019, *Delta Antrepriză de Construcţii şi Montaj 93 SA*, aff. C-267/18, ECLI:EU:C:2019:826.

Cour de justice, 5e ch., 18 septembre 2019, *Commission européenne c/ République italienne*, aff. C-526/17, ECLI:EU:C:2019:756

Conclusions de l'avocat général E. Sharpston, du 21 mars 2019, ECLI:EU:C:2019:244

Mots-Clés : Manquement d'État – Coordination des procédures de passation des marchés publics de travaux, de fournitures et de services – Concessions de travaux publics – Prorogation de la durée d'une concession existante pour la construction et l'exploitation d'une autoroute, sans publication d'un avis de marché

Cadre normatif : directive 2004/18/CE

Notes et observations : H. Hoepffner, « Prorogation et modification substantielle d'une concession d'autoroute », *Contrats et Marchés publics*, 2019, n° 12, comm. 380 ; J. Martin et G. Pellissier, « Chronique de droit des contrats publics – Décisions de septembre à décembre 2019 (2e partie) », *La Semaine Juridique Administrations et Collectivités territoriales*, 3 février 2020, n° 5, 2030.

Extraits de l'arrêt

1. Par sa requête, la Commission européenne demande à la Cour de constater que, en ayant prorogé du 31 octobre 2028 au 31 décembre 2046 la concession de l'autoroute A 12 Livourne-Civitavecchia (Italie) sans publier d'avis de marché, la République italienne a manqué aux obligations qui lui incombent en vertu des articles 2 et 58 de la directive 2004/18/CE du Parlement européen et du Conseil, du 31 mars 2004, relative à la coordination des procédures de passation des marchés publics de travaux, de fournitures et de services (*JO* 2004, L 134, p. 114), telle que modifiée par le règlement (CE) n° 1422/2007 de la Commission, du 4 décembre 2007 (*JO* 2007, L 317, p. 34) (ci-après la « directive 2004/18 »).

Appréciation de la Cour

55. Par son recours, la Commission demande à la Cour de constater que la République italienne a manqué aux obligations qui lui incombent

en vertu des articles 2 et 58 de la directive 2004/18, en raison du fait que la convention unique de 2009 a prorogé, du 31 octobre 2028 au 31 décembre 2046, la concession de l'autoroute A12, sans publication d'un avis de marché.

56. Il convient de vérifier l'applicabilité de la directive 2004/18 au présent litige, laquelle est contestée par la République italienne, puis, le cas échéant, d'examiner la violation alléguée de ces dispositions de la directive 2004/18.

Sur l'applicabilité de la directive 2004/18

57. Selon la République italienne, la directive 2004/18 ne saurait être applicable au rapport entre le concédant et le concessionnaire, résultant du contrat de concession conclu au cours de l'année 1969, soit antérieurement au développement de la jurisprudence de la Cour en matière de marchés publics et à l'adoption des instruments du droit dérivé de l'Union dans ce domaine.

58. À cet égard, il convient de rappeler que, selon la jurisprudence de la Cour, le principe d'égalité de traitement et l'obligation de transparence qui en découle font obstacle à ce que, après l'attribution d'un contrat de concession de travaux publics, le pouvoir adjudicateur concédant et le concessionnaire apportent aux dispositions de leur contrat de concession des modifications telles que ces dispositions présenteraient des caractéristiques substantiellement différentes de celles du contrat initial. Tel est le cas si les modifications envisagées ont pour effet soit d'étendre la concession de travaux publics, dans une mesure importante, à des éléments non prévus, soit de changer l'équilibre économique dudit contrat en faveur de concessionnaire ou encore si ces modifications sont de nature à remettre en cause l'attribution de la concession de travaux publics en ce sens que, dans l'hypothèse où lesdites modifications auraient été intégrées dans les documents ayant régi la procédure d'attribution initiale, soit une autre offre aurait été retenue, soit d'autres soumissionnaires auraient pu être admis (voir, en ce sens, arrêt du 7 septembre 2016, *Finn Frogne*, C-549/14, EU:C:2016:634, point 28 et jurisprudence citée).

59 Ainsi, en principe, une modification substantielle d'un contrat de concession de travaux publics doit donner lieu à une nouvelle procédure de passation portant sur le contrat ainsi modifié (voir, en ce sens, arrêt du 7 septembre 2016, *Finn Frogne*, C-549/14, EU:C:2016:634, point 30 et jurisprudence citée).

60. À cette fin, il y a lieu de préciser que, conformément à la jurisprudence de la Cour, la législation de l'Union applicable est celle en vigueur à la date de cette modification (voir, en ce sens, arrêt du 11 juillet 2013, *Commission/Pays-Bas*, C-576/10, EU:C:2013:510, point 54). À cet égard,

le fait que la conclusion du contrat de concession initial est antérieure à l'adoption des règles de l'Union en la matière n'emporte donc pas de conséquences.

61. Dans la présente affaire, la Commission allègue que la convention unique de 2009 contient des modifications substantielles par rapport à la concession de travaux publics initiale en cause et que, ainsi, l'absence d'un avis de marché aux fins de conclure cette convention unique constitue une infraction à certaines dispositions de la directive 2004/18.

62. Par conséquent, étant donné qu'il est constant entre les parties que la concession de travaux publics en cause et la convention unique de 2009 relèvent du champ d'application matériel de la directive 2004/18, les modifications apportées par cette convention unique au rapport contractuel existant entre l'ANAS et la SAT sont susceptibles, en principe, d'être appréciées au regard des dispositions de cette directive.

Sur la violation alléguée de la directive 2004/18

63. Selon la requête introduite par la Commission, la République italienne a manqué aux obligations qui lui incombent en vertu des articles 2 et 58 de la directive 2004/18, au motif que la concession de l'autoroute A12 reliant Livourne à Civitavecchia a été prorogée de 18 ans jusqu'au 31 décembre 2046, alors que le contrat de 1999 fixait l'expiration de cette concession au 31 octobre 2028.

64. À cet égard, il y a lieu de faire observer que, si la Commission qualifie, dans sa réplique, la convention unique de 2009 de « régime autonome » et soutient que celle-ci ne saurait être considérée comme étant une simple actualisation ou révision d'une concession préexistante, il n'en demeure pas moins qu'elle considère que la fixation, à l'article 4, paragraphe 1, de la convention unique de 2009, de l'échéance de la concession en cause constitue une « prorogation » de la durée préalablement établie par le contrat de 1999, lequel est donc nécessaire à l'interprétation de la convention unique de 2009.

65. Ainsi que Mme l'avocate générale l'a relevé au point 46 de ses conclusions, la Commission avait contesté la conformité au droit de l'Union non pas du contrat de 1999, mais uniquement de la convention unique de 2009.

66. S'agissant des modifications apportées à la relation contractuelle existant entre l'ANAS et la SAT par les stipulations du contrat de 1999, la République italienne fait valoir que ce contrat établit une distinction entre le tronçon d'autoroute déjà ouvert à la circulation à la date de la conclusion dudit contrat et les autres tronçons de l'autoroute A 12, dont la construction n'était encore, à cette date, ni commencée ni achevée.

67. Cet État membre soutient que le contrat de 1999 régissait seulement l'exploitation du tronçon reliant Livourne à Cecina, d'une longueur de 36,6 km, ouvert à la circulation pendant l'année 1993, en tant que partie de l'autoroute A 12 reliant Livourne à Civitavecchia, et que la fixation du terme de la concession au 31 octobre 2028, en vertu de l'article 23, paragraphe 1, de ce contrat, ne concernait que ce seul tronçon.

68. Il y a lieu de constater que cette position est étayée par le libellé de l'article 2, paragraphe 1, du contrat de 1999, qui stipule que celui-ci « régit entre le concédant et le concessionnaire l'exploitation du tronçon Livourne-Cecina, de 36,6 km, ouvert à la circulation le 3 juillet 1993 et qui fait partie intégrante de l'autoroute A 12 Livourne-Civitavecchia, donnée en concession de construction et d'exploitation à [la] SAT ».

69. Ladite position est également confirmée par l'article 2, paragraphe 3, dudit contrat, qui stipule que, « lorsque les conditions de droit et de fait pour la continuation du plan de construction accordé en concession seront réunies, un acte supplémentaire spécial (avenant) sera conclu pour définir le cadre conventionnel de la construction et de l'exploitation des deux autres tronçons Cecina-Grosseto et Grosseto-Civitavecchia ».

70. Par ailleurs, il convient d'ajouter que, en ce qui concerne ces deux autres tronçons, il serait illogique de considérer que les parties au contrat de 1999 ont eu l'intention de remplacer la durée de la concession, composée, d'une part, d'une période non déterminée pour la construction et la mise en service, dont la durée, selon l'expérience déjà acquise, était, en raison des interventions législatives, incertaine, mais pouvait être très longue, et, d'autre part, d'une période fixe de 30 ans pour l'exploitation de l'autoroute en cause, par une durée de concession fixe de 29 ans dont l'échéance a été fixée au 31 octobre 2028, englobant les périodes nécessaires tant pour la construction et la mise en service que pour l'exploitation.

71. Force est de constater que la Commission n'a pas remis en cause, dans son mémoire en réplique ou lors de l'audience, les éléments présentés par la République italienne en vue d'établir que non seulement le tronçon reliant Livourne à Cecina était concerné par la prorogation décidée par la convention unique de 2009, mais également les tronçons reliant Cecina à Grosseto et Grosseto à Civitavecchia.

72. Par conséquent, le recours de la Commission doit être rejeté en tant qu'il concerne les tronçons de l'autoroute A12 reliant Cecina à Grosseto et Grosseto à Civitavecchia, dès lors qu'elle n'a pas prouvé, à suffisance de droit, que la concession de travaux publics avait été prorogée de 18 ans pour ces tronçons.

73. Toutefois, la Commission conteste, au regard des dispositions de la directive 2004/18, l'article 4, paragraphe 1, de la convention unique de 2009, en ce qu'il a fixé au 31 décembre 2046 le terme de la concession pour

l'ensemble de l'autoroute A12, donc également pour le tronçon reliant Livourne à Cecina.

74. Le terme de la concession, en ce qui concerne ce dernier tronçon, ouvert à la circulation le 3 juillet 1993 et impliquant une gestion séparée par le concessionnaire, aurait dû, dès lors, demeurer fixé, conformément à l'article 23, paragraphe 1, du contrat de 1999, au 31 octobre 2028.

75. Il est constant que la modification du terme de la concession, lequel a été porté au 31 décembre 2046 en vertu de la convention unique de 2009, offre un important laps de temps supplémentaire à la SAT pour assurer l'exploitation du tronçon reliant Livourne à Cecina et que, dans la mesure où ce concessionnaire se rémunère au moyen de cette exploitation, il augmente considérablement sa rémunération.

76. Cette prorogation de 18 ans et de 2 mois de la durée initiale de cette concession constitue par conséquent, en vertu des principes rappelés au point 58 du présent arrêt, une modification substantielle des conditions de la concession existante.

77. Dès lors, l'article 4, paragraphe 1, de la convention unique de 2009, en tant qu'il proroge du 31 octobre 2028 au 31 décembre 2046 la concession en ce qui concerne le tronçon de l'autoroute A12 reliant Livourne à Cecina, enfreint l'obligation d'égalité de traitement prévue à l'article 2 de la directive 2004/18 et l'obligation de publier un avis de marché, prévue à l'article 58 de cette directive.

78. Cette conclusion ne saurait être remise en cause par les arguments que fait valoir la République italienne. D'une part, ceux tirés de la nécessité du maintien de l'équilibre économique du contrat de concession initial entre les parties, en ce qu'ils visent la concession prise dans sa globalité, ne sauraient, en toute hypothèse, être accueillis. D'autre part, étant donné que le contrat de 1999, conclu entre le concédant et le concessionnaire, fixait, pour ce qui est du tronçon reliant Livourne à Cecina, le terme de la concession au 31 octobre 2028, en vertu de l'article 23, paragraphe 1, de celle-ci, il ne saurait être soutenu que, pour ce tronçon, le report dudit terme s'imposait aux fins du respect des principes de protection de la confiance légitime, du respect des engagements contractuels (pacta sunt servanda) et de sécurité juridique.

79. Compte tenu de l'ensemble des considérations qui précèdent, il y a lieu de constater que, en ayant prorogé du 31 octobre 2028 au 31 décembre 2046 la concession du tronçon de l'autoroute A 12 Livourne-Civitavecchia reliant Livourne à Cecina sans publier d'avis de marché, la République italienne a manqué aux obligations qui lui incombent en vertu des articles 2 et 58 de la directive 2004/18.

80. Le recours est rejeté pour le surplus.

Observations

Dans l'arrêt du 18 septembre 2019, la Cour de justice est saisie par la Commission d'un recours en manquement contre la République italienne. La Commission met en cause la modification d'une concession d'autoroute sans publication d'un avis de marché. En l'espèce, l'Italie a conclu en 1969 un contrat de concession de travaux publics pour la construction d'une autoroute entre Livourne et Civitavecchia. Ce contrat a été passé sans procédure de passation de marché public et a été depuis modifié par plusieurs contrats en 1987, 1999 et 2009. Aucune de ces modifications n'a été précédée d'une procédure de passation de marché public. Le recours intenté par la Commission vise exclusivement la modification effectuée en 2009. Celle-ci a permis la prorogation de la concession relative à l'autoroute A12 reliant Livourne à Civitavecchia du 31 octobre 2028 au 31 décembre 2046. La Commission estime qu'en prorogeant cette concession, sans publication d'un avis de marché, la République italienne a manqué aux obligations qui lui incombent en vertu des articles 2 et 58 de la directive 2004/18.

La Cour de justice s'interroge dans un premier temps sur l'applicabilité de la directive 2004/18. La République italienne soutient que cette directive n'est pas applicable aux modifications d'une convention qui a été conclue en 1969, c'est-à-dire à une date antérieure au développement de la jurisprudence et du droit dérivé relatifs aux marchés publics. La Cour de justice rejette cette argumentation. Selon elle, une modification substantielle d'un contrat, qui normalement aurait dû donner lieu à une nouvelle procédure de passation portant sur le contrat ainsi modifié, doit être appréciée au regard de la législation de l'Union en vigueur à la date de cette modification (1). Cette prise de position ne vaut que pour les modifications substantielles qui s'apparentent à un nouveau contrat. La juridiction de l'Union européenne ne tranche pas ici la question du droit applicable en cas de

(1) Pt 60 de l'arrêt.

modifications non substantielles qui sont aussi envisagées dans le cadre des nouvelles directives de 2014(2). En l'espèce, la concession de travaux publics et la Convention de 2009 qui la modifie entrent dans le champ d'application matériel de la directive 2004/18. Les modifications apportées par la convention de 2009 sont susceptibles d'être appréciées au regard de cette directive.

La Cour de justice s'interroge, dans un second temps, sur le point de savoir si l'extension du terme de la concession de dix-huit ans et deux mois constitue une modification substantielle des conditions de la concession existante. Elle limite son analyse au tronçon reliant Livourne à Cecina. La juridiction de l'Union européenne constate que cette extension offre un important laps de temps supplémentaire au contractant pour assurer l'exploitation du tronçon d'autoroute et que, dans la mesure où ce concessionnaire se rémunère au moyen de cette exploitation, il augmente considérablement sa rémunération. Elle arrive sans difficulté à la conclusion que cette extension du terme constitue une modification substantielle des conditions de la concession existante au sens de la jurisprudence *pressetext*(3). Celle-ci a, en effet, pour effet de changer l'équilibre économique du contrat en faveur du concessionnaire. Cette extension du terme de la concession méconnaît l'obligation d'égalité de traitement prévue à l'article 2 de la directive 2004/18 et l'obligation de publier un avis de marché, prévue à l'article 58 de cette directive. La Cour de justice rejette l'argument invoqué par la République italienne tiré de la nécessité du maintien de l'équilibre économique du contrat de concession initial entre les parties.

Delphine Dero-Bugny et Alix Perrin

(2) Art. 72 directive 2014/24/UE.
(3) CJUE, 19 juin 2008, *pressetext Nachrichtenagentur*, aff. C-454/06, EU:C:2008:351, pts 34-37.

Cour de justice, 4e ch., 3 octobre 2019, *Procédure engagée par Kauno miesto savivaldybė et Kauno miesto savivaldybės administracija*, aff. C-285/18, ECLI:EU:C:2019:829

Conclusions de l'avocat général G. Hogan, du 7 mars 2019, ECLI:EU:C:2019:369

Mots-clés : Renvoi préjudiciel – Marchés publics –Application dans le temps – Liberté des États membres quant au choix du mode de prestation de services – Limites – Marchés publics faisant l'objet d'une attribution dite « *in house* » – Opération interne – Chevauchement d'un marché public et d'une opération interne

Cadre normatif : directive 2014/24/UE, article 12, paragraphe 1

Notes et observations : V. Bassani, « Contrats "in house" », *Europe*, 2019, n° 12, comm. 491, L. Richer, « Transparence et opération in house », *AJDA*, 2020, 118 ; M. Ubaud-Bergeron, « La liberté de choix du mode prestation de services : jusqu'où ? », Contrats et Marchés publics, décembre 2019, n° 12, comm. 366

Extraits de l'arrêt

1. La demande de décision préjudicielle porte sur l'interprétation de l'article 1er, paragraphe 2, sous a), et de l'article 2 de la directive 2004/18/CE du Parlement européen et du Conseil, du 31 mars 2004, relative à la coordination des procédures de passation des marchés publics de travaux, de fournitures et de services (*JO* 2004, L 134, p. 114), des articles 1er, 12 et 18 de la directive 2014/24/UE du Parlement européen et du Conseil, du 26 février 2014, sur la passation des marchés publics et abrogeant la directive 2004/18 (*JO* 2014, L 94, p. 65), des articles 18, 49, 56 et 106 TFUE, ainsi que de l'article 36 de la Charte des droits fondamentaux de l'Union européenne (ci-après la « Charte »).

2. Cette demande a été introduite dans le cadre d'une procédure engagée par la Kauno miesto savivaldybė (commune de la ville de Kaunas,

Lituanie) (ci-après la « ville de Kaunas ») et la Kauno miesto savivaldybės administracija (administration communale de la ville de Kaunas, ci-après le « pouvoir adjudicateur ») au sujet de la conclusion, entre UAB « Kauno švara » et le pouvoir adjudicateur, d'un contrat de prestation de services.

[...]

29 C'est dans ce contexte que le Lietuvos Aukščiausiasis Teismas (Cour suprême de Lituanie) a décidé de surseoir à statuer et de poser à la Cour les questions préjudicielles suivantes :

« 1) Dans les circonstances de l'affaire au principal, où la procédure, notamment administrative, de conclusion de l'opération interne *(in house)* litigieuse a commencé sous l'empire de la directive 2004/18, mais où le contrat lui-même a été conclu le 19 mai 2016, après [l'abrogation] de [ladite] directive, cette opération relève-t-elle du champ d'application de la directive 2004/18 ou de celui de la directive 2014/24 ?

2) Dans l'hypothèse où l'opération interne litigieuse relève du champ d'application de la directive 2004/18 :

a) l'article 1er, paragraphe 2, sous a), de cette directive (mais sans se limiter à cette disposition), eu égard à la jurisprudence de la Cour, entre autres [les] arrêt[s] du 18 novembre 1999, *Teckal* (C-107/98, EU:C:1999:562), [...] du 18 janvier 2007, *Auroux e.a.* (C-220/05, EU:C:2007:31), et [...] du 6 avril 2006, *ANAV* (C-410/04, EU:C:2006:237), doit-il être compris et interprété en ce sens que la notion d'opération interne relève du droit de l'Union et que le contenu et l'application de cette notion ne sont pas affectés par la législation nationale des États membres, notamment par des restrictions à la conclusion de telles opérations, par exemple par l'obligation de satisfaire à la condition que la passation d'un marché public ne permette pas de garantir la qualité des services [fournis], leur accessibilité ou leur continuité ;

b) si la réponse à la [deuxième] question[, sous a),] est négative, c'est-à-dire que la notion d'opération interne relève en tout ou en partie de la législation nationale des États membres, cette disposition de la directive 2004/18 doit-elle être interprétée en ce sens que les États membres jouissent d'un pouvoir d'appréciation pour édicter des restrictions ou conditions supplémentaires à la conclusion d'opérations internes (par rapport au droit et à la jurisprudence de l'Union), mais que ce pouvoir d'appréciation ne peut être mis en œuvre qu'au moyen de règles précises et claires du droit positif des marchés publics ?

3) Dans l'hypothèse où l'opération interne litigieuse relève du champ d'application de la directive 2014/24 :

a) l'article 1er, paragraphe 4, et l'article 12 de cette directive et l'article 36 de la Charte, conjointement ou séparément (mais sans se limiter à ces dispositions), eu égard à la jurisprudence de la Cour, entre autres [les] arrêt[s] du 18 novembre 1999, *Teckal* (C-107/98, EU:C:1999:562), [...] du 18 janvier 2007, *Auroux e.a.* (C-220/05, EU:C:2007:31), et [...] du 6 avril 2006, *ANAV* (C-410/04, EU:C:2006:237), doivent-ils être compris et interprétés en ce sens que la notion d'opération interne relève du droit de l'Union et que le contenu et l'application de cette notion ne sont pas affectés par la législation nationale des États membres, notamment par des restrictions à la conclusion de telles opérations, par exemple par l'obligation de satisfaire à la condition que la passation d'un marché public ne permette pas de garantir la qualité des services [fournis], leur accessibilité ou leur continuité ;

b) si la réponse à la [troisième] question[, sous a),] est négative, c'est-à-dire que la notion d'opération interne relève en tout ou en partie de la législation nationale des États membres, ces dispositions de la directive 2014/24 doivent-elles être interprétées en ce sens que les États membres jouissent d'un pouvoir d'appréciation pour édicter des restrictions ou conditions supplémentaires à la conclusion d'opérations internes (par rapport au droit et à la jurisprudence de l'Union), mais que ce pouvoir d'appréciation ne peut être mis en œuvre qu'au moyen de règles précises et claires du droit positif des marchés publics ?

4) Quelle que soit la directive dont relève l'opération interne litigieuse, les principes d'égalité et de non-discrimination des opérateurs économiques et le principe de transparence (article 2 de la directive 2004/18, article 18 de la directive 2014/24), l'interdiction générale de la discrimination exercée en raison de la nationalité (article 18 TFUE), le droit d'établissement (article 49 TFUE) et la libre prestation des services (article 56 TFUE), la possibilité d'accorder des droits exclusifs (article 106 TFUE) et la jurisprudence de la Cour (arrêt[s du 18 novembre 1999, *Teckal*, C-107/98, EU:C:1999:562 ; du 6 avril 2006, *ANAV*, C-410/04, EU:C:2006:237 ; du 10 septembre 2009, *Sea*, C-573/07, EU:C:2009:532 ; du 8 décembre 2016, *Undis Servizi*, C-553/15, EU:C:2016:935] et autres) doivent-ils être compris et interprétés en ce sens qu'une opération interne qu'un pouvoir adjudicateur conclut avec une entité juridiquement distincte sur laquelle il exerce un contrôle analogue à celui qu'il exerce sur ses propres services, cette entité réalisant l'essentiel de son activité pour le pouvoir adjudicateur, est légale en soi et, en particulier, ne porte pas atteinte au droit des autres opérateurs économiques à une concurrence loyale, ne crée pas de discrimination entre ces derniers et ne confère pas de privilèges à l'entité contrôlée avec laquelle l'opération interne est réalisée ? »

Sur les questions préjudicielles

Sur la première question

30. Par sa première question, la juridiction de renvoi demande, en substance, si une situation, telle que celle en cause au principal, dans laquelle un marché public a été attribué par un pouvoir adjudicateur à une personne morale sur laquelle il exerce un contrôle analogue à celui qu'il exerce sur ses propres services, dans le cadre d'une procédure engagée alors que la directive 2004/18 était encore en vigueur et qui a donné lieu à la conclusion d'un contrat postérieurement à l'abrogation de cette directive, relève du champ d'application de la directive 2004/18 ou de celui de la directive 2014/24.

31. Ainsi qu'il ressort d'une jurisprudence constante, la directive applicable à un marché public est, en principe, celle en vigueur au moment où le pouvoir adjudicateur choisit le type de procédure qu'il va suivre et où il tranche définitivement la question de savoir s'il est tenu de procéder à une mise en concurrence préalable pour l'adjudication d'un marché public (voir, notamment, arrêts du 10 juillet 2014, *Impresa Pizzarotti*, C-213/13, EU:C:2014:2067, point 31, et du 7 avril 2016, *Partner Apelski Dariusz*, C-324/14, EU:C:2016:214, point 83).

32. La directive 2004/18 ayant, conformément à l'article 91, premier alinéa, de la directive 2014/24, été abrogée avec effet au 18 avril 2016, il convient d'examiner si, à cette date, le pouvoir adjudicateur avait déjà pris, dans l'affaire au principal, la décision définitive de recourir à une opération interne.

33. En l'occurrence, il ressort de la décision de renvoi que le pouvoir adjudicateur a sollicité, le 1er avril 2016, l'autorité des marchés publics en vue d'obtenir l'autorisation de conclure l'opération interne en cause au principal et que cette autorisation lui a été délivrée le 20 avril 2016, soit postérieurement à l'abrogation de la directive 2004/18.

34. Dès lors, ainsi que l'a relevé M. l'avocat général au point 34 de ses conclusions, l'autorité des marchés publics ayant délivré son autorisation postérieurement à l'abrogation de la directive 2004/18, la situation en cause au principal relève nécessairement du champ d'application de la directive 2014/24.

35. En outre, dans la mesure où cette autorisation était subordonnée à l'évaluation par le pouvoir adjudicateur de la possibilité de se procurer les services en cause au principal au moyen d'une procédure classique de marché public, le pouvoir adjudicateur ne pouvait pas avoir définitivement tranché la question de savoir s'il était tenu de procéder à une mise en concurrence préalable à l'adjudication du marché public en cause au principal à la date d'abrogation de la directive 2004/18, soit le 18 avril 2016.

36. Dans ces conditions, il y a lieu de répondre à la première question qu'une situation, telle que celle en cause au principal, dans laquelle un marché public est attribué par un pouvoir adjudicateur à une personne morale sur laquelle il exerce un contrôle analogue à celui qu'il exerce sur ses propres services, dans le cadre d'une procédure engagée alors que la directive 2004/18 était encore en vigueur et qui a donné lieu à la conclusion d'un contrat postérieurement à l'abrogation de cette directive, soit le 18 avril 2016, relève du champ d'application de la directive 2014/24 lorsque le pouvoir adjudicateur a définitivement tranché la question de savoir s'il était tenu de procéder à une mise en concurrence préalable pour l'adjudication d'un marché public après cette date.

Sur la deuxième question

37. Compte tenu de la réponse apportée à la première question, il n'y a pas lieu de répondre à la deuxième question.

Sur la troisième question, sous a)

38. À titre liminaire, il y a lieu de relever que la troisième question, sous a), se réfère, notamment, à l'article 1er, paragraphe 4, de la directive 2014/24 ainsi qu'à l'article 36 de la Charte, qui visent les services d'intérêt économique général.

39. Pour autant, la décision de renvoi ne contenant aucun élément de nature à justifier que l'interprétation de la notion de « services d'intérêt économique général » soit pertinente en vue de la résolution du litige au principal, elle n'est pas de nature à mettre la Cour en mesure de répondre utilement à la troisième question, sous a), en tant qu'elle vise l'article 1er, paragraphe 4, de la directive 2014/24 et l'article 36 de la Charte.

40. Il convient donc de reformuler la troisième question, sous a), et de considérer que, par celle-ci, la juridiction de renvoi demande si l'article 12, paragraphe 1, de la directive 2014/24 doit être interprété en ce sens qu'il s'oppose à une règle nationale par laquelle un État membre subordonne la conclusion d'opérations internes, notamment, à la condition que la passation d'un marché public ne permette pas de garantir la qualité des services réalisés, leur accessibilité ou leur continuité.

41. Il y a lieu de relever, d'emblée, que la directive 2014/24 a pour objet, ainsi que l'énonce son considérant 1, de coordonner les procédures nationales de passation de marchés dépassant un certain montant.

42. C'est à la lumière de cette considération qu'il y a lieu d'interpréter l'article 12, paragraphe 1, de la directive 2014/24, aux termes duquel « [u]n marché public attribué par un pouvoir adjudicateur à une personne morale régie par le droit privé ou le droit public ne relève pas du champ

d'application de la présente directive lorsque toutes les conditions [énoncées aux points a) à c) de ce paragraphe] sont réunies ».

43. Cette disposition, qui se limite ainsi à préciser les conditions qu'un pouvoir adjudicateur doit respecter lorsqu'il souhaite conclure une opération interne, a seulement pour effet d'habiliter les États membres à exclure une telle opération du champ d'application de la directive 2014/24.

44. Elle ne saurait, par conséquent, priver les États membres de la liberté de privilégier un mode de prestation de services, d'exécution de travaux ou d'approvisionnement en fournitures au détriment des autres. En effet, cette liberté implique un choix qui s'effectue à un stade antérieur à celui de la passation d'un marché et qui ne saurait, dès lors, relever du champ d'application de la directive 2014/24.

45. La liberté des États membres quant au choix du mode de prestation de services par lequel les pouvoirs adjudicateurs pourvoiront à leurs propres besoins découle également du considérant 5 de la directive 2014/24, qui énonce que « rien dans la présente directive ne fait obligation aux États membres de confier à des tiers ou d'externaliser la fourniture de services qu'ils souhaitent fournir eux-mêmes ou organiser autrement que par la passation d'un marché public au sens de la présente directive », consacrant, en cela, la jurisprudence de la Cour antérieure à ladite directive.

46. Ainsi, de même que la directive 2014/24 n'oblige pas les États membres à recourir à une procédure de passation de marché public, elle ne saurait les contraindre à recourir à une opération interne lorsque les conditions prévues à l'article 12, paragraphe 1, sont remplies.

47. D'ailleurs, la liberté ainsi laissée aux États membres est plus nettement mise en lumière à l'article 2, paragraphe 1, de la directive 2014/23/UE du Parlement européen et du Conseil, du 26 février 2014, sur l'attribution de contrats de concession (*JO* 2014, L 94, p. 1), aux termes duquel :

« La présente directive reconnaît le principe de libre administration par les autorités nationales, régionales et locales, conformément au droit national et de l'Union. Ces autorités sont libres de décider du mode de gestion qu'elles jugent le plus approprié pour l'exécution de travaux ou la prestation de services, pour assurer notamment un niveau élevé de qualité, de sécurité et d'accessibilité, l'égalité de traitement et la promotion de l'accès universel et des droits des usagers en matière de services publics.

Les autorités peuvent choisir d'exécuter leurs missions d'intérêt public en utilisant leurs propres ressources ou en coopération avec d'autres autorités, ou de déléguer ces missions à des opérateurs économiques. »

48. La liberté dont disposent les États membres quant au choix du mode de gestion qu'ils jugent le plus approprié pour l'exécution de travaux ou la prestation de services ne saurait toutefois être illimitée. Elle

doit, au contraire, s'exercer dans le respect des règles fondamentales du traité FUE, notamment la libre circulation des marchandises, la liberté d'établissement et la libre prestation de services, ainsi que des principes qui en découlent comme l'égalité de traitement, la non-discrimination, la reconnaissance mutuelle, la proportionnalité et la transparence (voir, par analogie, arrêts du 9 juillet 1987, *CEI et Bellini*, 27/86 à 29/86, EU:C:1987:355, point 15 ; du 7 décembre 2000, *Telaustria et Telefonadress*, C-324/98, EU:C:2000:669, point 60, ainsi que du 10 septembre 2009, *Sea*, C-573/07, EU:C:2009:532, point 38).

49. Dans ces limites, il est loisible à un État membre d'imposer à un pouvoir adjudicateur des conditions, non prévues à l'article 12, paragraphe 1, de la directive 2014/24, pour qu'il conclue une opération interne, notamment afin de garantir la continuité, la bonne qualité et l'accessibilité du service.

50. Au vu des considérations qui précèdent, il convient de répondre à la troisième question, sous a), que l'article 12, paragraphe 1, de la directive 2014/24 doit être interprété en ce sens qu'il ne s'oppose pas à une règle nationale par laquelle un État membre subordonne la conclusion d'une opération interne, notamment à la condition que la passation d'un marché public ne permette pas de garantir la qualité des services réalisés, leur accessibilité ou leur continuité, tant que le choix exprimé en faveur d'un mode de prestation de services en particulier, et effectué à un stade antérieur à celui de la passation de marché public, respecte les principes d'égalité de traitement, de non-discrimination, de reconnaissance mutuelle, de proportionnalité et de transparence.

Sur la troisième question, sous b)

51. Par sa troisième question, sous b), la juridiction de renvoi demande, en substance, si l'article 12, paragraphe 1, de la directive 2014/24, lu à la lumière du principe de transparence, doit être interprété en ce sens que les conditions auxquelles les États membres subordonnent la conclusion d'opérations internes doivent être énoncées au moyen de règles précises et claires du droit positif des marchés publics.

52. Ainsi que cela a été relevé au point 44 du présent arrêt, la directive 2014/24 n'a pas pour effet de priver les États membres de la liberté de privilégier, à un stade antérieur à celui de la passation d'un marché public, un mode de prestation de services, d'exécution de travaux ou d'approvisionnement en fournitures au détriment des autres.

53. Il s'ensuit que, lorsqu'un État membre introduit des règles suivant lesquelles un tel mode de prestation de services, d'exécution de travaux ou d'approvisionnement de fournitures est privilégié par rapport à d'autres, comme il a été fait, en l'occurrence, s'agissant des conditions auxquelles

le droit lituanien subordonne la conclusion d'opérations internes au sens de l'article 12, paragraphe 1, de la directive 2014/24, l'introduction de ces règles ne saurait relever de la transposition de cette directive.

54. Il n'en reste pas moins que, lorsque les États membres décident de procéder de la sorte, ils demeurent soumis, ainsi que cela a été souligné au point 48 du présent arrêt, au respect de divers principes, dont le principe de transparence.

55. Le principe de transparence exige, à l'instar du principe de sécurité juridique, que les conditions auxquelles les États membres subordonnent la conclusion d'opérations internes soient énoncées au moyen de règles suffisamment accessibles, précises et prévisibles dans leur application afin d'éviter tout risque d'arbitraire.

56. Eu égard aux considérations qui précèdent, il appartient à la juridiction de renvoi d'apprécier si l'évolution de l'interprétation des dispositions de la loi sur la concurrence opérée par les juridictions suprêmes lituaniennes à partir du milieu de l'année 2015 s'est manifestée avec suffisamment de clarté et de précision et si elle a fait l'objet d'une publicité suffisante pour que tant les pouvoirs adjudicateurs que les opérateurs économiques intéressés aient raisonnablement pu en être informés.

57. Il convient donc de répondre à la troisième question, sous b), que l'article 12, paragraphe 1, de la directive 2014/24, lu à la lumière du principe de transparence, doit être interprété en ce sens que les conditions auxquelles les États membres subordonnent la conclusion d'opérations internes doivent être énoncées au moyen de règles précises et claires du droit positif des marchés publics, qui doivent être suffisamment accessibles et prévisibles dans leur application afin d'éviter tout risque d'arbitraire, ce qu'il appartiendra, en l'occurrence, à la juridiction de renvoi de vérifier.

Sur la quatrième question

58. Par sa quatrième question, la juridiction de renvoi demande, en substance, si la conclusion d'une opération interne qui remplit les conditions énoncées à l'article 12, paragraphe 1, sous a) à c), de la directive 2014/24 est, en soi, conforme au droit de l'Union.

59. Il résulte de l'article 12, paragraphe 1, sous a) à c), de la directive 2014/24 que ne relève pas du champ d'application de cette directive un marché public attribué par un pouvoir adjudicateur à une personne morale régie par le droit privé ou le droit public lorsque, premièrement, le pouvoir adjudicateur exerce sur cette personne morale un contrôle analogue à celui qu'il exerce sur ses propres activités, deuxièmement, plus de 80 % des activités de ladite personne morale sont exercées dans le cadre de l'exécution des tâches qui lui sont confiées par le pouvoir adjudicateur qui la contrôle ou par d'autres personnes morales qu'il contrôle et,

troisièmement, la même personne morale ne comporte, en principe, pas de participation directe de capitaux privés.

60. Toutefois, cette disposition porte uniquement sur le champ d'application de la directive 2014/24 et ne saurait être comprise comme fixant les conditions dans lesquelles un marché public doit être attribué dans le cadre d'une opération interne.

61. Ainsi que cela découle, en substance, du point 48 du présent arrêt, le fait qu'une opération interne, au sens de l'article 12, paragraphe 1, de la directive 2014/24, ne relève pas du champ d'application de cette directive ne saurait affranchir les États membres mais aussi les pouvoirs adjudicateurs du respect, notamment, des principes d'égalité de traitement, de non-discrimination, de proportionnalité et de transparence.

62. Il convient d'ailleurs de relever que le considérant 31 de cette directive énonce, à propos des coopérations entre entités appartenant au secteur public, qu'il convient de veiller à ce qu'aucune coopération de ce type, qui est exclue du champ d'application de ladite directive, n'entraîne de distorsion de concurrence à l'égard des opérateurs économiques privés.

63. En l'occurrence, il incombe tout particulièrement à la juridiction de renvoi d'apprécier si, en concluant l'opération interne en cause au principal, dont l'objet chevauche celui d'un marché public en cours d'exécution par Irgita, en sa qualité d'adjudicataire, le pouvoir adjudicateur n'a pas méconnu ses obligations contractuelles issues de ce marché, ainsi que le principe de transparence, s'il devait s'avérer que ce dernier n'a pas défini suffisamment clairement ses besoins, notamment en ne garantissant pas la fourniture d'un volume minimal de services à l'adjudicataire, ou encore si ladite opération constitue une modification substantielle de l'économie générale du marché conclu avec Irgita.

64. Il convient donc de répondre à la quatrième question que la conclusion d'une opération interne qui remplit les conditions énoncées à l'article 12, paragraphe 1, sous a) à c), de la directive 2014/24 n'est pas en soi conforme au droit de l'Union.

Observations

La commune de la ville de Kaunas en Lituanie a conclu en avril 2016 avec une entité tierce, la société K. dont elle détient l'intégralité du capital et dont plus de 90 % des revenus sont tirés d'activités exercées au profit de la commune, un contrat de fourniture de services d'entretien et d'aménagement des plantations, forêts et parcs forestiers de la ville. La commune ayant auparavant conclu avec une autre société, la société Irgita, un marché public ayant le même objet, un litige s'est noué entre elle et son cocontractant sur la validité du contrat *in house* conclu avec la société K. Dans ce litige, la société Irgita met notamment en cause les dispositions de la loi lituanienne sur les marchés publics qui soumettent la conclusion de contrats *in house* à des conditions supplémentaires à celles posées par les directives marchés publics. C'est dans ce contexte que la CJUE a été saisie d'une question préjudicielle en interprétation portant sur certaines dispositions à la fois de la directive 2004/18 marchés publics du 31 mars 2014 et de la nouvelle directive marchés publics 2014/24 du 26 février 2014.

La première question invite la CJUE, avant de se prononcer sur le sens des dispositions soumises à son interprétation, à déterminer les règles applicables au contrat litigieux en précisant les conditions d'application dans le temps des différentes directives marchés publics. En effet, bien que le contrat litigieux ait été conclu après l'entrée en vigueur de la nouvelle directive marchés 2014/24, la procédure d'attribution avait été engagée sous l'empire de l'ancienne directive 2004/18. Après avoir rappelé la jurisprudence (1) selon laquelle la détermination des directives applicables au contrat dépend de la date à laquelle le pouvoir adjudicateur a pris la décision définitive de conclure ledit contrat, la Cour précise que, s'agissant d'un contrat *in house*, cette date est celle où le pouvoir adjudicateur a, selon ses procédures internes, définitivement tranché la question de savoir s'il était tenu de soumettre le contrat à une procédure de mise en concurrence préalable (2). La directive marchés, complétée par la jurisprudence de la Cour, applicable à la conclusion d'un contrat *in house* est donc celle en vigueur à cette date, soit en l'espèce la directive 2014/24 du 26 février 2014.

Les autres questions conduisent ensuite la Cour à préciser la portée de la définition européenne du contrat *in house* et de

(1) CJUE, 10 juillet 2014, *Impresa Pizzarotti & C. SpA c/ Comune di Bari e.a.*, aff. C-213-13, ECLI:EU:C:2014:2067.

(2) Pt 36.

ses critères posés à l'article 12 de la directive. Elle considère que les États conservent, dans le respect du droit de l'Union européenne, une marge d'appréciation pour définir le périmètre des opérations internes et peuvent donc être plus exigeants que le législateur européen en posant des critères supplémentaires pour la conclusion des contrats *in house*. L'arrêt confirme, dans la lignée des considérants introductifs de la directive marchés, et comme l'a de longue date jugé le Conseil d'État dans son arrêt *Unipain* (3), que les pouvoirs adjudicateurs sont libres de déterminer les modalités permettant de satisfaire à leurs propres besoins en services ou en fournitures. Ils peuvent y satisfaire en utilisant leurs propres ressources, c'est-à-dire en interne ou bien en concluant un marché (ou une concession) avec un tiers. L'arrêt du 3 octobre 2019 précise que les directives marchés publics (4) et concessions (5) n'ont pas pour objet et ne sauraient avoir pour effet d'affecter ce choix : elles visent seulement, après que le pouvoir adjudicateur a choisi, pour satisfaire à ses besoins, de ne pas recourir à ses propres ressources et de conclure un marché avec un tiers, à imposer aux États des procédures de passation lorsque le marché dépasse un certain montant (6). L'organisation et les modalités de ce choix relèvent de la seule compétence des États lesquels peuvent donc imposer au pouvoir adjudicateur souhaitant passer un contrat *in house*, c'est-à-dire un contrat interne à la sphère publique constituant une modalité de mise en œuvre des ressources propres du pouvoir adjudicateur pour satisfaire à ses besoins, des conditions non prévues par l'article 12 de la directive (7). L'exercice de cette compétence doit toutefois s'exercer dans le respect des règles fondamentales du TFUE. La conclusion par les pouvoirs adjudicateurs d'un contrat, quel qu'il soit et donc y compris d'un contrat *in house*, bien qu'extérieur au champ d'application des directives marchés et concessions, n'échappe pas au respect des règles fondamentales du traité notamment aux principes d'égalité

(3) CE, 29 avril 1970, *Rec.*, 280.
(4) Pts 43 et 45.
(5) Pt 46 et 47.
(6) Pt 41.
(7) Pt 49.

de traitement, de non-discrimination, de proportionnalité et de transparence (8). La Cour en déduit en l'espèce que le respect du principe de transparence implique que les critères supplémentaires imposés par le législateur national pour recourir au contrat *in house* soient suffisamment accessibles, précis et prévisibles dans leur application pour éviter tout risque d'arbitraire (9). De même, selon la Cour, la conclusion d'un contrat *in house* ne doit pas « entraîner une distorsion de concurrence à l'égard des opérateurs économiques privés » (10), ce qui pourrait être le cas si, comme en l'espèce, un autre contrat ayant le même objet a préalablement été conclu avec un opérateur économique. L'arrêt rappelle ainsi que les pouvoirs adjudicateurs ne peuvent valablement conclure un contrat *in house* que si non seulement celui-ci remplit les conditions posées par l'article 12 de la directive marchés mais également à condition de ne pas méconnaître les règles du TFUE.

Delphine DERO-BUGNY et Alix PERRIN

(8) Pt 61.
(9) Pt 55.
(10) Pt 62.

XVIII. DROIT BANCAIRE ET FINANCIER

CJUE, 3e ch., 19 décembre 2019, *Rust-Hackner*, aff. C-355/18 à C-357/18 et C-479/18, ECLI:EU:C:2019:1123

Conclusions de l'avocate générale J. Kokott, du 11 juillet 2019, ECLI:EU:C:2019:594

Mots-clés : Assurance-vie – Droit de renonciation – Information erronée – Report du point de départ du délai – Conditions

Cadre normatif : directive 90/619 ; directive 92/96 ; directive 2002/83 ; directive 2009/138

Extraits de l'arrêt

[...]

Sur la question unique dans l'affaire C-357/18 et la première question dans les affaires C-355/18, C-356/18 et C-479/18

60. Par la question unique dans l'affaire C-357/18 et la première question dans les affaires C-355/18, C-356/18 et C-479/18, les juridictions de renvoi souhaitent, en substance, savoir si l'article 15, paragraphe 1, de la directive 90/619, lu en combinaison avec l'article 31 de la directive 92/96, l'article 35, paragraphe 1, de la directive 2002/83, lu en combinaison avec l'article 36, paragraphe 1, de cette directive, et l'article 185, paragraphe 1, de la directive 2009/138, lu en combinaison avec l'article 186, paragraphe 1, de cette directive, doivent être interprétés en ce sens que le délai pour exercer le droit de renonciation à un contrat d'assurance-vie commence à courir à compter du moment où le preneur d'assurance est informé que le contrat est conclu, alors même que l'information transmise par l'entreprise d'assurance à ce preneur, soit omet de préciser que le droit national applicable au contrat ne prévoit aucune exigence de forme aux fins de l'exercice dudit droit de renonciation, soit indique des exigences de forme en réalité non requises par le droit national applicable à ce contrat.

61. Afin de répondre à ces questions, il convient de relever d'emblée que lesdites dispositions du droit de l'Union, applicables *ratione temporis* aux litiges au principal, disposent toutes, en substance, que, d'une part, le preneur d'un contrat d'assurance-vie individuelle dispose d'un délai compris entre quatorze et trente jours, à compter du moment à partir duquel ce preneur est informé que le contrat est conclu, pour renoncer aux effets du contrat, une telle renonciation ayant pour effet de libérer

le preneur pour l'avenir de toute obligation découlant de ce contrat et, d'autre part, les autres effets juridiques et les conditions de la renonciation sont réglés conformément à la loi applicable au contrat, notamment en ce qui concerne les modalités selon lesquelles le preneur est informé que le contrat est conclu.

62. Comme il a été mentionné au point 55 du présent arrêt, la Cour a déjà eu l'occasion de préciser, à cet égard, que les États membres sont, certes, en droit d'adopter des règles relatives aux modalités précises d'exercice du droit de renonciation, et que ces modalités peuvent comporter, par nature, certaines limitations de ce droit. Toutefois, en adoptant ces règles, les États membres sont tenus de veiller à ce que l'effet utile des directives 90/619 et 92/96, compte tenu de l'objet de celles-ci, soit assuré.

63. Or, en ce qui concerne l'objet desdites directives, il convient de rappeler que le considérant 23 de la directive 92/96 faisait état de ce que, « dans le cadre d'un marché unique de l'assurance, le consommateur [aurait] un choix plus grand et plus diversifié de contrats ». En outre, selon ce considérant, « afin de profiter pleinement de cette diversité et d'une concurrence accrue, [ledit consommateur devait] disposer des informations nécessaires pour choisir le contrat qui [convenait] le mieux à ses besoins ». Enfin, il était précisé audit considérant que « cette nécessité d'informations [était] d'autant plus importante que la durée des engagements [pouvait] être très longue » (arrêt du 19 décembre 2013, *Endress*, C-209/12, EU:C:2013:864, point 24).

64. En vue de la poursuite de cet objectif d'information, l'article 31, paragraphe 1, de la directive 92/96, lu en combinaison avec l'annexe II, partie A, point a.13, de celle-ci, prévoyait que, « au moins », les « [m]odalités d'exercice du droit de renonciation » devaient être communiquées au preneur d'assurance, et ce « [a]vant la conclusion du contrat » (arrêt du 19 décembre 2013, *Endress*, C-209/12, EU:C:2013:864, point 25).

65. La Cour en a déduit qu'une disposition nationale prévoyant l'expiration du droit du preneur d'assurance de renoncer au contrat à un moment où il n'a pas été informé de ce droit va à l'encontre de la réalisation d'un objectif essentiel poursuivi par les directives 90/619 et 92/96 et, partant, de l'effet utile de celles-ci.

66. Ces mêmes considérations peuvent être étendues aux directives 2002/83 et 2009/138, dont, respectivement, les considérants 52 et 79 énoncent en substance les mêmes objectifs.

67. Il s'ensuit, en premier lieu, que, dès lors que le preneur d'assurance n'a reçu aucune information concernant l'existence même du droit de renonciation, le délai de forclusion prévu pour l'exercice de ce droit ne peut commencer à courir.

68. En effet, dans un tel cas, le preneur d'assurance n'ayant pas connaissance de l'existence d'un tel droit, il se trouverait dans l'impossibilité de

l'exercer (voir, en ce sens, arrêt du 19 décembre 2013, *Endress*, C-209/12, EU:C:2013:864, point 27).

69. En outre, l'entreprise d'assurance ne saurait valablement invoquer des motifs de sécurité juridique pour remédier à une situation causée par son propre défaut de se conformer à l'exigence, découlant du droit de l'Union, de communiquer une liste définie d'informations, au nombre desquelles figurent, notamment, celles relatives au droit du preneur de renoncer au contrat (arrêt du 19 décembre 2013, *Endress*, C-209/12, EU:C:2013:864, point 30).

70. En second lieu, il convient de rappeler que non seulement le preneur doit être informé de l'existence du droit de renonciation, mais il doit également, conformément à l'annexe II, partie A, sous a.13, de la directive 92/96, à l'annexe III, partie A, sous a.13, de la directive 2002/83, ainsi qu'à l'article 185, paragraphe 3, sous j), et paragraphe 6, de la directive 2009/138, recevoir, notamment, les informations concernant les modalités d'exercice de ce droit, ces informations devant être formulées, par écrit, de manière claire et précise.

71. Il résulte donc clairement des dispositions pertinentes desdites directives que celles-ci visent à assurer que le preneur d'assurance reçoive une information exacte concernant, notamment, son droit de renonciation (voir, en ce sens, arrêt du 19 décembre 2013, *Endress*, C-209/12, EU:C:2013:864, point 25).

72. En particulier, dans la mesure où l'information sur les conditions de forme de la déclaration de renonciation est nécessaire pour permettre au preneur d'assurance d'exercer son droit, elle doit lui être fournie. Il en va notamment ainsi dès lors que le droit national impose impérativement de telles conditions aux parties d'un contrat d'assurance-vie. En effet, une déclaration de renonciation effectuée sous des formes autres que celles impérativement prévues pourrait être considérée comme étant non valable.

73. Il résulte des dossiers soumis à la Cour que, en l'occurrence, le droit autrichien applicable aux affaires au principal prévoyait que l'exercice du droit de renonciation n'était soumis à aucune condition de forme particulière. En revanche, il ne ressort pas clairement de ces dossiers que le droit autrichien permettait aux parties au contrat d'assurance de subordonner l'exercice de ce droit au respect de conditions de forme.

74. À cet égard, il y a lieu de relever, d'une part, que, si le droit autrichien ne permettait pas aux parties au contrat d'assurance de convenir d'une forme particulière pour la déclaration de renonciation, il ne serait pas nécessaire, pour assurer l'effet utile du droit de renonciation, d'exiger que le preneur soit obligatoirement informé du fait que ce droit peut être exercé sous quelque forme que ce soit. En effet, dans une telle hypothèse,

le preneur d'assurance pourrait valablement communiquer à l'entreprise d'assurance son intention de renoncer au contrat sous la forme de son choix et, donc, sans que cette entreprise puisse exiger que la déclaration de renonciation soit effectuée sous une forme particulière, de sorte que l'exercice du droit de renonciation prévu par la législation de l'Union ne serait aucunement limité. Bien entendu, l'entreprise d'assurance conserve, même dans cette hypothèse, la faculté d'informer le preneur de l'absence de forme prévue par le droit national.

75. Si, au contraire, les parties au contrat pouvaient, selon le droit autrichien, déroger à l'absence de forme prévue par celui-ci, le preneur devrait obligatoirement recevoir une information sur les conditions de forme du droit de renonciation.

76. D'autre part, l'information au regard des conditions de formes du droit de renonciation, qu'elle soit obligatoire ou facultative, pour être exacte devrait être conforme au droit national ou aux clauses contractuelles convenues entre les parties dans le respect du droit applicable à ce contrat.

77. Il s'ensuit que doit être considérée comme étant erronée l'information fournie par une entreprise d'assurance requérant le respect de conditions de forme pour la déclaration de renonciation dès lors que celles-ci ne sont pas conformes aux exigences impératives posées par le droit applicable ou aux clauses du contrat, ce qu'il appartient aux juridictions de renvoi de vérifier.

78. Or, si la fourniture au preneur d'assurance d'une information erronée relative aux exigences de forme requises pour l'exercice du droit de renonciation est, certes, susceptible d'induire en erreur le preneur sur son droit de renonciation et, de ce fait, d'être assimilée à l'absence de toute information à cet égard (voir, par analogie, arrêt du 10 avril 2008, *Hamilton*, C-412/06, EU:C:2008:215, point 35), il ne saurait être considéré que toute erreur relative auxdites exigences de forme, contenue dans l'information transmise par l'entreprise d'assurance au preneur, correspond à un défaut d'information.

79. En particulier, dès lors qu'une information, même erronée, ne prive pas le preneur de la possibilité d'exercer son droit de renonciation, en substance dans les mêmes conditions que celles qui auraient prévalu si l'information avait été exacte, il serait disproportionné de permettre à ce dernier de se libérer des obligations découlant d'un contrat conclu de bonne foi.

80. En effet, dans un tel cas de figure, le preneur d'assurance, informé de son droit de renonciation, conserverait intacte la possibilité d'exercer ce droit et de revenir sur les engagements qu'il a pris, de sorte que l'objectif des directives 90/619, 92/96, 2002/83 et 2009/138, mentionné aux points 63 à 66 du présent arrêt, serait ainsi assuré.

81. Dans les affaires au principal, il appartient aux juridictions de renvoi de vérifier si les entreprises d'assurance ont fourni une information concernant les conditions de forme de la déclaration de renonciation. Dans l'affirmative, il appartient également à ces juridictions d'apprécier si cette information était exacte ou bien erronée à tel point que, sur la base d'une évaluation globale tenant compte notamment du contexte législatif national et des faits au principal, elle privait les preneurs de la possibilité d'exercer leur droit de renonciation en substance dans les mêmes conditions que celles qui auraient prévalu si cette information avait été exacte.

82. Compte tenu de ce qui précède, il convient de répondre à la question unique dans l'affaire C-357/18 et à la première question dans les affaires C-355/18, C-356/18 et C-479/18 que l'article 15, paragraphe 1, de la directive 90/619, lu en combinaison avec l'article 31 de la directive 92/96, l'article 35, paragraphe 1, de la directive 2002/83, lu en combinaison avec l'article 36, paragraphe 1, de cette directive, ainsi que l'article 185, paragraphe 1, de la directive 2009/138, lu en combinaison avec l'article 186, paragraphe 1, de cette directive, doivent être interprétés en ce sens que le délai pour exercer le droit de renonciation à un contrat d'assurance-vie commence à courir à compter du moment où le preneur d'assurance est informé que le contrat est conclu, alors même que l'information transmise par l'entreprise d'assurance à ce preneur

- omet de préciser que le droit national applicable au contrat ne prévoit aucune exigence de forme aux fins de l'exercice dudit droit de renonciation, ou
- indique des exigences de forme en réalité non requises par le droit national applicable à ce contrat ou par les clauses contractuelles dudit contrat, pour autant qu'une telle indication ne prive pas les preneurs d'assurance de la possibilité d'exercer leur droit de renonciation en substance dans les mêmes conditions que celles qui auraient prévalu si l'information avait été exacte. Il appartient aux juridictions de renvoi d'apprécier, sur la base d'une évaluation globale tenant compte notamment du contexte législatif national et des faits au principal, si l'erreur contenue dans l'information transmise au preneur d'assurance privait celui-ci d'une telle possibilité.

Sur la deuxième question dans l'affaire C-479/18

83. Par la deuxième question dans l'affaire C-479/18, *le Bezirksgericht für Handelssachen Wien* (tribunal de district pour les affaires commerciales de Vienne) demande, en substance, si l'article 15, paragraphe 1, de la directive 90/619, lu en combinaison avec l'article 31 de la directive 92/96, doit être interprété en ce sens que, en l'absence d'information transmise par l'entreprise d'assurance au preneur d'assurance, concernant le

droit de renonciation de celui-ci, ou en présence d'une information transmise par l'entreprise d'assurance qui serait erronée au point de priver le preneur d'assurance de la possibilité d'exercer son droit de renonciation, en substance, dans les mêmes conditions que celles qui auraient prévalu si l'information avait été exacte, le délai pour l'exercice du droit de renonciation ne court pas, même si le preneur d'assurance a eu connaissance de l'existence du droit de renonciation par d'autres moyens.

84. Afin de répondre à cette question, il y a lieu de relever que ni l'article 15, paragraphe 1, de la directive 90/619 ni l'article 31 de la directive 92/96 ne précisent expressément que les informations auxquelles ces dispositions se réfèrent doivent être communiquées aux preneurs d'assurance par les entreprises d'assurance.

85. Cependant, la Cour a déjà relevé que le droit de l'Union met à la charge de l'entreprise d'assurance une obligation de communiquer au preneur d'assurance une liste définie d'informations, au nombre desquelles figurent, notamment, celles relatives au droit du preneur de renoncer au contrat (arrêt du 19 décembre 2013, *Endress*, C-209/12, EU:C:2013:864, point 30).

86. Dans ces conditions, la circonstance que le preneur d'assurance ait reçu par d'autres moyens le contenu exact d'une information qu'il incombait à l'entreprise d'assurance de lui communiquer ne saurait produire les mêmes effets juridiques sur le délai de renonciation que la communication au preneur par cette entreprise de cette même information, libérant donc celle-ci de toute obligation à cet égard.

87. En effet, tout d'abord, s'il en était autrement, cela irait à l'encontre de l'objectif de la directive 2002/83, mentionné au point 71 du présent arrêt, de garantir que le preneur d'assurance reçoive une information exacte, notamment au regard du droit de renonciation, information devant être fournie, ainsi que cela a été précisé au point 85 du présent arrêt, par l'entreprise d'assurance.

88. Ensuite, comme le relève en substance Mme l'avocate générale au point 65 de ses conclusions, toute prise de connaissance du droit de renonciation en dehors de la relation contractuelle entre le preneur d'assurance et l'entreprise d'assurance serait susceptible de poser des difficultés en matière de preuve, notamment au regard du moment de cette prise de connaissance et donc de la fixation du délai dans lequel le droit de renonciation doit être exercé.

89. Enfin, comme le relève la Commission européenne, si l'entreprise d'assurance était libérée de son obligation d'information au motif que le preneur d'assurance a pris connaissance du contenu de cette information par d'autres moyens, elle ne serait pas encouragée à respecter son obligation de fournir au preneur d'assurance une information exacte.

90. Compte tenu de ce qui précède, il convient de répondre à la deuxième question dans l'affaire C-479/18 que l'article 15, paragraphe 1, de la directive 90/619, lu en combinaison avec l'article 31 de la directive 92/96, doit être interprété en ce sens que, en l'absence d'information transmise par l'entreprise d'assurance au preneur d'assurance, concernant le droit de renonciation de celui-ci, ou en présence d'une information transmise par l'entreprise d'assurance qui serait erronée au point de priver le preneur d'assurance de la possibilité d'exercer son droit de renonciation, en substance, dans les mêmes conditions que celles qui auraient prévalu si l'information avait été exacte, le délai pour l'exercice du droit de renonciation ne court pas, même si le preneur d'assurance a eu connaissance de l'existence du droit de renonciation par d'autres moyens.

Sur la seconde question dans les affaires C-355/18 et C-356/18 ainsi que sur la troisième question dans l'affaire C-479/18

91. Par la seconde question dans les affaires C-355/18 et C-356/18 ainsi que par la troisième question dans l'affaire C-479/18, les juridictions de renvoi cherchent, en substance, à savoir si l'article 15, paragraphe 1, de la directive 90/619, lu en combinaison avec l'article 31 de la directive 92/96, et l'article 35, paragraphe 1, de la directive 2002/83, lu en combinaison avec l'article 36, paragraphe 1, de cette directive, doivent être interprétés en ce sens que, une fois résilié le contrat et satisfait à toutes les obligations découlant de celui-ci, dont notamment le versement, par l'entreprise d'assurance, de la valeur de rachat, le preneur d'assurance peut encore exercer son droit de renonciation, dès lors que le droit applicable au contrat ne règle pas les effets juridiques de l'absence d'information concernant le droit de renonciation ou la transmission d'une information erronée.

92. Afin de répondre à cette question, il y a lieu de rappeler que, conformément à l'article 15, paragraphe 1, deuxième alinéa, de la directive 90/619 et à l'article 35, paragraphe 1, deuxième alinéa, de la directive 2002/83, la notification par le preneur d'assurance de sa renonciation au contrat a pour effet de le libérer, pour l'avenir, de toute obligation découlant de ce contrat.

93. Il en découle que, une fois que le preneur a effectué sa déclaration de renonciation dans les délais prévus à cet effet, il est libéré pour l'avenir de toute obligation découlant du contrat, dont l'entreprise d'assurance ne saurait exiger l'exécution.

94. Ces dispositions ne règlent aucunement ni les conditions dans lesquelles une déclaration de renonciation doit être effectuée ni les effets juridiques de cette renonciation sur les obligations, notamment de restitution, que le droit national pourrait imposer à l'entreprise d'assurance.

95. En effet, de tels conditions et effets échappent au champ d'application desdites dispositions et, conformément à l'article 15, paragraphe 1, troisième alinéa, de la directive 90/619 et à l'article 35, paragraphe 1, troisième alinéa, de la directive 2002/83, sont réglés conformément à la loi applicable au contrat.

96. Il s'ensuit que ces dispositions ne sauraient être interprétées comme imposant aux États membres de faire dépendre de l'état d'exécution d'un contrat d'assurance-vie la possibilité de renoncer à ce contrat ou les effets juridiques d'une déclaration de renonciation à un tel contrat effectuée dans les délais prévus à cet effet, tels que la naissance éventuelle d'une obligation de restitution. Ainsi, en l'occurrence, dans le silence du droit autrichien à cet égard, le droit de renonciation peut encore être exercé même après que le contrat a été résilié et que toutes les obligations découlant de celui-ci ont été exécutées.

97. Contrairement à ce que soutiennent DONAU et le gouvernement autrichien dans leurs observations, une telle interprétation desdites dispositions n'est pas contredite par l'arrêt du 10 avril 2008, *Hamilton* (C-412/06, EU:C:2008:215), par lequel la Cour a jugé que le droit de révocation prévu par la directive 85/577/CEE du Conseil, du 20 décembre 1985, concernant la protection des consommateurs dans le cas de contrats négociés en dehors des établissements commerciaux (*JO* 1985, L 372, p. 31), ne peut être exercé lorsqu'il n'existe plus aucun engagement. En effet, cet arrêt porte sur la conformité, à cette directive, d'une disposition nationale prévoyant l'expiration du droit de révocation un mois après l'exécution complète, par les parties contractantes, des obligations découlant d'un contrat. Or, dans les affaires au principal, une telle disposition n'est pas en cause, le législateur autrichien n'ayant pas adopté une telle disposition en ce qui concerne les contrats d'assurance-vie (voir, en ce sens, arrêt du 19 décembre 2013, *Endress*, C-209/12, EU:C:2013:864, point 31).

98. Il convient dès lors de répondre à la seconde question dans les affaires C-355/18 et C-356/18 ainsi qu'à la troisième question dans l'affaire C-479/18 que l'article 15, paragraphe 1, de la directive 90/619, lu en combinaison avec l'article 31 de la directive 92/96, et l'article 35, paragraphe 1, de la directive 2002/83, lu en combinaison avec l'article 36, paragraphe 1, de cette directive, doivent être interprétés en ce sens que, une fois résilié le contrat et satisfait à toutes les obligations découlant de celui-ci, dont notamment le versement, par l'entreprise d'assurance, de la valeur de rachat, le preneur d'assurance peut encore exercer son droit de renonciation, pourvu que le droit applicable au contrat ne règle pas les effets juridiques de l'absence d'information concernant le droit de renonciation ou la transmission d'une information erronée.

Sur la quatrième question dans l'affaire C-479/18

99. Par sa quatrième question, le *Bezirksgericht für Handelssachen Wien* (tribunal de district pour les affaires commerciales de Vienne) souhaite, en substance, savoir si l'article 15, paragraphe 1, de la directive 90/619, l'article 35, paragraphe 1, de la directive 2002/83 et l'article 186, paragraphe 1, de la directive 2009/138 doivent être interprétés en ce sens qu'ils s'opposent à une législation nationale en vertu de laquelle l'entreprise d'assurance n'est tenue de rembourser à un preneur d'assurance ayant exercé son droit de renonciation que la valeur de rachat.

100. Afin de répondre à cette question, il convient de rappeler que, comme il a déjà été relevé aux points 61, 62 et 66 du présent arrêt, les effets juridiques de la renonciation autres que ceux prévus par lesdites dispositions du droit de l'Union sont réglés conformément à la loi applicable au contrat et que, en adoptant ces règles, les États membres sont tenus de veiller à ce que l'effet utile des directives 90/619, 92/96, 2002/83 et 2009/138, compte tenu de l'objet de celles-ci, soit assuré.

101. À cet égard, comme il a déjà été, en substance, relevé, au point 63 du présent arrêt, l'objectif du droit de renonciation est de permettre à un preneur d'assurance de choisir le contrat qui convient le mieux à ses besoins et donc de renoncer aux effets d'un contrat qui, après sa conclusion, se révèle, dans le délai de réflexion prévu pour l'exercice du droit de renonciation, comme ne convenant pas aux besoins de ce preneur.

102. Répondent précisément à l'exigence d'assurer une telle liberté de choix les dispositions de l'article 15, paragraphe 1, deuxième alinéa, de la directive 90/619, de l'article 35, paragraphe 1, deuxième alinéa, de la directive 2002/83 et de l'article 186, paragraphe 1, deuxième alinéa, de la directive 2009/138 selon lesquelles, une fois que le preneur d'assurance a effectué sa déclaration de renonciation dans les délais prévus à cet effet, il est libéré pour l'avenir de toute obligation découlant du contrat.

103. Si, en effet, le preneur d'assurance restait lié pour l'avenir par le contrat, même après avoir renoncé à celui-ci, il serait dissuadé de se prévaloir de son droit de renonciation et serait ainsi privé de la possibilité de choisir le contrat qui convient le mieux à ses besoins.

104. Les autres effets juridiques que le droit applicable au contrat attache à l'exercice du droit de renonciation doivent également, pour assurer l'effet utile de celui-ci, être de nature à ne pas dissuader le preneur d'assurance d'exercer son droit de renonciation.

105. Or, en l'occurrence, ainsi qu'il résulte de la décision de renvoi dans l'affaire C-479/18, l'article 176 du VersVG, dans sa version applicable aux affaires au principal, dispose, en substance, que, s'il est mis fin, par renonciation, résiliation ou contestation, à une assurance telle que celles

en cause au principal, l'entreprise d'assurance doit rembourser la valeur de rachat due au titre de l'assurance.

106. Une telle disposition règle dès lors de la même manière, d'une part, la situation d'un preneur d'assurance qui, ayant jugé que le contrat convenait à ses besoins, a décidé de ne pas se prévaloir de son droit de renonciation et, pour d'autres raisons, a décidé de résilier son contrat et, d'autre part, la situation d'un preneur d'assurance qui, ayant en revanche considéré que le contrat ne convenait pas à ses besoins, a exercé son droit de renonciation.

107. Ainsi, dans la mesure où ladite disposition attache les mêmes effets juridiques notamment à la renonciation et à la résiliation du contrat, elle prive de tout effet utile le droit de renonciation prévu par le droit de l'Union.

108. Une telle interprétation ne saurait être remise en cause par la circonstance, mentionnée notamment par Allianz, que, si le preneur d'assurance avait droit à la restitution des sommes versées, les désavantages financiers seraient surtout supportés par la communauté des assurés et que, en cas de renonciation tardive, la Cour aurait, dans l'arrêt du 15 avril 2010, *E. Friz* (C-215/08, EU:C:2010:186), reconnu que l'intéressé devait supporter une partie des risques.

109. En effet, d'une part, si l'entreprise d'assurance fournit au preneur d'assurance l'information exacte sur le droit de renonciation, celui-ci ne dispose que d'un délai relativement court pour exercer son droit de renonciation de sorte que les conséquences financières d'une renonciation éventuelle sur la communauté des assurés peuvent être considérées comme rentrant dans la gestion générale des risques assurés. Si, en revanche, la renonciation est effectuée avec retard en raison d'un défaut d'information ou d'une information qui serait erronée au point de priver le preneur d'assurance de la possibilité d'exercer son droit de renonciation, en substance dans les mêmes conditions que celles qui auraient prévalu si l'information avait été exacte, il appartient, comme il a été rappelé au point 69 du présent arrêt, à l'entreprise d'assurance elle-même de remédier à une situation causée par son propre défaut de se conformer à l'exigence, découlant du droit de l'Union, de communiquer une liste définie d'informations, au nombre desquelles figurent, notamment, celles relatives au droit du preneur d'assurance de renoncer au contrat.

110. D'autre part, la portée de l'arrêt du 15 avril 2010, *E. Friz* (C-215/08, EU:C:2010:186), est, conformément à son point 24, expressément limitée à l'adhésion d'un consommateur à un fonds immobilier fermé constitué sous la forme d'une société de personnes et ne concerne donc pas les contrats aléatoires en général.

111. Eu égard aux considérations qui précèdent, il convient de répondre à la quatrième question dans l'affaire C-479/18 que l'article 15, paragraphe 1, de la directive 90/619, l'article 35, paragraphe 1, de la directive 2002/83 et l'article 185, paragraphe 1, de la directive 2009/138 doivent être interprétés en ce sens qu'ils s'opposent à une législation nationale en vertu de laquelle l'entreprise d'assurance n'est tenue de rembourser à un preneur d'assurance ayant exercé son droit de renonciation que la valeur de rachat.

Sur la cinquième question dans l'affaire C-479/18

112. Par sa cinquième question, le *Bezirksgericht für Handelssachen Wien* (tribunal de district pour les affaires commerciales de Vienne) cherche, en substance, à savoir si l'article 15, paragraphe 1, de la directive 90/619, l'article 35, paragraphe 1, de la directive 2002/83 et l'article 186, paragraphe 1, de la directive 2009/138 doivent être interprétés en ce sens qu'ils s'opposent à une législation nationale prévoyant un délai de prescription de trois ans pour l'exercice du droit aux intérêts rémunératoires associé à la restitution de sommes indues demandée par un preneur d'assurance ayant exercé son droit de renonciation.

113. Afin de répondre à cette question, il convient de relever que ces dispositions du droit de l'Union, en prévoyant que le preneur d'un contrat d'assurance-vie individuelle dispose d'un délai compris entre quatorze et trente jours, à compter du moment à partir duquel ce preneur est informé que le contrat est conclu, pour renoncer aux effets du contrat, confèrent audit preneur un droit de renonciation.

114. Ainsi, le preneur d'assurance acquiert le droit de renonciation au contrat d'assurance-vie du simple fait d'avoir conclu ce contrat et la communication au preneur par l'entreprise d'assurance des modalités d'exercice de ce droit a pour seul effet de déclencher le délai de forclusion.

115. Il résulte du dossier soumis à la Cour dans l'affaire C-479/18 que, afin de régler les effets de la renonciation, conformément auxdites dispositions du droit de l'Union, le droit autrichien applicable aux contrats en cause dans les affaires au principal prévoit que, d'une part, l'exercice du droit de renonciation entraîne une obligation de restitution des paiements effectués et, d'autre part, les sommes à restituer sont majorées des intérêts rémunératoires. En outre, le droit à percevoir de tels intérêts se prescrit par un délai de trois ans, ce délai étant celui généralement prévu par l'*Allgemeines Bürgerliches Gesetzbuch* (code civil) pour les créances de prestations annuelles impayées.

116. Or, ce délai ne concernant que les intérêts rémunératoires, il n'affecte pas directement le droit du preneur d'assurance à renoncer à son contrat.

117. Il appartient néanmoins au *Bezirksgericht für Handelssachen Wien* (tribunal de district pour les affaires commerciales de Vienne) de vérifier si l'application d'un délai de prescription pour l'exercice du droit aux intérêts rémunératoires est susceptible de remettre en question l'effectivité du droit de renonciation lui-même que les dispositions du droit de l'Union reconnaissent au preneur d'assurance.

118. À cet égard, il y a lieu de considérer, d'une part, que, comme la Cour l'a déjà relevé, les contrats d'assurance sont des produits financiers juridiquement complexes, susceptibles de différer considérablement selon l'assureur qui les offre et d'impliquer des engagements financiers importants et potentiellement d'une très longue durée (arrêt du 19 décembre 2013, *Endress*, C-209/12, EU:C:2013:864, point 29).

119. Si, dans ces circonstances, le fait que les intérêts échus depuis plus de trois ans soient prescrits devait conduire le preneur d'assurance à ne pas exercer son droit de renonciation, et ce alors même que le contrat ne convient pas à ses besoins, un tel délai serait susceptible d'affecter ledit droit, dès lors notamment que ce preneur n'a pas été informé de façon exacte des conditions d'exercice dudit droit.

120. D'autre part, il convient de souligner que les besoins du preneur d'assurance doivent être appréciés au moment de la conclusion du contrat, sans tenir compte des bénéfices que celui-ci pourrait tirer d'une renonciation tardive, dès lors qu'une telle renonciation viserait non pas à protéger la liberté de choix du preneur, mais à lui permettre d'obtenir un rendement plus important, voire de spéculer sur la différence entre le rendement effectif du contrat et le taux des intérêts rémunératoires.

121. Eu égard à ce qui précède, il convient de répondre à la cinquième question posée dans l'affaire C-479/18 que l'article 15, paragraphe 1, de la directive 90/619, l'article 35, paragraphe 1, de la directive 2002/83 et l'article 186, paragraphe 1, de la directive 2009/138 doivent être interprétés en ce sens qu'ils ne s'opposent pas à une législation nationale prévoyant un délai de prescription de trois ans pour l'exercice du droit aux intérêts rémunératoires associé à la restitution de sommes indues demandée par un preneur d'assurance ayant exercé son droit de renonciation, pour autant que la fixation d'un tel délai ne remet pas en cause l'effectivité du droit de renonciation de ce preneur, ce qu'il appartient à la juridiction de renvoi dans l'affaire C-479/18 de vérifier.

Observations

La fourniture, par l'entreprise d'assurance, d'une information erronée peut-elle être assimilée à un défaut d'information et entraîner une prorogation du délai de renonciation ouvert au preneur ayant souscrit un contrat d'assurance-vie ? La question est loin d'être négligeable au vu du contentieux très abondant en ce domaine, initié parfois par les recours de preneurs déçus des rendements de leurs contrats. La CJUE, dans une décision *Rust-Hackner* du 19 décembre 2019 (1), qui s'inscrit dans le sillage de sa précédente décision *Endress* du 19 décembre 2013 (2), apporte d'intéressantes précisions concernant l'exercice par le preneur de son droit de renonciation en matière d'assurance-vie.

En l'espèce, plusieurs investisseurs avaient souscrit des contrats d'assurance-vie liés à des fonds de placement. Chacun de ces contrats contenait l'information selon laquelle la renonciation au contrat d'assurance devait être formulée par écrit pour être valable, alors que cette condition n'était pas requise du droit autrichien applicable. Dès lors, les souscripteurs, invoquant l'absence de conformité de cette condition aux textes européens, demandaient la restitution des primes versées ainsi que le remboursement des intérêts sur le fondement de l'exercice de leur droit de renonciation, consacré dans sa dernière version à l'article 186 de la directive Solvabilité II (3). En vertu de ce texte en effet, « les États membres prévoient que les preneurs d'un contrat d'assurance vie individuelle disposent d'un délai compris entre quatorze et trente jours, à compter du moment où ils sont informés que le contrat est conclu, pour renoncer aux effets de ce contrat. La notification par le preneur de leur renonciation au contrat

(1) CJUE, 3e ch., 19 décembre 2019, *Rust-Hackner*, aff. C-355/18 à C-357/18 et C-479/18, ECLI:EU:C:2019:1123.

(2) CJUE, 19 décembre 2013, *Walter Endress c/ Allianz Lebensversicherungs AG*, aff. C-209/12, EU:C:2013:864, *RGDA*, 2014, § 1108, p. 132, note G. Parléani ; *RISF*, 2014, n° 2, p. 98, note J. Chacornac ; *RGAR*, 2014, n° 10, 15044, note J.-M. Binon.

(3) Dir. 2009/138/CE du Parlement européen et du Conseil du 25 novembre 2009 sur l'accès aux activités de l'assurance et de la réassurance et leur exercice, dite « directive Solvabilité II ».

a pour effet de les libérer pour l'avenir de toute obligation découlant de ce contrat. Les autres effets juridiques et les conditions de la renonciation sont réglées par le droit applicable au contrat, notamment en ce qui concerne les modalités selon lesquelles le preneur est informé que le contrat est conclu ». Ce droit de renonciation doit faire l'objet d'une information particulière du preneur avant la conclusion de son contrat d'assurance-vie, l'article 185 de cette même directive, intitulé « Informations à l'attention des preneurs d'assurance », prévoyant l'obligation de communiquer au preneur les informations concernant les modalités d'exercice du droit de renonciation.

La décision de la Cour de justice apporte de nombreuses précisions quant à l'exercice du droit de renonciation par le preneur dans le cas où ce dernier n'aurait pas été informé, ou aurait été mal informé, des modalités de sa faculté de renonciation. En effet, même si la détermination des modalités précises du droit de renonciation relève de la compétence des États membres, la Cour doit contrôler le respect de l'effet utile de la directive. Dans ce cadre, la Cour de justice se prononce dans un premier temps sur le calcul du délai de renonciation, qui a la nature d'un délai de forclusion : à quel moment commence-t-il à courir et quand s'éteint-il ? Elle étudie, dans un second temps, les éventuels aménagements que le législateur national est libre de prévoir afin de tempérer les effets juridiques de la renonciation qui opèrerait tardivement.

I) Délai de la renonciation

Dans un premier temps, la Cour de justice prend donc position quant au délai de renonciation : son point de départ, en particulier dans le cas où l'entreprise d'assurance a transmis au preneur une information qui s'avère erronée, mais également ses causes éventuelles d'extinction.

A) Point de départ du délai

Le point de départ du délai de renonciation en cas de manquement au formalisme informatif avait déjà fait l'objet d'une première décision *Endress* en 2013. La Cour avait alors condamné, au regard de l'objectif poursuivi par les textes européens, une disposition nationale prévoyant l'expiration du délai de renonciation à un moment où le preneur d'assurance n'aurait pas été informé de ce droit, ou des modalités d'exercice de celui-ci, car ce dernier se trouverait alors dans l'impossibilité de l'exercer (4). La solution est logique et s'applique à tous les droits de rétractation, catégorie à laquelle le droit de renonciation en matière d'assurance-vie se rattache (5). Dès lors, l'entreprise d'assurance est tenue de délivrer une information exacte sous peine que le délai ne puisse commencer à courir (6).

Une information erronée et qui, comme en l'espèce, imposerait une condition de forme complémentaire qui ne serait pas exigée du législateur national, devrait-elle être assimilée à une absence d'information, et entraîner un décalage du point de départ du délai de renonciation ? La Cour retient à cet égard une solution nuancée, refusant que l'information erronée puisse systématiquement être assimilée à l'absence d'information. Elle retient que, « si la fourniture au preneur d'assurance d'une information erronée relative aux exigences de forme requises pour l'exercice du droit de renonciation est, certes, susceptible d'induire en erreur le preneur sur son droit de renonciation et, de ce fait, d'être assimilée à l'absence de toute information à cet égard, il ne saurait être considéré que toute erreur relative auxdites exigences de forme, contenue dans l'information transmise par l'entreprise d'assurance au preneur, correspond à un défaut d'information. En particulier, dès lors qu'une information, même erronée, ne prive pas le preneur de la possibilité d'exercer son droit de renonciation, en substance dans les mêmes conditions que celles qui auraient prévalu si l'information avait été exacte, il serait

---

(4) CJUE, *Endress*, préc., pt 27. Voy., déjà, dans le même sens, hors contrat d'assurance-vie : CJCE, 13 décembre 2001, *Heininger*, aff. C-481/99.

(5) Voy., en ce sens, D. Houtcieff, « Renonciation », *Répertoire de droit civil*, décembre 2017, n° 6 : « L'absence d'effet abdicatif distingue la véritable renonciation des droits de rétractation du droit de la consommation. Ces droits visent en effet à permettre la réflexion du consommateur et, partant, la consistance de sa volonté : loin d'organiser une renonciation, ils retardent la formation définitive du contrat ».

(6) CJUE, *Endress*, préc., pt 25 ; CJUE, *Rust-Hackner*, préc., pt 71.

disproportionné de permettre à ce dernier de se libérer des obligations découlant d'un contrat conclu de bonne foi » (7).

Dès lors, soit l'information erronée prive concrètement le preneur de cette faculté et elle doit être assimilée à une absence d'information ; c'est le cas si « l'information sur les conditions de forme de la déclaration de renonciation est nécessaire pour permettre au preneur d'assurance d'exercer son droit, [...] il en va notamment ainsi dès lors que le droit national impose impérativement de telles conditions aux parties d'un contrat d'assurance-vie. En effet, une déclaration de renonciation effectuée sous des formes autres que celles impérativement prévues pourrait être considérée comme étant non valable » (8). Soit, au contraire, l'information erronée ne prive pas le preneur de sa faculté de renonciation, et elle ne peut donner lieu à un report du point de départ du délai de renonciation. La Cour conclut ainsi que « le délai pour exercer le droit de renonciation à un contrat d'assurance-vie commence à courir à compter du moment où le preneur d'assurance est informé que le contrat est conclu, alors même que l'information transmise par l'entreprise d'assurance à ce preneur : – omet de préciser que le droit national applicable au contrat ne prévoit aucune exigence de forme aux fins de l'exercice dudit droit de renonciation, ou – indique des exigences de forme en réalité non requises par le droit national applicable à ce contrat ou par les clauses contractuelles dudit contrat, pour autant qu'une telle indication ne prive pas les preneurs d'assurance de la possibilité d'exercer leur droit de renonciation en substance dans les mêmes conditions que celles qui auraient prévalu si l'information avait été exacte » (9). La Cour invite donc les juges nationaux à une mise en œuvre proportionnée et pragmatique de la sanction de renonciation offerte, en considération de la faculté réelle qu'avait le preneur d'exercer son droit de renonciation au moment où il a été informé de la conclusion du contrat.

Si la Cour incite à une réponse proportionnée, il n'en demeure pas moins que le fait que le preneur, qui n'aurait pas été

---

(7) CJUE, *Rust-Hackner*, préc., pts 78 et 79.
(8) CJUE, *Rust-Hackner*, préc., pt 72.
(9) CJUE, *Rust-Hackner*, préc., pt 82.

informé ou aurait fait l'objet d'une information erronée l'ayant privé de fait de son droit de renonciation, ait eu connaissance par d'autres moyens des modalités de son droit de renonciation, ne peut suffire à pallier les carences de l'entreprise, et ne peut donc faire courir le délai pour l'exercice du droit de renonciation (10). Trois arguments justifient cette solution logique pour la Cour : une position contraire irait à l'encontre de l'objectif tenant à ce que le preneur soit garanti de recevoir une information exacte de l'entreprise (11) ; elle susciterait d'inévitables problèmes de preuve (12) ; elle n'encouragerait pas l'entreprise à accomplir son obligation (13).

B) Expiration du délai

Toujours s'agissant du délai, la Cour devait aussi se prononcer quant à la date d'expiration de celui-ci. En particulier, une fois résilié le contrat et satisfait à toutes les obligations découlant de celui-ci, dont notamment le versement, par l'entreprise d'assurance, de la valeur de rachat, le preneur peut-il encore exercer son droit de renonciation, dans le silence de la loi nationale ? La solution diffère en effet selon que l'État membre a prévu ou non une disposition expresse à ce sujet : par principe, « le preneur d'assurance peut encore exercer son droit de renonciation, pourvu que le droit applicable au contrat ne règle pas les effets juridiques de l'absence d'information concernant le droit de renonciation ou la transmission d'une information erronée » (14) ; l'état d'exécution du contrat n'a donc pas d'incidence, sauf encadrement légal particulier, qui n'est pas en soi proscrit (15). Toutefois, une telle disposition ne pourrait en aucun cas revenir sur la règle selon laquelle le droit de renonciation ne peut s'éteindre avant même que le preneur en ait été informé. En effet, comme le souligne l'avocate générale dans ses conclusions, si le preneur d'assurance n'a pas été correctement informé, il ne peut être considéré comme déchu de son droit, une telle

(10) CJUE, *Rust-Hackner*, préc., pt 90.
(11) CJUE, *Rust-Hackner*, préc., pts 86 et 87.
(12) CJUE, *Rust-Hackner*, préc., pt 88.
(13) CJUE, *Rust-Hackner*, préc., pt 89.
(14) CJUE, *Rust-Hackner*, préc., pt 99.
(15) CJUE, 10 avril 2008, *Hamilton*, aff. C-412/06, pt 49 ; CJUE, *Endress*, préc., pt 31.

déchéance étant caractérisée « lorsque [le droit] n'a pas été invoqué pendant une longue période et que la survenance de circonstances particulières fait apparaître l'invocation tardive comme contraire à la bonne foi, parce qu'il n'y avait plus lieu de s'y attendre. En l'espèce, en tout état de cause, il manque une confiance légitime de l'assureur. En effet, il a provoqué la situation en cause en n'informant pas dûment le preneur d'assurance concernant son droit de renonciation » (16).

II) Encadrement des effets juridiques de la renonciation

Au-delà de la question centrale du délai, la Cour était saisie de la liberté offerte aux législateurs nationaux d'encadrer les effets juridiques en cas d'exercice tardif de la faculté de renonciation, dans la limite toujours de la préservation de l'effet utile du droit de renonciation du preneur. Deux points en particulier étaient soulevés, qui concernaient le versement de la seule valeur de rachat, ainsi que la mise en place d'un délai de prescription relatif aux intérêts rémunératoires.

A) Versement de la seule valeur de rachat

D'abord, la Cour devait apprécier si une disposition nationale pouvait prévoir que l'entreprise d'assurance n'était tenue qu'au remboursement de la valeur de rachat (à savoir la valeur actuelle de l'assurance, calculée selon les règles actuarielles reconnues) en cas d'exercice de sa faculté de renonciation du preneur ? Elle écarte clairement cette possibilité, qui assimile renonciation et résiliation. En effet, la valeur de rachat d'un contrat d'assurance peut être inférieure à la valeur de la somme des primes d'assurance versées, qui devraient en principe être restituées en cas de renonciation, dès lors que celle-ci entraîne un rétablissement de la situation initiale (17). La Cour juge ainsi qu'une disposition qui prévoit que, s'il est mis fin au contrat d'assurance par renonciation,

(16) Concl. av. gén. J. Kokott, 11 juillet 2019, n° 76.

(17) CJUE, 25 octobre 2005, *Schulte*, aff. C-350/03, pt 88 : « la notification de la révocation a pour effet de libérer le consommateur de toute obligation résultant du contrat résilié. Une telle annulation des obligations du consommateur implique, pour le consommateur comme pour le prêteur, un rétablissement de la situation initiale ».

résiliation ou contestation, l'entreprise d'assurance doit rembourser la valeur de rachat due au titre de l'assurance « règle de la même manière, d'une part, la situation d'un preneur d'assurance qui, ayant jugé que le contrat contrevenait à ses besoins, a décidé de ne pas se prévaloir de son droit de renonciation et qui, pour d'autres raisons, a décidé de résilier son contrat et, d'autre part, la situation d'un preneur d'assurance qui, ayant en revanche considéré que le contrat ne contrevenait pas à ses besoins, a exercé son droit de renonciation »(18) ; par conséquent, « dans la mesure où ladite disposition attache les mêmes effets juridiques notamment à la renonciation et à la résiliation du contrat, elle prive de tout effet utile le droit de renonciation prévu par le droit de l'Union »(19). La Cour refuse de souscrire au raisonnement tiré de l'arrêt *E. Friz* du 15 avril 2010(20), lequel aurait retenu qu'en cas de renonciation tardive, l'intéressé devait supporter une partie des risques, relevant notamment que la portée de cet arrêt était expressément limitée à l'adhésion d'un consommateur à un fonds immobilier fermé constitué sous la forme d'une société de personnes et ne concernait donc pas les contrats aléatoires en général(21) ; c'est l'équilibre sociétaire qui était alors principalement en cause(22). Le droit de renonciation, qui s'apparente à un droit de rétractation, ne peut s'assimiler à un droit de résiliation, même s'il est exercé tardivement du fait de la carence de l'entreprise d'assurance : il entraîne en effet le rétablissement de la situation initiale. Cette position n'exclut pas que les juges nationaux contrôlent l'abus du droit de renonciation, comme le souligne dans ses conclusions l'avocate générale(23).

---

(18) CJUE, *Rust-Hackner*, préc., pts 105 et 106.

(19) CJUE, *Rust-Hackner*, préc., pt 107. La Cour refuse de souscrire au raisonnement tiré de l'arrêt *E. Friz* du 15 avril 2010 (CJUE, 15 avril 2010, *E. Friz*, aff. C-215/08). Cette décision est relative à l'interprétation de la directive 85/577/CEE du Conseil du 20 décembre 1985, concernant la protection des consommateurs dans le cas de contrats négociés en dehors des établissements commerciaux, dont l'article 5 prévoit également un droit de renonciation du consommateur.

(20) CJUE, 15 avril 2010, *E. Friz*, aff. C-215/08. Cette décision est relative à l'interprétation de la directive 85/577/CEE du Conseil du 20 décembre 1985, concernant la protection des consommateurs dans le cas de contrats négociés en dehors des établissements commerciaux, dont l'article 5 prévoit également un droit de renonciation du consommateur.

(21) CJUE, *E. Friz*, préc., pt 24.

(22) CJUE, *E. Friz*, préc., pt 49.

(23) Conclusions préc., n° 89. Voy., en ce sens, Cass., 2e civ., 7 février 2019, aff. n° 17-27223 : la cour d'appel aurait dû rechercher si « à la date d'exercice de la faculté de renonciation, au regard de la situation concrète de M. X..., de sa qualité d'assuré averti ou profane et

B) Sort des intérêts rémunératoires

Ensuite, la Cour devait apprécier la conformité d'une disposition de la législation autrichienne, qui prévoit que le droit de percevoir les intérêts rémunératoires qui majorent les sommes à restituer par l'entreprise d'assurance en cas de renonciation se prescrit par un délai de trois ans ; une telle prescription est-elle conforme au droit de l'Union ? Là encore, la Cour subordonne la validité de cette disposition à l'absence d'atteinte à l'effectivité du droit de renonciation lui-même. Ainsi, après avoir rappelé que « ce délai ne concernant que les intérêts rémunératoires, il n'affecte pas directement le droit du preneur d'assurance à renoncer à son contrat »(24), elle souligne qu'il convient d'apprécier la réalité de ce principe. À cette fin, il faut prendre en considération la spécificité de chaque contrat d'assurance, les contrats d'assurance étant « des produits financiers juridiquement complexes, susceptibles de différer considérablement selon l'assureur qui les offre et d'impliquer des engagements financiers importants et potentiellement d'une très longue durée »(25), mais aussi les besoins du preneur « au moment de la conclusion du contrat, sans tenir compte des bénéfices que celui-ci pourrait tirer d'une renonciation tardive, dès lors qu'une telle renonciation viserait non pas à protéger la liberté de choix du preneur, mais à lui permettre d'obtenir un rendement plus important, voire de spéculer sur la différence entre le rendement effectif du contrat et le taux des intérêts rémunératoires »(26).

Pauline Pailler

---

des informations dont il disposait réellement, quelle était la finalité de l'exercice de son droit de renonciation et s'il n'en résultait pas l'existence d'un abus de droit ».

(24) CJUE, *Rust-Hackner*, préc., pt 116. Voy., conclusions en sens contraire, n°s 92 et s.

(25) CJUE, *Rust-Hackner*, préc., pt 118.

(26) CJUE, *Rust-Hackner*, préc., pt 120.

XIX. DROIT DE LA CONSOMMATION

Cour de justice, 3e ch., 21 mars 2019, *Henri Pouvin, Marie Dijoux, épouse Pouvin, c/ Électricité de France (EDF)*, aff. C-590/17, ECLI:EU:C:2019:232

Conclusions de l'avocat général M. Bobek, du 15 novembre 2018, ECLI:EU:C:2018:920

Mots-clés : Notions de « consommateur » et de « professionnel » – Financement de l'acquisition d'une habitation principale – Prêt immobilier consenti par un employeur à son salarié et au conjoint de celui-ci, coemprunteur solidaire

Cadre normatif : directive 93/13/CEE ; champ d'application ; article 2, sous b) et sous c)

Notes et observations : H. Aubry, obs. *in* « Panorama de droit de la consommation », *D.*, 2020, p. 624 ; E. Bazin, note sous arrêt, *JCP E*, n° 36, p. 35 ; S. Piédelièvre, note sous arrêt, *Gaz. Pal.*, n° 30, p. 31 ; E. Poillot, obs. *in Journal de Droit Européen*, 2019, p. 305 ; S. Tisseyre, *Revue Lamy Droit civil*, 2019, 175, pp. 12 et s.

Extraits de l'arrêt

[...]

Sur les questions préjudicielles

18. Par ses questions, qu'il convient d'examiner ensemble, la juridiction de renvoi demande, en substance, si l'article 2, sous b) et c), de la directive 93/13 doit être interprété en ce sens que, d'une part, le salarié d'une entreprise et son conjoint, qui concluent avec cette entreprise un contrat de crédit, réservé, à titre principal, aux membres du personnel de ladite entreprise, destiné à financer l'acquisition d'un bien immobilier à des fins privées, doivent être considérés comme des « consommateurs », au sens de cet article 2, sous b), et, d'autre part, si, en ce qui concerne l'octroi de ce crédit, cette même entreprise doit être considérée comme un « professionnel », au sens dudit article 2, sous c).

19. À titre liminaire, il convient de rappeler que, ainsi que l'énonce le dixième considérant de la directive 93/13, les règles uniformes concernant

les clauses abusives doivent s'appliquer à « tout contrat » conclu entre un « professionnel » et un « consommateur », tels que définis à l'article 2, sous b) et c), de cette directive (arrêt du 17 mai 2018, *Karel de Grote – Hogeschool Katholieke Hogeschool Antwerpen*, C-147/16, EU:C:2018:320, point 46).

20. Dans le même temps, le dixième considérant de la directive 93/13 énonce que « sont notamment exclus de [celle-ci] les contrats de travail ».

21. Dans ces conditions, il convient de vérifier si le fait que les parties à un contrat de crédit tel que celui en cause dans l'affaire au principal sont également liées par un contrat de travail a une incidence sur leurs qualités respectives de « consommateur » et de « professionnel », au sens l'article 2, sous b) et c), de la directive 93/13, en ce qui concerne ce contrat de crédit.

22. À cet égard, conformément à ladite disposition, est un « consommateur » toute personne physique qui, dans les contrats relevant de ladite directive, agit à des fins qui n'entrent pas dans le cadre de son activité professionnelle. Par ailleurs, est un « professionnel » toute personne physique ou morale qui, dans les contrats relevant de la directive 93/13, agit dans le cadre de son activité professionnelle, qu'elle soit publique ou privée.

23. Ainsi qu'il ressort d'une jurisprudence constante de la Cour, c'est par référence à la qualité des contractants, selon qu'ils agissent ou non dans le cadre de leur activité professionnelle, que la directive 93/13 définit les contrats auxquels elle s'applique (arrêt du 17 mai 2018, *Karel de Grote – Hogeschool Katholieke Hogeschool Antwerpen*, C-147/16, EU:C:2018:320, point 53 et jurisprudence citée).

24. En ce qui concerne, en premier lieu, la notion de « consommateur », au sens de l'article 2, sous b), de la directive 93/13, elle a un caractère objectif et est indépendante des connaissances concrètes que la personne concernée peut avoir ou des informations dont cette personne dispose réellement (arrêt du 3 septembre 2015, *Costea*, C-110/14, EU:C:2015:538, point 21).

25. À cet égard, il convient de rappeler que le consommateur se trouve dans une situation d'infériorité à l'égard du professionnel, en ce qui concerne tant le pouvoir de négociation que le niveau d'information, situation qui le conduit à adhérer aux conditions rédigées préalablement par le professionnel, sans pouvoir exercer une influence sur le contenu de celles-ci (arrêt du 3 septembre 2015, *Costea*, C-110/14, EU:C:2015:538, point 18 et jurisprudence citée).

26. Le juge national, saisi d'un litige portant sur un contrat susceptible d'entrer dans le champ d'application de cette directive, est tenu de vérifier, en tenant compte de l'ensemble des éléments de preuve et

notamment des termes de ce contrat, si la personne concernée étant partie audit contrat peut être qualifiée de « consommateur » au sens de la directive 93/13. Pour ce faire, le juge national doit tenir compte de toutes les circonstances de l'espèce, et notamment de la nature du bien ou du service faisant l'objet du contrat considéré, susceptibles de démontrer à quelle fin ce bien ou ce service est acquis (arrêt du 3 septembre 2015, *Costea*, C-110/14, EU:C:2015:538, points 22 et 23).

27. La Cour a déjà jugé que même un avocat, quand bien même il serait considéré qu'il dispose d'un niveau élevé de compétences techniques, peut être considéré comme étant un « consommateur », au sens de l'article 2, sous b), de la directive 93/13, lorsqu'il conclut un contrat qui n'a pas trait à son activité professionnelle (voir, en ce sens, arrêt du 3 septembre 2015, *Costea*, C-110/14, EU:C:2015:538, points 26 et 27).

28. Cette conception large de la notion de « consommateur », au sens de l'article 2, sous b), de la directive 93/13, permet d'assurer la protection accordée par cette directive à l'ensemble des personnes physiques se trouvant dans la situation d'infériorité visée au point 25 du présent arrêt.

29. Il ressort des considérations qui précèdent que le fait qu'une personne physique conclut un contrat, autre qu'un contrat de travail, avec son employeur, ne fait pas, en tant que tel, obstacle à ce que cette personne soit qualifiée de « consommateur », au sens de l'article 2, sous b), de la directive 93/13.

30. En outre, ainsi que M. l'avocat général l'a fait observer, au point 60 de ses conclusions, la circonstance que certains types de contrats conclus par des consommateurs soient réservés à certains groupes de consommateurs ne prive pas ces derniers de leur statut de « consommateur », au sens de l'article 2, sous b), de la directive 93/13.

31. Or, l'exclusion du champ d'application de cette directive des nombreux contrats conclus par des consommateurs avec leurs employeurs priverait l'ensemble de ces consommateurs de la protection accordée par ladite directive (voir, par analogie, arrêt du 15 janvier 2015, *Šiba*, C-537/13, EU:C:2015:14, point 29).

32. S'agissant de l'exclusion des contrats de travail du champ d'application de la directive 93/13, il importe de constater que, ainsi que l'a relevé M. l'avocat général, au point 58 de ses conclusions, un contrat de crédit tel que celui en cause dans l'affaire au principal ne régit pas une relation de travail ni des conditions d'emploi et, par conséquent, ne saurait être qualifié de « contrat de travail ».

33. En ce qui concerne, en second lieu, la notion de « professionnel », au sens de l'article 2, sous c), de la directive 93/13, il importe de rappeler que le législateur de l'Union a entendu consacrer une conception large de cette notion (arrêt du 17 mai 2018, *Karel de Grote – Hogeschool*

Katholieke Hogeschool Antwerpen, C-147/16, EU:C:2018:320, point 48 et jurisprudence citée).

34. En effet, d'une part, l'emploi du terme « toute » dans ladite disposition met en évidence que chaque personne physique ou morale doit être considérée comme un « professionnel », au sens de la directive 93/13, dès lors qu'elle exerce une activité professionnelle (arrêt du 17 mai 2018, *Karel de Grote – Hogeschool Katholieke Hogeschool Antwerpen*, C-147/16, EU:C:2018:320, point 49).

35. D'autre part, cette notion vise toute activité professionnelle, « qu'elle soit publique ou privée ». Partant, l'article 2, sous c), de la directive 93/13 est susceptible de s'appliquer aux organismes ayant ou non un but lucratif, sans exclure les entités poursuivant une mission d'intérêt général (voir, en ce sens, arrêt du 17 mai 2018, *Karel de Grote – Hogeschool Katholieke Hogeschool Antwerpen*, C-147/16, EU:C:2018:320, points 50 et 51).

36. La notion de « professionnel », au sens de l'article 2, sous c), de la directive 93/13, est une notion fonctionnelle impliquant d'apprécier si le rapport contractuel concret s'inscrit dans le cadre des activités auxquelles une personne se livre à titre professionnel (voir, en ce sens, arrêt du 17 mai 2018, *Karel de Grote – Hogeschool Katholieke Hogeschool Antwerpen*, C-147/16, EU:C:2018:320, point 55).

37. La Cour a déjà jugé qu'un établissement d'enseignement, qui fournit à un étudiant à titre complémentaire et accessoire de son activité principale une prestation constituant, fondamentalement, un contrat de crédit, peut être considéré, en ce qui concerne cette prestation, comme un « professionnel », au sens de l'article 2, sous c), de la directive 93/13 (voir, en ce sens, arrêt du 17 mai 2018, *Karel de Grote – Hogeschool Katholieke Hogeschool Antwerpen*, C-147/16, EU:C:2018:320, points 57 et 58).

38. En effet, dans un tel cas, il existe, en principe, une inégalité entre l'établissement d'enseignement et l'étudiant, du fait de l'asymétrie de l'information et des compétences techniques entre ces parties, un tel établissement disposant d'une organisation pérenne et de compétences techniques dont ne dispose pas nécessairement l'étudiant, agissant à des fins privées, qui est confronté de manière incidente à un tel contrat (arrêt du 17 mai 2018, *Karel de Grote – Hogeschool Katholieke Hogeschool Antwerpen*, C-147/16, EU:C:2018:320, point 59).

39. Ces considérations sont applicables dans une affaire telle que celle au principal, dans laquelle un employeur, personne morale, conclut avec l'un de ses employés, personne physique, et, le cas échéant, avec l'époux de cet employé, un contrat de crédit destiné à financer l'acquisition d'un bien immobilier à des fins privées.

40. En effet, même si l'activité principale d'un employeur tel qu'EDF consiste non pas à offrir des instruments financiers, mais à fournir de

l'énergie, cet employeur dispose des informations et des compétences techniques, des ressources humaines et matérielles qu'une personne physique, à savoir l'autre partie au contrat, n'est pas censée avoir.

41. Tout comme la notion de « consommateur », au sens de l'article 2, sous b), de la directive 93/13, celle de « professionnel », au sens de l'article 2, sous c), de cette directive, présente un caractère objectif et ne dépend pas de ce que le professionnel décide de traiter comme son activité principale ou secondaire et accessoire.

42. En outre, ainsi que M. l'avocat général l'a relevé en substance, aux points 43 à 46 de ses conclusions, d'une part, le fait de proposer un tel contrat de crédit à ses employés, leur offrant ainsi l'avantage de pouvoir accéder à la propriété, sert à attirer et à conserver une main-d'œuvre qualifiée et compétente favorisant l'exercice de l'activité professionnelle de l'employeur. Dans ce contexte, l'existence ou l'absence d'un éventuel revenu direct, pour cet employeur, prévu par ce contrat, est sans incidence sur la reconnaissance dudit employeur en tant que « professionnel », au sens de l'article 2, sous c), de la directive 93/13. D'autre part, l'interprétation large de la notion de « professionnel », au sens de ladite disposition, sert à mettre en œuvre l'objectif de cette directive consistant à protéger le consommateur en tant que partie faible au contrat conclu avec un professionnel et à rétablir l'équilibre entre les parties (voir, en ce sens, arrêt du 31 mai 2018, *Sziber*, C-483/16, EU:C:2018:367, point 32).

43. Compte tenu de l'ensemble des considérations qui précèdent, il convient de répondre aux questions posées de la manière suivante :

- l'article 2, sous b), de la directive 93/13 doit être interprété en ce sens que le salarié d'une entreprise et son conjoint, qui concluent avec cette entreprise un contrat de crédit, réservé, à titre principal, aux membres du personnel de ladite entreprise, destiné à financer l'acquisition d'un bien immobilier à des fins privées, doivent être considérés comme étant des « consommateurs », au sens de cette disposition ;
- l'article 2, sous c), de la directive 93/13 doit être interprété en ce sens que ladite entreprise doit être considérée comme étant un « professionnel », au sens de cette disposition, lorsqu'elle conclut un tel contrat de crédit dans le cadre de son activité professionnelle, même si consentir des crédits ne constitue pas son activité principale.

[...]

Par ces motifs, la Cour (troisième chambre) dit pour droit :

L'article 2, sous b), de la directive 93/13/CEE du Conseil, du 5 avril 1993, concernant les clauses abusives dans les contrats conclus avec les consommateurs, doit être interprété en ce sens que le salarié d'une entreprise et son conjoint, qui concluent avec cette entreprise un contrat de crédit, réservé, à titre principal, aux membres du personnel de ladite entreprise, destiné à financer l'acquisition d'un bien immobilier à des fins privés, doivent être considérés comme des « consommateurs », au sens de cette disposition.

L'article 2, sous c), de la directive 93/13 doit être interprété en ce sens que ladite entreprise doit être considérée comme un « professionnel », au sens de cette disposition, lorsqu'elle conclut un tel contrat de crédit dans le cadre de son activité professionnelle, même si consentir des crédits ne constitue pas son activité principale.

Observations

L'affaire *Pouvin et Dijoux* a offert la possibilité à la CJUE de préciser le domaine personnel d'application de la directive 93/13/CE dont on sait qu'il ne couvre que les relations intervenant entre un consommateur et un professionnel tels que définis par son article 2.

La question préjudicielle posée aux juges luxembourgeois par la Cour de cassation française intéressait une espèce dans laquelle un employeur offrait à ses salariés des prêts immobiliers. Les juges de renvoi cherchaient à savoir si l'employeur pouvait être considéré comme un professionnel au sens de la directive 93/13, c'est-à-dire « comme toute personne physique ou morale qui, dans les contrats relevant de la présente directive, agit dans le cadre de son activité professionnelle, qu'elle soit publique ou privée », interrogation à laquelle la CJUE a répondu de façon positive.

Alors pourtant qu'elle n'était pas questionnée sur la qualité de consommateur de l'employé, la Cour a d'abord procédé à une telle vérification avant de s'interroger sur l'éventuelle reconnaissance de la qualité de professionnel à l'employeur, estimant que le fait que les parties à un contrat de crédit tel que celui en cause sont également liées par un contrat de travail a une incidence sur leurs qualités respectives (pt 21 de l'arrêt). Après avoir relevé le caractère objectif de la notion de consommateur qui « est indépendante des connaissances concrètes que la personne concernée peut avoir ou des informations dont cette personne dispose réellement » (pt 24 de l'arrêt), la Cour a souligné que le niveau élevé de compétences techniques dont disposerait le consommateur importe peu lorsqu'il conclut un contrat qui n'a pas trait à son activité professionnelle (pt 27 de l'arrêt). Ces considérations, qui n'intéressent du reste pas directement l'espèce, puisque rien ne laisse entendre que l'employé d'une société produisant et distribuant de l'électricité dispose de compétences particulières en matière de prêt immobilier, ont permis à la Cour de retenir une conception « large » de la notion de consommateur (pt 28 de l'arrêt) englobant l'ensemble des personnes physiques se trouvant dans la situation d'infériorité tant du point de vue de l'information que du pouvoir de négociation, dans la lignée de celle qui a été la sienne à propos de la notion de professionnel telle qu'envisagée par la directive 205/29/UE sur les pratiques commerciales (1).

Ce contrôle opéré, la Cour a ensuite placé son raisonnement dans le cadre de son *credo* en matière de protection des consommateurs contre les clauses abusives selon lequel le consommateur se trouve, relativement au contrat en cause, dans « une situation d'infériorité à l'égard du professionnel en ce qui concerne tant le pouvoir de négociation que le niveau d'information » (2). La décision ne s'étend pas sur la question de l'infériorité du pouvoir de négociation de l'employé. On relèvera néanmoins que la position de celui-ci, qui repose sur un lien de subordination vis-à-vis de l'employeur, exacerbe d'autant plus ce type de situation. Quant à « l'infériorité informationnelle », la Cour l'a clairement identifiée en l'espèce, notant que, pour l'activité de prêt, inscrite dans une organisation pérenne, l'employeur disposait d'« informations et [de] compétences techniques, [de] ressources humaines et matérielles qu'une personne physique, à savoir l'autre partie au contrat, n'est pas censée avoir » (pt 40 de l'arrêt), élément plaidant en la faveur de son appartenance à la catégorie des professionnels, non sans contredire d'une certaine façon l'approche

---

(1) CJUE, 1re ch., 3 octobre 2013, *BKK Mobil Oil Körperschaft des öffentlichen Rechts contre Zentrale zur Bekämpfung unlauteren Wettbewerbs eV*, aff. C-59/12, ECLI:EU:C:2013:634, nos obs., *in* F. Picod (dir.), *Jurisprudence de la CJUE 2018*, Bruxelles, Bruylant, 2019, pp. 840 et 841.

(2) voy. notamment l'arrêt *Océano Grupo*, aff. jtes C-240/98 à C-244/98, pt 25 de l'arrêt.

qu'elle avait eu de cette notion à propos du règlement Bruxelles I puisque, dans son arrêt *Schrems* (3), la qualité de consommateur avait pu être reconnue à une personne physique dont l'activité s'inscrivait pourtant dans un cadre pérenne et structuré. Forte de ce constat, la Cour s'est ensuite employée à démontrer que l'employeur correspondait, quant à lui, à la définition de professionnel retenue par la directive.

Pour ce faire, elle a d'abord souligné que le contrat abritant la clause potentiellement abusive n'avait pas pour objet la relation de travail liant employeur et employés, ce qui aurait pu contrarier les dispositions du 10e considérant de la directive prônant l'exclusion ses contrats de travail de son champ d'application, encore que les considérants n'aient pas de caractère contraignant. En outre, comme il avait déjà été relevé dans l'arrêt *De Grote* (4), l'activité principale du cocontractant susceptible d'être qualifié de professionnel ne consistait pas à offrir des instruments financiers et était donc différente de celle dans le cadre de laquelle sa relation avec son employé s'inscrivait pour le contrat en cause. Elle ne pouvait donc être confondue avec celle-ci, ce qui permettait de distinguer la relation employeur/employé de celle de prêteur/emprunteur. La Cour a également appuyé son analyse sur des éléments factuels requérant à son sens la reconnaissance de la qualité de professionnel et consommateur, rappelant le caractère fonctionnel de ces notions qui autorise la projection du contrat dans le domaine du droit de la consommation lorsque le besoin s'en fait sentir. La clause en cause permettait la résiliation immédiate du prêt si l'employé quittait l'entreprise. Elle avait également pour objectif de retenir l'employé dans le cadre d'un rapport de force économique propice à l'existence d'un déséquilibre contractuel, dont on sait qu'il est de l'essence du contrat de consommation. Dans ce contexte, l'existence ou l'absence d'un éventuel revenu direct pour l'employeur, dans le cadre de ce contrat, a donc été jugée sans incidence sur sa qualification de

(3) CJUE, 25 janvier 2018, *Schrems*, aff. C-498/16, ECLI:EU:C:2018:37, voy. nos obs., *in* F. Picod (dir.), *Jurisprudence de la CJUE 2018*, *op. cit.*, pp. 815 et s. et pp. 828 et s., spéc. p. 843.

(4) CJUE, 17 mai 2018, *De Grote*, aff. C-147/16, ECLI:EU:C:2018:320, nos obs., *in* F. Picod (dir.), *Jurisprudence de la CJUE 2018*, *op. cit.*, pp. 828 et s.

« professionnel », au sens de l'article 2, sous c), de la directive 93/13. L'interprétation large de la notion de « professionnel » est intimement liée au caractère fonctionnel des notions de professionnel et de consommateur pour lesquelles nécessité fait en quelque sorte loi.

Cet arrêt, le second à donner une interprétation de la notion de professionnel telle que définie par l'article 2, c), de la directive 93/13, met une nouvelle fois en lumière l'approche casuistique de la Cour relativement à celle-ci et à celle de consommateur. La Cour y confire l'approche adoptée dans l'arrêt *De Grote*, où elle s'était livrée à une distinction acrobatique entre les différentes activités d'un établissement d'enseignement supérieur. Elle guide également l'interprétation de cette même notion dans le cadre de la directive sur les pratiques commerciales déloyales (5).

Elise POILLOT

(5) voy. CJUE, 25 janvier 2018, *Schrems*, aff. C-498/16, préc., nos obs., *in* F. PICOD (dir.), *Jurisprudence de la CJUE 2018*, *op. cit.*, pp. 855 et s.

Cour de justice, gde ch., 26 mars 2019, *Abanca Corporación Bancaria SA c/ Alberto García Salamanca Santos, et Bankia SA c/ Alfonso Antonio Lau Mendoza, Verónica Yuliana Rodríguez Ramírez*, aff. jtes C-70/17 et C-179/17, ECLI:EU:C:2019:250

Conclusions de l'avocat général M. Szpunar, du 13 septembre 2018, ECLI:EU:C:2018:724

Mots-clés : Protection des consommateurs – Clauses abusives dans les contrats conclus avec les consommateurs – Clause d'échéance anticipée d'un contrat de prêt hypothécaire – Déclaration du caractère partiellement abusif de la clause – Pouvoirs du juge national en présence d'une clause qualifiée d'« abusive » – Substitution à la clause abusive d'une disposition de droit national

Cadre normatif : articles 6 et 7 de la directive 93/13/CEE

Notes et observations : E. Poillot, obs. *in Journal de Droit européen*, 2019, p. 307 ; N. Sauphanor-Brouillaud, obs. *in* « Panorama de droit de la consommation », *D.*, 2020, p. 628

Extraits de l'arrêt

[...]

Sur le fond

48. Par leurs questions dans l'affaire C-70/17 et dans l'affaire C-179/17, qu'il convient d'examiner ensemble, les juridictions de renvoi demandent, en substance, si les articles 6 et 7 de la directive 93/13 doivent être interprétés en ce sens, d'une part, que, lorsqu'une clause d'échéance anticipée d'un contrat de prêt hypothécaire est jugée abusive, elle peut néanmoins être maintenue en partie, moyennant la suppression des éléments qui la rendent abusive, et, d'autre part, que, dans le cas contraire, la procédure d'exécution hypothécaire ouverte en application de cette clause peut tout de même se poursuivre par l'application supplétive d'une règle de droit national, dès lors que l'impossibilité de recourir à cette procédure pourrait être contraire aux intérêts des consommateurs.

49. Selon une jurisprudence constante, le système de protection mis en œuvre par la directive 93/13 repose sur l'idée que le consommateur se trouve dans une situation d'infériorité à l'égard du professionnel en ce qui concerne tant le pouvoir de négociation que le niveau d'information, situation qui le conduit à adhérer aux conditions rédigées préalablement par le professionnel, sans pouvoir exercer une influence sur le contenu de celles-ci (voir, notamment, arrêt du 3 juin 2010, *Caja de Ahorros y Monte de Piedad de Madrid*, C-484/08, EU:C:2010:309, point 27 ainsi que jurisprudence citée).

50. Eu égard à une telle situation d'infériorité, la directive 93/13 oblige les États membres à prévoir un mécanisme assurant que toute clause contractuelle n'ayant pas fait l'objet d'une négociation individuelle puisse être contrôlée afin d'apprécier son caractère éventuellement abusif. Dans ce cadre, il incombe au juge national de déterminer, en tenant compte des critères énoncés à l'article 3, paragraphe 1, et à l'article 5 de la directive 93/13, si, eu égard aux circonstances propres au cas d'espèce, une telle clause satisfait aux exigences de bonne foi, d'équilibre et de transparence posées par cette directive (voir, en ce sens, arrêts du 21 mars 2013, *RWE Vertrieb*, C-92/11, EU:C:2013:180, points 42 à 48, et du 30 avril 2014, *Kásler et Káslerné Rábai*, C-26/13, EU:C:2014:282, point 40).

51. En l'occurrence, il ressort des constatations des juridictions de renvoi que les clauses en cause au principal, bien qu'elles aient été inspirées par l'article 693, paragraphe 2, de la LEC, dans sa version en vigueur à la date de la signature des contrats de prêt hypothécaire en cause au principal dans lesquels elles s'inséraient, doivent être considérées comme étant abusives, en ce qu'elles prévoient que l'établissement financier peut déclarer l'échéance anticipée du contrat et exiger le remboursement du prêt dès lors que le débiteur est en défaut de paiement d'une mensualité.

52. Dans ce contexte, il y a d'abord lieu de rappeler que, conformément à l'article 6, paragraphe 1, de la directive 93/13, il incombe aux juridictions de renvoi d'écarter l'application des clauses abusives afin qu'elles ne produisent pas d'effets contraignants à l'égard du consommateur, sauf si le consommateur s'y oppose (voir, en ce sens, arrêts du 4 juin 2009, *Pannon GSM*, C-243/08, EU:C:2009:350, point 35, et du 14 juin 2012, *Banco Español de Crédito*, C-618/10, EU:C:2012:349, point 65).

53. Ensuite, selon la jurisprudence de la Cour, lorsque le juge national constate la nullité d'une clause abusive dans un contrat conclu entre un professionnel et un consommateur, l'article 6, paragraphe 1, de la directive 93/13 doit être interprété en ce sens qu'il s'oppose à une règle de droit national qui permet au juge national de compléter ce contrat en révisant le contenu de cette clause (arrêts du 14 juin 2012, *Banco Español de Crédito*, C-618/10, EU:C:2012:349, point 73, et du 30 avril 2014, *Kásler et Káslerné Rábai*, C-26/13, EU:C:2014:282, point 77).

54. Ainsi, s'il était loisible au juge national de réviser le contenu des clauses abusives figurant dans un tel contrat, une telle faculté serait susceptible de porter atteinte à la réalisation de l'objectif à long terme visé à l'article 7 de la directive 93/13. En effet, cette faculté contribuerait à éliminer l'effet dissuasif exercé sur les professionnels par la pure et simple non-application à l'égard du consommateur de telles clauses abusives, dans la mesure où ceux-ci demeureraient tentés d'utiliser lesdites clauses, en sachant que, même si celles-ci devaient être invalidées, le contrat pourrait néanmoins être complété, dans la mesure nécessaire, par le juge national de sorte à garantir ainsi l'intérêt desdits professionnels (arrêts du 14 juin 2012, *Banco Español de Crédito*, C-618/10, EU:C:2012:349, point 69, et du 30 avril 2014, *Kásler et Káslerné Rábai*, C-26/13, EU:C:2014:282, point 79).

55. En l'occurrence, la simple suppression du motif d'échéance rendant les clauses en cause au principal abusives reviendrait, en définitive, à réviser le contenu de ces clauses en affectant leur substance. Partant, le maintien partiel desdites clauses ne saurait être admis, sous peine de porter directement atteinte à l'effet dissuasif rappelé au point précédent du présent arrêt.

56. Toutefois, la Cour a déjà jugé qu'il ne découle pas de la jurisprudence citée aux points 53 et 54 du présent arrêt que, dans une situation dans laquelle un contrat conclu entre un professionnel et un consommateur ne peut subsister après la suppression d'une clause abusive, l'article 6, paragraphe 1, de la directive 93/13 s'opposerait à ce que le juge national, en application de principes du droit des contrats, supprime la clause abusive en lui substituant une disposition de droit national à caractère supplétif dans des situations dans lesquelles l'invalidation de la clause abusive obligerait le juge à annuler le contrat dans son ensemble, exposant par là le consommateur à des conséquences particulièrement préjudiciables, de sorte que ce dernier en serait pénalisé (voir, en ce sens, arrêt du 30 avril 2014, *Kásler et Káslerné Rábai*, C-26/13, EU:C:2014:282, points 80, 83 et 84).

57. À cet égard, la Cour a jugé qu'une telle substitution est pleinement justifiée au regard de la finalité de la directive 93/13. En effet, elle est conforme à l'objectif de l'article 6, paragraphe 1, de la directive 93/13, dès lors que cette disposition tend à substituer à l'équilibre formel que le contrat établit entre les droits et obligations des cocontractants un équilibre réel de nature à rétablir l'égalité entre ces derniers et non pas à annuler tous les contrats contenant des clauses abusives (voir, en ce sens, arrêt du 30 avril 2014, *Kásler et Káslerné Rábai*, C-26/13, EU:C:2014:282, points 81 et 82, ainsi que jurisprudence citée).

58. Si, dans une situation telle que celle décrite au point 56 du présent arrêt, il n'était pas permis de substituer à une clause abusive une

disposition de droit national à caractère supplétif, obligeant le juge à annuler le contrat dans son ensemble, le consommateur pourrait être exposé à des conséquences particulièrement préjudiciables, de sorte que le caractère dissuasif résultant de l'annulation du contrat risquerait d'être compromis. En effet, s'agissant d'un contrat de prêt, une telle annulation aurait en principe comme conséquence de rendre immédiatement exigible le montant du prêt restant dû dans des proportions risquant d'excéder les capacités financières du consommateur et, de ce fait, tendrait à pénaliser celui-ci plutôt que le prêteur qui, par voie de conséquence, ne serait pas dissuadé d'insérer de telles clauses dans les contrats qu'il propose (voir, en ce sens, arrêt du 30 avril 2014, *Kásler et Káslerné Rábai*, C-26/13, EU:C:2014:282, points 83 et 84).

59. Pour des motifs analogues, il y a lieu de considérer que, dans une situation dans laquelle un contrat de prêt hypothécaire conclu entre un professionnel et un consommateur ne peut subsister après la suppression d'une clause abusive dont le libellé est inspiré d'une disposition législative applicable en cas d'accord des parties au contrat, l'article 6, paragraphe 1, de la directive 93/13 ne saurait être interprété en ce sens qu'il s'oppose à ce que le juge national, en vue d'éviter la nullité de ce contrat, substitue à cette clause la nouvelle rédaction de cette disposition législative de référence introduite postérieurement à la conclusion du contrat, dans la mesure où l'annulation du contrat exposerait le consommateur à des conséquences particulièrement préjudiciables.

60. En l'occurrence, les contrats en cause au principal portent, d'une part, sur l'octroi de prêts par une banque et, d'autre part, sur la constitution de garanties hypothécaires relatives à ces prêts. Les clauses en cause au principal, s'inspirant de la rédaction de l'article 693, paragraphe 2, de la LEC, dans sa version en vigueur à la date de signature de ces contrats, permettent en substance aux banques concernées de déclarer le prêt échu et d'exiger le paiement de tout montant restant dû en cas de défaut de versement d'une quelconque mensualité. Il incombe aux juridictions de renvoi de vérifier, conformément aux règles du droit interne et selon une approche objective (voir, en ce sens, arrêt du 15 mars 2012, *Pereničová et Perenič*, C-453/10, EU:C:2012:144, point 32), si la suppression de ces clauses aurait pour conséquence que les contrats de prêt hypothécaire ne peuvent plus subsister.

61. Dans une telle hypothèse, il appartiendra aux juridictions de renvoi d'examiner si l'annulation des contrats de prêt hypothécaire en cause au principal exposerait les consommateurs concernés à des conséquences particulièrement préjudiciables. À cet égard, il ressort des décisions de renvoi qu'une telle annulation pourrait avoir des incidences, en particulier, sur les modalités procédurales de droit national selon lesquelles les banques peuvent se faire rembourser, en justice, la totalité du montant du prêt restant dû par les consommateurs. Ainsi, en cas d'annulation

des contrats de prêt hypothécaire en cause au principal, le recouvrement des créances des banques devra être effectué par la voie d'une procédure d'exécution ordinaire, tandis que, si ces contrats sont maintenus en substituant à la clause abusive la nouvelle version de l'article 693, paragraphe 2, de la LEC, rendant possible l'échéance anticipée du terme de ces mêmes contrats après que le débiteur a été en défaut de paiement d'au moins trois mensualités, la procédure spécifique de saisie hypothécaire restera applicable. Ces deux procédures se distingueraient, notamment, par la circonstance que la procédure spécifique de saisie hypothécaire du logement habituel se caractérise par une possibilité pour le débiteur de libérer le bien hypothéqué jusqu'à la date de mise aux enchères en consignant les montants dus, par celle d'obtenir une remise partielle de dette, ainsi que par la garantie que le bien hypothéqué ne soit pas vendu à un prix inférieur à 75 % de sa valeur estimée.

62. Or, une telle détérioration de la position procédurale des consommateurs concernés, en raison du recours à une procédure d'exécution ordinaire plutôt qu'à la procédure spécifique de saisie hypothécaire, est pertinente dans le cadre de l'appréciation des conséquences de l'annulation des contrats en cause et, conformément à ce qui a été constaté au point 59 du présent arrêt, pourrait dès lors justifier, pour autant qu'elle expose lesdits consommateurs à des conséquences particulièrement préjudiciables, que les juridictions de renvoi substituent aux clauses abusives la version dudit article 693, paragraphe 2, de la LEC postérieure à la signature des contrats en cause au principal. Les caractéristiques desdites procédures d'exécution relevant toutefois exclusivement du droit national, il appartient aux seules juridictions de renvoi de procéder aux vérifications et comparaisons nécessaires à cet égard.

63. En revanche, si ces mêmes juridictions devaient parvenir à la conclusion que les contrats de prêt hypothécaire concernés peuvent subsister sans les clauses abusives en cause au principal, il leur appartiendrait, conformément à la jurisprudence citée au point 56 du présent arrêt, d'écarter l'application de ces clauses, sauf si le consommateur s'y oppose, notamment dans l'hypothèse où ce dernier considérerait qu'une saisie hypothécaire exécutée sur le fondement d'une telle clause lui serait plus favorable que la voie d'une procédure d'exécution ordinaire. En effet, ce contrat doit subsister, en principe, sans aucune autre modification que celle résultant de la suppression des clauses abusives, dans la mesure où, conformément aux règles du droit interne, une telle persistance du contrat est juridiquement possible (voir, en ce sens, arrêt du 26 janvier 2017, *Banco Primus*, C-421/14, EU:C:2017:60, point 71).

64. Eu égard aux considérations qui précèdent, il convient de répondre aux questions posées dans les affaires C-70/17 et C-179/17 que les articles 6 et 7 de la directive 93/13 doivent être interprétés en ce sens que, d'une part, ils s'opposent à ce qu'une clause d'échéance anticipée d'un contrat

de prêt hypothécaire jugée abusive soit maintenue en partie, moyennant la suppression des éléments qui la rendent abusive, lorsqu'une telle suppression reviendrait à réviser le contenu de ladite clause en affectant sa substance, et que, d'autre part, ces mêmes articles ne s'opposent pas à ce que le juge national remédie à la nullité d'une telle clause abusive en y substituant la nouvelle rédaction de la disposition législative qui a inspiré cette clause, applicable en cas d'accord des parties au contrat, pour autant que le contrat de prêt hypothécaire en cause ne puisse subsister en cas de suppression de ladite clause abusive, et que l'annulation du contrat dans son ensemble expose le consommateur à des conséquences particulièrement préjudiciables.

[...]

Par ces motifs, la Cour (grande chambre) dit pour droit :

Les articles 6 et 7 de la directive 93/13/CEE du Conseil, du 5 avril 1993, concernant les clauses abusives dans les contrats conclus avec les consommateurs, doivent être interprétés en ce sens que, d'une part, ils s'opposent à ce qu'une clause d'échéance anticipée d'un contrat de prêt hypothécaire jugée abusive soit maintenue en partie, moyennant la suppression des éléments qui la rendent abusive, lorsqu'une telle suppression reviendrait à réviser le contenu de ladite clause en affectant sa substance, et que, d'autre part, ces mêmes articles ne s'opposent pas à ce que le juge national remédie à la nullité d'une telle clause abusive en y substituant la nouvelle rédaction de la disposition législative qui a inspiré cette clause, applicable en cas d'accord des parties au contrat, pour autant que le contrat de prêt hypothécaire en cause ne puisse subsister en cas de suppression de ladite clause abusive, et que l'annulation du contrat dans son ensemble expose le consommateur à des conséquences particulièrement préjudiciables.

OBSERVATIONS

L'arrêt *Abanca Corporación Bancaria* intéresse la question cruciale de la sanction des clauses abusives et des conséquences qu'elle peut entraîner sur le contrat dans son entier. Au fait que le recours préjudiciel intéressait le thème fondamental de la sanction de dispositions contractuelles jugées abusives s'ajoutait celui que la « jurisprudence de la Cour relative à la directive 93/13 a joué un rôle majeur, voire déterminant, dans le renforcement du marché intérieur et de la protection du consommateur visé par ladite directive, qui constitue désormais un élément indispensable de la protection des consommateurs de l'Union européenne au quotidien », point 12 des conclusions de l'avocat général Szpunar, ce qui a conduit la Cour à rendre sa décision en grande chambre et donc à se prononcer solennellement. Selon les comptes tenus par l'avocat général Szpunar, la décision rendue par la Cour sera la vingt-septième interprétation de la directive à la demande de juridictions espagnoles (pt 1 des conclusions).

Les juges luxembourgeois étaient amenés à statuer sur la possibilité de maintenir une clause jugée abusive après révision de sa seule partie infectée au sein d'un contrat et, si une telle possibilité leur était refusée, sur celle de substituer à cette clause une disposition de droit national à caractère supplétif. Il apparaissait en effet en l'espèce que la mise en œuvre d'une procédure judiciaire pourrait se révéler plus favorable aux intérêts des consommateurs que la résolution du contrat que provoquerait l'éradication de la clause abusive, étant toutefois précisé qu'il semblait difficile de déterminer en pratique laquelle des deux solutions serait la plus favorable au consommateur.

Fidèle à sa jurisprudence initiée avec l'arrêt *Asbeek Brusse et de Man Garabito* (1) qui avait refusé qu'une clause pénale jugée abusive puisse faire l'objet d'une révision de la part du juge, lequel doit tirer toutes les conséquences de la reconnaissance de son caractère abusif et par conséquent écarter son application, la Cour a donc jugé non conforme aux articles 6 et 7 de la directive 93/13 la modification partielle de la clause parce qu'elle aboutissait précisément à sa révision. Comme le souligne l'avocat général, « si le juge national avait la faculté de réviser le contenu des clauses abusives, cela contribuerait à éliminer l'effet dissuasif exercé sur les professionnels par la pure et simple non-application à l'égard du consommateur de telles clauses, dans la mesure où ces professionnels demeureraient tentés d'utiliser [ces] clauses, en sachant que, même si ces dernières devaient être invalidées, le contrat pourrait néanmoins être complété, dans la mesure nécessaire, par le juge national, de sorte à garantir ainsi [leur] intérêt » (pt 76 des conclusions,

---

(1) aff. C-488/11, ECLI:EU:C:2013:341, voy. nos obs., *Journal de Droit Européen*, 2014, p. 27

voy. également le pt 54 de l'arrêt). Or le caractère dissuasif de la sanction des clauses abusives est un enjeu important de l'efficacité et de l'effectivité de la législation luttant contre ces clauses, comme en témoigne la récente directive « omnibus » (2), dont l'un des objectifs est précisément de renforcer l'effet dissuasif de la directive 93/13/CEE (3). L'article premier de la directive 2019/2161 requiert ainsi que les sanctions imposées en cas de violation des dispositions de la directive 93/13/CE soient effectives, proportionnées et dissuasives.

La décision de la grande chambre ne semble en revanche pas pouvoir s'appliquer à une technique – qu'utilise le *Bundesgerightshof* et que détaille l'avocat général dans ses conclusions (pts 84-104) – consistant en l'éradication de l'élément infecté d'une clause abusive lorsqu'elle présente un caractère divisible parce que ses dispositions ne sont pas consubstantiellement liées et peuvent donc être considérées comme des sous-clauses. La question de la compatibilité de cette technique avec le droit de l'Union reste donc ouverte.

La juridiction de renvoi, anticipant une réponse négative de la Cour quant à la possibilité d'une révision de la clause abusive, l'avait également saisie d'une autre question liée à la survie du contrat car l'éradication de la clause suspectée abusive en l'espèce, si elle devait être opérée, aurait inéluctablement conduit à son anéantissement.

On sait que dans cette hypothèse, la jurisprudence luxembourgeoise autorise, depuis l'arrêt *Kásler et Káslerné Rábai* (4) le juge national à substituer à la clause supprimée une disposition de droit national à caractère supplétif. La Cour a par ailleurs précisé cette année, dans son arrêt *Dziubak* (5), que lorsque la suppression d'une clause abusive a pour conséquence une modification de l'objet d'un contrat, son maintien

(2) directive [UE] 2019/2161 du Parlement européen et du Conseil du 27 novembre 2019 modifiant la directive 93/13/CEE du Conseil et les directives 98/6/CE, 2005/29/CE et 2011/83/UE du Parlement européen et du Conseil en ce qui concerne une meilleure application et une modernisation des règles de l'Union en matière de protection des consommateurs.

(3) 14e considérant de la directive.

(4) CJUE, 30 avril 2014, *Kásler et Káslerné Rábai*, aff. C-26/13, ECLI:EU:C:2014:282, voy. nos obs., *in* F. Picod (dir.), *Jurisprudence de la CJUE 2014*, Bruxelles, Bruylant, 2015, pp. 730 et s.

(5) CJUE, 3 octobre 2019, *Dziubak*, aff. C-260/18, ECLI:EU:C:2019:819.

peut être mis à mal (dans l'espèce en cause, la clause était relative à la détermination du taux de change et sa suppression, qui ne permettait pas de déterminer celui-ci, rendait l'exécution du contrat de prêt impossible). Elle a également retenu dans cette décision que ne relevait pas de la catégorie des dispositions supplétives celles relatives au principe d'équité ou aux usages. L'affaire *Abanca* soulevait une autre question, sans doute plus complexe, car elle était liée au fait que l'appréciation des conséquences de la substitution d'une nouvelle clause à celle infectée pour le consommateur s'avérait difficile à mesurer. La juridiction de renvoi s'interrogeait en effet, sur le caractère plus avantageux, dans le cadre de son droit national, de la procédure d'exécution hypothécaire par rapport à une résolution judiciaire du contrat de prêt hypothécaire (pt 33 de l'arrêt). Devait-on alors laisser au juge national les pleins pouvoir de cette appréciation ? La réponse était en germe dans la jurisprudence luxembourgeoise puisque l'arrêt *Pannon*(6) avait posé pour principe la possibilité pour le consommateur de refuser l'annulation d'une clause qualifiée d'office abusive par le juge, solution reprise ici en dehors du contexte du relevé d'office. Selon la CJUE en effet, si les juridictions nationales « devaient parvenir à la conclusion que les contrats de prêt hypothécaire concernés peuvent subsister sans les clauses abusives en cause au principal, il leur appartiendrait, conformément à la jurisprudence [de la Cour] d'écarter l'application de ces clauses, sauf si le consommateur s'y oppose, notamment dans l'hypothèse où ce dernier considérerait qu'une saisie hypothécaire exécutée sur le fondement d'une telle clause lui serait plus favorable que la voie d'une procédure d'exécution ordinaire soulignant que la subsistance du contrat sans aucune autre modification que celle résultant de la suppression des clauses abusives, dans la mesure où, conformément aux règles du droit interne, une telle persistance du contrat est juridiquement possible » est le principe (pt 63 de l'arrêt). La Cour a confirmé cette approche dans l'arrêt *Dziubak*(7), rendu postérieurement à l'arrêt *Abanca Corporación Bancaria*.

(6) CJUE, 4 juin 2009, *Pannon*, aff. C-243/08, ECLI:EU:C:2009:350.
(7) CJUE, 3 octobre 2019, *Dziubak*, aff. C-260/18, préc.

Entre la clause et le contrat, c'est au consommateur que revient le choix. Il reste à souhaiter qu'il soit assisté d'un bon conseil, faute de quoi, en pratique, il reviendra au juge d'apprécier ce qui lui paraîtra la solution la plus avantageuse pour l'emprunteur.

Elise Poillot

Cour de justice, 3e ch., 23 janvier 2019, *Walbusch Walter Busch GmbH & Co. KG c/ Zentrale zur Bekämpfung unlauteren Wettbewerbs Frankfurt am Main eV*, aff. C-430/17, ECLI:EU:C:2019:47

Conclusions de l'avocat général E. Tanchev, du 20 septembre 2018, ECLI:EU:C:2018:759

Mots-clés : Protection des consommateurs – Obligation d'information sur le droit de rétractation – Contrat conclu selon une technique de communication à distance qui impose des contraintes d'espace ou de temps pour la présentation des informations – Notion de « contraintes d'espace ou de temps pour la présentation des informations »

Cadre normatif : directive 2011/83/UE ; contrats à distance ; article 6, paragraphe 1, sous h) ; article 8, paragraphe 4

Notes et observations : S. Bernheim-Desvaux, note sous arrêt, *Contrats Concurrence Consommation*, 2019, n° 3, p. 40 ; J.-D. Pellier, note sous arrêt, *Revue des contrats*, 2019/2, p. 66 ; S. Piédelièvre, note sous arrêt, *Gaz. Pal.*, n° 13, p. 36 ; E. Poillot, obs. *in Journal de Droit Européen*, 2019, p. 309 ; N. Sauphanor-Brouillaud, obs. *in* « Panorama de droit de la consommation », *D.*, 2020, p. 630

Extraits de l'arrêt

[...]

Sur les questions préjudicielles

30. Par ses questions, qu'il convient d'examiner ensemble, la juridiction de renvoi cherche à savoir, en substance, selon quels critères il convient d'apprécier si un contrat peut être considéré comme étant conclu selon une technique de communication à distance qui impose des contraintes d'espace ou de temps pour la présentation des informations, au sens de l'article 8, paragraphe 4, de la directive 2011/83, et, le cas échéant, quelle

est l'étendue de l'obligation d'information quant au droit de rétractation, prévue à l'article 6, paragraphe 1, sous h), de cette directive.

31. À titre liminaire, il convient de rappeler que, aux termes de l'article 6, paragraphe 1, de la directive 2011/83, avant que le consommateur ne soit lié par un contrat à distance ou hors établissement ou par une offre du même type, le professionnel lui fournit, sous une forme claire et compréhensible, certaines informations relatives à ce contrat ou à cette offre. En particulier, lorsque le droit de rétractation existe, l'article 6, paragraphe 1, sous h), de cette directive fait obligation au professionnel de porter à la connaissance du consommateur les conditions, le délai et les modalités d'exercice de ce droit, conformément à l'article 11, paragraphe 1, de ladite directive, et de lui fournir le modèle de formulaire de rétractation figurant à l'annexe I, partie B, de la même directive.

32. L'article 11, paragraphe 1, de la directive 2011/83 prévoit que le consommateur qui entend exercer son droit de rétractation doit informer le professionnel en utilisant le modèle de formulaire de rétractation figurant à l'annexe I, partie B, de cette directive ou en faisant une autre déclaration dénuée d'ambiguïté exposant sa décision de se rétracter du contrat. En outre, l'article 11, paragraphe 3, de ladite directive dispose que le professionnel peut donner au consommateur, en plus des possibilités visées audit article 11, paragraphe 1, la faculté de remplir et de transmettre en ligne, sur le site Internet du professionnel, soit le modèle de formulaire de rétractation figurant à l'annexe I, partie B, de la même directive, soit une autre déclaration dénuée d'ambiguïté.

33. Dans le cas où le contrat est conclu selon une technique de communication à distance qui impose des contraintes d'espace ou de temps pour la présentation des informations, l'article 8, paragraphe 4, de la directive 2011/83 fait seulement obligation au professionnel de fournir au consommateur, sur la technique en question et avant la conclusion du contrat, certaines des informations précontractuelles visées à l'article 6, paragraphe 1, de cette directive, parmi lesquelles figure l'information concernant le droit de rétractation, telle qu'énoncée à l'article 6, paragraphe 1, sous h), de ladite directive. Dans un tel cas, les autres informations précontractuelles doivent être fournies au consommateur sous une forme adaptée à la technique de communication à distance utilisée dans un langage clair et compréhensible.

34. À cet égard, ainsi qu'il ressort de l'article 1er de la directive 2011/83, lu à la lumière des considérants 4, 5 et 7 de celle-ci, ladite directive vise à assurer un niveau élevé de protection des consommateurs en garantissant leur information et leur sécurité dans les transactions avec les professionnels. En outre, la protection des consommateurs dans les politiques de l'Union est consacrée à l'article 169 TFUE ainsi qu'à l'article 38 de la Charte (voir, en ce sens, arrêt du 2 mars 2017, *Zentrale zur Bekämpfung*

unlauteren Wettbewerbs Frankfurt am Main, C-568/15, EU:C:2017:154, point 28).

35. La directive 2011/83 vise à faire bénéficier les consommateurs d'une protection étendue, en leur conférant certains droits en matière, notamment, de contrats à distance. L'objectif du législateur de l'Union est d'éviter que l'utilisation de techniques de communication à distance conduise à une diminution des informations fournies au consommateur (voir, par analogie, arrêt du 5 juillet 2012, *Content Services*, C-49/11, EU:C:2012:419, point 36).

36. Or, les informations fournies avant la conclusion d'un contrat, portant sur les conditions contractuelles et les conséquences de ladite conclusion, sont, pour le consommateur, d'une importance fondamentale (arrêt du 13 septembre 2018, *Wind Tre et Vodafone Italia*, C-54/17 et C-55/17, EU:C:2018:710, point 46). C'est en effet sur la base de ces informations que ce dernier décide s'il souhaite se lier contractuellement à un professionnel.

37. Cependant, ainsi que l'énonce le considérant 36 de la directive 2011/83, pour les contrats à distance, les exigences d'information devraient être adaptées afin de tenir compte des contraintes techniques liées à certains médias, telles que les limitations du nombre de caractères sur certains écrans de téléphones portables ou les contraintes de temps pour les spots de téléachat. Dans ces cas, le professionnel devrait respecter un minimum d'exigences en matière d'information et renvoyer le consommateur vers une autre source d'information, par exemple en fournissant un numéro de téléphone gratuit ou un lien hypertexte vers une page Internet du professionnel, où les informations utiles sont directement disponibles et facilement accessibles.

38. Ainsi, lorsque, afin de conclure un contrat avec le consommateur, le professionnel a recours à une certaine technique de communication à distance, il peut se trouver dans l'impossibilité de fournir au consommateur, dans le cadre de cette communication, toutes les informations visées à l'article 6, paragraphe 1, de la directive 2011/83. Une telle situation se produit dans le cas où la technique choisie par le professionnel impose des contraintes d'espace ou de temps pour la présentation des informations, contraintes qui résultent soit des caractéristiques inhérentes à la technique concernée, soit des limitations résultant du choix économique du professionnel relatif notamment à la durée et à l'espace de communication commerciale.

39. L'appréciation du point de savoir si, dans un cas concret, la technique de communication impose des contraintes d'espace ou de temps pour la présentation des informations, au sens de l'article 8, paragraphe 4, de la directive 2011/83, doit être effectuée en tenant compte de l'ensemble des caractéristiques techniques de la communication

commerciale du professionnel. À cet égard, il convient de vérifier si, compte tenu de l'espace et du temps occupés par la communication et de la taille minimale du caractère typographique qui serait appropriée pour un consommateur moyen destinataire de cette communication, toutes les informations visées à l'article 6, paragraphe 1, de cette directive pourraient objectivement être présentées dans le cadre de ladite communication. En revanche, les choix effectués par le professionnel concerné quant à l'aménagement et à l'utilisation de l'espace et du temps dont il dispose en vertu de la technique de communication qu'il a décidé d'utiliser ne sont pas pertinents aux fins de cette appréciation.

40. Dans l'hypothèse où il est constaté que la technique de communication à distance impose des contraintes d'espace ou de temps pour la présentation des informations, il y a alors lieu de vérifier si le professionnel, conformément à l'article 8, paragraphes 1 et 4, de la directive 2011/83, a fourni au consommateur les autres informations visées à l'article 6, paragraphe 1, de cette directive par une autre source, dans un langage clair et compréhensible.

41. À cet égard, il convient de constater que la solution adoptée à l'article 8, paragraphes 1 et 4, de la directive 2011/83, telle que décrite aux points 37 à 40 du présent arrêt, vise à assurer un juste équilibre entre un niveau élevé de protection des consommateurs et la compétitivité des entreprises, ainsi que l'énonce le considérant 4 de cette directive.

42. En effet, l'obligation d'information prévue à l'article 8, paragraphes 1 et 4, de la directive 2011/83 permet au consommateur de recevoir sous une forme adaptée, avant la conclusion du contrat à distance, les informations nécessaires lui permettant de décider de conclure ou non le contrat, répondant ainsi à l'objectif légitime d'intérêt général de la protection des consommateurs, conformément à l'article 169 TFUE rappelé au considérant 3 de cette directive, sans pour autant affecter le contenu essentiel de la liberté d'expression et d'information ainsi que la liberté d'entreprise de l'entrepreneur, telles que consacrées aux articles 11 et 16 de la Charte.

43. À cet égard, d'une part, loin de prohiber le recours à certaines techniques de communication, l'article 8, paragraphes 1 et 4, de la directive 2011/83 se borne, dans un domaine bien délimité, à encadrer le contenu de la communication commerciale destinée à la conclusion d'un contrat à distance avec le consommateur. D'autre part, l'obligation de fournir, en toute circonstance, les informations visées à l'article 8, paragraphe 4, première phrase, de cette directive concerne seulement certaines des informations dont la communication au consommateur avant la conclusion du contrat à distance est obligatoire, conformément à l'article 6, paragraphe 1, de ladite directive. En effet, ainsi qu'il a été rappelé au point 40 du présent arrêt, dans l'hypothèse visée à l'article 8, paragraphe 4, de la

même directive, les autres informations doivent être fournies par une autre source, dans un langage clair et compréhensible.

44. Parmi lesdites informations devant être fournies au consommateur en toute circonstance figure celle concernant le droit de rétractation, telle qu'énoncée à l'article 6, paragraphe 1, sous h), de la directive 2011/83.

45. En effet, le droit de rétractation vise à protéger le consommateur dans la situation particulière d'une vente à distance, dans laquelle il n'a pas la possibilité *in concreto* de voir le produit ou de prendre connaissance des caractéristiques du service avant la conclusion du contrat. Le droit de rétractation est donc censé compenser le désavantage résultant pour le consommateur d'un contrat à distance, en lui accordant un délai de réflexion approprié pendant lequel il a la possibilité d'examiner et d'essayer le bien acquis (voir, par analogie, arrêt du 3 septembre 2009, *Messner*, C-489/07, EU:C:2009:502, point 20).

46. Compte tenu de l'importance du droit de rétractation pour la protection du consommateur, l'information précontractuelle concernant ce droit revêt, pour ce consommateur, une importance fondamentale et lui permet de prendre, d'une façon éclairée, la décision de conclure ou non le contrat à distance avec le professionnel. Afin de pouvoir pleinement profiter de cette information, le consommateur doit connaître, au préalable, les conditions, le délai et les modalités d'exercice du droit de rétractation. Dans le cas où le contrat est conclu selon une technique de communication à distance qui impose des contraintes d'espace ou de temps pour la présentation des informations, le professionnel n'est pas tenu de fournir au consommateur, dans le même temps qu'il a recours à cette technique, le modèle de formulaire de rétractation figurant à l'annexe I, partie B, de cette directive. En effet, d'une part, le fait de disposer, au moyen de cette technique, avant la conclusion du contrat, d'un tel modèle n'est pas une circonstance à même d'influencer la décision du consommateur de conclure ou non un contrat à distance et, d'autre part, une obligation de fournir, en toute circonstance, ce modèle au consommateur risquerait de faire peser sur le professionnel une charge disproportionnée, voire, dans certains cas, tels que notamment les contrats conclus par téléphone, une charge insupportable. À cet égard, la communication dudit modèle par une autre source, dans un langage clair et compréhensible, est suffisante.

47. Compte tenu de l'ensemble des considérations qui précèdent, il convient de répondre aux questions posées que :

- l'appréciation du point de savoir si, dans un cas concret, la technique de communication impose des contraintes d'espace ou de temps pour la présentation des informations, conformément à l'article 8, paragraphe 4, de la directive 2011/83, doit être effectuée en tenant compte de l'ensemble des caractéristiques techniques de la communication commerciale du professionnel. À cet égard, il appartient à la juridiction nationale de vérifier si, compte tenu de l'espace et du temps occupés par la communication et de la taille minimale du caractère typographique qui serait appropriée pour un consommateur moyen destinataire de cette communication, toutes les informations visées à l'article 6, paragraphe 1, de cette directive pourraient objectivement être présentées dans le cadre de ladite communication ;

– l'article 6, paragraphe 1, sous h), et l'article 8, paragraphe 4, de la directive 2011/83 doivent être interprétés en ce sens que, dans le cas où le contrat est conclu selon une technique de communication à distance qui impose des contraintes d'espace ou de temps pour la présentation des informations et lorsque le droit de rétractation existe, le professionnel est tenu de fournir au consommateur, sur la technique en question et avant la conclusion du contrat, l'information portant sur les conditions, le délai et les modalités d'exercice de ce droit. Dans un tel cas, ce professionnel doit fournir au consommateur le modèle de formulaire de rétractation figurant à l'annexe I, partie B, de cette directive, par une autre source, dans un langage clair et compréhensible.

[...]

Par ces motifs, la Cour (troisième chambre) dit pour droit :

L'appréciation du point de savoir si, dans un cas concret, la technique de communication impose des contraintes d'espace ou de temps pour la présentation des informations, conformément à l'article 8, paragraphe 4, de la directive 2011/83/UE du Parlement européen et du Conseil, du 25 octobre 2011, relative aux droits des consommateurs, modifiant la directive 93/13/CEE du Conseil et la directive 1999/44/CE du Parlement européen et du Conseil et abrogeant la directive 85/577/CEE du Conseil et la directive 97/7/CE du Parlement européen et du Conseil, doit être effectuée en tenant compte de l'ensemble des caractéristiques techniques de la communication commerciale du professionnel. À cet égard, il appartient à la juridiction nationale de vérifier si, compte tenu de l'espace et du temps occupés par la communication et de la taille minimale du caractère typographique qui serait appropriée pour un consommateur moyen destinataire de cette communication, toutes les informations visées à l'article 6, paragraphe 1, de cette directive pourraient objectivement être présentées dans le cadre de ladite communication.

L'article 6, paragraphe 1, sous h), et l'article 8, paragraphe 4, de la directive 2011/83 doivent être interprétés en ce sens que, dans le cas où le contrat est conclu selon une technique de communication à distance qui impose des contraintes d'espace ou de temps pour la présentation des informations et lorsque le droit de rétractation existe, le professionnel est tenu de fournir au consommateur, sur la technique en question et avant la conclusion du contrat, l'information portant sur les conditions, le délai et les modalités d'exercice de ce droit. Dans un tel cas, ce professionnel doit fournir au consommateur le modèle de formulaire de rétractation figurant à l'annexe I, partie B, de cette directive, par une autre source, dans un langage clair et compréhensible.

Observations

L'affaire *Walbusch Walter Busch* apporte une lumière bienvenue sur les informations devant être communiquées au consommateur dans le cadre de techniques de communication à distance imposant des contraintes d'espace ou de temps pour la présentation des informations (1) et sur les informations devant être fournies au consommateur dans un tel contexte. L'espèce concernait un prospectus publicitaire de six pages, de format 19x23,7 cm, inséré dans différents journaux et revues qui contenait un bon de commande, sous la forme d'une carte postale détachable. La question intéresse toutefois, au-delà des brochures publicitaires, le contexte des ventes en ligne proposées par l'intermédiaire de sites spécialement adaptés à une consultation depuis un Smartphone ou une tablette.

Dans leur décision, les juges luxembourgeois ont retenu que ces contraintes d'espace ou de temps pour la présentation des informations s'apprécient de façon concrète en tenant compte de l'ensemble des caractéristiques techniques de la communication commerciale du professionnel. Pour apprécier si toutes les informations visées à l'article 6, paragraphe 1, de la directive peuvent objectivement être présentées ou bien si la seule fourniture des informations minimales visée par son paragraphe 4 suffit (principales caractéristiques des biens ou services, identité du professionnel, prix total, droit de rétractation, durée du contrat, modalités pour mettre fin à un contrat à durée indéterminée) suffit, le juge national devra avoir égard au choix du support de communication. En l'espèce, le droit de rétractation était signalé tant au recto qu'au verso de la carte postale, laquelle faisait également

(1) Art. 8, § 4, de la directive 2011/83/UE sur les droits des consommateurs.

mention du numéro de téléphone, du numéro de télécopieur, de l'adresse internet et de l'adresse postale du vendeur. Sur le site internet indiqué, sous l'onglet « AGB » (*Allgemeine Geschäftsbedingungen*, conditions générales de vente), apparaissaient les instructions relatives à la rétraction et le modèle de formulaire de rétractation. S'agissant plus spécifiquement du droit de rétractation, la CJUE a précisé que « le professionnel est tenu de fournir au consommateur, sur la technique en question et avant la conclusion du contrat, l'information portant sur les conditions, le délai et les modalités d'exercice de ce droit, le professionnel devant alors fournir au consommateur le modèle de formulaire de rétractation figurant à l'annexe I de la directive, par une autre source, dans un langage clair et compréhensible ».

L'affaire, qui concernait une brochure publicitaire, présente l'intérêt de conduire la Cour sur le terrain de la liberté d'entreprise. Selon la juridiction de renvoi cette liberté englobait celle, pour le professionnel, de faire de la publicité sans être restreint d'une façon disproportionnée quant aux moyens utilisés à cette fin conformément à l'article 52, paragraphe 1, de la Charte. Sur ce point précis, la CJUE, opérant une mise en balance des intérêts des consommateurs et des professionnels, a retenu que les exigences de communication de certaines informations au consommateur posées par l'article 8, paragraphes 1 et 4, de la directive « vis[ent] à assurer un juste équilibre entre un niveau élevé de protection des consommateurs et la compétitivité des entreprises, ainsi que l'énonce le considérant 4 de cette directive ». En effet, seule la communication des informations décisives quant à la conclusion du contrat est exigée, les indications complémentaires devant être fournies par une autre source, dans un langage clair et compréhensible (pts 42 et 43 de l'arrêt). L'article 8, paragraphe 4, module le degré d'information du consommateur en raison de contraintes spatiales ou temporelles, tenant ainsi compte de ses intérêts comme de ceux du professionnel.

Elément clé de la protection des consommateurs dans le cadre des contrats à distance, le droit de rétractation appartient nécessairement à la catégorie des informations décisives devant être communiquées en toutes circonstances, ce que les juges luxembourgeois ne manquent pas de rappeler dans leur décision, soulignant que son effectivité dépend de la connaissance préalable par le consommateur « [de ses] conditions, [de son] délai et [de ses] modalités » (pt 46 de l'arrêt). Ces dernières sont, en revanche, à classer dans la catégorie des informations complémentaires devant être fournies par une autre source, dans un langage clair et compréhensible car « le fait de disposer, au moyen de cette technique, avant la conclusion du contrat, d'un tel modèle n'est pas une circonstance à même d'influencer la décision du consommateur de conclure ou non un contrat à distance et, d'autre part, une obligation de fournir, en toute circonstance, ce modèle au consommateur risquerait de faire peser sur le professionnel une charge disproportionnée, voire, dans certains cas, tels que notamment les contrats conclus par téléphone, une charge insupportable » (*idem*). Dès lors « la communication dudit modèle par une autre source, dans un langage clair et compréhensible, est suffisante » (*idem*). Certes, l'appréciation finale des contraintes d'espace et de temps repose sur le juge national. La motivation de la Cour selon laquelle l'appréciation de ces contraintes « de temps et d'espace doit être effectuée en tenant compte de l'ensemble des caractéristiques techniques de la communication commerciale du professionnel » et qu'« à cet égard, il appartient à la juridiction nationale de vérifier si, compte tenu de l'espace et du temps occupés par la communication et de la taille minimale du caractère typographique qui serait appropriée pour un consommateur moyen destinataire de cette communication, toutes les informations visées à l'article 6, paragraphe 1, de cette directive pourraient objectivement être présentées dans le cadre de ladite communication » (pt 47 de l'arrêt) est claire et devrait garantir une uniformité d'appréciation au sein des juridictions des différents États membres.

La décision est transposable *mutatis mutandis*, aux versions spéciales des sites de commercialisation en ligne adaptées aux smartphones et tablettes. L'information relative à l'existence du droit de rétractation doit figurer sur la version « allégée » du site. S'agissant de ses modalités d'exercice, qui doivent être communiquées dans un langage clair et compréhensible elle peut en revanche s'opérer par un renvoi à celles-ci par l'intermédiaire d'un lien hypertexte.

Elise POILLOT

Cour de justice, 1re ch., 23 mai 2019, *Christian Fülla c/ Toolport GmbH*, aff. C-52/18, ECLI:EU:C:2019:447

Conclusions de l'avocat général N. Wahl, du 15 janvier 2019, ECLI:EU:C:2019:22

Mots-clés : Protection des consommateurs – Défaut de conformité du bien livré – Droit du consommateur à la mise du bien dans un état conforme sans frais, dans un délai raisonnable et sans inconvénient majeur – Détermination du lieu où le consommateur est tenu de mettre un bien acheté à distance à la disposition du vendeur, pour sa mise dans un état conforme – Notion de mise du bien dans un état conforme « sans frais » – Droit du consommateur à la résolution du contrat

Cadre normatif : article 3 de la directive 1999/44/CE

Notes et observations : S. Bernheim-Desvaux, note sous arrêt, *Contrats Concurrence Consommation*, 2019, n° 7, p. 66 ; E. Poillot, obs. *in Journal de Droit Européen*, 2019, p. 307 et *in* « Panorama de droit de la consommation », *D.*, 2020, p. 629

Extraits de l'arrêt

Sur les questions préjudicielles

Sur les trois premières questions

29. Par ses trois premières questions, qu'il convient d'examiner ensemble, la juridiction de renvoi demande, en substance, si l'article 3, paragraphe 3, de la directive 1999/44 doit être interprété en ce sens que le lieu où le consommateur est tenu de mettre un bien acheté à distance à la disposition du vendeur, pour sa mise dans un état conforme en application de cette disposition, est toujours le lieu où se trouve ce bien ou, dans la négative, toujours le lieu où se trouve le siège d'exploitation du vendeur, ou, dans la négative, quels critères ressortent de cette disposition afin de déterminer ce lieu.

30. À titre liminaire, il convient de rappeler que, en vertu de l'article 3, paragraphe 2, de la directive 1999/44, en cas de défaut de conformité du bien lors de sa délivrance, le consommateur a droit soit à la mise du bien dans un état conforme, par réparation ou remplacement, conformément à l'article 3, paragraphe 3, de cette directive, soit, à défaut de pouvoir obtenir cette mise du bien dans un état conforme, à une réduction adéquate du prix ou à la résolution du contrat, conformément aux paragraphes 5 et 6 dudit article (voir, en ce sens, arrêt du 17 avril 2008, *Quelle*, C-404/06, EU:C:2008:231, point 27).

31. L'article 3, paragraphe 3, premier et troisième alinéas, de cette directive précise que, dans un premier temps, le consommateur a le droit d'exiger du vendeur la réparation du bien ou son remplacement, dans les deux cas sans frais, à moins que cela ne soit impossible ou disproportionné. À cette fin, toute réparation ou tout remplacement doit être effectué dans un délai raisonnable et sans inconvénient majeur pour le consommateur, compte tenu de la nature du bien et de l'usage recherché par ce consommateur.

32. À cet égard, il y a lieu de relever que, si l'article 3, paragraphe 3, de la directive 1999/44 ne détermine pas le lieu où un bien non conforme doit être mis à la disposition du vendeur pour être réparé ou remplacé, il n'en demeure pas moins que cette disposition pose certaines conditions qui ont vocation à encadrer une telle mise du bien dans un état conforme. Ainsi, toute réparation ou tout remplacement doit être effectué sans frais, dans un délai raisonnable et sans inconvénient majeur pour le consommateur. Cette triple exigence est l'expression de la volonté du législateur de l'Union d'assurer au consommateur une protection effective (arrêt du 16 juin 2011, *Gebr. Weber et Putz*, C-65/09 et C-87/09, EU:C:2011:396, point 52).

33. Il s'ensuit que le lieu où un bien non conforme doit être mis à la disposition du vendeur pour être réparé ou remplacé doit être propre à assurer une mise dans un état conforme satisfaisant à ladite triple exigence.

34. Ainsi, en ce qui concerne, en premier lieu, l'exigence de la mise du bien dans un état conforme « sans frais », qui se traduit par l'exclusion de toute prétention financière de la part du vendeur dans le cadre de l'exécution de cette exigence, que ce soit sous la forme d'une réparation ou d'un remplacement du bien non conforme, et vise à protéger le consommateur du risque de charges financières qui pourrait le dissuader de faire valoir ses droits en l'absence d'une telle protection (voir, en ce sens, arrêt du 17 avril 2008, *Quelle*, C-404/06, EU:C:2008:231, point 34), il convient de relever qu'elle ne saurait être conditionnée par le lieu où le consommateur est tenu de mettre un bien acheté à distance à la disposition du vendeur, pour sa mise dans un état conforme.

35. Certes, l'article 3, paragraphe 3, premier et deuxième alinéas, de la directive 1999/44 précise que le vendeur peut refuser la réparation du bien ou son remplacement sans frais si cela s'avère soit impossible soit disproportionné en ce qu'un de ces modes de dédommagement impose au vendeur des coûts déraisonnables par rapport à l'autre mode. Cependant, les critères qui permettent d'évaluer le caractère déraisonnable de tels coûts, énumérés à l'article 3, paragraphe 3, deuxième alinéa, de cette directive, se réfèrent à la valeur qu'aurait le bien s'il n'y avait pas défaut de conformité, à l'importance du défaut de conformité et à la question de savoir si l'autre mode de dédommagement peut être mis en œuvre sans inconvénient majeur pour le consommateur, et trouvent à s'appliquer quel que soit le lieu où le consommateur est tenu de mettre un bien acheté à distance à la disposition du vendeur, pour sa mise dans un état conforme.

36. S'agissant, en deuxième lieu, de l'exigence de la mise du bien dans un état conforme « dans un délai raisonnable », il convient de noter que la célérité d'une telle mise du bien dans un état conforme est susceptible de varier en fonction du lieu où le consommateur est tenu de mettre, à cette fin, le bien à la disposition du vendeur.

37. En effet, ainsi que l'a relevé M. l'avocat général, au point 60 de ses conclusions, dans certaines circonstances, en particulier si le bien se trouve dans un pays autre que celui de son siège d'exploitation, le vendeur pourrait avoir besoin de beaucoup de temps pour organiser l'inspection de ce bien, dans la perspective de sa réparation ou de son remplacement, sur ce lieu. Dans un tel cas, il n'est pas exclu que la mise du bien à la disposition du vendeur au siège d'exploitation de celui-ci puisse assurer sa mise dans un état conforme plus rapide.

38. En revanche, si le vendeur dispose déjà d'un réseau de service après-vente ou d'un réseau de transport disponible sur le lieu où le bien se trouve, sa mise dans un état conforme peut s'avérer plus rapide si le vendeur inspecte ce bien sur ce lieu ou organise lui-même le transport de ce bien vers son siège d'exploitation.

39. En troisième lieu, l'article 3, paragraphe 3, troisième alinéa, de la directive 1999/44 exige que la mise du bien dans un état conforme soit assurée « sans inconvénient majeur pour le consommateur, compte tenu de la nature du bien et de l'usage recherché par le consommateur ».

40. Il s'ensuit, d'une part, que le lieu où le bien doit être mis à la disposition du vendeur pour sa mise dans un état conforme ne saurait être choisi de manière à représenter non pas un inconvénient quelconque pour le consommateur, dans la mesure où cette mise à disposition requiert normalement de la part du consommateur un certain investissement en termes de temps et d'efforts liés à l'emballage et à la remise du bien, mais un inconvénient majeur, entendu, ainsi que l'a relevé M. l'avocat général

au point 68 de ses conclusions, comme la charge qui est de nature à dissuader un consommateur moyen de faire valoir ses droits.

41. À cet égard, il convient, en effet, de tenir compte du fait que l'article 3 de la directive 1999/44 vise à établir un juste équilibre entre les intérêts du consommateur et ceux du vendeur, en garantissant à ce premier, en tant que partie faible au contrat, une protection complète et efficace contre une mauvaise exécution par le vendeur de ses obligations contractuelles, tout en permettant de tenir compte de considérations d'ordre économique invoquées par ce dernier (arrêt du 16 juin 2011, *Gebr. Weber et Putz*, C-65/09 et C-87/09, EU:C:2011:396, point 75).

42. D'autre part, pour apprécier si, dans le cadre de la mise du bien dans un état conforme, une situation est susceptible de représenter un inconvénient majeur pour le consommateur moyen, il y a lieu de prendre en compte la nature du bien et son usage recherché par ce consommateur.

43. Ainsi, dans certains cas, en raison tant de la nature des biens, notamment d'un poids élevé, d'un volume important, d'une fragilité particulière ou encore des exigences particulièrement complexes liées à leur envoi, que de leur usage recherché par un consommateur moyen, notamment impliquant leur installation préalable, leur expédition vers le siège d'exploitation du vendeur pourrait constituer pour ce consommateur un inconvénient majeur contraire aux exigences énoncées à l'article 3, paragraphe 3, troisième alinéa, de la directive 1999/44.

44. Dans d'autres cas, il peut être, en revanche, présumé que l'expédition vers le siège d'exploitation du vendeur de biens compacts, qui n'exigent ni une manutention spéciale ni un mode de transport particulier, n'est pas susceptible de constituer pour ledit consommateur un inconvénient majeur.

45. En conséquence, le lieu où le consommateur est tenu de mettre un bien acheté à distance à la disposition du vendeur, pour sa mise dans un état conforme, qui est le plus à même d'assurer une telle mise dans un état conforme sans frais, dans un délai raisonnable et sans inconvénient majeur pour le consommateur, dépend des circonstances propres à chaque cas concret.

46. À cet égard, pour ce qui est des considérations de sécurité juridique, il convient de rappeler que, conformément à l'article 1er, paragraphe 1, de la directive 1999/44 et à l'article 8, paragraphe 2, de celle-ci, cette directive vise à assurer une protection uniforme minimale des consommateurs dans le domaine qu'elle régit. Ainsi, il résulte de ces dispositions, d'une part, que les États membres ont la faculté de prévoir, dans leur réglementation nationale, le lieu ou les lieux où le consommateur est tenu de mettre un bien acheté à distance à la disposition du vendeur, pour sa mise dans un état conforme, à condition

qu'ils satisfassent aux exigences de l'article 3, paragraphe 3, de ladite directive. D'autre part, les États membres peuvent adopter ou maintenir en vigueur des dispositions plus strictes pour assurer un niveau de protection plus élevé du consommateur, telles que des règles spécifiques pour certaines catégories de biens.

47. En appliquant le droit national ainsi adopté, les juridictions nationales appelées à l'interpréter sont tenues de prendre en considération l'ensemble des règles de ce droit et de faire application des méthodes d'interprétation reconnues par celui-ci afin de l'interpréter, dans toute la mesure possible, à la lumière du texte ainsi que de la finalité de la directive 1999/44 pour atteindre le résultat fixé par celle-ci et de se conformer ainsi à l'article 288, troisième alinéa, TFUE. Cette exigence d'une interprétation conforme inclut l'obligation, pour les juridictions nationales, de modifier, le cas échéant, une jurisprudence établie si celle-ci repose sur une interprétation du droit national incompatible avec les objectifs de cette directive (arrêt du 19 avril 2016, *DI*, C-441/14, EU:C:2016:278, points 31 et 33 ainsi que jurisprudence citée).

48. Eu égard aux considérations qui précèdent, il convient de répondre aux trois premières questions que l'article 3, paragraphe 3, de la directive 1999/44 doit être interprété en ce sens que les États membres demeurent compétents pour établir le lieu où le consommateur est tenu de mettre un bien acheté à distance à la disposition du vendeur, pour sa mise dans un état conforme en application de cette disposition. Ce lieu doit être propre à assurer une mise dans un état conforme sans frais, dans un délai raisonnable et sans inconvénient majeur pour le consommateur, compte tenu de la nature du bien et de l'usage recherché par le consommateur. À cet égard, la juridiction nationale est tenue d'opérer une interprétation conforme à la directive 1999/44, y compris, le cas échéant, de modifier une jurisprudence établie si celle-ci repose sur une interprétation du droit national incompatible avec les objectifs de cette directive.

Sur la quatrième question

49. Par sa quatrième question, la juridiction de renvoi demande, en substance, si l'article 3, paragraphes 2 à 4, de la directive 1999/44 doit être interprété en ce sens que le droit du consommateur à une mise du bien, acheté à distance, dans un état conforme « sans frais », couvre l'obligation du vendeur d'avancer les frais de transport de ce bien, aux fins de cette mise dans un état conforme, vers le siège d'exploitation de ce vendeur.

50. Conformément à l'article 3, paragraphe 4, de cette directive, la notion « sans frais » désigne les frais nécessaires exposés pour la mise des biens dans un état conforme, notamment les frais d'envoi du bien et les frais associés au travail et au matériel.

51. Ainsi qu'il résulte de la jurisprudence citée au point 34 du présent arrêt, cette obligation de gratuité de la mise d'un bien dans un état conforme, dont le législateur de l'Union a entendu faire un élément essentiel de la protection assurée au consommateur par la directive 1999/44, vise à protéger le consommateur du risque de charges financières qui pourrait le dissuader de faire valoir ses droits en l'absence d'une telle protection (voir, en ce sens, arrêt du 17 avril 2008, *Quelle*, C-404/06, EU:C:2008:231, points 33 et 34).

52. Dans le même temps, ainsi qu'il a été déjà relevé au point 41 du présent arrêt, cette directive ne vise pas seulement à protéger les intérêts du consommateur, en lui garantissant une protection complète et efficace contre une mauvaise exécution par le vendeur de ses obligations contractuelles, mais tend également à mettre ces intérêts en équilibre avec des considérations d'ordre économique invoquées par le vendeur (voir, en ce sens, arrêt du 16 juin 2011, *Gebr. Weber et Putz*, C-65/09 et C-87/09, EU:C:2011:396, point 75).

53. À la lumière de ces considérations, il convient d'observer que l'obligation, pour le vendeur, d'avancer systématiquement les frais de transport d'un bien non conforme, acheté à distance, vers son siège d'exploitation est susceptible, d'une part, d'augmenter le temps nécessaire pour la mise d'un tel bien dans un état conforme, au détriment de sa réalisation dans un délai raisonnable. Tel serait notamment le cas lorsque le vendeur ne se sert pas d'étiquettes de retour préaffranchies et est contraint d'effectuer des versements d'une telle avance. D'autre part, une telle obligation risque d'imposer une charge trop importante au vendeur, notamment dans des cas où, après inspection, un tel bien s'avèrerait ne pas être défectueux.

54. Dans ces conditions, la mise en équilibre des intérêts du consommateur et du vendeur recherchée par la directive 1999/44 n'exige pas que l'obligation de gratuité de la mise d'un bien dans un état conforme englobe, au-delà de l'obligation, pour le vendeur, de rembourser au consommateur les frais de transport de ce bien vers le siège d'exploitation du vendeur, également l'obligation d'avancer systématiquement ces frais au consommateur.

55. Cela étant, cette même mise en équilibre, aux fins de la protection du consommateur, exige, ainsi qu'il découle des points 34 et 40 du présent arrêt, que les frais de transport avancés par les consommateurs ne constituent pas une charge de nature à dissuader un consommateur moyen de faire valoir ses droits. À cet égard, en examinant si une charge est de nature à dissuader un tel consommateur de faire valoir ses droits, la juridiction nationale doit tenir compte, ainsi que l'a relevé M. l'avocat général, au point 86 de ses conclusions, des circonstances propres à chaque cas concret, notamment des éléments tels que le montant des

frais de transport, la valeur du bien non conforme ou la possibilité, de droit ou de fait, pour le consommateur, de faire valoir ses droits en cas de non-remboursement, par le vendeur, des frais de transport avancés par le consommateur.

56. Eu égard aux considérations qui précèdent, il convient de répondre à la quatrième question que l'article 3, paragraphes 2 à 4, de la directive 1999/44 doit être interprété en ce sens que le droit du consommateur à une mise du bien, acheté à distance, dans un état conforme « sans frais », ne couvre pas l'obligation du vendeur d'avancer les frais de transport de ce bien, aux fins de cette mise dans un état conforme, vers le siège d'exploitation de ce vendeur, à moins que le fait d'avancer ces frais par ce consommateur ne constitue une charge de nature à le dissuader de faire valoir ses droits, ce qu'il appartient à la juridiction nationale de vérifier.

Sur les cinquième et sixième questions

57. Par ses cinquième et sixième questions, qu'il convient d'examiner ensemble, la juridiction de renvoi demande, en substance, si les dispositions combinées de l'article 3, paragraphe 3, et de l'article 3, paragraphe 5, deuxième tiret, de la directive 1999/44 doivent être interprétées en ce sens que, dans une situation telle que celle en cause au principal, le consommateur qui a informé le vendeur de la non-conformité du bien acheté à distance, sans pour autant mettre ce bien à la disposition du vendeur au siège d'exploitation de celui-ci aux fins de sa mise dans un état conforme, a droit à la résolution du contrat en raison d'un défaut de dédommagement dans un délai raisonnable.

58. À cet égard, il y a lieu d'observer que l'article 3, paragraphes 3 et 5, de cette directive établit une séquence claire de mise en œuvre de modes de dédommagement auxquels le consommateur a droit en cas de non-conformité du bien.

59. Ainsi, conformément à l'article 3, paragraphe 3, premier alinéa, de ladite directive, dans un premier temps, le consommateur a le droit d'exiger du vendeur la réparation du bien ou son remplacement, à moins que cela ne soit impossible ou disproportionné.

60. C'est seulement si le consommateur n'a droit ni à la réparation ni au remplacement du bien non conforme ou si le vendeur n'a pas mis en œuvre un de ces modes de dédommagement dans un délai raisonnable ou sans inconvénient majeur pour le consommateur, que le consommateur peut, en vertu de l'article 3, paragraphe 5, de la même directive, exiger la résolution du contrat, sauf si, conformément à l'article 3, paragraphe 6, de la directive 1999/44, le défaut de conformité du bien est mineur.

61. À cet égard, dans la mesure où il découle de l'article 3, paragraphes 3 et 5, de la directive 1999/44, lu à la lumière du considérant 10 de celle-ci,

que cette directive privilégie, dans l'intérêt des deux parties au contrat, l'exécution de ce dernier, au moyen des deux modes de dédommagement prévus en premier lieu, par rapport à la résolution du contrat (voir, en ce sens, arrêt du 16 juin 2011, *Gebr. Weber et Putz*, C-65/09 et C-87/09, EU:C:2011:396, point 72), ladite directive prévoit, à cette fin, dans le cas de non-conformité d'un bien, certaines obligations positives tant pour le consommateur que pour le vendeur.

62. Ainsi, conformément à l'article 3, paragraphe 3, premier alinéa, de la directive 1999/44, le consommateur qui souhaite la mise d'un bien dans un état conforme doit donner au vendeur une possibilité suffisante de mettre un tel bien dans cet état. À cette fin, il est tenu d'informer le vendeur de cette non-conformité et du mode de dédommagement qu'il a choisi, à savoir la réparation du bien ou son remplacement. En outre, le consommateur doit mettre un tel bien non conforme à la disposition du vendeur.

63. Le vendeur doit, quant à lui, effectuer la réparation ou le remplacement éventuels sans frais, dans un délai raisonnable et sans inconvénient majeur pour le consommateur et n'est autorisé à refuser de le faire que si cela est impossible ou disproportionné. Ainsi qu'il découle du point 60 du présent arrêt, le consommateur peut exiger la résolution du contrat uniquement si le vendeur a manqué à ses obligations à cet égard, imposées par l'article 3, paragraphe 3, de la directive 1999/44.

64. En l'occurrence, la juridiction de renvoi précise que les parties au principal n'avaient ni convenu ni discuté du lieu où le bien litigieux devait être mis à la disposition du vendeur pour sa mise dans un état conforme. En revanche, il ressort de la décision de renvoi que le consommateur, M. Fülla, a informé le vendeur, Toolport, des défauts affectant ce bien et a demandé à cette société de procéder à la mise dudit bien dans un état conforme à son domicile, ce qui n'a, toutefois, suscité aucune action de la part de Toolport. Cette dernière, pour sa part, a seulement déclaré, pour la première fois au cours de la procédure devant la juridiction de renvoi, que le même bien aurait dû être mis à sa disposition à son siège d'exploitation. Selon la juridiction de renvoi, eu égard aux caractéristiques du bien litigieux, l'organisation du transport vers le siège d'exploitation du vendeur risquait de présenter pour le consommateur un « inconvénient majeur », au sens de l'article 3, paragraphe 3, de cette directive.

65. À cet égard, il y a lieu de constater que le consommateur, qui a clairement informé le vendeur de l'existence d'un défaut de conformité d'un bien acheté à distance dont le transport vers le siège d'exploitation du vendeur risquait de présenter pour lui un inconvénient majeur et qui a mis ce bien à la disposition du vendeur à son domicile pour sa mise dans un état conforme, sans avoir obtenu, en retour, de ce vendeur des informations concernant le lieu où le bien doit être mis à sa disposition

pour la mise dans un état conforme ou un autre acte positif adéquat à cette fin, et qui n'a pas mis, de ce fait, ce bien à la disposition dudit vendeur sur le lieu en question, a satisfait à l'obligation de diligence que lui impose l'article 3, paragraphe 3, premier alinéa, de la directive 1999/44 (voir, en ce sens, arrêt du 4 juin 2015, *Faber*, C-497/13, EU:C:2015:357, points 61 à 63).

66. En revanche, l'obligation, pour le vendeur, de mettre en œuvre un mode de dédommagement dans un délai raisonnable, dont le défaut ouvre au consommateur, en application de l'article 3, paragraphe 5, deuxième tiret, de la directive 1999/44, le droit d'exiger la résolution du contrat, n'est pas satisfaite si le vendeur ne prend aucune mesure adéquate pour, à tout le moins, inspecter le bien non conforme, y compris celle d'informer le consommateur, dans un délai raisonnable, du lieu où le bien non conforme doit être mis à sa disposition pour la mise dans un état conforme.

67. Eu égard aux considérations qui précèdent, il convient de répondre aux cinquième et sixième questions que les dispositions combinées de l'article 3, paragraphe 3, et de l'article 3, paragraphe 5, deuxième tiret, de la directive 1999/44 doivent être interprétées en ce sens que, dans une situation telle que celle en cause au principal, le consommateur qui a informé le vendeur de la non-conformité du bien acheté à distance dont le transport vers le siège d'exploitation du vendeur risquait de présenter pour lui un inconvénient majeur et qui a mis ce bien à la disposition du vendeur à son domicile pour sa mise dans un état conforme, a droit à la résolution du contrat en raison d'un défaut de dédommagement dans un délai raisonnable, si le vendeur n'a pris aucune mesure adéquate pour mettre ledit bien dans un état conforme, y compris celle d'informer le consommateur du lieu où ce même bien doit être mis à sa disposition pour cette mise dans un état conforme. À cet égard, il appartient à la juridiction nationale, au moyen d'une interprétation conforme à la directive 1999/44, d'assurer le droit de ce consommateur à la résolution du contrat.

[...]

Par ces motifs, la Cour (première chambre) dit pour droit :

1) L'article 3, paragraphe 3, de la directive 1999/44/CE du Parlement européen et du Conseil, du 25 mai 1999, sur certains aspects de la vente et des garanties des biens de consommation, doit être interprété en ce sens que les États membres demeurent compétents pour établir le lieu où le consommateur est tenu de mettre un bien acheté à distance à la disposition du vendeur, pour sa mise dans un état conforme en application de cette disposition. Ce lieu doit être propre à assurer une mise dans un état conforme sans frais, dans un délai raisonnable et sans inconvénient majeur pour le consommateur, compte tenu de la nature du bien et de l'usage recherché par le consommateur. À cet égard, la juridiction nationale est

tenue d'opérer une interprétation conforme à la directive 1999/44, y compris, le cas échéant, de modifier une jurisprudence établie si celle-ci repose sur une interprétation du droit national incompatible avec les objectifs de cette directive.

2) L'article 3, paragraphes 2 à 4, de la directive 1999/44 doit être interprété en ce sens que le droit du consommateur à une mise du bien, acheté à distance, dans un état conforme « sans frais », ne couvre pas l'obligation du vendeur d'avancer les frais de transport de ce bien, aux fins de cette mise dans un état conforme, vers le siège d'exploitation de ce vendeur, à moins que le fait d'avancer ces frais par ce consommateur ne constitue une charge de nature à le dissuader de faire valoir ses droits, ce qu'il appartient à la juridiction nationale de vérifier.

3) Les dispositions combinées de l'article 3, paragraphe 3, et de l'article 3, paragraphe 5, deuxième tiret, de la directive1999/44 doivent être interprétées en ce sens que, dans une situation telle que celle en cause au principal, le consommateur qui a informé le vendeur de la non-conformité du bien acheté à distance dont le transport vers le siège d'exploitation du vendeur risquait de présenter pour lui un inconvénient majeur et qui a mis ce bien à la disposition du vendeur à son domicile pour sa mise dans un état conforme, a droit à la résolution du contrat en raison d'un défaut de dédommagement dans un délai raisonnable, si le vendeur n'a pris aucune mesure adéquate pour mettre ledit bien dans un état conforme, y compris celle d'informer le consommateur du lieu où ce même bien doit être mis à sa disposition pour cette mise dans un état conforme. À cet égard, il appartient à la juridiction nationale, au moyen d'une interprétation conforme à la directive 1999/44, d'assurer le droit de ce consommateur à la résolution du contrat.

Observations

La question posée dans le cadre de l'affaire *Fülla* à la Cour de justice intéressait la détermination du lieu de mise à la disposition du vendeur du bien suspecté de non-conformité et celle des modalités de cette dernière. Ce point n'est pas abordé par la directive 99/44/CE sur certains aspects de la vente des garanties des biens de consommation et reste donc de la compétence des États membres, alors pourtant que son caractère crucial aurait dû conduire à une approche harmonisée de la question. Fort heureusement, les États membres ne disposent pas d'une totale liberté pour déterminer le lieu où le bien doit être remis au vendeur. En effet, l'article 3, paragraphe 3, de la directive 99/44 dispose que le consommateur a « le droit d'exiger du vendeur la réparation du bien ou son remplacement, dans les deux cas sans frais, à moins que cela ne soit impossible ou disproportionné », étant précisé que « toute réparation ou tout remplacement est effectué dans un délai raisonnable et sans inconvénient majeur pour le consommateur, compte tenu de la nature du bien et de l'usage recherché par le consommateur ». Il résulte de ce texte que la mise en conformité du bien doit être effectuée sans frais, dans un délai raisonnable et sans inconvénient majeur pour le consommateur. Le lieu de remise du bien est susceptible d'avoir une influence non négligeable sur le délai nécessaire pour la mise en conformité et/ou constituer un inconvénient majeur pour la réalisation de celle-ci si le consommateur doit se rendre dans un endroit éloigné de son domicile ou avoir recours à des moyens de transports spécifiques pour acheminer le bien vers le lieu de dépôt, la détermination de ce dernier est donc intrinsèquement liée au respect du « délai raisonnable » et l'exigence d'« absence d'inconvénient majeur » posé par l'article. Les juges luxembourgeois se sont par conséquent appuyés sur ce constat pour déterminer le sens du droit à réparation ou au remplacement du bien non conforme sans frais offert au consommateur par la directive.

Reprenant l'approche pragmatique adoptée par l'avocat général Wahl, la CJUE a, dans sa décision, opté pour une détermination du lieu de remise du bien reposant la triple obligation issue de l'article 3, paragraphe 3, exposée ci-dessus. Pour ce faire, elle a retenu que les modalités concrètes de mise en œuvre de l'exigence de ne pas demander de participation financière du consommateur à la mise en conformité doivent être déterminées en tenant compte de la forme que devra prendre la remise du bien au professionnel pour qu'il puisse le mettre en conformité dans un délai raisonnable sans que cela ne cause toutefois d'inconvénient majeurs au consommateur. Une telle interprétation lui a permis de conclure qu'un certain effort – éventuellement pécuniaire – peut donc être demandé au consommateur pour mettre le bien à disposition. Il s'agit ici de respecter l'esprit et l'objectif de la directive qui privilégie en effet la disparition du défaut et le maintien du contrat(1) dans l'intérêt de l'acheteur et du vendeur. Il convient donc à la fois que le vendeur puisse intervenir conformément à l'exigence temporelle posée par la directive 99/44 et que l'acheteur ne soit pas dissuadé de faire valoir ses droits (pt 40 de l'arrêt). Pour comprendre si tel est le cas, il faut alors procéder à une mise en balance de l'intérêt. Or l'appréciation de cette mise en balance des intérêts peut varier en fonction du contexte (existence d'un réseau de service après-vente, conditions d'envoi du bien en raison de son volume, de son poids *etc.*, pts 38-44). La CJUE invite donc les juges nationaux à une appréciation circonstanciée du lieu de la mise à disposition du bien (pt 45 de l'arrêt).

La Cour était ensuite logiquement interrogée sur le point de savoir si l'exigence de mise en conformité « sans frais » d'un bien acheté à distance contraignait le vendeur à avancer les frais de transport de ce bien pour remédier au défaut. De façon tout aussi pragmatique, la Cour indique que selon la directive 99/44 l'obligation de gratuité de la mise d'un bien dans un état conforme impose le remboursement au consommateur des frais de transport sans que le professionnel doive systématiquement les avancer. Comme le relève l'avocat général, tout dépend « des circonstances propres à chaque cas concret » (pt 86 des conclusions). Il n'est donc pas exclu que le consommateur avance les frais, sauf si cela devait le dissuader de faire valoir ses droits (pt 55 de l'arrêt). Enfin dans l'espèce ayant donné lieu au recours préjudiciel, le vendeur avait été informé de la non-conformité du bien acheté à distance, mis à disposition pour examen au domicile du consommateur. Il avait estimé la demande infondée sans avoir demandé que le bien fût mis à sa disposition pour examen dans un autre lieu.

(1) Sur ce point, voy. L. GRYNBAUM et E. POILLOT, « La nomenclature des remèdes à l'inexécution du contrat en droit communautaire », *in L'Acquis communautaire*, coll. Études juridiques, Paris, Economica, 2006, p. 13.

La CJUE y voit une violation de l'obligation du vendeur posée par l'article 3, paragraphe 5, de la directive imposant la mise en œuvre d'un mode de dédommagement dans un délai raisonnable ouvrant au consommateur le droit d'exiger la résolution du contrat.

La décision, rendue trois jours après l'adoption de la nouvelle directive du 20 mai 2019, directive (UE) 2019/771 du Parlement européen et du Conseil du 20 mai 2019 relative à certains aspects concernant les contrats de vente de biens, modifiant le règlement (UE) 2017/2394 et la directive 2009/22/CE et abrogeant la directive 1999/44/CE, a donné une interprétation de la directive 99/44 inspirée par les dispositions du nouveau texte dont l'article 14, paragraphes 2 et 3, prévoit d'une part que « lorsqu'il faut remédier au défaut de conformité par une réparation ou un remplacement des biens, le consommateur met les biens à la disposition du vendeur », qui « reprend les biens remplacés à ses frais » et d'autre part que « lorsqu'une réparation nécessite l'enlèvement des biens qui avaient été installés conformément à leur nature et à leur finalité avant que le défaut de conformité n'apparaisse, ou lorsque ces biens doivent être remplacés, l'obligation de réparer ou de remplacer les biens inclut l'enlèvement des biens non conformes et l'installation de biens de remplacement ou des biens réparés, ou la prise en charge des frais d'enlèvement et d'installation », frais dont on imagine qu'ils pourront être avancés par le consommateur.

Elise Poillot

Cour de justice, 1re ch., 11 septembre 2019, *Lexitor sp. Z o.o. c/v Spółdzielcza Kasa Oszczędnościowo – Kredytowa im. Franciszka Stefczyka, Santander Consumer Bank S.A., mBank S.A.*, aff. C-383/18, ECLI:EU:C:2019:702

Conclusions de l'avocat général G. Hogan, du 23 mai 2019, ECLI:EU:C:2019:451

Mots-clés : Protection des consommateurs – Contrats de crédit aux consommateurs – Remboursement anticipé – Droit du consommateur à une réduction du coût total du crédit correspondant aux intérêts et aux frais dus pour la durée résiduelle du contrat

Cadre normatif : article 16, paragraphe 1, de la directive 2008/48/CE

Notes et observations : H. Aubry, obs. *in* « Panorama de droit de la consommation », *D.*, 2020, p. 632 ; A. Gouëzel, note sous CJUE, 11 septembre 2019, *Lexitor*, aff. C-383/18, *Gaz. Pal.*, 25 février 2020, n° 8, p. 76 ; S. Piédelièvre, obs. *in* Chronique de « Jurisprudence de droit de la consommation », *Gaz. Pal.*, 12 novembre 2019, n° 39, p. 19 ; G. Poissonier, note sous CJUE, 11 septembre 2019, *Lexitor*, aff. C-383/18, *JCP E*, 26 décembre 2019, n° 52, p. 35

Extraits de l'arrêt

Sur la question préjudicielle

20. À titre liminaire, il convient de préciser que la circonstance que les litiges au principal opposent uniquement des professionnels ne fait pas obstacle à l'application de la directive 2008/48. En effet, comme l'a relevé M. l'avocat général au point 24 de ses conclusions, le champ d'application de cette directive dépend non pas de l'identité des parties au litige en cause, mais de la qualité des parties au contrat de crédit. Or, en l'occurrence, les créances qui font l'objet des litiges au principal sont issues de trois contrats de crédit à la consommation conclus entre trois consommateurs et les trois défenderesses au principal, et ont été cédées à la requérante au principal après le remboursement anticipé desdits contrats.

21. Par sa question, la juridiction de renvoi demande, en substance, si l'article 16, paragraphe 1, de la directive 2008/48 doit être interprété en ce sens que le droit à une réduction du coût total du crédit dans le cas d'un remboursement anticipé de celui-ci inclut également les frais qui ne dépendent pas de la durée du contrat.

22. L'article 16, paragraphe 1, de la directive 2008/48, lu à la lumière du considérant 39 de celle-ci, prévoit le droit pour le consommateur de procéder au remboursement anticipé du contrat et de bénéficier d'une réduction du coût total du crédit, qui correspond aux intérêts et aux frais dus pour la durée résiduelle du contrat.

23. En ce qui concerne la notion de « coût total du crédit », l'article 3, sous g), de ladite directive la définit comme visant tous les coûts, y compris les intérêts, les commissions, les taxes et tous les autres types de frais que le consommateur est tenu de payer pour le contrat de crédit et qui sont connus par le prêteur, à l'exception des frais de notaire. Cette définition ne contient donc aucune limitation relative à la durée du contrat de crédit en cause.

24. À cet égard, ainsi qu'il ressort notamment de la demande de décision préjudicielle et des observations présentées tant par les défenderesses au principal que par les autres parties intéressées dans la présente affaire, la référence à la « durée résiduelle du contrat », figurant à l'article 16, paragraphe 1, de la directive 2008/48, pourrait être interprétée aussi bien comme signifiant que les frais concernés par la réduction du coût total du crédit sont limités à ceux qui dépendent objectivement de la durée du contrat, ou bien à ceux qui sont présentés par le prêteur comme se rapportant à une étape particulière de la conclusion ou de l'exécution du contrat, que comme indiquant que la méthode de calcul qui doit être utilisée aux fins de procéder à cette réduction consiste à prendre en compte la totalité des frais supportés par le consommateur puis à en réduire le montant proportionnellement à la durée résiduelle du contrat.

25. Une analyse comparative des différentes versions linguistiques de l'article 16, paragraphe 1, de la directive 2008/48 ne permet pas de déterminer la portée exacte de la réduction du coût total du crédit qu'il prévoit. En effet, d'une part, les versions en langues néerlandaise, polonaise et roumaine de cette disposition suggèrent une réduction des frais liés à la période résiduelle du contrat (« *een verlaging van de totale kredietkosten, bestaande uit de interesten en de kosten gedurende de resterende duur van de overeenkomst* », « *obniżki całkowitego kosztu kredytu, na którą składają się odsetki i koszty przypadające na pozostały okres obowiązywania umowy* » et « *o reducere a costului total al creditului, care constă în dobânda și în costurile aferente duratei restante a contractului* »). D'autre part, les versions en langues allemande et anglaise de ladite disposition sont caractérisées par une ambiguïté certaine et laissent à penser que les

frais liés à cette période servent d'indication pour le calcul de la réduction (« *das Recht auf Ermäßigung der Gesamtkosten des Kredits, die sich nach den Zinsen und den Kosten für die verbleibende Laufzeit des Vertrags richtet* » et « *reduction consisting of the interest and the costs for the remaining duration of the contract* »). La version en langue italienne de la même disposition évoque, à l'instar de la version en langue française, des intérêts et des frais « dus » (« *dovuti* ») pour la durée résiduelle du contrat. Enfin, la version en langue espagnole de l'article 16, paragraphe 1, de la directive 2008/48 exige une réduction qui inclut les frais qui correspondent à la durée restante du contrat (« *una reducción del coste total del crédito, que comprende los intereses y costes correspondientes a la duración del contrato que quede por transcurrir* »).

26. Néanmoins, selon la jurisprudence constante de la Cour, il y a lieu d'interpréter cette disposition en fonction non seulement des termes de celle-ci, mais également de son contexte ainsi que des objectifs poursuivis par la réglementation dont elle fait partie (voir, en ce sens, arrêt du 10 juillet 2019, *Bundesverband der Verbraucherzentralen und Verbraucherverbände*, C-649/17, EU:C:2019:576, point 37).

27. En ce qui concerne le contexte, il y a lieu de rappeler que l'article 8 de la directive 87/102, laquelle a été abrogée et remplacée par la directive 2008/48, prévoyait que le consommateur « a droit, conformément aux dispositions arrêtées par les États membres, à une réduction équitable du coût de crédit ».

28. Ainsi, il convient de constater que l'article 16, paragraphe 1, de la directive 2008/48 a concrétisé le droit du consommateur à une réduction du coût du crédit en cas de remboursement anticipé, en substituant à la notion générale de « réduction équitable » celle, plus précise, de « réduction du coût total du crédit » et en ajoutant que cette réduction doit porter sur les « intérêts et frais ».

29. Pour ce qui est de l'objectif de la directive 2008/48, il est de jurisprudence constante de la Cour que celle-ci vise à garantir une protection élevée du consommateur (voir, en ce sens, arrêt du 6 juin 2019, *Schyns*, C-58/18, EU:C:2019:467, point 28 et jurisprudence citée). Ce système de protection est fondé sur l'idée que le consommateur se trouve dans une situation d'infériorité à l'égard du professionnel en ce qui concerne tant le pouvoir de négociation que le niveau d'information (voir, en ce sens, arrêt du 21 avril 2016, *Radlinger et Radlingerová*, C-377/14, EU:C:2016:283, point 63).

30. Afin de garantir cette protection, l'article 22, paragraphe 3, de la directive 2008/48 impose aux États membres de veiller à ce que les dispositions qu'ils adoptent pour la mise en œuvre de cette directive ne puissent être contournées au moyen du libellé des contrats.

31. Or, l'effectivité du droit du consommateur à la réduction du coût total du crédit serait amoindrie si la réduction du crédit pouvait se limiter à la prise en compte des seuls frais présentés par le prêteur comme dépendant de la durée du contrat, dès lors que, comme l'a relevé M. l'avocat général au point 54 de ses conclusions, les frais et leur ventilation sont déterminés unilatéralement par la banque et que la facturation de frais peut intégrer une certaine marge de profit.

32. En outre, comme le souligne la juridiction de renvoi, limiter la possibilité de réduction du coût total du crédit aux seuls frais expressément liés à la durée du contrat entraînerait le risque que le consommateur se voie imposer des paiements non récurrents plus élevés au moment de la conclusion du contrat de crédit puisque le prêteur pourrait être tenté de réduire à un minimum les frais dépendant de la durée du contrat.

33. Par ailleurs, ainsi que l'a souligné M. l'avocat général aux points 53 et 55 de ses conclusions, la marge de manœuvre dont disposent les établissements de crédit dans leur facturation et leur organisation interne rend, en pratique, très difficile la détermination par un consommateur ou par une juridiction des frais objectivement liés à la durée du contrat.

34. Il convient d'ajouter que le fait d'inclure dans la réduction du coût total du crédit les frais qui ne dépendent pas de la durée du contrat n'est pas de nature à désavantager de manière disproportionnée le prêteur. En effet, il convient de rappeler que les intérêts de ce dernier sont pris en compte au moyen, d'une part, de l'article 16, paragraphe 2, de la directive 2008/48, qui prévoit, au bénéfice du prêteur, le droit à une indemnité pour les coûts éventuellement liés directement au remboursement anticipé du contrat, et, d'autre part, de l'article 16, paragraphe 4, de cette directive, qui ouvre aux États membres une possibilité supplémentaire de veiller à ce que l'indemnisation soit adaptée aux conditions du crédit et du marché pour protéger les intérêts du prêteur.

35. Enfin, il y a lieu de relever que, dans le cas d'un remboursement anticipé du crédit, le prêteur récupère par avance la somme empruntée, cette dernière étant alors disponible pour la conclusion, le cas échéant, d'un nouveau contrat de crédit.

36. Compte tenu de l'ensemble des considérations qui précèdent, il convient de répondre à la question préjudicielle que l'article 16, paragraphe 1, de la directive 2008/48 doit être interprété en ce sens que le droit du consommateur à la réduction du coût total du crédit en cas de remboursement anticipé du crédit inclut tous les frais imposés au consommateur.

[...]

Par ces motifs, la Cour (première chambre) dit pour droit :

L'article 16, paragraphe 1, de la directive 2008/48/CE du Parlement européen et du Conseil, du 23 avril 2008, concernant les contrats de crédit aux consommateurs et abrogeant la directive 87/102/CEE du Conseil, doit être interprété en ce sens que le droit du consommateur à la réduction du coût total du crédit en cas de remboursement anticipé du crédit inclut tous les frais imposés au consommateur.

Observations

L'affaire *Lexitor* confirme l'approche protectrice des droits des consommateurs adoptée par la Cour luxembourgeoise lorsqu'elle est amenée à interpréter la directive 2008/48/CE concernant les contrats de crédit aux consommateurs. La Cour était sollicitée aux fins de comprendre quelle était la signification de l'article 16 de la directive qui encadre la possibilité conférée au consommateur de rembourser de façon anticipée le crédit qui lui a été consenti. Le paragraphe premier de l'article, sujet principal d'interrogation du juge ayant soumis la demande préjudicielle à la CJUE, offre dans ce cas à l'emprunteur le « droit à une réduction du coût total du crédit, qui correspond aux intérêts et frais dus pour la durée résiduelle du contrat ». La juridiction de renvoi souhaitait plus précisément savoir ce à quoi correspondent les « intérêts et frais dus pour la durée résiduelle du contrat ». Comme l'a souligné l'avocat général Hogan dans ses conclusions sur l'affaire « la signification de cette disposition législative – qui concerne le droit d'un consommateur à une réduction du coût du crédit lorsqu'il a remboursé totalement ou partiellement, de façon anticipée, une somme due en vertu d'un contrat de crédit – est, à certains égards, à tout le moins obscure et ne se prête pas facilement à une interprétation satisfaisante », M. Hogan allant même jusqu'à suggérer que « le législateur de l'Union [...] puisse envisager un jour de reformuler cette disposition » (pt 1 des conclusions). La difficulté mise en exergue était celle de comprendre ce qu'il fallait entendre par « frais dus pour la durée résiduelle du contrat », la question des intérêts étant en effet plus aisé à résoudre. Il n'est logiquement pas possible de demander au consommateur de s'acquitter d'intérêts non encore échus puisqu'il aura remboursé le capital par anticipation. Sachant que, dans la pratique, les consommateurs commencent à rembourser les intérêts avant le capital emprunté, un remboursement des intérêts non échus a donc justement été prévu par le législateur européen. Qu'en est-il en revanche des frais ?

Le libellé de la disposition peut prêter à plusieurs interprétations. Une première interprétation, de caractère littéral, pourrait laisser entendre qu'il convient de ne rembourser que les frais restant à payer pour la durée du contrat, Ces frais s'entendraient donc de ceux récurrents concernant, par exemple, le coût de « préparation et d'informations périodiques au consommateur » (1) dont celui-ci a pu s'acquitter par anticipation sur demande de l'établissement prêteur. Il conviendrait alors de se livrer à un contrôle minutieux de la comptabilité de la banque pour les identifier et en calculer le coût total. Une deuxième approche consisterait à estimer « que le coût total du crédit doit être réduit proportionnellement à la durée résiduelle du contrat », ce qui conduirait à retenir que les termes « pour la durée résiduelle du contrat seraient une simple indication de la façon dont la réduction doit être calculée, c'est-à-dire au prorata de la durée résiduelle du contrat » (pt 43 des conclusions de l'avocat général). L'établissement concerné par l'affaire soutenait quant à lui une troisième conception, peu convaincante, assimilant aux « frais dus pour la durée résiduelle du contrat » ceux uniquement présentés comme tel par le prêteur. Enfin une quatrième interprétation consistait à estimer que relèvent de la catégorie en question les seuls les frais non encore dus au moment du remboursement, qu'ils soient récurrents ou non. Évoquée par l'avocat général, cette hypothèse apparaît relativement marginale car elle viserait des frais fixes exigibles à la fin de la durée du crédit mais qui auraient été payés par anticipation par le consommateur. Le paragraphe 46 de ses conclusions évoque des « paiements (non récurrents ou récurrents) qui n'étaient pas encore dus

---

(1) A. Gouëzel, note sous CJUE, 11 septembre 2019, *Lexitor*, aff. C-383/18, *Gaz. Pal.*, 25 février 2020, pp. 76 et 77.

au moment où le remboursement anticipé a été effectué ». L'interprétation de l'article 16 de la directive était rendue d'autant plus difficile que toutes ses versions linguistiques ne s'accordent pas entre elles. Certaines font en effet référence aux « frais dus pour la durée résiduelle du contrat » (versions en langues française et italienne), d'autres aux « frais liés à la période résiduelle du contrat » (versions en langues néerlandaise, polonaise et roumaine), les versions allemande et anglaise faisant visant quant à elles « une réduction des intérêts et frais continuant à courir pour la durée résiduelle du contrat » (pt 25 de l'arrêt).

Avant d'envisager la question sur le fond, la Cour a pris le soin de préciser que « la circonstance que les litiges au principal opposent uniquement des professionnels ne fait pas obstacle à l'application de la directive 2008/48 » car son « champ d'application [...] dépend non pas de l'identité des parties au litige en cause, mais de la qualité des parties au contrat de crédit » (pt 20 de l'arrêt). En effet, la demanderesse devant la juridiction nationale était une société de crédit ayant repris la créance de plusieurs emprunteurs qui contestaient donc l'application du texte à l'espèce. Face aux ambiguïtés des différentes versions linguistiques, la Cour a ensuite répondu, en s'appuyant sur sa jurisprudence constante en la matière, qui la conduit à examiner, au-delà du libellé des textes leur contexte et leur objectif, que les dispositions en jeu devaient servir la cause d'« une protection élevée du consommateur » (pt 29 de la décision). Elle a en a déduit que « l'article 16, paragraphe 1, de la directive 2008/48/CE du Parlement européen et du Conseil, du 23 avril 2008, concernant les contrats de crédit aux consommateurs et abrogeant la directive 87/102/CEE du Conseil, doit être interprété en ce sens que le droit du consommateur à la réduction du coût total du crédit en cas de remboursement anticipé du crédit inclut tous les frais imposés au consommateur » optant pour un niveau élevé de protection du consommateur. Le choix d'entendre les « frais dus pour la durée résiduelle du contrat » comme tous ceux imposés à l'emprunteur est en effet très protecteur des intérêts des consommateurs puisqu'il postule que tous les frais liés au contrat de crédit doivent être remboursés.

Le dispositif de l'arrêt n'est pas d'une grande clarté car il ne fait aucune référence à une quelconque réduction *prorata temporis* de ces frais et vise l'article 16, paragraphe 1, de façon globale, sans prendre le soin d'expliquer si l'expression « pour la durée résiduelle du contrat » doit être entendue comme une méthode de calcul permettant de terminer le montant des frais globaux devant être remboursés. On imagine néanmoins que telle est sa signification. Une précision relative à cette question aurait toutefois été la bienvenue. Elle aurait levé toute ambiguïté, d'autant que les commentateurs n'ont pas manqué de soulever le caractère très protecteur de la solution retenue, « sévère pour les banques »(2). La décision a mis en émoi le milieu des établissements prêteurs en Italie, et provoqué des résistances prétoriennes, un juge ayant refusé d'interpréter son droit national en ce sens, arguant que l'interprétation donnée par la Cour ne constitue pas une source de droit contraignante (*Tribunale di Napoli*, 10 mars 2020, n° 2391). On ne commentera pas ici le caractère très discutable d'une telle interprétation mais on signalera que la banque d'Italie a publié en décembre dernier des lignes de conduite à tenir par les établissements prêteurs afin de respecter les directives d'interprétation de la CJUE(3).

L'approche protectrice des intérêts de consommateurs n'est pas surprenante. Elle correspond à la ligne d'interprétation de la directive 2008/48 retenu par la Cour dans de précédents arrêts. Ainsi dans son arrêt *Schyns*(4), les juges luxembourgeois avaient retenu la conformité au droit de l'UE d'une législation nationale imposant « aux prêteurs ou aux intermédiaires de crédit l'obligation de rechercher, dans le cadre des contrats de crédits qu'ils offrent habituellement, le type et le montant du crédit les mieux adaptés, compte tenu de la situation financière du consommateur à la date de la conclusion du contrat et du but du crédit » et exigeant qu'ils s'abstiennent « de conclure le contrat de

---

(2) A. Gouëzel, note préc.

(3) Disponibles en ligne sur le site de la banque d'Italie ; pour une analyse de la question voy. M. Rabitti, « ABF e LEXITOR : estinzione anticipata e riduzione del costo del credito alla luce del principio di equità integrativa », *Rivista di Diritto Bancario*, janvier 2020, pp. 1-7.

(4) CJUE, 6 juin 2019, *Schyns*, aff. C-58/18, ECLI:EU:C:2019:467, auquel la Cour fait référence dans l'arrêt *Lexitor*.

crédit s'il[s] ne peu[ven]t pas raisonnablement estimer, à l'issue du contrôle de la solvabilité du consommateur, que ce dernier sera en mesure de respecter les obligations découlant du contrat envisagé ». Dans son arrêt *CA Consumer Finance*, la Cour avait censuré une clause de reconnaissance formelle de l'exécution des obligations d'information précontractuelle du consommateur (5). Surtout, dans son arrêt *Radlinger* (6), la Cour avait fait prévaloir, comme interprétation de la notion de coût total du crédit, celle permettant de déterminer de la façon la plus équitable possible pour le consommateur le T.A.E.G. (7). Une telle interprétation repose sur la considération selon laquelle l'objectif de la directive 2008/48 est de « garantir une protection élevée du consommateur », étant précisé que le système mis en place dans cette perspective « est fondé sur l'idée que le consommateur se trouve dans une situation d'infériorité à l'égard du professionnel en ce qui concerne tant le pouvoir de négociation que le niveau d'information » (8).

En l'occurrence, la Cour a estimé que plusieurs arguments venaient au soutien d'une telle protection. D'abord, la CJUE relève que l'effectivité du droit du consommateur à la réduction du coût total du crédit serait amoindrie si la réduction du crédit pouvait se limiter à la prise en compte des seuls frais présentés par le prêteur comme dépendant de la durée du contrat, dès lors que « [...] les frais et leur ventilation sont déterminés unilatéralement par la banque et que la facturation de frais peut intégrer une certaine marge de profit » (pt 31 de l'arrêt). En outre, « limiter la possibilité de réduction du coût total du crédit aux seuls frais expressément liés à la durée du contrat entraînerait le risque que le consommateur se voie imposer des paiements non récurrents plus élevés au moment de la conclusion du contrat de crédit puisque le prêteur pourrait être tenté de réduire à un minimum les

(5) CJUE, 18 décembre 2014, *CA Consumer Finance*, aff. C-449/13, ECLI:EU:C:2014:2464.

(6) CJUE, 3e ch., 21 avril 2016, *Radlinger*, aff. C-377/14, ECLI:EU:C:2016:283.

(7) voy. nos obs., *in* F. Picod (dir.), *Jurisprudence de la CJUE 2016*, Bruxelles, Bruylant, 2017, pp. 736 et s.

(8) Pt 29 de la décision, l'argumentaire reprenant du reste celui adopté de longue date par la Cour dans le cadre de la directive 93/13 sur les clauses abusives, voy. notamment l'arrêt *Océano Grupo*, aff. jtes C-240/98 à C-244/98, ECLI:EU:C:2000:346, pt 25 de l'arrêt.

frais dépendant de la durée du contrat » (pt 32 de l'arrêt), d'autant que « la marge de manœuvre dont disposent les établissements de crédit dans leur facturation et leur organisation interne rend, en pratique, très difficile la détermination par un consommateur ou par une juridiction des frais objectivement liés à la durée du contrat » (pt 33 de l'arrêt). Elle a enfin souligné que « le fait d'inclure dans la réduction du coût total du crédit les frais qui ne dépendent pas de la durée du contrat n'est pas de nature à désavantager de manière disproportionnée le prêteur ». En effet, il convient de rappeler que les intérêts de ce dernier sont pris en compte au moyen, d'une part, de l'article 16, paragraphe 2, de la directive 2008/48, qui prévoit, au bénéfice du prêteur, le droit à une indemnité pour les coûts éventuellement liés directement au remboursement anticipé du contrat, et, d'autre part, de l'article 16, paragraphe 4, de cette directive, qui ouvre aux États membres une possibilité supplémentaire de veiller à ce que l'indemnisation soit adaptée aux conditions du crédit et du marché pour protéger les intérêts du prêteur » (pt 34 de l'arrêt). Cela permet que « dans le cas d'un remboursement anticipé du crédit, le prêteur récupère par avance la somme empruntée, cette dernière étant alors disponible pour la conclusion, le cas échéant, d'un nouveau contrat de crédit » (pt 35 de l'arrêt). Que les établissements de crédit se le tiennent pour dit, il faut, pour le moment, compter avec une jurisprudence protectrice des intérêts de « consommateurs emprunteurs », sauf à ce que le contexte de la pandémie et les difficultés financières qu'elle engendrera dans le secteur financier conduise la Cour à réviser son jugement.

Elise POILLOT

XX. DROIT DES TRANSPORTS

Cour de justice, 3e ch., 4 avril 2019, *Germanwings GmbH c/ Wolfgang Pauels*, aff. C-501/17, ECLI:EU:C:2019:288

Conclusions de l'avocat général E. Tanchev, du 22 novembre 2018, ECLI:EU:C:2018:945

Mots clés : Transport aérien – Indemnisation des passagers en cas de refus d'embarquement et d'annulation ou de retard important d'un vol – Exonération de l'obligation d'indemnisation – Notion de « circonstances extraordinaires » – Endommagement d'un pneumatique d'un aéronef par un objet étranger présent sur la piste d'un aéroport

Cadre normatif : règlement (CE) n° 261/2004

Notes et observations : P. Dupont et G. Poissonnier, « Tour de vis sur l'indemnisation des passagers aériens victimes d'un retard important », *Gaz. Pal.*, 2019, n° 21, pp. 14-17 ; L. Siguoirt, « Circonstances extraordinaires en transport aérien de passagers : de la qualification à la preuve », *AJ Contrats d'affaires – Concurrence – Distribution*, 2019, n° 6, pp. 299-301 ; C. Coulon, « Indemnisation des passagers aériens : nouvelle précision sur les conditions d'exonération du transporteur », *Responsabilité civile et assurances*, 2019, n° 6, p. 4 ; J.-P. Kesteloot, « La notion de "circonstances extraordinaires" au sens du règlement n° 261/2004 », *Revue européenne de droit de la consommation*, 2020, n° 2, pp. 143-164

Extraits de l'arrêt

[...]

Sur la question préjudicielle

17. Par sa question, la juridiction de renvoi demande, en substance, si l'article 5, paragraphe 3, du règlement n° 261/2004, lu à la lumière du considérant 14 de celui-ci, doit être interprété en ce sens que l'endommagement d'un pneumatique d'un aéronef par un objet étranger, tel qu'un débris mobile, présent sur la piste d'un aéroport relève de la notion de « circonstances extraordinaires », au sens de cette disposition.

18. Il y a lieu de rappeler que, en cas d'annulation de vol ou de retard important, à savoir d'une durée égale ou supérieure à trois heures, le législateur de l'Union a entendu aménager les obligations des transporteurs aériens prévues à l'article 5, paragraphe 1, du règlement n° 261/2004 (voir arrêt du 4 mai 2017, *Pešková et Peška*, C-315/15, EU:C:2017:342, point 19 ainsi que jurisprudence citée).

19. Aux termes des considérants 14 et 15 ainsi que de l'article 5, paragraphe 3, de ce règlement, tels qu'ils sont interprétés par la Cour, le transporteur aérien est ainsi exonéré de son obligation d'indemnisation des passagers au titre de l'article 7 du règlement n° 261/2004 s'il est en mesure de prouver que l'annulation ou le retard de vol égal ou supérieur à trois heures à l'arrivée est dû à des « circonstances extraordinaires » qui n'auraient pas pu être évitées même si toutes les mesures raisonnables avaient été prises (voir arrêt du 4 mai 2017, *Pešková et Peška*, C-315/15, EU:C:2017:342, point 20 ainsi que jurisprudence citée) et, en cas de survenance d'une telle circonstance, qu'il a adopté les mesures adaptées à la situation en mettant en œuvre tous les moyens en personnel ou en matériel et les moyens financiers dont il disposait, afin d'éviter que celle-ci conduise à l'annulation ou au retard important du vol concerné, sans pour autant qu'il puisse être exigé de lui qu'il consente des sacrifices insupportables au regard des capacités de son entreprise au moment pertinent (voir, en ce sens, arrêt du 4 mai 2017, *Pešková et Peška*, C-315/15, EU:C:2017:342, points 29 ainsi que 34).

20. Selon une jurisprudence constante, peuvent être qualifiés de « circonstances extraordinaires », au sens de l'article 5, paragraphe 3, du règlement n° 261/2004, les événements qui, par leur nature ou par leur origine, ne sont pas inhérents à l'exercice normal de l'activité du transporteur aérien concerné et échappent à la maîtrise effective de celui-ci (voir, en ce sens, arrêts du 22 décembre 2008, *Wallentin-Hermann*, C-549/07, EU:C:2008:771, point 23, ainsi que du 4 mai 2017, *Pešková et Peška*, C-315/15, EU:C:2017:342, point 22), ces deux conditions étant cumulatives (arrêt du 17 avril 2018, *Krüsemann e.a.*, C-195/17, C-197/17 à C-203/17, C-226/17, C-228/17, C-254/17, C-274/17, C-275/17, C-278/17 à C-286/17 et C-290/17 à C-292/17, EU:C:2018:258, point 34).

21. S'agissant du point de savoir si l'endommagement des pneumatiques d'un aéronef, qui constituent des éléments indispensables au fonctionnement de celui-ci, peut être qualifié de « circonstances extraordinaires », au sens de l'article 5, paragraphe 3, du règlement n° 261/2004, il convient avant tout de constater que la défaillance prématurée même inopinée de certaines pièces d'un aéronef en particulier constitue, en principe, un événement intrinsèquement lié au système de fonctionnement de celui-ci (voir, en ce sens, arrêts du 17 septembre 2015, *van der Lans*, C-257/14, EU:C:2015:618, points 41 et 42, ainsi que du 4 mai 2017, *Pešková et Peška*, C-315/15, EU:C:2017:342, point 23).

22. En effet, les transporteurs aériens se trouvent régulièrement confrontés à de telles défaillances, compte tenu des conditions particulières dans lesquelles s'effectue le transport aérien et du degré de sophistication technologique des aéronefs (voir, en ce sens, arrêt du 22 décembre 2008, *Wallentin-Hermann*, C-549/07, EU:C:2008:771, point 24 ; ordonnance du 14 novembre 2014, *Siewert*, C-394/14, EU:C:2014:2377, point 19, ainsi que arrêt du 17 septembre 2015, *van der Lans*, C-257/14, EU:C:2015:618, points 37 et 42).

23. À cet égard, il est constant que les pneumatiques des aéronefs constituent des éléments soumis, à l'occasion des décollages et des atterrissages, à de très fortes contraintes et sont, de ce fait, sujets à un risque permanent d'endommagement, justifiant des contrôles de sécurité réguliers particulièrement stricts, qui sont intégrés dans les conditions courantes d'exploitation des entreprises de transport aérien.

24. Cela étant, lorsque la défaillance concernée trouve son origine exclusive dans le choc avec un objet étranger, ce qu'il appartient au transporteur aérien de démontrer, cette défaillance ne peut être considérée comme étant intrinsèquement liée au système de fonctionnement de l'appareil.

25. Tel est notamment le cas de l'endommagement d'un aéronef provoqué par la collision entre celui-ci et un volatile (arrêt du 4 mai 2017, *Pešková et Peška*, C-315/15, EU:C:2017:342, point 24) ainsi que, comme dans l'affaire au principal, de l'endommagement d'un pneumatique par un objet étranger, tel qu'un débris mobile, présent sur la piste de l'aéroport.

26. Partant, la défaillance d'un pneumatique trouvant son origine exclusive dans le choc avec un objet étranger présent sur la piste de l'aéroport ne saurait être considérée comme inhérente, par sa nature ou son origine, à l'exercice normal de l'activité du transporteur aérien concerné. En outre, compte tenu des contraintes particulières qui s'imposent au transporteur aérien lors des opérations de décollage et d'atterrissage liées notamment à la vitesse à laquelle celles-ci sont effectuées et à l'impératif de sécurité des passagers à bord, ainsi que du fait que l'entretien des pistes ne relève aucunement de la compétence de celui-ci, ladite circonstance échappe à sa maîtrise effective.

27. En conséquence, une telle défaillance doit être qualifiée de « circonstance extraordinaire », au sens de l'article 5, paragraphe 3, du règlement n° 261/2004.

28. Ainsi qu'il ressort du point 78 des conclusions de M. l'avocat général, une telle conclusion répond à l'objectif de garantir un niveau élevé de protection des passagers aériens, poursuivi par le règlement n° 261/2004, lequel, ainsi qu'il est spécifié au considérant 1 de celui-ci, implique de ne pas inciter les transporteurs aériens à s'abstenir de prendre les mesures

requises en faisant prévaloir le maintien et la ponctualité de leurs vols sur l'objectif de sécurité de ces derniers.

29. Cette conclusion ne saurait en outre être remise en cause par la solution dégagée dans l'ordonnance du 14 novembre 2014, *Siewert* (C-394/14, EU:C:2014:2377), à l'occasion de laquelle la Cour a dit pour droit que le choc d'un escalier mobile d'embarquement d'un aéroport contre un avion ne saurait être qualifié de « circonstance extraordinaire », au sens de l'article 5, paragraphe 3, du règlement n° 261/2004.

30. En effet, un tel dispositif est nécessairement utilisé dans le contexte du transport aérien de passagers, permettant à ces derniers de monter et de descendre de l'avion (ordonnance du 14 novembre 2014, *Siewert*, C-394/14, EU:C:2014:2377, point 19) et la mise en place d'un tel dispositif s'effectue normalement en collaboration avec l'équipage des avions concernés. Dès lors, ladite circonstance ne saurait être considérée ni comme non inhérente à l'exercice normal de l'activité du transporteur aérien concerné ni comme échappant à sa maîtrise effective.

31. Pour autant, ainsi que cela a été rappelé au point 19 du présent arrêt, en cas de survenance d'une « circonstance extraordinaire », le transporteur aérien n'est exonéré de son obligation d'indemnisation des passagers au titre de l'article 7 du règlement n° 261/2004 que s'il est en mesure de prouver qu'il a adopté les mesures adaptées à la situation en mettant en œuvre tous les moyens en personnel ou en matériel et les moyens financiers dont il disposait, afin d'éviter que celle-ci conduise à l'annulation ou au retard important du vol concerné, sans pour autant qu'il puisse être exigé de lui qu'il consente des sacrifices insupportables au regard des capacités de son entreprise au moment pertinent.

32. À cet égard, il est ressorti de l'audience que les pneumatiques des aéronefs font l'objet d'un entretien régulier et de procédures de remplacement standardisées dans le cadre desquelles les transporteurs aériens sont en mesure de disposer dans les aéroports qu'ils desservent, y compris dans ceux qui ne constituent pas leurs sites principaux, de contrats de remplacement de leurs pneumatiques conclus avec des sociétés de maintenance aérienne et qui leur assurent un traitement prioritaire dans le remplacement desdits pneumatiques.

33. Dès lors, dans une situation telle que celle en cause au principal, il appartient au transporteur aérien concerné de démontrer qu'il a mis en œuvre tous les moyens en personnel ou en matériel et les moyens financiers dont il disposait, afin d'éviter que le remplacement du pneumatique endommagé par un objet étranger présent sur la piste d'un aéroport ne conduise au retard important du vol concerné, ce qu'il revient à la juridiction de renvoi de vérifier.

34. Dans ces circonstances, il y a lieu de répondre à la question que l'article 5, paragraphe 3, du règlement n° 261/2004, lu à la lumière du considérant 14 de celui-ci, doit être interprété en ce sens que l'endommagement d'un pneumatique d'un aéronef par un objet étranger, tel qu'un débris mobile, présent sur la piste d'un aéroport relève de la notion de « circonstance extraordinaire », au sens de cette disposition.

Toutefois, afin de s'exonérer de son obligation d'indemnisation des passagers prévue à l'article 7 du règlement n° 261/2004, le transporteur aérien dont le vol a connu un retard important en raison d'une telle « circonstance extraordinaire » est tenu de démontrer qu'il a mis en œuvre tous les moyens en personnel ou en matériel et les moyens financiers dont il disposait, afin d'éviter que le remplacement du pneumatique endommagé par un objet étranger, tel qu'un débris mobile, présent sur la piste d'un aéroport ne conduise audit retard important du vol concerné.

[...]

Par ces motifs, la Cour (troisième chambre) dit pour droit :

L'article 5, paragraphe 3, du règlement (CE) n° 261/2004 du Parlement européen et du Conseil, du 11 février 2004, établissant des règles communes en matière d'indemnisation et d'assistance des passagers en cas de refus d'embarquement et d'annulation ou de retard important d'un vol, et abrogeant le règlement (CEE) n° 295/91, lu à la lumière du considérant 14 de celui-ci, doit être interprété en ce sens que l'endommagement d'un pneumatique d'un aéronef par un objet étranger, tel qu'un débris mobile, présent sur la piste d'un aéroport relève de la notion de « circonstance extraordinaire », au sens de cette disposition.

Toutefois, afin de s'exonérer de son obligation d'indemnisation des passagers prévue à l'article 7 du règlement n° 261/2004, le transporteur aérien dont le vol a connu un retard important en raison d'une telle « circonstance extraordinaire » est tenu de démontrer qu'il a mis en œuvre tous les moyens en personnel ou en matériel et les moyens financiers dont il disposait, afin d'éviter que le remplacement du pneumatique endommagé par un objet étranger, tel qu'un débris mobile, présent sur la piste d'un aéroport ne conduise audit retard important du vol concerné.

OBSERVATIONS

L'année 2019 a, sans surprise, de nouveau donné l'occasion à la Cour de justice de se prononcer sur le règlement (CE) n° 261/2004 relatif aux droits des passagers du transport aérien en cas de refus d'embarquement, d'annulation ou de retard important (1). L'on connaît l'importance de la contribution de la Cour de justice à la protection des droits des passagers, favorisée par les lacunes rédactionnelles du règlement en question et le grand nombre de questions préjudicielles soumises par les juridictions nationales. L'affaire *Pauels* sous examen (2) confirme toutefois un certain infléchissement de la jurisprudence de la Cour, déjà observé précédemment (3), en ce qui concerne l'invocation de la notion de « circonstances extraordinaires », exonératoire de l'obligation d'indemnisation des passagers, conformément à l'article 5, paragraphe 3, du règlement. Dans cette affaire, comme dans l'arrêt *Moens* (4), la Cour de justice adopte une interprétation plus favorable aux compagnies aériennes que par le passé, dans un souci évident de rééquilibrer les droits et obligations des passagers et des transporteurs.

Contexte de l'affaire et procédure

Comme dans la majorité des questions préjudicielles adressées à la Cour en matière de droits des passagers, les faits du litige au principal sont relativement simples. Le requérant disposait d'une réservation auprès de la compagnie aérienne Germanwings pour un vol au départ de Dublin (Irlande) et à destination de Düsseldorf (Allemagne), le 28 août 2015. Le vol en question a atteint sa destination finale avec un retard de trois heures et vingt-huit minutes, lequel ouvre normalement droit à une indemnisation forfaitaire, conformément à la célèbre jurisprudence *Sturgeon* (5). La compagnie aérienne a toutefois refusé de verser l'indemnisation demandée, au motif que le retard en question était causé par une

(1) Règlement (CE) n° 261/2004 du Parlement européen et du Conseil du 11 février 2004 établissant des règles communes en matière d'indemnisation et d'assistance des passagers en cas de refus d'embarquement et d'annulation ou de retard important d'un vol, et abrogeant le règlement (CEE) n° 295/91, *JOUE*, L 46, 17 février 2004, pp. 1-8.

(2) CJUE, 3e ch., 4 avril 2019, *Germanwings GmbH c/ Wolfgang Pauels*, aff. C-501/17, ECLI:EU:C:2019:288.

(3) CJUE, 3e ch., 4 mai 2017, *Pešková et Peška*, aff. C-315/15, ECLI:EU:C:2017:342.

(4) CJUE, 4e ch., 26 juin 2019, *Moens*, aff. C-159/18, ECLI:EU:C:2019:535.

(5) CJCE, 4e ch., 19 novembre 2009, *Sturgeon e.a.*, aff. C-402/07 et C-432/07, *Rec.*, 2009, p. I-10923 ; voy. également, CJUE, gde ch., 23 octobre 2012, *Nelson e.a.*, aff. C-581/10 et C-629/10, ECLI:EU:C:2012:657.

« circonstance extraordinaire », à savoir la découverte d'une vis dans l'un des pneus de l'aéronef lors de la préparation du vol, nécessitant le remplacement dudit pneu. Le requérant a par la suite saisi l'*Amtsgericht Köln* et soutenu que la présence d'une vis sur la piste d'un aéroport constitue une circonstance inhérente à l'exercice normal de l'activité de transporteur aérien. Ce faisant, le passager souhaitait se prévaloir de l'interprétation restrictive de la notion de « circonstances extraordinaires » adoptée par la Cour de justice à partir de l'arrêt *Wallentin-Hermann* (6). La juridiction de première instance ayant favorablement accueilli les prétentions du requérant, la compagnie aérienne a interjeté appel devant le *Landgericht Köln*, arguant que la présence d'un débris sur la piste (communément appelé en anglais « *Foreign Object Debris* » – FOD) constitue un risque non maîtrisable pour le transporteur aérien et, étant extérieur à celui-ci, échappe à sa maîtrise effective. Soulignant, certes de manière implicite, le caractère parfois contradictoire de la jurisprudence de la Cour en la matière (7), le juge *a quo* a donc saisi la Cour d'une question préjudicielle des plus claires : « l'endommagement d'un pneumatique d'un aéronef par une vis se trouvant sur la piste de décollage ou d'atterrissage (dommage causé par un corps étranger) constitue-t-il une "circonstance extraordinaire" » (8) au sens du règlement (CE) n° 261/2004 ?

Examen de la question préjudicielle

Dans la droite lignée des arrêts antérieurs, l'arrêt sous examen confirme que la Cour de justice n'entend aucunement opérer un virage à 180 degrés en ce qui concerne les droits des passagers. Elle rappelle, en effet, que les conditions dégagées dans l'arrêt *Wallentin-Hermann* (9) continuent de

(6) CJCE, 4e ch., 22 décembre 2008, *Wallentin-Hermann*, aff. C-549/07, *Rec.*, 2008, p. I-11061.

(7) Voy. notamment, CJUE, 5e ch., ord., 14 novembre 2014, *Siewert*, aff. C-394/14, ECLI:EU:C:2014:2377 ; CJUE, 3e ch., 4 mai 2017, *Pešková et Peška*, préc.

(8) CJUE, 3e ch., 4 avril 2019, *Germanwings GmbH c/ Wolfgang Pauels*, préc., pt 16.

(9) CJCE, 4e ch., 22 décembre 2008, *Wallentin-Hermann*, préc., pt 23 : « Si le législateur communautaire a fait figurer dans ladite liste les "défaillances imprévues pouvant affecter la sécurité du vol" et si un problème technique survenu à un aéronef peut être compté au nombre de telles défaillances, il n'en reste pas moins que les circonstances entourant un

guider l'appréciation de la survenance, ou non, de circonstances extraordinaires (10). Les juges de Kirchberg confirment également que les deux conditions, à savoir la survenance d'évènements qui ne sont pas inhérents à l'activité de transporteur aérien et échappent à sa maîtrise effective, sont cumulatives (11). L'évolution est plus subtile. La condition relative aux évènements inhérents à l'activité de transport aérien est définie par rapport à un élément d'extériorité : selon la Cour « lorsque la défaillance concernée trouve son origine exclusive dans le choc avec un objet étranger, ce qu'il appartient au transporteur aérien de démontrer, cette défaillance ne peut être considérée comme étant intrinsèquement liée au système de fonctionnement de l'appareil » (12).

Cette précision permet peut-être d'expliquer le *ratio decidendi* de la Cour dans les affaires récentes, alors que les commentateurs s'étonnaient de l'apparente incohérence de certaines décisions récentes. La jurisprudence de la Cour de justice en la matière est en effet difficilement lisible, en raison d'une approche essentiellement casuistique. Les collisions aviaires (13) ainsi que la présence d'essence (14) ou de débris (15) sur une piste d'aéroport ont en effet été qualifiés de « circonstances extraordinaires », contrairement à une grève non déclarée à l'avance (16), un problème technique non imputable à un défaut d'entretien (17) ou le choc d'un

---

tel événement ne sauraient être qualifiées d'"extraordinaires" au sens de l'article 5, paragraphe 3, du règlement n° 261/2004 que si elles se rapportent à un événement qui, à l'instar de ceux énumérés au quatorzième considérant de ce règlement, n'est pas inhérent à l'exercice normal de l'activité du transporteur aérien concerné et échappe à la maîtrise effective de celui-ci du fait de sa nature ou de son origine ».

(10) CJUE, 3e ch., 4 avril 2019, *Germanwings GmbH c/ Wolfgang Pauels*, préc., pt 20.

(11) *Ibid.* ; voy. également CJUE, 3e ch., 12 mai 2011, *Eglītis et Ratnieks*, aff. C-294/10, *Rec.*, 2011 p. I-3983, pt 25 ; CJUE, 4 mai 2017, *Pešková et Peška*, préc., pt 22 ; CJUE, 3e ch., 17 avril 2018, *Krüsemann e.a.*, aff. C-195/17, C-197/17 à C-203/17, C-226/17, C-228/17, C-254/17, C-274/17, C-275/17, C-278/17 à C-286/17 et C-290/17 à C-292/17, ECLI:EU:C:2018:258, pt 34.

(12) CJUE, 3e ch., 4 avril 2019, *Germanwings GmbH c/ Wolfgang Pauels*, préc., pt 24.

(13) CJUE, 4 mai 2017, *Pešková et Peška*, préc.

(14) CJUE, 26 juin 2019, *Moens*, préc.

(15) CJUE, 3e ch., 4 avril 2019, *Germanwings GmbH c/ Wolfgang Pauels*, préc.

(16) CJUE, 17 avril 2018, *Krüsemann e.a.*, préc. ; voy. par ex., M. Kučko, « The Decision in TUIfly : Are the Ryanair Strikes to Be Seen as Extraordinary Circumstances? », *Air & Space Law*, 2019, vol. 44, n° 3, pp. 321-336.

(17) CJUE, 17 septembre 2015, *van der Lans*, aff. C-257/14, ECLI:EU:C:2015:618 ; voy. notamment, J. Prassl, « Exceptionally Unexceptional : C-257/14 Corina van der Lans v. Koninklijke Luchtvaart Maatschappij NV and the end of Regulation 261/2004's Exceptional

avion avec un escalier mobile (18). Implicitement, donc, la Cour a stérilisé les conséquences potentiellement dévastatrices d'une interprétation trop absolue de la notion d'évènements qui ne sont pas inhérents à l'activité de transporteur aérien. En effet, il convient de rappeler que, à la suite des arrêts *Wallentin-Hermann* et *Eglītis et Ratnieks* (19), certains avaient légitimement pu s'inquiéter de voir l'éruption volcanique de l'Eyjafjallajökull ne pas être qualifiée de « circonstance extraordinaire ». Si la Cour avait fait preuve de raison dans l'arrêt *McDonagh* (20), le risque était grand de voir se multiplier les cas dans lesquels la survenance de circonstances extraordinaires était purement et simplement écartée au motif que les problèmes rencontrés étaient inhérents à l'activité de transporteur. Les collisions aviaires par exemple, ayant donné lieu à l'affaire *Pešková et Peška*, sont relativement courantes : selon une application orthodoxe de la jurisprudence *Wallentin-Hermann*, elles n'auraient pas dû être qualifiées de circonstances extraordinaires. L'affaire *Pauels* confirme donc que la Cour, sans vouloir se dédire trop explicitement, a compris les dangers de ses prises de position antérieures et entend permettre aux compagnies aériennes d'échapper à l'obligation d'indemnisation lorsque le retard, ou l'annulation, trouve sa cause dans un évènement extérieur. La Cour essaye ainsi de défendre la cohérence de sa jurisprudence antérieure (21), notamment au regard de l'ordonnance *Siewert* (22) ou de l'arrêt *van der Lans* (23), sans vouloir admettre ouvertement son changement d'approche. Or, implicitement, c'est bien le degré de « contrôle », pour ne pas dire de « responsabilité » qui est pris en compte par la Cour.

Celle-ci n'entend néanmoins pas admettre que toutes les défaillances techniques constituent des circonstances

Circumstances Defence », *Journal of European Consumer and Market Law*, vol. 5, n° 3, pp. 136-138.

(18) CJUE, ord., 14 novembre 2014, *Siewert*, préc.

(19) CJUE, 3e ch., 12 mai 2011, *Eglītis et Ratnieks*, préc.

(20) CJUE, 3e ch., 31 janvier 2013, *McDonagh*, aff. C-12/11, ECLI:EU:C:2013:43.

(21) CJUE, 3e ch., 4 avril 2019, *Germanwings GmbH c/ Wolfgang Pauels*, préc., pt 30.

(22) CJUE, ord., 14 novembre 2014, *Siewert*, préc.

(23) CJUE, 17 septembre 2015, *van der Lans*, préc.

extraordinaires. Ainsi que l'avait indiqué son avocat général : « la Cour a établi un principe règle-exception : en règle, les défaillances techniques relèvent du risque opérationnel du transporteur aérien, car elles font partie de l'exercice normal de son activité et ne peuvent constituer une "circonstance extraordinaire" qu'exceptionnellement (en principe, lorsqu'elles ne sont pas inhérentes à l'exercice normal de l'activité de transporteur aérien et échappent à sa maîtrise) »(24). Les défaillances techniques trouvant leur source dans un évènement extérieur peuvent donc relever de la qualification de circonstances extraordinaires, car elles sont non inhérentes à l'activité de transporteur aérien lorsque ce dernier ne peut les contrôler, à la différence de celles causées par un défaut d'entretien par exemple. Ainsi, l'on peut peut-être considérer que la Cour de justice se rapproche finalement de la brillante analyse de l'avocat général E. Sharpston dans l'affaire *Kramme*(25). Surtout, les compagnies aériennes voient, enfin, accueilli un argument soutenu de longue date, lorsque la Cour indique que « l'objectif de garantir un niveau élevé de protection des passagers aériens, [...] implique de ne pas inciter les transporteurs aériens à s'abstenir de prendre les mesures requises en faisant prévaloir le maintien et la ponctualité de leurs vols sur l'objectif de sécurité de ces derniers »(26). En d'autres termes, les contraintes financières découlant du règlement (CE) n° 261/2004 ne doivent pas inciter les compagnies aériennes à agir au mépris de la sécurité aérienne. Il convient donc de ne pas interpréter de manière trop absolutiste et restrictive les conditions d'exonération de celles-ci.

Si l'on ne peut qu'applaudir cet *aggiornamento* à pas de loup, car plus respectueux de la logique d'équilibre qui anime le règlement (CE) n° 261/2004, force est de constater qu'il ne contribue qu'imparfaitement à la lisibilité du régime d'indemnisation. Un lecteur, ou un juge, peu au fait de la jurisprudence foisonnante de la Cour en la matière aurait tout aussi bien pu considérer que la présence de débris sur

(24) Concl. av. gén. E. Tanchev, 22 novembre 2018, ECLI:EU:C:2018:945, pt 39.
(25) Concl. av. gén. E. Sharpston, 27 septembre 2007, aff. C-396/06, ECLI:EU:C:2007:555.
(26) CJUE, 3e ch., 4 avril 2019, *Germanwings GmbH c/ Wolfgang Pauels*, préc., pt 28.

la piste est effectivement inhérente à l'activité de transporteur aérien et ainsi refuser de soumettre une question préjudicielle à la Cour. Autrement dit, il serait peut-être nécessaire de reformuler plus clairement les critères relatifs aux conditions d'exonération, au nom de l'impératif de sécurité juridique, ou alors, conformément au vœu exprimé maintes fois, de réviser le règlement (CE) n° 261/2004...

Vincent CORREIA

Cour de justice, 3e ch., 10 juillet 2019, *Aegean Airlines*, aff. C-163/18, ECLI:EU:C:2019:585

Conclusions de l'avocat général H. Saugmandsgaard Øe, du 28 mars 2019, ECLI:EU:C:2019:275

Mots clés : Transports aériens – Annulation du vol – Assistance – Droit au remboursement du billet d'avion par le transporteur aérien – Voyage à forfait – Faillite de l'organisateur de voyages

Cadre normatif : règlement (CE) n° 261/2004 ; directive 90/314/CEE

Notes et observations : J. Heymann, « Le transporteur aérien, le passager et l'agence de voyages. De l'incidence du forfait sur l'articulation des régimes d'indemnisation en cas d'annulation de vol », *Revue des contrats*, 2019, n° 4, pp. 115-118 ; P. Dupont et G. Poissonnier, « Transport aérien – Vol annulé dans le cadre d'un voyage à forfait : qui doit rembourser les billets d'avion ? », *JCP E*, 2019, n° 47, pp. 28-31 ; V. Michel, « Annulation d'un vol compris dans un voyage à forfait », *Europe*, 2019, n° 10, p. 29 ; C. Coulon, « Nouvelles précisions quant à l'étendue de la responsabilité des transporteurs aériens », *Responsabilité civile et assurances*, 2019, n° 11, p. 3

Extraits de l'arrêt

[...]

Sur les questions préjudicielles

28. Par ses deux questions, qu'il convient d'examiner ensemble, la juridiction de renvoi demande, en substance, si l'article 8, paragraphe 2, du règlement n° 261/2004 doit être interprété en ce sens qu'un passager qui dispose, au titre de la directive 90/314, du droit de s'adresser à son organisateur de voyages pour obtenir le remboursement de son billet d'avion n'a, dès lors, plus la possibilité de demander le remboursement de ce billet auprès du transporteur aérien sur le fondement dudit règlement, y compris

lorsque l'organisateur de voyages est dans l'incapacité financière d'effectuer le remboursement du billet et n'a pris aucune mesure afin de le garantir.

29. S'agissant de la question de savoir si les passagers qui disposent du droit de s'adresser à leur organisateur de voyages pour obtenir le remboursement de leurs billets d'avion ont la possibilité de demander également le remboursement de leurs billets auprès du transporteur aérien, il convient, d'emblée, de rappeler, d'une part, que, en vertu de l'article 8, paragraphe 1, sous a), du règlement n° 261/2004, lu en combinaison avec l'article 5, paragraphe 1, sous a), de ce règlement, il incombe au transporteur aérien, en cas d'annulation d'un vol, d'offrir aux passagers concernés une assistance consistant à leur proposer, notamment, le remboursement de leur billet (voir arrêt du 12 septembre 2018, *Harms*, C-601/17, EU:C:2018:702, point 12).

30. D'autre part, l'article 8, paragraphe 2, dudit règlement énonce que le droit au remboursement du billet s'applique également aux passagers dont le vol fait partie d'un voyage à forfait, hormis le cas où un tel droit découle de la directive 90/314.

31. Il découle de ce libellé clair dudit article 8, paragraphe 2, que la simple existence d'un droit au remboursement, découlant de la directive 90/314, suffit pour exclure qu'un passager, dont le vol fait partie d'un voyage à forfait, puisse réclamer le remboursement de son billet, en vertu du règlement n° 261/2004, auprès du transporteur aérien effectif.

32. Cette interprétation est corroborée par les travaux préparatoires du règlement n° 261/2004. En effet, ainsi qu'il a été relevé par M. l'avocat général aux points 43 et 44 de ses conclusions, il ressort de ces travaux préparatoires que, si le législateur de l'Union n'a pas souhaité exclure totalement les passagers dont le vol fait partie d'un voyage à forfait du champ d'application de ce règlement, il a, toutefois, entendu maintenir à leur égard les effets du système jugé suffisamment protecteur qui avait été mis en place antérieurement par la directive 90/314.

33. Ainsi qu'il découle, à cet égard, de l'article 3, paragraphe 6, du règlement n° 261/2004, ledit règlement ne porte pas atteinte aux droits que les passagers, ayant acheté un voyage à forfait, tirent de cette directive.

34. L'article 8, paragraphe 2, du règlement n° 261/2004 implique ainsi que les droits au remboursement du billet, en vertu, respectivement, de ce règlement et de la directive 90/314, ne sont pas cumulables, un tel cumul étant au demeurant, et ainsi que l'a relevé M. l'avocat général au point 64 de ses conclusions, de nature à conduire à une surprotection injustifiée du passager concerné, cela au détriment du transporteur aérien effectif, ce dernier risquant en effet, en ce cas, de devoir assumer en partie la responsabilité qui incombe à l'organisateur de voyages à l'égard de ses clients, en vertu du contrat que celui-ci a conclu avec ces derniers.

35. Il découle des considérations qui précèdent que les passagers qui disposent, au titre de la directive 90/314, du droit de s'adresser à leur organisateur de voyages pour obtenir le remboursement de leurs billets d'avion n'ont pas la possibilité de demander un remboursement auprès du transporteur aérien, sur le fondement du règlement n° 261/2004.

36. Cette conclusion s'impose également dans l'hypothèse où l'organisateur de voyages serait dans l'incapacité financière d'effectuer le remboursement du billet et n'aurait pris aucune mesure afin de garantir ce remboursement.

37. Au regard du libellé clair de l'article 8, paragraphe 2, du règlement n° 261/2004, il n'est, en effet, pas pertinent de savoir si l'organisateur de voyages est dans l'incapacité financière d'effectuer le remboursement du billet, s'il a pris ou non une mesure afin de garantir ce remboursement, ou encore si ces circonstances mettent en péril l'exécution de son obligation de rembourser les passagers concernés.

38. Une telle interprétation de l'article 8, paragraphe 2, du règlement n° 261/2004 n'est pas infirmée par l'objectif principal poursuivi par ce règlement qui vise, ainsi qu'il ressort de son considérant 1, à garantir un niveau élevé de protection des passagers.

39. En effet, ainsi qu'il ressort du point 32 du présent arrêt, le législateur de l'Union a précisément pris en considération le système suffisamment protecteur qui avait été mis en place antérieurement par la directive 90/314.

40. Plus particulièrement, l'article 7 de cette directive, lu à la lumière du considérant 21 de celle-ci, prévoit, notamment, que l'organisateur de voyages doit justifier de garanties suffisantes propres à assurer, en cas d'insolvabilité ou de faillite, le remboursement des fonds déposés.

41. La Cour a jugé que l'article 7 de la directive 90/314 comporte l'obligation de résultat de conférer aux voyageurs à forfait un droit aux garanties de remboursement des fonds déposés en cas de faillite de l'organisateur de voyages et que cette garantie est précisément destinée à prémunir le consommateur contre les conséquences de la faillite, quelles qu'en soient les causes (voir, en ce sens, arrêt du 15 juin 1999, *Rechberger e.a.*, C-140/97, EU:C:1999:306, point 74, ainsi que ordonnance du 16 janvier 2014, *Baradics e.a.*, C-430/13, EU:C:2014:32, point 35).

42. La Cour a, par ailleurs, considéré qu'une réglementation nationale ne transpose correctement les obligations prévues à cette disposition que si, quelles que soient ses modalités, elle a pour résultat de garantir effectivement aux passagers le remboursement de tous les fonds qu'ils ont déposés en cas d'insolvabilité de l'organisateur de voyages (voir, en ce sens, arrêt du 15 juin 1999, *Rechberger e.a.*, C-140/97, EU:C:1999:306, point 64, ainsi que ordonnance du 16 janvier 2014, *Baradics e.a.*, C-430/13, EU:C:2014:32, point 38).

43. À défaut, ainsi qu'il découle d'une jurisprudence constante de la Cour, le voyageur concerné bénéficie, en tout état de cause, de la faculté d'introduire une action en responsabilité contre l'État membre concerné pour les dommages qui lui sont causés en raison d'une violation du droit de l'Union (voir, en ce sens, arrêt du 25 novembre 2010, *Fuß*, C-429/09, EU:C:2010:717, points 45 à 48 et jurisprudence citée).

44. Eu égard à l'ensemble des considérations qui précèdent, il y a lieu de répondre aux questions posées que l'article 8, paragraphe 2, du règlement n° 261/2004 doit être interprété en ce sens qu'un passager qui dispose, au titre de la directive 90/314, du droit de s'adresser à son organisateur de voyages pour obtenir le remboursement de son billet d'avion n'a, dès lors, plus la possibilité de demander le remboursement de ce billet auprès du transporteur aérien sur le fondement dudit règlement, y compris lorsque l'organisateur de voyages est dans l'incapacité financière d'effectuer le remboursement du billet et n'a pris aucune mesure afin de le garantir.

[...]

Par ces motifs, la Cour (troisième chambre) dit pour droit :

L'article 8, paragraphe 2, du règlement (CE) n° 261/2004 du Parlement européen et du Conseil, du 11 février 2004, établissant des règles communes en matière d'indemnisation et d'assistance des passagers en cas de refus d'embarquement et d'annulation ou de retard important d'un vol, et abrogeant le règlement (CEE) n° 295/91, doit être interprété en ce sens qu'un passager qui dispose, au titre de la directive 90/314/CEE du Conseil, du 13 juin 1990, concernant les voyages, vacances et circuits à forfait, du droit de s'adresser à son organisateur de voyages pour obtenir le remboursement de son billet d'avion n'a, dès lors, plus la possibilité de demander le remboursement de ce billet auprès du transporteur aérien sur le fondement dudit règlement, y compris lorsque l'organisateur de voyages est dans l'incapacité financière d'effectuer le remboursement du billet et n'a pris aucune mesure afin de le garantir.

Observations

Dans une nouvelle affaire relative aux droits des passagers, la Cour de justice est intervenue pour clarifier les rapports entre le règlement (CE) n° 261/2004 (1) et la directive 90/314/CEE (2) relative aux voyages à forfait. Cette dernière, remplacée depuis lors (3), était en vigueur à l'époque des faits.

Contexte de l'affaire et procédure

La compagnie aérienne Aegean avait conclu un contrat d'affrètement avec G. S. Charter Aviation Services, aux termes duquel elle mettait à disposition de cette dernière un certain nombre de sièges, lesquels étaient ensuite revendus à des tiers. Parmi les tiers en question, se trouvait l'agence de voyages Hellas Travel BV, de droit néerlandais, qui avait vendu aux requérants un vol aller-retour entre Eelde (Pays-Bas) et Corfou (Grèce), dans le cadre d'un voyage à forfait. Les passagers ont reçu des billets électroniques portant le logo d'Aegean Airlines pour des vols prévus les 17 et 24 juillet 2015, ainsi que des documents mentionnant Hellas Travel BV en tant qu'affréteur. Toutefois, quelques jours avant la réalisation du premier vol, l'agence de voyage a informé les passagers qu'elle annulait les vols convenus avec Aegean, ensemble avec l'intégralité du voyage à forfait, en raison du refus de la compagnie aérienne d'opérer les vols sans être payée conformément au prix convenu. Hellas Travel a par la suite été déclarée en faillite et n'a pas remboursé les passagers du prix payé pour les billets d'avion. Les requérants ont ainsi saisi les juridictions néerlandaises afin d'obtenir le remboursement de leurs billets d'avion par la

(1) Règlement (CE) n° 261/2004 du Parlement européen et du Conseil du 11 février 2004 établissant des règles communes en matière d'indemnisation et d'assistance des passagers en cas de refus d'embarquement et d'annulation ou de retard important d'un vol, et abrogeant le règlement (CEE) n° 295/91, *JOUE*, L 46, 17 février 2004, pp. 1-8.

(2) Directive 90/314/CEE du Conseil, du 13 juin 1990, concernant les voyages, vacances et circuits à forfait, *JOCE*, L 158, 23 juin 1990, pp. 59-64.

(3) Directive (UE) 2015/2302 du Parlement européen et du Conseil du 25 novembre 2015 relative aux voyages à forfait et aux prestations de voyage liées, modifiant le règlement (CE) n° 2006/2004 et la directive 2011/83/UE du Parlement européen et du Conseil et abrogeant la directive 90/314/CEE du Conseil, *JOUE*, L 326, 11 décembre 2015, pp. 1-33.

compagnie aérienne, laquelle a contesté l'applicabilité du règlement au motif que les vols en question étaient régis par la directive 90/314/CEE. Les juges de première instance ont fait partiellement droit aux prétentions des requérants, sur le terrain de l'indemnisation forfaitaire, mais ont décidé de surseoir à statuer pour saisir la Cour de deux questions préjudicielles relatives, en substance, au débiteur de l'obligation de remboursement lorsque le billet d'avion annulé était compris dans un voyage à forfait, avec la circonstance particulière de la faillite de l'agence de voyages.

Examen des questions préjudicielles

Dans cet arrêt *HQ et autres contre Aegean Airlines* (4), la Cour vient définitivement trancher la question du remboursement des annulations de vols, lorsque ces derniers ont été commercialisés dans le cadre de voyages à forfait. La Cour de justice de l'Union européenne a assurément douché les espoirs des plaignants, qui se trouvaient malheureusement dans l'incapacité de demander réparation à l'organisateur de voyages, lequel a fait faillite. Le raisonnement de la Cour est en effet des plus lapidaires : il appartient en principe au transporteur aérien de procéder au remboursement des vols annulés (5), y compris pour les passagers dont le vol fait partie d'un voyage à forfait, « hormis le cas où un tel droit découle de la directive 90/314 » (6). Constatant qu'un tel droit au remboursement est déjà prévu par la directive en question, la Cour en tire la conclusion que les passagers ne peuvent pas se prévaloir sur ce point du règlement (CE) n° 261/2004 à l'encontre de la compagnie aérienne (7). La Cour n'a donc pas cédé à la tentation, pourtant facile, de faire primer l'objectif d'une protection élevée des passagers, y compris dans les circonstances particulières de la faillite de l'organisateur de voyages. Elle a choisi de faire prévaloir le sens littéral de l'article 8, paragraphe 2 du règlement

---

(4) CJUE, 3e ch., 10 juillet 2019, *Aegean Airlines*, aff. C-163/18, ECLI:EU:C:2019:585.
(5) *Ibid.*, pt 29.
(6) *Ibid.*, pt 30.
(7) *Ibid.*, pt 32.

n° 261/2004, lequel exclut expressément le droit au remboursement lorsque celui-ci est déjà garanti par la directive 90/314/CEE.

Les juges de Luxembourg ont également choisi de faire primer la cohérence générale des régimes de protection des passagers sur les intérêts particuliers des requérants dans l'affaire soumise à leur examen, en insistant notamment sur la volonté d'exclure tout cumul des droits, car cela conduirait selon elle « à une surprotection injustifiée du passager concerné, cela au détriment du transporteur aérien effectif, ce dernier risquant en effet, en ce cas, de devoir assumer en partie la responsabilité qui incombe à l'organisateur de voyages à l'égard de ses clients, en vertu du contrat que celui-ci a conclu avec ces derniers »(8). Cette décision confirme donc la réorientation tant attendue de la jurisprudence de la Cour en matière de droits des passagers, après de nombreuses décisions penchant invariablement en faveur des intérêts de ces derniers. Certes, la faillite de l'agence de voyages atteint incontestablement les victimes quant à leur droit au remboursement. La Cour n'a toutefois « pas entendu substituer au débiteur contractuel des passagers concernés, soit l'agence de voyages, le transporteur aérien »(9). La compagnie aérienne n'était aucunement responsable de cette faillite et l'annulation des vols n'avait été décidée qu'en raison de l'incapacité du voyagiste à payer le transporteur.

Il semblerait donc que la Cour de justice « valide » indirectement l'approche suivie par les juridictions françaises – ce qui n'est pas toujours le cas(10) – comme le soulignent

(8) *Ibid.*, pt 34.

(9) J. Heymann, « Le transporteur aérien, le passager et l'agence de voyages. De l'incidence du forfait sur l'articulation des régimes d'indemnisation en cas d'annulation de vol », *Revue des contrats*, 2019, n° 4, pp. 115-118.

(10) Voy. notamment, CJUE, 8e ch., ord., 24 octobre 2019, *easyJet Airline Co. Ltd*, aff. C-756/18, ECLI:EU:C:2019:902, dans laquelle la Cour a jugé que « des passagers d'un vol retardé de trois heures ou plus à son arrivée et possédant une réservation confirmée pour ce vol ne peuvent pas se voir refuser l'indemnisation en vertu de ce règlement au seul motif que, à l'occasion de leur demande d'indemnisation, ils n'ont pas prouvé leur présence à l'enregistrement pour ledit vol, notamment au moyen de la carte d'embarquement, à moins qu'il soit démontré que ces passagers n'ont pas été transportés sur le vol retardé en cause ». Cette décision s'oppose directement à la solution adoptée par la Cour de cassation dans un arrêt du 14 février 2018, dans lequel cette dernière avait jugé « qu'ayant relevé que les consorts Y... versaient aux débats une demande d'indemnisation adressée à la société XL Airways France, leur réservation électronique, ainsi qu'une attestation de retard, non

P. Dupont et G. Poissonnier (11). La Cour de Cassation a en effet pu juger que « l'agence de voyage, vendeuse de voyages ou de séjours, est responsable de plein droit à l'égard de l'acheteur de la bonne exécution des obligations résultant du contrat, que ce contrat ait été conclu à distance ou non, et que ces obligations soient à exécuter par elle-même ou par d'autres prestataires de services sans préjudice de son droit de recours contre ceux-ci » (12). Cette solution ne vaut néanmoins que pour les voyages à forfait et non pour les « vols secs » commercialisés par les agences de voyages. De plus, la lettre du règlement, ainsi que l'affaire sous examen, nous semblent permettre d'exclure toute généralisation visant à rendre responsables les organisateurs de voyages de tous les désagréments susceptibles d'être régis par le règlement (CE) n° 261/2004. L'article 3, paragraphe 6, de ce règlement indique certes qu'il ne « porte pas atteinte aux droits des passagers » établis par la directive, mais l'article 3, paragraphe 5, précise qu'il s'applique à tout transporteur aérien effectif y compris lorsqu'il n'a pas conclu de contrat avec le passager, auquel cas « il est réputé agir au nom de la personne qui a conclu le contrat avec le passager concerné ». Ainsi, lorsque l'article 8, paragraphe 2, du règlement en question écarte le droit au remboursement de la part de la compagnie aérienne, quand celui-ci est prévu par la directive 90/314/CEE, il n'exclut pas que la compagnie aérienne doive s'acquitter des autres obligations décrites par le règlement, que le vol soit « sec » ou opéré dans le cadre d'un voyage à forfait. La position des juridictions françaises est certes plus conforme à l'effet relatif des contrats, mais le règlement reste ambigu. L'affaire sous examen, ne portant que sur le droit au remboursement, ne règle donc que partiellement les questions susceptibles de se poser.

---

nominative, signée par celle-ci, et estimé que ces éléments ne démontraient pas que ceux-ci s'étaient présentés à l'enregistrement, la juridiction de proximité, qui a caractérisé l'absence de preuve par eux rapportée de l'obligation d'indemnisation dont ils réclamaient l'exécution, a, sans inverser la charge de la preuve ni exiger une preuve impossible, rejeté à bon droit la demande d'indemnisation » (Cass., 1re civ., 14 février 2018, n° 16-23.205).

(11) Voy. notamment, P. Dupont et G. Poissonnier, « Transport aérien – Vol annulé dans le cadre d'un voyage à forfait : qui doit rembourser les billets d'avion ? », *JCP E*, 2019, n° 47, pp. 28-31.

(12) Cass., 1re civ., 27 juin 2018, n° 17-14.051.

Soucieuse d'offrir une alternative acceptable pour les passagers lésés dans la présente affaire, la Cour précise, enfin, que l'article 7 de la directive impose aux organisateurs de voyages de disposer de garanties suffisantes pour assurer le remboursement des fonds déposés en cas d'insolvabilité ou de faillite. Que cette obligation n'ait pas été respectée en l'espèce n'est pas discutable. Cela ne doit néanmoins pas conduire, par des considérations d'équité, à transformer la compagnie aérienne en assureur du voyagiste insolvable. Il appartenait, en effet, à l'État néerlandais de s'assurer que l'organisateur de voyages respectait l'obligation relative aux garanties, raison pour laquelle la Cour invite ouvertement les requérants à introduire une action en responsabilité contre l'État lui-même, pour violation du droit de l'Union européenne. Le droit à remboursement des passagers est donc bel et bien garanti, même en cas de faillite de l'organisateur de voyage, car se trouve révélé en substance une transposition incorrecte de la directive, laquelle a causé un préjudice aux requérants. Il reste toutefois à voir si les victimes dans la présente affaire s'engageront dans cette voie ou s'ils auront été découragés par une procédure déjà bien longue.

Vincent Correia

Cour de justice, 9e ch., 11 juillet 2019, *CS e.a. c/ České aerolinie a.s.*, aff. C-502/18, ECLI:EU:C:2019:604

Affaire jugée sans conclusions

Mots clés : Renvoi préjudiciel – Transport – Règles communes en matière d'indemnisation et d'assistance des passagers en cas de refus d'embarquement et d'annulation ou de retard important d'un vol – Droit à indemnisation – Vol avec correspondances – Vol composé de deux vols opérés par des transporteurs aériens différents – Retard important subi à l'occasion du second vol ayant ses points de départ et d'arrivée en dehors de l'Union européenne et opéré par un transporteur établi dans un pays tiers

Cadre normatif : règlement (CE) n° 261/2004

Notes et observations : P. Dupont et G. Poissonnier, « Vers une meilleure indemnisation des passagers victimes de retard d'un vol par correspondance(s) », *Recueil Dalloz*, 2019, n° 34, pp. 1922-1927 ; V. Michel, « Indemnisation en cas de vol avec correspondance », *Europe*, n° 10, pp. 30 et 31 ; V. Augros, « Retard d'un vol en *code share* : qui est redevable de l'indemnisation standardisée ? », *Gaz. Pal.*, 2019, n° 32, pp. 20-22

Extraits de l'arrêt

[...]

Sur la question préjudicielle

15. Par sa question, la juridiction de renvoi demande, en substance, si l'article 5, paragraphe 1, sous c), et l'article 7, paragraphe 1, du règlement n° 261/2004, lus en combinaison avec l'article 3, paragraphe 5, de celui-ci, doivent être interprétés en ce sens que, dans le cadre d'un vol avec correspondance, composé de deux vols et ayant donné lieu à une réservation unique, au départ d'un aéroport situé sur le territoire d'un État membre

et à destination d'un aéroport situé dans un pays tiers via l'aéroport d'un autre pays tiers, un passager victime d'un retard à sa destination finale de trois heures ou plus trouvant son origine dans le second vol, assuré, dans le cadre d'un accord de partage de code, par un transporteur établi dans un pays tiers, peut diriger son recours indemnitaire au titre de ce règlement contre le transporteur aérien communautaire ayant effectué le premier vol.

16. À titre liminaire, il convient de rappeler, d'une part, qu'un vol avec une ou plusieurs correspondances ayant fait l'objet d'une réservation unique constitue un ensemble aux fins du droit à indemnisation des passagers prévu par le règlement n° 261/2004 (voir, en ce sens, arrêt du 31 mai 2018, *Wegener*, C-537/17, EU:C:2018:361, points 18 et 19 ainsi que jurisprudence citée), impliquant que l'applicabilité du règlement n° 261/2004 soit appréciée au regard du lieu de départ initial et de la destination finale de celui-ci (voir, en ce sens, arrêt du 31 mai 2018, *Wegener*, C-537/17, EU:C:2018:361, point 25).

17. En vertu de l'article 3, paragraphe 1, sous a), du règlement n° 261/2004, celui-ci s'applique, notamment, aux passagers au départ d'un aéroport situé sur le territoire d'un État membre soumis aux dispositions du traité.

18. Un vol avec correspondance tel que celui en cause au principal, reliant Prague à Bangkok via Abou Dhabi, qui a été effectué au départ d'un aéroport situé sur le territoire d'un État membre, entre donc dans le champ d'application du règlement n° 261/2004.

19. D'autre part, la Cour a dit pour droit que les passagers de vols qui ont été retardés doivent être regardés comme étant titulaires du droit à indemnisation prévu à l'article 5, paragraphe 1, sous c), du règlement n° 261/2004, lu en combinaison avec l'article 7, paragraphe 1, de ce règlement, dans le cas où ils subissent, à l'arrivée à leur destination finale, une perte de temps égale ou supérieure à trois heures (voir, en ce sens, arrêts du 19 novembre 2009, *Sturgeon e.a.*, C-402/07 et C-432/07, EU:C:2009:716, point 61, ainsi que du 23 octobre 2012, *Nelson e.a.*, C-581/10 et C-629/10, EU:C:2012:657, point 38).

20. S'agissant du redevable de l'indemnité due en cas de retard important à l'arrivée d'un vol avec correspondance, tel que celui en cause au principal, il ressort de la lettre de l'article 5, paragraphe 1, sous c), et de l'article 5, paragraphe 3, du règlement n° 261/2004 qu'il ne peut s'agir que du « transporteur aérien effectif », au sens de l'article 2, sous b), de ce règlement.

21. Il convient, partant, de déterminer si, dans une situation telle que celle en cause au principal, un transporteur aérien tel que České aerolinie, revêt cette qualification.

22. En vertu de l'article 2, sous b), du règlement n° 261/2004, un « transporteur aérien effectif » est « un transporteur aérien qui réalise ou a l'intention de réaliser un vol dans le cadre d'un contrat conclu avec un passager, ou au nom d'une autre personne, morale ou physique, qui a conclu un contrat avec ce passager ».

23. Ainsi, cette définition pose deux conditions cumulatives pour qu'un transporteur aérien puisse être qualifié de « transporteur aérien effectif » tenant, d'une part, à la réalisation du vol en cause et, d'autre part, à l'existence d'un contrat conclu avec un passager (arrêt du 4 juillet 2018, *Wirth e.a.*, C-532/17, EU:C:2018:527, point 18).

24. En l'occurrence et ainsi que cela ressort de la décision de renvoi, il est constant que České aerolinie a effectivement réalisé un vol dans le cadre du contrat de transport conclu avec les passagers en cause.

25. En conséquence, il doit être qualifié de « transporteur aérien effectif » et, partant, est redevable, sous réserve de l'article 5, paragraphe 3, du règlement n° 261/2004, de l'indemnité prévue à l'article 5, paragraphe 1, sous c), et à l'article 7, paragraphe 1, de ce règlement.

26. Une telle considération ne saurait être remise en cause par le fait, invoqué par České aerolinie dans ses observations écrites, que le retard que les passagers en cause au principal ont eu à subir trouve son origine non pas dans le premier vol du vol avec correspondance réalisé par ce transporteur mais dans le second vol de ce vol avec correspondance, réalisé par un autre transporteur aérien.

27. À cet égard, il convient de relever, tout d'abord, que, ainsi qu'il ressort de la jurisprudence citée au point 16 du présent arrêt, les vols avec une ou plusieurs correspondances donnant lieu à une réservation unique doivent être appréhendés comme une unité, impliquant que, dans le cadre de tels vols, un transporteur aérien effectif ayant réalisé le premier vol ne peut pas se retrancher derrière la mauvaise exécution d'un vol ultérieur opéré par un autre transporteur aérien.

28. Ensuite, l'article 3, paragraphe 5, seconde phrase, du règlement n° 261/2004 précise que, lorsqu'un transporteur aérien effectif qui n'a pas conclu de contrat avec le passager remplit des obligations découlant de ce règlement, il est réputé agir au nom de la personne qui a conclu le contrat avec le passager concerné.

29. Ainsi, dans une situation telle que celle en cause au principal, où, dans le cadre d'un vol avec correspondance composé de deux vols ayant donné lieu à une réservation unique, le second vol est réalisé en vertu d'un accord de partage de code par un transporteur aérien effectif autre que le transporteur aérien effectif ayant conclu le contrat de transport avec les passagers concernés et ayant effectué le premier vol, ce dernier

transporteur demeure contractuellement lié aux passagers, même dans le cadre de l'exécution du second vol.

30. En outre, l'objectif d'assurer un niveau élevé de protection des passagers, énoncé au considérant 1 du règlement n° 261/2004, est également de nature à corroborer la conclusion que, en cas de vol avec correspondance ayant donné lieu à une réservation unique et réalisé dans le cadre d'un accord de partage de code, le transporteur aérien effectif ayant réalisé le premier vol est redevable de l'indemnité même en cas de retard subi lors du second vol opéré par un autre transporteur aérien. En effet, une telle solution permet de garantir que les passagers transportés seront indemnisés par le transporteur aérien effectif ayant conclu le contrat de transport avec eux, sans avoir à tenir compte des arrangements pris par ce transporteur quant à la réalisation du second vol du vol avec correspondance.

31. Enfin, il importe de rappeler que, en vertu de l'article 13 du règlement n° 261/2004, les obligations acquittées par le transporteur aérien effectif en vertu de ce règlement le sont sans préjudice pour celui-ci de son droit de demander réparation, conformément au droit national applicable, à toute personne étant à l'origine du manquement de ce transporteur à ses obligations, y compris des tiers (arrêt du 11 mai 2017, *Krijgsman*, C-302/16, EU:C:2017:359, point 29 et jurisprudence citée).

32. Dès lors, et tout particulièrement s'agissant d'un vol avec correspondance ayant donné lieu à une réservation unique et réalisé dans le cadre d'un accord de partage de code, il appartiendra, le cas échéant, au transporteur aérien effectif ayant dû s'acquitter du paiement de l'indemnité prévue par le règlement n° 261/2004 en raison du retard important ayant affecté un vol qu'il n'a pas effectué lui-même de se retourner contre le transporteur aérien effectif auquel incombe la responsabilité de ce retard aux fins d'obtenir la compensation de cette charge financière.

33. Compte tenu de ce qui précède, il convient de répondre à la question posée que l'article 5, paragraphe 1, sous c), et l'article 7, paragraphe 1, du règlement n° 261/2004, lus en combinaison avec l'article 3, paragraphe 5, de celui-ci, doivent être interprétés en ce sens que, dans le cadre d'un vol avec correspondance, composé de deux vols et ayant donné lieu à une réservation unique, au départ d'un aéroport situé sur le territoire d'un État membre et à destination d'un aéroport situé dans un pays tiers via l'aéroport d'un autre pays tiers, un passager victime d'un retard à sa destination finale de trois heures ou plus trouvant son origine dans le second vol, assuré, dans le cadre d'un accord de partage de code, par un transporteur établi dans un pays tiers, peut diriger son recours indemnitaire au titre de ce règlement contre le transporteur aérien communautaire ayant effectué le premier vol.

[...]

Par ces motifs, la Cour (neuvième chambre) dit pour droit :

L'article 5, paragraphe 1, sous c), et l'article 7, paragraphe 1, du règlement (CE) n° 261/2004 du Parlement européen et du Conseil, du 11 février 2004, établissant des règles communes en matière d'indemnisation et d'assistance des passagers en cas de refus d'embarquement et d'annulation ou de retard important d'un vol, et abrogeant le règlement (CEE) n° 295/91, lus en combinaison avec l'article 3, paragraphe 5, du règlement n° 261/2004, doivent être interprétés en ce sens que, dans le cadre d'un vol avec correspondance, composé de deux vols et ayant donné lieu à une réservation unique, au départ d'un aéroport situé sur le territoire d'un État membre et à destination d'un aéroport situé dans un pays tiers via l'aéroport d'un autre pays tiers, un passager victime d'un retard à sa destination finale de trois heures ou plus trouvant son origine dans le second vol, assuré, dans le cadre d'un accord de partage de code, par un transporteur établi dans un pays tiers, peut diriger son recours indemnitaire au titre de ce règlement contre le transporteur aérien communautaire ayant effectué le premier vol.

Observations

Les questions relatives au champ d'application géographique du règlement (CE) n° 261/2004 trouvent une portée particulière dans les hypothèses de correspondances manquées. Le règlement en question ne prévoit pas de règles spécifiques en la matière. C'est la Cour de justice, soucieuse de garantir les droits des passagers et de combler les lacunes du régime de protection les concernant, qui a progressivement dessiné le régime applicable aux vols avec correspondance. Or, la question la plus brulante concerne l'applicabilité du droit européen, lorsque le deuxième tronçon du voyage est opéré entre deux points en dehors du territoire de l'Union européenne, par une compagnie non-européenne qui plus est. Alors qu'une lecture rigoureuse du règlement, ainsi que des considérations visant à écarter l'application extraterritoriale du droit de l'Union, devraient conduire à l'inapplicabilité du règlement (CE) n° 261/2004 dans ce cas de figure, la Cour de justice persiste dans un souci évident de protection des passagers.

Contexte de l'affaire et procédure

Les passagers à l'origine de la présente affaire ont effectué une réservation auprès de České aerolinie pour un voyage devant les conduire de Prague (République tchèque) à Bangkok (Thaïlande), avec une correspondance à Abu Dhabi (Émirats arabes unis). Alors que le premier vol était opéré par České aerolinie, le second a été effectué par la compagnie aérienne Etihad, dans le cadre d'un accord de partage de codes (ou « *code-share* »). Les passagers ont atteint Abu Dhabi conformément à l'horaire prévu, le second vol a atteint Bangkok avec un retard à l'arrivée de 488 minutes, bien au-delà donc du seuil de trois heures ouvrant droit à une compensation pécuniaire sous l'empire du règlement (CE) n° 261/2004. Le principal problème, toutefois, concernait le fait que le retard à l'arrivée était imputable à la seule compagnie Etihad, laquelle n'est pas un transporteur aérien communautaire au sens du règlement. Or, ce dernier prévoit à son article 3, paragraphe 1, qu'il s'applique « a) aux passagers au départ d'un aéroport situé sur le territoire d'un État membre soumis aux dispositions du traité ; b) aux passagers au départ d'un aéroport situé dans un pays tiers et à destination d'un aéroport situé sur le territoire d'un État membre soumis aux dispositions du traité, à moins que ces passagers ne bénéficient de prestations ou d'une indemnisation et d'une assistance dans ce pays tiers, si le transporteur aérien effectif qui réalise le vol est un transporteur communautaire ». Dans la mesure où le vol Abu Dhabi-Bangkok n'était pas opéré par une compagnie européenne et n'était pas opéré au départ d'un aéroport de l'Union, la défense de la compagnie České aerolinie était toute trouvée lorsque les passagers ont réclamé leur indemnisation forfaitaire. Les juges de première instance comme d'appel ont toutefois fait droit aux prétentions des requérants, avant que la Cour constitutionnelle tchèque n'enjoigne la juridiction de renvoi de réexaminer les arguments présentés par la compagnie aérienne. C'est dans ce contexte que le juge *a quo* a saisi la Cour de justice d'une question préjudicielle visant à déterminer si le règlement (CE) n° 261/2004 permet aux passagers de diriger leur recours indemnitaire contre le transporteur aérien communautaire ayant effectué le premier vol, pour un retard imputable à un transporteur non-communautaire agissant dans le cadre d'un accord de partage de codes.

Examen de la question préjudicielle

L'arrêt *CS et autres contre České aerolinie*(1) s'inscrit dans la suite logique des arrêts *Folkerts*(2) et *Wegener*(3). La Cour de justice avait, en effet, insisté dans l'arrêt *Folkerts* sur la notion de destination finale(4) pour indemniser les victimes d'un retard à l'arrivée. La Cour a ainsi comblé une des lacunes majeures du règlement en prévoyant le droit applicable aux vols avec correspondances. Ce faisant, toutefois, elle avait potentiellement élargi le champ d'application du règlement en question, lui faisant couvrir des hypothèses à l'évidence non prévues. Les craintes quant aux effets potentiels de cette solution ont été concrétisées une première fois dans l'arrêt *Wegener*, dans lequel la Cour avait insisté tant sur la notion de destination finale que sur l'existence d'une réservation unique, pour conclure à l'applicabilité du règlement à un voyage entre Berlin (Allemagne) et Agadir (Maroc) avec un changement à Casablanca (Maroc), opéré par une compagnie non européenne. Si dans l'affaire *Wegener* la solution était déjà des plus critiquables, notamment au regard de la définition stricte donnée à la notion de vol dans l'arrêt *Emirates*(5), l'affaire *CS et autres contre České aerolinie* va bien au-delà. En effet, dans l'arrêt *Wegener*, un seul transporteur, à savoir Royal Air Maroc, était en charge des deux vols alors que dans la présente affaire on se trouve en présence de deux transporteurs distincts. Dans les deux cas, toutefois, l'interprétation large de la notion de vols avec correspondances conduit à l'application du droit de l'Union européenne à des vols qui, opérés entre deux points situés en dehors du territoire de l'Union par des compagnies non-européennes, n'auraient normalement pas dû être couverts.

(1) CJUE, 9e ch., 11 juillet 2019, *CS e.a. c/ České aerolinie a.s.*, aff. C-502/18, ECLI:EU:C:2019:604.

(2) CJUE, gde ch., 26 février 2013, *Folkerts*, aff. C-11/11, ECLI:EU:C:2013:106.

(3) CJUE, 8e ch., 31 mai 2018, *Wegener*, aff. C-537/17, ECLI:EU:C:2018:361.

(4) CJUE, gde ch., 26 février 2013, *Folkerts*, préc., pts 34 et 35.

(5) CJCE, 4e ch., 10 juillet 2008, *Emirates Airlines*, aff. C-173/07, *Rec.*, 2008, p. I-5237.

Les critiques susceptibles d'être adressées à l'arrêt *CS et autres contre České aerolinie* sont donc substantiellement les mêmes que celles dirigées contre les deux autres affaires précitées. Dans l'arrêt *Emirates* du 10 juillet 2008, la Cour avait en effet jugé qu'« il convient d'interpréter la notion de "vol" au sens du règlement n° 261/2004 de telle manière qu'il consiste, en substance, en une opération de transport aérien, étant ainsi, d'une certaine manière, une "unité" de ce transport, réalisée par un transporteur aérien qui fixe son itinéraire »(6). Certes, il s'agissait dans cette dernière affaire d'un vol aller-retour, mais l'on a toujours du mal à saisir comment un « vol », en tant qu'« unité de transport », peut comporter plusieurs vols, dans les cas des vols avec correspondances... C'est surtout sur le terrain de l'application extraterritoriale du droit de l'Union que ces décisions posent problème, car elles conduisent à appliquer le règlement (CE) n° 261/2004 à des opérations ayant lieu entre deux aéroports non-européens, effectuées par des compagnies d'États tiers. Ces considérations n'embarrassent visiblement pas la Cour de justice : selon elle, le voyage entre Prague et Bangkok est dans son intégralité soumis au droit de l'Union, au nom d'une approche englobante, ici, de la notion de vol.

Le fait que le règlement limite, à son article 3, paragraphe 5, son application au seul transporteur aérien effectif ne gêne pas non plus les juges de Luxembourg(7), alors qu'en l'espèce il est évident que le responsable du retard était Etihad, transporteur aérien effectif sur le vol Abu Dhabi-Bangkok. Pour justifier sa décision, la Cour rappelle la solution ô combien discutable de l'arrêt *Wirth*, dans lequel elle avait défini la qualité de transporteur aérien effectif par rapport à l'existence d'un contrat de transport(8). Or, s'il est une certitude pour les spécialistes du droit aérien, c'est bien que les notions de « transporteur effectif » et de « transporteur contractuel » sont bel et bien distinctes... Sur la base de ce postulat, erroné à nos yeux, la Cour ne voit aucun problème à qualifier la compagnie aérienne České aerolinie

(6) *Ibid.*, pt 40.
(7) CJUE, 9e ch., 11 juillet 2019, *CS e.a. c/ České aerolinie a.s.*, préc., pts 20-28.
(8) CJUE, 3e ch., 4 juillet 2018, *Wirth e.a.*, aff. C-532/17, ECLI:EU:C:2018:527, pt 18.

de transporteur aérien effectif, y compris pour le vol Abu Dhabi-Bangkok (9). En d'autres termes, la Cour ignore la différence entre transporteur effectif et contractuel et réécrit, encore une fois, le règlement (CE) n° 261/2004.

Les autres arguments avancés au soutien de la décision n'emportent pas plus la conviction. Il en est ainsi, notamment, du renvoi à l'article 3, paragraphe 5, du règlement. Celui-ci prévoit effectivement que « lorsqu'un transporteur aérien effectif qui n'a pas conclu de contrat avec le passager remplit des obligations découlant de ce règlement, il est réputé agir au nom de la personne qui a conclu le contrat avec le passager concerné » (10). Toutefois, cette disposition vise justement à soumettre le seul transporteur aérien effectif aux dispositions du règlement et non pas à rendre responsable le transporteur aérien contractuel. Ce n'est pourtant pas la solution retenue en l'espèce, la Cour considérant que le passager peut demander réparation à la première compagnie, européenne, pour un retard qui ne lui est pourtant pas imputable. Le fait que les différents vols en question ont fait l'objet d'une réservation unique et que le second vol était assuré en partage de code ont de toute évidence lourdement pesé dans la décision de la Cour. Il n'en reste pas moins que le législateur européen n'avait pas prévu l'hypothèse des vols avec correspondances et n'a jamais indiqué vouloir étendre au transporteur aérien contractuel le régime prévu pour le seul transporteur aérien effectif.

L'interprétation donnée dans le présent arrêt conduit, donc, à étendre le champ d'application territorial du règlement, tout en faisant peser le poids de l'indemnisation sur la compagnie européenne qui a effectué le premier vol. Certes, la Cour rappelle que České aerolinie peut toujours agir contre le responsable du préjudice, conformément à l'article 13 du règlement (11). Cet argument, souvent réitéré, ne permet néanmoins pas de justifier toutes les approximations logiques qui conduisent la Cour à adopter une telle solution.

(9) CJUE, 9e ch., 11 juillet 2019, *CS e.a. c/ České aerolinie a.s.*, préc., pt 25.
(10) *Ibid.*, pt 28.
(11) *Ibid.*, pt 31.

La motivation est clairement extra-juridique, la Cour cherchant ici à conforter une logique de « guichet unique », éminemment favorable aux intérêts des consommateurs.

Vincent CORREIA

Cour de justice, 4e ch., 19 décembre 2019, *Niki Luftfahrt*, aff. C-532/18, ECLI:EU:C:2019:1127

Conclusions de l'avocat général H. Saugmandsgaard Øe, du 26 septembre 2019, ECLI:EU:C:2019:788

MOTS CLÉS : Transport aérien – Convention de Montréal – Notion d'« accident » – Responsabilité des compagnies aériennes – Lésions corporelles causées au passager – Renversement d'un gobelet de café

CADRE NORMATIF : convention de Montréal du 28 mai 1999

NOTES ET OBSERVATIONS : P. DUPONT et G. POISSONNIER, « Transport – Contrat de transport aérien de passagers : quand le café servi trop chaud engage la responsabilité du transporteur aérien », *JCP E*, 2020, n° 14, p. 49 ; V. MICHEL, « Indemnisation des accidents survenus à bord de l'avion », *Europe*, 2020, n° 2, pp. 37 et 38 ; P. DELEBECQUE, « Le gobelet de café, la compagnie aérienne et la responsabilité civile : un remue-ménage », *Énergie – Environnement – Infrastructures*, 2020, n° 2, comm. 9 ; X. DELPECH, « Responsabilité en cas de brûlure causée par un café renversé », *JurisTourisme*, 2020, n° 227, p. 10

EXTRAITS DE L'ARRÊT

1. La demande de décision préjudicielle porte sur l'interprétation de l'article 17, paragraphe 1, de la convention pour l'unification de certaines règles relatives au transport aérien international, conclue à Montréal le 28 mai 1999, signée par la Communauté européenne le 9 décembre 1999, et approuvée au nom de celle-ci par la décision 2001/539/CE du Conseil, du 5 avril 2001 (*JO* 2001, L 194, p. 38) (ci-après la « convention de Montréal »), qui est entrée en vigueur, en ce qui concerne l'Union européenne, le 28 juin 2004.

2. Cette demande a été présentée dans le cadre d'un litige opposant GN, représentée légalement par HM, son père, à ZU, en tant que liquidateur de Niki Luftfahrt GmbH, société de transport aérien, au sujet d'une demande de dommages et intérêts introduite par la première en raison de brûlures subies lors d'un vol opéré par la seconde.

[...]

Sur la question préjudicielle

28. Par sa question, la juridiction de renvoi demande, en substance, si l'article 17, paragraphe 1, de la convention de Montréal doit être interprété en ce sens que la notion d'« accident », au sens de cette disposition, couvre une situation dans laquelle un objet utilisé pour le service aux passagers a causé une lésion corporelle à un passager, sans qu'il soit nécessaire de rechercher si cet accident résulte d'un risque inhérent au transport aérien.

29. À titre liminaire, il convient de préciser que, s'agissant de la responsabilité des transporteurs aériens en ce qui concerne le transport aérien de passagers et de leurs bagages sur le territoire de l'Union, le règlement n° 2027/97, applicable dans l'affaire au principal, met en œuvre les dispositions pertinentes de la convention de Montréal. Il ressort, en particulier, de l'article 3, paragraphe 1, de ce règlement que la responsabilité des transporteurs aériens de l'Union à l'égard des passagers et de leurs bagages est régie par toutes les dispositions de la convention de Montréal relatives à cette responsabilité (voir, en ce sens, arrêt du 6 mai 2010, *Walz*, C-63/09, EU:C:2010:251, point 18).

30. Il y a lieu de préciser que la convention de Montréal, en vigueur, en ce qui concerne l'Union, depuis le 28 juin 2004, fait, à compter de cette date, partie intégrante de l'ordre juridique de l'Union et, par voie de conséquence, la Cour est compétente pour statuer à titre préjudiciel sur son interprétation (arrêt du 12 avril 2018, *Finnair*, C-258/16, EU:C:2018:252, points 19 et 20 ainsi que jurisprudence citée).

31. À cet égard, l'article 31 de la convention de Vienne sur le droit des traités, du 23 mai 1969 (*Recueil des traités des Nations unies*, vol. 1155, p. 331), qui codifie le droit international général, lequel s'impose à l'Union, précise qu'un traité doit être interprété de bonne foi, suivant le sens ordinaire à attribuer à ses termes dans leur contexte et à la lumière de son objet et de son but (arrêt du 12 avril 2018, *Finnair*, C-258/16, EU:C:2018:252, point 21 et jurisprudence citée).

32. Par ailleurs, la Cour a déjà relevé que les notions contenues dans la convention de Montréal doivent faire l'objet d'une interprétation uniforme et autonome, de telle sorte qu'elle doit tenir compte, lorsqu'elle interprète ces notions à titre préjudiciel, non pas des divers sens ayant pu leur être donnés dans les droits internes des États membres de l'Union, mais des règles d'interprétation du droit international général qui s'imposent à celle-ci (arrêt du 7 novembre 2019, *Guaitoli e.a.*, C-213/18, EU:C:2019:927, point 47).

33. En l'occurrence, il ressort du libellé de l'article 17, paragraphe 1, de la convention de Montréal que, afin que la responsabilité du transporteur soit engagée, l'évènement ayant causé la mort ou la lésion corporelle du

passager doit être qualifié d'« accident » et ce dernier doit s'être produit à bord de l'aéronef ou au cours de toutes opérations d'embarquement ou de débarquement.

34. La notion d'« accident » ne faisant l'objet d'aucune définition dans la convention de Montréal, il convient de se référer au sens ordinaire de cette notion dans le contexte dans lequel elle s'insère, à la lumière de l'objet de cette convention, ainsi que du but qu'elle poursuit.

35. Le sens ordinaire donné à la notion d'« accident » se comprend comme un évènement involontaire dommageable imprévu.

36. Par ailleurs, selon le troisième alinéa du préambule de la convention de Montréal, les États parties à celle-ci, conscients de « l'importance d'assurer la protection des intérêts des consommateurs dans le transport aérien international et [de] la nécessité d'une indemnisation équitable fondée sur le principe de réparation », ont décidé de prévoir un régime de responsabilité objective des transporteurs aériens. Un tel régime implique, néanmoins, ainsi qu'il découle du cinquième alinéa du préambule de la convention de Montréal, que soit préservé un « équilibre équitable des intérêts », notamment des intérêts des transporteurs aériens et des passagers (voir, en ce sens, arrêts du 6 mai 2010, *Walz*, C-63/09, EU:C:2010:251, points 31 et 33, ainsi que du 22 novembre 2012, *Espada Sánchez e.a.*, C-410/11, EU:C:2012:747, points 29 et 30).

37. À cet égard, il ressort des travaux préparatoires ayant conduit à l'adoption de la convention de Montréal que la notion d'« accident » a été préférée, par les parties contractantes, à la notion d'« évènement », proposée dans le projet initial (voir, notamment, l'avis présenté par *International Union of Aviation Insurers*, DCW Doc No.28, 13 mai 1999, ainsi que le rapport du *Rapporteur on the Modernization and Consolidation of the Warsaw System*, C-WP/10576). La raison en est que le terme « évènement » était considéré comme étant trop large, englobant toutes les circonstances et pouvant entraîner un contentieux trop fourni.

38. En revanche, il a été décidé, à la suite du changement de l'emploi de ce terme, de supprimer la dernière phrase de l'article 17, paragraphe 1, de la convention de Montréal qui prévoyait que le transporteur n'était pas responsable dans la mesure où le décès ou les blessures résultaient de l'état de santé du passager. En effet, il a été estimé, en substance, que le maintien d'une telle exonération déséquilibrerait les intérêts en présence, au détriment du passager et que, en tout état de cause, cette convention prévoyait déjà une clause générale d'exonération à son article 20.

39. C'est la raison pour laquelle, afin de préserver un tel équilibre, la convention de Montréal prévoit, dans certaines hypothèses, d'exonérer la responsabilité du transporteur ou de limiter l'obligation de réparation lui incombant. En effet, l'article 20 de cette convention prévoit que, dans le

cas où le transporteur apporte la preuve que la négligence ou un autre acte ou omission préjudiciable du passager a causé le dommage ou y a contribué, le transporteur est exonéré en tout ou en partie de sa responsabilité à l'égard de ce passager. Par ailleurs, il ressort de l'article 21, paragraphe 1, de ladite convention que le transporteur aérien ne peut ni exclure ni limiter sa responsabilité pour les dommages visés à l'article 17, paragraphe 1, de la même convention lorsque ces dommages ne dépassent pas un certain seuil d'indemnisation. Ce n'est qu'au-dessus de ce seuil que le transporteur aérien peut exclure sa responsabilité en vertu du paragraphe 2 de cet article 21 en démontrant que le dommage n'a pas été causé par sa faute ou qu'il a été causé uniquement par la faute d'un tiers.

40. Ces limites permettent aux passagers d'être indemnisés, facilement et rapidement, sans pour autant que soit imposée aux transporteurs aériens une charge de réparation très lourde, difficilement identifiable et calculable, qui serait susceptible de compromettre, voire de paralyser, l'activité économique de ceux-ci (voir, en ce sens, arrêts du 6 mai 2010, *Walz*, C-63/09, EU:C:2010:251, points 34 à 36, ainsi que du 22 novembre 2012, *Espada Sánchez e.a.*, C-410/11, EU:C:2012:747, point 30).

41. Il s'ensuit que, ainsi que le relève M. l'avocat général au point 60 de ses conclusions, subordonner la responsabilité du transporteur à la condition que le dommage est dû à la matérialisation d'un risque inhérent au transport aérien ou à ce qu'il existe un lien entre l'« accident » et l'exploitation ou le mouvement de l'aéronef n'est conforme ni au sens ordinaire de la notion d'« accident », visée à l'article 17, paragraphe 1, de la convention de Montréal, ni aux objectifs poursuivis par celle-ci.

42. Par ailleurs, limiter l'obligation de réparation incombant aux transporteurs aériens aux seuls accidents liés à un risque inhérent au transport aérien n'est pas nécessaire pour éviter l'imposition, aux transporteurs aériens, d'une charge de réparation excessive. En effet, ainsi qu'il a été relevé au point 39 du présent arrêt, ces transporteurs peuvent exclure ou limiter leur responsabilité.

43. Dans ces conditions, il convient de répondre à la question posée que l'article 17, paragraphe 1, de la convention de Montréal doit être interprété en ce sens que la notion d'« accident », au sens de cette disposition, couvre toutes les situations qui se produisent à bord d'un aéronef dans lesquelles un objet utilisé pour le service aux passagers a causé une lésion corporelle à un passager, sans qu'il soit nécessaire de rechercher si ces situations résultent d'un risque inhérent au transport aérien.

[...]

Par ces motifs, la Cour (quatrième chambre) dit pour droit :

L'article 17, paragraphe 1, de la convention pour l'unification de certaines règles relatives au transport aérien international, conclue à

Montréal le 28 mai 1999, signée par la Communauté européenne le 9 décembre 1999, et approuvée au nom de celle-ci par la décision 2001/539/CE du Conseil, du 5 avril 2001, doit être interprété en ce sens que la notion d'« accident », au sens de cette disposition, couvre toutes les situations qui se produisent à bord d'un aéronef dans lesquelles un objet utilisé pour le service aux passagers a causé une lésion corporelle à un passager, sans qu'il soit nécessaire de rechercher si ces situations résultent d'un risque inhérent au transport aérien.

Observations

L'Union européenne étant partie à la convention de Montréal du 28 mai 1999 (1), depuis le 28 juin 2004 (2), il n'est pas surprenant que la Cour de justice soit appelée à donner son interprétation quant à ses dispositions. Elle a ainsi précédemment eu l'occasion de se prononcer sur la qualification de « transporteur aérien » (3), sur les plafonds de responsabilité en cas de perte de bagages (4) ainsi que sur les formes de protestation (5), ou sur la notion de « passager » (6). Dans l'affaire *Niki Luftfahrt* (7), les juges de Luxembourg ont été appelés à apporter des précisions sur la notion d'« accident », centrale dans l'application de l'article 17 de la convention de Montréal, relatif à l'indemnisation des décès et lésions corporelles.

Contexte de l'affaire et procédure nationale

Les faits du litige au principal sont relatifs à un gobelet de café chaud malheureusement renversé sur une enfant de six ans qui voyageait avec son père entre Majorque (Espagne) et Vienne (Autriche), sur un vol opéré par Niki Luftfahrt.

(1) Convention pour l'unification de certaines règles relatives au transport aérien international, signée à Montréal le 28 mai 1999.

(2) Décision 2001/539/CE du Conseil du 5 avril 2001 concernant la conclusion par la Communauté européenne de la convention pour l'unification de certaines règles relatives au transport aérien international (convention de Montréal), *JOCE*, L 194, 18 juillet 2001, p. 38.

(3) CJUE, 1re ch., 9 septembre 2015, *Prüller-Frey*, aff. C-240/14, ECLI:EU:C:2015:567.

(4) CJUE, 3e ch., 6 mai 2010, *Walz*, aff. C-63/09, *Rec.*, 2010, p. I-4239.

(5) CJUE, 3e ch., 12 avril 2018, *Finnair*, aff. C-258/16, ECLI:EU:C:2018:252.

(6) CJUE, 1re ch., 26 février 2015, *Wucher Helicopter et Euro-Aviation Versicherung*, aff. C-6/14, ECLI:EU:C:2015:122.

(7) CJUE, 4e ch., 19 décembre 2019, *Niki Luftfahrt*, aff. C-532/18, ECLI:EU:C:2019:1127.

La victime ayant été brulée assez gravement, elle a introduit par l'intermédiaire de son père une demande sur le fondement de l'article 17, paragraphe 1, de la convention de Montréal, visant à faire condamner le transporteur au paiement d'une somme de 8 500 euros au titre de la réparation du préjudice corporel subi. La compagnie aérienne se défend en soutenant qu'il n'y a pas eu, en l'espèce, d'accident au sens de la convention. Ce faisant, il n'y aurait pas lieu d'indemniser les requérants, étant rappelé que la convention de Montréal comporte une clause dite d'« exclusivité », aux termes de laquelle « dans le transport de passagers, de bagages et de marchandises, toute action en dommages-intérêts, à quelque titre que ce soit, en vertu de la présente convention, en raison d'un contrat ou d'un acte illicite ou pour toute autre cause, ne peut être exercée que dans les conditions et limites de responsabilité prévues par la présente convention, sans préjudice de la détermination des personnes qui ont le droit d'agir et de leurs droits respectifs »(8). L'argumentation de la compagnie aérienne est ainsi des plus classiques : faute d'accident, elle n'est pas tenue d'indemniser le préjudice subi, ni sur le fondement de l'article 17, paragraphe 1, de la convention ni sur aucun autre fondement conformément au principe d'exclusivité. Le transporteur défend une conception stricte de la notion d'« accident » au sens de la convention, en tant que risque inhérent au transport aérien et soutient qu'« aucun incident soudain et inattendu n'aurait conduit à ce que le gobelet de café glisse et à ce que le contenu de celui-ci se renverse »(9).

En première instance, le juge autrichien du *Landesgericht Korneuburg* a fait droit à la demande en réparation de la requérante, au motif qu'un risque inhérent au transport aérien s'était réalisé, car un aéronef en mouvement peut conduire les objets présents à bord à chuter. En appel, l'*Oberlandesgericht Wien* a infirmé le jugement rendu en première instance au motif que « l'article 17 de la convention de Montréal ne couvre que les accidents causés par un risque inhérent au transport aérien et, dans le cas d'espèce,

(8) Convention de Montréal, préc., art. 29.
(9) CJUE, 4e ch., 19 décembre 2019, *Niki Luftfahrt*, préc., pt 17.

la requérante n'a pas pu en apporter la preuve »(10). La requérante a par la suite introduit un recours en révision devant la Cour suprême, laquelle a saisi la Cour de justice de la question préjudicielle suivante : « Y a-t-il "accident" fondant la responsabilité du transporteur aérien au sens de l'article 17, paragraphe 1, de la [convention de Montréal] lorsqu'un gobelet de café chaud, posé sur la tablette d'un siège d'un avion en vol, glisse pour une raison inconnue, se renverse et cause des brûlures à un passager ? »(11).

Examen de la question préjudicielle

La notion d'« accident » conditionne la mise en œuvre du régime de responsabilité des compagnies aériennes sur le fondement de l'article 17, paragraphe 1, de la convention de Montréal. Ce dernier prévoit en effet que « le transporteur est responsable du préjudice survenu en cas de mort ou de lésion corporelle subie par un passager, par cela seul que l'accident qui a causé la mort ou la lésion s'est produit à bord de l'aéronef ou au cours de toutes opérations d'embarquement ou de débarquement ». Ainsi, comme sous l'empire de la convention de Varsovie de 1929, la jurisprudence s'accorde généralement sur le fait que ledit régime de responsabilité présuppose la réunion des éléments suivants : i) un préjudice de mort ou de lésion corporelle qui, ii) doit être causé par, iii) un accident(12), iv) survenu entre les opérations d'embarquement et de débarquement ou à bord de l'aéronef(13). Comme le remarquait toutefois l'avocat général H. Saugmandsgaard Øe dans ses conclusions, ni la convention de Varsovie ni celle de Montréal ne contiennent de définition de la notion d'accident(14). Il existe certes un consensus quant au fait qu'« un accident n'est pas tout

(10) *Ibid.*, pt 20.

(11) *Ibid.*, pt 27.

(12) Voy. à propos de la notion d'accident, M. Polkowska, « Some Observations on Civil Air Carrier Liability in International Air Carriage – Accident, Damage and Jurisdiction », *Uniform Law Review*, 2010, vol. 15, n° 1, pp. 109-132.

(13) Voy. notamment, aux États-Unis, *Mac Donald v. Air Canada* (1971) 439 F.2d 1402 (1st Cir, 1971) ; *Day v. Trans World Airlines, Inc.* 528 F.2d 31 (2nd Cir, 1975) ; *Eastern Airlines v. Floyd*, 499 U.S. 530, 111 S.Ct. 1489 (1991).

(14) Concl. av. gén. H. Saugmandsgaard Øe, 26 septembre 2019, ECLI:EU:C:2019:788, pt 26.

événement survenu pendant le vol ou les opérations d'embarquement et de débarquement »(15), mais la convention offre peu d'indications quant aux conditions spécifiques relatives à la qualification d'« accident » en tant que telle. Ce sont donc les juridictions nationales qui ont essayé de dégager les critères en question. La définition jurisprudentielle la plus célèbre de la notion d'accident a été donnée par la Cour suprême américaine dans l'affaire *Air France v. Saks*(16) : « *an unexpected or unusual event or happening that is external to the passenger* »(17). La Cour de Cassation française adopte, en substance, la même approche, car elle définit l'accident comme étant « un événement extérieur, soudain et imprévisible »(18). Ainsi qu'il ressort des éléments soumis à la Cour, il apparaît toutefois que les juridictions allemandes requièrent également qu'un risque inhérent au transport aérien se réalise. L'intérêt premier de l'arrêt sous commentaire concerne donc le fait de savoir si la Cour de justice entendait s'inspirer des autres interprétations, ou au contraire adopter une lecture propre.

Pour mener son analyse, la Cour de justice se place, de manière assez classique, sous les auspices de la convention de Vienne de 1969 sur le droit des traités(19) qui, bien que non ratifié par l'Union européenne, est réputée codifier le droit international coutumier(20). Les juridictions françaises se réfèrent également à cette convention, même si la France ne l'a pas non plus ratifiée(21). Partant, conformément aux méthodes d'interprétation décrites à l'article 31 de la convention de Vienne, la Cour s'attache d'abord à une analyse littérale, insistant sur le sens ordinaire des termes employés à

(15) P. Delebecque, « Le gobelet de café, la compagnie aérienne et la responsabilité civile : un remue-ménage », *Énergie – Environnement – Infrastructures*, 2020, n° 2, comm. 9.

(16) *Air France v. Saks*, 470 U.S. 392 (1985).

(17) *Ibid.*, p. 405 ; voy. également *Olympic Airways v. Husain*, 124 S. Ct. 1221 (2004).

(18) Voy. par ex., Cass., 1re civ., 6 décembre 1988, aff. n° 87-15.168 ; Cass., 1re civ., 29 novembre 1989, aff. n° 88-13.772 ; Cass., 1re civ., 15 janvier 2014, aff. n° 11-27.962.

(19) Convention de Vienne sur le droit des traités du 23 mai 1969, *RTNU*, vol. 1155, p. 331.

(20) Voy. notamment, CJCE, avis 1/91, 14 décembre 1991, *Rec.*, 1991, p. I-6101, pt 14 ; CJCE, 20 novembre 2001, *Aldona Malgorzata Jany e.a. c/ Staatssecretaris van Justitie*, aff. C-268/99, *Rec.*, 2001, p. I-8615, pt 35.

(21) Cass., 1re civ., 11 juillet 2006, aff. n° 02-20.389 ; voy. également, CA Paris, Pôle 01, ch. 01, 24 septembre 2019, aff. n° 18-14721.

l'article 17, paragraphe 1, de la convention de Montréal (22). Elle en déduit trois éléments constitutifs de la survenance d'un accident, à savoir : i) un évènement involontaire, ii) dommageable et iii) imprévu (23). Se référant aux travaux préparatoires, de manière quelque peu sélective (24), la Cour écarte donc la condition relative « à la matérialisation d'un risque inhérent au transport aérien » (25) retenue par certaines juridictions allemandes. Ce faisant, « le juge européen adopte une conception assez large de l'accident, qui ne se limite pas à un incident lors de l'exécution de la prestation de transport à proprement dite ou à l'occasion de la conduite de l'aéronef comportant des risques liés à la navigation aérienne » (26).

Quant aux autres éléments constitutifs généralement retenus par les juges nationaux, la solution donnée par la Cour de justice ne les rejette pas expressément, mais ne les reprend pas non plus à l'identique. Alors que son avocat général l'invitait à reprendre les définitions (27) retenues par les juridictions américaines ou françaises notamment (28), la Cour a adopté une définition propre, guidée en cela par le souci de garantir l'équilibre des droits entre passagers et compagnies aériennes. Certes, la Cour s'accorde sur la condition d'imprévisibilité, mais les compagnies aériennes seront assurément inquiètes de ne pas voir figurer parmi les éléments constitutifs de l'accident le critère d'extériorité, qui leur a souvent permis d'écarter des demandes relatives à des dommages « internes » aux victimes, causés par des

(22) CJUE, 4e ch., 19 décembre 2019, *Niki Luftfahrt*, préc., pt 34.

(23) *Ibid.*, pt 35.

(24) *Ibid.*, pt 37.

(25) *Ibid.*, pt 41.

(26) P. Dupont et G. Poissonnier, « Transport – Contrat de transport aérien de passagers : quand le café servi trop chaud engage la responsabilité du transporteur aérien », *JCP E*, 2020, n° 14, p. 49.

(27) Concl. av. gén. H. Saugmandsgaard Øe, 26 septembre 2019, préc., pt 44 : « Selon ces juges, en substance, la victime doit démontrer que l'événement qui s'est produit pendant la période de transport aérien, soit à bord de l'aéronef, soit au cours des opérations d'embarquement ou de débarquement, et qui a généré le préjudice physique invoqué, d'une part, revêt un caractère "soudain" ou "inhabituel" et, d'autre part, a une origine "extérieure" à la personne du passager concerné ».

(28) *Ibid.*, pt 45 : « considère que ces critères, qui sont tout à fait conformes à la définition usuelle du terme concerné, pourraient être utilement retenus aussi par la Cour dans la présente affaire, afin de déterminer quelles situations sont susceptibles de relever de la qualification d'"accident" au sens de l'article 17, paragraphe 1, de la convention de Montréal ».

soucis de santé notamment(29). En l'espèce, il ne faisait aucun doute que le renversement du gobelet de café était extérieur à la victime. L'on connait toutefois la propension de la Cour à élargir, par la suite, la portée de ses décisions, lorsqu'elle se réfère à sa jurisprudence antérieure sans prendre en compte les éléments factuels l'ayant conduite à adopter telle ou telle décision. Il reste donc à voir qu'elle sera l'approche adoptée, dans les prochaines décisions relatives à la notion d'« accident », pour savoir si la Cour de justice contribue à une interprétation homogène de la convention de Montréal au plan international, ou non.

Vincent Correia

(29) Voy. par ex., au Royaume-Uni, *Deep Vein Thrombosis and Air Travel Group Litigation,* [2003] EWCA Civ 1005, [2005] UKHL 72.

Cour de justice, 1re ch., 7 novembre 2019, *Guaitoli*, aff. C-213/18, ECLI:EU:C:2019:927

Conclusions de l'avocat général H. Saugmandsgaard Øe, du 20 juin 2019, ECLI:EU:C:2019:524

Mots-clés : Juridiction compétente en matière contractuelle – Règles communes en matière d'indemnisation et d'assistance des passagers en cas de refus d'embarquement et d'annulation ou de retard important d'un vol – Compétence – Demande d'indemnisation et de réparation du préjudice résultant de l'annulation et du retard de vols

Cadre normatif : Règlement (CE) n° 261/2004 ; règlement (UE) n° 1215/2012

Notes et observations : P. Dupont et G. Poissonnier, « Retard ou annulation de vol : quel juge saisir en cas d'une demande en réparation fondée sur le règlement (CE) numéro 261/2004 et la convention de Montréal ? », *Gaz. Pal.*, 2020, n° 1, pp. 23-26 ; L. Idot, « Articulation avec la convention de Montréal », *Europe*, 2020, n° 1, p. 45 ; L. Bloch, « Responsabilité du transporteur aérien – Précisions récentes sur le règlement (CE) 261/2004 du 11 février 2004 relatif à la responsabilité des transporteurs aériens », *Responsabilité civile et assurances*, 2020, n° 1, pp. 6-10.

Extraits de l'arrêt

Sur les questions préjudicielles

[…]

Sur la première question

33. Par sa première question, la juridiction de renvoi cherche à savoir, en substance, si l'article 7, point 1, l'article 67 et l'article 71, paragraphe 1, du règlement n° 1215/2012 ainsi que l'article 33 de la convention de Montréal doivent être interprétés en ce sens que la juridiction d'un État membre saisie d'une action visant à obtenir, à la fois, le respect des droits

forfaitaires et uniformisés prévus par le règlement n° 261/2004 et la réparation d'un préjudice complémentaire relevant du champ d'application de la convention de Montréal doit apprécier sa compétence, pour le premier chef de demande, au regard de l'article 7, point 1, du règlement n° 1215/2012 et, pour le second chef, au regard de l'article 33 de cette convention.

34. S'agissant de la compétence pour connaître de prétentions telles que celles en cause au principal, la Cour a déjà précisé que, dans la mesure où les droits fondés respectivement sur les dispositions du règlement n° 261/2004 et les stipulations de la convention de Montréal relèvent de cadres réglementaires distincts, les règles de compétence internationale prévues par cette convention ne trouvent pas à s'appliquer aux demandes introduites sur le fondement du seul règlement n° 261/2004, ces dernières devant être examinées au regard du règlement n° 44/2001 (voir, en ce sens, arrêt du 10 mars 2016, *Flight Refund*, C-94/14, EU:C:2016:148, point 46 et jurisprudence citée).

35. Il en va de même dans le cadre d'un litige, tel que celui au principal, dans lequel les prétentions des requérants sont fondées à la fois sur les dispositions du règlement n° 261/2004 et sur la convention de Montréal.

36. En outre, l'article 67 et l'article 71, paragraphe 1, du règlement n° 1215/2012 permettent l'application de règles de compétence judiciaire portant sur des matières particulières qui sont contenues respectivement dans des actes de l'Union ou dans des conventions auxquelles les États membres sont parties. Le transport aérien constituant une telle matière particulière, les règles de compétence prévues par la convention de Montréal doivent pouvoir s'appliquer à l'intérieur du cadre réglementaire tracé par celle-ci.

37. Dans ces conditions, s'agissant, d'une part, des prétentions fondées sur les articles 5, 7 et 9 du règlement n° 261/2004, la juridiction de renvoi doit vérifier, pour connaître du litige dont elle est saisie, sa propre compétence conformément au règlement n° 1215/2012.

38. À cet égard, il convient de rappeler que, dans un souci de renforcer la protection juridique des personnes établies dans l'Union, en permettant à la fois au demandeur d'identifier facilement la juridiction qu'il peut saisir et au défendeur de prévoir raisonnablement celle devant laquelle il peut être attrait, les règles de compétence contenues dans le règlement n° 1215/2012 s'articulent autour de la compétence de principe du for du domicile du défendeur, énoncée à l'article 4 de ce règlement et complétée par des compétences spéciales (voir, par analogie, arrêt du 3 mai 2007, *Color Drack*, C-386/05, EU:C:2007:262, points 20 et 21).

39. Ainsi, la règle de compétence du for du domicile du défendeur est complétée, à l'article 7, point 1, du règlement n° 1215/2012, par une règle

de compétence spéciale en matière contractuelle qui est motivée par l'existence d'un lien de rattachement étroit entre le contrat et le tribunal appelé à en connaître (voir, par analogie, arrêt du 3 mai 2007, *Color Drack*, C-386/05, EU:C:2007:262, point 22).

40. En application de ladite règle, le défendeur peut également être attrait devant le tribunal du lieu où l'obligation qui sert de base à la demande a été ou doit être exécutée, ce tribunal étant présumé avoir un lien de rattachement étroit avec le contrat (voir, par analogie, arrêt du 3 mai 2007, *Color Drack*, C-386/05, EU:C:2007:262, point 23).

41. Par ailleurs, bien que les dispositions de la section 4 du chapitre II du règlement n° 1215/2012, relative à la « Compétence en matière de contrats conclus par les consommateurs », établissent également une règle de compétence spéciale en faveur des consommateurs, il convient de relever que l'article 17, paragraphe 3, de ce règlement énonce que cette section « ne s'applique pas aux contrats de transport autres que ceux qui, pour un prix forfaitaire, combinent voyage et hébergement » (arrêt du 11 avril 2019, *Ryanair*, C-464/18, EU:C:2019:311, point 28).

42. Dans le domaine des transports aériens, il ressort de la jurisprudence de la Cour que la règle de compétence spéciale en matière de fourniture de services, prévue à l'article 7, point 1, sous b), second tiret, du règlement n° 1215/2012, désigne comme étant compétente pour connaître d'une demande d'indemnisation fondée sur un contrat de transport aérien de personnes, au choix du demandeur, la juridiction dans le ressort de laquelle se trouve le lieu de départ ou le lieu d'arrivée de l'avion, tels que ces lieux sont convenus dans ce contrat de transport (voir, par analogie, arrêts du 9 juillet 2009, *Rehder*, C-204/08, EU:C:2009:439, points 43 et 47, ainsi que du 11 juillet 2018, *Zurich Insurance et Metso Minerals*, C-88/17, EU:C:2018:558, point 18).

43. D'autre part, s'agissant des prétentions fondées sur les stipulations de la convention de Montréal, notamment sur l'article 19 de celle-ci, relatif à la réparation des dommages causés par le retard d'un vol, la juridiction de renvoi doit déterminer sa compétence pour statuer sur cette partie de l'action au regard de l'article 33 de ladite convention.

44. Il résulte de ce qui précède que l'article 7, point 1, l'article 67 et l'article 71, paragraphe 1, du règlement n° 1215/2012 ainsi que l'article 33 de la convention de Montréal doivent être interprétés en ce sens que la juridiction d'un État membre saisie d'une action visant à obtenir, à la fois, le respect des droits forfaitaires et uniformisés prévus par le règlement n° 261/2004 et la réparation d'un préjudice complémentaire relevant du champ d'application de la convention de Montréal doit apprécier sa compétence, pour le premier chef de demande, au regard de l'article 7, point 1, du règlement n° 1215/2012 et, pour le second chef de demande, au regard de l'article 33 de cette convention.

Sur la deuxième question

45. Par sa deuxième question, la juridiction de renvoi souhaite savoir, en substance, si l'article 33, paragraphe 1, de la convention de Montréal doit être interprété en ce sens qu'il régit, aux fins des actions en réparation d'un préjudice relevant du champ d'application de cette convention, non seulement la répartition de la compétence judiciaire entre les États parties à celle-ci mais également la répartition de la compétence territoriale entre les juridictions de chacun de ces États.

46. À titre liminaire, il convient de rappeler que les stipulations de la convention de Montréal font partie intégrante de l'ordre juridique de l'Union, si bien que la Cour est compétente pour interpréter ces dispositions, dans le respect des règles du droit international qui s'imposent à l'Union (voir, en ce sens, arrêt du 6 mai 2010, *Walz*, C-63/09, EU:C:2010:251, point 20).

47. La Cour a déjà relevé que les notions contenues dans la convention de Montréal doivent faire l'objet d'une interprétation uniforme et autonome, de sorte qu'elle doit tenir compte, lorsqu'elle interprète ces notions à titre préjudiciel, non pas des divers sens ayant pu leur être donnés dans les droits internes des États membres de l'Union, mais des règles d'interprétation du droit international général qui s'imposent à celle-ci (voir, en ce sens, arrêt du 6 mai 2010, *Walz*, C-63/09, EU:C:2010:251, points 21 et 22).

48. À cet égard, l'article 31 de la convention sur le droit des traités, signée à Vienne le 23 mai 1969, lequel codifie des règles du droit international général, précise qu'un traité doit être interprété de bonne foi, suivant le sens ordinaire à attribuer à ses termes dans leur contexte, et à la lumière de son objet et de son but (arrêt du 6 mai 2010, *Walz*, C-63/09, EU:C:2010:251, point 23).

49. Il ressort du libellé de l'article 33 de la convention de Montréal que celui-ci permet au demandeur de choisir d'assigner le transporteur aérien concerné, dans le territoire d'un des États parties, soit devant le tribunal du domicile du transporteur, du siège principal de son exploitation ou du lieu où il possède un établissement par le soin duquel le contrat a été conclu, soit devant le tribunal du lieu de destination du vol concerné.

50. Ainsi que M. l'avocat général l'a relevé au point 61 de ses conclusions, cette disposition vise d'abord le « territoire d'un des États parties », puis mentionne la juridiction qui, parmi celles ayant leur siège dans ce territoire, peut se déclarer compétente *ratione loci*, au moyen de critères de rattachement précis.

51. Il s'ensuit que, de par sa lettre même, l'article 33, paragraphe 1, de la convention de Montréal doit être regardé comme régissant également la répartition de la compétence territoriale entre les juridictions de chacun des États parties à celle-ci.

52. Cette interprétation se déduit également de l'examen de la finalité de la convention de Montréal. En effet, il ressort du préambule de cette convention que les États parties à celle-ci ont entendu non seulement « assurer la protection des intérêts des consommateurs dans le transport aérien international », mais aussi « harmoniser davantage et codifier certaines règles régissant [ce transport, afin de] réaliser un équilibre équitable des intérêts » en présence.

53. Or, l'interprétation selon laquelle l'article 33, paragraphe 1, de la convention de Montréal a pour objet de désigner non seulement l'État partie compétent pour connaître de l'action en responsabilité concernée mais également celui des tribunaux de cet État devant lequel l'action doit être portée est de nature à contribuer à la réalisation de l'objectif d'une unification renforcée, exprimé dans le préambule de cet instrument, et à protéger les intérêts des consommateurs, tout en offrant un équilibre équitable avec les intérêts des transporteurs aériens.

54. En effet, la désignation directe du tribunal territorialement compétent est propre à assurer, dans l'intérêt des deux parties au litige, une plus grande prévisibilité et une meilleure sécurité juridique.

55. Compte tenu de ce qui précède, l'article 33, paragraphe 1, de la convention de Montréal doit être interprété en ce sens qu'il régit, aux fins des actions en réparation d'un préjudice relevant du champ d'application de cette convention, non seulement la répartition de la compétence judiciaire entre les États parties à celle-ci mais également la répartition de la compétence territoriale entre les juridictions de chacun de ces États.

[...]

Par ces motifs, la Cour (première chambre) dit pour droit :

1) L'article 7, point 1, l'article 67 et l'article 71, paragraphe 1, du règlement (UE) n° 1215/2012 du Parlement européen et du Conseil, du 12 décembre 2012, concernant la compétence judiciaire, la reconnaissance et l'exécution des décisions en matière civile et commerciale, ainsi que l'article 33 de la convention pour l'unification de certaines règles relatives au transport aérien international, conclue à Montréal le 28 mai 1999 et approuvée au nom de la Communauté européenne par la décision 2001/539/CE du Conseil, du 5 avril 2001, doivent être interprétés en ce sens que la juridiction d'un État membre saisie d'une action visant à obtenir, à la fois, le respect des droits forfaitaires et uniformisés prévus par le règlement (CE) n° 261/2004 du Parlement européen et du Conseil, du 11 février 2004, établissant des règles communes en matière d'indemnisation et d'assistance des passagers en cas de refus d'embarquement et d'annulation ou de retard important d'un vol, et abrogeant le règlement (CEE) n° 295/91, et la réparation d'un préjudice complémentaire relevant du champ d'application de cette convention doit

apprécier sa compétence, pour le premier chef de demande, au regard de l'article 7, point 1, du règlement n° 1215/2012 et, pour le second chef de demande, au regard de l'article 33 de ladite convention.

2) L'article 33, paragraphe 1, de la convention pour l'unification de certaines règles relatives au transport aérien international, conclue à Montréal le 28 mai 1999, doit être interprété en ce sens qu'il régit, aux fins des actions en réparation d'un préjudice relevant du champ d'application de cette convention, non seulement la répartition de la compétence judiciaire entre les États parties à celle-ci mais également la répartition de la compétence territoriale entre les juridictions de chacun de ces États.

Observations

Les questions de droit relatives aux interactions entre le règlement (CE) n° 261/2004 et la convention de Montréal ne se limitent pas à la seule confrontation du régime européen de protection des passagers au régime conventionnel, sur le terrain du principe dit d'exclusivité (1). La Cour de justice a eu maintes occasions de rappeler que les deux régimes sont distincts et indépendants, sur le terrain de la compétence juridictionnelle (2), de la notion de « vol » (3) ou des délais de prescription notamment (4). Le principe général guidant l'articulation des deux instruments se trouve à l'article 12 du règlement (CE) n° 261/2004. Ce dernier prévoit la possibilité, pour les passagers, de recevoir une indemnisation complémentaire. Conformément aux termes de l'arrêt *Sousa Rodriguez* (5) : « la notion d'"indemnisation complémentaire", mentionnée à l'article 12 du règlement n° 261/2004, doit être

(1) CJCE, gde ch., 10 janvier 2006, *IATA et ELFAA*, aff. C-344/04, *Rec.*, 2006, p. I-403 ; CJUE, gde ch., 23 octobre 2012, *Nelson e.a.*, aff. C-581/10 et C-629/10, ECLI:EU:C:2012:657.

(2) CJCE, 4e ch., 9 juillet 2009, *Rehder*, aff. C-204/08, *Rec.*, 2009, p. I-6073 ; CJUE, 2e ch., 10 mars 2016, *Flight Refund*, aff. C-94/14, ECLI:EU:C:2016:148, pt 46.

(3) CJCE, 4e ch., 10 juillet 2008, *Emirates Airlines*, aff. C-173/07, *Rec.*, 2008, p. I-5237, pt 46.

(4) CJUE, 3e ch., 22 novembre 2012, *Cuadrench Moré*, aff. C-139/11, ECLI:EU:C:2012:741, pt 29.

(5) CJUE, 3e ch., 13 octobre 2011, *Sousa Rodríguez e.a.*, aff. C-83/10, *Rec.*, 2011, p. I-9469.

interprétée en ce sens qu'elle permet au juge national d'indemniser, dans les conditions prévues par la convention de Montréal ou par le droit national, le préjudice, y compris moral, résultant de l'inexécution du contrat de transport aérien »(6).

Quid toutefois des actions visant simultanément à obtenir une indemnisation sur le fondement du règlement et sur le fondement de la convention de Montréal, plus particulièrement en ce qui concerne la compétence juridictionnelle ?

Contexte de l'affaire et procédure

Les requérants dans le litige au principal(7) ont conclu un contrat de transport aérien avec la compagnie aérienne easyJet, portant sur un vol aller Rome (Italie) – Corfou (Grèce) le 4 août 2015 et un vol retour Corfou – Rome le 14 août 2015. Le vol aller a été annulé et reporté au lendemain, sans que la compagnie ne fournisse aux passagers les mesures d'assistance matérielle et l'indemnisation forfaitaire prévues par le règlement. Les passagers ont par la suite saisi le *Tribunale ordinario di Roma*, sur le fondement tant du règlement que de la convention de Montréal, afin d'obtenir la réparation des dommages matériels supplémentaires et des préjudices moraux découlant du manquement d'easyJet à ses obligations contractuelles. La compagnie aérienne a soulevé deux exceptions d'incompétence de la juridiction saisie, dont l'une relative à l'incompétence territoriale de cette dernière. C'est dans ce contexte que le juge de renvoi a adressé à la Cour trois questions préjudicielles relatives à la détermination de la juridiction compétente dans les cas où des demandes sont fondées tant sur le règlement (CE) n° 261/2004 que sur la convention de Montréal. Dans le même temps, le juge *a quo* s'interroge quant au fait de savoir si les règles applicables visent uniquement la répartition des compétences juridictionnelles entre États ou bien si elles visent également la compétence territoriale interne aux États membres.

(6) *Ibid.*, pt 46.
(7) CJUE, 1re ch., 7 novembre 2019, *Guaitoli*, aff. C-213/18, ECLI:EU:C:2019:927.

Examen des questions préjudicielles

En ce qui concerne la première question préjudicielle, la réponse de la Cour était attendue. La compétence juridictionnelle pour les demandes fondées sur le règlement (CE) n° 261/2004 doit être déterminée conformément au règlement (UE) n° 1215/2012 (8), lequel succède au règlement (CE) n° 44/2001 (dit « Bruxelles I ») (9). Cela découle directement du fait que « les droits fondés respectivement sur les dispositions du règlement n° 261/2004 et les stipulations de la convention de Montréal relèvent de cadres réglementaires distincts, les règles de compétence internationale prévues par cette convention ne trouvent pas à s'appliquer aux demandes introduites sur le fondement du seul règlement n° 261/2004 » (10). Dans un arrêt *Rusu* (11) rendu quelques mois plus tôt, la Cour avait déjà écarté les prétentions de passagers demandant l'indemnisation du préjudice moral et du préjudice résultant de la perte de salaire, consécutifs à un refus à l'embarquement, au motif que le règlement (CE) n° 261/2004 permet l'indemnisation des seuls préjudices « quasiment identiques » à tous les passagers et non les préjudices individuels. Ces derniers peuvent, conformément à l'article 12 du règlement, faire l'objet d'une indemnisation complémentaire, non sur le fondement du règlement mais sur celui d'autres règles applicables, telle que la convention de Montréal. De surcroît, la Cour a rappelé que le montant de l'indemnisation versée au titre du règlement n° 261/2004 peut être déduite de ladite indemnisation complémentaire, sans que cela ne soit une obligation pour le juge *a quo*.

Dans la présente affaire, la Cour ne pouvait de toute évidence pas en décider autrement, soucieuse de bien distinguer les deux régimes de protection des droits des passagers, sous peine d'alimenter les critiques relatives aux potentiels

(8) Règlement (UE) n° 1215/2012 du Parlement européen et du Conseil du 12 décembre 2012 concernant la compétence judiciaire, la reconnaissance et l'exécution des décisions en matière civile et commerciale, *JOUE*, L 351, 20 décembre 2012, pp. 1-32.

(9) Règlement (CE) n° 44/2001 du Conseil du 22 décembre 2000 concernant la compétence judiciaire, la reconnaissance et l'exécution des décisions en matière civile et commerciale, *JOUE*, L 12, 16 janvier 2001, pp. 1-23.

(10) CJUE, 1re ch., 7 novembre 2019, *Guaitoli*, préc., pt 44.

(11) CJUE, 8e ch., 29 juillet 2019, *Rusu c/ SC Blue Air*, aff. C-354/18, ECLI:EU:C:2019:637.

chevauchements des deux instruments. Par voie de conséquence, elle juge que la compétence juridictionnelle pour les demandes fondées sur la convention de Montréal doit être déterminée conformément à l'article 33 de celle-ci. Les articles 67 et 71 du règlement (UE) n° 1215/2012 permettent une telle articulation, le transport aérien étant considéré comme étant une matière particulière. Les critères de rattachement sont, toutefois, distincts. Le règlement (UE) n° 1215/2012 prévoit la compétence de principe du *for* du domicile du défendeur, lequel peut également être attrait devant le tribunal du lieu où l'obligation qui sert de base à la demande a été ou doit être exécutée. Or, en matière aérienne, cela concerne les lieux de départ ou d'arrivée convenus dans le contrat de transport(12). L'article 33, paragraphe 1, de la convention de Montréal prévoit, pour sa part, que « l'action en responsabilité devra être portée, au choix du demandeur, dans le territoire d'un des États Parties, soit devant le tribunal du domicile du transporteur, du siège principal de son exploitation ou du lieu où il possède un établissement par le soin duquel le contrat a été conclu, soit devant le tribunal du lieu de destination ». Autrement dit, le fait de soumettre les actions fondées simultanément sur le règlement (CE) n° 261/2004 et la convention de Montréal comporte un risque d'éclatement du contentieux. La Cour ne semble pas s'en émouvoir, ou alors elle refuse de statuer *ultra petita* car la question préjudicielle ne soulevait pas cette question. Il est toutefois vrai que deux critères de rattachement sont communs, à savoir le lieu de domicile du défendeur et le lieu de destination du vol(13) et que « le jeu éventuel des règles de connexité prévues à l'article 30 du règlement (UE) n° 1215/2012 pourrait permettre d'unifier la compétence territoriale »(14).

Sur le terrain de la seconde question, la Cour considère que « l'article 33, paragraphe 1, de la convention de Montréal a

(12) CJCE, 4e ch., 9 juillet 2009, *Rehder*, préc., pt 41.

(13) L. Bloch, « Responsabilité du transporteur aérien – Précisions récentes sur le règlement (CE) 261/2004 du 11 février 2004 relatif à la responsabilité des transporteurs aériens », *Responsabilité civile et assurances*, 2020, n° 1, pp. 6-10, p. 8.

(14) *Ibid.*

pour objet de désigner non seulement l'État partie compétent pour connaître de l'action en responsabilité concernée mais également celui des tribunaux de cet État devant lequel l'action doit être portée »(15). Cette conclusion, étayée seulement par des considérations de nature téléologiques(16) est discutable, non pas sur le terrain de l'opportunité mais sur celui du droit international. Il ne fait, en effet, aucun doute que cette solution est favorable au demandeur. Toutefois, le droit international public respecte bien évidemment la souveraineté des États et la convention de Montréal ne porte, *ratione loci*, que sur les seules opérations internationales. Selon nous, donc, il est difficile de voir dans l'article 33 de la convention de Montréal des règles relatives à la répartition interne des compétences juridictionnelles, les rédacteurs de cette convention ayant de toute évidence la volonté d'éviter les conflits de compétence, positifs ou négatifs, *entre* États.

Vincent CORREIA

(15) CJUE, 1re ch., 7 novembre 2019, *Guaitoli*, préc., pt 53.
(16) *Ibid.*, pts 52-54.

Cour de justice, 5e ch., 7 novembre 2019, *Nationale Maatschappij der Belgische Spoorwegen (NMBS) c/ Mbutuku Kanyeba*, aff. C-349/18 à C-351/18, ECLI:EU:C:2019:936

Conclusions de l'avocat général G. Pitruzzella, du 11 juin 2019, ECLI:EU:C:2019:478

Mots clés : Transport ferroviaire – Droits et obligations des voyageurs – Contrat de transport – Voyageur sans billet lors de sa montée à bord du train – Clauses abusives dans les contrats conclus avec les consommateurs – Conditions générales de transport d'une entreprise ferroviaire – Clause pénale – Pouvoirs du juge national

Cadre normatif : Règlement (CE) n° 1371/2007 ; directive 93/10/CEE

Notes et observations : J.-.D. Pellier, « Le droit de la consommation au secours du voyageur sans titre », *Revue des contrats*, 2020, n° 1, p. 65 ; S. Bernheim-Desvaux, « La législation sur les clauses abusives régit les relations entre un voyageur sans billet et le transporteur », *Contrats Concurrence Consommation*, 2020, n° 1, pp. 40 et 41 ; F. Péraldi-Leneuf, « Clauses abusives », *Europe*, 2020, n° 1, pp. 40 et 41.

Extraits de l'arrêt

[...]

Sur les questions préjudicielles

Sur la première question

30. À titre liminaire, il convient de relever, d'une part, que, par sa première question, la juridiction de renvoi cherche à obtenir une interprétation de l'article 9, paragraphe 4, du règlement n° 1371/2007 à la lumière de la directive 93/13. Ce règlement ne contient cependant aucun renvoi à la directive 93/13. De plus, il ressort d'une comparaison de leurs articles 1ers respectifs que ce règlement et cette directive ont des objets différents. Partant, les dispositions de la directive 93/13 ne sauraient

être pertinentes pour l'interprétation du règlement n° 1371/2007 (voir, par analogie, arrêts du 9 septembre 2004, *Meiland Azewijn*, C-292/02, EU:C:2004:499, point 40 ; du 15 décembre 2011, *Møller*, C-585/10, EU:C:2011:847, points 37 et 38, ainsi que du 11 septembre 2014, *Commission/Allemagne*, C-525/12, EU:C:2014:2202, point 40).

31. D'autre part, si, par cette première question, la juridiction de renvoi s'interroge sur l'interprétation de l'article 9, paragraphe 4, du règlement n° 1371/2007, il convient d'observer que cette disposition est relative à la possibilité qui doit en principe être offerte par les entreprises ferroviaires d'obtenir des billets pour le service concerné à bord du train. Toutefois, il ressort des décisions de renvoi que c'est non pas tant cette possibilité qui est en cause dans les affaires au principal, mais le fait de savoir si un voyageur effectuant un trajet en train sans s'être procuré de billet doit être considéré comme étant, du fait de sa montée à bord du train, entré dans une relation contractuelle avec l'entreprise ferroviaire, au sens de ce règlement. Ce n'est donc pas cet article 9, paragraphe 4, en tant que tel, qui doit être interprété aux fins des litiges au principal.

32. Il résulte cependant d'une jurisprudence constante de la Cour que, dans le cadre de la procédure de coopération entre les juridictions nationales et la Cour instituée à l'article 267 TFUE, il appartient à celle-ci de donner au juge national une réponse utile qui lui permette de trancher le litige dont il est saisi. Dans cette optique, il incombe, le cas échéant, à la Cour de reformuler les questions qui lui sont soumises. La circonstance qu'une juridiction nationale a, sur un plan formel, formulé une question préjudicielle en se référant à certaines dispositions du droit de l'Union ne fait pas obstacle à ce que la Cour fournisse à cette juridiction tous les éléments d'interprétation qui peuvent être utiles au jugement de l'affaire dont elle est saisie, qu'elle y ait fait référence ou non dans l'énoncé de ses questions. Il appartient, à cet égard, à la Cour d'extraire de l'ensemble des éléments fournis par la juridiction nationale, et notamment de la motivation de la décision de renvoi, les éléments du droit de l'Union qui appellent une interprétation compte tenu de l'objet du litige (arrêt du 27 juin 2017, *Congregación de Escuelas Pías Provincia Betania*, C-74/16, EU:C:2017:496, point 36 et jurisprudence citée).

33. Eu égard à ces considérations et aux motifs des demandes de décision préjudicielle, il convient de comprendre que, par sa première question, la juridiction de renvoi demande, en substance, si l'article 3, point 8, du règlement n° 1371/2007 doit être interprété en ce sens qu'une situation dans laquelle un voyageur monte à bord d'un train en vue d'effectuer un trajet sans s'être procuré de billet relève de la notion de « contrat de transport », au sens de cette disposition.

34. Aux termes de l'article 3, point 8, du règlement n° 1371/2007, la notion de « contrat de transport », aux fins de ce règlement, vise « un

contrat de transport à titre onéreux ou gratuit entre une entreprise ferroviaire ou un vendeur de billets et le voyageur en vue de la fourniture d'un ou de plusieurs services de transport ».

35. Il importe de rappeler que, pour l'interprétation d'une disposition de droit de l'Union, il y a lieu de tenir compte non seulement des termes de celle-ci, mais également de son contexte et des objectifs poursuivis par la réglementation dont elle fait partie (arrêts du 7 juin 2005, *VEMW e.a.*, C-17/03, EU:C:2005:362, point 41 ainsi que jurisprudence citée, et du 22 novembre 2012, *Westbahn Management*, C-136/11, EU:C:2012:740, point 33 ainsi que jurisprudence citée).

36. S'agissant du libellé de l'article 3, point 8, du règlement n° 1371/2007, il convient de relever, d'une part, que le terme « contrat », dans son sens courant, désigne un accord de volontés concordantes destiné à produire des effets juridiques. D'autre part, dans le cadre du domaine régi par ce règlement et eu égard au libellé de cette disposition, cet effet consiste principalement en l'obligation pour l'entreprise ferroviaire de fournir au voyageur un ou plusieurs services de transport et en l'obligation pour le voyageur de s'acquitter du paiement du prix, à moins que le service de transport ne soit fourni à titre gratuit.

37. Il résulte ainsi des constatations du point précédent que, d'un côté, en laissant un libre accès à son train, et, d'un autre côté, en montant à bord de celui-ci en vue d'effectuer un trajet, tant l'entreprise ferroviaire que le voyageur manifestent leurs volontés concordantes d'entrer dans une relation contractuelle, de sorte que les conditions nécessaires pour établir l'existence d'un contrat de transport sont, en principe, satisfaites. Le libellé de l'article 3, paragraphe 8, du règlement n° 1371/2007 ne permet toutefois pas de déterminer si la détention, par le voyageur, d'un billet est un élément indispensable pour pouvoir considérer qu'il existe un « contrat de transport », au sens de cette disposition.

38. S'agissant du contexte dans lequel s'insère l'article 3, point 8, du règlement n° 1371/2007, il y a lieu de relever, en premier lieu, que les termes « contrat de transport » figurent dans plusieurs autres dispositions de ce règlement.

39. Ainsi, l'article 3, point 10, dudit règlement définit la notion de « billet direct » comme visant « un ou plusieurs billets représentant un contrat de transport portant sur la prestation de services ferroviaires successifs par une ou plusieurs entreprises ferroviaires ».

40. L'article 4 du même règlement, qui porte spécifiquement sur le « contrat de transport », prévoit quant à lui que, « [s]ous réserve des dispositions du [chapitre II du règlement n° 1371/2007], la conclusion et l'exécution d'un contrat de transport ainsi que la fourniture d'informations et de billets sont régies par les dispositions des titres II et III de l'annexe I » de ce règlement.

41. À cet égard, dans cette annexe I du règlement n° 1371/2007 est notamment reproduit le titre II de l'appendice A de la COTIF, relatif à la conclusion et à l'exécution du contrat de transport. Aux termes de l'article 6, paragraphe 1, de cet appendice, « [p]ar le contrat de transport, le transporteur s'engage à transporter le voyageur ainsi que, le cas échéant, des bagages et des véhicules au lieu de destination et à livrer des bagages et les véhicules au lieu de destination », le paragraphe 2 de cet article 6 précisant que le contrat de transport doit être constaté par un ou plusieurs titres de transport remis au voyageur et que, sans préjudice de l'article 9 dudit appendice, l'absence, l'irrégularité ou la perte du titre de transport n'affecte ni l'existence ni la validité du contrat, qui reste soumis aux règles uniformes établies par la COTIF. L'article 6, paragraphe 3, du même appendice ajoute que le titre de transport fait foi, jusqu'à preuve du contraire, de la conclusion et du contenu du contrat de transport.

42. De plus, l'article 7 de l'appendice A de la COTIF prévoit, à son paragraphe 1, que les conditions générales de transport déterminent, notamment, la forme et le contenu des titres de transport et, à son paragraphe 2, sous c), que doit notamment être inscrite sur le titre de transport toute indication nécessaire pour prouver la conclusion et le contenu du contrat de transport et permettant au voyageur de faire valoir les droits résultant de ce contrat.

43. À cet égard, il importe de souligner également qu'il ressort de l'article 9, paragraphes 2 et 3, du règlement n° 1371/2007 que, sans préjudice du paragraphe 4 de cet article, les entreprises ferroviaires sont tenues de délivrer les billets aux voyageurs au moyen d'au moins l'un de trois – ou de deux s'il s'agit de billets pour les services prévus dans le cadre de contrats de service public – des canaux de distribution que ces dispositions énumèrent, parmi lesquels figurent la délivrance à bord des trains.

44. En second lieu, il convient de relever qu'il ressort de l'article 8, paragraphe 1, de l'appendice A de la COTIF, figurant à l'annexe I de ce règlement, que ce n'est qu'en l'absence de convention contraire entre le voyageur et le transporteur que le prix du transport est payable à l'avance.

45. De plus, certes, l'article 9 de cet appendice A, sous la réserve duquel l'article 6 de celui-ci s'applique, prévoit, à son paragraphe 1, première phrase, que, dès le commencement du voyage, le voyageur doit être muni d'un titre de transport valable et doit le présenter lors du contrôle des titres de transport. Toutefois, cet article 9 précise, dans sa seconde phrase, respectivement sous a) et sous b), que les conditions générales de transport peuvent prévoir qu'un voyageur qui ne présente pas un titre de transport valable doit payer, outre le prix de transport, une surtaxe, et qu'un voyageur qui refuse le paiement immédiat du prix de transport ou de la surtaxe peut être exclu du transport.

46. Or, selon l'article 3, point 16, du règlement n° 1371/2007, la notion de « conditions générales de transport », aux fins de ce règlement, vise « les conditions du transporteur, qui se présentent sous la forme de conditions générales ou de tarifs juridiquement applicables dans chaque État membre et qui, par la conclusion du contrat de transport, sont devenues partie intégrante de celui-ci », le « transporteur » étant défini par l'article 3, point 2, de ce règlement comme « l'entreprise ferroviaire contractuelle avec laquelle le voyageur a conclu le contrat de transport ou une série d'entreprises ferroviaires successives qui sont responsables en vertu de ce contrat ».

47. Dans la mesure où un voyageur qui ne présente pas de titre de transport valable ou refuse le paiement immédiat du titre de transport peut ainsi se voir opposer, en vertu de l'article 9 de l'appendice A de la COTIF, figurant à l'annexe I du règlement n° 1371/2007, les conditions générales de transport, et dans la mesure où celles-ci, selon l'article 3, point 16, de ce règlement, lu en combinaison avec l'article 3, point 2, de celui-ci, deviennent, aux fins dudit règlement, partie intégrante du contrat de transport entre l'entreprise ferroviaire et le voyageur par la conclusion de celui-ci, il en résulte qu'une telle entreprise qui laisse un libre accès à ses trains et un voyageur qui monte à bord d'un tel train en vue d'effectuer un trajet doivent être considérées comme étant parties à un « contrat de transport », au sens du même règlement, dès que ce voyageur se trouve ainsi à bord du train. En effet, dans le cas contraire, ledit voyageur ne saurait, sur la base du règlement n° 1371/2007, se voir opposer ces conditions générales de transport.

48. Il découle ainsi clairement de ces éléments de contexte que le billet, aussi désigné, dans cet appendice A, par les termes « titre de transport », n'est que l'instrument qui matérialise le contrat de transport, au sens du règlement n° 1371/2007.

49. Le libellé de l'article 3, point 8, du règlement n° 1371/2007 et le contexte dans lequel s'insère cette disposition conduisent, par conséquent, à considérer que la notion de « contrat de transport », au sens de ladite disposition, doit, aux fins de ce règlement, s'entendre comme étant indépendante de la détention, par le voyageur, d'un billet et en ce sens qu'elle englobe une situation dans laquelle un voyageur monte à bord d'un train librement accessible en vue d'effectuer un trajet sans s'être procuré de billet.

50. Cette interprétation est confortée par les objectifs poursuivis par le règlement n° 1371/2007. D'une part, aux termes de son article 1er, sous a), ce règlement a notamment pour objet d'établir des règles en ce qui concerne la conclusion de contrats de transport. D'autre part, le considérant 1 dudit règlement souligne notamment que, dans le cadre de la politique commune des transports, il importe de sauvegarder les droits

des voyageurs ferroviaires. De plus, il ressort du considérant 2 du même règlement qu'un niveau élevé de protection des consommateurs dans le domaine des transports doit être atteint et, selon le considérant 3 de celui-ci, le voyageur ferroviaire étant la partie faible du contrat de transport, il convient de sauvegarder ses droits à cet égard.

51. Il serait contraire à ces objectifs de considérer que la notion de « contrat de transport », au sens du règlement n° 1371/2007, doit être interprétée en ce sens qu'elle n'englobe pas une situation dans laquelle un voyageur monte à bord d'un train librement accessible en vue d'effectuer un trajet sans s'être procuré de billet. En effet, s'il était permis de considérer qu'un tel voyageur peut, au seul motif qu'il ne dispose pas d'un billet lorsqu'il monte à bord du train, être considéré comme n'étant pas partie à une relation contractuelle avec l'entreprise ferroviaire ayant laissé ses trains en libre accès, ce voyageur pourrait, pour des circonstances qui ne lui sont pas imputables, être privé des droits que ce règlement attache à la conclusion d'un contrat de transport, ce qui heurterait l'objectif de protection des voyageurs ferroviaires poursuivi par ledit règlement et rappelé aux considérants 1 à 3 de celui-ci.

52. Par ailleurs, en l'absence de dispositions à cet égard dans le règlement n° 1371/2007, une telle interprétation est sans préjudice de la validité de ce contrat ou des conséquences pouvant être attachées à l'inexécution, par l'une des parties, de ses obligations contractuelles, lesquelles, en l'absence de disposition à cet égard dans ce règlement, demeurent régies par le droit national applicable.

53. Eu égard à l'ensemble des considérations qui précèdent, il y a lieu de répondre à la première question que l'article 3, point 8, du règlement n° 1371/2007 doit être interprété en ce sens qu'une situation dans laquelle un voyageur monte à bord d'un train librement accessible en vue d'effectuer un trajet sans s'être procuré de billet relève de la notion de « contrat de transport », au sens de cette disposition.

[...]

Sur les troisième et cinquième questions

55 Par ses troisième et cinquième questions, qu'il convient d'examiner ensemble, la juridiction de renvoi demande, en substance, si l'article 6, paragraphe 1, de la directive 93/13 doit être interprété en ce sens qu'il s'oppose à ce qu'un juge national qui constate le caractère abusif d'une clause pénale prévue dans un contrat conclu entre un professionnel et un consommateur modère le montant de la pénalité mise par cette clause à la charge de ce consommateur ou substitue à ladite clause une disposition de droit national à caractère supplétif. Dans ce contexte, cette juridiction s'interroge également sur le fait de savoir si la directive 93/13 doit être

interprétée en ce sens qu'elle s'oppose à ce que, dans des circonstances telles que celles en cause au principal, le juge national fasse, par ailleurs, application des dispositions de son droit national relatives à la responsabilité extracontractuelle.

56. À cet égard, il convient de relever, à titre liminaire, que, en l'occurrence, selon les indications contenues dans les demandes de décision préjudicielle, la clause pénale que la juridiction de renvoi pourrait, le cas échéant, déclarer abusive fait partie des conditions générales de transport de la SNCB, à propos desquelles cette juridiction précise qu'elles sont « considérées comme d'application générale sur le fondement de leur nature réglementaire » et qu'elles font l'objet d'une « communication dans une publication officielle de l'État ».

57. Eu égard à ces précisions, il y a lieu de rappeler que, conformément à l'article 1er, paragraphe 2, de la directive 93/13, les clauses contractuelles qui reflètent, notamment, des dispositions législatives ou réglementaires impératives ne sont pas soumises aux dispositions de celle-ci.

58. Selon une jurisprudence constante de la Cour, ainsi qu'il ressort du treizième considérant de la directive 93/13, l'exclusion prévue à l'article 1er, paragraphe 2, de celle-ci s'étend aux dispositions de droit national qui s'imposent aux parties contractantes indépendamment de leur choix et à celles qui sont applicables par défaut, c'est-à-dire en l'absence d'un arrangement différent par les parties à cet égard, ainsi qu'aux clauses contractuelles reflétant lesdites dispositions (voir, en ce sens, arrêts du 21 mars 2013, *RWE Vertrieb*, C-92/11, EU:C:2013:180, point 26 ; du 30 avril 2014, *Barclays Bank*, C-280/13, EU:C:2014:279, points 30, 31 et 42, ainsi que ordonnance du 7 décembre 2017, *Woonhaven Antwerpen*, C-446/17, non publiée, EU:C:2017:954, point 25).

59. Cette exclusion est justifiée par le fait qu'il est, en principe, légitime de présumer que le législateur national a établi un équilibre entre l'ensemble des droits et des obligations des parties à certains contrats, équilibre que le législateur de l'Union a explicitement entendu préserver (voir, en ce sens, arrêt du 30 avril 2014, *Barclays Bank*, C-280/13, EU:C:2014:279, point 41 et jurisprudence citée, ainsi que ordonnance du 7 décembre 2017, *Woonhaven Antwerpen*, C-446/17, non publiée, EU:C:2017:954, point 26).

60. Cette exclusion du champ d'application de la directive 93/13 suppose ainsi, selon la jurisprudence de la Cour, la réunion de deux conditions. D'une part, la clause contractuelle doit refléter une disposition législative ou réglementaire et, d'autre part, cette disposition doit être impérative (arrêts du 10 septembre 2014, *Kušionová*, C-34/13, EU:C:2014:2189, point 78, ainsi que du 20 septembre 2017, *Andriciuc e.a.*, C-186/16, EU:C:2017:703, point 28).

61. Par ailleurs, il ressort, en substance, de la jurisprudence de la Cour que ladite exclusion couvre les dispositions législatives ou réglementaires impératives autres que celles relatives à l'étendue des pouvoirs du juge national pour apprécier le caractère abusif d'une clause contractuelle (voir, en ce sens, arrêts du 30 avril 2014, *Barclays Bank*, C-280/13, EU:C:2014:279, points 39 et 40 ainsi que jurisprudence citée, et du 7 août 2018, *Banco Santander et Escobedo Cortés*, C-96/16 et C-94/17, EU:C:2018:643, point 44).

62. La vérification de la réunion de ces conditions relève de la compétence de la juridiction nationale dans chaque cas d'espèce (voir, en ce sens, arrêts du 30 mai 2013, *Asbeek Brusse et de Man Garabito*, C-488/11, EU:C:2013:341, point 33, ainsi que du 20 septembre 2017, *Andriciuc e.a.*, C-186/16, EU:C:2017:703, point 29 ainsi que jurisprudence citée).

63. En procédant à cette vérification, cette juridiction doit tenir compte du fait que, eu égard en particulier à l'objectif de la directive 93/13, à savoir la protection des consommateurs contre les clauses abusives insérées dans les contrats conclus avec ces derniers par les professionnels, l'exception instituée à l'article 1er, paragraphe 2, de cette directive est d'interprétation stricte (voir, en ce sens, arrêts du 10 septembre 2014, *Kušionová*, C-34/13, EU:C:2014:2189, point 77, ainsi que du 20 septembre 2018, *OTP Bank et OTP Faktoring*, C-51/17, EU:C:2018:750, point 54 ainsi que jurisprudence citée).

64. Cela étant précisé, il appartient à la Cour de procéder à l'analyse des troisième et cinquième questions en se fondant sur la prémisse, dont il appartiendra à la juridiction de renvoi de vérifier l'exactitude, que la clause que celle-ci envisage de déclarer abusive n'échappe pas au champ d'application de la directive 93/13 en vertu de son article 1er, paragraphe 2.

65. Aux termes de l'article 6, paragraphe 1, de la directive 93/13, les États membres prévoient que les clauses abusives figurant dans un contrat conclu avec un consommateur par un professionnel ne lient pas les consommateurs, dans les conditions fixées par leurs droits nationaux, et que le contrat restera contraignant pour les parties selon les mêmes termes, s'il peut subsister sans les clauses abusives.

66. La Cour a interprété cette disposition en ce sens que le juge national doit tirer toutes les conséquences qui, selon le droit national, découlent de la constatation du caractère abusif de la clause en cause afin de s'assurer que le consommateur n'est pas lié par celle-ci. À cet égard, la Cour a précisé que, lorsque le juge national considère une clause contractuelle comme abusive, il est tenu d'en écarter l'application afin qu'elle ne produise pas d'effets contraignants à l'égard du consommateur, sauf si le consommateur s'y oppose (voir, en ce sens, arrêts du 30 mai 2013, *Asbeek Brusse et de Man Garabito*, C-488/11, EU:C:2013:341, point 49 ainsi que

jurisprudence citée, et du 26 mars 2019, *Abanca Corporación Bancaria et Bankia*, C-70/17 et C-179/17, EU:C:2019:250, point 52).

67. La Cour a également déjà jugé que, lorsque le juge national constate la nullité d'une clause abusive dans un contrat conclu entre un professionnel et un consommateur, l'article 6, paragraphe 1, de la directive 93/13 doit être interprété en ce sens qu'il s'oppose à une règle de droit national qui permet au juge national de compléter le contrat en révisant le contenu de cette clause (arrêts du 30 avril 2014, *Kásler et Káslerné Rábai*, C-26/13, EU:C:2014:282, point 77 ainsi que jurisprudence citée, et du 26 mars 2019, *Abanca Corporación Bancaria et Bankia*, C-70/17 et C-179/17, EU:C:2019:250, point 53). En particulier, la Cour a jugé que cette disposition ne peut être interprétée comme permettant au juge national, dans le cas où il constate le caractère abusif d'une clause pénale dans un contrat conclu entre un professionnel et un consommateur, de réduire le montant de la pénalité mise à la charge du consommateur au lieu d'écarter entièrement l'application de la clause en cause à l'égard de ce dernier (arrêts du 30 mai 2013, *Asbeek Brusse et de Man Garabito*, C-488/11, EU:C:2013:341, point 59, ainsi que du 21 janvier 2015, *Unicaja Banco et Caixabank*, C-482/13, C-484/13, C-485/13 et C-487/13, EU:C:2015:21, point 29).

68. Le contrat doit ainsi subsister, en principe, sans aucune autre modification que celle résultant de la suppression des clauses abusives, dans la mesure où, conformément aux règles du droit interne, une telle persistance du contrat est juridiquement possible (arrêts du 30 mai 2013, *Asbeek Brusse et de Man Garabito*, C-488/11, EU:C:2013:341, point 57 ainsi que jurisprudence citée, et du 21 janvier 2015, *Unicaja Banco et Caixabank*, C-482/13, C-484/13, C-485/13 et C-487/13, EU:C:2015:21, point 28).

69. S'il était loisible au juge national de réviser le contenu des clauses abusives figurant dans un tel contrat, une telle faculté serait susceptible de porter atteinte à la réalisation de l'objectif à long terme visé à l'article 7 de la directive 93/13. En effet, cette faculté contribuerait à éliminer l'effet dissuasif exercé sur les professionnels par la pure et simple non-application à l'égard du consommateur de telles clauses abusives, dans la mesure où ceux-ci demeureraient tentés d'utiliser lesdites clauses en sachant que, même si celles-ci devaient être invalidées, le contrat pourrait néanmoins être complété, dans la mesure nécessaire, par le juge national de sorte à garantir ainsi l'intérêt desdits professionnels (arrêts du 30 mai 2013, *Asbeek Brusse et de Man Garabito*, C-488/11, EU:C:2013:341, point 58, ainsi que du 26 mars 2019, *Abanca Corporación Bancaria et Bankia*, C-70/17 et C-179/17, EU:C:2019:250, point 54 ainsi que jurisprudence citée).

70. Par ailleurs, il est vrai que la Cour a admis une exception à ce principe en jugeant que l'article 6, paragraphe 1, de la directive 93/13 ne

s'opposerait pas à ce que le juge national, en application de principes du droit des contrats, supprime la clause abusive en lui substituant une disposition de droit national à caractère supplétif, à la condition que cette substitution soit conforme à l'objectif de l'article 6, paragraphe 1, de la directive 93/13 et permette de restaurer un équilibre réel entre les droits et les obligations des cocontractants de nature à rétablir l'égalité entre ces derniers. Toutefois, la Cour a limité cette possibilité aux hypothèses dans lesquelles l'invalidation de la clause abusive obligerait le juge national à annuler le contrat dans son ensemble, exposant par là le consommateur à des conséquences particulièrement préjudiciables, de sorte que ce dernier en serait pénalisé (voir, en ce sens, arrêts du 21 janvier 2015, *Unicaja Banco et Caixabank*, C-482/13, C-484/13, C-485/13 et C-487/13, EU:C:2015:21, point 33 ainsi que jurisprudence citée, et du 26 mars 2019, *Abanca Corporación Bancaria et Bankia*, C-70/17 et C-179/17, EU:C:2019:250, points 56 et 57).

71. Cependant, dans les affaires au principal, et sous réserve des vérifications à effectuer à cet égard par la juridiction de renvoi, il n'apparaît pas que l'invalidation éventuelle de la clause pénale en cause serait de nature à entraîner l'annulation des contrats dans leur ensemble et à exposer ainsi les consommateurs à des conséquences particulièrement préjudiciables.

72. Quant au point de savoir si, dans des circonstances telles que celles en cause au principal, il serait possible, pour la juridiction de renvoi, de faire, par ailleurs, application des règles de son droit national relatives à la responsabilité extracontractuelle, il suffit de relever que la directive 93/13 a, aux termes de son article 1er, paragraphe 1, pour objet de rapprocher les dispositions législatives, réglementaires et administratives des États membres relatives aux clauses abusives dans les contrats conclus entre un professionnel et un consommateur et qu'elle ne contient aucune disposition relative à la responsabilité extracontractuelle.

73. Partant, la question de savoir si des circonstances telles que celles en cause au principal sont, par ailleurs, susceptibles de relever du droit de la responsabilité extracontractuelle relève non pas de la directive 93/13, mais du droit national. Par suite, il n'y a pas lieu de l'examiner dans le cadre des présentes demandes de décision préjudicielle.

74. Eu égard à l'ensemble des considérations qui précèdent, il convient de répondre aux troisième et cinquième questions que l'article 6, paragraphe 1, de la directive 93/13 doit être interprété en ce sens qu'il s'oppose, d'une part, à ce qu'un juge national qui constate le caractère abusif d'une clause pénale prévue dans un contrat conclu entre un professionnel et un consommateur modère le montant de la pénalité mise par cette clause à la charge de ce consommateur et, d'autre part, à ce qu'un juge national substitue à ladite clause, en application de principes de son droit des contrats, une disposition de droit national à caractère supplétif, sauf si le contrat

en cause ne peut pas subsister en cas de suppression de la clause abusive et si l'annulation du contrat dans son ensemble expose le consommateur à des conséquences particulièrement préjudiciables.

[...]

Par ces motifs, la Cour (cinquième chambre) dit pour droit :

1) L'article 3, point 8, du règlement (CE) n° 1371/2007 du Parlement européen et du Conseil, du 23 octobre 2007, sur les droits et obligations des voyageurs ferroviaires, doit être interprété en ce sens qu'une situation dans laquelle un voyageur monte à bord d'un train librement accessible en vue d'effectuer un trajet sans s'être procuré de billet relève de la notion de « contrat de transport », au sens de cette disposition.

2) L'article 6, paragraphe 1, de la directive 93/13/CEE du Conseil, du 5 avril 1993, concernant les clauses abusives dans les contrats conclus avec les consommateurs, doit être interprété en ce sens qu'il s'oppose, d'une part, à ce qu'un juge national qui constate le caractère abusif d'une clause pénale prévue dans un contrat conclu entre un professionnel et un consommateur modère le montant de la pénalité mise par cette clause à la charge de ce consommateur et, d'autre part, à ce qu'un juge national substitue à ladite clause, en application de principes de son droit des contrats, une disposition de droit national à caractère supplétif, sauf si le contrat en cause ne peut pas subsister en cas de suppression de la clause abusive et si l'annulation du contrat dans son ensemble expose le consommateur à des conséquences particulièrement préjudiciables.

Observations

L'affaire *Kanyeba* (1) démontre de nouveau les interactions entre le droit de la consommation et le droit des transports, la Cour n'hésitant pas à étendre l'application du régime de protection des consommateurs à des passagers ayant embarqué à bord d'un train sans titre de transport.

Contexte de l'affaire et procédure

Les faits du litige au principal concernent trois passagers qui ont fait l'objet de plusieurs constats d'infraction, après

(1) CJUE, 5e ch., 7 novembre 2019, *Kanyeba*, aff. C-349/18 à C-351/18, ECLI:EU:C:2019:936.

avoir effectué des trajets en train auprès de la Société nationale des chemins de fer belges (SNCB), sans être munis de titres de transport. La compagnie ferroviaire belge leur a proposé de régulariser leur situation en s'acquittant, soit, des montants des titres de transport majorés au « tarif de bord », soit, d'un montant forfaitaire. Les défendeurs n'ayant pas souhaité faire usage de ces possibilités, la SNCB les a assignés devant le *vredegerecht te Antwerpen*, afin de les voir condamnés au versement de sommes allant de 880,20 euros à 2 394 euros, majorés des dépens de l'instance. La SNCB soutient que les relations juridiques qui l'unissent aux défendeurs ne sont pas de nature contractuelle, mais bien règlementaires. La juridiction de renvoi s'interroge, pour sa part, sur la nature des relations juridiques en présence, lesquelles pourraient relever du droit de la consommation, dans la mesure où la SNCB est bien une entreprise. Elle s'interroge ainsi à titre principal « sur le fait de savoir si une relation juridique contractuelle naît toujours entre une société de transport et un voyageur, quand bien même ce voyageur utilise les services de ce transporteur sans se procurer de titre de transport »(2) et adresse à la Cour pas moins de cinq questions préjudicielles.

Examen des questions préjudicielles

Le premier mouvement du raisonnement de la Cour consiste à clarifier l'articulation de la directive 93/13/CEE(3) et du règlement (CE) n° 1371/2007(4). Le règlement en question, pourtant largement postérieur à la directive ne contient en effet aucun renvoi à celle-ci et la Cour choisit de répondre à la première question préjudicielle sur le fondement du seul règlement relatif aux droits des passagers du transport ferroviaire(5). Or, dans la mesure où ce dernier s'applique également aux opérations de transport à titre gratuit, la Cour

(2) Ibid., pt 26.

(3) Directive 93/13/CEE du Conseil, du 5 avril 1993, concernant les clauses abusives dans les contrats conclus avec les consommateurs, *JOCE*, L 95, 21 avril 1993, pp. 29-34.

(4) Règlement (CE) n° 1371/2007 du Parlement européen et du Conseil du 23 octobre 2007 sur les droits et obligations des voyageurs ferroviaires, *JOUE*, L 315, 3 décembre 2007, pp. 14-41.

(5) CJUE, 5e ch., 7 novembre 2019, *Kanyeba*, préc., pt 33.

en déduit que « d'un côté, en laissant un libre accès à son train, et, d'un autre côté, en montant à bord de celui-ci en vue d'effectuer un trajet, tant l'entreprise ferroviaire que le voyageur manifestent leurs volontés concordantes d'entrer dans une relation contractuelle, de sorte que les conditions nécessaires pour établir l'existence d'un contrat de transport sont, en principe, satisfaites »(6). La Cour de justice vient donc résoudre la controverse quant à la nature de la relation juridique unissant le transporteur aux passagers, même si ceux-ci ne se sont pas acquittés de la somme due pour leur titre de transport. La motivation reste toutefois surprenante, dans la mesure où il est clair que les deux « parties » manquaient clairement d'*animus contrahendi* : les fraudeurs n'entendaient nullement payer leur voyage et la société de chemins de fer ne souhaitait évidemment pas les transporter gratuitement. Cette décision est d'autant plus surprenante qu'elle vient contredire un arrêt antérieur, à savoir l'arrêt *Demey* du 21 septembre 2016(7), dans lequel la Cour avait jugé que « l'article 6, paragraphe 2, dernière phrase, de l'appendice A figurant à l'annexe I du règlement n° 1371/2007 doit être interprété en ce sens qu'il ne s'oppose pas à des dispositions nationales qui prévoient qu'une personne qui effectue un voyage en train sans être en possession d'un titre de transport à cet effet et qui ne régularise pas sa situation dans les délais prévus par ces dispositions n'a pas de lien contractuel avec l'entreprise ferroviaire »(8). Le changement d'approche de la Cour semble néanmoins pouvoir être expliqué par le fait que le voyageur, qu'il s'acquitte ou non de son titre de transport, peut se voir opposer les conditions générales de transport(9). La motivation principale reste, tout de même, d'ordre largement téléologique : « ce sont clairement les objectifs européens de protection des voyageurs qui expliquent la volonté de les placer dans un cadre contractuel, pleinement protecteur de leurs intérêts »(10).

(6) *Ibid.*, pt 37.
(7) CJUE, 10e ch., 21 septembre 2016, *Demey*, aff. C-261/15, ECLI:EU:C:2016:709.
(8) *Ibid.*, pt 35.
(9) CJUE, 5e ch., 7 novembre 2019, *Kanyeba*, préc., pt 47.
(10) J.-D. Pellier, « Le droit de la consommation au secours du voyageur sans titre », *Revue des contrats*, 2020, n° 1, p. 65.

L'on pourrait évidemment s'interroger sur le bien-fondé de cette approche, qui conduit à protéger les fraudeurs au prix d'un « forçage » de la qualification de contrat de transport (11). L'avocat général G. Pitruzzella s'y opposait clairement en indiquant qu'« on peut donc douter que, en présence d'un comportement illicite tel que celui décrit ci-dessus, il puisse exister un concours de volontés réciproques susceptible de constituer un contrat. En effet, le voyageur ne manifeste pas son consentement quant à un élément essentiel du contrat, à savoir le prix du service et son paiement » (12). Plus encore, à la lecture de la directive 93/13/CEE, l'on comprend mieux pourquoi la Cour a décidé de l'écarter au stade de l'analyse de la première question préjudicielle, tant il est clair que l'application du droit de la consommation implique l'existence préalable d'un contrat. En l'espèce, la Cour identifie un contrat aux seules fins de protéger les passagers, selon un syllogisme inversé qui ne peut que laisser songeur.

Ce sentiment de faveur pour les fraudeurs se trouve renforcé par les réponses apportées aux autres questions préjudicielles, notamment en ce qui concerne le caractère abusif de la clause pénale contenue dans les conditions générales de transport. Si la Cour renvoie au juge national l'appréciation du caractère abusif de celle-ci, force est de constater qu'elle semble pencher pour une telle qualification et, partant, pour son éviction malgré le maintien de la relation contractuelle (13). Il ne faut pas s'y tromper, dans un tel cas de figure « le voyageur sans titre serait ainsi protégé contre les clauses abusives, indépendamment de sa qualité de consommateur ! » (14). Il n'en reste pas moins que cet arrêt s'inscrit dans une longue lignée de décisions faisant primer les intérêts des voyageurs sur ceux des entreprises, y compris lorsque ceux-ci se trouvent clairement dans une situation illicite.

Vincent Correia

(11) *Ibid.*
(12) Concl. av. gén. G. Pitruzzella, 11 juin 2019, ECLI:EU:C:2019:478, pt 53.
(13) CJUE, 5e ch., 7 novembre 2019, *Kanyeba*, préc., pt 65.
(14) J.-D. Pellier, « Le droit de la consommation au secours du voyageur sans titre », *op. cit.*

XXI. COMPÉTENCE DES JURIDICTIONS ET LOIS APPLICABLES

Cour de justice, 1re ch., 16 janvier 2019, *Stefano Liberato*, aff. C-386/17, ECLI:EU:C:2019:24

Conclusions de l'avocat général Y. Bot, du 6 septembre 2018, ECLI: EU:C:2018:670

Mots clés : Litispendance – Non-reconnaissance des décisions en cas de contrariété manifeste avec l'ordre public – Interdiction de procéder au contrôle de la compétence de la juridiction d'origine – Motif de non-reconnaissance fondée sur une méconnaissance des règles de litispendance – Absence

Cadre normatif : règlement (CE) n° 44/2001 ; règlement (CE) n° 2201/2003

Notes et observations : obs. L. Idot, *Europe*, 2019, n° 3, p. 34 ; obs. V. Legrand, *LPA*, 2019, n° 53, p. 7 ; obs. G. Loiseau, n° 3, p. 35 ; obs. C. Nourissat, *Procédures*, 2019, n° 3, p. 20 ; note H. Muir Watt, *RCDIP*, 2019, p. 487 ; obs. V. Egéa, *RTD eur.*, 2019, 761 ; note I. Barrière Brousse, *JDI*, 2019, 1232

Extraits de l'arrêt

1. La demande de décision préjudicielle porte sur l'interprétation du règlement (CE) n° 2201/2003 du Conseil, du 27 novembre 2003, relatif à la compétence, la reconnaissance et l'exécution des décisions en matière matrimoniale et en matière de responsabilité parentale abrogeant le règlement (CE) n° 1347/2000 (*JO* 2003, L 338, p. 1).

2. Cette demande a été présentée dans le cadre d'un litige opposant M. Stefano Liberato à Mme Luminita Luisa Grigorescu au sujet d'une demande de reconnaissance en Italie d'une décision en matière matrimoniale, de responsabilité parentale et d'obligations alimentaires prononcée en Roumanie.

[...]

Sur les questions préjudicielles

31. Il importe de relever, à titre liminaire, que les questions posées par la juridiction de renvoi concernent l'interprétation du seul règlement n° 2201/2003. Toutefois, alors que, comme l'énonce le considérant 11 de

ce règlement, les obligations alimentaires ne sont pas couvertes par ledit règlement, mais par le règlement n° 44/2001, il ressort de la décision de renvoi que l'affaire au principal porte sur la reconnaissance d'une décision intervenue non seulement en matière matrimoniale et de responsabilité parentale mais également en matière d'obligations alimentaires. Par conséquent, il y a lieu de répondre aux questions posées à l'aune des règlements n°s 2201/2003 et 44/2001.

32. Par ses questions, qu'il convient d'examiner ensemble, la juridiction de renvoi demande, en substance, si les règles de litispendance figurant à l'article 27 du règlement n° 44/2001 et à l'article 19 du règlement n° 2201/2003 doivent être interprétées en ce sens que, lorsque, dans le cadre d'un litige en matière matrimoniale, de responsabilité parentale ou d'obligations alimentaires, la juridiction deuxième saisie adopte, en violation de ces règles, une décision devenue définitive, les juridictions de l'État membre dont relève la juridiction première saisie peuvent refuser de reconnaître cette décision au motif de sa contrariété manifeste avec l'ordre public.

33. À cet égard, il convient de rappeler que, le 30 septembre 2009, une juridiction roumaine a été saisie par Mme Grigorescu d'une demande en divorce entre elle-même et M. Liberato, d'une demande portant sur la garde de leur enfant et d'une demande de contribution à l'entretien de ce dernier, alors qu'une juridiction italienne avait été saisie, avant cette date, d'une demande en séparation de corps entre les époux ainsi que d'une demande portant sur la garde de l'enfant, introduites par M. Liberato, et d'une demande reconventionnelle de contribution à l'entretien de l'enfant, formée par Mme Grigorescu.

34. C'est en se fondant sur la différence d'objet des demandes en matière matrimoniale, l'une visant le divorce et l'autre la séparation de corps, que la juridiction roumaine a considéré qu'il n'y avait pas litispendance au sens de l'article 19 du règlement n° 2201/2003 et qu'elle s'est estimée compétente pour connaître du recours introduit par Mme Grigorescu.

35. Or, ainsi que la Cour l'a précédemment jugé, s'il importe en matière matrimoniale, selon les termes de l'article 19, paragraphe 1, du règlement n° 2201/2003, que les demandes concernent les mêmes parties, celles-ci peuvent avoir un objet distinct, pourvu qu'elles portent sur une séparation de corps, un divorce ou une annulation de mariage. La Cour en a déduit qu'une situation de litispendance ou d'action dépendante peut exister, au sens de l'article 19 du règlement n° 2201/2003, lorsque deux juridictions d'États membres différents sont saisies d'une procédure de séparation de corps pour l'une et d'une procédure de divorce pour l'autre. Dans de telles circonstances et en cas d'identité de parties, la juridiction saisie en second lieu sursoit d'office à statuer jusqu'à ce que la compétence de la juridiction première saisie soit établie (arrêt du 6 octobre 2015, *A*, C-489/14, EU:C:2015:654, points 33 et 34).

36. En outre, et ainsi que M. l'avocat général l'a relevé aux points 56 et 57 de ses conclusions, si, lors de l'instance relative au lien matrimonial, des demandes relatives à la responsabilité parentale ont été formées, les règles de la litispendance relatives à la désunion s'appliquent. Il en est de même en matière d'aliments dès lors que les demandes sont accessoires à l'action relative à l'état des personnes, conformément à l'article 5, point 2, du règlement n° 44/2001. Il s'ensuit que les premières demandes relèvent de l'article 19, paragraphe 1, du règlement n° 2201/2003, tandis que les secondes sont régies par l'article 27 du règlement n° 44/2001.

37. En l'occurrence, la juridiction première saisie d'une demande en séparation de corps s'est estimée compétente sur le fondement de l'article 12, paragraphe 1, du règlement n° 2201/2003 pour statuer sur les demandes en matière de responsabilité parentale et d'obligations alimentaires à l'égard de l'enfant, au motif que Mme Grigorescu s'était constituée partie dans le litige devant elle et avait donc accepté la compétence de cette juridiction.

38. Il en résulte que, dans une situation telle que celle en cause au principal, la juridiction saisie en deuxième lieu d'une demande en divorce ainsi que de demandes en matière de responsabilité parentale et d'obligations alimentaires qui refuse de surseoir à statuer et s'estime compétente pour connaître de ces demandes méconnaît les dispositions de l'article 19 du règlement n° 2201/2003 et celles de l'article 27 du règlement n° 44/2001.

39. Afin de répondre aux questions posées par la juridiction de renvoi, il convient de relever que l'article 19 du règlement n° 2201/2003 est rédigé en des termes proches de ceux utilisés à l'article 27 du règlement n° 44/2001 et met en place un mécanisme équivalent à celui prévu à ce dernier article pour traiter des cas de litispendance. Il y a lieu par conséquent de tenir compte des considérations de la Cour relatives à ce dernier règlement pour l'interprétation du règlement n° 2201/2003 (voir, en ce sens, arrêt du 6 octobre 2015, *A*, C-489/14, EU:C:2015:654, point 27).

40. Il importe de rappeler ensuite les caractéristiques du mécanisme établi par le règlement n° 2201/2003.

41. Ce règlement est fondé sur la coopération et la confiance mutuelle entre les juridictions, lesquelles doivent conduire à la reconnaissance mutuelle des décisions judicaires, pierre angulaire de la création d'un véritable espace judiciaire (arrêt du 15 février 2017, *W et V*, C-499/15, EU:C:2017:118, point 50 ainsi que jurisprudence citée).

42. Dans ce contexte, les règles de litispendance jouent un rôle important.

43. Ainsi que la Cour l'a précédemment jugé, ces règles tendent, dans l'intérêt d'une bonne administration de la justice au sein de l'Union, à

éviter des procédures parallèles devant les juridictions de différents États membres et la contrariété de décisions qui pourraient en résulter. À cet effet, le législateur de l'Union a entendu mettre en place un mécanisme clair et efficace pour résoudre les cas de litispendance, fondé sur l'ordre chronologique dans lequel les juridictions ont été saisies (voir, en ce sens, arrêt du 6 octobre 2015, *A*, C-489/14, EU:C:2015:654, points 29 et 30 ainsi que jurisprudence citée, et, par analogie, s'agissant du règlement n° 44/2001, arrêt du 27 février 2014, *Cartier parfums-lunettes et Axa Corporate Solutions assurances*, C-1/13, EU:C:2014:109, point 40).

44. Afin d'assurer la mise en œuvre effective du règlement n° 2201/2003 et conformément au principe de confiance mutuelle sur lequel il repose, il convient de souligner, premièrement, ainsi que M. l'avocat général l'a relevé au point 59 de ses conclusions, qu'il appartient à chaque juridiction, conformément à l'article 17 de ce règlement, de vérifier sa compétence (voir, en ce sens, arrêts du 15 juillet 2010, *Purrucker*, C-256/09, EU:C:2010:437, point 73 ; du 12 novembre 2014, *L*, C-656/13, EU:C:2014:2364, point 58, ainsi que du 15 février 2017, *W et V*, C-499/15, EU:C:2017:118, point 54).

45. Deuxièmement, selon l'article 24 du règlement n° 2201/2003, il ne peut être procédé au contrôle de la compétence de la juridiction de l'État membre d'origine (arrêt du 9 novembre 2010, *Purrucker*, C-296/10, EU:C:2010:665, point 85). Il en va de même sous l'empire du règlement n° 44/2001, conformément à l'article 35, paragraphe 3, de celui-ci.

46. Troisièmement, conformément au considérant 21 du règlement n° 2201/2003, celui-ci est fondé sur la conception selon laquelle la reconnaissance et l'exécution des décisions rendues dans un État membre doivent reposer sur le principe de la confiance mutuelle et les motifs de non-reconnaissance doivent être réduits au minimum nécessaire (arrêt du 19 novembre 2015, *P*, C-455/15 PPU, EU:C:2015:763, point 35).

47. C'est à la lumière de ces considérations qu'il convient d'examiner si la circonstance qu'une décision devenue définitive a été adoptée en méconnaissance des règles de litispendance prévues à l'article 27 du règlement n° 44/2001 et à l'article 19 du règlement n° 2201/2003 constitue un motif d'ordre public faisant obstacle, sur le fondement de l'article 34 du règlement n° 44/2001 ainsi que de l'article 22, sous a), et de l'article 23, sous a), du règlement n° 2201/2003, à ce que cette décision puisse être reconnue par les juridictions de l'État membre dont relève la juridiction première saisie.

48. À cet égard, il convient de relever que, selon les termes mêmes de l'article 24 du règlement n° 2201/2003, le critère de l'ordre public visé à l'article 22, sous a), et à l'article 23, sous a), de ce règlement ne peut être appliqué aux règles de compétence visées aux articles 3 à 14 dudit règlement.

49. Il importe, dès lors, de déterminer si les règles de litispendance constituent des règles de compétence au même titre que celles figurant aux articles 3 à 14 de ce règlement.

50. À cet égard, s'il est vrai que les règles de litispendance prévues à l'article 19 du règlement n° 2201/2003 ne figurent pas au nombre des règles de compétence expressément visées à l'article 24 de ce règlement, ce même article 19 fait partie du chapitre II dudit règlement, intitulé « compétence ».

51. De plus, ainsi que M. l'avocat général l'a relevé au point 77 de ses conclusions, lorsque, comme dans l'affaire au principal, la juridiction première saisie, statuant sur une demande incidente de reconnaissance, vérifie si les règles de litispendance ont été correctement appliquées par la juridiction saisie en second lieu et, partant, apprécie les raisons pour lesquelles cette dernière n'a pas décliné sa compétence, la juridiction première saisie procède ainsi nécessairement au contrôle de la compétence de la juridiction saisie en second lieu. Or, ainsi qu'il a été rappelé au point 45 du présent arrêt, l'article 24 du règlement n° 2201/2003 ne l'autorise pas à effectuer un tel contrôle.

52. Ainsi, nonobstant le fait que l'interdiction énoncée à l'article 24 de ce règlement ne contient pas de référence expresse à l'article 19 dudit règlement, une violation alléguée de ce dernier article ne permet pas à la juridiction première saisie, sous peine de contrôler la compétence de la juridiction deuxième saisie, de refuser la reconnaissance d'une décision rendue par cette dernière en violation de la règle de litispendance contenue dans cette disposition (voir, par analogie, s'agissant de l'article 15 du règlement n° 2201/2003, arrêt du 19 novembre 2015, *P*, C-455/15 PPU, EU:C:2015:763, point 45).

53. Ces considérations sont également applicables aux règles de litispendance figurant à l'article 27 du règlement n° 44/2001, en matière d'obligations alimentaires, dès lors que l'article 35, paragraphe 3, de ce règlement prévoit également qu'il ne peut être procédé au contrôle de la compétence des juridictions de l'État membre d'origine.

54. Il convient d'ajouter que le juge de l'État requis ne saurait, sous peine de remettre en question la finalité des règlements nos 2201/2003 et 44/2001, refuser la reconnaissance d'une décision émanant d'un autre État membre au seul motif qu'il estime que, dans cette décision, le droit national ou le droit de l'Union a été mal appliqué (voir, en ce sens, arrêts du 16 juillet 2015, *Diageo Brands*, C-681/13, EU:C:2015:471, point 49, et du 19 novembre 2015, *P*, C-455/15 PPU, EU:C:2015:763, point 46).

55. Cette analyse est corroborée par le fait que les motifs de non-reconnaissance d'une décision en raison de sa contrariété manifeste avec l'ordre public, figurant à l'article 22, sous a), et à l'article 23, sous a), du règlement n° 2201/2003 ainsi qu'à l'article 34 du règlement n° 44/2001,

doivent recevoir une interprétation stricte en ce qu'ils constituent un obstacle à la réalisation de l'un des objectifs fondamentaux de ces règlements, tel que rappelé au point 46 du présent arrêt (voir, en ce sens, arrêt du 19 novembre 2015, *P*, C-455/15 PPU, EU:C:2015:763, point 36).

56. Par conséquent, il y a lieu de répondre aux questions posées que les règles de litispendance figurant à l'article 27 du règlement n° 44/2001 et à l'article 19 du règlement n° 2201/2003 doivent être interprétées en ce sens que, lorsque, dans le cadre d'un litige en matière matrimoniale, de responsabilité parentale ou d'obligations alimentaires, la juridiction deuxième saisie adopte, en violation de ces règles, une décision devenue définitive, elles s'opposent à ce que les juridictions de l'État membre dont relève la juridiction première saisie refusent, pour cette seule raison, de reconnaître cette décision. En particulier, cette violation ne saurait, à elle seule, justifier la non-reconnaissance de ladite décision au motif de sa contrariété manifeste à l'ordre public de cet État membre.

[...]

Par ces motifs, la Cour (première chambre) dit pour droit :

Les règles de litispendance figurant à l'article 27 du règlement (CE) n° 44/2001 du Conseil, du 22 décembre 2000, concernant la compétence judiciaire, la reconnaissance et l'exécution des décisions en matière civile et commerciale, et à l'article 19 du règlement (CE) n° 2201/2003 du Conseil, du 27 novembre 2003, relatif à la compétence, la reconnaissance et l'exécution des décisions en matière matrimoniale et en matière de responsabilité parentale abrogeant le règlement (CE) n° 1347/2000, doivent être interprétées en ce sens que, lorsque, dans le cadre d'un litige en matière matrimoniale, de responsabilité parentale ou d'obligations alimentaires, la juridiction deuxième saisie adopte, en violation de ces règles, une décision devenue définitive, elles s'opposent à ce que les juridictions de l'État membre dont relève la juridiction première saisie refusent, pour cette seule raison, de reconnaître cette décision. En particulier, cette violation ne saurait, à elle seule, justifier la non-reconnaissance de ladite décision au motif de sa contrariété manifeste à l'ordre public de cet État membre.

Observations

L'arrêt *Liberato* enseigne aux juridictions nationales européennes que les obligations des États membres fondées sur la confiance mutuelle enserrent si fortement leur contrôle lors de la circulation des décisions en matière civile et commerciale que la violation patente d'une règle commune par le juge de l'État membre d'origine laisse le juge d'accueil désarmé. Plus précisément, dans le cadre d'une situation de litispendance européenne en matière civile et commerciale, la violation de la règle de priorité chronologique par le juge second saisi ne permet pas aux juridictions des États de se fonder sur l'incompétence du juge d'origine pour refuser d'accueillir le jugement, fût-ce sous le couvert de l'invocation de la violation manifeste de l'ordre public international.

Au cas d'espèce, une demande de séparation de corps a été introduite par l'époux, M. Liberato, devant les juridictions italiennes, et ce en mai 2007. Il a également demandé l'attribution de la garde de l'enfant du couple. À titre reconventionnel, son épouse, Mme Grigorescu, a sollicité l'octroi d'une contribution au titre de l'entretien de l'enfant. Un jugement italien a prononcé la séparation de corps en 2012 et a renvoyé l'affaire pour le surplus. Cependant, l'épouse avait introduit en septembre 2009 une demande de divorce, de garde exclusive de l'enfant et d'octroi d'une contribution à son entretien devant une juridiction roumaine. Devant ce dernier tribunal, l'époux avait soulevé une exception de litispendance au profit de la juridiction italienne première saisie. La juridiction roumaine a néanmoins prononcé le divorce des époux et fait droit aux demandes de la mère. Par la suite, la juridiction italienne a attribué la garde exclusive de l'enfant au père, a ordonné son retour en Italie et a fixé les modalités du droit de visite de la mère en Italie, tout en la condamnant à verser une contribution à l'entretien de l'enfant. Or, avant de juger ainsi, le tribunal italien a rejeté la demande incidente de reconnaissance en Italie du jugement définitif roumain, relevant que le juge roumain avait méconnu la règle lui imposant un sursis à statuer en présence d'une situation de litispendance européenne. Au contraire, la juridiction italienne statuant en appel a considéré qu'aucun motif de refus de reconnaissance ne justifiait, au sein du règlement n° 2201/2003, dit Bruxelles II*bis*, le rejet du jugement roumain en raison de la violation du régime de litispendance. C'est à l'occasion du pourvoi contre cet arrêt que la Cour de cassation italienne a interrogé la Cour de justice.

La juridiction italienne demandait en substance si la violation manifeste des dispositions relatives à la litispendance en droit de l'Union, prévues par les règlements n° 2201/2003 et n° 44/2001, par le tribunal ayant rendu la décision objet de la demande de reconnaissance, constitue un motif de la refuser en raison de sa contrariété à l'ordre public.

L'importance de la question résulte de la confrontation de deux aspects de la litispendance.

D'une part, sa raison d'être suppose que le juge d'un État A, second saisi, ne puisse laisser la décision entre les mains d'un juge d'un État B, que si la décision à rendre par ce dernier sera susceptible d'être reconnue ou exécutée dans l'État A. Lorsque le juge de l'État A est premier saisi, dans le système continental chronologique, il n'y a pas de raison de laisser le juge second saisi exercer sa compétence.

D'autre part, le droit de l'Union européenne a mis en place un système de circulation des décisions établi sur le principe de confiance mutuelle dont l'efficacité résulte, en principe, de l'application, par le juge d'origine de règles de compétence communes et de l'interdiction pour le juge requis de procéder au contrôle de la compétence du juge ayant rendu la décision. Cette confiance ne cède que dans des cas précis, limitativement prévus par l'énumération des règles de compétence mises en œuvre par le juge d'origine et que le juge requis peut contrôler.

Or, en droit international privé de source interne, la compétence internationale indirecte du juge étranger appelé à rendre la décision dans la procédure parallèle constitue un motif de non-reconnaissance, justifiant le refus de faire jouer la litispendance. Dans le système de Bruxelles, le contrôle de la compétence est en principe interdit.

En conséquence, lorsque le juge d'origine du jugement n'a violé aucune règle de compétence faisant l'objet d'un contrôle lors de la circulation de la décision dans un autre État membre, le juge requis de lui donner effet peut-il tirer argument de la violation des règles de litispendance européenne par le juge d'origine lui-même afin de refuser l'accueil de son jugement ? Faute de contrôle possible de la compétence, l'attention se tourne vers le contrôle de l'ordre public, dans sa dimension procédurale selon la question préjudicielle posée par la Cour de cassation.

La réponse négative donnée par la Cour de justice est d'autant plus ferme que la violation des règles de litispendance par le juge roumain lui apparaît caractérisée. En outre, les demandes relevaient non seulement du règlement en matière de responsabilité parentale, le règlement Bruxelles II*bis*, mais également des obligations alimentaires. Elles entraient donc dans le domaine matériel du règlement Bruxelles I. L'arrêt *Liberato* intéresse donc le cœur de la matière civile et commerciale, ainsi que la police des rapports entre juges d'États membres saisis de procédures parallèles. Autant dire qu'il se situe au cœur de l'espace de justice promu par les instruments de droit international privé de l'Union.

Or, la position adoptée par la Cour de justice, tout en étant fidèle au texte, montre que le système européen a été conçu dans une perspective préventive et non curative. Le postulat est celui de la bonne application par le juge second saisi de la règle de priorité chronologique devant le conduire dans un premier temps à surseoir à statuer dans l'attente de la décision du juge premier saisi relative à sa propre compétence, puis, une fois celle-ci établie, à se dessaisir. Or, cette articulation s'avère défaillante lorsque, comme en l'espèce, le juge second saisi évalue mal l'existence d'une situation de litispendance européenne et estime pouvoir exercer sa compétence. Le premier juge saisi ne pouvant interroger la Cour de justice que sur sa propre compétence (ou, comme en l'espèce, sur la circulation du jugement rendu par le juge second saisi), lorsque le juge second saisi méconnaît les règles du règlement, le mécanisme préventif s'avère inefficace, sans qu'aucune solution curative ne soit offerte.

Une autre conception des choses pourrait conduire à donner le droit au juge premier saisi, une fois qu'une seconde instance a été introduite devant une juridiction d'un autre État membre, d'interroger la Cour de justice sur l'existence d'une situation de litispendance européenne. Les obstacles procéduraux seront sans doute nombreux, puisque la décision ne pourra intervenir qu'en ayant une vue complète des demandes soumises au juge second saisi, ce qui devrait impliquer qu'il prenne part à l'instance préjudicielle devant la

Cour de justice. La solution ne sera donc sans doute pas aisée à mettre en œuvre, mais l'efficacité du règlement de la litispendance européenne est peut-être à ce prix.

Malik Laazouzi

Cour de justice, 6e ch., 29 juillet 2019, *Tibor-Trans Fuvarozó és Kereskedelmi Kft.*, aff. C-451/18, ECLI: EU:C:2019:635

MOTS CLÉS : Matière délictuelle ou quasi délictuelle – Lieu où le fait dommageable s'est produit – Lieu de la matérialisation du dommage – Demande en réparation du préjudice causé par une entente déclarée contraire à l'article 101 TFUE et à l'article 53 de l'accord sur l'Espace économique européen

CADRE NORMATIF : règlement (CE) n° 1215/2012 ; article 101 TFUE ; article 53 de l'accord sur l'Espace économique européen

NOTES ET OBSERVATIONS : obs. C. NOURISSAT, *Procédures*, 2019, n° 10, p. 26 ; obs. L. IDOT, *Europe*, 2019, n° 10, p. 47

EXTRAITS DE L'ARRÊT

1. La demande de décision préjudicielle porte sur l'interprétation de l'article 7, point 2, du règlement (UE) n° 1215/2012 du Parlement européen et du Conseil, du 12 décembre 2012, concernant la compétence judiciaire, la reconnaissance et l'exécution des décisions en matière civile et commerciale (*JO* 2012, L 351, p. 1).

2. Cette demande a été présentée dans le cadre d'un litige opposant Tibor-Trans Fuvarozó és Kereskedelmi Kft. (ci-après « Tibor-Trans »), société de droit hongrois, à DAF Trucks NV, société de droit néerlandais, au sujet d'une action en dommages et intérêts intentée aux fins de la réparation d'un préjudice prétendument causé par une infraction à l'article 101 TFUE et à l'article 53 de l'accord sur l'Espace économique européen (*JO* 1994, L 1, p. 3, ci-après l'« accord EEE »).

[...]

Sur la question préjudicielle

22. Par sa question, la juridiction de renvoi demande, en substance, si l'article 7, point 2, du règlement n° 1215/2012 doit être interprété en ce sens que, dans le cadre d'une action en réparation d'un préjudice causé par une infraction au titre de l'article 101 TFUE, consistant notamment en des arrangements collusoires sur la fixation des prix et l'augmentation des prix bruts des camions, peut être considéré comme « lieu où le fait dommageable s'est produit » le lieu où la victime prétend avoir subi ce préjudice, même si l'action est dirigée contre un participant à

l'entente en cause avec lequel cette victime n'avait pas établi de relations contractuelles.

23. À titre liminaire, il y a lieu de rappeler, en premier lieu, qu'il est de jurisprudence constante que, dans la mesure où le règlement n° 1215/2012 abroge et remplace le règlement n° 44/2001 qui a lui-même remplacé la convention du 27 septembre 1968 concernant la compétence judiciaire et l'exécution des décisions en matière civile et commerciale, telle que modifiée par les conventions successives relatives à l'adhésion des nouveaux États membres à cette convention, l'interprétation fournie par la Cour en ce qui concerne les dispositions de ces derniers instruments juridiques vaut également pour le règlement n° 1215/2012 lorsque ces dispositions peuvent être qualifiées d'« équivalentes » (voir, en ce sens, arrêts du 31 mai 2018, *Nothartová*, C-306/17, EU:C:2018:360, point 18 ; du 15 novembre 2018, Kuhn, C-308/17, EU:C:2018:911, point 31, ainsi que du 28 février 2019, *Gradbeništvo Korana*, C-579/17, EU:C:2019:162, point 45 et jurisprudence citée).

24. En deuxième lieu, il convient de faire observer qu'une action visant à obtenir la réparation du préjudice résultant de violations alléguées du droit de la concurrence de l'Union, telle que l'action au principal, relève de la notion de « matière civile et commerciale », au sens de l'article 1er, paragraphe 1, du règlement n° 1215/2012, et entre, par voie de conséquence, dans le champ d'application de ce règlement (voir, en ce sens, arrêt du 23 octobre 2014, *flyLAL-Lithuanian Airlines*, C-302/13, EU:C:2014:2319, point 38).

25. En troisième lieu, il convient également de rappeler que, ainsi qu'il a été itérativement jugé par la Cour dans sa jurisprudence relative à l'article 7, point 2, du règlement n° 1215/2012, la notion de « lieu où le fait dommageable s'est produit » vise à la fois le lieu de la matérialisation du dommage et celui de l'évènement causal qui est à l'origine de ce dommage, de sorte que le défendeur peut être attrait, au choix du demandeur, devant le tribunal de l'un ou de l'autre de ces deux lieux (arrêts du 28 janvier 2015, *Kolassa*, C-375/13, EU:C:2015:37, point 45 ; du 16 juin 2016, *Universal Music International Holding*, C-12/15, EU:C:2016:449, point 28, ainsi que du 5 juillet 2018, *flyLAL-Lithuanian Airlines*, C-27/17, EU:C:2018:533, point 28 et jurisprudence citée).

26. En l'occurrence, aucun élément de la demande de décision préjudicielle ne permet de conclure qu'il est contesté que les juridictions hongroises ne peuvent pas tirer leur compétence internationale pour connaître de l'affaire au principal du lieu de l'évènement causal qui est à l'origine du dommage allégué car aucun des arrangements collusoires constitutifs d'une infraction au titre de l'article 101 TFUE ne s'est déroulé en Hongrie. La question posée se rapporte uniquement à la détermination du lieu de la matérialisation du dommage allégué, consistant en des surcoûts payés

en raison d'un prix artificiellement élevé, tel que celui des camions ayant fait l'objet de l'entente en cause au principal.

27. S'agissant de la détermination du lieu de la matérialisation d'un tel dommage, il convient d'observer que celui-ci dépend de la question de savoir s'il s'agit d'un dommage initial, découlant directement de l'évènement causal, dont le lieu de survenance pourrait justifier la compétence au regard de l'article 7, point 2, du règlement n° 1215/2012, ou s'il s'agit des conséquences préjudiciables ultérieures qui ne sont pas susceptibles de fonder une attribution de compétence sur le fondement de cette disposition (voir, en ce sens, arrêt du 5 juillet 2018, *flyLAL-Lithuanian Airlines*, C-27/17, EU:C:2018:533, point 31).

28. À cet égard, la Cour a jugé que la notion de « lieu où le fait dommageable s'est produit » ne saurait être interprétée de façon extensive au point d'englober tout lieu où peuvent être ressenties les conséquences préjudiciables d'un fait ayant déjà causé un dommage effectivement survenu dans un autre lieu. Par conséquent, elle a précisé que cette notion ne saurait être interprétée comme incluant le lieu où la victime prétend avoir subi un préjudice patrimonial consécutif à un dommage initial survenu et subi par elle dans un autre État (arrêt du 5 juillet 2018, *flyLAL-Lithuanian Airlines*, C-27/17, EU:C:2018:533, point 32 et jurisprudence citée).

29. La Cour a également dit pour droit, s'agissant de l'article 5, point 3, de la convention du 27 septembre 1968 concernant la compétence judiciaire et l'exécution des décisions en matière civile et commerciale, telle que modifiée par les conventions successives relatives à l'adhésion des nouveaux États membres à cette convention, dont le libellé correspond à celui de l'article 7, point 2, du règlement n° 1215/2012, qu'un dommage qui n'est que la conséquence indirecte du préjudice éprouvé initialement par d'autres personnes qui ont été directement victimes du dommage matérialisé en un lieu différent de celui où la victime indirecte a ensuite subi le préjudice ne pourrait pas fonder la compétence juridictionnelle au titre cette disposition (voir, en ce sens, arrêt du 11 janvier 1990, *Dumez France et Tracoba*, C-220/88, EU:C:1990:8, points 14 et 22).

30. Ainsi qu'il ressort du dossier dont dispose la Cour et sous réserve de l'appréciation des faits qu'il revient à la juridiction de renvoi d'effectuer, le dommage allégué par Tibor-Trans consiste en des surcoûts payés en raison des prix artificiellement élevés appliqués aux camions à la suite des arrangements collusoires constitutifs d'une infraction unique et continue à l'article 101 TFUE qui avait déployé ses effets sur le territoire de l'ensemble de l'EEE entre le 17 janvier 1997 et 18 janvier 2011 et à laquelle avaient participé quinze fabricants internationaux de camions, dont DAF Trucks. Il ressort également dudit dossier que Tibor-Trans n'achetait pas directement des camions auprès des participants à l'entente en cause,

ceux-ci étant initialement vendus aux concessionnaires automobiles hongrois qui répercutaient l'augmentation des prix sur les utilisateurs finaux, tels que Tibor-Trans.

31. S'agissant de la nature du dommage allégué, il y a lieu de faire observer que celui-ci ne constitue pas une simple conséquence financière du dommage qui aurait pu être subi par les acheteurs directs, tels que les concessionnaires automobiles hongrois, et qui aurait pu consister dans une perte de ventes à la suite de l'augmentation des prix. En revanche, le dommage allégué dans l'affaire au principal résulte pour l'essentiel des surcoût payés en raison des prix artificiellement élevés et, de ce fait, apparaît comme étant la conséquence immédiate de l'infraction au titre de l'article 101 TFUE et constitue donc un dommage direct permettant de fonder, en principe, la compétence des juridictions de l'État membre sur le territoire duquel il s'est matérialisé.

32. S'agissant du lieu de la matérialisation d'un tel dommage, il résulte de la décision concernée que l'infraction constatée à l'article 101 TFUE s'étendait à l'ensemble de l'EEE. Elle a donc emporté une distorsion de la concurrence au sein de ce marché dont la Hongrie fait également partie à partir du 1er mai 2004.

33. Or, lorsque le marché affecté par le comportement anticoncurrentiel se trouve dans l'État membre sur le territoire duquel le dommage allégué est prétendument survenu, il y a lieu de considérer que le lieu de la matérialisation du dommage, aux fins de l'application de l'article 7, point 2, du règlement n° 1215/2012, se trouve dans cet État membre (voir, en ce sens, arrêt du 5 juillet 2018, *flyLAL-Lithuanian Airlines*, C-27/17, EU:C:2018:533, point 40).

34. Cette solution répond, en effet, aux objectifs de proximité et de prévisibilité des règles de compétence, dans la mesure où, d'une part, les juridictions de l'État membre dans lequel se situe le marché affecté sont les mieux placées pour examiner de tels recours indemnitaires et, d'autre part, un opérateur économique se livrant à des comportements anticoncurrentiels peut raisonnablement s'attendre à être attrait devant les juridictions du lieu où ses comportements ont faussé les règles d'une concurrence saine (voir, en ce sens, arrêt du 5 juillet 2018, *flyLAL-Lithuanian Airlines*, C-27/17, EU:C:2018:533, point 40).

35. Ainsi que la Commission l'a fait valoir dans ses observations écrites et qu'il a été également rappelé au point 41 de l'arrêt du 5 juillet 2018, *flyLAL-Lithuanian Airlines* (C-27/17, EU:C:2018:533), une telle détermination du lieu de la matérialisation du dommage est aussi conforme aux exigences de cohérence prévues au considérant 7 du règlement (CE) n° 864/2007 du Parlement européen et du Conseil, du 11 juillet 2007, sur la loi applicable aux obligations non contractuelles (Rome II) (JO 2007, L 199, p. 40), dans la mesure où, selon l'article 6, paragraphe 3, sous a),

de ce règlement, la loi applicable en cas d'actions en dommages et intérêts en lien avec un acte restreignant la concurrence est celle du pays dans lequel le marché est affecté ou susceptible de l'être.

36. S'agissant des autres circonstances particulières relevées par la juridiction de renvoi, liées au fait que Tibor-Trans a agi à l'encontre d'une seule des entreprises impliquées dans l'infraction en cause auprès de laquelle elle ne s'est pas directement approvisionnée, il y a lieu d'observer, à l'instar de la Commission, qu'une infraction unique et continue au droit de la concurrence emporte la responsabilité solidaire de ses auteurs. Dès lors, la circonstance que Tibor-Trans a agi en justice uniquement contre l'un des auteurs auprès duquel elle ne s'est pas directement approvisionnée n'est pas de nature à remettre en cause les développements contenus aux points 31 à 33 du présent arrêt, en ce qui concerne la règle de compétence prévue à l'article 7, point 2, du règlement n° 1215/2012.

37. Eu égard à ces considérations, il y a lieu de répondre à la question posée que l'article 7, point 2, du règlement n° 1215/2012 doit être interprété en ce sens que, dans le cadre d'une action en réparation d'un préjudice causé par une infraction au titre de l'article 101 TFUE, consistant notamment en des arrangements collusoires sur la fixation des prix et l'augmentation des prix bruts des camions, le « lieu où le fait dommageable s'est produit » vise, dans une situation telle que celle en cause au principal, le lieu du marché affecté par cette infraction, à savoir le lieu où les prix du marché ont été faussés, au sein duquel la victime prétend avoir subi ce préjudice, même si l'action est dirigée contre un participant à l'entente en cause avec lequel cette victime n'avait pas établi de relations contractuelles.

[...]

Par ces motifs, la Cour (sixième chambre) dit pour droit :

L'article 7, point 2, du règlement (UE) n° 1215/2012 du Parlement européen et du Conseil, du 12 décembre 2012, concernant la compétence judiciaire, la reconnaissance et l'exécution des décisions en matière civile et commerciale, doit être interprété en ce sens que, dans le cadre d'une action en réparation d'un préjudice causé par une infraction au titre de l'article 101 TFUE, consistant notamment en des arrangements collusoires sur la fixation des prix et l'augmentation des prix bruts des camions, le « lieu où le fait dommageable s'est produit » vise, dans une situation telle que celle en cause au principal, le lieu du marché affecté par cette infraction, à savoir le lieu où les prix du marché ont été faussés, au sein duquel la victime prétend avoir subi ce préjudice, même si l'action est dirigée contre un participant à l'entente en cause avec lequel cette victime n'avait pas établi de relations contractuelles.

Observations

En juillet 2016, la Commission européenne a adopté une décision constatant l'existence d'une entente entre fabricants de camions prenant la forme d'une infraction unique et continue à l'article 101 TFUE et à l'article 53 de l'accord EEE par le biais notamment d'arrangements collusoires sur la fixation des prix et leur augmentation dans l'Espace économique européen durant quatorze années. Les discussions entre les fabricants ont eu lieu pour partie au siège des sociétés, mais également par l'intermédiaire des filiales allemandes des sociétés concernées.

Durant cette période, une société de transport établie en Hongrie (Tibor-Trans) a acquis un nombre important de camions neufs, par l'intermédiaire de concessionnaires de l'une des marques (la société allemande DAF Trucks), mais sans jamais avoir conclu de contrat avec cette partie à l'entente sanctionnée. En 2017, la société hongroise a agi devant les tribunaux hongrois contre DAF Trucks afin d'obtenir réparation du dommage allégué résultant du fait qu'elle avait acquis des camions à un prix faussé par les arrangements collusoires auxquels le fabricant avait participé.

La société de transport estimait que la compétence du juge hongrois saisi se fondait sur l'article 7, point 2, du règlement Bruxelles I refondu, dont l'interprétation par la Cour de justice permet, dans les circonstances de l'affaire, à chaque victime d'une infraction unique et continue paneuropéenne d'attraire un participant devant la juridiction du lieu du siège social de ce demandeur victime. Au contraire, selon DAF Trucks, les réunions collusoires ayant eu lieu en Allemagne, seuls les tribunaux allemands disposeraient de la compétence fondée sur le lieu où le fait dommageable s'est prétendument produit. La juridiction hongroise de première instance a décliné sa compétence, ayant retenu le lieu de l'événement causal (celui de la mise en place des arrangements collusoires) en Allemagne. La juridiction saisie en appel a alors interrogé la Cour de justice afin de déterminer si la jurisprudence élaborée par la Cour de justice et relative à la compétence pour connaître d'une demande de *private enforcement* résultant d'une entente entre une victime et un auteur d'infraction liés par un contrat pouvait être appliquée au cas d'espèce, où la victime n'est pas liée à l'auteur défendeur par un lien contractuel. En outre, la juridiction hongroise émettait des doutes quant à la pertinence d'une localisation du chef de compétence international au siège de la victime, ce qui aboutirait à la réalisation d'un *forum actoris* contraire à l'objectif poursuivi par le règlement Bruxelles I. C'est donc au titre du lieu de matérialisation du dommage que la compétence de la juridiction hongroise pourrait être fondée, le fait générateur ayant eu lieu hors de cet État membre.

En définitive, la Cour est saisie de la question de savoir si peut être considéré comme lieu où le fait dommageable s'est produit, au sens de l'article 7, point 2, du règlement Bruxelles I refondu « le lieu où la victime prétend avoir subi ce préjudice, même si l'action est dirigée contre un participant à l'entente en cause avec lequel cette victime n'avait pas établi de relations contractuelles ».

Alors que la juridiction hongroise interrogeait la Cour de justice sur la possibilité d'étendre le raisonnement mis en avant dans l'arrêt *CDC*(1) entre parties à un contrat conclu entre la victime et un participant à une entente au cas où les protagonistes ne sont pas liés par un contrat, la réponse adopte une démarche différente et plus rationnelle. Plutôt que de chercher à comparer la situation d'espèce de celle ayant donné lieu à la question préjudicielle dans l'affaire *CDC* (un contrat contenant une clause attributive de juridiction), la Cour estime que la question concerne en réalité l'identification d'un dommage direct causé à la victime dans le ressort de la juridiction saisie. À défaut, le dommage n'y aurait revêtu qu'un caractère consécutif à celui ressenti en un autre lieu, privant le juge saisi de la compétence fondée sur l'article 7, point 2.

Or, dans la configuration de l'espèce, la Cour estime que si l'entente sur les prix a pu avoir des conséquences directes frappant les concessionnaires, notamment par une réduction

(1) CJUE, 21 mai 2015, *CDC*, aff. C-352/13, ECLI:EU:C:2015:335.

du volume de leurs ventes en raison de l'augmentation des prix, cela n'exclut pas la survenance directe d'un autre type de dommage dans le patrimoine de l'acheteur final des camions. Selon la Cour, « le dommage allégué dans l'affaire au principal résulte pour l'essentiel des surcoûts payés en raison des prix artificiellement élevés et, de ce fait, apparaît comme étant la conséquence immédiate de l'infraction au titre de l'article 101 TFUE et constitue donc un dommage direct permettant de fonder, en principe, la compétence des juridictions de l'État membre sur le territoire duquel il s'est matérialisé » (pt 31). S'agissant de la localisation du lieu de survenance du dommage sur le territoire d'un État membre, la Cour confirme que « lorsque le marché affecté par le comportement anticoncurrentiel se trouve dans l'État membre sur le territoire duquel le dommage allégué est prétendument survenu, il y a lieu de considérer que le lieu de la matérialisation du dommage, aux fins de l'application de l'article 7, point 2, du règlement n° 1215/2012, se trouve dans cet État membre » (pt 33). La Cour justifie ensuite ce for au regard de l'exigence de proximité (entre le juge et le lieu du marché affecté) et de prévisibilité (l'auteur de l'infraction étant réputé s'attendre à être attrait devant les juridictions d'un marché affecté). Enfin, l'absence de rapport contractuel entre la victime et l'auteur défendeur à l'instance, de même que l'existence d'autres membres de l'entente non-défendeurs sont des considérations sans pertinence. Le fondement délictuel de la compétence suffit à écarter la première objection, alors que le caractère solidaire de la responsabilité des auteurs d'une infraction unique et continue au droit de la concurrence écarte la seconde.

L'arrêt est important en ce qu'il garantit à la victime de l'entente la possibilité d'attraire les auteurs multiples de l'infraction au lieu de son propre siège social où le dommage direct résultant de l'augmentation des prix se sera réalisé. Or, dès lors que la responsabilité des auteurs est solidaire, la victime pourra se trouver mieux servie du point de vue de la compétence internationale par le for délictuel de l'article 7, point 2, que par un éventuel for contractuellement convenu avec un contractant co-auteur de l'infraction. Autrement dit, même lorsque cette victime sera liée à l'un des auteurs de l'entente par un lien contractuel, elle pourrait avoir intérêt à porter son action contre un autre auteur de l'entente avec lequel elle n'entretient aucun lien contractuel, afin d'éviter de voir s'appliquer à son détriment une éventuelle détermination conventionnelle du for compétent, que ce soit sous la forme du lieu convenu d'exécution du contrat ou d'une clause attributive rédigée d'une manière large.

Malik LAAZOUZI

XXII. DROIT DE LA PROCÉDURE CIVILE

(Aucun arrêt significatif n'a été retenu dans cette matière en 2019)

XXIII. FINANCES ET BUDGET

Cour de justice, gde ch., 31 octobre 2019, *Commission européenne c/ Royaume des Pays-Bas*, aff. C-395/17, ECLI:EU:C:2019:918

Conclusions de l'avocat général M. Bobek, du 6 février 2019, ECLI:EU:C:2019:98

MOTS-CLÉS : Ressources propres – Pays et territoires d'outre-mer – Responsabilité des États membres à l'égard de l'Union – Coopération loyale

CADRE NORMATIF : article 4, paragraphe 3, TUE ; article 198 TFUE ; décision du Conseil du 27 novembre 2001 relative à l'association des pays et territoires d'outre-mer à la Communauté européenne (*JOCE*, L 314, 30 novembre 2001, p. 1)

NOTES ET OBSERVATIONS : F. PERALDI-LENEUF, *Europe*, 2019, n° 12, comm. 487

EXTRAITS DE L'ARRÊT

1. Par sa requête, la Commission européenne demande à la Cour de constater que, en n'ayant pas compensé la perte des ressources propres qui auraient dû être constatées et mises à la disposition du budget de l'Union européenne conformément [à la réglementation de l'UE] si des certificats de circulation des marchandises EUR. 1 n'avaient été délivrés en violation, d'une part, de l'article 101, paragraphe 1, de la décision 91/482/CEE du Conseil, du 25 juillet 1991, relative à l'association des pays et territoires d'outre-mer à la Communauté économique européenne (*JO* 1991, L 263, p. 1, ci-après la « décision PTOM de 1991 »), et de l'article 12, paragraphe 6, de l'annexe II de ladite décision en ce qui concerne l'importation de lait en poudre et de riz en provenance de Curaçao pendant la période 1997/2000 et, d'autre part, de l'article 35, paragraphe 1, de la décision 2001/822/CE du Conseil, du 27 novembre 2001, relative à l'association des pays et territoires d'outre-mer à la Communauté européenne (« décision d'association outre-mer ») (*JO* 2001, L 314, p. 1, ci-après la « décision PTOM de 2001 »), et de l'article 15, paragraphe 4, de l'annexe III de ladite décision en ce qui concerne l'importation de gruau et de semoule en provenance d'Aruba pendant la période 2002/2003, le Royaume des Pays-Bas a manqué aux obligations qui lui incombent en vertu de l'article 5 du traité CE (devenu article 10 CE puis article 4, paragraphe 3, TUE).

[...]

77. À la lumière de ces considérations, il y a lieu d'examiner, en premier lieu, si le Royaume des Pays-Bas est, en vertu des obligations lui incombant en tant qu'État membre au titre de l'article 4, paragraphe 3, TUE, responsable, vis-à-vis de l'Union, d'une éventuelle délivrance de certificats EUR. 1 par les autorités de Curaçao et d'Aruba en méconnaissance des décisions PTOM de 1991 et de 2001, en deuxième lieu, s'il est tenu, en vertu de cette disposition, de compenser le montant, le cas échéant majoré d'intérêts de retard, d'une éventuelle perte de ressources propres de l'Union en résultant et, en troisième lieu, dans l'affirmative, si le manquement reproché au Royaume des Pays-Bas est fondé.

– Sur la responsabilité du Royaume des Pays-Bas en raison d'une éventuelle délivrance irrégulière de certificats EUR. 1 par les autorités de Curaçao et d'Aruba

78. La Commission soutient que c'est en raison des relations particulières liant Curaçao et Aruba au Royaume des Pays-Bas que cet État membre doit répondre, vis-à-vis de l'Union, des actes et des omissions des autorités de Curaçao et d'Aruba lorsque celles-ci ont délivré des certificats EUR. 1 en méconnaissance des décisions PTOM de 1991 et de 2001.

79. Le Royaume des Pays-Bas figure parmi les États membres qui entretiennent, selon l'article 131, premier alinéa, du traité CE (devenu article 182, premier alinéa, CE puis article 198, premier alinéa, TFUE), des « relations particulières » avec des PTOM. Conformément à cette disposition, l'assujettissement de ces pays et territoires au régime spécial d'association défini dans la quatrième partie du traité CE se fondait, à l'époque de cette délivrance, sur ces relations particulières.

80. Lesdites relations particulières se caractérisent par la circonstance que les PTOM ne sont pas des États indépendants, mais constituent des pays et territoires qui dépendent d'un tel État, lequel assure notamment leur représentation sur le plan international [voir, en ce sens, avis 1/78 (Accord international sur le caoutchouc naturel), du 4 octobre 1979, EU:C:1979:224, point 62, et 1/94 (Accords annexés à l'accord OMC), du 15 novembre 1994, EU:C:1994:384, point 17].

81. Conformément à l'article 131 du traité CE (devenu article 182 CE puis article 198 TFUE), l'application du régime spécial d'association défini dans la quatrième partie de ce traité, visant à promouvoir le développement économique, social et culturel des PTOM, ne bénéficie qu'à des pays et territoires entretenant des relations particulières avec l'État membre concerné, lequel a demandé que le régime spécial d'association leur soit rendu applicable. S'agissant en particulier de Curaçao et d'Aruba, qui faisaient partie des Antilles néerlandaises lors de l'entrée en vigueur du

traité CEE, les États membres ont conclu la convention 64/533/CEE, du 13 novembre 1962, portant révision du traité instituant la Communauté économique européenne en vue de rendre applicable aux Antilles néerlandaises le régime spécial d'association défini dans la quatrième partie de ce traité (*JO* 1964, P 150, p. 2414).

82. Ainsi, les termes employés, notamment, au premier considérant ainsi qu'à l'article 234 et à l'article 235, paragraphe 2, de la décision PTOM de 1991 ainsi que, en particulier, aux articles 4 et 7 de la décision PTOM de 2001 pour désigner l'État membre « dont relèvent » les PTOM ou l'État membre « de rattachement » des PTOM sont l'expression des relations particulières existant entre eux, selon l'article 131, premier alinéa, du traité CE (devenu article 182, premier alinéa, CE puis article 198, premier alinéa, TFUE). Cette interprétation est corroborée par l'article 1er de la décision PTOM de 1991, lu en combinaison avec l'annexe I, point 4, de celle-ci, dont il ressort que Curaçao et Aruba étaient des PTOM « du » Royaume des Pays-Bas.

83. En outre, dans le cadre dudit régime spécial d'association, les produits originaires de Curaçao et d'Aruba bénéficiaient d'un accès privilégié au marché intérieur en exemption de droits de douane et de taxes d'effet équivalent, conformément à l'article 133, paragraphe 1, du traité CE (devenu article 184, paragraphe 1, CE puis article 200, paragraphe 1, TFUE), lu en combinaison avec l'article 101, paragraphe 1, l'article 108, paragraphe 1, premier tiret, ainsi que l'annexe II de la décision PTOM de 1991 (article 35 et annexe III de la décision PTOM de 2001.

84. Or, la délivrance de certificats EUR. 1 était régie par le droit de l'Union. En effet, selon l'article 12, paragraphe 6, de l'annexe II de la décision PTOM de 1991 (l'article 15, paragraphe 4, de l'annexe III de la décision PTOM de 2001), laquelle s'appliquait aux territoires des PTOM en vertu de son article 237, ces certificats, établissant cette origine, devaient être délivrés par les autorités des PTOM. Ainsi, lorsque ces autorités délivraient de tels certificats, elles étaient tenues de respecter les exigences contenues dans l'annexe II de la décision PTOM de 1991 (annexe III de la décision PTOM de 2001).

85. En outre, les procédures prévues par les décisions PTOM de 1991 et de 2001 pour régler les différends ou les problèmes susceptibles d'apparaître dans ce contexte reflétaient le caractère central que revêtaient, pour le régime d'association défini dans la quatrième partie du traité CE, les relations particulières, au sens de l'article 131, premier alinéa, du traité CE (devenu article 182, premier alinéa, CE puis article 198, premier alinéa, TFUE), entre le PTOM concerné et l'État membre dont il relevait.

86. À cet égard, il convient de tenir compte, en particulier, de l'article 26, paragraphe 7, de l'annexe II de la décision PTOM de 1991

ainsi que de l'article 34 de l'annexe III de la décision PTOM de 2001, selon lesquels les différends portant sur la légalité de certificats EUR. 1 qui ne pouvaient pas être réglés entre les autorités douanières de l'État d'importation et celles du PTOM d'exportation devaient l'être au niveau du comité de l'origine puis du comité du Code des douanes, dans le cadre d'une procédure à laquelle participait, notamment, un représentant de l'État membre dont relevait le PTOM d'exportation mais pas les autorités locales compétentes de ce PTOM.

87. En outre, s'agissant de la résolution éventuelle de problèmes susceptibles de se poser dans le contexte d'une délivrance irrégulière de certificats EUR. 1 dans le cadre du partenariat visé aux articles 234 et 235 de la décision PTOM de 1991 (puis article 7 de la décision PTOM de 2001), force est de constater que ce partenariat ne pouvait se fonder sur un dialogue bilatéral entre le PTOM concerné et la Commission, mais nécessitait une concertation trilatérale à laquelle devaient participer, outre la Commission, l'État membre dont relevait le PTOM et les autorités locales compétentes de celui-ci. Selon l'article 10, premier alinéa, de la décision PTOM de 1991, la participation de l'État membre dont relevait le PTOM à cette concertation trilatérale était requise aux fins d'assurer le respect des « compétences des pouvoirs centraux respectifs des États membres concernés ». De manière similaire, l'article 7, paragraphe 1, de la décision PTOM de 2001 mettait l'accent sur la nécessité de respecter « l'organisation institutionnelle des États membres concernés ».

88. Dans ces conditions, l'existence de relations particulières, au sens de l'article 131, premier alinéa, du traité CE (devenu article 182, premier alinéa, CE puis article 198, premier alinéa, TFUE), entre le Royaume des Pays-Bas et ses PTOM est de nature à faire naître une responsabilité spécifique de cet État membre vis-à-vis de l'Union lorsque les autorités de ces PTOM délivrent des certificats EUR. 1 en méconnaissance desdites décisions.

89. Le Royaume des Pays-Bas conteste néanmoins l'existence d'une telle responsabilité. Premièrement, il soutient que, le traité CE ayant été ratifié uniquement pour les Pays-Bas, il y a lieu de distinguer entre Curaçao et Aruba, d'une part, et le Royaume des Pays-Bas en tant qu'État membre, d'autre part, conformément à la jurisprudence issue de l'avis 1/78 (Accord international sur le caoutchouc naturel), du 4 octobre 1979 (EU:C:1979:224, point 62). Deuxièmement, selon le Royaume des Pays-Bas, le système de coopération administrative établi par les décisions PTOM de 1991 et de 2001 permettait de s'adresser directement aux autorités desdits PTOM, de telle sorte que la Commission ne saurait le tenir pour responsable des actes de ces autorités sur le fondement de l'article 4, paragraphe 3, TUE. Troisièmement, la reconnaissance d'une telle responsabilité porterait atteinte à l'autonomie de ces PTOM, en méconnaissance de l'article 4, paragraphe 2, TUE et de l'article 73 de la charte des Nations unies.

90. En ce qui concerne le premier argument, la Cour a certes jugé en substance, au point 62 de l'avis cité au point précédent, que, lorsqu'un État membre conclut un accord international en tant que représentant international d'un PTOM qui relève dudit État, il n'agit pas en qualité d'État membre. Or, ce constat, qui a permis à la Cour de conclure qu'une telle représentation était sans incidence sur la « délimitation des sphères de compétence à l'intérieur de la Communauté », n'est pas pertinent en vue d'apprécier la responsabilité d'un État membre dans le contexte de la délivrance, par les autorités d'un PTOM relevant de cet État membre, de certificats EUR. 1 en méconnaissance des décisions PTOM de 1991 et de 2001, qui était régie par les normes du droit de l'Union applicables sur le territoire des PTOM.

91. S'agissant du deuxième argument du Royaume des Pays-Bas, tiré du système de coopération administrative établi par les décisions PTOM de 1991 et de 2001, il est vrai que, conformément à l'article 26, paragraphe 6, de l'annexe II de la décision PTOM de 1991 puis à l'article 32, paragraphe 8, de l'annexe III de la décision PTOM de 2001, il appartenait aux autorités du PTOM concerné, notamment, d'effectuer les enquêtes nécessaires lorsque la procédure de contrôle visée à l'article 26, paragraphe 1, de l'annexe II de la première décision puis à l'article 32, paragraphe 2, de l'annexe III de la seconde décision ou toute autre information disponible semblait indiquer que les dispositions de ces annexes étaient transgressées. Toutefois, d'une part, ces mêmes dispositions prévoyaient que la Commission « peut participer » aux enquêtes visant à déceler et à prévenir des transgressions aux dispositions régissant la délivrance des certificats EUR. 1, sans imposer à celle-ci une obligation à cet égard. D'autre part, si l'article 26, paragraphe 7, de l'annexe II de la décision PTOM de 1991 puis l'article 34 de l'annexe III de la décision PTOM de 2001 disposaient que les litiges survenus à l'occasion de telles enquêtes ou soulevant un problème d'interprétation « sont soumis » à une procédure de règlement des différends, il ressort des termes mêmes de ces dispositions que celles-ci visaient uniquement les litiges survenant entre l'État d'importation et le PTOM d'exportation et, partant, ne s'imposaient pas à la Commission.

92. Par ailleurs, et contrairement à ce que soutient le Royaume des Pays-Bas, les dispositions relatives à la concertation dénommée « partenariat » ne s'opposent pas non plus à ce qu'un État membre puisse être tenu pour responsable, en vertu de l'article 4, paragraphe 3, TUE, d'une délivrance irrégulière de certificats EUR. 1 par les autorités de ses PTOM. En effet, aux termes mêmes de l'article 234 de la décision PTOM de 1991, l'action de l'Union ne devait s'appuyer qu'« autant que possible » sur cette concertation entre la Commission, l'État membre dont relevait le PTOM et les autorités locales compétentes de ce dernier. En outre, selon l'article 235, paragraphe 2, de cette décision, des groupes de

travail d'association « peuvent être créés », à la demande notamment des PTOM concernés, aux fins de traiter tout problème se posant entre les PTOM et l'Union. De manière similaire, l'article 7, paragraphe 3, de la décision PTOM de 2001 prévoyait seulement que les groupes de travail de partenariat institués pour chaque PTOM « peuvent être convoqués » à la demande notamment d'un PTOM. Ainsi, s'il est vrai que cette procédure de partenariat n'a, en l'occurrence, pas été mise en œuvre, il n'en demeure pas moins que le libellé de ces dispositions indique que celles-ci conféraient à une telle mise en œuvre un caractère facultatif.

93. Le troisième argument, tiré de l'autonomie constitutionnelle de Curaçao et d'Aruba, ne saurait non plus prospérer, dès lors que le Royaume des Pays-Bas n'expose pas comment la responsabilité d'un État membre pour les actes de ses PTOM, qui est sans préjudice des missions confiées à ces derniers par les décisions PTOM de 1991 et de 2001, pourrait être de nature à porter atteinte à leur autonomie.

94. Il convient encore d'apprécier le point de savoir pour quels types d'erreurs commises par un PTOM dans le contexte de la délivrance de certificats EUR. 1 l'État membre dont il relève doit être tenu responsable.

95. À cet égard, il résulte du principe de coopération loyale, consacré à l'article 4, paragraphe 3, TUE, que les États membres sont tenus de prendre toutes les mesures propres à garantir la portée et l'efficacité du droit de l'Union (voir, en ce sens, arrêts du 7 octobre 2010, *Stils Met*, C-382/09, EU:C:2010:596, point 44, et du 5 décembre 2017, *Allemagne/ Conseil*, C-600/14, EU:C:2017:935, point 94).

96. Or, compte tenu du caractère préférentiel et dérogatoire du régime douanier dont bénéficiaient les produits originaires des PTOM, dans les conditions prévues à l'article 133, paragraphe 1, du traité CE (devenu article 184, paragraphe 1, CE puis article 200, paragraphe 1, TFUE) et à l'article 101, paragraphe 1, lu en combinaison avec l'article 108, paragraphe 1, premier tiret, ainsi que l'annexe II de la décision PTOM de 1991 (article 35 et annexe III de la décision PTOM de 2001), l'obligation rappelée au point précédent s'impose avec une rigueur particulière en l'espèce. Dès lors, la responsabilité vis-à-vis de l'Union incombant à l'État membre dont relève un PTOM s'étend, en vertu de l'article 4, paragraphe 3, TUE, à toute erreur commise par les autorités de ce PTOM, dans le contexte de la délivrance de certificats EUR. 1.

97 Eu égard à l'ensemble de ces considérations, il y a lieu de conclure que le Royaume des Pays-Bas est, en vertu des obligations lui incombant en tant qu'État membre au titre de l'article 131, premier alinéa, du traité CE (devenu article 182, premier alinéa, CE puis article 198, premier alinéa, TFUE) ainsi que de l'article 4, paragraphe 3, TUE, responsable, vis-à-vis de l'Union, d'une éventuelle délivrance par les autorités de Curaçao et d'Aruba de certificats EUR. 1 en méconnaissance des décisions

PTOM de 1991 et de 2001 [voir, par analogie, arrêt de ce jour, *Commission/Royaume-Uni (Responsabilité pour l'action d'un PTOM)*, C-391/17, point 95].

– Sur l'obligation de compenser une éventuelle perte de ressources propres, en vertu de l'article 4, paragraphe 3, TUE

98. Il est de jurisprudence constante que, en vertu du principe de coopération loyale, les États membres sont tenus d'effacer les conséquences illicites d'une violation du droit de l'Union. Dès lors, il incombe aux autorités des États membres de prendre, dans le cadre de leurs compétences, toutes les mesures nécessaires afin de remédier à une violation de ce droit (voir, en ce sens, arrêts du 21 juin 2007, *Jonkman e.a.*, C-231/06 à C-233/06, EU:C:2007:373, points 37 et 38, ainsi que du 26 juillet 2017, *Comune di Corridonia e.a.*, C-196/16 et C-197/16, EU:C:2017:589, point 35 et jurisprudence citée, ainsi que du 27 juin 2019, *Belgisch Syndicaat van Chiropraxie e.a.*, C-597/17, EU:C:2019:544, point 54).

99. Dans la mesure où la délivrance d'un certificat EUR. 1 en méconnaissance des décisions PTOM de 1991 et de 2001 empêche, dans les conditions prévues à l'article 220, paragraphe 2, sous b), et à l'article 239 du Code des douanes, les autorités de l'État membre d'importation concerné de percevoir les droits de douane qu'elles auraient dû percevoir en l'absence d'un tel certificat EUR. 1, la perte de ressources propres traditionnelles de l'Union en résultant constitue la conséquence illicite d'une violation du droit de l'Union. En effet, selon la jurisprudence de la Cour, une telle perte doit être compensée soit par une autre ressource propre, soit par une adaptation des dépenses (voir, par analogie, arrêts du 15 novembre 2005, *Commission/Danemark*, C-392/02, EU:C:2005:683, point 54, et du 5 octobre 2006, *Commission/Allemagne*, C-105/02, EU:C:2006:637, point 88).

100. Dès lors, l'État membre qui est responsable, vis-à-vis de l'Union, de la délivrance irrégulière d'un tel certificat est tenu, conformément au principe de coopération loyale, de prendre toutes les mesures nécessaires afin de remédier à cette violation du droit de l'Union et, en particulier, doit compenser la perte de ressources propres en résultant [voir, par analogie, arrêt de ce jour, *Commission/Royaume-Uni (Responsabilité pour l'action d'un PTOM)*, C-391/17, point 98].

101. En ce qui concerne, plus particulièrement, le point de savoir si le montant d'une telle perte de ressources propres doit, le cas échéant, être majoré d'intérêts de retard, il suffit de relever que la seule compensation du montant des droits de douane qui n'ont pas pu être perçus ne saurait suffire à effacer les conséquences illicites d'une délivrance irrégulière d'un certificat EUR. 1.

102. Cette interprétation ne saurait être mise en cause par l'argument tiré du principe de sécurité juridique, invoqué par le Royaume des Pays-Bas et le Royaume-Uni, selon lequel une telle obligation de compensation ne saurait exister en l'absence de disposition expresse concernant celle-ci en droit de l'Union. En effet, l'obligation de compenser la perte de ressources propres résultant d'une délivrance irrégulière de certificats EUR. 1 ne constitue qu'une expression particulière de l'obligation, découlant du principe de coopération loyale, selon laquelle les États membres sont tenus de prendre toutes les mesures nécessaires afin de remédier à une violation du droit de l'Union et d'en effacer les conséquences illicites. Ainsi qu'il ressort de la jurisprudence constante rappelée au point 98 du présent arrêt, cette dernière obligation s'étend à toutes les conséquences illicites d'une violation de ce droit, notamment à celles qui sont de nature financière, telles que celles en cause en l'espèce.

103. Toutefois, les intérêts de retard ne commencent à courir qu'à partir de la date de la demande adressée à l'État membre concerné visant à compenser ladite perte de ressources propres.

104. Eu égard à l'ensemble de ces considérations, il y a lieu de conclure que l'État membre qui est responsable vis-à-vis de l'Union d'une délivrance irrégulière de certificats EUR. 1 par un PTOM relevant de celui-ci est tenu, conformément au principe de coopération loyale, de compenser une éventuelle perte de ressources propres, majorée, le cas échéant, d'intérêts de retard.

[...]

Observations

Procédure

Cette affaire néerlandaise (1) trouve son origine dans l'émission par les autorités de pays et territoires d'Outre-mer (PTOM) rattachés aux Pays-Bas (Aruba et Curaçao) de certificats d'exportation irréguliers ayant conduit, à l'occasion de l'importation au sein de l'Union européenne (Allemagne) de produits agricoles en provenance de ces PTOM, à éluder des droits de douane, et par conséquent à soustraire à l'Union européenne des ressources propres traditionnelles (RPT).

(1) Voy. égal. l'affaire britannique « jumelle » tranchée le même jour par la même formation de jugement : CJUE, gde ch., 31 octobre 2019, *Commission c/ Royaume-Uni*, aff. C-391/17, ECLI:EU:C:2019:919.

Or, dans son action en infraction, la Commission soutient que l'État défendeur a manqué aux exigences de la coopération loyale en n'assumant pas les conséquences financières résultant des irrégularités commises par les PTOM qui lui sont attachés. Cette affaire offre ainsi à la Cour l'occasion d'une part de préciser l'étendue de la responsabilité des États membres pour des faits commis par leurs PTOM, et d'autre part de statuer, dans le silence de la réglementation européenne, sur l'existence d'une obligation de compensation des ressources propres non recouvrées par les autorités d'un État membre en raison d'erreurs imputables à celles d'un autre.

Examen

Il est tout d'abord remarquable de constater qu'aux fins de fonder la responsabilité de l'État défendeur, la Cour ne se place pas d'emblée, à l'instar de la Commission d'ailleurs (pt 74 ainsi que paragraphes 55 et 56 des conclusions), sur le terrain de l'imputabilité des actes du PTOM à son État d'appartenance, et ce alors même que, jusque-là, elle n'avait pas semblé manifester de réelles préventions à cet égard (2). Après avoir réaffirmé qu'« un État membre ne saurait exciper de dispositions, pratiques et situations de son ordre juridique interne pour justifier le non-respect des obligations et délais résultant des normes communautaires » (3), la Cour n'a-t-elle pas condamné la France en manquement pour l'irrespect en Nouvelle Calédonie de décisions à l'époque communautaires relatives à l'association des PTOM, et ce alors même que l'État membre soutenait devant elle que l'affaire mettait en jeu les compétences respectives des pouvoirs centraux et locaux dans ce contexte ultramarin particulier (4) ?

La Cour opte, dans la présente affaire, pour une approche plus mesurée de la responsabilité de l'État de rattachement prenant davantage en considération les spécificités des PTOM. Il faut dire que ces particularités ne résultent pas

(2) Voy. à ce sujet, R. Colavitti, *Le statut des collectivités infra-étatiques européennes*, Bruxelles, Bruylant, 2015, spéc. pp. 510-518.

(3) CJCE, 12 décembre 1990, *Commission c/ France*, aff. C-263/88, *Rec.*, p. I-4611, pt 7.

(4) *Ibid.*, pt 6.

uniquement du droit et de l'organisation internes, elles sont formellement prises en compte par le droit de l'Union européenne lui-même, ce qui différencie les PTOM des autorités infra-étatiques ordinaires dont les agissements sont davantage susceptibles d'être directement imputés aux États membres (5). Le régime d'association fixé par le droit de l'Union confie en l'occurrence expressément aux autorités des PTOM le soin d'établir les certificats litigieux de la même manière qu'il les associe tout aussi explicitement, dans le cadre d'un partenariat individualisé, aux mécanismes de concertation afférents à l'association (pt 84). Ces circonstances ne sont cependant pas, aux yeux de la Cour, de nature à exonérer l'État d'appartenance de toute responsabilité à l'égard de l'Union européenne pour les faits commis par un de ses PTOM qui, n'endossant pas les habits d'« un État indépendant », « dépend » d'un État membre assurant notamment sa représentation sur le plan international (pt 80). Comme la Commission, la haute juridiction fonde donc la responsabilité de l'État d'appartenance sur « les relations particulières » entretenues par ce dernier avec son PTOM (pt 88). Justifiant, conformément à l'article 198 du traité FUE, le régime singulier de l'association, ces relations particulières s'illustrent d'ailleurs, s'agissant des certificats litigieux, dans les procédures tant de concertation que de règlement des différends prévus par le droit de l'Union européenne puisque l'État d'appartenance y participe, dans le premier cas aux côtés de son PTOM et dans le second en l'absence de ce dernier (pts 85-88). Or, dans un tel cadre défini par le droit de l'Union européenne et applicable au PTOM en cause, l'État d'appartenance agit bien en qualité d'État membre, contrairement à ce qui prévaut lorsqu'en qualité de représentant international d'un PTOM, il conclut un accord international (6) (pt 90).

(5) Voy. par ex. CJCE, 14 octobre 2004, *Commission c/ France*, aff. C-340/02, *Rec.*, p. I-9845, dispositif : « La Communauté urbaine du Mans ayant attribué un marché [...] sans avoir procédé à la publication d'un avis de marché au *JOCE*, la République française a manqué aux obligations qui lui incombent en vertu de la directive 92/50/CEE [...] ».

(6) CJCE, 4 octobre 1979, avis 1/78, *accord international sur le caoutchouc naturel*, *Rec.*, p. 2871, pt 62.

Il n'en demeure pas moins que, fondée sur l'existence de « relations particulières » avec le PTOM projetées au plan européen, la responsabilité de l'État membre à l'égard de l'organisation pour les faits commis par l'entité ultramarine est logiquement qualifiée par la Cour de « spécifique » (pt 88), ce qui, selon le juge de l'Union, semble signifier qu'elle n'est, en principe du moins, que relative et susceptible de gradation (pt 94). Son étendue semble ainsi résulter de la combinaison de deux éléments (pts 94-97). Structurel, le premier réside dans l'exigence de coopération loyale énoncée à l'article 4, paragraphe 3, du traité UE et imposant, non pas au PTOM (pt 76) mais bien à l'État d'appartenance, de prendre toutes les mesures propres à garantir la portée et l'efficacité du droit de l'Union européenne. Le second, variable, semble tenir à la nature de la règle européenne en cause en l'espèce. C'est en effet manifestement en raison « du caractère préférentiel et dérogatoire du régime douanier dont bénéficient les produits originaires des PTOM » que la Cour considère que l'obligation de coopération loyale de l'État d'appartenance s'imposait « avec une rigueur particulière en l'espèce », ce qui emporte alors la responsabilité intégrale de ce dernier, c'est-à-dire pour toutes les erreurs commises par le PTOM dans la délivrance des certificats (pt 96).

Pour autant, la Cour n'aborde pas, du moins formellement, la question de la compensation des ressources propres éludées sous l'angle à proprement parler de la réparation d'un dommage subi par l'organisation. Sans doute convient-il d'ailleurs à ce stade, non pas de nier l'existence d'un préjudice, mais d'en circonscrire le périmètre et d'en identifier les victimes potentielles. La Cour affirme ainsi qu'« une telle perte doit être compensée soit par une autre ressource propre, soit par une adaptation des dépenses » (pt 99), ce qui peut s'analyser comme une conséquence du principe d'équilibre en recettes et en dépenses du budget posé à l'article 310, paragraphe 1, du traité FUE (7). Si l'alternative envisagée par la Cour est théoriquement indéniable, seule sa première branche est en pratique soutenable en l'état du système des

(7) CJCE, 15 novembre 2005, *Commission c/ Danemark*, aff. C-392/02, *Rec.*, p. I-9811, pt 54.

ressources propres. Dans les faits en effet, l'éventuel reflux des RPT sera, dans l'esprit du panier de ressources formant « système », mécaniquement compensé, à plus ou moins court terme (8), par la ressource propre « complémentaire » fondée sur le revenu national brut (RNB). Ce reflux ne devrait au surplus en principe n'avoir aucune incidence sur le volume des ressources propres disponibles dès lors que celles-ci sont plafonnées en part du revenu national brut (RNB), non pas individuellement, mais bien dans leur ensemble. Autrement dit, n'ayant dans les faits pas vraiment d'impact sur le volume global des recettes de l'organisation, la perte de RPT occasionnera en réalité non seulement une modification de la structure des ressources de l'organisation mais aussi et surtout une modification de la répartition de la charge financière entre les États membres appelés à compenser ces pertes en fonction de leur part dans le RNB de l'Union européenne.

Toujours est-il qu'après avoir laborieusement établi la responsabilité intégrale, en l'espèce, de l'État défendeur pour les erreurs commises par son PTOM, la Cour replace simplement les prétentions de la Commission en matière de compensation sur le terrain bien balisé de l'obligation des États membres d'effacer les conséquences illicites d'une violation du droit de l'Union, ce qui la conduit donc à mobiliser à nouveau l'exigence de coopération loyale (pts 98 et 99). Il en résulte, dans ce cadre, que consécutive à la délivrance irrégulière de certificats, la perte de ressources propres traditionnelles s'analyse logiquement comme une conséquence illicite d'une violation du droit de l'Union européenne à laquelle il appartient à l'État membre tenu responsable de remédier en procédant « en particulier » à la compensation des montants éludés (pt 100). Contrairement à ce que suggérait l'avocat général, la compensation des pertes de ressources propres imputables à un État membre ne s'inscrit donc pas formellement dans un régime de responsabilité à proprement parler de l'État membre à l'égard de l'Union, ce qui présente l'insigne avantage de ne pas limiter, comme l'envisageait l'avocat général, la compensation aux pertes de

(8) Dans le cadre d'un budget rectificatif corrigeant la prévision du volet « recettes » de l'exercice en question, ou, à défaut, dans le cadre du budget de l'exercice ultérieur, lequel assume le solde de l'exercice précédent.

RPT résultant d'une violation suffisamment caractérisée du droit de l'Union européenne. Au-delà, force est de constater que cette exigence jurisprudentielle de compensation intégrale des pertes de RPT résultant d'une violation du droit de l'Union imputable à un État membre concorde parfaitement avec le cadre réglementaire qui, dans l'hypothèse voisine d'une collecte nationale défaillante, a toujours imposé, hors cas de force majeure, aux États membres de mettre à disposition de l'Union européenne les droits s'avérant irrécouvrables pour des raisons qui leur sont imputables (9). Dans ce contexte, la Cour de justice s'est d'ailleurs montrée particulièrement inflexible en condamnant par exemple en manquement un État membre pour n'avoir pas mis à disposition des droits irrécouvrables en raison de fraudes commises par ses douaniers (10). L'exigence de compensation intégrale dégagée par la Cour dans cette affaire n'en est pas moins utile dès lors que la réglementation ne traite précisément que des conséquences financières des manquements commis par les autorités nationales collectrices. Or, indépendamment de son caractère ultramarin, cette affaire comme d'ailleurs d'autres qui n'avaient cependant pas pu être tranchées sur ce point (11) démontre que, dans le cadre de l'union douanière, les pertes de RPT peuvent également résulter d'erreurs commises par d'autres États membres que celui chargé *in fine* de la collecte. Compte tenu des principes posés par la Cour, ils devront à l'avenir en assumer les conséquences financières, et ce dans l'intérêt de l'ensemble de leurs pairs plutôt d'ailleurs que dans celui de l'Union (*cf. supra*). Nul doute que la Commission y veillera avec le soutien du régime des intérêts de retard auquel l'État concerné sera assujetti mais à compter seulement de la date d'émission de la demande de compensation (pt 103), et ce alors même que, fondée sur

---

(9) Art. 13, § 1, règlement (UE, Euratom) n° 609/2014 du Conseil du 26 mai 2014 relatif aux modalités et à la procédure de mise à disposition des ressources propres traditionnelles, de la ressource propre fondée sur la TVA et de la ressource propre fondée sur le RNB et aux mesures visant à faire face aux besoins de trésorerie, *JOUE*, L 168, 7 juin 2014, p. 39, tel que modifié par le règlement 2016/804 du Conseil du 17 mai 2016, *JOUE*, L 132, 21 mai 2016, p. 85.

(10) CJUE, 8 juillet 2010, *Commission c/ Italie*, aff. C-334/08, *Rec.*, p. I-6869.

(11) CJUE, 25 octobre 2017, *Slovaquie c/ Commission*, aff. jtes C-593/15 et C-594/15 P, ECLI:EU:C:2017:800.

l'effacement de l'intégralité des conséquences illicites de la violation du droit de l'Union européenne, l'applicabilité de ce régime aurait pu postuler une prise d'effet à la date à laquelle les droits auraient dû être mis à disposition.

Aymeric Potteau

Cour de justice, 4e ch., 30 janvier 2019, *Royaume de Belgique c/ Commission européenne*, aff. C-587/17 P, ECLI:EU:C:2019:75

Conclusions de l'avocat général N. Wahl, du 4 octobre 2018, ECLI:EU:C:2018:821

Mots-clés : Protection des intérêts financiers de l'Union européenne – Récupération des sommes indûment versées – Obligation de diligence – Coopération loyale – Renvoi préjudiciel

Cadre normatif : article 4, paragraphe 3, TUE ; règlement (CE) n° 1290/2005 du Conseil du 21 juin 2005 relatif au financement de la politique agricole commune (*JOUE*, L 209, 11 août 2005, p. 1)

Notes et observations : V. Bassani, *Europe*, 2019, n° 3, comm. 125

Extraits de l'arrêt

1. Par son pourvoi, le Royaume de Belgique demande l'annulation de l'arrêt du Tribunal de l'Union européenne du 20 juillet 2017, *Belgique/Commission* (T-287/16, non publié, ci-après l'« arrêt attaqué », EU:T:2017:531), par lequel celui-ci a rejeté son recours tendant à l'annulation de la décision d'exécution (UE) 2016/417 de la Commission, du 17 mars 2016, écartant du financement de l'Union européenne certaines dépenses effectuées par les États membres au titre du Fonds européen agricole de garantie (FEAGA) et du Fonds européen agricole pour le développement rural (Feader) (*JO* 2016, L 75, p. 16), en tant qu'elle écarte dudit financement à l'égard du Royaume de Belgique la somme de 9 601 619 euros (ci-après la « décision litigieuse »).

[...]

Sur le pourvoi

35. À l'appui de son pourvoi, le Royaume de Belgique invoque un moyen unique tiré de l'interprétation erronée, par le Tribunal, de l'article 32, paragraphe 8, sous a), du règlement n° 1290/2005, devenu, en substance,

l'article 54, paragraphe 5, sous c), du règlement n° 1306/2013. Ce moyen est divisé en deux branches.

Sur la première branche du moyen unique

Argumentation des parties

36. Par la première branche de son moyen unique, le Royaume de Belgique fait valoir que c'est à tort que le Tribunal a, au point 56 de l'arrêt attaqué, considéré que les autorités belges, en n'introduisant pas de pourvoi en cassation contre l'arrêt de la cour d'appel de Bruxelles du 3 mai 2012, n'ont pas épuisé toutes les voies de recours internes. Le Tribunal n'aurait pas tenu compte du caractère extraordinaire du pourvoi en cassation ainsi que du rôle spécifique conféré aux avocats à la Cour de cassation en vertu des règles procédurales belges.

37. Ce faisant, il aurait donné une interprétation contraire à celle retenue par la Cour européenne des droits de l'homme dans les décisions du 5 décembre 2002, *Vogl c. Allemagne* (CE:ECHR:2002:1205DEC006586301, point 2), et du 5 mars 2013, *Chapman c. Belgique* (CE:ECHR:2013:0305DEC003961906, point 33). Cette juridiction aurait, en effet, à plusieurs reprises, reconnu la spécificité du rôle joué par l'avocat à la Cour de cassation dans le système judiciaire belge et son intervention obligatoire. Ainsi, dans cette dernière décision, après avoir relevé que « le requérant s'est adressé, afin de se conformer aux règles du droit judiciaire belge régissant la saisine de la Cour de cassation, à un avocat à la Cour de cassation », que « l'avocat à la Cour de cassation estima qu'il n'y avait aucune chance raisonnable de succès » et que « sur la base de cet avis négatif, le requérant renonça à se pourvoir en cassation », la Cour européenne des droits de l'homme aurait considéré que, « eu égard au rôle préventif de l'avocat de la Cour de cassation, dans l'intérêt tant de la Cour de cassation que des justiciables [...], en l'espèce, le requérant a fait tout ce que l'on pouvait attendre de lui pour épuiser les voies de recours internes ».

[...]

Appréciation de la Cour

[...]

44. Sur le fond, il convient de souligner, d'une part, que, comme le Tribunal l'a relevé au point 56 de l'arrêt attaqué et comme le Royaume de Belgique l'a reconnu dans sa requête en pourvoi, en l'occurrence, les autorités belges n'étaient pas dans l'impossibilité de former un pourvoi en cassation contre l'arrêt de la cour d'appel de Bruxelles du 3 mai 2012.

45. Dans ces conditions, cet État membre ne saurait reprocher au Tribunal d'avoir constaté, audit point 56, que ces autorités n'avaient pas épuisé toutes les voies de recours prévues par le droit belge en vue de la récupération des sommes litigieuses.

46. D'autre part, dans la mesure où le Royaume de Belgique fait, en substance, valoir que le Tribunal a méconnu la décision de la Cour européenne des droits de l'homme du 5 décembre 2002, *Vogl c. Allemagne* (CE:ECHR:2002:1205DEC006586301, point 2), il convient de souligner que cet argument n'est nullement étayé et ne saurait dès lors prospérer.

47. Pour autant que cet État membre prétend que le Tribunal a donné une interprétation contraire à celle retenue par cette même juridiction dans la décision du 5 mars 2013, *Chapman c. Belgique* (CE:ECHR:2013:0305DEC003961906, point 33), il importe de rappeler que cette décision porte sur la condition, prévue à l'article 35, paragraphe 1, de la convention européenne de sauvegarde des droits de l'homme et des libertés fondamentales, signée à Rome le 4 novembre 1950, selon laquelle la Cour européenne des droits de l'homme ne peut être saisie qu'après l'épuisement des voies de recours internes.

48. Comme M. l'avocat général l'a relevé aux points 75 et 76 de ses conclusions, cette condition a pour but de ménager aux États parties à cette convention l'occasion de prévenir ou de redresser les violations alléguées de celle-ci avant que ces allégations ne soient soumises à la Cour européenne des droits de l'homme (Cour EDH, 28 juillet 1999, *Selmouni c. France*, CE:ECHR:1999:0728JUD002580394, point 74, et Cour EDH, 6 janvier 2011, *Paksas c. Lituanie*, CE:ECHR:2011:0106JUD003493204, point 75), tandis que l'obligation prévue à l'article 9, paragraphe 1, sous a), du règlement n° 1290/2005, devenu, en substance, l'article 58, paragraphe 1, du règlement n° 1306/2013, selon laquelle les États membres sont tenus de prendre toutes les mesures nécessaires en vue de récupérer les sommes perdues à la suite d'irrégularités ou de négligences, vise à garantir la protection des intérêts financiers de l'Union. Ainsi, ces deux obligations se rapportent à des régimes juridiques différents, de telle sorte que la jurisprudence précitée de la Cour européenne des droits de l'homme est sans pertinence pour l'interprétation des conditions d'application de l'article 32, paragraphe 8, sous a), du règlement n° 1290/2005, devenu, en substance, l'article 54, paragraphe 5, sous c), du règlement n° 1306/2013, notamment pour l'interprétation de la notion de négligence visée à ces deux dernières dispositions.

49. Partant, les arguments du Royaume de Belgique tirés de la méconnaissance de la jurisprudence de la Cour européenne des droits de l'homme ne sont pas de nature à démontrer une erreur de droit commise par le Tribunal dans l'interprétation et l'application de ces dispositions du droit de l'Union.

50. Dès lors, la première branche du moyen unique doit être rejetée comme étant non fondée.

Sur la seconde branche du moyen unique

Argumentation des parties

51. Par la seconde branche de son moyen unique, le Royaume de Belgique allègue, en substance, que le Tribunal a commis une erreur de droit en considérant, aux points 55 à 62 de l'arrêt attaqué, que cet État membre n'a pas agi avec la diligence nécessaire afin de récupérer les sommes litigieuses et, partant, a commis une négligence, au motif que, en s'abstenant de former un pourvoi contre l'arrêt de la cour d'appel de Bruxelles du 3 mai 2012, alors même qu'il en avait la possibilité, ledit État membre a rendu absolument impossible que des questions préjudicielles sur l'interprétation du règlement n° 3665/87 soient posées à la Cour par la Cour de cassation et n'a pas eu recours à tous les moyens qu'il avait à sa disposition aux fins de la récupération.

[...]

Appréciation de la Cour

65. Afin de statuer sur la seconde branche du moyen unique, il importe, en premier lieu, de rappeler que, conformément à l'article 32, paragraphe 8, sous a), du règlement n° 1290/2005, devenu en substance, l'article 54, paragraphe 5, sous c), du règlement n° 1306/2013, la Commission peut décider d'écarter du financement de l'Union les sommes mises à la charge du budget de celle-ci lorsqu'elle constate que l'absence de récupération est due à des négligences imputables aux autorités d'un État membre.

66. En ce qui concerne les obligations incombant à ces autorités dans ce contexte, l'article 9, paragraphe 1, sous a), du règlement n° 1290/2005 dispose que les États membres prennent toutes les mesures nécessaires pour assurer une protection efficace des intérêts financiers de l'Union, en particulier pour récupérer les sommes perdues à la suite d'irrégularités ou de négligences. L'article 58, paragraphe 1, sous e), du règlement n° 1306/2013, qui reprend en substance cette première disposition, ajoute que les États membres prennent les mesures nécessaires pour engager, le cas échéant, les procédures judiciaires nécessaires aux fins de cette récupération.

67. Ledit article 9, paragraphe 1, repris en substance audit article 58, paragraphe 1, en imposant aux États membres de veiller à protéger les intérêts financiers de l'Union et de récupérer les sommes indûment versées, est l'expression, en ce qui concerne le financement de la politique agricole

commune, de l'obligation de diligence générale prévue à l'article 4, paragraphe 3, TUE (voir, en ce sens, arrêts du 21 février 1991, *Allemagne/Commission*, C-28/89, EU:C:1991:67, point 31 ; du 21 janvier 1999, *Allemagne/Commission*, C-54/95, EU:C:1999:11, points 66 et 177, ainsi que du 13 novembre 2001, *France/Commission*, C-277/98, EU:C:2001:603, point 40). Cette obligation, qui s'applique tout au long de la procédure de recouvrement de ces sommes, implique que les autorités nationales procèdent au recouvrement avec promptitude et en temps utile, et recourent aux moyens de vérification et de récupération à leur disposition afin de garantir la protection de ces intérêts.

68. Toutefois, ces dispositions ne précisent pas les mesures spécifiques devant être adoptées à cette fin, notamment les procédures juridictionnelles devant être engagées en vue de la récupération desdites sommes.

69. La gestion du financement du FEAGA reposant principalement sur les administrations nationales, qui sont chargées de veiller à la stricte observation des règles de l'Union et qui jouissent de la proximité géographique nécessaire à cette fin (voir, en ce sens, arrêts du 24 janvier 2002, *France/Commission*, C-118/99, EU:C:2002:39, point 37, et du 7 juillet 2005, *Grèce/Commission*, C-5/03, EU:C:2005:426, point 40), les États membres sont, ainsi que M. l'avocat général l'a relevé au point 93 de ses conclusions, les mieux placés pour récupérer les sommes indûment versées ou perdues à la suite d'irrégularités ou de négligences et déterminer les mesures les plus appropriées à prendre à cet égard.

70. Ainsi, en particulier, il appartient aux autorités nationales, sous réserve de respecter l'obligation de diligence visée au point 67 du présent arrêt, de choisir les voies de recours qu'elles estiment les plus appropriées en vue de la récupération des sommes en cause, en fonction des circonstances particulières de l'espèce (voir, en ce sens, arrêt du 21 juillet 2005, *Grèce/Commission*, C-370/03, non publié, EU:C:2005:489, point 44).

71. Or, comme M. l'avocat général l'a relevé aux points 101 et 102 de ses conclusions, la décision d'un État membre de ne pas épuiser l'ensemble de ces voies de recours, y compris les voies de recours extraordinaires, peut intervenir dans un large éventail de situations et être due à des raisons très variées. Partant, il ne saurait être considéré, sans tenir compte de ces circonstances, que cet épuisement est, en toute hypothèse, nécessaire aux fins de la protection des intérêts financiers de l'Union et que le fait de ne pas épuiser lesdites voies de recours constitue une négligence.

72. Dans ces conditions, il y a lieu de considérer, ainsi que l'a fait, en substance, valoir le Royaume de Belgique, que l'obligation de diligence visée au point 67 du présent arrêt n'implique pas nécessairement que les États membres épuisent systématiquement, et indépendamment des circonstances particulières de l'espèce, toutes les voies de recours ouvertes par leur droit national aux fins de la récupération des sommes indûment versées.

73. En second lieu, aux points 57 à 60 de l'arrêt attaqué, le Tribunal a considéré que le Royaume de Belgique avait commis une telle négligence au motif que, en s'abstenant d'introduire un pourvoi contre l'arrêt de la cour d'appel de Bruxelles du 3 mai 2012, qui a refusé de poser à la Cour des questions préjudicielles sur l'interprétation du règlement n° 3665/87, cet État membre a rendu absolument impossible que ces questions soient soumises à la Cour par la Cour de cassation.

74. À cet égard, il importe de rappeler que, conformément à l'article 267, troisième alinéa, TFUE, lorsqu'une question de droit de l'Union se pose devant elle, la Cour de cassation, en qualité de juridiction dont les décisions ne sont pas susceptibles d'un recours juridictionnel de droit interne, est, en principe, tenue de saisir la Cour à titre préjudiciel d'une telle question.

75. Cela étant, comme M. l'avocat général l'a en substance relevé aux points 111 à 113 de ses conclusions, l'existence d'une négligence du Royaume de Belgique ne saurait être inférée du seul fait que, en s'abstenant d'introduire un pourvoi contre l'arrêt de la cour d'appel de Bruxelles du 3 mai 2012, cet État membre a privé la Cour de cassation de la possibilité de poser à la Cour des questions préjudicielles sur l'interprétation du règlement n° 3665/87.

76. En effet, premièrement, ce qui importe, afin d'établir l'existence d'une telle négligence, est de déterminer si les autorités belges ont pris toutes les mesures nécessaires en vue de protéger les intérêts financiers de l'Union et, en particulier, si, en ne formant pas un tel pourvoi, ces autorités se sont abstenues d'utiliser une voie de droit qui leur aurait permis, avec une probabilité raisonnable, de récupérer les sommes litigieuses. C'est dans le cadre de cet examen, qui, ainsi qu'il résulte des considérations exposées aux points 71 et 72 du présent arrêt, doit être effectué à la lumière de l'ensemble des circonstances particulières de l'espèce, que doit être prise en compte la circonstance que l'introduction d'un pourvoi contre l'arrêt de la cour d'appel de Bruxelles du 3 mai 2012 aurait pu conduire la Cour de cassation à annuler cet arrêt à la lumière des réponses données par la Cour à d'éventuelles questions préjudicielles sur l'interprétation des dispositions pertinentes du droit de l'Union.

77. Deuxièmement, il résulte d'une jurisprudence constante de la Cour que l'obligation, rappelée au point 74 du présent arrêt, de la Cour de cassation de saisir la Cour à titre préjudiciel lorsqu'une question de droit de l'Union se pose devant elle n'incombe pas à la Cour de cassation lorsque celle-ci constate que la question soulevée n'est pas pertinente, que la disposition de droit de l'Union en cause a déjà fait l'objet d'une interprétation de la part de la Cour ou encore que l'application correcte du droit de l'Union s'impose avec une telle évidence qu'elle ne laisse place à aucun doute raisonnable, l'existence d'une telle éventualité devant être évaluée

en fonction des caractéristiques propres au droit de l'Union, des difficultés particulières que présente son interprétation et du risque de divergences de jurisprudence à l'intérieur de l'Union [voir, en ce sens, arrêts du 6 octobre 1982, *Cilfit e.a.*, 283/81, EU:C:1982:335, point 21 ; du 9 septembre 2015, *Ferreira da Silva e Brito e.a.*, C-160/14, EU:C:2015:565, points 38 et 39, ainsi que du 4 octobre 2018, *Commission/France (Précompte mobilier)*, C-416/17, EU:C:2018:811, point 110].

78. Eu égard à cette jurisprudence, il ne saurait être considéré, indépendamment des circonstances de l'espèce, que, si un pourvoi en cassation avait été formé contre l'arrêt de la cour d'appel de Bruxelles du 3 mai 2012, la Cour de cassation aurait nécessairement saisi la Cour à titre préjudiciel ni qu'un renvoi préjudiciel aurait nécessairement conduit la Cour à interpréter le droit de l'Union de manière à amener la Cour de cassation à annuler, par la suite, l'arrêt de la cour d'appel de Bruxelles du 3 mai 2012.

79. Il résulte ainsi des considérations exposées aux points 71 à 78 du présent arrêt que l'existence d'une négligence imputable au Royaume de Belgique au sens de l'article 32, paragraphe 8, sous a), du règlement n° 1290/2005, devenu, en substance, l'article 54, paragraphe 5, sous c), du règlement n° 1306/2013, devait être établie à la lumière de l'ensemble des circonstances de l'espèce.

80. Parmi les circonstances à prendre en compte à cet effet, figurent, ainsi que M. l'avocat général l'a relevé aux points 105 et 109 de ses conclusions, en premier lieu, les mesures de recouvrement disponibles en vertu du droit national et celles déjà prises par cet État membre aux fins de la récupération des sommes litigieuses, qui sont mentionnées aux points 10 à 13 de l'arrêt attaqué et aux points 11 à 14 du présent arrêt, ainsi que les recours déjà engagés par ledit État membre à ces fins et l'issue de ces recours.

81. En particulier, doit être pris en compte le fait que, en l'espèce, le Royaume de Belgique a fait usage contre Saint-Louis Sucre de l'ensemble des voies de recours ordinaires prévues par le droit national et que tant le tribunal de première instance de Bruxelles que la cour d'appel de Bruxelles, dans son arrêt du 3 mai 2012, ont condamné cet État membre à rembourser à cette société ces sommes, majorées des intérêts moratoires, des intérêts judiciaires et des dépens applicables, et que cette dernière juridiction a jugé qu'il n'y avait pas lieu de poser des questions préjudicielles à la Cour.

82. En deuxième lieu, doivent être prises en considération les démarches procédurales entreprises par le Royaume de Belgique à la suite de cet arrêt aux fins d'un éventuel pourvoi en cassation, à savoir le fait, relevé au point 19 de l'arrêt attaqué et rappelé au point 20 du présent arrêt, que le BIRB a, comme l'exigent les règles procédurales belges,

sollicité l'avis d'un avocat à la Cour de cassation sur les chances que ce pourvoi soit accueilli favorablement.

83. En troisième lieu, l'existence d'une éventuelle négligence du Royaume de Belgique du fait de sa décision de ne pas introduire un tel pourvoi doit, ainsi qu'il résulte des considérations exposées aux points 76 à 78 du présent arrêt, être examinée au vu de l'évaluation que ledit État membre a effectuée, dans les circonstances visées aux deux points précédents, des perspectives de succès du pourvoi qui aurait pu être introduit, à la suite de l'avis négatif rendu par l'avocat à la Cour de cassation consulté, et, dans ce cadre, de la probabilité que la Cour de cassation annule, à la lumière des réponses données par la Cour à d'éventuelles questions préjudicielles sur l'interprétation des dispositions pertinentes du droit de l'Union, l'arrêt rendu par la cour d'appel de Bruxelles.

84. En quatrième lieu, l'existence d'une éventuelle négligence du Royaume de Belgique doit être appréciée en tenant compte des coûts associés à la procédure de recouvrement ainsi qu'à l'introduction d'un pourvoi en cassation par rapport aux sommes à récupérer.

85. Or, bien que le Tribunal ait, au point 55 de l'arrêt attaqué, relevé que l'existence d'une négligence imputable au Royaume de Belgique au sens de l'article 32, paragraphe 8, du règlement n° 1290/2005, devenu, en substance, l'article 54, paragraphe 5, sous c), du règlement n° 1306/2013, devait être examinée au regard des circonstances de l'espèce, il n'a pas dûment procédé à un examen de celles-ci, notamment des circonstances mentionnées aux points 83 et 84 du présent arrêt.

86. Ainsi, le Tribunal a, aux points 56 à 62 de l'arrêt attaqué, inféré l'existence d'une telle négligence du seul fait que cet État membre s'est abstenu, alors qu'il en avait la possibilité, de former un pourvoi contre l'arrêt de la cour d'appel de Bruxelles du 3 mai 2012, et a ainsi rendu impossible que des questions préjudicielles sur l'interprétation du règlement n° 3665/87 soient posées à la Cour par la Cour de cassation, ce dont il a déduit que ledit État membre n'avait pas eu recours à tous les moyens qu'il avait à sa disposition afin de récupérer les sommes litigieuses.

87. Partant, le Tribunal a commis une erreur de droit.

88. Dès lors, il y a lieu d'accueillir la seconde branche du moyen unique et d'annuler l'arrêt attaqué.

Observations

Procédure

À la lointaine origine de cette affaire – début des années 1990 –, il y a la décision d'une autorité nationale dispensatrice de récupérer auprès du bénéficiaire quelque quatre millions d'euros de restitutions à l'exportation de sucre censément prises en charge par le budget de l'Union européenne dans le cadre de la politique agricole commune (PAC), et ce au motif qu'une partie des produits exportés a été frauduleusement réimportée au sein de l'Union. Après s'être conformée à la décision mais ne s'estimant pas responsable de la fraude, l'entreprise exportatrice conteste la mesure de récupération auprès des juridictions nationales et obtient de ces dernières que lui soient remboursées les sommes reversées, ce qui conduit alors l'autorité nationale à les mettre à la charge du fonds européen agricole de garantie (FEAGA) et donc de l'Union. Dans le cadre de l'apurement de conformité, la Commission écarte du financement européen ces montants, considérant qu'en n'introduisant pas un pourvoi en cassation à l'encontre de l'arrêt de la cour d'appel donnant gain de cause au bénéficiaire, les autorités nationales n'ont pas actionné toutes les voies de recours possibles en vue de récupérer les sommes concernées de sorte qu'elles doivent en définitive en assumer les conséquences financières. Cette décision de la Commission est alors contestée par l'État membre dans le cadre d'un recours en annulation introduit auprès du Tribunal de l'UE dont l'arrêt, rejetant les prétentions du requérant, reconnaît que les autorités nationales ont fait preuve de négligence dans la protection des intérêts financiers de l'Union européenne en ne se pourvoyant pas en cassation et en empêchant ainsi indirectement la saisine de Cour de justice à titre préjudiciel. L'État membre ainsi défait en première instance forme alors un pourvoi, offrant donc à la Cour de justice l'occasion de préciser l'étendue des obligations étatiques en matière d'engagement de poursuites judiciaires visant au recouvrement de subsides européens indûment perçus.

Examen

D'emblée, la Cour confirme l'obligation pour les États membres de prendre toutes les mesures nécessaires pour assurer une protection efficace des intérêts financiers de l'Union européenne, ce qui inclut les mesures visant à récupérer les sommes indûment versées. Explicitement énoncée par la législation sectorielle applicable, cette exigence ne faisait en l'espèce aucun doute (pt 66). La Cour n'en a pas moins tenu à souligner que ces prescriptions réglementaires n'étaient finalement que la traduction, en ce qui concerne le financement de la PAC, d'une obligation de diligence générale de droit primaire résultant en effet du principe de coopération loyale posé à l'article 4, paragraphe 3, du traité sur l'Union européenne (pt 67). Il reste qu'en mentionnant le financement de la PAC, le juge de l'Union n'entendait vraisemblablement pas restreindre à ce domaine la portée de cette obligation générale de diligence. Force est en tous les cas de constater que, dans le cadre de la gestion partagée, le règlement financier met de manière générale à la charge des États membres l'obligation de récupération des fonds indûment versés (1), ce que la Cour de justice a pu interpréter comme une habilitation générale à y procéder, nonobstant le silence en la matière du droit interne et de la réglementation sectorielle (2).

L'arrêt présente par ailleurs l'intérêt de définir la portée comme la consistance de l'obligation de diligence générale applicable à la récupération des sommes indûment versées. Sur le premier terrain, la Cour précise que l'obligation « s'applique tout au long de la procédure de recouvrement de ces sommes » (pt 67), ce qui signifie *a priori* qu'elle s'étend également à l'éventuelle séquence juridictionnelle, ce que n'infirment pas les exigences substantielles. En effet, en la matière, l'obligation de diligence impose aux autorités nationales de recourir « aux moyens de vérification et de

(1) Art. 63, § 2, règlement (UE, Euratom) 2018/1046 du Parlement européen et du Conseil du 18 juillet 2018 relatif aux règles financières applicables au budget général de l'Union, *JOUE*, L 193, 30 juillet 2018, p. 1.

(2) CJUE, 18 décembre 2014, *Somvao*, aff. C-599/13, ECLI:EU:C:2014:2462, *Revue trimestrielle de droit européen*, 2015, n° 3, obs. A. Potteau, pp. 670-673.

récupération à leur disposition afin de garantir la protection des intérêts » (pt 67) dont font nécessairement partie les voies juridictionnelles. À cela s'ajoute une exigence consubstantielle à la notion même de diligence, celle pour les autorités nationales de procéder au recouvrement « avec promptitude et en temps utile » (pt 67) car, comme l'avait déjà relevé la Cour dans une précédente affaire, « après l'écoulement d'un certain temps, la récupération des sommes indûment payées risque d'être compliquée ou de devenir impossible, en raison de certaines circonstances, telles que, notamment, la cessation d'activités ou la perte de documents comptables »(3). Dans cette optique de protection des intérêts financiers de l'Union européenne, la Cour juge ainsi que manque à son obligation de diligence un État membre qui attend quatre à dix ans avant d'engager les procédures en répétition de l'indu (4) de la même manière qu'elle estime contraire au principe de proportionnalité l'application d'une règle nationale de prescription trentenaire étant donné, entre autres, qu'« admettre la possibilité pour les États membres d'octroyer à [l']administration une période aussi longue pour agir [...] pourrait, d'une certaine manière, encourager une inertie des autorités nationales à poursuivre des irrégularités » au détriment des intérêts financiers de l'Union européenne (5).

Reste qu'il revient, selon la Cour, aux autorités nationales « de choisir les voies de recours qu'elles estiment les plus appropriées, en fonction des circonstances particulières » (pt 70). Il faut dire que la législation européenne applicable demeure en la matière silencieuse en raison sans doute de ce que les États membres sont les mieux placés pour déterminer les mesures les plus appropriées à prendre à cet égard (pts 68 et 69). La liberté des États membres n'en est pas pour autant illimitée dès lors que ceux-ci doivent exercer leurs prérogatives de manière diligente sous peine de commettre une négligence qui, en cas de non recouvrement, les conduira à devoir en assumer les conséquences financières.

(3) CJCE, 11 octobre 1990, *Italie c/ Commission*, aff. C-34/89, ECLI:EU:C:1990:353, *Rec.*, p. I-3603, pt 12.

(4) *Ibid.*, pt 13.

(5) CJUE, 5 mai 2011, *Ze Fu Fleischhandel GmbH*, aff. C-201/10, ECLI:EU:C:2011:282, *Rec.*, p. I-3545, pt 45.

En vue d'établir l'existence d'une telle négligence étatique, il conviendra donc, compte tenu des marges de manœuvre étatiques, d'opérer un contrôle *in concreto*. Autrement dit, c'est en tenant dûment compte de l'ensemble des circonstances particulières de l'espèce qu'il convient de déterminer si les autorités nationales se sont acquittées en la matière de leur obligation de diligence (pt 79). N'est donc pas nécessairement constitutive d'une négligence la décision des autorités nationales de ne pas épuiser les voies de recours dans le cadre d'une procédure juridictionnelle visant à la récupération de sommes indûment versées. Comme le relevait l'avocat général, la protection des intérêts financiers de l'Union européenne peut au contraire postuler dans certaines hypothèses – par exemple lorsque les autorités nationales ont obtenu partiellement gain de cause devant une juridiction inférieure – de s'abstenir d'épuiser les voies de recours. Le défaut de renvoi préjudiciel à la Cour de justice consécutif à l'absence de pourvoi doit être, selon la haute juridiction de l'Union, appréhendé de la même manière. Puisqu'il s'agit en somme de déterminer si les autorités nationales « se sont abstenues d'utiliser une voie de droit qui leur aurait permis, avec une probabilité raisonnable, de récupérer les sommes litigieuses » (pt 76), il doit à nouveau être fait appel aux circonstances de l'espèce pour déterminer si, en cas de pourvoi, la juridiction statuant en dernier ressort aurait, compte tenu de la jurisprudence *CILFIT*(6), renvoyé, et si la Cour de justice aurait interprété le droit de l'Union dans un sens favorable à la récupération. Ces deux conditions seront, selon toute vraisemblance, assez rarement réunies, dès lors que la probabilité du renvoi – forte s'il porte sur une question inédite et complexe – devrait logiquement être inversement proportionnelle à la possibilité d'anticiper une interprétation finalement favorable à la protection des intérêts financiers. Dans le cadre de la protection des intérêts financiers de l'Union européenne, l'obligation de renvoi à la charge des juridictions statuant en dernier ressort rejaillit certes, via l'exigence de diligence découlant du principe de coopération loyale, sur l'exercice par les autorités nationales de leurs

(6) CJCE, 6 octobre 1982, *CILFIT*, aff. 283/81, ECLI:EU:C:1982:335, *Rec.*, p. 3415.

droits procéduraux mais de manière partielle et biaisée compte tenu du filtre de la probabilité combiné au prisme financier. Pour s'en convaincre, il suffit de relever que, parmi les circonstances que le Tribunal a eu le tort de ne pas prendre en compte en première instance, figure la prise en compte des coûts associés à l'introduction d'un pourvoi par rapport aux sommes à récupérer (pt 84).

Aymeric POTTEAU

XXIV. UNION ÉCONOMIQUE ET MONÉTAIRE

Cour de justice, gde ch., 26 février 2019, *Ilmārs Rimšēvičs et Banque centrale européenne (BCE) c/ République de Lettonie*, aff. jtes C-202/18 et C-238/18, ECLI:EU:C:2019:139

Conclusions de l'avocat général J. Kokott, du 19 décembre 2018, ECLI:EU:C:2018:1030

MOTS-CLÉS : BCE – Eurosystème – Banques centrales nationales – Indépendance des banques centrales – Conseil des gouverneurs – Système de voies de droit – Recours en annulation – Recours en manquement – Faute grave

CADRE NORMATIF : article 130 TFUE ; article 14.2, statuts du SEBC

NOTES ET OBSERVATIONS : Ph. BONNEVILLE, S. MARKARIAN, H. CASSAGNABÈRE et C. GÄNSER, *AJDA*, 2019, p. 1047 ; A. BOUVERESSE, *RFDA*, 2019, p. 921 ; M. DE SANTA et A. PAS, « Relevo del mandato del gobernador del banco central nacional y papel del tribunal de justicia: la independencia justifica el control. Comentario a la sentencia del tribunal de justicia (gran sala) de 26 de febrero de 2019, Rimševičs y BCE/ Letonia », *Revista de Derecho Comunitario Europeo*, 2019, n° 63, pp. 629-649 ; C. KLEINER, *Revue de Droit bancaire et financier*, juillet 2019, n° 4, 1 ; D. SIMON, *Europe*, avril 2019, n° 4, comm. 166 ; R. SMITS, « A National Measure Annulled by the European Court of Justice, or : High-level Judicial Protection for Independent Central Bankers : ECJ 26 February 2019, Cases C-202/18, Ilmārs Rimšēvičs v Republic of Latvia, and C-238/18 European Central Bank v Republic of Latvia, ECLI:EU:C:2019:139 », *European Constitutional Law Review*, 2020, vol. 16, n° 1, pp. 120-144 ; J. WEINZIERL, « Der EuGH erklärt erstmalig nationales Recht für ungültig – Enmerkung zum Urteil des EuGH v.26.2.2019, Rs. C-202/18 (Rimšēvičs) », *Europarecht*, 2019, pp. 434-458

Extraits de l'arrêt

1. Par leurs recours formés sur le fondement de l'article 14.2, second alinéa, du protocole sur les Statuts du Système européen de banques centrales et de la Banque centrale européenne (ci-après les « statuts du SEBC et de la BCE »), M. Ilmārs Rimšēvičs, gouverneur de la Latvijas Banka (Banque centrale de Lettonie), d'une part, et la Banque centrale européenne (BCE), sur décision du conseil des gouverneurs de celle-ci, d'autre part, contestent la décision du 19 février 2018, par laquelle le Korupcijas novēršanas un apkarošanas birojs (Bureau de prévention et de lutte contre la corruption, Lettonie) (ci-après le « KNAB ») a interdit provisoirement à M. Rimšēvičs d'exercer ses fonctions de gouverneur de la Banque centrale de Lettonie (ci-après la « décision litigieuse »).

Le cadre juridique

Le droit de l'Union

2. Aux termes de l'article 129 TFUE :

« 1. Le SEBC est dirigé par les organes de décision de la Banque centrale européenne, qui sont le conseil des gouverneurs et le directoire.

2. Les statuts du Système européen de banques centrales et de la Banque centrale européenne, ci-après dénommés "statuts du SEBC et de la BCE", sont définis dans un protocole annexé aux traités.

[...] »

3. L'article 130 TFUE prévoit :

« Dans l'exercice des pouvoirs et dans l'accomplissement des missions et des devoirs qui leur ont été conférés par les traités et les statuts du SEBC et de la BCE, ni la Banque centrale européenne, ni une banque centrale nationale, ni un membre quelconque de leurs organes de décision ne peuvent solliciter ni accepter des instructions des institutions, organes ou organismes de l'Union, des gouvernements des États membres ou de tout autre organisme. Les institutions, organes ou organismes de l'Union ainsi que les gouvernements des États membres s'engagent à respecter ce principe et à ne pas chercher à influencer les membres des organes de décision de la Banque centrale européenne ou des banques centrales nationales dans l'accomplissement de leurs missions. »

4. L'article 131 TFUE dispose :

« Chaque État membre veille à la compatibilité de sa législation nationale, y compris les statuts de sa banque centrale nationale, avec les traités et les statuts du SEBC et de la BCE. »

5. L'article 283, paragraphe 1, TFUE est rédigé comme suit :

« Le conseil des gouverneurs de la Banque centrale européenne se compose des membres du directoire de la Banque centrale européenne et des gouverneurs des banques centrales nationales des États membres dont la monnaie est l'euro. »

6. L'article 14 des statuts du SEBC et de la BCE, intitulé « Les banques centrales nationales », prévoit :

« 14.1. Conformément à l'article 131 du traité sur le fonctionnement de l'Union européenne, chaque État membre veille à la compatibilité de sa législation nationale, y compris les statuts de sa banque centrale nationale, avec les traités et les présents statuts.

14.2. Les statuts des banques centrales nationales prévoient en particulier que la durée du mandat du gouverneur d'une banque centrale nationale n'est pas inférieure à cinq ans.

Un gouverneur ne peut être relevé de ses fonctions que s'il ne remplit plus les conditions nécessaires à l'exercice de ses fonctions ou s'il a commis une faute grave. Un recours contre la décision prise à cet effet peut être introduit auprès de la Cour de justice par le gouverneur concerné ou le conseil des gouverneurs pour violation des traités ou de toute règle de droit relative à leur application. Ces recours doivent être formés dans un délai de deux mois à compter, suivant le cas, de la publication de l'acte, de sa notification au requérant ou, à défaut, du jour où celui-ci en a eu connaissance.

14.3. Les banques centrales nationales font partie intégrante du SEBC et agissent conformément aux orientations et aux instructions de la BCE. Le conseil des gouverneurs prend les mesures nécessaires pour assurer le respect des orientations et des instructions de la BCE, et exige que toutes les informations nécessaires lui soient fournies.

14.4. Les banques centrales nationales peuvent exercer d'autres fonctions que celles qui sont spécifiées dans les présents statuts, à moins que le conseil des gouverneurs ne décide, à la majorité des deux tiers des suffrages exprimés, que ces fonctions interfèrent avec les objectifs et les missions du SEBC. Ces fonctions, que les banques centrales nationales exercent sous leur propre responsabilité et à leurs propres risques, ne sont pas considérées comme faisant partie des fonctions du SEBC. »

Le droit letton

7. L'article 241, paragraphe 2, du Kriminālprocesa likums (code de procédure pénale) dispose :

« Une mesure de sûreté est imposée en tant que mesure procédurale contraignante à un suspect ou à un accusé, s'il y a des raisons de croire que la personne concernée continuera à se livrer à des activités criminelles, entravera le déroulement de la procédure pénale ou le travail du tribunal, ou se soustraira à cette procédure ou au tribunal. »

8. Aux termes de l'article 254 de ce code :

« 1. L'interdiction d'occuper un emploi déterminé est une interdiction imposée à un suspect ou à un inculpé, dans des conditions définies par décision du responsable de la procédure, d'exercer un type d'emploi déterminé pendant un certain temps, ou d'exécuter les fonctions afférentes à un poste donné.

2. La décision interdisant d'occuper un emploi déterminé est transmise, aux fins de son exécution, à l'employeur ou à toute autre instance compétente.

3. La décision visée au paragraphe 1 du présent article lie tout fonctionnaire et doit être exécutée dans les trois jours ouvrables de sa réception. Le fonctionnaire notifie au responsable de la procédure le commencement de l'exécution de la décision. »

9. L'article 389, paragraphe 1, dudit code prévoit :

« Dès l'implication, dans la procédure pénale préliminaire, d'une personne qui bénéficie du droit de la défense, ou d'une personne dont le droit de disposer de ses biens est restreint par des actions procédurales, la procédure pénale préliminaire doit être close à l'égard de cette personne, ou toutes les mesures de sûreté et les restrictions des droits doivent être retirées concernant ses biens, dans le délai suivant :

[...]

4)

pour un crime particulièrement grave : vingt-deux mois. »

10. L'article 22 de la Likums par Latvijas Banku (loi relative à la Banque centrale de Lettonie), du 19 mai 1992 (Latvijas Republikas Augstākās Padomes un Valdības Ziņotājs, 1992, n° 22/23), dispose :

« Le gouverneur de la Banque centrale de Lettonie est nommé par le Parlement, sur recommandation d'au moins dix de ses membres.

Le vice-gouverneur et les membres du conseil de la Banque centrale de Lettonie sont nommés par le Parlement, sur recommandation du gouverneur de la Banque centrale de Lettonie.

Le mandat du gouverneur, du vice-gouverneur et des membres du conseil de la Banque centrale de Lettonie est de six ans. En cas de démission volontaire d'un membre du conseil ou de cessation de fonctions pour un autre motif avant l'expiration de son mandat, un nouveau membre du conseil de la Banque centrale de Lettonie est nommé pour un mandat d'une durée de six ans.

Le Parlement ne peut relever de leurs fonctions le gouverneur, le vice-gouverneur et les membres du conseil de la Banque centrale de Lettonie avant l'expiration du mandat prévu au troisième alinéa du présent article que dans les cas suivants :

1. démission volontaire ;

2. faute grave au sens de l'article 14.2 des [statuts du SEBC et de la BCE] ;

3. autres motifs de relèvement de fonctions prévus à l'article 14.2 des [statuts du SEBC et de la BCE].

Dans le cas visé au point 2 du quatrième alinéa du présent article, le Parlement peut décider de relever de leurs fonctions le gouverneur, le vice-gouverneur et les membres du conseil de la Banque centrale de Lettonie après la prise d'effet du jugement de condamnation.

Le gouverneur de la Banque centrale de Lettonie peut déférer la décision du Parlement de le relever de ses fonctions à la juridiction prévue à l'article 14.2 des [statuts du SEBC et de la BCE]. Le vice-gouverneur ou un membre du conseil de la Banque centrale de Lettonie peut déférer la décision du Parlement de le relever de ses fonctions à la juridiction prévue par le code de procédure administrative. »

11. Aux termes de l'article 2, paragraphes 1 et 2, du Korupcijas novēršanas un apkarošanas biroja likums (loi relative au Bureau de prévention et de lutte contre la corruption) (Latvijas Vēstnesis, 2002, n° 65) :

« (1) Le Bureau est une autorité de l'administration directe qui exerce les fonctions de prévention et de lutte contre la corruption prévue par la présente loi [...]

(2) Le Bureau est placé sous le contrôle du Conseil des ministres. Le Conseil des ministres exerce le contrôle institutionnel par l'intermédiaire du Premier ministre. Le contrôle comprend le droit du Premier ministre de contrôler la légalité des décisions administratives adoptées par le chef du Bureau et d'annuler les décisions illégales, ainsi que, en cas de constatation d'une abstention illégale d'agir, d'ordonner la prise de décision. Le droit de contrôle du Conseil des ministres ne concerne pas les décisions prises par le Bureau lors de l'exercice des fonctions mentionnées aux articles 7, 8, 9 et 91 de la présente loi. »

12. L'article 8, paragraphe 1, point 2, de la loi relative au Bureau de prévention et de lutte contre la corruption est ainsi libellé :

« Dans le cadre de la lutte contre la corruption, le Bureau exerce les fonctions suivantes :

[...]

2) il procède à des enquêtes et mène des activités opérationnelles, afin de détecter des infractions pénales commises [par des personnes] au service des institutions publiques, si ces infractions sont liées à la corruption. »

Les antécédents des litiges

13. Par une décision du Parlement letton, du 31 octobre 2013, M. Rimšēvičs a été nommé au poste de gouverneur de la Banque centrale de Lettonie pour un mandat de six ans, qui a débuté le 21 décembre 2013 et dont le terme était fixé au 21 décembre 2019.

14. Le 17 février 2018, M. Rimšēvičs a été arrêté à la suite de l'ouverture, le 15 février de cette même année, d'une enquête pénale préliminaire diligentée contre lui par le KNAB.

15. Selon les éléments dont dispose la Cour, il est soupçonné d'avoir sollicité et accepté, au cours de l'année 2013, un pot-de-vin en sa qualité de gouverneur de la Banque centrale de Lettonie, en vue d'exercer une influence dans l'intérêt d'une banque privée lettone.

16. Le 19 février 2018, lors de la remise en liberté de M. Rimšēvičs, le KNAB a adopté la décision litigieuse, lui imposant plusieurs mesures contraignantes, à savoir l'interdiction d'exercer ses fonctions de décision, de contrôle et de surveillance au sein de la Banque centrale de Lettonie, notamment d'occuper son poste de gouverneur de cette banque centrale, l'obligation de verser une caution ainsi que l'interdiction d'approcher certaines personnes et de quitter le pays sans autorisation préalable.

17. Le 27 février 2018, le juge d'instruction du Rīgas rajona tiesa (tribunal de district de Riga, Lettonie) a rejeté le recours formé par M. Rimšēvičs, le 23 février précédent, contre deux des mesures contraignantes imposées par le KNAB, à savoir l'interdiction d'exercer ses fonctions au sein de la Banque centrale de Lettonie et celle de quitter le pays sans autorisation.

18. Le 28 juin 2018, M. Rimšēvičs a été inculpé par le procureur chargé de l'affaire des chefs de :

- perception d'un pot-de-vin à titre de gratification, sous la forme d'un voyage de loisir offert ;
- acceptation d'une offre de pot-de-vin d'un montant de 500000 euros, et
- acceptation d'un pot-de-vin d'un montant de 250000 euros.

Les conclusions des parties et la procédure devant la Cour

19. Par son recours dans l'affaire C-202/18, M. Rimšēvičs demande à la Cour :

- de constater qu'il a été illégalement relevé de ses fonctions de gouverneur de la Banque centrale de Lettonie par la décision litigieuse ;

– de constater l'illégalité de la mesure contraignante consistant en l'interdiction d'exercer les fonctions et les attributions de gouverneur de la Banque centrale de Lettonie qui lui a été imposée par la décision litigieuse, et
– de constater que les limitations à l'exercice des fonctions et des attributions de membre du conseil des gouverneurs de la BCE, découlant de la décision litigieuse, lui ont été illégalement appliquées.

20. Par son recours dans l'affaire C-238/18, la BCE demande à la Cour :
– d'ordonner à la République de Lettonie, en vertu de l'article 24, premier alinéa, du statut de la Cour de justice de l'Union européenne et de l'article 62 du règlement de procédure de la Cour, de produire toutes les informations pertinentes se rapportant aux enquêtes actuellement diligentées par le KNAB à l'égard de M. Rimšēvičs, gouverneur de la Banque centrale de Lettonie ;
– de constater, sur le fondement de l'article 14.2 des statuts du SEBC et de la BCE, que la République de Lettonie a violé le second alinéa de cette disposition, en ce que :
– le titulaire du poste de gouverneur de la Banque centrale de Lettonie a été relevé de ses fonctions en l'absence d'un jugement de condamnation prononcé sur le fond par un tribunal indépendant, et
– il n'existe, si les éléments de fait produits par la République de Lettonie le confirment, aucune circonstance exceptionnelle susceptible de justifier que M. Rimšēvičs soit en l'espèce relevé de ses fonctions,
– de condamner la République de Lettonie aux dépens.

21. La République de Lettonie conclut au rejet des deux recours.

22. Par acte séparé déposé au greffe de la Cour le 3 avril 2018, à savoir le même jour que sa requête, la BCE a demandé à la Cour de soumettre l'affaire C-238/18 à une procédure accélérée en application de l'article 53, paragraphe 4, et de l'article 133 du règlement de procédure. Par ordonnance du 12 juin 2018, *BCE/Lettonie* (C-238/18, non publiée, EU:C:2018:488), le président de la Cour a fait droit à cette demande.

23. Par ordonnance du même jour, *Rimšēvičs/Lettonie* (C-202/18, non publiée, EU:C:2018:489), le président de la Cour a décidé d'office, sur le fondement de l'article 133, paragraphe 3, du règlement de procédure, après avoir invité M. Rimšēvičs et la République de Lettonie à présenter leurs observations à cet égard, de soumettre également l'affaire C-202/18 à la procédure accélérée.

24. Par acte déposé au greffe de la Cour également le 3 avril 2018, la BCE a, en outre, saisi la Cour, en application de l'article 279 TFUE et de l'article 160 du règlement de procédure, d'une demande de mesures provisoires consistant à ordonner à la République de Lettonie de suspendre

provisoirement l'interdiction faite à M. Rimšēvičs d'exercer ses fonctions de gouverneur de la Banque centrale de Lettonie, de manière à lui permettre d'accomplir, en sa qualité de membre du conseil des gouverneurs de la BCE, les tâches dépourvues de lien avec l'objet de l'enquête pénale, ou, à tout le moins, d'autoriser M. Rimšēvičs à désigner un suppléant en tant que membre de ce conseil.

25. Par ordonnance du 20 juillet 2018, *BCE/Lettonie* (C-238/18 R, non publiée, EU:C:2018:581), le vice-président de la Cour a ordonné à la République de Lettonie de prendre les mesures nécessaires afin de suspendre, jusqu'au prononcé de l'arrêt qui mettra fin à l'affaire C-238/18, les mesures contraignantes adoptées le 19 février 2018 par le KNAB à l'égard de M. Rimšēvičs, pour autant que ces mesures empêchent celui-ci de désigner un suppléant pour le remplacer en tant que membre du conseil des gouverneurs de la BCE, et a rejeté la demande en référé pour le surplus.

26. Lors de l'audience de plaidoiries, commune aux deux affaires, qui s'est tenue le 25 septembre 2018, le président de la Cour a demandé aux représentants de la République de Lettonie de communiquer à la Cour, dans un délai de huit jours, les documents justifiant les mesures contraignantes adoptées par le KNAB à l'égard de M. Rimšēvičs le 19 février 2018.

27. Par courrier enregistré au greffe de la Cour le 2 octobre 2018, la République de Lettonie a produit 44 pièces.

28. Dans les observations qu'ils ont présentées respectivement sur ces pièces, M. Rimšēvičs et la BCE s'accordent à considérer, en substance, que la République de Lettonie n'apporte aucune preuve de la culpabilité de M. Rimšēvičs ni du bien-fondé des mesures contraignantes prises contre lui.

29. Les affaires C-202/18 et C-238/18 concernant deux recours dirigés contre la décision litigieuse, la Cour décide, après avoir entendu les parties, de joindre lesdites affaires aux fins de l'arrêt, en application de l'article 54, paragraphe 1, du règlement de procédure.

Sur la compétence de la Cour

Argumentation des parties

30. La République de Lettonie excipe de l'incompétence de la Cour pour connaître des recours présentés par M. Rimšēvičs et la BCE.

Dans l'affaire C-202/18

31. Selon la République de Lettonie, M. Rimšēvičs cherche à obtenir de la Cour qu'elle examine la légalité et la proportionnalité des mesures

prises par l'autorité chargée de l'enquête en application des dispositions du code de procédure pénale. Il demanderait à la Cour de s'ingérer dans le déroulement d'une procédure pénale, ce qui pourrait avoir un effet considérable sur l'enquête et sur la traduction du coupable en justice conformément à la législation lettone. De l'avis de la République de Lettonie, les conclusions de la requête excèdent la compétence de la Cour. Si la Cour y faisait droit, elle agirait en contradiction avec l'article 276 TFUE.

32. En revanche, M. Rimšēvičs estime que l'interdiction qui lui a été faite d'exercer ses fonctions de gouverneur de la Banque centrale de Lettonie pour une durée non précisée doit être regardée comme un relèvement de fonctions à l'égard duquel la Cour est compétente en application de l'article 14.2 des statuts du SEBC et de la BCE.

Dans l'affaire C-238/18

33. La République de Lettonie considère que la seule décision susceptible de recours, au titre de l'article 14.2, second alinéa, des statuts du SEBC et de la BCE, est celle qui met fin au lien juridique et institutionnel entre le gouverneur d'une banque centrale nationale et cette institution, et non pas toute décision qui imposerait à celui-ci des obligations. Elle expose que, aux fins de caractériser la décision mettant fin à un tel lien juridique, il n'y a pas lieu de distinguer entre la notion de « relèvement des fonctions », au sens dudit article, et celle de « démission d'office », visées aux articles 246, 247 et 286 TFUE, à l'article 11.4 des statuts du SEBC et de la BCE ainsi qu'à l'article 26, paragraphe 4, du règlement (UE) n° 1024/2013 du Conseil, du 15 octobre 2013, confiant à la Banque centrale européenne des missions spécifiques ayant trait aux politiques en matière de surveillance prudentielle des établissements de crédit (*JO* 2013, L 287, p. 63), ces deux notions étant équivalentes au regard de leurs effets. La République de Lettonie relève d'ailleurs que les termes utilisés dans la version en langue lettone de ces dispositions sont interchangeables.

34. Or, la décision litigieuse aurait pour objet non pas de mettre fin au lien juridique et institutionnel entre la Banque centrale de Lettonie et son gouverneur, mais seulement de garantir le déroulement efficace de l'enquête le concernant.

35. En premier lieu, cette mesure serait de nature temporaire et pourrait, à tout moment, être modifiée ou retirée. L'article 389, paragraphe 1, point 4, du code de procédure pénale prévoirait, en effet, que, lorsqu'est en cause un crime particulièrement grave, comme celui dont est soupçonné l'intéressé, la procédure pénale préliminaire ouverte contre lui doit être close ou toutes les mesures contraignantes doivent être retirées dans les 22 mois de l'implication de celui-ci dans cette procédure. En outre, il ressortirait de l'article 249, paragraphe 1, du code de procédure pénale

que, si une mesure procédurale contraignante qui a été prise à l'égard d'une personne devient sans objet ou si la conduite de la personne ou les circonstances ayant déterminé le choix de la mesure contraignante ont changé, cette mesure doit être retirée.

36. En second lieu, alors que, conformément à l'article 22 de la loi relative à la Banque centrale de Lettonie, seul le Parlement letton est habilité à relever de ses fonctions le gouverneur de cette banque centrale, cette institution n'aurait pas adopté une telle décision.

37. Par ailleurs, l'interprétation selon laquelle une décision telle que la décision litigieuse relèverait du champ d'application de l'article 14.2, second alinéa, des statuts du SEBC et de la BCE serait contraire à l'article 276 TFUE. L'article 14.2, second alinéa, des statuts du SEBC et de la BCE aurait pour objet non pas de permettre à la Cour d'interférer dans le déroulement d'une procédure pénale en cours, mais de garantir qu'un gouverneur d'une banque centrale nationale ne soit pas relevé irrégulièrement de ses fonctions par les autorités nationales. Or, accueillir la demande de la BCE obligerait la Cour à réexaminer les faits et les preuves recueillis dans le cadre de la procédure pénale en cours en Lettonie, qui ont justifié l'imposition des mesures contraignantes visant M. Rimšēvičs, et à empiéter, dès lors, sur les compétences des autorités nationales.

38. L'indépendance de la direction de la Banque centrale de Lettonie serait également, conformément à l'article 7 des statuts du SEBC et de la BCE, garantie par l'article 13 de la loi relative à la Banque centrale de Lettonie. Cette indépendance dans l'accomplissement des missions de la Banque centrale de Lettonie ne conférerait aucune immunité pénale au gouverneur et n'imposerait pas de restrictions aux autorités répressives lettones. Pour garantir l'indépendance et la stabilité de la Banque centrale de Lettonie, la loi aurait adjoint au gouverneur un vice-gouverneur, dont la procédure de nomination par le Parlement offrirait les mêmes garanties que celles dont bénéficie le gouverneur, et qui exerce les fonctions de gouverneur de ladite banque centrale en l'absence du gouverneur ou lorsque ce dernier a été relevé de ses fonctions ou que son mandat a expiré. Selon la République de Lettonie, le vice-gouverneur doit dès lors, dans une telle hypothèse, être qualifié de « gouverneur », au sens de l'article 283, paragraphe 1, TFUE et de l'article 10.1 des statuts du SEBC et de la BCE, et se voir en conséquence reconnaître le droit de siéger au conseil des gouverneurs de la BCE.

39. Au demeurant, les éléments du dossier de l'affaire seraient couverts par le secret de l'enquête, conformément à l'article 375, paragraphe 1, du code de procédure pénale, et ne seraient donc pas communicables aux tiers à la procédure pénale. La Cour devrait par conséquent également rejeter la demande de la BCE tendant à ce qu'il soit ordonné à la République

de Lettonie de produire toutes les informations pertinentes se rapportant à l'enquête du KNAB concernant M. Rimšēvičs.

40. La BCE considère, pour sa part, que son recours ne saurait être exclu du champ d'application de l'article 14.2, second alinéa, des statuts du SEBC et de la BCE.

41. Elle souligne à cet égard l'importance du principe d'indépendance du SEBC et de la BCE, énoncé à l'article 130 TFUE, qui vise à permettre à la BCE d'accomplir, à l'abri des pressions politiques, les missions que le traité FUE lui confie. Or, l'article 14.2, second alinéa, des statuts du SEBC et de la BCE mettrait en œuvre ce principe, en précisant les conditions auxquelles un gouverneur d'une banque centrale nationale peut être relevé de ses fonctions et en permettant que la légalité d'une telle mesure soit contrôlée par la Cour.

42. Compte tenu de la finalité de cette dernière disposition, une interdiction d'exercer toute fonction afférente au poste de gouverneur d'une banque centrale nationale, même si elle ne met pas fin formellement au lien juridique et institutionnel de ce dernier avec ladite banque, devrait être considérée comme équivalente à un relèvement de fonctions, au sens de l'article 14.2, second alinéa, des statuts du SEBC et de la BCE. Si l'interprétation contraire était retenue, il serait loisible aux États membres, en adoptant des mesures de cette nature, de contourner la garantie d'indépendance prévue par ce texte. L'indépendance du gouverneur serait tout autant compromise par une interdiction temporaire faite au gouverneur concerné d'exercer ses fonctions, a fortiori si, comme en l'occurrence, le terme de cette interdiction n'est pas connu et risque d'intervenir après l'expiration du mandat du gouverneur.

Appréciation de la Cour

43. La République de Lettonie fait valoir, en premier lieu, que la décision litigieuse, de nature temporaire, n'a pas « relevé de ses fonctions » le gouverneur de la Banque centrale de Lettonie. Les seules décisions susceptibles de faire l'objet du recours prévu à l'article 14.2, second alinéa, des statuts du SEBC et de la BCE seraient celles qui mettent définitivement fin au lien juridique et institutionnel entre le gouverneur d'une banque centrale nationale et ladite banque.

44. À cet égard, il est vrai que, comme Mme l'avocate générale l'a relevé au point 78 de ses conclusions, les termes employés à l'article 14.2, second alinéa, des statuts du SEBC et de la BCE pour définir l'objet du recours qu'il prévoit paraissent évoquer, dans leur version en langue lettone comme dans plusieurs autres versions linguistiques de cette disposition, la rupture définitive du lien entre la banque centrale nationale et son gouverneur.

45. Néanmoins, selon la jurisprudence constante de la Cour, il y a lieu, pour l'interprétation d'une disposition du droit de l'Union, de tenir compte non seulement des termes de celle-ci, mais également de son contexte et des objectifs poursuivis par la réglementation dont elle fait partie (voir, notamment, arrêt du 17 avril 2018, *Egenberger*, C-414/16, EU:C:2018:257, point 44 et jurisprudence citée).

46. À cet égard, il convient de rappeler que les auteurs des traités CE puis FUE ont entendu garantir que la BCE et le SEBC soient à même de s'acquitter de manière indépendante des missions qui leur sont confiées (voir, en ce sens, arrêt du 10 juillet 2003, *Commission/BCE*, C-11/00, EU:C:2003:395, point 130).

47. La principale manifestation de cette volonté figure à l'article 130 TFUE, reproduit en substance à l'article 7 des statuts du SEBC et de la BCE, qui fait expressément interdiction, d'une part, à la BCE, aux banques centrales nationales et aux membres de leurs organes de décision de solliciter ou d'accepter des instructions des institutions, organes ou organismes de l'Union, des gouvernements des États membres ou de tout autre organisme et, d'autre part, auxdits institutions, organes ou organismes de l'Union ainsi qu'aux gouvernements des États membres de chercher à influencer les membres des organes de décision de la BCE et des banques centrales nationales dans l'accomplissement de leurs missions (voir, en ce sens, arrêt du 10 juillet 2003, *Commission/BCE*, C-11/00, EU:C:2003:395, point 131). Ainsi, ces dispositions visent, en substance, à préserver le SEBC de toutes pressions politiques afin de lui permettre de poursuivre efficacement les objectifs assignés à ses missions, grâce à l'exercice indépendant des pouvoirs spécifiques dont il dispose à cette fin en vertu du droit primaire (voir, en ce sens, arrêt du 16 juin 2015, *Gauweiler e.a.*, C-62/14, EU:C:2015:400, point 40 ainsi que jurisprudence citée).

48. C'est en vue de garantir l'indépendance fonctionnelle des gouverneurs des banques centrales nationales, lesquelles, en vertu de l'article 282, paragraphe 1, TFUE, constituent, avec la BCE, le SEBC, que l'article 14.2 des statuts du SEBC et de la BCE fixe à cinq ans la durée minimale de leur mandat, prévoit qu'ils ne peuvent être relevés de leurs fonctions que s'ils ne remplissent plus les conditions nécessaires à leur exercice ou s'ils ont commis une faute grave et crée en faveur du gouverneur concerné et du conseil des gouverneurs de la BCE une voie de droit devant la Cour contre une telle mesure.

49. En confiant directement à la Cour la compétence pour connaître de la légalité de la décision de relever le gouverneur d'une banque centrale nationale de ses fonctions, les États membres ont manifesté l'importance qu'ils attachent à l'indépendance des titulaires desdites fonctions.

50. En effet, en vertu de l'article 283, paragraphe 1, TFUE et de l'article 10.1 des statuts du SEBC et de la BCE, les gouverneurs des banques centrales nationales des États membres dont la monnaie est l'euro sont membres de droit du conseil des gouverneurs de la BCE, qui est le principal organe de décision de l'Eurosystème en vertu de l'article 12.1 de ces statuts et le seul organe de décision de la BCE dans le cadre du mécanisme de surveillance unique en application de l'article 26, paragraphe 8, du règlement n° 1024/2013.

51. Or, s'il pouvait être décidé sans justification de relever les gouverneurs des banques centrales nationales de leurs fonctions, leur indépendance serait gravement compromise et, par voie de conséquence, celle du conseil des gouverneurs de la BCE lui-même.

52. À cet égard, il y a lieu, premièrement, de relever que l'interdiction temporaire, faite à un gouverneur d'une banque centrale nationale, d'exercer ses fonctions est susceptible de constituer un moyen de pression sur ce dernier. D'une part, ainsi que l'illustrent les circonstances des présentes affaires, une telle interdiction peut revêtir une toute particulière gravité pour le gouverneur qu'elle vise lorsqu'elle n'est pas assortie d'un terme précis, cette interdiction pouvant d'ailleurs s'appliquer pendant une partie significative du mandat de celui-ci. D'autre part, elle est susceptible, par son caractère temporaire, d'offrir un moyen de pression d'autant plus efficace lorsque, ainsi que l'a indiqué la République de Lettonie au sujet de la décision litigieuse, elle peut être retirée à tout moment en fonction non seulement de l'évolution de l'enquête, mais également du comportement du gouverneur concerné.

53. Deuxièmement, si une mesure qui interdit à un gouverneur d'exercer ses fonctions devait échapper à tout contrôle de la Cour au titre de l'article 14.2, second alinéa, des statuts du SEBC et de la BCE, au motif qu'elle est temporaire, il serait aisé pour un État membre, en adoptant des mesures provisoires successives, de se soustraire à ce contrôle, de sorte que, comme Mme l'avocate générale l'a souligné au point 75 de ses conclusions, ladite disposition risquerait d'être privée d'effet utile.

54. Au demeurant, il n'est pas certain que la décision litigieuse, en principe provisoire, ne pourrait pas être définitive par ses effets, dès lors que, selon les indications mêmes de la République de Lettonie, l'article 389 du code de procédure pénale permet le maintien des mesures et des restrictions adoptées dans le cadre de celle-ci pendant 22 mois, soit jusqu'au terme du mandat de M. Rimšēvičs, prévu au mois de décembre 2019.

55. Il résulte, dès lors, tant de l'intention des auteurs du traité FUE que de l'économie générale des statuts du SEBC et de la BCE ainsi que de la finalité même de l'article 14.2, second alinéa, desdits statuts que la Cour est compétente, en vertu de cette disposition, pour connaître d'un recours dirigé contre une mesure telle que l'interdiction provisoire

d'exercice des fonctions de gouverneur de la Banque centrale de Lettonie contenue dans la décision litigieuse.

56. En deuxième lieu, la République de Lettonie fait valoir que la Cour n'est pas compétente pour connaître d'une décision qui, selon elle, est destinée à garantir le déroulement efficace de la procédure pénale engagée contre la personne visée par cette décision. Ainsi, l'appréciation des éléments qui justifient l'imposition de mesures contraignantes dans le cadre d'une procédure pénale relèverait de la compétence des seules autorités nationales. Ces éléments seraient d'ailleurs couverts par le secret de l'enquête, en vertu de l'article 375, paragraphe 1, du code de procédure pénale, et, par suite, non communicables aux tiers à la procédure pénale. L'article 276 TFUE confirmerait l'incompétence de la Cour à cet égard, dès lors qu'il prévoit que, « [d]ans l'exercice de ses attributions concernant les dispositions des chapitres 4 et 5 du titre V de la troisième partie [du traité FUE], relatives à l'espace de liberté, de sécurité et de justice, la Cour de justice de l'Union européenne n'est pas compétente pour vérifier la validité ou la proportionnalité d'opérations menées par la police ou d'autres services répressifs dans un État membre, ni pour statuer sur l'exercice des responsabilités qui incombent aux États membres pour le maintien de l'ordre public et la sauvegarde de la sécurité intérieure ».

57. À cet égard, s'il est vrai que les auteurs des traités n'ont attribué que des compétences limitées à l'Union en matière pénale, il ressort néanmoins de la jurisprudence de la Cour que le droit de l'Union impose des limites à la compétence des États membres en cette matière (arrêt du 15 septembre 2011, *Dickinger et Ömer*, C-347/09, EU:C:2011:582, point 31). En effet, cette compétence des États membres doit s'exercer dans le respect non seulement des libertés fondamentales garanties par le droit de l'Union (voir, en ce sens, arrêts du 2 février 1989, Cowan, 186/87, EU:C:1989:47, point 19, et du 19 janvier 1999, *Calfa*, C-348/96, EU:C:1999:6, point 17), mais aussi de l'ensemble du droit de l'Union, en particulier du droit primaire. Par conséquent, les règles de la procédure pénale nationale ne peuvent faire obstacle à la compétence que l'article 14.2, second alinéa, des statuts du SEBC et de la BCE confie à la Cour, dans tous les cas où cette disposition est applicable.

58. Par ailleurs, l'argument tiré par la République de Lettonie de l'article 276 TFUE ne saurait être retenu.

59. En effet, ledit article limite la compétence de la Cour seulement dans l'exercice de ses attributions concernant les dispositions des chapitres 4 et 5 du titre V de la troisième partie du traité FUE. Or, comme le relève Mme l'avocate générale au point 82 de ses conclusions, la présente affaire concerne non pas ces attributions, mais celles que la Cour tient directement et expressément de l'article 14.2, second alinéa, des statuts du SEBC et de la BCE.

60. Enfin, en troisième lieu, la République de Lettonie souligne les conséquences inacceptables, selon elle, qu'entraînerait la reconnaissance de la compétence de la Cour. Une telle compétence ferait bénéficier le gouverneur de la Banque centrale de Lettonie d'une immunité pénale, restreindrait les mesures contraignantes susceptibles de lui être imposées et aurait un effet considérable sur le déroulement de la procédure pénale.

61. Il convient, à cet égard, de souligner que l'article 14.2 des statuts du SEBC et de la BCE ne confère aucune immunité pénale au gouverneur d'une banque centrale nationale ni ne limite les mesures contraignantes susceptibles de lui être imposées. Cet article confère seulement à ce dernier, ainsi qu'au conseil des gouverneurs de la BCE, le droit de contester devant la Cour toute décision par laquelle ledit gouverneur est relevé de ses fonctions. L'éventuelle concomitance du recours prévu à cet article et d'une procédure pénale nationale ne concerne donc que l'hypothèse exceptionnelle dans laquelle une telle procédure conduit à prendre à l'égard du gouverneur d'une banque centrale nationale une mesure provisoire pouvant être assimilée à un relèvement de fonctions au sens de cette disposition. Or, même dans cette hypothèse, aucun élément avancé par la République de Lettonie ne démontre que le recours prévu par les statuts du SEBC et de la BCE serait de nature à entraver le déroulement normal de l'enquête.

62. Il résulte de tout ce qui précède que l'exception tirée de l'incompétence de la Cour pour connaître des recours formés par M. Rimšēvičs et la BCE contre la décision litigieuse sur le fondement de l'article 14.2, second alinéa, des statuts du SEBC et de la BCE doit être écartée.

63. Il convient encore d'ajouter que la compétence de la Cour au titre de cette disposition est limitée aux recours dirigés contre une interdiction, temporaire ou définitive, d'exercer les fonctions de gouverneur d'une banque centrale nationale. Par suite, la décision litigieuse, par laquelle le KNAB a édicté plusieurs mesures contraignantes, ne relève de la compétence de la Cour qu'en tant qu'elle interdit temporairement à M. Rimšēvičs d'exercer ses fonctions de gouverneur de la Banque centrale de Lettonie.

Sur les recours

Sur la nature des recours

64. La Cour est saisie par M. Rimšēvičs, en sa qualité de gouverneur de la Banque centrale de Lettonie, et par la BCE, sur décision du conseil des gouverneurs de celle-ci, en application de l'article 14.2 des statuts du SEBC et de la BCE. Toutefois, les conclusions des deux requêtes sont formulées en termes différents. M. Rimšēvičs demande, en substance, à la Cour de constater que la décision litigieuse, adoptée au nom de la

République de Lettonie, est illégale, tandis que la BCE demande à la Cour de constater que la République de Lettonie a violé l'article 14.2 des statuts du SEBC et de la BCE. Interrogée lors de l'audience sur la nature du recours prévu à l'article 14.2, second alinéa, de ces statuts, la BCE a précisé qu'elle demandait que la Cour prononce « un arrêt déclaratoire, comme c'est le cas dans les procédures d'infraction ».

65. Il y a lieu néanmoins de relever, à titre liminaire, que l'article 14.2 des statuts du SEBC et de la BCE ne comporte aucune référence explicite ou implicite à la procédure en constatation de manquement régie par les articles 258 à 260 TFUE.

66. En revanche, l'interprétation tant littérale que systématique et téléologique de l'article 14.2 de ces statuts conduit à qualifier le recours prévu à cet article de recours en annulation.

67. S'agissant, en premier lieu, du libellé de cette disposition, il convient de relever que, à l'instar du recours prévu à l'article 263 TFUE, celui prévu à l'article 14.2, second alinéa, des statuts du SEBC et de la BCE peut être exercé par un particulier, en l'occurrence par le gouverneur relevé de ses fonctions, contre une décision dont il est le destinataire. En outre, chacun de ces deux recours doit être introduit dans le même délai de deux mois, défini en termes identiques à l'article 263, paragraphe 6, TFUE et à la dernière phrase de l'article 14.2, second alinéa, de ces statuts. Au demeurant, les deux dispositions énoncent, dans les mêmes termes, que les requérants peuvent faire valoir des moyens tirés de la « violation des traités et de toute autre règle de droit relative à leur application ».

68. En deuxième lieu, il ressort d'une approche systématique que la spécificité de l'article 14.2 desdits statuts n'est pas incompatible avec les caractéristiques du recours en annulation.

69. Certes, en tant qu'il confie expressément à la Cour le contrôle de légalité d'un acte de droit national au regard « des traités ou de toute règle de droit relative à leur application », l'article 14.2, second alinéa, des statuts du SEBC et de la BCE déroge à la répartition générale des compétences entre le juge national et le juge de l'Union telle que prévue par les traités et notamment par l'article 263 TFUE, un recours au titre de cet article ne pouvant porter que sur des actes de droit de l'Union (voir, en ce sens, arrêt du 16 décembre 1960, *Humblet/État belge*, 6/60-IMM, EU:C:1960:48). Cette dérogation s'explique toutefois par le contexte institutionnel particulier du SEBC dans lequel elle s'inscrit. En effet, le SEBC représente dans le droit de l'Union une construction juridique originale qui associe et fait coopérer étroitement des institutions nationales, à savoir les banques centrales nationales, et une institution de l'Union, à savoir la BCE, et au sein de laquelle prévaut une articulation différente et une distinction moins marquée de l'ordre juridique de l'Union et des ordres juridiques internes.

70. Or, l'article 14.2 des statuts du SEBC et de la BCE tire les conséquences de ce système très intégré voulu par les auteurs des traités pour le SEBC et, en particulier, du dédoublement fonctionnel du gouverneur d'une banque centrale nationale, certes autorité nationale, mais agissant dans le cadre du SEBC et siégeant, lorsqu'il est gouverneur d'une banque centrale nationale d'un État membre dont la monnaie est l'euro, au principal organe de direction de la BCE. C'est en raison de ce statut hybride et, ainsi qu'il a été souligné au point 48 du présent arrêt, en vue de garantir l'indépendance fonctionnelle des gouverneurs des banques centrales nationales au sein du SEBC que, par exception, une décision prise par une autorité nationale et relevant l'un d'eux de ses fonctions peut être déférée à la Cour.

71. Au système des voies de recours prévu par les traités, l'article 14.2 des statuts ajoute donc une voie de recours spécifique, ainsi qu'il ressort du nombre très réduit des personnes qui en disposent, de l'unique objet des décisions contre lesquelles elle est prévue et des circonstances exceptionnelles dans lesquelles elle a vocation à être exercée.

72. En troisième lieu, la nature du recours prévu par l'article 14.2 des statuts est également éclairée par l'objectif en vue duquel il a été institué. Ainsi qu'il a été rappelé aux points 49 et suivants du présent arrêt, ce recours constitue l'une des principales garanties que les gouverneurs, bien que nommés par les États membres et, le cas échéant, révoqués par eux, accomplissent les missions que leur confient les traités en toute indépendance et n'acceptent, conformément à l'article 130 TFUE ainsi qu'à l'article 7 des statuts du SEBC et de la BCE, aucune instruction de la part des autorités nationales. Il représente ainsi une pièce essentielle de l'équilibre institutionnel que requiert l'étroite coopération des banques centrales nationales et de la BCE au sein du SEBC.

73. C'est en raison de l'importance de cet objectif et de l'inconvénient de tout retard dans la sanction d'un relèvement de fonctions d'un gouverneur décidé en violation des traités ou de toute autre règle de droit relative à leur application que les auteurs desdits traités ont institué une voie de droit devant la Cour contre un tel acte au profit de la BCE et du gouverneur concerné. En effet, comme le vice-président de la Cour l'a, en substance, relevé dans son appréciation de la condition d'urgence dans l'ordonnance de référé du 20 juillet 2018, *BCE/Lettonie* (C-238/18 R, non publiée, EU:C:2018:581, points 71 et 72), l'absence prolongée de participation d'un membre du conseil des gouverneurs est susceptible d'affecter gravement le bon fonctionnement de cet organe essentiel de la BCE. En outre, le relèvement de fonctions d'un gouverneur peut emporter des conséquences graves et immédiates pour l'intéressé.

74. Or, seul le recours en annulation, éventuellement complété par les mesures provisoires que peut ordonner la Cour en application des

articles 278 et 279 TFUE, permet de répondre aux préoccupations qui ont présidé à la création de cette voie de droit. En particulier, il ne serait pas répondu de façon satisfaisante aux intentions des auteurs des statuts du SEBC et de la BCE si l'arrêt rendu au titre de l'article 14.2, second alinéa, desdits statuts présentait un caractère déclaratoire et si ses effets devaient ainsi dépendre de sa mise en œuvre par les autorités nationales.

75. Par ailleurs, il importe de rappeler que, si la Commission européenne estime qu'un État membre a manqué aux obligations qui lui incombent en vertu de l'article 14 des statuts du SEBC et de la BCE, elle peut, conformément à l'article 258 TFUE, émettre un avis motivé et, si l'État en cause ne se conforme pas à cet avis, saisir la Cour d'un recours en constatation de manquement. Il ne saurait, dès lors, être admis que, en instituant la voie de recours prévue à l'article 14.2, second alinéa, des statuts du SEBC et de la BCE, les auteurs de cette disposition entendaient simplement créer une procédure parallèle à celle déjà prévue à l'article 258 TFUE.

76. Il résulte de ce qui précède que le recours prévu à l'article 14.2, second alinéa, de ces statuts tend à l'annulation de la décision prise en vue de relever un gouverneur de banque centrale nationale de ses fonctions.

77. Dès lors qu'ils sont expressément présentés sur le fondement de l'article 14.2, second alinéa, des statuts du SEBC et de la BCE, les recours introduits par M. Rimšēvičs et la BCE doivent, en conséquence, être regardés comme tendant à l'annulation de la décision litigieuse.

Sur le moyen tiré de l'absence de justification de la décision litigieuse

Argumentation des parties

78. M. Rimšēvičs soutient que la décision litigieuse n'est pas justifiée.

79. Premièrement, celle-ci n'aurait pas été précédée d'une enquête appropriée ni d'une collecte suffisante de preuves. Le KNAB n'aurait consacré que deux jours à l'enquête, ouverte le 15 février 2018, avant de décider de l'arrestation du requérant, le 17 février suivant. Le procureur général de la République de Lettonie aurait lui-même déclaré, le 21 février, que rien ne permettait d'affirmer catégoriquement à cette date qu'une infraction avait été commise.

80. Deuxièmement, il serait peu vraisemblable que le gouverneur de la Banque centrale de Lettonie ait commis le délit dont il est soupçonné, à savoir le délit de corruption passive au profit d'une banque privée lettone, laquelle aurait cessé ses activités en 2016 et aurait été mise en liquidation. En effet, il ne disposerait pas des pouvoirs lui permettant d'influencer d'une manière quelconque les activités d'une banque privée.

En outre, toutes les décisions de la Banque centrale de Lettonie seraient adoptées de manière collégiale. La surveillance des banques privées lettones relèverait de la compétence, non de la Banque centrale de Lettonie, mais de la Commission des marchés financiers et des capitaux, ainsi que le prévoirait l'article 2, paragraphe 1, du Finanšu un kapitāla tirgus komisijas likums (loi relative à la Commission des marchés financiers et des capitaux).

81. Troisièmement, la source des informations à l'origine de l'enquête ne serait pas crédible. Selon les informations communiquées au requérant par le KNAB, la personne ayant dénoncé l'infraction prétendument commise au cours de l'année 2013 serait un ancien membre du conseil d'administration de la banque privée lettone au profit de laquelle la corruption aurait été commise. Ce dernier aurait été arrêté en 2016 pour blanchiment d'argent et aurait obtenu la clôture de l'enquête pénale ouverte contre lui en échange de la dénonciation des faits de corruption imputés à M. Rimšēvičs.

82. Quatrièmement, M. Rimšēvičs soutient que les accusations portées contre lui sont imprécises. Le KNAB aurait indiqué que M. Rimšēvičs a été corrompu dans le but d'éviter qu'il n'entrave les activités de cette banque privée lettone. Cependant, le gouverneur de la Banque centrale de Lettonie ne disposerait pas de ce pouvoir. Il expose qu'il lui est reproché, de manière très imprécise, d'avoir commis un acte négatif (une abstention), parce que la personne qui a rapporté ce prétendu fait de corruption n'aurait pas été en mesure de désigner un acte positif. De plus, il indique que la BCE a, sur recommandation de la Commission des marchés financiers et des capitaux, annulé la licence de ladite banque privée lettone au cours de l'année 2016, ce qui permettrait de douter que le requérant ait favorisé la poursuite des activités de cette même banque privée.

83. La BCE fait, quant à elle, valoir qu'il appartient à la Cour d'interpréter la notion de faute grave de nature à justifier qu'un gouverneur d'une banque centrale nationale soit relevé de ses fonctions, au sens de l'article 14.2, second alinéa, des statuts du SEBC et de la BCE, et la manière dont la preuve doit en être rapportée.

84. Il incomberait à l'État membre qui adopte une mesure visée à l'article 14.2, second alinéa, des statuts du SEBC et de la BCE d'établir que les conditions fixées par cette disposition sont remplies. À cet égard, ces conditions devraient être constatées par un tribunal indépendant, et non par une agence gouvernementale, le ministère public ou un magistrat instructeur statuant sur les mesures. Cette exigence permettrait de garantir le respect du droit à un procès équitable et la présomption d'innocence, principe essentiel du système judiciaire européen. La BCE aurait ainsi l'assurance que les motifs pour lesquels le gouverneur a été relevé de ses fonctions sont étayés. Il ne serait pas exigé que la décision du

tribunal soit définitive, afin que la décision de relever de ses fonctions un gouverneur d'une banque centrale nationale puisse être mise en œuvre, le cas échéant, dans un délai raisonnable.

85. Toutefois, il pourrait être admis que, dans des circonstances exceptionnelles, un gouverneur d'une banque centrale d'un État membre dont la monnaie est l'euro puisse être relevé de ses fonctions avant même le prononcé d'un jugement de condamnation. Il en irait, par exemple, ainsi lorsque la mesure a été prise sur le fondement de preuves caractérisées ou incontestées.

86. La BCE souligne que, en l'espèce, le KNAB a relevé le gouverneur de la Banque centrale de Lettonie de ses fonctions avant qu'un jugement le condamnant pour les faits qui lui sont reprochés n'ait été rendu sur le fond par un tribunal et qu'elle ne dispose, en l'état, d'aucune information lui permettant de déterminer s'il existe des circonstances exceptionnelles de nature à justifier cette mesure. Elle précise qu'elle est disposée à renoncer à son droit d'accès au dossier de l'affaire si l'enquête pénale requiert un traitement confidentiel des informations fournies à la Cour.

87. Dans les deux affaires, la République de Lettonie soutient que les éléments du dossier pénal de M. Rimšēvičs sont couverts par le secret de l'enquête, conformément à l'article 375, paragraphe 1, du code de procédure pénale.

Appréciation de la Cour

88. Il ressort expressément de l'article 14.2, second alinéa, des statuts du SEBC et de la BCE que, à l'appui du recours prévu à cette disposition, le gouverneur concerné ou le conseil des gouverneurs peuvent invoquer la « violation des traités ou de toute règle de droit relative à leur application ». Cette expression vise au premier chef la violation des conditions auxquelles ledit article subordonne le relèvement d'un gouverneur de ses fonctions.

89. À cet égard, cette disposition prévoit qu'un gouverneur ne peut être relevé de ses fonctions que dans deux hypothèses, à savoir s'il ne remplit plus les conditions nécessaires à l'exercice de ses fonctions ou s'il a commis une faute grave.

90. En l'espèce, l'interdiction faite à M. Rimšēvičs d'exercer ses fonctions de gouverneur de la Banque centrale de Lettonie est motivée par les besoins d'une enquête pénale relative aux agissements allégués de ce dernier, considérés comme délictueux, lesquels, s'ils étaient avérés, constitueraient une « faute grave », au sens de l'article 14.2 des statuts du SEBC et de la BCE.

91. Il convient de préciser, d'emblée, qu'il n'appartient pas à la Cour, lorsqu'elle est saisie sur le fondement de l'article 14.2 de ces statuts, de se substituer aux juridictions nationales compétentes pour statuer sur la responsabilité pénale du gouverneur mis en cause ni même d'interférer avec l'enquête pénale préliminaire diligentée contre ce dernier par les autorités administratives ou judiciaires compétentes en vertu du droit de l'État membre concerné. Or, pour les besoins d'une telle enquête, et notamment afin d'empêcher le gouverneur concerné d'y faire obstruction, il peut être nécessaire de décider la suspension temporaire de ce dernier de ses fonctions.

92. En revanche, il incombe à la Cour, dans le cadre des compétences qu'elle tire de l'article 14.2, second alinéa, des statuts du SEBC et de la BCE, de vérifier qu'une interdiction provisoire, faite au gouverneur concerné, d'exercer ses fonctions n'est prise que s'il existe des indices suffisants que celui-ci a commis une faute grave de nature à justifier une telle mesure.

93. En l'espèce, l'intéressé fait valoir devant la Cour qu'il n'a commis aucune des fautes qui lui sont reprochées. À l'instar de la BCE, il considère que la République de Lettonie n'apporte pas la moindre preuve de ces fautes. De fait, au cours de la procédure écrite devant la Cour, la République de Lettonie n'a fourni aucun commencement de preuve des accusations de corruption qui ont motivé l'ouverture de l'enquête et l'adoption de la décision litigieuse.

94. Lors de l'audience, le président de la Cour a demandé aux représentants de la République de Lettonie, lesquels s'y sont engagés, de communiquer à la Cour dans un bref délai les documents justifiant la décision litigieuse. Toutefois, comme Mme l'avocate générale l'a relevé aux points 125 à 130 de ses conclusions, aucune des pièces produites par la République de Lettonie après l'audience ne comporte d'élément de preuve de nature à établir l'existence d'indices suffisants quant au bien-fondé des accusations portées contre l'intéressé.

95. Par courrier reçu au greffe de la Cour le 8 janvier 2019, la République de Lettonie a offert de communiquer d'autres documents « dans un délai raisonnable », sans demander la réouverture de la phase orale de la procédure, dont la clôture a été prononcée après la présentation des conclusions de Mme l'avocate générale, en application de l'article 82, paragraphe 2, du règlement de procédure. Par un second courrier du 30 janvier 2019, la République de Lettonie a renouvelé son offre de preuve et a demandé la réouverture de la phase orale de la procédure. Toutefois, cette offre de preuve, parvenue à la Cour au cours du délibéré, n'est assortie d'aucune justification qui explique le retard apporté à la présentation de ces documents, ainsi que le requiert l'article 128, paragraphe 2, du règlement de procédure. En effet, l'évolution de l'enquête pénale telle que

décrite par le gouvernement letton n'est pas pertinente à cet égard. En outre, cette offre de preuve ne comporte aucune indication concrète et spécifique sur le contenu des documents qu'il est proposé de communiquer. Dans ces conditions et eu égard au caractère accéléré des procédures, l'offre de preuve et la demande de réouverture de la phase orale de la procédure doivent être rejetées.

96. En conséquence, la Cour ne peut que constater que la République de Lettonie n'a pas établi que le relèvement de M. Rimšēvičs de ses fonctions repose sur l'existence d'indices suffisants que celui-ci a commis une faute grave au sens de l'article 14.2, second alinéa, des statuts du SEBC et de la BCE et, partant, accueille le moyen tiré du caractère non justifié de cette décision. Il n'y a, dès lors, pas lieu d'examiner les autres moyens de la requête.

Par ces motifs, la Cour (grande chambre) dit pour droit :

1) Les affaires C-202/18 et C-238/18 sont jointes aux fins de l'arrêt.

2) La décision du Korupcijas novēršanas un apkarošanas birojs (Bureau de prévention et de lutte contre la corruption, Lettonie), du 19 février 2018, est annulée en tant qu'elle interdit à M. Ilmārs Rimšēvičs d'exercer ses fonctions de gouverneur de la Banque centrale de Lettonie.

3) La République de Lettonie est condamnée à supporter, outre ses propres dépens, ceux exposés par la Banque centrale européenne (BCE).

Observations

Quel singulier arrêt ! Pour la première fois de l'histoire de la construction européenne, la Cour de justice de l'Union européenne a annulé une mesure adoptée par les autorités d'un État membre consistant à interdire au gouverneur d'une banque centrale de la zone euro d'exercer ses fonctions. De prime abord, la solution peut choquer ; elle s'explique néanmoins par la spécificité du sous-système que constitue dans l'ordre juridique de l'Union l'Eurosystème.

Procédure

Cet arrêt trouve son origine dans deux affaires jointes correspondant à deux recours, l'un introduit par M. Rimšēvičs (aff. C-202/18), l'autre par la BCE (aff. C-238/18). D'un côté, M. Rimšēvičs a demandé à la Cour de constater qu'il avait été illégalement relevé de ses fonctions de gouverneur de la Banque centrale de Lettonie, que les autorités lettones ne pouvaient lui interdire d'exercer les fonctions et les attributions de gouverneur de cette même banque centrale et que les limitations à l'exercice des fonctions et des attributions de membre du conseil des gouverneurs de la BCE lui ont été illégalement appliquées. De l'autre côté, la BCE a demandé à la Cour de justice de constater, sur le fondement de l'article 14.2 des statuts du SEBC et de la BCE (par la suite les statuts), que la République de Lettonie a violé le second alinéa de cette disposition, en relevant de ses fonctions le titulaire du poste de gouverneur de la Banque centrale de Lettonie sans qu'un jugement de condamnation prononcé sur le fond ait été rendu par un tribunal indépendant.

Un court rappel des faits s'impose. En février 2018, le Bureau de prévention et de lutte contre la corruption de Lettonie (KNAB) a engagé une enquête à l'encontre de M. Rimšēvičs en lui reprochant d'avoir sollicité et accepté, en 2013, des pots-de-vin en sa qualité de gouverneur de la Banque centrale de Lettonie, en vue d'exercer une influence dans l'intérêt d'une banque privée lettone. Après avoir été incarcéré de façon éphémère, M. Rimšēvičs a fait l'objet d'une décision du KNAB, lui imposant plusieurs mesures, à savoir l'interdiction d'exercer ses fonctions de décision, de contrôle et de surveillance au sein de la Banque centrale de Lettonie, notamment d'occuper son poste de gouverneur de cette banque centrale, l'obligation de verser une caution ainsi que l'interdiction d'approcher certaines personnes et de quitter le pays sans autorisation préalable. Le juge d'instruction du tribunal de district de Riga a rejeté le recours formé par M. Rimšēvičs, contre deux des mesures contraignantes imposées par le KNAB, à savoir l'interdiction d'exercer ses fonctions au sein de la Banque centrale de Lettonie et celle de quitter le pays sans autorisation. M. Rimšēvičs a été inculpé par le procureur chargé de l'affaire lui reprochant des pots-de-vin. On se gardera de porter une quelconque appréciation sur les faits reprochés à M. Rimšēvičs ; l'affaire semble complexe et le contexte sensible, expliquant que, en mai 2020, le juge letton ne s'est toujours pas prononcé, contrairement à la Cour de justice, au demeurant à nouveau saisi d'un renvoi (1).

Il est vrai qu'à la demande de la BCE, le président de la Cour de justice a décidé, en application de l'article 53, paragraphe 4, du règlement de procédure de la Cour de justice et de l'article 133 du règlement de procédure, de soumettre l'affaire C-238/18 à une procédure accélérée (2). Rappelons la base juridique singulière de l'action : en vertu de l'article 14.2, second alinéa, des statuts, « [u]n gouverneur ne peut être relevé de ses fonctions que s'il ne remplit plus les conditions nécessaires à l'exercice de ses fonctions ou s'il a commis une faute grave. Un recours contre la décision prise à cet effet peut être introduit auprès de la Cour de justice par le gouverneur concerné ou le conseil des gouverneurs pour violation des traités ou de toute règle de droit relative à leur application. Ces recours doivent être formés dans un délai de deux mois à compter, suivant le cas, de la publication de l'acte, de sa notification au requérant ou, à défaut, du jour où celui-ci en a eu connaissance ». Ce recours détonne dans la systématique des voies de droit qu'institue le traité. Aussi sa première mise en œuvre ne pouvait-elle que provoquer une discussion quant à la nature de ce recours, conduisant au demeurant l'avocate générale à retenir une interprétation à laquelle la Cour de justice n'adhère pas pleinement.

La compétence de la Cour de justice, garantie de l'indépendance de la banque centrale

La Lettonie a contesté la compétence de la Cour de justice. Celle-ci serait certes compétente en vertu de l'article 14.2 des statuts, mais uniquement pour statuer sur la décision nationale qui met fin au lien juridique et institutionnel entre le gouverneur et sa banque centrale nationale. En l'espèce, la décision contestée s'inscrit dans le cadre d'une procédure pénale engagée contre le gouverneur dans laquelle la Cour de justice ne devrait pas s'ingérer, estime la République lettone. En effet, la procédure n'ayant pas encore

(1) Voy. *infra*.
(2) CJUE, ord., 12 juin 2018, *BCE c/ Lettonie*, aff. C-238/18, EU:C:2018:488, non publiée.

pas abouti, il n'aurait pas été mis fin audit lien juridique et institutionnel.

Après avoir admis que les versions linguistiques divergent quelque peu de sorte qu'un doute serait permis quant à la nature des décisions susceptibles de faire l'objet du recours prévu à l'article 14.2, second alinéa, des statuts (pt 44 de l'arrêt et pt 78 des conclusions), la Cour de justice déploie un raisonnement fondé sur l'indépendance des banques centrales. Selon la formule consacrée, « il y a lieu, pour l'interprétation d'une disposition du droit de l'Union, de tenir compte non seulement des termes de celle-ci, mais également de son contexte et des objectifs poursuivis par la réglementation dont elle fait partie » (pt 45). Le contexte est celui du système européen de banques centrales dans la zone euro – que l'on désignera comme Eurosystème conformément à l'article 282, paragraphe 1, TFUE – et l'objectif celui de l'indépendance de la BCE et des banques centrales nationales (BCN), consacré par l'article 130 TFUE et par l'article 7 des statuts, que celles-ci fassent ou non partie de la zone euro au demeurant. Dans l'accomplissement de leurs missions, les banques centrales ne doivent accepter ou solliciter d'instructions d'aucune entité de l'Union ou nationale ; réciproquement, les institutions, organes, organismes de l'Union et les autorités nationales ne doivent d'aucune manière chercher à influencer les banques centrales. La question n'est pas inédite devant le prétoire de la Cour de justice laquelle renvoie dans son arrêt aux arrêts *OLAF*(3) *et Gauweiler*(4). *L'arrêt Weiss e.a.* aurait pu également être cité ce qui, rétrospectivement, n'est pas sans importance comme on le verra par la suite(5). L'arrêt sous commentaire montre une nouvelle fois que la Cour de justice s'érige en protectrice du principe constitutionnel d'indépendance des banques centrales.

Le principe d'indépendance comporte plusieurs dimensions que le rapport de l'Institut monétaire européen a déclinées

(3) CJCE, 10 juillet 2003, *Commission c/ BCE*, aff. C-11/00, ECLI:EU:C:2003:395, pt 130.
(4) CJUE, gde ch., 16 juin 2015, *Gauweiler*, aff. C-62/14, ECLI:EU:C:2015:400, pt 40.
(5) CJUE, gde ch., 11 décembre 2018, *Weiss e.a.*, aff. C-493/17, ECLI:EU:C:2018:1000.

dès 1998 (6) et que la BCE et la Commission européenne ont par la suite ajustées dans leurs rapports sur la convergence (7). On peut à cet égard être surpris que la Cour de justice évoque dans l'arrêt l'indépendance fonctionnelle (pt 48 de l'arrêt) alors que la question du mandat relève davantage de l'indépendance personnelle de la banque centrale. En tout état de cause, il est patent que le droit primaire prévoit, pour garantir l'indépendance des banques centrales nationales, un mandat d'une durée minimale pour le gouverneur lequel ne peut être relevé de ses fonctions que s'il ne remplit plus les conditions nécessaires à leur exercice ou s'il a commis une faute grave. L'indépendance justifie qu'une voie de droit devant la Cour ait été spécifiquement prévue pour contester la mesure relevant un gouverneur de ses fonctions (pt 48 de l'arrêt) car « [e]n confiant directement à la Cour la compétence pour connaître de la légalité de la décision de relever le gouverneur d'une banque centrale nationale de ses fonctions, les États membres ont manifesté l'importance qu'ils attachent à l'indépendance des titulaires desdites fonctions » (pt 49 de l'arrêt). La Cour de justice insiste : l'indépendance des gouverneurs des BCN doit d'autant plus être protégée que ceux-ci sont membres de droit du conseil des gouverneurs de la BCE (pt 50 de l'arrêt). Ce dernier étant l'organe en charge d'accomplir les missions fondamentales assignées à l'Eurosystème par l'article 127, paragraphe 1, TFUE – dont en premier lieu, la politique monétaire –, « s'il pouvait être décidé sans justification de relever les gouverneurs des banques centrales nationales de leurs fonctions, leur indépendance serait gravement compromise et, par voie de conséquence, celle du conseil des gouverneurs de la BCE lui-même » (pt 51 de l'arrêt).

La suite du raisonnement de la Cour de justice lui permet de justifier sa compétence même dans l'hypothèse où il ne serait pas certain que la mesure en cause mette définitivement fin aux fonctions du gouverneur. En premier lieu, « une

(6) IME, *Rapport sur la convergence*, 1998, pp. 13 et 14.

(7) Sur la question voy. F. Martucci, *L'ordre économique et monétaire de l'Union européenne*, préface D. Carreau, avant-propos J.-V. Louis, coll. Droit de l'Union européenne, Bruxelles, Bruylant, 2015, § 193.

interdiction temporaire, faite à un gouverneur d'une banque centrale nationale, d'exercer ses fonctions est susceptible de constituer un moyen de pression sur ce dernier » (pt 52 de l'arrêt), d'autant plus lorsqu'aucun terme précis n'est donné à l'interdiction, l'action engagée début 2018 n'ayant toujours pas abouti en juin 2020. Il est aisé de voir dans la mesure prétendument temporaire « un moyen de pression d'autant plus efficace lorsque [...] elle peut être retirée à tout moment en fonction non seulement de l'évolution de l'enquête, mais également du comportement du gouverneur concerné » (pt 52 de l'arrêt). En second lieu, la compétence de la Cour de justice pourrait être aisément contournée par l'État puisqu'il suffisait de proroger les décisions temporaires (pt 53 de l'arrêt).

En conséquence, affirme le point 55 de l'arrêt, il résulte « tant de l'intention des auteurs du traité FUE que de l'économie générale des statuts du SEBC et de la BCE ainsi que de la finalité même de l'article 14.2, second alinéa, desdits statuts que la Cour est compétente, en vertu de cette disposition, pour connaître d'un recours dirigé contre une mesure telle que l'interdiction provisoire d'exercice des fonctions de gouverneur de la Banque centrale de Lettonie contenue dans la décision litigieuse ».

L'arrêt constitue une nouvelle manifestation des implications juridiques du principe d'indépendance des banques centrales dans l'Union européenne. Plus d'un an plus tard, le *Bundesverfassungsgericht* rendra dans l'affaire *Weiss* un arrêt particulièrement controversé (8). Parmi les critiques qu'on peut faire à l'encontre de l'arrêt du juge allemand figure à notre sens une violation du principe d'indépendance des BCN puisqu'il est enjoint à la *Bundesbank* de ne pas participer à un programme de politique monétaire décidé par le conseil des gouverneurs de la BCE, celle-ci étant de surcroît invitée à fournir la preuve du caractère proportionné dudit programme.

(8) BVerfG, Urteil des Zweiten Senats vom 05 mai 2020, 2 BvR 859/15, ECLI:DE:BVerfG:2020:rs20200505.2bvr085915.

La compétence de la Cour de justice malgré le caractère pénal de l'action nationale

La Lettonie a fait valoir que la Cour n'est pas compétente pour connaître d'une décision qui, selon elle, est destinée à garantir le déroulement efficace de la procédure pénale engagée contre la personne visée par cette décision. L'argument s'avère quelque peu fallacieux car cela reviendrait à dire que la Cour de justice est incompétente dès lors qu'une procédure pénale a été engagée par les autorités nationales. On remettrait ainsi en cause des décennies de jurisprudence préjudicielle dans laquelle la Cour de justice a interprété le droit de l'Union à l'occasion de questions posées par des juges officiant en matière pénale. Le traité de Lisbonne n'a-t-il pas mis fin au troisième pilier et reconnu la compétence de la Cour de justice dans le domaine de l'espace de liberté, de sécurité et de justice ? En tout état de cause, de jurisprudence constante, même dans l'exercice de ses compétences retenues, l'État membre est tenu de respecter le droit de l'Union. Cela est d'autant plus vrai que si, en l'espèce, la mesure contestée est certes prise au titre de la politique pénale de l'État letton, elle n'en interfère pas moins directement avec la politique monétaire, compétence exclusive de l'Union. On comprend ainsi que, pour la Cour de justice, « les règles de la procédure pénale nationale ne peuvent faire obstacle à la compétence que l'article 14.2, second alinéa, des statuts du SEBC et de la BCE confie à la Cour, dans tous les cas où cette disposition est applicable » (pt 57 de l'arrêt).

La Lettonie a également invoqué l'article 276 TFUE pour écarter la compétence de la Cour de justice. On rappelle que, selon cette disposition, « [d]ans l'exercice de ses attributions concernant les dispositions des chapitres 4 et 5 du titre V de la troisième partie [du traité FUE], relatives à l'espace de liberté, de sécurité et de justice, la Cour de justice de l'Union européenne n'est pas compétente pour vérifier la validité ou la proportionnalité d'opérations menées par la police ou d'autres services répressifs dans un État membre, ni pour statuer sur l'exercice des responsabilités qui incombent aux États membres pour le maintien de l'ordre public et la sauvegarde de la sécurité intérieure ». L'article 276 TFUE peut être rattaché aux fonctions essentielles de l'État membre que l'Union doit respecter en matière de sécurité intérieure et extérieure au sens de l'article 4, paragraphe 2, TUE. La Cour de justice retient cependant une lecture restrictive de cette disposition qui limite la compétence de la Cour uniquement dans l'exercice de ses attributions concernant les dispositions des chapitres 4 et 5 du titre V de la troisième partie du traité FUE. Or, selon le point 59 de l'arrêt qui renvoie au point 82 de ses conclusions de l'avocate générale, l'affaire en cause concernait non pas ces attributions, mais celles que la Cour tient directement et expressément de l'article 14.2, second alinéa, des statuts du SEBC et de la BCE.

L'ultime argument de la République de Lettonie n'est pas davantage pertinent puisqu'il revient à dire que la reconnaissance de la compétence de la Cour de justice conduirait à faire bénéficier le gouverneur de la Banque centrale de Lettonie d'une immunité pénale. Outre la réponse donnée par le point 61 de la Cour de justice, il suffit de constater que l'arrêt rendu par la Cour de justice n'a nullement mis un terme à la procédure pénale engagée par les autorités lettones.

La nature singulière du recours prévu par l'article 14.2 des statuts

Pour la première fois, l'article 14.2 des statuts est donc mis en œuvre. L'occasion peut être saisie pour comprendre la nature du recours ainsi prévu sur laquelle le droit primaire s'avère bien silencieux. La BCE a avancé une thèse moins intégrationniste que celle finalement retenue par la Cour de justice. Elle estimait en effet que l'article 14.2 des statuts s'apparentait à un recours en manquement dont l'aboutissement serait un arrêt déclaratoire. L'avocate générale a conclu également en ce sens (pts 36-62). Après une approche par le prisme linguistique du libellé et de la genèse de la disposition (pts 36-52), elle propose une interprétation systématique et téléologique. Ainsi, « le système des voies de droit devant le juge de l'Union comporte deux sphères certes interconnectées mais néanmoins bien séparées » (pt 54 des conclusions). La première est celle des institutions, organes et organismes de l'Union, dont les actes sont soumis au contrôle de légalité et au pouvoir d'annulation du juge de l'Union. La seconde « est celle des États membres et de leurs organes et institutions, le juge de l'Union n'intervient pas en façonnant directement l'ordonnancement juridique national, mais seulement en constatant l'incompatibilité d'un acte ou d'une situation juridique de droit national avec le droit de l'Union et les obligations qui incombent à l'État membre concerné en vertu des traités » (pt 55 des conclusions). Pour l'avocat générale, « [l]a mise en œuvre d'un pouvoir d'annulation du juge de l'Union dans le cadre du recours prévu à l'article 14.2 des statuts du SEBC et de la BCE reviendrait donc à brouiller la sphère de l'Union et celle des États membres » (pt 58 des conclusions).

Certes, l'avocate générale reconnaît qu'« attribuer à la Cour le pouvoir d'annuler une décision relevant indûment un gouverneur de ses fonctions serait une arme très efficace aux fins de la protection de l'objectif de l'article 14.2 des statuts du SEBC et de la BCE, à savoir la sauvegarde de l'indépendance des gouverneurs des banques centrales nationales » (pt 59 des conclusions). Elle ajoute que « l'annulation d'un acte pris par une autorité nationale constituerait une ingérence non seulement inhabituelle, mais également extrêmement profonde dans le domaine de compétence et l'autonomie procédurale des États membres [et que] [...] au vu de l'importance constitutionnelle des principes de subsidiarité et d'attribution des compétences consacrés aux articles 4 et 5 TUE, la possibilité d'une telle ingérence devrait être explicitement prévue par les traités » (pt 60 des conclusions).

Le raisonnement de l'avocate générale n'emporte pas la conviction. À notre sens, distinguer deux sphères, l'une de l'Union, l'autre des États membres, revient à méconnaître le sens même de l'intégration. Déjà, dans l'arrêt *Berlusconi*, la Cour de justice avait mis en exergue la porosité entre lesdites sphères du système des voies de droit puisque, face à des procédures administratives complexes ou composites, la Cour de justice peut connaître de la validité de mesures décidées par les autorités nationales (9). L'arrêt *Berlusconi*

(9) CJUE, gde ch., 19 décembre 2018, *Berlusconi*, aff. C-219/17, ECLI:EU:C:2018:1023 ; voy. F. Martucci, *in* F. Picod (dir.), *Jurisprudence de la CJUE 2018*, Bruxelles, Bruylant,

a été rendu dans le cadre du mécanisme de surveillance unique de l'union bancaire. Rappelons que ce mécanisme est formé de la BCE et des autorités nationales compétentes. Cette architecture n'est pas sans rappeler celle de l'Eurosystème. Celui-ci présente cependant un degré supérieur d'intégration puisqu'il adopte les mesures nécessaires à la mise en œuvre de la compétence exclusive de politique monétaire (la compétence n'est pas exclusive en matière de surveillance bancaire). De plus, selon l'article 14.3 des statuts, les BCN « font partie intégrante » de l'Eurosystème, ce qui constitue un indice parmi d'autres du caractère totalement dénationalisé de l'Eurosystème. L'intégration dérive vers la fusion ce qui dissout la frontière entre les sphères contentieuses Union-États membres (10).

Cela explique également que l'argument de l'« ingérence non seulement inhabituelle, mais également extrêmement profonde dans le domaine de compétence et l'autonomie procédurale des États membres » ne tient pas ; peu importe à ce titre « l'importance constitutionnelle des principes de subsidiarité et d'attribution des compétences consacrés aux articles 4 et 5 TUE » (pt 60 des conclusions). Cette argumentation n'est pas pertinente parce qu'avec l'Eurosystème, nous sommes dans une compétence exclusive, ce qui exclut d'emblée toute référence à la subsidiarité. On ne voit pas en quoi l'attribution des compétences serait affectée puisqu'ici est en cause une mesure nationale et non un acte de l'Union. Quant à l'autonomie procédurale, son évocation peut conduire à une conclusion inverse de celle de l'avocate générale puisqu'une telle autonomie est encadrée, en particulier par l'effectivité.

Cette lecture est en partie corroborée par la Cour de justice qui, d'emblée, affirme que « l'interprétation tant littérale que systématique et téléologique de l'article 14.2 de ces statuts

2019 ; J. Rondu, « Le contrôle juridictionnel des décisions adoptées à l'issue d'une procédure administrative composite, réflexions sur l'arrêt de grande chambre Berlusconi du 19 décembre 2018 », *RTD Eur.*, 2019, vol. 55, n° 4, pp. 853-867 ; voy. de façon plus générale L. Feilhès, « Le concept d'opération complexe », *RFDA*, 2020, pp. 39-58.

(10) Voy. sur la question de l'intégration-fusion F. Martucci, « L'Eurosystème est-il fédéral ? », *in* E. Dubout, S. de la Rosa et F. Martucci (dir.), *L'Union européenne et le fédéralisme économique*, coll. Droit de l'Union européenne, Bruxelles, Bruylant, 2015, pp. 187-208.

conduit à qualifier le recours prévu à cet article de recours en annulation » (pt 66 de l'arrêt). Cela tient d'abord à des similitudes entre les articles 263 TFUE et 14.2, second alinéa, des statuts : le recours peut être introduit par un particulier – en l'occurrence par le gouverneur relevé de ses fonctions – contre une décision dont il est le destinataire, et ce dans le même délai de deux mois, défini en termes identiques à l'article 263, paragraphe 6, TFUE et à la dernière phrase de l'article 14.2, second alinéa, des statuts. La Cour de justice relève aussi une analogie rédactionnelle puisque les deux dispositions énoncent que les requérants peuvent faire valoir des moyens tirés de la « violation des traités et de toute autre règle de droit relative à leur application » (pt 67 de l'arrêt).

Plus intéressante s'avère l'argumentation fondée sur une approche systématique en vertu de laquelle, selon la Cour, « la spécificité de l'article 14.2 desdits statuts n'est pas incompatible avec les caractéristiques du recours en annulation » (pt 68 de l'arrêt). La Cour de justice considère que l'article 14.2, second alinéa, des statuts « déroge à la répartition générale des compétences entre le juge national et le juge de l'Union telle que prévue par les traités et notamment par l'article 263 TFUE, un recours au titre de cet article ne pouvant porter que sur des actes de droit de l'Union » (pt 69 de l'arrêt). Elle se réfère ainsi expressément à la jurisprudence de principe *Humblet*(11). Le fondement de cette dérogation n'est autre que « le contexte institutionnel particulier du SEBC dans lequel elle s'inscrit » car, selon le point 69 de l'arrêt, « le SEBC représente dans le droit de l'Union une construction juridique originale qui associe et fait coopérer étroitement des institutions nationales, à savoir les banques centrales nationales, et une institution de l'Union, à savoir la BCE, et au sein de laquelle prévaut une articulation différente et une distinction moins marquée de l'ordre juridique de l'Union et des ordres juridiques internes ». La Cour de justice insiste : « l'article 14.2 des statuts du SEBC et de la BCE tire les conséquences de ce *système très intégré* voulu par les auteurs des traités pour le SEBC et, en particulier, du

(11) CJCE, 16 décembre 1960, *Humblet c/ État belge*, aff. 6/60-IMM, ECLI:EU:C:1960:48.

dédoublement fonctionnel du gouverneur d'une banque centrale nationale, certes autorité nationale, mais agissant dans le cadre du SEBC et siégeant, lorsqu'il est gouverneur d'une banque centrale nationale d'un État membre dont la monnaie est l'euro, au principal organe de direction de la BCE » (pt 70 de l'arrêt, italiques ajoutés). Bien davantage que les arrêts *OLAF*, *Gauweiler* et *Weiss*, l'arrêt sous commentaire illustre à quel point, dans l'ordre juridique spécifique de l'Union européenne, l'Eurosystème présente une spécificité encore plus marquée. Ainsi, faut-il le rappeler, l'intégration se mue en fusion en ce sens que la BCN est un pur agent de la zone euro lorsqu'elle accomplit les missions fondamentales assignées à l'Eurosytème par l'article 127, paragraphe 2, TFUE(12), le dédoublement fonctionnel signifiant que les BCN demeurent des autorités nationales ayant également des missions prévues par le droit interne(13). La Cour de justice conclut à la nature « hybride » du statut des BCN (pt 70 de l'arrêt) qui explique donc la dérogation au système de voies de droit prévu par le traité permettant à la Cour de justice d'apprécier la validité d'une décision prise par une autorité nationale.

Les puristes seront heurtés par la solution retenue par l'arrêt tant elle remet en cause la séparation étanche contentieuse entre les fonctions dévolues au juge national et à la Cour de justice de l'Union européenne. Les catégories classiques s'en trouvent assurément perturbées et le bel ordonnancement morcelé. Il demeure que la solution est unique en ce sens que cette « voie de recours spécifique » (pt 71 de l'arrêt) a vocation à demeurer exceptionnelle. Cela ne vaut que pour l'article 14.2 des statuts et donc pour les très rares cas de décision mettant fin au mandat d'un gouverneur de BCN, le recours ne pouvant de surcroît être introduit que par la BCE ou le gouverneur en cause, de sorte que les saisines de la Cour n'ont pas vocation à proliférer.

La Cour de justice achève à partir du point 72 sa démonstration en avançant un ultime argument qui rejoint cependant

(12) Voy. F. Martucci, *L'ordre économique et monétaire de l'Union européenne*, *op. cit.*, § 218.

(13) *Ibid.*, § 195.

le précédent. Elle prend en compte l'objectif visé par l'article 14.2 des statuts qui n'est autre (pts 49 et suivants de l'arrêt) que la garantie de l'indépendance de la BCN telle qu'exigée par les articles 130 TFUE et 7 des statuts du SEBC. Le recours « représente ainsi une pièce essentielle de l'équilibre institutionnel que requiert l'étroite coopération des banques centrales nationales et de la BCE au sein du SEBC » (pt 72 de l'arrêt). La Cour de justice entend mettre en exergue que l'intégration au sein de l'Eurosystème implique que la BCE puisse le cas échéant intervenir au soutien du gouverneur de la BCN qui est aussi membre du conseil des gouverneurs de la BCE. L'argument avancé au point 73 est que « l'absence prolongée de participation d'un membre du conseil des gouverneurs est susceptible d'affecter gravement le bon fonctionnement de cet organe essentiel de la BCE ». Dès lors, « seul le recours en annulation, éventuellement complété par les mesures provisoires que peut ordonner la Cour en application des articles 278 et 279 TFUE, permet de répondre aux préoccupations qui ont présidé à la création de cette voie de droit » (pt 74 de l'arrêt). La Cour de justice appuie son argumentation en termes d'efficacité du recours juridictionnel en se reportant aux intentions des auteurs des statuts, estimant que ceux-ci n'ont pas souhaité que l'arrêt rendu au titre de l'article 14.2, second alinéa, desdits statuts présente un caractère déclaratoire et que ses effets soient tributaires d'une mise en œuvre par les autorités nationales. On retrouve encore une fois en droit de l'Union économique et monétaire une référence par la Cour de justice aux travaux préparatoires du traité de Maastricht (14). Enfin, dans l'articulation des voies de droit, la Cour de justice précise que l'action au titre de l'article 14.2, second alinéa, des statuts n'exclut pas le cas échéant un recours en manquement par la Commission européenne si celle-ci estime que l'indépendance de la BCN est violée (pt 75 de l'arrêt). Une telle action avait au demeurant été engagée en 2011 à l'encontre de la Hongrie qui avait mis un terme à la réforme de sa BCN (15).

(14) Voy. CJUE, ass. plén., 27 novembre 2012, *Pringle*, aff. C-370/12, ECLI:EU:C:2012:756 ; CJUE, *Gauweiler*, préc. ; CJUE, *Weiss*, préc.

(15) Commission européenne, *La Commission européenne ouvre une procédure d'infraction accélérée contre la Hongrie concernant l'indépendance de sa banque centrale et de ses instances de protection des données et concernant certaines mesures relatives à son système judiciaire*, communiqué de presse, 17 janvier 2012, IP/12/24.

La faute grave non caractérisée

En vertu de l'article 14.2, second alinéa, des statuts, un gouverneur ne peut être relevé de ses fonctions que dans deux hypothèses, à savoir s'il ne remplit plus les conditions nécessaires à l'exercice de ses fonctions ou s'il a commis une faute grave. En l'espèce, la question est de savoir si les faits reprochés à M. Rimšēvičs sont constitutifs d'une « faute grave », au sens de l'article 14.2 des statuts.

La Cour de justice commence par rappeler que, sur ce fondement, il ne lui appartient pas de se substituer aux juridictions nationales compétentes pour statuer sur la responsabilité pénale du gouverneur mis en cause ni même d'interférer avec l'enquête pénale préliminaire diligentée contre ce dernier par les autorités administratives ou judiciaires compétentes en vertu du droit de l'État membre concerné (pt 91 de l'arrêt). En revanche, il lui revient de vérifier « qu'une interdiction provisoire, faite au gouverneur concerné, d'exercer ses fonctions n'est prise que s'il existe des indices suffisants que celui-ci a commis une faute grave de nature à justifier une telle mesure » (pt 92 de l'arrêt). En l'espèce, la Cour de justice estime que la Lettonie n'a pas établi que le relèvement de M. Rimšēvičs de ses fonctions repose sur l'existence d'indices suffisants que celui-ci a commis une faute grave au sens de l'article 14.2, second alinéa, des statuts.

L'occasion n'a pas été saisie par la Cour de justice de définir la faute grave. On peut renvoyer par analogie à la notion utilisée à propos la fin du mandat des membres de la Commission (16), du directoire de la BCE (17) ou encore du médiateur européen (18). Ainsi que le souligne l'avocate générale, « la notion de faute grave désigne, dans les dispositions de droit disciplinaire de l'Union, un comportement illégal adopté par le titulaire d'une fonction, qui revêt une gravité suffisante pour justifier que son auteur soit relevé de ses fonctions » (pt 104 des conclusions). Un rapprochement est possible avec l'affaire *Cresson* (19).

---

(16) Art. 247 TFUE.

(17) Art. 11.4 des statuts.

(18) Art. 228, § 2, TFUE.

(19) CJCE, ass. plén., 11 juillet 2006, *Commission c/ Cresson*, aff. C-432/04, ECLI:EU:C:2006:455.

L'affaire est cependant à suivre puisque le 7 janvier 2020 une question préjudicielle a été posée par le juge letton (20). La question est désormais de savoir si l'article 11, sous a), et l'article 22, premier alinéa, du protocole (n° 7) du traité sur le fonctionnement de l'Union européenne sur les privilèges et immunités de l'Union européenne, s'appliquent à la fonction de membre du conseil des gouverneurs de la BCE, exercée par le gouverneur d'une banque centrale d'un État membre, à savoir le président de la Banque de Lettonie.

L'arrêt Rimšēvičs est incontestablement singulier. La solution retenue par la Cour de justice ne vaut que pour l'article 14.2 des statuts lequel devrait demeurer d'une occurrence exceptionnelle. Il n'en demeure pas moins qu'il révèle le caractère vivant du droit de l'intégration qui, comme le montre le domaine de l'union bancaire, évolue à mesure qu'il se réalise.

Francesco MARTUCCI

(20) Demande de décision préjudicielle présentée par le *Rīgas rajona tiesa* (Lettonie), 7 janvier 2020, *procédure pénale contre AB, CE, SIA « MM investīcijas »*, aff. C-3/20.

Cour de justice, 1re ch., 2 octobre 2019, *Crédit Mutuel Arkéa c/ Banque centrale européenne (BCE)*, aff. jtes C-152/18 P et C-153/18 P

Conclusions de l'avocat général G. Pitruzella, du 18 juin 2019, ECLI:EU:C:2019:505

Mots-clés : Union bancaire – Mécanisme de surveillance unique – Règlement uniforme – BCE – Surveillance prudentielle des établissements de crédit sur une base consolidée – Groupe soumis à une surveillance prudentielle – Établissements affiliés de manière permanente à un organisme central

Cadre normatif : article 127, paragraphe 6, TFUE ; règlement (UE) n° 1024/2013 ; règlement (UE) n° 468/2014 ; règlement (UE) n° 575/2013

Notes et observations : F. Martucci, « The Crédit Mutuel Arkea Case : Central Bodies and the SSM », in C. Zilioli et K. P. Wojcik (éds), *Judicial Review in the European Banking Union*, Cheltenham, Elgar, 2002, à paraître ; D. Simon, *Europe*, 2019, n° 12, Comm. 12, p. 46

Extraits de l'arrêt

1. Par ses pourvois, le Crédit mutuel Arkéa (ci-après le « CMA ») demande l'annulation des arrêts du Tribunal de l'Union européenne du 13 décembre 2017, Crédit mutuel Arkéa/BCE (T-712/15, ci-après le « premier arrêt attaqué », EU:T:2017:900), et du 13 décembre 2017, Crédit mutuel Arkéa/BCE (T-52/16, ci-après le « second arrêt attaqué », EU:T:2017:902) (ci-après, ensemble, les « arrêts attaqués »), par lesquels celui-ci a rejeté ses recours tendant à l'annulation, respectivement, de la décision ECB/SSM/2015 – 9695000CG7B84NLR5984/28 de la Banque centrale européenne (BCE), du 5 octobre 2015, fixant des exigences prudentielles applicables au groupe Crédit mutuel (ci-après la « première décision litigieuse »), et de la décision ECB/SSM/2015 – 9695000CG7B84NLR5984/40 de la BCE, du 4 décembre 2015, fixant les exigences prudentielles applicables au groupe Crédit mutuel (ci-après la « seconde décision litigieuse ») (ci-après, ensemble, les « décisions litigieuses »).

[...]

Sur les premiers moyens

43. Par les premiers moyens avancés par le CMA à l'appui de ses pourvois, celui-ci soutient que le Tribunal a commis une erreur de droit en jugeant que l'article 2, point 21, sous c), du règlement n° 468/2014 et l'article 10 du règlement n° 575/2013 permettent à la BCE d'organiser une surveillance prudentielle consolidée d'établissements affiliés à un organisme central, même lorsque ce dernier ne dispose pas de la qualité d'établissement de crédit.

44. Ces moyens sont divisés en deux branches.

Sur la première branche des premiers moyens

– Argumentation des parties

45. Par la première branche des premiers moyens, le CMA soutient que le Tribunal a commis une erreur de droit en jugeant que l'article 2, point 21, sous c), du règlement n° 468/2014 permet à la BCE d'organiser une surveillance prudentielle consolidée d'établissements affiliés à un organisme central, sans qu'il soit nécessaire que cet organisme central ait la qualité d'établissement de crédit.

46. En premier lieu, le CMA considère que si le Tribunal avait interprété ladite disposition conformément à l'article 127, paragraphe 6, TFUE et à l'article 1er du règlement n° 1024/2013, relatifs aux missions spécifiques confiées à la BCE en matière de contrôle et de surveillance prudentiels des « établissements de crédit », il aurait dû considérer que l'organisme central visé à l'article 2, point 21, sous c), du règlement n° 468/2014 doit nécessairement avoir la qualité d'établissement de crédit pour que la BCE puisse exercer une surveillance prudentielle consolidée à partir de cet organisme central.

47. En deuxième lieu, le CMA conteste l'appréciation du Tribunal, figurant au point 89 du premier arrêt attaqué et au point 88 du second arrêt attaqué, selon laquelle suivre son approche aboutirait à un fractionnement de la surveillance prudentielle, contraire aux finalités tant du règlement n° 1024/2013 que du règlement n° 468/2014.

48. À cet égard, le CMA fait valoir, en substance, que les entités n'ayant pas la qualité d'établissement de crédit ne sont pas comprises dans la notion de « groupe soumis à la surveillance prudentielle », telle que définie à l'article 2, point 21, sous c), du règlement n° 468/2014, et que l'inclusion d'une association telle que la CNCM, n'ayant pas la qualité d'établissement de crédit, au sein du groupe soumis à la surveillance prudentielle de la BCE n'est pas justifiée par la finalité poursuivie par cette disposition.

49. En troisième lieu, le CMA estime que le Tribunal a commis une erreur de droit dans l'application de l'article 2, point 21, sous c), du règlement n° 468/2014 en ce qu'il a constaté l'impossibilité pour la BCE d'infliger des sanctions à des organismes centraux visés à cette disposition sans induire de ce constat la nécessité pour un tel organisme central de disposer de la qualité d'établissement de crédit.

50. En effet, selon le CMA, l'efficacité d'une supervision étant subordonnée à l'existence d'un pouvoir de sanction et celui-ci ne pouvant être exercé qu'à l'égard des établissements de crédit, ladite disposition n'est applicable qu'à des organismes centraux ayant la qualité d'établissement de crédit et la circonstance que la BCE puisse sanctionner les établissements de crédit affiliés auxdits organismes centraux est sans incidence à cet égard.

51. La BCE, la Commission et la CNCM contestent cette argumentation.

– Appréciation de la Cour

52. L'article 127, paragraphe 6, TFUE, qui constitue la base juridique sur le fondement de laquelle le règlement n° 1024/2013 a été adopté, prévoit que le Conseil de l'Union européenne peut confier à la BCE des missions spécifiques ayant trait aux politiques en matière de contrôle prudentiel des établissements de crédit et autres établissements financiers, à l'exception des entreprises d'assurances.

53. S'il est vrai que le libellé de cette disposition vise les « établissements de crédit » et les « autres établissements financiers », il convient de déterminer la portée de l'habilitation prévue à cette disposition en tenant compte du contexte dans lequel elle s'inscrit et des objectifs poursuivis par celle-ci.

54. À cet égard, il y a lieu de relever que l'article 127 TFUE figure sous le chapitre 2, intitulé « La politique monétaire », du titre VIII de la troisième partie du traité FUE, et fixe les objectifs ainsi que les missions fondamentales du Système européen de banques centrales (SEBC) et de la BCE.

55. Ainsi que M. l'avocat général l'a indiqué aux points 55 et 56 de ses conclusions, l'exercice des missions de surveillance prudentielle bancaire visées à l'article 127, paragraphe 6, TFUE a pour objectif d'assurer la sécurité et la solidité des établissements de crédit, notamment celles des grands établissements de crédit et des groupes bancaires, afin de contribuer à garantir la stabilité du système financier de l'Union dans son ensemble.

56. Par ailleurs, la poursuite de ces objectifs est explicitement énoncée aux considérants 16, 26, 30 et 65 du règlement n° 1024/2013 ainsi qu'à l'article 1er, premier alinéa, de ce règlement.

57. En particulier, il ressort du considérant 26 du règlement n° 1024/2013 que, pour garantir la sécurité et la solidité des établissements de crédit, il est important de prévoir des dispositions en matière de surveillance visant spécifiquement à atténuer les risques menaçant la sécurité et la solidité d'un établissement de crédit, qui peuvent survenir tant au niveau de l'établissement de crédit proprement dit qu'au niveau du groupe bancaire ou du conglomérat financier auquel il appartient.

58. Ce considérant précise que, outre la surveillance au niveau des établissements de crédit proprement dits, la BCE devrait aussi avoir pour mission d'exercer une surveillance sur base consolidée.

59. À cet égard, il y a lieu de rappeler que l'article 4 du règlement n° 1024/2013, intitulé « Missions confiées à la BCE », prévoit, à son paragraphe 1, sous g), que la BCE est notamment compétente pour assurer la surveillance sur base consolidée des sociétés mères des établissements de crédit établies dans l'un des États membres participants.

60. Conformément à l'article 6, paragraphe 1, de ce règlement, la BCE s'acquitte de cette mission dans le cadre du MSU, composé d'elle-même et des autorités compétentes nationales, et veille au fonctionnement efficace et cohérent de celui-ci.

61. Ainsi qu'il ressort du considérant 9 du règlement n° 468/2014, celui-ci a pour objectif de développer et de préciser les procédures de coopération établies par le règlement n° 1024/2013 entre la BCE et les autorités compétentes nationales au sein du MSU, assurant ainsi le fonctionnement effectif et cohérent de ce dernier.

62. C'est dans ce contexte que l'article 2, point 21, sous c), du règlement n° 468/2014 définit la notion de « groupe soumis à la surveillance prudentielle » comme désignant, notamment, les entités soumises à la surveillance prudentielle ayant leurs sièges dans un même État membre participant, sous réserve qu'elles soient affiliées de façon permanente à un organisme central qui exerce une surveillance prudentielle à leur égard dans les conditions décrites à l'article 10 du règlement n° 575/2013 et qui est établi dans le même État membre participant.

63. Par conséquent, le Tribunal a jugé à bon droit, aux points 58 à 64 du premier arrêt attaqué et aux points 57 à 63 du second arrêt attaqué, que la surveillance prudentielle des établissements de crédit appartenant à des groupes bancaires sur une base consolidée répond essentiellement à deux finalités, à savoir, d'une part, à celle de permettre à la BCE d'appréhender les risques susceptibles d'affecter un établissement de crédit qui proviennent non pas de celui-ci, mais du groupe auquel il

appartient, et, d'autre part, à celle d'éviter un fractionnement de la surveillance prudentielle des entités composant ce groupe.

64. En outre, il ne découle nullement de l'article 127, paragraphe 6, TFUE que l'« organisme central », visé à l'article 2, point 21, sous c), du règlement n° 468/2014, doit disposer de la qualité d'établissement de crédit.

65. Au contraire, ainsi que M. l'avocat général l'a relevé aux points 62 à 64 de ses conclusions, il résulte des objectifs poursuivis par l'attribution, sur le fondement de l'article 127, paragraphe 6, TFUE, de missions spécifiques en matière de contrôle prudentiel à la BCE que celle-ci doit pouvoir exercer une surveillance prudentielle sur une base consolidée à l'égard d'un groupe tel que celui visé à l'article 2, point 21, sous c), du règlement n° 468/2014, indépendamment de la forme juridique de l'organisme central auquel les entités faisant partie de ce groupe sont affiliées et pour autant que les conditions énoncées à l'article 10 du règlement n° 575/2013 sont remplies.

66. En effet, à défaut, un groupe bancaire pourrait se soustraire à une surveillance prudentielle sur une base consolidée en raison de la forme juridique de l'entité faisant office d'organe central de ce groupe et risquerait, dès lors, de porter atteinte à l'efficacité de l'exercice, par la BCE, desdites missions.

67. Par conséquent, l'article 127, paragraphe 6, TFUE et l'article 1er du règlement n° 1024/2013 ne s'opposent pas à ce que la BCE exerce une surveillance prudentielle sur une base consolidée à l'égard d'un groupe bancaire dont l'organisme central ne dispose pas de la qualité d'établissement de crédit, dès lors que les conditions énoncées à l'article 10, paragraphe 1, du règlement n° 575/2013 sont remplies.

68. S'agissant, par ailleurs, de l'argument du CMA selon lequel l'appréciation du Tribunal figurant au point 89 du premier arrêt attaqué et au point 88 du second arrêt attaqué serait entachée d'une erreur de droit, il suffit de rappeler que, selon une jurisprudence constante de la Cour, des griefs dirigés contre des motifs surabondants d'une décision du Tribunal ne sauraient entraîner l'annulation de cette décision et sont donc inopérants (arrêt du 13 décembre 2018, *Union européenne / Gascogne Sack Deutschland et Gascogne*, C-138/17 P et C-146/17 P, EU:C:2018:1013, point 45 et jurisprudence citée).

69. Or, ainsi que l'ont fait valoir à juste titre la BCE et la Commission, lesdits points présentent un caractère surabondant, puisqu'ils interviennent après que le Tribunal a, au point 88 du premier arrêt attaqué et au point 87 du second arrêt attaqué, jugé, à bon droit, qu'il est conforme aux finalités des règlements nos 1024/2013 et 468/2014 de retenir la qualification de « groupe soumis à la surveillance prudentielle », au sens de

l'article 2, point 21, sous c), du règlement n° 468/2014, que l'organisme central de ce groupe dispose ou non de la qualité d'établissement de crédit.

70. Au demeurant, le caractère surabondant du point 89 du premier arrêt attaqué et du point 88 du second arrêt attaqué est confirmé par l'emploi des termes « en outre » au début de ceux-ci.

71. Par conséquent, l'argument du CMA critiquant ces points des arrêts attaqués doit être rejeté comme étant inopérant.

72. Quant à l'argument du CMA tiré de ce que l'impossibilité pour la BCE d'infliger des sanctions à des organismes centraux visés à l'article 2, point 21, sous c), du règlement n° 468/2014 implique qu'un tel organisme central doit disposer de la qualité d'établissement de crédit, il ne saurait non plus être accueilli.

73. Comme la BCE et la Commission l'ont indiqué, cet argument repose sur l'analyse selon laquelle la compétence de la BCE en matière de surveillance prudentielle est subordonnée à l'existence d'un pouvoir de sanction à l'égard des entités faisant l'objet de cette surveillance.

74. Il est vrai que, ainsi que le Tribunal l'a lui-même relevé au point 91 du premier arrêt attaqué et au point 90 du second arrêt attaqué, l'article 18 du règlement n° 1024/2013 prévoit que, aux fins de l'accomplissement des missions que ce règlement lui confie en matière de surveillance prudentielle, la BCE peut imposer des sanctions pécuniaires administratives aux établissements de crédit, aux compagnies financières holdings ou aux compagnies financières holdings mixtes.

75. Toutefois, ainsi que M. l'avocat général l'a souligné aux points 84 et 85 de ses conclusions, il ne ressort nullement des textes de droit de l'Union applicables que l'existence d'un pouvoir de sanction à l'égard d'une entité constitue une condition nécessaire pour l'attribution, à la BCE, de pouvoirs de surveillance prudentielle à l'égard de cette entité, de telle sorte que l'exercice, par la BCE, de sa compétence en matière de surveillance prudentielle sur une base consolidée à l'égard d'un groupe n'est pas subordonné à la condition que la BCE dispose d'un tel pouvoir de sanction à l'égard d'une entité, telle qu'un organisme central au sens de l'article 2, point 21, sous c), du règlement n° 468/2014, faisant partie de ce groupe.

76. Il en résulte que c'est sans commettre d'erreur de droit que le Tribunal a considéré que l'absence de pouvoir de sanction de la BCE à l'encontre des organismes centraux visés à cette disposition ne fait pas obstacle à ce que la BCE exerce une surveillance prudentielle sur une base consolidée à l'égard d'un groupe dont l'organisme central ne dispose pas de la qualité d'établissement de crédit.

77. Dans ces conditions, en jugeant que l'article 2, point 21, sous c), du règlement n° 468/2014 ne saurait être interprété comme impliquant, en

lui-même, qu'un organisme central dispose de la qualité d'établissement de crédit, le Tribunal n'a pas commis d'erreur de droit, de telle sorte que la première branche des premiers moyens doit être rejetée.

Sur la seconde branche des premiers moyens

– Argumentation des parties

78. Par la seconde branche des premiers moyens, le CMA soutient que, contrairement à ce qu'a jugé le Tribunal dans les arrêts attaqués, l'article 10 du règlement n° 575/2013 implique que, aux fins de l'application de l'article 2, point 21, sous c), du règlement n° 468/2014, un « organisme central », au sens de cet article 10, doit disposer de la qualité d'établissement de crédit.

79. Selon le CMA, il découle d'une application cohérente de l'article 10 du règlement n° 575/2013 et de l'article 11, paragraphe 4, de ce règlement que, dans la mesure où les exigences prévues à cette dernière disposition ne sont susceptibles d'être respectées que par un établissement de crédit, un « organisme central », au sens dudit article 10, doit implicitement, mais nécessairement disposer de ladite qualité pour que la BCE puisse procéder à une surveillance prudentielle sur une base consolidée du groupe concerné.

80. Le CMA fait valoir que l'interprétation de l'article 10, paragraphe 1, sous b), du règlement n° 575/2013 retenue par le Tribunal ne respecte pas le libellé de cette disposition puisque, dans la mesure où elle fait référence à « la solvabilité et [à] la liquidité de l'organisme central », ladite disposition prévoit implicitement, mais nécessairement, que la surveillance prudentielle d'un groupe constitué d'un organisme central et des entités affiliées à celui-ci est subordonnée à la condition que cet organisme central ait la qualité d'établissement de crédit.

81. La BCE, la Commission et la CNCM contestent cette argumentation.

– Appréciation de la Cour

82. À titre liminaire, il convient de préciser que l'article 10 et l'article 11, paragraphe 4, du règlement n° 575/2013 concernent une exception à l'application des exigences prudentielles prévues par ce règlement à des établissements de crédit affiliés à un organisme central les surveillant. Cependant, la seconde branche des premiers moyens porte non pas sur l'existence d'une telle exception, mais sur celle d'un « groupe soumis à la surveillance prudentielle », au sens de l'article 2, point 21, sous c), du règlement n° 468/2014, lequel renvoie aux conditions prévues à l'article 10 du règlement n° 575/2013.

83. À cet égard, ainsi que le Tribunal l'a relevé à juste titre aux points 98 à 100 du premier arrêt attaqué et aux points 97 à 99 du second arrêt attaqué, outre le fait que cet article 2, point 21, sous c), renvoie au seul article 10 du règlement n° 575/2013 et que ce dernier ne comporte aucune référence à l'article 11, paragraphe 4, de ce règlement, la mise en œuvre de cette dernière disposition constitue non pas une condition, mais une conséquence de l'application de cet article 10 puisque ce n'est que lorsque l'autorité compétente exempte, sur le fondement dudit article 10, des établissements de crédit affiliés à un organisme central de l'application des exigences prudentielles sur une base individuelle, que ledit article 11, paragraphe 4, s'applique.

84. Par conséquent, en l'absence d'une telle décision d'exemption, l'article 11, paragraphe 4, du règlement n° 575/2013 n'est pas applicable et le point de savoir si l'organisme central en question respecte cette disposition est dénué de pertinence aux fins de l'exercice, par la BCE, d'une surveillance prudentielle sur l'ensemble du groupe constitué de cet organisme central et des entités affiliées à celui-ci.

85. S'agissant de la condition énoncée à l'article 10, paragraphe 1, sous b), du règlement n° 575/2013, selon laquelle « la solvabilité et la liquidité de l'organisme central et de tous les établissements affiliés sont suivies dans leur ensemble sur la base des comptes consolidés de ces établissements », force est de constater que cette condition n'implique nullement que l'organisme central en cause dispose de la qualité d'établissement de crédit.

86. En effet, ainsi qu'il ressort du libellé même de cette disposition, la condition prévue à celle-ci concerne non pas une surveillance individuelle de l'organisme central, mais l'existence d'un suivi de la solvabilité et de la liquidité de l'ensemble constitué par cet organisme et par les établissements affiliés à celui-ci, sur une base consolidée, à savoir sur la base des comptes consolidés de ces entités.

87. En outre, ainsi que le Tribunal l'a relevé à juste titre au point 106 du premier arrêt attaqué et au point 105 du second arrêt attaqué, il n'apparaît pas nécessaire que l'organisme central dispose de la qualité d'établissement de crédit, dès lors que le respect des critères mentionnés à l'article 10, paragraphe 1, sous b), du règlement n° 575/2013 suffit pour que puisse être exercée une surveillance du respect des exigences prudentielles par le groupe en cause.

88. Par conséquent, l'appréciation du Tribunal selon laquelle ni l'article 10, paragraphe 1, sous b), du règlement n° 575/2013 ni l'article 11, paragraphe 4, de ce règlement n'impliquent que, aux fins de l'application de l'article 2, point 21, sous c), du règlement n° 468/2014, un organisme central doit disposer de la qualité d'établissement de crédit n'est pas entachée d'une erreur de droit.

89. Dans ces conditions, la seconde branche des premiers moyens ne saurait être accueillie et les premiers moyens des pourvois doivent être rejetés.

Sur les seconds moyens

Argumentation des parties

90. Par ses seconds moyens soulevés par le CMA à l'appui de ses pourvois, celui-ci soutient que le groupe Crédit mutuel ne saurait être qualifié de « groupe soumis à la surveillance prudentielle », au sens de l'article 2, point 21, sous c), du règlement n° 468/2014, puisque, contrairement à ce qui a été jugé aux points 136 et 137 du premier arrêt attaqué ainsi qu'aux points 135 et 136 du second arrêt attaqué, il ne satisfait pas à la condition énoncée à l'article 10, paragraphe 1, sous a), du règlement n° 575/2013.

91. À titre principal, le CMA soutient que le Tribunal a commis une erreur de droit en considérant que la décision de la CNCM n° 1-1992, du 10 mars 1992, relative à l'exercice de la solidarité entre les caisses de Crédit mutuel et les caisses de Crédit mutuel agricole rural (ci-après la « décision du 10 mars 1992 »), attestait l'existence d'une obligation de transfert de fonds propres et de liquidités au sein du groupe Crédit mutuel et que, par conséquent, ladite condition pouvait être considérée comme étant remplie.

92. À cet égard, le CMA fait valoir que, si, dans le mécanisme de solidarité mis en place par cette décision, une solidarité existe entre les caisses relevant du même groupe régional, il n'existe, en revanche, aucune obligation de transfert de fonds propres et de liquidités entre les groupes régionaux. Ainsi, en cas de difficulté d'un groupe régional, la CNCM ne pourrait pas imposer à un autre groupe régional de transférer des fonds propres et des liquidités pour le soutenir.

93. La circonstance que la Caisse centrale du Crédit mutuel puisse intervenir au titre d'un mécanisme de solidarité nationale en utilisant des ressources limitées qui lui sont confiées par les groupes régionaux ne permettrait pas d'identifier une obligation de transfert de fonds propres et de liquidités entre les groupes régionaux. Il s'agirait d'une simple mise à disposition d'une fraction limitée des dépôts collectés par les groupes régionaux au bénéfice de cette caisse centrale, qui resterait débitrice à l'égard de ces groupes.

94. À titre subsidiaire, le CMA considère que, à supposer même que la décision du 10 mars 1992 prévoie l'existence d'une telle obligation, cette décision ne s'applique pas à l'ensemble des entités composant le groupe Crédit mutuel soumis à la surveillance prudentielle de la BCE puisque celui-ci comprend de nombreuses filiales des caisses régionales,

qui, n'étant pas affiliées à l'organisme central de ce groupe, échappent au champ d'application de ladite décision et ne sont donc liées par aucune obligation de solidarité ou de soutien aux autres entités dudit groupe.

95. Par conséquent, le CMA estime que c'est à tort que le Tribunal a jugé que le groupe Crédit mutuel satisfaisait à la condition énoncée à l'article 10, paragraphe 1, sous a), du règlement n° 575/2013.

96. La BCE, la Commission et la CNCM contestent cette argumentation.

97. La Commission soutient que la lecture de l'article L. 511-31 du code monétaire et financier retenue par le Tribunal est trop restrictive et que, contrairement à ce qui a été jugé par celui-ci, cet article L. 511-31 suffit à lui seul pour pouvoir considérer la condition énoncée à l'article 10, paragraphe 1, sous a), du règlement n° 575/2013 comme étant remplie, sans qu'il soit nécessaire d'examiner si la décision du 10 mars 1992 atteste l'existence d'engagements solidaires au sein du groupe Crédit mutuel.

98. La Commission fait notamment référence à la décision du Conseil d'État (France) du 9 mars 2018, n° 399413, et estime que la Cour pourrait procéder à une substitution de motifs à cet égard.

Appréciation de la Cour

99. Il convient de rappeler que, après avoir relevé que, en l'absence d'une décision des juridictions nationales compétentes, il lui appartenait nécessairement de se prononcer sur la portée de l'article L. 511-31 du code monétaire et financier, le Tribunal a, au point 134 du premier arrêt attaqué et au point 133 du second arrêt attaqué, considéré que le libellé de cette disposition ne permettait pas, en lui-même, de conclure que la condition prévue à l'article 10, paragraphe 1, sous a), du règlement n° 575/2013 était remplie, la référence à la prise des « mesures nécessaires » pour « garantir la liquidité et la solvabilité de chacun de ces établissements et sociétés comme de l'ensemble du réseau » ayant un caractère trop général pour que puisse en être déduite l'existence d'une obligation de transfert de fonds propres et de liquidités au sein du groupe Crédit mutuel aux fins de s'assurer que les obligations à l'égard des créanciers soient remplies.

100. C'est à la suite de cette considération que le Tribunal a examiné si une telle obligation ressortait de la décision du 10 mars 1992.

101. L'objection du CMA, selon laquelle la décision du Conseil d'État du 9 mars 2018, n° 399413, ne peut pas, au motif qu'elle est postérieure à la date du prononcé des arrêts attaqués, être prise en considération aux fins d'interpréter l'article L. 511-31 du code monétaire et financier, ne saurait être accueillie.

102. En effet, les parties ont eu, devant la Cour, la possibilité de présenter leurs observations à cet égard et, en tout état de cause, le Conseil

d'État s'est déjà prononcé sur cette disposition dans une décision du 13 décembre 2016, n° 403418, c'est-à-dire à une date antérieure à celle du prononcé des arrêts attaqués.

103. Au point 5 de cette dernière décision, le Conseil d'État a notamment indiqué que, en adoptant l'article L. 511-31 du code monétaire et financier, le législateur français a confié à la CNCM non seulement la représentation collective des caisses de Crédit mutuel affiliées au réseau du Crédit mutuel, mais aussi les missions de veiller à la cohésion de ce réseau et à l'application des dispositions législatives et réglementaires propres aux établissements de crédit, d'exercer un contrôle administratif, technique et financier sur l'organisation et la gestion de chaque caisse ainsi que de prendre toutes les mesures nécessaires au bon fonctionnement dudit réseau. Par ailleurs, le Conseil d'État a considéré que, en vertu de cet article L. 511-31, la CNCM peut, lorsque la situation financière des établissements concernés le justifie, et nonobstant toutes dispositions ou stipulations contraires, décider la fusion de deux ou de plusieurs caisses affiliées au réseau, la cession de leur fonds de commerce ainsi que leur dissolution. Selon le Conseil d'État, il résulte de ce cadre légal et réglementaire que, quel que soit l'état des rapports au sein du réseau du Crédit mutuel entre les groupements qui s'y sont constitués, la CNCM est légalement en charge de la préparation et de la mise en œuvre des mesures qui s'inscrivent dans le cadre de la régulation systémique du système bancaire pour ce qui concerne l'ensemble du groupe Crédit mutuel et doit, en tant qu'« entreprise mère dans l'Union », tenir un plan préventif de rétablissement pour ce groupe.

104. Au point 7 de sa décision du 9 mars 2018, n° 399413, le Conseil d'État a ajouté que l'exercice de ces missions participant de la régulation des établissements de crédit implique nécessairement que la CNCM est compétente pour édicter des prescriptions qui s'imposent aux caisses, pour veiller à l'observation, par celles-ci, des dispositions qui leur sont applicables et pour leur infliger, en cas d'infraction à ces dispositions, des sanctions appropriées. Au point 20 de cette décision, le Conseil d'État a jugé que, aux fins de « garantir la liquidité et la solvabilité du réseau » dont ils ont la charge, les organes centraux sont habilités, en vertu de l'article L. 511-31 du code monétaire et financier, à prendre « toutes mesures nécessaires » et, notamment, à instituer, entre les membres du réseau, des mécanismes de solidarité contraignants, lesquels ne sauraient se limiter à la seule constitution de dispositifs préfinancés tels que des fonds de garantie.

105. Il ressort donc des décisions du Conseil d'État du 13 décembre 2016, n° 403418, et du 9 mars 2018, n° 399413, que l'obligation, pour les organes centraux, de prendre « toutes mesures nécessaires, notamment pour garantir la liquidité et la solvabilité de chacun de ces établissements et sociétés comme de l'ensemble du réseau », prévue à l'article

L. 511-31 du code monétaire et financier, implique, dans le chef de la CNCM, des pouvoirs de contrôle administratif, technique et financier très étendus sur la totalité du réseau du Crédit mutuel, lui permettant d'instituer, à tout moment, des mécanismes de solidarité contraignants, tels que l'imposition, aux membres de ce réseau, d'obligations de transfert de fonds propres et de liquidités, ainsi que de décider, nonobstant toutes dispositions ou stipulations contraires, la fusion de deux ou de plusieurs caisses affiliées à ce réseau.

106. Or, ainsi que M. l'avocat général l'a souligné au point 125 de ses conclusions, dès lors que la fusion d'un membre du réseau du Crédit mutuel avec un établissement en crise financière équivaut à imposer à ce membre la prise en charge du passif de cet établissement, une telle opération est susceptible d'avoir, sur ledit membre, des incidences financières plus lourdes que celles résultant de l'imposition d'une simple obligation de transfert de fonds propres et de liquidités.

107. Il en résulte que l'article L. 511-31 du code monétaire et financier, tel qu'interprété par le Conseil d'État, implique l'existence d'une obligation de transfert de fonds propres et de liquidités au sein du groupe Crédit mutuel aux fins de s'assurer que les obligations à l'égard des créanciers soient remplies, de telle sorte que la BCE était fondée à considérer que la condition énoncée à l'article 10, paragraphe 1, sous a), du règlement n° 575/2013 était remplie.

108. Dans ces conditions, il n'est pas nécessaire de répondre aux seconds moyens des pourvois, si bien que ces moyens doivent être rejetés comme étant inopérants.

109. Eu égard à l'ensemble des considérations qui précèdent, les pourvois doivent être rejetés dans leur intégralité.

Par ces motifs, la Cour (première chambre) déclare et arrête :

1) Les pourvois sont rejetés.

2) Le Crédit mutuel Arkéa est condamné aux dépens.

Observations

L'union bancaire fait l'objet d'un contentieux qui ne cesse de croître au point qu'on se demande s'il ne devient pas aussi important que celui des pratiques anticoncurrentielles. Elle présente une spécificité supplémentaire en ce qu'elle implique la surveillance par la BCE des établissements bancaires de la zone euro considérés les plus importants. Or, ces banques s'établissent dans un État membre en conformité avec le droit national qui transpose la directive CRD IV et exécute le règlement CRR (1). En conséquence, la BCE conduit la surveillance prudentielle en appliquant partiellement du droit national – très largement européanisé – dans un cadre intégré également formé par les autorités nationales compétentes conformément au règlement MSU (2). Les autorités nationales sont en effet compétentes pour surveiller les établissements bancaires qui ne sont pas importants au sens de l'article 6 du règlement MSU. Les deux affaires jointes *Crédit mutuel Arkéa* illustrent la manière dont la BCE prend en compte les spécificités des systèmes bancaires des États membres puisqu'était en l'occurrence en cause le système mutualiste français. Ainsi que le souligne l'avocat général, elles donnent « à la Cour l'opportunité, d'une part, d'interpréter pour la première fois la disposition de l'article 127, paragraphe 6, TFUE qui constitue la base juridique permettant de confier à la BCE des missions de contrôle prudentiel dans le secteur bancaire et, d'autre part, de fournir des clarifications sur la portée subjective de la surveillance prudentielle sur base consolidée que la BCE exerce, dans le cadre du mécanisme de surveillance unique (MSU), sur les groupes bancaires » (pt 2 des conclusions).

Faits et procédure

Quelques rappels liminaires s'imposent quant à la structure du Crédit mutuel. Celui-ci constitue un groupe bancaire non centralisé, constitué d'un réseau de caisses locales ayant le statut de sociétés coopératives. Chaque caisse locale du Crédit mutuel doit adhérer à une fédération régionale et chaque fédération doit adhérer à la Confédération nationale

(1) Directive 2013/36/UE du Parlement européen et du Conseil du 26 juin 2013 concernant l'accès à l'activité des établissements de crédit et la surveillance prudentielle des établissements de crédit et des entreprises d'investissement, modifiant la directive 2002/87/CE et abrogeant les directives 2006/48/CE et 2006/49/CE, *JOUE*, L 176, 27 juin 2013, p. 338. Règlement [UE] n° 575/2013 du Parlement européen et du Conseil du 26 juin 2013 concernant les exigences prudentielles applicables aux établissements de crédit et aux entreprises d'investissement et modifiant le règlement [UE] n° 648/2012, *JOUE*, L 176, 27 juin 2013, p. 1.

(2) Règlement [UE] n° 1024/2013 du Conseil du 15 octobre 2013 confiant à la Banque centrale européenne des missions spécifiques ayant trait aux politiques en matière de surveillance prudentielle des établissements de crédit, *JOUE*, L 287, 29 octobre 2013, p. 63.

du Crédit mutuel (CNCM). Cette dernière constitue l'organe central du réseau au sens des articles L. 511-30 et L. 511-31 du Code monétaire et financier. Selon le droit français, le Crédit mutuel Arkéa (CMA) est une société anonyme coopérative de crédit à capital variable, agréée en tant qu'établissement de crédit. Il est membre du groupe Crédit mutuel.

Au terme d'une procédure engagée en 2014, la BCE a adopté la décision fixant des exigences prudentielles applicables au groupe Crédit mutuel (3). Elle a affirmé sa compétence pour être l'autorité de surveillance prudentielle sur une base consolidée de la CNCM et l'autorité compétente chargée de la surveillance des entités énumérées dans cette décision. Le CMA fait partie de ces entités et a saisi la commission administrative de réexamen de la BCE pour contester cette décision. Ladite commission a rendu un avis concluant à la légalité de la décision de la BCE du 17 juin 2015. En répondant aux arguments soulevés par le CMA, elle a, notamment, considéré, premièrement, qu'il n'était pas exigé qu'un « organisme central », au sens des règles régissant le MES, dispose nécessairement de la qualité d'établissement de crédit. Deuxièmement, elle a conclu que le groupe Crédit mutuel répondait aux conditions d'exemption des établissements de crédit affiliés de manière permanente à un organisme central énoncées à l'article 10, paragraphe 1, du règlement CRR. À la suite de cet avis, le 5 octobre 2015, la BCE a adopté la première décision litigieuse, laquelle a abrogé et remplacé la décision du 17 juin 2015, tout en conservant un contenu identique (4). Le 4 décembre 2015, la BCE a adopté la seconde décision litigieuse par laquelle elle a fixé de nouvelles exigences prudentielles applicables au groupe Crédit mutuel, ainsi qu'aux entités qui le composent (5).

Ces deux décisions ont fait l'objet de deux recours en annulation devant le Tribunal de l'Union, ayant en substance un

(3) Décision ECB/SSM/2015/10 – 9695000CG7B84NLR5984/14 de la BCE du 17 juin 2015.

(4) Décision ECB/SSM/2015 – 9695000CG 7B84NLR5984/28 de la BCE, du 5 octobre 2015, fixant les exigences prudentielles applicables au groupe Crédit mutuel.

(5) Décision ECB/SSM/2015 – 9695000CG 7B84NLR5984/40 de la BCE, du 4 décembre 2015, fixant les exigences prudentielles, qui sont applicables au groupe Crédit mutuel.

contenu identique (6). Ce sont ces arrêts qui ont fait l'objet d'un pourvoi ayant conduit au présent arrêt. Le pourvoi reprend deux des trois moyens soulevés par le CMA. D'une part, la BCE a organisé une surveillance prudentielle consolidée du groupe Crédit mutuel par l'intermédiaire de la CNCM alors que cette dernière ne dispose pas de la qualité d'établissement de crédit, de sorte qu'elle ne pouvait pas être qualifiée d'organisme central aux termes de l'article 2, paragraphe 21, sous c), du règlement-cadre MSU. D'autre part, la BCE avait erronément considéré que le groupe Crédit mutuel remplissait les conditions prévues à l'article 10, paragraphe 1, du règlement n° 575/2013.

L'échelle consolidée de la supervision tributaire de la stabilité du système financier

L'un des enjeux du MSU est de déterminer qui, de la BCE ou des autorités nationales, est compétente pour procéder à la surveillance des établissements de crédit dans la zone euro. L'article 6 du règlement MSU a fixé le critère de répartition des compétences en distinguant les établissements importants des moins importants, seuls les premiers relevant de la BCE. La question se pose cependant du traitement des groupes bancaires qui, composés d'entités peu importantes, peuvent sur une base consolidée se révéler importants. La question est donc d'échelle et doit prendre en compte la spécificité de certaines organisations bancaires telles que celle issue de la tradition mutualiste française dont le Crédit mutuel est une illustration topique. L'hypothèse est ainsi celle dans laquelle des établissements bancaires sont regroupés dans une structure (CNCM) qui ne dispose pas de la qualité d'établissement de crédit. Autrement dit, par le truchement de la consolidation du groupe, la surveillance prudentielle peut-elle porter sur un établissement non bancaire ?

La Cour de justice commence par identifier l'objectif poursuivi par le règlement MSU. Après avoir rappelé que la base juridique constituée par l'article 127, paragraphe 6, TFUE,

(6) Trib. UE, 13 décembre 2017, *Crédit mutuel Arkéa c/ BCE*, aff. T-52/16, ECLI:EU:T:2017:902 ; Trib. UE, *Crédit mutuel Arkéa c/ BCE*, aff. T-712/15, ECLI:EU:T:2017:900.

évoque le contrôle prudentiel non seulement « des établissements de crédit », mais aussi des « autres établissements financiers », elle se livre à une interprétation classique en tenant compte du contexte dans lequel elle s'inscrit et des objectifs poursuivis par celle-ci. On retrouve l'affirmation, corroborée par les points 55 et 56 des conclusions de l'avocat général, selon laquelle « l'exercice des missions de surveillance prudentielle bancaire visées à l'article 127, paragraphe 6, TFUE a pour objectif d'assurer la sécurité et la solidité des établissements de crédit, notamment celles des grands établissements de crédit et des groupes bancaires, afin de contribuer à garantir la stabilité du système financier de l'Union dans son ensemble » (pt 55 de l'arrêt). Ainsi, l'arrêt s'inscrit dans une ligne jurisprudentielle qui construit un droit de la stabilité financière dans l'Union (7).

Cette lecture systémique permet à la Cour de justice d'élargir le spectre de la surveillance car, « pour garantir la sécurité et la solidité des établissements de crédit, il est important de prévoir des dispositions en matière de surveillance visant spécifiquement à atténuer les risques menaçant la sécurité et la solidité d'un établissement de crédit, qui peuvent survenir tant au niveau de l'établissement de crédit proprement dit qu'au niveau du groupe bancaire ou du conglomérat financier auquel il appartient » (pt 57 de l'arrêt). Cela explique ainsi que la BCE ait pour mission d'exercer sa surveillance sur base consolidée des sociétés mères des établissements de crédit ce que prévoit expressément l'article 4, paragraphe 1, sous g), du règlement MSU.

La question est dès lors celle de la coopération dans le MSU entre la BCE et les autorités nationales compétentes telle qu'elle résulte de l'article 6 du règlement MSU. À cet effet, a été adopté le règlement-cadre MSU (8) dont l'article 2, point 21, sous c), définit la notion de « groupe soumis à la

(7) CJUE, gde ch., 19 juillet 2016, *Kotnik e.a.*, aff. C-526/14, EU:C:2016:570 ; CJUE, gde ch., 20 septembre 2016, *Ledra Advertising Ltd*, aff. C-8/15 P à C-10/15 P, ECLI:EU:C:2016:701 ; CJUE, gde ch., 8 novembre 2016, *Gerard Dowling e.a.*, aff. C-41/15, ECLI:EU:C:2016:836 ; CJUE, 8 mai 2019, *Landeskreditbank Baden-Württemberg – Förderbank*, aff. C-450/17 P, ECLI:EU:C:2019:372.

(8) Règlement (UE) n° 468/2014 de la Banque centrale européenne du 16 avril 2014 établissant le cadre de la coopération au sein du mécanisme de surveillance unique entre la

surveillance prudentielle ». Celui-ci désigne, notamment, les entités soumises à la surveillance prudentielle ayant leurs sièges dans un même État membre participant, sous réserve qu'elles soient affiliées de façon permanente à un organisme central qui exerce une surveillance prudentielle à leur égard dans les conditions décrites à l'article 10 du règlement CRR et qui est établi dans le même État membre participant.

À partir de ces prémisses, la Cour de justice considère que le Tribunal a jugé à bon droit que « la surveillance prudentielle des établissements de crédit appartenant à des groupes bancaires sur une base consolidée répond essentiellement à deux finalités, à savoir, d'une part, à celle de permettre à la BCE d'appréhender les risques susceptibles d'affecter un établissement de crédit qui proviennent non pas de celui-ci, mais du groupe auquel il appartient, et, d'autre part, à celle d'éviter un fractionnement de la surveillance prudentielle des entités composant ce groupe » (pt 63 de l'arrêt).

Ainsi, l'exigence de stabilité financière appelle nécessairement une surveillance du groupe qui ne saurait être éludée par le choix d'une forme juridique de l'organisme central, l'arrêt évoquant expressément l'hypothèse qu'un tel choix soit fait pour « se soustraire à une surveillance prudentielle » en portant atteinte à l'efficacité de l'exercice, par la BCE, de ses missions (pt 66 de l'arrêt). La Cour de justice neutralise dès lors l'argument selon lequel cet organisme devrait disposer de la qualité d'établissement de crédit. Cela « ne découle nullement de l'article 127, paragraphe 6, TFUE » ; bien au contraire, pour que les objectifs poursuivis par cette disposition soient atteints, cela suppose que la BCE puisse exercer une surveillance prudentielle sur une base consolidée à l'égard d'un groupe tel que celui visé à l'article 2, point 21, sous c), du règlement-cadre MSU, indépendamment de la forme juridique de l'organisme central auquel les entités faisant partie de ce groupe sont affiliées et pour autant que les conditions énoncées à l'article 10 du règlement CRR sont remplies (pt 66 de l'arrêt).

Banque centrale européenne, les autorités compétentes nationales et les autorités désignées nationales (le « règlement-cadre MSU ») (BCE/2014/17), *JOUE*, L 141, 14 mai 2014, p. 1.

En conséquence, l'article 127, paragraphe 6, TFUE et l'article 1er du règlement MSU ne s'opposent pas à ce que la BCE exerce une surveillance prudentielle sur une base consolidée à l'égard d'un groupe bancaire dont l'organisme central ne dispose pas de la qualité d'établissement de crédit, dès lors que les conditions énoncées à l'article 10, paragraphe 1, du règlement CRR sont remplies.

Il convient d'ajouter que, pour répondre à un argument du CMA, la Cour de justice précise que cette surveillance prudentielle peut s'exercer sur un organisme central qui n'a pas la qualité d'établissement de crédit, alors même que la BCE ne peut infliger de sanctions pécuniaires administratives qu'aux établissements de crédit, aux compagnies financières holdings ou aux compagnies financières holdings mixtes (9). La Cour de justice écarte l'argument car, « ainsi que M. l'avocat général l'a souligné aux points 84 et 85 de ses conclusions, il ne ressort nullement des textes de droit de l'Union applicables que l'existence d'un pouvoir de sanction à l'égard d'une entité constitue une condition nécessaire pour l'attribution, à la BCE, de pouvoirs de surveillance prudentielle à l'égard de cette entité, de telle sorte que l'exercice, par la BCE, de sa compétence en matière de surveillance prudentielle sur une base consolidée à l'égard d'un groupe n'est pas subordonné à la condition que la BCE dispose d'un tel pouvoir de sanction à l'égard d'une entité, telle qu'un organisme central au sens de l'article 2, point 21, sous c), du règlement n° 468/2014, faisant partie de ce groupe ». Cette lecture est logique. Si la BCE tire ses pouvoirs de surveillance prudentielle de l'article 127, paragraphe 6, TFUE, son pouvoir de sanction doit en revanche être nécessairement consacré par un acte adopté par le Conseil en application de l'article 129, paragraphe 4, TFUE (10).

La qualification de groupe soumis à la surveillance prudentielle à l'aune du droit national

Le CMA a soutenu que le groupe Crédit mutuel ne saurait être qualifié de « groupe soumis à la surveillance prudentielle »,

(9) Art. 18 du règlement MSU.
(10) Art. 132, § 3, TFUE et art. 34.3 des statuts.

au sens de l'article 2, point 21, sous c), du règlement-cadre MSU, puisqu'il ne satisfait pas à la condition énoncée à l'article 10, paragraphe 1, sous a), du règlement CRR. Rappelons que cette dernière disposition prévoit que « [l]es autorités compétentes peuvent, *conformément au droit national*, exempter entièrement ou partiellement de l'application des exigences prévues aux parties deux à huit un ou plusieurs établissements de crédit situés dans le même État membre et qui sont affiliés de façon permanente à un organisme central qui les surveille et qui est établi dans le même État membre, si les conditions suivantes sont remplies : a) les engagements de l'organisme central et des établissements qui lui sont affiliés constituent des engagements solidaires ou les engagements des établissements qui lui sont affiliés sont entièrement garantis par l'organisme central » (italiques ajoutés).

Pour établir l'existence d'une obligation de transfert de fonds propres et de liquidités au sein du Crédit mutuel permettant de conclure que la condition tirée de l'existence d'engagements solidaires entre l'organe central et les établissements affiliés était remplie, le Tribunal se serait fondé sur une interprétation de la décision de la CNCM n° 1-1992, du 10 mars 1992 que le CMA considère erronée. Pour la CMA, cette décision prévoit un système organisant certes une véritable solidarité existe entre les caisses relevant du même groupe régional, mais ne consacrant nullement une obligation de transfert de fonds propres et de liquidité au niveau national entre les groupes régionaux ; concrètement, en cas de difficulté d'un groupe régional, la CNCM ne pourrait pas imposer à un autre groupe régional de transférer des fonds propres pour le soutenir. Pour contester cette argumentation, la BCE, la Commission et la CNCM se réfèrent à une lecture de l'article L. 511-31 du Code monétaire et financier à l'aune d'un arrêt du Conseil d'État (11).

Pour fonder son appréciation, le Tribunal de l'Union a estimé qu'en l'absence d'une décision des juridictions nationales compétentes, il lui appartenait nécessairement de se prononcer sur la portée de l'article L. 511-31 du Code monétaire et financier.

---

(11) CE, 9 mars 2018, n° 399413, ECLI:FR:CECHR:2018:399413.20180309, mentionné dans les tables du *Recueil Lebon*.

Or, le seul libellé de cette disposition de droit national ne permettait pas, en lui-même, de conclure que la condition prévue à l'article 10, paragraphe 1, sous a), du règlement CRR était remplie. C'est pourquoi le Tribunal a ensuite examiné si une telle obligation ressortait de la décision du 10 mars 1992.

C'est dès lors en se référant à la jurisprudence du Conseil d'État que la Cour de justice apprécie le respect par la BCE des règles posées par deux règlements de l'Union. À la première objection selon laquelle l'arrêt du Conseil d'État du 9 mars 2018 se saurait être pris compte car rendu à une date postérieure à celle du prononcé des arrêts attaqués, la Cour répond qu'« en tout état de cause, le Conseil d'État s'est déjà prononcé sur cette disposition dans une décision du 13 décembre 2016, n° 403418, c'est-à-dire à une date antérieure à celle du prononcé des arrêts attaqués » (pt 102 de l'arrêt).

C'est donc en reprenant la solution dégagée par le Conseil d'État que la Cour de justice interprète l'article L. 511-31 du Code monétaire et financier. Il en ressort que la CNCM dispose de « pouvoirs de contrôle administratif, technique et financier très étendus sur la totalité du réseau du Crédit mutuel, lui permettant d'instituer, à tout moment, des mécanismes de solidarité contraignants, tels que l'imposition, aux membres de ce réseau, d'obligations de transfert de fonds propres et de liquidités, ainsi que de décider, nonobstant toutes dispositions ou stipulations contraires, la fusion de deux ou de plusieurs caisses affiliées à ce réseau » (pt 105 de l'arrêt). De surcroît, « dès lors que la fusion d'un membre du réseau du Crédit mutuel avec un établissement en crise financière équivaut à imposer à ce membre la prise en charge du passif de cet établissement, une telle opération est susceptible d'avoir, sur ledit membre, des incidences financières plus lourdes que celles résultant de l'imposition d'une simple obligation de transfert de fonds propres et de liquidités » (pt 106 de l'arrêt).

En conclusion, « l'article L. 511-31 du code monétaire et financier, tel qu'interprété par le Conseil d'État, implique l'existence d'une obligation de transfert de fonds propres et de liquidités au sein du groupe Crédit mutuel aux fins de s'assurer que les obligations à l'égard des créanciers soient remplies, de telle sorte que la BCE était fondée à considérer que la condition énoncée à l'article 10, paragraphe 1, sous a), du règlement n° 575/2013 était remplie » (pt 1027 de l'arrêt).

Que le Tribunal de l'Union ou la Cour de justice se saisisse du droit national surprend toujours ; ce n'est cependant nullement une nouveauté. Concernant le Conseil d'État, on pense par exemple à la jurisprudence relative à la qualification d'aide d'État des garanties inhérentes au statut d'établissement public en France (12). L'innovation vient de ce que les dispositions nationales ne sont pas prises en compte en tant que fait, mais en tant que droit. Dans le MSU, cela s'explique d'autant plus que la BCE y est habilitée à appliquer le droit national pour exercer ses missions de surveillance prudentielle. Il faut y voir la conséquence de l'intégration substantielle conséquente du droit bancaire promue par le règlement uniforme (*Single rule book*) composé par la directive CRD IV et le règlement CRR. Le droit bancaire est ainsi devenu substantiellement hybride puisqu'il est composé tout autant de dispositions directement applicables de règlements de l'Union que de dispositions de droit national dont une partie transpose des directives, d'autres exécutent les actes de droit de l'Union, alors que le reste s'avère du droit interne pur. Aussi devient-il impossible de démêler dans cet enchevêtrement normatif le droit de l'Union du droit national. En européanisant la surveillance bancaire avec le règlement MSU, le Conseil de l'Union a donc fait le choix de confier à la BCE la tâche d'appliquer non seulement les dispositions du droit de l'Union, mais également de droit national. On voit poindre la spécificité de l'intégration dans l'union bancaire qui, à l'instar de l'union monétaire, conduit à une recomposition des interactions normatives et institutionnelles (13). L'arrêt *Crédit Mutuel Arkéa* s'inscrit ainsi dans la continuité de l'arrêt *Berlusconi* (14).

Francesco MARTUCCI

(12) CJUE, 3 avril 2014, *République française c/ Commission européenne*, aff. C-559/12 P, ECLI:EU:C:2014:217.

(13) Voy. F. MARTUCCI, « La spécificité du cadre de l'Union bancaire », *in* B. BERTRAND (dir.), *Les nouveaux modes de production du droit en droit de l'Union européenne*, Rennes, Presses Universitaires de Rennes, 2018, pp. 213-227.

(14) CJUE, gde ch., 19 décembre 2018, *Berlusconi*, aff. C-219/17, ECLI:EU:C:2018:1023 ; voy. F. MARTUCCI, *in Jurisprudence de la CJUE 2018*, Bruxelles, Bruylant, 2019 ; J. RONDU, « Le contrôle juridictionnel des décisions adoptées à l'issue d'une procédure administrative composite, réflexions sur l'arrêt de grande chambre Berlusconi du 19 décembre 2018 », *RTD eur.*, 2019, vol. 55, n° 4, pp. 853-867.

XXV. UNION DOUANIÈRE EUROPÉENNE

Cour de justice, 6e ch., 7 mars 2019, *Suez II Water Technololie & Solutions Portugal Unipessoal Lda c/ Fazenda Publica*, aff. C-643/17, ECLI:EU:C:2019:179

MOTS-CLÉS : Marchandise – Marchandise de l'Union – Assimilation – Douane – Droit douanier, union douanière européenne – Mise en libre pratique – Statut douanier d'une marchandise, présomption

CADRE NORMATIF : règlement n° 2454/93 de la Commission, du 2 juillet 1993, fixant certaines dispositions d'application du règlement (CEE) n° 2913/92 du Conseil établissant le code des douanes communautaire, article 313

EXTRAITS DE L'ARRÊT

1. La demande de décision préjudicielle porte sur l'interprétation de l'article 37 du règlement (CEE) n° 2913/92 du Conseil, du 12 octobre 1992, établissant le code des douanes communautaire (*JO* 1992, L 302, p. 1), tel que modifié par le règlement (CE) n° 82/97 du Parlement européen et du Conseil, du 19 décembre 1996 (*JO* 1997, L 17, p. 1) (ci-après le « code des douanes »), ainsi que de l'article 313, paragraphes 1 et 2, sous a), du règlement (CEE) n° 2454/93 de la Commission, du 2 juillet 1993, fixant certaines dispositions d'application du règlement n° 2913/92 (*JO* 1993, L 253, p. 1), tel que modifié par le règlement (CE) n° 75/98 de la Commission, du 12 janvier 1998 (*JO* 1998, L 7, p. 3, et rectificatif *JO* 1999, L 111, p. 88) (ci-après le « règlement d'application »).

2. Cette demande a été présentée dans le cadre d'un litige opposant Suez II Water Technologies & Solutions Portugal Unipessoal Lda, anciennement GE Power Controls Portugal, Material Eléctrico Lda, puis GE Power Controls Portugal Unipessoal Lda (ci-après « Suez II »), à la Fazenda Pública (Trésor public, Portugal) au sujet du statut douanier de certaines marchandises acquises par Suez II.

[...]

34. Par sa question, la juridiction de renvoi demande, en substance, si l'article 313 du règlement d'application doit être interprété en ce sens que des marchandises, telles que celles en cause au principal, livrées et

facturées par des sociétés établies dans des pays tiers à une société établie sur le territoire douanier de l'Union afin d'y être utilisées, doivent être considérées, conformément au paragraphe 1 de cet article, comme ayant le statut de marchandises communautaires s'il n'est pas établi qu'elles n'ont pas ce statut, ou comme ayant été introduites sur le territoire douanier de l'Union, au sens de l'article 37 du code des douanes et comme relevant à ce titre de l'exception prévue à l'article 313, paragraphe 2, sous a), du règlement d'application, le statut de marchandises communautaires n'étant reconnu qu'aux marchandises pour lesquelles est produite la preuve que celles-ci ont été soumises aux procédures de mise en libre pratique sur le territoire douanier de l'Union.

35. Suez II soutient que des marchandises telles que celles en cause au principal, qui se trouvent sur le territoire douanier de l'Union à la date à laquelle se pose la question de la détermination de leur statut douanier, devraient bénéficier de la présomption générale énoncée à l'article 313, paragraphe 1, du règlement d'application et être considérées comme étant des marchandises communautaires, excepté en cas de preuve du contraire apportée par l'administration douanière. Le fait que ces marchandises ne sont pas accompagnées de documents prouvant leur mise en libre pratique ne saurait impliquer qu'elles ont été introduites irrégulièrement sur le territoire douanier de l'Union.

36. Les gouvernements ayant présenté des observations et la Commission européenne font valoir, en revanche, que les marchandises en cause au principal relèvent de l'exception prévue à l'article 313, paragraphe 2, sous a), du règlement d'application, car, étant considérées comme ayant été introduites sur le territoire douanier de l'Union, au sens de l'article 37 du code des douanes, elles sont, dès leur introduction sur ce territoire, soumises à la surveillance douanière et le restent aussi longtemps qu'il est nécessaire pour déterminer leur statut douanier. N'ayant pas été déclarées et placées sous un régime douanier lors de leur introduction sur le territoire douanier de l'Union, elles devraient être considérées comme ayant été introduites irrégulièrement sur ce territoire et une dette douanière aurait pris naissance, conformément à l'article 202 du code des douanes, à la date de cette introduction irrégulière.

37. À cet égard, il convient, à titre liminaire, de rappeler que, eu égard au libellé de l'article 313, paragraphe 1, du règlement d'application, les marchandises qui se trouvent sur le territoire douanier de l'Union sont réputées avoir le statut de marchandises communautaires, d'une part, sous réserve des dispositions de l'article 180 du code des douanes et des exceptions reprises à l'article 313, paragraphe 2, du règlement d'application, et, d'autre part, à l'exception des situations dans lesquelles il est établi que ces marchandises ne possèdent pas le statut communautaire. Selon l'article 313, paragraphe 2, du règlement d'application, les marchandises

introduites sur le territoire douanier de l'Union, au sens de l'article 37 du code des douanes, ne sont pas réputées être des marchandises communautaires à moins que leur statut communautaire ne soit dûment établi conformément aux articles 314 à 323 du règlement d'application.

38. Il importe de relever, d'emblée, que la réserve énoncée à l'article 180 du code des douanes, relatif à la sortie des marchandises de zones franches ou d'entrepôts francs, est, en l'espèce, dénuée de pertinence eu égard aux faits du litige au principal.

39. Afin d'apporter une réponse utile à la juridiction de renvoi, il y a lieu de déterminer la portée de la présomption énoncée à l'article 313, paragraphe 1, du règlement d'application et des exceptions figurant au paragraphe 2 de cet article, dans une perspective systémique plus large, en mettant ces dispositions en relation avec les dispositions pertinentes du code des douanes, notamment, celles applicables aux marchandises introduites sur le territoire douanier de l'Union, au statut de marchandises communautaires et à la procédure de mise en libre pratique sur le territoire douanier de l'Union de marchandises importées de pays tiers.

40. À cet égard, en premier lieu, dans la mesure où l'article 313, paragraphe 2, du règlement d'application se réfère à la notion de « marchandises introduites sur le territoire douanier de l'Union », au sens de l'article 37 du code des douanes, il doit, notamment, être interprété au regard de l'article 4, points 13 et 19, ainsi que des articles 37, 38, 40, 43 et 45 du code des douanes, qui relèvent du titre III de ce dernier, consacré notamment aux obligations liées à l'introduction de marchandises sur le territoire douanier de l'Union, à leur soumission à une surveillance douanière jusqu'à ce que leur statut douanier soit déterminé, ainsi qu'aux règles relatives à la présentation et à la déclaration en douane.

41. La surveillance des autorités douanières est définie à l'article 4, point 13, du code des douanes comme étant l'action menée au plan général par ces autorités en vue d'assurer le respect de la réglementation douanière.

42. Aux termes de l'article 37 du même code, les marchandises qui sont introduites sur le territoire douanier de l'Union sont, dès cette introduction, soumises à la surveillance douanière. Dans le cadre de cette surveillance, elles peuvent faire l'objet de contrôles de la part desdites autorités, conformément aux dispositions en vigueur, et restent sous surveillance aussi longtemps qu'il est nécessaire pour déterminer leur statut douanier et, s'agissant de marchandises non communautaires, jusqu'à ce que soit elles changent de statut douanier, soit elles sont introduites dans une zone franche ou un entrepôt franc, soit elles sont réexportées ou détruites (arrêt du 3 mars 2005, *Papismedov e.a.*, C-195/03, EU:C:2005:131, point 21).

43. Au point 22 de l'arrêt du 3 mars 2005, *Papismedov e.a.* (C-195/03, EU:C:2005:131), la Cour a relevé que les marchandises arrivant sur le territoire de l'Union sont soumises à la surveillance douanière dès leur introduction sur ce territoire, que celle-ci soit faite régulièrement ou en violation des articles 38 à 41 et de l'article 177, premier alinéa, second tiret, du code des douanes, ce que les autorités de surveillance doivent, par leur contrôle, établir. Il s'ensuit que la soumission des marchandises à une telle surveillance n'est pas liée à la régularité de l'introduction de ces dernières sur ledit territoire.

44. Plusieurs dispositions du code des douanes permettent de circonscrire la notion d'« introduction irrégulière ». L'article 202 du code des douanes définit ainsi l'introduction irrégulière comme étant toute introduction, en violation des articles 38 à 41 et de l'article 177, premier alinéa, second tiret, de ce code, d'une marchandise passible de droits à l'importation soit sur le territoire douanier de l'Union, soit sur une autre partie de ce territoire, alors qu'elle se trouve dans une zone franche ou dans un entrepôt franc (arrêt du 3 mars 2005, *Papismedov e.a.*, C-195/03, EU:C:2005:131, point 25).

45. En particulier, la Cour a jugé que constitue une introduction irrégulière l'importation de marchandises qui ne respecte pas les étapes suivantes prévues par le code des douanes. Premièrement, selon l'article 38, paragraphe 1, de ce code, les marchandises qui sont introduites sur le territoire douanier de l'Union doivent être conduites sans délai, soit au bureau de douane désigné, soit dans une zone franche. Deuxièmement, conformément à l'article 40 dudit code, lorsque les marchandises arrivent au bureau de douane, elles doivent y être présentées. La présentation en douane des marchandises est définie à l'article 4, point 19, du même code comme la communication aux autorités douanières, dans les formes requises, du fait de l'arrivée des marchandises à ce bureau ou en tout autre lieu désigné ou agréé (arrêts du 3 mars 2005, *Papismedov e.a.*, C-195/03, EU:C:2005:131, point 26, ainsi que du 2 avril 2009, *Elshani*, C-459/07, EU:C:2009:224, point 21).

46. Il résulte des termes mêmes de l'ensemble desdites dispositions que, pour qu'une marchandise puisse être considérée comme ayant fait l'objet d'une introduction régulière sur le territoire douanier de l'Union, elle doit, dès son arrivée, être conduite à un bureau de douane ou à une zone franche et être présentée en douane. Cette dernière obligation, qui pèse sur le responsable de l'introduction ou sur celui qui prend en charge le transport, a pour but d'assurer que les autorités douanières ont été informées non seulement du fait que des marchandises sont arrivées, mais aussi de toutes les données pertinentes concernant le type d'article ou de produit dont il s'agit ainsi que la quantité de ces marchandises. En effet, ce sont ces renseignements qui vont permettre l'identification correcte de celles-ci, aux fins de leur classement tarifaire et, le cas échéant, du

calcul des droits à l'importation (arrêt du 2 avril 2009, *Elshani*, C-459/07, EU:C:2009:224, point 22 et jurisprudence citée).

47. À cet égard, la Cour a considéré qu'il ressort clairement de la lettre et de l'économie de l'article 4, point 19, de l'article 38, paragraphe 1, et de l'article 40 du code des douanes que toutes les marchandises introduites sur le territoire douanier de l'Union doivent être présentées en douane (arrêts du 4 mars 2004, *Viluckas et Jonusas*, C-238/02 et C-246/02, EU:C:2004:126, point 22, ainsi que du 2 avril 2009, *Elshani*, C-459/07, EU:C:2009:224, point 23). L'introduction irrégulière de marchandises est consommée dès que celles-ci dépassent le premier bureau de douane situé à l'intérieur du territoire douanier de l'Union sans y avoir été présentées (arrêt du 2 avril 2009, *Elshani*, C-459/07, EU:C:2009:224, point 25).

48. Par conséquent, il y a lieu de considérer qu'ont fait l'objet d'une introduction irrégulière sur ce territoire, au sens de l'article 202 du code des douanes, les marchandises qui, ayant franchi la frontière terrestre extérieure de l'Union, se trouvent sur ledit territoire au-delà du premier bureau de douane sans y avoir été conduites et sans avoir été présentées en douane, avec pour résultat que les autorités douanières n'ont pas reçu communication du fait de l'introduction de ces marchandises de la part des personnes responsables de l'exécution de cette obligation (arrêt du 2 avril 2009, *Elshani*, C-459/07, EU:C:2009:224, point 26).

49. Par ailleurs, la présentation des marchandises en douane, prévue à l'article 40 du code des douanes, comporte, eu égard aux dispositions des articles 43 et 45 de ce code, une obligation corrélative de déposer à bref délai une déclaration sommaire ou d'accomplir dans le même délai les formalités en vue de donner aux marchandises concernées une destination douanière, à savoir, s'il est demandé qu'elles soient placées sous un régime douanier, d'effectuer une déclaration en douane. La Cour a relevé que les deux opérations sont effectuées, en règle générale, simultanément (arrêt du 3 mars 2005, *Papismedov e.a.*, C-195/03, EU:C:2005:131, point 30).

50. Il en résulte que toute société qui, comme Suez II, possède dans ses locaux, situés sur le territoire douanier de l'Union, des marchandises achetées à des sociétés établies dans des pays tiers, doit pouvoir, en tant que personne intéressée aux opérations concernées effectuées dans le cadre des échanges des marchandises, au sens de l'article 14 du code des douanes, prouver que ces marchandises ont été présentées dans un bureau de douane de l'Union et qu'une déclaration sommaire a été remise à ce bureau de douane ou que les formalités visant à donner une destination douanière aux marchandises en cause ont été accomplies. Si ces obligations n'ont pas été remplies, il faut considérer qu'il y a eu « introduction irrégulière sur le territoire douanier de la Communauté d'une marchandise passible de droits à l'importation », au sens de l'article 202, paragraphe 1, sous a), du code des douanes.

51. En second lieu, il convient d'interpréter l'article 313 du règlement d'application en relation avec les dispositions du code des douanes relatives au statut de marchandise communautaire et à la procédure de mise en libre pratique sur le territoire douanier de l'Union de marchandises importées de pays tiers.

52. Il y a lieu, dans ce contexte, de rappeler, à titre liminaire, que la juridiction de renvoi indique que la réception des marchandises dans les locaux de Suez II et la réception des factures correspondantes, enregistrées dans la comptabilité de l'entreprise et émises par un fournisseur établi dans un pays tiers, ne sont pas contestées. Il n'est pas non plus contesté que l'accomplissement des procédures de mise en libre pratique auprès d'un bureau de douane de l'Union n'a pas été démontré en ce qui concerne lesdites marchandises.

53. Suez II fait cependant valoir que l'article 313 du règlement d'application repose sur le principe consacré à son premier paragraphe selon lequel les marchandises qui se trouvent sur le territoire douanier de l'Union sont réputées être des marchandises de l'Union, en conséquence de quoi il y aurait lieu d'admettre, en l'absence de preuve contraire, soit que ces marchandises ont été produites sur ce territoire, dans les termes prévus à l'article 4, paragraphe 7, premier et troisième tirets, du code des douanes, soit qu'elles ont été mises en libre pratique, conformément au deuxième tiret de la même disposition et à l'article 79 du code des douanes. Cette présomption du statut douanier communautaire de marchandises telles que celles en cause au principal s'appliquerait, à moins qu'il ne soit établi par les autorités douanières qu'elles ont le statut de marchandises non communautaires.

54. Ainsi que le relève la Commission, un tel argument ne saurait être retenu.

55. D'une part, des marchandises telles que celles en cause au principal, facturées par des fournisseurs établis dans des pays tiers à une société opérant sur le territoire douanier de l'Union, ne peuvent bénéficier du statut de marchandises communautaires si la preuve qu'elles ont été soumises aux procédures de mise en libre pratique sur le territoire douanier de l'Union n'est pas apportée.

56. En effet, conformément à l'article 4, point 15, sous a), et point 16, sous a), du code des douanes, l'une des destinations douanières d'une marchandise est le placement de la marchandise sous un régime douanier et l'un des régimes douaniers sous lequel une marchandise peut être placée est la mise en libre pratique. En outre, la définition de la marchandise de l'Union contenue à l'article 4, point 7, du code des douanes attribue ce statut, notamment, aux marchandises importées de pays qui ne font pas partie du territoire douanier de l'Union et qui ont été mises en libre pratique.

57. L'article 24 CE, applicable à l'époque des faits au principal, prévoyait que les produits en provenance de pays tiers pour lesquels les formalités d'importation ont été accomplies et les droits de douane ainsi que les taxes d'effet équivalent exigibles ont été perçus dans cet État membre sont considérés comme étant en libre pratique dans un État membre.

58. L'article 79 du code des douanes prévoit que la mise en libre pratique confère le statut douanier de marchandise communautaire à une marchandise non communautaire. La mise en libre pratique comporte l'application des mesures de politique commerciale, l'accomplissement des autres formalités prévues pour l'importation d'une marchandise ainsi que l'application des droits légalement dus.

59. D'autre part, en ce qui concerne la charge de la preuve du statut douanier de marchandises dans des circonstances telles que celles en cause au principal, il y a lieu de considérer que la présomption énoncée à l'article 313, paragraphe 1, du règlement d'application est renversée lorsque l'autorité douanière, dans l'exercice de son pouvoir de contrôle, établit que les conditions de certaines exceptions ou réserves prévues à cette disposition, notamment, dans l'affaire au principal, la condition visée à l'article 313, paragraphe 2, sous a), du règlement d'application, sont remplies. Dans une telle situation, ainsi qu'il ressort du point 50 du présent arrêt, il incombe à la société importatrice de prouver le statut communautaire de la marchandise en cause. À défaut d'une telle preuve, l'article 202, paragraphe 1, sous a), du code des douanes lui est applicable.

60. Comme il ressort du point 50 du présent arrêt et de la lecture combinée des articles 13 et 16 du code des douanes, une société importatrice telle que Suez II doit être considérée comme étant une personne intéressée, dans la mesure où elle possédait dans ses locaux les marchandises en cause accompagnées des factures correspondantes émises par ses fournisseurs établis dans des pays tiers, et elle doit fournir aux autorités douanières toute l'assistance nécessaire ainsi que tous les documents et les informations quel qu'en soit le support.

61. Ainsi qu'il est indiqué aux points 41 à 43 du présent arrêt, en application de l'article 4, point 13, et de l'article 37 du code des douanes, outre le pouvoir général de contrôle que leur confère l'article 13 de ce code, les autorités douanières ont aussi le pouvoir de contrôler des marchandises telles que celles en cause au principal en vertu de l'article 37 du code des douanes, afin de déterminer si l'introduction de ces marchandises sur le territoire douanier de l'Union a été réalisée de manière régulière ou en violation des articles 38 à 41 et de l'article 177, paragraphe 1, second tiret, de ce code.

62. Il en résulte que, dans des circonstances telles que celles au principal, il incombe à la société importatrice, telle que Suez II, de produire la preuve du statut douanier des marchandises concernées, qui constituent

selon elle des marchandises communautaires. Si elle ne produit aucune preuve attestant du statut communautaire de ces marchandises, les autorités douanières peuvent en conclure que lesdites marchandises ont un statut de marchandises non communautaires.

63. Eu égard aux considérations qui précèdent, il y a lieu de répondre à la question posée que l'article 313 du règlement d'application doit être interprété en ce sens que des marchandises, telles que celles en cause au principal, qui ont été livrées et facturées par des sociétés établies dans des pays tiers à une société établie sur le territoire douanier de l'Union afin d'y être utilisées, doivent être considérées comme ayant été introduites sur ce territoire, au sens de l'article 37 du code des douanes, et comme relevant, à ce titre, de l'exception prévue à l'article 313, paragraphe 2, sous a), du règlement d'application, le statut de marchandises communautaires n'étant reconnu qu'aux marchandises pour lesquelles est produite la preuve qu'elles ont été soumises aux procédures de mise en libre pratique sur le territoire douanier de l'Union.

[...]

Par ces motifs, la Cour (sixième chambre) dit pour droit :

L'article 313 du règlement (CEE) n° 2454/93 de la Commission, du 2 juillet 1993, fixant certaines dispositions d'application du règlement (CEE) n° 2913/92 du Conseil établissant le code des douanes communautaire, tel que modifié par le règlement (CE) n° 75/98 de la Commission, du 12 janvier 1998, doit être interprété en ce sens que des marchandises, telles que celles en cause au principal, qui ont été livrées et facturées par des sociétés établies dans des pays tiers à une société établie sur le territoire douanier de l'Union européenne afin d'y être utilisées, doivent être considérées comme ayant été introduites sur ce territoire, au sens de l'article 37 du règlement (CEE) n° 2913/92 du Conseil, du 12 octobre 1992, établissant le code des douanes communautaire, tel que modifié par le règlement (CE) n° 82/97 du Parlement Européen et du Conseil, du 19 décembre 1996, et comme relevant, à ce titre, de l'exception prévue à l'article 313, paragraphe 2, sous a), du règlement n° 2454/93, tel que modifié par le règlement n° 75/98, le statut de marchandises communautaires n'étant reconnu qu'aux marchandises pour lesquelles est produite la preuve qu'elles ont été soumises aux procédures de mise en libre pratique sur le territoire douanier de l'Union.

Observations

À l'occasion d'un litige opposant Suez II Water Technololie & Solutions Portugal Unipessoal Lda au trésor public portugais, a été soulevée la question de la qualification, à l'époque, de marchandise communautaire, aujourd'hui marchandise de l'Union, à propos de l'importation de marchandises destinées aux activités de Suez en provenance de la Pologne et de la Hongrie, États alors non membres de l'Union.

Lors d'un contrôle assuré par les autorités douanières, la société en question ne fut pas en mesure de présenter l'ensemble des documents afférents notamment des déclarations d'importation et établissant la mise en libre pratique des marchandises ou de déclaration sommaire, se contentant de présenter des factures.

Les autorités douanières ont alors estimé qu'il n'était pas démontré que ces marchandises avaient été effectivement soumises aux procédures de mise en libre pratique et qu'elles devaient en fait être considérées comme étant encore des marchandises non communautaires introduites irrégulièrement et de fait générant une dette douanière à l'importation évaluée à près de 353 000 euros dont s'est acquittée l'entreprise avant d'engager une action contentieuse devant le tribunal fiscal de Porto en 2003, recours alors rejeté ; saisie en appel la Cour administrative suprême devait surseoir à statuer en posant à la CJUE une question préjudicielle sur la qualification de marchandise communautaire et la preuve de cette qualification.

La question paraît devoir être récurrente et la jurisprudence de la Cour, déjà ancienne en ce domaine, pourrait être considérée comme répétitive.

Pourtant, encore une fois, la preuve du respect des formalités douanières et la conservation de l'ensemble des éléments afférents à l'importation de marchandises a nécessité un effort pédagogique de la part de la Cour sur des points paraissant pourtant clairement établis.

En tout état de cause, s'il ne fut pas nécessaire de disposer au cas d'espèces de conclusions d'un avocat général, même si celui-ci fut entendu, cet arrêt apporte des éclaircissements complémentaires en regard de la qualification de marchandises de l'Union par assimilation.

La Cour a ainsi énoncé que le statut de marchandise communautaire, aujourd'hui de l'Union, n'est reconnu qu'aux marchandises pour lesquelles est produite la preuve qu'elles ont été soumises aux procédures de mise en libre pratique sur le territoire douanier de l'Union.

Il faut ici rappeler qu'une marchandise a un statut douanier, reposant sur trois éléments, l'espèce, l'origine, la valeur.

Pour autant, accéder à un marché suppose aussi que celle-ci s'inscrive dans un régime douanier qui doit être énoncé dans la déclaration en douane et au cas d'espèce celui de la mise en libre pratique (actuel CDU, article 649).

La mise en libre pratique est un régime douanier (CDU, article 5) qui repose de façon explicite sur les dispositions actuelles des articles 29 du TFUE et suppose que soient remplies deux conditions : le respect des formalités douanières, la perception des droits de douane et taxes d'effet équivalent.

Dès lors que ces formalités ont été remplies, et que de ce fait la mise en libre pratique est acquise, la marchandise acquiert le statut de marchandise de l'Union (et perd celui de marchandise non Union), est assimilée à une marchandise de l'Union et peut circuler librement au sein du marché intérieur unique (sauf restrictions particulières).

Ce statut peut être perdu s'il est établi que la marchandise ne répond pas aux conditions d'assimilation, dans certains cas limités (1).

Le régime juridique actuel est organisé par le règlement d'exécution de la Commission n° 2015/2447 du 24 novembre 2015 établissant les modalités d'application de certaines dispositions du règlement (UE) n° 952/2013 du Parlement européen et du Conseil établissant le code des douanes de l'Union au travers de ses articles 251 et suivants, titre VI, « Mise en libre pratique et exonération des droits à l'importation » (2) une jurisprudence relativement claire de la Cour de justice.

---

(1) *Cf.* J.-L. Albert, *Le droit douanier de l'union européenne*, Bruxelles, Bruylant, 2019, pp. 195 et s.

(2) *JOUE*, L. 343/558, 29 décembre 2015.

La mise en libre pratique et donc l'assimilation à une marchandise de l'Union, ne peut avoir « son plein effet qu'à supposer que ces marchandises soient soumises aux mêmes conditions d'importation, douanières et commerciales, quel que soit l'État à l'intérieur duquel la mise en libre pratique a eu lieu »(3).

La décision rendue par la Cour constitue ainsi une explicitation particulièrement détaillée de l'importance de la surveillance douanière, des conditions d'accès au territoire douanier et de la portée du concept d'introduction irrégulière, mais aussi des conditions dans lesquelles les dysfonctionnements constatés de la part d'un opérateur à l'occasion d'un contrôle des pièces justificatives font perdre à la marchandise concernée le bénéfice de la mise en libre pratique avec une rétroactivité de la taxation s'agissant du règlement des droits afférents.

Jean-Luc ALBERT

(3) CJCE, 15 décembre 1976, *Suzanne Donckerwolcke, épouse Criel et Henri Schou, Proc. de la Rép.*, aff. 41/76, *Rec.*, 1976, p. 01921.

Cour de justice, 7e ch., 11 juillet 2019, *Commission c/ République italienne*, aff. C-304/18, ECLI:EU:C:2019:601

Affaire jugée sans conclusions

Mots clés : Dette douanière – Droits de douane – Constatation recouvrement – Ressources propres – Tarif douanier – Mise à disposition – Comptabilité séparée – Comptabilisation – Intérêts de retard – Procédure de recouvrement – Union douanière européenne – Manquement d'État

Cadre normatif : décisions relatives au système des ressources propres de l'Union européenne nos 94/728, 2000/597, 2007/436, 2014/335 ; règlements nos 1552/89, 1150/2000 et 609/2014

Extraits de l'arrêt

1. Par sa requête, la Commission européenne demande à la Cour de constater que, en refusant de mettre à disposition des ressources propres traditionnelles d'un montant de 2 120 309,50 euros, indiquées dans la communication de mise en non-valeur IT(07)08-917, la République italienne a manqué aux obligations lui incombant en vertu de l'article 8 de la décision 94/728/CE, Euratom du Conseil, du 31 octobre 1994, relative au système des ressources propres des Communautés européennes (*JO* 1994, L 293, p. 9), de l'article 8 de la décision 2000/597/CE, Euratom du Conseil, du 29 septembre 2000, relative au système des ressources propres des Communautés européennes (*JO* 2000, L 253, p. 42), de l'article 8 de la décision 2007/436/CE, Euratom du Conseil, du 7 juin 2007, relative au système des ressources propres des Communautés européennes (*JO* 2007, L 163, p. 17), et de l'article 8 de la décision 2014/335/UE, Euratom du Conseil, du 26 mai 2014, relative au système des ressources propres de l'Union européenne (*JO* 2014, L 168, p. 105), ainsi que des articles 6, 10, 11 et 17 du règlement (CEE, Euratom) no 1552/89 du Conseil, du 29 mai 1989, portant application de la décision 88/376/CEE, Euratom relative au système des ressources propres des Communautés (*JO* 1989, L 155, p. 1), des articles 6, 10, 11 et 17 du règlement (CE, Euratom) n° 1150/2000 du Conseil, du 22 mai 2000, portant application de la décision 94/728 (*JO* 2000, L 130, p. 1), et des articles 6, 10, 12 et 13 du règlement (UE, Euratom) n° 609/2014 du Conseil, du 26 mai 2014, relatif aux modalités et à

la procédure de mise à disposition des ressources propres traditionnelles, de la ressource propre fondée sur la TVA et de la ressource propre fondée sur le RNB et aux mesures visant à faire face aux besoins de trésorerie (*JO* 2014, L 168, p. 39).

[...]

48. À titre principal, la République italienne conteste l'existence même d'un droit de l'Union sur les ressources propres, dès lors que les conditions pour la constatation de la dette douanière en question n'ont jamais toutes été réunies.

49. Il convient de rappeler, à cet égard, qu'il résulte d'une lecture combinée de l'article 2, paragraphe 1, sous b), et de l'article 8, paragraphe 1, de la décision 94/728 ainsi que des dispositions correspondantes des décisions 2000/597, 2007/436 et 2014/335 que les recettes provenant des droits du tarif douanier commun constituent des ressources propres de l'Union qui sont perçues par les États membres et que ceux-ci ont l'obligation de mettre ces ressources à la disposition de la Commission.

50. Dès lors qu'un lien direct existe entre la perception des recettes provenant de ces droits et la mise à la disposition du budget de l'Union des ressources correspondantes, il incombe aux États membres de prendre les mesures nécessaires en vue de garantir le prélèvement effectif et intégral des droits de douane (voir, en ce sens, arrêt du 5 juin 2018, *Kolev e.a.*, C-612/15, EU:C:2018:392, points 51 et 52).

51. Dans ce contexte, l'article 2, paragraphe 1, du règlement n° 1552/89, en vigueur à l'époque des faits, précise qu'un droit sur les ressources propres, tel qu'un droit du tarif douanier commun, est constaté dès que le montant dû est communiqué par le service compétent de l'État membre au redevable, cette communication étant effectuée dès que le redevable est connu et que le montant du droit peut être calculé par les autorités administratives compétentes.

52. Ainsi, les États membres sont tenus de constater un droit de l'Union sur les ressources propres dès que leurs autorités sont en mesure de calculer le montant des droits qui résulte d'une dette douanière et de déterminer le redevable. Lesdits États membres sont, par conséquent, obligés de reprendre lesdits droits dans la comptabilité dans les conditions prévues à l'article 6 du règlement n° 1552/89 (arrêt du 1er juillet 2010, *Commission/Allemagne*, C-442/08, EU:C:2010:390, point 76 et jurisprudence citée). Selon l'article 6, paragraphe 2, sous b), de ce règlement, un droit constaté qui n'a pas encore été recouvré et pour lequel aucune caution n'a été fournie est inscrit dans une comptabilité séparée.

53. En l'occurrence, il est constant que les autorités douanières italiennes ont procédé, le 30 juin 1997, à l'inscription de la dette douanière en cause en comptabilité séparée, ce qui implique que, à cette date, ces

autorités avaient constaté cette dette après avoir décelé l'introduction irrégulière dans le territoire douanier de l'Union d'une marchandise passible de droits à l'importation, identifié le redevable et calculé le montant dû.

54. Les pièces de procédure viennent confirmer ces faits.

55. En effet, il doit être considéré que la prise en compte du montant de droits, au sens de l'article 217, paragraphe 1, premier alinéa, du code des douanes, a été réalisée par l'inscription du montant des droits dus dans le procès-verbal du 18 juin 1997, établi par le receveur en chef du bureau des douanes de Palerme. L'affirmation de la République italienne selon laquelle il s'agissait là d'une simple estimation hypothétique n'est pas étayée par le contenu de ce document, dont il ressort qu'il a été procédé à la liquidation des droits de douane, sans aucune indication que celle-ci aurait revêtu un caractère provisoire ou présomptif.

56. En outre, ainsi qu'il ressort de la communication de mise en non-valeur du 13 février 2008, les autorités italiennes ont été en mesure d'identifier au moins un débiteur, auquel la dette douanière a été notifiée le 14 juillet 1997. Dans la mesure où la République italienne fait valoir que, en réalité, ladite notification consistait elle aussi dans la communication d'une estimation hypothétique, elle n'a présenté, à l'appui de cette affirmation, aucun document susceptible d'infirmer ce qui ressort de la communication de mise en non-valeur.

57. Est dénuée de pertinence, dans ce contexte, la circonstance que, selon la République italienne, en réalité, il n'a jamais été possible de déterminer avec exactitude la quantité et la qualité des marchandises importées. En effet, sans qu'il soit nécessaire de vérifier, dans le cadre de la présente procédure, la détermination de la valeur en douane, force est de constater que la notification de la dette douanière au redevable identifié n'a fait l'objet d'aucun recours de sa part. Les autorités italiennes elles-mêmes n'ont d'ailleurs, à aucun moment, douté du montant de la dette constatée, étant donné que, au terme de la procédure pénale engagée, c'est précisément ce montant qu'elles ont cherché à recouvrer. De surcroît, ces autorités n'ont pas jugé utile de rectifier la dette inscrite en comptabilité séparée.

58. Dans ces conditions, ainsi qu'il résulte de l'article 17, paragraphe 1, des règlements n°s 1552/89 et 1150/2000 ainsi que de l'article 13, paragraphe 1, du règlement n° 609/2014, la République italienne était tenue de prendre toutes les mesures nécessaires pour que les montants correspondant aux droits constatés soient mis à la disposition de la Commission.

59. En vertu de l'article 17, paragraphe 2, des règlements n°s 1552/89 et 1150/2000 ainsi que de l'article 13, paragraphe 2, du règlement n° 609/2014, les États membres ne sont dispensés de mettre à la disposition

de la Commission les montants correspondant aux droits constatés que si le recouvrement n'a pu être effectué pour des raisons de force majeure ou lorsqu'il s'avère qu'il est définitivement impossible de procéder à ce recouvrement pour des raisons qui ne peuvent leur être imputées (arrêt du 17 juillet 2014, *Commission/Portugal*, C-335/12, EU:C:2014:2084, point 79 et jurisprudence citée).

60. Ainsi, un État membre qui s'abstient, après avoir constaté un droit de l'Union sur les ressources propres, de mettre le montant correspondant à la disposition de la Commission, sans que l'une des conditions prévues à l'article 17, paragraphe 2, des règlements n°s 1552/89 et 1150/2000 ainsi qu'à l'article 13, paragraphe 1, du règlement n° 609/2014 soit remplie, manque à ses obligations en vertu du droit de l'Union (voir, en ce sens, arrêts du 3 avril 2014, *Commission/Royaume-Uni*, C-60/13, non publié, EU:C:2014:219, point 50, ainsi que du 17 mars 2011, *Commission/Portugal*, C-23/10, non publié, EU:C:2011:160, point 61 et jurisprudence citée).

61. Par ailleurs, si une erreur commise par les autorités douanières d'un État membre a pour effet que les ressources propres de l'Union n'ont pas été recouvrées, une telle erreur ne saurait remettre en cause l'obligation de l'État membre concerné de payer les droits qui ont été constatés ainsi que les intérêts de retard (arrêt du 8 juillet 2010, *Commission/Italie*, C-334/08, EU:C:2010:414, point 50 et jurisprudence citée).

62. À cet égard, la Commission reproche aux autorités italiennes, en ayant attendu l'issue de la procédure pénale engagée, d'avoir entrepris les actions nécessaires au recouvrement de la dette en cause avec un retard extrême, prenant ainsi le risque qu'il soit impossible de la recouvrer.

63. Il convient de relever, dans ce contexte, que l'article 7 du code des douanes dispose que les décisions prises sont immédiatement exécutoires par les autorités douanières et que, selon l'article 244, premier alinéa, de ce code, l'introduction d'un recours n'est pas suspensive de l'exécution d'une telle décision. S'il est vrai que les autorités douanières sursoient, dans les conditions prévues à l'article 244, deuxième alinéa, en tout ou en partie à l'exécution de la décision contestée, cette dernière disposition n'est toutefois pas pertinente en l'occurrence, dès lors que la République italienne ne fait état ni de l'introduction d'un recours contre la décision douanière ni d'un sursis à l'exécution accordé par les autorités douanières. En outre, il ressort de l'article 222, paragraphe 1, sous a), du code des douanes que, en l'absence de facilité de paiement accordée au débiteur, le montant des droits communiqué à ce dernier doit être acquitté dans le délai qui lui est imparti, lequel ne peut excéder dix jours à compter de la communication au débiteur. De surcroît, l'article 232, paragraphe 1, sous a), du code des douanes prévoit que, lorsque le montant de droits n'a pas été payé dans le délai fixé, les autorités douanières font usage de

toutes les possibilités que leur accordent les dispositions en vigueur, y inclus l'exécution forcée, pour assurer le paiement de ce montant.

64. Il s'ensuit que les autorités italiennes auraient dû prendre les mesures d'exécution nécessaires.

65. En revanche, la thèse défendue par la République italienne, selon laquelle ses autorités étaient autorisées à attendre la résolution de la procédure pénale engagée dès lors qu'un « préalable pénal » s'impose avant que l'action en recouvrement ne soit lancée, ne trouve de fondement ni dans l'arrêt du 18 décembre 2007, *ZF Zefeser* (C-62/06, EU:C:2007:811), ni dans celui du 17 juin 2010, *Agra* (C-75/09, EU:C:2010:352), auxquels cet État membre renvoie à cet égard.

66. D'une part, l'affaire ayant donné lieu à l'arrêt du 18 décembre 2007, *ZF Zefeser* (C-62/06, EU:C:2007:811), concernait l'interprétation de la notion d'« acte passible de poursuites judiciaires répressives », visée à l'article 3, premier alinéa, du règlement (CEE) n° 1697/79 du Conseil, du 24 juillet 1979, concernant le recouvrement « a posteriori » des droits à l'importation ou des droits à l'exportation qui n'ont pas été exigés du redevable pour des marchandises déclarées pour un régime douanier comportant l'obligation de payer de tels droits (*JO* 1979, L 197, p. 1). À cet égard, la Cour a jugé que la qualification d'un acte d'« acte passible de poursuites judiciaires répressives » relève de la compétence des autorités douanières appelées à déterminer le montant exact des droits à l'importation ou à l'exportation en cause (arrêt du 18 décembre 2007, *ZF Zefeser*, C-62/06, EU:C:2007:811, point 26). Or, outre le fait que le règlement n° 1697/79 n'est pas pertinent en l'occurrence dans la mesure où la présente affaire ne concerne pas des marchandises déclarées, il peut précisément être déduit de cet arrêt que la procédure douanière n'est pas subordonnée au résultat d'une éventuelle procédure pénale, contrairement à ce que cherche à démontrer la République italienne (voir, en ce sens, arrêt du 18 décembre 2007, *ZF Zefeser*, C-62/06, EU:C:2007:811, points 28 et 29).

67. D'autre part, dans l'affaire ayant donné lieu à l'arrêt du 17 juin 2010, *Agra* (C-75/09, EU:C:2010:352), la Cour était appelée à interpréter l'article 221, paragraphes 3 et 4, du code des douanes, tel que modifié par le règlement n° 2700/2000, dont il résulte une règle de prescription selon laquelle la communication du montant des droits à payer doit, en principe, être effectuée dans un délai de trois ans à compter de la date de la naissance de la dette douanière, ou, à titre d'exception, peut être effectuée après l'expiration de ce délai lorsque c'est par suite d'un acte passible de poursuites judiciaires répressives que les autorités compétentes n'ont pas été en mesure de déterminer le montant exact des droits légalement dus (voir, en ce sens, arrêt du 17 juin 2010, *Agra*, C-75/09, EU:C:2010:352, points 30 et 32 ainsi que jurisprudence citée). Or, étant donné que, en l'occurrence, il a été possible de déterminer le montant des

droits dus et que ce montant a été notifié au débiteur, cet arrêt n'est pas non plus pertinent.

68. Par conséquent, dans la mesure où les autorités italiennes ont attendu l'issue de la procédure pénale engagée, laquelle ne s'est terminée qu'au terme d'une période de six ans après que la dette douanière a été inscrite en comptabilité séparée, le fait que le recouvrement s'est avéré impossible est imputable à la République italienne, de sorte que celle-ci n'était pas dispensée de mettre à la disposition de la Commission les droits constatés.

69. En omettant de procéder de la sorte, la République italienne s'est également rendue redevable des intérêts de retard.

70. En effet, selon une jurisprudence constante de la Cour, il existe un lien indissociable entre l'obligation de constater les ressources propres de l'Union, celle de les inscrire au compte de la Commission dans les délais impartis et, enfin, celle de verser des intérêts de retard (arrêt du 3 avril 2014, *Commission/Royaume-Uni*, C-60/13, non publié, EU:C:2014:219, point 58 et jurisprudence citée).

71. En vertu de l'article 11 des règlements n°s 1552/89 et 1150/2000 ainsi que de l'article 12 du règlement n° 609/2014, tout retard dans les inscriptions au compte visé à l'article 9, paragraphe 1, des mêmes règlements donne lieu au paiement par l'État membre concerné d'intérêts applicables à toute la période du retard, indépendamment de la raison du retard et d'un délai fixé par la Commission pour la mise à disposition des ressources propres (voir, en ce sens, arrêts du 17 mars 2011, *Commission/Portugal*, C-23/10, non publié, EU:C:2011:160, point 62 et jurisprudence citée, ainsi que du 3 avril 2014, *Commission/Royaume-Uni*, C-60/13, non publié, EU:C:2014:219, point 59).

72. S'agissant des conséquences financières préjudiciables, la République italienne aurait pu les éviter en mettant à la disposition de la Commission les montants réclamés, tout en formulant des réserves quant au bien-fondé de la thèse défendue par cette institution (arrêt du 12 septembre 2000, *Commission/Royaume-Uni*, C-359/97, EU:C:2000:426, point 31 et jurisprudence citée).

73. Il s'ensuit que l'argument de la République italienne selon lequel, aux fins de déterminer les intérêts de retard à payer, il conviendrait de tenir compte des retards causés par un prétendu défaut de diligence administrative et de célérité de la part de la Commission ne saurait prospérer, sans qu'il soit nécessaire de déterminer si de tels retards peuvent être établis en l'espèce.

74. S'agissant, enfin, de la demande de la République italienne visant à examiner la faisabilité d'une résolution à l'amiable du litige en établissant un montant approprié et équitable dont elle serait redevable à la

Commission, il convient de rappeler que la procédure précontentieuse a pour but de donner à l'État membre concerné l'occasion, d'une part, de se conformer à ses obligations découlant du droit de l'Union et, d'autre part, de faire utilement valoir ses moyens de défense à l'encontre des griefs formulés par la Commission et, ainsi, d'entamer un processus de négociation et de parvenir à une résolution à l'amiable entre la Commission et l'État membre concerné mettant fin au manquement reproché, afin de permettre que le droit de l'Union soit respecté et d'éviter un recours juridictionnel (voir, en ce sens, arrêts du 14 novembre 2013, LPN et *Finlande/Commission*, C-514/11 P et C-605/11 P, EU:C:2013:738, points 62 et 63, ainsi que du 16 juillet 2015, *ClientEarth/Commission*, C-612/13 P, EU:C:2015:486, point 72 et jurisprudence citée).

75. Toutefois, le recours introduit au titre de l'article 258 TFUE a pour objet de constater le manquement par un État membre à ses obligations communautaires. La constatation d'un tel manquement oblige, selon les termes mêmes de l'article 260 TFUE, l'État membre en cause à prendre les mesures que comporte l'exécution de l'arrêt de la Cour. En revanche, celle-ci ne peut pas ordonner des mesures déterminées. Par conséquent, la Cour ne saurait, dans le cadre d'un recours en manquement, se prononcer sur un moyen en défense visant, comme en l'espèce, à ce qu'elle facilite la résolution à l'amiable du litige (voir, par analogie, arrêt du 14 avril 2005, *Commission/Allemagne*, C-104/02, EU:C:2005:219, points 49 et 50).

76. Ainsi, eu égard à l'ensemble des considérations qui précèdent, il convient de constater que, en refusant de mettre à disposition des ressources propres traditionnelles d'un montant de 2 120 309,50 euros, indiquées dans la communication de mise en non-valeur IT(07)08-917, la République italienne a manqué aux obligations lui incombant en vertu de l'article 8 de la décision 94/728, de l'article 8 de la décision 2000/597, de l'article 8 de la décision 2007/436 et de l'article 8 de la décision 2014/335, ainsi que des articles 10, 11 et 17 du règlement n° 1552/89, des articles 10, 11 et 17 du règlement n° 1150/2000, et des articles 10, 12 et 13 du règlement n° 609/2014.

77. En revanche, ne saurait être constaté un manquement à l'article 6 du règlement n° 1552/89 (devenu article 6 du règlement n° 1150/2000, puis article 6 du règlement n° 609/2014), dès lors que les autorités italiennes ont, en l'occurrence, inscrit les droits constatés en comptabilité séparée, tel que prévu par cette disposition.

[...]

Par ces motifs, la Cour (septième chambre) déclare et arrête :

1) En refusant de mettre à disposition des ressources propres traditionnelles d'un montant de 2 120 309,50 euros, indiquées dans la communication de mise en non-valeur IT(07)08-917, la République

italienne a manqué aux obligations lui incombant en vertu de l'article 8 de la décision 94/728/CE, Euratom du Conseil, du 31 octobre 1994, relative au système des ressources propres des Communautés européennes, de l'article 8 de la décision 2000/597/CE, Euratom du Conseil, du 29 septembre 2000, relative au système des ressources propres des Communautés européennes, de l'article 8 de la décision 2007/436/CE, Euratom du Conseil, du 7 juin 2007, relative au système des ressources propres des Communautés européennes, et de l'article 8 de la décision 2014/335/UE, Euratom du Conseil, du 26 mai 2014, relative au système des ressources propres de l'Union européenne, ainsi que des articles 10, 11 et 17 du règlement (CEE, Euratom) n° 1552/89 du Conseil, du 29 mai 1989, portant application de la décision 88/376/CEE, Euratom, relative au système des ressources propres des Communautés, des articles 10, 11 et 17 du règlement (CE, Euratom) n° 1150/2000 du Conseil, du 22 mai 2000, portant application de la décision 94/728, et des articles 10, 12 et 13 du règlement (UE, Euratom) n° 609/2014 du Conseil, du 26 mai 2014, relatif aux modalités et à la procédure de mise à disposition des ressources propres traditionnelles, de la ressource propre fondée sur la TVA et de la ressource propre fondée sur le RNB et aux mesures visant à faire face aux besoins de trésorerie.

Observations

Il est des contentieux autour de la notion de ressource propre qui paraissent perdurer au travers du temps montrant à quel point certains États membres de l'Union (voire tous) ont quelque réticence à respecter de façon pleine et entière les obligations qui s'imposent à eux s'agissant de la mise à disposition des droits de douane collectés ou à collecter par leur administration et de leur responsabilité finale en ce domaine.

La République italienne ici mise en cause n'est nullement le seul État membre adepte d'une discussion sur le régime des ressources propres et la collecte des droits de douane constatés et leur responsabilité en cas de défaillance.

Vingt-deux années, il faut le souligner, après l'inscription du montant des droits dus dans un procès-verbal par le receveur en chef du bureau des douanes de Palerme dans le cadre d'une importation illicite de tabacs manufacturés saisis par la police financière italienne, la Cour de justice de l'Union vient de mettre un terme final à une contestation engagée en 1999 devant le tribunal de Palerme par l'une des personnes impliquées dans cette affaire, contentieux achevé en 2002 par une décision ayant acquis force de chose jugée.

Or, en 2008, les autorités douanières italiennes informaient la Commission que le montant de 2 120 309,50 euros correspondant à la dette douanière inscrit à l'origine en comptabilité séparée, devait être considéré comme irrécouvrable. Cette dette née en 1997 avait été notifiée la même année au débiteur.

La somme en question ne fut pas mise à disposition de la Commission européenne « malgré des invitations répétées de cette dernière », laquelle adressa à la République italienne en 2013 une lettre de mise en demeure, et en 2015 une lettre de mise en demeure complémentaire. En 2016 elle notifiait à l'Italie qui contestait son obligation de s'acquitter de la somme en question, une un avis motivé qu'écartaient à nouveau les autorités italiennes, pour introduite en 2018 un recours en manquement sur le fondement de l'article 258 du TFUE.

La Cour constate, au terme de sa décision, le manquement de la République italienne : Aux termes de l'article 5, 18), du code des douanes de l'Union, la dette douanière est définie comme étant « l'obligation incombant à une personne d'acquitter le montant des droits à l'importation ou à l'exportation applicables à des marchandises particulières en vertu de la législation douanière en vigueur ». Cette dette naît en particulier lors de la mise en libre pratique de la marchandise importée, son débiteur étant le déclarant en douane.

Les États membres de l'Union, notamment ceux situés sur la frontière externe de l'Union d'entrée des marchandises, ont en charge le contrôle des déclarations et le recouvrement, le respect de ces formalités autorisant ensuite la mise en libre pratique des marchandises concernées. Un contentieux relativement permanent persiste devant le juge de l'Union en ce domaine concernant le rôle des États membres, la responsabilité financière du déclarant. La dette est éteinte selon les modalités et conditions définies par l'article 124 du CDU.

Le risque concernant cette ressource propre de l'Union européenne est de voir les États membres et leurs administrations douanières faire preuve d'un certain « laxisme » quant au recouvrement de ces droits, y compris dans le cadre de procédures particulières comme en matière de contrebande de tabac, ce qui est le cas en l'espèce.

Une garantie peut être demandée à cet effet, des intérêts de retard peuvent être imposés, faut-il encore que l'État membre fasse œuvre de diligence dans la mise en œuvre des processus afférents.

Un contentieux oppose ainsi depuis de nombreuses années les États membres à la Commission européenne s'agissant du rôle des États membres et de leur degré de responsabilité en cas de non collecte ou de recouvrement tardif des droits de douane.

La Cour des comptes européenne a ainsi publié en 2017 un rapport au titre explicite : *Procédures d'importation : les intérêts financiers de l'UE pâtissent d'insuffisances au niveau du cadre juridique et d'une mise en œuvre inefficace* (rapport spécial, 2017, 19).

Depuis les années 1980 la Cour de justice européenne elle-même a rappelé aux États membres leurs obligations comptables et financières dans la collecte des droits de douane et leur mise à disposition de la Commission européenne.

Ainsi, en 1986 avait-elle rappelé les obligations de principe imposées aux États membres (1) tandis qu'en 2011 elle allait encore plus avant en la matière s'agissant de la comptabilisation des ressources, et en particulier rappelant que même si les États contestent certaines ressources ils doivent les constater et les mettre à disposition rapidement et efficacement « sous peine d'admettre que l'équilibre financier de l'Union soit bouleversé » (2).

La présente décision s'inscrit dans cette lecture rigoureuse de protection des intérêts financiers de l'Union européenne en

(1) CJCE, 20 mars 1986, *Commission c/ Rép. féd. d'Allemagne*, aff. 303/84, ECLI:EU:C:1986:140, *Rec.*, p. 1171.

(2) CJCE, 5 octobre 2006, *Commission c/ Belgique*, aff. C-378/03, *Rec.*, 2006, p. I-9805 ; CJUE, 7 avril 2011, *Commission c/ Rép. de Finlande*, aff. C-405/09, ECLI:EU:C:2011:220.

rejetant un ensemble d'arguments défensifs de la République italienne (3).

Elle écarte la totalité de l'argumentation de cet État membre tout en ne retenant pas l'offre de résolution à l'amiable de ce litige.

L'ouverture d'une telle voie « négociée » de la dette douanière aurait pu constituer une brèche importante dans le respect par les États membres d'une lecture « orthodoxe » des règles financières régissant les ressources propres et des conditions de leur mise à disposition au profit du budget de l'Union.

De fait, l'État est responsable de son organisation administrative, financière et comptable, et se doit de défendre les intérêts financiers de l'Union, d'assurer la collecte effective des droits de douane à l'importation et leur mise à disposition dans des délais brefs au profit de la Commission, sans que l'on puisse une fois la créance identifiée, quantifiée, remettre en cause les intérêts de l'Union par des négociations ultimes, fussent-elles initiées par l'Italie dans un contexte particulier.

On ajoutera par ailleurs que l'organisation de l'Union européenne (4) tend à reposer sur un système d'échange et de stockage européen de l'information, système précisé par le règlement européen d'exécution 2015/1447 de la Commission (article 199).

Jean-Luc ALBERT

---

(3) *Cf.* J.-L. ALBERT, « Le recours au droit pénal pour lutter contre la fraude portant atteinte aux intérêts financiers de l'Union européenne », *Revue française de comptabilité*, janvier 2020, n° 538, pp. 2-4.

(4) Voy. J.-L. ALBERT, *Le droit douanier de l'Union européenne*, Bruxelles, Bruylant, 2019, pp. 196 et s.

Cour de justice, 2e ch., 29 juillet 2019, *Prenatal SA c/ Tribunal Economico Administrativo Regional de Cataluna (TEARC)*, aff. C-589/17, ECLI:EU:C:2019:631

Conclusions de l'avocat général E. Sharpston, du 7 février 2019, ECLI:EU:C:2019:104

Mots-clés : Marchandise – Marchandise de l'Union – Origine – Droits à l'importation – Remboursement – Remise – Accord Afrique-Caraïbe-Pacifique-CE (ACP) – Recouvrement *a posteriori* – Comité du code des douanes – Certificat EUR-1 – Contrôle *a posteriori*, produits textiles

Cadre normatif : règlement (CEE) n° 2913/92 du 12 octobre 1992 ; code des douanes communautaire, article 220, paragraphe 2, sous b), et article 239 ; règlement d'application n° 1335/2003 de la Commission du 25 juillet 2003 ; accords ACP-CE du 23 juin 2000, article 3, annexe IV, article 36, annexe 5, article 1, protocole n° 1, article 31, 32, 37 ; décision REM 03/07

Extraits de l'arrêt

1. La demande de décision préjudicielle porte, d'une part, sur la validité de la décision COM(2008) 6317 final de la Commission, du 3 novembre 2008, constatant qu'il est justifié de procéder à la prise en compte a posteriori des droits à l'importation et qu'il n'est pas justifié de procéder à la remise de ces droits dans un cas particulier (Dossier REM 03/07) (ci-après la « décision REM 03/07 »), et, d'autre part, sur l'interprétation de l'article 220, paragraphe 2, sous b), et de l'article 239 du règlement (CEE) n° 2913/92 du Conseil, du 12 octobre 1992, établissant le code des douanes communautaire (*JO* 1992, L 302, p. 1), tel que modifié par le règlement (CE) n° 2700/2000 du Parlement européen et du Conseil, du 16 novembre 2000 (*JO* 2000, L 311, p. 17) (ci-après le « code des douanes »), ainsi que de l'article 905, paragraphe 1, du règlement (CEE) n° 2454/93 de la Commission, du 2 juillet 1993, fixant certaines dispositions d'application du règlement n° 2913/92 (JO 1993, L 253, p. 1), tel que modifié par le règlement (CE) n° 1335/2003 de la Commission, du 25 juillet 2003 (*JO* 2003, L 187, p. 16) (ci-après le « règlement d'application »).

2. Cette demande a été présentée dans le cadre d'un litige opposant Prenatal SA au Tribunal Económico Administrativo Regional de Cataluña (TEARC) [tribunal économique administratif régional de Catalogne (TEARC), Espagne] au sujet de la demande de cette société visant au remboursement de droits à l'importation.

[...]

21. Au cours des années 2002 à 2004, Prenatal a procédé à des importations de vêtements en Espagne, en présentant des certificats EUR.1 délivrés par les autorités jamaïcaines mentionnant l'origine préférentielle « Jamaïque ». Compte tenu de ces certificats, les autorités douanières espagnoles ont accordé à ces importations un traitement tarifaire préférentiel au titre de l'article 1er de l'annexe V de l'accord de Cotonou.

22. Au mois de mars 2005, l'Office européen de lutte antifraude (OLAF) a conduit une enquête conjointe avec les représentants de plusieurs États membres afin de vérifier l'origine de vêtements introduits dans l'Union sous couvert de ces certificats EUR.1. Dans son rapport de mission (ci-après le « rapport de l'OLAF de 2005 »), l'OLAF a constaté que les vêtements importés par Prenatal avaient été fabriqués à partir de pièces importées de Chine ou de Hong-Kong et qu'ils ne pouvaient, dès lors, être regardés comme étant originaires de Jamaïque, au sens des règles de l'accord de Cotonou.

23. Les conclusions de cette enquête ont amené les autorités jamaïcaines à invalider les certificats EUR.1 en cause pour la période concernée. À la suite de l'invalidation de ces certificats, les autorités espagnoles ont procédé au recouvrement a posteriori du montant des droits de douane dus par Prenatal au titre de ces importations.

24. Le 10 mai 2006, Prenatal a demandé à la Dependencia Regional de Aduanas de la Delegación Especial de Cataluña (bureau régional des douanes de la délégation spéciale de Catalogne, Espagne) (ci-après le « bureau régional des douanes ») le remboursement de ces droits de douane au titre de l'article 239 du code des douanes.

25. Le bureau régional des douanes, ayant estimé que Prenatal remettait en cause, par son argumentation au soutien de cette demande, les conclusions figurant dans le rapport de l'OLAF de 2005, a transmis ladite demande et le dossier y afférent à la Commission, en application de l'article 905, paragraphe 1, du règlement d'application. La Commission a considéré que le cas de Prenatal était comparable, en droit et en fait, à un autre cas, à savoir celui faisant l'objet de l'affaire REM 03/07, et a renvoyé le dossier, conformément à l'article 905, paragraphe 6, du règlement d'application.

26. À la suite de l'adoption par la Commission de la décision REM 03/07, la demande de remboursement de Prenatal a été rejetée par le

bureau régional des douanes, tout comme sa réclamation introduite ensuite devant le TEARC. En conséquence, cette société a saisi le Tribunal Superior de Justicia de Cataluña (Cour supérieure de justice de Catalogne, Espagne).

27. Devant la juridiction de renvoi, Prenatal a émis des doutes quant à la validité de la décision REM 03/07 au motif que la Commission aurait commis une erreur de droit en ayant conclu à l'absence d'erreur des autorités douanières jamaïcaines, au sens de l'article 220, paragraphe 2, sous b), du code des douanes, ainsi qu'à l'absence de situation particulière, au sens de l'article 239 de ce code. Le TEARC a contesté cette argumentation.

28. Dans ces conditions, le Tribunal Superior de Justicia de Cataluña (Cour supérieure de justice de Catalogne) a décidé de surseoir à statuer et de poser à la Cour les questions préjudicielles suivantes :

1) La [décision REM 03/07,] qui constate qu'il est justifié de procéder à la prise en compte a posteriori des droits à l'importation et qu'il n'est pas justifié de procéder à la remise de ces droits dans un cas particulier, est-elle contraire au droit de l'Union, notamment à l'article 220, paragraphe 2, sous b), et à l'article 239 du [code des douanes] ?

2) Lorsqu'une remise des droits de douane est demandée et que la Commission notifie une décision en vertu de laquelle le cas d'espèce présente des éléments de fait et de droit comparables à ceux d'un dossier antérieur sur lequel elle s'est déjà prononcée ou une décision en vertu de laquelle elle est déjà saisie d'un cas comparable qui est en cours de traitement, doit-il être considéré que ces décisions sont des actes juridiques qui lient les autorités de l'État membre dans lequel la remise des droits de douane est demandée et qui peuvent donc faire l'objet d'un recours de l'auteur de la demande de remise des droits de douane (article 239 du [code des douanes]) ou de non-prise en compte de ces droits (article 220, paragraphe 2, sous b), [de ce code]) ?

3) S'il ne s'agit pas d'une décision de la Commission dont le contenu est juridiquement contraignant, appartient-il alors aux autorités nationales d'examiner si le cas d'espèce comporte des éléments de fait ou de droit comparables ?

4) En cas de réponse affirmative, si un tel examen a été effectué et a permis de conclure qu'il n'existe pas de tels éléments, convient-il d'appliquer l'article 905, paragraphe 1, du règlement [d'application] et, par conséquent, la Commission doit elle adopter une décision juridiquement contraignante pour les autorités nationales ? »

[...]

34. Par sa première question, la juridiction de renvoi demande, en substance, à la Cour d'apprécier la validité de la décision REM 03/07 au regard de l'article 220, paragraphe 2, sous b), du code des douanes ainsi que de l'article 239 de ce code.

35. À titre liminaire, il convient de relever que, par la décision REM 03/07, la Commission a rejeté une demande de remise des droits à l'importation dans un cas particulier, sur le fondement du code des douanes ainsi que du règlement d'application, en particulier, d'une part, de l'article 220, paragraphe 2, sous b), de ce code lu conjointement avec les articles 871 et 873 du règlement d'application ainsi que, d'autre part, de l'article 239 dudit code lu conjointement avec les articles 905 et 907 de ce règlement. Lorsque cette institution se prononce sur une telle demande sur le fondement de ces dispositions, elle est appelée à examiner, en lieu et place des autorités douanières de l'État membre d'importation, les conditions d'importation de certaines marchandises et l'application des règles douanières pertinentes (voir, en ce sens, arrêt du 25 juillet 2018, *Commission/Combaro*, C-574/17 P, EU:C:2018:598, point 54 et jurisprudence citée).

36. En outre, il y a lieu de rappeler que, selon l'article 220, paragraphe 2, sous b), premier alinéa, du code des douanes, il n'est pas procédé à une prise en compte a posteriori des droits à l'importation ou à l'exportation, lorsque « le montant des droits légalement dus n'avait pas été pris en compte par suite d'une erreur des autorités douanières elles-mêmes, qui ne pouvait raisonnablement être décelée par le redevable, ce dernier ayant pour sa part agi de bonne foi et observé toutes les dispositions prévues par la réglementation en vigueur en ce qui concerne la déclaration en douane ». Les conditions prévues à cette disposition sont cumulatives (voir, en ce sens, arrêts du 18 octobre 2007, *Agrover*, C-173/06, EU:C:2007:612, point 30 et jurisprudence citée, ainsi que du 15 décembre 2011, *Afasia Knits Deutschland*, C-409/10, EU:C:2011:843, point 47).

37. Quant à l'article 239 du code des douanes, il constitue, selon la jurisprudence de la Cour, une clause générale d'équité impliquant la remise de droits à l'importation dès lors que deux conditions sont satisfaites, à savoir l'existence d'une situation particulière et l'absence de négligence manifeste et de manœuvre de la part du redevable (arrêt du 25 juillet 2018, *Commission/Combaro*, C-574/17 P, EU:C:2018:598, point 45 et jurisprudence citée).

38. En l'occurrence, la Commission a considéré, d'une part, que les autorités douanières jamaïcaines n'avaient commis aucune erreur, au sens de l'article 220, paragraphe 2, sous b), de ce code, lorsqu'elles ont délivré les certificats EUR.1 en cause et, d'autre part, qu'il n'existait aucune situation particulière, au sens de l'article 239 dudit code, qui pouvait

justifier la remise des droits à l'importation qui avaient été versés. Ainsi, elle a décidé, sans examiner les autres conditions prévues à ces dispositions, qu'il n'y avait pas lieu d'accorder la remise de droits à l'importation demandée dans le cas faisant l'objet de la décision REM 03/07.

39. Devant la juridiction de renvoi, Prenatal fait valoir que la Commission a commis une erreur de droit en ayant conclu, dans cette décision, tant à l'absence d'erreur, au sens de l'article 220, paragraphe 2, sous b), du code des douanes, qu'à l'absence de situation particulière, au sens de l'article 239 de ce code. Par suite, la juridiction de renvoi interroge la Cour sur la validité de ladite décision par rapport aux exigences posées par ces dispositions.

Sur l'existence d'une erreur, au sens de l'article 220, paragraphe 2, sous b), du code des douanes

40. Conformément à l'article 220, paragraphe 2, sous b), deuxième alinéa, du code des douanes, la délivrance, par les autorités douanières compétentes d'un pays tiers, d'un certificat EUR.1 incorrect constitue, en principe, une « erreur qui n'était pas raisonnablement décelable » par le redevable, au sens du premier alinéa de cette disposition. Toutefois, le troisième alinéa de ladite disposition précise que « la délivrance d'un certificat incorrect ne constitue pas une erreur lorsque le certificat a été établi sur la base d'une présentation incorrecte des faits par l'exportateur, sauf si, notamment, il est évident que les autorités de délivrance du certificat savaient ou auraient dû savoir que les marchandises ne remplissaient pas les conditions requises pour bénéficier du traitement préférentiel ».

41. En ce qui concerne l'existence d'une erreur, au sens de cette disposition, dans une situation telle que celle ayant donné lieu à l'adoption de la décision REM 03/07, il est constant que les certificats EUR.1 en cause délivrés par les autorités douanières jamaïcaines étaient incorrects, dès lors que les produits concernés avaient été fabriqués, à la Jamaïque, non pas exclusivement à partir de fils, mais à partir de vêtements provenant de Chine et, partant, ne remplissaient pas les conditions leur permettant de bénéficier du traitement tarifaire préférentiel des produits originaires des États ACP au titre de l'accord de Cotonou. Il est également constant que ces certificats ont été établis sur la base d'une présentation incorrecte des faits par l'exportateur des produits concernés et le fournisseur de celui-ci, établis dans l'une des zones franches de la Jamaïque.

42. Dans ces circonstances, il convient de vérifier si, ainsi que l'exige l'article 220, paragraphe 2, sous b), troisième alinéa, in fine, du code des douanes, il était évident que les autorités douanières jamaïcaines savaient ou auraient dû savoir que les marchandises concernées ne remplissaient pas les conditions requises pour bénéficier du traitement tarifaire préférentiel au titre de l'accord de Cotonou.

43. À cet égard, selon la jurisprudence de la Cour, il incombe à celui qui invoque l'exception figurant, in fine, à cette disposition de prouver que les conditions d'application de celle-ci sont remplies (voir, en ce sens, arrêt du 9 mars 2006, *Beemsterboer Coldstore Services*, C-293/04, EU:C:2006:162, point 45, et ordonnance du 1er juillet 2010, *DSV Road/ Commission*, C-358/09 P, non publiée, EU:C:2010:398, point 58). Ainsi, il appartient à toute personne habilitée à contester la légalité ou la validité d'une décision de la Commission fondée sur l'article 220, paragraphe 2, sous b), troisième alinéa, du code des douanes d'établir qu'il était évident que les autorités de délivrance du certificat EUR.1 savaient ou auraient dû savoir que les marchandises en cause ne remplissaient pas les conditions requises pour bénéficier du traitement tarifaire préférentiel.

44. À cet effet, il appartient à la Commission, dans l'exercice du pouvoir qui lui est conféré par le législateur de l'Union, d'évaluer les conditions d'exportation des marchandises concernées et l'application des règles douanières pertinentes par les autorités de délivrance du certificat sur le fondement des éléments de preuve produits devant elle, aux fins de déterminer s'il était évident que ces autorités avaient une telle connaissance ou auraient dû l'avoir. Aux fins de cette évaluation, la Commission jouit d'une large marge d'appréciation (voir par analogie, en ce qui concerne le contrôle a posteriori des autorités douanières nationales, arrêt du 26 octobre 2017, *Aqua Pro*, C-407/16, EU:C:2017:817, points 61 et 73 ainsi que jurisprudence citée).

45. Dans ces conditions, le juge de l'Union ne saurait substituer sa propre appréciation à celle de la Commission, mais doit se limiter à examiner si cette institution a excédé les limites de son pouvoir d'appréciation en ayant conclu, sur le fondement des éléments de preuve présentés devant elle, qu'il n'était pas évident que les autorités de délivrance du certificat savaient ou auraient dû savoir que les marchandises ne remplissaient pas les conditions requises pour bénéficier du traitement tarifaire préférentiel.

46. À cet égard, il convient de rappeler que, lorsque la Commission dispose d'une large marge d'appréciation, le juge de l'Union doit notamment vérifier non seulement l'exactitude matérielle des éléments de preuve invoqués, leur fiabilité et leur cohérence, mais également contrôler si ces éléments constituent l'ensemble des données pertinentes devant être prises en considération pour apprécier une situation complexe et s'ils sont de nature à étayer les conclusions qui en sont tirées [voir, en ce sens, arrêts du 15 mars 2017, *Stichting Woonlinie e.a./Commission*, C-414/15 P, EU:C:2017:215, point 53, ainsi que du 14 décembre 2017, *EBMA/Giant (China)*, C-61/16 P, EU:C:2017:968, points 68 et 69].

47. C'est à la lumière de ces considérations qu'il convient d'examiner si la Commission a pu conclure dans la décision REM 03/07, sans commettre

d'erreur de droit, à l'absence d'erreur des autorités douanières jamaïcaines, au sens de l'article 220, paragraphe 2, sous b), troisième alinéa, du code des douanes.

48. En premier lieu, Prenatal fait valoir que la Commission a commis une erreur de droit, dans cette décision, en ayant considéré qu'il n'était pas évident que les autorités douanières jamaïcaines savaient que les marchandises en cause ne remplissaient pas les conditions requises pour bénéficier du traitement tarifaire préférentiel au titre de l'accord de Cotonou.

49. Aux fins d'établir une telle connaissance des autorités douanières jamaïcaines devant la juridiction de renvoi, Prenatal se réfère aux éléments de preuve présentés dans la procédure ayant conduit à l'adoption de la décision REM 03/07 par la Commission. Premièrement, il ressortirait d'un rapport de l'agence gouvernementale Jamaica Promotions Corporation (ci-après la « Jampro ») que celle-ci aurait constaté, au cours de l'année 1998, à la suite d'un audit de deux usines de production établies dans l'une des zones franches de la Jamaïque, un écart notable entre la capacité de production de ces usines et la quantité des produits finis qui était ensuite exportée vers l'Union. Deuxièmement, l'OLAF aurait, par lettre du mois de septembre 2004, informé les autorités douanières jamaïcaines de l'existence de suspicions quant au fait que des produits textiles exportés à partir de ces zones franches ne respecteraient pas les règles en matière d'origine préférentielle. Troisièmement, les statistiques officielles jamaïcaines relatives aux importations et aux exportations démontreraient que les importations de fils à la Jamaïque n'étaient pas suffisantes pour fabriquer la quantité de produits finis exportée vers l'Union. Quatrièmement, les autorités douanières jamaïcaines auraient relevé, à plusieurs reprises, une discordance entre les descriptions des produits importés de Chine, telles qu'elles figuraient dans les déclarations d'importation, et le véritable contenu des conteneurs. Enfin, cinquièmement, certains fonctionnaires de ces zones franches auraient évoqué l'absence de transformation pertinente, à la Jamaïque, des produits importés de Chine avant leur réexportation dans l'Union.

50. Par la décision REM 03/07, la Commission a conclu, après avoir examiné l'ensemble de ces éléments de preuve, que ceux-ci n'étaient pas de nature à établir que les autorités douanières jamaïcaines avaient connaissance des irrégularités en cause.

51. En ce qui concerne le rapport de la Jampro, elle a considéré que ce dernier, réalisé en 1998, ne fournissait aucune information sur l'état des connaissances de ces autorités au cours de la période allant du mois de janvier 2002 à celui de mars 2005, sur laquelle porte les importations en cause. La lettre du mois de septembre 2004 adressée auxdites autorités n'aurait informé celles-ci que de l'existence de suspicions quant à la

validité des certificats EUR.1 en cause, qui devaient encore être étayées par une enquête future.

52. S'agissant des statistiques officielles jamaïcaines relatives aux importations et aux exportations, la Commission a relevé que les marchandises placées dans les zones franches de la Jamaïque ne faisaient pas l'objet de statistiques, de telle sorte que lesdites statistiques officielles ne permettaient pas de constater que les importations de fil chinois à la Jamaïque n'étaient pas suffisantes pour fabriquer la quantité de produits finis qui était ensuite exportée à partir de ces zones franches vers l'Union. Aux fins de parvenir à un tel constat, l'OLAF aurait eu recours aux statistiques officielles chinoises, statistiques dont les autorités douanières jamaïcaines n'auraient toutefois pas eu connaissance.

53. Quant aux irrégularités relevées par ces autorités, la Commission a souligné que si ces dernières avaient effectivement découvert, dans certains cas, que les marchandises décrites dans les déclarations d'importations ne correspondaient pas à celles placées dans les conteneurs, ces irrégularités n'auraient pas concerné l'importateur en cause dans la situation ayant donné lieu à l'adoption de la décision REM 03/07 et auraient, par ailleurs, fait l'objet d'explications crédibles sur les circonstances de l'infraction dans une lettre de cet importateur.

54. En ce qui concerne, enfin, les déclarations des fonctionnaires travaillant dans l'une des zones franches de la Jamaïque, la Commission a souligné qu'elles provenaient de deux agents de sécurité chargés du contrôle à l'entrée et à la sortie de ces zones franches, dont le témoignage ne permettait pas, selon elle, de tirer de conclusions quant aux connaissances effectives des autorités douanières jamaïcaines de l'activité réelle des entreprises concernées. Elle a également précisé que ces déclarations avaient été contredites par la personne en charge de l'une de ces zones franches.

55. Or, force est, tout d'abord, de constater qu'aucun élément du dossier soumis à la Cour ne tend à infirmer les appréciations de la Commission selon lesquelles le rapport de la Jampro portait sur une période autre que celle en cause dans la procédure ayant donné lieu à l'adoption de la décision REM 03/07, la lettre du mois de septembre 2004 faisait uniquement état de suspicions quant à des éventuelles irrégularités et les statistiques officielles jamaïcaines relatives aux importations et aux exportations ne portaient pas sur les marchandises placées dans les zones franches de la Jamaïque.

56. En particulier, le rapport de la Jampro ayant porté sur une période autre que celle en cause dans la procédure ayant donné lieu à l'adoption de la décision REM 03/07, la Commission ne saurait être censurée pour avoir considéré que les résultats de ce rapport ne pouvaient être projetés sur la période en cause dans cette procédure et que, partant, ledit rapport

ne fournissait pas, à lui seul, d'élément concluant quant aux connaissances réelles des autorités jamaïcaines au cours de la période en cause dans ladite procédure.

57. En ce qui concerne, ensuite, les constatations de la Commission selon lesquelles les irrégularités relevées par ces autorités ont été commises par un importateur autre que celui en cause dans la procédure ayant donné lieu à l'adoption de cette décision et ont fait l'objet d'explications crédibles par cet importateur, aucun élément du dossier soumis à la Cour n'est de nature à les infirmer.

58. Enfin, il en va de même de la constatation de la Commission selon laquelle les déclarations de deux agents de sécurité travaillant dans l'une de ces zones franches ont été contredites par la personne en charge d'une autre de ces zones franches.

59. Or, à l'aune de ces constatations et de ces appréciations de la Commission, il convient de considérer qu'aucun élément du dossier soumis à la Cour ne tend à établir que la Commission aurait outrepassé la marge d'appréciation qui lui revient lorsqu'elle a estimé que les éléments de preuve présentés dans la procédure ayant conduit à l'adoption de la décision REM 03/07, tels que résumés au point 49 du présent arrêt, n'étaient pas, ni individuellement ni pris ensemble, de nature à établir, de manière évidente, que les autorités douanières jamaïcaines savaient que les marchandises concernées par cette décision ne remplissaient pas les conditions requises pour bénéficier du traitement tarifaire préférentiel au titre de l'accord de Cotonou.

60. Partant, il ne saurait être constaté que la Commission a commis une erreur de droit en ayant conclu qu'il n'était pas évident que les autorités douanières jamaïcaines savaient que les marchandises concernées par la décision REM 03/07 ne remplissaient pas les conditions requises pour bénéficier du traitement tarifaire préférentiel au titre de l'accord de Cotonou.

61. En second lieu, Prenatal fait valoir que la Commission a commis une erreur de droit en ayant omis de constater que les autorités douanières jamaïcaines auraient dû avoir connaissance de ces irrégularités, si elles n'avaient pas manqué à l'obligation qui leur incombait d'effectuer des contrôles physiques.

62. Aux fins d'établir devant la juridiction de renvoi que les autorités douanières jamaïcaines auraient dû avoir cette connaissance, Prenatal se réfère aux éléments de preuve présentés dans la procédure ayant conduit à l'adoption de la décision REM 03/07 par la Commission, selon lesquels les autorités douanières jamaïcaines n'avaient qu'en de rares cas brisé les scellés des conteneurs dans lesquels se trouvaient les matières premières importées ou vérifié, auprès des entreprises produisant des textiles dans

les zones franches de la Jamaïque, si le tissage des fils était effectivement effectué dans des entreprises établies dans ces zones.

63. Selon Prenatal, les constatations figurant dans le rapport de la Jampro, le grand nombre de demandes de contrôle a posteriori des certificats EUR.1 ainsi que les statistiques officielles jamaïcaines relatives aux importations de fils et aux exportations de produits finis auraient dû conduire ces autorités, conformément à l'article 15, paragraphe 5, et à l'article 32 du protocole n° 1, à effectuer des contrôles physiques et à établir des rapports sur les activités réalisées dans les zones franches de la Jamaïque. Toutefois, les constatations figurant dans le procès-verbal des réunions du Trade Board jamaïcain tenues au mois de janvier 2006 confirmeraient que lesdites autorités n'auraient toujours pas instauré un système de contrôle physique pour s'assurer du caractère originaire des vêtements exportés de ces zones franches.

64. Dans la décision REM 03/07, la Commission a conclu, après avoir examiné l'ensemble de ces éléments de preuve, qu'ils n'étaient pas de nature à établir que les autorités douanières jamaïcaines avaient manqué à leurs obligations en matière de contrôle en procédant, pour l'essentiel, à des contrôles documentaires et de manière seulement résiduelle à des contrôles physiques.

65. Aux fins de vérifier si la Commission a pu, à bon droit, arriver à cette conclusion, il convient d'examiner, d'abord, les obligations de ces autorités découlant du protocole n° 1.

66. À cet égard, l'article 15, paragraphe 5, première phrase, de ce protocole dispose que les autorités douanières délivrant les certificats EUR.1 « prennent toutes les mesures nécessaires afin de contrôler le caractère originaire des produits et de vérifier si toutes les autres conditions prévues par le présent protocole sont remplies », sans toutefois spécifier les circonstances dans lesquelles des contrôles doivent être effectués ni, plus particulièrement, les mesures concrètes devant être prises à cette fin. En effet, aux termes de la seconde phrase de cette disposition, ces autorités « sont habilitées à exiger toutes preuves et à effectuer tous contrôles des comptes de l'exportateur ou tout autre contrôle qu'elles estiment utile ». Dès lors, lesdites autorités disposent d'une large marge d'appréciation aux fins de déterminer les mesures de contrôle nécessaires.

67. Ainsi, le libellé de ladite disposition n'impose pas aux autorités douanières délivrant les certificats EUR.1 l'obligation de procéder systématiquement à des contrôles physiques, ce qui est corroboré par le contexte de celle-ci. En effet, selon l'article 15, paragraphes 1 et 2, du protocole n° 1, les autorités douanières du pays d'exportation délivrent les certificats EUR.1 « sur demande écrite » de l'exportateur ou de son représentant habilité, cette demande devant comprendre le certificat EUR.1 ainsi que le formulaire de demande dont les modèles figurent

à l'annexe IV de l'accord de Cotonou dûment remplis par l'exportateur ou son représentant habilité. En outre, le paragraphe 3 de cet article 15 dispose que l'exportateur sollicitant la délivrance d'un tel certificat doit, notamment, pouvoir présenter à tout moment, à la demande desdites autorités douanières, « tous les documents appropriés prouvant le caractère originaire des produits concernés ».

68. Il ressort de ces dispositions que la procédure de délivrance des certificats EUR.1 est une procédure essentiellement écrite, fondée sur la production de documents. Dès lors, il découle de la lecture combinée des paragraphes 1 à 3 et 5 de l'article 15 du protocole n° 1 que les autorités de délivrance des certificats EUR.1 peuvent se limiter à un contrôle documentaire si elles estiment que les documents qui leur sont présentés sont suffisants et appropriés pour attester du caractère originaire des produits en cause et du respect des autres conditions prévues par le protocole n° 1. Ainsi, ces autorités ne sauraient être tenues de procéder systématiquement à un contrôle physique de toutes les marchandises faisant l'objet d'une demande de délivrance d'un certificat EUR.1.

69. S'agissant de l'article 32 de ce protocole, il convient de rappeler que le paragraphe 1 de celui-ci dispose qu'un contrôle a posteriori des preuves d'origine est effectué « par sondage ou chaque fois que les autorités douanières de l'État d'importation ont des doutes fondés en ce qui concerne l'authenticité de ces documents, le caractère originaire des produits concernés ou le respect des autres conditions prévues par [ledit] protocole ». Cet article n'indique cependant pas les mesures que les autorités du pays d'exportation sont tenues de prendre à cet effet, mais prévoit, à son paragraphe 3, que ces autorités « sont habilitées à exiger toutes preuves et à effectuer tous contrôles des comptes de l'exportateur ou tout autre contrôle qu'elles estiment utile ». Dès lors, ainsi que Mme l'avocate générale l'a relevé au point 51 de ses conclusions, cette disposition n'impose pas auxdites autorités l'obligation d'effectuer des contrôles physiques ni de les effectuer avec une certaine périodicité, dans la mesure où celles-ci estiment que d'autres mesures de contrôle, telles qu'un contrôle documentaire, sont suffisantes et appropriées pour attester du caractère originaire des produits en cause et du respect des autres conditions prévues par le protocole n° 1.

70. Néanmoins, l'article 32 de ce protocole dispose, à son paragraphe 7, que « [l]orsque la procédure de contrôle ou toute autre information disponible semble indiquer que les dispositions du présent protocole sont transgressées, l'État ACP effectue, de sa propre initiative ou à la demande de [l'Union], les enquêtes nécessaires, ou prend des dispositions pour que ces enquêtes soient effectuées avec l'urgence voulue en vue de déceler et prévenir pareilles transgressions, et l'État ACP concerné peut, à cette fin, inviter [l'Union] à participer à ces enquêtes. »

71. Il s'ensuit que l'État ACP d'exportation est tenu d'effectuer les enquêtes nécessaires pour déceler ou prévenir les transgressions des dispositions du protocole n° 1, lorsqu'il existe des indices de nature à laisser suspecter une irrégularité au sujet de l'origine des marchandises concernées (voir, en ce sens, arrêt du 15 décembre 2011, *Afasia Knits Deutschland*, C-409/10, EU:C:2011:843, points 31 et 32). Or, parmi ces mesures d'enquête nécessaires peuvent figurer des contrôles physiques.

72. En revanche, en l'absence de tels indices, les autorités de délivrance des certificats EUR.1 peuvent, pour l'essentiel, se limiter à des contrôles documentaires et procéder de manière seulement résiduelle à des contrôles physiques.

73. C'est à la lumière de ces considérations qu'il convient d'examiner si, dans la décision REM 03/07, la Commission a pu conclure, sans commettre d'erreur de droit, que les autorités douanières jamaïcaines ont respecté les obligations de contrôle leur incombant au titre du protocole n° 1.

74. À cet égard, il ressort des termes mêmes de l'article 220, paragraphe 2, sous b), troisième alinéa, du code des douanes que le contrôle de la Commission se limite à vérifier si les éléments de preuve fournis établissent l'existence d'indices évidents d'une éventuelle méconnaissance des dispositions dudit protocole par les autorités douanières jamaïcaines.

75. S'agissant des éléments de preuve résumés aux points 62 et 63 du présent arrêt, la Commission a pris en compte, dans la décision REM 03/07, les constatations figurant dans le rapport de la Jampro quant à l'existence d'écarts notables entre les capacités de production des entreprises établies dans l'une des zones franches de la Jamaïque et le niveau des exportations de vêtements finis. Elle a toutefois relevé que ces écarts concernaient une période autre que celle en cause et que lesdits écarts ne pouvaient donc être projetés sur celle-ci. Elle a ajouté que les autorités jamaïcaines estimaient que lesdits écarts résultaient de la circonstance que le temps de travail réel dans les entreprises concernées n'avait pas été intégralement pris en compte dans ce rapport.

76. En ce qui concerne les demandes de contrôle a posteriori adressées aux autorités douanières jamaïcaines, la Commission a souligné qu'un grand nombre de ces demandes portait sur l'authenticité des cachets apposés sur les certificats EUR.1 et non pas sur l'application des règles d'origine préférentielle. Elle a précisé que si, dans deux cas, les réponses que ces autorités ont fournies à de telles demandes ont mentionné des écarts entre les capacités de production des entreprises établies dans les zones franches de la Jamaïque et le niveau des exportations de produits finis, ces réponses concernaient une période antérieure à celle en cause dans la procédure ayant conduit à l'adoption de la décision REM 03/07. Enfin, dans la décision REM 03/07, la Commission a exposé les motifs, rappelés au point 52 du présent arrêt, pour lesquels les statistiques

officielles jamaïcaines relatives aux importations et aux exportations ne permettaient pas de constater que les importations de fils chinois à la Jamaïque n'étaient pas suffisantes pour fabriquer la quantité de produits finis qui était ensuite exportée vers l'Union à partir de ces zones franches.

77. Or, il y a lieu de rappeler, tout d'abord, que, ainsi qu'il ressort du point 55 du présent arrêt, aucun élément du dossier soumis à la Cour ne tend à infirmer que les écarts notables constatés dans le rapport de la Jampro entre les capacités de production des entreprises concernées établies dans l'une des zones franches de la Jamaïque et la quantité de vêtements finis qui a été exportée de cette zone vers l'Union portaient sur une période autre que celle en cause dans la procédure ayant donné lieu à l'adoption de la décision REM 03/07. Partant, la Commission ne saurait être censurée pour avoir considéré que ces écarts ne pourraient être projetés sur la période en cause dans cette procédure.

78. Par ailleurs, lesdits écarts pouvaient résulter non pas du fait que des vêtements finis importés de Chine à la Jamaïque avaient été frauduleusement exportés de ce dernier État en tant que produit originaire de Jamaïque, mais du fait que ce rapport n'avait pas tenu compte du temps de travail réel dans ces entreprises.

79. S'agissant, ensuite, des demandes de contrôle a posteriori adressées aux autorités douanières jamaïcaines, il convient de relever que, pour autant que les réponses de ces autorités portaient sur les capacités de production de certaines entreprises jamaïcaines, aucun élément du dossier soumis à la Cour n'infirme la constatation de la Commission selon laquelle elles concernaient une période autre que celle en cause dans la procédure ayant donné lieu à l'adoption de la décision REM 03/07.

80. Enfin, il en va de même s'agissant des constatations résumées aux points 52 et 76 du présent arrêt, selon lesquelles les statistiques officielles jamaïcaines ne pouvaient fournir aucun indice quant aux marchandises placées dans les zones franches de la Jamaïque.

81. Dans la mesure où Prenatal prétend devant la Cour, s'agissant des écarts constatés dans le rapport de la Jampro entre les capacités de production des entreprises concernées et le niveau des exportations de vêtements finis, que l'absence de prise en compte du temps de travail réel dans ces entreprises ne pouvait expliquer ces écarts, il convient de constater que cette entreprise ne conteste pas que ce rapport concernait une période autre que celle en cause dans la procédure ayant donné lieu à l'adoption de la décision REM 03/07 et qu'elle n'a pas établi que ledit rapport serait néanmoins pertinent pour la période en cause au principal. Partant, cet argument doit être écarté comme étant inopérant.

82. En ce qui concerne les documents présentés par Prenatal quant aux réponses des autorités douanières jamaïcaines à des demandes de

contrôle a posteriori, il convient de relever que ces documents ne précisent pas les marchandises pour lesquelles ces autorités ont confirmé l'origine jamaïcaine et, dès lors, ne permettent pas de tirer de conclusions pertinentes aux fins de l'examen de la décision REM 03/07.

83. Partant, ni l'argumentation de Prenatal ni les éléments de preuve auxquels elle se réfère, résumés aux points 62 et 63 du présent arrêt, ne sont de nature à infirmer les constatations et les appréciations effectuées par la Commission dans la décision REM 03/07 ou à établir, individuellement ou pris ensemble, l'existence d'indices évidents qui montreraient que les marchandises concernées par la décision REM 03/07, provenant d'entreprises dans ces zones franches, ne remplissaient pas les conditions requises pour bénéficier du traitement préférentiel au titre de l'accord de Cotonou.

84. Dans ces conditions, il convient de considérer que le dossier soumis à la Cour ne fait apparaître aucune erreur de droit que la Commission aurait commise en ayant conclu, dans l'exercice du pouvoir d'appréciation qui lui est conféré, qu'il n'était pas évident que les autorités douanières jamaïcaines avaient méconnu leurs obligations de contrôle résultant de l'article 15, paragraphe 5, et de l'article 32 du protocole n° 1.

85. Eu égard à l'ensemble des considérations qui précèdent, il y a lieu de conclure que l'examen de la décision REM 03/07, au regard de l'article 220, paragraphe 2, sous b), du code des douanes, n'a révélé aucun élément de nature à affecter la validité de ladite décision.

Sur l'existence d'une situation particulière, au sens de l'article 239 du code des douanes

86. Selon les indications figurant dans la demande de décision préjudicielle, Prenatal soutient que la Commission a méconnu son obligation de veiller à l'application correcte de l'accord de Cotonou en s'abstenant d'utiliser les instruments prévus à cet effet à l'article 31, paragraphe 2, ainsi qu'à l'article 37, paragraphe 2, du protocole n° 1, méconnaissance qui serait constitutive d'une situation particulière au sens de l'article 239 du code des douanes, tel que rappelé au point 37 du présent arrêt.

87. À cet égard, il convient de rappeler que le contrôle déficient de la part de la Commission de l'application correcte de l'accord de Cotonou peut constituer une situation particulière, au sens de l'article 239 du code des douanes. En effet, ainsi qu'il découle de l'article 17, paragraphe 1, TUE, la Commission est tenue, en tant que gardienne des traités et des accords conclus en vertu de ceux-ci, de s'assurer de la correcte application par un pays tiers des obligations qu'il a contractées en vertu d'un accord conclu avec l'Union au moyen des instruments prévus par l'accord ou par les décisions prises en vertu de celui-ci (voir, par analogie, arrêt du 25 juillet 2008, *C.A.S./Commission*, C-204/07 P, EU:C:2008:446, points 92 et 95).

88. Au demeurant, cette obligation résulte également de l'accord de Cotonou lui-même. Ainsi, l'article 3 de cet accord, lu en combinaison avec l'article 17, paragraphe 1, TUE, exige que la Commission prenne toutes les mesures générales ou particulières propres à assurer l'exécution des obligations découlant dudit accord. En outre, selon l'article 15, paragraphe 1, de l'accord de Cotonou, la Commission est présente, en tant que représentante de l'Union, au sein du Conseil des ministres et au sein des différents comités prévus par cet accord. Par ailleurs, en vertu de l'article 36, paragraphe 1, de l'annexe IV dudit accord, cette institution est représentée par une délégation dans chaque État ACP ou dans chaque groupe régional qui en fait la demande expresse, ce qui lui permet, à tout le moins, d'être informée, de manière fiable, sur les évolutions juridiques dans ces États et, plus particulièrement, sur l'état d'application de l'accord de Cotonou (voir, par analogie, arrêt du 25 juillet 2008, *C.A.S./ Commission*, C-204/07 P, EU:C:2008:446, points 96 à 98).

89. En l'occurrence, s'agissant, en premier lieu, de l'article 31, paragraphe 2, du protocole n° 1, il y a lieu de rappeler que cette disposition prévoit que tant l'Union que les États ACP « se prêtent mutuellement assistance, par l'entremise de leurs administrations douanières respectives, pour le contrôle de l'authenticité des certificats EUR.1, des déclarations sur facture ou des déclarations du fournisseur et de l'exactitude des renseignements fournis dans lesdits documents ».

90. Ainsi, la Commission est tenue, comme Mme l'avocate générale l'a relevé au point 56 de ses conclusions, de s'assurer avec une attention particulière de la correcte application par les États ACP de leurs obligations contractées en vertu de cet accord, dès lors que ledit accord établit un traitement tarifaire préférentiel unilatéral pour les seuls produits originaires de ces États.

91. Toutefois, il découle des termes mêmes de l'article 31, paragraphe 2, du protocole n° 1 que les États ACP partagent avec l'Union la responsabilité de vérifier l'authenticité de ces documents et l'exactitude des renseignements fournis dans lesdits documents. Notamment, la vérification du caractère originaire des produits, aux fins du contrôle de l'exactitude des renseignements fournis dans les documents visés à l'article 31, paragraphe 2, du protocole n° 1, relève, d'emblée, de la responsabilité de l'État ACP d'exportation et, pour ce qui concerne l'Union, de l'État membre d'importation, conformément à l'article 32 du protocole n° 1. Néanmoins, il incombe à la Commission de s'informer auprès desdits États de l'évolution de la situation et, le cas échéant, de prendre les mesures appropriées aux fins d'assurer la correcte application de l'accord de Cotonou.

92. En l'occurrence, il ressort du dossier dont dispose la Cour que, au cours de l'année 2003, les autorités allemandes ont attiré l'attention de la Commission sur des éléments révélant, selon elles, que des certificats

EUR.1 délivrés par les autorités douanières jamaïcaines pour des vêtements n'étaient éventuellement pas conformes au protocole n° 1. Par la suite, l'OLAF a ouvert une enquête au mois de mars 2004, tandis que les autorités jamaïcaines ont été averties des éventuelles irrégularités au cours du mois de septembre 2004 et que des visites sur place ont été réalisées, sur invitation de ces autorités, aux mois de février et de mars 2005.

93. Il apparaît ainsi que la Commission a communiqué à ce sujet avec les autorités douanières de l'État ACP d'exportation et de l'État membre d'importation et qu'elle a pris des mesures, en temps utile, qui ont permis de découvrir les irrégularités constatées dans le rapport de l'OLAF de 2005. En outre, il est constant que ce rapport a conduit les autorités jamaïcaines à invalider les certificats EUR.1 délivrés au cours de la période concernée, mettant ainsi fin aux irrégularités en cause. Dans ces conditions, il ne saurait être soutenu que la Commission a manqué au devoir d'assistance qui lui incombe en vertu de l'article 31, paragraphe 2, du protocole n° 1.

94. S'agissant, en second lieu, de l'article 37 du protocole n° 1, il convient de relever que, si la Commission fait partie du comité de coopération douanière prévu à cet article, il découle des termes mêmes du paragraphe 1 de celui-ci que ce comité est chargé d'assurer la coopération administrative en vue de l'application correcte et uniforme de ce protocole et non de vérifier lui-même cette application.

95. Cette interprétation de la mission dudit comité est corroborée par les autres dispositions de cet article 37. En effet, selon le paragraphe 2 de celui-ci, le comité de coopération douanière examine l'incidence de l'application des règles d'origine, notamment, sur les États ACP les moins développés, examen à la suite duquel sont adoptées non pas des décisions de ce comité, mais uniquement des recommandations au Conseil des ministres. En outre, si ledit comité peut statuer, selon le paragraphe 3 dudit article 37, lu en combinaison avec l'article 6 du protocole n° 1, sur l'éventuelle application des règles d'origine de ce protocole à des produits incorporant des matières qui cumulent différentes origines ainsi que, en vertu de l'article 37, paragraphe 4, et de l'article 38 dudit protocole, sur l'adoption de certaines dérogations au protocole n° 1, ces dispositions ne confèrent toutefois pas au comité de coopération douanière le pouvoir de vérifier lui-même l'application correcte des règles d'origine par les États ACP ni de décider des suites à donner à une éventuelle méconnaissance de ces règles. Partant, l'article 37, paragraphe 1, du protocole n° 1 ne saurait être utilement invoqué pour établir que la Commission aurait, dans les circonstances ayant conduit à l'adoption de la décision REM 03/07, méconnu son obligation de veiller à l'application correcte de l'accord de Cotonou.

96. Partant, il ne saurait être reproché à la Commission d'avoir méconnu son obligation de veiller à l'application correcte de l'accord de Cotonou dans la situation ayant conduit à la décision REM 03/07. Ainsi, Prenatal n'a pas démontré que la Commission a commis une erreur de droit en ayant conclu, dans la décision REM 03/07, à l'absence de situation particulière, au sens de l'article 239 du code des douanes.

97. Eu égard aux considérations qui précèdent, il y a lieu de répondre à la première question que l'examen de cette décision au regard de l'article 220, paragraphe 2, sous b), du code des douanes ainsi que de l'article 239 de ce code n'a révélé aucun élément de nature à affecter la validité de ladite décision.

Sur les deuxième à quatrième questions

98. Par ses deuxième à quatrième questions, qu'il convient d'examiner ensemble, la juridiction de renvoi cherche, en substance, à savoir si, lorsque la Commission renvoie aux autorités douanières nationales le dossier afférent à une demande visant au remboursement des droits de douane, ces autorités sont liées par l'appréciation de la Commission, selon laquelle la situation ayant donné lieu à cette demande présente des éléments de droit et de fait comparables à ceux de la situation en cause dans une autre demande dont la Commission est déjà saisie, ou si lesdites autorités peuvent, contrairement à l'appréciation faite par cette dernière, conclure à l'absence de comparabilité de ces situations.

99. La Commission soutient que les deuxième à quatrième questions sont irrecevables, au motif que les autorités douanières espagnoles et la juridiction de renvoi s'accorderaient à considérer que la situation visée par la demande de restitution des droits de douane en cause au principal et la situation en cause dans la demande ayant donné lieu à la décision REM 03/07 présentent des éléments de fait et de droit comparables, de sorte qu'une réponse à ces questions ne serait pas nécessaire pour trancher le litige au principal. Pour les mêmes considérations, Prenatal considère que la quatrième question revêt une nature hypothétique et est, partant, irrecevable.

100. À cet égard, il convient de rappeler que, selon une jurisprudence constante de la Cour, les questions relatives à l'interprétation du droit de l'Union posées par le juge national dans le cadre réglementaire et factuel qu'il définit sous sa responsabilité, et dont il n'appartient pas à la Cour de vérifier l'exactitude, bénéficient d'une présomption de pertinence. Le refus de la Cour de statuer sur une demande de décision préjudicielle formée par une juridiction nationale n'est possible que s'il apparaît de manière manifeste que l'interprétation sollicitée du droit de l'Union n'a aucun rapport avec la réalité ou l'objet du litige au principal, lorsque

le problème est de nature hypothétique ou sa responsabilité, et dont il n'appartient pas à la Cour de vérifier l'exactitude, bénéficient d'une présomption de pertinence. Le refus de la Cour de statuer sur une demande de décision préjudicielle formée par une juridiction nationale n'est possible que s'il apparaît de manière manifeste que l'interprétation sollicitée du droit de l'Union n'a aucun rapport avec la réalité ou l'objet du litige au principal, lorsque le problème est de nature hypothétique ou encore lorsque sa responsabilité, et dont il n'appartient pas à la Cour de vérifier l'exactitude, bénéficient d'une présomption de pertinence. Le refus de la Cour de statuer sur une demande de décision préjudicielle formée par une juridiction nationale n'est possible que s'il apparaît de manière manifeste que l'interprétation sollicitée du droit de l'Union n'a aucun rapport avec la réalité ou l'objet du litige au principal, lorsque le problème est de nature hypothétique ou encore lorsque la Cour ne dispose pas d'éléments de fait et de droit nécessaires pour répondre de façon utile aux questions qui lui sont posées (arrêt du 28 mars 2019, *Cogeco Communications*, C-637/17, EU:C:2019:263, point 57 et jurisprudence citée).

101. En l'occurrence, les indications figurant dans la demande de décision préjudicielle font apparaître que les autorités douanières nationales ont déjà statué sur la demande de restitution des droits de douane de Prenatal en reprenant l'appréciation de la Commission selon laquelle la situation visée par cette demande présente des éléments de fait et de droit comparables à ceux de la situation en cause dans la demande ayant donné lieu à la décision REM 03/07, appréciation partagée tant par la juridiction de renvoi que par Prenatal. Par ailleurs, il ne ressort d'aucun élément du dossier soumis à la Cour que les autorités douanières nationales pourraient être amenées, dans le cadre du litige au principal, à considérer que lesdites situations ne sont pas comparables.

102. Dans ces conditions, il apparaît de manière manifeste qu'une réponse aux deuxième à quatrième questions n'est pas nécessaire pour trancher le litige au principal et que, partant, l'interprétation sollicitée du droit de l'Union est de nature hypothétique au sens de la jurisprudence rappelée au point 100 du présent arrêt.

103. Partant, les deuxième à quatrième questions préjudicielles doivent être déclarées irrecevables.

[...]

Par ces motifs, la Cour (deuxième chambre) dit pour droit :

L'examen de la décision COM(2008) 6317 final de la Commission, du 3 novembre 2008, constatant qu'il est justifié de procéder à la prise en compte a posteriori des droits à l'importation et qu'il n'est pas justifié de procéder à la remise de ces droits dans un cas particulier (Dossier REM 03/07), au regard de l'article 220, paragraphe 2, sous b), et de l'article 239 du règlement (CEE) n° 2913/92 du Conseil, du 12 octobre 1992, établissant le code des douanes communautaire, tel que modifié par le règlement (CE) n° 2700/2000 du Parlement européen et du Conseil, du 16 novembre 2000, n'a révélé aucun élément de nature à affecter la validité de cette décision.

OBSERVATIONS

La remise en cause de certifications EUR 1 peut-elle justifier *a posteriori* la prise en compte de droits à l'importation et la non remise de ces droits ?

C'est à cette question, initiée dans le cadre d'une demande préjudicielle présentée par le tribunal économique administratif régional de Catalogne, que devait répondre l'arrêt ici-référencé, réponse qui sera au final affirmative, et ce au travers de quatre questions.

De quoi s'agissait-il ?

La société Prénatal avait introduit dans l'Union européenne des vêtements, importations pour lesquelles les autorités douanières de la Jamaïque avaient délivré des certificats EUR 1 mentionnant l'origine origine préférentielle « Jamaïque » entre 2002 et 2004.

Or, ultérieurement des doutes avaient été soulevés concernant ces vêtements et leur origine, importations pouvant éventuellement ne pas être conformes au protocole n° 1 de l'annexe V de l'accord ACP-CE du 27 juillet 2000.

L'OLAF ouvrait en 2004 une enquête avec l'appui de différentes autorités douanières, les autorités jamaïcaines étant informées de ces éventuelles irrégularités, l'OLAF opérant des visites sur place à leur invitation. Il en résultait la découverte de ce que les vêtements en question importés par Prénatal avaient été fabriqués à partir de pièces importées de Chine ou de Hong-Kong et qu'ils ne pouvaient de ce fait être originaires de Jamaïque.

Les certificats étaient invalidés, ce qui amenait les autorités espagnoles à recouvrer des droits de douane auprès de Prénatal pour ces importations.

Il en est résulté un processus de contestation interne par la société après avoir réglé sa dette douanière, tandis que la Commission européenne adoptait en 2008 une décision constatant qu'il est justifié de procéder à la prise en compte *a posteriori* des droits à l'importation et qu'il n'est pas justifié de procéder à la remise de ces droits dans un cas particulier.

La Cour suit la thèse de la Commission européenne tout en notant que l'examen de la décision de la Commission n'a révélé aucun élément de nature à affecter la validité de cette décision : l'origine d'une marchandise est devenue sans doute, au fil du temps, l'une des questions centrales du commerce international et du droit douanier (1).

Le fait qu'aient été développées des formes préférentielles d'origine et en particulier par l'Union européenne (Système SPG, Accord ACP, *etc.*) avec des régimes tarifaires avantageux, induit une stratégie économique de production des marchandises qu'il est parfois difficile d'identifier, faisant peser sur les opérateurs et les autorités douanières, des interrogations majeures et soulevant des problèmes évidents de contrôle, problèmes que l'OLAF peut contribuer à éclaircir, comme en l'espèce dans le cadre de ses pouvoirs d'enquête.

La chose est d'autant plus délicate que l'origine n'est pas complètement et clairement définie par les accords OMC et que l'on tend de plus en plus à voir se développer des exigences d'auto-certification imposées aux opérateurs dans la déclaration en douane.

Le problème concerne tout autant les autorités douanières compétentes dans la délivrance des certificats ; la formulation « savaient ou auraient du savoir » que l'on retrouve à présent dans des domaines très différenciés et notamment fiscaux, soulève néanmoins la question de la capacité à savoir. Elle amène aussi à s'interroger sur les capacités à détecter une erreur « qui n'était pas raisonnablement décelable », en l'espèce par le redevable.

Il est vrai que la distinction entre origine préférentielle et origine non préférentielle est souvent mal connue par les entreprises, tout comme celle consistant à s'interroger sur la transformation substantielle d'une marchandise : un

(1) *Cf.* J.-L. Albert, *Le droit douanier de l'Union européenne*, Bruxelles, Bruyant, 2019, pp. 221 et s.

vêtement produit à partir de textiles importés en Jamaïque est-il finalement encore asiatique ou devenu « jamaïcain ».

En tout état de cause, c'est la déclaration elle-même qui repose sur des certificats obtenus localement par l'exportateur jamaïcain qui conduit à une analyse *stricto sensu* de la question.

On notera à cet égard que l'Organisation mondiale des douanes (OMD) a créé un dispositif spécifique au travers du « facilitateur des règles d'origine », alors que l'Union européenne a mis en place la technique efficace du renseignement contraignant sur l'origine (RCO).

Au cas d'espèce, relativement traditionnel, la question n'est pas liée à une démarche « résolutionnelle » de la question de l'origine d'une marchandise.

Il s'agit de savoir si les certificats délivrés qui attestent de l'exactitude et de l'authenticité de la déclaration d'un fournisseur reflètent bien la réalité jamaïcaine des vêtements concernés.

On notera ici que, selon le droit de l'Union européenne, « les marchandises, dans la production desquelles interviennent plusieurs pays ou territoires, sont considérées comme originaires de celui où elles pont subi leur dernière transformation ou ouvraison substantielle, économiquement justifiée, effectuée dans une entreprise équipée à cet effet et ayant abouti à la fabrication d'un produit nouveau ou correspondant à un stade de fabrication important » (CDU, article 60-2), s'agissant de vêtements produits en Jamaïque qui avaient obtenu un certificat « avantageux », celui de « Jamaïque » dans le cadre des accords Afrique, Caraïbe, Pacifique (ACP), alors même que les textiles composant ces vêtements étaient d'origine asiatique (Chine, Hong-Kong).

Le contentieux portait aussi sur les pouvoirs d'enquête et d'appréciation de la Commission et les conditions dans lesquelles celle-ci a été amenée à prendre une décision dont la motivation est soumise au contrôle de la Cour de justice, tout comme il s'agissait de préciser le rôle des autorités douanières, la Cour ayant d'ailleurs rappelé que les autorités douanières d'un pays exportateur n'étaient pas tenues de justifier l'annulation d'un certificat à laquelle elles procèdent (2).

(2) CJCE, 17 juillet 1997, *Pascoal & Filhos*, aff. C-97/95, ECLI:EU:C:1997:370, *Rec. CJCE*, 1997, I, p. 4209.

Dans cette affaire, il était aussi nécessaire de retenir et répondre (à) une argumentation fondée sur l'existence d'une zone franche en Jamaïque et ses capacités de production de vêtements finis un rapport faisant apparaître des écarts « notables » entre celles-ci et les volumes exportés vers l'Union européenne à partir de cette zone.

Le juge de l'Union opère une sorte de départition des rôles et attributs entre la Commission et en fin de compte elle-même : « le juge de l'Union ne saurait substituer sa propre appréciation à celle de la Commission, mais doit se limiter à examiner si cette institution a excédé les limites de son pouvoir d'appréciation en ayant conclu, sur le fondement de preuves présentés devant elle, qu'il n'était pas évident que les autorités de délivrance du certificat savaient ou auraient dû savoir que les marchandises ne remplissaient pas les conditions requises pour bénéficier du traitement tarifaire préférentiel ».

La Cour rappelle que la recherche porte sur l'exactitude matérielle des éléments de preuve, leur fiabilité, leur cohérence, les données pertinentes à prendre en considération…

On notera enfin que, au détour de cette décision, la Cour de justice de l'Union affirme son rôle dans l'interprétation du droit de l'Union et les conditions de sa saisine dans le cadre d'une question préjudicielle en soulignant le fait que « le refus de la Cour de statuer sur une demande de décision préjudicielle formée par une juridiction nationale n'est possible que s'il apparaît de manière manifeste que l'interprétation sollicitée du droit de l'Union n'a aucun rapport avec la réalité ou l'objet du litige au principal, lorsque le problème est de nature hypothétique ou encore lorsque la Cour ne dispose pas d'éléments de fait et de droit nécessaires pour répondre de façon utile aux questions qui lui sont posées » ; tel ne paraît pas être le cas en l'espèce.

Jean-Luc Albert

TABLE DES MATIÈRES

IV. RECOURS

V. QUESTIONS PRÉJUDICIELLES

VI. CITOYENNETÉ

VII. DROIT DES LIBERTÉS ÉCONOMIQUES

VIII. POLITIQUES ET ACTIONS DE L'UE (HORS ENVIRONNEMENT ET CONSOMMATION)

Aucun arrêt significatif n'a été retenu dans cette matière en 2019

IX. DROITS SOCIAUX

X. ENVIRONNEMENT

XI. FISCALITÉ

XII. ENTENTES, ABUS DE POSITION DOMINANTE ET CONCENTRATIONS

XIII. AIDES D'ÉTAT

XIV. ESPACE DE LIBERTÉ, DE SÉCURITÉ ET DE JUSTICE

XV. ACTION EXTÉRIEURE

XVI. DROIT DE LA PROPRIÉTÉ INTELLECTUELLE

XVII. MARCHÉS PUBLICS

XVIII. DROIT BANCAIRE ET FINANCIER

XIX. DROIT DE LA CONSOMMATION

XX. DROIT DES TRANSPORTS

XXI. COMPÉTENCE DES JURIDICTIONS ET LOIS APPLICABLES

XXII. DROIT DE LA PROCÉDURE CIVILE

Aucun arrêt significatif n'a été retenu dans cette matière en 2019

XXIII. FINANCES ET BUDGET

XXIV. UNION ÉCONOMIQUE ET MONÉTAIRE

XXV. UNION DOUANIÈRE EUROPÉENNE